Ida von Düringsfeld, Otto Freiherr von Reinsberg-Düringsfeld

Sprichwörter der germanischen und romanischen Sprachen

Ida von Düringsfeld, Otto Freiherr von Reinsberg-Düringsfeld

Sprichwörter der germanischen und romanischen Sprachen

ISBN/EAN: 9783742898050

Hergestellt in Europa, USA, Kanada, Australien, Japan

Cover: Foto ©Thomas Meinert / pixelio.de

Manufactured and distributed by brebook publishing software
(www.brebook.com)

Ida von Düringsfeld, Otto Freiherr von Reinsberg-Düringsfeld

Sprichwörter der germanischen und romanischen Sprachen

SPRICHWÖRTER

DER

GERMANISCHEN UND ROMANISCHEN SPRACHEN

VERGLEICHEND ZUSAMMENGESTELLT

VON

IDA VON DÜRINGSFELD

UND

OTTO FREIHERRN VON REINSBERG-DÜRINGSFELD.

ZWEITER BAND.

LEIPZIG.

VERLAG VON HERMANN FRIES.

1875.

Romanische Sprachen.

Lateinisch (lt.).
Latein des Mittelalters (mlt.).
Churwälsch oder **Rhätoromansch** (cw.).
Ladinisch (ld.) in Enneberg (bd.), Grödeu (grd.), im Ober- (O.-E.) und Unter-Engadin (U.-E.);
Oberländisch (obl.).
Französisch (fz.).
Altfranzösisch (afz.).
1. Nordfranzösische Dialekte (nf.):
Altpicardisch (apic.);
Bourgogne (Bg.);
Bray (Br.);
Champagne (Chmp.);
Franche-Comté (F.-C.);
Normandie (nrm.);
Picardie (pic.);
Rouchi (R.);
Wallonisch (w.) in Lüttich, Mons (M.), Marche (Ma.), Namur (N.) und Verviers (V.).
2. Südfranzösische Dialekte (sf.):
Altprovençalisch (aprv.);
Armagnac (Arm.);
Bearn (Brn.);
Dauphiné (D.);
Gascogne (Gsc.);
Langued'oc (Lgd.);
Neuprovençalisch (nprv.);
Patois der französischen Schweiz (Pat. s.).
Italiänisch (it.).
1. Mittelitaliänische Dialekte (mi.):
Corsisch (crs.) im Dialetto meridionale (m.) und settentrionale (s.);
Dialekt in Rom (Ro.);
Romagnuolo oder Dialekt der Romagna (rom.);
Toscanisch (t.) mit den Mundarten von Florenz (fr.) und Lucca (luc.);
Umbrisch (u.).
2. Norditaliänische Dialekte (ni.):
Emilianisch (em.) aus Bologna (B.), Parma (P.) und Reggio (R.);
Furlanisch oder Dialekt des Friaul (frl.);
Lombardisch (l.) in den Mundarten von Bergamo (b.), Brescia (brs.), Mailand (m.) und Val-Camonica am Tonale (V.-C.);
Ligurisch (lig.);
Piemontesisch (piem.);
Venetianisch (v.) mit den Mundarten von Trient (trt.), Triest (trst.), Verona (ver.) und Vicenza (vic.).
3. Süditaliänische Dialekte (si.):
Apulische Mundart (ap.) in Bari (B.), und Lecce (L.);
Mundart in Calabrien (cal.);
Neapolitanisch (npl.);
Sicilianisch (s.) mit der Mundart von Catania [(C.);
Sardinisch (sa.) im Dialetto Logudorese (L.), Campidanese oder Meridionale (M.) und Gallurese oder Settentrionale (S.).
Limousinisch (lm.) oder **Catalonisch.**
Altcatalonisch (acat.);
Neucatalonisch (ncat.);
Valencianisch (val.).
Portugiesisch (pt.).
Mundart in Galicia (gal.).
Spanisch (sp.).
Altspanisch (asp.);
Andalusisch (and.);
Aragonisch (ar.);
Asturisch (ast.).
Walachisch oder **Rumänisch** (wl.).

Verzeichniss der Abkürzungen.

A.	bedeutet	Amrumer-Mundart.
acat.	„	altcatalonisch.
ad.	„	altdeutsch.
adä.	„	altdänisch.
adt.	„	altdietsch.
aen.	„	altenglisch.
afs.	„	altfriesisch.
afz.	„	altfranzösisch.
Ag.-St.	„	Agershuus-Stift.
ah.	„	altholländisch.
an.	„	altnordisch.
and.	„	andalusisch.
ap.	„	apulisch.
ap. B.	„	„ in Bari.
ap. L.	bedeutet	apulisch in Lecce.
apic.	„	altpicardisch.
aprv.	„	altprovençalisch.
ar.	„	aragonisch.
Arm.	„	Armagnac.
asp.	„	altspanisch.
ast.	„	asturisch.
asw.	„	altschwedisch.
avl.	„	altvlaemisch.
B.-St.	„	Bergens-Stift.
bair.	„	bairisch.
bair. L.	„	„ Lechrain.
bair. O.-L.	„	„ Ost-Lech.
Bg.	„	Bourgogne.

böhm.	bedeutet	deutsch-böhmisch.
Br.	„	Bray.
Brn.	„	Bearn.
cal.	„	calabresisch.
Chmp.	„	Champagne.
crs.	„	corsisch.
crs. m.	„	„ meridionale.
crs. s.	„	„ settentrionale.
cw.	„	churwälsch oder rhätoromansch.
D.	„	Dauphiné.
dä.	„	dänisch.
dt.	„	dietsch oder niederländisch.
els.	„	elsässisch.
els. Str.	„	„ in Strassburg.
em. B.	„	emilianisch in Bologna.
em. P.	„	„ „ Parma.
em. R.	„	„ „ Reggio.
en.	„	englisch.
F.	„	Föringer Mundart.
F.-C.	„	Franche-Comté.
fær.	„	Färöer.
Fn.	„	Führen.
frk. H.	„	fränkisch-Henneberg.
frk. H. S.	„	fränk.-Henneb.-Sonneberg.
frk. M.	„	Mittelfranken.
frk. O.	„	Oberfranken.
frk. U.	„	Unterfranken.
frl.	„	furlanisch.
fs.	„	friesisch (nordfriesisch).
fz.	„	französisch.
gal.	„	galicisch.
Gsc.	„	Gascogne.
h.	„	holländisch.
Hrz.	„	Oberharz und Clausthal.
hss.	„	hessisch.
hss. N.	„	„ in Niederhessen.
hss. O.	„	„ „ Oberhessen.
is.	„	isländisch.
it.	„	italiänisch.
jüt.	„	jütisch.
jüt. S.	„	„ in Nordschleswig.
Kr.-St.	„	Kristiansands-Stift.
l.	„	lombardisch.
l. b.	„	lomb. bergamaskisch.
l. brs.	„	„ brescianisch.
l. m.	„	„ mailändisch.
l. V.-C.	„	„ Val-Camonica am Tonale.
ld.	„	ladinisch.
ld. bd.	„	„ in Enneberg (Badia).
ld. grd.	„	„ „ Gröden.
ld. O.-E.	„	„ „ Ober-Engadin.
ld. U.-E.	„	„ „ Unter-Engadin.
Lgd.	„	Languedoc.
lig.	„	ligurisch.
lm.	„	limousinisch oder catalonisch.
lt.	„	lateinisch.

M.	bedeutet	Moringer Mundart.
md.	„	mitteldeutsche Dialekte.
m. en.	„	mittelenglische „
mi.	„	mittelitaliänische „
mlt.	„	Latein des Mittelalters.
Mn.	„	Moen.
mrh.	„	mittelrheinisch.
mrh. E.	„	mittelrh. Eifel und Hunsrück.
mrh. F.	„	„ Frankfurt a. M.
mrh. L.	„	„ Luxemburg.
mrh. N.	„	„ Nassau.
mrh. T.	„	„ Trier.
ncat.	„	neucatalonisch.
ndö.	„	niederösterreichisch.
n. en.	„	nordenglische Dialekte.
nf.	„	nordfranzösische „
ni.	„	norditaliänische „
Nm.	„	Nordmarschen.
npl.	„	neapolitanisch.
nprv.	„	neuprovençalisch.
nrh.	„	niederrheinisch.
nrh. A.	„	niederrh. Aachen.
nrh. D.	„	„ Düren.
nrh. Ds.	„	„ Düsseldorf.
nrh. E.	„	„ Euskirchen.
nrh. Gl.	„	„ Gladbach.
nrh. K.	„	„ Köln.
nrh. Kl.	„	„ Kleve.
nrh. M.	„	„ Mörs.
nrh. S.	„	„ Siebenbürgen.
nrh. U.	„	„ Ungarn.
nrm.	„	normand.
ns.	„	niedersächsisch.
ns. A.	„	„ Altmark.
ns. B.	„	„ Bremen.
ns. ha.	„	„ Hannover.
ns. ha. G. u. G.	„	ns. Hannover Göttingen und Grubenhagen.
ns. ha. H.	„	„ „ Hildesheim.
ns. ha. K.	„	„ „ Kalenberg.
ns. ha. L.	„	„ „ Lüneburg.
ns. ha. V.	„	„ „ Verden.
ns. hlst.	„	„ holsteinisch.
ns. hlst. A.	„	„ „ Angeln.
ns. Hmb.	„	„ Hamburg.
ns. L.	„	„ Lippe.
ns. L.-D.	„	„ Lippe-Detmold.
ns. M.-Sch.	„	„ Mecklenburg-Schwerin.
ns. M.-Str.	„	„ Mecklenburg-Strelitz.
ns. N.	„	„ Neumark u. Oderbruch.
ns. O.	„	„ Oldenburg.
ns. ofs.	„	„ Ostfriesland.
ns. ofs. A.	„	„ „ Aurich.
ns. O. J.	„	„ Oldenburg Jever.
ns. O. R.	„	„ „ Rastede.
ns. O. St.	„	„ „ Stade.

ns. P. bedeutet ns. Pommern.
ns. P.-H. „ „ Hinterpommern.
ns. Pr.-O. „ „ Ost-Preussen.
ns. Pr.-W. „ „ West-Preussen.
ns. U. „ „ Uckermark.
ns. W. „ „ Waldeck.
ns. W. U. „ „ „ Uppland.
nw. „ norwegisch.
obl. „ oberländisch.
od. „ oberdeutsche Dialekte.
o. en. „ ostenglische „
opf. „ oberpfälzisch.
opf. N. „ „ in Nürnberg.
orh. „ oberrheinisch.
östr. schls. „ österreichisch-schlesisch.
Pat. s. „ Patois suisse.
pd. „ plattdeutsche Dialekte.
pic. „ picardisch.
pic. St.-Q. „ „ in St.-Quentin.
piem. „ piemontesisch.
pt. „ portugiesisch.
R. „ Rouchi.
Ro. „ Rom.
rom. „ Romagnuolo oder Dialekt der Romagna.
S. „ Silter Mundart.
s. „ sicilianisch.
s. C. „ „ in Catania.
sa. „ sardinisch.
sa. L. „ „ Logudorese.
sa. M. „ „ Meridionale.
sa. S. „ „ Settentrionale.
sä. „ sächsisch.
sä. A. „ „ in Altenburg.
sä. E. „ „ im Erzgebirge.
sä. L. „ „ in der Lausitz.
sä. M. „ „ in Meissen.
sä. V. „ „ im Voigtland.
schls. „ schlesisch.
schls. B. „ „ in Breslau.
schls. F. „ „ in Freistadt.
scho. „ schottisch.
schwb. W. „ schwäbisch Württemberg.
schwb. W.-L. „ „ West-Lech (Baiern).
schwei. „ schweizerisch.
schwei. A. „ „ in Appenzell.
schwei. B. „ „ „ Basel.
schwei. S. „ „ „ Solothurn.
schwei. Sch. „ „ „ Schaffhausen.
schwei. U. „ „ „ Uri.
schwei. Z. „ „ „ Zürich.
Sdm. „ Söndmør.
s. en. „ südenglische Dialekte.
sf. „ südfranzösische „
si. „ süditaliänische „

Sl. bedeutet Seeland.
sp. „ spanisch.
st. „ steirisch.
sw. „ schwedisch.
t. „ toscanisch.
t. fir. „ „ fiorentinisch.
t. luc. „ „ lucchesisch.
Tel. „ Tellemarken.
thr. „ thüringisch.
thr. R. „ „ an der Ruhla.
tir. „ tirolisch.
tir. B. „ „ im Burggrafenamt.
tir. O.-I. „ „ „ Ober-Innthal.
tir. U.-I. „ „ „ Unter-Innthal.
Tr.-St. „ Trondhjems-Stift.
u. „ umbrisch.
v. „ venetianisch.
v. trst. „ „ triestinisch.
v. trt. „ „ trientinisch.
v. ver. „ „ veronesisch.
v. vic. „ „ vicentinisch.
val. „ valencianisch.
vl. „ vlaemisch.
vl. F. „ „ in Nordfrankreich.
w. „ wallonisch (Lüttich).
w. M. „ „ Mons.
w. Ma. „ „ Marche.
w. N. „ „ Namur.
w. V. „ „ Verviers.
W. E. „ Waldeck (Edergegend).
w. en. „ westenglische Dialekte.
wfs. „ westfriesisch.
wl. „ walachisch oder rumänisch.
wstf. „ westfälisch.
wstf. A. „ „ in Arnsberg.
wstf. Atd. „ „ „ Attendorn.
wstf. B. „ „ „ Bielefeld.
wstf. Br. „ „ „ Brilon.
wstf. Dr. „ „ „ Driburg.
wstf. E. „ „ „ Erwitten.
wstf. H. „ „ „ Harth bei Büren.
wstf. Ht. „ „ „ Hattingen a. d. Ruhr.
wstf. M. „ „ „ Minden.
wstf. Mrk. „ „ „ Grafsch. Mark.
wstf. Mst. „ „ „ Münster.
wstf. O. „ „ „ Osnabrück.
wstf. Öl. „ „ „ Öllinghausen.
wstf. P. „ „ „ Paderborn.
wstf. R. „ „ „ Recklinghausen.
wstf. Rh. „ „ „ Rheine.
wstf. S. „ „ „ Soest.
wstf. Sl. „ „ „ Solingen.
wstf. Sz. „ „ „ Salzkotten.
wstf. T. „ „ „ Thüle.
wstf. W. „ „ „ Werl.

L.

1. Wer früh lacht, der weint gern Abends. (od. schwei.)

pd. Upp Lachen folget Grienen. (ns. W.) *Auf Lachen folgt Weinen.*

---

dt. Hij lacht s'morgens wel, die des avonds weent. *Es lacht wohl des Morgens, der des Abends weint.*

Geungten lustig, vannen aven droevig. (vl. F.) *Diesen Morgen lustig, diesen Abend traurig.*

en. He that laughs in the morning, weeps at night. *Wer am Morgen lacht, weint am Abend.*

He that sings on Friday shall weep on Sunday. *Wer Freitags singt, wird Sonntags weinen.*

They that laugh in the morning will greet ere night. (scho.) *Die des Morgens lachen, werden weinen, eh' es Abend ist.*

---

dä. Morgenlatter er ofte Aftengraad. *Morgenlachen ist oft Abendweinen.*

Efter Latter og Fliin kommer Graad og Griin. *Nach Lachen und Grinsen kommt Weinen und Greinen.*

is. Opt er morgunhlátur aptans grátur. *Oft ist Morgenlachen Abendweinen.*

Opt kemr grátr eptir skellihlátr. *Oft kommt Weinen nach gellendem Gelächter.*

nw. Dat kjem stundom Graat etter Laatt. *Es kommt bisweilen Weinen nach Lachen.*

sw. Af morgonlöje blir aftongråt. *Aus Morgenlachen wird Abendweinen.*

Skrickelååt får eftergrååt. *Gellendes Gelächter bringt Nachweinen.*

---

lt. Risus dolore miscebitur et extrema gaudii luctus occupat.

Risus profundior lacrymas parit.

fz. Qui rit le matin pleure le soir. *S. He that laughs u. s. w.*

Tel rit le matin qui le soir pleure. *S. Hij u. s. w.*

Teu rist au matin qi ploure devant vespre. (afz.) *S. Hij u. s. w.*

nf. Teus rit au matin qui au soir pleure. (Champ.) *S. Hij u. s. w.*

it. Chi ride in sabato, piange la domenica. *Wer am Sonnabend lacht, weint des Sonntags.*

La fine del riso è il pianto. (t.) *Das Ende* mi.
des Lachens ist das Weinen.

Chi ride il sabbato, piange la domenica. (n.) *Wer des Sonnabends lacht, weint des Sonntags.*

Chi ridda in Venerdi, pianza in domenica. ni.
(em. P.) *Wer am Freitag lacht, weint am Sonntag.*

Dopo il ridi ven il vai. (frl.) *Nach dem Lachen kommt das Weinen.*

Chi rid in venerdi, piang in domenica. (l. m.) *S. Chi ridda u. s. w.*

Chi rid al vener, piora al saba. (piem.) *Wer am Freitag lacht, weint am Sonnabend.*

Drio al rider vien el pianzer. (v.) *S. Dopo u. s. w.*

El rider finisse in pianzer. (v.) *Das Lachen endet in Weinen.*

Chi ride de venere, pianze de domenega. (v.) *S. Chi ridda u. s. w.*

Chi ride de venerdi, pianzi de dimeniga. (v. trst.) *S. Chi ridda u. s. w.*

Cui ridi lu vennerdi, chianci lu sabatu. (s.) si.
S. Chi rid al u. s. w.

Unu risu, unu piantu (dolu). (sa. L.) *Ein Lachen, ein Weinen (Schmerz).*

De las riallas venen las plorallas. (neat.) *Aus* lm.
dem Gelächter kommt das Weinen.

Rĕsulŭ aduce plânsŭ. *Lachen zieht Weinen* wl.
nach sich.

---

2. Wenn man einen Lachs fängt, kann man wohl die Angel verlieren.

Avontuur een sardijntje, om een' snoek te dt.
vangen. *Wagt eine Sardelle, um einen Hecht zu fangen.*

Een' aal (schelvisch) (spiering) uitwerpen, om een' kabeljauw te vangen. *Einen Aal (Schellfisch) (Stint) auswerfen, um einen Kabeljau zu fangen.*

Hy werpt eenen spiering (een bleksken) uit, om een kabeljauw (snoek) te vangen. (vl.) *Er wirft einen Stint aus, um einen Kabeljau (Hecht) zu fangen.*

en. A hook 's well lost to catch a salmon. *Man kann wohl einen Angelhaken verlieren, um einen Lachs zu fangen.*
Venture a small fish to catch a great one. *Wage einen kleinen Fisch, um einen grossen zu fangen.*
Throw a sprat to catch a salmon. *Wirf eine Sprotte aus, um einen Lachs zu fangen.*
A hook's well tint to catch a salmon. (scho.) *S. A hook's well lost u. s. w.*

fs. Hi dö an Hiirang üütj, am an Kabljaau wedder tu fu-n. (A.) *Er wirft einen Hering aus, um einen Kabeljau wieder zu bekommen.*

---

dä. Man giver gierne (ofte) Ræven en Gaas for at faae hans Bælg (Skind). *Man gibt dem Fuchs gern (oft) eine Gans, um seinen Balg zu kriegen.*

sw. När man fångar en lax, kan man gerna mista kroken. *Wenn man einen Lachs fängt, kann man gern die Angel einbüssen.*

---

fz. Il faut perdre un veron pour pêcher un saumon. *Man muss eine Elritze preisgeben, um einen Lachs zu fischen.*
Il faut savoir hasarder un petit poisson, pour en avoir un grand. *Man muss einen kleinen Fisch zu wagen wissen, um einen grossen zu bekommen.*

af. Për prênë un toun azârdo uno mëlëto. (Lgd.) *Um einen Thunfisch zu fangen, wagt er einen Ährenfisch.*
Per prendre un ton, hazârdo uno sardino. (nprv.) *Um einen Thunfisch zu fangen, wagt er eine Sardelle.*
A risquo uno sardino per aver un ton. (nprv.) *Wage eine Sardine, um einen Thunfisch zu haben.*

it. Trar una scardona per pigliar un luccio. *Eine Brachse auswerfen, um einen Hecht zu fangen.*

mi. Butta sardelle, per prender lucci. (t.) *Wirf Sardellen aus, um Hechte zu fangen.*
Si porge la scardona per avere il luccio. (t.) *Man bietet die Brachse dar, um den Hecht zu bekommen.*

pt. Com huma sardinha comprar huma truta. *Mit einer Sardelle eine Forelle erkaufen.*

sp. Con una sardina pescar una trucha. *Mit einer Sardelle eine Forelle fischen.*

---

3. Alle Land sind des Weisen Vaterland.

Der Weise ist daheim, wohin der Wind ihn weht.
Der Weise hat Vortheil in allen Landen.
Bidermans erbe liegt in allen landen. (ad.)

Eens wijzen mans oogst duurt het gansche jaar. **dt.** *Eines weisen Mannes Ernte währt das ganze Jahr.*
Eens redelicken mans erue licht in allen landen. (ah.) *Eines verständigen Mannes Erbe liegt in allen Landen.*

Den Kloges Arv findes i alle Lande (Land). **dä.** *Des Klugen Erbe wird in allen Landen gefunden.*
Allstaðar er (verðr) góðum gott. *Überall ist* **is.** *(wird) es für den Guten gut.*
Vis man är alleställes hemma. *Weiser Mann* **sw.** *ist überall zu Hause.*

Omnis terra alit peritum. **lt.**
Sapienti quaevis terra patria.
Ogni paese al valentuomo è patria. *Jedes* **it.** *Land ist dem wackern Manne Vaterland.*
Ogni paese al galantuomo è patria. (t.) *Jedes* **mi.** *Land ist dem Ehrenmann Vaterland.*
Al valent' uomo ogni paese è patria. (npl.) **si.** *Dem wackern Manne ist jedes Land Vaterland.*
Ao bom varão terras alheias (sua) patria são. **pt.** *Dem guten Manne sind andere Länder Vaterland.*
Al buen varon tierras agenas le patria son (su **sp.** patria le son). *S. Ao u. s. w.*

---

4. Feist Land, faule Leute.

Gut Land, feige Leute.
Gut Land, bös Leut.
Gutes Land macht faule Leute. (bair.) od.

Vette landen, luije lieden. *Fette Länder,* **dt.** *faule Leute.*

Godt Land — onde Folk. *Gutes Land —* **dä.** *schlechte Leute.*
Feitt Land föder late Folk. *Fettes Land* **nw.** *nährt faule Leute.*

Bona terra, mala gens. **lt.**
Paesi fecondi rendon molti vagabondi. (mi. t.) **it.** *Fruchtbare Länder machen viele Herumtreiber.*

---

5. **Landes** Sitte, Landes Ehre.

od. Landesgewohnheit, Landesehr. (schwei.)

pd. Landeswise, Landesehre. (wstf. Mst.) *Landesweise, Landesehre.*

———

dl. 's Lands wijs, 's lands eer. *Des Landes Weise, des Landes Ehre.*

fs. Luns Wiis, Luns Iar. (A.) *S. Landesweise u. s. w.*

———

dä. Lands Viis, Lands Ære: Landets Sæder, Landets Hæder. *Landes Weise, Landes Ehre, des Landes Sitten, des Landes Ruhm.*

Lands Skik er Lands Ære. *Landesbrauch ist Landes Ehre.*

is. Loflígt skikk er landsins æra. *Löbliche Gewohnheit ist des Landes Ehre.*

nw. Lands Vis er Lands Pris. *Landes Weise ist Landes (Preis) Ruhm.*

sw. Landets Seder (är) Landets Heder. *Des Landes Sitten (sind) des Landes Ruhm.*

———

6. So manches **Land**, so manche Weise.

So manches Land, so manche Sitte.

Ländlich, sittlich.

Jedes Land Hat seinen Sand.

Jedes Land Hat seinen Tand.

md. Wu dr Brauch it, singt mĕr'n Pumpernick'l in dr Kérch. (frk. M.) *Wo der Brauch ist, singt man den Pumpernickel in der Kirche.*

Wŏ et de Mŏt äs, séngt ĕ' Pompernéckel an der Kiréch. (mrh. L.) *Wo es die Mode ist, singt man den Pumpernickel in der Kirche.*

od. Ländlich, sittlich. (Wo es der Brauch ist, legt man die Küh in's Bett.) (bair. L.)

Wo s do' Brauch is, legt mo' d' Kua in's Bett, und singt 'n Pumpo'nick'l in do' Kircho'. (bair. O.-L.) *Wo es der Brauch ist, legt man die Kuh in's Bett und singt den Pumpernickel in der Kirche.*

Wo's der Brauch ist, legt man d' Kuch in's Bett. (schwb.)

Wo's Brauch ist, leit me d' Chue is Bett. (schwei.) *Wo's Brauch ist, legt man die Kuh in's Bett.*

Viel Land, viel Bräuch. (schwei.)

Wo es Mode ist, singt man den Pumpernikel in der Kirche. (schwei.)

pd. Jede Land hett sin Sitten. (ns. hlst. A.) *Jedes Land hat seine Sitten.*

Wo dat Mood is, dar ridd de Pastoor up'm Bullen to'r Kark. (ns. Hmb.) *Wo es Mode ist, reitet der Pastor auf dem Bullen zur Kirche.*

Andre Länder andre Sitten, andre Mädchen andre Titten. (ns. Pr.)

Oen jedem Derp öss andre Lehr, Oen jedem Krog öss ander Beer. (ns. Pr.) *In jedem Dorf ist andere Lehre, in jedem Krug ist anderes Bier.*

Wo 't Mod' öss, rött de Predger op'm Bolle ön de Körch. (ns. Pr.-W.) *S. Wo dat u. s. w.*

So mannich Lant, so mannge Wise, So manngen Kock, so mannge Spise. (wstf. Mrk.) *So manches Land, so manche Weise, so mancher Koch, so manche Speise.*

Bå et Modi es, då gått se met Holsken in de Kiärke. (wstf. Mrk.) *Wo es Mode ist, da gehen sie mit Holzschuhen in die Kirche.*

———

dl. Zoo menig land, zoo menigerlei zeden. *So manches Land, so manche Sitten.*

Elk land heeft zijne manieren. *Jedes Land hat seine Manieren.*

en. So many countries, so many customs. *So viel Länder, so viel Bräuche.*

Every country has its custom. *Jedes Land hat seinen Brauch.*

Every land has its laugh an' every corn has its chaff. *Jedes Land hat sein Lachen und jedes Korn hat seine Spreu.*

Ase fele thede, ase fele thewes. (aen.) *S. So many u. s. w.*

Ilka land has it's ain laud-law. (scho.) *Jedes Land hat sein eignes Landesgesetz.*

———

dä. Hvert Land har sine Skikke. *S. Jede Land u. s. w.*

Hvert Land har sine Daarskab. *Jedes Land hat seine Narrheit.*

Andre Huse, andre Sæder. *Andre Häuser, andre Sitten.*

(H)vær Smæj Sin Sæj. (jüt.) *Jeder Schmied (hat) seinen Brauch.*

is. Sérhvört land hefir sitt skikk. *S. Every u. s. w.*

Sinn er siðr í landi hvörju (hvörri sveit). *In jedem Land ist seine Sitte.*

Sår er siður á landi. (fær.) *Im Land ist seine Sitte.*

nw. Kvart Land heve sin Sed. *S. Every u. s. w.*

Kvar Sokn heve sine Seder. *Jede Gemeinde hat ihre Sitten.*

sw. Hvart land har sin sed. *S. Every u. s. w.*

———

lt. Proprius cuique genti mos.

Suus cuique mos (ritus).

Suus cuique mos loco est.

Lex et regio.

cw. Vigne pays ha sües mödes (ld. tir.) *Jedes Land hat seine Moden.*

Minchia Terra ha autra Maniera. (old.) *Jedes Land hat andre Weise.*

fz. Chaque pays a sa guise. *Jedes Land hat seine Weise.*

Autant de pays, autant de coutumes (guises). *S. So many u. s. w.*

Autant de pays (villes), autant de guises. *So viel Länder (Städte), so viel Weisen.*

Chaque pays ses sabots. *Jedes Land seine Holzschuhe.*

nf. Chaque pays, chaque mode. (w.) *Jedes Land seine Mode.*

sf. Cade bilatye, Qu'a soun lengatye; Cade mayson, Qu'a sa fayssou. (Brn.) *Jedes Dorf hat seine Sprache, jedes Haus hat seine Art.*

Tant de pays, tant de guizos. (nprv.) *S. So many u. s. w.*

it. Tal paese, tal usanza. *Wie das Land, so der Brauch.*

mi. Tótt i pajis j ha al su usanz. (rom.) *S. Every u. s. w.*

Tanti paesi, tante usanze. (t.) *S. So many u. s. w.*

ni. Tant paés tant usauzi. (em. l'.) *S. So many u. s. w.*

G' à i sò costüm e üsanz ogni paes. (l. m.) *Jeder Ort hat seine Bräuche und Gewohnheiten.*

Ogni pàis a l'a le soe usansse. (piem.) *S. Jede Land u. s. w.*

Ogni paese ga la so usanza. (v.) *S. Every u. s. w.*

Molti paesi, molte usanze. (v.) *S. Viel Land u. s. w.*

si. In dogni Bidda b'est sa moda sua. (sa.) *In jedem Dorfe ist seine Weise.*

Chentu logos, chentu modas. (sa.) *Hundert Orte, hundert Weisen.*

lm. Cada terra fa sa guerra (ncat.) *Jedes Land macht seinen Krieg.*

En cada terra sa guerra. (ncat.) *In jedem Land sein Krieg.*

pt. Cada terra com seu uso, cada roca com seu fuso. *Jedes Land mit seinem Brauch, jeder Rocken mit seiner Spindel.*

Cada terra com seu costume. *Jedes Land mit seiner Gewohnheit.*

Em cada terra seu uso. *In jedem Land sein [Brauch.*

sp. En cada tierra su uso. *S. Em u. s. w.*

En cada tierra su uso y en cada casa su costumbre. *In jedem Land sein Brauch und in jedem Haus seine Gewohnheit.*

---

7. Landesbrauch ist Landesrecht.

At Rome do as Rome does. *In Rom thu' wie en. Rom thut.*

Hvad der er efter Landets Skik, er sømmeligt. dä. *Was nach des Landes Sitte ist, ist ziemlich.*

Man skal Sæd (Skik) følge, eller Land flye. *Man muss der Sitte folgen oder das Land meiden.*

Man scal saa leffwe, som paa Landh ær Seed. (adä.) *Man muss so leben, wie's im Lande Sitte ist.*

Man scal Seedh folghe eller Land fly. (adä.) *S. Man skal Sæd u. s. w.*

Lýttur er så (Så er lýttur), sem ekki fylgir is. landsiðnum. *Zu tadeln ist der, welcher dem Landesbrauch nicht folgt.*

Maðr skal sið fylgja, flýja land ella. *S. Man skal Sæd u. s. w.*

Fylgja skal lands sið, flýa land ella. *Folgen muss man Landes Sitte, oder das Land meiden.*

Annaðhvort er lands sið at fylgja ella ór landi flýja. (fær.) *Entweder ist Landes Sitte zu befolgen, oder aus dem Lande zu fliehen.*

Ein lyt liva etter Lands Sed. *Man muss nach* nw. *Landes Sitte leben.*

Ein lyt fylgja dan Sed, som i Landet er, og inkje dan, ein forer med seg. *Man muss die Sitte befolgen, die im Lande ist, und nicht die, welche man mit bringt.*

Ein lyt Sed fylgja, elder Land fly. *S. Man skal Sæd u. s. w.*

Man får taga seden der (dit) man kommer. sw. *Man muss die Sitte annehmen, wo man hinkommt.*

Man måste så lefwa, som i Landet är seder. *S. Man scal u. s. w.*

Man skall sed följa eller land fly. *S. Man skal Sæd u. s. w.*

Man skal a lande liua som ther ær sidhen. (asw.) *Man muss im Lande leben, wie dort die Sitte ist.*

Thu skalt land sidh folia æller land fly. (asw.) *Du musst Landes Sitte folgen, oder das Land meiden.*

Cum fueris Romae, Romano vivito more: Cum lt. fueris alibi, vivito sicut ibi.

A terra fugias, vel morum convena fias. (mlt.)

Ad terrae morem vitae docet esse tenorem. (mlt.)

À Rome comme à Rome. *In Rom wie in Rom.* fz.

Il faut vivre à Rome comme à Rome (selon les coutumes romaines). *In Rom muss man nach der römischen Gewohnheit leben.*

Homme doit vivre selon le pays où il est. *Der Mensch soll dem Lande gemäss leben, wo er ist.*

it. Paese che vai, usanza che trovi. *(Im) Land, wohin du gehst, Gebrauch wie du (ihn) findest.*

mi. Terra due paesi, uso come trovi. (crs.) *(Im) Land, wo du reisest, Gebrauch wie du (ihn) findest.*

Adatès (E bsogna adatês) a l'us· de' pajes. (rom.) *Sich (Man muss sich) nach dem Brauch der Länder schicken.*

Ovunque vai, fa come vedrai. (t.) *Wohin du gehest, thue wie du (thun) siehst.*

Ovunque andrai, Fa che vedrai (Fa che trovi, lascia, che sai). (t.) *Wohin du gehest, thue was du siehest (thue was du findest, lass' was du weisst).*

Chi cambia terra, dee cambiare usanza. (t.) *Wer das Land wechselt, muss die Gewohnheit wechseln.*

ni. In che paise ti vie, ûza comme ti trêuvi. (lig.) *In welches Land du gehst, richte dich nach den Bräuchen, die du findest.*

A bsogna adatesse a j' usansse. (piem.) *Man muss sich nach den Bräuchen richten.*

Bisogna adatarse ai usi dei paesi. (v.) *Man muss sich nach den Gebräuchen der Länder richten.*

si. A paisi undi vai, come vidi fari, fai. (s.) *Im Lande, wohin du gehst, thue, wie du thun siehst.*

Chi vivet in zitade totu su qui bidet faghet. (sa. L.) *Wer in der Stadt lebt, thut Alles was er sieht.*

lm. Per ahont anirás, farás lo que veurás. (cat.) *Wohin du gehst, thu' was du siehst.*

Terra ahont vas, farás lo que veurás. (cat.) *S. A paisi u. s. w.*

Terra á que vas, usansa que trobas. (cat.) *S. Paese u. s. w.*

pt. Tal terra andar, tal pan mánjar. (gal.) *Das Brod des Landes, in welches man geht, muss man essen.*

sp. Do fueres, haras como vieres. *Wo immer du hingehst, thue wie du es (thun) siehst.*

Por donde (do) fueres, haz como vieres. *S. Ovunque andrai u. s. w.*

A do vas, como vieres así haz. *S. Ovunque vai u. s. w.*

Ve do vas, como vieres assi haz. *Sieh wohin du gehst, wie du sehen wirst, so thue.*

---

8. Wer's lang hat, lässt's lang hängen.

Déu et lang huot, lêst et lang héṇken. (mrh. L.) md.

Wers lång hånt, lässt's lång henk'n. (opf. N.) od.

Wea lounk hod, losst lounk henkan. (st.)

We et lang hat, de let et lang hange. (nrh. A.) pd.

Wä ät lank hät, liht ät lank hange. (nrh. D.)

Wä et lang hät, lött et lang hänge; wä et noch länger hät, dä schleppt et *(wer es noch länger hat, der schleppt es).* (nrh. D.)

Wen et lank het, den lött et lank hangen. (nrh. M.)

Wer lang het, lött lang hang'n. (ns. A.)

De lank hett, lett lank hangn. (ns. B.)

Wer lang het, let lang hengen. (ns. ha. G. u. G.)

Wer lank hett, lett lank hengen. (ns. ha. H.)

Wer lang hett, lett lang hangen. (ns. hlst.)

Ver 't lang hett, lett et lang hangen. (ns. hlst. A.)

Dee't lang hett, lett't lang hangen. (ns. Hmb.)

De lannk hett, lett lannk heng'n. (ns. M.-Sch.)

De't lank hett, lett't lank hangen. (ns. ofs.)

De lang hett, let lang hangen. (ns. O. J.)

De 't lank het, de let 't lank hangen. (ns. O. St.)

Wei lang hät, lett lang hangen. (ns. W.)

Wai lang hett, lett lang hangen. (wstf. Dr.)

Well lang het, löt lang hangen. (wstf. Mst.)

We lank gict, lätt lank hang'n. (wstf. R.)

Die het lang heeft, laat het lang hangen, zei de duivel, en toen sleepte hem het gestolen kabel na. *Wer's lang hat, lässt's lang hängen, sagte der Teufel, und da schleppte ihm das gestohlene Tau nach.* dt.

Weelt lanck heft, die laettet lanck hanghen. (ah.)

Di diar-t lung hê, lêt-t lang hinge. (A.) fs.

Diar 't sidj hea, di leat at uk sidj hingi. (F.) *Wer's lang hat, lässt es auch lang hängen.*

Diärdt breed heef, di kjendt uk breed hinge let. (S.) *Wer's breit hat, der kann's auch breit hängen lassen.*

---

9. Wer lange suppt, lebt lange.

Wer lang pöck'lt, wird ålt. (bair. O.-L.) od.

We͡a long suppt, de͡a lébt long. (ndö.) *Wer lange Suppe isst, der lebt lange.*

Dêr lang tischet, dêr lêabt lang. (schwb. W.-L.) *Wer lange tafelt, lebt lange.*

Wea loung Suppm isst, wiad old. (st.) *Wer lange Suppe isst, wird alt.*

pd. Wier lang sopt, lieft lang. (nrh. S.)

---

is. Så lifir lengst, sem lengst jetr (drekkr). *Der lebt am längsten, der am längsten isst (trinkt).*

nw. Dan som et lengst, han liver lengst. *Der am längsten isst, der lebt am längsten.*

---

10. Die Länge trägt die Last.

od. D' Längi macht d' Strängi. (schwei.)

pd. De Leng hett de Last. (ns. M.-Str.) *Die Länge hat die Last.*

De Födde brenget de Swödde. (wstf. S.) *Die Ferne bringt die Schwere.*

---

dl. Het is eene lange laan, die geen' draai heeft. *Es ist ein langer Pfad, der keine Wendung macht.*

Geen pak zoo klein, of het bezwaart den vermoeide op den langen weg. *Kein Pack so klein, es beschwert den Müden auf langem Wege.*

Lichte borden worden op en langen weech swaer. (ah.) *Leichte Lasten werden auf einem langen Wege schwer.*

Lichte burden swaren op langhe weghen. (avl.) *Leichte Lasten beschweren auf langen Wegen.*

en. It is a long lane that has no turning. *S. Het is eene u. s. w.*

Light burdens (borne far) become heavy. *Leichte Lasten (weit getragen) werden schwer.*

It is a bare moor that ye gang through an' no get a heather cow. (scho.) *Es ist ein ödes Moor, welches ihr durchwandert ohne einen Zweig Heide zu finden.*

---

dä. Liden Byrde er langveis tung. *Kleine Bürde ist weithin schwer.*

Lidhen Byrdhe er (ær) lang (langh) Vey twngh (twng). (adä.) *Kleine Bürde ist auf langem Weg schwer.*

is. Lítil byrði er laungum vegi þúng. *S. Liden u. s. w.*

Lítil birða er lángvegis tung. (fær.) *S. Liden u. s. w.*

nw. D' er alt leidt, som lengje varer. *Es ist Alles übel, was lange währt.*

D' er inkje so godt, ein ei leidest i Lengdi. *Es ist nichts so gut, dass man nicht auf die Länge davon leidet.*

sw. Långden daar lasset.

Liten börda är lång väg tung. *S. Liden u. s. w.*

Lithin byrdhe ær langh wægh thungh. (asw.) *S. Liden u. s. w.*

Læth byrdh ær lang wægh thung. (asw.) *Leichte Last ist auf langem Weg schwer.*

Per callem grandem pondus leve fit grave tandem. (mlt.) lt.

Longo in itinere etiam palea oneri est. (mlt.)

Mantica mole levis fit longo tramite gravis. (mlt.)

Petit fardeau poise à la longue. *Kleine Last drückt auf die Länge.* fz.

Petite chose de loing poise. *Kleine Sache drückt auf die Länge.*

A longue voye paille pèse. *Auf langem Wege drückt der Strohhalm.*

Le loing porter souvent ennuye. *Weittragen langweilt oft.*

Petit seer es longe noie poise. (afz.) *Kleines Weh drückt auf die Länge.*

Petit paquet et long chemin Fatiguent le pélerin. (nrm.) *Kleines Päckchen und langer Weg ermüden den Pilger.* nf.

A loung cami baston que pèse. (Brn.) *Auf langem Wege drückt der Sattel.* sf.

Pichon fardeau de luen pezo. (nprv.) *S. Petit fardeau u. s. w.*

Le cose lunghe diventano serpi. (mi. crs., t.) *Die langen Dinge werden Schlangen.* it.

A lungo andar la pagia pesa. (v.) *Geht man lange, wird das Stroh schwer.* ni.

En luengo camino paja pesa. *S. A longue voye u. s. w.* sp.

---

11. Wer langsam geht, geht sicher.

Gehgemach und Lebelang sind Brüder.

Langzaem gaet zeker. (vl.) *Langsam geht sicher.* dl.

He that goes softly, goes safely. en.

Den som går långsamt, går säkert. sw.

Chi va plan, va saun. (ld. bd.) cw.

Chi vo plaun, vo saun. (ld. O.-E.)

Chi va plan, va san. (ld. U.-E.)

Tgi va pleun, va seun. (obl.)

Qui va doucement, va seurement. fz.

Qui va piane, Va sane. (pic.) nf.

Qũ vâi plan, vâi san; qũ courë, së fën lou mourë. (Lgd.) *Wer langsam geht, geht sicher; wer läuft, zerstösst sich das Antlitz.* sf.

it. Chi va piano va sano.
Chi va piano, va sano e chi va sano, va lontano. *Wer langsam geht, geht sicher und wer sicher geht, geht weit.*

mi. Chi ba pianu, va sanu, Chi ba sanu, va luntanu. (crs. s.) *Wer langsam geht, geht sicher, wer sicher geht, geht weit.*
Chi va piän, va sän. (rom.)
Chi tocca con mano, va sano. (t.) *Wer mit der Hand fühlt, geht sicher.*

ni. Chi va pian, va san. (em. P.)
Quand se toca co le ma, No se pol mai piü sbaliä. (l. b.) *Wenn man mit der Hand fühlt, kann man sich nie irren.*
Chi va pià, va sa. (l. brs.)
Chi va cian, va san. (lig.)
Chi va pian, va san; chi va fort, va a la mort. (piem.) *Wer sachte geht, geht sicher; wer heftig geht, geht in den Tod.*
Chi va pian, va sān; chi va forte, va a la morte. (v.) *S. Chi va pian, va san; chi u. s. w.*

si. Chi va adagio, fa buon cammino. (ap.) *Wer langsam geht, macht guten Weg.*
Cui va chianu, va sanu. (s.)
Qui andat a pianu, andat sanu. (sa.)
Qui andat cum passu appuntadu non ruet mai. (sa.) *Wer gemessenen Schrittes geht, fällt nie.*

---

12. Er schindet die **Laus** des Balges wegen.

md. Ár schind't di Laus üm'n Bàlg. (frk. M.)
od. Der schindt die Laus um den Balg. (bair. L.)
Er schindet eine Laus um den Balg (um einen Kreuzer). (schwei.)

---

dt. Hij zou eene luis villen, om het vel daaraf te hebben. *Er würde eine Laus schinden, um den Balg von ihr zu haben.*
Hij zou eene luis dooden, om er de huid van te hebben. *Er würde eine Laus todtmachen, um die Haut von ihr zu haben.*

en. He 'd skin a louse, and send the hide to market. *Er würde eine Laus schinden und den Balg zu Markte schicken.*
He would skin a louse for the tallow o' it. (scho.) *Er würde eine Laus ihres Talges wegen schinden.*

---

fz. Il écorcherait un pou, pour en avoir la peau. *S. Hij zou eene luis villen u. s. w.*

nf. I touw'reut on piou po z'avu l'pai. (w.) *S. Hij zou eene luis dooden u. s. w.*
I touw'reut on piou po n'n'ès tenner l'pai. (w.) *Er würde eine Laus todtmachen, um die Haut zu gerben.*

Ëspëlliarié un pëzoul, për n' avë la pel. (Lgd.) sf.
S. Hij zou eene luis villen u. s. w.
Espillarié un pevous per aver la peou. (nprv.) *S. Hij zou eene luis villen u. s. w.*

Scorticherebbe il pidocchio per aver la pelle. it.
S. Hij zou eene luis villen u. s. w.
Scannerebbe una cimice per beverne il sangue. *Er würde eine Wanze abhäuten, um das Blut zu trinken.*

E scurgarebb e bdocc pr ave la pell. (rom.) mi.
S. Hij zou eene luis villen u. s. w.
Scorticherebbe il lendine per aver la pelle. (t.) *Er würde die Niss schinden, um den Balg zu haben.*
Scorticar una pulce per venderne la pelle. (t.) *Einen Floh schinden, um die Haut zu verkaufen.*

Scurdgar un pdocc' pr avèir la pèll. (em. B.) ni.
Eine Laus schinden, um die Haut zu haben.
Scortgar un pioènce per vénder la pela. (em. P.) *Eine Laus schinden, um die Haut zu verkaufen.*
Scordghèr un pióc pr' avèir la pèlla. (em. R.) *S. Scurdgar u. s. w.*
Sparti o pighöuggio pe piggiäghe a léndena. (lig.) *Die Laus theilen, um die Niss zu kriegen.*
A pelería un poi (una pules) per piejè la grassa. (piem.) *Er würde eine Laus (einen Floh) abhäuten, um das Fett zu nehmen.*
El scortegaria el peóchio per avanzar la pèle. (v.) *S. Hij zou eene luis villen u. s. w.*

---

13. Er sitzt wie eine **Laus** zwischen zwei Nägeln.

Es geht ihm wie einer Laus zwischen zwei Balken.
Er ist in der Kluppen *(Klemme)*, wie eine od.
Laus zwischen zwei Daumen. (schwb. W.)
Er sitzt wie eine Laus zwischen zwei Daumen. (schwei.)

Hij zit gelijk eene luis tusschen twee nagelen. dt.

At sidde (være) som en Luus imellem to Negle dä.
(Skræddernegle). *Sitzen (Sein) wie eine Laus zwischen zwei Nägeln (Schneidernägeln).*

Esse comme on piou int' deux onkes. (nf. w.) fz.
Wie eine Laus zwischen zwei Nägeln sein.

---

14. Man braucht nicht Läuse in den Pelz zu setzen, sie kommen von selbst hinein.

md. Ich wölte mer Loise am Pelz setzen. (schls.) *Ich wollte mir Läuse in den Pelz setzen.*

od. Mit dam Denge hoods sich Laise ai 'n Pälz g'såtzt. (östr. schls.) *Mit dem Dinge hat er sich Läuse in den Pelz gesetzt.*

Man soll nie Läus in den Pelz setzen, sie wachsen schon selbst darin. (schwb.)

Man muss ihm keine Läuse in den Belz setzen. (schwei.)

pd. Sech Lüüs en de Pelz poten. (nrh. M.) *Sich Läuse in den Pelz setzen.*

Wier wirt sich Léis än de Pielz mächen? (nrh. S.) *Wer wird sich Läuse in den Pelz setzen?*

Man mutt Nüms Lüse inn Pelz settn, se kamt wol vun süllst derin. (ns. B.) *Man muss Niemandem Läuse in den Pelz setzen, sie kommen wohl von selbst hinein.*

---

dt. Men behoeft geene luizen in den pels te zetten. *Man braucht keine Läuse in den Pelz zu setzen.*

De luizen komen wel in den pels, al zaait men ze niet. *Die Läuse kommen schon in den Pelz, wenn man sie gleich nicht sä't.*

fs. Sát man kinn Lüüs unn a Sjist, ja skel-r so naagh kem. (A.) *Setze nur keine Laus in den Pelz, sie wird schon kommen.*

---

dä. Sæt ei Luus i Skindkiortel, hun kommer der vel selv. *Setze keine Laus in den Pelzrock, sie kommt wohl selbst hinein.*

At sætte Luus i sin egen Pels. *Läuse in seinen eignen Pelz setzen.*

nw. Ein skal inkje leggja Lus i Skinnfelden, ho kann væl koma sjolv. *Man muss keine Laus in den Pelz setzen; sie kann wohl selbst kommen.*

sw. Bjud icke lusen i skinnfällen, hon kommer nog objuden. *Lade nicht die Laus in den Pelz ein, sie kommt noch ungebeten.*

---

15. Leben und leben lassen.

md. Man muss lebe un lebe lasse. (Hrz.) *Man muss leben und leben lassen.*

'T muss ë liéwen a' liéwe' loszen. (mrh. L.) *Es muss einer leben und leben lassen.*

od. Man muss leben und leben lassen. (bair., schwei.)

pd. Em mész liewen néh liewe loszen. (nrh. S.) *S. Man muss lebe u. s. w.*

Men moet leven en laten leven. *S. Man muss lebe u. s. w.* dt.

Live and let live. *Lebt und lasst leben.* en.

Ein skal baade liva og lata liva. *S. Man muss lebe u. s. w.* nw.

Lefwa och låta lefwa. sw.

Guder e schar guder, quei fa plischer. (obl.) *Geniessen und geniessen lassen, das macht Vergnügen.* cw.

Campare e lasciar campare. it.

Vivere e lasciar vivere. (t.) mi.

Bisogna vivere e lasciar vivere. (t.) *S. Man muss lebe u. s. w.*

Vivi e lascia vivere. (t.) *Lebe und lass leben.*

Magnar e bever e lassar ch' la vàga. (em. P.) *Essen und trinken und es gehen lassen.* ni.

A stö mond s' à de viv e lassà viv. (l. m.) *In dieser Welt muss man leben und leben lassen.*

A stö mond s'à de god e lassà god. (l. m.) *In dieser Welt muss man geniessen und geniessen lassen.*

Vive e lassè vive. (piem.) *S. Vivi u. s. w.*

Viver e lassar viver. (v.)

A sto mondo bisogna goder e lassar goder. (v.) *S. A stö mond s'à de god u. s. w.*

Bisogna viver e lassar viver. (v. trst.) *S. Man muss lebe u. s. w.*

---

16. Wohl gelebt, wohl gestorben.

Rehte leben git vil gerne guotez ende. (ad.)

Ein bôs leben wer daz hât, dar an ein bôs end gerne stât. (ad.)

Wö gelieft, esö gestuorwen. (mrh. L.) *Wie gelebt, so gestorben.* md.

Wie man lebt, so stirbt man. (bair.) od.

Wie gelebt, so gestorben. (schwei.)

Wer gut lebt, der stirbt auch gut und wird auch gut begraben. (ns. Pr.) pd.

Wei gut leewet, de gut stirwet. (ns. W.) *Wer gut lebt, der stirbt gut.*

Zulk leven, zulk einde. *Wie das Leben, so das Ende.* dt.

He that lives wickedly, shall hardly die honestly. *Wer gottlos lebt, wird kaum ehrlich sterben.* en.

An ill life maks an ill death. (scho.) *Ein übles Leben macht einen schlechten Tod.*

---

dä. Hoo som worloos leffwer, han æreloos døer. (ndä.) *Wer zuchtlos lebt, der stirbt ehrlos.*

is. Hvör hann lifir ærliga, deyr ærliga (Hvör sem ærlega lifir, fær ærlega að deya). *Wer ehrlich lebt, stirbt ehrlich.*

sw. Agelös lefver, ärelös dör. *(Wer) zuchtlos lebt, stirbt ehrlos.*

Som man lefver, så dör man. *S. Wie man lebt u. s. w.*

Den som är väl död, har ock väl lefvat. *Wer gut gestorben ist, hat auch wohl gelebt.*

---

lt. Qualis (Sicut) vita, finis ita.

Qvem (Quem) mos non rexit, vita non inclytus exit. (mlt.)

fz. Telle vie, telle fin. *S. Zulk leven u. s. w.*

De telle vie, telle fin. *S. Zulk leven u. s. w.*

De mauvaise vie mauvaise fin. *Von schlechtem Leben schlechtes Ende.*

La mauvaise vie atrait la mauvaise fin. (afz.) *Das schlechte Leben zieht das schlechte Ende nach sich.*

nf. Télle veie, télle fin. (w.) *S. Zulk leven u. s. w.*

sf. Dë tâlo vido, tâlo fi; dë bôuno têro, bon toupi. (Lgd.) *Wie das Leben, so das Ende; von guter Erde guter Topf.*

De tale vido, tale fin; de boüenno terro, bouen toupin. (nprv.) *S. De tâlo vido u. s. w.*

Qu ben viva, ben monere. (nprv.) *S. Wei u. s. w.*

Cronia via et bouona mor, Djamé ne furan d' accord. (Pat. s.) *Schlechtes Leben, und guter Tod stimmen nie überein.*

it. Chi ben vive, ben muore. *S. Wei u. s. w.*

mi. Dimmi la vita, che fai, e (che) ti dirò la morte, che farai. (t.) *Sag' mir, wie du lebst, so werde ich dir sagen, wie du sterben wirst.*

Come si vive, si muore. (u.) *S. Wie man lebt u. s. w.*

Mala vita, mala morte. (u.) *Schlechtes Leben, schlechtes Ende.*

ni. Chi bén viva, ben moèura. (em. P.) *S. Wei u. s. w.*

Cui cu ben vif, ben mûr. (frl.) *S. Wei u. s. w.*

Cui cu mal vif, mal mûr. (frl.) *Wer schlimm lebt, schlimm stirbt.*

Dim la vita che te fê, E te dirò la mort che te farê. (l. m.) *S. Dimmi u. s. w.*

Chi ben vive, megio mêue. (lig.) *Wer gut lebt, stirbt besser.*

Chi ben viv, ben meuir. (piem.) *S. Wei u. s. w.*

Chi ben vive, ben more. (v.) *S. Wei u. s. w.*

Chi mal vive, mal more. (v.) *S. Cui cu mal u. s. w.*

Come se vive se more. (v.) *S. Wie man lebt u. s. w.*

Chi ben vivi, ben mori. (v. trst.) *S. Wei u. s. w.*

Chi mal vivi, pezzo mori. (v. trst.) *Wer schlimm lebt, stirbt schlimmer.*

Come si nasce, si pasce, come si vive, si muore. si. (npl.) *Wie man geboren wird, nährt man sich, wie man lebt, stirbt man.*

Non po morire bene chi male vive. (npl.) *Nicht kann gut sterben, wer schlimm lebt.*

Comu si campa, si mori. (s.) *S. Wie man lebt u. s. w.*

Quali è la vita, tali sarà la fini. (s.) *Wie das Leben ist, so wird das Ende sein.*

Comente est sa vida, gai sa finida. (sa.) *Wie das Leben ist, hast du das Ende.*

Segundu sa vida sa morte. (sa. L.) *Dem Leben gemäss der Tod.*

Qui male vivit, male morit. (sa. L.) *S. Cui cu mal u. s. w.*

Qual es la vida, tal es la mort. (ncat.) *Wie* lm. *das Leben ist, so ist der Tod.*

Viurer mal y acabar bé no pod ser. (ncat.) *Schlecht leben und gut enden kann nicht sein.*

Qui bè viu, bè mor. (val.) *S. Wei u. s. w.*

Conforme es viu, aixi es mor. (val.) *S. Segundu u. s. w.*

---

17. Halt' es mit den **Lebendigen**.

I faut vive avè les vivants. (nf. w. M.) *Man* fz. *muss mit den Lebenden leben.*

Doppu li morti caminanu li vivi. (si. s.) *Nach* it. *den Todten gehen die Lebendigen.*

---

18. Das **Leder** stehlen und die Schuhe um Gotteswillen vergeben.

Man soll nicht das Leder stehlen und die Schuh um Gotteswillen geben.

Man soll nicht dem Gerber das Leder stehlen, um den Armen Schuhe daraus zu machen.

Er macht's wie unsers Herrgotts Schuhmacher od. (der heilige Crispinus): er stiehlt das Leder und flickt andern Leuten die Schuh mit. (schwei.)

Dr Wirth zum dürren Ast bättlet 's Brod und git's dem Gast. (schwei.) *Der Wirth zum dürren Ast bettelt's Brot und gibt's dem Gast.*

Er stilt en Ochs und git d' Füess um der

Gottswille. (schwei.) Er stiehlt einen Ochsen und gibt die Füsse um Gotteswillen.

pd. Crispinus stillt dat Ledder un gift de Scholı um Gottswillen. (ns. B.) Crispinus stiehlt das Leder und gibt die Schuh um Gotteswillen.

dl. Ik stal het leêr, en geef de schoenen om Godswil. Ich stahl das Leder und gebe die Schuhe um Gotteswillen.

Beter deed s. Krispyn, want hy stal het leer en gaf de schoenen om Gods wil. (vl.) Besser that St. Krispin, denn er stahl das Leder und gab die Schuh um Gotteswillen.

en. To steal the goose and give the giblets in alms. Die Gans stehlen und das Gekröse als Almosen geben.

They steal the hog and give away the feet in alms. Sie stehlen das Schwein und geben die Füsse als Almosen weg.

dä. Mangen stjæler Oxen, og giver Kallunet til de Fattige. Mancher stiehlt den Ochsen und gibt die Kaldaunen den Armen.

Man skal ei offre Kallun af en stjaalen Oxe. Man soll nicht Kaldaunen von einem gestohlenen Ochsen opfern.

lt. Alium spoliat, ut alium ditet.

fz. Offre de Saint-Crépin. (sf. D.) St. Crispingeschenk.

it. Robè per fe limosna. (ni. piem.) Stehlen, um Almosen zu geben.

sp. Hurtar el puerco y dar los pies por Dios. Das Schwein stehlen und die Füsse um Gotteswillen geben.

Hurtar el puerco: y dar los pies por amor de Dios. (asp.) Das Schwein stehlen und die Füsse aus Liebe zu Gott geben.

19. Ein leerer Sack steht nicht aufrecht.

od. A leerer Sök stèiht nit. (opf. N.) Ein leerer Sack steht nicht.

E leere Sack stoht nid uufrecht. (schwei.)

pd. En leeren Sack steit nich an der Wand. (ns. L.-D.) Ein leerer Sack steht nicht an der Wand.

Ein lediger Sack kann nicht aufrecht stehn. (ns. Pr.)

dt. Een ledige zak kan niet regt up staan. S. Ein lediger u. s. w.

Een volle zak kan staan, maar een ledige zak niet. Ein voller Sack kann stehn, aber ein leerer Sack nicht.

En tom Sæk kan ikke holde sig selv op. Ein dä. leerer Sack kann sich nicht aufrecht halten.

Tom säck kan illa stå upprätt. Leerer Sack sw. kann nicht gut aufrecht stehen.

On vud sèche ni sâreut s'tini dreut. (nf. w.) fz. S. En tom u. s. w.

Sacco vuoto non può star in piedi. Leerer it. Sack kann nicht stehen.

Sacco vuoto non istà ritto. Leerer Sack steht nicht aufrecht.

Saccu biotu un po sta rittu. (crs.) Leerer Sack mi. kann nicht aufrecht stehen.

Saccu biotu un po sta in pedi. (crs.) S. Sacco vuoto non può u. s. w.

Un sach vòt un sta drêtt. (rom.)

Sacco vuoto non si regge in piedi. (u.) Leerer Sack richtet sich nicht auf.

Sac vud en po star in pi. (em. B.) S. Sacco mi. vuoto non può u. s. w.

Sacch voèud an sta in pe. (em. P.) Leerer Sack steht nicht.

Sacch vòd èn stà in péé. (em. R.) S. Sacch voèud u. s. w.

El sacch voeuj se pò minga fall stà in pee. (l. m.) Den leeren Sack kann man nicht aufrecht stehen machen.

Un sach vöûid a pöûl nen stè drit. (piem.) S. Ein lediger u. s. w.

Saco vodo no stà in pie. (v.) S. Sacch voèud u. s. w.

Saccu vacanti nun si reje all' irta. (cal.) S. Sacco si. vuoto non si u. s. w.

Saccu vacanti 'un po stari a la dritta. (s.) S. Saccu biotu un po sta rittu.

Saccu boidu non reet istentarzu. (sa.) S. Sacco vuoto non istà u. s. w.

Saccu boidu non istat solu. (sa.) Leerer Sack steht nicht allein.

20. In eine leere Scheuer kommt keine Maus.

A granaio vuoto formica non frequenta. (mi. t.) it. Leere Scheuer besucht keine Ameise.

Le formighe non vanno a' granaj vuoti. (t.) mi. Die Ameisen gehen nicht in leere Scheuern.

21. **In leeren** Häusern regieren Poltergeister.

md. Ein leerer Schrank **Bringt Streit und Zank.** **(mrh. E.)**

Wo Mangel, **da Krangel** *(Zank)*. (mrh. E.)

pd. Leddige Kaameren Gitt dulle Daameren. **(ns. W.)** *Leere Kammern machen tolle Frauen.*

---

dt. Ijdele kamers **maken zotte vrouwen.** *S. Ledige u. s.* **w.**

Eene ijdele **kas** maakt eene **dolle vrouw.** *Ein leerer Kasten macht eine tolle* ***Frau.***

en. Empty rooms (Bare walls) make giddy **housewives.** *Leere Zimmer (Wände)* ***machen*** *faselige Hausfrauen.*

A toom pantry makes a thriftless gudewife. (scho.) *Eine leere Speisekammer macht eine unordentliche Hausfrau.*

---

dä. Tom Kielder **gior galen Redesvend.** ***Leerer*** *Keller macht tollen Hausmeister.*

Tom Kelleræ gor galen Reedhedeyæ. (adä.) *S. Tom u. s.* **w.**

sw. Tombir kællara **gor galna deijhio.** (asw.) *S.* ***Tom u. s. w.***

---

lt. Ob penus **effetum fert proma cor** irrequietum. (mlt.)

fz. Vides chambres font femmes folles. *S. Led-* ***dige u. s. w.***

Wide chambre fete **fole dame. (afz.)** *Leeres Zimmer macht tolle* ***Frau.***

Voide grange fet fole **dame. (afz.)** ***Leere Scheuer macht tolle Frau.***

nf. Les vûds baches fet les vûdès tiesses. (w.) ***Leere Taschen machen leere Köpfe.***

Les vûdès armoires facent **nn les muaiches** tiesses. (w. N.) *Leere* ***Schränke machen*** *schlimme Köpfe.*

it. Quand ca je nen el bsogn 'n **t' le** ca, continua le ruze. (ni. piem.) *Wenn das Nöthige nicht im Hause ist, ist beständig der Zank.*

nt. Dove no gh' è pan, gh' è strepito. (v.) *Wo kein Brot ist, ist Lärm.*

si. Nella casa che non **c' è** pane, c' **è lo** triolo contino. (cal.; npl.) *Im Hause, wo kein Brot ist, herrscht beständiger Zank.*

---

22. **Leere** Tonnen geben grossen Schall.

Leere Fässer klingen hohl.

Volle Fässer klingen nicht, leere desto mehr.

En lëeg Faat het de meiste Klank. **(nrh. M.) pd.** *Ein leeres Fass hat den meisten* ***Klang.***

Ledige vaten bommen meest. ***Leere Fässer*** **dt.** ***schallen am meisten.***

Ledige vaten geven het meest geluid (gerammel). ***Leere Fässer geben den meisten Schall (machen das meiste Geräusch).***

Empty vessels **make the greatest sound.** ***Leere* en.** *Gefässe geben den grössten Schall.*

Empty **barrels** mak **maist din. (scho.)** ***Leere Fässer machen am meisten Geräusch.***

Shallow waters mak maist din. (scho.) *Flache* ***Wasser machen am meisten Geräusch.***

Lähsig Wäiene rummle mäst. (M.) *Leere* **fs.** ***Wagen rumpeln am meisten.***

Tomme Kar skratte mest. ***Leere Kufen klappern am meisten.*** **dä.**

Tomme Vogne buldre (rumle) mest. ***Leere Wagen poltern am*** *meisten.*

De tomme Vogne buldre mest, og de grunde **Vande skryde mest.** ***Die*** *leeren Wagen* ***poltern am meisten und die*** *seichten Wasser* ***rauschen am meisten.***

Tomme Tonder buldre **mest.** ***S. Ledige vaten bommen u. s. w.***

Toma Tunnor glymja mest. ***S. Ledige vaten*** **nw.** ***bommen u. s. w.***

Dan Tunna, som er tom, **gjerer dan meste** Ljom. ***Die Tonne,*** *welche leer* ***ist, macht*** *den meisten* ***Schall.***

Toma Kjerror skrangla **mest.** *Leere Kufen poltern am meisten.*

Dan tome Snelda snurrar mest. *Die leere* ***Spindel*** *schnurrt* ***am meisten.***

Dat høyrest **paa ein** Ljom, **um** Tunna er tom. *Man hört* ***es am*** *Schall, wenn die Tonne* ***leer ist.***

Toma **tunnor bullra** mest. *S. Ledige vaten* **sw.** *bommen* ***u.*** *s. w.*

Toma käril slamra mest. ***Leere Gefässe rasseln*** **[am** *meisten.*

Vasa inania multum **strepunt.** **lt.**

Dolia vacua acutius **resonant.**

Les tonneaux vides sont **toujours** ceux qui font **fz.** **le plus** de bruit. *Die leeren Tonnen sind immer die, welche am meisten Lärm machen.*

Ung vaisseau vuyde sone plus haut que le plein. **(afz.)** *Ein* ***leeres*** *Gefäss schallt lauter, als ein volles.*

C'est todi les vûds tonnais qui fet l'pus d'brut. **nf.** **(w.)** *Immer sind's die leeren Tonnen, die* ***am*** *meisten Geräusch machen.*

Les vûds tonnais sonnet pus foirt qui les pleins. (w.) *Die leeren Tonnen schallen stärker, als die vollen.*

it. Sono le botti vuote quelle che cantano. (mi. crs.) *Es sind die leeren Tonnen, welche singen.*

ni. Bota che canta xe voda. (v.) *Fass, das singt, ist leer.*

Le pignate vode se quele che sona. (v.) *Die leeren Töpfe sind es, welche klingen.*

---

23. **Wenn die Krippe leer ist, schlagen sich die Pferd' im Stalle.**

md. Bann die Kröppe leer es, schmesze sich die Pfär'. (frk. H.) *Wenn die Krippe leer ist, schlagen sich die Pferde.*

od. Sie schlagen einander ab der leeren Krippe. (schwb.)

D' Ross schlönd enand nu bim leere Bahre. (schwei.) *Die Rosse schlagen einander nur bei leerer Krippe.*

pd. Venn de Krypp ler is, so slåen sik de Pere. (ns. hlst. A.) *S. Bann u. s. w.*

Wann de Kräbbe liech es, dann slått sik de Piärre. (watf. Mrk.) *S. Bann u. s. w.*

---

en. When the manger is empty, the horses fight. *S. Bann u. s. w.*

Toom stalls mak biting horses. (scho.) *Leere Ständer machen bissige Pferde.*

fs. Wan a Krab leeshagh as, do bitj a Hingstar arköödar. (F.) *Wenn die Krippe leer ist, da beissen die Pferde einander.*

---

dä. Naar Krybben er tom, bides Hestene. *S. Wan u. s. w.*

nw. Naar Krubba er tom, so bitast Hesterne. *S. Wan u. s. w.*

sw. När hoen är tom, så bitas grisarna. *Wenn der Trog leer ist, so beissen sich die Ferkel.*

---

fz. Quand il n'y a plus d'avoine dans l'auge, les chevaux se battent. *Wenn kein Hafer mehr in der Krippe ist, schlagen sich die Pferde.*

Quand il n' y a pas de foin au râtelier, les ânes se battent. *Wenn kein Heu in der Raufe ist, schlagen sich die Esel.*

nf. Quand i gn' o rien dins che ratelier, chés gvaux i rut'tent. (pic.) *Wenn nichts in der Raufe ist, schlagen sich die Pferde.*

Les vûds baches fet les pourçais s'batte (fet grogni les pourçais). (w.) *Leere Tröge machen die Schweine sich beissen (grunzen).*

---

24. **Den Krebs lehren vorwärts gehen.**

Er lehrt den Krebs vorwärts gehen.

Er will das Eisen schwimmen lehren.

Hij wil het ijzer leeren zwemmen. *S. Er will* **dl.** *u. s. w.*

Egli è come insegnar (com' un insegnar) a un **it.** asino la zolfa. *Es ist, als ob man einen Esel die Tonleiter lehren wollte.*

È come colui che voleva torre a insegnar legger all' orso. *Er ist wie der, welcher den Bären lesen lehren wollte.*

---

25. **Er will den Adler fliegen lehren.**

Er will den Fischen das Schwimmen lehren.

Er lehrt die Fische schwimmen und die Tauben fliegen.

Den Storch klappern lehren.

Lêert kên alen Af Grimasse' mâchen. (mrh. L.) **md.** *Lehrt keinen alten Affen Grimassen machen.*

Hij wil den visschen leeren zwemmen. *Er will* **dl.** *die Fische schwimmen lehren.*

Men behoeft de kat niet te leeren klauteren. *Man braucht die Katze nicht klettern zu lehren.*

You must not teach fish to swim. *Ihr müsst* **en.** *die Fische nicht schwimmen lehren.*

An old fox needs learn no craft. *Ein alter Fuchs braucht keine List zu lernen.*

Han vil lære Ræven at tage Gæs, og Høgen **dä.** at fange Duer. *Er will den Fuchs Gänse holen und den Habicht Tauben fangen lehren.*

Þú kennir ei selum að synda, né fugli að **is.** fljúga. *Du lehrst nicht die Seehunde schwimmen, noch den Vogel fliegen.*

D'er inkje verdt aa læra Fuglen fljuga (Hanen **nw.** gala) (Gaasi symja). *Es ist unnütz, den Vogel fliegen (den Hahn krähen) (die Gans schwimmen) zu lehren.*

Aquilam volare (Delphinum natare) doces. **lt.**

Il ne faut pas enseigner les poissons (apprendre **fz.** aux poissons) à nager. *Man muss die Fische nicht schwimmen lehren.*

On ne doibt pas enseigner le chat à soriser. *Man braucht die Katze nicht mausen zu lehren.*

nf. C'n'est nin à on vi chet qu'on z'apprind à happer les soris. (w.) *Man lehrt nicht eine alte Katze Mäuse fangen.*

On n'apprind nin ås vis márticós à fer des mowes. (w.) *Man lehrt nicht die alten Affen Grimassen schneiden.*

sf. Non cau pas amucha a hilh de guite de nata. (Brn.) *Man muss nicht Entenkind schwimmen lehren.*

A cato vieilho, non fau mounstra lou cendrié. (uprv.) *Der alten Katze braucht man nicht den Aschenhaufen zu zeigen.*

A vieil reinard, non fau mounstra las cadenieros. (uprv.) *Dem alten Fuchse braucht man nicht das Wacholderdickicht zu zeigen.*

it. Inseguare a' gatti rampicare. *Die Katzen klettern lehren.*

Non bisogna inseguare ai gatti a rampicare. *Man braucht die Katzen nicht klettern zu lehren.*

Insegna rampicarsi alle gatte (correr alle lepri) (beccar a' polli). *Er lehrt die Katzen klettern (die Hasen laufen) (die Hühner picken).*

mi. A cane vecchio un li di cucchiuch Perchè ne sa più che tu. (crs.) *Altem Hunde sage nicht Kusch! weil er mehr weiss, als du.*

Insignêr a e majestar. (rom.) *Den Meister lehren.*

Inseguar notare ai pesci. (t.) *Die Fische schwimmen lehren.*

Inseguar le lepri a correre (i polli a beccare). (t.) *Die Hasen laufen (Die Hühner picken) lehren.*

ni. Insguar ai pèss a nodàr. (em. P.) *S. Inseguar notare u. s. w.*

Insguar ai gatt vecc' a rampar (ai lader a robar). (em. P.) *Die alten Katzen klettern (Die Diebe stehlen) lehren.*

Insegnà ai gatt a rampegà. (l. m.) *S. Inseguare a' gatti u. s. w.*

Mostrà a nüà a-i pesci. (lig.) *S. Inseguar notare u. s. w.*

Mostrà di messa a l'Pre Zane.*) (lig.) *Priester Johann Messe lesen lehren.*

Mostrè a noè ai pess. (piem.) *S. Inseguar notare u. s. w.*

Mostrè a rampiè ai gat. (piem.) *S. Inseguare a' gatti u. s. w.*

*) Pre, Priester, wird mit dem Vornamen zusammen als Titel der Geistlichen gebraucht.

Mostrè a saotè ai gat. (piem.) *Die Katzen springen lehren.*

Mostrè a la gata a robè el lard. (piem.) *Die Katze den Speck stehlen lehren.*

'Nsignari la via a li pellegrini. (s.) *Den Pilgern den Weg lehren.* si.

Á ca gros no cal dir Quisso. (ncat.) *Zu grossem Hunde braucht man nicht kusch zu sagen.* lm.

Filho de peixe não aprende a nadar. *Fischkind lernt nicht schwimmen.* pt.

A perro velho não digas Buz Buz. *Altem Hund sag' nicht kusch, kusch!*

Querer ensinar o Padre-nosso ao cura. *Den Pfarrer das Vaterunser lehren wollen.*

A perro viejo no hay tus tus. *S. A perro u. s. w.* sp.

---

26. Wer das Feuer haben will, muss den Rauch leiden.

Man leidet den Rauch des Feuers wegen.

Der Hühner Gackern leidet man um der Eier willen.

Wer Eier haben will, muss der Henne Gackern ertragen. (nrh. E.) md.

Wer Eier will, muss sich auch das Gaken der Henne gefallen lassen. (bair.) od.

Wer Eier will, muess d' Hüener lo gagge (*muss die Hühner lassen gackern*). (schwei.)

Wecker't Füer hebb'n will, mòt ok den Rok liden. (ns. M.-Str.) *Wer das Feuer haben will, muss auch den Rauch leiden.* pd.

Ach, lat de Hehner kackle, wenn Eck man dé Eier hebb'. (ns. Pr.-O.) *Ach, lass die Hühner gackern, wenn ich nur die Eier habe.*

Die het vuur wil hebben, moet den rook lijden. dt.

Die het vuur wil hebben, moet den rook verdragen. *Wer das Feuer haben will, muss den Rauch vertragen.*

Die zich warmen wil, moet wat rook verdragen. *Wer sich wärmen will, muss etwas Rauch vertragen.*

Die eyeren wilt hebben, moet de cakelinghe lyden. (avl.) *Wer Eier haben will, muss das Gackern leiden.*

Die 't vuer begeert, moet den rook lyden. (vl.) *Wer das Feuer begehrt, muss den Rauch leiden.*

Die de eijeren wil hebben, moet het kakelen der hennen verdragen. (vl.) *Wer die Eier haben will, muss das Gackern der Hennen vertragen.*

Die 't varken kelen wil, moet het tieren verdragen. (vl.) *Wer das Schwein schlachten will, muss das Schreien vertragen.*

dä. Hvo der vil have godt af Ilden, maa taale Røgen. *Wer Gutes vom Feuer haben will, muss den Rauch leiden.*

Hvo der vil varme sig ved Ilden, maa ogsaa kunne taale Røgen. *Wer sich am Feuer wärmen will, muss auch den Rauch leiden können.*

Hvo der vil have Æg, maa taale Hønsekaglen. *Wer Eier haben will, muss das Hühnergackern leiden.*

Den som vil spise Æg, maa og lide Hønsene kagle. *Wer Eier essen will, muss auch der Hühner Gackern leiden.*

is. Sá eldinn vill hafa, hlýtr reykinn að þola.

nw. Ein lyt lida Røyken fyre Elden Skuld. *Man muss den Rauch des Feuers wegen leiden.*

Ein lyt halda Høna fyre Eggi si Skuld. *Man muss die Hühner der Eier wegen halten.*

Ein lyt ala Grisen fyre Flesket. *Man muss das Ferkel des Fleisches wegen aufziehen.*

sw. Man lijder Rőken főr Eldens skul. *S. Man leidet u. s. w.*

Den som vill hafva ägg, får tåla att hönsen kackla. *Wer Eier haben will, muss leiden, dass die Hühner gackern.*

Dhen som wil haa Äggen, han måste och lijda at Hőnan kaklar. *Wer das Ei haben will, der muss auch leiden, dass die Henne gackert.*

Tőrne blijr ålskat főr Roserna. *Dornen werden um der Rosen willen geliebt.*

lt. Fumum patimur propter ignem.

it. Chi vuol l'uovo, deve soffrire lo schiamazzo della gallina. (mi. t.) *Wer das Ei will, muss das Gackern der Henne leiden.*

ni. Chi vol el vovo, bisogna che 'l senta 'l strepito de la galina. (v.) *Wer das Ei will, muss das Gackern der Henne hören.*

27. **Leihen macht Freundschaft, Wiedergeben Feindschaft.**

Leihen macht Freundschaft, Mahnen macht Feindschaft.

Leih deinem Freund, Mahn' deinen Feind.

Was du dem Freunde leihst, das mahnt der Feind.

Wer dem Freunde leiht, muss vom Feinde das Capital zurückfordern.

Dem Leiher geht man entgegen bis aus Thor, dem Mahner schlägt man die Thür vor der Nase zu.

Leihen macht Freundschaft, Wiederfordern Feindschaft. (mrh. E.) md.

Lên maokt Fründschopp, maon maokt Findschopp. (ns. A.) *S. Leihen macht Freundschaft, Mahnen u. s. w.* pd.

Borgen macht Freunde, Wiedererhaltenwollen Feinde. (ns. Pr.)

Die zijne vrienden behouden wil, moet ze geen geld leenen. *Wer seine Freunde behalten will, muss ihnen kein Geld leihen.* dt.

Die synen vrient leent, maent synen vyant. (avl.) *Wer seinem Freunde leiht, mahnt seinen Feind.*

He that does lend, loses his friend. *Wer leiht, verliert seinen Freund.* en.

When I lent I was a frend, When I asked I was unkinde. (aen.) *Als ich lieh, war ich ein Freund, als ich zurückforderte, war ich unfreundlich.*

Selde cometh loue lahynde home. (aen.) *Selten kommt Anleihe lachend heim.*

Laan din Ven — og krev din Uven. *Leihe deinem Freund — und mahne deinen Feind.* dä.

Laan, og mist baade Penge og Ven. *Leihe, und verliere Beides: Geld und Freund.*

Ein laaner sin Vin og krev sin Uvin. *Man leiht seinem Freund und mahnt seinen Feind.* nw.

Han het væl, som laana vil, og ille, som atter skal giva. *Der gibt gute Worte, der leihen will, und böse, der wiedergeben soll.*

Man lånar sin vän och kräfver sin ovän. *S. Ein u. s. w.* sw.

Aes debitorem leve, grave inimicum facit. lt.

Ami au prêter, ennemi au rendre. *Freund beim Leihen, Feind beim Wiedergeben.* fz.

Qui prête à l'ami, perd au double. *Wer dem Freunde leiht, verliert doppelt.*

Au prester dieu, au rendre diable. *Beim Leihen Gott, beim Wiedergeben Teufel.*

Qui preste, non r'à; Si r'à, non tost; Si tost, non tout; Si tout, non gré; Si gré, non tel, Garde-toi donc de prester. Car à l'emprunter, Cousin germain; Et à rendre, fils de putain: Et au prester, ami, Au rendre, ennemi. *Wer leiht, kriegt's nicht wieder; wenn er's kriegt, nicht bald; wenn bald, nicht Alles; wenn Alles, nicht gern; wenn gern, nicht so, hüte dich daher zu leihen. Denn beim Borgen*

Geschwisterkind, und beim Wiedergeben H.... sohn; und beim Leihen Freund, beim Wiedergeben Feind.

nf. Ami po eprouter, eun'mi po rinde. (w.) *S. Ami u. s. w.*

sf. Qui ho plan hè sous ahés, Que nou preste jamés. (Arm.) *Wer seine Geschäfte gut führen will, leihe nie.*

Qui prèste nou crube, Si crube nou tout, Si tout nou tan, Si tan, enemic mourtan. (Brn.) *Wer leiht, kriegt nicht wieder, kriegt er wieder, nicht Alles, wenn Alles, nicht, wie es war, wenn so, einen Todfeind.*

Qui preste son or ou argen, Tres coses perd entieremen, Sabé l' or, l' argen é l' amye. Goardats bons y segné seb dic. (Gsc.) *Wer sein Gold oder Silber verleiht, verliert drei Dinge ganz, nämlich das Geld, das Silber und den Freund. Nehmt euch in Acht davor.*

Ës un ânjhë à manlëva é un âzë à rëndrë. (Lgd.) *Du bist ein Engel beim Borgen und ein Esel beim Wiedergeben.*

A presta, cousin jarman, au rendré fiou de putan. (nprv.) *Beim Borgen Geschwisterkind, beim Wiedergeben H.... sohn.*

it. Chi dà a credenza, spaccia assai, Perde l'amico ed il danaro non ha mai. *Wer leiht, büsst viel ein, er verliert den Freund und hat nie das Geld.*

mi. Chi ch' imprèsta pèrd la testa. (rom.) *Wer leiht, verliert den Kopf.*

Chi impresta, male annesta. (t.) *Wer leiht, pfropft schlecht.*

ni. Cul imprestà bèz ai amis si piard l'amicizie. (frl.) *Leiht man den Freunden Geld, verliert man die Freundschaften.*

A imprestà sold ai amis Se perd i sold e po i se fa nemis. (l.) *Leiht man den Freunden Geld, verliert man das Geld und macht sich Feinde.*

Chi impresta, no guadagna. (l.) *Wer verleiht, gewinnt nicht.*

Quel che impresta el perd la cesta. (l. m.) *Wer leiht, verliert den Korb.*

Chi fa crënza e vende asse, perde l' amicizia e i dinæ. (lig.) *Wer Credit gibt und viel verkauft, verliert die Freundschaft und das Geld.*

Chi vend a credit, a perd l' amis e i dnè. (piem.) *Wer auf Credit verkauft, verliert den Freund und das Geld.*

Chi a presta, a perd la cresta. (piem.) *S. Chi ch' u. s. w.*

Chi impresta bezzi se fa dei nemici. (v.) *Wer Geld leiht, macht sich Feinde.*

Chi impresta gli' in perde 'na cesta. (v.) *S. Quel che impresta u. s. w.*

Presta denari, che ti fai nemici. (npl.) *Leihe Geld, so machst du dir Feinde.* **si.**

Cui fa cridenza, perdi l' amicu. (s.) *Wer Credit gibt, verliert den Freund.*

Cui 'mpresta li dinari o fa cridenza, 'Mpresta nnimicizia e resta di senza. (s.) *Wer Geld leiht und Credit gibt, kriegt Feindschaft und bleibt ohne.*

Si ti queres fagher inimigos impresta. (sa.) *Wenn du dir Feinde machen willst, leihe.*

Inimigos queres, dimanda su tou. (sa.) *Willst du Feinde, verlange das Deine.*

Dai sa die qui prestas has un' inimigu de pius. (sa. L.) *Von dem Tage an, wo du leihest, hast du einen Feind mehr.*

Si vols tenir enemigs, dexa diners als amigs. **lm.** (neat.) *Wenn du Feinde haben willst, überlasse den Freunden Geld.*

Deixa diners als amichs, Si vols tenir enemichs. (val.) *Überlasse den Freunden Geld, wenn du Feinde haben willst.*

Dinheiro emprestaste, inimigo ganhaste. *Geld* **pt.** *liehest du, Feind erhieltest du.*

Quien presta, no cobra, y si cobra, no todo, y **sp.** si todo, no tal, y si tal, enemigo mortal. *Wer borgt, kriegt nicht wieder und wenn er wiederkriegt, nicht Alles, und wenn Alles, nicht ebenso, und wenn ebenso, einen Todfeind.*

Quien presta, sus barbas mesa. *Wer leiht, reisst sich den Bart aus.*

Quien fia el dinero, pierde el dinero y el venero. *Wer Geld auf Borg gibt, verliert das Geld und den Besucher.*

---

28. Wer die **Leiter** hält, ist so schuldig, wie der Dieb.

Stehlen und Sackaufheben ist Eins wie das Andere.

Wer den Sack aufhebt, ist so schlimm, als der, **od.** welcher hereinschüttet. (schwei.)

Dä, wo der Sack uf het, und dä, wo d' ry thuet, sy bed glych Schelme. (schwei. S.) *Der, welcher den Sack aufhält, und der, welcher hineinthut, sind Beide gleich Schelme.*

Wie den zak ophoudt, is zou erg als hij, die **dt.** hem vult. *Wer den Sack aufhält, ist so arg, wie der, welcher ihn füllt.*

So veel heeft hy, die 't beenken handt, als die tsaepken vlaedt. (avl.) *So viel hat der, welcher das Beinchen hält, wie der das Schäfchen schindet.*

—

dä. Den som holder Stigen, er lige saa skyldig, som Tyven.

Han er ikke bedre der holder, end den, der flaaer. *Der ist nicht besser, welcher hält, als der, welcher schindet.*

Then ær saa god som holler, som then ther flaar. (adä.) *Der ist so gut, welcher hält, wie der, welcher schindet.*

nw. Dan som held upp Sekken, hjelper dan som tømer Tunna. *Der, welcher den Sack aufhält, hilft dem, welcher die Tonne leert.*

Dan som held, og dan som flær, ero like gode. *Der, welcher hält, and der, welcher schindet, sind gleich gut.*

sw. Den som håller stegen, är lika god med tjufven. *Der, welcher die Leiter hält, ist eben so gut wie der Dieb.*

Den som håller, är ej bättre än den som slår. *Der, welcher hält, ist nicht besser, als der, welcher schlägt.*

Den är intet bättre som håller, än den som flår. *S. Han u. s. w.*

Thæn ær jam ondher som haldher, som thæn som flaar (slaar). (asw.) *Der ist eben so schlimm, welcher hält, wie der, welcher schindet (schlägt).*

\- -

lt. Agens et consentiens eadem poena digni. (mlt.)

Pellem tondenti par poena pedemque tenenti. (mlt.)

Pellem vellenti par poena pedemque tenenti, Excoriat vaccam qui tenet usque pedem. (mlt.)

cw. Tant quel chi tegna co quel chi scorcha. (ld. U.-E.) *So viel der, welcher hält, wie der, welcher schindet.*

fz. Celui qui tient le pied de l' échelle est aussi coupable que (est puni comme) celui qui vole. *Der, welcher die Leiter hält, ist eben so schuldig (wird eben so bestraft), wie der, welcher stiehlt.*

Autant pèche celui qui tient le sac que celui qui met dedans. *Der, welcher den Sack hält, sündigt eben so, wie der, welcher hineinthut.*

Autant fait celui qui tient le veau (le pied), que celui qui l' écorche. *Der, welcher das Kalb (den Fuss) hält, thut eben so viel, wie der, welcher es (ihn) schindet.*

Autant vaut celui qui tient, que celui qui écorche. *Der, welcher hält, ist so viel werth, wie der, welcher schindet.*

Assèz (Bien) escorche qui le pié tient. (afz.) *Genug (Gut) schindet, wer den Fuss hält.*

Cetu que tint lou sai et cetu que boute dedans, sont achi lorrons l' nu que l' âtre. (F.-C.) *Der, welcher den Sack hält, und der, welcher hineinthut, sind Diebe, der Eine wie der Andere.* nf.

L' ci qui tint l' hâle fait ottant que l' ci qui happe. (w.) *Wer die Leiter hält, thut eben so viel, wie der, welcher stiehlt.*

L' ci qui tint l' jambe fait ottant que l' ci qui hoisse. (w.) *Wer das Bein hält, thut eben so viel, wie der, welcher schindet.*

Autant hè lou qui tien, comm lou qui escorche. (Brn.) *Eben so viel thut der, welcher hält, wie der, welcher schindet.* sf.

Àitan fäi aqël që tén qu' aqël q' èscörjho. (Lgd.) *S. Autant hè u. s. w.*

Eytan fa aqueou que ten, qu' aqueou qu' escourtego. (nprv.) *S. Autant hè u. s. w.*

Tanto è chi ruba, quanto chi tien il sacco. *Wer stiehlt, ist so gut, wie der, welcher den Sack hält.* it.

Tanto merita chi tiene, quanto chi scortica. *Eben so viel verdient der, welcher hält, wie der, welcher schindet.*

Tanto (ne) và a chi tiene, quanto a chi scortica. *Eben so viel kommt auf den, welcher hält, wie auf den, welcher schindet.*

Tanta è chi tene, quant' è chi scortica. (crs.) *Wer hält, ist eben so, wie der, welcher schindet.* mi.

Tanto paga chi tiè quanto chi scortica. (R.) *So viel bezahlt, wer hält, wie der, welcher schindet.*

Taut l' è clu ch' ruba che clu ch' ten e sach. (rom.) *Derjenige, welcher stiehlt, ist eben so wie der, welcher den Sack hält.*

Taut l' è clu ch' ten, che clu ch' scòrga. (rom.) *Der, welcher hält, ist eben so wie der, welcher schindet.*

Tanto è ladro chi ruba che chi tiene il sacco. (t.) *Eben so Dieb ist der, welcher stiehlt, wie der, welcher den Sack hält.*

Tanto è tenere che scorticare. (t.) *Halten ist eben so viel, wie schinden.*

Tanto ne vá a chi ruba quanto a chi tien mano. (t.) *Eben so viel kommt auf den, welcher stiehlt, wie auf den, welcher hilft.*

Tanto ne vá a chi ruba, quanto a chi tiene il sacco. (t.) *Eben so viel kommt auf den, welcher stiehlt, wie auf den, welcher den Sack hält.*

ni. Tant è quêll ch' tein, quant è quêll ch' scordga. (em. B.) *S. Tant l' è clu ch' ten u. s. w.*

Agh n' è tant per la bronza, cmè pr' el magnàn. (em. P.) *Es ist eben so viel für den kleinen Kessel, wie für den grossen.*

A fa tant quêll èch tin, cómm' è quêll che scòrdga. (em. R.) *S. Autant hè u. s. w.*

Tant è lader quel che rôba, come quel che tègn el sach. (l.) *S. Tanto è ladro u. s. w.*

L' è tot quel che tè, come quel che scortèga. (l. b.) *S. Tanta u. s. w.*

Se fa tant mal a robà, come a tègn de mà. (l. b.) *Man thut eben so viel Böses, wenn man stiehlt, wie wenn man hilft.*

Va a la forca chi roba o ten a man. (l. m.) *An den Galgen kommt, wer stiehlt oder hilft.*

Tant val col, ch' a ten, com col ch' a scortia. (piem.) *S. Autant vaut u. s. w.*

Tant a fa mal col ch' a ten, com col ch' a scortia. (piem.) *Eben so viel Böses thut, wer hält, wie der, welcher schindet.*

Tant a merita castigh col ch' a roba, ch' col ch' a ten el sach. (piem.) *Eben so viel Strafe verdient, wer stiehlt, wie der, welcher den Sack hält.*

Tanto va a chi roba, che a chi tien el saco. (v.) *S. Tanto ne và u. s. w.*

Tanto va a chi tien, quanto a chi scòrtega. (v.) *S. Tanto (ne) và u. s. w.*

Tanto xe chi tien, come chi scòrtega. (v.) *S. Tanta u. s. w.*

si. Tantu nn' avi cui tira, quantu nn' avi cui scorcia. (s.) *Eben so viel (Schuld) hat, wer zieht, wie der, welcher schindet.*

lm. Tanta culpa tè l' que mata la cabra, com lo qui li tè la garna. (cat.) *Eben so viel Schuld hat der, welcher die Ziege tödtet, wie der, welcher ihr die Klaue hält.*

Faedors y consentidors tots merexen una pena. (val.) *Thäter und Zustimmer verdienen alle dieselbe Strafe.*

sp. Hacientes y consencientes merecen pena igual. *Thäter und Zustimmer verdienen gleiche Strafe.*

---

29. An armer Leute Bart **lernt** der Junge scheeren.

od. An des Armen Bart lernt der Junge scheeren. (bair.)

---

dt. Wie net wil leeren scheren, die scheere eerst den gek zijn baard. *Wer gut scheeren lernen will, der scheere zuerst des Narren seinen Bart*

A barber learns to shave by shaving fools. en. *Ein Barbier lernt scheeren, indem er Narren scheert.*

A barbe de fol aprent-on à raire. *An des* fz. *Narren Bart lernt man scheeren.*

Alla barba de' pazzi il barbiere impara a ra- it. dere. *Am Bart der Narren lernt der Barbier scheeren.*

Alle barbe de' pazzi il barbiere impara a ra- mi. dere. (t.) *An den Bärten der Narren lernt der Barbier scheeren.*

Na barba do nescio aprendem todos a rapar. pt. *Am Bart des Narren lernen Alle scheeren.*

Na barba do tolo aprende o barbeiro novo. *Am Barte des Dummkopfs lernt der neue Barbier.*

Nas barbas do homem astroso se ensina o barbeiro novo. *Am Barte des Unglücklichen lernt der neue Barbier.*

A barba de necio apprenden todos á ropar. *S.* sp. *Na barba do nescio u. s. w.*

---

30. Bei Lahmen **lernt** man hinken, Bei Säufern lernt man trinken.

Bei'm Lahmen lernt man hinken, Bei'm Säufer trinken.

Bei Vollen lernt man saufen, Bei Krämern lernt man kaufen.

Wer bei einem (dem) Stelzner (Stelzler) dient, lernt bald hinken.

Wer mit Hinkenden umgebt, lernt Hinken. (sä. V.) md.

Bei den Lahmen lernt man hinken. (bair.) od.

Bei den Krummen lernt man hinken. (schwei.)

Die met vuile menschen omgaat, leert haast dt. stinken. *Wer mit unsaubern Menschen umgeht, lernt bald stinken.*

Die met kreupelen omgaat, leert hinken. *Wer mit Krüppeln umgeht, lernt hinken.*

Die mit den croepels omgaet, leert wel hincken. (ah.) *Wer mit den Krüppeln umgeht, lernt wohl hinken.*

If ye gang a year wi' a cripple, ye'll limp at en. the end o't. (scho.) *Wenn Ihr ein Jahr mit einem Krüppel geht, so werdet Ihr am Ende (des Jahres) hinken.*

Hos den Lamme lærer man at halte. *S. Bei den* dä. *Lahmen u. s. w.*

Hvo der gantes med galne Folk, bliver selv en Giek. *Wer mit närrischen Leuten schäkert, wird selbst ein Narr.*

is. Af Haltum má læra að haltra. *Von den Lahmen lernt man hinken.*
Sá, sem umgengst með þeim er stamar, lærir að stama. *Wer mit dem umgeht, der stammelt, lernt stammeln.*

---

lt. Iuxta claudum habitans, claudicare discit.
Claudi vicinus claudicat ipse brevi.
Si juxta claudum habites, subclaudicare disces.

ew. Chi che vâ col zôp, impára a zoppiché. (bl. bd.) *Wer mit dem Lahmen geht, lernt hinken.*
Tgi che va cun zopps emprenda da zoppiar. (obl.) *Wer mit Lahmen geht, lernt hinken.*

it. Chi pratica col zoppo, impara a zoppicare. *Wer mit dem Lahmen umgeht, lernt hinken.*

mi. Chi ba cun zoppi, a capu all' annu è zoppu e rangu. (crs.) *Wer mit Lahmen geht, ist am Ende des Jahres krumm und lahm.*
A chi usa collo zoppo, gli se n'appicca. (t.) *Wer mit dem Lahmen umgeht, steckt sich an.*
Chi pratica lo zoppo, impara a zoppicare. (t.) *S. Chi pratica col u. s. w.*

ni. Chi pratica (bazga) al (con al) zopp, tein (impara) zuppgar. (em. B.) *S. Chi pratica col u. s. w.*
Chi sta col zòp, impara a zopegà. (l. m.) *Wer beim Lahmen wohnt, lernt hinken.*
Chi va c'un rango, a-o cavo dell' anno diventa rango e soppo. (lig.) *Wer mit einem Lahmen geht, wird am Ende des Jahres krumm und lahm.*
Col ch' a trata sempre con ii sop, a finiss per sopiè d' co chiel. (piem.) *Wer immer mit den Lahmen verkehrt, endigt damit selbst zu lahmen.*

si. Chi pratteca co lo zuoppo, 'ncapo dell' anno zoppeca. (npl.) *Wer mit dem Lahmen umgeht, hinkt am Ende des Jahres.*
Cui va cu li zoppi, all' annu zuppia. (s.) *Wer mit den Lahmen geht, hinkt nach einem Jahr.*
Qui andat cum su toppu, a cabu ad s'annu est toppu et mesu. (sa. L.) *Wer mit dem Lahmen geht, ist am Ende des Jahres mehr als lahm.*
Qui habitat cum su toppu, imparat a toppigare. (sa. L.) *Wer mit dem Lahmen wohnt, lernt hinken.*

lm. Qui va ab un cox, al cap del añ es tan cox com ell. (neat.) *Wer mit einem Hinkenden geht, hinkt am Ende des Jahres so viel, wie er.*
Qui va en un coixo, al cap del any es coixo. (val.) *Wer mit einem Hinkenden geht, hinkt am Ende des Jahres.*

---

31. **Bei Wölfen und Eulen Lernt man's Heulen.**

Bei den Katzen lernet man mausen. (schwei.) **od.**

Bij wolven en uilen Leert men huilen. **dl.**
Die met de wolven verkeert, leert haast huilen. *Wer mit den Wölfen verkehrt, lernt schnell heulen.*
By wolven en uilen, Daer leert men huilen. (vl.)

Who keeps company with wolves, will learn to howl. *Wer mit Wölfen umgeht, lernt heulen.* **en.**

Hvo der omgaaes med Ulve, han lærer at tude. *Wer mit Wölfen umgeht, der lernt heulen.* **dä.**
Hoo som umgaaes met Wilfwe, han uymmer at tydhe. (adä.) *S. Hvo der u. s. w.*

Úlfr er (verðr), sá með úlfum venst (býr). *Wolf ist (wird), wer mit Wölfen verkehrt (wohnt).* **is.**

Qui suit les poules, apprend à gratter. *Wer den Hühnern folgt, lernt scharren.* **fz.**

Qui autour de càa s'esta, Qu' apren a layra. (Brn.) *Wer nahe bei Hunden wohnt, lernt bellen.* **sf.**
Qui hante souben dap lou loup, Hurle com het, si nou es lourd. (Gsc.) *Wer oft mit dem Wolfe verkehrt, heult wie er, wenn er nicht dumm ist.*
Qü dëmôro ën las galinos, aprën à grata. (Lgd.) *Wer mit den Hühnern wohnt, lernt scharren.*
Embé de loups, l' on apren d' hurlar. (nprv.) *Unter den Wölfen lernt man heulen.*

Chi pratica col lupo, impara a urlare. *Wer mit dem Wolf verkehrt, lernt heulen.* **it.**

Chi vive tra lupi, impara a urlare. (t.) *Wer unter Wölfen lebt, lernt heulen.* **mi.**

Chi sta con al lòv impara a urlàr. (em. P.) *Wer beim Wolfe wohnt, lernt heulen.* **ni.**
A stèr cón al lôv a s'impèra a urlèr. (em. R.) *Wenn man beim Wolfe wohnt, lernt man heulen.*
A sta col luf s' empara a lodulà. (l. b.) *S. A stèr u. s. w.*
A sta col luf s' empara a urlá. (l. brs.) *S. [A stèr u. s. w.*
Chi va col lôf, impara a vosolà. (l. m.) *Wer mit dem Wolfe geht, lernt heulen.*
Chi a sta con el luv, anpara a urlè. (piem.) *S. Chi sta u. s. w.*
Chi sta col lovo impara a urlar. (v., v. trst.) *S. Chi sta u. s. w.*

Qui ab llobs va, samostra à ahullár. (val.) *Wer mit Wölfen geht, lernt heulen.* **lm.**

Quien con lobos anda á aullar se enseañ. *S. Qui ab u. s. w.* **sp.**

---

32. **Keiner ist zu alt zum Lernen.**
Zum Lernen ist Niemand zu alt.

md. 't Gét ên esŏ al ewĕ ėng Kŏ, D' lĕert ên all Dâch ėppes zŏ. (mrh. L.) *Es geht einem so wie einer Kuh, man lernt alle Tage etwas dazu.*

od. Würd ein so alt as *(als)* wie 'ne Chu *(Kuh)*, So lehrt er doch no vorne zu. (schwei.)

pd. Em wird âlt wå en Kâ unt lirl äinjde mi derzâ. (nrh. S.) *Man wird alt wie eine Kuh und lernt immer mehr dazu.*

Ên wä(r)t so olt ass' n Kô, un mütt lêrn ümmerto. (ns. A.) *Man wird so alt wie eine Kuh und muss lernen immerzu.*

Wenn men sau âld werd, as 'ne Kau, Mot men lêren jümmertau. (ns. ha. G. u. G.) *Wenn man so alt wird wie eine Kuh, muss man immerzu lernen.*

Man ward ohlt wie e Koh on lehrt ömmer mehr dato. (ns. Pr.) *S. Em u. s. w.*

Ena wät ümma ölla, as en Ko, un leat al Doej mea doato. (ns. U.) *Einer wird immer älter, wie eine Kuh, und lernt alle Tage mehr dazu.*

---

dl. Een mensch is nooit te oud om te leeren. *Ein Mensch ist niemals zu alt, um zu lernen.*

en. Never too old to learn. *Niemals zu alt zum Lernen.*

Ne'er ower auld to learn. (scho.) *S. Never u. s. w.*

---

dä. Ingen er for gammel til at lære.

is. Enginn er ofgamall gott að læra. *Keiner ist zu alt, Gutes zu lernen.*

Eingin er ovgàmalur gott at læra. (fær.) *S. Enginn u. s. w.*

nw. D' er ingen for gamall te læra. *Es ist Keiner zu alt zum Lernen.*

sw. Ingen är för gammal att lära.

Man blir aldrig för gammal at lära. *Man wird nie zu alt zum Lernen.*

---

lt. Nulla aetas ad discendum sera.

it. A la veja ai rincress muri perché a n' anpara una tuti ii di. (ni. piem.) *Der Alten thut es leid zu sterben, weil man alle Tage lernt.*

si. La vecchia di cent' anni avia a 'mparari. (s.) *Die hundertjährige Alte hatte noch zu lernen.*

Ogni edàde est a tempus de imparare. (sa. L.) *Jedes Alter ist in der Zeit zu lernen.*

---

33. **Man lernt, so lange man lebt.**

Ma lernt sei Tage nich aus. (schls. B.) md.

Man lernt nie aus. (bair.) od.

Es lernt Niemand aus, Bis das Grab ist unser Haus. (schwb. W.)

Man hat nie ausgelernt. (schwei.)

Et hât noch Keener utlehrt. (ns. A.) *Es hat noch Keiner ausgelernt.* pd.

De Minsche mot lêren, san lange as he in der weld is. (ns. ha. G. u. G.) *Der Mensch muss lernen, so lange er in der Welt ist.*

Ûtlêren doit de Minsche sîn Lêwe nich. (ns. ha. G. u. G.) *Auslernen thut der Mensch in seinem Leben nicht.*

Ûtlêren doit kein Minsche, un wenn he noch sau âld werd. (ns. ha. G. u. G.) *Auslernen thut kein Mensch, und wenn er noch so alt wird.*

De Menschke mott lehren, sau lange hei leewet. (ns. W.) *Der Mensch muss lernen, so lange er lebt.*

We are aye to learn as lang as we live. (scho.) en. *Wir haben so lange zu lernen, wie wir leben.*

Ham skal liar, so laang üüs-m lewwet. (A.) fs. *Man muss lernen, so lange als man lebt.*

En mut liar, sa lung lewwed. (S.) *S. Ham skal u. s. w.*

Man lærer saa længe man lever. dä.

Ein lærer so lengje, som ein liver. nw.

Man lärer så länge man lefver. sw.

Vivere tota vita discendum est. lt.

Tam diu discendum est quam diu vivas.

S'impara tanto, quanto si vive. it.

Con pö se viv, con pö s'empara. (l. b.) *Je mehr man lebt, je mehr lernt man.* ni.

Più se vive, più se ghe ne sente. (v.) *Je mehr man lebt, je mehr hört man.*

Non s'ha mai imparà abastanza. (v.) *Man hat niemals genug gelernt.*

Quanto più si vive, più s' impara. (npl.) *S. Con pö u. s. w.* si.

Quantu chiu si campa, chiu s' impara. (s.) *S. Con pö u. s. w.*

---

34. Mat fale' lĕert ė' goen. (md. mrh. L.) *Mit Fallen lernt man gehen.*

Af Fald lærer man at gane paa Is. *Durch Fallen lernt man auf dem Eise gehen.* dä.

---

lt. Artes discuntur peccando.
Errando discitur.

cw. Falland s' imprenda, ingün non nis nat maister. (ld. U.-E.) *Fehlend lernt man, Keiner ist als Meister geboren.*

fz. On apprend en faillant. *Man lernt im Fehlen.*

it. Guastando s'impara. *Verderbend lernt man.*

mi. Cu u guastà s' impara. (crs.) *Mit dem Verderben lernt man.*

Falend s' impèra. (rom.) *Fehlend lernt man.*

L'errare insegna e il maestro si paga. (t.) *Das Fehlen lehrt, und der Lehrer wird bezahlt.*

ni. Çul falà s' impare. (frl.) *Mit dem Fehlen lernt man.*

Faland, faland, se va imparand. (l. m.) *Fehlend, fehlend fährt man fort zu lernen.*

In del fallà se impara. (l. m.) *Beim Fehlen lernt man.*

Chi no fala no impara. (l. m.) *Wer nicht fehlt, lernt nicht.*

A forsa d' fali a s' anpara. (piem.) *S. Falend u. s. w.*

Gonstand a s'anpara. (piem.) *S. Guastando u. s. w.*

Falando se impara. (v.) *S. Falend u. s. w.*

Chi fa, fala, e falando se impara. (v. trd.) *Wer schafft, fehlt, und fehlend lernt man.*

si. Qui non errat, non imparat. (sn. L.) *S Chi no fala u. s. w.*

---

35. Den Letzten beissen die Hunde.
Der Letzte hat den Sack gestohlen.

md. Bàs nàch kömmt, frèßt d'r Hond. (frk. H.) *Was nach kommt, frisst der Hund.*

Ja, wos hingan anòch kimt, dos frasson de Hunde. (schls. B.) *Jo, was hintennach kommt, das fressen die Hunde.*

pd. Den Lexten bietet de Hunde. (ns. hlst.)
Deän Lexten biten di Hunde. (ns. N.)

---

dt. Den laasten man bijten de honden.

fs. A Loedst bat a Hüünj. (A.) *Den Letzten beisst der Hund.*

---

nw. Siste Sauden er Vargen vissaste. *Das letzte Schaf ist dem Wolf am gewissesten.*

Siste Kui fær skitnaste Graset. *Die letzte Kuh kriegt das schmutzigste Gras.*

Siste Gjesten fær laagaste Sessen. *Der letzte Gast bekommt den niedrigsten Platz.*

---

fz. Au dernier les os. *Dem Letzten die Knochen.*

it. Buscarô ch' aresta. (mi. rom.) *Wer zurückbleibt, hat Schaden.*

sp. Al postrero muerde el perro. *Den Letzten beisst der Hund.*

Quien à la postre viene, primero llora. *Wer am Ende kommt, ist der erste, der weint.*

Quien postrero nasce, primero llora. *Wer als der Letzte geboren wird, ist der erste, der weint.*

---

36. Der Letzte macht die Thür zu.

pd. Wei terlest kümmet, maaket de Dööre tau. (ns. W.) *Wer zuletzt kommt, macht die Thüre zu.*

De Leste maut den Sack lappen. (wstf. Mrk.) *Der Letzte muss den Sack flicken.*

---

dt. Die laatst overblijft (langst leeft) sluit de deur, en zal het al hebben. *Wer zuletzt übrig bleibt (am längsten lebt), schliesst die Thür und soll Alles haben.*

en. He that comes last makes all fast. *Der zuletzt kommt, macht Alles zu.*

---

dä. Den Sidste lukker Døren.
Lad dem lukke Døren, der gaae sidst ud. *Lass den die Thür schliessen, der zuletzt hinausgeht.*

---

fz. Le dernier ferme la porte ou la laisse ouverte. *Der Letzte schliesst die Thür oder lässt sie offen.*

nf. C' est l' dierain bèrgi qu' àret tot' les holettes. (w.) *Es ist der letzte Hirt, der alle Hirtenstäbe haben wird.*

it. Chi resta dietro, serra l'uscio. *Wer zurückbleibt, schliesst die Thür zu.*

mi. Chi mi vien dietro, serri l' uscio. (t.) *Wer mir hinter mir kommt, mache die Thür zu.*

ni. Chi ven dopo de mi, serra la porta. (l. m.) *Wer hinter mir kommt, schliesst die Thür zu.*

Coi ch' a veno apress ch' ai pensso lor. (piem.) *Die, welche nachher kommen, mögen d'ran denken.*

---

37. Man soll sein Licht nicht unter'n Scheffel stellen.

---

dt. Zet uwe licht niet onder eene koremaat, maar op een' kandelaar. *Setzt euer Licht nicht unter ein Kornmaas, sondern auf einen Leuchter.*

---

dä. Man skal ikke sætte Lyset under en Skjeppe. *Man soll das Licht nicht unter einen Scheffel setzen.*

sw. Man skal ej sätta ljuset under skeppan. *Man soll das Licht nicht unter den Scheffel setzen.*

---

38. **Aus Liebe zum Talg leckt die Katze den Leuchter.**

Der Fuchs grüsst den Zaun um des Gartens willen.

Es ist ihm nicht um's Schaf, sondern um die Wolle.

Es ist ihm nicht um den Zaun, es ist ihm um's Ross.

Es ist ihm nicht um die Fastnacht, es ist ihm um die Küchlein.

Man mästet das Schwein nicht um des Schweines willen.

Man ehrt den Baum des Schattens wegen.

md. Dèr grüäßt 'n Zan''n Gårt'n wäg''n. (frk. M.) *Der grüsst den Zaun des Gartens wegen.*

od. Man grüsst oft den Zaun des Gartens wegen. (bair.)

Er grüsst 'n Zaun wegen 'n Garten. (bair.)

---

dl. Om den wille van het smeer Likt de kat den kandeleer. *Um des Talgs willen leckt die Katze den Leuchter.*

Om het vet likt de kat de brandpan. *Um des Fettes willen leckt die Katze die Bratpfanne.*

De vos groet dan alleen de heg, wanneer hij in den tuin wil. *Der Fuchs grüsst nur dann die Hecke, wenn er in den Garten will.*

Om de minne van den smeere, Leckt de catte den candeleere. (avl.)

---

dä. Af Kiærlighed til Fedtet slikker Katten Tallerkenen. *Aus Liebe zum Fett leckt die Katze den Teller.*

Katten slikker Botten for Melkens Skyld. *Die Katze leckt den Kübel um der Milch willen.*

is. Því sleikir hundrinn steininn, að hann er feitr. *Darum leckt der Hund den Stein, weil er fettig ist.*

nw. Katten sleikjer Bytta fyre Mjølki si Skuld. *S. Katten slikker u. s. w.*

---

fz. Pour l'amour du buisson va la brebis à l'arbre. *Aus Liebe zum Laub geht das Schaf zum Baume.*

Pur la sauor dou froment mangie le chen bran. (afz.) *Um des Wohlgeschmacks des Weizens willen frisst der Hund Kleie.*

lm. Per amor del bou llepa lo llob lo jou. (neat.) *Aus Liebe zum Ochsen leckt der Wolf das Joch.*

Per desig que tè del bou, Va llepant lo llob al jou. (val.) *Um des Gelüstes willen, das er auf den Ochsen hat, leckt der Wolf das Joch.*

---

39. **Die Liebe ist wie der Thau, sie fällt auf Rosen und Kuhfladen.**

Die Liebe hat Sonnenart: fällt sowohl auf 'nen Kuhdreck, als auf'n Rosenblatt.

Wo die Liebe hinfällt, da bleibt sie liegen, und wär' es ein Misthaufen.

md. Deam Einen fällt de Leiwe up den Butterweck, deam Annern up den Koudreck. (hss. O.) *Dem Einen fällt die Liebe auf den Butterwecken, dem Andern auf den Kuhdreck.*

od. Die Lieb ist wie ein Thau, sie fallt auf die Rosen, wie auf den Kuhfladen. (bair. L.)

Dᵉ Liab is wia 's Tau, es fällt áuf oᵉ Rosᵉn und auf oᵉn Küapfflᵉliaᵉ. (opf.)

Wo die Lieb hinfällt, da bleibt sie liegen, und wenn sie uff a Miste *(auf einen Misthaufen)* fiel. (schwb. W.)

Dᵉ Liebi ist blind — fallt ebe so liecht uf e Chüedreck, as uf e liebs Chind. (schwei.) *Die Liebe ist blind — fällt eben so leicht auf einen Kuhdreck, wie auf ein liebes Kind.*

pd. De Leevde fallt so licht upn Kohdrekk, as upn Rosnblatt. (ns. B.) *Die Liebe fällt (eben) so leicht auf einen Kuhdreck, wie auf ein Rosenblatt.*

De Läwe felt êben san gaud up en'n Kauklack (Kauschet), as up en Niljenblad (Rôsenblad). (ns. ha. G. u. G.) *Die Liebe fällt ebenso gut auf einen Kuhfladen, wie auf ein Lilienblatt (Rosenblatt).*

De Liewe fällt s' gaut upp'n Kauklack, asse upp'n Rosenblad. (ns. ha. H.) *Die Liebe fällt so gut auf einen Kuhfladen, wie auf ein Rosenblatt.*

Bald felt de Lîf up en Rôsenblad, bald up'n Köklack. (ns. ha. L.) *Bald fällt die Liebe auf ein Rosenblatt, bald auf einen Kuhfladen.*

De Leev fallt so good upp'n Kohklack, as upp'n Rosenblatt. (ns. ha. V.) *S. De Liewe fällt u. s. w.*

Wuo de Libe henfelt, doa blift se liggen un went uppen Meshoep is. (ns. N.) *S. Wo die Liebe u. s. w.*

Des Eenen Leefde fällt up'n Roosenblatt, Des Annern siine up'n Kohblatt. (ns. O.) *Des*

Einen Liebe fällt auf ein Rosenblatt, des Andern seine auf einen Kuhfladen.

Die Liebe fällt manchmal auf ein Lilienblatt und manchmal auf einen Kuhfladen. (ns. Pr.)

'n Ênen sîn Liebe fällt up'n Rosenblatt, 'n annern sîne up'n Kohblatt. (wstf. Mst.) *S. Des Eenen u. s. w.*

---

dt. De liefde schuilt zoo wel onder de grove pij als onder het zijden kleed. *Die Liebe birgt sich sowohl unter dem groben Tuche, wie unter dem seidenen Kleid.*

So wel is liefde onder grau pye, als sye. (avl.) *Liebe ist so gut unter grauem Tuche, wie unter Seide.*

---

dä. Kjærlighed (Elskov) er som Mimmerdug, den falder saa snart paa en Hybentorn som paa en Roseublomme. *Liebe ist wie Johannisthau, sie fällt so leicht auf einen Hagedorn, wie auf eine Rosenblume.*

nw. Kjærleiken er som Doggi: fell baade paa ei Rosa og ei Ruga.

sw. Kärleken är som daggen, den faller lika så lätt på brännässlan som på liljeblad. *Die Liebe ist wie der Thau, sie fällt ebenso leicht auf die Brennnessel, wie auf ein Lilienblatt.*

Kärleken faller så (lika) snart på koträcken, som på liljeblad. *Die Liebe fällt so (ebenso) leicht auf den Kuhdreck, wie auf ein Lilienblatt.*

---

fz. L' amour se glisse aussi bien sous un habit que sous un autre. *Die Liebe schleicht sich unter jedem Kleide ein.*

Aussy bien sont amourettes Soubz bureau que soubs brunettes. (afz.) *Liebschaften sind ebenso gut unter grobem, wie unter feinem Tuche.*

nf. L' amour si tape ossi bin so on cherdon qui so n' rose. (w.) *Die Liebe fällt so gut auf eine Distel, wie auf eine Rose.*

sf. L' amou e la gouto, Non sab oun se bouto. (Arm.) *Die Liebe und die Gicht wissen nicht, wo sie sich hinsetzen.*

Amour é râsco régardo pa ountë s' atâco. (Lgd.) *Liebe und Grind sehen nicht, wo sie sich festsetzen.*

Amour et rasquo regardo pas vonte s' ataquo. (nprv.) *S. Amour u. s. w.*

it. Amore e tigna nun guardanu ('un guarda) duve si mette. (mi. crs.) *Liebe und Grind sehen nicht, wo sie sich hinsetzen.*

mi. Amor non mira lignaggio, Nè fede, nè vassallaggio. (t.) *Liebe sieht nicht auf Geschlecht und nicht auf Glauben, noch Lehnbarkeit.*

ni. Tegna e amor, no i guarda nè a poer, nè a sior. (l. b.) *Grind und Liebe sehen weder auf Arm, noch Reich.*

Tanto ben se trova l' amor soto la lana che soto la seda. (v.) *Liebe findet sich eben so wohl unter Wolle, wie unter Seide ein.*

si. Amuri nun guarda ricchezzi. (s.) *Liebe sieht nicht auf Reichthümer.*

sp. Amor no mira linage, ni fe, ni pleyto omenage. (asp.) *S. Amor u. s. w.*

---

40. Liebe fängt bei sich selber an.

---

dt. De liefde begint van zich zelven.

en. Charity begins at home. *Barmherzigkeit fängt zu Hause an.*

---

sw. Kårleken böriar på sigh sielff.

---

lt. Charitas (Caritas bene ordinata) incipit a seipsa.

fz. Charité bien-ordonnée commence par soi-même. *Rechte Barmherzigkeit fängt bei sich selbst an.*

nf. Charité bin ordonnée comminche pa li même. (w.) *S. Charité bien-ordonnée u. s. w.*

it. La prima carità comincia da se. *Barmherzigkeit fängt zuerst bei sich selbst an.*

mi. Charitas incipit ab ego. (rom.) *Barmherzigkeit fängt beim Ego an.*

La caritê la prinzepia da se stess. (rom.) *Die Barmherzigkeit fängt bei sich selbst an.*

ni. Prima caritas e pò caritatis. (l.) *Zuerst Caritas und dann Caritatis.*

La prima carità l' è de se stess. (l. m.) *Barmherzigkeit ist zuerst für sich selbst.*

La prima carità a l' è per noi. (piem.) *Die Barmherzigkeit ist zuerst für uns.*

Prima caritas incipit ab egône. (piem.) *Barmherzigkeit fängt zuerst beim Ego an.*

lm. La caritat bèn ordenada comensa per sí matex. (neat.) *S. Charité bien-ordonnée u. s. w.*

---

41. Liebe überwindet Alles.

Lieb vberwindt alle ding. (ad.)

---

dt. Liefde overwint veel kwaad. *Liebe überwindet viel Böses.*

De liefde verwint alle dingen, behalve een venijnig harte. *Die Liebe überwindet alle Dinge, ausser ein giftig Herz.*

---

lt. Omnia (Amor) vincit amor (omnia).
Nil amanti difficile.

fz. Amour vainct tout, Et argent faict tout. *Liebe überwindet Alles, und Geld thut Alles.*
Amour vainct tout fors que cuer de félon. (afz.) *Liebe überwindet Alles, ausser falsches Herz.*

it. Amor vince ogni cosa.

mi. Nun c' è ostaculu chi arresti un innamuratu. (crs.) *Es gibt kein Hinderniss, das einen Verliebten aufhielte.*
L' amor un ten dri a guint. (rom.) *Die Liebe scheut vor Nichts zurück.*

ni. L' amor fa far de tutt. (em. P.) *Die Liebe lässt Alles thun.*
L' amor el pol fa töt. (l. b.) *Die Liebe kann Alles thun.*
L' amor süpera töt. (l. m.)
L' amor a rend capace a tut. (piem.) *Die Liebe macht zu Allem fähig.*

pt. Por amor tudo se acaba. *Aus Liebe bringt man Alles zu Stande.*

---

42. Liebe und Herrschaft Leiden nicht Gesellschaft.

Drei Dinge leiden keinen Genossen: Regiment, Liebe, Geheimniss.

---

dt. In liefde en hoogen staat Wil niemand medemaat. *In Liebe und hohem Stande will Niemand Gefährten.*

en. Love and lordship like no fellowship. *Liebe und Herrschaft lieben keine Genossenschaft.*
Love and lairdship 's like nae marrows. (scho.) *Liebe und Herrschaft lieben keine Genossen.*

---

dä. Kjærlighed og Herredømme lade sig ikke dele. *Liebe und Herrschaft lassen sich nicht theilen.*

sw. Kärleken lider ingen medbroder. *Die Liebe leidet keinen Genossen.*

---

lt. Amor et potestas impatiens est consortis.
Impatiens socii est omnis amor.
Nec regna nec taedae socia ferre queunt.
Amor non patitur corrivalem. (mlt.)

fz. Amour et seigneurie ne veulent point de compagnie. *Liebe und Herrschaft wollen keine Gesellschaft.*
L' amour et l' ambition ne souffrent pas de compagnon. *Die Liebe und der Ehrgeiz leiden keinen Genossen.*
Oncques amour ne seigneurie, S'entretindrent grande compagnie. *Niemals unterhielten Liebe oder Herrschaft grosse Gesellschaft.*
Onques amour ne seignorie Ne s'entrefirent compaignie. (afz.) *S. Oncques u. s. w.*
Amou ni seignourie Nou bolin pas coumpagnie. **af.** (Hrn.) *S. Amour u. s. w.*
Amor e signoria Non voglion compagnia. *S.* **it.** *Amour u. s. w.*
Nè amore, nè signoria Non voglion compagnia. *Weder Liebe, noch Herrschaft wollen Gesellschaft.*
Amore e signuria Un bolenu cumpagnia. (crs.) **mi.** *S. Amour u. s. w.*
L' amor un vo cumpegn. (rom.) *Die Liebe will keinen Gefährten.*
Amor e signoria Non soffron compagnia. (t.)
Amor e sioréa No i völ compagnéa. (l. b.) *S.* **ni.** *Amour u. s. w.*
S'è vist, se ved, che amor e signoria No sopporten compagnia. (l. m.) *Man hat's gesehen, und man sieht's, dass Liebe und Herrschaft Gesellschaft nicht ertragen.*
Amor e comand a vœulo esse soi. (piem.) *Liebe und Herrschaft wollen allein sein.*
Amuri e signuria nun vonnu cumpagnia. (s.) **si.** *S. Amour u. s. w.*
Amuri e signuria nun ponnu stari in cumpagnia. (s.) *Liebe und Herrschaft können nicht in Gesellschaft sein.*
Amore et signoria non querent cumpagnia. (sa.) *S. Amour u. s. w.*
Regne, ni casamênt compañó no consèn. (neat.) **lm.** *Regierung und Heirath gestatten keinen Gefährten.*
Amor e senhoria Não quer companhia. *S.* **pt.** *Amour u. s. w.*

---

43. Liebe weiss verborgene Wege.

Es ist kein Weg zu weit, Wenn die Liebe **od.** treibt. (schwb.)
Wo die Liab leit, is koa Weg z' weit. (tir. U.-I.) *Wo die Liebe leitet, ist kein Weg zu weit.*

Kjærlighed kjender skjulte Veie. *Liebe kennt* **dä.** *verborgene Wege.*
Der er ingen Uvei for Kjærlighed. *Für Liebe gibt es keinen Umweg.*
Tá íð tvey innast, tey væl finnast. (fær.) *Wenn* **is.** *Zweie einander lieben, finden sie sich wohl.*

nw. Kjærleiken finn alltid Vegen. *Die Liebe findet immer den Weg.*

sw. Kärleken finner fulle wägen. *Die Liebe findet den sichern Weg.*

---

lt. Nil amori invium.

it. Ogni strada diritta e strada torta A la so bella sempre ei lu porta. (mi. crs.) *Jede gerade und krumme Strasse bringt ihn stets zu seiner Schönen.*

si. Quannu amuri voli, trova locu. (s.) *Wenn Liebe will, findet sie den Ort.*

---

44. **Mate Leevde, lange Leevde.** (pd. us. B.) *Matte Liebe, lange Liebe.*

---

en. Love me little and love me long! *Lieb mich wenig und lieb mich lange!*

---

dä. Elsk mig lidt og elsk mig længe! *S. Love u. s. w.*

Elsk mig lidt og elsk mig længe; Elsker du mig for hedt, faaer det hastig (en skiden) Ende. *Lieb mich wenig und lieb mich lange: liebst du mich zu heiss, nimmt's ein rasches (schmutziges) Ende.*

nw. Elska meg litet og elska meg lengje! *S. Love u. s. w.*

---

fz. Aime-moi un peu, mais continue. *Liebe mich wenig, aber fahre fort.*

it. Amami poco, ma continua. (mi. t.) *S. Aime-moi u. s. w.*

---

45. **Wenn die Armuth zur Thür eingeht, so fliegt die Liebe zum Fenster hinaus.**

Tritt der Kummer in's Haus Fliegt die Liebe zum Fenster hinaus.

Wo der Kummer tritt in's Haus Fliegt die Liebe zum Fenster hinaus.

Wie der Kummer tritt in's Haus, Die Liebe fliegt zum Fenster aus.

Klopft die Noth an, so thut die Liebe die Thür auf.

Liebe trinkt nicht Nothwein.

Der Liebe Lust währt so lang wie ein Löffel von Brod.

md. Wan den areme' Jang un der Dir klappt, sprénget d' Léft zur Fenster erâus. (nrh. L.) *Wenn der arme Hans an die Thür klopft, springt die Liebe zum Fenster heraus.*

pd. Kümmt de Ärmuth dohr de Döhr, dann flieg de Liewde ut Fenster herut. (nrh. M.) *Kommt die Armuth durch die Thür, dann fliegt die Liebe zum Fenster heraus.*

Wo Sorgen kaamt, da flügt de Liebe to 'n Finster henut. (us. hn. V.) *Wo Sorge kommt, da fliegt die Liebe zum Fenster hinaus.*

Kommt das Elend in das Haus, Fliegt die Lieb' zum Fenster hinaus. (us. Pr.)

---

dt. Als de armoede de deur binnen komt, vliegt de liefde het venster uit.

en. When poverty enters the door, love flies out at the window.

When poverty comes in at the doors, love leaps out at the windows. *Wenn Armuth zu den Thüren hereinkommt, springt die Liebe zu den Fenstern hinaus.*

---

dä. Naar Armoden gaaer ind ad Doren, da flyver Kjærligheden ud af Vinduet.

sw. När fattigdomen går in genom dörren, flyr kärleken ut genom fönstret. *Wenn die Armuth durch die Thür hereingeht, fliegt die Liebe durch das Fenster hinaus.*

Sorg och gråt skiljer kärleken åt. *Sorge und Weinen scheiden die Liebe.*

---

fz. L'amour et la pauvreté font ensemble mauvais ménage. *Die Liebe und die Armuth führen eine schlechte Ehe zusammen.*

it. Dove roba non corre, amor non regna. (mi. crs.) *Wo kein Gut ist, herrscht nicht Liebe.*

ni. Quand la fam la ve denter de la porta, L'amor el salta xo de la fenestra. (l. b.) *Wenn der Hunger zur Thür hereinkommt, springt die Liebe zum Fenster hinunter.*

La fam a l'è tant granda, ch' l' amor ai sta da banda. (piem.) *Der Hunger ist so gross, dass die Liebe zur Seite tritt.*

Quando la fame vien drento de la porta, l' amor va fora per i balconi. (v.) *Wenn der Hunger zur Thür hereinkommt, geht die Liebe zu den Balkonen hinaus.*

---

46. **Lieben und Husten lässt sich nicht verbergen.**

Die Liebe lässt sich so wenig verbergen, wie der Husten.

Natur und Liebe lassen sich nicht bergen.

Feuer, Husten und Krätze lassen sich nicht verbergen.

Lieb, Feuer, Husten, Krätze, Gicht Lassen sich verbergen nicht.

Wer Liebe bergen will, dem kriecht sie an den Augen heraus.

Lieb' und Rausch Schaut zum Fenster heraus.

md. Die Liebe lässt sich nicht verbergen und der Husten auch nicht. (sä. M.)

od. Die Liebe lässt sich nicht verbergen. (bair.)

Stroh in Schuhen und Liebe im Herzen gucken überall heraus. (bair.)

Die Liebe und den Husten kann man nicht verbergen. (schwei.)

Vier Ding sind, die man nicht verbergen kann: eine Stadt auf einem hohen Berge; die Lieb oder Bulerei; das Stroh in den Schuhen und des Narren Rath. Das fünfte wird noch hinzugethan, eine Spindel im Sack und eine H . . im Haus. (schwei.)

Eine Spul' im Sack, das Stroh im Holzschuh und ein Mädl im Haus lässt sich nicht gut verstecken. (st.)

---

dt. Vier dingen laten sich niet verbergen (houdt men niet onder met geweld): vuur, geld, hoest en liefde. *Vier Dinge lassen sich nicht verbergen (unterdrückt man nicht mit Gewalt): Feuer, Geld, Husten und Liebe.*

Vier dingen laten sich niet bergen: vuyr, schorfths, hoest en liefte. (ah.) *Vier Dinge lassen sich nicht bergen! Feuer, Krätze, Husten und Liebe.*

Hoeste noch liefde en can niet ghedeckt blyven. (avl.) *(Weder) Husten, noch Liebe kann verborgen bleiben.*

en. Love and a cough cannot be hid.

Though ye tether time and tide, Love and light ye canna hide. (scho.) *Wenn ihr Zeit und Flut gleich bindet, Lieb' und Licht könnt ihr nicht bergen.*

---

dä. Kjærlighed og Hoste lade sig ikke dølge.

Kjærlighed og Ruus kunne ikke skjules. *Liebe und Rausch können nicht verborgen werden.*

Armod og Kjærlighed ere onde at dølge. *Armuth und Liebe sind schwer zu verbergen.*

Had og Rigdom kan skjules, men ikke Kjærlighed og Armod. *Hass und Reichthum kann verborgen werden, aber nicht Liebe und Armuth.*

Kjærlighed, Røg og gammel Hoste kan ikke dølges. *Liebe, Rauch und alter Husten kann nicht verborgen werden.*

Kjærlighed, Røg, Hoste og Penge kunne ei dølges. *Liebe, Rauch, Husten und Geld können nicht verborgen werden.*

Kjærlighed, Fattigdom, Daarlighed og Alderdom ere onde at skjule. *Liebe, Armuth, Narrheit und Alter sind schwer zu verheimlichen.*

Ild, Hoste, Fnat og Kjærlighed er ond at dølge. *Feuer, Husten, Krätze und Liebe sind schwer zu verbergen.*

Ild og Hoste, Skab og Kjærlighed kunne ilde dølges. *Feuer und Husten, Grind und Liebe können schwer verborgen werden.*

nw. Armod og Elskug er laake aa løyna. *S. Armod u. s. w.*

Dat syner paa Augom, kvar Elsken er. *An den Augen sieht man, wo Liebe ist.*

sw. Kärlek och hosta låta icke dölja sig.

Hosta och kärlek kunna icke gerna döljas. *Husten und Liebe können nicht leicht verborgen werden.*

Kärleken kan icke dölja sig. *Die Liebe kann sich nicht verbergen.*

Kärlek, rök, hosta och pengar låta icke dölja sig. *Liebe, Rauch, Husten und Geld lassen sich nicht verbergen.*

Fyra ting kunna illa döllia sigh: Elden, Hostan, Skabb och Kiärleek. *Vier Dinge können sich schwer verbergen: das Feuer, der Husten, Grind und Liebe.*

---

lt. Amor tussisque non celatur.

Ebrietas et amor secreta produnt.

fz. L'amour et la toux ne se peuvent cacher. *Die Liebe und der Husten können sich nicht verbergen.*

Amour, toux et fumée en secret ne font demeurée. *Liebe, Husten und Rauch bleiben nicht geheim.*

Amour, toux, fumée et argent Ne se peuvent cacher longuement. *Liebe, Husten, Rauch und Geld können sich nicht lange verbergen.*

Le feu, l'amour, aussi la toux Se connaissent par dessus tous. *Das Feuer, die Liebe und auch der Husten sind vor Allem kenntlich.*

L'amour, la toux et la galle ne se peuvent céler. *Die Liebe, der Husten und die Krätze lassen sich nicht verbergen.*

Amour se monstre où elle est. *Liebe zeigt sich, wo sie ist.*

Amour ne se pœt celer. (afz.) *Liebe lässt sich nicht verbergen.*

af. Amou, toux, bumado é argent Nous poden cacha longamen. (Gsc.) *S. Amour, toux, fumée u. s. w.*

L'amour, lou fun é la tous, së rescoùndon pas ën tous. (Lgd.) *Die Liebe, der Rauch und der Husten lassen sich nicht ganz verbergen.*

L' amour, la fan et la tous, non s' escondé pas en tous. (nprv.) *Die Liebe, der Hunger und der Husten lassen sich nicht ganz verbergen.*

it. Amore e tossa non si può celare.

L' amor, la tosse e la rogna non si ponno nascondere. *S. L' amour, l' toux u. s. w.*

Amore, tossa e rogna celar non ti bisogna. *Liebe, Husten und Krätze brauchst du nicht zu verheimlichen.*

Il fuoco, l' amore e la tosse presto si conosce. *Das Feuer, die Liebe und den Husten erkennt man rasch.*

mi. Passione e ralla 'un si può téne piatta. (crs.) *Leidenschaft und Husten kann man nicht verborgen halten.*

A tossa e le sternute un si ponu tene. (crs.) *Der Husten und das Niesen lassen sich nicht zurückhalten.*

Nè amor, nè cagarella an po stè quert. (rom.) *Weder Liebe, noch Durchfall kann verborgen bleiben.*

Amore e tosse non si nascondono. (t.)

Amore, sonno e rogna non si nascondono. (t.) *Liebe, Schlaf und Krätze lassen sich nicht verbergen.*

Amor, tosse, fumo e argento Non si pon celar gran tempo. (t.) *S. Amour, toux, fumée u. s. w.*

Amore, tigna e scabbia, non li mostra chi non li abbia. (u.) *Liebe, Grind und Krätze zeigt nicht, wer sie nicht hat.*

ni. L' amóur e la tóss prêst s' egnòss. (em. B.) *Die Liebe und den Husten erkennt man bald.*

L' amor e la tossa, von e l' alter prêst as conòssa. (em. P.) *Die Liebe und der Husten werden beide rasch erkannt.*

L' amór, la fam e 'l tòsser èl j' hin trèi cós ch' ès fan egnòsser. (em. R.) *Die Liebe, der Hunger und der Husten sind drei Dinge, die sich zu erkennen geben.*

L' amór, la fam e 'l nós èl j'hin trèi cós ch' èns tinen ascós. (em. R.) *Die Liebe, der Hunger und die Nase sind drei Dinge, die nicht verborgen bleiben.*

Amur e tos i 's fa conós. (l. b.) *Liebe und Husten machen sich kenntlich.*

L' amur l' è come la tós, che s' pôl miga tignil nascost. (l. brs.) *Die Liebe ist wie der Husten, der nicht verborgen gehalten werden kann.*

Amor, panscia, rogna e toss i se fan conoss. (l. m.) *Liebe, Bauch, Krätze und Husten machen sich kenntlich.*

L' amor e la toss a pêllo non nascondse. (piem.) *Die Liebe und der Husten können sich nicht verbergen.*

L' amor, la fam e la toss a son tre cose ch' as fan conòsse. (piem.) *S. L' amór, la fam e 'l tòsser u. s. w.*

Tosse, amor e panzeta, no le se sconde in qualunque sito che se le meta. (v.) *Husten, Liebe und Bäuchlein verbirgt man nicht, wohin man sich auch wende.*

Nè amor, nè panza, nè rogna, (nè tosse) no se pol (sconder) tegnir sconti. (v.) *Weder Liebe, noch Bauch, noch Krätze, (noch Husten) kann man verbergen (verborgen halten).*

L' amor no pol star sconto. (v.) *Die Liebe kann nicht verborgen bleiben.*

L' amor e la tosse no se pol sconder. (v. trst.)

si. Ammore e tosse, dove sta se conosce. (npl.) *Liebe und Husten erkennt man, wo sie sind.*

Amori, dolori e danari nascosti non possono stare. (npl.) *Liebe, Schmerzen und Geld können nicht verborgen bleiben.*

Amuri, prinizza e dinari su tri cosi chi 'un si ponnu ammucciari. (s.) *Liebe, Schwangerschaft und Geld sind drei Dinge, die man nicht verbergen kann.*

Amore et tùssiu non si podent cuare. (sa.)

lm. Diners y bajería no s' poden amagar. (neat.) *Geld und Tollheit kann man nicht verbergen.*

pt. Amor, dinheiro e cuidado não está dissimulado. *Liebe, Geld und Sorge bleiben nicht verborgen.*

Amor, fogo e tosse a seu dono descobre. *Liebe, Feuer und Husten verrathen, bei wem sie sind.*

sp. Amores, dolores y dineros no pueden estar secretos. *S. Amori u. s. w.*

---

47. Wer mich liebt, der liebt auch meinen Hund.

dt. Die mij bemint, bemint ook mijn' hond.

en. Love me, love my dog. *Liebt mich, liebt meinen Hund.*

---

dä. Den som elsker mig, elsker og min Hund.

sw. Älskar du mig, så älskar du äfven min hund. *Liebst du mich, so liebst du auch meinen Hund.*

---

lt. Qui bona fide cum Damat, amat et sacerdotes.

fz. Qui m'aime, aime mon chien.

Qui aime Bertrand, aime son chien. *Wer Bertrand liebt, liebt seinen Hund.*

Qui ayme l'arbre ayme la branche. *Wer den Baum liebt, liebt den Zweig.*

Qi me eyme eme mon chen. (afz.)

nf. Qui aime l' abre, aime lés branques. (R.) *Wer den Baum liebt, liebt die Zweige.*

sf. Qui aymo Martin, aymo sou can. (Arm.) *Wer Martin liebt, liebt seinen Hund.*

Qui ayme Jourdàa, Qu' ayme soun càa. (Brn.) *Wer Jourdoin liebt, liebt seinen Hund.*

Qui l'arbé ame Nou hays la rame. (Gsc.) *Wer den Baum liebt, hasst den Zweig nicht.*

Qâou aimo Marti, aimo soun chi. (Lgd.) *S. Qui aymo Martin, u. s. w.*

Qu amo Martin amo son chin. (nprv.) *S. Qui aymo Martin u. s. w.*

Qu amo l'aubre, amo lou fruc que pouerto. (nprv.) *Wer den Baum liebt, liebt die Frucht, die er trägt.*

it. Chi ama Dio, ama ancora la sua Chiesa. *Wer Gott liebt, liebt auch seine Kirche.*

mi. Chi ama é can, ama é patron. (rom.) *Wer den Hund liebt, liebt den Herrn.*

Chi ama Dio, ama i su Sent. (rom.) *Wer Gott liebt, liebt seine Heiligen.*

Chi ama me, ama il mio cane. (t.)

Chi vuol bene a madonna, vuol bene a messere. (t.) *Wer die Frau liebt, liebt den Herrn.*

ni. Fe d' caresse al' can per amor del padron. (piem.) *Den Hund liebkosen aus Liebe zum Herrn.*

Chi ama Dio, ama ii sò saut. (piem.) *S. Chi ama Dio, ama i u. s. w.*

Chi vol ben a la fia, abrazza la mama. (v.) *Wer die Tochter liebt, umarmt die Mama.*

lm. Qui vol bè à Bertran, vol bè à sos cans. (neat.) *Wer Bertrand liebt, liebt seine Hunde.*

pt. Quem ama a Beltrão, ama o seu cão. *S. Qui aime Bertrand u. s. w.*

Quem ama o frade, ame-lhe o capello. *Wer den Mönch liebt, liebt seine Kaputze (Kappe).*

sp. Quien bien quiere á Pedro, no hace mal á su perro. *Wer Peter liebt, thut seinem Hunde nichts.*

Quien bien quiere a beltran: Bien quiere a su can. (asp.) *S. Qui aime Bertrand u. s. w.*

-

48. Geh' lieber zum Schmidt, als zum Schmidtchen.

Beim Wirthe zehrt man bass, denn beim Wirthlein.

Lieber vom Herrn gekauft, als vom Knechte.

Béssa' zu'n Schmid, âls zu'n Schmid'l. (bair. od. O.-L.) *Besser zum Schmidt als zum Schmidtlein.*

Mar gëiht léiber zo'n Schmîd, áss zo'n Schmidlá. (opf. N.) *Man geht lieber zum Schmidt, als zum Schmidtchen.*

's Ist besser, me gang (man gehe) zum Schmid, as (als) zum Schmidli (Schmidtlein). (schwei.)

Et es beisser 'ne Schmedt âls e Schmedtche. pd. (nrh. A.) *Es ist besser ein Schmidt, als ein Schmidtchen.*

Het is beter tot den smid te gaan dan tot het dt. smeedje. *Es ist besser, zum Schmidt als zum Schmidtchen zu gehen.*

Beter met zijn' meerder te verkeeren, dan met zijn' minder. *Besser mit Höheren verkehren, als mit Niedrigeren.*

Det er bedre at gaae til Hovedet end til Halen. dä. *Es ist besser zum Kopf, als zum Schwanze zu gehen.*

Hellere kjøbe af Herren, end af Tjeneren. *Lieber vom Herren kaufen, als vom Diener.*

Bättre vända sig till Gud sjelf, än till hans sw. helgon. *Besser sich an Gott selbst wenden, als an seine Heiligen.*

Man håller sigh håller til Hufwud, ån til Rumpan. *Man hält sich lieber an das Haupt, als an den Schwanz.*

Il vaut mieux avoir affaire à Dieu qu'à ses fz. saints. *Es ist besser mit Gott zu thun zu haben, als mit seinen Heiligen.*

Il vaut mieux s'adresser à Dieu (Il faut s'adresser à Dieu plutôt) qu'à ses saints. *Es ist besser (Man muss) sich (lieber) an Gott wenden, als an seine Heiligen.*

Il vaut mieux se tenir (s'attacher) au gros de l'arbre, qu'aux branches. *Es ist besser, sich an den Stamm des Baumes zu halten, als an die Aeste.*

Il vaut mieux Dieu prier que ses saints. (afz.) *Es ist besser, zu Gott zu beten, als zu seinen Heiligen.*

Il vaut mieux boire à la fontaine que au ruisseau. (afz.) *Es ist besser, an der Quelle zu trinken, als aus dem Bache.*

I vaut co mieux parler au bon Dieu qu'à ses nf. saints. (R.) *Besser noch mit dem lieben Gott reden, als mit seinen Heiligen.*

Vât mi s'adressi à bon Diu qu'à ses saints. (w.) *Besser sich an den lieben Gott wenden, als an seine Heiligen.*

sf. Qü qito fâbrë për fâbrillon, për sa pêno é soun carbon. (Lgd.) *Wer den Schmidt des Schmidtchens wegen verlässt, verliert seine Mühe und seine Kohlen.*

Qu quitto Fabre per Fabrillon, perde sa peno et son carbon. (nprv.) *S. Qü u. s. w.*

it. Mezus dare lira a mastru qui non soddo a dischente. (si. sa. L.) *Besser dem Meister eine Lire geben, als dem Lehrling einen Soldo.*

sp. Quien dexa al herrero y va al herreron, gasta su hierro y quémase el carbon. *Wer den Schmidt verlässt und geht zum Schmidtchen, verdirbt sein Eisen und verbrennt die Kohlen.*

---

49. **Lieber dem Wirth, als dem Apotheker.**

md. 't As bèsser bei de Bèeker, wë bei den Dokter goen. (mrh. L.) *'s Ist besser zum Bäcker, als zum Doktor zu gehen.*

od. Lieber dem Wirth als dem Doktor. (schwei.)

Es ist besser dem Schuhmacher, als in die Apothek. (schwei.)

Es ist besser, ma gebs *(man gebe es)* dem Metzger ond *(und)* dem Becka *(Bäcker)*, as *(als)* dem Tokter *(Arzt)*. (schwei. A.)

pd. Bässer der Fleischhäuer em Huhs, als der Dokter. (urh. K.) *Besser der Fleischer im Haus, als der Doktor.*

Bässer et Gäld nom Backes gedraat, als no der Apptheek. (urh. K.) *Besser, das Geld nach dem Backhaus getragen, als nach der Apotheke.*

Beter is mit 'n Backer, as mit 'n Aptêker to eten. (ns. B.) *Besser ist's, mit dem Bäcker, als mit dem Apotheker zu essen.*

't Is beter eten mit 'n Backer, as mit 'n Apotheker. (ns. ofs.) *S. Beter u. s. w.*

Lieber dem Bäcker, als dem Apotheker. (ns. Pr.)

---

dt. Het is beter te gaan bij den bakker, dan bij den apotheker. *Es ist besser, zum Bäcker, als zum Apotheker zu gehen.*

en. Better wait on the cook than on the doctor. (scho.) *Lieber dem Koch aufwarten, als dem Doktor.*

Better wear shoon than wear sheets. (scho.) *Besser Schuhe abnutzen, als Betttücher abnutzen.*

fs. Loewar tu a Maller, üüs tu a Dokter. (A.) *Lieber zum Müller, als zum Arzt.*

Bättre (at) betala kocken, än apotekarn. *Lieber* sw.
den Koch bezahlen, als den Apotheker.

Bättre rikta skomakaren, än apotekarn. *Lieber den Schuhmacher, als den Apotheker bereichern.*

Il vaut mieux aller au moulin qu'au médecin. fz.
Es ist besser zur Mühle, als zum Arzt zu gehen.

Vaut mieux aller au moulin qu' au médecin. nf.
(Br.) *Besser ist's zur Mühle, als zum Arzt zu gehen.*

Il vaut mieux aller au moulin, Que d' aller au médecin. (norm.) *S. Il vaut u. s. w.*

I vaut miux aller ach' l' ormère Qu' à ch' l' apothicaire. (pic.) *Es ist besser, zum Schrank zu gehen, als zum Apotheker.*

Min vent aller ach' molin, Que d' aller ach' médecin. (pic.) *S. Vaut u. s. w.*

Vât mi d' aller à bolgi qu' à l' apothicâre. (w.) *S. Het is u. s. w.*

È meglio che ci vengn il fornaio, che il me- it.
dico. (mi. t.) *Es ist besser, dass der Bäcker zu uns komme, als der Arzt.*

È meglio consumare le scarpe, che le lenzuola. mi.
(t.) *Es ist besser die Schuhe, als die Betttücher verbrauchen.*

L' è mèi spend sole in pa, che in medizine. ni.
(l. b.) *Es ist besser Geld für Brot, als für Arzneien ausgeben.*

L' è mèi früà le scarpe che i lenzöi. (l. b.) *S. È meglio consumare u. s. w.*

L' è mej spend danee in pan che in medesina. (l. m.) *S. L' è mèi spend u. s. w.*

L' è mej frustà di scarp che di lenzœu. (l. m.) *Es ist besser Schuhe, als Betttücher verbrauchen.*

A l' è mej spende d' dnè an pan ch' an remedi. (piem.) *S. L' è mèi spend u. s. w.*

A l' è mej frustè d' scarpe ch' d' linssœi. (piem.) *S. L' è mej frustà u. s. w.*

Xe megio frunr le scarpe che i ninzioi. (v.) *S. È meglio consumare u. s. w.*

Mejo frugar le scarpe, che i ninzioi. (v. trst.) *Lieber die Schuhe verbrauchen, als die Betttücher.*

Megghiu lu furnaru chi lu spiziali. (s.) *Lieber* si.
der Bäcker, als der Apotheker.

---

50. **Kein so gut Lied, Man wird sein müd.**

Das beste Lied macht durch die Länge müd. od.
(bair.)

---

dä. Der er ingen Vise saa god, at man jo kjedes ved at høre den ofte. *Es ist keine Weise so gut, dass man nicht müde würde, sie oft zu hören.*

nw. D' er ingi Visa so ven, ho verd inkje leid i Lengdi. *Es ist keine Weise so schön, dass sie nicht auf die Länge hässlich würde.*

---

fz. L' aigaisse a in bé osé, mais quand en lou voit trou, et sole. (nf. Fr.-C.) *Die Elster ist ein schöner Vogel, aber wenn man sie zu oft sieht, langweilt sie.*

sf. L' é on bi l' ozé ke l' agaça; ma kan on la vei ti lé djeur, l' einnouie. (Pat. s.) *Es ist ein schöner Vogel die Elster, aber wenn man sie alle Tage sieht, so langweilt sie.*

---

51. **Het einde prijst het leven, gelijk de avond den dag doet.** (dt.) *Das Ende lobt das Leben, wie der Abend den Tag.*

---

sw. Aftonen kröner morgonen. *Der Abend krönt den Morgen.*

---

lt. Diem vesper commendat.

fz. La fin loue la vie et le soir le jour. *Das Ende lobt das Leben und der Abend den Tag.*

sf. La fin lause la bite é lou brespé lou dic. (Gsc.) *S. La fin loue u. s. w.*

it. La vita il fin e il di loda la sera. *S. La fin loue u. s. w.*

Un bel morir tutta la vita onora. *Ein schönes Sterben ehrt das ganze Leben.*

pt. O fim louva a vida e a tarde o dia. *S. La fin loue u. s. w.*

---

52. **Lobe die Berge und bleib' in der Ebene.**

Lobe die See und bleib auf dem Lande.

---

dt. Om vrij te zijn van ongeval Zoo prijs den berg en houd het dal. *Um frei von Unfällen zu sein, lobe den Berg und halte dich im Thale.*

en. Praise the sea but keep on land. *Lobe die See, aber bleib am Lande.*

---

dä. Ros Bjergene, men bliv paa Sletten. *Lobe die Berge, aber bleib auf der Ebene.*

nw. D' er godt, aa sjaa paa Sjoen, naar ein sjelv er paa Landet. *Es ist gut, auf die See zu sehen, wenn man selbst auf dem Lande ist.*

sw. Rosa bergen, men stanna på slätten. *S. Ros u. s. w.*

---

fz. Il faut louer la mer et se tenir en terre. *Man muss das Meer loben und am Lande bleiben.*

sf. Laude la mâa — estat à terre. (Brn.) *Lobe das Meer — bleib auf dem Lande.*

Lauzo la mar et ten te en terro. (nprv.) *S. Lobe die See u. s. w.*

Lauzo lou mont, ten to à la piano. (nprv.) *Lobe den Berg, bleib' in der Ebene.*

Bragâ lé hio, mâ teni vo dein lé bâ. (Pat. s.) *Rühmt die Höhe, aber bleibt in der Tiefe.*

it. Loda il monte e tienti al piano. *Lobe den Berg und bleib in der Ebene.*

Loda il mar e tienti alla terra. *S. Lobe die See u. s. w.*

ni. Loda la montagna e tègnet a la campagna. (l.) *Lobe das Gebirg und bleib' in der Ebene.*

Loda le basse e tègnet a le alte. (l.) *Lobe die Niederungen und halte dich auf den Höhen.*

Loda 'l mar e tègnet a la tèra. (l.) *S. Lobe die See u. s. w.*

Loda el mar e tente a la tera. (piem.) *S. Lobe die See u. s. w.*

Loda el monte e tiente al pian. (v.) *S. Loda il monte u. s. w.*

Loda le basse e tiente a le alte. (v.) *S. Loda le u. s. w.*

Loda 'l mar, tiente a la tera. (v.) *S. Lauda u. s. w.*

Mi lodo 'l mar, ma me tègno a la tera. (v.) *Ich lobe das Meer, aber bleibe auf dem Lande.*

Loda el mar e tiente a la tera. (v. trst.) *S. Lobe die See u. s. w.*

Loda il monte, tienti al piano. (v. trt.) *S. Lauzo lou u. s. w.*

si. Ama lo mare e tieneto alla taverna. (npl.) *Liebe das Meer und bleib in der Schenke.*

Loda la muntagna, ma tienti a la chianura. (s.) *Lobe das Gebirge, aber bleib in der Ebene.*

Loda l'acchianata et scegghi la chianata. (s.) *Lobe den Abhang und wähle die Ebene.*

Guarda (Godi) lu mari e teniti a la terra. (s.) *Sieh auf (Geniesse) das Meer und bleib auf dem Lande.*

Lauda (Loda) lu mari e teniti a la tera. (s. C.) *S. Lobe die See u. s. w.*

pt. Por ter a vista bella, olha o mar e mora na terra. *Um schöne Aussicht zu haben, blicke auf's Meer und bleib auf dem Lande.*

Vê o mar e sê na terra. *Sieh das Meer und sei auf dem Lande.*

sp. Hablar de la mar y estar en la tierra. *Vom Meere sprechen und auf dem Lande bleiben.*

Hablar de la guerra y estar fuera de ella. *Vom Kriege sprechen und nicht darin sein.*

---

53. Man soll den Flachs nicht loben, Man hab' ihn denn am Koben.

Rühme den Markt nicht, bevor er gehalten ist.

---

en. It 's ill praising green barley. (scho.) *Grüne Gerste zu loben ist nicht gut.*

---

dä. Roes ei af Baaden forend Torvet er holdet. *Rühme dich nicht des Vortheils, bevor der Markt gehalten ist.*

Roes ei Bygget i Blade, for Du har det i Lade. *Rühme nicht die Gerste im Halm, bevor du sie in der Scheuer hast.*

Ros ei Kornet i Blade for Du faaer det i Lade. *Lobe nicht das Korn im Halm, bevor du es in der Scheuer hast.*

Ros ei Fisken, for du har den paa Disken. *Rühme den Fisch nicht, bevor du ihn auf der Schüssel hast.*

is. Lofaðu ekki skinnið fyrr enn skollinn er veiddr. *Lobe nicht das Fell, ehe der Fuchs gefangen ist.*

Sæðið má ei lofa fyrr enn sést þess ávöxtur. *Die Saat muss man nicht loben, ehe man ihre Frucht sieht.*

nw. Ein skal inkje rosa Raadi, fyrr ho er roynd. *Man soll den Rath nicht loben, ehe er erprobt ist.*

Rosa inkje Fisken, fyrr han er paa Disken. *S. Ros ei Fisken u. s. w.*

Rosa inkje dat Kornet, som stend i Blad, men helder dat, som ligg i Lad. *Rühme nicht das Korn, welches im Halme steht, sondern lieber das, welches in der Scheuer liegt.*

Ein skal inkje rosa Byggen, fyrr han er i Bingen. *Man soll nicht die Gerste rühmen, bevor sie im Kasten ist.*

Du ska 'kji roso Kodnæ, naa dæ staar i Bleo, men ner du-faar dæ i Loo. (Valders.) *Du sollst nicht das Korn rühmen, wenn es im Halme steht, sondern wenn du es in der Scheuer hast.*

sw. Rosa intet marknaden förr än han är förbi. *Lobe den Markt nicht, ehe er vorüber ist.*

Rosa intet Kornet aff bladen förr än du fåret i Ladan. *S. Ros ei Kornet u. s. w.*

Rosa inte fisken, förrän du har den pa disken. *S. Ros ei Fisken u. s. w.*

---

54. Man soll den Tag nicht vor dem Abend loben.

Den guten Tag muss man erst am Abend loben.

Guoten tac man zâbende loben sol. (ad.)

Mër söll nit vor der Kirm jux'n. (frk. M.) *Man soll nicht vor der Kirmes juchzen.* md.

Einen schönen Tag muss man erst am Abend loben. (bair.) od.

Em säl den hischen Dåch nèt fir em Öwent liwen. (urh. S.) *Man soll den schönen Tag nicht vor dem Abend loben.* pd.

Men love geen' dag, of hij zij ten avond. *Man lobe keinen Tag, es sei denn am Abend.* dl.

Men looft gheen dach, hy en sy ten auonde. (avl.) *Man lobt keinen Tag, es sei denn am Abend.*

Praise a fair (fine) day at night. *Einen schönen Tag lob' am Abend.* en.

Praise day at night, and life at the end. *Lobe den Tag am Abend und das Leben am Ende.*

Ruse the fair day at e'en. (scho.) *Lobe den schönen Tag am Abend.*

At kveldi skal dag leyfa. *Am Abend soll man den Tag loben.* an.

Man skal ei rose Dagen for Aftenen kommer. *Man soll den Tag nicht rühmen, bevor der Abend kommt.* dä.

En god Dag skal man rose om Aftenen. *Einen guten Tag soll man am Abend loben.*

Morgenveir er bedst at prise ad Aften. *Morgenwetter ist am besten Abends zu preisen.*

Dag skal að kvöldi lofa en mey að endalykt. *Den Tag soll man am Abend loben und das Leben am Ende.* is.

Að morgni skal mey lofa en að kvöldi veðr. *Am Morgen soll man das Mädchen loben und am Abend das Wetter.*

Ein skal inkje rosa Dagen, fyrr en Kvelden er komen. *Man soll den Tag nicht preisen, bevor der Abend gekommen ist.* nw.

A solis occasu, non ortu describe diem. (mlt.) lt.

Vespere laudari debet amoena dies. (mlt.)

I n'faut jamais s'vanter d'enne belle journée d'vant qu'elle soit passée. (nf. w.) *Man muss* fz.

sich nie eines schönen Tages rühmen, bevor er vorüber ist.

it. Non lodar il bel giorno innanzi sera. *Lobe den schönen Tag nicht vor dem Abend.*

mi. Un bsogna lodèr e dé fena tant ch' n' é sera. (rom.) *Man muss den Tag nicht loben, so lange es nicht Abend ist.*

ni. No se pol dir bel zorno, se no xe sera. (v.) *Man kann den Tag nicht schön nennen, wenn nicht Abend ist.*

La xe la sera che fa belo 'l dì. (v.) *Der Abend ist's, der den Tag schön macht.*

si. Nun ludari la jurnata, si nun scura la sirata. (s.) *Lobe den Tag nicht, wenn nicht der Abend dunkelt.*

pt. Á fin louva á vida é á tarde louva ó dia. *Am Ende lobe das Leben und am Abend lobe den Tag.*

sp. Al fin loa la vida y a la tarde loa el dia. *S. A fin u. s. w.*

---

55. Me sell kei Chnecht vor 'em Fürobe lobe. (ol. schwei. S.) *Man soll keinen Knecht vor dem Feierabend* **loben.**

---

dt. Des avonds prijst men den arbeider, en des morgens den waard. *Des Abends preist man den Arbeiter und des Morgens den Wirth.*

Aan het einde des jaars zal men eerst 't huwelijk loven. *Am Ende des Jahres soll man erst die Ehe loben.*

---

dä. Ros Dagleieren om Aftenen, og Verten om Morgenen. *Lobe den Taglöhner am Abend und den Wirth am Morgen.*

nw. D' er tids nog aa rosa Herbyrget, naar Rekningi kjem. *Es ist Zeit genug, die Herberge zu loben, wenn die Rechnung kommt.*

---

lt. Hospicium lauda surgens dum cantat alauda. (mlt.)

fz. Au vespre loue l' ouvrier, Et au matin l' ostelier. *Am Abend lobe den Arbeiter und am Morgen den Wirth.*

A vespre loe len le jor, a matin son oste. (afz.) *Des Abends lobt man den Tag, am Morgen seinen Wirth.*

Au vespre loon le biau jor et au matin nostre oste. (afz.) *Loben wir am Abend den schönen Tag und am Morgen unsern Wirth.*

sf. Au brespau laude l' oubré et au mati l' hoste. (Brn.) *S. Au vespre loue u. s. w.*

---

56. Wer sich selber **lobt**, muss üble Nachbarn haben.

Swer sich selben loben wil, den lobent danne niht ze vil sîn nâchgebûrn. (ad.)

Welh man vil pöser nachpauren hât, der lob sich selbs, das ist mein rât. (ad.)

---

dt. Hij moet geene goede buren hebben, want hij prijst zich zelven. *Er muss keine gute Nachbarn haben, denn er lobt sich selbst.*

Hi heeft onbeleefde ghebueren, die hem selnen pryst. (avl.) *Der hat unfreundliche Nachbarn, der sich selbst lobt.*

en. He hath ill neighbours (dwells far from neighbours), that's fain to praise himself. *Der hat schlechte Nachbarn (wohnt fern von Nachbarn), der genöthigt ist, sich selbst zu loben.*

---

dä. Den maa (skal) rose sig selv, der har onde Naboer. *Der muss sich selbst loben, der schlechte Nachbarn hat.*

Then seal sigh selw lowe, endhe haffwer Grande. (adä.) *S. Den maa u. s. w.*

is. Så skall sig lofa, sem illa granna á. *Der muss sich loben, der schlechte Nachbarn hat.*

nw. Dan som heve laake Grannar, lyt skreppa sjolv. *Wer schlimme Nachbarn hat, muss sich selbst rühmen.*

Han lyt rosa seg sjolv, som heve vonde Grannar. *S. Den maa u. s. w.*

sw. Den som har onda grannar måste rosa sig sjelf. *S. Den som u. s. w.*

Han skal sik sialuer lowa, ther onda hawer granna. (asw.) *S. Den maa u. s. w.*

---

lt. Cui malus est civis, laudet licite sua quivis. (mlt.)

---

57. Steck deinen **Löffel** nicht in andrer Leute Töpfe.

Um fremde Briefe und Seckel soll sich Niemand kümmern.

---

en. To put our sickle into another man's corn. *Unsere Sichel an eines Anderen Korn legen.*

Do not poke your neb into other folk's porridge. (n. en.) *Steck' deine Nase nicht in anderer Leute Suppe.*

---

dä. Hold Dine Oine fra fremmede Breve, Dine Oren fra fremmed Tale, og Dine Hænder fra fremmede Penge. *Halte deine Augen von fremden Briefen, deine Ohren von fremdem Gespräch und deine Hände von fremdem Gelde fern.*

Den som gjerne vil røre i Andres Potter, svier tidt sin egen Grød. *Wer gern in Anderer Töpfen rührt, brennt oft seinen eigenen Brei an.*

is. Sá gjarna vill hræra í annars potti, út úr hans potti sýður eða brennur við. *Wer gern in Anderer Töpfe rührt, kocht aus seinem Topfe über oder brennt an.*

sw. Den som gerna vill röra i andras grytor, sveder ofta sin egen gröt. *S. Den som u. s. w.*

---

fz. Il ne faut pas mettre la faucille dans la moisson d' autrui. *Man muss nicht die Sichel an die Ernte Anderer legen.*

L' on ne doit pas mettre la faulx en autruy blé. (afz.) *Man muss nicht die Sense an Anderer Korn legen.*

nf. En autrui bled ne mès ta faux. (Chmp.) *An Anderer Korn leg' nicht deine Sense.*

it. Nè ochio in carta, nè man in arca. (ni. v.) *Weder Auge im Brief, noch Hand im Kasten.*

lm. Ni ma en caixa, ni ull en carta. (val.) *Weder Hand im Kasten, noch Auge im Brief.*

Ni escoltar per les portes lo que diuen, Ni mirar en les cartes lo que scriven. (val.) *Weder an den Thüren hören, was man spricht, noch in den Briefen sehen, was man schreibt.*

---

58. Den todten **Löwen kann jeder Hase am Barte zupfen.**

Ist der Löwe todt, so rauft ihn auch der Hase beim Bart (so raufen ihm die Hasen den Bart aus).

Todte Katzen beissen auch die Mäus.

---

dt. Ook hazen trekken een' leeuw bij den baard, als hij dood is. *Auch Hasen zupfen einen Löwen am Bart, wenn er todt ist.*

Als de leeuw dood is, kunnen de hazen wel over hem heen huppelen. *Wenn der Löwe todt ist, können die Hasen wohl über ihn hin springen.*

Een haas bespringt wel ook een' leeuw, als hij in 't gijpen ligt. *Ein Hase springt wohl auch auf einen Löwen, wenn er in den letzten Zügen liegt.*

Een ezel geeft nog gaarne een' dooden leeuw een' schop. *Ein Esel gibt einem todten Löwen gern einen Stoss.*

---

is. Hægt er að standa á dauðu ljóni. *Leicht ist's, beim todten Löwen zu stehen.*

nw. Naar Hunden er daud, er Haren djerv. *Wenn der Hund todt ist, ist der Hase muthig.*

sw. När hunden är död, hoppar haren trygg på hans rygg. *Wenn der Hund todt ist, springt der Hase dreist auf seinen Rücken.*

---

lt. Mortuo leoni etiam lepores insultant.

it. Quando il leone è morto, le lepri gli saltano addosso. *Wenn der Löwe todt ist, springen ihm die Hasen auf den Rücken.*

Anco i lepri cavano i fiocchi al leon morto. *Auch die Hasen reissen dem todten Löwen die Büschel aus.*

mi. Morto il leone, fino alle lepri gli fanno il salto. (t.) *Ist der Löwe todt, springen selbst die Hasen über ihn.*

ni. Al gat mort ga salta adoss i sorech. (l. b.) *Der todten Katze springen die Mäuse auf den Rücken.*

Al gato morto i sorzi ghe salta atorno. (v.) *Um die todte Katze springen die Mäuse her.*

si. Asinu mortu puleju a lu nasu. (s.) *Todt der Esel, Flöhe in der Nase.*

Cavaddu mortu è manciatu di muschi. (s.) *Todtes Pferd wird von Fliegen gefressen.*

lm. Á Moro mort gran llansada. (neat.) *Todtem Mohren grossen Lanzenstoss.*

A Moro mort gran llançada. (val.) *S. Á u. s. w.*

pt. A Mouro morto grã lançada. *S. Á u. s. w.*

sp. A moro muerto gran lanzada. *S. Á u. s. w.*

---

59. Ein **Löwe geht mit keinem Hasen schwanger.**

---

dt. Katten leggen geen enden eijeren. *Katzen legen keine Enteneier.*

---

lt. Colubra restem non parit.

fz. Un loup n'engendre pas des moutons. *Ein Wolf zeugt keine Hammel.*

it. Il lupo non fa agnelli. *Der Wolf wirft keine Lämmer.*

Il lupo non caca agnelli. *Der Wolf k—t keine Lämmer.*

mi. I lupi nu parturisceno agnelli. (crs.) *Die Wölfe gebären keine Lämmer.*

Di vacca non nasce cervo. (t.) *Von einer Kuh wird kein Hirsch geboren.*

ni. El lof nol caga pegore. (l. b.) *Der Wolf k—t keine Schafe.*

Dal luv ai nass nen d'agnei. (piem.) *Vom Wolfe werden keine Lämmer geworfen.*

---

60. Grossen Herren, Fremden und Alten Pflegt man Lügen für gut zu halten.

od. Grossen Herren, Fremden und den Alten Pflegt man einen Lug für gut zu halten. (schwei.)

---

dl. Grooten heeren, vreemden en den ouden Pleegt men eene leugen voor goed te houden. *S. Grossen Herren, Fremden und den u. s. w.*

en. Old men and far travellers may lie by authority. *Alte Leute und Ferngereiste dürfen mit Berechtigung lügen.*

A travelled man has leave to lie. (scho.) *Ein gereister Mann hat die Erlaubniss zu lügen.*

---

61. Lügen, dass sich die Balken biegen.

Er lügt, dass die Balken krachen.

md. Hä koo gelüg bi gedrückt. (frk. H.) *Er kann lügen wie gedruckt.*

Ár lüägt, åß si' di Bålk'n biäg'n. (frk. M.) *Er lügt, dass sich die Balken biegen.*

Ár lüägt, åß én di Ágn tropf'n. (frk. M.) *Er lügt, dass einem die Augen übergehen.*

Er lügt das Blaue vom Himmel herunter (das Grüne vom Mistbach). (sß. M.)

A läigt ärger oss a leefft. (schls. B.) *Er lügt ärger, als er läuft.*

od. Er lügt, dass ihm der Dampf zum Maul 'raus geht. (bair.)

Er lëigt ärger, åss á Hås lëfft. (opf. N.) *Er lügt ärger, als ein Hase läuft.*

A laight, dåss sich ålle Bääme bäigha. (östr.-schls.) *Er lügt, dass sich alle Bäume biegen.*

Der kann lügen, dass sich die Balken biegen. (schwb.)

Der kann lügen, dass er selber glaubt (dass ihm die Augen überlaufen). (schwb. W.)

Er lügt, dass 's stäbt *(stäubt)*. (schwei.)

Er lügt, de Tüfel chönnt Säuhamme debi süde. (schwei.) *Er lügt, der Teufel könnte Schweineschinken dabei sieden.* (schwei.)

Er lügt wi en *(ein)* Rohrspatz (Wachtelhund). (schwei.)

Er lügt wi en Briefträger (Buechdrucker) (Häfelimacher). (schwei.)

Er lügt wi e Liichered. (schwei.) *Er lügt wie eine Leichenrede.*

Er lügt wi en Frässer und en Frässer mag vil. (schwei.)

Lüg dem Tüfel *(Teufel)* en Ohr ab! (schwei.)

pd. He lügt wie einen Börgermeister. (urh. M.) *Er lügt wie ein Bürgermeister.*

E lecht, dat sich de Ierd bigt. (urh. S.) *Er lügt, dass sich die Erde biegt.*

Hê kann lëg'n ass'n Pêrd löppt. (ns. A.) *Er kann lügen, wie ein Pferd läuft.*

He luggt as wenn drukkt is. (ns. B.) *Er lügt, als wenn's gedruckt wär'.*

Dat lügst du asn Snider. (ns. B.) *Das lügst du wie ein Schneider.*

Sei lügt, dat seck dei Balken böget. (ns. ha. H.) *Sie lügt, dass sich die Balken biegen.*

Er lügt, dass ihm die Nase schief steht. (ns. Pr.)

Er lügt, wie der Hund läuft. (ns. Pr.)

De kann mehr leege, als näge Peerd renne könne. (ns. Pr.) *Der kann mehr lügen, als neun Pferde rennen können.*

He leegt, dat hinger em rookt. (ns. Pr.-W.) *Er lügt, dass es hinter ihm raucht.*

---

dl. Hij liegt, als of hij Luthersche psalmen zong. *Er lügt, als ob er lutherische Psalmen sänge.*

Gy liegt als een tandentrekker. (vl.) *Ihr lügt wie ein Zahnbrecher.*

Gy liegt dat gy zwart wordt. (vl.) *Ihr lügt, dass ihr schwarz werdet.*

en. He lies as fast as a horse can trot. *Er lügt so schnell wie ein Pferd traben kann.*

---

dä. Han lyver, saa Bjelkerne maae revne. *Er lügt, dass die Balken platzen müssen.*

At lyve, som en Hest kan rende. *Lügen wie ein Pferd rennen kann.*

nw. Han lyg so fort som Hesten tvirenner. *Er lügt so weg, wie das Pferd rennt.*

sw. Han ljuger som en borstbindare. *Er lügt wie ein Bürstenbinder.*

Han ljuger så fort, som en häst trafwar (åter hafre). *Er lügt so weg, wie ein Pferd trabt (Hafer frisst).*

---

lt. Parthis mendacior.

fz. Menteur comme une épître dédicatoire (une oraison funèbre) (un panégyrique). *Verlogen wie eine Widmungsepistel (eine Leichenrede) (eine Lobrede).*

Il ment comme un arracheur de dents. *Er lügt wie ein Zahnbrecher.*

it. È più bugiardo d' un epitaffio (d' un lunario) (d' un gallo). *Er ist verlogner als eine Grabschrift (ein Kalender) (ein Hahn).*

mi. Piò busêdar che n' è e gêvul. (rom.) *Verlogner, als der Teufel ist.*

ni. Pi busiard ch' un gal. (piem.) *Verlogner als ein Hahn.*

Esse busiard com un gavadent. (piem.) *Verlogen sein wie ein Zahnbrecher.*

---

62. **Lügen** haben kurze Beine.

od. Ein Lügner hat bald ausgedient. (schwei.)

pd. Lügen hebbt korte Beene. (us. B.)

Lögen hebbet korte Beine. (us. ha. G. u. G.)

Lögen hebbet korte Foite. (us. ha. G. u. G.) *Lügen haben kurze Füsse.*

Lögen hefft korto Been. (us. hlst.)

Legen hebben korte Ben. (ns. M.-Str.)

Lägen hebbt korte Beene. (us. O. R.)

---

dt. De leugen heeft korte beenen: de waarheid achterhaalt ze. *Die Lüge hat kurze Beine: die Wahrheit holt sie ein.*

fs. An Lanjhüüs hê kurt Bian. (A.) *Ein Lügner hat kurze Beine.*

An Lånjhüs hea kurt Biau. (F.) *S. An Lanjhüüs u. s. w.*

Lägene häwe kaurt Biene. (M.)

---

dä. Løgnen har korte Been. *Die Lüge hat kurze Beine.*

Løgn har et kort Been, hun springer snart om. *Lüge hat ein kurzes Bein, sie springt rasch um.*

is. Lýgimannsins heiðr leingi sjaldan varir. *Des Lügners Ansehn währt selten lange.*

sw. Lögnen har korta ben. *S. Løgnen u. s. w.*

---

lt. Mendacia non diu fallunt.

cw. La menzögna ha cuorta chamma. (ld. O.-E.) *S. Løgnen u. s. w.*

As clappa pü chüntsch ün manzander eu 'n zopp. (ld. O.-E.) *Man holt leichter einen Lügner ein, als einen Lahmen.*

La manzögn' ha cuorta chamma. (ld. U.-E.) *S. Løgnen u. s. w.*

Manzegnia ha comba cuorta. (obl.) *Lüge hat kurze Beine.*

In setina pli tgunsch (gleiti) in manzasé ch' in ziepp. (obl.) *S. As clappa u. s. w.*

fz. Le menteur ne va pas loin. *Der Lügner geht nicht weit.*

Ainz est ateint mensongier que clop. (afz.) *Eher wird Lügner erreicht, als Lahmer.*

it. Le bugie hanno corte le gambe. *Die Lügen haben kurze Beine.*

La bugia non ha piedi. *Die Lüge hat keine Füsse.*

E' si conosce prima un bugiardo ch'un zoppo. *Man erkennt früher einen Lügner, als einen Lahmen.*

Si giunge più presto un bugiardo che un zoppo. *Man erreicht rascher einen Lügner, als einen Lahmen.*

mi. Si raggiunge prima un bugiardo che uno zoppo. (crs.) *Man erreicht eher einen Lügner, als einen Lahmen.*

Al busèi a gli ha al gamb curti. (rom.) *S. Løgnen u. s. w.*

Le bugie sono zoppe. (t.) *Die Lügen sind lahm.*

La bugia ha le gambe corte. (t.) *S. Løgnen u. s. w.*

ni. El busí han curt i pi. (em. B.) *Die Lügen haben kurze Füsse.*

Él bosii han curt i péé. (em. R.) *S. El busí u. s. w.*

Bosard se ciappa pussee prest che un zopp. (l. m.) *Den Lügner erhascht man rascher, als einen Lahmen.*

I bosij han curt i pee. (l. m.) *S. El busí u. s. w.*

Se fa più prest a ruá ün bosader che ün söp. (l. V.-C.) *S. Si giunge u. s. w.*

E bûxie han e gambe cûrte. (lig.) *S. Le bugie hanno u. s. w.*

Le busie a l' han le gambe curte. (piem.) *S. Le bugie hanno u. s. w.*

Le busie a son sope. (piem.) *S. Le bugie sono u. s. w.*

As conoss pi prest un busiard ch' un söp. (piem.) *S. E' si u. s. w.*

As pia pi prest un busiard ch' un söp. (piem.) *Man ergreift rascher einen Lügner, als einen Lahmen.*

Le busie ga curte le gambe. (v.) *S. Le bugie hanno u. s. w.*

si. La minsogna avi li pedi curti. (s.) *S. El busí u. s. w.*

La minsogna sempr' è zoppa. (s.) *Die Lüge ist stets lahm.*

La bugia avi li gambi curti, prestu nasci e prestu mori. (s.) *Die Lüge hat kurze Beine, entsteht rasch und stirbt rasch.*

Sa faula tenet cambas curzas. (sa. L.) *S. Løgnen u. s. w.*

Sas faulas non imbezzant mai. (sa. L.) *Die Lügen werden nie alt.*

lm. Mès aviat (Primer) es atrapad un mentider que un cox. (neat.) *Rascher (Eher) wird ein Lügner eingeholt, als ein Lahmer.*

Mes prompte salcança el mentirós, quel coixo. (val.) *Rascher erreicht man den Lügner, als den Lahmen.*

pl. Curtas tem as pernas a mentira e alcançase (apanhase) asinha. *Kurze Beine hat die Lüge und schnell wird sie eingeholt.*

Mais asinha se toma hum mentiroso, que hum coxo. *S. Mès aviat u. s. w.*

sp. La mentira tiene las piernas cortas. *S. Løgnen u. s. w.*

La mentira no tiene pies. *S. La bugia non u. s. w.*

La mentira presto es vencida. *Die Lüge wird rasch überwunden.*

Antes toman al mentiroso que al coxo. *Eher holt man den Lügner ein, als den Lahmen.*

. . .

63. Lügen und Lawinen wachsen immer.

dt. Eene leugen grooit aan als een sneeuwbal. *Eine Lüge wächst an, wie ein Schneeball.*

Eene leugen gelijkt eene waschtobbe; er wordt altijd wat bijgedaan. *Eine Lüge gleicht einem Waschfass: es wird immer etwas dazugethan.*

Eene leugen en eene wasch verminderen nooit. *Eine Lüge und eine Wäsche nehmen niemals ab.*

---

dä. Løgnen og Sneebolden voxe snart. *Die Lüge und der Schneeball wachsen schnell*

Løgnen er som en Sneebold: jo længere man triller den, jo større bliver den. *Die Lüge ist wie ein Schneeball: je länger man ihn rollt, je grösser wird er.*

is. Lýgin þeur sig út yfir landið, sem skýin yfir himininn. *Die Lüge verbreitet sich über's Land, wie die Wolke über den Himmel.*

sw. Lögnen och snöbollen växa ju längre man trillar dem. *Die Lüge und der Schneeball wachsen je länger man sie rollt.*

---

64. Ein Lügner muss ein gut Gedächtniss haben.

Wer lügen will, muss ein gut Gedächtniss haben.

Wer lügen will, vergesse vor Ende nicht seines Anfangs.

Liegen dax wil haben list. (ad.)

Ein Lůgner muss ein gut Gedåchtniss haben, od. sunst verredet er sich. (schwei.)

Een leugenaar moet een goed geheugen hebben. dt.

Liars should have good memories. *Lügner sollten gutes Gedächtniss haben.* en.

A liar should hae a gude memory. (scho.)

Leears should hae gude memories. (scho.) *S. Liars u. s. w.*

An Lånjhüüs skal an gud Gidegtnis hå. (A.) *Ein Lügenhaus (Lügner) muss ein gutes Gedächtniss haben.* fs.

En Løgner maa have en god Hukommelse. dä.

Einn lygari má hafa gott minni. is.

Lýgnaranum krevir at håva gott minni. (fær.) *Für den Lügner ist's erforderlich, gutes Gedächtniss zu haben.*

Han treng eit godt Minne, som godt skal ljuga. *Der hat ein gutes Gedächtniss nöthig, der gut lügen soll.* nw.

Ljugaren måste hafva godt minne. *Der Lügner muss gutes Gedächtniss haben.* sw.

Den som vill ljuga, bör hafva godt minne. *Wer lügen will, muss gutes Gedächtniss haben.*

Lögnaren bör wara minnesgod. *Der Lügner muss gut von Gedächtniss sein.*

Oportet mendacem esse memorem. lt.

Il faut qu'un menteur ait bonne mémoire. fz.

Il bugiardo vuole avere buona memoria. *S. Ljugaren u. s. w.* it.

Il bugiardo vuole aver memoria. (t.) *Der Lügner muss Gedächtniss haben.* mi.

Un bon busiàrd bisògna ch' l' abia bona memòria. (piem.) *Ein guter Lügner muss gutes Gedächtniss haben.* ni.

Il bugiardo ha da tenere buona memoria. (npl.) *S. Ljugaren u. s. w.* si.

Lu minsugnaru bisogna aviri bona memoria. (s.) *S. Ljugaren u. s. w.*

Tot hom que vol mentir Gran memoria ha de tenir. (neat.) *Jeder, der lügen will, muss ein grosses Gedächtniss haben.* lm.

Lo mentider ha de tenir mòlta memoria. (neat.) *Der Lügner muss viel Gedächtniss haben.*

Qui vol mentir, mòlta memoria ha de tenir. (neat.) *Wer lügen will, muss viel Gedächtniss haben.*

Tot home qui vol mentir Gran memoria ha de tenir. (val.) *S. Tot hom u. s. w.*

El mentir pide memoria. *Das Lügen verlangt Gedächtniss.* sp.

Tu que mientes que dixiste para mientes. *Du, der du lügst, erwäge, was du gesagt hast.*

---

65. Einem **Lügner** traut man nicht, Wenn er auch die Wahrheit spricht.

Wer ein Mal lügt, dem glaubt man nicht, Und wenn er auch die Wahrheit spricht.

Am Lügen gewinnt man nicht, denn dass man ihm nächstens desto weniger glaubt.

md. Dên ėmol gelaen hôt, dêm gléft ėn nėt mē. (sieb. L.) *Wer ein Mal gelogen hat, dem glaubt man nicht mehr.*

Wer heiß liegt, den kan'mer morgen nit gloowen. (W.-E.) *Wer heute lügt, dem kann man morgen nicht glauben.*

od. Wer einmal gelogen hat, dem glaubt man nicht mehr. (schwei.)

---

dl. Eenen leugenaar gelooft men niet, al spreekt hij de waarheid. *Einem Lügner glaubt man nicht, spricht er auch die Wahrheit.*

---

nw. Ein trur inkje Ljugaren meir en ein Gong. *Man traut dem Lügner nicht mehr, als ein Mal.*

Dan som er kjend fyre Lygn, han verd inkje tru'd paa Sanning. *Wer wegen Lügen bekannt ist, dem wird nicht geglaubt, wenn er wahr spricht.*

sw. Den som är van att ljuga, kan man ej heller tro, när han talar sanning. *Der gewohnt ist zu lügen, dem kann man auch nicht trauen, wenn er die Wahrheit spricht.*

Den som ljuger i ett, blir misstrodd i alt. *Wer in einem lügt, dem wird in allem gemisstraut.*

---

lt. Mendaces etiam cum verum dicunt, fidem non inveniunt.

Mendaci homini nec verum quidem dicenti credimus.

cw. Chi ûna gada ha mentchieu, Lgi ven vontsei strusch pli cartieu. (obl.) *Wer ein Mal gelogen hat, dem wird später kaum mehr geglaubt.*

fz. Un menteur n'est point écouté même en disant la vérité. *Ein Lügner wird nicht angehört, selbst wenn er die Wahrheit spricht.*

On ne croit pas le menteur, même quand il dit la vérité. *Man glaubt dem Lügner nicht, selbst wenn er die Wahrheit sagt.*

af. Lou mensounyé qu' a tau bertat, Que quoan dits la bertat non pot esta cregut. (Brn.) *Der Lügner hat die Eigenschaft, dass, wenn er die Wahrheit spricht, ihm nicht geglaubt werden kann.*

Lou mensoungé, encoé que dis bertat, Non a credit, ny mens dauthoritat. (Gsc.) *Der Lügner, auch wenn er die Wahrheit spricht, hat weder Glauben, noch Gewicht.*

it. A bugiardo non si crede la verità. *Einem Lügner glaubt man die Wahrheit nicht.*

Credesi il falso al verace, E negasi il vero al mendace. *Dem Wahrheitsliebenden glaubt man das Falsche und dem Lügner streitet man das Wahre ab.*

mi. A i busédar nu si cred la varitè. (rom.) *Dem Lügner glaubt man die Wahrheit nicht.*

Al bugiardo non è creduto il vero. (t.) *Dem Lügner wird das Wahre nicht geglaubt.*

ni. Ii busiard a son gnanca chrdů quando a dio la vrità. (piem.) *Den Lügnern wird nicht einmal geglaubt, wenn sie die Wahrheit gesagt haben.*

Al busiaro no se ghe crede gnanca co 'l dise la verità. (v.) *S. On ne croit pas u. s. w.*

A chi disi busie una volta, no se ghe credi più. (v. trst.) *Wer ein Mal Lügen sagt, dem glaubt man nicht mehr.*

si. Lu minsugnaru chi dici la verità, nun è crittu. (s.) *Dem Lügner, der die Wahrheit sagt, wird nicht geglaubt.*

lm. Lo mentidor no es cregut de las veritats. (neat.) *Dem Lügner wird keine Wahrheit geglaubt.*

pt. Quem me mente, não me engana. *Wer mich belügt, täuscht mich nicht.*

sp. Quien siempre me miente, nunca me engaña. *Wer mich immer belügt, täuscht mich niemals.*

---

66. Zeig' mir den **Lügner**, ich zeig' dir den Dieb.

Zeig' mir 'nen Lügner, ich zeig' dir 'nen Dieb.

Der Lügner und der Dieb wohnen unter einem Dache.

Lügen und Stehlen gehen miteinander.

Wer lügt, der stiehlt auch.

Wer gern lügt, stiehlt auch gern.

Wer beginnt mit Lügen, Endet mit Betrügen.

Was beginnt mit Lügen, Muss enden mit Betrügen.

Junger Lügner, alter Dieb.

md. O, hird ok! 's hêst: wår de loigt, dar stild ôch. (schls. B.) *O hört doch! es heisst: wer da lügt, der stiehlt auch.*

od. Der Lügner ist ein Betrüger. (bair.)

Wer gern lügt, der stiehlt auch gern. (bair. L.)
Lügen und stehlen geht mit einander. (schwei.)
Wer lügt, der stiehlt, wer stiehlt, der lügt, Das ist ein Sprichwort, das nicht trügt. (schwei.)
Wer lügt, betrügt. (schwei.)
's Lüge, 's H...n. und 's Stähle sy Gschwisterching. (schwei. S.) *'s Lügen, 's H—n und 's Stehlen sind Geschwisterkinder.*

pd. Wër lügt, Dei drügt. (ns. ha. G. u. G.) *Wer lügt, der betrügt.*
Wër anfenget med Leigen, Höert up med Bedreigen. (ns. ha. G. u. G.) *S. Wer beginnt u. s. w.*
De anfangt mit Legen, hört up mit Bedregen. (ns. ofs.) *S. Wer beginnt u. s. w.*
Wer stiehlt, der trügt, Wer trügt, der lügt, Das ist ein Sprichwort, Das nicht trügt. (ns. Pr.)
Wei lüüget, de stiehlt. (ns. W.) *Wer lügt, der stiehlt.*

---

dt. Wijs mij een' leugenaar, en ik wijs u een' dief. *Zeigt mir einen Lügner, und ich zeige euch einen Dieb.*

en. Show me a liar, I'll show you a thief. *Zeigt mir einen Lügner, ich will euch einen Dieb zeigen.*

fs. An jongen Lånjhåås, an ualen Thiif. (A.) *Ein junger Lügner, ein alter Dieb.*

---

dä. Den som lyver, stjæler ogsaa. *Der, welcher lügt, stiehlt auch.*
Viis mig en Løgner, jeg viser dig en Tyv. *S. Zeig' mir 'nen u. s. w.*

nw. Dan som lyg, han stel og. *Der, welcher lügt, der stiehlt auch.*
Dan som lyg, han gjerer eitkvart annat og. *Der, welcher lügt, der thut auch alles Andere.*
Dan som stel, so lyt han lyga. *Der, welcher stiehlt, lügt auch gern.*
Lygn og Stuld vil hanga i hop. *Lügen und Stehlen will zusammen sein.*

sw. Lögn är ej långt ifrån tjufnad. *Lüge ist nicht weit von Diebstahl.*
Ljuga och stjäla följas gerna åt. *Lügen und Stehlen gehen gern zusammen.*
Lögnaren och tjufven äro syskonbarn. *Der Lügner und der Dieb sind Geschwisterkind.*

Mendax etiam fur est. lt.
Chi che roba mënt inche. (ld. bd.) *Wer stiehlt,* ew.
lügt auch.
Robè e mënti vä sën p'r 'na litra. (ld. bd.) *Stehlen und Lügen geht zusammen auf einer Leiter.*
Montre-moi un menteur et je te montrerai un fz.
larron. *S. Zeig' mir 'nen u. s. w.*
Le menteur est ordinairement larron. *Der Lügner ist gemeiniglich ein Spitzbube.*
Qui est minteur, est vôleur. (w.) *Wer Lügner* nf.
ist, ist Dieb.
Chi è bugiardo, è ladro. (mi. t.) *S. Qui est u. s. w.* it.
Chi è busiäder è lader. (em. P.) *S. Qui est* ni.
u. s. w.
Ch'è busiëder è lèder. (em. R.) *S. Qui est u. s. w.*
Chi è busiarder ie a lader. (l. brs.) *Wer Lügner ist, ist auch Dieb.*
El bosard gh' ha la nomma anch de lader. (l. m.) *Der Lügner heisst auch Dieb.*
Chi è busiard è lader. (piem.) *S. Qui est u. s. w.*
Chi xe busiari xe ladri. (v.) *S. Qui est u. s. w.*
Chi xe bugiardo, xe anca ladro. (v. trst.) *S. Chi è busiarder u. s. w.*
L' omu chi sempri menti, virgogna nun senti. (s.) si.
Der, welcher immer lügt, fühlt keine Scham.
Quem sempre mente, vergonha não sente. *Wer* pt.
immer lügt, fühlt keine Scham.

---

67. Kurze Lust, lange Reue.

Short pleasure, long lament. *Kurzes Vergnügen,* en.
langes Wehklagen.

Kort Lyst — langvarig Anger. dä.
Stakket Lyst har tidt lang Anger. *Kurze Lust hat oft lange Reue.*
Liti Lyst gjerer lang Ulyst. *Kleine Lust macht* nw.
lange Unlust.
Kort fröjd har ofta lång ånger. *S. Stakket u. s. w.* sw.

M.

68. Wer sich zu Honig macht, den benaschen die Fliegen.

Wer sich grün macht, den fressen die Ziegen.

md. Mach dich net ze grü-e, süst freße dich die Gäß ô. (frk. H.) *Mach dich nicht zu grün, sonst fressen dich die Ziegen an.*

pd. De sik to grön makt, den freet de Segen. (ns. B.) *Wer sich zu grün macht, den fressen die Ziegen.*

Wër sek vor Swinekæse updrägen let, dei werd dervör anesein. (ns. ha. G. u. G.) *Wer sich als Schweinekäse auftragen lässt, der wird dafür angesehen.*

Makt ju so grön nig, sünst freetet ju de Zeegen. (ns. hlst.) *Macht euch nicht so grün, sonst fressen euch die Ziegen.*

Mauk dy nich grön, datt dy de Zäg nich fritt. (ns. Hmb.) *Mach' dich nicht grün, damit dich die Ziege nicht fresse.*

De sick vör'n Pankôken ûtgift, wart dervor upfreten. (ns. O. J.) *Wer sich für einen Pfannkuchen ausgibt, wird dafür aufgegessen.*

---

dt. Die zich zelven honig maakt, wordt van de bijen opgegeten. *Wer sich selbst zum Honig macht, wird von den Bienen aufgegessen.*

Maakt ge u tot een' wortel, dan vreten u de varkens. *Macht ihr euch zu einer Wurzel, dann fressen euch die Schweine.*

Die zich zelven verkruimelt, wordt van de kippen opgegeten. *Wer sich selbst verkrümelt, wird von den Hühnern aufgegessen.*

---

sw. Gör sig intet grön. *Mache dich nicht grün.*

---

lt. Respue quod non es.

fz. Hèt-pe meu, las mousques que seb minyeran. (sf. Bm.) *Macht euch zu Honig, die Fliegen werden davon fressen.*

sf. Për mé fa mêou las moûscos m' an manjha. (Lgd.) *Weil ich mich zum Honig machte, haben mich die Fliegen gegessen.*

it. Fatti di miele e ti mangeranno le mosche. *Mache dich zu Honig und die Fliegen werden dich fressen.*

Fatti erba e ti mangeranno le capre. *Mach' dich zu Gras, und die Ziegen werden dich fressen.*

Chi si fa fango, il porco lo calpestra. *Wer sich zu Schlamm macht, den tritt das Schwein.*

Chi si face di mele u si manghianu o mosche. (crs.) *Wer sich zu Honig macht, den fressen die Fliegen.* **mi.**

Fazei-vos mel, comer-vos-hão as moscas. *Macht euch zum Honig, werden euch die Fliegen fressen.* **pt.**

Se te fizeres mel, comer-te-hão as moscas. *Wenn du dich zum Honig machtest, werden dich die Fliegen fressen.*

Hace os miel y comeros han moscas. *S. Fazei-vos u. s. w.* **sp.**

---

69. Wer sich zum Esel macht, der muss Säcke tragen.

Wer sich zum Esel macht, dem will Jeder seine Säcke auflegen.

De sik vör'n Hund verhûrt, mutt Knaken freten. (ns. B.) *Wer sich für einen Hund vermiethet, muss Knochen fressen.* **pd.**

De sick vör'n Hund verhüert, môt Knaken freten. (ns. O. J.) *S. De sik u. s. w.*

Wer söck als Hund utgöfft (vermedd't), mott ok als Hund belle. (ns. Pr.) *Wer sich als Hund ausgibt (vermiethet), muss auch als Hund bellen.*

Wer söck als Schöpperke utgöfft, mott ok als Schöpperke fahre. (ns. Pr.) *Wer sich als Schiffer ausgibt, muss auch als Schiffer fahren.*

Me sall sik nitt innen Iesel flicken, süss maut me Säcke driägen. (wstf. Mrk.) *Man soll sich nicht zum Esel machen, sonst muss man Säcke tragen.*

Diu most di nit ieselen, süs moste Säcke driägen. (wstf. E.) *Du musst dich nicht zum Esel machen, sonst musst du Säcke tragen.*

---

dt. Die zich voor hond verhuurt, moet knoken eten. *S. Dik u. s. w.*

dä. Hvo sig gjør til Æsel, ham vil Enhver lægge sin Sæk paa. *Wer sich zum Esel macht, dem will Jeder seinen Sack auflegen.*

Den der gjør sig til Æsel, vil Enhver lægge sin Sæk paa. *Dem, der sich zum Esel macht, will Jeder seinen Sack auflegen.*

Den som gjør sig til Hund, maa gnave Been. *Der, welcher sich zum Hund macht, muss Knochen nagen.*

fz. Qâou për âsë së lôgo, për âsë dêou servi. (sf. Lgd.) *Wer sich als Esel vermiethet, muss als Esel dienen.*

it. Chi servo si fa, servo s'aspetta. *Wer sich zum Diener macht, den sieht man als Diener an.*

mi. Chi canto si fa, tutti i cani gli pisciano addosso. (t.) *Wer sich zur Ecke macht, auf den p— alle Hunde.*

70. Wer sich zum Schaf macht, den fressen die Wölfe.

Machst du dich (selbst) zum Schafe, so beissen dich die Wölfe (Hunde).

Wer sich zum Lamm macht, den fressen die Wölfe.

Wer sich zur Taube macht, den fressen die Falken. [(schwei.)

od. Wer sich zum Schaaf macht, frisst der Wolf.

dt. Die zich zelven tot een schaap maakt, wordt van de wolven gegeten. *Der sich selbst zu einem Schaf macht, wird von den Wölfen gefressen.*

Die zich zelven muis maakt, wordt van de kat gevangen. *Der sich selbst zur Maus macht, wird von der Katze gefangen.*

Die zich als een kieken (eene duif) aansteld, Zal vroeg of laat van den havik weggerukt en verslonden worden. *Wer sich wie ein Hühnchen (eine Taube) anstellt, wird früh oder spät vom Habicht weggefangen und verschlungen werden.*

Die zich zelven een schaep maekt, de honden byten hem. (vl.) *Der sich selbst zum Schaf macht, die Hunde beissen ihn.*

en. He that makes himself a sheep, the wolf will eat him. *Wer sich zu einem Schaf macht, den wird der Wolf fressen.*

Hvo som gjør sig (Hvo sig gjør) til Faar, dä. ædes af Ulven (Ulv). *Wer sich zum Schaf macht, wird vom Wolf gefressen.*

Den som gjerer seg til Saud, fer Ulven paa nw. Nakken. *Wer sich zum Schaf macht, kriegt den Wolf auf den Nacken.*

Den som gör sig sjelf till får, blifver af vargar sw. uppäten. *Wer sich selbst zum Schaf macht, wird von Wölfen aufgefressen.*

Qui se fait brebis, le loup le mange. *S. Wer* fz. *sich zum Schaaf u. s. w.*

Qui se fait bête, le loup le mange. *Wer sich zum Thier macht, den frisst der Wolf.*

Qui se fait brebis, le loup le ravit. *Wer sich zum Schaf macht, den raubt der Wolf.*

Faites-vous brebis, le loup vous mangera. *Macht Euch zum Schaf, der Wolf wird Euch fressen.*

Si vous faites la beste, le loup vous mangera. *Wenn ihr das Thier spielt, wird der Wolf euch fressen.*

Gn' y o que ch'-t-ichi qui ch' foût berbis, qué nf. ch' leu i l' mainge. (pic.) *Nur den, welcher sich zum Schaf macht, frisst der Wolf.*

L'ci qui s'fait berbis, li leup l'magne. (w.) *S. Wer sich zum Schaaf u. s. w.*

Qui se hé aonelic lou loup queou pelegie. sf. (Gsc.) *Wer sich zum Schaf macht, der Wolf zerreisst ihn.*

Që fêdo së fâi lou loub la mânjho. (Lgd.) *S. Wer sich zum Schaaf u. s. w.*

Qu fedo se fa lou loup la manjo. (sprv.) *S. Wer sich zum Schaaf u. s. w.*

Chi si fa pecorella, i lupi se la mangiano. it.

Chi pecora si fa, il lupo se la mangia. *S. Wer sich zum Schaaf u. s. w.*

Chi colomba si fa, il falcone se la mangia. *Wer sich zur Taube macht, den frisst der Falke.*

Chi si face troppu agnellu, u lupu si lu mânghia. (crs.) *Wer sich zu sehr zum Lamm macht, den frisst der Wolf.* mi.

Chi pigura s fa e lôv us la mägna. (rom.) *S. Wer sich zum Schaaf u. s. w.*

Chi pecora si fa, lupo la mangia (la mangia il lupo). (t.) *S. Wer sich zum Schaaf u. s. w.*

Chi s fa pegra el lov el magna. (em. P.) *S.* ni. *Wer sich zum Schaaf u. s. w.*

Chi pëgoa se fa, o lô se a mangia. (lig.) *S. Wer sich zum Schaaf u. s. w.*

Chi as fa fea el luv lo mangia. (piem.) *S. Wer sich zum Schaaf u. s. w.*

Chi se fa piegora, el lovo lo magna. (v.) *S. Wer sich zum Schaaf u. s. w.*

Chi se fa pegora, el lupo la magna. (v. trst.) *S. Wer sich zum Schaaf u. s. w.*

Chi pegora se fa, el lof lo magna. (v. trt.) *S. Wer sich zum Schaaf u. s. w.*

si. Cui si fa pecura, lu lupu si la mancia. (s.) *S. Wer sich zum Schaaf u. s. w.*

lm. Qui s' fa ovella, l' llob se la menja. (neat.) *S. Wer sich zum Schaaf u. s. w.*

---

71. **Mädchen und Eier muss man nicht lange aufheben.**

Jungfernfleisch ist kein Lagerobst.

Rüben nach Christtag, Äpfel nach Ostern und Mädchen über dreissig Jahr haben den besten Geschmack verloren.

md. Mädlə sénn kê Lågərobst. (frk. H.) *Mädchen sind kein Lagerobst.*

Ä Eppel nohch Pfingesten un ä Mädel nohch dreissig Jahren hot weder Lack, noch Geschmack. (Hrz.) *Ein Apfel nach Pfingsten und ein Mädchen nach dreissig Jahren hat weder Lack, noch Geschmack.*

od. Mádli senn kå Lågerobst. (opf. N.) *S. Mädlə u. s. w.*

pd. Det Mêtchen äs en Wôr, gäf se dôr! ä länjer em se hält, ä wenijer se gefält. (nrh. S.) *Das Mädchen ist eine Waare, gib sie hin! Je länger man sie behält, je weniger sie gefällt.*

Gäf der Dûchter bå Zêglen en Mån! Se äs en Ipesz, dåt sich nét hålde kån! (nrh. S.) *Gib deiner Tochter bei Zeiten einen Mann! Sie ist ein Obst, das sich nicht halten kann.*

Derns aver veertig un Röfen achter Fastelavend hebben de Smaak verlaren. (ns. ofs.) *Mädchen über vierzig und Rüben nach Fastnacht haben den Geschmack verloren.*

---

dl. Komkommers zijn van maagden-aard, Zij dienen niet te lang bewaard. *Gurken sind von Mädchenart: es taugt nicht, sie zu lange aufzuheben.*

Een huis vol dochters is een kelder vol zuur bier. *Ein Haus voll Töchter ist ein Keller voll sauern Biers.*

---

dä. Gift Din Datter, mens hun er ung. *Verheirathe deine Tochter, während sie jung ist.*

Æd Fisken, mens den er frisk, og gift Din Datter, mens hun er ung. *Iss den Fisch, während er frisch ist, und verheirathe deine Tochter, während sie jung ist.*

Jungfrukött mognar snart. *Jungfernfleisch wird* sw. *bald reif.*

Ät fisken medan den är färsk och gift din dotter medan hon är ung. *S. Æd u. s. w.*

Gift dottren snart, om du ej vill att hon skall gifta sig. *Verheirathe die Tochter bald, wenn du nicht willst, dass sie sich selbst verheirathen soll.*

Il ne faut point faire grenier de filles. *Man* fz. *muss Mädchen nicht aufspeichern.*

Les filles et les pommes est une mesme chose. *Die Mädchen und die Äpfel sind ein und dieselbe Sache.*

Filio ës coûmo la rôzo, ës bêlo, qan-t-ës ëclôso. sf. (Lgd.) *Ein Mädchen ist wie die Rose, ist schön, wenn es aufgeblüht ist.*

Fillo es coummo la roso, es bello quand es encloso. (nprv.) *S. Filio u. s. w.*

Kan lé pronnè son bin maûre, lè txizon sin lè grulà; Let felliet son to dè même, qu' an lou fauta det marin. (Pat. s.) *Wenn die Pflaumen recht reif sind, fallen sie ab, ohne dass man sie schüttelt; die Mädchen sind ebenso, wenn man verfehlt sie zu verheirathen.*

Di donne e di vinu, un ne fa magazzinu. (mi. it. crs.) *Mädchen und Wein speichere nicht auf.*

Le ragazze sono come i cavalli: se non si danno mi. via da giovani, perdono la loro ventura. (t.) *Die Mädchen sind wie die Pferde: wenn man sie nicht jung weggibt, verlieren sie ihr Glück.*

La pöta è fada d' öna serta pasta, Che domà ni. col guardàla la se guasta. (l. b.) *Das Mädchen ist aus einem gewissen Teig gemacht, der, wenn man ihn aufhebt, morgen verdirbt.*

Le done i è na serta mercanzea De mandà, se sa pol, söbet vea. (l. b.) *Die Mädchen sind eine gewisse Waare, die man, wenn es möglich ist, sogleich wegschicken muss.*

Le fie a son mercanssia da neu lassè anvegì an ca. (piem.) *Die Mädchen (Töchter) sind Waare, die man nicht im Haus alt werden lassen darf.*

La puta è fata d' una certa pasta, Che solo col vardarla la se guasta. (v.) *Das Mädchen ist aus einem gewissen Teig gemacht, der durch das blosse Aufheben schon verdirbt.*

Ao peixe fresco, gasta-o cedo, e havendo tua pl. filha crescido, dá-lhe marido. *Den frischen*

Fisch verzehre bald und deiner Tochter, wenn sie herangewachsen, gib einen Mann.

sp. El pece fresco gástalo presto, y habiendo crecido tu hija çon marida. *Den frischen Fisch verbrauche schnell und deine Tochter, wenn sie herangewachsen, verheirathe.*

72. Erst der Magen, Dann der Kragen.

Ein Stück Brot in der Tasche ist besser, als eine Feder auf dem Hut.

md. À Stück Brât in dr Tàschen it beſer, wie á Fàdern uf'n Huàt. (frk. M.) *S. Ein Stück u. s. w.*

Besser ein Stück Brod in der Tasche, als eine Feder auf dem Hut. (mh. E.)

't As bèsser èng Kàscht an der Tèsch, ewē èng Fiéder um Hutt. (mrh. L.) *Es ist besser ein Ränftchen in der Tasche, als eine Feder am Hut.*

Bässer en Aabel on e Stöck Brud, Als en Feder off dem Hulul. (mrh. T.) *Besser ein Apfel und ein Stück Brot, als eine Feder auf dem Hut.*

od. Bässer raute Wängla, Àss wü fül Klàdr àm Schtängla. (östr.-schls.) *Besser rothe Wänglein, als viel Kleider am Gestell.*

Wenn-me uber-ne Bärg gåt, isch bass es Stückeli Brod im Sack, as e Maie uf-em Hüet. (schwei. U.) *Wenn man über einen Berg geht, ist ein Stückchen Brod im Sack besser, als ein Zweig auf'm Hut.*

pd. Erst in't Lif, denn up't Lif. (ns. ha. G. u. G.) *Erst in den Leib, dann auf den Leib.*

Beter wat in't Lief, as um't Lief. (ns. ha. K.) *Besser was im Leibe, als um den Leib.*

Beter wat in't Lief, as wat um't Lief. (ns. ofs.) *S. Beter wat u. s. w.*

Beter wat in 't Lif, as um 't Lif. (ns. O. J.) *S. Beter wat u. s. w.*

Et is better en Stükke Brand in der Kiepe, Osse enne Fedder upp' em Haude. (ns. W.) *Es ist besser ein Stück Brot im Korbe, als eine Feder auf dem Hute.*

'n Stuk Brot in der Taske es bääter as 'ne Fiär omme Haue. (wstf. Mrk.) *S. Ein Stück u. s. w.*

Bäter 'n Stück Braut in der Kipen, as Fieren un Flünke an'n Hör. (wstf. Mst.) *Besser ein Stück Brot in der Tasche, als Federn und Flügel am Hut.*

Bieter 'n Stücke Brand in der Küpen, as Fieren un Flünke an'n Hooe. (wstf. O.) *Besser ein Stück Brot im Korbe, als Federn und Flunkern am Hute.*

Beter een stuk brood in den zak, dan eene dl. veêr op het hoed. *Besser ein Stück Brot in der Tasche, als eine Feder auf dem Hut.*

Back may trust, but belly won't. (n.en.) en. *Rücken kann borgen, aber Bauch will nicht.*

Forst Maven, saa Kraven. dä.

Ee skober fwidh Bwgh oc eij fawræ Klædher. (adä.) *Immer lacht voller Bauch und nicht schöne Kleider.*

Betri er fullr magi, enn fagr kyrtill. *Besser* is. *ist voller Magen, als schöner Rock.*

D' er betre full Mage' en fager Krage. *Es ist* nw. *besser voller Magen, als schöner Kragen.*

D' er betre Mat en maalad Vegg. *Es ist besser Speise, als gemalte Wand.*

Bättre mat, än målad vägg. *Besser Speise,* sw. *als gemalte Wand.*

Æ skopar fwi bwk ok ey fagher klædhe. *S. Ee u. s. w.*

Pelle salit plena puer et non veste serena. (mlt.) lt.

Venter farcitus ludit non veste politus. (mlt.)

Mieux vaut bon repas que bel habit. *Besser* fz. *ist gute Mahlzeit, als schönes Kleid.*

Mieux vaut belle panse que belle manche. *Besser ist schöner Bauch als schöner Ärmel.*

Il vaut mieux faire belle panche Que belle nf. manche. (nrm.) *Es ist besser schönen Bauch, als schönen Ärmel haben.*

Avoir pu kier belle painche, eq' belle manche. (pic.) *Lieber schönen Bauch, als schönen Ärmel haben.*

Trippa china canta e non cammisa janca. (si. it. cal.) *Voller Magen singt und nicht weisses Hemde.*

Pão e vinho anda caminho, que não moço gar- pt. rido. *Brot und Wein macht den Weg, nicht der hübsche Bursche.*

Pan y vino anda camino, que no mozo gar- sp. rido. *S. Pão u. s. w.*

---

73. Man sieht nicht in den Magen, Wohl aber auf den Kragen.

Me sieht mer net in Möge, Me sieht mer of md. den Kröge. (frk. H.) *Man sieht mir nicht in den Magen, man sieht mir auf den Kragen.*

Mer schaut mr nit aff'n Mög'n, mar schaut od. mr aff'n Krög'n. (opf. N.) *S. Me u. s. w.*

Man sieht einem nicht in den Magen, aber wol auf den Kragen. (schwb. W.)

pd. Me säht de Lühd wal op de Kleier, maar niet dronder. (nrh. M.) *Man sieht den Leuten wohl auf die Kleider, aber nicht darunter.*

Em sėkt de Lėgde wol af de Klider, awer nėd än de Mògen. (nrh. S.) *Man sieht den Leuten wohl auf die Kleider, aber nicht in den Magen.*

Man kikt dik wol up'n Krågen, Åwer nich in'n Mågen. (ns. ha. L.) *Man guckt dir wohl auf den Kragen, aber nicht in den Magen.*

Mi sütt wol Een lang den Arm, Averst nig lang den Darm. (ns. hlst.) *Man sieht wohl Einem längs dem Arm, aber nicht längs dem Darm.*

Mann süüt emm woll lenngs d'n arm, Aewer nich lenngs d'n darm. (ns. M.-Sch.) *S. Mi sütt u. s. w.*

Man sücht een wol langs de Arm, man neet langs de Darm. (ns. ofs.) *S. Mi sütt u. s. w.*

Me süht enem wuol vör den Kopp, åwwer nitt innen Kropp. (wstf. Mrk.) *Man sieht Einem wohl vor den Kopf, aber nicht in den Kropf.*

---

dt. Liever aan den arm, Dan in den darm. *Lieber an den Arm, als in den Darm.*

Liever aen den aerm, dan in den daerm. (avl.) *S. Liever u. s. w.*

fs. Hubm sjögt en läpeten Äirem, aurs äi en hungrigen Thirem. (M.) *Man sieht einen geflickten Arm, aber nicht einen hungrigen Darm.*

---

dä. Alle see hans bolde Arm; Ingen seer hans slunkne Tarm. *Alle sehen seinen schönen Arm, Keiner sieht seinen leeren Darm.*

De see Alle min nøgne Arm, men Ingen min sultne Tarm. *Es sehen Alle meinen blossen Arm, aber Keiner meinen hungrigen Darm.*

---

fz. Mieux vaut belle manche que belle panse. *Besser schöner Ärmel, als schöner Bauch.*

nf. I våt mi fer gâie manchette qui gâie pansette. (w.) *Es ist besser schönen Ärmel haben, als schönen Bauch.*

it. Ognun vede il mantello, nessun vede il budello. *Jeder sieht den Mantel, Niemand sieht den Darm.*

mi. Ognunu ti vede ciò che tu hai in dossu e nimu ti vede ciò che t' hai in corpu. (crs.) *Jeder sieht das, was du auf dem Rücken hast, und Keiner sieht, was du im Leibe hast.*

Tal ti guarda la cappa che non ti vede la borsa. (t.) *So Mancher sieht auf deinen Mantel, der dir nicht in den Beutel sieht.*

Sa èd la èsta e miga la testa. (l. b.) *Man sieht auf's Kleid und nicht auf's Innere.*

ni. Sa bentre (matta) non la bidet niunu. (sa. L.) *Den Bauch sieht Niemand.*

---

74. Die Fliege setzt sich immer auf ein mager Pferd.

Je magerer der Hund, je grösser die Flöhe.

Je schäbiger Hund, je mehr Flöhe.

md. Ja leecher dr Hund, ja ärger de Fleh. (Hrz.) *Je magerer der Hund, je ärger die Flöhe.*

Die Flieg setzt sich immer uf a mager Pferd. (schls.)

De Flige sezt sich immar uwa mågar Färt. (schls. B.)

pd. Je ulleger Hond, je mehr Flöh. (nrh. M.) *Je erbärmlicher der Hund, je mehr Flöhe.*

Je maogerer (schäwiger) de Hund, je mêr Flei'n. (ns. A.) *Je magerer (schäbiger) der Hund, je mehr Flöhe.*

Is mager de Tewe, sünt grot de Flöhe. (ns. B.) *Ist die Hündin mager, sind die Flöhe gross.*

Je schlimmer Pracher, je dikker Lus. (ns. B.) *Je schlimmer (der) Bettler, je dicker (die) Laus.*

Jĕ lĕger de Hund, jĕ mĕr Flöwe het he. (ns. ha. G. u. G.) *Je magerer der Hund, je mehr Flöhe hat er.*

Je poverer der Pracher, je dikker de Luns. (ns. hlst.) *Je ärmer der Bettler, je dicker die Laus.*

Je laiger de Rüe, je ärger de Fläuhe. (ns. L.) *S. Ja leecher u. s. w.*

---

dt. Op de magerste paarden vallen de meeste vliegen. *Auf die magersten Pferde fallen die meisten Fliegen.*

Op een schraal en schurftig beest Zitten al de vliegen't meest. *Auf einem magern und räudigen Thiere sitzen die Fliegen am meisten.*

Hoe schurftiger hond, hoe meer vlooijen. *S. Je schäbiger u. s. w.*

en. The lean dog is a' fleas. (scho.) *Der magere Hund ist ganz (voll) Flöhe.*

fs. Je fättere då Nöppe, je mägere de Hünn. (M.) *Je fetter die Flöhe, je magerer der Hund.*

---

dä. Jo bidskere Hund, jo flere Lopper. *Je bissigerer Hund, je mehr Flöhe.*

Je federe Loppe, desto magrere Hund. *Je fetterer Floh, desto magerer Hund.*

sn. Ju magrare hund, dess fetare loppor. *Je magerer Hund, desto fettere Flöhe.*

---

fz. Aux chevaux maigres va la mouche. *Zu den magern Pferden geht die Fliege.*

it. Le mosche corron dietro a' cavalli magri. *Die Fliegen sind hinter den magern Pferden her.*

Le mosche vanno a' can magri. *Die Fliegen gehen zu den magern Hunden.*

mi. Ai cani e ai cavalli magri vanno addosso le mosche. (t.) *Den magern Hunden und Pferden gehen die Fliegen zu Leibe.*

Le mosche danno (si posano) addosso a' cavai (cava') magri. (t.) *Die Fliegen setzen sich auf die magern Pferde.*

ni. L' mosch van ài can magr. (em. B.) *S. Le mosche vanno u. s. w.*

Ai càn màgher agh va drè il moschi. (em. P.) *Den magern Hunden gehen die Fliegen nach.*

Ai ca magher ghe cor dre le mosche. (l. brs.) *S. Ai càn u. s. w.*

Ai can magher ghe van adrê tüt i mosch. (l. m.) *Den magern Hunden gehen alle Fliegen nach.*

Le mosche va drio ai cani magri. (v.) *S. Le mosche vanno u. s. w.*

Ai cani magri core drio le mosche. (v. trt.) *S. Ai càn u. s. w.*

si. A cavaddu mazzu Diu li manda rugna. (ap. L.) *Dem ganz magern Pferd schickt Gott Räude.*

A caval magro corrono le mosche, A capra senza denti dura frasca. (upl.) *Zum magern Pferd eilen die Fliegen, der Ziege ohne Zähne hartes Laub.*

A cavallo magro Dio manna mosche. (upl.) *Magerem Pferde schickt Gott Fliegen.*

A cavaddu magru muschi. (s.) *Magerm Pferd Fliegen.*

A cavaddu magru Diu ci manna muschi. (s. C.) *S. A cavallo u. s. w.*

Caddu lanzu, musca meda. (sa. L.) *Mager Pferd, viele Fliegen.*

lm. Ase magre ple de mosens. (ucat.) *Magrer Esel voll von Fliegen.*

sp. El perro flaco todo es pulgas. *S. The u. s. w.*

---

75. **Mancher** geht nach **Wolle aus Und** kommt geschoren selbst nach Haus.

pd. Manch enen get ut, üm Wulle to halen, un kömt geschuoren wi'er. (wstf. Mrk.) *Mancher geht aus, um Wolle zu holen und kommt geschoren wieder.*

Menigeen gaat om wol uit en komt geschoren dt.
t' huis. *Mancher geht nach Wolle aus und kommt geschoren nach Haus.*

Die om wol komt, wordt zelf wel geschoren. *Wer nach Wolle geht, wird wohl selbst geschoren.*

Many go to seek wool, and come home shorn. en.
Manche gehen, um Wolle zu suchen, und kommen geschoren nach Hause.

Go for wool and come back shorn. *Geh um Wolle und komm geschoren zurück.*

Mangen gaaer ud efter Uld, og kommer klippet dä.
hjem. *S. Menigeen u. s. w.*

Mangen et Faar gaaer tykuldet ud, og kommer klippet hiem. *Manch' ein Schaf geht dickwollig aus und kommt geschoren heim.*

Mången går ut efter ull och kommer klipt hem. sw.
S. Menigeen u. s. w.

Lanam petierat ipseque tonsus abiit. lt.

Saepe subactus erit, alium qvi sternere qvaerit. (mlt.)

I da qu'iront queri dé l'l'aine, éié qui r'vèront fz.
toudus. (nf. w.) *Es gibt ihrer, die Wolle holen gehen und geschoren wiederkommen.*

I zuffoli di montagna: andorno per suonare e it.
fur suonati. *Die Gebirgspfeifen giengen um zu spielen und wurden gespielt.*

Far come i pifferi di montagna, che andarono per suonare e furono suonati. *Es machen wie die Gebirgspfeifen, welche ausgiengen, um zu spielen, und gespielt wurden.*

Andar per la decima, e lasciarvi il sacco. *Nach dem Zehnten ausgehen und den Sack dort lassen.*

È venuto per l'uovo e vi ha lasciata la gallina. *Er ist nach dem Ei gekommen und hat die Henne dort gelassen.*

Fê cum fè i pêfar d muntagna. (rom.) *Es* mi.
machen, wie die Gebirgspfeifen thuten.

Egli era venuto per lana e se n' è ito toso. (t.) *Er war nach Wolle gekommen und ist geschoren davon gegangen.*

Per voler accattar delle noci, ha perso la tasca. (t.) *Weil er Nüsse betteln wollte, hat er die Tasche verloren.*

Far cm' è i peffer d' muntagna. (em. B.) *Es* ni.
machen wie die Gebirgspfeifen.

Far dai piffer d' montagna. (em. P.) *S. Far cm' u. s. w.*

Fe com ii pifer d' montagna, andè per sonè e esse sonà. (piem.) *S. Far come u. s. w.*

si. È andato per prendere la farina e vi ha lasciato il sacco. (ap.) *Er ist gegangen, um das Mehl zu holen, und hat den Sack dagelassen.*

Tanti voti lu maliziusu Va pri tunuiri ed è tusu. (s.) *So viel Male geht der Böse aus um zu scheeren und wird geschoren.*

Audau pri la decima e ci lassau lu saccu. (s.) *Er gieng nach dem Zehnten und liess den Sack da.*

Audau pri guadagnari e fici detta. (s.) *Er gieng, um zu gewinnen und machte Schulden.*

Qui quircat sos corros anzenos bi laxat sos suos. (sn.) *Wer die Hörner Anderer sucht, verliert seine eigenen.*

lm. Anar per llana y tornar trasquilad. (ucat.) *Nach Wolle gehen und geschoren zurückkehren.*

La ventura deu Samarró que pensaba bàtrer y batéreulo. (ucat.) *Das Loos des Tölpels, der schlagen wollte und geschlagen wurde.*

sp. Fuese por lana y bolvio tresquilado. *Er war nach Wolle aus und kehrte geschoren zurück.*

Ir por lana y volver trasquilado. *S. Anar u. s. w.*

Á las veces do cazar pensamos, cazados quedamos. *Manchmal, wo wir zu fangen denken, werden wir gefangen.*

---

76. Mann ohne Weib, Haupt ohne Leib; Weib ohne Mann, Leib ohne Haupt daran.

Der Mann ist das Haupt, die Frau sein Hut.

md. Dr Mann is des Weiwes Haupt, un de Fra de Nachtmitz drauf. (Hrz.) *Der Mann ist des Weibes Haupt und die Frau die Nachtmütze darauf.*

Wŏ kĕ' Man as, as kĕ' Rot, Wŏ kèng Fra as, as kĕ' Stot. (mrh. L.) *Wo kein Mann ist, ist kein Rath, wo keine Frau ist, ist kein Staat.*

pd. En Mân öne Frå friesze Wânzen uĕh Flī. (nrh. S.) *Einen Mann ohne Frau fressen Wanzen und Flöhe.*

Der Mann ist das Haupt — on de Fru ôss et Klutke, dat sött bawe drop *(und die Frau ist eine Klutke, die oben drauf sitzt).* (ns. Pr.-O.)

---

dt. Een man zonder vrouw is een lichnam zonder ziel (een schip zonder kiel (eene keuken zonder vuur). *Ein Mann ohne Frau ist ein Körper ohne Seele (ein Schiff ohne Kiel) (eine Küche ohne Feuer).*

Een man zonder wijf is een arm katijf. *Ein Mann ohne Weib ist ein armer Wicht.*

Eene vrouw zonder man is eene vrouw zonder ziel. *Eine Frau ohne Mann ist eine Frau ohne Seele.*

Manden bliver altid Hovedet og Konen hans Hat. *Der Mann bleibt immer das Haupt und die Frau sein Hut.* dä.

En Husbond uden Kone er som en Lampe uden Olie. *Ein Hausherr ohne Frau ist wie eine Lampe ohne Öl.*

Hústruen har sit Lys fra Manden, som Maanen fra Solen. *Die Hausfrau hat ihr Licht vom Manne, wie der Mond von der Sonne.*

Bóndi er bezt verðr, húsfreyja þarnæst. *Der Hausherr ist am meisten werth, die Hausfrau demnächst.* is.

Hostel sans femme, Seigneur sans dame, Ce n'est que vent. (nf. Chmp.) *Haus ohne Frau, Herr ohne Dame, das ist nichts, als Wind.* fz.

L' omunu senza a donna è un arburu senza fronde e senza rami. (mi. crs.) *Der Mann ohne die Frau ist ein Baum ohne Laub und ohne Zweige.* it.

Senza muglie a lato l' nomo non è beato. (t.) *Ohne Frau zur Seite ist der Mann nicht glücklich.* mi.

La dona senza l'òm la par on ghindol E l'òm senza la dona el par on simbol. (l. b.) *Die Frau ohne den Mann gleicht einer Winde, und der Mann ohne die Frau gleicht einer Handtrommel.* ni.

Un òmm senza ona strascia de miê L' è on moscon senza co e senza pê. (l. m.) *Ein Mann ohne ein Stückchen Frau ist eine Fliege ohne Kopf und ohne Füsse.*

L' omo senza na strazza de femena, somaro senza vezza. (v.) *Der Mann ohne ein Stückchen Frau, (ein) Saumthier ohne Ladung.*

---

77. Schickt man die Narren zu Markt, so lösen die Krämer Geld.

Wenn die narren zu markt gehn, so lösen die kremer gelt. (ad.)

Âne tören wirt kein market guot. (ad.)

Bann die Kenner zu Márt gĭn, lüse die Kramer Geeld. (frk. H.) *Wenn die Kinder zu Markt gehen, lösen die Krämer Geld.* md.

Bann mo' di Kénnər zu Mart schéckt, lûsə di Krâmər Gèld. (frk. H.) *Wenn man die Kinder zu Markt schickt, lösen die Krämer Geld.*

Wan d' Kanner Gë[t hun, da' lësen d' Krëmer. (mrh. L.) *Wenn die Kinder Geld haben, da lösen die Krämer.*

Wenn ma de Norran ze Morkte schikt, lîsən de Krâmər Geld. (schls. B.) *Wenn man die Narren zu Markt schickt, lösen die Krämer Geld.*

Wann de Narren ze Markte gehn, Dann lesen de Krähmer Geld. (W. E.) *Wenn die Narren zu Markt gehen, dann lösen die Krämer Geld.*

od. Wenn man Kinder und Narren auf den Markt schickt, lösen die Krâmer Geld. (bair.)

Wenn man d' Narren auf den Markt schickt, so lösen d' Krämer Geld. (schwb. W.)

pd. Wann Kinder zo Maat goun, dann freuen sich de Kaufläck. (nrh. K.) *Wenn Kinder zu Markt gehen, dann freuen sich die Kaufleute.*

Gôn de Naren af de Muort, Hun de Juden en gâde Muort. (nrh. S.) *Gehen die Narren auf den Markt, haben die Juden einen guten Markt.*

Wenn de Kinner to Markte kamt, so kopt de Kramers Geld. (ns. B.) *Wenn die Kinder zu Markt kommen, so lösen die Krämer Geld.*

Wenn de Narren nâ'n Marke gât, kriget de Krâmers det Geld. (ns. ha. G. u. G.) *Wenn die Narren nach dem Markte gehen, bekommen die Krämer das Geld.*

Wenn Kinner to Markte kamt, freut sick de Koplüe. (ns. ha. V.) *Wenn Kinder zu Markt kommen, freuen sich die Kaufleute.*

Wenn de Narren to Markt gân, frengt sick de Krämer. (ns. M.-Str.) *Wenn die Narren zu Markt gehen, freuen sich die Krämer.*

Wenn dumme Lüh *(Leute)* to Markt kamen, kriegen de Kooplüh *(Kaufleute)* Geld. (ns. ofs.)

Wenn de Narren to Mart kamt, denn kriegt de Kramers Geld. (ns. O. R.) *Wenn die Narren zu Markt kommen, dann kriegen die Krämer Geld.*

Wenn de Narr (Buur) in de Stadt kömmt, freue söck de Kooplied. (ns. Pr.) *Wenn der Narr (Bauer) in die Stadt kommt, freuen sich die Kaufleute.*

Wen de dum Lüed to Maert goen, dennoesten krien klock Lüed Jelt. (ns. U.) *Wenn die dummen Leute zu Markt gehen, so kriegen kluge Leute Geld.*

---

dt. Als de zotten ter markt komen, krijen de kramers geld. *S. Wenn de Narren to Mart u. s. w.*

Als de gekken ter markt komen, hebben de koopliеden niet te klagen. *Wenn die Gecken zu Markt kommen, haben die Kaufleute nicht zu klagen.*

Als de kinderen ter markt komen, vliegen de schijven. *Wenn die Kinder zu Markt kommen, fliegen die Scheiben.*

Als die gecken toe markt comen, soe cryghen die kremers gelt. (nh.) *S. Wenn de Narren to Mart u. s. w.*

Als de kinderen ter markt komen, dan krygen de kramers geld. (vl.) *Wenn die Kinder zu Markt kommen, dann kriegen die Krämer Geld.*

If fools went not to market, bad wares would en. not be sold. *Wenn Narren nicht zu Markt giengen, würden schlechte Waaren nicht verkauft.*

Naar Tosserne komme til Torvs, faae Kræmm- dä. erne Penge. *S. Wenn de Narren to Mart u. s. w.*

Naar Giekken kommer til Torvs, faaer Kræmmeren Penge. *Wenn der Narr zu Markt kommt, kriegt der Krämer Geld.*

Naar Tosse kommer til Marked, faaer Kræmmeren Penge. *Wenn (ein) Tropf zum Markt kommt, kriegt der Krämer Geld.*

Aff Daaræs Tijlkomme wordher Torffwet rijgh. (adä.) *Von der Narren Kommen wird der Markt reich.*

När narrar komma till marknaden, får köp- sw. männen penningar. *S. Wenn de Narren to Mart u. s. w.*

När tôserna komma til torgs, få krâmarne pengar. *S. Wenn de Narren to Mart u. s. w.*

När narren kommer til marknad, får köpman pengar. *S. Naar Giekken u. s. w.*

När Narren kommer til Köpstads, så får Krâhmaren Penningar. *Wenn der Narr in die Handelsstadt kommt, so kriegt der Krämer Geld.*

Thorghet ær i goth at ther komber mangen snok. (asw.) *Der Markt ist gut, zu welchem mancher Narr kommt.*

Lucrificare forum solet (facit) adventus fatu- lt. orum. (mlt.)

Si el necio no fuesse al mercado, no se ven- sp. deria lo malo. *Wenn der Dumme nicht auf dem Markte wäre, würde man nicht das Schlechte verkaufen.*

---

78. **Mattheis** Bricht's Eis; Find't er keins, Macht er eins.

md. St. Mattheis (24. Februar) macht oder bricht das Eis. (nrh. E.)

Zegt Mateis Mécht oder brécht d' Eis. (nrh. L.) *S. St. Mattheis u. s. w.*

Matthîs, Matthîs, fengt ä Îs, brecht ä Îs, fengt ä keis, macht ä eis. (thr. R.) *Mattheis, Mattheis, findet er Eis, bricht er Eis, findet er keins, macht er eins.*

od. Måt-heis bricht's Eis, find't a" kaa's, so macht er aa's. (bair. O.-L.)

Maddisz Bricht 's Isz, Find er keins, Se macht er eins. (els. Str.)

Mattais Brecht 's Ais, Feuda kääs, Do *(da)* machta Kää. (östr.-schls.)

Matheisz Bricht Eis, Hot 'r *(hat er)* koans *(keins)*, So macht 'r oans *(eins)*. (schwb.)

Mattheus Bricht Schuee und Eis. (tir. U.-I.)

pd. Der Mates isz *(ist)* der Eiszrämpler *(Eisbrecher)*. (nrh. S.)

Mathîs breket dat Îs (fiunt he keins, sau mäkt he eins). (ns. ha. G. u. G.)

Mattheees bricht Ees, Hat er kees, macht er Ees. (ns. Pr.) *S. Matheisz u. s. w.*

Süute Mathîs Bräkt dat Îs. (wstf. Mst.) *St. Mattheis bricht's Eis.*

---

dl. Sint Mathijs Werpt eenen heeten steen in't ijs. *St. Mattheis wirft einen heissen Stein in's Eis.*

---

dä. Matthies bryder Iis — er der nogen, saa brækker han den; er der ingen, saa lægger han den. *Mattheis bricht Eis — ist welches, so zerbricht er es; ist keins, so legt er welches.*

Mathis bryder Iis, hvor han finder Iis; finder han ingen Iis, saa lægger han Iis. *Matthias bricht Eis, wo er Eis findet; findet er kein Eis, so legt er Eis.*

nw. Mattis bryt Is; er dat ingen Is, so gjerer han Is. *Mattheis bricht Eis; ist kein Eis, so macht er Eis.*

---

fz. A la Saint Matthias Se fond et brise glace. *An St. Mattheis schmilzt und bricht Eis.*

nf. Saint Mathiache Casse les glaches. (pic.) *St. Mattheis zerbricht das Eis.*

it. A san Mattia la neve per la via. (mi. t.) *An St. Matthias der Schnee auf dem Wege.*

ni. San Matia s' el trova giazzo el lo porta via; se nol lo trova, el giazzo se rinova. (v.) *St. Matthias, wenn er Eis findet, trägt er's fort; wenn er keins findet, erneuert sich das Eis.*

San Matías Marzo al quinto dia Entra el sol por las umbrías Y calienta las aguas frías. (and.) *St. Matthias, am fünften Tag (vor) März, dringt die Sonne durch die Schatten und erwärmt die kalten Gewässer* sp.

---

79. **Halt 's Maul, se flügt der kei Mugg drii.** (od. schwei.) *Halt's Maul, so fliegt dir keine Mücke hinein.*

In eenen toegesloten mond komen geene vliegen. *In einen geschlossenen Mund kommen keine Fliegen.* dl.

A close mouth catches no flies. *Ein geschlossener Mund fängt keine Fliegen.* en.

In i en tillykt mund kommer ingen fluga. *In einen geschlossenen Mund kommt keine Fliege.* sw.

En bouche close n'entre mouche. *In geschlossenen Mund dringt keine Fliege.* fz.

A bouque barrade Mousquit nou y entre. (Brn.) *S. En bouche u. s. w.* sf.

A boûco barado noun ëntro moûsco. (Lgd.) *S. En bouche u. s. w.*

A bouco clauso non l'intro mousquos. (nprv.) *In geschlossenen Mund dringen keine Fliegen.*

In bocca chiusa non entrò mai mosca. *In geschlossenen Mund drang nie eine Fliege.* it.

In bucca chiosa un c'entra mosche. (crs.) *S. A bouco u. s. w.* mi.

In bocca chiusa non c'entran mosche. (t.) *S. A bouco u. s. w.*

En boca serada no entra mosche. (l. brs.) *S. A bouco u. s. w.* ni.

Nô van denter i mosch in bocca ciûsa. (l. m.) *Nicht dringen die Fliegen in geschlossenen Mund.*

An boca sarà a j'entra gnune mosche. (piem.) *S. A bouco u. s. w.*

In boca serada no entra mosche. (v. trst.) *S. A bouco u. s. w.*

In vucca chiusa nun trasinu muschi. (s.) *S. A bouco u. s. w.* si.

In bucca serrada mai b'intrat musca. (sa.) *In geschlossenen Mund dringt nie eine Fliege.*

En boca tancada no hi entra mosca ni alada. (cat.) *In geschlossenen Mund dringt weder Fliege, noch Ameise.* lm.

En una boca tancada, la mosca no serà entrada. (val.) *In einen geschlossenen Mund wird die Fliege nicht gedrungen sein.*

pt. Em boca cerrada não entra mosca. *S. En bouche u. s. w.*

sp. En boca cerrada no entra mosca. *S. En bouche u. s. w.*

---

80. Man muss das **Maul** nach der Tasche richten.

Nach dem **Beutel** richte den **Schnabel**.

md. 's Heest *(heisst)*: Moal *(Maul)* richt **dich** noch der Tonsche *(nach der Tasche)*. (schls.)

od. Man muss den Beutel nicht weiter aufthun, als er ist. (schwb.)

Man muss nicht mehr verzehren, Als der Pflug kann ernähren. (schwei.)

pd. De Tährung nar Nährung settn. (ns. B.) *Die Zehrung nach der Nahrung richten.*

De Teerung (Teern) na de Narung (Neern) richten (strecken). (ns. hlst.) *S. De Tährung u. s. w.*

---

dl. Men moet de tering naar de nering zetten. *Man muss die Zehrung nach der Nahrung richten.*

fs. Ham skal a Têrang såt efter a Nêrang. (A.) *S. Men moet u. s. w.*

Huhm mänjt' e Täring öfter'n Näring sätte. (M.) *S. Men moet u. s. w.*

Sèt di Tärring ooll'er di Närring. (S.) *Richte die Zehrung nach der Nahrung.*

---

dä. Man maa (skal) sætte Tæring efter Næring. *S. Men moet u. s. w.*

Sæt din Tæring efter din Næring. *Richte deine Zehrung nach deiner Nahrung.*

At rette Munden efter Madposen. *Den Mund nach dem Essack richten.*

Thw scalt steefnæ effther Eefnæ. (adä.) *Du musst steuern nach den Mitteln.*

nw. Ein skal setja Tæring etter Næring. *S. Men moet u. s. w.*

Ein skal laga Retterne etter Raadl. *Man muss die Gerichte nach dem Vermögen richten.*

Set Stemme etter Emne, og Tæring etter Næring. *Richte die Stimme nach dem Stoffe und die Zehrung nach der Nahrung.*

sw. Man måste rätta munnen efter matsäcken. *Man muss den Mund nach dem Essack richten.*

Tåringen efter måringen. *Die Zehrung nach der Nahrung*

Thu skalt stempna æpther æmpne. (asw.) *S. Thw u. s. w.*

---

lt. Vivas (Viuas) frugalis ut (vt) res est materialis. (mlt.)

fz. Gouverne ta bouche selon ta bourse. *Richte deinen Mund nach deiner Börse.*

Selon le pain il faut le couteau. *Dem Brot gemäss muss das Messer sein.*

nf. Selon ta bourse, te maintiens. (Chmp.) *Deiner Börse gemäss erhalte dich.*

Ta dépense soit tenue Si grande com ta revenue. (Chmp.) *Deine Ausgabe sei so gross gehalten wie dein Einkommen.*

I fåt régler s'gueuie sor lou s' boûsse. (w.) *Man muss sein Maul nach seiner Börse richten.*

sf. Seloun l'entrade la despensse, Satgé non ès qui plan ny pensse. (Gsc.) *Nach der Einnahme die Ausgabe, weise ist nicht, wer nicht recht daran denkt.*

it. Fa la spesa secondo l' entrata. *Richte die Ausgabe nach der Einnahme ein.*

mi. Bisogna far la spesa secondo l' entrata. (t.) *Man muss die Ausgabe nach der Einnahme einrichten.*

Fare i bocconi a misura della bocca. (t.) *Die Bissen nach Mass des Mundes einrichten.*

ni. Fe ii bocon second la boca. (piem.) *Die Bissen nach dem Munde einrichten.*

si. Comm' hai la 'ntrata, cussi fà le spese. (npl.) *Wie du das Einkommen hast, so mache die Ausgaben.*

Secunnu l' entrata fa la spisa. (s. C.) *Nach der Einnahme richte die Ausgabe ein.*

Segundu s' intrada faghe s' ispesa. (sa.) *S. Secunnu u. s. w.*

---

81. Wer Jedem das **Maul** stopfen wollte, müsste viel Mehl haben.

Der müsste viel Mehl (Brei) haben, der alle Mäuler verkleiben wollte.

Wer Jedermann den Mund stopfen wollte, bedürfte viel Mehls.

Wer allen Leuten den Mund stopfen wollte, bedürfte viel Brotes.

Der muost mal han, vil me dann vil, wer yedems mul verstopffen wil. (ad.)

md. Wie viel Mehl der haben sollt', Der alle Mäuler verkleben wollt'! (mrh. E.)

't Misst ë' fill Schlësser hun, wan ën allemeysch wellt de Mogt zöspieren. (mrh. L.)

Es müsste Einer viel Schlösser haben, wenn er allen Leuten den Mund zusperren wollte.

Fir all Meiler ze stoppe' misst ê' fill Stepp hun. (nrh. L.) *Um alle Mäuler zu stopfen, müsste Einer viel Werg haben.*

od. Man müsste viel Mehl haben, wenn man Jedem das Maul stopfen wollte. (bair.)

We me alle Lüte wett d' Müler verschoppe, müesst me vil Bappe ha. (schwei.) *Wenn man allen Leuten die Mäuler verstopfen wollte, müsste man viel Brei haben.*

pd. Et es kenn Heu genug gewassen, ûm de Lühd de Mond te stoppen. (nrh. M.) *Es ist nicht Heu genug gewachsen, um den Leuten den Mund zu verstopfen.*

All' Lüüd Müüler to stoppen hüör'n vöäl Wiepens to. (ns. A.) *Um aller Leute Mäuler zu stopfen, gehören viel Wische dazu.*

De all' Lie' den Snuten stoppen will, is väl Mehls vandoont. (ns. O. St.) *S. Wer Jedermann u. s. w.*

Der müsste viel Mehl haben, der allen Leuten das Maul stopfen wollte. (ns. Pr.)

Dai möch viel Haü hewwen, dä jedem 't Mul woll stoppen. (wstf. Mrk.) *Der müsste viel Heu haben, der Jedem das Maul stopfen wollte.*

---

dl. Die behoeft wel brij (meel) met groote (volle) koppen, Die allen klappers (zotten) den mond zal stoppen. *Der braucht wohl Brei (Mehl) mit grossen (vollen) Tassen, der allen Schwätzern (Narren) den Mund stopfen soll.*

Men behoeft veel hooi, om allen man den mond te stoppen. *Man bedarf viel Heu, um Jedermann den Mund zu stopfen.*

Die alle man den mont stoppen sal, die behoeft veele meels. (ah.) *Wer Jedermann den Mund stopfen soll, braucht viel Mehl.*

Hy moet veel brys hebben', die elk den mond kan stoppen. (vl.) *Der muss viel Brei haben, der Jedem den Mund stopfen kann.*

fs. Diar Lidjs Müüser staape skal, skal fül Slonten hä. (A.) *Wer der Leute Mäuler stopfen will, muss viele Lumpen haben.*

Hy behoeft folle mool, der elck man de muwle stopje schil. (afs.) *Der braucht viel Mehl, der Jedermann den Mund zustopfen soll.*

---

dä. Han skal have megen Klister (meget Meel), som vil tilkline alle Munde. *Der muss viel Kleister (Mehl) haben, der alle Mäuler zukleben will.*

Den skal have meget Meel, der vil stoppe alle Munde. *Der muss viel Mehl haben, der alle Mäuler stopfen will.*

Han (Den) skal have meget Smør, som skal (der vil) stoppe hver Mands Mund (alle Munde). *Der muss viel Butter haben, der Jedermanns Mund (alle Mäuler) stopfen soll (will).*

Man kan ikke stoppe alle Munde. *Man kann nicht alle Mäuler stopfen.*

Han skal haffwe laughe Armæ, allæ Mwnnæ wijl lockæ. (adä.) *Der muss lange Arme haben, der alle Mäuler zumachen will.*

Sá má hafa breiðan lófa, sem byrgir fyrir allra is. munn. *Der muss einen breiten Handteller haben, der Aller Mund zuhalten will.*

Han treng langa Hender, som vil halda fyre nw. alle Munnar. *Der braucht lange Hände, der sie vor alle Mäuler halten will.*

Den som vill smeta igen alla munnar, skall ha sw. mycket klister. *Wer alle Mäuler zukleben will, muss viel Kleister haben.*

Han måste ha mycket mjöl, som vill stoppa till allas munnar. *S. Den skal have meget Meel u. s. w.*

Den måste ha mycket mjöl, som vill stoppa hvars mans mun. *Der muss viel Mehl haben, der Jedermanns Mund stopfen will.*

Thu skalt hawa langa arma vm thu wil hwars mans mwn halda. (asw.) *Du musst lange Arme haben, wenn du Jedermanns Mund zuhalten willst.*

Multum farris habet qui cunctis obstruit ora. lt. (mlt.)

Sappam longa gere, si vis os omne tacere. (mlt.)

No bastan estopas para tapar tantas bocas. *Es* sp. *gibt nicht Werg genug, um so viel Mäuler zu stopfen.*

---

82. Unter einem Fuder Heu erstickt keine Maus.

Es erstickt kei *(keine)* Muus *(Maus)* under od. *(unter)* em *(einem)* Heustock. (schwei.)

Dar fallt keen Mus undern Fohr Hau dot. pd. (ns. B.) *Es fällt keine Maus unter dem Fuder Heu todt nieder.*

Dar fallt kên Mûs unner'n För Heu dôt. (ns. O. J.) *S. Dar fallt keen u. s. w.*

't Fallt nien Muus unner'n För Heu dood. (ns. O. R.) *S. Dar fallt keen u. s. w.*

Daar bleef nooit eene muis dood onder een dl. voeder hooi. *Nie hat eine Maus unter einem Fuder Heu den Tod gefunden.*

dä. Ingen Muus qvæles under et Læs Ho. *Keine Maus wird erstickt unter einem Fuder Heu.*

nw. Dat kovnar inkje Musi under Høylasset. *Es erstickt keine Maus unter dem Heufuder.*

sw. Musen dör intet under hölasset. *Die Maus stirbt nicht unter dem Heufuder.*

---

83. Ein **Doktor und ein Bauer wissen mehr,** denn **ein Doktor allein.**

md. Zwē wesse' mē ewē ēn. (mrh. L.) *Zwei wissen mehr, als Einer.*

od. E Buur und e Pfarer wüssed meh, as en Buur elei. (schwei.) *Ein Bauer und ein Pfarrer wissen mehr, als ein Bauer allein.*

---

dt. Een wijze en een dwaas weten meer dan een wijze alleen. *Ein Weiser und ein Narr wissen mehr, als ein Weiser allein.*

Twee weten (zien) (kunnen) altijd meer (zijn wijzer), dan één alleen. *Zweie wissen (sehen) (können) immer mehr (sind weiser), als Einer allein.*

en. Two heads are better than one. *Zwei Köpfe sind besser, als einer.*

Twa heads are better than ane, though they're but sheep's anes. (scho.) *Zwei Köpfe sind besser, als einer, und wären's auch nur Schaafsköpfe.*

„Twa heads are better than ane," as the wife said when she and her dog gaed to the market. (scho.) *„Zwei Köpfe sind besser als einer," wie die Frau sagte, als sie und ihr Hund auf den Markt giengen.*

---

dä. En Doctor og en Bonde vide Mere, end en Doctor alene.

sw. En doktor och en bonde veta mer än en doktor ensam.

---

fz. I gn'ia pus d'esprit dains deux tiètes qu' dains eune. (nf. pic. St.-Q.) *Es ist mehr Verstand in zwei Köpfen, als in einem.*

nf. I gn'y a pus d'ideies divins deux tiesses qu' divins eune. (w.) *Es sind mehr Ideen in zwei Köpfen, als in einem.*

On tuze mî a deux qu' tot seu. (w.) *Man denkt besser zu Zweien, als ganz allein.*

it. Sà più un dottor e un villan, che un dottor solo.

Sà più un savio e un matto ch' un savio solo. *S. Een wijze u. s. w.*

E' san più due che uno. *Es wissen Zweie mehr, als Einer.*

Vede più un pigmeo sopra un gigante, che il gigante solo. (crs.) *Ein Zwerg auf einem Riesen sieht mehr, als der Riese allein.* mi.

Sa più il papa e un contadino, che il papa solo. (t.) *Mehr weiss der Priester (Pabst) und ein Bauer, als der Priester allein.*

Sanno più un savio e un matto, che un savio solo. (t.) *S. Een wijze u. s. w.*

Vèd püssé 'l preost e la massera, che 'l preost ni sol. (l.) *Mehr sieht der Priester und die Haushälterin, als der Priester allein.*

Val pieu 'l preóst e la masera, che 'l preóst de per lu. (l. brs.) *Mehr gilt der Priester und die Haushälterin, als der Priester für sich allein.*

Sa più 'l papa e 'l contadin, che 'l papa solo. (v.) *Mehr weiss der Priester und der Bauer, als der Priester allein.*

Che ne sa più do vilani, che un dotor. (v.) *Zwei Bauern wissen mehr, als ein Doktor.*

Sa più el papa e el contadin che el papa solo. (v. trst.) *S. Sa più 'l u. s. w.*

Sapi chiu un saviu ed un pazzu, chi un saviu sulu. (s.) *S. Een wijze u. s. w.* si.

---

84. **Es gehört mehr zum Tanz als neue Schuhe.**

Es gehört mehr zum Tanz als rothe Schuhe.

Zum Freien gehört mehr als ein Paar Schuhe.

Es gehört mehr zum Reiten als ein Paar Stiefel.

Zum Reiten gehört mehr als zwei Lenden über ein Pferd schlagen.

Zur Weisheit gehört mehr denn ein rother Hut.

Es gehört mehr zum tantz, denn rote schuhe. (ad.)

Zum Reiten gehören mehr als zwei Stiefel. (bair.) od.

Zum Tanzen gehören mehr als ein Paar Schuhe. (bair.)

Dar hört mehr to'n Danz, as'n Paar Schoh. (ns. B.) *Da gehört mehr zum Tanz, als ein Paar Schuh.* pd.

Tum Danss hört meer as en Paar Scho. (ns. hlst.) *Zum Tanz gehört mehr als ein Paar Schuh.*

Dar hört mehr to'n Danz as en Paar Schoh (ns. Hmb.) *S. Dar u. s. w.*

Tōonn Friggen heurt meir os en Paar Schōon. (ns. L.) *S. Zum Freien u. s. w.*

Dar hört mähr to 'n Dans as 'n Paar Scho. (ns. O. R.) *S. Dar u. s. w.*

Daar behoort meer ten dans dan een paar dans- dt.

schoenen. *Es gehört mehr zum Tanz, als ein Paar Tanzschuhe.*

Daar behoort meer tot een' ruiter, dan twee beenen op een paard te werpen. *Es gehört mehr zu einem Reiter, als zwei Beine auf ein Pferd zu werfen.*

Daar behoort meer tot het huwelijk, dan vier beenen op een bed. *Es gehört mehr zur Heirath, als vier Beine auf einem Bett.*

Daar behoort meer tot eene huishouding dan vier beenen onder eene tafel. *Es gehört mehr zu einem Haushalt, als vier Beine unter einem Tische.*

en. More longs to marriage, than four bare legs in one bed. *Es gehört mehr zum Heirathen, als vier blosse Beine in einem Bette.*

There belongs more than whistling to going to plow. *Es gehört mehr als pfeifen zum Pflügengehen.*

There belangs mair to a bed than four bare legs. (scho.) *Es gehört mehr zu einem Bett, als vier blosse Beine.*

There belangs mair to a ploughman than whistling. (scho.) *Es gehört mehr zu einem Pflüger, als pfeifen.*

fs. Diar hiart muar tu an Dåns üüs an Pår Skur. (A.) *Es gehört mehr zu einem Tanz, als ein Paar Schuhe.*

---

dä. Der hører mere til Dandsen end et Par røde Sko. *Es gehört mehr zum Tanzen, als ein Paar rothe Schuhe.*

Der hører Mere til Dands (til et Bal), end et Par grønne Skoe. *Es gehört mehr zum Tanz (zu einem Ball), als ein Paar grüne Schuhe.*

Der hører mere til Dans, end et Par Korkskoe. *Es gehört mehr zum Tanz, als ein Paar Korkschuh.*

Der hører Mere til at ploie, end raabe: ho! *Es gehört mehr zum Pflügen, als: Ho! rufen.*

Der vil mere til Ploug end at sig Hou! *Es gehört mehr zum Pflug, als Ho! zu sagen.*

Der hører mere til Ploven end at sige Ho! *S. Der vil u. s. w.*

Ther hører alth mære tijl Hæsth æn sijæ hóo. (adä.) *Es gehört schon mehr zum Pferd, als Ho! zu sagen.*

is. Fleira þarf í dansinn, enn fagra skóna. *Mehr gehört zum Tanz, als schöne Schuh.*

sw. Det vill mer till en dans, än ett par nya skor. *Es gehört mehr zu einem Tanz, als ein Paar neue Schuhe.*

Det hör mer till att plöja, än att ropa: ho! *S. Der hører Mere til at u. s. w.*

Det will mer til plogen än hwissla. *Es gehört mehr zum Pflug, als pfeifen.*

Det vill allt mer till plogen än hvissla, och mer till dans än ett par näfverskor. *Es gehört schon mehr zum Pflug, als pfeifen, und mehr zum Tanz, als ein Paar Birkenrindenschuh.*

Thæ skal meer til hæstin æn hwisla. (asw.) *Es bedarf mehr zum Pferd, als pfeifen.*

Plus vult (wlt) constare mannus, quam sibila lt. flare. (mlt.)

Altro vuol la tavola che una tovaglia bianca. it. *Zur Tafel gehört mehr, als ein reines Tischtuch.*

---

85. **Es gibt mehr als einen bunten Hund.**

Es gibt mehr als eine bunte Kuh.

Es ist mehr als ein Esel, der Martin heisst.

Et git mä bunte Kögge, åsse eine. (hss. O.) md. *Es gibt mehr bunte Kühe, als eine.*

Es häszd meh dasz e Chue Brune. (schwei. A.) od. *Es heisst mehr als eine Kuh Braune.*

Es git meh as ein roatha Huun. (schwei. St. Gallen). *Es gibt mehr als einen rothen Hund.*

Dar sünt mehr bunte Hünn', as Een. (ns. B.) pd. *Es sind mehr bunte Hunde, als einer.*

Et gift mër bunte Koie, (as eine). (ns. ha. G. u. G.) *S. Et git u. s. w.*

Dar sünd mehr bunte Hunnd as een. (ns. Hmb.) *S. Dar sünt u. s. w.*

Dar sünt mehr bunte Hunne as een. (ns. ofs.) *S. Dar sünt u. s. w.*

't Gift meer bunt' Hünn' as een. (ns. O. J.) *Es gibt mehr bunte Hunde, als einen.*

Et gitt meih bunte Kögge, osse eine. (ns. W.) *S. Et git u. s. w.*

Et gift meer bunte Kuiens, ärre äinen. (wstf. A.) *S. 't Gift u. s. w.*

Er zijn meer hondjes die Del heeten. *Es sind* nl. *mehr Hundchen, die Del heissen.*

Er zijn meer gekken dan één. *Es gibt mehr Narren, als einen.*

Er zyn veel koeijen die blaer heeten. (vl.) *Es sind viel Kühe, die Blässe heissen.*

There are more mares in the world as Grisell. en. *Es gibt mehr Mähren in der Welt, als Grisell.*

There are more maids than Maukin and more men than Michael. *Es sind mehr Mädchen, als Mariechen, und mehr Männer, als Michel.*

---

dä. Der er flere brogede Hunde end Præstens. *Es gibt mehr bunte Hunde, als (die) des Predigers.*

Der er flere brogede Høns, end Præstens; thi Degnen har ogsaa nogle. *Es gibt mehr bunte Hühner, als (die) des Geistlichen; denn der Küster hat auch einige.*

Der er Mange, der hedde Hans. *Es gibt Viele, die Hans heissen.*

is. Það eru fleiri hundar svartir, enn hundurinn prestsins. *Es sind mehr schwarze Hunde, als des Predigers Hund.*

Fleiri eru rakkar svartir, enn rakkinn prestsins. *Es sind mehr schwarze Hunde, als der Hund des Predigers.*

Fleiri eru stumpatir hundar enn prestsins. (fær.) *Es sind mehr gestutzte Hunde, als der des Predigers.*

nw. D' er fleire flekkutte Bikkjor en berre ei (en Presten si). *Es gibt mehr bunte Hunde, als blos einen (als Predigers seinen).*

D' er fleire flekkutte Marar en ei. *Es gibt mehr scheckige Mähren, als eine.*

sw. Det finnes flera brokiga hundar än presteus. *Es werden mehr bunte Hunde gefunden, als (die) des Predigers.*

---

fz. Plus d'un âne s' appelle Martin. *Mehr als ein Esel heisst Martin.*

Il y a plus d'un âne à la foire qui s' appelle Martin. *Es gibt mehr als einen Esel auf dem Markt, der Martin heisst.*

Plus d' un âne à la foire a nom Martin. *Mehr als ein Esel auf dem Markte führt den Namen Martin.*

nf. I n' ia pus d'on leûp â bois. (w.) *Es gibt mehr als einen Wolf im Holze.*

sf. Que y a aû marcat hère d' asous qui s' semblon. (Brn.) *Es gibt auf dem Markte viele Esel, die sich gleichen.*

it. Egli è più d' un asino al mercato. *Es gibt mehr, als einen Esel auf dem Markte.*

E' ne va più d'un asino al mercato. *Es geht mehr als ein Esel zum Markt.*

mi. E va piô d' un ôsan bianch a mulen. (rom.) *Es geht mehr als ein weisser Esel zur Mühle.*

ui. Ai n'a j'è sissè dj' (pi d'un) aso ch'a s' smio. (piem.) *Es gibt mehr (als einen) Esel, die sich gleichen.*

lm. Mòlts ases hi ha al mercad que s' assemblan. (neat.) *Viele Esel gibt es auf dem Markte, die sich gleichen.*

---

86. Es giebt überall mehr Galgen als Diebe.

Es giebt mehr Ketten, als rasende Hunde. (mrh. E.) md.

't Gét mě Kètten, ewě rosen Honn. (mrh. L.) *S. Es giebt mehr u. s. w.*

Et get meh Kerrn, wie rosige Hon. (mrh. N.) *S. Es giebt mehr u. s. w.*

Es git meh Nare as Pfundbrötli. (schwei.) *Es gibt mehr Narren als Pfundbrödlein.* od.

Es sind der Tagu *(Tage)* vil und der Malu *(Mahlzeiten)* no *(noch)* meh *(mehr)*. (schwei.)

Et get mich Ketten, äls rosetige Hong. (nrh. A.) *S Es giebt mehr u. s. w.* pd.

Et sé' mî Dâch, wå Brôtwîrscht. (nrh. S.) *Es sind mehr Tage, als Bratwürste.*

Dar sünt mehr Äbärs, as Poggen. (ns. B.) *Da sind mehr Störche, als Frösche.*

Dar sünt mehr Hünu, as Bünk. (ns. B.) *Da sind mehr Hunde, als Knochen.*

Dar sünd mehr Hunn, as Bunken. (ns. ofs.) *S. Dar sünt mehr Hünn u. s. w.*

Dar sünd mehr Abars as Poggen. (ns. ofs.) *S. Dar sünt mehr Äbärs u. s. w.*

De Dage sünt vêl, man de Mâle noch mêr. (ns. O. J.) *Der Tage sind viele, aber der Mahlzeiten noch mehr.*

Da sind mehr Adbaar's, ass Poggen. (ns. P.-H.) *S. Dar sünt mehr Äbärs u. s. w.*

Daü sind der viele, de Mâltcien näu meere. (watf. Dr.) *Tage sind ihrer viele, der Mahlzeiten noch mehr.*

Daar zijn meer dagen, dan saucijzen. *S. Et se' u. s. w.* dt.

Dagene ere mange, og Maalene fleer. *Der Tage sind viele und der Mahlzeiten (noch) mehr.* dä.

Det er mange Dage i Aaret og end flere Maaltider. *Es gibt viele Tage im Jahre und noch mehr Mahlzeiten.*

Fluere ære Daffwe æn Traffwæ. (adä.) *Mehr sind Tage, als Mandeln Garben.*

Fleiri koma mál, enn dagar. *Mehr kommen Mahlzeiten, als Tage.* is.

Det är många dagar i året och än flere måltider. *S. Det er u. s. w.* sw.

Målen äro flere, än korfvarne (styeken). *Mahlzeiten sind mehr, als Würste (Stücke).*

Fleer måål än Korfwar. *Mehr Mahlzeiten, als Würste.* [u. s. w.

Flere æru dagha æn trawa. (asw.) *S. Fluere*

Thænk at flere æru dagha æn trawa. (asw.) *Denke, dass mehr Tage sind, als Mandeln Garben.*

---

it. Esse dies plures gelimis, attendere cures. (mlt.)
Docte! dies cures farraginibus fore plures. (mlt.)

fz. Il y a plus de voleurs que de gibets. *Es gibt mehr Diebe, als Galgen.*
Il est plus d' ouvriers que d' outils. *Es gibt mehr Handwerker, als Werkzeuge.*

nf. Que y a mèy de dics que de saucisses. (Brn.) *S. Et se' u. s. w.*
Que y a mèy de baylets que de mèstes. (Brn.) *Es gibt mehr Diener, als Herren.*
As may de bruscs que d' arbeilhos. (uprv.) *Du hast mehr Bienenstöcke, als Bienen.*

it. Si trovano più ladri che forchi. *Es finden sich mehr Diebe, als Galgen.*
Vi son più di che lucaniche. *S. Et se' u. s. w.*

mi. Ci sono più trappole che topi. (t.) *Es gibt mehr Fallen, als Mäuse.*
Ci sono più cani che lepri. (t.) *Es gibt mehr Hunde, als Hasen.*
Ci sono più sparvieri che quaglie. (t.) *Es gibt mehr Sperber, als Wachteln.*
Son più i pasti che i giorni. (t.) *Es sind mehr Mahlzeiten, als Tage.*

ni. Son plui dis che lujanis. (frl.) *S. Et se' u. s. w.*
Gh' è püssè temp che lüganega. (l. m.) *Es gibt mehr Zeiten, als Bratwürste.*
A j' è pi d' ingan ch' d' persone da inganè. (piem.) *Es gibt mehr Betrug, als Personen zu betrügen.*
Esnie pi d' trapole ch' d' rat. (piem.) *S. Ci sono più trappole u. s. w.*
Gh' è (Ghe xe) più di che luganega. (v.) *S. Et se' u. s. w.*
Gh' è (Ghe xe) più casi che lege. (v.) *Es gibt mehr Fälle, als Gesetze.*
Ghe xe più giorni che luganighe. (v. trst.) *S. Et se' u. s. w.*

si. C' è chiù jorna ca suizza. (s.) *S. Et se' u. s. w.*
Pius qui hat dies qui non canoniges. (sa. L.) *Es gibt mehr Tage, als Domherren.*

lm. Mes dies hiá que llonganises. (val.) *S. Et se' u. s. w.*

pt. Mais dias ha que linguiças. *S. Et se' u. s. w.*

sp. Mas hay dias que longanizas. *S. Et se' u. s. w.*
Son mas los dias que las longanizas. (asp.) *Es sind der Tage mehr, als der Bratwürste.*

---

87. Im Becher ersaufen mehr, als im Meer.

Es ertrinken mehr im Becher, als in der Donau.
Es ertrinken mehr im Glas, als in allen Wassern.
Mehr sterben vom Frass denn vom Schwert.
Frass bringt mehr um als das Schwert.
Frass würget mehr denn Schwert.

Es ertrinken mehr im Wein, als im Wasser. (mrh. E.) md.
Am Wein ersaufen der mē, ewē am Wāsser. (mrh. L.) *Im Wein ersaufen ihrer mehr, als im Wasser.*

Es ertrinken mehr im Glas, als im Wasser. (bair.) od.

Ȁm Wéinj ereofen är mi, wa äm Waazer. (nrh. S.) *S. Am Wein u. s. w.* pd.

In'n Becher verdrinken mehr, as in 't Meer. (ns. A.)
In'n Beker verdrinken mehr, as in de See. (ns. ofs.) *Im Becher ertrinken mehr, als in der See.*
In'n Bèker verdrinken mehr, als in'n See. (ns. ofs. A.) *S. In'n Beker u. s. w.*
In de Bèker verdrinkt mêr as in de Sê. (ns. O. J.) *S. In'n Beker u. s. w.*

Daar verdrinken er meer in de wijn-(jenever-) fiesch, dan in de zee. *Es ertrinken mehr in der Wein-(Wachholder-)flasche, als in der See.* dt.
Van dronkenheid zijn er meer bedorven, Dan menschen onder 't zwaard gestorven. *Vom Trunke sind ihrer mehr verdorben, Als Menschen unter dem Schwert gestorben.*
Van dronckenschap isser meer bedoruen, Dan menschen onder tsweert ghestoruen. (avl.) *S. Van dronkenheid u. s. w.*

Gluttony and drunkenness destroy more than the sword. *Gefrässigkeit und Trunksucht vernichten mehr, als das Schwert.* en.

Der drukne Flere i Øl og Viin om Aaret, end i Vand. *Es ertrinken des Jahres mehr im Bier und Wein, als im Wasser.* dä.
Flere drukne i Øl og Viin, end i Vand. *Mehr ertrinken im Bier und Wein, als im Wasser.*
Flære Folk draebes aff Natwordh æn aff Swerdh. (adä.) *Mehr Leute sterben vom Abendbrod, als vom Schwert.*

Fleiri falla fyrir munnum, enn sverði. *Mehr fallen vom Munde, als (vom) Schwerte.* is.

Det drunknar flere i öl och vin om året, än i vatten. *S. Der drukne u. s. w.* sw.
Fleer dråper swalg, ån Swärd. *Mehr tödtet Gefrässigkeit, als (das) Schwert.*
Flere folk dræpas aff naatwardh æn aff swærdh. (asw.) *S. Flære u. s. w.*

Ancipiti plus ferit ense gula. lt.
Gula plures quam gladius peremit.

fz. La gourmandise tue plus de gens que l'épée. *Die Fresssucht bringt mehr Leute um, als der Degen.*

La gourmandise a tué plus d'hommes que l'épée. *Die Fresssucht hat mehr Leute getödtet, als der Degen.*

it. Più n'amazza la gola che il ferro. *Mehr bringt die Kehle um, als das Eisen.*

Ne uccide più la gola che non la spada. *Mehr tödtet die Kehle, als das Schwert.*

mi. Ne ammazza più la gola che la spada. (t.) *Mehr bringt die Kehle um, als das Schwert.*

ni. Ghe ne mazza più la gola, che la spada. (v.) *S. Ne ammazza u. s. w.*

si. Chiù nn' ammazza la gula chi la spata. (s.) *S. Ne ammazzo u. s. w.*

Nde bocchit plus sa gula qui non s'ispada. (sa.) *S. Ne uccide u. s. w.*

---

88. Mehr weiss Narr Klaus In seinem Haus, Als selbst die Weisern In andern Häusern.

---

dt. Een zot is wijzer in zijn eigen huis, dan een wijs man in dat van een ander. *Ein Narr ist weiser in seinem Haus, als ein weiser Mann in dem eines Andern.*

---

fz. Le fol sçait mieux son faict en sa propre maison, Que le sage iceluy d'autruy par suspeçon. *Der Narr weiss besser seine Sache in seinem eigenen Haus, als der Weise die Anderer durch Vermuthung.*

it. E' sa meglio il pazzo i fatti suoi, che il savio quegli degli altri. *Besser weiss der Narr seine Sachen, als der Weise die der Andern.*

mi. Sa megliu u mattu i so fatti che u saviu quelli dill' altri. (crs.) *S. E' sa u. s. w.*

Face megliu u mattu u so fattu che u saviu quellu d' altri. (crs.) *Besser macht der Narr seine Sache, als der Weise die Anderer.*

Più ne sa un pazzo a casa sua, che un savio a casa d' altri. (t.) *Mehr weiss ein Narr in seinem Haus, als ein Weiser im Hause Anderer.*

Sa meglio i fatti suoi un matto, che un savio quegli degli altri. (t.) *S. E' sa u. s. w.*

ni. Val püssé on mat in ca sova, che on savi in ca di alter. (l. m.) *Mehr taugt ein Narr in seinem Haus, als ein Weiser im Hause Anderer.*

Vèd püssé on mat in cà soa che on savi in cà dei olter. (l. m.) *Mehr sieht ein Narr in seinem Hause, als ein Weiser im Hause der Anderen.*

Vèd püssé on öc in ca soa, che des in quèla di alter. (l. m.) *Mehr sieht ein Auge in seinem Hause, als zehn in dem Anderer.*

On matt ne sà pussee in cà sova de quell che in cà di olter sappia on savi. (l. m.) *Ein Narr weiss mehr in seinem Haus, als ein Weiser im Hause Anderer weiss.*

A sa pi ii fat sò un mat, ch' un savi coi dj' autri. (piem.) *S. E' sa u. s. w.*

A n'a sa pi un mat a soa ca, ch' un savi a ca d' un aotr. (piem.) *Mehr weiss ein Narr in seinem Haus, als ein Weiser im Haus einer Andern.*

Sa più 'l mato in casa soa, che 'l savio in casa dei (di) altri. (v.) *S. Più ne sa u. s. w.*

Val più un occio in casa soa che diese in quela dei altri. (v.) *Mehr taugt ein Auge in seinem Hause, als zehn in dem der Anderen.*

Sa più un mato in casa sua, che un savio in casa de altri. (v. trst.) *S. Più ne sa u. s. w.*

Il savio in casa d' altri è pazzo, e il pazzo in si.
casa sua è savio. (npl.) *Der Weise ist im Hause Anderer Narr und der Narr in seinem Hause ist weise.*

Sapi chiu lu pazzu 'ncasa sua, chi lu saviu 'ncasa d'autru. (s.) *S. Più ne sa u. s. w.*

Ischit plus su maccu in domo sua, qui non su sabiu in domo anzena. (sa.) *S. Più ne sa u. s. w.*

Bidet plus su maccu in domo sua qui chentu sabios in domo anzena. (sa.) *Mehr sieht der Narr in seinem Hause, als hundert Weise in fremdem Hause.*

Sab més lo botj en casa séva que l' sabi en lm.
casa dels altres. (ucat.) *S. Più ne sa u. s. w.*

Mais sabe o tolo (sandeu) no seu, que o si- pt.
sudo no alheio. *Mehr weiss der Narr im Seinigen, als der Verständige in dem Anderer.*

Mas sabe el loco (necio) en su casa, que el sp.
cuerdo en la agena. *Mehr weiss der Narr in seinem Hause, als der Klaye in dem Anderer.*

---

89. Vier Augen sehen mehr als zwei.

Zwei Augen sehen mehr als eins.

Zwè gesi' mē cwē ēn. (mrh. L.) *Zweie sehen* mc
mehr, als Einer.

Viar Augn gsechan mear as wia zwoa. (st.) od.

pd. Twei Ågen seiet mér, as ein. (ns. ha. G. u. G.) *S. Zwei Augen u. s. w.*
Veer Augen seht meih osse twei. (ns. W.)

---

dt. Vier oogen zien meer dan twee.
Twee oogen zien meer dan één. *S. Zwei Augen u. s. w.*

en. Four eyes see more than two.
Two eyes see more than one. *S. Zwei Augen u. s. w.*

---

dä. Fire Øine see mere end to.
nw. Tvau Ango sjaa meir en eitt (og fire sjaa meir en tvau). *Zwei Augen sehen mehr als eins (und viere sehen mehr als zwei).*
sw. Fyra ögon se mer än två.

---

lt. Plus vident oculi quam oculus.
Cernere plus uno lumina bina queunt.
fz. Quatre yeux voient plus que deux.
Deux yeux voient plus clair qu'un. *Zwei Augen sehen klarer, als eins.*
sf. Mies ly vezon dous hueils qu'un. (uprv.) *Besser sehen zwei Augen, als eins.*
it. Due vedono più che uno. *S. Zwei u. s. w.*
mi. Bedenu più quattr' occhj che duj. (crs.)
E vèd pió quatr óce ch an fa du. (rom.)
Vedono più quattr' occhi che due. (t.)
ni. Al fa più quattr man che dou. (em. B.) *Vier Hände thun mehr, als zwei.*
A vèd più quattr' òcc che duu. (em. R.)
Quatr' ðe i vèd püssè če du. (l. b.)
Vedde ciù quattr' éuggi che dui. (lig.)
Vede pi quatr œ̃i ch' doi. (piem.)
Quatr œ̃i a s' ceiro pi ch' doi. (piem.)
Vedi più quatro occi che due. (v. trst.)
si. Plus bideut duos qui non unu. (sa. L.) *S. Zwei u. s. w.*
lm. Mes veuen quatre uils, que dos. (val.)
pt. Mais vêm quatro olhos que dous.
Mais vêm dous olhos que hum. *S. Zwei Augen u. s. w.*
sp. Mas ven quatro ojos que dos.
Mas veen quatro ojos que no dos. (asp.)

---

90. **Es ist kein Meister so gut, er findet einen über sich.**

Es ist keiner so starck, er findet einen sterckern. (ad.)
md. Es ist keiner so stark, man findet einen Stärkern. (mhr. E.)

Dar is Nüms so stark, he find sin Mann. (ns. B.) pd.
Da ist Niemand so stark, er findet seinen Mann.
Dar is keen Döwel so slimm, he weet noch immer Eenen, de der slimmer is. (ns. B.) *Es ist kein Teufel so schlimm, er weiss noch immer einen, der schlimmer ist.*
Kene Düwel of he hat sinen Oëwerdüwel. (ns. ha. G. u. G.) *Kein Teufel, er hat seinen Oberteufel.*
Dat gifft alltied Mester aver Mester. (ns. ofs.) *Es gibt stets Meister über Meister.*
Dar is kên Dûwel sô schlimm, he wêt noch immer ênen, de der slimmer is. (ns. O. J.) *S. Dar is keen u. s. w.*
Et es kainen so slimmen Düwel, he hiät sinen Üöwerdüwel. (wstf. Mrk.) *Es ist kein so schlimmer Teufel, er hat seinen Oberteufel.*

Er is altijd meester boven meester (baas boven baas). *Es ist immer Meister über Meister.* dt.
Er is altijd heer boven heer. *Es ist immer Herr über Herr.*
Men vindt altyd meesters boven meesters. (vl.) *Man findet immer Meister über Meistern.*
Dirr äs ålltidd (Dirr's ålt) Hiere auwer Hiere. (M.) *S. Er is altijd heer u. s. w.* fs.

Ingen er saa stærk, at han jo finder sin Overmand. *Keiner ist so stark, dass er nicht seinen Obermann fände.* dä.
Ingen er saa ond, at der findes jo en argere. *Keiner ist so schlecht, dass man nicht einen Ärgeren fände.*
Der er Høg over Høg. *Es ist Sperber über Sperber.*
Enginn er svo fullkominn, að ei finni sinn meistara. *Keiner ist so vollkommen, dass er nicht seinen Meister fände.* is.
Öllum er ovboðið. (fær.) *Alle haben einen Oberen.*
D' er Hauk yver Haue. *Es ist Sperber über Hahn.* nw.
D' er Hauk yver Hauk. *S. Der er u. s. w.*
Ingen är så stark, att han ej finner sin öfverman. *S. Ingen er saa stærk u. s. w.* sw.
Ingen haar waret så arg, han haar ju funnet en wärre. *Keiner ist so schlimm gewesen, er hat wohl einen Schlimmeren gefunden.*

Il n' y a si vaillant qui ne trouve son maître. *Es gibt keinen so Tapferen, der nicht seinen Meister fände.* fz.

nf. Si foirt qu'on seuie, on trouve todi s'maisse. (w.) *So stark man sei, man findet immer seinen Meister.*

---

91. Kein Meister wird geboren.

Es ist kein Meister geboren, er muss gemacht werden.

Es ist noch kein Meister vom Himmel gefallen.

Es ist noch kein Doktor vom Himmel gefallen.

md. 's Ît un ké G'lirnter von Himm'l gfâll'n. (frk. M.) *Es ist noch kein Gelehrter vom Himmel gefallen.*

't As kên als Mêschter fum Himmel gefalt. (mrh. L.) *Es ist Keiner als Meister vom Himmel gefallen.*

od. Es fällt kein Gelehrter vom Himmel. (bair.)

Koan G'leandá-r- is nid vân Himm'l g'fall'n. (ndö.) *Kein Gelernter (Gelehrter) ist vom Himmel gefallen.*

Es ist noch kein Gelehrter vom Himmel gefallen. (schwei.)

Es ist Keiner gleich Anfangs ein Meister. (schwei.)

Es wird kein Meister geboren. (schwei.)

pd. Et is noch keen Meister van'n Himmel fall'n. (ns. A.) *S. Es ist noch kein Meister u. s. w.*

Då vard keu (*kein*) Meister geboren. (ns. hlst. A.)

Nin Mäster ward baren, hee ward maakd. (ns. Hmb.) *Kein Meister wird geboren, er wird gemacht.*

Neemes wird osse Meister geboren. (ns. W.) *Niemand wird als Meister geboren.*

En Pråt wärt nitt gebuoren, hä wärt emaket. (watf. Mrk.) *Ein Pater wird nicht geboren, er wird gemacht.*

---

en. None is born a master. *Keiner ist als Meister geboren.*

No man is his craft's master the first day. *Kein Mann ist am ersten Tage Meister seiner Kunst.*

---

dä. Der fødes ingen Mester. *S. Es wird u. s. w.*

Ingen Mester falder fra Himlen. *Kein Meister fällt vom Himmel herab.*

nw. D' er ingen Meister fødd. *Es ist kein Meister [geboren.*

sw. Ingen födes mästare. *S. None u. s. w.*

---

lt. Nemo nascitur artifex.

cw. Ûngün nun ais naschieu maister. (ld. O.-E.) *S. None u. s. w.*

Nagin ei cou s' ilg Mund vengieus, Ca sei 'g schon Meister stau naschieus. (obl.) *Keiner ist, der in die Welt kommt, der schon als Meister geboren worden sei.*

Nessun nasce maestro. *S. None u. s. w.* it.

Nissuno è mai caduto maestro dal cielo. *Keiner ist je als Meister vom Himmel gefallen.*

Nimu nasce sapiente (istruitu) (imparatu). (crs.) mi. *Niemand wird weise (unterrichtet) (ausgelernt) geboren.*

Non si doventa maestri in un giorno. (t.) *Man wird nicht Meister in einem Tage.*

Nissü nas maestre. (l. b.) *S. None u. s. w.* ni.

Nessun nass nè majster, nè dottor. (l. m.) *Keiner wird weder als Meister, noch als Doktor geboren.*

Gnun nass magister. (piem.) *S. None u. s. w.*

Nissun nasse mestri. (v.) *S. None u. s. w.*

Nissun nasse sapiente. (v.) *Keiner wird weise geboren.*

Nissun nassi maestro. (v. trst.) *S. None u. s. w.*

Ninne est naschidu imparadu. (sa. L.) *Keiner* si. *ist ausgelernt geboren.*

Ninne naschet in s'arte imparadu. (sa. L.) *Keiner wird unterrichtet in der Kunst geboren.*

---

92. Den Bock melken.

Er will den Bock melken.

Den Buck mälken un inner Heie fisken bringet pd. Nix in. (watf. Mrk.) *Den Bock melken und in der Heide fischen bringt nichts ein.*

You can't get blood out of a stone. *Ihr könnt* en. *aus einem Stein kein Blut gewinnen.*

At malke Bukken. dä.

At trykke Vand af en Fodsteen. *Wasser aus einem Steine drücken.*

Bágt er að hnoða brauð af steinum. *Schwer* is. *ist's, aus Steinen Brot zu kneten.*

Mulgere hircum. lt.

Aquam e pumice postulare.

Lapidem decoquis.

On tirerait plutôt de l'huile d'un mur. *Man* fz. *könnte eher Öl aus einer Mauer ziehen.*

On n' sâreu fer sôner ine pire. (w.) *Man kann* nf. *einen Stein nicht bluten machen.*

Tirarié dë san d'uno pëiro. (Lgd.) *Er würde* sf. *Blut aus einem Steine ziehen (i. e. der Geizige).*

Tirarie de sang d'uno rabo. (nprv.) *Er würde aus einer Rübe Blut ziehen.*

Non si può cavar dalla rapa sangue. *Man kann* it. *aus der Rübe kein Blut zapfen.*

Cavê sanghv da un sass. (rom.) *Blut aus einem* mi. *Stein zapfen.*

Vlè cavê sanghe da una rêva. (rom.) *Blut aus einer Rübe zapfen wollen.*

Dalla rapa non si cava sangue. (t.) *Aus der Rübe zapft man kein Blut.*

Vuoi cavar dalla rapa sangue. (t.) *Du willst aus der Rübe Blut zapfen.*

ni. No se pöl tirà fö 'l sangh dai mür. (l. b.) *Man kann nicht das Blut aus den Mauern herausziehen.*

Nö s'en pò trà sangu d'on mür. (l. m.) *Man kann nicht Blut aus einer Mauer ziehen.*

Fä sciortî dinæ (do sangue) da unn-a prïa. (lig.) *Geld (Blut) aus einem Steine herauskommen lassen.*

Gavè d'sangh d'ant na pera. (piem.) *S. Cavè u. s. w.*

Gavè d'sangh d'ant na rava. (piem.) *Blut aus einer Rübe zapfen.*

No se pol cavar sangue dal muro. (v.) *Man kann nicht Blut aus der Mauer zapfen.*

sl. Bogare ozu dai sa formigula. (sa. L.) *Öl aus dem Ameischen ziehen.*

---

93. Wie kent er ooit, naar regten eisch, Meloenen en het vrouwenvleisch? (dt.) *Wer kennt je, nach rechtem Erfordernis, Melonen und das Weiberfleisch?*

---

dä. Quinder og Meloner ere onde at kjende. *Weiber und Melonen sind schwer zu kennen.*

---

fz. Femme et melon à peine les cognoist-on. *Frau und Melone erkennt man kaum.*

sf. Nonn si pódou connoûissë dë liuén lous mëlouns é las fënnos. (Lgd.) *Man kann nicht die Melonen und die Frauen von Weitem erkennen.*

Non se pouedon connouisse ben louen melon et fremo de ben. (uprv.) *Man kann nicht auf sehr weit gute Melone und Frau erkennen.*

it. Al donn a gli è cum è i mlon. (mi. rom.) *Die Frauen sind wie die Melonen.*

mi. Donna e popone, beato chi se n' appone. (t.) *Frau und Melone, glücklich wer sie erräth.*

ni. Donn e melon, fortünâ chi je tö bon. (l. m.) *Frau und Melone, glücklich wer sie gut nimmt.*

Chi sa comprar meloni tol bona mugier. (v.) *Wer Melonen zu kaufen versteht, nimmt eine gute Frau.*

pt. O melão e a mulher máos são de conhecer. *Die Melone und die Frau sind schlecht zu erkennen.*

El melon y la muger malos son de conocer. sp. *S. O melão u. s. w.*

---

94. Der Mensch denkt, Gott lenkt.

D'r Mänsch dänkt, Gott länkt. (thr. R.) md.

Der Mensch denkts, Gott lenkts. (schwei.) od.

We Minschen denken un Gott lenkt. (ns. A.) pd. *Wir Menschen denken und Gott lenkt.*

De Menschke denket, Gott lenket. (ns. W.)

De mensch wikt, Maar God beschikt. *Der* dl. *Mensch erwägt, aber Gott verfügt.*

Man proposes, God disposes. *Der Mensch be-* en. *schliesst, Gott verfügt.*

De Mânshe spôit, aurs Gödd rêdt. (M.) *Der* fs. *Mensch prophezeit, aber Gott verfügt.*

Mennesket agter, men Gud skifter. *Der Mensch* dä. *meint, aber Gott verändert.*

Mennesket spaaer, (men) Gud raader (raa'er). *S. De Mânshe u. s. w.*

Mann þeinkir, guð skeinkir. *Der Mensch denkt,* is. *Gott schenkt.*

Guð ræðr en mennirnir þenkja. *Gott lenkt und die Menschen denken.*

Menneskjan ætlar, men harrin ræður. (fær.) *Der Mensch beschliesst, aber der Herr lenkt.*

Mannen spaar, og Gud raa'r. *Der Mensch* nw. *prophezeit und Gott schaltet.*

Mannen spaar, Store-Mannen raa'r. *Der Mensch prophezeit, der grosse Herr schaltet.*

Menniskan spår och Gud rår. *S. Mannen spaar,* sw. *og u. s. w.*

Homo proponit, Deus disponit. lt.

L' hom propnona e Dieu dispnona. (ld. O.-E.) ew. *Der Mensch beschliesst und Gott verfügt.*

L' uman propona e Dieu dispona. (ld. U.-E.) *S. L' hom u. s. w.*

Il cartgeun propona e Dieus dispona. (obl.) *S. L' hom u. s. w.* [u. s. w.

L' homme propose et Dieu dispose. *S. L' hom* fz.

Ce que l' homme propose, Dieu autrement dispose. *Was der Mensch beschliesst, verfügt Gott anders.*

L' homme propose et l' bon Diu dispose. (w.) nf. *Der Mensch beschliesst und der liebe Gott verfügt.*

L' homé proposo et Diou disposo. (uprv.) *S.* sf. *L' hom u. s. w.*

it. L' uomo propone e Dio dispone. *S. L' hom u. s. w.*
mi. L' ommu prupoue e Dio dispone. (crs.) *S. L' hom u. s. w.*
L' om prupou e Dio dispon. (rom.) *S. L' hom u. s. w.*
ni. L' om propoun e al cil disponu. (em. B.) *Der Mensch beschliesst und der Himmel verfügt.*
L' omm propòna e Dio dispòna. (em. P.) *S. L' hom u. s. w.*
L' ómm propón e Dio dispón. (em. R.) *S. L' hom u. s. w.*
L' òm el pensa e 'l Signor el dispensa. (l.) *Der Mensch denkt's und der Herr vertheilt's.*
L' omm l' ha pari a propoun che Dio despoun. (l. m.) *Der Mensch schlägt so gut vor, wie Gott verfügt.*
L' òm a propon, e Dio a dispon. (piem.) *S. L' hom u. s. w.*
L' urdi a l' è dl' om e 'l tesse dla fortuna. (piem.) *Das Anspinnen ist Sache des Menschen und das Weben die des Glücks.*
L' omo pensa e Dio dispensa. (v.) *Der Mensch denkt und Gott theilt aus.*
L' omo propone e Dio dispone. (v.) *S. L' hom u. s. w.*
L' omo proponi e Idio disponi. (v. trst.) *S. L' hom u. s. w.*
si. L' ommo se propone, Dio dispone. (npl.) *Der Mensch nimmt sich vor, Gott verfügt.*
Omu penza e Diu dispenza. (s.) *S. L' omo pensa u. s. w.*
S' homine proponet et Deus disponet. (sa. L.) *S. L' hom u. s. w.*
lm. Hom ajusta e el temps dispon. (ecat.) *Der Mensch bereitet vor und die Zeit verfügt.*
L' home proposa y Déu disposa. (ecat.) *S. L' hom u. s. w.*
Lhome compon y Déu dispon. (val.) *S. L' hom u. s. w.*
pt. Homem propõe, o Deos dispõe. *S. L' hom u. s. w.*
sp. El hombre propone y Dios dispone. *S. L' hom u. s. w.*
La gente pone y Dios dispone. *Die Leute nehmen sich vor und Gott verfügt.*
Los dichos en nos, los hechos en Dios. *Das Gerede bei uns, das Thun bei Gott.*

---

95. Der **Mensch** ist zur Arbeit wie der Vogel zum Fliegen gemacht.

---

dt. De vogels zijn geboren, om te vliegen, en de menschen, om te lijden. *Die Vögel sind geboren, um zu fliegen, und die Menschen, um zu leiden.*

---

is. Maðrinn er skapaðr til erviðisins, fuglinn til flugsins. *Der Mensch ist zur Arbeit geschaffen, der Vogel zum Fliegen.*
Mæða og dauði er manns arfr (endalykt). *Mühe und Tod ist des Menschen Erbe (Antheil).*
Mæða og erviði er mannsins æfi. *Mühe und Arbeit ist des Menschen Leben.*
Maðr er enginn mæðufrí, meðan lifir á jörðu. *Kein Mensch ist frei von Mühe, so lange er auf Erden lebt.*
nw. Moda er Mannsens Rett. *Mühe ist des Menschen Theil.*
Moda varer, medan Mannen varer. *Mühe währt, so lange der Mensch dauert.*

---

lt. Homo ad laborem natus, et avis ad volatum.
it. L' è al duer ch' agnun viva. (ni. em. B.) *Zum Schmerz ist's, dass Jeder lebt.*
si. S' homine a tribagliare, su puzone a bolare. (sa. L.) *Der Mensch zum Arbeiten, der Vogel zum Fliegen.*
sp. No puede el hijo de Adam sin trabajo comer pan. *Nicht kann der Sohn Adams ohne Arbeit Brot essen.*

---

96. Zu bösem Spiel muss man gute **Miene** machen.

Er macht gute Miene zu bösem Spiel.
pd. He muss' good Koorn wassen laten. (ns. O. J.) *Er musst' gut Korn wachsen lassen.*

---

dt. Bij een schlecht spel een goed gezigt zetten. *Zu einem schlechten Spiel ein gut Gesicht machen.*

---

dä. Man faaer at drikke det i sig, som det var sød Melk. *Man muss das hintertrinken, als ob es süsse Milch wäre.*

---

fz. Il faut faire bonne mine à mauvais jeu.
Faire contre mauvaise fortune bon coeur. *Gegen Unglück heitern Muth zeigen.*
af. A marrit juec, bouono mino. (nprv.) *Zu bösem Spiel gute Miene.*
it. Fare buon viso a mala ventura. *S. Faire u. s. w.*
mi. Volto di miele, bocca di fiele. (t.) *Miene von Honig, Mund voll Galle.*
ni. Ign amar 'n boca e spùdà dols. (l.) *Bitteres im Munde haben und Süsses ausspucken.*

Fe d' bona volontà lo ch' prima i fasie per forssa. (piem.) *Gutwillig thun, was man zuerst aus Zwang that.*

---

97. **Wer sich mischt unter die Kleie, Den fressen die Säue.**

Wer sich unter die Trebern mengt, den fressen die Schweine.

Wer sich under die klîgen mischet, den ezzent din swîn. (ad.)

Swer sich menget under die klîen, Den ezzent din swîn under dem brîen. (ad.)

Wer sich gerne mischet vnter die kleyn, Den essent die säw mit dem prein. (ad.)

md. Wár si' unter die Kleiá mischt, den fräss'n di Säu. (frk. M.)

Wei sik mank de Drawe misket, mot leien, dat enne de Sügge freatet. (hss.) *Wer sich unter die Träber mischt, muss leiden, dass ihn die Säue fressen.*

Wer sich mischet unter die Kleien, wird gefressen von den Säuen. (mrh. E.)

Dé séch enner d' Kleie' mescht, gét fun de Schwéi' gefriest. (mrh. L.) *Wer sich unter die Kleien mischt, wird von den Schweinen gefressen.*

War sech unter de Treeber mengt, dan frassen de Soy. (schls.) *S. Wer sich unter u. s. w.*

od. Wer sich unter die Kleien mischt, den fressen die Schweine. (bair.)

Weá si' untá di Glai'm mischt, den fress'n d. Sau. (ndö.)

Wea si za di Klaium mischt, den fressn d' Sau. (st.)

pd. We sich onger de Kleie mengt, demm freisse de Säu. (nrh. A.)

Wä sich onger de Kleie misch, dä wird van de Färke frässe. (nrh. D.) *S. Dé séch u. s. w.*

Wier sij än de Kläe mäinjt, die friezen de Schweinj. (nrh. S.)

De sik inn Drank mengt, den fret 't de Farken. (ns. B.) *Wer sich in's Spülicht mengt, den fressen die Schweine.*

Wĕr sek manke de Käwe menget, dĕn frĕtet de Swine. (ns. hn. G. u. G.) *S. Wer sich unter u. s. w.*

Wer sick unner de Drawe menget, den fretet de Swine. (ns. L.-D.) *S. Wer sich unter u. s. w.*

De sück in de Drank mengt, freten de Biggen. (ns. ofs.) *S. De sik u. s. w.*

Bai sik unner de Süege menget, dä maut li'en, dat se'ne tuebelt. (wstf. Mrk.) *Wer sich unter die Säue mengt, der muss leiden, dass sie ihn zerren.*

Wie zich onder den draf mengt, dien eten de dt. zwijnen. *S. Wer sich unter u. s. w.*

Die zich onder de zemelen laat mengen, zal van de varkens gegeten worden. *Wer sich unter die Kleie mengen lässt, wird von den Schweinen gefressen werden.*

Wie zich onder den draf mengt, wordt van de varkens gegeten. (vl.) *Wer sich unter die Träbern mengt, wird von den Schweinen gefressen.*

Den der blander sig med Klid, bliver ædt af dä. Svinene. *S. Dé séch u. s. w.*

Den der blander sig med Mask, bliver ædt af Svinene. *S. Wie zich onder den draf mengt, wordt u. s. w.*

Hvo der lægger sig i Mask, han skal ædes af Svîn. *Wer sich in Träbern legt, wird von Schweinen gefressen werden.*

Hoo segh blander medh Saadher, hanum ædher Swijn. (adä.)

Hvör hann bleðr sig með sáðir, þann eta svín. is.

Hvör sig leggr i drafið, verðr jetinn af svínum. *S. Hvo der u. s. w.*

Dan som legg seg i Dravet, verd eten av Svini. nw. *S. Hvo der u. s. w.*

Den som blandar sig bland agnar, blir upäten sw. af swin. *S. Dé séch u. s. w.*

Den som lägger sig i draf, blir uppäten af svin. *S. Hvo der u. s. w.*

Hvo sig blander i masken, hannem åder swinen. *Wer sich in den Meisch mengt, den fressen die Schweine.*

Blandar man sig i draf, blir man äten af svin; Blandar man sig i guld, blir man lagt i skrin. *Mischt man sich unter Träber, wird man von Schweinen gefressen; mischt man sich unter Gold, wird man in Schreine gelegt.* [(asw.)

Hwa sik blanda wid sadha honum æta swiin.

Furfure se miscens porcorum dentibus estur. (mlt.) lt.

Conditus in palea a stupido comedetur asello. (mlt.)

Præda suilla valet fore, qui cum furfure sqvalet. (mlt.)

Chi si mette tra la semola, gli asini se lo man- it. giano. (mi. t.) *Wer sich unter die Kleien mischt, den fressen die Esel.*

Quem com farellos se mistura, porcos o comem. pt.

Quem com farellos se mistura, mãos cães o comem. *Wer sich unter die Kleien mischt, den fressen böse Hunde.*

wl. Cine se amesteck in tărrĕţe lŭ mănâncă porci.

---

98. **Der Mönch legt die Kutte wohl ab, aber nicht den Sinn.**

dt. Bet sal een man de cleederen wtschudden, dan quade manieren. (avl.) *Leichter wird ein Mann die Kleider ablegen, als schlechte Manieren.*

sw. Paddan går intet frå sin art. *Der Schelm schlägt nicht aus seiner Art.*

fz. Les sôlèies et les mâlès fenmmes moret d'vins leu pai. (nf. w.) *Die Trunkenbolde und die schlechten Frauenzimmer sterben in ihrer Haut.*

it. Us muda mulen, ma un s muda mulnĕr. (mi. rom.) *Man ändert die Mühle, aber man ändert nicht den Müller.*

---

99. **De monnik preekte, dat men niet stelen mogt, en hij zelf had de gans in zijne schaprade.** (dt.) *Der Mönch predigte, dass man nicht stehlen dürfte, und er selbst hatte die Gans in seiner Speisekammer.*

en. The friar preach'd against stealing when he had a pudding in his sleeve. *Der Frater predigte gegen Stehlen, während er eine Wurst in seinem Ärmel hatte.*

it. Il frate predicava che non si dovesse rubare, e lui aveva l'occa nello scapulario. *Der Mönch predigte, dass man nicht stehlen dürfte, und er hatte die Gans im Skapulier.*

---

100. **Was kümmerts den Mond, dass die Hunde bellen?**
Was kümmerts den Mond, dass ihn die Hunde anbellen?

dt. De maan is boven het keffen der honden. *Der Mond ist über das Klaffen der Hunde erhaben.*

fs. Wat kiar a Swanen un a Locht hio thiar un, wan a Höntj thiar steant an bellat? (A.) *Was kehren sich die Schwäne in der Luft daran, wenn das Hündchen dasteht und bellt?*

---

dä. Modig Hest agter ei Hundeglam. *Muthig Pferd achtet nicht Hundegebell.*

Den Vrede er ilde spildt, som Ingen skjøtter om. *Der Zorn ist schlecht vergeudet, den Keiner achtet.*

Lidbet ær om then Mandz Wredhe, som Ingen wrdher. (adä.) *Wenig ist am Zorn des Mannes, dess Keiner achtet.*

is. Þó hundrinn gelti að túnglinu, gleipir hann það ei. *Wenn auch der Hund den Mond anbellt, stört er ihn nicht.*

sw. Hunden skäller på månen, den går dock sin gilla gång. *Der Hund bellt den Mond an, der geht doch seinen geraden Weg.*

Hwad hjelper det hunden skåller på månen, den går dock sin gilla gång. *Was hilft's, dass der Hund den Mond anbellt, der geht doch seinen geraden Weg.*

Modig häst aktar intet hundgläfs. *S. Modig u. s. w.*

Lejonet aktar inga loppbett. *Der Löwe beachtet keinen Flohbiss.*

Hwat ær vm hans wredhe som ængin rædhis. (asw.) *Was ist's um den Zorn dessen, den Keiner fürchtet?*

---

lt. Culicem non curat elephantus.

Contra tonitrua oppedere.

Cuius (Cujus) curator (curatur) nichil (nihil) ira, quid (qvid is) stomachatur. (mlt.)

fz. Ce sont des chiens qui aboient à la lune. *Das sind Hunde, die den Mond anbellen.*

C'est aboyer à la lune. *Das heisst den Mond anbellen.*

nf. Hawer après l'baité. (w.) *Den Mond anbellen.*

sf. Jappo contro la Luna. (nprv.) *Er bellt den Mond an.*

it. La luna non cura l' abbajar de' cani. *Der Mond kümmert sich nicht um das Bellen der Hunde.*

Il cavallo generoso non si cura dell' abbajar de' cani. *Das edle Pferd kümmert sich nicht um das Bellen der Hunde.*

mi. Abajèr a la luna. (rom.) *S. Hawer u. s. w.*

La luna non si cura dell' abbaiar de' cani. (t.) *S. La luna u. s. w.*

ni. La lüna no la bada ai ca che baja. (l. b.) *Der Mond achtet nicht auf die Hunde, welche bellen.*

La luna a bada nen al baolè dii can. (piem.) *Der Mond achtet nicht auf das Bellen der Hunde.*

sl. Luna e cavaddu nun curanu l' abbajari di li cani. (s.) *Mond und Pferd beachten nicht das Bellen der Hunde.*

wl. Nu lătra ca căĭnĭ la lună. ***Belle** nicht wie die Hunde den Mond an.*

Leu nu se uĭtă, cândŭ lŭ latră unŭ căţelŭ. ***Der Löwe sieht sich nicht um, wenn ihn ein Hündchen ankläfft.***

---

101. Morgenstunde Hat Gold im **Munde.**

md. Muorgesstoun huot Golt am Monn. (mrh. L.)

od. Die **Morgenstund** trägt Gold im Mund. (bair.)

Morgestund **het** Gold **im Mund** — und Blei im Chraage *(Kragen).* (schwei.)

pd. Morgenstunne het Gold in'n Munne, Wĕr lange slöpt, **dĕ** geit te **Grunne.** (**ns.** ha. **G.** u. G.) ***Morgenstunde hat Gold im Munde,** Wer **lange schläft, der geht zu Grunde.***

Morgenstund hett Gold in 'e Mund. (ns. hlst. A.)

---

dt. De morgenstond Heeft goud in den mond.

en. An hour in the morning before breakfast, is worth two all the rest of the day. ***Eine Stunde am Morgen vor dem Frühstück ist so gut wie zweie am übrigen Tage.***

---

dä. Morgenstund har Guld i Mund.

is. Morgunstund (Morginstund) ber (hefir) gull í **mund.** *Morgenstunde trägt (hat) Gold in der **Hand.***

nw. Morgonstund heve **Gull i Munn.**

sw. Morgonstunden har guld i munnen. ***S. De u. s. w.***

---

lt. Aurora Musis amica.

cw. L' Hura d'la Damaun porta Mel a Paun. (obl.) ***Die Morgenstunde bringt Honig zum Brot.***

it. L' aoròra **andòra.** (**ni.** piem.) ***Die Morgen**röthe vergoldet.*

---

102. Man muss die Morgensuppe nicht zu gross machen, dass man Abends auch was hat.

Alles **zur Morgensuppe** verschlungen **ist ein böser Imbiss.**

md. Me **mot de** Morgenzoppe nich te grot maken, **datme** et Ahmds ook wat het. (Hrz.)

pd. Man mut de Morgensupp nig to groot maken, dat man Abends ook wat hett. (ns. hlst.)

De 's Mörgens wat **spart,** de 's Avends wat hett. (ns. ofs.) *Wer des Morgens was spart, hat des Abends was.*

---

dt. Die al zijn kost verslindt omtrent het middagmaal, Vindt, als het avond **is,** zijn keuken **bijster** schraal. *Wer allen **seinen Vorrath beim Mittagsmahl verschlingt, findet, wenn es Abend ist, seine Küche grausam schmal.***

Die wat eet en wat laet staen, Kan twee mael ter tafel gaen. (vl.) ***Wer was isst und was lässt stehn, Kann zwei Mal zu Tische gehn.***

---

dä. Man skal tære saa til sin Davre, at man har noget til sin Nadver. ***Man soll so bei seinem Morgenbrot essen, dass man etwas zu seinem Abendbrot hat.***

Mangen gjør Mortensaften saa fed, at han har Intet til Juleaften. ***Mancher macht den Martinsabend so fett, dass er nichts zum Julabend hat.***

Gjør ikke din Mortensaften for meget fed at du kan **have** noget til den **hellige Juleaften.** (jüt.) *Mache deinen Martinsabend nicht **zu** fett, damit du etwas zum heiligen Julabend haben kannst.*

nw. Ein skal so halda Jol, at ein heve nokot til Paaska. ***Man muss Jul so halten, dass man etwas zu Ostern hat.***

---

fz. Qui tout le mange du soir, Lendemain ronge son pain noir. ***Wer alles Abends isst, nagt den nächsten Morgen an seinem Schwarzbrod.***

Mal soupe qui tout disne. ***Schlecht isst zu** Abend, wer Alles zu Mittag isst.*

Qui garde de son disner Mieulx luy en est à **son souper.** *Wer von seinem Mittagessen **aufhebt, hat's** besser bei seinem Abendessen.*

Qi estoye de **sun diner meus** li est de sonn soper. (**afz.**) ***S. Qui garde u.** s. w.*

sf. **Qu manjo tout à son dinar,** non a plus ren per **son soupar. (nprv.)** ***Wer** Alles zu Mittag **isst, hat Nichts mehr** zu seinem Abendbrot.*

it. **S' e' si** desina, c' un si cena. (mi. t. fir.) *Wenn **man's zu** Mittag isst, isst man's nicht zu Abend.*

---

103. Die Mücke fliegt so lang um's Licht, bis sie sich versengt.

---

dt. De mug zwerft zoo lang om de kaars, tot dat zij er eens in komt. *Die Mücke schweift so lange um die Kerze, bis sie ein Mal hineingeräth.*

De mug (vlieg) zwerft zoo lang om de kaars, tot dat zij er ten laatste invalt (zich brandt) (hare vleugelen zengt). *Die Mücke (Fliege) schweift so lange um die Kerze, bis sie zuletzt hineinfällt (sich verbrennt) (ihre Flügel versengt).*

Een vlieghe die vlocht soe langhe om die keerse, datsie daer ten lesten een mael in valt. (ah.) *Eine Fliege fliegt so lange um das Licht, dass sie zuletzt ein Mal hineinfällt.*

De mug vliegt zoo lang om de keers, tot dat zy zich verbrandt. (vl.)

Die mug die om de keerse zweeft, 't Is wonder zoo die lange leeft. (vl.) *Die Mücke, welche um die Kerze schweift, 's ist ein Wunder, wenn sie lange lebt.*

---

dä. Mygget flyver saa længe om Lyset, til det brænder Vingerne. *Die Mücke fliegt so lange um das Licht, bis sie (sich) die Flügel verbrennt.*

nw. Fluga flyg so lengje om Ljoset, at ho brenner Vengjerne av seg. *Die Fliege fliegt so lange um das Licht, dass sie sich die Flügel abbrennt.*

sw. Myggan flyger så länge kring ljuset, att hon slutligen sveder vingarna (att hon en gång bränner vingarna). *Die Mücke fliegt so lange um das Licht, dass sie (sich) endlich die Flügel versengt ((sich) einmal die Flügel verbrennt).*

---

cw. La tschitta, che sgola entuorn la cazzola, brisch' alla fin las alas. (obl.) *Der Schmetterling, welcher um das Licht fliegt, verbrennt sich zuletzt die Flügel.*

fz. La mouche se brusle à la chandelle. *Die Fliege verbrennt sich am Licht.*

sf. Faras coumo lou parpaillon, te vendras cramar au lumé. (nprv.) *Du wirst es machen wie der Schmetterling, du wirst dich am Licht verbrennen kommen.*

it. Tanto vola il parpaglione sopra il fuoco, che egli s'arde. *So lange fliegt der Schmetterling über's Feuer, dass er sich verbrennt.*

mi. Tanto va il parpaglione intorno al lume (fuoco), che vi s'abbruccia. (t.) *So lange fliegt der Schmetterling um's Licht (Feuer), dass er sich daran verbrennt.*

La farfalla gira, gira, finchè s' abbrucia l' ale. (u.) *Der Schmetterling kreist, kreist, bis er sich die Flügel verbrennt.*

ni. La farfala la gira al löm, Fin che i ale le va in föm. (l. b.) *Der Schmetterling umkreist das Licht, bis ihm die Flügel in Rauch aufgehen.*

La farfala va tanto intorno al lume fin che la ghe lassa (se brusa) le ale. (v.) *Der Schmetterling fliegt so lange um's Licht, bis er die Flügel drin lässt (sich die Flügel verbrennt).*

si. Tantu gira la farfalla a lu lumi, finu chi s' abbrucia. (s.) *So lange umkreist der Schmetterling das Licht, bis er sich verbrennt.*

---

104. Es giebt keinen Vortheil ohne Mühe.

dt. Zonder moeite verkrijgt men niets. *Ohne Mühe bekommt man Nichts.*

en. Without pains no gains. *Ohne Mühe kein Gewinn.*

---

dä. Ingen Fordeel uden Møie. *Kein Vortheil ohne Mühe.*

Fode vil have Mode. *Nahrung verlangt Mühe.*

Ingen Herlighed uden Besværlighed. *Keine Herrlichkeit ohne Beschwerlichkeit.*

nw. Føda vil hava Moda. *S. Fode u. s. w.*

D' er ingi Føda aa faa utan Møda. *Es ist keine Nahrung ohne Mühe zu bekommen.*

Utan Møda kjem ingen Mat i Munnen. *Ohne Mühe kommt keine Speise in den Mund.*

D' er ingen Vinning utan Vanske. *Es ist kein Gewinn ohne Schwierigkeit.*

sw. Föda vill ha möda. *S. Fode u. s. w.*

Ingen föda utan möda. *Keine Nahrung ohne Mühe.*

---

lt. Omne commodum cum suo onere pertransit.

cw. Sainza fadia ingün premi. (bl. U.-E.) *Ohne Mühe kein Preis.*

Senza fadigia naginna gudida. (obl.) *Ohne Mühe kein Genuss.*

fz. Nul bien sans peine. *Kein Gut ohne Mühe.*

sf. N' y a reu senço peno. (nprv.) *Es gibt nichts ohne Mühe.*

it. Ogni agio Porta seco il suo disagio. *Jede Bequemlichkeit bringt ihre Unbequemlichkeit mit sich.*

mi. Un s fa gnint senza incomud. (rom.) *Man macht nichts ohne Unbequemlichkeit.*

ni. An gh'è còmed sèinza incòmed. (em. R.) *Es gibt keine Bequemlichkeit ohne Unbequemlichkeit.*

pt. Não ha atalho sem trabalho. *Es gibt keinen Richtsteig ohne Mühe.*

sp. No ay bien sin trabaio. *Es gibt kein Gut ohne Mühe.*
No ay atuio sin trabaio. *S. Não u. s. w.*

---

105. **Kühe Machen Mühe.**

---

en. Much coin, much care. *Viel Münze, viel Mühe.*

---

dä. Har Du Ko, saa har Du Uro. *Hast du Kuh, so hast du Unruh.*

---

fz. Qui terre a, guerre a. *Wer Land hat, hat Streit.*
Qui a fruits a soucis. *Wer Fruchtertrag hat, hat Sorgen.*
nf. Qui a dè bin, a dè mâ. (w.) *Wer Gut hat, hat Plage.*
sf. Qui a terre, Qu' a guerre. (Bru.) *S. Qui terre u. s. w.*
Qu creisse de ben, creisse de pensament. (nprv.) *Wer an Gut zunimmt, nimmt an Sorgen zu.*
Ke terre ha, couson ha. (Pat. s.) *Wer Land hat, hat Sorge (Unruh).*
it. Chi ha terra, ha guerra. *S. Qui terre u. s. w.*
Chi ha possessioni, ha questioni. *Wer Besitzungen hat, hat Streitfälle.*
ni. Chi gha têra, gha guera. (l.) *S. Qui terre u. s. w.*
Chi compra terra, el compra insemma guerra. (l. m.) *Wer Land kauft, der kauft zugleich Streit.*
Chi ga tera, ga guera. (v.) *S. Qui terre u. s. w.*
Chi compra tera, compra guera. (v.) *Wer Land kauft, kauft Streit.*
si. Cu' havi terra, havi guerra. (s.) *S. Qui terre u. s. w.*
Qui tenet bastimentu, tenet pensamentu. (sa.) *Wer ein Schiff hat, hat Sorge.*
Qui hat possessiones hat questiones. (sa. L.) *S. Chi ha possessioni u. s. w.*
lm. Qui tè la terra, tè la guerra. (val.) *Wer das Land hat, hat den Streit.*

---

106. **Die in den molen komt wordt ligt bestoven.** (dt.) *Wer in die Mühle kommt, bestaubt leicht.*

dt. Die omtrent den molen woont, bestuift van het meel. *Wer bei der Mühle wohnt, bestaubt vom Mehl.*

Chi va al molino, s' infarina. *Wer in die Mühle geht, bemehlt sich.* **it.**
Chi bà au mullnu s' inferina. (crs.) *S. Chi va al molino u. s. w.* **mi.**
Chi bà au franghiu (mare) s' innolia (si bagna). (crs.) *Wer an die Ölpresse (an's Meer) geht, macht sich ölig (nass).*
Chi vå al mulin, s' infarina. (em. B.) *S. Chi va al molino u. s. w.* **ni.**
Chi va al molén s' infarén'na. (em. P.) *S. Chi va al molino u. s. w.*
Èch va al molèin s' infaréna. (em. R.) *S. Chi va al molino u. s. w.*
A andà al mùli s'enfarina. (l. b.) *Geht man in die Mühle, bemehlt man sich.*
A 'ndà al moli s' enfarina. (l. brs.) *S. A andà u. s. w.*
Chi va in molin, facil che se infarina. (l. m.) *Wer in die Mühle geht, bemehlt sich leicht.*
Chi va al mulin, a s' anfarina. (piem.) *S. Chi va al molino u. s. w.*
Chi va al molin, s' infarina. (v.) *S. Chi va al molino u. s. w.*
Chi va al mulin, se infarina. (v. trst.) *S. Chi va al molino u. s. w.*
Cui trasi a lu mulinu, s' infarina. (s.) *S. Chi va al molino u. s. w.* **si.**
Quien anda entre la miel, algo se le pega. *Wer zwischen den Honig geht, dem klebt etwas an.* **sp.**

---

107. **Wer nicht bestauben will, bleib' aus der Mühle.**

Wer den Staub scheut, bleibe von der Tenne.
Wer si' nit b'stáb'n will, bleib' ás d'r Mühl. (opf. N.) **od.**
Wer sich nicht bestauben will, der bleib aus der Mühl. (schwb.)
De nich will bestovn wesn, bliv utr Möle. (ns. B.) *Wer nicht bestaubt werden will, bleibe aus der Mühle.* **pd.**
Dee nich will bestaweu warden, blyv uut der Möol. (ns. Hmb.) *S. De u. s. w.*
Wer sick nich bestöwe wöll, mot nich op de Mähl gahne. (ns. Pr.) *Wer sich nicht bestauben will, muss nicht auf die Mühle gehen.*

L' ci qui n'vout nin broûler, qu'i n'vasse nin â feu. (nf. w.) *Wer nicht verbrennen will, gehe nicht zum Feuer.* **fz.**
Chi non vuole infarinarsi, non vada al molino. *Wer sich nicht bemehlen will, gehe nicht in die Mühle.* **it.**

mi. Ch an s vôr infarinê, an vĕga a mulen. (rom.) *S. Chi non vuole u. s. w.*

ni. A n' bisògna ch' vaga al mulein chi n' s' vol infarinar. (em. B.) *Nicht darf in die Mühle gehn, wer nicht bestauben will.*

Chi n' s' voèul infarinâr an vâga al molén. (em. P.) *S. Chi non vuole u. s. w.*

Chi no völ infarinass, no vade al müli. (l. b.) *S. Chi non vuole u. s. w.*

Chi no völ sentass, no vade al föch. (l. b.) *Wer nicht fühlen will, gehe nicht an's Feuer.*

Chi no vol infarinarse, no vaga al molin. (v.) *S. Chi non vuole u. s. w.*

lu. Qui no vol pòls que no vaja á l' era. (neat.) *Wer keinen Staub will, gehe nicht auf die Tenne.*

Qui no vol polç, no vatja à la era. (val.) *S. Qui no u. s. w.*

---

108. **Der Müller mit der Metze, Der Weber mit der Gretze, Der Schneider mit der Scheer', Wo kommen die drei Diebe her!**

Der Müller mit der Metzen, Der Weber mit der Kretzen, Der Schneider mit der Scher — Wo kommt ihr Diebe her?

md. Di Möllər sénn Di˘, ės dàr nét, ės ə Annərər. (frk. H.) *Die Müller sind Diebe, ist der's nicht, ist's ein Anderer.*

Dər Müllər mit dər Matz, Dər Leinwaawər mit dər Kratz, Dər Schneidər mit dər Schaar — Wuu kumma di drei Schpizbuum haar? (frk. H. S.)

od. Müller, Schneider und Weber werden nicht gehangen, weil sonst das Handwerk unterginge. (bair.)

D' Müller, Schniider und Wäber wöred nid ghänkt: s' Handerch gieng sust uus. (schwei.) *Die Müller, Schneider und Weber werden nicht gehangen: das Handwerk gienge sonst aus.*

D' Schölme sind nid alli Müller, aber d' Müller alli Schölme. (schwei.) *Die Schelme sind nicht alle Müller, aber die Müller alle Schelme.*

pd. Wenn du'n Schnirer, 'n Wäwer un 'n Möller inn'n Sack deist un bargdål trudelst, wecker kümmt unnen to liggen? — Ümmer'n Spitzbov. (ns. ha. G. u. G.) *Wenn du einen Schneider, einen Weber und einen Müller in einen Sack thust und den Berg hinabrollst, wer kommt unten zu liegen? — Immer ein Spitzbube.*

De Müller mit sien Mattfatt, De Wewer mit sien Spoolrad, De Snieder mit sien Snippelscheer: Dar kamen all dree Defen her. (ns. ofs.) *Der Müller mit seinem Maasfass, der Weber mit seinem Spuhlrad, der Schneider mit seiner Scheer: da kommen drei Diebe her.*

Honderd bakkers, honderd molenaars, en honderd kleêrmakers zijn drie honderd dieven. *Hundert Bäcker, hundert Müller und hundert Schneider sind dreihundert Diebe.* dt.

Put a miller, a weaver and a tailor in a bag, and shake them, the first that comes out will be a thief. *Thut einen Müller, einen Weber und einen Schneider in einen Sack und schüttelt sie — der erste, der herauskommt, wird ein Dieb sein.* en.

St. Pierre n' a jamais voulu ouvrir le paradis ni aux tailleurs, ni aux menniers. *St. Peter hat das Paradies nie weder den Schneidern noch den Müllern öffnen wollen.* fz.

Sept sartés, Sept tichanés, E sept mouliès, Boutatz-lous en un saliè, Leuatz un palancoun (Espiatz pou traue d'un biroun) Beyratz bint e un layroun. (Arm.) *Sieben Schneider, sieben Weber und sieben Müller, werft sie in ein Salzfass, hebt ein Brettchen in die Höhe (spähet durch das Loch von einem Bohrer), so werdet ihr einundzwanzig Diebe sehen.* af.

Cent tisnès, Cent moulies, Cent talhurs, Très cents boulurs. (Brn.) *Hundert Weber, hundert Müller, hundert Schneider, dreihundert Diebe.*

Sept Cassaires, sept Pescaires et sept Teisseraus sont vingt-un paures Artisans. (Lgd.) *Sieben Jäger, sieben Fischer und sieben Weber sind einundzwanzig arme Handwerker.*

D' un sac plen de Mouniés, n' en saille que leyrons. (nprv.) *Aus einem Sack voller Müller kommen nur Diebe heraus.*

Vint sartor, vint oster, vint mülliner forma sessanta lader. (ni. l. b.) *Zwanzig Schneider, zwanzig Schenkwirthe, zwanzig Müller machen sechszig Diebe aus.* it.

Trenta becher, trenta müliner, trenta sartur e trenta fattur forma sent e vint lader. (l. b.) *Dreissig Fleischer, dreissig Müller, dreissig Schneider und dreissig Verwalter machen hundert und zwanzig Diebe aus.* ni.

Vinti muneri, vinti sartori e vinti osti, fa sessanta ladri. (v.) *Zwanzig Müller, zwanzig*

Schneider und zwanzig Schenkwirthe machen sechzig Diebe.

Trenta becheri, trenta muneri, trenta sartori e trenta fatori, fa cento e vinti ladri. (v.) *S. Trenta becher u. s. w.*

sp. Cient sastres y cient molineros y cient texedores son trecientos ladrones. *Hundert Schneider, hundert Müller und hundert Weber sind dreihundert Diebe.*

---

109. Müllers Henn und Wittwers Magd Hat selten Hungersnoth geklagt.

Für Müllers Henne, Bäckers Schwein und der Wittfrau Knecht soll man nicht sorgen.

---

dt. Een bagijnen-pater, Een visschers kater En molenaars haan: Als deze drie van honger sterven, dan zal de wereld vergaan. *Ein Beguinen-Pater, eines Fischers Kater, eines Müllers Hahn: wenn diese drei Hungers sterben, dann wird die Welt untergehen.*

---

it. Gallo di mugnaio, gatto di beccaio, garzone d' oste, ortolano di frati e fattor di monache. (mi. t.) *Müllers Hahn, Fleischers Katze, Wirthshausbursche, Gärtner im Mönchs- und Verwalter im Nonnenkloster.*

mi. Caval di monaci, porci di mugnaio, e figliuoli di vedove non han pari. (t.) *Pferd von Mönchen, Müllers Schweine und Söhne von Wittwen haben nicht ihres Gleichen.*

ni. L' om senza miê, el can del bechê, el gat del cögh, i gain del mornê e i mader di balerin, in animai che no ghen manca mai. (l. m.) *Der Mann ohne Weib, der Hund des Fleischers, die Katze des Kochs, die Hennen des Müllers und die Mütter von Tänzerinnen sind Thiere, denen nie etwas mangelt.*

L' omo senza muger, el can del becher, el gato del cogo, le galine del muliner e le mare de le balarine xe bestie che no ghe manca mai gnente. (v.) *S. L' om u. s. w.*

---

110. Einmal in der Leute Mund, kommt man schwer wieder heraus.

Wer einmal in die Mäuler kommt, kommt selten unverletzt heraus.

pd. Wei emmool im schwarten Banke iss, de kümmet sau lichte nit widder ruuter. (ns. W.) *Wer einmal im schwarzen Buche ist, der kommt so leicht nicht wieder heraus.*

---

dä. Man kommer snart i Ry, men ei saa snart deraf. *Man kommt rasch in Ruf, aber nicht so schnell heraus.*

Rygtet folger Manden til Dør. (Mn.) *Das Gerücht folgt dem Manne bis zum Tode.*

is. Sá, sem eittsinn kemst í almannaróm, kemst ei snarliga þar út. *Wer einmal in Jedermanns Mund kommt, kommt nicht schnell wieder heraus.*

sw. Ryktet går längre än mannen. *Das Gerücht geht länger als der Mann.*

---

fz. Une fois en mauvais renom, Jamais puits n'est estimé bon. *Ein Mal in schlechtem Ruf, wird ein Brunnen nie für gut gehalten.*

---

111. Muss ist ein bitter Kraut.

Muss ist ein böses Mus.

Muss ist harte Buss.

Muss ist eine harte Nuss.

Muss ist härter als Grübelnuss.

Muss ist ein Brettnagel.

Muss ist Zwang, Und Kreischen ist Kindergesang.

md. Muss ist ein schwer Gemüse. (mrh. E.)

Mussen as èng schwèer Bös. (mrh. L.) *Müssen ist eine schwere Busse.*

Muss is a böse Kraut. (schls. B.) *Muss ist ein böses Kraut.*

od. Muss ist eine harte Speis. (bair. L.)

Muss ist nicht Suppe. (schwei.)

Muss ist eine harte Buss (ein bös Kraut). (schwei.)

pd. Moss eissen es et büste Krut. (nrh. A.) *Muss essen ist das böseste Kraut.*

Mott es better Freten. (nrh. M.) *Muss ist bitteres Essen.*

Mos äs e bäter Krokt. (nrh. S.)

Möten is Dwang. (ns. B.) *Müssen ist Zwang.*

Noth isn *(ist ein)* bitter Krut *(Kraut)*. (ns. B.)

Maüten es en Düwelstwank. (wstf. Mrk.) *Müssen ist ein Teufelszwang.*

---

dt. Moeten is een streng heer. *Müssen ist ein strenger Herr.*

Nood is een bitter kruid. *S. Noth u. s. w.*

Nood is een groot kruis. *Noth ist ein gross Kreuz.*

en. Necessity is cole-black. *Nothwendigkeit ist kohlschwarz.*

Mann-do is a fell fallow. (scho.) *Muss-thun ist ein schlimmer Bursche.*

---

sw. Nödhen år Kohlswart. *Die Noth ist kohlschwarz.*
Twång år ett starckt dragplåster. *Zwang ist ein starkes Zugpflaster*

---

112. **Müssiggang ist aller Laster** Anfang.
Müssiggang lehrt **viel Böses.**
Rehte unmuoze diu **ist guot, muoze** der sêlen schaden tuot. **(ad.)**
md. Missichgonk **is ollar Lostar Anfang. (schls.** H.)
pd. Mêssichgånk ales **Iwels Ufånk. (urh. S.)** *Müssiggang, **alles** Übels **Anfang.***

---

dt. Luiheid is **de aanvang van allen laster.** *Faulheit ist der **Anfang aller Laster.***
Ledigheid is de **oorzak van** veel zonden. *Müssigkeit ist **die Ursache** von vielen Sünden.*
Ledigheid is **de moeder van** alle kwaad. *Müssigkeit ist **die Mutter alles** Übels.*
Leechheyt **is moeder van** alle quaethede. (avl.) *Faulheit ist Mutter aller Schlechtigkeiten.*
en. Idleness is the root of **all evil.** *Müssiggang ist die Wurzel alles **Übels.***
By doing nothing we learn to **do** ill. *Durch Nichtsthun lernen wir Schlechtes thun.*

---

dä. Lediggang er Begyndelsen **til** alt Ondt. *Müssiggang ist **der Anfang zu allem Übel.***
Lediggang er Roden til alt Ondt. *S. Idleness u. s. w.*
is. Yðjuleysið er margs ills **móðir.** *Müssigkeit ist vielen Übels Mutter.*
nw. Yrkjeloysa **er** Uppbav til **alt ilt.** *Müssiggang ist Anfang **zu allem** Übel.*
Yrkjeloysa er Moder **til mangt ild.** *S. **Yðjuleysið** u. s. w.*
sw. Låttia lährer laster. *Müssiggang lehrt **Laster.***

---

lt. **Omnium malorum origo otium.**
Otia dant **vitia.**
Nihil agendo **male agere** discimus.
Diuturna quies vitiis alimenta ministrat.
fz. L' oisiveté est la mère **de** tous les vices. *Die Müssigkeit ist die Mutter aller Laster.*
L' oisiveté engendre le vice. ***Der** Müssiggang erzeugt das Laster.*
nf. Oiseuse est chose amère, De tout **mal** droite mère. (Champ.) *Müssigkeit ist ein bitter Ding, alles Übels rechte Mutter.*
sf. Lou mâneo dë sërvicë, ës lou pâirë d' âou vicë. (Lgd.) *Der Mangel **an Thätigkeit ist der** Vater des Lasters.*
Lou manquo d'exercici **es lou payre dou vici. (nprv.)** *S. Lou mâneo u. s. w.*
L' ozio è il padre **del vizio.** *Der Müssiggang ist der Vater **des Lasters.*** it.
Niente **facendo s' impara a far male.** ***Wenn man nichts thut, lernt man Schlechtes thun.***
L' ozio è u babbu di tutti i gattivi vizj. (crs.) mi.
Der Müssiggang ist der Vater aller schlechten Laster.
L' özi l' è é pôdar d tótt i vézzi. (rom.) ***Der Müssiggang ist der Vater aller Laster.***
L' ozio **è il padre di tutti i vizi. (t.)** ***S. L' özi u. s. w.***
L' **ozio è padre di tutti i vizi. (t.)** ***Der Müssiggang ist aller Laster Vater.***
L'ozi l'è el pader d' tutt i vizi. (em. P.) ***S. L' özi u. s. w.*** ni.
L'ozi l'è semper staa pader di vizi. **(l. m.)** ***Der Müssiggang ist immer** Vater **von Lastern gewesen.***
L'ozio xe 'l **pare de tut' i vizi. (v.)** ***S.** L' özi u. **s. w.***
L' **ozio xe el pare de tuti i vizi. (v. trst.)** ***S. L' özi u. s. w.***
L' ozio è padre dei vizi. (npl.) ***Der Müssiggang ist der Laster Vater.*** si.
L'oziu è patri di li vizii. (s.) ***S. L' ozio è padre dei u. s. w.***
S' oziu est causa de su vitiu (de totu sos males). (sa.) ***Der Müssiggang ist Ursache des Lasters (aller Übel).***
Sa preitia est **sa** mama de **sa miseria,** su trabagliu su babbu de sas ricchesas. (sa. L.) ***Die** Faulheit ist die Mutter des Elends, der Fleiss der **Vater** der Reichthümer.*
La ociositat **es mare de** tots los vicis. **(ncat.)** lm.
Die Müssigkeit ist aller Laster Mutter.
La ociosidad es madre de los vicios. ***Die Müs-*** sp.
*sigkeit ist Mutter **der Laster.***
Muchos **males** engendra **la ociosidad. (asp.)** ***Viele Übel** erzeugt **der Müssiggang.***

---

113. **Müssiggang** ist **des Teufels Ruhebank.**
Der Müssiggang **ist des** Guggers Ruhbank. od. (schwei.)
Mêzzichgång isz dess Teiwels Råbånk. (urh. S.) pd.
Leddiggang is des leidigen Düvels Hovetküssen. (ns. hlst.) *Müssiggang ist des leidigen Teufels Kopfkissen.*

---

dt. Ledigheid is des (is's) duivels oorkussen. *Müssiggang ist des Teufels Kopfkissen.*
Een luijaard is des duivels oorkussen. *Ein Faulpelz ist des Teufels Kopfkissen.*
en. An idle brain is the Devils shop. *Ein müssig Gehirn ist des Teufels Werkstatt.*
An idle brain is the deil's workshop. (scho.) *S. An idle u. s. w.*

---

dä. Lediggang (Orkesløshed) er Fandens Hovedpude. *S. Ledigheid u. s. w.*
sw. Lättja är hin ondes (djefvulens) örngott. *Der Müssiggang ist des Teufels Kopfkissen.*
Lättia är Fanens Örnegoth. *S. Ledigheid u. s. w.*

---

lt. Otium est pulvinar diaboli.
cw. La lischentadat ei il plumatsch dil giavel. (obl.) *S. Lättjan u. s. w.*
Lischentadat ei dil satan lom plumatsch. (obl.) *S. Ledigheid u. s. w.*
fz. En oiseuse le diable se boute. (nf. Champ.) *Auf die Trägheit setzt sich der Teufel.*
it. Un uomo ozioso è il capezzale del diavolo. (mi. t.) *S. Een luijaard u. s. w.*

---

114. Guter Muth ist halbes Leben.
Guter Muth (ist) halber Leib (tägliches Wohlleben).
Guter Muth, halbe Arbeit.
Guter (Lustiger) Muth macht gutes Blut.
Kecker Muth, der beste Harnisch.
Keker Mut, guter Harnasch. (ad.)
md. Guter Muth ist halbes Zehrgeld. (mrh. E.)

---

dt. Goede moed is half teergeld. (vl.) *S. Guter Muth ist halbes u. s. w.*

---

dä. Friskt (Frit) Mod er halv Tæring. *Frischer (Freier) Muth ist halbe Zehrung.*
Uforsagt Mod er det bedste Harnisk. *Unverzagter Muth ist der beste Harnisch.*
nw. Godt Mod er visseste Verja. *Guter Muth ist die sicherste Wehr.*
sw. Friskt mod gör friskt blod. *Frischer Muth macht frisches Blut.*
Friskt mod är godt harnesk. *Frischer Muth ist guter Harnisch.*

---

115. Een goede moeder zegt niet: mijn kind, wilt gij? (dt.) *Eine gute Mutter sagt nicht: mein Kind, willst du?*
The good mother saith not: will you? but gives. en. *Die gute Mutter sagt nicht: willst du? sondern gibt.*

God värd frågar inte om gästen vill. sw. *Guter Wirth fragt nicht, ob der Gast will.*

La bonne mère ne dit pas: veux tu? fz. *Die gute Mutter sagt nicht: willst du?*
La buona madre non dice: vuoi tu, ma dà. it. *S. The good mother u. s. w.*
La bona mèdar la dis. tö. (rom.) mi. *Die gute Mutter sagt: nimm.*
Buna mama a la sò s'ciata, Miga 'u vot, la ga nidis, ciapa. (l.) *Gute Mutter (sagt) zu ihrer Tochter nicht: willst du? sie sagt: nimm.*
La buna mama la dis tö e miga 'u vot. (l.) *Die gute Mutter sagt: nimm, und nicht: willst du?*
La bona mare dise: tiò, nò vustu. (v.) *Die gute Mutter sagt: nimm, nicht: willst du?*
La bona mare no la dise vustu, la dise tiò. (v.) *Die gute Mutter sagt nicht: willst du? sie sagt: nimm.*
La bona mare dà, la madregna disi: ti vol? (v. trst.) *Die gute Mutter gibt, die Stiefmutter sagt: du willst?*
La buena madre no dice quieres. sp. *S. La bonne u. s. w.*

---

116. Klock öss Klock, Mutter gifft Ete. (ns. Pr.-W.) *Glocke ist Glocke, Mutter gibt Essen.*

He loves me well, that makes my belly swell. en. *Der liebt mich recht, der meinen Bauch füllt.*

Den er Moder, som mader. dä. *Die ist Mutter, welche füttert.*
Then ær Modher, som Mad giffwer. (adä.) *Die ist Mutter, welche Essen gibt.*
D' er Moder, som Maten giv. nw. *S. Then u. s. w.*
Hon är moder, som maten ger. sw. *Sie ist Mutter, welche Essen gibt.*
Then är Moder som maaten gifver. *S. Then u. s. w.*
Hon ær modher som math giwer. (asw.) *S. Hon u. s. w.*

Mos est matris ei, quæ (que) subvenit esurici. lt. (mlt.)

fr. Celui-là est bien père qui nourrist. *Der ist wirklich Vater, der ernährt.*

Celuy est bien mon oncle Qui le ventre me comble. *Der ist wirklich mein Onkel, der mir den Bauch füllt.*

Cil est mon uncle que le ventre me comble. (afz.) *S. Celuy u. s. w.*

it. Chiamu vabu a chi mi dà pane. (ni. cs.) *Ich nenne Vater, wer mir Brot gibt.*

pt. Quem bem me faz, he meu compadre. *Wer mir wohlthut, ist mein Gevatter.*

sp. Quien bien me hace, ese es mi compadre. *Wer mir wohlthut, der ist mein Gevatter.*

Esse es mi amigo qui (el que) muele en mi molinillo. *Der ist mein Freund, der auf meiner Mühle mahlt.*

Aquel es tu amigo, que te quita de ruido. *Der ist dein Freund, der dich aus Tumult befreit.*

---

117. Und ist eine Mutter noch so arm, So giebt sie ihrem Kinde warm.

Mutterschooss ist arm, aber warm.

md. Es ist keine Mutter so arm, sie hält das Kindchen noch warm. (mrh. E.)

't As kê' Papp a kêng Mamm esö ärem, Se halen hire' Kanner wärem. (mrh. L.) *Es ist kein Vater und keine Mutter so arm, sie halten ihre Kinder warm.*

od. Eine Mutter wie arm Gibt doch einem Kind warm. (schwb. W.)

Und ist a Mutter no so arm, So git si ihrem Kind no warm. (schwei.)

Es ist e Mueter no sen arm, So git si ihrem Chindli warm. (schwei. Z.)

pd. Moddere-Schus es ärm, Effel wärm. (nrh. A.) *S. Mutterschooss u. s. w.*

Morschot es warm, Has si rik ådder arm. (wstf. Mrk.) *Mutterschooss ist warm, er sei reich oder arm.*

---

dt. Al is een moederhand ook arm, Zij deckt toch warm. *Ist eine Mutterhand auch arm, Sie deckt doch warm.*

---

it. Madre mia, sempre mia, Ricca o povera che tu sia. *Mutter mein, immer mein, Mögest reich oder arm du sein.*

ni. Mama mea, semper mea, Reca o pôera che ta sea. (l. b.) *S. Madre mia u. s. w.*

---

118. Was der Mutter an's Herz geht, das geht dem Vater nur an die Kniee.

Muttertreu wird täglich neu.

't Moeders hert kan niet liegen. *Das Mutterherz kann nicht lügen.* dt.

Fár er sem faðir, eingi sem móðir. *Wenige sind wie Vater, Keiner wie Mutter.* is.

Fáir sem faðir, engin sem móðir. *Wenige wie Vater, Keiner wie Mutter.*

Móður-elskunni er viðbrugðið. *Die Mutterliebe ist unübertrefflich.*

Mildt er móður hjarta. *Mild ist der Mutter Herz.*

Fátt er sum faðir, einki sum móðir. (fær.) *Weniges ist wie Vater, Nichts wie Mutter.*

D' er mildt Moder-Hjartat. *S. Mildt u. s. w.* nw.

Få som far, ingen som mor. *S. Fáir u. s. w.* sw.

Fåå som Faar och ingen som Moor. *Wenige wie Vater und Keiner wie Mutter.*

Modershjertat är alltid ömt. *Das Mutterherz ist immer weich.*

Mama, mama, Chi ghe l' à la ciama, Chi no ghe l' à la brama. (ni. l. b.) *Mutter, Mutter, wer sie hat, ruft sie, wer sie nicht hat, wünscht sie.* it.

Nissün no ama Come la mama. (l. m.) *Niemand liebt, wie die Mutter.* ni.

Quel tal t' inganna, Se 'l dis che 'l t' ama Come la mama. (l. m.) *Der täuscht dich, welcher sagt, dass er dich liebt wie die Mutter.*

Mama, mama, Chi la ga la ciama, Chi no la ga la brama. (v.) *S. Mama u. s. w.*

Chi dise più de mama, se ingana. (v.) *Wer sagt: mehr als eine Mutter, täuscht sich.*

La mamma è l' arma. (s.) *Die Mutter ist die Seele.* si.

---

119. Barmherzige Mütter ziehn grindige Töchter.

Fleissige Mutter hat faule Töchter.

Flezige Mütter derziche faule Töchter. (frk. H.) *Fleissige Mütter erziehen faule Töchter.* md.

Eine barmherzige Mutter zieht lausige Kinder. (bair.) od.

Eine barmhertzige Mutter zeugt eine krätzige Tochter. (schwei.)

Fliedige Müdder gift fuhle Döchter. (ns. ha. V.) *Fleissige Mütter geben faule Töchter.* pd.

Swipperste Moders gäft fulerste Dochters. (ns. O. R.) *Die flinksten Mütter geben die faulsten Töchter.*

---

dt. Eene barmhartige moeder maakt eene schurftige dochter. *Eine barmherzige Mutter macht eine grindige Tochter.*

Vlugge moeders maken trage dochters. *Schnelle Mütter machen träge Töchter.*

Gherassche moeders hebben leghe dochteren. (avl.) *Rasche Mütter haben träge Töchter.*

en. A lightheel'd mother makes a heavyheel'd daughter. *Eine leichtfersige Mutter macht eine schwerfersige Tochter.*

A working mither maks a daw dochter. (scho.) *Eine arbeitende Mutter macht eine unordentliche Tochter.*

An olite mither maks a sweird dochter. (scho.) *Eine thätige Mutter macht eine träge Tochter.*

---

dä. En doven Moder føder tidt en duelig Datter og en duelig Moder en doven Datter. *Eine träge Mutter zieht häufig eine tüchtige Tochter, und eine tüchtige Mutter eine träge Tochter.*

En blød Moder føder op en skurvet Datter. *Eine sanfte Mutter zieht eine grindige Tochter auf.*

is. Dúgulig módir elur láta dottur. (fær.) *Tüchtige Mutter erzieht träge Tochter.*

sw. En blödigh (klemmig) mor föder (ofta) up en skorfwig dotter. *Eine weichherzige (verzärtelnde) Mutter zieht (oft) eine grindige Tochter auf.*

En snäll (trifwen) Moor föder offta upp en lat Dotter. *Eine flinke (thätige) Mutter zieht oft eine faule Tochter auf.*

En flitig mor uppföder ofta en lat dotter. *Eine fleissige Mutter zieht oft eine faule Tochter auf.*

From Moder föder offta en elack Dotter. *Fromme Mutter erzieht oft eine schlechte Tochter.*

---

lt. Blanda patrum reprobos (segnes) facit indulgentia natos.

fz. Mère piteuse fait sa fille rogneuse. *Barmherzige Mutter macht ihre Tochter grindig.*

Femme trop piteuse fait souvent fille rogneuse. *Zu barmherzige Frau macht oft grindige Tochter.*

Mère trop piteuse fait sa famille teigneuse. *Zu barmherzige Mutter macht ihre Kinder krätzig.*

Père trop doux et trop piteux rend ses enfants malheureux. *Zu sanfter und barmherziger Vater macht seine Kinder unglücklich.*

Mère pitouse fait fille teignouse. (afz.) *Barmherzige Mutter macht grindige Tochter.*

Mère pitense fait sa fille tignense. (Chmp.) nf.
S. Mère piteuse u. s. w.

De may piatadouse, hillie sotte e tignouse. (Gsc.) sf.
Von barmherziger Mutter dumme und grindige Tochter.

Pay piatadous rend lous èhans malhurous. (Gsc.) *Barmherziger Vater macht die Kinder unglücklich.*

Mäirë piètadoûso fäi la fillio rascoûzo. (Lgd.) *Barmherzige Mutter macht die Tochter grindig.*

Mayre pitone fa lous enfans raseas. (nprv.) *Barmherzige Mutter macht die Kinder grindig.*

La madre pietosa fa la figliuola tignosa. *Die* it.
barmherzige Mutter macht die Tochter grindig.

La madre da fatti fa la figlia misera. *Die thätige Mutter macht die Tochter unnütz.*

La madre misera fa la figlia valente. *Die un-* mi.
nütze Mutter macht die Tochter tüchtig.

La mare pietosa fa la fioeula rognosa. (l.) *S.* ni.
La madre pietosa u. s. w.

La gata pietosa fa i gati òrb. (l. b.) *Barmherzige Katze macht die Katzen blind.*

La mama pietosa fa la fiöla rognosa. (l. brs.) *S. La madre pietosa u. s. w.*

Mader tropp pietosa fa fioeura tegnosa. (l. m.) *Zu barmherzige Mutter macht grindige Tochter.*

Mader pietosa fa fioeura tegnosa (l. m.) *S. Mère pitouse u. s. w.*

La mader attiva fa la tosa cattiva. (l. m.) *Die thätige Mutter macht die Tochter schlimm.*

Mare pietosa a fa ii gatin borgno. (piem.) *Barmherzige Mutter macht die Kätzchen blind.*

La mare valente fa la fia bona da gnente. (v.) *Die tüchtige Mutter macht die Tochter nichtsnutzig.*

La mare pietosa fa la fiola piocosa. (v. trl.) *Die barmherzige Mutter macht die Tochter unnütz.*

Mama affectionosa, fiza tinzosa. (sa.) *Liebreiche* si.
Mutter, grindige Tochter.

Mare esturdida, filla tullida. (neat.) *Unbe-* lm.
sonnene Mutter, gliederlahme Tochter.

Mare piadosa cria la filla melindrosa. (val.) *Barmherzige Mutter erzieht die Tochter zur Zierpuppe.*

Mãi aguçosa, filha preguiçosa. *Fleissige Mutter,* pt.
faule Tochter.

Madre piadosa cria hija merdosa. *Barmherzige* sp.
Mutter zieht schmutzige Tochter.

Madre pia daño cria. *Fromme Mutter thut Schaden.*
Madre ardida hace hija tullida. *Dreiste Mutter macht gliederlahme Tochter.*

---

120. Le madri sono madri e le matrigne cagne. (it.) *Die Mütter sind Mütter und die Stiefmütter Hündinnen.*
it. Le mamme son mamme e le matrigne cagne. (mi. t.)
nl. Le mame i è mame, e le madregne cagne. (l. b.)
Le mame xe mame e le maregne cagne. (v.)
si. Sas mamas sunt semper mamas, et i sas bidrigas bidrigas. (sa.) *Die Mütter sind immer Mütter und die Stiefmütter Stiefmütter.*
Qui mama non est, mama non podet essere. (sa. L., M.) *Wer nicht Mutter ist, kann nicht Mutter sein.*
lm. No hià mes mare que la qui paris. (val.) *Es gibt keine Mutter mehr als die, welche gebar.*
sp. No hay tal madre como la que pare. *Es gibt keine solche Mutter wie die, welche gebiert.*

N.

121. Den Dâch nom Mârt kommen. (md. mrh. L.) *Den Tag nach dem Markt kommen.*
pd. Nun kommst du, nun sind alle Eulen verflogen. (ns. N.)

---

dt. Na den maaltijd ten eten. *Nach der Mahlzeit zum Essen.*
en. To come a day after the fair. *Einen Tag nach dem Markte kommen.*
Ye're a day after the fair. (scho.) *Ihr seid einen Tag nach dem Markte.*

---

dä. Det er for silde, at gaae til Kirke, naar Prækenen er ude. *Es ist zu spät in die Kirche zu gehen, wenn die Predigt aus ist.*
Han kom til sjungen Messe (kom ikke før Aflad var givet). *Er kam zur abgesungenen Messe (nicht eher, als der Ablass ertheilt war).*

---

lt. Coena comesa venit.
fz. Quand la messe fut chantée Si fut la dame parée. *Als die Messe gesungen war, da war die Dame geschmückt.*
sf. Arriba a l' Ite missa est. (Arm.) *Beim Ite missa est ankommen.*

---

122. **Nach dem Tode braucht man kein Recept mehr.**
Nach dem Tode kommt die Liebe umsonst.
pd. Nô'm Rên brocht em nichen Mânkel. (nrh. S.) *Nach dem Regen braucht man nicht den Mantel.*
Gevt mi en Wiensupp, wen ik dod bün. (ns. hlst.) *Gebt mir eine Weinsuppe, wenn ich todt bin.*
Giff mi Wien-Kolbschaal, wenn ick doot bünn. (ns. M.) *Gib mir Weinkalteschale, wenn ich todt bin.*

---

dt. Na den dood komt de medicijn te laat. *Nach dem Tode kommt die Medizin zu spät.*
Den Dokter halen, als de zieke dood is. *Den Doktor holen, wenn der Kranke todt ist.*
Kook mij een papje als ik dood ben. *Koch' mir ein Breichen, wenn ich todt bin.*
Als ik dood ben, zoo kook mij een potje met bier en brood. *Wenn ich todt bin, so koch' mir ein Töpfchen mit Bier und Brod.*
Een suypen nae de doot mæken. (avl.) *Einen Trank nach dem Tode machen.*
't Is remedie na de dood. (vl.) *Es ist Medicin nach dem Tode.*
en. After death the doctor. *Nach dem Tod der Doktor.*
After death comes the physician. *Nach dem Tode kommt der Arzt.*

---

dä. Det er for silde at hjelpe naar Lazarus er død. *Es ist zu spät zu helfen, wenn Lazarus todt ist.*
For sildig Hjelp er ingen Hjelp. *Zu späte Hülfe ist keine Hülfe.*

---

lt. Mortuis mederi.
Quid quod medicina mortuorum sera est?
Post bellum auxilium.

fz. Après la mort le médecin. *S. After death the u. s. w.*
Le secours des Vénitiens, trois jours après la bataille. *Der Beistand der Venetianer, drei Tage nach der Schlacht.*

sf. Après la mourt lou medeci. (Brn.) *S. After death the u. s. w.*
Après la mor lou méjhë. (Lgd.) *S. After death the u. s. w.*
Après la mouert lou megy. (nprv.) *S. After death the u. s. w.*
Lou secours de Peso, trey jours après la bataillo. (nprv.) *Der Beistand von Pisa, drei Tage nach der Schlacht.*
Apri la mor, lo maidjo. (Pat. s.) *S. After death the u. s. w.*

it. Dopo la morte non val medicina. *Nach dem Tode hilft Medicin nichts.*

mi. Li jova quant e l'incensu a li morti. (crs.) *Es hilft ihnen wie der Weihrauch den Todten.*
E sucürs d' Pisa. (rom.) *Der Beistand von Pisa.*
Il soccorso di Pisa. (t.) *S. E sucürs u. s. w.*
Il soccorso di Messina. (t.) *Der Beistand von Messina.*

ni. Sonè le cioche dop la tempesta. (piem.) *Die Glocken nach dem Gewitter läuten.*
El socorso de Pisa. (v.) *S. E sucürs u. s. w.*

si. Doppu ch'è mortu, cummunicamulu. (s.) *Nachdem er todt ist, versehen wir ihn (mit dem Abendmahle).*
Pustis mortu cummunigadu. (sa. L.) *Nach dem Tode versehen.*

lm. Despres de mort (Quand fon mort) lo combregaren. (neat.) *Nach dem Tode (Als er todt war) versahen sie ihn.*
Après que mori Pasqual Li portaren lorinal. (val.) *Nachdem Pasqual gestorben, brachten sie ihm das Uringlas.*

sp. Quando vino el orinal, muerto era Juan Pasqual. *Als das Uringlas kam, war Juan Pasqual todt.*
Quebrásteme la cabeza y ahora me untas el casco. *Du schlugst mir den Kopf ein und jetzt schmierst du mir den Schädel ein.*
Despues de descalabrado untar(le) el casco. *Nachdem der Kopf eingeschlagen, (ihm) die Hirnschale einschmieren.*

---

123. Senf nach der Tafel.

Wie Moster no et Eten kommen. (nrh. M.) pd.
Wie Senf nach dem Essen kommen.

Mostaard na den maaltijd. dt.
Dat is mosterd na den maaltijd. *Das ist Senf nach der Mahlzeit.*
Dat is mosterd op den kabeljaauw. *Das ist Senf nach dem Kabeljau.*
t' Zijn vijgen naar Passchen. *Es sind Feigen nach Ostern.*

After meat comes mustard. *Nach dem Fleisch* en. *kommt Senf.*

Hedera post anthesteria. lt.

Moutarde après dîner. fz.
Après le dîner la moutarde. *Nach dem Mittagessen der Senf.*
C'est de la moutarde après dîner. *S. Dat is mosterd na u. s. w.*
C'est de la moutarde après souper. *Das ist Senf nach dem Abendessen.*
Ce sont des figues après Pâques. *S. t' Zijn u. s. w.*
Il s'est fait poissonnier la veille de Pâques. *Er ist am Abend vor Ostern Fischhändler geworden.*
Après mengier cuiller (nappe). (afz.) *Nach dem Essen Löffel (Tischtuch).*
Après manger assez des cuillers. (afz.) *Nach dem Essen Löffel genug.*
C'est dé l'moståde après l'dinet. (w.) *S. Dat is mosterd na u. s. w.*

Figos é sèrmons, à pàsco pàsson sèzons. (Lgd.) sf. *Feigen und Predigten sind nach Ostern ausser der Zeit.*
Après dinar moustardo. (nprv.) *Nach Tische [Senf.*
Figos cissuchos et Sermons, à Pasquos perdon sa seizon. (nprv.) *Trockne Feigen und Predigten sind nach Ostern ausser der Zeit.*

Ne fichi, ne sermoni Dopu Pasqua un so più it. boni. (mi. crs.) *Weder Feigen, noch Predigten sind nach Ostern noch gut.*

Depois de vindimas canavejos. *Nach der Lese* pt. *Körbe.*

Despues de vindimias cestos (covanillas) (cuébanos). sp. *S. Depois u. s. w.*

---

124. Böser Nachbar, täglich Unglück.

Böser Nachbar, ewiger Krieg.
Böser Nachbar ist Judenfluch.
Ein böser Nachbawr ist ein Fegteuffel. (ad.)

Deheiner slahte nezzelkrût nie wart sô bitter noch sô sûr als der sûre nâchgebûr. (ad.)

od. By-n-eme böse Nochber und by-n-ere böse Frau sell me nit säge „straf mi Gott,“ me-n-isch scho g'stroft g'nue. (schwei. S.) *Bei einem bösen Nachbar und bei einer bösen Frau soll man nicht sagen: straf mich Gott!, man ist schon gestraft genug.*

---

dä. Ond Nabo er daglig Skærsild. *Böser Nachbar ist täglich Fegefeuer.*

Der er altid noget ondt af en ond Nabo. *Es ist immer etwas Schlimmes an einem schlimmen Nachbar.*

sw. Ond Granne år en dagligh Skårseldh. *Schlimmer Nachbar ist ein täglich Fegfeuer.*

---

lt. Vicinitas mala instar infortunii est.

Vicinum habere malum, magnum est malum.

fz. Qui pres maubez besyn demore Quamqué cop cante é souben ploure. (sf. Gsc.) *Wer bei schlimmem Nachbar wohnt, singt manchmal und weint oft.*

it. Dio ti salvi da cattivo vicino e da principiante di violino. *Gott erlöse dich von bösem Nachbar und von (einem) Anfänger auf der Violine.*

mi. E Signor z gvërda da un catio vsen e da un prinzipiant da violen. (rom.) *Der Herr bewahre uns vor einem bösen Nachbar und vor einem Anfänger auf der Violine.*

ni. Cativa visinanza l'èg dei dolor de pauza. (l. m.) *Böse Nachbarschaft schlimmer als Bauchschmerzen.*

Guàrdet pù che te pò da on trist vesin E da on prinzipiantell de viorin. (l. m.) *Hüte dich so viel du kannst vor einem bösen Nachbar und vor einem Anfänger auf der Violine.*

Chi a l' a un cativ vsin, a l' a neu d' rechie seira e matin. (piem.) *Wer einen bösen Nachbar hat, hat Abends und Morgens keine Ruhe.*

Dio m' libera da 'n cativ vesin e da un ch' a 'npara a sonè 'l violin. (piem.) *Gott befreie mich von einem bösen Nachbar und von Einem, der die Violine spielen lernt.*

si. Aver a fianco un cattivo vicino, È peggio di ogni colpo repentino. (npl.) *Einen schlechten Nachbar zur Seite haben, ist schlimmer als jeder plötzliche Schlag.*

Diu ti scansi di malu vicinu e di principianti di violinu. (s.) *S. Dio ti salvi u. s. w.*

Deus ti bardet de malu bighinu et de primu sonadore de violinu. (sa. L.) *Gott behüte dich vor bösem Nachbar und vor (einer) ersten Violine.*

Malu bighinu, barradilu. (sa. L.) *Vor bösem Nachbar hüte dich.*

lm. Déu nos guard d' un mal vehí y d' aprenént de violí. (neat.) *Gott behüte uns vor einem schlechten Nachbar und vor einem, der Violine lernt.*

pt. Quem com máo visinho ha de visinhar, com hum olho ha de dormir e com outro vigiar. *Wer mit bösem Nachbar Nachbar sein muss, muss mit einem Auge schlafen und mit dem andern wachen (aufpassen).*

Guarte de máo visinho e de homem mesquinho. *Hüte dich vor bösem Nachbar und vor unglücklichem Menschen.*

---

125. Der beste Advokat, der schlimmste Nachbar.

---

dt. Groote rivier, groote heer en groote weg zijn drie kwade buren. *Grosser Fluss, grosser Herr und grosser Weg sind drei schlechte Nachbarn.*

Heilige lieden zijn vieze geburen. *Heilige Leute sind unangenehme Nachbarn.*

en. A good lawyer is an ill neighbour. *Ein guter Advocat ist ein übler Nachbar.*

fs. En gudsen Advokaat äs en bijmen Näiber. (M.) *S. A good u. s. w.*

---

dä. Det er ei godt, at have en Bagerovn, Ambolt, Mølle og Flod til Nabo. *Es ist nicht gut, Backofen, Amboss, Mühle und Fluss zum Nachbar zu haben.*

Det er ei godt, at have enten for fattig, eller for rig en Nabo. *Es ist nicht gut, entweder einen zu armen, oder zu reichen Nachbar zu haben.*

Der er tre onde Naboer: store Floder, store Herrer og Alfarvei. *Es gibt drei schlimme Nachbarn: grosse Flüsse, grosse Herren und Landstrasse.*

nw. D' er ilt aa standa millom store Grannar. *Es ist übel, zwischen grossen Nachbarn zu wohnen.*

For veike Grannar er vondt; for sterke er stundom verre. *Zu schwache Nachbarn sind schlimm; zu starke sind bisweilen schlimmer.*

D' er tungt hava Tiggarar til Grannar. *Es ist schwer, Bettler zu Nachbarn zu haben.*

---

lt. Malum, pistrinum, flumen fugito procul.

fz. Un grand seigneur, un grand clocher et une grande rivière sont trois mauvais voisins. *Ein grosser Herr, ein grosser Glockenthurm und ein grosser Fluss sind drei schlechte Nachbarn.*

Grand clocher est mauvais voisin. *Grosser Glockenthurm ist (ein) schlechter Nachbar.*

sf. Gran moussu, ribièros et grands camis Soun toujours maïsans bézis. (Gsc.) *Grosser Herr, Flüsse und grosse Strassen sind stets schlechte Nachbarn.*

Dë sëgnou, dë ribièiro é dë gran cami, fäi máou ëstrë vëzi. (Lgd.) *Von grossem Herrn, Fluss und grosser Strasse ist's übel Nachbar sein.*

Ni mióon, ni mouli, ni four për vëzi. (Lgd.) *Weder Maulthier, noch Mühle, noch Backofen zu Nachbar.*

De Segnour, de ribiero et de camin, n' en fa marrit estré vezin. (nprv.) *S. Dë sëgnou u. s. w.*

Segnour, ribiero et grands camins, sont tous tres de catious vezins. (nprv.) *Herr, Fluss und grosse Strasse sind alles drei schlechte Nachbarn.*

Ny muou, ny moulin, ny four per vesin. (nprv.) *S. Ni mióou u. s. w.*

Proutsche lé gro et lé rio ne boute pa te n' otto. (Pat. s.) *Neben den Grossen und den Bergbächen baue dir kein Haus.*

it. Nè mulo, nè mulino, nè signore per vicino, nè compare contadino. *Weder Maulthier, noch Mühle, noch Herrn zum Nachbar, noch einen bäuerlichen Gevatter.*

Nè mulo, nè mulino, nè fiume (forno) per vicino. *Weder Maulthier, noch Mühle, noch Fluss (Backofen) zu Nachbarn.*

mi. Nè mulo, nè mulino, nè fiume, nè forno, nè signore per vicino. (t.) *Weder Maulthier, noch Mühle, noch Fluss, noch Backofen, noch Herrn zum Nachbar.*

ni. Nè d'ün frer, nè d'ün fornèr, nè d'ün soundür de violi, no staga mai visi. (l. b.) *Wohne niemals nahe bei einem Schmied, noch bei einem Bäcker, noch bei einem Violinspieler.*

Nè mül, nè mülin, Nè sior per visin, Nè compâ contadin. (l. m.) *S. Nè mulo, nè mulino, nè signore u. s. w.*

Nè mul, nè mulin, nè sgnor per vsin, nè compare contadin. (piem.) *S. Nè mulo, nè mulino, nè signore u. s. w.*

Mul, mulin, gran sgnor e un contadin a son quatr cativi vsin. (piem.) *Maulthier, Mühle, grosser Herr und ein Bauer sind vier schlechte Nachbarn.*

Nè a feraro, nè a fornaro, nè a sonador de violin, no starghe mai vicin. (v.) *S. Nè d'ün frer u. s. w.*

Nè mulo, nè molin, nè compare contadin, nè sior per vicin. (v.) *Weder Maulthier, noch Mühle, noch bäuerlichen Gevatter, noch Herrn zum Nachbar.*

Nè mulu, nè mulinu, nè signuri pri vicinu, nè si.
cumpari cuntadinu. (s.) *S. Nè mulo, nè mulino, nè signore u. s. w.*

Ni estár vei del Ferrer, ni renyit en lo Barbér, lm.
ni tindre per contrari al Carnicér. (val.) *Sei nicht Nachbar vom Schmied, noch entzweit mit dem Barbier, noch Gegner des Schlächters.*

Nem moinho por continuo, nem porco por vi- pt.
sinho. *Weder Mühle zur Grenze, noch Schwein zum Nachbar.*

Ni frayle por amigo, ni Clerigo por vezino. sp.
Nicht Mönch zum Freund, noch Priester zum Nachbar.

Guarte de molino por confin y de puerco por vecin. *Hüte dich vor einer Mühle als Grenze und einem Schwein als Nachbar.*

---

126. Ein guter **Nachbar** ist ein edel Kleinod.

Ein guter Nachbawr ist ein edel kleinot. (ad.)

Gût Nôber Gûlt wiert. (nrh. S.) *Guter Nachbar* pd.
Goldes werth.

Een goed nabuur is een edel kleinood. dt.

En Nabo god og fiin, Er bedre end Guld i dä.
Skriin. *Ein Nachbar gut und fein ist besser, als Gold im Schrein.*

Hollr granni er gulli betri. *Holder Nachbar* is.
ist besser als Gold.

Sá hreppir gæfu, sem góðan granna fær. *Der hat Glück, der einen guten Nachbar bekommt.*

En god granne är halfva lifvet. *Ein guter* sw.
Nachbar ist das halbe Leben.

En god granne är landets bästa värn. *Ein guter Nachbar ist des Landes beste Wehr.*

Qu' èy prou riche, qui a de bons besis. (sf. Brn.) fz.
Sehr reich ist, wer gute Nachbarn hat.

Bon vesin vo boun' ami. (Pat. s.) *Guter* sf.
Nachbar ist so viel werth wie (ein) guter Freund.

it. Casa con bn visi, la val dei gran sichi. (ui. l. b.) *Haus mit guten Nachbarn ist viele Zecchinen werth.*

pl. Quem tem bom visinho, não teme ruido. *Wer guten Nachbar hat, fürchtet keinen Lärm.*

sp. Quien ha buen vecino, ha buen amigo. *Wer (einen) guten Nachbar hat, hat (einen) guten Freund.*

Quien tiene buen vezino, tiene buen amigo. (asp.) *S. Quien ha u. s. w.*

---

127. Es geht dich auch an, wenn deines **Nachbarn** Haus brennt.

Swâ brinnet mîns (mînes) gebûres (gebûren) want, dâ fürhte (vürhte) ich mîner (schaden) sâ zehant. (ad.)

od. Wenn des Nachbars Haus brennt, so gilt dirs auch. (schwei.)

---

dt. Als uws buurmans huis brandt, is 't tijd dat gij uitziet (om brand te roepen). *Wenn Eures Nachbars Haus brennt, ist's Zeit, dass Ihr hinaussieht (Feuer zu rufen).*

Regnet het daar, het zal hier haast druppelen. *Regnet es dort, wird es hier bald tröpfeln.*

Als uws buurmans huis brandt, is het tyd uit te zien. (vl.) *Wenn Eures Nachbars Haus brennt, ist es Zeit, hinauszusehen.*

en. When thy neighbour's house doth burn (is on fire), be careful (beware) of thine own. *Wenn deiner Nachbars Haus brennt (in Feuer steht), trage Sorge für dein eigenes (nimm dein eigenes in Acht).*

When your neighbour's house is in danger, take tent o' your ain. (scho.) *Wenn eures Nachbars Haus in Gefahr ist, nehmt euer eigenes in Acht.*

---

dä. Naar Nabovæg mon brænde, Er dig Skade nær i Hænde. *Wenn Nachbars Wand etwa brennte, ist dir Schaden nahe bei der Hand.*

Naar vor Nabo's Væg brænder, maa Hver redde sin egen. *Wenn unsers Nachbars Wand brennt, muss Jeder seine eigene retten.*

Naar Naboes Væg brænder, maa hver ræddes sin egen. *Wenn des Nachbars Wand brennt, muss Jeder für seine eigene fürchten.*

Wær nær tijl Hiælp, naar nær brændher. (adä.) *Sei nah zur Hülfe, wenn's nahebei brennt.*

is. þegar náungans veggr brennr, er þínum hætt (er þinn í veði). *Wenn des Nachbars Wand brennt, ist deine unsicher (in Gefahr).*

Naar dat brenn i Veggen aat Grannen, skal ein agta sitt eiget Hus. *Wenn es in der Wand zum Nachbar brennt, muss man sein eignes Haus in Acht nehmen.* **nw.**

När grannens vägg (hus) brinner, står din egen (ditt egit hus) i fara. *Wenn des Nachbars Wand (Haus) brennt, steht deine eigene (dein eigen Haus) in Gefahr.* **sw.**

När Granncns wägg brinner, så achta din egen. *Wenn des Nachbars Wand brennt, nimm deine eigene in Acht.*

War skit til hiælps nær næst brindher. (asw.) *Sei rasch zu Hülfe, wenn's ganz nah brennt.*

(Tunc) Tua res agitur, paries dum proximus ardet. **lt.**

Proximus a tectis ignis defenditur aegre.

Sis tibi promptus ope torre fovente (fouente) prope. (mlt.)

Quand on voit brûler la maison du voisin, on a raison d'avoir peur. *Wenn man das Haus des Nachbars brennen sieht, hat man Recht, sich zu fürchten.* **fz.**

Qui la maison de son voisin voit ardre, il doit avoir paour de la sienne. *Wer seines Nachbars Haus brennen sieht, der soll Furcht für das seine haben.*

Grant pour pnt auoir, qui uoit la meson de son veisin ardre. (afz.) *Grosse Furcht kann haben wer das Haus seines Nachbars brennen sieht.*

Quē vêi crëma la pôrto dē soun vësi, dëou avē pôou për la siouno. (Lgd.) *Wer die Thür seines Nachbars brennen sieht, soll Furcht für die seinige haben.* **sf.**

Daunen que la meizon de ton vezin se brulo, la tion u' es pas seguro. (uprv.) *Sobald das Haus deines Nachbars brennt, ist das deinige nicht sicher.*

Quand' egli arde in vicinanza, porta l' acqua a casa tua. *Wenn es in der Nachbarschaft brennt, trage das Wasser in dein Haus.* **it.**

Quando brucia nel vicinato, porta l' acqua a casa tua. (t.) *S. Quand' egli u. s. w.* **mi.**

Quand al brusa 'l visí porta l' acqua a ca tó. (l. b.) *Wenn es beim Nachbar brennt, trage das Wasser in dein Haus.* **ni.**

Se s' abbruscia la casa de lo vecino, curre co l' acqua a la casa toja. (npl.) *Wenn das Haus des Nachbars brennt, laufe mit dem Wasser in dein Haus.* **si.**

Quannu s' abbrucia la casa di lu to vicinu, porta l' acqua a casa to. (s.) *Wenn das Haus deines Nachbars brennt, trage das Wasser in dein Haus.*

Quando b' hat fogn in domu de su bighinu, tue puru ses in perigulu. (sa. L.) *Wenn Feuer im Haus des Nachbars ist, bist auch du in Gefahr.*

lm. Quand vejas la barba del tèn velí pelar, posa la tèva á remullar. (ueat.) *Wenn du den Bart deines Nachbars scheeren siehst, fang' an den deinen nasszumachen.*

Quant la barba del vei vetjes cremár, Possa la tua à remullàr. (val.) *Wenn du den Bart des Nachbars brennen siehst, fang' den deinen an nasszumachen.*

pt. Quando vires arder as barbas de teu visinho, deita as tuas em remolho. *Wenn du den Bart deines Nachbars brennen siehst, fang' an den deinen nasszumachen.*

sp. Cuando la barba de tu vecino vieres pelar (Quando vieres la barva de tu vezino pelar), echa la tuya á remojar. *S. Quand u. s. w.*

---

128. Liebe deinen Nachbarn, reiss aber den Zaun nicht ein.

Zwischen Nachbars Garten ist ein Zaun gut.

---

en. A wall between preserves love. *Eine Mauer dazwischen erhält die Liebe.*

A wa' between best preserves friendship. (scho.) *Eine Mauer dazwischen erhält am besten die Freundschaft.*

---

dä. Elsk din Nabo, men riv ikke Gjerdet ned.

is. Garðr er granna sættir. *(Der) Zaun ist der Nachbarn Friedensstifter.*

nw. Elska din Granne, men lat Grindi standa. *Liebe deinen Nachbar, aber lass den Zaun stehen.*

Dat skal vera Grind imillom Grannom. *Es soll ein Zaun sein zwischen Nachbarn.*

Dat skal vera Gard imillom gode Grannar. *Es soll ein Zaun zwischen guten Nachbarn sein.*

---

fz. La borne sied très-bien entre les champs de deux frères. *Zwischen den Feldern zweier Brüder schickt sich der Grenzstein sehr gut.*

af. Ayme lou besi, mes barre lous passadés. (Brn.) *Liebe den Nachbar, aber verschliess die Zugänge.*

pt. Bem parece o rego entre mim e meu companheiro. *Gut erscheint die Furche zwischen mir und meinem Gefährten.*

sp. Bien paresce el lindero entre mi y mi compañero. *S. Bem u. s. w.*

Por conservar amistad pared en medio. *Um Freundschaft zu erhalten, Mauer dazwischen.*

---

129. Man kann nicht länger Frieden haben, als der Nachbar will.

Es kan keiner lenger friede haben, denn sein Nachbawr wil. (ad.)

od. Es kann Keiner långer Friede haben, als sein Nachbar will. (schwei.)

pd. Man kaun nich långer Fre holn, as de Naber will. (ns. B.) *Man kann nicht länger Frieden halten, als der Nachbar will.*

---

dt. Niemand kan langer vrede hebben, dan zijn nabuur wil. *Niemand kann länger Friede haben, als sein Nachbar will.*

Ten can niemant langer vrede hebben, dan syn nabers willen. (ah.) *Es kann Niemand länger Frieden haben, als seine Nachbaren wollen.*

en. Nobody can live longer in peace than his neighbour pleaseth. *Niemand kann länger in Frieden leben, als es seinem Nachbar gefällt.*

You must ask your neighbour, if you shall live in peace. *Ihr müsst euern Nachbar fragen, ob ihr in Frieden leben dürft.*

Nae man can live langer in peace than his neighbours like. (scho.) *Niemand kann länger in Frieden leben, als es seinen Nachbarn beliebt.*

---

dä. Man kan ikke længere have Fred, end Naboen vil.

Man har ei længer Fred, end Naboen vil. *Man hat nicht länger Frieden, als der Nachbar will.*

Den Gode har ei længer Fred, end den Onde lyster. *Der Gute hat nicht länger Frieden, als der Böse Lust hat.*

is. Enginn hefir lengr frið, enn hans nábúi (granni) vill. *Keiner hat länger Frieden, als sein Nachbar will.*

nw. Ein fær inkje lenger Fred, en Grannen vil. *S. Man har u. s. w.*

sw. Man njuter ej freden längre än grannen vill. *Man geniesst nicht länger des Friedens, als der Nachbar will.*

Ingen har frid långre, ån hans granne will. *S. Enginn u. s. w.*

Man haar intet långer frijd, ån ens granne wil. *S. Man har u. s. w.*

---

130. Nachbar über den Zaun, Nachbar wieder herüber.

Nachbawr vber deu zaun, nachbawr wider herůber. (ad.)

md. Kuchche übern Zau, Plôz widder rü. (frk. H.) *Kuchen über den Zaun, Kuchen wieder herüber.*

Wuuerscht nüüwar, Seusonk rüüwar. (frk. H. S.) *Wurst hinüber, Sausnck (Schweinsmagen) herüber.*

---

dt. Nabuur over den tuin, nabuur weder terug. *Nachbar über den Zaun, Nachbar wieder zurück.*

Nabuer ouer den tuyn, nabuer weder herouer. (ah.)

---

dä. Kande af Gaarde og Kande i Gaarde, om Venskab skal holdes. *Kanne aus Gehöft und Kanne in's Gehöft, soll Freundschaft erhalten werden.*

Kanne offuer Gaardh oc Kanne igheen holler lengst Wsenskab. (adä.) *Kanne über (den) Zaun und Kanne zurück erhält Freundschaft am längsten.*

is. Kanna i garð og igegn önnur, gjörir góðan vinskap. *Kanne in's Gehöft und andere entgegen macht gute Freundschaft.*

---

lt. Amphora persaepe data, si redit, aequat amorem. (mlt.)

---

131. Die oenen kwaden gebuur heeft, heeft eenen kwaden morgen. (dt.) *Wer einen schlimmen Nachbar hat, hat einen schlimmen Morgen.*

---

fz. Qi ad mauveys vaisin il ad mauveys matin. (afz.) *Wer schlechten Nachbar hat, hat schlechten Morgen.*

Qui a mal ueisin, il a mal matin. (afz.) *S. Qi u. s. w.*

Qui a maul voisin si a maul matin. (afz.) *S. Qi u. s. w.*

Qui a felon voisin l'ar maintes fais en a mavez matin. (afz.) *Wer treulosen Nachbar hat, hat oftmals schlimmen Morgen.*

nf. Qui a felon voisin, Il a mauvais matin. (Chmp.) *Wer treulosen Nachbar hat, hat schlimmen Morgen.*

it. Chi ha cattivo vicino, ha il mal mattino. *Wer schlechten Nachbar hat, hat den Morgen schlecht.*

mi. Chi ha il mal vicino, ha il mal mattutino. (t.) *Wer den Nachbar schlecht hat, hat den Morgen schlecht.*

Cui avi lu malu vicinu, avi lu malu matinu. sl. (s.) *S. Chi ha il u. s. w.*

---

132. Wer gute Nachbarn hat, bekommt einen guten Morgen.

Die eenen goeden nabuur heeft, heeft eenen dt. goeden morgen. *Wer einen guten Nachbar hat, hat einen guten Morgen.*

Eenen goeden ghebuere biedt goeden morghen. (avl.) *Ein guter Nachbar bietet guten Morgen.*

A good neighbour, a good morrow. *Ein guter* en. *Nachbar, ein guter Morgen.*

He that hath a good neyghboure, hath a good morowe. *S. Die u. s. w.*

Hvo som har en god Nabo, har en god Morgen. dä. *S. Die u. s. w.*

God Nabo — god Morgen. *Guter Nachbar, guter Morgen.*

Cui bonus est vicinus, felix illuxit dies. (mlt.) lt.

Qui a bon voisin a bon matin. *Wer guten* fz. *Nachbar hat, hat guten Morgen.*

Bon voisin, bon jour. (afz.) *S. God Nabo u. s. w.*

Q'a bon vëzi, a bon masti. (Lgd.) *S. Qui a* sf.

Qu a bouen vezin, a bouen matin. (nprv.) *S. Qui a u. s. w.*

Chi ha buon vicino, Ha buon mattino. *S.* it. *Qui a u. s. w.*

Chi ha il buon vicino, ha il buon mattutino. mi. (t.) *Wer den Nachbar gut hat, hat den Morgen gut.*

Qui tè bon vei, tè bon mati. (val.) *S. Qui a u. s. w.* lm.

---

133. Wer will wissen, was er sei, Schelte seiner Nachbarn zwei oder drei: Werden's ihm die drei vertragen, So wird es ihm der vierte sagen.

Swer niht wizze wer er si, der schelte siner gebûre dri. (ad.)

Wer will wissen, wer er sei, Der frage seiner md. Nachbaren zwei oder drei; Wenn die Drei es ihm vertragen, Der Vierte wird's ihm wohl sagen. (mrh. E.)

---

dä. Hvo sig kiender ei selv, han trætte med sin Nabo. *Wer sich nicht selbst kennt, der streite mit seinem Nachbar.*

nw. Dan som inkje kjenner seg sjølv, skal trætta med Grannen. *Wer sich selbst nicht kennt, muss mit dem Nachbar streiten.*

---

134. Der Klügste gibt nach.

Der Klügere gibt nach.

od. Der Gescheidere gibt nach. (bair.)

Der Gescheide gibt nach. (schwei.)

pd. De Klökst gifft nao. (ns. A.)

Der Gescheutere giebt nach. (ns. Pr.)

---

au. Jafnan vægir hinn vitrari. *Oft gibt der Klügere nach.*

dä. Den Klogeste giver efter.

is. Jafnan vægir sá vitrari. *S. Jafnan u. s. w.*

nw. D' er dan visaste, som vægjer (som fær vægja). *Es ist der Weiseste, der nachgibt (der sich fügt).*

Han skal vægja, som Vit heve. (Tr.-St.) *Der muss nachgeben, der Verstand hat.*

---

lt. Cedendo victor abibis.

Cedere majori virtutis fama secunda est.

cw. Il scort ceda. (ld.) *Der Kluge gibt nach.*

Ilg Sabi ced' a dat suenter. (obl.) *Der Weise weicht und gibt nach.*

fz. Le plus sage cède.

it. Al più potente ceda il più prudente. (mi. t.) *Dem Mächtigeren gibt der Klügste nach.*

---

135. Geene tijding, goede tijding. (dt.) *Keine Nachricht, gute Nachricht.*

en. No news is good news. *Keine Nachricht ist gute Nachricht.*

---

fz. Point de nouvelles, bonnes nouvelles. *Keine Nachrichten, gute Nachrichten.*

nf. Nolle novelle, bonne novelle. (w.)

it. Nulla nuova, buona nuova.

ni. Nessüna növa, bonna növa. (l. m.)

Gnune neuve, boue neuve. (piem.) *S. Point u. s. w.*

Niuna nuova, buona nuova. (v. trt.)

---

136. Die Nacht ist keines Menschen Freund.

D' Nuocht as kênges Meusche' Freut. (mrh. L.) md.

De Nacht is neines (kenes) Minschen Fründ. (ns. ha. G. u. G.) pd.

De nacht is niemands vriend. *Die Nacht ist Niemands Freund.* dl.

Natten er ingen Mands Ven. dä.

Natten er ei (ikke) Hvermands Ven. *Die Nacht ist nicht Jedermanns Freund.* nw.

Náttin er manna óvinur. (fær.) *Die Nacht ist des Menschen Feind.* is.

---

137. Nach und nach macht der Vogel sein Nest.

Nach und nach baut man Häuser. (tir. B.) od.

All-nâ-gerâe fret de Bûer de Wost. (ns. ha. G. u. G.) *Nach und nach frisst der Bauer die Wurst.* pd.

Allengskens eet de wolf het schaap. *Nach und nach frisst der Wolf das Schaf.* dl.

Allengskens eet de wolf de gans. *Nach und nach frisst der Wolf die Gans.*

Lidt efter lidt (Af Lidt og Lidt) bygger Fuglen sin Rede. *Nach und nach baut der Vogel sein Nest.* dä.

Petit à petit l' oiseau fait son nid. fz.

P'tit à p'tit l' ouhai fait s' nid. (w.) nf.

Petit a petit l' ausèt hè soun nid. (Brn.) sf.

Poc a poc lou loup plume é myuge laucque. (Gsc.) *Nach und nach rupft und frisst der Wolf die Gans.*

A pauc à pauc lou loup manjo l' auquo. (nprv.) *S. Allengskens eet de wolf de u. s. w.*

A un a un si fanno i fusi. *Je eine um eine machen sich die Spindeln.* it.

A uno a uno si fanno le fusa. (t.) *S. A un u. s. w.* mi.

A poch a poch se fa ü bèl töch. (l. b.) *Nach und nach macht sich ein schönes Stück.* ni.

A pòch a pòch se fa on gran tòch. (l. m.) *Nach und nach macht sich ein grosses Stück.*

A uno la volta se fa i fusi. (v.) *Eine auf ein Mal machen sich die Spindeln.*

Pouco a pouco fia a velha o copo. *Nach und nach spinnt die Alte den Spinnrocken ab.* pt.

sp. Poco a poco hila la vieja el copo. *S. Pouco u. s. w.*

---

138. **Den Nackten kann man nicht ausziehen.**

Nackter ist schwer zu berupfen.

Wer kein Ohr hat, dem kann man keines abschneiden.

Einem gehenden Manne nimmt man kein Pferd.

Ein Blinder kann nicht blind werden.

md. Annem *(Einem)* nackten Schofe *(Schafe)* ist nichts obzuschahren *(abzuscheren)*. (schls.)

od. Es ist bös stehlen, wo nichts ist. (schwei.)

---

dl. De naakte is kwaad te berooven. *Der Nackte ist schlecht zu berauben.*

en. A beggar can never be bankrupt. *Ein Bettler kann nie bankerott werden.*

It's ill takin' the breeks off a Hielandman. (scho.) *Es ist schwer, einem Hochländer die Hosen zu nehmen.*

---

dä. Det er ondt at tage Klæderne fra den Nøgne. *Es ist schwer, vom Nackten die Kleider zu nehmen.*

Ti Rovere kunne ei drage en Nøgen af Klæderne. *Zehn Räuber können einem Nackenden nicht die Kleider ausziehen.*

Ti Stratenrovere kunne ikke afklæde en Nøgen (kunne ikke tage en Skjorte fra den Nøgne). *Zehn Strassenräuber können nicht einen Nackenden ausziehen (vom Nackenden ein Hemde nehmen).*

Møder du nogen Nøgen, da tag ikke Klæderne fra ham. *Begegnest du einen Nackten, so nimm ihm nicht die Kleider.*

Man faaer ei Ko af koløs Mand. *Man kriegt keine Kuh von einem kuhlosen Mann.*

is. Ikki tekst kúgv âf kúleysum manni. (fær.) *Nicht wird eine Kuh von kuhlosem Manne genommen.*

nw. Ein riv inkje Klædi av dan, som er naken fyrr. *Man reisst dem nicht Kleider ab, der vorher nackend ist.*

sw. Dhen intet haar, den kan man intet taga ifrå. *Wer nichts hat, dem kann man nichts nehmen.*

---

lt. Nudus nec a centum viris spoliatur (a decem palæstritis spoliari potest).

Nudo vestamenta detrahere.

fz. On ne peut dépouiller un homme nu. *Man kann einen Nackten nicht ausziehen.*

L'on ne peut homme nud despouiller.

Homme ne peut perdre ce qu' il n'eut oncq. *Der Mensch kann nicht verlieren, was er nie hatte.*

Home nu ne puet nus home despoillier. (afz.) *Nackten Menschen kann kein Mensch ausziehen.*

On n' sâreut prinde on boûf wiss' qui' i n'y nl. a qu' ine vache. (w.) *Man kann keinen Ochsen nehmen, wo es nur eine Kuh gibt.*

Centu latri nun ponnu spugghiari un nudu. **it.** (si. s.) *Hundert Strassenräuber können einen Nackten nicht ausziehen.*

---

139. **Das Hemd ist mir näher, als der Rock.**

'**s** Hémm leit mër nähter ou', âss der Rouk. **md.** (frk. M.) *Das Hemd liegt mir näher an, als der Rock.*

D' Haut as mě no ewě d' Hiém. (nrh. L.) *Die Haut ist näher, als das Hemd.*

Das Hend ist näher, als der Rock am Leib. **od.** (bair.)

's Hemmet liegt mir näher, als der Rock. (schwb.)

Das Hemdlein ligt näher, als das Röcklein. (schwei.)

's Hemp lid näher, als der Schopa. (schwei. A.) *Das Hemd liegt näher, als der Rock.*

Et Hemp ess meer nööder, als der Rock. (nrh. K.) **pd.**

Det Hémd äsz mer nöer, wå det Klit. (nrh. S.) *Das Hemd ist mir näher, als das Kleid.*

Dat Hömm iss mi näg'r, ass de Rock. (ns. A.)

Dat Hemd is neger, as de Rokk. (ns. B.) *Das Hemd ist näher, als der Rock.*

Dat Hemd is mek nöcher, as de Rock. (ns. ha. G. u. G.)

Dat Hemd is mi näger, as de Rock. (ns. hlst.)

Dat Hemd is mi näger, as de Rock. (ns. O. J.)

't Hemd liggt Een' nåer, as de Rock. (ns. O. St.) *Das Hemd liegt Einem näher, als der Rock.*

Dat Hiëmd is mi naijer, âsse Rock. (wstf. B.)

Mijn hemd is mij nader dan mijn rok, en mijn **dl.** vleesch nader dan mijn hemd. *Mein Hemd ist mir näher, als mein Rock, und mein Fleisch näher, als mein Hemd.*

The smock is nearer than the petticoat. *Das* **en.** *Hemd ist näher, als der Unterrock.*

Near is my petticoat, but nearer is my smock. *Nahe ist mein Unterrock, aber näher ist mein Hemd.*

Near is my shirt, but nearer is my skin. *Nah ist mein Hemd, aber näher ist meine Haut.*

Close sits my shirt, but closer is my skin. Dicht schliesst mein Hemd an, aber dichter noch meine Haut.

Near 's my kirtle, but nearer 's my sark. (scho.) Nah ist mein Rock, aber näher ist mein Hemd.

Near 's my sark, but nearer 's my skin. (scho.) S. Near is my shirt u. s. w.

———

dä. Skjorten er Kroppen nærmere, end Kjortelen. Das Hemd ist dem Leibe näher, als der Rock.

is. Nær er skinnið enn skirtan. Näher ist die Haut, als das Hemd.

Nærri er stúkan enn troyjan. (fær.) Näher ist das Hemd, als das Wamms.

sw. Huden är närmare kroppen än skjortan. Die Haut ist dem Leibe näher, als das Hemd.

———

lt. Tunica pallio propior est.

fz. La chemise est plus proche que le pourpoint. S. Nærri u. s. w.

Ma chemise m' est plus proche que ma robe. Mein Hemd ist mir näher, als mein Kleid.

La peau est plus proche que la chemise. S. D' Haut u. s. w.

Plus près m' est char que m' est chemise. (afz.) Näher ist mir Fleisch, als mir Hemd ist.

Près est ma coste, plus près est ma chemise. (afz.) Nah ist mein Rock, näher ist mein Hemd.

nf. S' kemise est pus près qu' sin gartin. (pic.) Ihr Hemd ist (ihr) näher, als ihr Unterrock.

Li ch'mîhe attint pus qui l' cotte. (w.) S. Dat Hemd is neger u. s. w.

Pus près tint s' chimihe qui s' cotte. (w.) Näher sitzt ihm sein Hemd, als sein Rock.

Pus près va s' quemihe qué s' cotte. (w. M.) S. Pus près tint u. s. w.

Pus près va s' chimiche qui s' cotte. (w. N.) S. Pus près tint u. s. w.

Près m' cotrai, co pu près panai. (w. V.) S. Near's my kirtle u. s. w.

sf. Peth qu' èy mey près qué camise. (Brn.) S. D' Haut u. s. w.

Quey plus proche pèt que pelhe. (Brn.) Näher ist Haut, als Kleidung.

Pu prés m' ës la car që la camiso. (Lgd.) Näher ist mir das Fleisch, als das Hemd.

Es plus proche la car që la camiso. (Lgd.) Näher ist das Fleisch, als das Hemd.

Mâi tôco la pël që noun pa la camiso. (Lgd.) S. Nær er u. s. w.

Pus prez m' est la cart que la camie. (nprv.) S. Pu près u. s. w.

Tocca (Accosta) più la camicia che il giubbone. it. S. Nærri u. s. w.

Stringe più la camicia che il giubbone. Mehr schliesst das Hemd an, als das Wamms.

E strenz più la camisa ch' an fa e zbon. (rom.) mi. Mehr schliesst das Hemd an, als es das Wamms thut.

Più mi tocca la camicia che la gonnella. (t.) Mehr berührt mich das Hemd, als der Unterrock.

Stringe più la camicia che la gonnella. (t.) Mehr schliesst das Hemd an, als der Unterrock.

Sta più vicino la pelle, che la camicia. (u.) S. Nær er u. s. w.

Al prém piú la camisa che n' fa al zibòn. mi. (em. B.) S. E strenz u. s. w.

A tira più la camisa che la giübba. (em. R.) S. Stringe u. s. w.

Strenz püssé la camisa del zipù. (l. b.) S. Stringe u. s. w.

El gh' è prima la camisa de la camisöla. (l. b.) Eher kommt das Hemde, als das Kamisol.

Prima la camisa e pö 'l giüpon. (l. m.) Zuerst das Hemd und dann das Wamms.

La camisa a l' è pi vsin ch' el gonel. (piem.) S. Dat Hemd is neyer u. s. w.

A sara pi la camisa ch' el gipon. (piem.) S. Stringe u. s. w.

Strenze più la camisa del zipon. (v.) S. Stringe u. s. w.

Stregne chiù la cammisa che lo jeppone. (npl.) si. S. Stringe u. s. w.

Prima la cammisa e poi lu jppuni. (s.) S. Prima u. s. w.

Prima sa carre et pustis sa camija. (sa. L.) Zuerst das Fleisch und dann das Hemd.

Primer es la camisa que l' gipó. (ncat.) Eher lm. kommt das Hemd, als das Wamms.

Primero es la camisa que el sayo. Eher kommt sp. das Hemd, als der Mantel.

Mas cerca está (de la carne) la camisa que el sayo (jubon). Näher (dem Fleisch) ist das Hemd, als der Mantel (das Wamms).

———

140. Mâi më sou mas dën që mous parën. (fz. sf. Lgd.) Näher sind mir meine Zähne, als meine Verwandte.

So più bicini i denti che i parenti. (mi. crs.) it. Näher sind die Zähne, als die Verwandten.

mi. I primi parenti so i denti. (crs.) *Die nächsten Verwandten sind die Zähne.*

Più vicino è il dente, che nessun parente. (t.) *Näher ist der Zahn, als irgend ein Verwandter.*

Sono più amici i denti, che i parenti. (n.) *Mehr Freunde sind die Zähne, als die Verwandten.*

ni. L' è pü visin el dent, che ogni parent. (l. m.) *Näher ist der Zahn, als jeder Verwandter.*

li dent a son pi vesin, ch' ii parent. (piem.) *S. So più u. s. w.*

Più vicin el dente, che nessun parente. (v.) *Näher der Zahn, als irgend ein Verwandter.*

si. Prime le diente e pò le pariente. (ap. B.) *Zuerst die Zähne und dann die Verwandten.*

Li parienti su li dienti. (ap. L.) *Die Verwandten sind die Zähne.*

So chiù becino li diente che li pariente. (npl.) *S. So più u. s. w.*

Chidda chi fa pri li me denti, nun fa pri li me parenti. (s.) *Was ich für meine Zähne thue, thue ich nicht für meine Verwandten.*

Innantis sunt sas dentes, pustis sunt (et pustis) sos parentes. (sa. L.) *Zuerst kommen die Zähne, dann kommen (und dann) die Verwandten.*

Mezus a mia bentre, qui non a meu parente. (sa. L.) *Lieber meinem Bauch, als meinem Verwandten.*

lm. Primer són mes dénts, que mes paréntꞩ. (val.) *Eher kommen meine Zähne, als meine Verwandten.*

pt. Mais perto estão os dentes, que parentes. *Näher sind die Zähne, als Verwandte.*

Primeiro estão os dentes que parentes. *Eher kommen die Zähne, als Verwandte.*

Mais quero para meus dentes, que para meus parentes. *Lieber mag ich meine Zähne, als meine Verwandten.*

sp. Mas cerca están mis dientes que mis parientes.

Primero sean tus dientes, Que tus parientes. (asp.) *Eher sollen (dir) deine Zähne kommen, als deine Verwandten.*

---

141. Liebe Kinder haben viele Namen.

Dem liebsten Kinde gibt man viele Namen.

pd. Leiv Kenger hant völ Name. (nrh. A.)

Leef Kenger haut völl Names. (nrh. Gl.)

Laiwe Kinner kritt viel Namen. (wstf. Mrk.) *Liebe Kinder kriegen viele Namen.*

dl. Lieve kinderen geeft men veele (lieve) namen. *Lieben Kindern gibt man viele (liebe) Namen.*

Lieve kinderen krygen lieve naemtjes. (vl.) *Liebe Kinder kriegen liebe Namen.*

fs. Liauwe lion joutme folle nammen. (afs.) *Lieben Leuten gibt man viele Namen.*

---

dä. Kjært Barn har mange Navne. *Liebes Kind hat viele Namen.*

Kjært Barn gives mange Navne. *Liebem Kinde werden viele Namen gegeben.*

nw. Kjært Barn fær mange Napn. *Liebes Kind kriegt viele Namen.*

sw. Kärt barn har många namn. *S. Kjært Barn har u. s. w.*

---

142. Mancher hat den Namen und nicht die That.

md. Dé Fréop hêscht, behéllt den Nuom (a wann eu em Mettéch opsténg). (mrh. L.) *Wer Früh-auf heisst, behält den Namen (und wenn er um Mittag aufstände).*

---

dl. Die in een goed gerucht staat, kan het meeste kwaad doen. *Wer in einem guten Rufe steht, kann das meiste Böse thun.*

Die den naam heeft van vroeg op te staan, mag wel lang slapen. *Wer den Ruf hat, früh aufzustehen, kann immerhin lange schlafen.*

Die den naam van vroeg opstaan heeft, mag wel lang te bed liggen (slaapt zelden te lang). *Wer den Ruf hat, früh aufzustehen, kann immerhin lange zu Bett liegen (schläft selten zu lange).*

Die de naem hêt van vroeg up te stoan, mengt lan'he slaepen. (vl. F.) *S. Die den naam heeft u. s. w.*

en. If one's name is (be) up he may lie in bed. *Wenn Eines Name auf ist, kann er im Bette liegen.*

Get a good name and go to sleep. *Macht euch einen guten Namen und geht schlafen.*

Who has once the fame to be an early riser, may sleep till noon. *Wer einmal den Ruf hat, früh aufzustehen, kann bis Mittag schlafen.*

He who but once a good name gets, May piss abed and say he sweats. *Wer nur erst einen guten Namen hat, kann in's Bett p— und sagen: er schwitze.*

Get the word o' soon rising an' ye may lie in bed a' day. (scho.) *Erwerbt euch den Ruf des Frühaufstehens und ihr könnt den ganzen Tag im Bette liegen.*

They that get the word o' sune rising may lie a' day. (scho.) *Die den Ruf des Frühaufstehens haben, können den ganzen Tag liegen.*

---

fz. Il a beau se lever tard qui a bruit de se lever matin. *Wer den Ruf hat, früh aufzustehen, mag immerhin spät aufstehen.*

Il a beau se lever matin qui a le renom de dormir la grasse matinée. *Wer den Ruf hat, bis in den Morgen hineinzuschlafen, dem hilft das Frühaufstehen nichts.*

On a beau se lever matin, quand on a le renom de dormir tard. *Wenn man den Ruf hat, lange zu schlafen, hilft Frühaufstehen nichts.*

Qui a bruit de se lever matin peut dormir jusques à disner. *Wer den Ruf des Frühaufstehens hat, kann schlafen bis zum Mittagsessen.*

Qui meschant n' est tenu, S' il fait mal il n' est cru. *Wer nicht für schlimm gehalten wird, dem wird, wenn er Schlechtes thut, nicht geglaubt.*

nf. L' ci qu' a l' nom di s' lever timpe pout doirmi jusqu' à dîner. (w.) *S. Qui a bruit u. s. w.*

L' ci qu' a l' nom di s' lever tard ni s' live mâie matin, c' est todi lu qu' a magni l' lârd. (w.) *Wer den Ruf hat, spät aufzustehen, der steht niemals früh auf: immer ist er's, der den Speck gegessen hat.*

sf. Qui n' es estat maubez ou noun sera tengut, Encoé que hasse mau non sera pas cresut. (Gsc.) *Wer nicht böse ist, oder nicht dafür gehalten wird, dem wird, auch wenn er Böses thut, es nicht geglaubt.*

Q' ës rënouma dë së lëva mati, pourié dourmi jusq' à mièjhour. (l.-gd.) *S. Qui a bruit u. s. w.*

Q' ës estima sâjhë, po bë foulëjha. (l.-gl.) *Wer für weise gehalten wird, kann gut Tollheiten begehen.*

Qu es renoumenat de se levar de matin, pourrie dourmir fine à miejourt. (nprv.) *S. Qui a bruit u. s. w.*

it. Chi è reo e buono è creduto, Può far il male e non è creduto. *Wer schlecht ist und für gut gehalten wird, kann das Böse thun, und es wird ihm nicht geglaubt.*

Fatti buon nome e piscia a letto, e' diranno che hai sudato. *Mach' dir einen guten Namen und p— in's Bett, so werden sie sagen, dass du geschwitzt hast.*

mi. Piglia nome e poi ti posa. (crs.) *Erwirb (dir) Namen und dann ruhe dich aus.*

Pissêr a lètt e pu di ch s ha sudê. (rom.) *In's Bett p— und dann sagen, dass man geschwitzt hat.*

Chi tristo non è tenuto, se fa mal non è creduto. (t.) *S. Qui meschant u. s. w.*

Chi è tenuto savio di giorno, non sarà mai pazzo di notte. (t.) *Wer des Tags für weise gehalten wird, wird nie Narr des Nachts sein.*

Acquista riputazione, e ponti a sedere. (t.) *Erwirb (dir) Ruf und setze dich hin.*

Acquista buona fama, e mettiti a dormire. (t.) *Erwirb (dir) guten Ruf und leg' dich schlafen.*

Fa prima il credito, e poi va e dormi. (t.) *Erwirb (dir) zuerst den Ruf und dann geh und schlafe.*

ni. Se 'n balòs l' è stimat bu, Che 'l fassa mal, nino i cred nissü. (l. b.) *Wenn ein Schlechter für gut gehalten wird, mag er Böses thun, es glaubt's ihm Niemand.*

Chi g' à del concèt el pö pissa in let. (l. b.) *Wer Ruf hat, kann in's Bett p—.*

Quand s' è de töc stimat, Se pol pissà 'n let e po di che s' è südat. (l. b.) *Wenn man von Allen geschätzt wird, kann man in's Bett p— und dann sagen, dass man geschwitzt hat.*

Quando uno xe in bona opinion, quelo che 'l fa xe tuto ben fato. (v.) *Wenn Einer in guter Meinung steht, ist Alles, was er thut, wohlgethan.*

Chi ga conceto, pol pissar in leto. (v.) *S. Chi g' à u. s. w.*

El pol pissar in leto e dir che l' ha suà. (v.) *Er kann in's Bett p— und sagen, dass er geschwitzt hat.*

si. Acquista famma e siedi in ponte. (npl.) *Erwirb (dir) Ruf und sitz in Ruhe.*

Acquista fama e curcati. (s.) *Erwirb (dir) Ruf und leg' dich nieder.*

lm. Cobra (Guaña) fama y càlat' à jàurer. (neat.) *S. Acquista fama u. s. w.*

Tin bona fama y gitat à dormir. (val.) *Habe guten Ruf und leg' dich schlafen.*

pt. Cobra boa fama, deita-te a dormir. *S. Acquista buona u. s. w.*

Cobra bon fama, faze o que quizeres. *Erwirb (dir) guten Ruf, (und) thue, was du willst.*

sp. Cobra buena fama y échate á dormir. *S. Acquista buona u. s. w.*

Buena fama hurto encubre. *Guter Ruf verhehlt Diebstahl.*

---

143. Der **Narr** bleibt ein Narr, Gäbst du ihm auch ein Pfarr!

Der Kuckuck behält seinen Gesang, Die Glock' ihren Klang, Der Krebs seinen Gang, Narr bleibt Narr sein Leben lang.

Wenn man den Narren im Mörser zerstiesse (Wenn man auch den Narren wie Grütze in einem Mörser zerstiesse), so liesse doch seine Narrheit nicht von ihm.

Am Narren hilft weder Chrisam noch Taufe.

Slüffe ein schalk in zobeles balc, dannoch wære er drinne ein schalc. (ad.)

Sun, drizic jâr ein tôre gar, der muoz ein narre fürbaz sin. (ad.)

---

dl. Een zot is een zot al ware het paaschdag. *Ein Narr ist ein Narr und wär' es auch Ostertag.*

Zotten zijn zotten, al hadden zij gouden kleederen aan. *Narren sind Narren und hätten sie goldene Kleider an.*

Zotten blijven zotten, Al drinken zij uit gouden potten. *Narren bleiben Narren, trinken sie auch aus goldenen Bechern.*

En sot is en sot, al waert paeschdach. (ah.) *S. Een zot u. s. w.*

---

is. Einn dári verðr aldrei vís, hvörnin sem hann málar sig utan. *Ein Narr wird niemals weise, auf welche Weise er sich auch äusserlich bemale.*

sw. Narr är en Narr, fast han klädes i Purpur. *Narr ist ein Narr, wird er auch in Purpur gekleidet.*

Narren blir altijdh then han är. *Der Narr bleibt stets was er ist.*

Narren blir aldrig wijs. *Der Narr wird niemals weise.*

Tok blir sent klok. *(Ein) Narr wird spät klug.*

---

fz. Qui nait fou n'en guérit jamais. *Wer als Narr geboren wird, genest nie.*

Le fol ne sera jamais sage. *S. Narren blijr aldrig u. s. w.*

Qui fol unquit jamais ne garit. (afz.) *S. Qui nait u. s. w.*

sf. Qui de holie es plan malaut, Per goary fotse temps hot cau. (Gsc.) *Wer an Narrheit sehr krank ist, der braucht viel Zeit, um zu genesen.*

Qu nay trist jamay garis. (nprv.) *S. Qui nait u. s. w.*

[nait u. s. w.

It. Chi nasce matto, non guarisce mai. *S.* **Qui**

mi. Chi nasce tontu, un guarisce mai. (crs.) *S. Qui nait u. s. w.*

Chi nass matt l' è sicûr che nô guariss. (l. m.) ni. *Wer als Narr geboren wird, ist sicher, dass er nicht genest.*

Chi nass matt mai pi guariss. (piem.) *Wer als Narr geboren wird, genest nimmer mehr.*

Chi nasse mato, no varisse (guarisse) mai. (v.) *S. Qui nait u. s. w.*

Chi nasse mat, no guaris mai. (v. trt.) *S. Qui nait u. s. w.*

Qui es botj quand nex, may ne guarex. (neat.) lm. *Wer Narr ist, wenn er geboren wird, genest nie.*

Quem de doudice enfermou, nunca ou tarde pt. sarou. *Wer an Narrheit erkrankte, genas nie oder spät.*

Quien enferma de locura, ó sana tarde, ó sp. nunca. *Wer an Narrheit erkrankt, genest spät, oder nie.*

Quien de locura enfermó, tarde sanó. *Wer an Narrheit erkrankte, genas spät.*

El mal que no tiene cura, es locura. *Narrheit ist das Übel, welches nicht heilt.*

---

144. Ein **Narr** kann mehr fragen, als sieben Weise antworten.

Ein Narr kann mehr fragen, Als sieben Weise sagen.

Ein Narr kann in einer Stunde mehr fragen, als sieben Weise in einem Jahre beantworten können.

Ein Narr kann mehr verneinen, als zehn Weise berichten (behaupten) können.

Ein Narr frägt in einer Stunde mehr, als zehn Weise (Gescheidte) in einem Jahr beantworten können.

Ein Narr kann mehr verneinen, als zehn Gescheidte behaupten können.

Ein narr kan mehr fragens, denn zehen weisen berichten kônnen. (ad.)

Ein Narr kann mehr fragen, als zehn Weise od. antworten. (schwei.)

Ehne Gäck kan mih froge, als sebbe Geschehde pd. antworde könne. (nrh. D.) *Ein Narr kann mehr fragen, als sieben Gescheidte antworten können.*

Een Narr kann mehr fragn as fiv Wise antwordn könnt. (ns. B.) *Ein Narr kann mehr fragen, als fünf Weise antworten können.*

En Narre kann meih froogen, osse tehn Klauke witten. (ns. W.) *Ein Narr kann mehr fragen, als zehn Kluge wissen.*

En Narre fröüget meih, osse me anferen kann. (ns. W.) *Ein Narr frägt mehr, als man antworten kann.*

---

dt. Eén gek kan meer vraagen, dan zeven (tien) (twaalf) (honderd) wijzen kunnen beantwoorden (wenden heregten). *Ein Narr kann mehr fragen, als sieben (zehn) (zwölf) (hundert) Weise beantworten (berichtigen) können.*

en. A fool may ask more questions in an hour, than a wise man may answer in a year (in seven years). *Ein Narr kann in einer Stunde mehr fragen, als ein Weiser in einem Jahr (in sieben Jahren) beantworten kann.*

A fool may speir mair questions than a wise man can answer. (scho.) *Ein Narr kann mehr Fragen thun, als ein Weiser beantworten kann.*

---

dä. Een Nar kan sporge meer end syv Vise svare. Een Taabe (Nar) kan sporge mere, end ti Vise kunne svare paa (til). *Ein Thor (Narr) kann mehr fragen, als zehn Weise beantworten können.*

En Nar kan sporge om mere i en Time, end syv Vise kunne besvare i et Aar. S. *Ein Narr kann in u. s. w.*

is. Einn glópur kann meira að spyrja, enn tín vitrir fái úr leyst. *Ein Thor kann mehr fragen, als zehn Kluge Bescheid zu geben vermögen.*

Svo má einn glópr spyrja, að tín vitrir kunni ei úr að leysa. *So kann ein Thor fragen, dass zehn Kluge nicht darauf Bescheid geben können.*

Ein hȳtlingur kann at spirja meira enn ein vísur kann at svára. (fær.) *Ein Narr kann mehr fragen, als ein Weiser antworten kann.*

nw. Ein Gap kann spyrja meir, en tie vise kann svara. S. *Een Taabe u. s. w.*

sw. En dåre (tok) kan fråga mer, än tio kloka kunna besvara (svara). *Ein Narr kann mehr fragen, als zehn Kluge beantworten können.*

En Narr kan meer fråga än tije wijsa kunna swa l. S. *Een Taabe u. s. w.*

---

fz. Ung fol fait plus de questions Que ung saige ne donne de raisons. *Ein Narr thut mehr Fragen, als ein Weiser Gründe angibt.*

it. Un matto sa più domandare, che sette savj rispondere. *Ein Narr weiss mehr zu fragen, als sieben Weise zu antworten.*

mi. Un mato sa più a domandar, che sete savi a risponder. (v.) S. *Un matto u. s. w.*

Unŭ nebunŭ întrébâ maĭ multŭ, de câtŭ potŭ respunde dece învĕţaţĭ. S. *Een Taabe u. s. w.* wl.

---

145. Ein Narr macht 'ne Thür auf, die er nicht wieder zumachen kann.

Ce esmeut un fol que quarante sages ne pourroyent apaiser. (afz.) *Ein Narr regt auf, was vierzig Weise nicht zu beschwichtigen vermöchten.* fz.

Un foueil gittara uno peiro dins lou pous, faut pron de sagis per l'en tirar. (nprv.) *Wirft ein Narr einen Stein in den Brunnen, braucht es viel Weiser, um ihn herauszuholen.* af.

Un pazzo getta una pietra nel pozzo, e si voglion sette savii a cavarnela. *Ein Narr wirft einen Stein in den Brunnen, und es bedarf ihrer sieben Weise, um ihn herauszuholen.* it.

Un pazzo getta una pietra nel pozzo che poi ci voglion cento savi a cavarla fuori. (l.) *Ein Narr wirft einen Stein in den Brunnen, wo es dann hundert Weiser bedarf, um ihn herauszuholen.* mi.

Unu maccu da qui bettat sa pedra in su puttu, bi querent chentu sabios a ndela bogare. (sa.) S. *Un pozzo getta una pietra nel pozzo che u. s. w.* si.

---

146. Kein Narr war je so dumm, er fand Einen, der ihn für klug hielt.

Der var aldrig en Nar saa dum, at han jo fandt En, der holdt ham for klog. *Nie war ein Narr so dumm, dass er nicht Einen fand, der ihn für klug hielt.* dä.

Un sciocco trova sempre un più sciocco che lo ammira. (ni. v.) *Ein Dummer findet immer einen Dümmeren, der ihn bewundert.* it.

---

147. Man braucht keinem Narren Schellen anzuhängen.

Narren bedürfen der Schellen nicht, man kennt sie an ihren Sitten.

Een zot heeft geene bellen van doen: hij laat zich zelven genoeg hooren. *Ein Narr bedarf keiner Schellen: er lässt sich selbst genug hören.* dt.

Men derf ghenen dwasen bellen aenhanghen. (adt.)

---

dä. Man tør ei ved at hænge Klokke paa Giekken, han ringer sig nok selv. *Man braucht dem Narren keine Schelle anzuhängen, er schellt selbst genug.*

Man torff eij henghe Klockæ vppaa een Skalck. (adä.) *Man braucht nicht einem Schalk eine Schelle umzuhängen.*

sw. Bind icke skällan på skalken, han låter nog höra af sig ändå. *Binde nicht dem Schalk die Schelle an, er lässt doch noch genug von sich hören.*

Man behöfwer intet binda skållan på skalken, han yttrar sigh fulle sielff. *Man braucht dem Schalk die Schelle nicht anzubinden, er äussert sich selbst hinlänglich.*

Man thorff ey binda klocko a een skalk. (asw.) *S. Man torff u. s. w.*

---

lt. Non opus est follo suspendere tympana collo. (mlt.)

fz. Le fou se trahit lui-même. *Der Narr verräth sich selbst.*

nf. Com la langue au fol deslie, Si fait connaistre sa folie. (Chmp.) *Sowie dem Narren die Zunge gelöst (ist), thut sich seine Narrheit kund.*

---

148. So lange ein Narr schweigt, hält man ihn für klug.

Nichts sieht einem gescheidten (vernünftigen) Manne ähnlicher, als ein Narr, der das Maul hält.

---

dt. Als de zot zwijgen kan, houdt men hem voor wijs. *Wenn der Narr schweigen kann, hält man ihn für klug.*

Als den sot gheswyghen can, werty wys gherekent. (avl.) *Wenn der Narr schweigen kann, wird er für weise gehalten.*

---

dä. Narren er andre Folk liig saa længe han tier. *Der Narr ist andern Leuten gleich, so lange er schweigt.*

nw. Kunde Gapen tegja, so trudde Folk, han var klok. *Könnte der Narr schweigen, so würden die Leute glauben, er wäre klug.*

sw. Så länge narren tijger, så hålls han för klook. *So lange der Narr schweigt, wird er für klug gehalten.*

Så länge dåren (narren) tiger, hålles äfven han för klok. *So lange der Thor (Narr) schweigt, wird auch er für klug gehalten.*

Si tacuisset, philosophus mansisset. lt.

Dum tacet insipiens, sapiens tantisper habetur: Index stultitiae linguaque voxque suae. (mlt.)

Fou qui se tait passe pour sage. *Narr, der* fz.
schweigt, gilt für weise.

Fol semble sage quand il se tait. (afz.) *Ein Narr scheint klug, wenn er schweigt.*

Gn' y o pan de différeinche d' ein homme nf.
d' esprit qui ne palle pan avec ein sot qui ne dit rien. (pic.) *Es ist kein Unterschied zwischen einem Mann von Geist, der nicht spricht, und einem Narren, der nichts sagt.*

Quando non dice niente, Non è dal savio il it.
pazzo differente. (mi. t.) *Wenn er nichts sagt, ist der Narr vom Klugen nicht verschieden.*

Ogni pazzo è savio quando tace. (t.) *Jeder* mi.
Narr ist weise, wenn er schweigt.

O parvo calado por sabio he reputado. *Der* pt.
schweigsame Alberne wird für weise gehalten.

El bobo, si es callado, Por sesudo es reputado. sp.
Der Narr, wenn er still ist, wird für klug gehalten.

---

149. Wer einen Narren schickt, dem kommt ein Thor wieder.

Wer einen Narren weit sendet, dem kommt ein Thor herwieder.

Wenn man einen Narren versendet, so kommt ein Thor nach Hause.

Wer einen Narren über's Meer schickt, wird ihn um einen Thoren tauschen.

Mancher ass viel Salz in der Fremde und kam doch ungesalzen wieder.

Wenn ein dut kümt, san geit he ōk dut wēer pd.
weg. (ns. ha. G. u. G.) *Wenn Einer dumm kommt, so geht er auch dumm wieder weg.*

De Kinder utstürrt, kriggt Kinder wer. (ns. ofs.) *Wer Kinder ausschickt, kriegt Kinder wieder.*

De mit Kinder utgeit, kummt ook mit Kinder wer to Hus. (ns. ofs.) *Wer mit Kindern ausgeht, kommt auch mit Kindern wieder nach Haus.*

Die eenen gek uitzendt, krijgt eenen dwaas dt.
weder. *Wer einen Narren aussendet, kriegt einen Thoren wieder.*

Weel een gheck wtsendt, die crycht een gheck weder. (nh.) *S. Die eenen gek u. s. w.*

Die eenen gheck wtsendt, hem comt een dwaes weder. (avl.) *Wer einen Narren aussendet, dem kommt ein Thor wieder.*

en. Send a fool to market, and a fool he will return again. *Schickt einen Narren zu Markt, und als Narr wird er wiederkommen.*

Send a fool to France and a fool he'll come back. (scho.) *Schickt einen Narren nach Frankreich und als Narr wird er wieder kommen.*

---

sw. Före Narren hwart man wil, han drifwer andå sitt Gäckespeel. *Führe den Narren wohin man will, er treibt doch sein Narrenspiel.*

Narr år en Narr lijka hwar han boor. *Narr ist ein Narr, wo er auch wohne.*

---

lt. Stulti morantur quocumque sub axe morantur.

fz. Fou va à Rome, fou en revient. *Narr geht nach Rom, Narr kommt von dort zurück.*

Qui fol envoie fol attent. (afz.) *Wer einen Narren schickt, erwartet einen Narren.*

Ung fol en tous lieux monstre sa folie. (afz.) *Ein Narr zeigt an allen Orten seine Narrheit.*

nf. Qui fol envoye, fol attend. (Chmp.) *S. Qui fol u. s. w.*

it. Chi cammina un miglio pazzo, non torna a casa (alla porta) savio. (mi. t.) *Wer eine Meile als Narr geht, kommt nicht als Weiser nach Hause (zur Thür) zurück.*

si. Su maccu si bidet ind' ogni logu. (sa.) *Den Narren sieht man an jedem Orte.*

---

150. **Narren bauen Häuser, der Kluge kauft sie.**

Narren bauen Häuser und kluge Leute bewohnen sie.

pd. De Narren bûet de Hûser, un de Klauken bewônet se. (ns. ha. G. u. G.) *Die Narren bauen die Häuser, und die Klugen bewohnen sie.*

Die Narren machen Gastereien, und die Weisen essen darauf. (ns. Pr.)

---

dt. De zotten maken die feesten, en de wijzen hebben de geneugten. *Die Narren richten die Feste aus und die Weisen haben das Vergnügen.*

De gekken geven gastmalen, de wijzen nemen er nota van. *Die Narren geben Gastmähler, die Weisen nehmen Notiz davon.*

De zotten dragen het water uit en de wijzen vangen de visch. *Die Narren schöpfen das Wasser aus und die Klugen fangen den Fisch.*

De gekken vragen naar de klok, maar de wijzen weten hunnen tijd. *Die Narren fragen nach der Uhr, aber die Weisen wissen ihre Zeit.*

Fools build houses and wise men buy them. **en.** *Narren bauen Häuser und Kluge kaufen sie.*

Fools make feasts and wise men eat them. *Narren richten Gastmähler an und Kluge essen sie.*

Fools lade water and wise men catch the fish. *S. De zotten dragen u. s. w.*

Fools tie knots and wise men loose them. *Narren machen Knoten und Kluge lösen sie.*

Fools big houses and wise men buy them. (scho.) *S. Fools build u. s. w.*

Fools mak feasts and wise men eat them. (scho.) *S. Fools make u. s. w.*

Fools ravel and wise men redd. (scho.) *Narren verwirren und Weise bringen in Ordnung.*

Tosser bygge Huse, den Kloge kjøber dem. **dä.**

Les fous font les fêtes, les sages en ont le **fz.** plaisir. *S. De zotten maken u. s. w.*

Ce sont les fous qui troublent l'eau, et ce sont les sages qui pêchent. *Die Narren sind's, die das Wasser trüben, und die Klugen sind's, die fischen.*

Les fols font la feste et les sages la mangent. *Die Narren richten das Mahl aus, und die Weisen essen es.*

Les sots font les banquets Et les sages s' en gaudissent. *S. De zotten maken u. s. w.*

Le fol fait la feste et convy, Et le sage s'en paist et réjouit. (afz.) *Der Narr veranstaltet das Fest und ladet ein, und der Kluge sättigt und erfreut sich daran.*

L' sot i donne, l' sache i prend. (R.) *Der Narr* **nf.** *gibt, der Weise nimmt.*

Li sot l' donne et l' sutî l' prind. (w.) *Der Narr gibt's und der Gescheidte nimmt's.*

Lou boŭ que bastex, lou saye que croumpe. **sf.** (Brn.) *Der Narr baut, der Weise kauft.*

Lou hols heu la heste, lo cost é lou degoust, E lous satgez prenem lou goust è mes l'esbat. (Gsc.) *Die Narren veranstalten das Fest, (und haben) die Kosten und den Schaden, und die Weisen nehmen den Genuss und das Vergnügen.*

Lous foucils croumpou las eyzinos, ley sagis las gauzisson. (nprv.) *Die Narren kaufen die Geräthschaften, die Weisen benutzen sie.*

I matti fanno la festa ed i savj se la godono. **it.** *Die Narren veranstalten das Fest, und die Weisen geniessen es.*

I matti fanno le feste (le nozze), i savi le godono. *Die Narren veranstalten die Feste (die Hochzeit), die Weisen geniessen sie.*

mi. I mincion spend e j ètar gòd. (rom.) *Die Dummköpfe geben aus und die Andern geniessen.*

I matti fanno i pasti, e se li mangiano gli uomini savi. (t.) *Die Narren richten die Gastmähler aus und die weisen Leute essen sie.*

ni. Li mat a fan le feste e li savi ai godo. (piem.) *S. De zotten maken u. s. w.*

si. Il pazzo fa la festa, ed il savio se la gode. (ap., npl.) *Der Narr veranstaltet das Fest und der Weise geniesst es.*

Fabbricanu li pazzi la casa, li savî la comprannu. (s.) *Die Narren bauen das Haus, die Weisen kaufen es.*

Li pompi li pazzi li fannu, e li savi li godinu. (s.) *S. De zotten maken u. s. w.*

Sos maccos ispendent et i sos sabios mandigant. (sa.) *Die Narren geben aus und die Weisen essen.*

pt. Os doudos fazem a festa, e os sesudos gostão della. *S. Les fols font la u. s. w.*

sp. Los locos hazen los vanquetes y los sabios los comen. *S. I matti fanno i u. s. w.*

---

151. Narren sagen auch etwan wahr.

dt. Een gek zegt wel eens een wijs woord. *Ein Narr sagt wohl ein Mal ein weises Wort.*

Een dwaas raad wel eenen wijze. *Ein Narr räth wohl einem Weisen.*

Een wijze man kan van een' gek leeren. *Ein Weiser kann von einem Narren lernen.*

en. A fool may put somewhat in a wise body's head. *Ein Narr kann einem Gescheidten etwas in den Kopf setzen.*

A fool may gie a wise man a counsel. (scho.) *Ein Narr kann einem weisen Manne einen Rath geben.*

---

dä. En Tosse kan undertiden præke Viisdom. *Ein Narr kann zuweilen Weisheit predigen.*

is. Ofta heyrist sannleikurin af teim óða. (fær.) *Oft hört man die Wahrheit von dem Verrückten.*

nw. Gapen veit stundom dat, som inkje dan vise veit. *Der Narr weiss manchmal, was nicht der Weise weiss.*

sw. Narren råkar ock stundom på ett sannt ord. *Der Narr trifft auch manchmal ein wahres Wort.*

Un fou enseigne bien un sage. *Ein Narr belehrt wohl einen Weisen.* fz.

Ung fol advise bien un saige. (afz.) *S. Een dwaas u. s. w.*

Un cornars à teste fole Peut bien dire une bonne parole. (Champ.) *Ein Cornard *) mit närrischem Kopf kann wohl ein gutes Wort sagen.* nf.

On sot advise bin on sauti. (w.) *S. Ein Narr räth wohl einen Gescheidten.*

I matti qualchi bolta poun dà auca boni consigli a i judiziosi. (mi. crs.) *Die Narren können auch manchmal den Verständigen gute Rathschläge geben.* it.

Induvina qualchì bolta auca u bugiardu. (crs.) *Manchmal sagt auch der Lügner wahr.* mi.

D' volte a dè da, ment ai mat a s'andvina. (piem.) *Manchmal ist's den Narren gegeben, wahrzusagen.* ni.

Su maccu imparat su sabiu. (sa.) *Der Narr belehrt den Weisen.* si.

Homem néscio dá (Dá hum homem necio) ás vezes bom conselho. *Alberner (Ein alberner) Mann gibt zuweilen guten Rath.* pt.

Muchas veces el necio dice un buen consejo. *Oftmals gibt der Alberne einen guten Rath.* sp.

---

152. Narren wachsen unbegossen.

D' Nare wachse, me braucht si nid z' bschütte. (schwei.) *Die Narren wachsen, man braucht sie nicht zu begiessen.* od.

Fools grow without watering. en.

Narre voxe uden at vandes. *Narren wachsen, ohne dass sie begossen werden.* dä.

Pazzi crescono senza innaffiargli. it.

---

153. Wenn die Narren kein Brod ässen, das Korn würde wohlfeil.

Trüge jeder Narr einen Kolben, das Holz würde theuer.

Wäre Narrheit das Zipperlein, man würde wenig Leute beim Tanze sehen.

---

*) Mitglied der Narrengesellschaft in Evreux.

od. Wann d' Narren kein Brod ässen, was würden wir für wohlfeile Zeiten haben! (schwei.)

---

dt. Als de gekken geen brood aten, het koren zou goedkoop zijn.

Zoo alle zotten kolven droegen, men vond geen hout genoeg, om zich te warmen. *Wenn alle Narren Kolben trügen, man fände nicht Holz genug, um sich zu wärmen.*

en. If every fool should wear a bauble, fewel would be dear. *Wenn jeder Narr einen Kolben trüge, würde die Feuerung theuer.*

---

fz. Si tous les fous portaient la marotte, on ne saurait de quel bois se chauffer. *Wenn alle Narren den Kolben trügen, wüsste man nicht, an welchem Holz man sich wärmen sollte.*

sf. Si holies houssen doulous Nat houstau nou seré sens plous. (Gsc.) *Wenn Narrheiten Schmerzen wären, kein Haus würde ohne Thränen sein.*

it. Se tutti i pazzi portassero una berretta bianca, parrebbero (si parrebbe) un branco d'oche. *Wenn alle Narren eine weisse Kappe trügen, würden sie (würde man) einer Gänseheerde gleichen.*

mi. Se la pazzia fosse dolore, in ogni casa si sentirebbe stridere. (t.) *Wenn die Narrheit Schmerz wäre, würde man in jedem Hause kreischen hören.*

ni. Se tute le buzere che se dise le facesse farina, ghe saria 'l pan a bon marcà. (v.) *Wenn alle Lügen, die man sagt, Mehl gäben, wäre das Brod billig.*

sp. Si la locura fuese dolores, en cada casa darian voces. *S. Se la pazzia u. s. w.*

Si cada necio traeria palo, faltaria leña. *Wenn jeder Narr einen Stock trüge, würde (das) Brennholz fehlen.*

---

154. Narrenhände Beschmieren Tisch und Wände.

Narren und Knabenhände Beschmieren Tisch und Wände.

od. Narrenhänd, schreiben an alle Wänd. (schwei.)

---

dt. Zotten handen Beschrijven alle wanden. *Narrenhände Beschreiben alle Wände.*

Een witte muur is der zotten papier. *Eine weisse Mauer ist der Narrenpapier.*

en. A white wall is a fool's paper. *Eine weisse Mauer ist Narrenpapier.*

fz. Les murailles sont le papier des fous. *Die Mauern sind das Papier der Narren.*

Muraille blanche, papier de fol. *Weisse Mauer, Narrenpapier.*

sf. Muraillos blanquos, papier de foueil. (nprv.) *Weisse Mauern, Narrenpapier.*

it. Muro bianco, carta de' matti. *Weisse Mauer, Papier der Narren.*

---

155. Lange Nas' und spitzes Kinn, Da sitzt der Satan leibhaft d'rin.

Nase lang und spitzes Kinn, Da sitzt der leibhaftige Satan d'rin.

od. Spitznas übli (üble) Bas, spitzes Chinn (Kinn) od. böse Sinn. (schwei.)

E spitz Gnäs, e bös Gfräs. (schwei.) *Eine spitze Nase, ein böses Maul.*

pd. Spitze Näse un spitzet Kinn, dar sitt de lebendige Düwel in. (ns. B.) *Spitze Nase und spitzes Kinn, da sitzt der lebendige Teufel drin.*

Spitze Nås und spizzen Kinn, Dar sitt de Dûvel in. (ns. Hmb.) *Spitze Nase und spitzes Kinn, da sitzt der Teufel drin.*

Spitze Näse un spitze Kinn, daar sitt de Düfel dreedübbelt in. (ns. ofs.) *Spitze Nase und spitzes Kinn, da sitzt der Teufel dreifach drin.*

---

dt. Een spitsche neus en spitsche kin: Daar zit sinjeur de duivel d'rin. *Eine spitze Nase und ein spitzes Kinn, da sitzt der Herr Teufel drin.*

---

fz. Bechowe narenne et tennès leppes ni sont nin bonnes. (nf. w.) *Spitze Nase und dünne Lippen taugen Nichts.*

nf. Tennès leppes et bechou nez, I vâ mi s'pind' qui di s'marier. (w.) *Dünne Lippen und spitze Nase, da ist's besser sich hängen, als heirathen.*

C'est tennès leppes et bêchu nez. (w. N.) *Das sind dünne Lippen und spitze Nase.*

---

156. Wer sich die Nas' abschneidet, schändet sein Angesicht.

Wer sich die Nase abschneidet, der verschimpft sein Angesicht.

md. Schneid' i' mei' Näs'n 'rô', schénd'i' mei' G'sicht. (frk. M.) *Schneide ich meine Nase ab, schände ich mein Gesicht.*

Wer sich die Nas' abschneidet, verschämt sich das Gesicht. (mrh. E.)

Dé séch d' Nuos ofschneit, ferschimpt séch d' ganz Gesicht. (mrh. L.) *Wer sich die Nase abschneidet, verschimpft sich das ganze Gesicht.*

od. Wenn ich mir die Nase abhau, so schimpf ich mein Gesicht. (schwei.)

pd. We sich de Nas afschniet, de verschengelirt sin Angesecht. (nrh. A.) *S. Wer sich die Nase u. s. w.*

Wek sin Näs' affsnidt, schännt sin Angesicht. (ns. A.)

De sin Näse afschnitt, schänd sin Angesicht. (ns. B.)

Sni' ek mek mine Nœse af, sau schaun' ek mek min Angesicht. (ns. hn. G. u. G.) *Schneide ich mir meine Nase ab, so schände ich mir mein Angesicht.*

Wer sin Nese afsnitt, de schendt sin Angesicht. (ns. hlst.)

Der syn Näs avsnitt, schändt syn Angesicht. (ns. Hub.)

Schnid di de Näs af un schänd di 't Gesicht! (ns. M.-Str.) *Schneid' dir die Nas' ab und schände dir's Gesicht!*

Wer sin Näse schändt, schändt sin Angesicht. (ns. O.) *Wer seine Nase schändet, schändet sein Angesicht.*

De sien Nöse ofsnitt, schändt sien Gesicht. (ns. ofs.)

Schneid' ich mir die Nase ab, schänd' ich mir mein Angesicht. (ns. Pr.)

Schnied ick mie de Naase af, sau verschenge ick mick. (ns. W.) *Schneide ich mir die Nase ab, so schände ich mich.*

Bai sine egene Nase afbitt, dä schenut sin egen Angesicht. (wstf. Mrk.) *Wer seine eigene Nase abbeisst, der schändet sein eigenes Angesicht.*

---

dl. Die zijn neus afsnijdt, schendt zijn aangezigt.

Die zijn neus schendt, schendt zijn aangezigt. *S. Wer sin Näse u. s. w.*

Schendt gy uwen neus, gy schendt uw aengezicht. (vl.) *Schändet ihr eure Nase, schändet ihr euer Angesicht.*

fr. Diar a Nüüs stët, skënt sin Angesicht. (A.) *Wer (sich an) die Nase stösst, schändet sein Angesicht.*

Bitj a Nöösh uf, do as at Aantliat skeaut. (F.) *Beiss' die Nase ab, so ist das Antlitz geschändet.*

Dhen som hijter sigh Nåsan aff, han skåmmer sitt Ansichte. *Der, welcher sich die Nase abbeisst, der schändet sein Angesicht.* sw.

Sch' ti taglias gin ilg Nas a ti, Sch' has uuot ca Schand a Turp da pli. (obl.) *Wenn du dir die Nase abschneidest, so hast du nichts, als Schand und Schimpf dazu.* cw.

Qui coupe son nez, défigure son visage. *Wer seine Nase abschneidet, entstellt sein Gesicht.* fz.

Qi son neez coupe enledist sa face. (afz.) *Wer seine Nase abschneidet, macht sein Gesicht hässlich.*

Qui soun nés coupe, sa face désonoure. (afz.) *Wer seine Nase abschneidet, entehrt sein Gesicht.*

Qui disfait s' narenne disfet s' visège. (w.) *Wer seine Nase verstümmelt, verstümmelt sein Gesicht.* nf.

Chi si taglia 'l naso, s' insanguina la bocca. (mi. t.) *Wer sich die Nase abschneidet, macht sich den Mund blutig.* it.

Tajars el nas pr' insanguonars la bocca. (em. P.) *Sich die Nase abschneiden, um sich den Mund blutig zu machen.* ni.

A taius el nas sanguana la boca. (l. b.) *Schneidet man sich die Nase ab, wird der Mund blutig.*

Nö taja el nas per impiastratt la bocca. (l. m.) *Schneide nicht die Nase ab, um dir den Mund zu beschmutzen.*

Chi se tagia el naso, se insanguena la boca. (v.) *S. Chi si taglia u. s. w.*

Chi se taga 'l nas, s' ensanguina la bocca. (v. trt.) *S. Chi si taglia u. s. w.*

---

157. **Die Natur ist mit Wenigem zufrieden.**

De natuur is met weinig tevreden. dl.

Náttúran nægist (er ánægð) með litið. is.

Naturen är med litet (ringa) nögd. sw.

Natura paucis contenta. lt.

Nature est contente de peu. fz.

La natura si contenta di poco. *Die Natur begnügt sich mit Wenigem.* it.

---

158. Man kann die Natur nicht ändern.

Die Natur lässt sich biegen, aber nicht brechen.

Verkehrte Natur bleibt verkehrt, wenn man gleich ein Loch in sie hineinpredigte.

od. Die Natur verlässt nitt ihre Spur. (schwb. W.)

Man kann die Natur nicht fressen. (schwei.)

---

dl. Dat in de natuur is, is kwaad te verdrijven. Was in der Natur ist, ist schwer auszutreiben.

Zoo men de natuur met eene vork drijft, zij zal staag wederkeeren. Wenn man (auch) die Natur mit einer Gabel austreibt, sie wird immer wieder kommen.

Natuur Heeft duur. Natur hat Dauer.

Die iets heeft van nature, Zal't tot in't graf hem duren. Hat Einer was von Natur, wird es ihm bis in's Grab bleiben.

en. That that's (What's) bred in the bone will never out of the flesh. Was im Knochen gewachsen ist, will nie aus dem Fleische.

---

dä. Naturam furca pellas ex, den kommer dog igjen, den Hex. Treib' die Natur mit der Gabel aus, sie kommt doch wieder, die Hexe.

Driv Naturen med en Stång, Hun kommer dog igjen engang. Treib' die Natur mit einer Stange aus, sie kommt doch ein Mal wieder.

is. Náttúrunu er óhægt að útilykja. Die Natur ist nicht leicht auszusperren.

Illa náttúru þvíngar ekkért straff, nema dauðinn. Schlimme Natur zwingt keine Strafe, ausser dem Tod.

nw. Dat lyt (vil) kvar si Natur (sin Givnad) fylgja. Es muss (will) Jeder seiner Natur folgen.

Kjøyr Naturi ut med Kjeppen, ho kjem endaa atter. Treib die Natur mit dem Stocke aus, sie kommt doch wieder.

sw. Drif naturen ut med stång, den kommer dock igen en gång. S. Driv u. s. w.

Ondt twinga Naturen. Übel, die Natur zu zwingen.

---

lt. Quod natura dedit, tollere nemo potest.

Naturam expellas furca, tamen usque recurret.

Nemo potest dura naturæ soluere iura. (mlt.)

fz. Cauvo de naturo, es cauvo que duro. (sf. nprv.) Etwas von Natur, ist etwas, das dauert.

it. Chi l'ha per natura Fino alla fossa dura. Wer es von Natur hat, dem bleibt's bis zum Grabe.

Invan tor si procura, Quel che vien da natura. Vergebens sucht man zu nehmen, was von Natur kommt.

Quello, ch' è per natura (Chi è di mala natura) Fino alla fossa dura. Was von Natur ist (Wer von schlimmer Natur ist), bleibt bis zum Grabe.

Di cambià natura è cosa troppu dura. (crs.) mi. Natur zu wechseln ist etwas zu hartes.

È un gattivu cambià quandu si ha in lu sangue. (crs.) Es ist ein schlimmes Ändern, wenn man's im Blute hat.

Si rompe un monte e una natura mai. (crs.) Man bricht einen Berg und niemals eine Natur.

E naturél un s cambia. (rom.) Das Naturell ändert sich nicht.

Chi è d' una natura, fino alla fossa dura. (t.) Was von Natur herrührt, dauert bis zum Grabe.

Vizio per natura fino alla fossa dura. (t.) Fehler von Natur dauert bis zum Grabe.

Chi l' ha d' osso, ô porta a-o fosso. (lig.) ni. Wer es im Knochen hat, trägt es in's Grab.

El natural as cambia pi. (piem.) Das Naturell ändert sich nicht mehr.

Vizio per natura, fin a la fossa dura. (v.) S. Vizio per natura u. s. w.

Vizio de natura se lo porta in sepultura. (v. trst.) Fehler von Natur trägt man in's Grab.

Le peche de natura, se le porta in sepoltura. (v. ver.) Die Fehler der Natur trägt man mit in's Grab.

Lu vizziu si caccia quandu mori. (cal.) Das si. Laster verjagt man wenn man stirbt.

Vizio de natura fino a mmorte dura. (npl.) Fehler von Natur dauert bis zum Tode.

Lu mali pri natura finu a morti dura. (s.) Das Schlimme von Natur währt bis zum Tode.

Cui è malu pri natura, dura finu a la sepultura. (s.) Wer bös ist von Natur, bleibt's bis zum Grab.

Su vitiu da qui est postu finza ad sa morte dura. (sa.) Das Laster, sobald es angenommen, währt bis zum Tode.

Geni y figurá fins á la sepultura. (neat.) An- lm. lage und Gestalt bis zum Grabe.

Qui ho té al náxer, may ho dexa. (neat.) Wer es von Geburt an hat, lässt es nie.

Qui males manyes hà, tart ò nunca les perdrà. (val.) Wer schlimme Art hat, wird sie spät oder nie verlieren.

O que o berço da, a cova o tira. Was die pt. Wiege gibt, nimmt das Grab.

Natural y figura hasta la sepultura. S. Geni u. s. w. sp.

El vicio de la natura dura hasta la sepoltura. Der Fehler der Natur währt bis zum Grabe.

Lo que en el capillo se toma con la mortaja se dexa. *Was man in der Kindermütze annimmt, lässt man mit dem Leichentuch.*

Lo que en la leche se mama, en la mortaja se derrama. *Was man mit der Milch einsaugt, verliert sich im Bahrtuch.*

Bezo malo tarde es dexado. (asp.) *Schlechte Gewohnheit wird spät gelassen.*

---

159. **Natur** geht vor Lehre.
Natur überwindet Gewohnheit.

---

dt. Het zij in schande of eer, Natuur gaat boven leer. *Es sei in Schand' oder Ehr', Natur geht über Lehr'.*

Men onweent de leer, Natuur nimmermeer. *Man entwöhnt sich der Lehre, der Natur nimmer.*

en. Nature passes nurture. *Natur geht über Erziehung.*

---

dä. Naturen gaaer over Optugtelsen. *Die Natur geht über die Erziehung.*

Naturen gaaer over Kunsten. *Die Natur geht über die Kunst.*

is. Náttúran er máminu ríkari. *Die Natur ist mächtiger, als der Unterricht.*

nw. Givnaden gjeng yver Tukti. *Die Natur geht über die Zucht.*

sw. Naturen går öfwer uppfuktelsen. *S. Naturen gaaer over Optugtelsen.*

---

lt. Natura rerum humana arte non vincitur.
Custode et cura natura potentior omni.

fz. Nature passe nourriture Et nourriture survainc nature. *Natur geht über Erziehung und Erziehung überwindet Natur.*

Nature pässe nurture. (afz.) *S. Nature passes u. s. w.*

Meuz vaut nature ke noreture. (afz.) *Mehr ist Natur, als Erziehung.*

it. La natura può più che l' arte. *Die Natur vermag mehr, als die Kunst.*

mi. La natura può più dell' arte. (t.) *S. La natura u. s. w.*

st. Natura tirat et non lutrinzu. (sa.) *Natur zieht zurück und nicht Erziehung.*

sp. Mas vale puñada de natural que almozada de sciencia. *Besser eine Handvoll Naturell, als zwei Hände voll Wissenschaft.*

160. **Natur** zieht stärker denn sieben Pferde.

Natur zieht stärker als sieben Ochsen. (bair.) od.

D' Natur zieht stärker as sibe Stiere. (schwei.) *Die Natur zieht stärker, als sieben Stiere.*

Natuur trekt meer dann seven ossen (paarden). dt. *Natur zieht mehr, als sieben Ochsen (Pferde).*

Nature draws more than ten oxen. *Natur zieht mehr, als zehn Ochsen.* en.

---

161. Er hat den Flicken **neben** das Loch gesetzt.

Goed overleg is het halve werk (Is dat niet wel verzonnen), zei de broddelaar, en hij zette den lap naast het gat. *Gute Überlegung ist das halbe Werk (Ist das nicht gut ausgesonnen), sagte der Bettler und setzte den Flick neben das Loch.* dt.

Mettre la pièce à côté du trou. *Den Flicken neben das Loch setzen.* fz.

Mettre l'emplâtre près de la playe. (afz.) *Das Pflaster neben die Wunde legen.*

Mette li pèce à costé dè trô. (w.) *S. Mettre la pièce u. s. w.* nf.

---

162. **Neben** dem Schiff ist gut schwimmen.
Es ist gut neben seinem Wagen gehen.

Nevens het schip is het goed zwemmen. dt.

Het is good te voet (langs den wagen) gaan, als men het paard bij den toom heeft. *Es ist gut zu Fuss (neben dem Wagen) gehen, wenn man das Pferd am Zaum führt.*

't Is goed te voet gaan op de heiden Voor die hun paard daarnevens leiden. *Es ist gut zu Fuss gehn auf den Heiden für die, welche ihr Pferd neben sich führen.*

Nevens den wagen is 't goed gaen. (vl.) *Neben dem Wagen ist's gut gehen.*

Good walking with horse in hand. *Gut Wandern, ein Pferd an der Hand.* en.

It's good to go on foot when a man hath a horse in his hand. *Es ist gut zu Fuss gehen, wenn Einer ein Pferd an seiner Hand hat.*

It's gude baking beside the meal. (scho.) *Neben dem Mehl ist gut backen.*

---

dä. Thet ær got at somme, nar een andhen holler Howedet oppe. (adä.) *Es* **ist** *gut schwimmen, wenn ein Andrer den Kopf oben hält.*

nw. D' er er godt aa ganga fyre ein rik Reidar. *Es ist* ***gut gehen für*** *einen reichen Reiter.*

sw. Lätt **att simma, när en** annan håller upp hakan. ***Leicht*** *zu schwimmen, wenn ein Anderer das Kinn oben hält.*

Thz ær goth at simma tha annar haldher huwdhit vppe. (asw.) *S. Thet u. s. w.*

---

lt. Alter maxillæ (maxille) cui substat, nat levis ille. (mlt.)

fz. Il a beau aller à pied qui mène son cheval par la bride. ***Der hat schön zu Fuss gehen, der sein Pferd am Zügel führt.***

Il est bien aisé d' aller à pied quand on tient son cheval par la bride. ***Es ist sehr leicht zu Fuss zu gehen, wenn man sein Pferd am Zügel hält.***

A eise va à pié qui son cheval maine en destre. (afz.) ***Leicht geht zu Fuss, wer sein Pferd an der Rechten führt.***

nf. Qui a de bêts chibaus à l' estable, N' a pas hounte d' ana a pèe. (Brn.) ***Wer schöne Pferde im Stalle hat, schämt sich nicht, zu Fuss zu gehen.***

it. Chi ha cavall' in stalla, può ire a piede. (mi. t.) ***Wer Pferde im Stall hat, kann zu Fuss gehen.***

mi. Chi del buono ha in cassa, può portare ogni straccio. (t.) ***Wer Gutes im Kasten hat, kann jeden Lumpen tragen.***

ni. Chi ha di bon cavall in stalla pò andar a pi. (em. B.) ***Wer gute Pferde im Stalle hat, kann zu Fuss gehen.***

Chi ga cavai in stala, pol andar a piè. (v.) ***S. Chi ha cavall' u. s. w.***

Chi ga boni cavai in stala, pol andar a piè. (v.) ***S. Chi ha di u. s. w.***

---

163. Man muss es **nehmen** wie es kommt. Nimm die Welt wie sie ist, nicht wie sie sein sollte.

Man muss die zeit nemen wie sie kompt. (ad.)

md. Mer muss du Mā naeme wiere fellt. (Hrz.) ***Man muss den Mai nehmen, wie er*** *fällt.*

od. Man muss **nehmen, wie es kommt.** (schwei.)

Me muesz **d' Welt nā, wie si** isch, me cha se nit ha, wie me will. (schwei. S.) *Man muss die Welt* ***nehmen, wie sie ist,*** *man kann sie nicht haben,* ***wie man will.***

---

dt. Men moet den tijd nemen, zoo als hij komt. *Man muss* ***die*** *Zeit nehmen, wie sie kommt.*

Men moet den tydt nemen, woe sie comt. (ah.) *S. Men moet u. s. w.*

en. We maun tak the crap as **it grows. (scho.)** *Wir* ***müssen*** *die Ernte* ***nehmen, wie sie*** *wächst.*

dä. Man skal tage Tiden som hun kommer. ***S. Men moet u. s. w.***

nw. Ein fær taka Tidi, som ho kjem, og **Verdi som** ho er. ***Man*** *muss die Zeit nehmen, wie sie* ***kommt, und die*** *Welt, wie sie ist.*

Verdi er, som ein tæk henne til. *Die Welt ist, wie man sie nimmt.*

sw. Man måste taga **dagen som han** kommer. *Man* ***muss*** *den Tag* ***nehmen, wie er*** *kommt.*

...

fz. Il faut prendre le temps comme il vient, les gens pour ce qu'ils sont, et l'argent pour ce qu'il vaut. ***Man muss die Zeit nehmen, wie sie*** *kommt,* ***die Leute für das, was sie sind, und das*** *Geld für* ***das, was es gilt.***

L' on doit prendre le **temps comme** Dieu l' envoye. *Man* ***muss die Zeit nehmen,*** *wie* ***Gott sie schickt.***

Prendre le temps comme il vient. ***Die Zeit nehmen, wie sie kommt.***

nf. I fâ prinde li timps comme i vint. (w.) ***S. Men moet u. s. w.***

I fât prinde li timps comm' i vint, les gins po çou qu'i sont et l'argint po çou qu'i vât. (w.) ***S. Il faut u. s. w.***

nf. Que cau prene lou temps coum bien, Lous homis coum soun et l' aryen au cours. (Brn.) ***Man muss die Zeit nehmen, wie*** *sie kommt,* ***die Menschen wie*** *sie sind und das Geld* ***nach dem Cours.***

it. Pigliare il mondo com' ei viene. ***Die Welt nehmen, wie sie kommt.***

mi. Piglia tempu chi camperai. (crs.) ***Nimm die Zeit, die du kriegst.***

Tör e mond cum e ven. (rom.) ***S. Pigliare u. s. w.***

ni. Scarpa granda e bic'cer pién, toèur el mond cmé el vén. (em. P.) ***Grosser Schuh und voller*** *Becher, nimm die Welt,* ***wie sie kommt.***

Tór al mónd cómm' al vín. (em. R.) ***S. Pigliare u. s. w.***

Piggiâla comm' a **ven. (lig.)** *Es nehmen wie es kommt.* [u. s. w.

Piggiâ **o tempo** comm' o ven. (lig.) *S. Prendre*

Piggiâ **o mondo** comm' o ven. (lig.) *S. Pigliare* ***u. s. w.***

Piè el mond com a ven. (piem.) *S. Pigliare u. s. w.*

A bsogna piè le cöse com a vene. (piem.) *Man muss die Dinge nehmen, wie sie kommen.*

Bisogna ciorle come che le vien. (v. trst.)

Bisogna ciorle come che Dio le manda. (v. trst.) *Man muss es nehmen, wie Gott es schickt.*

si. Chillo hà la meglio che se piglia lo tiempo comme vene. (npl.) *Der hat's am besten, der die Zeit nimmt, wie sie kommt.*

Comu si pigghia lu munnu, si lassa. (s.) *Wie man die Welt nimmt, ist sie.*

Pigghia lu tempu a tempu e comu veni. (s.) *Nimm die Zeit zur Zeit und wie sie kommt.*

Lea su tempus comente benit. (sa.) *Nimm die Zeit, wie sie kommt.*

sp. Toma el tiempo segun que viene. (asp.) *S. Lea u. s. w.*

—

164. **Hvor lidt man tager af meget, faaer det engang Ende.** (dä.) *Wie wenig man auch von viel nimmt, einmal nimmt's ein Ende.*

is. Eyðist það sem af er tekið. *Alle wird das, wo weggenommen wird.*

Tåð minkar, ið ofta åf verður tikið. (fær.) *Es wird weniger, wo oft weggenommen wird.*

nw. Dat minkar alt, som av er teket. *Es nimmt Alles ab, wovon weggenommen wird.*

sw. Det man altid plåckar utaf, och intet lägger til, blir en gång alt. *Wo man immer wegnimmt und nichts dazulegt, wird's ein Mal alle.*

———

lt. Grandia per multos tenuantur flumina rivos.

fz. Qui toutjours tiro e non met, Es lèu au houn dou saquet. (sf. Arm.) *Wer immer nimmt und nicht dazulegt, ist rasch auf dem Boden des Säckchens.*

sf. Lou qui tire et qui non met, Leu bet lou houns deu sacoutet. (Brn.) *Wer nimmt und nicht dazulegt, sieht rasch den Boden des Säckchens.*

it. Non mettere e cavare Disseccherebbe il mare. *Nicht hinzuthun und wegnehmen, würde das Meer versiegen machen.*

mi. A forza di bele (di caccià e un mette), a botte canta. (crs. s.) *Wenn man immer trinkt (nimmt und nicht hineinthut), singt das Fass.*

Non mettere e cavare, si seccherebbe il mare. (t.) *S. Non mettere u. s. w.*

ni. Semper tou e mai portà Ogne mut deenta pià. (l. b.) *Immer nehmen und niemals dazutragen, (damit) wird jeder Berg Ebene.*

Semper tòghen e mai mèt El se vöda ogni cassèt (El se süga ogni sachèt). (l. m.) *Immer davon nehmen und niemals dazulegen wird jeder Kasten (jeder Sack) leer.*

Sempre cavar e mai meter, ogni bel monte va al basso. (v.) *Immer nehmen und niemals dazuthun, (damit) nimmt jeder schöne Berg ab.*

Sempre torghene e mai meterghene, tuto finisse. (v.) *Immer davonnehmen und niemals dazulegen, (damit) wird Alles alle.*

No meter e cavar se secaràve el mar. (v.) *S. Non mettere u. s. w.*

Ca de dòu liei e nu puni, Deàchi li cistuni. si. (ap. L.) *Da wo du wegnimmst und nicht hinlegst, leerst du die grossen Körbe.*

Da dove si leva sempre e non si mette mai, si vede presto il fondo. (npl.) *Wo man immer nimmt und nie dazulegt, sieht man rasch den Boden.*

Leva, e nun metti, nun è funtana chi surgi. (s.) *Nimm und thu' nicht dazu, das gibt keine Quelle her.*

Da ue si leat et non si bi adjunghet, su male si bi inconfundet. (sa. L.) *Wo man nimmt und nichts hinzuthut, wird das Übel beschleunigt.*

Tráurer y no posar poc á poc se ve á acabar. lm. (neat.) *Nehmen und nicht hinzulegen, (damit) kommt man nach und nach zu Ende.*

Cada dia tres e quatro, chegaras ao fundo do pt. sacco. *Jeden Tag drei und vier, wirst du den Boden des Sackes erreichen.*

Quien no pone y siempre saca, suelo halla. sp *Wer nicht hinlegt und immer herausnimmt, findet den Boden.*

A do sacan y no pon, presto llegan al hondon. *Da wo man nimmt und nicht hinlegt, kömmt man bald auf den Boden.*

Cada dia tres, quatro, agotarse ha el saco. *Jeden Tag drei, vier, (so) muss der Sack leer werden.*

———

165. **Neid ist des Glücks Gefährte.**

Neid ist der Tugend Gefährte.

Glück und Ehre haben Neid zum Gefährten.

Neid kommt aus Freud.

Geht der Wagen wohl, so hängt sich der Neid daran.

Wer keine Neider hat, hat auch kein Glück.

Neid frisst nichts Schlechtes.

Nieman mac ze langer zit gröz ère haben âne nit. (ad.)

Winde und nit din zwei din sint reht als ein muoder unde ir kint. (ad.)

Er ist unwert, swer vor nide ist behuot. (ad.)

---

dl. Nijd krijt van spijt Waar eere rijdt. *Neid kreischt vor Ärger, wo Ehre zieht.*

Na eer en staat Volgt nijd en haat. *Auf Ehre und Stand folgt Neid und Hass.*

De bliksem en de nijd gaan de kleine huisjes voorbij en slaan op de groote torens. *Der Blitz und der Neid gehen an den kleinen Häuschen vorüber und schlagen in die grossen Thürme.*

Nyd kryt Van spyt. (vl.) *Neid kreischt vor Ärger.*

Gunst baert nyd. (vl.) *Gunst gebiert Neid.*

en. Envy ne shoots at a high mark. (scho.) *Neid schiesst stets nach einem hohen Ziel.*

fs. Diar Masgonners hé, hé Bruad, an diar nianen hé, last nuad. (A.) *Wer Neider hat, hat Brot, und wer keine hat, leidet Noth.*

A unar Masgonners, a unar Lok. (A.) *Je mehr Neider, je mehr Glück.*

A maar Masgonnars, a beedar Lok. (F.) *Je mehr Neider, je besser Glück.*

---

dä. Hvor Lykken tager ind, der banker ogsaa Misundelsen paa. *Wo das Glück einkehrt, da klopft auch der Neid an.*

Hvo ei har Avind, har ei Lykke. *Wer nicht Neid hat, hat nicht Glück.*

Det er en ringe Lykke, som ei har to Misundere. *Das ist ein kleines Glück, das nicht zwei Neider hat.*

Ussel er den Mand, som Ingen avindes. *Elend ist der Mann, der von Niemand beneidet wird.*

is. Öfund er auðnu fylgjari.

Öfundin eltir alltíð vegsemdina. *Der Neid verfolgt stets die Ehre.*

Öfundin eltir þá auðsælu, sem skugginn líkamann. *Der Neid verfolgt das Glück, wie der Schatten den Körper.*

nw. Lukka og Æra faa alltid Ovund. *Glück und Ehre schaffen stets Neid.*

Æra dræg Ovund etter seg. *Ehre zieht Neid nach sich.*

Æra og Ovund vil fylgjast aat. *Ehre und Neid folgen sich einander.*

Dess større Ovund, dess betre Trivnad. *Je grösserer Neid, desto besseres Gedeihen.*

D' er liti Lukka, som inkje fær Ovund. *Das ist kleines Glück, das nicht Neid erregt.*

D' er litet Godt, som Ovunds-Augat inkje skal sjaa. *Das ist wenig Gutes, das des Neides Auge nicht sehen sollte.*

Han er arm, som ingen ovundar. *Der ist arm, den Niemand beneidet.*

Han skal vera arm, som inkje skal faa Ovund. *Der muss arm sein, der keinen Neid erregen soll.*

Affwund är Lyckones fölieslagh. sw.

Afunden är ärans följeslagare. *Neid ist der Ehre Gefährte.*

Det är en dålig lycka som inte har två afundsmän. *Das ist ein schlechtes Glück, das nicht zwei Neider hat.*

Invidia comes fortunae (gloriae). lt.

Invidia vexantur opes.

Eminentis fortunae comes invidia.

L' envie suit la vertu comme l' ombre suit le fz. corps. *Der Neid folgt der Tugend, wie der Schatten dem Körper.*

Dov' è ricchezza, ivi è invidia. *Wo Reichthum* it. *ist, da ist Neid.*

Nè fiamma senza fumo, nè virtù senz' invidia. *Weder Flamme ohne Rauch, noch Tugend ohne Neid.*

Non fu mai gloria senza invidia. (t.) *Nie gab* mi. *es Ruhm ohne Neid.*

---

166. Neid ist am Hof geboren, im Kloster erzogen und im Spital begraben.

De nijd wordt in het hof geboren, erft in het dl. klooster en sterft in het hospitaal. *Der Neid wird am Hof geboren, erbt im Kloster und stirbt im Spital.*

L' invidia nasce nella corte e muore nello it. spedale. (si. npl.) *Der Neid wird am Hof geboren und stirbt im Spital.*

---

167. Neid kriecht nicht in leere Scheunen.

Unter der Bank neidet man Niemand.

Der Neid guckt nicht in leere Scheuern. (bair.) od.

Avind kommer ikke i øde Huus. *Neid kommt* dä. *nicht in unbewohntes Haus.*

Dan som inkje fær Æra, han fær inkje Ovundi nw. helder. *Wer nicht Ehre bekommt, der bekommt auch keinen Neid.*

---

fz. Praubez, caitious è malhurous Non soun subiects auls embegious. (sf. Gsc.) *Arme, Elende und Unglückliche sind kein Gegenstand für die Neidischen.*

sf. Paourè, càoucious, è malàirous, noun sou sujhés à l'èuvèjhous. (Lgd.) *S. Praubez u. s. w.*

Paure, caucieu, et malhurous, non son sujets à l'euvejuns. (uprv.) *S. Praubez u. s. w.*

Pauretat non es euvejado. (uprv.) *Armuth wird nicht beneidet.*

---

168. **Neid** schlägt sich selbst.

Der Neidische ist sein eigner Henker.

Wer neidet, Der leidet.

Neid Thut sich leid.

Der Neid frisst seinen eigenen Herrn.

Neid ist dem Menschen, was Rost dem Eisen.

Kleider fressen die Motten, Herzen die Sorge, den Neidhart der Neid.

Nit tuot nieman herzeleit wan im selben, der in treit. (ad.)

md. Den Nët fresst sëin ëgenen Hèr. (mrh. L.) *S. Der Neid frisst u. s. w.*

od. Fremdes Glück beneiden heisst sein eignes sich verleiden. (bair.)

Den Neidhart frisst sein eigner Neid. (schwei.)

---

en. Envy is its own torturer. *Neid ist sein eigner Folterknecht.*

---

dä. Avindsyg er sin egen Bøddel. *S. Der Neidische u. s. w.*

Avind tærer der som hun boer. *Neid zehrt, wo er wohnt.*

Rust æder Jern, og Avind æder sig selv. *Rost frisst Eisen und Neid frisst sich selbst.*

is. Öfundin er lík þeim hundi, sem etr úr sèr sitt eigið hjarta. *Der Neid ist gleich dem Hunde, der sein eignes Herz frisst.*

nw. Ovund hindrar sin Herre mest. *Neid hindert seinen Herren am meisten.*

sw. Afunden fräter hvar hon bor. *S. Avind u. s. w.*

---

lt. Invidus invidia consumitur intus et extra.

Invidus alterius macrescit rebus opimis.

fz. Envye soy même se desvye.

Point de repos pour l'envieux. *Keine Ruhe für den Neidischen.*

it. L' invidia rode sè stessa. *Der Neid zernagt sich selbst.*

mi. Uom che ha invidia, ha doglie. (t.) *S. Wer neidet u. s. w.*

L' invidioso si consuma da sè. (u.) *Der Neidische zehrt sich selbst auf.*

Òm invidiûs, òm dolorûs. (l. b.) *Neidischer* rt.
Mann, schmerzreicher Mann.

L' invidia la fa più mal a l' invidius che al' invidiat. (l. b.) *Der Neid schadet mehr dem Neider, als dem Beneideten.*

L' invidius el se rod e l' invidià el se god. (l. m.) *Der Neider zernagt sich und der Beneidete nährt sich.*

L' invidioso se rode, e l' invidià se gode. (v.) *S. L' invidius u. s. w.*

A natu d' invirdia li fete lu mustazzu. (ap.) si.
Dem mit Neid Geborenem stinkt das Antlitz.

L' invidiusu campa penatu. (s.) *Der Neidische lebt mühevoll.*

S' invidiosu morit a consumu. (sa.) *Der Neidische stirbt an Verzehrung.*

S' invidia ad s' homine est que i su ruinzu ad su ferru. (sa. L.) *S. Neid ist u. s. w.*

Ao invejoso emmagrece-lhe o rosto e incha- pt.
lhe o olho. *Dem Neidischen wird das Antlitz mager und das Auge voll.*

Al envidioso afiláscle el gesto y crécele el ojo. sp.
S. Ao u. s. w.

---

169. Wenn **Neid** brennte wie Feuer, Wär's Holz nicht so theuer.

Wüchs Laub und Gras Als Geiz, Neid und pd.
Hass, So ässe manche Kuh desto bas. (us. Pr.)

Spöt bätt ài, Forgunst braunt ài. (M.) *Spott* fs.
beisst nicht, Neid brennt nicht.

Var Avind en Feber, var al Verden syg. *Wäre* dä.
Neid ein Fieber, wär' alle Welt krank.

Var Avind en Feber, da var al Verden syg; var hun en Pest, da var Verden for længe siden uddød. *Wäre Neid ein Fieber, da wär' alle Welt krank; wär' er eine Pest, da wäre die Welt vor langer Zeit ausgestorben.*

Brændte Had som Fyr, Var Ved ei saa dyr. *Brennte Hass wie Feuer, wäre Holz nicht so theuer.*

Var Ovund ei Sott, so var heile Verdi sjuk. nw.
Wär' Neid eine Krankheit, so wäre die ganze Welt krank.

Om afund vore feber, så vore hela verlden sjuk. sw.
S. Var Avind en Feber, var u. s. w.

Se lè eroè leinvuè bourlavan coumein lo fu, le fz.
tzerbon sarai po ran. (sf. Pat. s.) *Wenn die*

bösen Zungen brännten wie das Feuer, die Kohle wäre für nichts.

it. Se l'invidia fosse una febbre, tutto il mondo sarebbe infermo. S. Var Avind en Feber, var u. s. w.

mi. Se l'invidia fosse febbre, tutto il mondo n'avrebbe (morirebbe). Wenn der Neid Fieber wäre, hätte die ganze Welt welches (stürbe die ganze Welt).

Se l'invidia fosse febbre, tutto il mondo l'avrebbe. (u.) Wenn der Neid Fieber wäre, hätte es die ganze Welt.

ni. Se l'invidia la füss rogna, quanti mai se gratarieu! (l. m.) Wäre der Neid Krätze, wie viele würden sich kratzen!

Se l' invidia fusse rogna, quanti se grataria! (v.) S. Se l' invidia la füss u. s. w.

L'invidia la regna fina nei can. (v.) Der Neid herrscht selbst bei den Hunden.

Se l' invidia fusse frebe, Tuto el mondo l' averebe. (v. trst.) S. Se l' invidia fosse febbre, tutto il mondo l'avrebbe.

si. Si la 'nvidia fussi guaddara, ognunu l' aviria. (s.) Wenn der Neid ein Bruch wäre, Jeder hätte ihn.

lm. Si l' enveja s' tornás tiña, mólts tiñosos y hauria. (neat.) Wenn der Neid zu Grind würde, gäbe es viele Grindige.

pt. Se a inveja fosse tinha, que pez lhe bastaria? Wenn der Neid Grind wäre, welches Pech würde dafür genug sein?

sp. Si envidia fuese tiña, qué pez le bastaria? Wenn Neid Grind wäre, welches Pech würde dafür genug sein?

---

170. Ein Bettler **neidet den andern.**

md. Das Handwerk neidet. (mrh. E.)

od. Handwerk hasst einander. (schwei.)

Es neidet ein Bettler den andern. (schwei.)

dt. De eene pottenbaker benijdt (haat) den anderen. Ein Töpfer beneidet (hasst) den andern.

Pastor en koster zyn zelden wel eens. (vl.) Pastor und Küster sind selten sehr einig.

lt. Invidia inter pares.

Et figulus figulo et faber fabro invidet omnis.

fz. Oncques tripière n' aima harangère. Nie liebte Kaldaunenfrau (eine) Heringsfrau.

it. Il tuo nemico è quel dell' arte tua. Dein Feind ist der von deiner Kunst.

mi. A più grand imbidia (U più grand' odiu) so quelli di a so prufessione. (crs.) Vom grössten Neid (Hass) sind die von einem Gewerbe.

L' astio è fra gli artefici. (t.) Die Missgunst ist unter den Handwerkern.

Quell' è tuo nimico, Ch' è di tuo ufficio. (t.) Der ist dein Feind, der dein Geschäft betreibt.

ni. El becher l' è nemis del pescadur. (l. b.) Der Fleischer ist der Fischers Feind.

El tò nemis l' è quel del tò mestê. (l. m.) Dein Feind ist der, welcher dein Gewerbe betreibt.

Qual è il tuo nemico? Quello dell' arte tua. (v.) Wer ist dein Feind? Der von deiner Kunst.

si. L' invidia regna 'ntra li pari. (s.) Der Neid herrscht unter Gleichesgleichen.

Una mastru hat invidia de s' ateru. (sa. L.) Ein Meister hat Neid auf den andern.

lm. Qui es ton enemig? Lo del tèu ofici. (neat.) S. Qual u. s. w.

pt. Quem he teu inimigo? o official de teu officio. S. Qual u. s. w.

sp. Quién es tu enemigo? hombre de tu officio. S. Qual u. s. w.

Quien es tu enemigo? aquel de tu officio. (asp.) S. Qual u. s. w.

---

171. **Neidhart ist gestorben, hat aber viel Kinder hinterlassen.**

dt. De nijdige moge sterven, maar de nijd is darom niet gestorven. Der Neidische kann sterben, aber der Neid ist darum nicht gestorben.

De nijdige is gestorven, maar heeft veel broeders achtergelaten. Der Neidische ist gestorben, hat aber viel Brüder hinterlassen.

fz. Les envieux mourront, mais l'envie ne mourra jamais. Die Neidischen werden sterben, aber der Neid wird nie sterben.

Envieux meurent, mais envie ne meurt jamais. Neidische sterben, aber Neid stirbt nie.

Envie ne peut mourir, Mais envieux meurent. Neid kann nicht sterben, aber Neidische sterben.

Envie est toujours en vie. Neid ist immer am Leben.

Envye en tout art est en vie. Neid ist in jeder Kunst am Leben.

Envieus murt, envie ne morn ia. (afz.) *Neidischer stirbt, Neid wird nie sterben.*

Envyous poet murrir, envie ne murra jà. (afz.) *Neidischer kann sterben, Neid wird nie sterben.*

Envie ne mourn jà. (afz.) *Neid starb nie.*

sf. Embegie nou mourig iamez, Lous embegious moren tous diez. (Gsc.) *Neid starb nie, die Neidischen sterben alle Tage.*

Envejous moneron, envejo non. (nprv.) *Neidische werden sterben, Neid nicht.*

it. L'invidia non mori mai. *Der Neid starb nie.*

L'invidia nacque e morirà con gli uomini. *Der Neid ward mit den Menschen geboren und wird mit ihnen sterben.*

mi. Astio e 'nvidia non mori mai. (t.) *Missgunst und Neid starb nie.*

ni. L'invidiâ l'è mai morta. (l.) *Der Neid ist nie gestorben.*

L'invidiâ l'è come la gramegna. (l.) *Der Neid ist wie das Hundsgras.*

Fenese töt, vea de l'invidia. (l. b.) *Alles endigt ausser dem Neid.*

Mai morirà l' invidia e mai l' è morta. (l. m.) *Niemals wird der Neid sterben und niemals ist er gestorben.*

L' invidia a l' è mai pi morta, nè mai a murirà. (piem.) *Der Neid ist noch nie gestorben und wird nie sterben.*

Tuto finisse, via che l'invidia. (v.) *S. Fenese u. s. w.*

si. S' invidia non morit mai. (sa.) *Der Neid stirbt nie.*

172. **Neidhart** kann's nicht leiden, wenn die Sonne in's Wasser scheint.

od. Er würde einem vor die Sonne stehen, wenn er könnte. (schwei.)

pd. He kann nich lidn, dat de Sunne int Water schint. (ns. B.) *Er kann's nicht leiden, dass die Sonne in's Wasser scheint.*

Äm ärgert, datt de Sünn in't Water schynt. (ns. Hmb.) *Ihn ärgert's, dass die Sonne in's Wasser scheint.*

---

dl. Hij kan het niet lijden, dat de zon in 't water schijnt. *S. He kann u. s. w.*

---

dä. Han kan ikke taale, at Solen skinner i Vand. *S. He kann u. s. w.*

Det fortryder ham, at Solen skinner i Vand. *Es verdriesst ihn, dass die Sonne in's Wasser scheint.*

Han tål ej, att solen skiner i vattnet. *Er er-* sw.
trägt's nicht, dass die Sonne in's Wasser scheint.

Sticken tål icke, att solen skiner i vattnet. *Empfindlich leidet nicht, dass die Sonne in's Wasser scheint.*

Non queret bider laua niedda in domo anzena. it.
(si. sa.) *Er will in Anderer Haus nicht schwarze Wolle sehen.*

---

173. Was eine **Nessel** werden will, brennt zeitig.

Was eine Nessel werden will, fängt bei Zeiten an zu brennen.

Was ein Dorn werden will, spitzt sich früh (bei Zeiten).

Sun, si jehent alle, ez brenne fruo daz zeiner nezzeln werden sol. (md.)

Wos a Brennüstel waar will, brent bei Zeitan. md.
(frk. H. S.) *Was eine Brennnessel werden will, brennt bei Zeiten.*

Was ein Dörnchen werden will, spitzt sich in der Jugend. (mrh. E.)

Wät en Dûr gêt, spetzt sêch jogk. (mrh. L.) *Was einen Dorn gibt, spitzt sich jung.*

Was eine Nessel werden will, brennt früh. od.
(bair.)

Eine Nessel muss brennen, wenn sie jung ist. (bair. L.)

Was a Brennessel weada will, muss bald brenna. (schwb.) *Was eine Brennnessel werden will, muss bald brennen.*

Was eine Nessel werden will, brennt bei Zeiten. (schwei.)

Wat inne Neätel wert, breänt bi Tiden. (ns. N.) pd.

Wat eune Nessel wird, brinnet balle. (ns. W.) *Was eine Nessel wird, brennt bald.*

Bat 'ne guede Nietel wären well, dä brieut frö. (wstf. Mrk.) *Was eine gute Nessel werden will, die brennt früh.*

Dat eene netel zal worden, brandt haast. *Was* dl.
eine Nessel werden soll, brennt schnell.

Het moet vroeg steken, dat een goede doorn zal worden. *Früh muss stechen, was ein guter Dorn werden soll.*

It early pricks that will be a thorn. *Früh* en.
sticht, was ein Dorn werden will.

The thorn comes forth with his point forwards. *Der Dorn kommt mit der Spitze voran heraus.*

---

dä. Hvad der vil blive en Nælde, brænder tidligen. Det, der skal vorde Nælde, man tidligt brænde. *S. Was n u. s. w.*

nw. Dat fær tidlege Tenner, som Udyr skal vera. *Es bekommt früh Zähne, was ein Unthier werden soll.*

sw. Den måste bränna i tid, som god nässla skall bli. *Bei Zeiten muss brennen, was (eine) gute Nessel werden soll.*
Dhet som artar sigh til nåtzla, dhet brånner tijdigt. *Was sich zur Nessel anlässt, brennt zeitig.*
Dhet godh nåtzla skal blij, måste brånna i tijdh. *Was gute Nessel werden soll, muss zeitig brennen.*

---

lt. Urit mature quod vult urtica manere.
Primiciis crescens, urtica perurit arescens. (mlt.)

fz. L'épine en naissant va la pointe devant. *S. The thorn u. s. w.*
On cognoist tost l'ortie qui ortier doit. (afz.) *Man kennt früh die Nessel, die brennen soll.*

sf. Ëspigno që noun poun qan nâi noun poun jhamâi. (Lgd.) *Dorn, der nicht sticht, wenn er herauskommt, sticht nie.*
Espino que non pougné quand nay, non pougné jamay. (nprv.) *S. Ëspigno u. s. w.*

it. La spina cresce pungendo. (mi. t.) *Der Dorn wächst stechend.*

ni. La spiga ch' a pons (dev ponse), a pons d'bonora. (piem.) *Der Dorn, der sticht (stechen soll), sticht zeitig.*

lm. Dia la vella Perica, La espina quant naix ja pica. (val.) *Es sagt die alte Perica: Der Dorn sticht schon, wenn er herauskommt.*

pt. O cardo que ha de picar con espiña nasce. *Die Distel, welche stechen soll, hat von Anfang an Dornen.*

sp. La espina quando nace la punta lleva delante. *S. The thorn u. s. w.*

---

174. **Es geschieht nichts Neues unter der Sonne.**

pd. Et passêrt (is) nits Nies under der Sunnen. (ns. ha. G. u. G.)

---

dä. Der skeer intet Nyt under Solen.
Intet er saa nyt, som jo for er skeet. *Nichts ist so neu, dass es nicht schon früher geschehen ist.*

nw. D' er inkje nytt under Soli. *Es gibt nichts Neues unter der Sonne.*

sw. Intet är så nytt, som icke förr är skedt. *S. Intet u. s. w.*

---

lt. Nil sub sole novum.
Nil novi sub sole.

it. Sutta lu celu nenti c' è di novu. (si. s.) *Unter dem Himmel gibt's nichts Neues.*

---

175. **Immer was Neues, aber selten was Gutes.**

od. Immer was Neu's und nie was Gscheid's. (bair.)

pd. Et kit sälden äszt Biesseret. (nrh. S.) *Es kommt selten was Besseres.*
Dar is altid wat Nies, man selten vel Dägs. (ns. B.) *Da ist immer was Neues, aber selten viel Gutes.*
Dat Nee is sellen wat Goes. (ns. O.) *Das Neue ist selten was Gutes.*
Dar is alltied wat Nees, man selten wat Godes. (ns. ofs.) *Da ist immer was Neues, aber selten was Gutes.*
Dar is altît wat Nês, man selten vo̊l Dägs. (ns. ofs.) *S. Dar is altid u. s. w.*

---

dt. Al weêr wat nieuws; maar zelden wat goeds. *Schon wieder was Neues, aber selten was Gutes.*

---

dä. Altid noget nyt, sielden noget godt. *Immer was Neues, selten was Gutes.*

nw. Dat kjem alltid nokot nytt, sjeldan nokot godt. *Es kommt immer was Neues, selten was Gutes.*

sw. Alltid något nytt, sällan något godt. *S. Altid u. s. w.*

---

176. **Neue Besen kehren gut.**

Neue Besen kehren gut, aber die alten fegen die Hütten rein.
Neue Töpfe kochen gut.
Neue Besem keren wol. (ad.)
Der niuwe beseme kert vil wol É daz er stoubes werde vol. (ad.)

md. Neuə Bäsə kêrə wôl, Wêrfə allə Ėckə vôl. (frk. H.) *Neue Besen kehren wohl, werfen alle Ecken voll.*
Neuə Baasən kêêrən wuuel, schmaagholn ällə Ëëkən fuuel. (frk. H. S.) *S. Neuə Bäsə u. s. w.*
Neui Bärn kêhrn wouhl. (frk. M.) *S. Neue Besem u. s. w.*
E neie' Biésem kiert gutt. (mrh. L.) *Ein neuer Besen kehrt gut.*

Weil der Bäsən noi is, su kærd a gut. (schls. B.) *Während der Besen neu ist, kehrt er gut.*
Näü Bäsen kerrn gût. (thr. R.)
od. Alle neue Besen kehren gut. (opf.)
Die neuen Besen kehren wol, Die alten machen d' Winkel vol. (schwb. W.)
Neui Bese förbid wol, nu gönd si nid i d' Winkel. (schwei.) *Neue Besen kehren gut, nur gehen sie nicht in die Winkel.*
Neu Besa förbid wohl, die alta wüssid d' Winkel wohl. (schwei. A.) *Neue Besen kehren wohl, die alten wischen die Ecken wohl.*
Di neuwe Bese wüsched alli guet. (schwei. Sch.) *Die neuen Besen fegen alle gut.*
Naigi Pesn kiadn guid. (st.)
pd. Neu Beisseme kehre got, se feegen effel de Hütten net us. (nrh. A.) *Neue Besen kehren gut, sie fegen aber die Hütten nicht aus.*
Neu Mälde un neu Bässeme de kerre goht. (nrh. K.) *Neue Mägde und neue Besen die kehren gut.*
Nä Bieszem kiere gät. (nrh. S.)
Nie Bessen feget rein. (ns. B.) *Neue Besen fegen rein.*
Nie Bessen kêret gaud. (ns. ha. G. u. G.)
Nye Bessems fegen gud. (ns. hlst. A.)
Neue Besen fegen gut (rein). (ns. Pr.)
Nigge Besmen kehren gut. (ns. W.)

---

dl. Nieuwe bezems vegen schoon. *S. Nie Bessen u. s. w.*
Nieuwe messen snijden scherp. *Neue Messer schneiden scharf.*
Niewen bezmer vaegt wel. (vl. F.) *Neuer Besen fegt wohl.*
en. New brooms sweep clean. *S. Nie Bessen u. s. w.*
A new broom sweeps clean. *Ein neuer Besen fegt rein.*
A new besom sweeps clean. (scho.) *S. A new broom u. s. w.*
A new bissome soups clean. (scho.) *S. A new broom u. s. w.*
fs. Nei Beesmer fäge rianst. (A.) *Neue Besen fegen am reinsten.*
Nei Beeshmar fâgi rianst. (F.) *S. Nei Beesmer u. s. w.*
Näi Bäiseme fage bêst. (M.) *Neue Besen fegen am besten.*
Nii Böösmer plei rünst tö faagin. (S.) *Neue Besen pflegen am reinsten zu fegen.*

---

dä. Nye Koste feie vel.
is. Nýir vendir sópa bezt. *S. Näi u. s. w.*
Nýjir kveistrar sópa betst. (fær.) *S. Näi u. s. w.*
Nye Soplingar sopa best. *S. Näi u. s. w.* nw.
Nya qvastar sopa väl. sw.
Nya qvastar sopa alltid bäst. *Neue Besen fegen stets am besten.*

Scopae recentiores semper meliores. lt.
Fortior in fulva novus est luctator arena.
Scua nouva scua bain. (ld. U.-E.) *Neuer* cw. *Besen fegt gut.*
Scua nova scua bein. (obl.) *S. Scua nouva u. s. w.*
Il n' est rien tel que balai neuf. *Nichts so* fz. *gut, wie ein neuer Besen.*
Faire balai neuf. *Neuen Besen machen.*
Ein ramon nu cha ramone miux qu'ein vin. nf. (pic.) *Ein neuer Besen kehrt besser, als ein alter.*
Nouviau ramon ramone volontiers. (R.) *Neuer Besen fegt gern.*
Les novais ramons hovet volti. (w.) *Die neuen Besen fegen gern.*
Coutèt nau que talhe, Et si non talhe que sf. luzex. (Brn.) *Neues Messer schneidet, und wenn es nicht schneidet, so glänzt es.*
Chambrièiro nouvèlo é èscoûbo nôvo fan l'oustâou nèt. (Lgd.) *Neue Magd und neuer Besen machen das Haus rein.*
Spazzatojo nuovo spazza ben la casa. *Neuer* it. *Kehrwisch kehrt das Haus gut.*
Granata nuova, tre di buona. *Neuer Besen, drei Tage gut.*
Garnè nôva spazza ben la ca. (rôm.) *Neuer* mi. *Besen fegt das Haus gut.*
Granata nuova spazza ben la casa. (t.) *S. Garnè u. s. w.*
Granata nuova spazza ben tre giorni. (t.) *Neuer Besen fegt drei Tage gut.*
Fattor nuovo, tre di buono. (t.) *Neuer Beamter, drei Tage gut.*
Granâ nova bèin spazza, quand l' è vèceia la ni. razza. (em. B.) *Neuer Besen fegt gut, wenn er alt ist, kratzt er.*
Scôva noèuva spàzza ben la ca. (em. P.) *S. Garnè u. s. w.*
Granèra nóva spaźźa bèign la cà. (em. R.) *S. Garnè u. s. w.*
Granera noa spassa ben la casa. (l. b.) *S. Garnè u. s. w.*
Scua nöa scua bè. (l. brs.) *S. Scua nouva u. s. w.*
Scôva nœuva la scôva ben la cà. (l. m.) *S. Garnè u. s. w.*
Fator nœuv, tre di bon. (piem.) *S. Fattor u. s. w.*
Ramassa nœuv a aramassa ben la ca. (piem.) *S. Garnè u. s. w.*
Scoa nova scoa ben. (v.) *S. Scua nouva u. s. w.*

Scova nova scova ben. (v. trst.) S. Scua noueu u. s. w.

si. Scopa nova! (npl.) Neuer Besen!

Scupa nova tri jorna fa scruscin. (s.) Neuer Besen macht drei Tage Lärm.

Scupa nova tri jorna sta a li chiova. (s.) Neuer Besen hängt drei Tage am Nagel.

lm. Canteret nou, fa laygua fresqueta. (val.) Neuer Krug macht das Wasser frisch.

sp. Cedazuelo (Cedacillo) nuevo tres dias en estaca. Neues Siebchen drei Tage am Nagel.

wl. Sita nouă cerne bine. Neues Sieb siebt gut.

— —

177. **Nieuwe kost maakt nieuwen honger.** (dt.) Neue Kost macht neuen Hunger.

dt. Nieuwe spijze maakt nieuwen appetijt. Neue Speise macht neuen Appetit.

Verandering van spijs doet wel eten (smaken). Veränderung von Speise macht gut essen (schmecken).

Veranderd brood en oude wijn is voor gezonden medicijn. Verändert Brod und alter Wein ist Arzenei für Gesunde.

Verandering van weide doet den koeijen (den schapen) goed. Veränderung von Weide thut den Kühen (Schafen) gut.

Verandering van spys is nieuwen appetyt. (vl.) Veränderung von Speise ist neuer Appetit.

eu. New meat begets a new appetite. S. Nieuwe spijze u. s. w.

New dishes beget new appetites. Neue Gerichte machen neue Gelüste.

Change of pasture makes fat calves. Veränderung von Weide macht fette Kälber.

— —

fz. Changement de corbillon fait trouver le pain bon. Wechsel des Korbes lässt das Brot gut finden.

Changement de corbillon fait appétit de pain bénit. Wechsel des Korbes macht Appetit auf geweihtes Brot.

Nouvelle viande donne goust. Neue Speise macht Esslust.

nf. Cang'mint d'magn'hon fait goter l'minton. (w.) Veränderung von Nahrung macht das Kinn beschlabbern.

sf. Cambiament de viando baillo apetit. (nprv.) Veränderung von Speise gibt Appetit.

it. Il variar viande accresce l'appetito. Das Wechseln der Speisen vermehrt die Esslust.

— —

178. **Neuer König, neu Gesetz.**

Neue Fürsten, neue Gesetze.

Neuer Herr, neues Recht.

Neue Herren machen neue Gesetze.

Neue Herrschaft, neue Lehrzeit.

Nije Herren, nije Funde. (ns. B.) Neue Herren, pd.
neue Gesetze.

Nije Herren settn nije Wetten. (ns. B.) S. Neue Herren machen u. s. w.

Nie Hören, nie Fünte. (ns. hs. G. u. G.) S. Nije Herren, nije u. s. w.

Nigge Lüe, nigge Werke. (ns. L.-D.) Neue Leute, neue Werke.

Ne'e Heeren settet ne'e Hecken. (ns. O. R.) Neue Herren setzen neue Hecken.

Nigge Hären hanget nigge Hecke. (watf. Mrk.) S. Ne'e u. s. w.

Ann're Heerens settet ann're Saulen. (watf. O.) Andere Herren setzen andere Säulen

Nigge Hären, Nigge Hecke. (watf. S.) Neue Herren, neue Hecken.

———

Nieuwe heeren, nieuwe wetten. S. Nije Herren, dt.
nije u. s. w.

Nieuwe heeren, nieuwe keuren. Neue Herren, neue Statuten.

Nieuwe heeren, nieuwe dienaars. Neue Herren, neue Diener.

An'heren meester, an'her wetten. (vl. F.) Anderer Herr, andere Gesetze.

New kings, new laws. Neue Könige, neue eu.
Gesetze.

New lords, new laws. S. Nije Herren, nije u. s. w.

New lairds hae new laws. (scho.) Neue Herren haben neue Gesetze.

Nei Lidj, nei Wetten. (A.) Neue Leute, fs.
neue Gesetze.

— —

Ny Konge — ny Lov. dä.

Nye Herrer — nye Love. S. Nije Herren, nije u. s. w.

Nye Folk — nye Skikke. S. Nei u. s. w.

Ný lög (Nýir siðir) koma með nýum herrum. is.
Neue Gesetze (Neue Sitten) kommen mit neuen Herrn.

Nytt Folk fører nye Seder. Neue Leute bringen nw.
neue Sitten.

Ny herre, nya lagar. S. Nije Herren, sw.
nije u. s. w.

———

Novus rex, nova lex. lt.

De nouveau roi, nouvelle loi. Von neuem fz.
König neues Gesetz.

De nouveau seigneur, nouvelle mesnye. *Von neuem Herrn neuer Haushalt.*

nf. Aute maisse, aute hoummeûr. (w.) *Anderer Herr, andere Laune.*

Novai Diu, novelle flûte. (w.) *Neuer Gott, neue Flöte.*

sf. Nabèt rey, Nabère ley. (Bru.)

it. Nuovo prencipe, nuove usanze. *Neuer Fürst, neue Gewohnheiten.*

ni. Padron növ, lègg növa. (l. m.) *Neuer Herr, neues Gesetz.*

Goerno növ, tüt de növ. (l. m.) *Neue Regierung, Alles neu.*

Novo paron, nova legge. (v.) *S. Padron u. s. w.*

Governo novo, conio novo. (v.) *Neue Regierung, neue Münze.*

si. Re nou, lege noa. (sa. L., S.)

pt. Novo Rei, nova lei.

sp. Nuevo rey, nueva ley.

---

179. **Wenn ein neuer Heiliger kommt, so vergisst man der alten.**

dä. Naar der kommer en ny Helgen, saa forglemmer man den gamle.

Ee ære ny Kar Hyon kære, oc gamblæ flyde i Ilden. (adä.) *Immer sind neue Geschirre dem Gesinde lieb, und die alten kommen in's Feuer.*

nw. Naar Graset gror, kann dat gamle Hoyet liggja. *Wenn das Gras wächst, kann das alte Heu liegen.*

sw. Ny kaar æru hionum kær ok gamwl vin eld fara. (asw.) *Neue Geschirre sind dem Gesinde lieb, und alte kommen in's Feuer.*

---

lt. Vasa novella placent, in face prisca jacent. (mlt.)

fz. Les nouveles choses tolent la remembrance des viés. (nf. apic.) *Die neuen Dinge nehmen das Gedächtniss für die alten.*

it. I santi nuovi metton da parte i vecchi. *Die neuen Heiligen schieben die alten bei Seite.*

mi. Mort un pépa, fatt un êtar. (rom.) *Ein Papst todt, ein anderer gewählt.*

Ai santi vecchi non gli si dà più incenso. (t.) *Den alten Heiligen gibt man keinen Weihrauch mehr*

Il Podestà nuovo scaccia 'l vecchio. (t.) *Der neue Podestà verjagt den alten.*

Il Podestà nuovo manda via il vecchio. (t.) *Der neue Podestà schickt den alten fort.*

Mort un Papa, fatt un alter. (em. B.) *S. Mort* u. s. w. nl.

Mort un Papa, a s' in fa un àlter. (em. P.) *Ein Papst todt, wählt man einen andern.*

I sant vèc no i fa più miracoi. (l. b.) *Die alten Heiligen thun keine Wunder mehr.*

El podestà növ el manda vea 'l vèc. (l. b.) *S. Il podestà nuovo manda u. s. w.*

Mort un papa as n' a fa un aotr. (piem.) *S. Mort un Papa, a u. s. w.*

I santi novi scazza i vecci. (v.) *Die neuen Heiligen verjagen die alten.*

Ai santi vecci no se ghe impizza candele. (v.) *Den alten Heiligen werden keine Kerzen angesteckt.*

Ai Santi vecci no se ghe impiza candéle. (v. trst.) *S. Ai Santi vecci u. s. w.*

Alli santi viecchi non s' appiccine lampe. si (ap. B.) *Den alten Heiligen werden keine Lampen angezündet.*

L' amore nuovo caccia il vecchio. (upl.) *Die neue Liebe vertreibt die alte.*

Pelos Santos novos esquecem os velhos. *Über* pt. *die neuen Heiligen vergessen wir der alten.*

Pelos amores novos esquecem os velhos. *Über die neuen Liebschaften vergessen wir der alten.*

Rey (A rey) muerto, rey puesto. *König todt* sp. *(Für todten König), König ernannt.*

Amores nuevos olvidan viejos. *Neue Liebschaften vergessen alte.*

180. **Neukommen,** willkommen.

Neue Lieder singt man gern.

Neue Kirchen und neue Wirthshäuser stehen selten leer.

Neue Schuh und neue Fürsten hat man lieber als die alten.

Niuwer dinge fröwet sich ein ieglich man: sô tuon ouch ich. (ad.)

Dåt Neit Geféllt de Leit. (mrh. L.) *Das Neue* md. *gefällt den Leuten.*

Das Neue klingt, das Alte klappert. (bair.) od.

Das Alte schettert *(tönt übel)*, das Neue klingt. (schwei.)

Gått Neues erfreut et minschliche Håtz. (nrh. K.) pd. *Etwas Neues erfreut das menschliche Herz.*

Nå Litcher hird em gårn. (nrh. S.) *Neue Liedchen hört man gern.*

In 't nie Nest legg'n de Höner gärn. (ns. A.) *In's neue Nest legen die Hühner gern.*

In nie Nester legget de Hoiner gêren. (ns. ha. G. u. G.) *In neue Nester legen die Hühner gern.*

Dat Nigge *(Das Neue)* klingelt, dat Âlle *(das Alte)* rappelt. (wstf. Mrk.)

---

dl. Wat nieuws verfraait (verkwikt) het harte, en verjongt den ouderdom. *Etwas Neues erquickt das Herz und verjüngt das Alter.*

en. Every one has a penny to spend at a new alehouse. *Ein Jeder hat einen Penny, um ihn in einem neuen Bierhause zu vertrinken.*

---

dä. Nykommen er velkommen. *Neukommen ist willkommen.*

Nykommen er altid velkommen. *Neukommen ist immer willkommen.*

Nyt er altjd kjært, Gammelt er stundom bedre. *Neues ist immer lieb, Altes ist bisweilen besser.*

Nye Viser høres helst. *Neue Weisen werden am liebsten gehört.*

is. Ný kvæði kveða konur (menn) mest (helzt). *Neue Lieder singen Frauen (Männer) am meisten (liebsten).*

Nýúngar eru mest metnar af mörgum. *Neuheiten sind von Vielen am meisten geschätzt.*

nw. Nykomen Gjest er alltid best. *Neugekommener Gast ist stets der beste.*

Dat nye er godt, dat gamle er best. *Das Neue ist gut, das Alte ist am besten.*

Nya Visor er mest vyrda. *Neue Weisen sind am meisten werth.*

Nye Skoer ero gode, men dei gamle fella best aat Foten. *Neue Schuhe sind gut, aber die alten fühlen sich am besten an den Füssen.*

sw. Nykommet är alltid välkommet. *S. Nykommen er altid u. s. w.*

Nykommet är oftast kärkommet. *Neukommen ist am häufigsten willkommen.*

Nya Wijsor hörer man hälst. *Neue Weisen hört man am liebsten.*

---

lt. Grata novitas.

Ad nova omnes concurrunt.

fz. Tout ce qui est nouveau parait beau. *Alles, was neu ist, scheint schön.*

De nouveau tout semble bon et beau. *Neu scheint Alles gut und schön.*

Au nouveau tout est beau. *Am Neuen ist Alles schön.*

De nouvel tout m'est bel. (afz.) *Neu ist mir Alles schön.*

nf. Caingement de proupos i réjouit l'homme. (pic.) *Veränderung des Gesprächs erfreut den Menschen.*

Tout ço de nabèt, Qu' ôy bèt. (Brn.) *Alles,* **sf.** *was neu, ist schön.*

Tout nouveou es beou. (nprv.) *Alles Neue ist schön.*

De nouveou tout es beou. (nprv.) *Neu ist Alles schön.*

To novè m' è bè. (Pat. s.) *Alles Neue ist mir schön.*

Da novell tutto è bello. *S. De nouveou u. s. w.* **it.**

Di novello tutto par bello. (t.) *Neu dünkt* **mi.** *Alles schön.*

De noel töt è bel. (l. brs.) *S. De nouveou u. s. w.* **ni.**

La novità la piaz a tücc. (l. m.) *Das Neue gefällt Allen.*

De novell tuttcoss è bell. (l. m.) *S. De nouveou u. s. w.*

Le novità piase sempre. (v.) *Das Neue gefällt immer.*

Da novelo tuto è belo. (v.) *S. De nouveou u. s. w.*

Lo novel todo es bel. *Das Neue ist Alles schön.* **sp.**

---

181. Aus Nichts wird Nichts.

Von Nichts kommt Nichts.

Uss nüscht würd nüscht. (thr. R.) **md.**

Van nix kimmet nix har. (W. E.) *Von Nichts kommt Nichts her.*

Von Nichts wird Nichts. (schwei.) **od.**

Os nütz werd nütz. (schwei. A.)

Von Nits kümt Nits. (ns. ha. G. u. G.) *S.* **pd.** *Von Nichts kommt Nichts.*

Van nix kümmet nix. (ns. W.) *S. Von Nichts kommt u. s. w.*

Af Intet bliver Intet. **dä.**

Af Intet kommer Intet. *S. Von Nichts kommt u. s. w.*

De nihilo nihil (nihilum). **lt.**

Ex nihilo nihil fit.

De rien rien. *Von Nichts Nichts.* **fz.**

On ne fait rien de rien. *Man macht Nichts aus Nichts.*

Dai sa nudda (niente) nudda (niente) si faghet. **it.** (si. sa. L.) *Aus dem Nichts macht sich Nichts.*

---

182. Mit Nichts fahet man Nichts. (ad.)

Mit Nichts kann man kein Haus bauen. (bair.) **od.**

dt. Voor niemendal koopt men niemendal. *Für Nichts kauft man Nichts.*

---

is. Til alls þarf eitthvað hafa. *Zu Allem muss man etwas haben.*

nw. Fyre nokot fær ein nokot; fyre inkje fær ein inkje. *Für Etwas kriegt man Etwas; für Nichts kriegt man Nichts.*

Han fær nokot giva, som nokot vil hava. *Der muss etwas geben, der etwas haben will.*

sw. Medh intet får men intet. *Mit Nichts kriegt man Nichts.*

---

lz. Rien pour rien. *Nichts für Nichts.*

On n' a rien pour rien. *Man hat Nichts für Nichts.*

On ne donne rien pour rien. *Man gibt Nichts für Nichts.*

Rien ne chet à qui rien ne porte. (afz.) *Nichts fällt dem zu, der Nichts bringt.*

Qui riens aporte riens ne li chiet. (afz.) *Wer Nichts mitbringt, dem fällt Nichts zu.*

nf. On n' fait rin avou rin. (w.) *Man macht Nichts mit Nichts.*

it. Par gnint un s'ha gnint. (mi. rom.) *Für Nichts hat man Nichts.*

Col nulla si fa nulla. (t.) *Mit Nichts macht man Nichts.*

Zero via zero fa zero. (u.) *Null weniger Null macht Null.*

ni. Con nient an s' fa nient. (em. P.) *S. Col u. s. w.*

Per nient no se fa nient. (l.) *Für Nichts macht man Nichts.*

L' è cert che con nagott se fa nagott, E per nagott nessun vœur fa nagott. (l. m.) *Gewiss ist, dass man mit Nichts Nichts macht und für Nichts Niemand etwas thun will.*

Per gnente as fa gnente. (piem.) *S. Per nient u. s. w.*

Gnun da nen per nen. (piem.) *Niemand gibt etwas für Nichts.*

Per gnente no se ga gnente. (v.) *S. Par gnint u. s. w.*

Co gnente no se fa gnente. (v.) *S. Col u. s. w.*

---

183. Nichts ist gut für die Augen, aber nicht für den Magen.

md. Nöks is gutt führ di Aaghan, oddər nüet fühlrn Moughan. (frk. H. S.)

Nəscht as gutt fir d' Aen. (mrh. L.) *Nichts ist gut für die Augen.*

Nischte is gut a de Ogan. (schls. B.) *Nichts ist gut in den Augen.*

Nichts ist gut für die Augen. (schwb. W.) od.

Nütz (Nünt) ist guet für d'Auga. (schwei. A.) *S. Nəscht u. s. w.*

Nüs es got elm en Og, effel net egen Teisch. pd. (nrh. A.) *Nichts ist gut in einem Auge, aber nicht in der Tasche.*

Nāszt āsz gād ān de Ūgen, awer néd ān de Muogen. (nrh. S.) *Nichts ist gut in den Augen, aber nicht in dem Magen.*

Nix is got int Oge, man quad in de Buk. (ns. B.) *Nichts ist gut im Auge, aber schlimm im Bauch.*

Niks is goot in'n Ooge, äwwer 'ne Quood in'n Magen. (ns. L.-D.) *Nichts ist gut im Auge, aber ein Übel im Magen.*

Nix is gut in de Augen, äwwer nit gut in 't Lief. (ns. W.) *Nichts ist gut in den Augen, aber nicht gut im Leib.*

Niet is goed voor de oogen, maar kwaad voor dt. de tanden. *Nichts ist gut für die Augen, aber schlecht für die Zähne.*

Niks as best (bast) unn a Ungen. (A.) *Nichts* fs. *ist am besten in den Augen.*

Nöndt es best ön Ungen. (S.) *S. Niks as u. s. w.*

Intet er godt i Øje og ondt i Bug. *Nichts* dä. *ist gut im Auge und schlecht im Bauch.*

Inthet ær goth i Øwæ och ont i Mawæ. (adä.) *Nichts ist gut im Auge und schlecht im Magen.*

Inkje er godt i Auga, men inkje i Munnen. nw. *Nichts ist gut im Auge, aber nicht im Mund.*

Intet är godt i ögat, men ondt i magen. *Nichts* sw. *ist gut im Auge, aber schlecht im Magen.*

Mactat nil stomachum, visibus aptat acum. lt. (mlt.)

Gnint l' è bon par j öcc. (mi. rom.) *S.* it. *Nəscht u. s. w.*

Nulla fa bene agli occhi. (t.) *Nichts thut den* mi. *Augen wohl.*

El nagott nò l' è bon che per i oeucc. (l. m.) ni. *Nichts ist nur gut für die Augen.*

Nient l' è bon per i öc. (l. m.) *S. Nəscht u. s. w.*

El nigot l' è bn per i öc. (l. V.-C.) *S. Nəscht u. s. w.*

Gnente a l' è bon a j' eui. (piem.) *S. Nəscht u. s. w.*

Gnente xe bon per i occi. (v.) *S. Nəscht u. s. w.*

184. **Nichts** ist so schlecht, es ist zu etwas gut.

Es ist Nichts so bös, es ist zu etwas gut.

md. Nüscht is so schlächt, 's is zu äbbes güt. (thr. R.)

od. Es ist kein Ding so schlecht, dass es gar nichts nützen sollte. (bair.)

Es ist kein Ding so bös, es ist auch zu etwas gut. (schwei.)

pd. Et is kein Ding sau slim, et is wô gaud vor. (ns. ha. G. u. G.) *Es ist kein Ding so schlimm, es ist gut für etwas.*

Et is ken Ding sau schlimm, et is boo gut für. (ns. W.) *S. Et is kein u. s. w.*

Et is nix sau üwwel, et is boo gut für. (ns. W.) *S. Es ist Nichts u. s. w.*

---

dl. Niet so quaet, ten is erghens toe goet. (adt.)

dä. Der hores ei saa ond en Gjerning, at den jo kan give en god Lærdom. *Es wird nie eine so schlechte That vernommen, dass sie nicht eine gute Lehre geben könnte.*

is. Einki er so illt, tað er ikki gott firi okkurt. (fær.) *Nichts ist so schlecht, dass es nicht zu etwas gut ist.*

nw. D'er inkje so galet, dat ei er godt til eitkvart.

D'er ingen Nagle so ille smidd, hau ei er til nokot nyter. *Es ist kein Nagel so schlecht geschmiedet, er ist zu etwas nütz.*

D'er ingi Jord so laak, dat ei er eit Lunnende med. (B.-St.) *Es ist kein Boden so schlecht, dass er nicht einen Vortheil brächte.*

sw. Aldrig något ondt, som icke (ej) är till något nyttigt (godt). *Niemals etwas Schlechtes, das nicht zu etwas nutz' (gut) ist.*

Ingenting är så ringa, att det ej duger till något. *Nichts ist so schlecht, dass es nicht zu etwas taugt.*

Aldrig så ondt, dhet är jw til något gott. *Nie so schlecht, es ist doch zu etwas gut.*

---

lt. Exiguum malum ingens saepe bonum.

Tam mala res nulla, quin sit quod prosit in illa. (mlt.)

fz. A quelque bien duit fange et fien. (afz.) *Zu etwas Gutem dient Koth und Mist.*

it. Tuto xe bon da qualcossa. (ui. v.) *Alles ist zu etwas gut.*

pt. Por velho que seja o barco sempre passa a vão. *So alt die Barke auch sei, immer führt sie über die Furth.*

sp. Por viejo que sea el barco, pasa una vez el vado. *So alt die Barke auch sei, sie führt ein Mal über die Furth.*

---

185. Wo **Nichts** innen ist, da geht Nichts aus.

Wenn Nichts drinnen steckt, kommt Nichts od. heraus. (schwei.)

Wô kein Verstand inne sit, dä geit äk kein pd. herût. (ns. ha. G. u. G.) *Wo kein Verstand drin sitzt, da geht auch keiner heraus.*

Wo niks ist, do niks rist. (wstf. Dr.) *Wo Nichts ist, da kömmt Nichts zum Vorschein.*

Tap eens uit een vat, daar niets in is (dat dl. niets inhoudt). *Zapf' einmal aus einem Fass, wo Nichts drin ist (das Nichts enthält).*

Dar ingen er inne, kjem ingen ut. *Wo keiner* nw. *drin ist, kommt keiner heraus.*

De costal vacio nunca buen bodigo. *Aus* sp. *leerem Sack nie gutes Milchbrod.*

186. Wo **Nichts** ist, hat der Kaiser sein Recht verloren.

Wu nëks is, dou hot an dar Keisar is Racht md. farloorn. (frk. H. S.) *Wo Nichts ist, da hat auch der Kaiser das Recht verloren.*

Wu nix ït, håt d'r Kaiser 's Rächt verlorn. (frk. M.) *Wo Nichts ist, hat der Kaiser das Recht verloren.*

Wo Nichts ist, da hat der Kaiser das Recht verloren. (mrh. E.)

Wŏ nëischt as, ferlöert de Këser sëi' Rècht. (mrh. L.) *Wo Nichts ist, verliert der Kaiser sein Recht.*

Was ma nüd hed, so hed-ma nüd. (schwei. A.) od. *Was man nicht hat, hat man nicht.*

Wou nicks is, hod da Kaisa 's Rechd valodn. (st.) *S. Wu nix u. s. w.*

Wo nicks ess, hät d'r Kaiser si Rech verlore. pd. (nrh. D.)

Wo nex es, hät d'r Kehser sy Rääch verlohre. (nrh. Ds.)

Wô nüüs en ös, dö het d'r Kës'r et Rääch v'lor. (nrh. E.) *S. Wo Nichts ist, da hat der u. s. w.*

Wo nüscht is, het de Kaiser sin Recht verloarn. (ns. A.)

Wo nicks iss, dao hät de Keis'r sin Recht ve(r)laorn. (ns. A.) *Wo Nichts ist, da hat der Kaiser sein Recht verloren.*

Wô nits is, dä het de Kaiser sin Recht verlöreu. (ns. ha. G. u. G.) *S. Wo nicks iss, u. s. w.*

Wô wat is, dâ rêget sek wat; wô nits ist, dâ het de Kaiser sin Recht verlôren. (ns. ha. G. u. G.) *Wo was ist, da rührt sich was an; wo Nichts ist, da hat der Kaiser sein Recht verloren.*

Wo nix iss, dâr hett de Keiser sien Recht verlâår'n. (ns. M.-Sch.) *S. Wo nicks iss, u. s. w.*

War nix is, hett de Kaiser sien Recht verlaren. (ns. ofs.)

Hoo nix is, doo hätt de Kaiser sien Recht verlooren. (ns. W.) *S. Wo nicks iss, u. s. w.*

Wo nich me es, giet de Kaiser sien Recht veloeren. (wstf. R.) *Wo Nichts mehr ist, gibt der Kaiser sein Recht verloren.*

---

dt. Daar niets is, verliest de keizer zijn regt. *S. Wō u. s. w.*

Daer niet en is, schelt de baillin de boete quyte. (avl.) *Wo Nichts ist, kommt der Landvogt um die Busse.*

en. Where nothing's to be had, the king must lose his rights. *Wo Nichts zu haben ist, muss der König seine Rechte verlieren.*

Where nothing is, nothing is to be had. *Wo Nichts ist, ist Nichts zu haben.*

Where there's naetting, the king tines his right. (scho.) *Wo Nichts ist, verliert der König sein Recht.*

---

dä. Hvor Intet er, der har Keiseren tabt (forloret) sin Ret. *S. Wo nicks iss, u. s. w.*

is. Einki tekst hâr sum einki er. (fær.) *Nichts wird da gewonnen, wo Nichts ist.*

nw. Dar inkje er, ein inkje fær. *Wo Nichts ist, bekommt man Nichts.*

D'er inkje aa taka, som inkje til er. *Es ist Nichts zu nehmen, wo Nichts ist.*

sw. Der intet är, har kejsar'n förlorat sin rätt.

Der intet är, kan icke döden ta. *Wo Nichts ist, kann der Tod Nichts nehmen.*

Döden taar intet, dher intet år. *Der Tod nimmt Nichts, wo Nichts ist.*

Der intet är att taga, behöfver man ej rädas för plundring. *Wo Nichts zu nehmen ist, braucht man sich nicht vor Plünderung zu fürchten.*

---

lt. Ubi nihil est, Cæsar jure suo excidit.

Dare nemo potest quod non habet.

Ad impossibile nemo obligatur.

fz. Où il ny a rien (de quoi), le roi perd ses droits. *Wo Nichts ist, verliert der König seine Rechte.*

Le roy perd son droit là où il ne trouve que prendre. *Der König verliert sein Recht, wo er Nichts zu nehmen findet.*

Le roy perd sa rente où il n'y a que prendre. *Der König verliert seine Steuer, wo Nichts zu nehmen ist.*

Qui n'a ne peut et où il n' y a que prendre le roi perd son droit. *Wer nicht hat, kann nicht, und wo Nichts zu nehmen ist, verliert der König sein Recht.*

Homme ne peut rien prendre là où n'a rien. *Der Mensch kann Nichts nehmen, wo Nichts ist.*

Wiss qui gn'a rin à r'prinde, li roi piède ses **nf.** dreuts. (w.) *Wo Nichts zu nehmen ist, verliert der König seine Rechte.*

Vonté non l' y a ren, lou Rey perde sey **sf.** drets. (nprv.) *S. Où u. s. w.*

Dove non è, non se ne può torre. *Wo Nichts* **lt.** *ist, kann man Nichts nehmen.*

Dove non n'è, non ne toglie ne anche la piéna. (t.) **mi.** *Wo Nichts ist, nimmt selbst die Hochflut Nichts weg.*

Quando non c' è, perde la Chiesa. (t., u.) *Wenn Nichts da ist, verliert die Kirche.*

Doe no gn'è, gna la pióla no l'an pol tö. (l.) **ni.** *Wo Nichts ist, kann selbst der Hobel Nichts wegnehmen.*

Dov' ai n'a j'ò neu, fiùa la cesa ai perd. (piem.) *Wo Nichts da ist, verliert selbst die Kirche.*

Dove no ghe n'è, no se ghe ne tol. (v.) *Wo Nichts ist, nimmt man Nichts.*

Dove no ghe n' è, no ghe ne tol gnanca la piona. (v.) *S. Dove non n'è, u. s. w.*

Co no ghe ne xe, no se ghe ne pol spender. (v. trst.) *Wenn Nichts da ist, kann man Nichts ausgeben.*

A quie non hat, su Re la faghet esente. (sa. L.) **si.** *Wer Nichts hat, den macht der König frei.*

Allí ahont no hi ha, lo Rey hí perd los drets. **lm.** (neat.) *Da wo Nichts ist, verliert der König die Rechte.*

Al que no tiene, el Rey le hace libre. *S. A* **sp.** *quie u. s. w.*

Quando no lo dan los campos, No lo han los santos. *Wenn die Felder es nicht geben, haben es die Heiligen nicht.*

A do no ay, no cumple busca. *Wo Nichts ist, ist Suchen nicht nothwendig.*

Quando no dan los campos, No han los santos. (asp.) *S. Quando no u. s. w.*

---

187. In der **Noth** muss man das Schambätchen abziehen.
Du musst die Schämelschuh zertreten, willst du etwas haben.

---

dt. Nood moet de schaamschoenen aan eene zijde zetten. *Noth muss die Schamschuhe bei Seite setzen.*

---

dä. Naar Noden vil man skal tale, duer det ei at være bly. *Wenn die Noth will, dass man spreche, taugt es nicht, blöde zu sein.*
is. Neyð kennir bljúgum að biðja. *Noth lehrt den Blöden bitten.*
nw. Naud lærer dan blyge beda. *S. Neyð u. s. w.*
sw. Blyg tiggare får ofta swälta. *Verschämter Bettler muss oft hungern.*

---

lt. Rebus in arctis pudor absit.
it. Chi abbisogna, non abbia vergogna. (mi. t.) *Wer Noth hat, habe nicht Scham.*
ni. A mostrà 'l cül no ghe vöñ vergogna. (l. b.) *Um den Hintern zu zeigen, muss man nicht Scham haben.*
No s' à d' avè vergogna A cercà quel che besogna. (l. m.) *Man muss nicht Scham haben, das zu suchen, was man bedarf.*
Chi ha de besogn, nö l' ha d'avè vergogna a cercà quell ch' el vœur. (l. m.) *Wer Noth hat, muss nicht Scham haben, das zu suchen, was er will.*
La necessità a l'a gnun rigoard. (piem.) *Die Noth hat keine Rücksicht.*
A mostrar el culo no ghe vol vergogna. (v.) *S. A mostrà u. s. w.*

---

188. In Nöthen sieht man den Mann.

---

dt. De nood toont den man. *Die Noth zeigt den Mann.*

---

fz. Au danger on connaît les braves. *In der Gefahr erkennt man die Tapferen.*
it. Bisogno fa prod' uomo. *Noth macht wackern [Mann.*
mi. È in le tempeste chi si cunnoscenu i marinari. (crs.) *In den Stürmen ist's dass man die Seeleute erkennt.*
È a u focu chi si cunnosce u veru militare. (crs.) *Im Feuer ist's, dass man den wahren Krieger erkennt.*
Il bisogno fa l' uomo bravo. (t.) *Die Noth macht den Mann tapfer.*
Il buon marinaro si conosce al cattivo tempo. (t.) *Den guten Seemann erkennt man beim schlechten Wetter.*
ni. Al bisògn fa curagg'. (em. B.) *Die Noth macht Muth.*
El bisògn el fa 'l brav òm. (l.) *S. Il bisogno u. s. w.*
El besogn a fa l' om coragios e fort. (piem.) *Die Noth macht den Mann muthig und stark.*
Bisogno fa brav' omo. (v.) *S. Bisogno u. s. w.*
si. Lu bisognu fa l'omu valurusu. (s.) *S. Il bisogno u. s. w.*
Su marineri si bidet in sa burrasca. (sa.) *Den Seemann sieht man im Sturm.*
Su bisonzu faghet s' homine valente. (sa. L.) *S. Il bisogno u. s. w.*

---

189. Ist zu End die Noth, So kommt der Tod.
md. Ist man aus aller Noth, Dann kommt der Tod. (mrh. E.) [(bair.)
od. Kommt man aus der Noth, so kommt der Tod.
pd. Mennt mer, mer wör us d'r Not, Dann kömt d'r faale Dot. (nrh. D.) *Meint man, man wär' aus der Noth, dann kommt der fahle Tod.*
Iss öwerwunn' de Nôd, so kümmt de Dôd. (ns. A.) *Ist überwunden die Noth, so kömmt der Tod.*
Wenn öwerwunnen is de Noth, dann kummt de Dod. (ns. B.) *Wenn die Noth überwunden ist, dann kömmt der Tod.*
Kümt man ût der Nâd, sau kümt de leiwe Dâd. (ns. ha. G. u. G.) *Kömmt man aus der Noth, so kömmt der liebe Tod.*
Wenn öwerwunnen is de Nood, denn kummt de Dood. (ns. Hmb.) *S. Wenn u. s. w.*
Wenn averwunnen is de Noth, Denn kummt faken all de Dood. (ns. ofs.) *Wenn überwunden ist die Noth, dann kommt oft schon der Tod.*
Kommt Brot, kommt Tod. (ns. Pr.)
Häd me sien Braud, Dann kümmet de Daut. (ns. W.) *Hat man sein Brot, dann kömmt der Tod.*

---

dt. Als de nood overwonnen is, volgt de dood. *Wenn die Noth überwunden ist, folgt der Tod.*

---

it. Quand s' è content, se mör. (mi. l. b.) *Wenn man zufrieden ist, stirbt man.*

ni. L' omm content el mœur. (l. m.) *(Ist) der Mensch zufrieden, stirbt er.*

Quand un a l' è content, eco la mort ch' ariva. (piem.) *Wenn Einer zufrieden ist, da ist der Tod, der ankömmt.*

Quand tut a l' è rangià, eco la mort ch' ariva. (piem.) *Wenn Alles eingerichtet ist, da ist der Tod, der ankömmt.*

Quando se xe contenti se mor. (v.) *S. Quand s'è content u. s. w.*

si. Doppu cuntintizza veni morti. (s.) *Nach Zufriedenheit kommt Tod.*

---

190. Noth bricht Eisen.

Noth spaltet Felsen.

Wau als uns sagent die wisen, daz noch nôt bricht daz isen. (ad.)

md. Nût brècht Eiso. (frk. H. S.)

Nût bricht Eisan. (schls. B.)

od. Nôt bricht Îse. (schwei. Sch.)

pd. Nâd brekt Îsen. (ns. ha. G. u. G.)

Not brikkt Iseu. (ns. hlst. A.)

Nauth brikket Isern. (ns. W.)

---

dt. Nood breekt ijzer.

---

dä. Nød bryder Jern og Staal. *Noth bricht Eisen und Stahl.*

is. Nauð brýtr járn.

sw. Nödh bryter Järn och Stååi. *S. Nød u. s. w.*

Nödh bryter Bergh. *Noth bricht Berge.*

---

lt. Necessitas ferrum frangit.

---

191. Noth Hat kein Gebot.

Noth und Tod Hat kein Gebot.

md. D' Nöt kènnt kê' Gesètz. (mrh. L.) *Die Noth kennt kein Gesetz.*

od. Nôt hât kâə' Gsatz. (bair. O.-L.) *Noth hat kein Gesetz.*

pd. Nód Het kein Gebód. (ns. ha. G. u. G.)

Noth hät kenn Geboot. (ns. W.)

---

dt. Nood lijdt geen gebod. *Noth leidet kein Gebot.*

Nood heeft geen wet. *S. Nót u. s. w.*

Nood breekt wet. *Noth bricht Gesetz.*

Noodt breekt ee. (ah.) *S. Nood breekt u. s. w.*

Necessity has no law. *S. Nót u. s. w.* en.

Need (Necessity) has nae law. (scho.) *S. Nót u. s. w.*

Nød bryder Budet. *Noth bricht das Gebot.* dä.

Nød bryder alle Love. *Noth bricht alle Gesetze.*

Nodh (Naodh) brydher Rætb. (adä.) *Noth bricht Recht.*

Nauðsyn brýtr lög. *S. Nood breekt u. s. w.* is.

Nauðsyn er ekki lögsett. *Noth ist nicht gesetzlich.* [u. s. w.

Naud bryt alla Logjer. *S. Nød bryder alle* nw.

Naud lyder ingi Log. *Noth gehorcht keinem Gesetz.*

Nöd har ingen lag. *S. Nót u. s. w.* sw.

Nodh bryther lagh. (asw.) *S. Nood breekt u. s. w.*

Necessitas frangit legem. lt.

Necessitas non habet legem (caret legibus).

Angariae causa fit legis habenula laxa. (mlt.)

Anxia pressura compellit frangere jura (iura) (mlt.)

La necessità rumpa la ledscha. (ld.) *Die Noth bricht das Gesetz.* cw.

Nécessité n'a point de loi. *S. Nót u. s. w.* fz.

Nécessité n' a loy, foy, ne roy. *Noth hat weder Gesetz, Glauben, noch König.*

Besoing ne garde loi. (afz.) *Noth achtet nicht Gesetz.*

Besoigniex n'a loy. (afz.) *Bedürftiger hat nicht Gesetz.* [u. s. w.

Necessitat n' a ges de ley. (nprv.) *S. Nót* sf.

Necessità non ha legge. *S. Nót u. s. w.* it.

Necessità un bole legge. (cis.) *Noth will kein Gesetz.* mi.

La nézéssitè la n ha léz. (rom.) *Die Noth hat kein Gesetz.* [sitè u. s. w.

La necessità non ha leggo. (t.) *S. La nézés-*

La nezessità n' ha lègia. (em. P.) *S. La nézéssitè u. s. w.* ni.

La nefessitèè n' ha lègg. (em. R.) *S. La nézéssitè u. s. w.*

Necessità no g' à lege. (l.) *S. Nót u. s. w.*

A necessitre a n' ha de lezze. (lig.) *S. La nézéssitè u. s. w.*

La necessità a l' a nen lege. (piem.) *S. La nézéssitè u. s. w.* [u. s. w.

La necessità no ga lege. (v.) *S. La nézéssitè*

La fame no ga lege. (v. trst.) *Der Hunger hat kein Gesetz.*

Necessità nun abita liggi. (s.) *S. Nót u. s. w.* si.

Sa necessidade non hât lege. (sa. L.) *S. La nézéssitè u. s. w.*

lm. La necessitat no té lley. (sent.) *S. La nézéssitê u. s. w.*

La necessitat no té Ley. (val.) *S. La nézéssitê u. s. w.* [*u. s. w.*

pt. A necessidade não tem lei. *S. La nézéssitê*

A necessidade não tem lei, mas a da fome sobre todas póde. *Die Noth hat kein Gesetz, aber die des Hungers vermag mehr als alle.*

sp. La necesidad carece de ley. *Die Noth ermangelt Gesetzes.*

---

192. **Noth** lehrt alte Weiber springen.

Noth macht auch ein altes Weib traben.

Noth macht ein alt Weib trabend.

Noth lehrt auch den Lahmen tanzen.

Noth lehrt den Affen geigen.

od. Noth lehrt den Bären tanzen. (bair.)

pd. De Nuth deet der Eesel trappe. (nrh. A.) *Die Noth macht den Esel traben.*

---

dt. Nood maakt een oud wijf draven. *Noth macht ein alt Weib traben.*

Nood maakt oude knollen draven. *Noth macht alte Möhren traben.*

Nood doet kreupelen op stelten gaan. *Noth macht Krüppel auf Stelzen gehn.*

De nood leert wond'ren doen, Hij maakt den bloode koen. *Die Noth macht Wunder thun, sie macht den Blöden kühn.*

Noodt doet oude queenen draven. (avl.) *Noth macht alte Weiber traben.*

Noodt doet creupele op stelten gaen. (avl.) *S. Nood doet kreupelen u. s. w.*

en. Need makes the ald wife trot. *Noth macht das alte Weib traben.*

Need makes the naked man run. *Noth macht den Nackenden laufen.*

Need gars the auld wife trot. (scho.) *S. Need makes the old u. s. w.*

Need maks the naked quean spin. (scho.) *Noth macht das nackte Weib spinnen.*

Need gars naked men run and sorrow gars websters spin. (scho.) *Noth macht Nackende laufen und Kummer macht Weber spinnen.*

---

dä. Nød kommer gammel Kiærling til at trave. *Noth macht altes Weib traben.*

Nød kjender fattig Kone at spinde. *Noth lehrt armes Weib spinnen.*

Nød lærer nøgen Quinde at spinde. *Noth lehrt nackend Weib spinnen.*

Noodh kænner noghen Koone at spinne. (adä.) *S. Nød lærer u. s. w.*

Neyðin kennir naktri konu að spinna. *S.* **is.** *Nod lærer u. s. w.*

Naud lærer naki Kjering aa spinna. *S. Nod* **nw.** *lærer u. s. w.*

Naudi lærer dan halte hoppa. *Die Noth lehrt den Lahmen hüpfen.*

Nöd lärer halt man springn. *Noth lehrt lahmen* **sw.** *Mann springen.*

Naken qvinna drifver nöden att spinna. *Die Noth treibt nackend Weib an zu spinnen.*

Nödh lårer tala (plöya). *Noth lehrt sprechen (pflügen).*

Nødh lårer Biörnen dantza. *S. Noth lehrt den Bären u. s. w.*

Nødh kænnir nakoth kona at spinna. (asw.) *S. Nød lærer u. s. w.*

Nere status miseri tribuunt nudæ (nude) mu- **lt.** lieri. (mlt.)

Besoin fait vieille trotter, Et l'endormy reveil- **fz.** ler. *Noth macht Alte traben und den Eingeschlafenen aufwachen.*

Besoing fet ueille troter. (afz.) *Noth macht (die) Alte traben.*

Besoigne fait veille troter. (afz.) *S. Besoing u. s. w.*

Le besoing fait vieille troter. (Champ.) *Die* **ni** *Noth macht (die) Alte traben.*

Lou caytibé que hé courre la bielhe. (Brn.) **af** *Das Elend macht die Alte laufen.*

Qui t'a enseignade a pedassa? Hère maynadyes et chic de påa. (Brn.) *Wer hat dich lehren flicken? Viel Kinder und wenig Brot.*

Necessitat hé la bielie troutta, Atau medech l' endroumit rebelha. (Gsc.) *Noth macht die Alte traben, ebenso weckt sie selbst den Schlafenden.*

Nécéssita fåi la viélio trouta. (Lgd.) *Noth macht die Alte traben.*

Bisogno fa trottare la vecchia. *S. Nécéssita* **it.** *u. s. w.*

Il bisognino fa trottar la vecchia. (t.) *Die* **mi.** *Noth macht die Alte traben.*

Bisogno fa buon fante. (t.) *Noth macht guten Diener.*

In cas d' bisogn l' asen tròta. (em. P.) *Im* **ni.** *Nothfall trabt der Esel.*

Quand l' aqua la passa 'l cül, s' impara a nudà. (l. b.) *Wenn das Wasser über den Hintern geht, lernt man schwimmen.*

El bsogn (bsognin) a fà trotè la veja. (piem.) *S. Il bisognino u. s. w.*

sl. Sa necessidade (Su bisonzu) faghet sa bezza a currere. (sa. L.) *Die Noth macht die Alte laufen.*

S' appretta faghet sa bezza currere. (sa. L.) *Die Noth macht den Alten laufen.*

pt. Cuyta faz velha chontar. (gal.) *Angst macht altes Weib traben.*

sp. La necesidad hace á la vieja trotar. *S. Il bisognino u. s. w.*

---

193. **Noth** lehrt beten.

md. D' Nöt llert biéden. (mrh. L.) *Die Noth lehrt beten.*

od. Beten lernt man in Nöthen. (bair.)

pd. Nöd lërt bäd'n. (ns. A.)

Näd lërt böen. (ns. ha. G. u. G.)

Nauth leert beeden. (ns. W.)

---

fs. Nüjd liert bähsigen. (M.)

---

is. Þörf kennir þjóð að biðja. *Noth lehrt Leute beten.*

Neyð kennir bezt að biðja. *Noth lehrt am besten beten.*

nw. Naud lærer goda Bøner. *Noth lehrt gute Gebete.*

sw. Nöd lärer bedja.

---

lt. Optimus orandi magister necessitas.

Cum res trepidae, reverentia divûm nascitur.

In rebus acerbis Acrius advertunt animos ad religionem.

---

194. **Noth lehrt Künste.**

Noth lehrt viele Künste.

od. Die Noth ist erfinderisch. (bair.)

---

dt. Nood leert veele kunsten. *S. Noth lehrt viele u. s. w.*

Nood leert uitvinden. *Noth lehrt erfinden.*

en. Necessity 's the mither o' invention. (scho.) *Noth ist die Mutter der Erfindung.*

---

dä. Nød lærer Kunster.

Nød gjør opfindsom. *Noth macht erfinderisch.*

Nødh gør næsæ-diærff. (adä.) *Noth macht dummdreist.*

Neyðin kennir höndum að vinna. *Die Noth lehrt die Hände gewinnen.* **is.**

Naud lærer nye Kunster. *Noth lehrt neue Künste.* **nw.**

Nöd lärer konster. **sw.**

Nöd gör tilltagsen. *Noth macht unternehmend.*

Nöden är den bästa läromästaren. *Die Noth ist die beste Lehrmeisterin.*

Nodh gör nesa diærua. (asw.) *S. Nødh u. s. w.*

Necessitas magister. **lt.**

Vexatio dat intellectum.

Miseris venit solertia rebus.

Ignaviam necessitas acuit.

Multa docet urgens in rebus egestas.

Ingenium mala saepe movent. [(mlt.)

Dat miser occasus, solet effrons qvod fore nasus.

La nécessité est la mère des inventions. *Die Noth ist die Mutter der Erfindungen.* **fz.**

Necessité est mère d'invention. *S. Necessity's u. s. w.* [*Leute.*

Nécessité apprend les gens. *Noth lehrt die*

La necessità è madre dell' invenzione. *Die Noth ist Mutter der Erfindung.* **it.**

U bisognu face l' omnu ingegnosu. (crs.) *Die Noth macht den Menschen erfinderisch.* **mi.**

E bsogn insegna l' ért. (rom.) *Die Noth lehrt die Kunst.*

E bsogn l agózza l' inzegn. (rom.) *Die Noth schärft den Verstand.*

E bsogn e fa fê de gran quèll. (rom.) *Die Noth lässt grosse Dinge thun.*

La nécéssitè la fa fer e gran quèll. (rom.) *S. E bsogn u. s. w.*

Il bisogno fa l' uomo ingegnoso. (t.) *S. U u. s. w.*

Al bisògn insègna. (em. B.) *Die Noth lehrt.* **ni.**

El bisògn l' insègna a l' òm. (l.) *Die Noth lehrt den Menschen.*

Necessità la fa menà le ma. (l. b.) *Noth macht die Hände rühren.*

Necessità l' insegna di gran òss. (l. m.) *Noth lehrt grosse Dinge.*

La bolèta la gùzza 'l cervel. (l. m.) *S. E bsogn l agózza u. s. w.*

El bsogn a mostra a travajè. (piem.) *Die Noth lehrt arbeiten.*

La necessità a fa fe d' cose insolite. (piem.) *Die Noth lässt ungewöhnte Dinge thun.*

El bisogno insegna. (v.) *S. Al u. s. w.*

La necessità fa menar le man. (v.) *Die Noth macht die Hände rühren.*

La necessità fa l'uomo ingegnoso. (npl.) *S. U u. s. w.* **si.**

Necessità fa l' omu industriusu. (s.) *Noth macht den Menschen erfindsam.*

lm. No hià millor Mestra, que la necessitat ò pobrêa. (val.) *Es gibt keine bessere Lehrerin, als die Noth oder Armuth.*

pt. A necessidade he mestra. *Die Noth ist Lehrerin.*

sp. No hay mejor maestra que la necesidad y pobreza. *Es gibt keine bessere Lehrerin, als die Noth und Armuth.*

La necesidad hace maestro. *Die Noth macht (den) Meister.*

wl. Nevoia învéţiă pe omu. *S. El bisògn u. s. w.*

---

195. **Noth** sucht Brot, wo sich's findet.

od. Nod suecht (*sucht*) Brod. (schwei.)

pd. Nit säkt Brit. (nrh. S.) *S. Nod u. s. w.*

---

dt. Nood Zoekt brood. *S. Nod u. s. w.*

---

dä. Nod søger Brød, enten tjener, tigger, eller stjæler den det. *Noth sucht Brot, entweder verdient, bettelt oder stiehlt sie es.*

Hunger og Nød lære at søge Brød. *Hunger und Noth lehren Brot suchen.*

is. Nauð sækir brauð. *S. Nod u. s. w.*

nw. Hungr og Naud lærer Folk sokja Braud. *Hunger und Noth lehrt Leute Brot suchen.*

sw. Nödh söker Brödh. *S. Nod u. s. w.*

Hunger och Nödh lährer sökia Brödh. *S. Hunger u. s. w.*

---

it. Necessità fa fari di li petri pani. (si. s.) *Noth lässt aus den Steinen Brot machen.*

---

196. Ondt for Stakkarle, naar Nød gior Kiøbet. (dä.) *Schlimm für Elende, wenn* **Noth** *den Kauf macht.*

is. Neyð er enginn kaupmaðr. *Noth ist kein Kaufmann.*

nw. Naud gjerer godt Kaup. *Noth macht guten Kauf.*

---

it. L' è on bèl comprà con quei costret a vend. (mi. l.) *Es ist ein schönes Kaufen von denen, die gezwungen sind, zu verkaufen.*

sp. Quieres buen mercado? con el necio necesitado. *Willst du guten Markt? Mit dem Dummen, der in Noth ist.*

---

197. Wenn die **Noth** am grössten, Ist Gottes Hülfe am nächsten.

Wenn die Noth am höchsten ist, ist die Hülfe Gottes am nächsten.

Je grösser (die) Noth, Je näher Gott.

md. Wan d' Nöt am grösten as, as d' Helleff am nåesten. (nrh. L.) *Wenn die Noth am grössten ist, ist die Hülfe am nächsten.*

od. Ist die Noth am höchsten, so ist die Hůlf am nåchsten. (bair.)

pd. Wann de Nauth am höchesten, Dann is de leewe Gott am nöchesten. (ns. W.) *Wenn die Noth am höchsten, dann ist der liebe Gott am nächsten.*

---

dt. Hoe grooter nood, Hoe nader bij God. *Je grösser Noth, Je näher bei Gott.*

Wanneer de nood op het hoogst is, is de redding nabij. *Wenn die Noth am höchsten ist, ist die Rettung nah.*

Als de angst hoogst is, dan is Gods hulp allernaast. *Wenn die Angst am höchsten ist, dann ist Gottes Hülfe am nächsten.*

en. When the night's darkest, the dawn's nearest. *Wenn die Nacht am dunkelsten ist, ist der Tagesanbruch am nächsten.*

---

dä. Naar Noden er størst, er Hjelpen nærmest. *Wenn die Noth am grössten ist, ist die Hülfe am nächsten.*

Naar Noden er størst, kommer Guds Hielp først. *Wenn die Noth am grössten ist, kömmt Gottes Hülfe am ersten.*

Jo større Nød (Jo haardere Kors), jo nærmere Gud. *Je grössere Noth (Je härter Kreuz), je näher Gott.*

is. Þegar neyðin er hæst, er hjálpin næst. *S. Naar Noden er størst, er u. s. w.*

Þá bölið er hæst, er bótin næst. *Wenn das Unglück am ärgsten ist, ist die Besserung am nächsten.*

nw. Naar Naudi er størst, kjem Hjelpi fyrst. *Wenn die Noth am grössten ist, kömmt die Hülfe am ersten.*

Naar Naudi er mest, er Hjelpi næst. *S. Naar Noden er størst, er u. s. w.*

Naar Ridi er hardaste, vil ho halda upp. *Wenn der Anfall (Angriff) am schwersten ist, wird er aufhören.*

sw. När nöden är störst, är hjelpen närmast. *S. Naar Noden er størst, er u. s. w.*

När nöden är störst, kommer hjelpen först. *S. Naar Naudi er størst, u. s. w.*

---

lt. Ex improviso subvenit ipse Deus.

cw. Nell' ura greiva Spetta cun spraunza la leiva. **(ld. O.-E.)** *In der schweren Stunde erwarte mit Zuversicht die leichte.*

fz. A barque désespérée Dieu fait trouver le port. *Verzweifelte Barke lässt Gott den Hafen finden.*

it. Quando è maggiore il bisogno, l'ajuto di Dio è più vicino. *Wenn die Noth grösser ist, ist die Hülfe Gottes näher.*

Quando il caso è disperato, la provvidenza è vicina. (t.) *Wenn die Lage verzweifelt ist, ist die Vorsehung nahe.* **mi.**

L' ura pässè scüra l' è quèla aanti dé. (l. b.) *Die dunkelste Stunde ist die vor Tagesanbruch.* **ni.**

A barca disperà Dio trova 'l porto. (v.) *Für verzweifelte Barke findet Gott den Hafen.*

A **barca** desperata Dio **le** retrova puorto. (upl.) ***Für verzweifelte Barke** findet Gott den **Hafen wieder.*** **si.**

O.

198. Take **heed** of an ox before, an ass behind and a monk on all sides. (en.) *Nehmt euch vor einem* **Ochsen** *vorn, vor einem Esel hinten und vor einem Mönch auf allen Seiten in Acht.*

sw. För en oxe bör man akta sig framtill, för en åsna baktill, och för en jesuit på båda sidor. *Vor einem Ochsen muss man sich vorn, vor einem Esel* ***hinten und vor*** *einem Jesuiten auf* ***beiden Seiten in Acht nehmen.***

fz. Il faut se garder **du devant d'une femme, du** derrière d'une **mulle, et d'un moine de tous** costez. (afz.) ***Man muss sich vor*** *der Vorderseite einer* ***Frau, vor der*** *Hinterseite eines Maulthiers* ***und vor einem Mönch von*** *allen Seiten* ***in Acht nehmen.***

sf. Gardo-t'y dou davant d'uno fremo, **dou derniè** d'uno **mulo, et** d'un Soudar **de tout costa.** (nprv.) ***Hüte dich*** *vor der Vorderseite einer Frau, vor der Hinterseite eines Maulthiers und vor einem Soldaten von jeder Seite.*

it. Dal bo davanti; dal mulo dadrio, e da la dona da tute le bande. **(ni. v.)** *Vor dem Ochsen vorn, vor dem Maulthier hinten und vor der Frau von allen Seiten.*

199. Entweder, **oder.**
Bischof oder **Bader.**
Siegen oder sterben.

Alles oder neischt. (mrh. L.) ***Alles*** *oder Nichts.* **md.**
Aut oder naut. (W. E.) ***Etwas*** *oder Nichts.*
Kröpel **of König. (ns. ofs.)** ***Krüppel*** *oder König.* **pd.**

Of ridder, of marskramer. ***Entweder Ritter oder Hausirer.*** **dt.**
Bisschop of bedelaar. ***Bischof oder Bettler.***
Hy wil Koninck **of** koeter **wesen. (nh.)** *Er will König oder Taglöhner* ***sein.***
Oft ridder, oft meersman. **(avl.)** ***Entweder Ritter oder Krämer.***

Either a man or a mouse. *Entweder ein Mann* ***oder eine Maus.*** **en.**
Either by **might** or by **sleight.** ***Entweder mit Gewalt*** *oder* ***mit List.***

Enten — **eller!** **dä.**
Antingen ägg eller ungar. *Entweder* ***Eier oder*** *Junge.* **sw.**
Antingen **med eller mot.** ***Entweder mit oder gegen.***

Aut **aut.** **lt.**
Aut Cæsar, aut nihil.
Roi ou rien. ***König oder*** *Nichts.* **fz.**
Ou mestre, ou ren. (nprv.) *Entweder Herr* ***oder Nichts.*** **sf.**
Ou rey, **ou roc.** (nprv.) *Entweder König oder Thurm.*
Ou caud, **ou** frech. (nprv.) *Entweder warm* ***oder*** *kalt.*
Ou tout figo, ou tout raisin. (nprv.) ***Entweder ganz Feige, oder ganz*** *Weintraube.*

it. O Cesare o niente. *Entweder Cäsar oder Nichts.*
O Cesare o Niccolò. *Entweder* **Cäsar oder** *Nikolaus.*
O barattiere, o cavaliere. *Entweder Tauschhändler oder Ritter.*
O asso o sei. *Entweder Ass oder Sechs.*
O amico o no. *Entweder Freund oder nicht.*
mi. A vut a vut. (rom.)
O tött o **gniut. (rom.)** *Entweder Alles oder* ***Nichts.***
O merda o garnadèll. (rom.) *Entweder* ***Schmutz oder Besen.***
O **merda o brëtta** rossa. (rom.) ***Entweder Schmutz*** *oder rothe Mütze.*
O **fòra, o** denter. (rom.) *Entweder draussen* ***oder*** *drinnen.*
O principe, o marinaro. (t.) ***Entweder Fürst oder Matrose.***
O cappa o mantello. (t.) ***Entweder*** *Kaputze* ***oder Mantel.***
O polli, o grilli. (t.) ***Entweder*** *Hühner* ***oder Grillen.***
O si o no. (t.) *Entweder Ja oder Nein.*
O dentro o fuori. (t.) *Entweder drinnen oder draussen.*
O guasto o fatto. (t.) *Entweder verpfuscht oder gethan.*
ni. Aut aut. **(em. B.,** P.)
O dènter o **foèura.** (em. P.) *S. O dentro* ***u. s. w.***
Aot aot, **o un** pifer o un flaot. (piem.) ***Ent****weder* ***oder,*** *entweder* ***eine*** *Pfeife oder* ***eine*** *Flöte.*
O si o no. (piem.) ***S. O si*** *u. s. w.*
O tròp o gnente. **(piem.)** *Entweder* ***zu*** *viel oder Nichts.*
O chëuit **o cru. (piem.)** ***Entweder gekocht oder roh.***
O **rich** marcant **o** pover polajè. (piem.) ***Ent****weder reicher Kaufmann oder armer Hühnerhändler.*
lm. O bè Monje, o bè Canonge. **(val.)** *Entweder Mönch oder Kanonikus.*
sp. O seys, o as, o bien **dentro, o bien fuera.** *Entweder Sechse oder* ***As, entweder ordentlich*** *drinnen oder ordentlich draussen.*
O rico, o pinjado. *Entweder reich* ***oder*** *gehangen.*
O seys, **o as.** (asp.) *Entweder Sechse oder Ass.*
O bien dentro, o bien fuera. (asp.) *Entweder ordentlich drinnen oder ordentlich draussen.*
O rico, o penjado. (asp.) *S. O rico u. s. w.*

200. Friss Vogel **oder** stirb.
Da heisst es: Friss Vogel, oder stirb. (bair.) **od.**

Fugl **æd eller dø!** **dä.**

Aut bibat, aut abeat. **lt.**
Bisogna **bere o** affogare. *Man muss trinken* *oder* ***ersaufen.*** **it.**
O vei, o affoga. (crs.) *Entweder trink oder ersauf.* **mi.**
Manghia **sta** minestra, O **salta pe a finestra.** (crs.) ***Iss diese Suppe oder spring aus dem*** *Fenster.*
O magna sta minestra, o zompa sta finestra. (R.) ***Entweder iss diese Suppe oder spring aus diesem Fenster.***
O magnô **sta mnestra, o saltô sta finestra.** (rom.) ***S. O magna u. s. w.***
O ber **o bara. (rom.)** ***Entweder trinken oder*** *Bahre.*
O e dent, **o la ganassa. (rom.)** *Entweder den Zahn oder die Kinnlade.*
O bere, o affogare. (t.) *Entweder trinken oder ersaufen.*
O dëint **o** ganassa. (em. B.) *Entweder Zahn oder Kinnbacken.* **ni.**
O bëver, o andgars. (em. B.) ***S. O bere u. s.*** *w.*
O el dént o la ganàssa. (em. P.) *S. O e dent u. s. w.*
O bever o rômper el boccal. (em. P.) *Ent*-***weder trinken, oder*** *den Becher zerbrechen.*
O' l dëint ò la ganassa. (em. R.) *S. O e dent* ***u. s. w.***
O mangia **sta** menestra, **o** salta **sta fenestra.** (l. m.) *S. O magna u. s.* ***w.***
O mangia d' costa mnestra **o passa per sta** fnestra. (piem.) *Entweder* ***iss*** *von* ***dieser*** *Suppe oder begib dich* ***durch dieses Fenster*** *fort.*
Si **a j' è nen autr, O** el **dent o** la **ganassa. (piem.)** ***Hier ist*** *nichts Andres: entweder* ***den Zahn oder die*** *Kinnbacke.*
O basa sto Cristo, o salta sto fosso. (v.) *Ent*-*weder küsse dieses Christusbild,* ***oder*** *spring über diesen Graben.*
O salta sto fosso o rosiga sto osso. (v. trst.) *Entweder spring über diesen Graben oder nage diesen Knochen ab.*
O aspetta, o cinco lettere (i. e. crepa). (npl.) ***Entweder warte oder*** *fünf Buchstaben (stirb).* **si.**
O parir, ò morir. (val.) *Entweder* ***gebären,*** ***oder sterben.*** **lm.**

201. Offene Thür verführt einen Heiligen.

Bei offener Kiste mag auch der Fromme ein Schalk werden.

pd. Find't de Hund den Putt apen, so stickt hee de Snuut henin. (ns. Hmb.) *Findet der Hund den Topf offen, so steckt er die Schnauze hinein.*

---

dt. Eene open deur bekoort zelfs den vrome. *Eine offene Thür verführt selbst den Frommen.*

De open deur roept den dief. *Die offne Thür ruft den Dieb.*

en. At open doors dogs ga ben. (scho.) *Zu offnen Thüren kommen Hunde herein.*

---

dä. En aaben Kiste gjør en dristig Tyv. *Eine offene Kiste macht einen dreisten Dieb.*

sw. Öppen kista gör dristig tjuf. *Offene Kiste macht dreisten Dieb.*

---

it. A porta (cassa) aperta anche il giusto vi pecca. *Bei offener Thür (Kiste) sündigt auch der Gerechte.*

Ad area aperta il giusto pecca. *Bei offenem Schrein sündigt der Gerechte.*

All' arca aperta il giusto vi pecca. *Am offenen Schreine sündigt der Gerechte.*

mi. Arca aperta, Giusto (Il giusto) vi pecca. (t.) *Schrein offen, sündigt der Gerechte.*

pt. Na arca aberta o justo pecca. *S. All' arca u. s. w.*

sp. Puerta abierta al santo tienta. *Offene Thür versucht den Heiligen.*

En casa abierta el justo peca. *Bei offenem Hause sündigt der Gerechte.*

En arca abierta el justo peca. *S. Ad arca u. s. w.*

---

202. Ga niet scheep zonder beschuit. (dt.) *Geht nicht zu Schiff ohne Zwieback.*

---

an. Á fjalli eða firði ef þik fara tiðir, fástu at virði vel. *Auf Berg oder See, wenn du zu fahren hast, nimm du gehörige Speise zu dir.*

sw. Onit gå till Torgs (på Krogen) vthan Penningar (Mynnt). *Übel ohne Geld (Münze) auf den Markt (in den Krug) gehen.*

---

lt. Priusquam ingrediatur non considerat.

fz. S'embarquer sans biscuit. *Sich ohne Zwieback einschiffen.*

Aller aux mûres (congres) sans crochet. *Ohne Haken in die Maulbeeren (nach Meeraalen) gehen.*

Aller au bois sans cognée. *Ohne Axt in's Holz gehen.*

Il ne faut pas aller aux meures sans havet. (afz.) *Man muss nicht ohne Haken in die Maulbeeren gehen.*

Enu' aller sins busrûte. (w.) *Ohne Zwieback* **af.**
fortreisen.

Aller â bois sins cougneie. (w.) *S. Aller au [bois u. s. w.*

Non faut pas s'embarquar senço bescuetch. (uprv.) *Man muss sich nicht ohne Zwieback einschiffen.* **sf.**

Non entrar in mar senza biscotto. *Geh' nicht zur See ohne Zwieback.* **it.**

Imbarca senza biscotto. *Er schifft sich ohne Zwieback ein.*

Non t' imbarcar senza biscotto. (crs.) *Schiffe dich nicht ohne Zwieback ein.* **mi.**

Chi s'imbarca senza biscotto, ritorna senza denti. (crs.) *Wer sich ohne Zwieback einschifft, kommt ohne Zähne wieder.*

A la fame è prestu ridottu, chi s' imbarca senza biscottu. (crs. s.) *Dem Hunger ist rasch verfallen, wer sich ohne Zwieback einschifft.*

Andêr a la gvéra senza stciòp. (rom.) *In den Krieg gehen ohne Gewehr.*

Entrare in barca senza biscotto. (t.) *Zu Schiff gehen ohne Zwieback.*

Non bisogna imbarcarsi senza biscotto. (t.) *S. Non faut u. s. w.*

Chi va a caccia senza cani, torna a casa senza lepri. (t.) *Wer ohne Hunde auf die Jagd geht, kommt ohne Hasen wieder.*

Cargar al sciopp sênza ballein. (em. B.) *Das Gewehr ohne Kugel laden.* **ni.**

Andar a la guèra senza s'ciopp. (em. P.) *S. Andêr u. s. w.*

Imbarcâse senza beschêutto. (lig.) *S. S' embarquer u. s. w.*

Anbarchesse sensa el necessari. (piem.) *Sich ohne das Nöthige einschiffen.*

Andè a la cassa con el fusi carià a cola pòer (veûid). (piem.) *Auf die Jagd gehen mit dem Gewehr, das bloss mit Pulver geladen (leer) ist.*

Nvarcarese senza vascuotto. (npl.) *S. S' em-* **si.**
barquer u. s. w.

Nun andari a ligna senza corda. (s.) *Geh nicht in's Holz ohne Strick.*

Esse mal farás que andes e não comas. *Daran* **pt.**
wirst du übel thun, dass du gehst und nicht issest.

sp. Quando fueres al rozo, no vayas sin calagozo. *Wenn du nach Kleinholz* **gehst,** *so gehe nicht ohne Baumscheere.*

---

203. **Ohne Mehl ist nicht gut Brot backen.**

Ohne Mehl und Wasser ist übel backen.

Brot bäckt man nicht ohne Mehl.

Ohne Wasser schleift sich's übel.

md. Fir en Ziwö ze mäche' muss ên en Huos hun. (mrh. L.) *Um ein Hasenschwarz zu machen, muss man einen Hasen haben.*

od. Man backt kein Brod ohne Mehl. (bair.)

Me cha kei Pfanntätsch mache-n-, ohni dass me muess Eier breche. (schwei. S.) *Man kann keinen Pfannenkuchen machen, ohne dass man Eier einschlägt.*

pd. De ahne Tom will ridn, liggt fakn inn Sanne. (ns. B.) ***Wer ohne Zaum reiten will, liegt oft im Sande.***

Óne (Sûnder) Wâter slipet nein Minsche. (ns. ha. G. u. G.) *Ohne Wasser schleift kein Mensch.*

He målt nig ohne Våter. (ns. hlst. A.) ***Er mahlt nicht ohne Wasser.***

---

dt. Zonder hop kan men geen bier brouwen. *Ohne Hopfen kann man kein Bier brauen.*

Om hazepeper te maken, moet de kok een' haas hebben. *Um Hasenpfeffer zu machen, muss der Koch einen Hasen haben.*

Het is kwaad slijpen zonder water. *Es ist übel schleifen ohne Wasser.*

't Is moeijelyk koeken bakken zonder vuer of vet (bry maken met water alleen). (vl.) ***Es ist schwer ohne Feuer oder Fett Kuchen zu backen (Brei mit Wasser allein zu machen).***

---

dä. Det er ondt, at slibe uden Vand. *S. Het is kwaad u. s. w.*

Det er ondt, at seile uden Vand. *Es ist übel, ohne Wasser zu schiffen.*

Ondt er at seyle uden Vind og slibe uden Vand. *Übel ist's, ohne Wind zu segeln und ohne Wasser zu schleifen.*

Forgieves er at mede uden Krog, at lære uden Bog. *Vergebens ist's, ohne Angelhaken zu angeln, ohne Buch zu lernen.*

nw. D' er ilt an ro, naar Aari er av. *Es ist übel rudern, wenn das Ruder ab ist.*

Rokk utan Hjul er liti Hjelp i. *Rocken ohne Rad hilft wenig.*

Ondt slijpa uthan Watn. *Übel schleifen ohne Wasser.* sw.

Point d'omelette sans oeufs. *Kein Eierkuchen ohne Eier.* fz.

Il estent avoir du pain à qui veut faire souppe. (afz.) *Wer Suppe machen will, hat Brot nöthig.*

Ein n' foet pån d'omblette sans casser d'x'u. (pic.) *Man macht keinen Eierkuchen ohne Eier aufzuschlagen.* nf.

On n'sâreut fer l' vôte sans casser des ofs. (w.) *S. Me cha u. s. w.*

Senza farina non si può far pane. *Ohne Mehl kann man nicht Brot machen.* it.

Il molino non macina senz' acqua. *Die Mühle mahlt nicht ohne Wasser.*

Un si pô fa pane senza ferina. (crs.) *Man kann nicht Brot ohne Mehl machen.* mi.

Un si pô fa frittata senza rompe l' ove. (crs.) *S. Me cha u. s. w.*

Senza l' occhiello non s' affibbia il bottone. (t.) *Ohne das Knopfloch knöpft sich der Knopf nicht zu.*

Senz' aqua che va, el mûli no pö masnà. (l. b.) *Ohne fliessendes Wasser kann die Mühle nicht mahlen.* ni.

Pan no se fa senza levà. (l. m.) *Brot macht man nicht ohne Sauerteig.*

No se fa pan senza levà. (v.) *Man macht kein Brot ohne Sauerteig.*

Senza aqua el molin no masena. (v.) *Ohne Wasser mahlt die Mühle nicht.*

Senza ferri nun si po fari causetti. (s.) *Ohne Nadeln kann man keine Strümpfe stricken.* si.

Piedra sin agua no aguza en la fragua. *Stein ohne Wasser schleift nicht in der Schmiede.* sp.

Qué aprovecha candil sin mecha? *Was nutzt die Lampe ohne Docht?*

---

204. Wie zonder eten gaat te bed, Dien woordt het slapen ligt belet. (dt.) *Wer ohne Essen zu Bett geht, der wird leicht am Schlafen verhindert.*

Qui s' en va coucher sans souper, Ne cesse la nuict se démener. *Wer ohne Abendbrot schlafen geht, hört des Nachts nicht auf, sich herumzuwälzen.* fz.

Chi ba a lettu senza cena, Tutta la notte si rimena. (mi. crs. s.) *Wer ohne Abendbrot* it.

zu *Bette geht, wälzt sich die ganze Nacht herum.*

mi. Chi va a letto senza cena, tutta notte si dimena. (t.) *S. Chi ba u. s. w.*

ni. Cui che nol czene, dute la gnott si termene. (frl.) *Wer nicht zu Abend isst, wälzt sich die ganze Nacht herum.*

Chi va sott a la dòbbia senza scenna, Facil che tutta nocc el se remenna. (l. m.) *Wer ohne Abendbrot unter die Decke geht, wälzt sich leicht die ganze Nacht herum.*

Chi va in letto senza çenn-a, tùtta a nêutte se remenn-a. (lig.) *S. Chi ba u. s. w.*

Chi va a durmi senssa sina a sganbita tuta la neuit. (piem.) *Wer ohne Abendbrot schlafen geht, zappelt die ganze Nacht.*

Chi va a durmi senssa mangé, passa la neuit senssa repòs. (piem.) *Wer ohne zu essen schlafen geht, bringt die Nacht ohne Ruhe zu.*

Chi va a durmi con 'l stòmi vèuid as dimena tuta la neuit. (piem.) *Wer mit leerem Magen schlafen geht, wälzt sich die ganze Nacht herum.*

Chi va in leto senza cena Tuta la note se remena. (v.) *S. Chi ba u. s. w.*

Chi va in **leto** senza zena, **Tuta la note se re**mena. (v. trst.) *S. Chi ba u. s. w.*

sp. Quien se echa sin cena, toda la noche **devanea.** *Wer sich ohne Abendbrot* ***niederlegt, phantasirt die ganze*** *Nacht.*

---

205. Zu einem **Ohr** hinein, zum andern wieder heraus.

Es geht dir **zu einem ohr ein, zum andern** wider aus. (ad.)

Zeinem **ôren in,** zem **andern für. (ad.)**

Er lât **ez durch diu ôren gar, zem einen in, zem andern ûz. (ad.)**

md. Zu **ìm Ûre gits nei, zum** andern **wider naus.** (schls. B.) *Zu einem* ***Ohr*** *geht's hinein, zum andern wieder hinaus.*

pd. Zä ênem ir ånen, zä gênem erousz. (nrh. S.) *Zu einem Ohr hinein, zum andern heraus.*

In een Ur geit 't rin un ut'n annern werrer ut. (us. M.-Str.) *In ein Ohr geht's herein und aus dem andern wieder heraus.*

Es geht ihm zu einem Ohr **hinein,** zum andern heraus. **(us. Pr.)**

---

dt. Tuit, tuit: **'t** Een oor in en 't ander uit. *Tut, Tut: zu einem Ohre hinein und zum andern heraus.*

In at one ear and out at the other. *Zu einem Ohr hinein und zum andern heraus.* **en.**

Went in at one ear and out at the other. (n. en.) *Es gieng zu einem Ohr hinein und zum andern heraus.*

Ik lêt-t det inu Uar iin **an-t öder weller** üütj gung. (A.) *Ich lasse es das eine* ***Ohr ein*** *und das andere wieder ausgehen.* **fs.**

At lade Noget gaae ind ad det ene, og ud **af** det andet Øre. *Etwas zu dem einen Ohr hinein und aus dem andern herausgehen lassen.* **dä.**

Daare ladher Raad ingaa at thet ene Øre oc wdh at thet annet. (adä.) *Ein Thor lässt Rath* ***zu*** *dem einen Ohr herein und* ***zu*** *dem andern herausgehen.*

Jeg **læt** það inn um annað eyrað en út um annað. *Ich lasse das zu einem Ohr* ***hinein*** *und zum andern heraus.* **is.**

Dárar láta orð gánga innum eitt eyrað og útum annað. *Thoren lassen Worte zu dem einen Ohr hinein und zum andern herausgehen.*

Dat gjeng inn um dat eine Oyrat **og** ut um **dat andere.** ***S. Went in u. s. w.*** **nw.**

Man kan låta det gå in genom det ena örat och ut genom det andra. ***Man kann das durch das eine Ohr hinein und durch das andere herausgehen lassen.*** **sw.**

Arripiunt aurae (aure) quidquid (quidquid) stolidi **sonat aure. (mlt.)** **lt.**

Cela **lui entre par une oreille et lui sort par l'autre.** ***Das*** *geht ihm* ***zu einem Ohr*** *herein und zum andern heraus.* **fz.**

Houter po n'oreie et rouvi po l'aute. (w.) *Mit einem Ohre hören und mit dem andern vergessen.* **nf.**

Intro per uno oureillo, et souerte per l'autro. (nprv.) *S. Ze im u. s. w.* **sf.**

Per un orecchio entra, per l'altro esce. *S. Zu im u. s. w.* **it.**

Per un orecchio si senta, E per l' altro si lenta. (crs.) *Mit einem* ***Ohr*** *wird's gehört und durch's andere geht's fort.* **mi.**

I paròl van denter d' on oregia e van fòra de l' altra. (l. m.) *Die* ***Worte gehn*** *in ein Ohr hinein und zum andern* ***heraus.*** **ni.**

---

206. Die olie meet, krijgt smeerige handen. (dt.) *Wer* ***Öl*** *misst, kriegt schmierige Hände.*

Die olie uitmeet, wordt er vet van. *Wer Öl ausmisst, wird fettig davon.* **dt.**

Die zich bij het vet voegt, krijgt er een smeer van. *Wer dem Fett nahe kommt, wird davon angeschmiert.*

en. He that measureth oil, shall anoint his fingers. *Wer Öl misst, beschmiert sich die Finger.*

---

fz. On ne saurait manier du beurre qu'on ne s'en graisse les doigts. *Man kann nicht mit Butter umgehen, ohne sich die Finger damit fettig zu machen.*

Qui mesure l'huile il s'en oingt les mains. (afz.) *S. He that measureth u. s. w.*

nf. On ne peut guère manier de beurre sans qu' il en reste dans les doigts. (Br.) *Man kann schwerlich mit Butter hantieren, ohne dass welche an den Fingern bleibt.*

On ne tient poent de bure sans avoir les pattes grasses. (pic.) *Man hält nicht Butter, ohne fettige Hände zu haben.*

it. Quel che manègia el grass Nol pò alter che oncisciàss. (ui. l. m.) *Wer mit Fett umgeht, kann nicht anders, als sich fettig machen.*

A manizar el grasso tuti se onze le man. (v.) ni.
Beim Hantieren mit Fett beschmieren sich Alle die Hände.

Chi maniza el grasso, se onze. (v.) *Wer mit Fett umgeht, beschmiert sich.*

Qui di maneja, los dits se n' unta. (ocat.) lm.
Wer mit Öl hantiert, beschmiert sich die Finger damit.

Quem azeite mede, as mãos unta. *Wer Öl* pt.
misst, beschmiert sich die Hände.

Quem com mel trata, sempre se lhe apega. *Wer mit Honig umgeht, dem klebt immer welcher an.*

Quien el aceite mesura, las manos se unta. sp.
Wer das Öl misst, beschmiert sich die Hände.

Quien trata en miel, siempre se le pega dšl.
S. Quem com u. s. w.

Quien la miel menea, siempre se le pega de ella. *Wer den Honig schüttelt, dem klebt immer welcher an.*

P.

207. **Pack schlägt sich, Pack verträgt sich.**

md. Pack schlägt sich, Pack trägt sich. (mrh. E.)

Påk schlēt séch, Påk ferdrēt séch. (mrh. L.)

pd. Pack schleet sech, Pack verdrät sech. (urh. Gl.)

Pack sleit sick, Pack verdröggt sick. (ns. A.)

Pack slögt sek, Pack verdrögt sek. (ns. ha. G. u. G.)

Pack sleit sick, Pack verdriggt sick. (ns. Hmb.)

Frünne kiven, Frünne bliven. (ns. O. J.) *Blutsverwandte keifen, Blutsverwandte bleiben.*

Schelmzeug schlägt sich, Schelmzeug verträgt sich. (ns. Pr.)

Pack schlögt sik, Pack verdrögt sik. (wstf. Mst.)

Pack schlöög sick, Pack verdröög sik. (wstf. O.)

---

dä. Pak slaaes, og Pak forliges igjen. *Pack schlägt sich und Pack verträgt sich wieder.*

sw. Pack slåss och pack förlikes.

Quarelle di chin, i s'raccomòdet à l' sope. fz.
(nf. w.) *Hundezank; sie vertragen sich bei der Suppe.*

Tantou frare, tantou lare. (Pat. s.) *Bald* af.
Bruder, bald Dieb.

---

208. **Verspricht sich doch wohl der Pastor auf der Kanzel.**

Bi ball versprecht sich die Kanzel of den md.
Pfärr! (frk. H.) *Wie bald verspricht sich die Kanzel auf dem Pfarrer!*

Wird do' do' Pfarrar auf do' Kazu'l irr! (bair. od. O.-L.) *Wird doch der Pfarrer auf der Kanzel irre!*

Et versprikket sick woll de Pastore up der pd.
Kanzel. (ns. W.) *Es verspricht sich wohl der Pastor auf der Kanzel.*

---

it. Erra il prete all' altare. *Es irrt sich der Priester am Altare.*

mi. S'ingannu (Sbaglia) anca u prete all' altare. (crs.) *Es irrt sich auch der Priester am Altare.*

E sbaglia e prit a l' altêr. (rom.) *S. Erra u. s. w.*

Egli erra (Sbaglia) il prete all' altare. (t.) *S. Erra u. s. w.*

Sbaglia il contadino all' aratro. (t.) *Es irrt sich der Landmann am Pfluge.*

ni. Al falla al prit all' altar. (em. B.) *S. Erra u. s. w.*

A fàla anca el prêt a dir messa. (em. P.) *Es irrt sich auch der Priester beim Messelesen.*

A falla anch al prêt all' altèr. (em. R.) *S. S'ingannu u. s. w.*

A falla anch al prêt int la méssa. (em. R.) *Es irrt sich auch der Priester bei der Messe.*

Al fale anchie il predi sull' altár. (frl.) *S. S'ingannu u. s. w.*

I fala a i pregg a di messa. (l. b.) *S. A fàla u. s. w.*

A di messa anch el prêt di voeult el falla. (l. m.) *Beim Messelesen irrt sich auch der Priester zuweilen.*

Sbaglia finn-a o Præve all' artâ. (lig.) *Irrt sich doch selbst der Priester am Altar.*

As falisso fina ii preive a di messa. (piem.) *Irren sich doch selbst die Priester beim Messelesen.*

Fala anca 'l prete su l' altar. (v.) *S. S'ingannu u. s. w.*

Fala anca el prete a dir messa. (v.) *S. A fàla u. s. w.*

Fala anca el prete su l' altar. (v. trst.) *S. S'ingannu u. s. w.*

---

209. Wer **Pech** anfasst, besudelt sich.

Wer daz pech rüeret an, der selb wirt flecket dâvon. (ad.)

md. De mat Pêch emgêt, besudelt sich. (mrh. L.) *Wer mit Pech umgeht, besudelt sich.*

od. Wer Pech angreift, wird beschmutzt. (bair.)

Wer mit Dreck umgoht *(umgeht)*, wird mit Dreck b'schisse *(beschmutzt)*. (schwei. S.)

pd. We met Peich ömgeeht, beschmiert sich de Hâng. (nrh. A.) *Wer mit Pech umgeht, beschmiert sich die Hände.*

Wei Pick anpäkket, de besudelt sick. (ns. W.)

Die met pek omgaat, wordt ermede besmet. **dt.** *Wer mit Pech umgeht, wird damit beschmutzt.*

Grijp je pek, Daar blijft een vlek. *Fasst Ihr Pech an, so bleibt ein Fleck.*

Die troot handelt, maect gheerne syne vingheren vet. (avl.) *Wer Russ anfasst, macht leicht seine Finger fett.*

Handelt gy pek, Gy krygt een vlek. (vl.) *Hantiert ihr mit Pech, ihr kriegt einen Fleck.*

Touch pitch and you will be defiled. **en.** *Fasst Pech an, und ihr werdet schmutzig werden.*

How can a man touch pitch and not be defiled? *Wie kann Jemand Pech anfassen und nicht schmutzig werden?*

He that deals in dirt has aye foul fingers. (scho.) *Wer mit Schmutz hantiert, hat stets schmutzige Finger.*

Den som rører Beg, faaer sorte Fingre. **dä.** *Wer Pech anrührt, bekommt schwarze Finger.*

Hvo som rører ved Beg, kan let smitte sig (han smitter sig). *Wer Pech anrührt, kann sich leicht beschmutzen (der beschmutzt sich).*

Hvo sig paa gammel Kiedel skurer, fanger gierne Smitte. *Wer sich an altem Kessel scheuert, beschmutzt sich leicht.*

Fáir fara svo með bik, að þeir flekki ei hendr- **is.** nar. *Wenige gehen so mit Pech um, dass sie die Hände nicht beflecken.*

Svartnr verður hann, við bik fæst. (fær.) *Schwarz wird der, welcher sich mit Pech befasst.*

Dan som vil faast med Biket, verd alltid bikut. **nw.** *Wer sich mit Pech befassen will, wird immer mit Pech beschmiert.*

Dan som rører i Kol og Krit, han verd anten svart elder kvit. *Wer in Kohlen und Kreide rührt, wird entweder schwarz oder weiss.*

Den som kommer när vid tjära, blir nedsmord **sw.** deraf. *Wer dem Theer nahe kommt, wird davon beschmutzt.*

Den som kommer når tjåra blifwer smittad. *Wer dem Theer nahe kommt, wird beschmutzt.*

Dhen som fååsz wijd Tiåran han blifwer ther aff besmittad. *Wer sich mit Theer befasst, wird davon beschmutzt.*

Dhen som rörer i skarnet, han får orena händer. *Wer im Schmutz rührt, kriegt unreine Hände.*

Qui tangit picem, contaminabitur. **lt.**

Qui picem tangit, inquinabitur ea.

cw. Tgi che fa gin fullin, sefullinescha sesez. (obl.) *Wer Russ abmacht, berusst sich selbst.*

fz. Qui touche la poix, s' embarbouille.
Qui traite la poix s'embrouille les doits. *Wer das Pech handhabt, beschmutzt sich die Finger.*

it. Chi tocca la pece, s'imbratta le mani. *Wer das Pech anfasst, beschmutzt sich die Hände.*
Chi tocca la pece, o s'imbratta, o si sozza. *Wer das Pech anfasst, beschmutzt oder besudelt sich.*

mi. Chi tocca pece, s' imbratta. (t.)
Chi si frega al ferro, gli s' appicca la ruggine. (t.) *Wer sich an Eisen reibt, dem hängt der Rost an.*

ni. Chi tocca la pégola, s'empégola. (l. b.) *Wer das Pech anfasst, bepecht sich.*
Chi a toca l' apeis a s' sporca e a s' anbeclifla. (piem.) *S. Chi tocca la pece o u. s. w.*

si. Cui tocca pici, s' imbratta li manu. (s.) *Wer Pech anfasst, beschmutzt sich die Hände.*
Qui toccat su pighe s' imbruttat sas manos. (sa. L.) *S. Chi tocca la pece, s' imbratta u. s. w.*

lu. Qui juga cu lo carbò, sa dembratar. (val.) *Wer mit der Kohle spielt, beschmutzt sich.*

---

210. Er ist die **Petersilie** in allen Suppen.
Peterlein Muss nicht auf allen Suppen sein.
Er will überall mit im Troge liegen.
Er steckt seine Nase in Alles.

od. Er ist wie Zachäus auf allen Kirchweihen. (bair.)
Dês is dar Pêiterlì äff all'n Suppnà. (opf. N.) *Das ist der Peterling auf allen Suppen.*
Der ist au *(auch)* der Peterling uff alla Suppa *(auf allen Suppen).* (schwb. W.)
Er isch *(ist)* der Peterli uff *(auf)* der Suppe. (schwei. S.)

pd. Sech en eunen Brei meschen. (nrh. M.) *Sich in jeden Brei mischen.*

---

en. He will have an oar in every mans boat. *Er will ein Ruder in Jedermanns Boot haben.*
He that will meddle with all things, may go shoo the goslins. *Wer sich in Alles mischen will, mag gehen die Gänschen beschlagen.*

---

dä. At have (stikke) sin Næse allevegne (i Alt). *Seine Nase überall haben (in Alles stecken).*

sw. Att lägga näsan i allting. *Die Nase in Alles stecken.*

cw. Dar digl nas en tutt. (obl.) *S. Att lägga u. s. w.*

fz. Mettre son nez partout. *Seine Nase überall hinstecken.*
Fourrer son nez où l' on n' a que faire. *Seine Nase hinstecken, wo man Nichts zu thun hat.*

it. Metter le mani in ogni cosa. *Die Hände in Alles stecken.*
E' vuol dar del becco in ogni cosa. *Er will den Schnabel in Alles stecken.*
E' non si fa insalata, che non vi sia della sua erba. *Es wird kein Salat gemacht, ohne dass von seinem Kraute drin sei.*
Non lascia chiodo, che non lo ribatta. *Er lässt keinen Nagel, ohne ihn nochmals einzuschlagen.*

si. Pidrisin d' ogne minestre. (ap. B.) *Petersilie in allen Suppen.*
Petrosino d' ogne mmenestra. (npl.) *Petersilie in jeder Suppe.*

---

211. Was **Pfaffen** und Wölfe beissen ist schwer zu heilen.

od. Was ein Pfaff (ein Wolf) gebissen, wird nimmer gesund. (schwei.)

---

dä. Det kommer ei uskadt af Ulvs Mund, som i kommer. *Es kommt nicht unbeschädigt aus Wolfs Mund, was hineinkommt.*
Thet kommer eij Alt wskadh aff Ulffs Mwnd, ther i kommer. (adä.) *Es kommt nicht Alles unbeschädigt aus Wolfs Mund, was hineinkommt.*

sw. Thz komber ey alt helbrogdhe aff wlffs mwn som ther komber i. (asw.) *S. Thet u. s. w.*

---

lt. Vix redit illesum lupus assumit quod ad esum. (mlt.)

fz. Avon l'linwe d'ine femme et l'haine d'ou curé, on fait des fameux solers. (nf. w.) *Aus der Zunge einer Frau und dem Hass eines Pfaffen macht man kapitale Schuhe (i. e. die nie zerreissen).*

sf. Non l' y a talo coulero que de frayres. (uprv.) *Es gibt keinen solchen Zorn, wie den von Mönchen.*

---

212. **Pfaffengierigkeit** Und Gottes Barmherzigkeit Währt in alle Ewigkeit.

md. In Pfaffaĭrusl On Schúlmèstersdă'rmel Ko mo' net gaarnk 'nei gastèck. (frk. H.) *In Pfaffen-*

Ärmel und Schulmeistersdärme kann man nicht genug hineinstecken.
Goedes Barmheartegkeit, Un der Paapen Begierlegkeit Douert bis in ålle Eiwigkeit. (hss. N.) *Gottes Barmherzigkeit und der Pfaffen Begehrlichkeit* ***dauert bis in*** *alle Ewigkeit.*
Påfesåk gét nemmer såt. **(nrh. L.)** *Pfaffensack wird nie voll.*
Die Paffesäcke ha ken Borrn. (nrh. **N.)** ***Die*** *Pfaffensäcke haben keinen Boden.*
od. Der Pfaffensack hat keinen Boden. (schwei.)
En Pfaffasack hed kan Boda. (schwei. A.) ***Ein*** *Pfaffensack hat keinen Boden.*
Der Pfaffensack ist **teiffe** *(tief).* (schwei. Wallis.)
Pfoffmsok hod knann Pondn. (st.) *Pfaffensack hat keinen Boden.*
pd. Papen Girigkeit **un Gotts** Barmhartigkeit wahrt vun nu an **bet in Ewigkeit.** (ns. B.) ***Pfaffengierigkeit und Gottes*** *Barmherzigkeit währt* ***von nun an bis in Ewigkeit.***
Påpen Gierigkeit Un Godes Barmherzigkeit **Wåret bet (Is gröt) in Êwigkeid. (ns. ha. G. u. G.)** ***Pfaffengierigkeit und Gottes Barm-*** *herzigkeit* ***währt bis (ist gross) in Ewigkeit.***
Papen Gierigkeut Un **Gottes Barmherzigkeut** Wieret in olle Euwigkeut. (ns. **L.)**
De Papen Gierigkeit (Griddigkeit) un Gottes Barmherzigkeit **de** duert bet in Ewigkeit. (ns. **L.** - D.) *Der Pfaffen Gierigkeit und Gottes Barmherzigkeit dauert bis in Ewigkeit.*
Gottes Barmhartigkeit *(Barmherzigkeit)* nun Papen Gierigkeit *(Pfaffengierigkeit)* duurt *(dauert)* von nun an bit *(bis)* in Ewigkeit. (ns. O.)
Papesack hat keinen **Bodden. (ns. Pr.)** ***S.*** *Pfoffmsok u. s. w.*
Papensack **on** Mellers Matt waren nich **voll.** (ns. Pr.) *Pfaffensack und Müllers* ***Mass*** *werden nicht voll.*
Hoppesack on Papesack öss schwer gefüllt. (ns. Pr.) *Hopfensack* ***und*** *Pfaffensack ist schwer gefüllt.*
Papen-Gierigkeit un Gnodes Barmhiertigkeit waihert van niu an bis in Aiwekeit. (wstf. D.) *S. Papen Girigkeit u. s. w.*

dä. Præstesæk (Præstesækken) **er** **ond at fylde.** *Priestersack (Der Priestersack)* ***ist schwer*** *zu füllen.*
Præstesæk kan blive tung, men aldrig fuld. *Priestersack kann schwer, aber nie voll werden.*
Det er bundløst, ligesom Præstens Pung. (jüt.) *Das ist bodenlos, wie des Priesters Sack.*
Allt verðr fyllt, nema pokinn prestsins. *Alles* **is.** *wird voll, ausser des Priesters* ***Sack.***
Allt tekr enda nema Guðs miskun. *Alles* ***nimmt*** *ein Ende, ausser Gottes Barmherzigkeit.*
D' er ingen Botn i Prestesekken. *Es ist kein* **nw.** *Boden im Priestersack.*

Preie e poi ie mai sedoi. (ni. l. V.-C.) *Priester* **it.** *und Hühner sind nie satt.*

213. Pfaffengut, Raffgut.

Pfaffenguet, Raffelguet. (bair.) **od.**
Pfaffengut, Raffelgut geht zsammen in einen Fingerhut. (bair. L.)
Pfaffengut thut niemals gut. (schwei.)
Paaf-Got, Raaf-Got. (nrh. A.) **pd.**
Paafgoht, Raafgoht. (nrh. K.)
Papgut, Rapgut. (nrh. M.)
Pfaffegut — Raffegut. (ns. **Pr.-W.)**

Prestagóz plagar ei leingi vara. *Priestergut* **is.** *pflegt nicht lange zu währen.*

214. Pfennig ist Pfennigs Bruder.

Pfenning ist pfennings bruder. (nd.)
Penning Pennings Broder. **(ns. hlst.)** ***Pfennig*** **pd.** *Pfennigs Bruder.*

Het penningsken **wil een broêrtje hebben. dt.** ***Das*** *Pfennigle in* ***will ein Brüderchen haben.***
Daar geld is, **komt geld bij.** *Wo Geld ist, kommt Geld zu.*
Geld wil bij geld zijn. ***Geld will bei Geld sein.***
Geld wint geld. *Geld* ***gewinnt Geld.***

Skilling er Skillings broder. ***Skilling ist*** **dä.** *Schillings Bruder.*
Alt Vand vil (flyder) til Strand, og Penge **til** den rige Mand. *Alles Wasser will (fliesst) zum Strand, und Geld zum reichen Mann.*
Skilling skal være Skillings Broder. (Sorø-Amt) *Schilling muss Schillings Bruder sein.*
Peningr er penings bróðir. **is.**
Peingar draga Peingar. *Pfennige ziehen Pfennige herbei.* **nw.**
Penning är Pennings broder. **sw.**

Il **danaro** è fratello del danaro. *Das Geld* **it.** ***ist des Geldes Bruder.***

mi. I quatren i corr dri a j ët quatren. (rom.) *Die Quattrini laufen den andern Quattrini nach.*

I quatren i fa d j ëtar quatren. (rom.) *Die Quattrini machen andere Quattrini.*

L' oro tira l' oro. (u.) *Das Gold zieht das Gold an.*

ni. I denèr van adréé ai denèr. (em. R.) *Das Geld geht dem Geld nach.*

Adree ai danee ghe côrr adree i danee. (l. m.) *Hinter dem Geld läuft das Geld her.*

Or tira or. (l. m.) *Gold zieht Gold an.*

Dnè fa dnè. (piem.) *Geld macht Geld.*

Dnee fa dnee e pui fa pui. (piem.) *Geld macht Geld und Läuse machen Läuse.*

Bezzi fa bezzi e peoci fa peoci. (v.) *S. Dnee u. s. w.*

Bezzi ciama bezzi. (v.) *Geld ruft Geld.*

I bezzi (ghe) côre drio ai bezzi. (v.) *S. I denèr u. s. w.*

Bezzi fa bezzi e pedoci fa pedoci. (v. trst.) *S. Dnee u. s. w.*

si. Oru tira oru. (ap. L.) *S. Or u. s. w.*

Dinari vannu cu li dinari. (s.) *Geld geht mit dem Gelde.*

lm. Diner fa diner. (neat.) *S. Dnè u. s. w.*

Qui tè diners, fa diners. (val.) *Wer Geld hat, macht Geld.*

pt. Vayse o ouro pro thesouro. (gal.) *Es geht das Gold zum Schatz.*

sp. Dinero llama dinero. *S. Bezzi ciama u. s. w.*

El dinero va al dinero y el holgar al caballero. *Das Geld geht zum Geld und das Müssigsein zum Edelmann.*

---

215. **Wer den Pfennig nicht achtet, gelangt auch nicht zum Thaler.**

Wer den Pfennig nicht ehrt, Ist des Thalers nicht werth.

Wer den Heller nicht spart, wird keines Pfennigs Herr.

Wer einen pfenning nit so lieb hat, als einen gûlden, der wird selten reich werden vnd gûlden wechseln. (ad.)

md. Wer ein Körnchen nicht achtet, bekommt nie ein Simmer.*) (mrh. E.)

Wer einen Halm nicht aufhebt, kriegt nie eine Bäusche *(Gebund Stroh)*. (mrh. E.)

Dén den Dubbel nét âcht, kemt nét zum Steiwer. (mrh. L.) *Wer den Double (i. e. 2 deniers) nicht achtet, kommt nicht zum Stüber.*

*) Fruchtmaass.

Wär nit uf en Häller rächt, der rächt a nit uf en Dahler. (W. E.) *Wer nicht auf einen Heller rechnet, der rechnet auch nicht auf einen Thaler.*

Wer den Pfennig nicht achtet, kommt zu keinem Kreuzer. (schwb.) od.

Wer den Heller nicht hält zu Rath, Kommt dem Batzen viel zu spath. (schwei.)

Wer de Pfenni nüd hebet, choud nüd zuem Guldi. (schwei. A.) *Wer den Pfennig nicht behält, kommt nicht zu einem Gulden.*

Wer's Pfenneli nüd häba cha, chond's Chrüzerli nüd über. (schwei. A.) *Wer den Pfennig nicht behalten kann, kommt nicht über den Kreuzer.*

Wear an Pfenning nid ead, is an Thola nid wead. (st.) *S. Wer den Pfennig nicht ehrt, u. s. w.*

Wer da Krüzer net ehrt, ist da Thaler net werth. (tir. O.-I.) *Wer den Kreuzer nicht ehrt, ist des Thalers nicht werth.*

Wie de Stüver niet eert, is den Daler niet wêrt. (nrh. Kl.) *Wer den Stüber nicht ehrt, ist des Thalers nicht werth.* pd.

De en Schilling nig spârt, kriggt nimmer en Dâler. (ns. hlst. A.) *Wer einen Schilling nicht spart, kriegt nie einen Thaler.*

De keen'n Dreelink acht, warrt keen'n Daalers Harr. (ns. M.-Sch.) *Wer keinen Dreier achtet, wird keines Thalers Herr.*

De 't Örtje ('n Örken) nich ërt, is de Daler nich wert. (ns. O. J.) *Wer 'n Viertelstüber nicht ehrt, ist des Thalers nicht werth.*

Wer den Pfennig nicht ehrt, wird des Thalers nicht Herr werden. (ns. Pr.)

Wei den Pennig nit ehrt, Is des Daalers nit werth. (ns. W.) *S. Wer den Pfennig nicht ehrt u. s. w.*

Wei den Groschken nit heeget, de is des Daalers nit werth. (ns. W.) *Wer den Groschen nicht spart, ist des Thalers nicht werth.*

Die een' penning niet acht, Krijgt over geen' gulden macht. *Wer einen Pfennig nicht achtet, kriegt über keinen Gulden Macht.* dt.

Wie een' penning niet zoo lief heeft als een' gulden, zal zelden rijk worden, en den gulden wisselen. *Wer einen Pfennig nicht so lieb hat wie einen Gulden, wird selten reich werden und den Gulden wechseln.*

Weel een placke niet en achtet, die en sal ghien stuuer heer worden. (ah.) *Wer einen Heller nicht achtet, der wird keines Stübers Herr werden.*

Die eenen penning niet acht en wordt nooit een gulden-heer. (vl.) *Wer einen Pfennig nicht achtet, wird nie ein Gulden-Herr.*

en. Who will not keep a penny, shall never have (keep) many. *Wer einen Pfennig nicht aufbewahren will, wird nie mehrere haben (aufbewahren).*

If you make not much of threepence, you 'll never be worth a groat. *Wenn ihr nicht viel aus einem Dreier macht, werdet ihr nie eines Groschens werth sein.*

---

dä. Hvo som ikke sparer paa en Skilling, faaer aldrig en Daler. *S. De en u. s. w.*

Hvo som ei gjemmer een Penge, faaer aldrig to. *Wer nicht einen Pfennig aufhebt, bekommt nie zwei.*

Hvo som ikke gjemmer en Pending, faaer aldrig to at eie. *Wer nicht einen Pfennig aufhebt, kriegt nie zweie.*

Hvo (der) ei har en Skilling (Skillingen) saa kjær, som en Daler (Daleren), bliver (ei) aldrig rig. *Wer nicht einen (den) Schilling so lieb hat, wie einen (den) Thaler, wird (nicht) nie reich.*

Den der ikke sparer paa Skillingen, faaer aldrig Daleren. *Wer nicht den Schilling spart, kriegt nie den Thaler.*

Hvo der ei vil giemme Hviden, bliver ikke Skillingen mægtig. *Wer den Heller nicht aufheben will, wird nicht des Schillings mächtig.*

nw. Dan som inkje gjøymer Skillingen, han fær inkje Dalaren. *Wer nicht den Schilling aufhebt, kriegt nie den Thaler.*

Dan som inkje gjøymer ei Naal (ein Klut), han fær inkje Sylverskaal (Silkeduk). *Wer nicht eine Nadel (einen Lappen) aufhebt, kriegt keine Silberschaale (kein Seidentuch).*

sw. Den som ej gömmer en penning, får aldrig två. *S. Hvo som ei u. s. w.*

Den som ej tager vara på styfvern, får ingen daler. *Wer den Stüber nicht zu Rathe zieht, kriegt keinen Thaler.*

---

it. Chi non istima un quattrino, non lo vale. *Wer nicht einen Quattrin achtet, ist keines werth.*

mi. E bsogna fê cont anca d' un quatren. (rom.) *Man muss auch einen Quattrin schätzen.*

ni. Chi no stima el sold, no var on sold. (l. m.) *Wer den Kreuzer nicht achtet, ist nicht eines Kreuzers werth.*

Chi a goarda nen ii sold, a val nen un sold. (piem.) *Wer nicht die Kreuzer aufbewahrt, ist nicht eines Kreuzers werth.*

Chi no stima un bezzo, no val un bezzo. (v.) *Wer nicht einen Heller achtet, ist nicht eines Hellers werth.*

Si tens un dinèr per vil, May arribaràs à mil. **lm.** (val.) *Wenn du einen Heller gering achtest, wirst du nie zu tausend kommen.*

---

216. **Das Pferd, das am besten zieht, bekommt die meisten Schläge.**

De Pèrt, dë gutt zëen, lnot d' fill op. (mrh. L.) **md.** *Den Pferden, die gut ziehen, ladet man viel auf.*

Altijd slaat men het paard, dat wel gaat. **dt.** *Immer schlägt man das Pferd, das gut geht.*

De voerman raakt meest het willige paard. *Der Fuhrmann trifft am meisten das willige Pferd.*

The horse that draws most, is most whipped. **en.** *Das Pferd, das am meisten zieht, wird am meisten gepeitscht.*

On touche toujours le cheval qui tire. *Man* **fz.** *schlägt immer das Pferd, welches zieht.*

A besta que muito anda, nunca falta quem a **pt.** tanja. *Dem Thier, welches viel geht, mangelt nie einer, der es schlägt.*

La bestia que mucho anda, nunca falta quien **sp.** la taña. *S. A besta u. s. w.*

---

217. **Das Pferd, das den Hafer verdient hat, kriegt ihn nicht.**

Das Pfärd, dàs d'n Hòbar verdiant, krigt 'n **md.** nèt. (frk. H.) *Das Pferd, das den Hafer verdient, kriegt ihn nicht.*

Der Gaul, wu 'n Hòb'r verdènt, kriägt' n nit. (frk. M.) *S. Das Pfärd u. s. w.*

Nët all Pèrt krëen Huower, dë Huower ferdéngen. (mrh. L.) *Nicht alle Pferde kriegen Hafer, die Hafer verdienen.*

Das Pferd, welches den Haber verdient, be- **od.** kommt ihn nicht. (bair.)

Dås Faad, wås a Hååb'r frdiint, muss ofte Schtrou frassa. (östr. schls.) *Das Pferd, das den Hafer verdient, muss oft Stroh fressen.*

Das Pferd, so den Hafer verdient, bekommt dessen wenig. (schwei.)

pd. Dat Päed, dat de Haver verdehnt, krit se net. (nrh. D.) *S. Das Pfärd u. s. w.*

Dat Pääd, dat den Haver verdehnt hät, kritt inn nit. (nrh. K.)

De Pere, de **den** Haver verdeent, krigt em nich. (ns. B.) ***Die** Pferde, die den Hafer **verdienen, kriegen ihn nicht.***

Dat Peerd, dat den Habern verdeent hett, krigt en nig. (ns. hlst.)

De Perde, de de Hafer verdenen, kriegen se neet. (ns. ofs.) *S. De Pere u. s. w.*

De Pêr(de), de den Häfer verdênt, kriegt ûm nich. (ns. O. J.) *S. De Pere u. s. w.*

Dän Howa, dän de Os un Esel vadeent, fret dät Pead. (ns. U.) ***Den Hafer, den der Ochs und Esel** verdient, **frisst das Pferd.***

Me säget als: de Gühle, de de Haawer verdeenet, krieget se nit. (ns. W.) ***Man** sagt immer: die Gäule, die den Hafer verdienen, kriegen ihn nicht.*

De Piärre, dä de Hawer verdaint, dä kritt se nitt. (wstf. Mrk.) *S. De Pere u. s. w.*

---

dt. De paarden, die de haver verdienen, krijgen die niet. *S. De Pere u. s. w.*

fs. Dön Hingster, diar-t Heewer ferthiine, jo fu-t eg. (A.) *S. De Pere u. s. w.*

Di Hingster, diär dit miist Haawer förtiini, plei dit menst tö foen. (S.) *Die Pferde, welche den meisten Hafer verdienen, pflegen **den wenigsten zu** bekommen.*

---

dä. Den Hest, som fortjener Havren mest, faaer den mindst. ***Das Pferd, das den Hafer** am **meisten verdient, bekommt ihn am** wenigsten.*

Den Hest faar mindst af Haveren, der mest fortjener den (som mest træller derfor) (som drager mest derfor). ***Das** Pferd kriegt am **wenigsten Hafer, das ihn** am meisten **verdient (das sich am meisten damit plackt) (das am meisten dafür zieht).***

nw. Dan Hesten, som drøg inn Havren, fær minst av han. ***Das** Pferd, das den Hafer hereinzieht, bekommt am wenigsten davon.*

sw. Dhen Håst, som mästa Hafran draar, får minst dher aff. *Das Pferd, das den meisten Hafer zieht, kriegt am wenigsten davon.*

Oxen fåår intet alt dhet han drager. *Der Ochse kriegt nicht **Alles, was er zieht.***

---

fz. C' n' est nin todi li ch' vâ qui wâgne l' avône qu' el magne. (nf. w.) *Es ist nicht immer das Pferd, welches den Hafer verdient, das ihn frisst.*

---

218. Das **Pferd** soll zur Krippe gehen, nicht die Krippe zum Pferde.

Die Maus **soll das** Loch suchen, nicht das Loch **die Maus.**

Es ist nett, wenn die Löcher den Mäusen nach- od. **schlüpfen. (schwei.)**

---

dt. De kribbe loopt naar't paard. ***Die Krippe** läuft zum Pferde.*

---

dä. Hest skal gaae til Krybben, **ikke** Krybben til Hest.

---

fz. Li siècle commence à retorner Quant Dames vont les maris demander. (nf. Chmp.) *Das Jahrhundert fängt an umzukehren, wenn Damen die Ehemänner verlangen gehen.*

sf. L' affairé va man, quand la galino cerquo lou gau. (nprv.) *Die Sache geht schlecht, wenn die Henne den Hahn sucht.*

---

219. Hast **du** kein **Pferd,** so brauche den **Esel.**

Brauch einen Esel, wenn du kein Pferd **hast.**

Wer keine Pferde hat, muss mit Ochsen pflügen.

So Eins nicht **Falken** hat, muss es mit Eulen **beizen.**

Hastu nit Ochsen, so treibe den Esel.

Kannst du nicht mit dem Wagen fahren, so fahre mit dem Karren.

Wer keine Stühle hat, muss auf Bänken sitzen.

md. Bâr kei Schû hât, dânzt in Strûmpfen. (thr. R.) *Wer keine Schuh hat, tanzt in Strümpfen.*

od. Wer nit mit kân Wög'n fåhrn kô', dèr nehm' áwál in Karrn. (opf. N.) *Wer nicht mit einem Wagen fahren kann, der nehme einstweilen einen Karren.*

Wer keine Pferde hat, pflügt mit Ochsen. **(schwei.)**

pd. Wun **em** niche Ruosz huot, **rêkt** em af dem Gisebak. (urh. S.) *Wenn man kein Ross hat, reitet man auf dem Ziegenbock.*

Wër nich kan med Jumfern danzen, dei mot med Mamsellen danzen. (ns. ha. G. u. G.) *Wer nicht kann mit Jungfern tanzen, der muss mit Mamsellen tanzen.*

Wenn men keine Jumfern het, sau mot men med Hören danzen. (ns. ha. G. u. G.) *Wenn man keine Jungfern hat, so muss man mit H.... tanzen.*

Wei kenne Junfere hät, mot mit der Wittwe **danzen.** (ns. W.) *Wer keine Jungfer hat, muss mit der Wittwe tanzen.*

---

dt. Heb je geen paard, gebruik **een'** ezel.

Die geene **eerlijke** vrouw heeft (kan krijgen), moet zich met eene hoer behelpen. *Wer keine ehrliche Frau hat (kriegen kann), muss sich mit einer H... behelfen.*

---

dä. Hvo der ikke har Falke, han skal bede med Ugler. *Wer keine Falken hat, der muss mit Eulen beizen.*

Har man ei Jomfruer, saa dandser man med Madammer. *Hat man nicht Jungfrauen, so tanzt man mit Madamen.*

sw. Man brukar ugglor (Man får hälla till godo med ugglor), när man intet (ej) har näktergalar. *Man braucht Eulen (Man muss mit Eulen vorlieb nehmen), wenn man nicht Nachtigallen hat.*

Har man inte jungfrur, dansar man med madamer. *S. Har man u. s. w.*

Den som ej har sporrar, han ride med spö. *Wer nicht Sporen hat, der reite mit Gerte.*

---

lt. Si bovem non habes (Bovem si non possis), asinum agas.

Utendum est noctuis, ubi desunt lusciniae.

fz. A fâouto dĕ biôou, l' on fâi lâoura l' âzĕ. (sf. Lgd.) *Fehlt's an Ochsen, lässt man den Esel arbeiten.*

it. Per bisogno di buoi s' ara con asini. *Fehlt's an Ochsen, ackert man mit Eseln.*

Chi non ha letto, dorma sulla paglia. *Wer kein Bett hat, schlafe auf dem Stroh.*

mi. In mancanza d cavèll us cavèlca dj ësan. (rom.) *Fehlt's an Pferden, reitet man Esel.*

In mancanza di cavalli gli asini trottano. (t.) *Fehlt's an Pferden, traben die Esel.*

ni. In mancanza d' caval as fa trottar l' äsen. (em. P.) *Fehlt das Pferd, lässt man den Esel traben.*

In mancânža èd cavaj as fa trottèr j' èsen. (em. R.) *Fehlt's an Pferden, lässt man die Esel traben.*

In mancanza de caäi se fa trotà i asen. (l. b.) *S. In mancànža u. s. w.*

Quand no gh' **è** pö caäi, se fa trotà i asen. (l. b.) *Wenn keine Pferde mehr da sind, lässt man die Esel traben.*

En mancanza dè caäi, sá fá trótá 1 **åseng.** (l. brs.) *S. In mancànža u. s. w.*

Fan scüsà i asen, quand **no** gh' è cavai. (l. m.) ***Man muss die** Esel entschuldigen, **wenn es keine Pferde** gibt.*

An mancanssa d' ii cavaj j' **aso a trôto.** (**piem.**) *S.* ***In mancanza di u. s. w.***

In mancanza de' **cavai anca i asени trota.** (**v.**) ***Fehlt's an Pferden, traben auch die Esel.***

Quannu autru nun ai, cu mammata te curca. si. (**ap. L.**) ***Wenn du nichts Andres hast, lege dich mit Muttern nieder.***

Chi autro non pò, co la mogliere se corca. (**npl.**) ***Wer nicht anders kann, legt sich mit der Frau nieder.***

Caminhante cançado sóbe em asno, se não tem pt. cavallo. ***Müder Wanderer steigt auf den Esel, wenn er kein Pferd hat.***

---

220. Strauchelt doch auch ein Pferd und hat doch vier Beine.

Stolpert doch auch ein Pferd mit vier Beinen (auf vier Eisen).

Es fällt wohl ein Pferd und hat doch vier Füsse.

Auch der beste Gaul stolpert ein Mal.

Die Kuh hat vier Beine und vertritt sich doch. md. (nrh. E.)

Stulpert doch a Pfard uf vier Füssen. (schls.) ***Stolpert doch ein Pferd auf vier** Füssen.*

Stolpert das Pferd und hat doch vier Füsse. **od. (bair.)**

Ein schulgerechtes Pferd stolpert auch, aber nicht oft. (schwei.)

Stoubbad si dou a mounnis Pfead Und is a hunuad Thola wead. (st.) ***Stolpert doch manches Pferd und ist hundert Thaler werth.***

E Päăd hät vehr Bein un vertritt sich doch pd. ald ens. (nrh. K.) ***Ein Pferd hat vier Beine und vertritt sich doch auch ein Mal.***

Dar vertrett sik wol en Perd up veer Föte. (ns. B.) ***Da vertritt sich wohl ein Pferd auf vier Füssen.***

Das Pferd fällt und **hat vier Füsse,** warum **sollte nicht der** Mensch **fallen, der nur** zwei **Füsse hat? (ns.** Pr.)

En Päärt met ver Faŭten vertriet sik wuol, **geswige dann en** Menske met twe'en. (wstf. **Mrk.)** *Ein Pferd mit vier Füssen vertritt* ***sich** wohl, geschweige denn ein Mensch* ***mit** zweien.*

---

dl. Een paard met vier pooten struikelt wel (kan wel eens struikelen). *Ein Pferd mit vier Füssen strauchelt wohl (kann wohl ein Mal straucheln).*

Een viervoetig paard snenvelt wel. *Ein vierfüssig Pferd stolpert wohl.*

Een paard met vier voeten struikelt wel eens, ik zwijge van een' mensch, die maar twee voeten heeft (hoeveel te meer de rijder, die erop zit). *Ein Pferd mit vier Füssen strauchelt wohl ein Mal, geschweige denn ein Mensch, der nur zwei Füsse hat (wie viel eher der Reiter, der darauf sitzt).*

Een paard vertrapt zich wel eens, een mensch verspreekt zich wel eens. *Ein Pferd vertritt, ein Mensch verspricht sich wohl ein Mal.*

Een paard kan zich vertreden, een mensch kan zich vergissen. *Ein Pferd kann sich vertreten, ein Mensch kann sich versehen.*

Het beste paard struikelt wel eens (kan zich vertreden). *Das beste Pferd strauchelt wohl ein Mal (kann sich vertreten).*

Een peerd met vier pooten sukkelt wel eens. (vl.) *Ein Pferd mit vier Füssen stolpert wohl ein Mal.*

en. A horse may stumble though he have four legs. *Ein Pferd kann stolpern, obgleich es vier Füsse hat.*

It 's a good horse, that never stumbles And a good wife, that never grumbles. *Es ist ein gut Pferd, das nie stolpert, und ein gutes Weib, das nie poltert.*

A horse wi' four feet may snapper. (scho.) *Ein Pferd mit vier Füssen kann stolpern.*

He 's a gude horse that never stumbled And a better wife that never grumbled. (scho.) *Es ist ein gut Pferd, das nie stolperte, und eine bessere Frau, die nie polterte.*

fs. An Hingst kaan snöwli üübh fjåu'r Bian, do kaan lucht an Minsk üübh tåu. (A., F.) *Ein Pferd kann straucheln auf vier Beinen, so kann (es) leicht ein Mensch auf zweien.*

De bêste Håjnst kon snuble. (M.) *Das beste Pferd kann straucheln.*

---

dä. Hesten falder paa fire been, hvad er det saa at undres over, at en Man kan falde paa to? *Das Pferd fällt auf vier Beinen, was ist da zu verwundern, dass ein Mensch auf zweien fallen kann?*

Ther faller een Hæst paa fijre Been, hwi eij Man paa tw? (adä.) *Es fällt ein Pferd auf vier Beinen, warum nicht der Mensch auf zweien?*

Hestr fellr opt á flötum vegi. *Ein Pferd fällt* is.
oft auf ebenem Wege.

Hestur fellur á fýra beinum. (fær.) *Ein Pferd fällt mit vier Beinen.*

Merri snaavar paa fire Føter, so maa vel nw.
Mannen paa tvo. *Die Stute strauchelt auf vier Füssen, so mag's wohl der Mensch auf zweien.*

D' er god Travar, som aldri snaavar. *Das ist ein guter Traber, der nie strauchelt.*

En håst kan stappla på fyra fötter, än mer sw.
en menniska på twå. *Ein Pferd kann stolpern auf vier Füssen, um so mehr ein Mensch auf zweien.*

Thz faaldir æn hæsther a fyra been, æn hæller een man an twa. (asw.) *Es fällt ein Pferd auf vier Beinen, um so eher ein Mensch auf zweien.*

Errat interdum quadrupes. lt.

Cum titubat quadrupes, labitur ergo bipes. (mlt.)

Il n' est (n'y a) si bon cheval (Il n'y a cheval fz.
si bon) qui ne bronche. *Es gibt kein so gutes Pferd (Es gibt kein Pferd so gut), dass es nicht stolperte.*

Il n' y a cheval si bien ferré qui ne glisse. *Es gibt kein so gut beschlagenes Pferd, dass es nicht ausglitte.*

Ung cheval a quatre pieds et si chiet. (afz.) *Ein Pferd hat vier Füsse und fällt.*

On ch'vâ d' meie cârlus' pout s' trebouhi. (w.) nf.
Ein Pferd von tausend Gulden kann straucheln.

L' meyeur quévau peut chopper. (w. M.) *S. De bêste u. s. w.*

Ton bon chival brûco. (Lgd.) *Jedes gute* sf.
Pferd stolpert.

Tout bonen chivau brusquo. (nprv.) *S. Ton u. s. w.*

Cade un cavallo, che ha quattro gambe. *Es* it.
fällt ein Pferd, das vier Beine hat.

E' cade anche (Inciampa) un cavallo che ha mi.
quattro gambe. (t.) *Es fällt auch (Es stolpert) ein Pferd, das vier Beine hat.*

Borla zo aca 'l caal con quater gambe. (l. b.) ni.
Es fällt auch das Pferd mit vier Beinen.

Di vòlt scapüscia anca el pü bon caval. (l. m.) *Zuweilen stolpert auch das beste Pferd.*

No gh' è cavalo bon che no scapuzza. (v.) *Es gibt kein gutes Pferd, das nicht stolpert.*

Tot bon caball ensopega. (ncat.) *S. Ton u. s. w.* lm.

---

221. **Williges Pferd soll man nicht sporen.**

od. Man soll willige Ross nicht übertreiben. (schwb.)
Ein willig Pferd muss man nicht zuviel reiten (übertreiben). (schwei.)

---

dä. Villig **Oxe skal man ei altid drive.** *Willigen Ochsen soll man nicht immer antreiben.*
Man scall eij driffwe **een gooth** Swen formoghet. (adä.) *Man soll einen guten Diener nicht zu sehr antreiben.*
Willigh Oxe scal **man eij** altijdh kore. **(adä.)** *S. Villig u. s. w.*

is. Viljugan uxa skal **ei** alltiö framkeira. *S. Villig Oxe u. s. w.*
Viligum hesti **skål** máður mákliga **riða.** (fær.) *Williges Pferd soll man geziemend reiten.*

sw. Villig **häst bör man inte** sporra.
En villig **häst skall** man icke sporrhuggn. *Einem willigen Pferde soll man nicht Spornstösse geben.*
På villig häst skall man ej bruka sporrar. *Auf willigem Pferde soll man nicht Sporen brauchen.*

---

lt. **Equo** currenti **non opus est calcaribus.**
Bos non semper onus **subtetet, licet ad juga pronus. (mlt.)**
Servis non **gratis operam praestes** gravitatis. (mlt.)

fz. Cheval **bon et trotier d' esperon n'** a mestier. **(afz.)** *Gutes und trabendes Pferd hat keine Sporen nöthig.*

it. Caval che corre, non ha bisogno di sprone. *Pferd, das läuft, hat keine Sporen nöthig.*

sl. A caddu qui curret non faghet isprone. (sa. L.) *S. Caval u. s. w.*

pt. Cavallo, que voa, não **quer espóra.** *Pferd, das fliegt, will nicht Sporen.*

sp. Cavallo que buela no quiere espuela. *S. Cavallo u. s. w.*

---

222. Die **Pferde hinter den** Wagen spannen.

Den Wagen vor **die Pferde spannen.**
Das Pferd beim Hintern zäumen.
Er sattelt den Ochsen und koppelt die Pferde.
Der Sack trägt den Esel zur Mühle.

md. Dös hässet: di Kirch üm's Dorf trög'n. (frk. M.) *Das heisst: die Kirche um's Dorf tragen.*
Ma spont går garne de Fäde hingər a Wån. (schls. B.) *Man spannt gar gern die Pferde hinter den Wagen.*

Er spannt den Wagen **vor die Pferde.** (bair.) od.
Er zäumt das Pferd beim **Schwanz auf.** (bair.)
Er spannt die Ochsen hinter den **Pflug.** (schwei.)
Man muss das Pferd nicht **hinten beim** Schwanz **aufzäumen.** (schwei.)
Mit der **Chilacha uns Dorf ummagoh. (schwei. A.)** *Mit der Kirche um's Dorf herumgehen.*
Mit **der Chirchen uns Dorf. (schwei. Sch.)** *Mit der Kirche um's Dorf.*
Se senn mid da Kiachan um an Fann gennngan. (st.) *Sie sind mit der Kirche um eine Fahne gegangen.*

Me maut de Pärre **nitt hehter den Plauch** pd. **spannen. (watf. Mrk.)** *Man muss die Pferde nicht hinter den Pflug spannen.*
He töömt 't Päd am Mäse op. (watf. R.) *Er zäumt das Pferd am Hinteren.*

Men moet den ploeg niet voor **de paarden** dl. **spannen.** *Man muss den Pflug* **nicht vor die** *Pferde spannen.*
Hij spant de paarden achter **den** wagen **(den wagen vóór** de paarden). *Er spannt die Pferde hinter den Wagen (den Wagen vor die Pferde).*
Men moet het **paard niet bij den staart, maar** bij den toom **grijpen.** *Man muss das Pferd nicht beim Schwanz, sondern beim Zaum ergreifen.*
Hij **spant de ossen achter den ploeg.** *S. Er spannt die Ochsen u. s. w.*
Men **spant de peerden niet achter den wagen.** (vl.) *Man spannt die Pferde nicht hinter den Wagen.*
Men toomt het peerd niet aan den steert. (vl.) *Man zäumt das Pferd nicht am Schwanze auf.*

To **put the cart before** the horse. *Den Wagen* **en.** *vor das Pferd spannen.*
To set the cart before **the horse. (m. en.)** *S. To put u. s. w.*

Då Häjnste **änädre Wäien** spännen. **(M.)** **fs.**

At spænde **Hestene bag Ploven.** *Die Pferde* **dä.** *hinter den Pflug spannen.*

Bind þú **hest á bak vagni.** *Spanne das Pferd* **is.** *hinter* **den** *Wagen.*

Spänna Wagnen för Hästarna. *S. Den Wagen* **sw.** *u. s. w.*
Wagnen går för Hästarna. *Der Wagen geht* **vor** *den Pferden.*

Currus bovem trahit. **lt.**
Ab unguibus incipit.
Aprum fluctibus (Delphinum **silvis) appingit.**

fz. Mettre la charrue devant les boeufs. *Den Pflug vor die Ochsen spannen.*

La charrue va devant les boeufs. *Der Pflug geht vor den Ochsen her.*

Il ne faut pas mettre la charrue devant les boeufs. *Man muss den Pflug nicht vor die Ochsen spannen.*

Brider son cheval par la queue. *Sein Pferd am Schwanze zäumen.*

Brider l'âne (son âne) par la queue. *Den Esel (Seinen Esel) beim Schwanz zäumen.*

Ecorcher l'anguille par la queue. *Den Aal am Schwanz abhäuten.*

nf. I prend ses bas pour ses chanches. (R.) *Er nimmt seine Strümpfe für seine Hosen.*

Mett' li cherowe divant les boûs. (w.) *S. Mettre u. s. w.*

Brider si ch'vâ po l'cowe. (w.) *S. Brider son cheval u. s. w.*

Prind' ses châsses po ses solers. (w.) *Seine Strümpfe für seine Schuhe nehmen.*

sf. Metre lou chări avan lous bióons. (Lgd.) *Den Wagen vor die Ochsen spannen.*

Lou carri davant ley buous. (uprv.) *Der Wagen vor den Ochsen.*

it. Metter il carro avanti i buoi. *S. Metre u. s. w.*

Non metter il carro avanti a' buoi. *Spanne nicht den Wagen vor die Ochsen.*

Mettersi prima il giuppone che la camicia. *Das Wamms eher, als das Hemd anziehen.*

mi. Mett l' aratu avanti di j boj. (crs.) *S. Mettre u. s. w.*

Mettr e carr dnenz a i bö. (rom.) *S. Metre u. s. w.*

Mettere il carro innanzi a' buoi. (t.) *S. Metre u. s. w.*

ni. Met'r al car dinanz ai bu. (em. B.) *S. Metre u. s. w.*

Metter el carr innanz ai bo. (em. P.) *S. Metre u. s. w.*

Nö s' ha de mett el carr denanz ai boen. (l. m.) *Man muss nicht den Wagen vor die Ochsen spannen.*

Mette o căro avanti a-i bêu. (lig.) *S. Metre u. s. w.*

Butè el cher dnans dii bēū. (piem.) *S. Metre u. s. w.*

Meter el caro avanti i bò. (v.) *S. Metre u. s. w.*

Meter el caro avanti i manzi. (v. trst.) *S. Metre u. s. w.*

si. Avanti voi nun mittiti aratri. (s.) *Spannt nicht den Pflug vor die Ochsen.*

pt. Anda o carro diante dos bois. *Es geht der Wagen vor den Ochsen.*

---

223. Man muss mit den **Pferden** pflügen, die man hat.

't Muss ĕ' mat dĕ Mĕdercher dazen, dĕ ĕn haôt. (mrh. L.) *Es muss einer mit den Mädchen tanzen, die Einer hat.* md.

En Jeder maut sik met de Nägel krassen, dă ĭhm wassen sint. (wstf. Mrk.) *Ein Jeder muss sich mit den Nägeln kratzen, die ihm gewachsen sind.* pd.

Elk moet roeien met de riemen, die hij heeft. *Jeder muss mit den Riemen rudern, die er hat.* dt.

A man must plow with such oxen as he hath. *Einer muss mit solchen Ochsen pflügen, wie er hat.* en.

Man faaer at bygge med de Steen (Stene), man har. *Man muss mit den Steinen bauen, die man hat.* dä.

Man faaer at bage Brød af det Meel man har. *Man muss Brot von dem Mehle backen, das man hat.*

Man får plöja med de oxar man har. *Man muss mit den Ochsen pflügen, die man hat.* sw.

Fais de tel bois que tu as flèche. (afz.) *Mach' aus dem Holze, das du hast, Pfeile.* fz.

---

224. **Pferde fressen** einen Mann, Der sie mit Rath nicht halten kann.

D' Ross frässed e Ma, wo nid mit umgoh cha. (schwei.) *Die Rosse fressen einen Mann, der nicht mit umgehen kann.* od.

Heste og Hunde have giort mangen Herremand til Bonde. *Pferde und Hunde haben manchen Herrn zum Bauer gemacht.* dä.

For mange Hunde æde Jægeren op. *Zu viel Hunde essen den Jäger auf.*

För många hundar äta upp jägaren. *S. For mange u. s. w.* sw.

Mycket hästar, folk och hundar gör snart herreman till bonde. *Viel Pferde, Leute und Hunde machen bald den Herrn zum Bauern.*

Chevaux, chiens, oiseaux et serviteurs, Gastent, mangent et escorchent les seigneurs. *Pferde, Hunde, Vögel und Diener fressen die Herren auf.* fz.

Chi tien cavallo e non ha strame, In capo all' anno si gratta il forame. *Wer ein Pferd hält und hat kein Stroh, kratzt sich beim Jahresschluss am Hinteren.* it.

mi. Cavalli, cani, uccelli e servitori, Guastan, mangian, rovinano (ruinano) i signori. (t.) *S. Chevaux u. s. w.*

ni. Cani e ca, donzèle e servitùr I trà 'n malùra i sinr. (l. b.) *Pferde und Hunde, Frauenzimmer und Diener bringen die Herren in's Unglück.*

Chi tegn caval, nè 'l g'à de faga el lèc, In co de l' an el sentirà on gran frèc. (l. m.) *Wer ein Pferd hält und hat nichts, um das Lager zu machen, wird beim Jahresschluss sehr frieren.*

pt. Não crie cão, que lhe não sobeja pão. *Füttere keinen Hund, wer nicht Brot übrig hat.*

sp. Á quien no le sobra el pan, no crie can. *Wer nicht Brot übrig hat, füttere keinen Hund.*

---

225. Von schönen Pferden fallen schöne Fohlen.

Tholle bullen machen tholle kellber. (ad.)

md. Böse Eltern, böse Kinder; Wie die Kühe, so die Rinder. (mrh. E.)

od. Wie die Märch (*Stute*), so das Füllen. (bair. L.)

's Graue schlot (*schlägt*) der Grische (*Greisen*) no (*nach*). (schwei.)

pd. Dulle Bullen gevt dulle Kalwer. (ns. B.) *Tolle Bullen geben tolle Kälber.*

Dülle Bullen gäven dülle Kalfer. (ns. ofs.) *S. Dulle u. s. w.*

---

en. When the mare has a balld face, the filly will have a blaze. *Wenn die Stute ein weisses Gesicht hat, wird das Füllen eine Blässe haben.*

Gawsie cow, gudely calf. (scho.) *Schöne Kuh, stattlich Kalb.*

---

is. Illir hrafnar eigna únga sèr jafna. *Schlimme Raben haben sich gleiche Junge.*

nw. D'er alltid so, at Ungen braar paa Ætti. *Es ist immer so, dass das Junge den Eltern ähnelt.*

sw. Katt bråår på kiöön, och Trollet på sin Moor. *Die Katze artet dem Geschlecht und der Troll seiner Mutter nach.*

---

fz. Il ne fut one pie qui ne ressemblast de la queue à sa mère. *Es gab nie eine Elster, die im Schwanz nicht ihrer Mutter glich.*

sf. Lou qui èy hilh de l'esparbè, Qu' eu se semble a l'ale ou au pè. (Brn.) *Wer Sohn des Sperbers ist, gleicht ihm am Fusse oder am Schwanze.*

Du pié ou de l' eipala Lo pouillon semble la cavala. (D.) *Am Fusse oder an der Schulter gleicht das Füllen der Stute.*

it. I cagnuoli somigliano la cagna (le cagne). *Die Hündchen gleichen der Hündin (den Hündinnen).*

ni. O'n del pe, o'n de la spala El poleder someja a la cavala. (l. b.) *Entweder am Fusse oder an der Schulter ähnelt das Füllen der Stute.*

---

226. Pflanze, oft versetzt, gedeiht nicht.

dt. Een boom, die gedurig verplant wordt, gedijt zelden (kan geene wortelen schieten). *Ein Baum, der fortwährend verpflanzt wird, gedeiht selten (kann keine Wurzeln fassen).*

Een boom, die gedurig verplant wordt, draagt zelden goeden vrucht. *Ein Baum, der fortwährend verpflanzt wird, trägt selten gute Frucht.*

Outwortel uwen boom, Indien gij wilt, dat daar geen vrucht van koom'. *Entwurzelt Euern Baum, wenn ihr wollt, dass keine Frucht davon komme.*

Boomen die veel verplant worden, groeijen niet. (vl.) *Bäume, die viel verpflanzt werden, wachsen nicht.*

---

dä. Det Træ, som flyttes ofte, fæster ei Rod. *Der Baum, der oft versetzt wird, fasst nicht Wurzel.*

sw. Det träd, som ofta flyttas, fattar ej rot. *S. Det Træ u. s. w.*

Ofta flyttadt träd får sällan rot. *Oft umgepflanzter Baum schlägt selten Wurzel.*

---

lt. Planta (quae) saepius translata (transfertur), non coalescit.

fz. Arbre trop souvent transplanté Rarement fait fruict à planté. (afz.) *Zu oft verpflanzter Baum trägt selten Frucht in Fülle.*

sf. Arbret replantat trop souben Nou hé gouy de frut ny de ben. (Gsc.) *Baum, zu oft verpflanzt, bringt nicht Frucht, noch Ertrag.*

it. Albero spesso trapiantato non è di frutti caricato. *Baum, oft verpflanzt, ist nicht mit Früchten beladen.*

mi. Albero spesso trapiantato Mai di frutti à caricato. (t.) *Baum, oft verpflanzt, ist nie mit Früchten beladen.*

ni. La pianta che te mòet de spès No la pöl fröta nè crès. (l. b.) *Die Pflanze, welche du oft versetzest, kann weder Frucht tragen, noch wachsen.*

si. Un arvulu, ch'è spissu rinchiantatu, nun si vidi carricatu. (s.) *Einen Baum, der oft verpflanzt wird, sah man niemals beladen.*

lm. Planta (Arbre) sovint traspiantada (traspiantad) no posa arrels. (ncat.) *Pflanze (Baum), oft versetzt, setzt nicht Wurzeln an.*

sp. Planta muchas veces traspuesta, ni crece, ni medra. *Pflanze, vielmal versetzt, wächst weder, noch gedeiht sie.*

---

227. **Der Prophet gilt nirgend weniger als in seinem Vaterlande.**

Es ist kein Prophet angenehm in seinem vaterland. (ad.)

Niemand wol gewesen mag ein prophet in seinem land, wan er ist ze wol bekant. (ad.)

md. 't As kë' Profët a' séngem Laņt. (mrh. L.) *Es ist Keiner Prophet in seinem Land.*

od. Ein Prophet in seinem Vaterland gilt Nichts. (bair.)

pd. Wô de Profête gebôren is, dâ gelt he nich. (m. ba. G. u. G.) *Wo der Prophet geboren ist, da gilt er nicht.*

---

dt. Een profeet is niet geëerd in zijn vaderland. *Ein Prophet wird in seinem Vaterlande nicht geehrt.*

Geen sant Verheven in zijn land. *Kein Heiliger in seinem Land erhoben.*

De penning geldt nergens minder dan daar hij gemunt is. *Der Pfennig gilt nirgends weniger, als wo er gemünzt ist.*

---

dä. Ingen er Prophet i sit eget Fædreland. *Keiner ist Prophet in seinem Vaterlande.*

is. Heima eru hyggnir menn minnst metnir. *Daheim werden verständige Männer am wenigsten geschätzt.*

Ingen är profet i sitt eget land. *Keiner ist Prophet in seinem eignen Land.* sw.

Ingen prophet är mer föragtad, än i sit fädernesland. *Kein Prophet ist mehr verachtet, als in seinem Vaterland.*

Nemo propheta (acceptus est) in patria sua. lt.

In patria natus non est propheta vocatus.

Nul (Personne) n'est prophète en son pays. fz. *Keiner (Niemand) ist Prophet in seinem Lande.*

En son pays prophète sans pris. *In seinem Land (ist) der Prophet ohne Werth.*

Le saint de la ville n'est point aouré. (afz.) *Der Heilige der Stadt wird nicht verehrt.*

Les saint n'sont mâie adorés ès leu pays. (w.) nf. *Die Heiligen werden nie in ihrem Lande verehrt.*

Lou saut en sa bile ou cieutat E toustems sf. mens presat houndrat. (Gsc.) *In seiner Stadt wird der Heilige stets weniger geschätzt und geehrt.*

Nessun profeta è honorato nella sua patria. it. *Kein Prophet wird in seinem Vaterlande geehrt.*

Il Santo in sua città rade volte è honorà. *Der Heilige wird selten in seiner Stadt geehrt.*

Nessun profeta è nella patria caro. (t.) *Kein* mi. *Prophet ist im Vaterlande lieb.*

I saut de casa no i fa piö miracoi. (l. b.) *Die* ni. *Housheiligen thun keine Wunder mehr.*

A j' è gnun profeta an patria. (piem.) *Keiner ist Prophet im Vaterlande.*

Ii profete an patria a l' an poch audivit. (piem.) *Die Propheten finden im Vaterlande wenig Gehör.*

I santi de casa no fa miracoli. (v.) *Die Housheiligen thun keine Wunder.*

Nuddu profeta a la sua patria accettu. (s. C.) si. *Kein Prophet wird in seinem Vaterlande angenommen.*

Nisciun propheta est acceptadu in logu son. (sa.) *S. Nuddu u. s. w.*

Ningú es Propheta en sa Terra. (val.) *S.* lm. *Nul u. s. w.*

R.

228. **Raben und Tauben gehören nicht auff ein Hauffen.** (ad.)

---

dt. Kraaijen en duiven vliegen nooit zamen. *Krähen und Tauben fliegen nie zusammen.*
Men ziet geene kraaijen met ooijevaars vliegen. *Man sieht keine Krähen mit Störchen fliegen.*
Daer vliegen geen uilen met bonte kraeijen. (vl.) *Es fliegen keine Eulen mit Nebelkrähen.*

---

dä. Det sømmer sig ei, at Spurve gane i Tranedands. *Das schickt sich nicht, dass Sperlinge zum Kranichtanz gehen.*

---

fz. On n'a mâie veiou one aguesse avou ô crahau. (nf. w.) *Man hat nie eine Elster mit einem Raben gesehen.*

229. **Das schlimmste Rad am Wagen knarrt am ärgsten.**
Brüchige Räder knarren am meisten.
Alt Karren gurren *(knarren)* gern. (ad.)
od. Das schlechteste Rad am Wagen knarrt am meisten. (bair.)
Der schlimmst Charre *(Karren)* macht 's gröst Knarre *(das grösste Knarren).* (schwei.)

---

dt. Het kwaadste wiel kraakt meest. *Das schlimmste Rad knarrt am meisten.*
Het slechtste rad maakt het meeste geraas. *Das schlechteste Rad macht das meiste Geräusch.*
Hoe slimmer het wiel, hoe meer het raast. *Je schlimmer das Rad, je mehr es knarrt.*
Schurftige schapen bleeten meest. *Räudige Schafe blöken am meisten.*
Hoe schurfter schaap, hoe haarder geblaat. *Je räudiger Schaf, je lauter Geblök.*
en. The worst wheel creaks most. *S. Het kwaadste u. s. w.*
The worse the wheel, the more it creaks. *S. Hoe slimmer u. s. w.*

---

dä. Det slettest Hjul paa Vognen skriger mest. *S. Das schlechteste u. s. w.*
Er rijsa Kijff af thet verræ Hywll. (adä.) *Immer erhebt sich Lärm vom schlechtesten Rade.*
nw. Ringaste Hjulet riktar mest. *S. Het kwaadste u. s. w.*
Klenaste Rokken riktar mest. *Der schlechteste Rokken knarrt am meisten*
sw. Det sämsta hjulet på vagnen skriker mest. *S. Das schlechteste u. s. w.*
Æ roris kiiff aff thz værra hiwl. (asw.) *S. Er u. s. w.*

lt. Rota plaustri male uncta stridet.
A pejore rota semper sunt jurgia molta. (mlt.)
fz. C' est toujours la plus mauvaise roue qui crie. *Es ist immer das schlechteste Rad, welches quitscht.*
La plus mauvaise roue d'un char est toujours celle qui fait le plus de bruit. *Das schlechteste Rad eines Wagens ist immer das, welches den meisten Lärm macht.*
C'est la pire roue, comme est très seur, Qui fait plus de bruit et de rumeur. *Das schlechteste Rad ist's, wie es ganz sicher ist, welches am meisten Geräusch und Lärm macht.*
La pire roe deu char brait totiorz. (afz.) *Das schlechteste Rad des Wagens knarrt immer.*
La pire roo de la charrette fait greigner noyse. (afz.) *Das schlechteste Rad des Karrens veranlasst Lärm.*
nf. Si gu' y a n' mâle rowe divin on chår, c' est l'cisse qui criuèie le plus. (w.) *Wenn ein schlechtes Rad an einem Wagen ist, so ist es das, welches am meisten quitscht.*
sf. La pu pichôto rôdo d' âou chàri fâi mâi dé brn qu lus âoutros. (Lgd.) *Das schlechteste Rad des Wagens macht mehr Lärm, als die andern.*
La piegi rodo crido pus fouert. (nprv.) *Das schlechteste Rad quitscht am stärksten.*
L' é la meindre ruva d' on taer ke crenne lo mé. (Pat. s.) *Es ist das schlechteste Rad eines Wagens, welches am meisten knarrt.*

it. La più trista ruota del carro è sempre quella che cigola. *Das schlechteste Rad des Wagens ist immer das, welches quitscht.*

La peggior ruota è quella che fa più rumore. *Das schlechteste Rad ist das, welches den meisten Lärm macht.*

La peggior ruota del carro stride. *Das schlechteste Rad des Wagens quitscht.*

mi. A peghio rota di u cherru è quella chi fa majò rumore. (crs.) *Das schlechteste Rad des Wagens ist das, welches den grössten Lärm macht.*

E cattive cavicchie sempre trizinecchianu. (crs.) *Die schlechtesten Pflöcke knarren immer.*

La rôda piò tresta de car l' è quella ch fa piò armor. (rom.) *S. A peghio u. s. w.*

La peggior ruota è quella che cigola. (t.) *Das schlechteste Rad ist das, welches quitscht.*

La più cattiva ruota del carro sempre cigola. (t.) *S. La pire roe u. s. w.*

ni. La più tresta roda dal carr vol zighar. (em. B.) *Das schlechteste Rad vom Wagen will quitschen.*

La più (piò) tresta roda dal carr (car l') è quèlla ch' xirla (ziga). (em. B.) *Das schlechteste Rad des Wagens ist das, welches quitscht.*

La pu cattiva roènda del carr l' è còlla ch' ziga (crida). (em. P.) *S. La più tresta roda dèl u. s. w.*

La più trista róda dal carr l' è quèlla ech scherzuiss. (em. R.) *S. La più tresta roda dèl u. s. w.*

Grama rœuda del carr fa püssee strepit. (l. m.) *Schlechtes Rad am Wagen macht den meisten Lärm.*

La pi cativa rou del cher a l' è senpre cola ch' a subia. (piem.) *S. La più trista ruota u. s. w.*

La pezo roda del caro xe quela che ciga (usa). (v.) *S. La più tresta roda dèl u. s. w.*

si. Lu chiù tintu chiovu di lu carru sempri si risenti. (s.) *Der schlechteste Nagel des Wagens macht sich immer hörbar.*

Sa pejus cotta de su carru est sa qui tichirriat. (sa.) *Die schlechteste Gabel des Wagens ist die, welche knarrt.*

---

230. Bei Zeit halt Rath, Denn nach der That Kommt er zu spat.

Nachrath, Narrenrath.

md. Zur rechten Zeit halt Rath, Denn nach der That Kommt er zu spat. (mrh. F.)

Rath Nach der That Kommt zu spat. (bair.) od.
Rath nach der That ist viel zu spat. (schwei.)

Goede raad Na de daad Komt te laat. *Guter* dt.
Rath nach der That kommt zu spät.

Raad na daad, De kars onder de korenmaat. *Rath nach That, die Kerze unter's Kornmaass.*

Raad efter giort Gierning er som Regn naar dä.
Kornet er høstet. *Rath nach geschehener Thath, ist wie Regen, wenn das Korn geerntet ist.*

Raad efter Skaden er som Lægedom efter Døden. *Rath nach dem Schaden ist wie Arzenei nach dem Tod.*

Efter-Raad ere Giekke-Raad. *Nachrathschläge sind Narrenrathschläge.*

Bag-Raad ere Vanraad. *Nachrath ist Unrath.*

Ráð eptir gjörð eru ei mikilsverð. *Rathschläge* is.
nach der That sind nicht viel werth.

Ráð er ei betra (Ekki er betra ráð), enn óráð, nema í tíma sé tekið. *Rath ausser der Zeit ist nicht besser als Unrath.*

Raad etter Gjerd er litet verd. *Rath nach* nw.
der That ist wenig werth.

Etterraad er ingi Raad. *Nachrath ist kein Rath.*

Efterråd är intet råd. *S. Etterraad u. s. w.* sw.

För sent att råda, när skadan är skedd. *Zu spät zu rathen, wenn der Schaden geschehen ist.*

Råd är intet råd om det ej gifves i tid. *Rath ist kein Rath, wenn er nicht bei Zeiten gegeben wird.*

Seent råda når skadan år skedd. *Spät rathen, wenn der Schaden geschehen ist.*

Serum est post facta consilium. lt.

Post factum nullum consilium.

Consultatione, re peractâ, nihil opus.

A cosa fatta un bale cunsigliu. (mi. crs.) *Ge-* it.
schehener Sache hilft kein Rath.

Dop e fatt un zova i cunséi. (rom.) *Nach* mi.
der That helfen die Rathschläge nicht.

Döp el fait el conssei a serv a nen. (piem.) ni.
Nach der That hilft der Rath zu Nichts.

Doppu lu fattu nun c' è chiu cunsigghiu. (s.) si.
Nach der That gibt's keinen Rath mehr.

---

231. Guter Rath ist Goldes werth.

Ez ist niut sô guot, sô guoter rât, der mensche ist sælig, der den hât. (ad.)

md. Gudde' Rot as deier (schlèchte' fennt ên-iwerall). (mrh. L.) *Guter Rath* **ist** *theuer (schlechten findet man überall).*

od. Guter Rath ist theuer. **(schwei.)**

pd. Gât Rôd äss **deier. (nrh. S.)** *S. Guter Rath* ***ist theuer.***

Gude Rå is dyr. **(ns.** blst. A.) ***S. Guter Rath ist theuer.***

---

dt. Goede raad **is goud waard.**

---

dä. Eet godt Raad er bedre end en Pose fuld. *Ein guter Rath ist besser, als ein voller Beutel.*

Godt Raad i Nød Er bedre end Guldet rød. *Guter Rath in Noth ist besser,* ***als das rothe*** *Gold.*

nw. Ei god Raad er **Gull verd.** ***Ein guter Rath*** *ist Goldes* ***werth.***

sw. Ett godt råd är **ej** betaldt med penningar. *Ein guter Rath ist nicht mit Geld bezahlt.*

Godt råd i nöd är bättre än guldet röd. *S. Godt u. s. w.*

---

fz. Lou diaman **qu'a lou sou prets, Mès lou bou** connseilh n'oun a **pas. (sf. Brn.)** ***Der Diamant hat seinen Preis, aber der gute Rath*** *hat* ***keinen.***

it. **Val più un buon consiglio che cento fatti a caso.** ***Ein*** *guter* ***Rath ist mehr werth, als*** *hundert unüberlegt gethane* ***Dinge.***

mi. Un bon **cunsëi e** vêl un tresòr. **(rom.)** ***Ein*** *guter Rath ist einen Schatz* ***werth.***

Dono di consiglio piú vale **che d' oro. (t.)** *Geschenk von Rath* ***ist mehr werth, als*** *eins von Gold.*

ni. Un bôn **cunsei val** un **tesor. (em. B.)** ***Un bon cunsëi u. s. w.***

Val püssô on bon parer che on gran tesor. (l. m.) ***Mehr ist ein guter Rath werth, als ein grosser Schatz.***

Un bon consegio val più **d'un tesoro. (v.)** ***Ein guter Rath ist mehr werth, als ein Schatz.***

sp. **Al buen consejo no se halla precio.** ***Der gute Rath hat keinen Preis.***

---

232. Guter **Rath** kommt **über Nacht.**

Guter Rath kommt morgen.

md. Iwer d' Nuocht Huot sêch **scho' muonchere' bednocht. (mrh. L.)** *Über Nacht hat sich schon Mancher bedacht.*

od. Benachter Rath (Rath über Nacht) ist **der** best. (schwei.)

---

dt. Goede raad komt in den slaap (morgen). *Guter Rath kommt im Schlaf (morgen).*

To **take** counsel **of one's** pillow. *Sich* ***bei en. seinem*** *Kopfkissen* ***Rath's erholen.***

---

dä. Paa **Hovedpuden findes de bedste Raad.** ***Auf*** *dem* ***Kopfkissen wird der beste Rath*** *gefunden.*

is. Ný ráð koma (gefast) með **nýum morgni (tíðum).** *Neue Rathschläge* ***kommen (werden gegeben)*** *mit neuem Morgen* ***(neuen Zeiten).***

sw. Nöchtert rådh slutes **bäst.** ***Nachts wird Rath am*** *besten* ***beschlossen.***

---

it. **Nocte (In nocte) consilium.**

fz. **La nuit donne (porte) conseil.** ***Die Nacht ertheilt*** *(bringt) Rath.*

La nuict est mère de **pensées.** ***Die Nacht ist Mutter von*** *Gedanken.*

it. La notte è madre de' consigli. *Die Nacht* ***ist*** *Mütter der* ***Rathschläge.***

mi. La notte è madre di consigliu. **(crs.)** ***Die*** *Nacht ist Rathes Mutter.*

Quandu tu hai da fà qualcosa **di** seriu, prima **dormici sopra. (crs.)** ***Wenn du*** *etwas Ernst****liches zu thun hast, beschlaf es zuvor.***

Ad ogni impresa si deve dormir sopra. (crs.) ***Jede Unternehmung muss man beschlafen.***

ni. **La nót l' è la mader dei consëi. (l. b.)** ***Die Nacht ist die Mutter der Rathschläge.***

L' è la gran mader di penser la nocc. (l. m.) ***Die grosse Mutter von Gedanken ist die Nacht.***

La nëuit a l' è la mare **d'** ii penssè. (piem.) ***Die Nacht ist*** *die Mutter der Gedanken.*

La note xe la mare d' i pensieri. **(v.)** *S. La* ***nëuit u. s. w.***

si. **Lu** cuscinu **è un** gran cunsiggheri. (s.) ***Das*** *Kopfkissen ist ein grosser Rathgeber.*

Su pensare ad su nocte. (sa. L.) ***Das*** *Denken in der Nacht.*

sp. Dormiréis sobre ello y tomaréis acuerdo. ***Ihr*** *werdet darüber schlafen und Beschluss fassen.*

---

233. **Kommt** Zeit, kommt **Rath.**

md. Kümmt Zeit, kümmt Roath. (schls.)

Kimt Zeit, kimt Råt. (schls. B.)

pd. **Kummt** Tid, **kummt** Rath. (ns. B.)

Kümt Tid, kümt Råd. (ns. ha. G. u. G.)

Kömmt Tiet, kömmt Rath; kömmt Sack (Sadeltiet), kömmt Saat. (ns. Pr.) *Kommt*

Zeit, kommt Rath; kommt Sack (Saatzeit), kommt Saat.

---

dt. Komt tijd, komt raad.

---

dä. Kommer Tid, kommer Raad.
Naar Dag kommer, da kommer og Raad. *Wenn Tag kommt, da kommt auch Rath.*
is. Á morgun kemr dagr, og þá koma ráð. *Morgen kommt der Tag und dann kommen Rathschläge.*
nw. Naar Dagen kjem, saa kjem dat Raad. *Wenn der Tag kommt, so kommt der Rath.*
sw. Kommer dag, så kommer råd. *Kommt Tag, so kommt Rath.*

---

lt. De mane consilium.
Consultor homini tempus utilissimus.
fz. Vient jour, vient conseil. (afz.) *Kommt Tag, kommt Rath.*
it. Il tempo sarà consiglio. *Die Zeit wird rathen.*
mi. Il tempo dà consiglio. (t.) *Die Zeit gibt Rath.*
si. Tempu metti cunsigghiu. (s.) *Zeit bringt Rath.*
Su tempus det esser consizu. (sa.) *Die Zeit soll rathen.*
pt. O tempo dá remedio, onde falta o conselho. *Die Zeit gibt Mittel, wo der Rath fehlt.*
sp. Al tiempo el consejo. *Der Zeit der Rath.*

---

234. Nach dem Schaden, nach der That Weiss Jedermann guten Rath.
Nachher ist Jeder klug.
Nachrathes gebrach noch Niemand.
Nachdem ein Ding geschehen ist, sind alle Gräben voll Weisheit.
Wenn eine Sache (ein Ding) geschehen ist, verstehen sie (es) auch die Narren.
md. Wenn der Karren im Dreck liegt, Findet man den guten Weg ohne Licht. (mrh. E.)
No der Dot, Wēs allemegsch Rot. (mrh. L.) *Nach der That weiss Jedermann Rath.*
od. Nach der That weiss auch der Narr den Rath. (bair.)
Nach der That geschieht der Rath. (schwei.)
pd. Nā der Dād, Weit Jēder gauen Rād. (ns. ha. G. u. G.) *Nach der That Weiss Jeder guten Rath.*
Nåher sind vi Alle klok. (ns. hlst. A.) *Nachher sind wir Alle klug.*
Achterna kakeln de Höner. (ns. ofs.) *Hinterher gackern die Hühner.*

Naraad ontbrak nooit man. *Nachrath gebrach nie Jemand.* **dt.**
Achterraets enghebrac nie man. (adt.) *S. Naraad u. s. w.*
If things were to be done twice, all would be wise. *Wenn Dinge zwei Mal geschehen könnten, würden Alle weise sein.* **en.**

Bagefter ere vi alle kloge. *S. Näher u. s. w.*
Eptirá koma ósvinnum ráð í hug. *Nachher fallen den Unverständigen Rathschläge ein.* **is.**
Eftirráðini eru so mong. (fær.) *Nachrathschläge gibt es so Viele.*
Etter Skaden veit alle Mann Raad. *Nach dem Schaden weiss Jedermann Rath.* **nw.**
Etterpaa veit alle Raad. *Hinterher weiss Jeder Rath.*
Etter-Raadi er alltid god. *Nachrath ist immer [gut.*
Efteråt äro vi alla kloka. *S. Näher u. s. w.* **sw.**
Sedan skadan är skedd, vet hvar man råd. *Wenn der Schaden geschehen ist, weiss Jedermann Rath.*

Après la chose faite chacun est bon conseiller. *Nach geschehener Sache ist Jeder (ein) guter Rathgeber.* **fz.**
A chose faite conseil pris. *Nach geschehener Sache gepflogener Rath.*
Après dommage chacun est sage. *Nach dem Schaden ist Jeder weise.*
Quand la chose est faite, li consaus en sont pris. *Wenn die Sache geschehen ist, werden Berathungen darüber gepflogen.*
Dopo il fatto ognuno è savio. *Nach der That ist Jeder weise.* **it.**
Dopu cose fatte ognunu vole avè ragione. (crs.) *Nachdem die Dinge geschehen, will Jeder Recht haben.* **mi.**
Dop e fatt tött è bon d' fè da dutor. (rom.) *Nach der That taugt Jeder, den Doktor zu machen.*
Quando è caduta la scala, ognuno sa consigliare. (t.) *Wenn die Leiter umgefallen ist, weiss Jeder zu rathen.*
Del senno di poi ne sono piene le fosse. (t.) *Von der Nachweisheit sind die Gräben voll.*
De' secondi consigli sono piene le case, e de' primi ve n'è carestia. (t.) *Von Nachrathschlägen sind die Häuser voll und an Vorrathschlägen ist Mangel.*
Fata la coionaria, piena la casa di consèi. (l. b.) *Ist die Dummheit gemacht, ist das Haus voller Rathschläge.* **ni.**

Quand el fato l' è sücès, tüti sau fa di procès. (l. m.) *Wenn die Sache geschehen ist, wissen Alle Prozess zu führen.*

Fa bel di dop ch' le cose son faite. (piem.) *Es ist gut reden, wenn die Dinge geschehen sind.*

Tuti a san conosse j' eror, dop d' aveije conoss. (piem.) *Alle wissen die Fehler zu erkennen, nachdem sie dieselben begangen haben.*

Dop d' ess' sse fali, tuti a sau lö ch' a bsognava fe. (piem.) *Nachdem sie gefehlt haben, wissen Alle das, was man hätte thun müssen.*

Dopo 'l fato tuti consegia pulito. (v.) *Nach der That rathen Alle gut.*

Dopo 'l fato tuti sa dir (xe dotori). (v.) *Nach der That wissen Alle zu reden (sind Alle Doktoren).*

lm. Quand es ja vingud lo dañ, es eu va parlar d'antañ. (ncat.) *Wenn der Schaden geschehen ist, spricht man von dem, was vorbei ist.*

pt. A coelho ido, conselho vindo. *Kaninchen fort, Rath da.*

sp. El conejo ido, el consejo venido. *Das Kaninchen fort, der Rath da.*

---

235. Viel Rath ist Unrath.

pd. Fil Röder, fil Ferwärer. (nrh. S.) *Viel Rather, viel Verwirrer.*

Wô tau vêle Rådgêwers sint, da werd sellen wat gaues (geschones). (ns. ha. G. u. G.) *Wo zu viele Rathgeber sind, da wird selten etwas Gutes (Gescheidtes).*

---

dt. Beter één goede raad, dan veel zakken raads. *Besser ein guter Rath, als viele Säcke Rath.*

Veel raad, Maar weinig baat. *Viel Rath, aber wenig Nutzen.*

---

dä. Naar Alle ville raade, Bliver det Ingen til Bande. *Wenn Alle rathen wollen, gereicht es Keinem zum Nutzen.*

Hvo, som bygger efter Hvermands Raad, hans Huus kommer kroget at staae. *Wer nach Jedermanns Rath baut, dessen Haus kommt winkelig zu stehen.*

Hvo, som bygger efter Hvermands Raad, han faaer det skjævt at staae. *Wer nach Jedermanns Rath baut, kriegt es schief zu stehen.*

Hvo der vil sætte sit Hus efter hver Mands Raad, det kommer vistnok kroget at staae. *Wer sein Haus nach Jedermanns Rath aufrichten will, dem kommt es gewiss winkelig zu stehen.*

Han ær daarligh, syn Bygning setther effther hwer Mandz Raadh. (adä.) *Der ist thöricht, der seinen Bau nach Jedermanns Rath errichtet.*

Så er heimskr, sem hús sitt setr eptir hvörs mauns rádi (sögu). *Der ist thöricht, der sein Haus nach Jedermanns Rathe (Rede) errichtet.* is.

[Unrath.

For myki Raad er Uraad. *Zu viel Rath ist* nw.

Skal ein byggja etter kvar Manns Raad, so kjem dat aldri Tak uppaa. (Ag.-St.) *Soll man nach Jedermanns Rath bauen, so kommt nie 's Dach darauf.*

Dan som byggjer etter kvar Manns Raad, hans Hus kjemer skjeivt aa staa. (B.-St.) *Wer nach Jedermanns Rath baut, dessen Haus kommt schief zu stehen.*

Dan som vil byggja etter kvar Manns Raad, han fær mange Naverua paa. (Hardanger.) *Wer nach Jedermanns Rath bauen will, bekommt viele Ecken dran.*

Bygga hus med hvars mans råd, (der) kommer sw. sällan (aldrig) tak på (uppåt). *Haus nach Jedermanns Rath bauen, (da) kommt selten (niemals) ein Dach drauf.*

Hwa sina bygningu sæter æpter hwars mans sægn, hon wardher illa bygdh. (asw.) *Wer seinen Bau nach Jedermanns Rede aufrichtet, dem wird es schlecht gebaut.*

Svadelæ multæ fabricabunt atria stulte. (mlt.) lt.

Tous se mêlent de donner des avis, un sot est fz. celui qui les tous suit. *Alle befassen sich damit, Rathschläge zu ertheilen; ein Thor ist der, welcher sie alle befolgt.*

E bsogna tö cunsèi da un sol. (ml. rom.) *Man* it. *muss nur von Einem Rathschläge annehmen.*

Consiglio di due non fu mai buono. (t.) *Rath* mi. *von Zweien war nie gut.*

Consèi de du no i ò mai bu, Consèi de tri un ml. i g' à mai fi. (l. b.) *Rath von Zweien ist niemals gut, Rath von Dreien nie ausführbar.*

Chi de tanc el töl consèi, Nol pö sta guè a quest guè a quèi. (l. b.) *Wer von Vielen Rath erholt, kann weder bei dem, noch bei jenem bleiben.*

Li cunsei a van pià da un sol. (piem.) *Die Rathschläge von einem Einzigen sind gut.*

Pri assai cunsigghi si perdi la guerra, E pri si. tanti giudizii si sgarra. (s.) *Bei zu vielen Rathschlägen geht der Krieg verloren, und bei zu vielen Urtheilen wird man irre.*

lm. Mòlts germans en un conseli lo blanc fan ternar bermell. (ueat.) *Viele Brüder in einer Berathung machen Weiss zu Roth.*

---

236. Zum **Rath weile, Zur That eile!**

Ietwederez **sîn reht** hât, langer rât und **snel getât. (ad.)**

od. **Der gâhe Rath kommt zu** früh. (bair.)

---

dt. Haastige **raad** was nooit goed. ***Hastiger*** *Rath war niemals gut.*

Nooit goede daad Van snellen raad. ***Nie gute That*** *von schnellem Roth.*

Snelle raad Doet zelden **baat.** ***Schneller*** *Rath nützt* ***selten.***

Snelle raad **bad veel rouw. *Schneller Rath hat viel Reue.***

---

dä. Godt Raad **vil have god Tid.** *Guter Rath will gute Zeit haben.*

Hovedkulds Raad, hovedkulds Gierning. ***Kopf-****loser Rath, kopflose That.*

Hovedkulds Raad er tidt halsløs. *Kopfloser Rath ist oft halslos.*

nw. Dan **som** giv Raad, fær inkje vera alt **for** braad. *Wer Rath gibt, muss nicht allzu-****hastig sein.***

---

lt. **Consilium praeceps praecipitare solet.**

cw. **Delibereschn con lentezza ed eseguischa con promtezza. (ld. U.-E.) *Überlege mit Langsamkeit und führe mit Schnelligkeit aus.***

it. **Penza adàciu e lavura prestu. (si. s.)** *Denke* ***langsam und arbeite rasch.***

pt. **De vagar pensa e obra de pressa.** *S. Penza u. s. w.*

sp. De espacio piensa y **obra a priessa.** *S. Penza u. s. w.*

---

237. **Rathen** ist leichter denn **helfen.**

md. 't As ëschter gesot ewë gedoen. (mrh. L.) ***Es*** *ist eher gesagt, wie gethan.*

od. **G'sogt is 's** laichtá' ols dòn. (ndö.) ***Gesagt ist es leichter, als gethan.***

pd. **Laichter ze röden, wå ze hälfen.** (nrh. S.) *Leichter zu rathen,* ***wie zu helfen.***

---

dä. Det er ikke **saa** let gjort, som det er sagt. *Es ist nicht* ***so*** *leicht gethan, wie es gesagt* ***ist.***

sw. Det är ej så snart gjort som sagdt. *Es* ***ist*** *nicht so rasch gethan, wie gesagt.*

---

it. L' è püssé facil consigliä che fa. **(nl. l. m.)** *Es ist leichter rathen, als thun.*

Xe più facile **consegiar che far. (v.)** *S. L'è* ni. *püssé u. s. w.*

wl. Lesne **e** a învĕţia, greŭ e a face. *Leicht ist's* ***zu*** *belehren (rathen), schwer ist's zu thun.*

---

238. **Wem** nicht zu **rathen** ist, dem ist auch nicht zu helfen.

Wem nicht zu rathen steht, dem steht **auch** nicht **zu** helfen. **(ad.)**

mi. Wiém nét ze **roden as,** as nét ze hellefen. (mrh. L.) *Wem nicht zu rathen ist, ist nicht zu helfen.*

pd. Wiem nét **ze röden ässz, dém** ässz nèh nét ze hälfen. (nrh. **S.)**

Wēne nich **tau râen is,** dēn **is âk nich tau helpen. (ns. ha. G. u. G.)**

Wēne nich tau râen steit, dēn is âk nich tau helpen. (ns. ha. G. u. G.) *Wem nicht zu rathen steht, dem ist auch nicht* *zu helfen.*

Wem nit te rohden is, dem is auk nit te **helpen. (ns. W.)**

---

en. **He that will not be counsell'd, cannot be help'd.** *Wer* ***nicht*** *berathen sein* ***will, dem*** *kann nicht geholfen werden.*

---

dä. **Hvo der ei vil lade** sig raade, **staaer ei** heller til **at hjelpe.** *Wer sich nicht rathen lassen will, dem* ***steht*** *auch nicht* ***zu*** *helfen.*

Hvo ei staaer **til at** raade, staaer ei til at hielpe. *Wem nicht zu rathen steht, dem* ***steht nicht zu helfen.***

is. Hvörjum **ei er ráðandi, er** ei hjálpandi. *S. Wiém u. s. w.*

nw. Dan som inkje **vil** høyra Raad, fær røyna Uraad (høyra Haad.) *Wer nicht hören will auf Rath, muss Unglück erfahren. (Spott hören).*

sw. **Den som inte vill** låta **sig råda,** står heller **inte att** hjelpa. *S.* ***Hvo der u.*** *s. w.*

---

lt. Qui bonum respuit consilium sibi ipsi nocet.

cw. Tgi ca se lai buc cussegliar, A quel ei buca da gidar. (obl.) *Wer sich nicht* ***rathen*** *lässt, dem* ***ist nicht zu*** *helfen.*

it. Chi no völ consèi de nissü, El va in rüina de per lü. *Wer von Niemand Rathschläge will geht an sich selbst zu Grunde.*

---

239. Wir können Andern rathen, aber uns selbst nicht.

Alle wissen guten Rath, Nur nicht, wer ihn nöthig hat.

Niemand ist klug genug, um sich selbst zu rathen.

Manec man gît guoten rât der im selben keinen hât. (ad.)

od. Andern kann er rathen, sich selber nicht. (bair.)

In seinen eigenen Sachen ist Niemand gescheid genug. (bair.)

---

dä. Man kan bedst give Raad, naar man selv ikke trænger til dem. *Man kann am besten Rath geben, wenn man ihn selbst nicht nöthig hat.*

Alle vide gode Raad, forunden den som i Vaande staaer. *Alle wissen guten Rath, ausser dem, der in Verlegenheit ist.*

nw. Dat kann mange raada andre og inkje seg sjolv. *Es können Viele Anderen rathen und nicht sich selbst.*

Dat veit alle Raad, naar inkje reyner paa. *Es wissen Alle Rath, wenn es nicht darauf ankommt.*

Dat veit alle Raad med ei vond Kjering, utan dan som heve henne. *Es wissen alle Rath mit einem bösem Weibe, ausser dem, der es hat.*

sw. Alla veta råd, förutom den i våndan står. *Alle wissen Rath, ausser dem, der in Verlegenheit ist.*

---

fz. Bon est le médecin qui se peut guérir. *Gut ist der Arzt, der sich heilen kann.*

it. Nè il medico, nè l'avvocato guidano ben il negozio proprio. *Weder der Arzt, noch der Advocat führen die eigene Sache gut.*

mi. Si è più capaci di da boni cunsigli all' altri che di seguilli se stessu. (crs.) *Man ist befähigter, den Anderen gute Rathschläge zu geben, als sie selbst zu befolgen.*

In causa propria nessuno vale. (crs.) *In eigener Sache taugt Niemand.*

si. Bonu a consizare sos ateros non mai ad ips' et totu. (sa. L.) *Gut den Anderen zu rathen, aber nie sich selbst.*

sp. A todos dan consejo y no lo toman para si. (asp.) *Allen geben sie Rath und nehmen ihn nicht für sich.*

---

240. Wenn die Herren vom Rathhause kommen, sind sie am klügsten.

Wenn di Råthshärr'n 'runter gënnä, sënn si gscheider, äss wenn si 'nauf gënnä. (frk. M.) md.
Wenn die Rathsherrn heruntergehen, sind sie gescheidter, als wenn sie hinaufgehen.

Wenn d' Herra vom Rothaus gend, sind sie gscheider ass mo sie 'nuff gend. (schwb. W.) od.
Wenn die Herren vom Rathhause gehen, sind sie gescheidter, als wenn sie hinaufgehen.

Wenn die Herren vom Rathhaus gehen, so sind sie am klügsten. (schwei.)

Kümt man von'n Råthûse, sau is man kloiker pd.
as wenn man rupgeit. (ns. ha. G. u. G.) *Kömmt man vom Rathhause, so ist man klüger, als wenn man hinaufgeht.*

Wam' me vomm'e Rothhuuse kümmet, dann is me kläuker, osse wam' me drupp geiht. (ns. W.) *S. Kümt u. s. w.*

Wamme vam Råthuse küemt, es me allitit klaüker, as wamme derhen get. (wstf. Mrk.) *Wenn man vom Rathhause kömmt, ist man stets klüger, als wenn man hingeht.*

An sortir des plaids l'on est sage. *Wenn man* fz.
vom Gericht kommt, ist man weise.

On n'est mâie si sège qui qwand on r'vint d'às nf.
plaids. (w.) *Man ist nie so weise, wie wenn man vom Gerichte kommt.*

On n'est sage si on n'rivint des plaids. (w.) *Man ist erst weise, wenn man vom Gericht kommt.*

---

241. Der Raupen wegen muss man den Baum nicht umhacken.

Forsake not the market for the toll. *Verlasst* en.
nicht den Markt des Zolles wegen.

Man kaster ikke Barnet bort, fordi det er ureent. dä.
Man wirft das Kind nicht weg, weil es unrein ist.

Man skal ikke hugge Hovedet af, fordi det er luset og skurvet. *Man muss nicht den Kopf abhauen, weil er lausig und grindig ist.*

Ein fær inkje leggja Aakren i Øyde fyre nw.
Ugraset. *Man muss nicht den Acker wüst legen des Unkrauts wegen.*

Ein fær inkje kasta Kornet burt, um d'er Agner i. *Man muss das Korn nicht wegwerfen, weil Spreu darin ist.*

Ein god Hest er inkje vandad fyre eitt Lyte.

Ein gutes Pferd wird nicht verschmäht um eines Fehlers willen.

Ein skal inkje kasta ein god Bite, um d'er eit Bos paa. *Man muss einen guten Bissen nicht wegwerfen, weil eine Faser daran ist.*

sw. Man kastar ej bort kornet för agnarnas skull. *Man wirft das Korn nicht der Spreu wegen weg.*

Traët huggs intet aff, fast masken kommer i Applet. *Der Baum wird nicht weggehauen, wenn auch der Wurm in den Apfel kommt.*

Man kastar inte bort ett gott Äpple fast dhet är marckätet. *Man wirft einen guten Apfel nicht fort, wenn er auch fleckig ist.*

Man kastar intet bortt'en godh Hast för ett ringa lythe. *Man wirft eines geringen Fehlers wegen nicht ein gutes Pferd weg.*

Godh Håst kastas intet bortt för ett lyte skull. *Gutes Pferd wird nicht fortgeworfen um eines Fehlers willen.*

---

fz. Il vaut mieux laisser son enfant morveux que lui arracher le nez. *Es ist besser, sein Kind rotzig zu lassen, als ihm die Nase abzureissen.*

nf. I va mi leyî s'ch'vâ morveux, que d'li arracher s'nez. (w.) *Es ist besser, sein Pferd rotzig zu lassen, als ihm seine Nase abzureissen.*

I vaut mieux layer l'enfant morveux que d'li arracher s'nez. (w. M.) *Es ist besser, das Kind rotzig zu lassen, als ihm seine Nase abzureissen.*

---

242. Rühme dich nicht, **Räuplein**, dein Vater war ein Kohlwurm.

---

dä. Sommerfuglen forglemmer, at en var en Kaalorm. *Der Sommerfalter vergisst, dass er eine Kohlraupe war.*

sw. Sommarfågeln glömmer att han varit en kalmask. *S. Sommerfuglen u. s. w.*

---

fz. Noble de drete ligne, soun pay qu' ère pescadou. (sf. Brn.) *Adlig von gerader Linie, sein Vater war Fischer.*

sp. Panadera érades ántes, aunque ahora traeis guantes. *Bäckerin warst du vorher, wenn du auch jetzt Handschuh trägst.*

---

243. Man soll die **Rechnung** nicht ohne den Wirth machen.

Die Rechnung (Zeche) ohne den Wirth machen.

Wer die Rechnung ohne den Wirth macht, der muss sie zwei Mal machen.

Die Zeche muss man nicht ohne den Wirth machen. (bair.) od.

Man muss die Zeche nicht ohne den Wirth machen. (schwei.)

Wer to froh räk'nt, de mutt tweemal räken. (ns. ha. V.) *Wer zu früh rechnet, der muss zwei Mal rechnen.* pd.

Me mot nit de Reckenunge für'ne Weerde maaken. (ns. W.) *Man muss nicht die Rechnung vor dem Wirthe machen.*

Hij heeft de rekening buiten (zonder) den waard gemaakt. *Er hat die Rechnung ohne den Wirth gemacht.* dt.

He that reckons without his host, must reckon again. *Wer ohne seinen Wirth rechnet, muss nochmals rechnen.* en.

He that counts without his host, may have to count twice. (scho.) *Wer ohne seinen Wirth rechnet, kann zwei Mal zählen müssen.*

Sin Räkning aane Wjärt mägen. (M.) *Seine Rechnung ohne Wirth machen.* fs.

Den som gjør Regning uden Vert, man regne om igjen. *Wer Rechnung ohne Wirth macht, muss sie noch ein Mal machen.* dä.

At gjøre Regning uden Vert. *Rechnung ohne Wirth machen.*

Ein skal inkje gjera Rekning utan Vert. *Man soll nicht Rechnung ohne Wirth machen.* nw.

Göra upp räkningen utan värden. *S. Die Rechnung u. s. w.* sw.

Sccum rationes putas. lt.

Fà le cunt sënza l'ost. (ld. bd.) *Die Rechnungen ohne den Wirth machen.* cw.

Far il quint senz' igl ustier. (obl.) *S. Die Rechnung u. s. w.*

Il ne faut pas compter sans son hôte. *Man muss nicht ohne seinen Wirth rechnen.* fz.

Qui compte sans son hôte, compte deux fois. *Wer ohne seinen Wirth rechnet, rechnet zwei Mal.*

Qui compte tot seû, pout compter deux feies. (w.) *Wer ganz allein zählt, kann zwei Mal zählen.* nf.

Qu conto senso l'Hoste, conto doues fes. (nprv.) *Wer ohne den Wirth rechnet, rechnet zwei Mal.* sf.

Chi fa'l conto senza l'oste, il fa due volte. *Wer die Rechnung ohne den Wirth macht, macht sie zwei Mal.* it.

Fa il conto senza l'oste. *Er macht die Rechnung ohne den Wirth.*

mi. Chi conta senza l'oste, conta spessu duie volte. (crs. m.) *Wer ohne den Wirth rechnet, rechnet oft zwei Mal.*

Chi fa i cont senza l'òst, i fa dò vòlt. (rom.) *Wer die Rechnungen ohne den Wirth macht, macht sie zwei Mal.*

Fèr i cont senza l'òst. (rom.) *S. Fà le cunt u. s. w.*

Chi fa i conti avanti l' oste, gli convien farli due volte. (t.) *Wer die Rechnungen vor dem Wirth macht, muss sie zwei Mal machen.*

Fece il conto senza l' oste. (t.) *Er machte die Rechnung ohne den Wirth.*

Chi fa i conti senza l' oste, per due volte li farà. (u.) *Wer die Rechnungen ohne den Wirth macht, wird sie zwei Mal machen.*

ni. Chi fa l' cònt sèinza l'ost al fa dòu volt. (em. B.) *S. Chi fa 'l u. s. w.*

Chi fa i cont senza l'òst, ja fa do volti. (em. P.) *S. Chi fa i cont u. s. w.*

A fèr i cònt innanż all' òst, ès fau dóó vòlt. (em. R.) *Wenn man die Rechnungen vor dem Wirthe macht, macht man sie zwei Mal.*

No sta fa il cont priu dall' ustir, se no ti tochie a faln dòs voltis. (frl.) *Mache die Rechnung nicht eher als der Wirth, wo nicht, musst du sie zwei Mal machen.*

A fa 'l cünt senza l' ostèr, se 'l fa do ölte. (l. b.) *Wenn man die Rechnung ohne den Wirth macht, macht man sie zwei Mal.*

Fa el cunt dò vœult, chi le fa senza l' ost. (l. m.) *Zwei Mal macht die Rechnung, wer sie ohne den Wirth macht.*

Chi fa o conto senza l' oste, bezëugna fâlo træ votte. (lig.) *Wer die Rechnung ohne den Wirth macht, muss sie drei Mal machen.*

Fe el cout sensa l' osto. (piem.) *S. Die Rechnung u. s. w.*

Chi fa 'l conto senza l' osto lo fa do volte. (v.) *S. Chi fa 'l u. s. w.*

Chi fa i conti avanti l' osto, li fa do volte. (v.) *Wer die Rechnungen vor dem Wirth macht, macht sie zwei Mal.*

Chi fa el conto senza l' osto, per do volte lo ga da far. (v. trst.) *S. Wer die Rechnung u. s. w.*

si. Faje li cunte senza l' oste. (upl.) *S. Fà le cunt u. s. w.*

Cunti senza l' osti si fannu dui voti. (s.) *Rechnungen ohne den Wirth werden zwei Mal gemacht.*

A contos male factos si bei torrat. (sa.) *Auf schlecht gemachte Rechnungen kommt man zurück.*

Fazer conta sem a hospeda. *Rechnung ohne die Wirthin machen.* pt.

Hacer la cuenta sin la huéspeda. *S. Fazer u. s. w.* sp.

---

244. **Richtige Rechnung macht gute Freundschaft.**

Richtige Rechnung erhält gute Freundschaft.

Kurze Rechnung, lange Freundschaft.

Richtige Rechnung macht gute Freunde. (bair.) od.

Richtige Rechnung erhält gute Freunde. (schwei.)

Je chürzer d' Rächnig, je lenger d' Fründscheft. (schwei.) *Je kürzer die Rechnung, je länger die Freundschaft.*

Korte Reknung, lange Fründschupp. (ns. B.) *S. Kurze u. s. w.* pd.

Effen rekeningen maken goede vrienden. *Richtige Rechnungen machen gute Freunde.* dt.

Korte rekening maakt lange vriendschap. *Kurze Rechnung macht lange Freundschaft.*

Effen rekenen houdt veel vrientschap te gader. (avl.) *Richtig Rechnen hält viel Freundschaft zusammen.*

Even reckoning makes (keeps) long friends. *Richtiges Rechnen macht (erhält) lange Freunde.* en.

Kort Regning, langt Venskab. *S. Kurze u. s. w.* dä.

Glöggur reikningur gjörir góða vináttu. *Klare Rechnung macht gute Freundschaft.* is.

Rèttr reikningr gjörir góðan stallbræðraskap. *Richtige Rechnung macht gute Kameradschaft.*

Góðr reikningskapr gjörir góðan kompánaskap. *Gute Rechnung macht gute Genossenschaft.*

Riktig räkning gjör långsta wänner. *Richtige Rechnung macht längste Freunde.* sw.

Clara pacta, boni amici. lt.

Les bons comptes font les bons amis. *Die guten Rechnungen machen die guten Freunde.* fz.

Les bons comptes fet les bons amis. (w.) *S. Les bons u. s. w.* nf.

Lés bons comptes font lés bons amisses. (w. M.) *S. Les bons u. s. w.*

Lou bouen conte fa lou bouen amic. (apro. v.) *Die gute Rechnung macht den guten Freund.* sf.

Conto chiaro, amico caro. *Klare Rechnung, lieber Freund.* it.

Pattchiaro, amico caro. *Klarer Vertrag, lieber Freund.*
Conti spessi, amicizia lunga. *Häufige Rechnungen, lange Freundschaft.*
Patto chiaro, amicizia lunga. *Klarer Vertrag, lange Freundschaft.*
mi. **Patti chiari, Amici cari.** (crs.) *Klare Verträge, liebe Freunde.*
Pètt cer e amizezia longa. (rom.) *Klarer Vertrag und lange Freundschaft.*
Cont curt e amizezia longa. (rom.) *Kurze Rechnung und lange Freundschaft.*
Patti chiari, amicizia lunga. (t.) *Klare Verträge, lange Freundschaft.*
ni. Patt ciar, amizezia longa. (em. B.) *S. Patto chiaro, amicizia u. s. w.*
Patt ciar e amissizia longa. (em. P.) *S. Pètt u. s. w.*
Patt cièr e amižižia lunga. (em. R.) *S. Pètt u. s. w.*
Pati ciari, amessezia longa. (l. b.) *S. Patti chiari, amicizia u. s. w.*
Pati ciari, Amici cari. (l. b.) *S. Patti chiari, Amici u. s. w.*
Patt ciar e l' amessizia sarà longa. (l. m.) *Klarer Vertrag und die Freundschaft wird lang sein.*
Cont ceir, amicissia longa. (piem.) *Klare Rechnung, lange Freundschaft.*
Pat ceir, amicissia longa. (piem.) *S. Patto chiaro, amicizia u. s. w.*
Pati ciari, **Amici cari.** (v.) *S. Patti chiari, Amici u. s. w.*
Pati ciari e amicizia longa. (v.) *Klare Verträge und lange Freundschaft.*
Conti spessi, amicizia longa. (v. trst.) *S. Conti u. s. w.*
si. **Cunte spisso e amicizeja longa.** (npl.) *Häufige Rechnung und lange Freundschaft.*
Cunti spissi, amicizia longa. (s.) *S. Conti u. s. w.*
Patti chiari, Amici cari. (s.) *S. Patti chiari, Amici u. s. w.*
Battos claros, **amicitia longa.** (sa.) *S. Patti chiari, amicizia u. s. w.*
lm. Com mès amigs mès clars. (neat.) *Je befreundeter, je klarer.* [u. s. w.
Quant mes amichs, mes clars. (val.) *S. Com*
pt. Com **todos faze** pacto e com teu amigo quatro. *Mit Allen mache Contract und mit deinem Freunde vier.*
sp. Entre dos amigos un notario y dos testigos. *Zwischen zwei Freunden ein Notar und zwei Zeugen.*
Entre **dos hermanos dos testigos y un notario.** *Zwischen zwei Brüdern zwei Zeugen und ein Notar.*

---

245. **Recht** muss doch Recht bleiben.
Recht bleibt Recht, aber man verdreht's gern. od. (schwei.)
Rêcht **mëss Rëcht bleiwen.** (urh. S.) *Recht muss Recht bleiben.* pd.
Recht **mot Recht blîwen.** (ns. ha. G. u. G.) *S. Rëcht u. s. w.*
Wat Recht is, maut Recht bliwen. (ns. ha. G. u. G.) *Was Recht ist, muss Recht bleiben.*
Recht mot Recht bliwen. (ns. O.) *S. Rëcht u. s. w.*
Recht mott dach Recht bliewen. (ns. W.)

Regt moet regt zijn, al zou men malkander in riemen snijden (met stokken slaan). *Recht muss Recht sein, und soll man einander in Riemen schneiden (mit Stöcken schlagen).* dt.

Ret maa blive Ret — skulde end Huus og Gaard gaae tilgrunde derover. *Recht muss Recht bleiben, sollte auch Haus und Hof darüber zu Grunde gehen.* dä.
Það er rëtt, sem rëtt er. *Das ist Recht, was Recht ist.* is.
Rätt blir rätt, om än orättvisan sitter på domarestolen. *Recht bleibt Recht, wenn auch die Ungerechtigkeit auf dem Richterstuhl sitzt.* sw.
Rått blijr fulle rått, fast paddor wrångian. *Recht bleibt vollkommen Recht, wenn gleich die Schelme es verdrehen.*
Godh saak behåller platzen. *Gute Sache behält den Platz.*

---

246. **Thue Recht** und scheue Niemand.
Thu' nur **das Rechte** in deinen Sachen, das And're wird sich schon von selber machen.
Wer **recht thut,** der hat Niemand zu fürchten. od. **(schwei.)**

Doe wel **en zie** niet om. *Thue Recht und sieh dich nicht um.* dt.
Do well and have well. *Thue Recht und habe Recht.* en.
Do weel and **dread nae** shame. (scho.) *Thue Recht und fürchte keine Schande.*

dä. Gjør Ret og frygt Ingen, ei Djævelen selv. *Thue Recht und fürchte Niemand, nicht den Teufel selbst.*

Naar Du gjør Ret og **Skjel,** da kan Du see hver Mand stivt i Øinene. *Wenn du recht und billig handelst, da kannst du Jedermann* ***fest*** *in die* ***Augen sehen.***

sw. **Gör rätt och sky** ingen.

Gör rätt och räds för ingen (frukta ingen). *Thue* ***Recht und sei vor*** *Niemand bange (fürchte* ***Niemand).***

---

lt. **Recte faciendo neminem timo (timeas).**

Cum **recte vivas, ne cures verba malorum.**

Conscia **mens recti famae mendacia ridet.**

cw. Chi **mal non fa, temma non ha. (ld. U.-E.)** ***Wer nichts Böses thut, hat keine Furcht.***

fz. **Fais bien et laisse dire le monde.** ***Thue recht und lass die Welt reden.***

Bien faire et laisser dire. ***Recht thun und reden lassen.***

Fais **ce que dois, adviegne que** pourra. (afz.) *Thue* ***was du sollst, komme*** *was da wolle.*

nf. Fais que **dois, adviengne que** puet. (Chmp.) *Thue* ***was du sollst, komme*** *was will.*

sf. Fâi so **quë dëvës é vëngo** so që poura. (Lgd.) *Thue was* ***du sollst, und komme was*** *da wolle.*

Fay **ço** que **devés et vengué ço** que pourra. (uprv.) ***S. Fâi u. s. w.***

it. Fa il dovere **e non temere.** *Thue deine Schuldigkeit* ***und fürchte nicht.*** [*u. s. w.*

mi. **Far** bene **e lasciar dire. (crs.)** *S. Bien faire*

Chi male **nun fa, paura nun** a (tene). (crs.) *S. Chi mal non* ***fa u.*** *s. w.*

Ópra **ben e** guint **pavura** (e lassa **ch** i degga). (rom.) *Handle* ***gut und*** *keine Furcht (und lass sie* ***reden).***

Mêl no fê, **pavura** no **avê. (rom.)** ***Schlimmes*** *thue nicht,* ***Furcht habe nicht.***

Fa da e **tu** cant quell të **da fê e no pinsér** a êtar. **(rom.)** *Thue deinerseits, was* ***du*** *zu thun* ***hast, und*** *denke nicht an Andere.*

Mal **non far,** paura non avere. (t.) *S. Mêl u.* ***s. w.***

Fa che devi e sia che **può. (t.)** ***S. Fâi u. s. w.***

ni. Mal non fa, paure non vê. **(frl.)** *S. Mêl u. s. w.*

Nel fa ben tègn **semper dür, E** del rest **sta** pür sicür. (l.) *Im Rechtthun bleibe immer fest und um das Übrige sei nur unbesorgt.*

Chi mal **no** fa, pàüra no gh' à. (l. b.) *S. Chi mal non fa u. s. w.*

Continua benefacere, E lassa cantà le passere. (l. b.) *Fahre fort, recht zu thun und lass die Spatzen singen.*

Fa quêl che te dev fa, E làssei pür sbragià. (l. m.) ***Thue, was*** *du thun sollst, und lass nur* ***schwatzen.***

Letare et bene facere e lasá cantà le pasere. **(l. V.-C.)** *Fröhlich sein und recht thun und* ***die Spatzen*** *singen lassen.*

Opera **ben e lassa** ch' a dio **lo ch' a vëüle.** (piem.) ***Handle*** *recht und lass* ***sie reden,*** *was sie wollen.*

Fa lo ch' it deve e pëüi lassa core. (piem.) ***Thue, was du sollst, und*** *dann lass laufen.*

Mal no far e **paura no aver.** (v.) *S. Mêl* ***u. s. w.***

Chi **no ga fato mal, no ga paura de nissun. (v.)** ***Wer nichts Böses gethan, hat vor Niemand Furcht.***

Ara dreto e lassa dir. (v.) ***Ackere gerade und lass reden.***

Male **nu fare e paura** nun aire. **(ap.)** ***S. Mêl*** **si.** ***u. s. w.***

Male non far, timore (paura) non aver. **(npl.)** ***S. Mêl u. s. w.***

Mali **nun fari,** paura nun aviri. (s.) *S. Mêl u.* ***s. w.***

---

247. Wer **Recht thut, wird Recht finden.**

Recht muss Recht finden. (schwei.) od.

Die regt doet, zal regt vinden. dt.

Fait' **t' bé es vos trouv'rez bé. (nf. lt.)** *Thut* fz. ***Recht und ihr werdet Recht finden.***

Fez bin, vos ârez bin. (w.) ***Thut Recht, Ihr*** **nf.** ***werdet Recht haben.***

---

248. **Lass die Leute reden, und die** Hunde bellen.

Lass die Leute reden, die **Gänse können's nicht.**

Man muss die **Leute reden lassen,** Fische können's nicht.

Lass die Hunde bellen, **wenn sie nur** nicht beissen.

Loszt d' **Leit schwätzen. (mrh. L.)** *Lasst die* md. *Leut' schwatzen.*

Me muess d' Lüt lo säge (rede) und d' Chüe od. lo träge. (schwei.) *Man muss die Leute lassen sagen (reden) und die Kühe lassen tragen.*

Me muess d' Lüt lo rede, d' Gäns chöne 's nid. (schwei.) *Man muss die Leute lassen reden, die Gänse können es nicht.*

D' Lüt lan rede, d' Hünd lan waulen, d' Vögel lan gaggen und geng grad usi de rächt Wäg gan! (schwei.) *Die Leute lassen reden, die Hunde lassen bellen, die Vögel lassen gackern und immer gerade aus den rechten Weg gehn!*

---

dä. Lad Folk tale, og Hunde gjoe.

Man skal lade Folk snakke; Gæs kunne det ikke. *Man muss die Leute schwatzen lassen; Gänse können es nicht.*

Man maa lade Folk tale, Fiskene kunne det ikke. *S. Man muss u. s. w.*

nw. Lat Folk roda, dei hava sjølve Moda. *Lass die Leute reden, sie haben selbst Mühe.*

Hunden maa væl murra, berre han inkje bit. *Der Hund mag wohl knurren, wenn er nur nicht beisst.*

---

fz. Laissiez pisser chés berbis. (nf. pic.) *Lasst die Schafe p.....*

it. Lascia dire chi vuo' dire. (mi. u.) *Lass reden wer reden will.*

ni. Lassa cantà le passere (le rane) (le sigale). (l. b.) *Lass die Sperlinge (die Frösche) (die Grillen) schreien.*

Lasciate almanaccare gli astrologhi. (v.) *Lasst die Sterngucker kalendern.*

---

249. **Wer redet, was er will, muss hören, was er nicht will.**

Wer redet, was ihm gelüstet, Muss hören, was ihm entrüstet.

Wer da redet, was jn gelüstet, der mus offt hören, das er nicht gern höret. (ad.)

od. Sage nicht Alles, was du weisst; Glaube nicht Alles, was du hörst; Thue nicht Alles, was du kannst; Wisse nicht Alles, was du liesest. (schwei.)

pd. Wä senge Welle säht, mess senge Onwelle hühre. (nrh. D.) *Wer seinen Willen sagt, muss seinen Unwillen hören.*

Wä sine Well sät, mot sinen Onwell hüere. (nrh. Gl.) *S. Wä u. s. w.*

---

dt. Die al wil seggen, dat hi wil, Die moet verwachten dat wederspil. (ah.) *Wer sagen will, was er will, muss das Widerspiel erwarten.*

en. He that speaks lavishly, shall hear as knavishly. *Wer frei redet, wird's eben so muthwillig hören.*

He that speaks the thing he shouldna, will hear the thing he wouldna. (scho.) *Wer da spricht, was er nicht sollte, wird hören, was er nicht möchte.*

De, dirr säit, wät'r wäll, hiert öfting, wät'r äi **fs.**
mäi. (M.) *Wer sagt, was er will, hört oft, was er nicht mag.*

Den som siger, hvad han vil, maa høre hvad **dä.**
(det) han ikke vil.

Har du sagt, hvad du vil, skal du høre, hvad du ikke vil. *Hast du gesagt, was du willst, sollst du hören, was du nicht willst.*

Tro ei alt Det, Du hører; siig ei alt Det, Du veed; gjør ei alt Det, Du kan. *Glaube nicht Alles, was du hörst; sage nicht Alles, was du weisst; thue nicht Alles, was du kannst.*

Døm ei alt Det, du seer; tro ei alt Det, Du hører; gjør ei alt Det, Du kanst; siig inte alt Det, Du veedst; fortær ei alt Det, Du har. *Richte nicht Alles, was du siehst; glaube nicht Alles, was du hörst; thue nicht Alles, was du kannst; sage nicht Alles, was du weisst; verzehre nicht Alles, was du hast.*

Sá, sem alltið talar það hann vill, má opt **is.**
heyra það hann ekki vill. *Wer stets redet, was er will, muss oft hören, was er nicht will.*

Hvör sem talar, það hann lystir, hann fær að heyra, það hann ei girnist. *Wer spricht, was ihn gelüstet, kriegt zu hören, was er nicht wünscht.*

Dan som segjer alt, han vil, fær høyra mangt, **nw.**
han inkje vil. *Wer Alles sagt, was er will, muss Vieles hören, was er nicht will.*

Den som säger allt hvad han vill, får ofta **sw.**
höra hvad han inte vill. *Wer Alles sagt, was er will, muss oft hören, was er nicht will.*

Döm inte allt det du ser; tro inte allt, det du hör; gör inte allt hvad du kan; säg inte allt, hvad du vet; förtär inte allt hvad du har. *S. Døm u. s. w.*

Qui, quae vult, dicit, quae non vult, audit **lt.**
(audiet ipse).

Cum dixeris quae vis, quae non vis, audies.

Audit quod non uult, qui pergit dicere quod uult. (mlt.)

Chi quei c' el vult adina tschontscha, Udir **cw.**
sovens sto 'l quei ch' ilg puncha. (obl.) *Wer immer redet, was er will, muss oft hören, was ihn trifft.*

fz. Ne juge pas tout ce que tu voys. *Richte nicht Alles, was du siehst.*

Ne croy pas tout ce que tu oy. *Glaube nicht Alles, was du hörst.*

Ne dis pas tout ce que tu sçais et pense. *Sage nicht Alles, was du weisst und denkest.*

Ne donne pas tout ce que tu as. *Gib nicht Alles, was du hast.*

sf. Qui ditz ço qui non caû, Qu' entend ço qui non boû. (Brn.) *Wer das sagt, was er nicht soll, hört das, was er nicht will.*

Nou cau pas dise tout ço qui om sap, Ni minya tout ço qui om pot. (Brn.) *Man muss nicht Alles sagen, was man weiss, und nicht Alles essen, was man kann.*

Qui dis so que non deou, so que non bo enten. (Gsc.) *Wer das sagt, was er nicht soll, hört das, was er nicht hören will.*

it. Se dici quel che non devi, sentirai quel che non vuoi. *Wenn du das sagst, was du nicht sollst, wirst du hören, was du nicht willst.*

mi. Chi dice quel, ch' e' (che) vuole, ode quel ch' e' (che) non vorrebbe. (t.) *Wer das sagt, was er will, hört das, was er nicht möchte.*

Non far ciò che tu puoi, non spender ciò che hai, Non creder ciò che odi, non dir ciò che tu sai. (t.) *Thue nicht, was du kannst, gib nicht aus, was du hast, glaube nicht, was du hörst, sage nicht, was du weisst.*

ni. N' far quell, ch' t' pû, n' magnar quell, ch' t' vû, n' spendr quell ch' t' ha e n' zanzar tutt quell, ch' t' sa. (em. B.) *Thue nicht das, was du kannst, verzehre nicht das, was du magst, gib das nicht aus, was du hast, und schwatze nicht Alles, was du weisst.*

si. Non dire quanto sai, non ti mangiar quanto hai. (sp.) *Sage nicht, so viel du weisst, verzehre nicht, soviel du hast.*

Non ti mangiar quanto hai, e non dir quanto sai. Che chi dice tutto quel che sa, alcune volte sente quel che non vuole. (npl.) *Verzehre nicht, so viel du hast und sage nicht, so viel du weisst; denn wer Alles das sagt, was er weiss, hört bisweilen das, was er nicht will.*

Non fare quanto puoie, non magnare quanto vuoie, non spennere quanto haie, ne dire quanto saie. (npl.) *Thu' nicht so viel du kannst, iss nicht so viel du willst, gib nicht aus so viel du hast, sage nicht so viel du weisst.*

Cui dici chiddu chi voli, sentirà chiddu chi nun voli. (s.) *Wer das sagt, was er will, wird das hören, was er nicht will.*

Nun diri quant' hai, nè chiddu chi fai, nè chiddu chi sai, nè 'mbuttari chiu di quantu poi. (s.) *Sage nicht, wie viel du hast, noch was du thust, noch was du weisst, und zeche nicht mehr, als du verträgst.*

Quie su qui queret narat, su qui non queret intendet. (sa. L.) *Wer das, was er will, sagt, das, was er nicht will, hört.*

Qui diu lo que vol, Ou lo que no vol. (val.) **lm.** *Wer das sagt, was er will, hört das, was er nicht will.*

Quem diz o que quer, ouve o que não quer. **pt.** *S. Qui diu u. s. w.*

Quien dice lo que quiere, oye lo que no quiere. **sp.** *S. Qui diu u. s. w.*

Quien pregunta lo que no debria, oye lo que no querria. *Wer das fragt, was er nicht sollte, hört das, was er nicht möchte.*

Quanto sabes no diras, quanto vees no juzgaras y viviras en paz. *So viel du weisst, wirst du nicht sagen, so viel du siehst, wirst du nicht richten, und du wirst in Frieden leben.*

---

250. Wer viel **redet, lügt** viel.

Wer viel schwatzt, lügt viel.

Wer viel spricht, wird viele Lügen sagen.

Wer viel redt, der leugt gern. (ad.)

Vil rede ist selten âne lue. (ad.)

Wer viel redt, muss viel wissen oder viel lügen. **od.** (bair.)

Wo' viel rödt, loigt viel. (tir. U.-I.)

Wër vêle spreket (vertelt), dei lügt âk vêle. **pd.** (ns. ha. G. u. G.) *Wer viel spricht (erzählt), der lügt auch viel.*

Hoog ziet, veele ziet; veel klapt, veele liegt. **dl.** (vl. F.) *(Wer) Hoch sieht, viel sieht: (wer) viel schwatzt, viel lügt.*

Han lyver meget (ofte), som meget vil tale **dä.** (hvisker). *Der lügt viel (oft), der viel spricht (flüstert).*

Then lyffwer offthe, ther mwghet maa thalæ. (adä.) *Der lügt oft, der viel sprechen muss.*

Mörgu lýgr, sá margt talar. *Viel lügt, wer* **is.** *viel spricht.*

Hvör hann hvíslar mikið, hann lýgr mikið. *Wer viel flüstert, der lügt viel.*

Hvör mikið hvíslar, sá mikið lýgur. *S. Hvör hann u. s. w.*

Han som mykket kviskrar, han myket lyg. *S.* **nw.** *Hvör hann u. s. w.*

Dan som aldri tegjer, han lïti Sanning segjer. *Wer nie schweigt, der wenig Wahres sagt.*

sw. Den som pratar mycket, ljuger äfven mycket. *Wer viel schwatzt, lügt eben so viel.*

Dhen mycket snackar, han mycket linger. *Wer viel schwatzt, der viel lügt.*

lt. Exigua his tribuenda fides, qui multa loquuntur.

In multiloquio non deerit peccatum.

Mendacium sæpius (semper) in multiloquio.

Multum **lingva** loqvax, qvandoqve solet **fore** mendax. **(mlt.)**

fz. **Grand** parleur, grand menteur. ***Grosser Sprecher, grosser Lügner.***

nf. Grand paurleu, grand maiteû. **(w.)** ***S. Grand** parleur u. s. w.*

it. Gran dormir non è senza sogni, gran parlar non è senza menzogne. *Viel Schlafen ist nicht ohne Träume, viel Sprechen ist nicht ohne **Lügen**.*

Chi molto parla, spesso falla. ***Wer viel spricht,** oft irrt.*

Chi troppo **parla, spesso erra.** *Wer zu viel spricht, **oft irrt.***

A molto parlare, molto **errare.** ***Bei** vielem Sprechen, vieles Irren.*

mi. **Chi** più parla, più falla. (crs.) *Je mehr Einer spricht, **je** mehr er irrt.*

Chi assai ciarla, spesso falla. **(t.)** ***Wer** sehr **viel** schwatzt, oft irrt.*

ni. **Chi massa** parla, spesso fala. (v.) ***S. Chi molto u. s. w.***

Chi tropo parla, spesso fala. (v.) ***S. Chi troppo u. s. w.***

Chi tropo parla, fala spesso. **(v. trst.)** ***S. Chi troppo u. s. w.***

si. **Chi troppo parla,** spisso falla. (npl.) ***S.** Chi **troppo u. s. w.***

Qui troppu faeddat est subjectu ad **isbagliare.** (sa. **L.)** ***Wer zu** viel spricht, ist dem **Irren** unterworfen.*

Dai su tantu faeddare nde succedint sos errores. **(sa.** L.) *Durch das viele Sprechen entstehen **die** Irrthümer.*

lm. Qui mòlt parla, mòlt erra. (val.) ***Wer viel** spricht, viel irrt.*

pt. Muito fallar, muito errar. ***Viel** Sprechen, **viel** Irren.*

sp. Quien **mucho** habla, mucho yerra. ***S.** Qui mòlt **u. s. w.***

El mentir **y** el compadrar, ámbos andan á la par. *Das Lügen und das Gevattersein gehen beide zusammen*

---

251. Auf **Regen** folgt Sonnenschein.

Nach Regen kommt Sonnenschein.

Nach (dem) Regen scheint die Sonne.

Verzage nicht im Kreuze dein, Nach dem Regen folget Sonnenschein. (mrh. E.) **md.**

Nom Rên gêt Sonneschêin. (mrh. L.) *Nach dem Regen gibt's Sonnenschein.*

Auf Regen folget klare Zeit, Auf Leiden frohe Ewigkeit. (bair. L.) **od.**

Nå Rêgen kümt Sunneuschîn. (us. ha. G. u. G.) *S. Nach Regen kommt u. s. w.* pd.

Nå Regen folgt Sonneuschin. (ns. hlst. A.)

Upp Reggen folget Sunnenschien. (ns. W.)

Na regen komt zonneschijn. *S. Nach Regen **kommt u. s. w.*** **dl.**

Na den regen komt het mooije weer. *Nach dem Regen kommt das schöne Wetter.*

After rain comes fair weather. *Nach Regen kommt schön Wetter.* **en.**

After clouds comes clear weather. *Nach Wolken kommt helles Wetter.*

After a storm comes a calm. *Nach einem Sturm kommt eine Windstille.*

After clouds comes fair weather. (scho.) *Nach Wolken kommt schönes Wetter.*

Êfter Rinn kâmt Sânnskin. (M.) *S. Nach **Regen kommt u. s. w.*** **fs.**

Efter Regn kommer **Solskin.** *S. Nach Regen kommt u. s. w.* **dä.**

Opt kemr skin eptir skúr. *Oft kommt Sonnenschein nach Regenschauer.* **is.**

Dat kjem Skin etter Skur. *Es kommt Sonnenschein nach Regenschauer.* **nw.**

Dat kjem Dorm etter Storm. *Es kommt Stille nach Sturm.*

Effter Regn kommer Soolskeen. *S. Nach Regen kommt u. s. w.* **sw.**

Efter regn låter Gud solen skina. *Nach dem Regen lässt Gott die Sonne scheinen.*

Blandi post nubila soles. **lt.**

Post nubila Phoebus.

Suenter plievia vegn solegl. **(obl.)** ***S.** Nach Regen kommt u. s. w.* **cw.**

Après la pluie le beau temps. *Nach dem Regen das schöne Wetter.* **fz.**

Après la pluie vient le beau temps. *S. Na den u. s. w.*

Après la pluye, **le biau** tans. (afz.) *S. Après la pluie le u. s. w.*

Aipré lai pludge lou cha vin. (F.-C.) ***Nach** dem Regen kommt die Wärme.* nf.

Après l' plaive, i vint l' bai timps. (w.) *S. Na den u. s. w.*

sf. Apres la pluejo ven lou beon tens. (nprv.) *S. Na den u. s. w.*

it. Dopo il cattivo ne viene il buono. *Nach dem Schlechten kommt das Gute.*

mi. Dopu a tempesta vene a bonaccia. (crs.) *Nach dem Sturme kommt die Windstille.*

Dopo il nuvolo viene il sereno. (u.) *Nach der Bewölkung kommt das heitere Wetter.*

ni. Dre la not ve 'l dé e dopo il nigol ve 'l seré. (l. b.) *Auf die Nacht folgt der Tag und auf die Bewölkung das klare Wetter.*

Dopo el nivo ai ven el seren. (piem.) *S. Dopo il nuvolo u. s. w.*

Dopo la piova vien el sol. (v.) *Nach dem Regen kommt die Sonne.*

Dopo el temporal vien el seren. (v.) *Nach dem Gewitter kommt das helle Wetter.*

Dopo 'l cativo (Drio al bruto) vien el bon. (v.) *S. Dopo il cattivo u. s. w.*

si. Pustis de sa tempesta benit calma: Abba et bentu benint a passare. (sa.) *Nach dem Ungewitter kommt Ruhe: Regen und Wind gehen vorüber.*

---

252. **Wenn's auf den Pastor regnet, tröpfelt es gemeiniglich auf den Küster.**

Wenn es auf den Herrn regnet, so tröpfelt es auf den Knecht.

pd. Wenn et op der Heer reent, dan dröpt et op der Knecht. (nrh. A.) *S. Wenn es auf den Herrn u. s. w.*

Venn et regent för de Prester, so dryppt et för de Köster. (ns. hlst. A.) *Wenn es auf den Prediger regnet, so tröpfelt es auf den Küster.*

Wann 't op'n Pasto'r riant, druppeld et op'n Köster. (wstf. Atd.) *Wenn es auf den Pastor regnet, tröpfelt es auf den Küster.*

Wann 't oppen Pastor riänt, drüppelt et oppen Köster. (wstf. Mrk.) *S. Wann 't op'n u. s. w.*

Wann 't up 'n P'stoor riegnet, drüppelt 't gemeeniglick up 'n Köster. (wstf. O.)

---

dl. Regnet het op de kloosters, dan druipt het op den paus. *Regnet es auf die Klöster, dann tröpfelt es auf den Pabst.*

Wanneer het op de grooten regnet, druipt het op de kleinen. *Wenn es auf die Grossen regnet, tröpfelt es auf die Kleinen.*

Als het bij den boer regnet, dan druipt het op den burger. *Wenn es beim Bauern regnet, dann tröpfelt es auf den Bürger.*

Als het in de kajuit regnet, dan druipt het in de hut. *Wenn es in die Kajüte regnet, dann tröpfelt es in die Hütte.*

fs. Riutj at üübh Ean, do dript at üübh di Oedar. (A., F.) *Regnet es auf Einen, so tropft es auf die Andern.*

---

dä. Naar det regner paa Praesten, saa drypper det paa Degnen. *Wenn es auf den Prediger regnet, so tröpfelt es auf den Küster.*

Regner det paa Praesten, saa drypper det paa Degnen. *Regnet es auf den Prediger, so tröpfelt es auf den Küster.*

nw. Naar dat regner paa Presten, so dryp dat paa Klokkaren. *S. Naar det u. s. w.*

sw. När det regnar på presten, så dryper det på klockarn. *S. Naar det u. s. w.*

---

fz. S' il pleut sur le curé, il dégoutte sur le vicaire. (nf. nrm.) *Wenn's auf den Pfarrer regnet, tröpfelt es auf den Vikar.*

nf. Qwand i ploût so l'curé, i gott' so l'márli. (w.) *S. Wenn't op'n u. s. w.*

Qwand l'curé fait l'aouss', li máïli meh'nóie. (w.) *Wenn der Pastor Ernte hält, liest der Küster Ähren.*

Li curé fait l' aousse, et li márli meh'nóie. (w.) *Der Pastor hält Ernte, und der Küster liest Ähren.*

sf. Quoan plau sou curé, qu' arrouse sou beeary. (Brn.) *S. S' il pleut u. s. w.*

Qau plôou su lou cura, dégoûto su lou vicâri. (Lgd.) *S. S' il pleut u. s. w.*

---

253. **Wenn 's Brei regnet, hab' ich keinen Löffel.**

Wenn 's Brei regnet, hab' ich keinen Topf.

Wenn 's Glück regnet, sitzt er im Trocknen.

Wenn's Pfannkuchen regnet, so ist mein Fass umgestülpt.

od. Wenn 's Glück regnet, so hab ich d' Schüssel unterobsich *(umgekehrt)*, und wenn 's Koth regnet, so hab ich sie aufrecht. (schwei.)

Wenn's Glück rägnet, so isch *(ist)* er nu *(im)* Schärme *(Schirm)*. (schwei. S.)

pd. Wenn 't Bri regent, sünt mine Schöttels umkehrt. (ns. B.) *Wenn's Brei regnet, sind meine Schüsseln umgekehrt.*

Wenn et Bri regent, het man keuen Lepel. (us. ha. G. u. G.) *Wenn's Brei regnet, hat man keinen Löffel.*

Wenn et Bri rëgent, sau is de Nap ümestülpet. (us. ha. G. u. G.) *Wenn es Brei regnet, so ist der Napf umgestülpt.*

Wennt Pankoken regnet, so is min Vatt umstülpt. (us. hlst.) *S. Wenn's Pfannkuchen u. s. w.*

Wennt Geld regnet, heff ik min Schöttels to Huus. (us. hlst.) *Wenn's Geld regnet, hab' ich meine Schüsseln zu Haus.*

Wenn't Glück regnet, heff ik min Butten nig utsettet. (us. hlst.) *Wenn's Glück regnet, hab' ich mein Schaff nicht ausgesetzt.*

Wenn't Bry rägent, sünd myn Schöttels ümkehrt. (us. Hmb.) *S. Wenn't Bri u. s. w.*

Wenn 't Höd rägent, mi fel ken uppen Kopp. (us. M.-Str.) *Wenn's Hüte regnet, mir fällt keiner auf den Kopf.*

Wenn 't Bree regn 't, sünt miene Schötteln umkehrt. (us. O. R.) *S. Wenn 't Bri u. s. w.*

Wann 't Brie reggent, hät me ken Leppel. (us. W.) *S. Wenn et Brî rëgent, het u. s. w.*

Wenn et Brigg rent, sind iuse Schötteln ümmekeert. (wstf. Drb.) *Wenn es Brei regnet, sind unsere Schüsseln umgekehrt.*

Wann 't Brî rieängt, hälst du den Napp unnern Aarm. (wstf. R.) *Wenn's Brei regnet, hältst du den Napf unter'm Arm.*

---

dt. Al regende het verkens, hij zou er niet één' borstel van krijgen (gij zoudt niet éénen borstel kunnen krijgen). *Und regnete es Schweine, er würde keine Borste davon kriegen (ihr würdet keine Borste davon kriegen können).*

Dat het varkens regende, ik zou er geenen borstel van krygen. (vl.) *Und wenn es Schweine regnete, ich würde keine Borste davon kriegen.*

en. If it should rain pottage, he would want his dish. *Wenn es Suppe regnen sollte, so würde ihm seine Schüssel fehlen.*

---

dä. Naar det regner Vælling, saa har Stodderen ingen Skee. *Wenn es Brei regnet, so hat der Bettler keinen Löffel.*

(H)væn de ren Lyk, så æ min Påt omvænd. (jüt.) *Wenn es Glück regnet, so ist mein Topf umgewendet.*

sw. När det regnar välling, så är skeden borta. *Wenn es Brei regnet, so ist der Löffel fort.*

När det regnar välling, har tiggarn ingen sked. *S. Naar u. s. w.*

---

254. **Ein Reicher ist entweder ein Schelm, oder eines Schelmen Erbe.**

Reichthum ist entweder nicht fromm, oder eines solchen Erbe.

Happy is the child whose father went to the devil. *Glücklich ist das Kind, dessen Vater zum Teufel fuhr.* en.

He goes to hell for the house-profit. *Er fährt zum Besten des Hauses in die Hölle.*

Happy for the son, when the dad gaes to the deil. (scho.) *Gut für den Sohn, wenn der Vater zum Teufel fährt.*

Dives aut iniquus est, aut iniqui haeres. lt.

Heureux sont les enfants dont les pères sont damnés. *Glücklich sind die Kinder, deren Väter verdammt sind.* fz.

Per esser ricco bisogna aver un parente a casa del diavolo. *Um reich zu sein, muss man einen Verwandten im Hause des Teufels haben.* it.

Beâx chei fis che âu lor puar pari a chiâ dal diaul. (frl.) *Glücklich die Söhne, welche ihre armen Väter im Hause des Teufels haben.* ni.

Fortünat quel fiol, che g' à so pader a ca del diaol. (l. b.) *Glücklich der Sohn, der seinen Vater im Hause des Teufels hat.*

Beati quei che ga so pare a l'inferno. (v.) *Glücklich die, welche ihren Vater in der Hölle haben.*

Per tos fills ben richs deixar, No vulles lo Infern guanyàr. (val.) *Um deine Söhne recht reich zu hinterlassen, wolle nicht die Hölle gewinnen.* lm.

Guai do filho que o pai vai ao paraiso. *Wehe dem Sohn, dessen Vater in's Paradies kommt.* pl.

---

255. **Reicher Leute Krankheit und armer Leute Braten riecht man weit.**

Reicher Loite Krankt und ormer Loite Gebräz roicht ma öndâ's gâr weit. (schls. B.) md.

Rächer Loite Krankt und ormer Loite Gebrautn's richt beides wät. (schls. F.) *Reicher Leute Krankheit und armer Leute Gebratenes riecht beides weit.*

pd. Riker Lüde Krankheit un arm Lüde Pankoken rukkt like wit. (ns. B.) *Reicher Leute Krankheit und armer Leute Pfannenkuchen riecht gleich weit.*

Ryker Lüüd Krankheid un armer Lüüd Pannkok rykt lyk wyd. (ns. Hmb.) *S. Riker u. s. w.*

Armer Luie Pannkäonken un ruiker Luie Kränkheuten riuket glaik wait. (ns. L.-D.) *Armer Leute Pfannenkuchen und reicher Leute Krankheiten riechen gleich weit.*

Ricke Lüh Krankheit, un arme Lüh Pankook ruken (stönen) glicke wied. (ns. ofs.) *S. Riker u. s. w.*

Rike Lu· Krankheit un arme Lu· Pankôk rûkt lik wit. (ns. O. J.) *S. Riker u. s. w.*

---

dt. Rijke lieden ziekte en schamele lieden pannekoeken ruikt (verneemt) men verre. *Reicher Leute Krankheit und armer Leute Pfannenkuchen riecht (vernimmt) man fern.*

Ryke menschens ziekte en arme menschens koekenbak weet men verre. (vl.) *Reicher Menschen Krankheit und armer Menschen Kuchenback weiss man fern.*

fs. Rikmâns krankhaid an armmâns pankuken jo stinnelik fûür. (A.) *Reichen Manns Krankheit und armen Manns Pfannenkuchen riecht gleich weit.*

---

lt. Perna uiri tenuis famosa dolorque potentis. (mlt.)

---

256. **Reicher** Leute Töchter und armer Leute Kälber kommen **bald an den** Mann.

Reicher Leute Töchter und armer Leute Käse werden bald reif.

Der Arme behält seine Hühner, der Reiche seine Töchter nicht lange.

od. Reicher Leut Kinder und armer Leut Kälber sind bald alt genug. (schwb. W.)

Armer Leut Schwein und reicher Leut Kinder seind bald zeitig *(alt genug).* (schwb. W.)

Riicher Lüte *(Reicher Leute)* Töchter und armer Lüte Chäs *(Käse)* werde nid *(nicht)* alt. (schwei.)

pd. Arme Manns Kinder un riche Manns Kinder sin bahl bestaat. (nrh. K.) *Armen Manns Kinder und reichen Manns Kinder sind bald untergebracht.*

Rik Lu· aer Daernz un arm· Lu· aer Kalwer känt boll annau Mann. (ns. O. J.)

Des armen Mannes Füllen wird bald ein Pferd, und des reichen Mannes Tochter bald eine Frau. (ns. Pr.)

Rige Folks Døttre og fattige Folks Kalve blive snart store. *Reicher Leute Töchter und armer Leute Kälber werden rasch gross.* dä.

Rig Mands Datter og fattig Mands Oxe faaer ei Tid nok (til) at voxe. *Reichen Manns Tochter und armen Manns Ochse haben nicht Zeit genug, um zu wachsen.*

Rig Mands Datter og fattig Mands Føl kommer snart i Brug. *Reichen Manns Tochter und armen Manns Fohlen kommen rasch in Gebrauch.*

Rik Manns Dotter og fatig Manns Fyl: dei vérda so tidlege teke. *Reichen Manns Tochter und armen Manns Füllen, die werden so zeitig genommen.* nw.

Riker Manns Barn og fatig Manns Kalv ere snart vaksne. (Tel.) *Reichen Manns Kind und armen Manns Kalb sind rasch erwachsen.*

Rikt folks döttrar och fattigt folks kalfvar bli snart stora. *S. Rige u. s. w.* sw.

Rikt folks döttrar och fattigt folks kalfvar växa snart up. *Reicher Leute Töchter und armer Leute Kälber wachsen rasch auf.*

---

257. **Wenn die Birne reif ist, fällt sie vom Baum.**

Wan den Apel zeidêch as, da' föllt e fum Bâm. (nrh. L.) *Wenn der Apfel zeitig ist, da fällt er vom Baum.* md.

Wann die Birn zeitig ist, fallt sie von selbst vom Zweig. (bair.) od.

Me soll der Öpfel nüd vom Baum schüttle, gäb er riif ist. (schwei.) *Man soll den Apfel nicht vom Baume schütteln, eh' er reif ist.*

Der Apel fäld nof, wun e réiw äss. (nrh. S.) *Der Apfel fällt ab, wenn er reif ist.* pd.

Wenn de Appel rip is, sau felt he. (ns. ha. G. u. G.) *Wenn der Apfel reif ist, so fällt er.*

Er fällt ab wie eine reife Birne. (ns. Pr.)

Als de peer rijp is, valt zij van den boom. dt.

Als de peer rijp is, behoeft men ze niet te schudden. *Wenn die Birne reif ist, braucht man sie nicht zu schütteln.*

Als het appeltje rijp is, valt het van zelf. *Wenn das Äpfelchen reif ist, fällt es von selbst.*

---

dä. Er Æblet modent, da falder det af. *Ist der Apfel reif, so fällt er ab.*

Mowdhæ Æble were Faldh i Wonæ. (adä.) *Reife Äpfel sind gewöhnt zu fallen.*

nw. Eplet dett inkje av, fyrr dat er moget. *Der Apfel fällt nicht ab, ehe er reif ist.*

sw. När äpplet är moget, så faller det. *S. Wenn de u. s. w.*

Mooget Äpple faller aff tränt. *Reifer Apfel fällt vom Baum.*

Fulmoen æple falla gerna. (asw.) ***Völlig reife Äpfel fallen gern.***

---

lt. Cum sunt matura, breviter pyra sunt ruitura. (mlt.)

Pomis vicinam maturis nosce ruinam. (mlt.)

cw. Cur cha 'l pom ais madür, schi crouda 'l. (ld. O.-E.) *S. Wenn de u. s. w.*

fz. Oz avez bien heucher ch' l'arbre, si l'poère a n' est pas meurte, a ne kéra poënt. (nf. pic.) *Ihr habt schön schütteln an dem Baume, wenn die Birne nicht reif ist, fällt sie nicht ab.*

nf. Qwand l' peure est mawenre, elle tome jus d' l'âbe. (w.)

sf. Kan lé promme son bein mauré, tzisan sau ke sei fauta de lé grulâ. (Pat. s.) *Wenn die Pflaumen recht reif sind, fallen sie, ohne dass es nöthig sei sie zu schütteln.*

it. Quando la pera è matura, convien ch' ella caggia. *Wenn die Birne reif ist, muss sie fallen.*

mi. La përa quand l' è madura la casca dà su pòsta. (rom.) *Wenn die Birne reif ist, fällt sie nach ihrem Belieben.*

Quando la pera è matura, bisogna che caschi (è bisogna ch'ella caschi). (t.) *S. Quando la pera è matura, convien u. s. w.*

Quando la pera è matura, casca da sè. (t.) *Wenn die Birne reif ist, fällt sie von selbst.*

La pera quando è matura, casca senza tortura. (u.) *Wenn die Birne reif ist, fällt sie ohne Gewalt.*

ni. Quand la pëira è madura bisògna ch' la croda. (em. B.) *S. Quando la pera è matura, convien u. s. w.*

El pêr quand l' è marüd el croda zo. (l. b.) *Die Birne, wenn sie reif ist, fällt sie herab.*

Bsogna che croda el pomm quand l' è madûr. (l. m.) *Der Apfel muss fallen, wenn er reif ist.*

Quand el pom l' è madür el croda. (l. V.-C.) *S. Wenn de u. s. w.*

Quand el pom a l' è madur a casca. (piem.) *S. Wenn de u. s. w.*

El pom quand a l' è madur, a casca. (piem.) *Der Apfel, wenn er reif ist, fällt er.*

El pero co l' è mauro el casca. (v.) *S. El pêr u. s. w.*

Se la pera si matura Cade a terra addirittura. si. (npl.) *Wenn die Birne reif wird, fällt sie gerade zur Erde.*

Quannu la pira è fatta, cadi sula. (s.) *Wenn die Birne reif ist, fällt sie allein.*

Pira fatta, cadi sula. (s.) *Reife Birne fällt allein.*

La pira quannu è chiumputu casca sulu. (s. C.) *Die Birne, wenn sie reif ist, fällt allein.*

---

258. „Es ist schlecht Wasser!" sagte der Reiher, und konnte nicht schwimmen.

Al weêr kwaad water, sei de reiger, en hij kon dl. niet zwemmen. *Schon wieder schlechtes Wasser, sagte der Reiher, und er konnte nicht schwimmen.*

Tis quaet water, sprac die reigher ende conde niet swemmen. (adt.)

Heiren laster Vandet, for han kan ei svømme. dä. *Der Reiher tadelt das Wasser, denn er kann nicht schwimmen.*

Heiren laster Vandet fordi den ikke kan svømme. *Der Reiher tadelt das Wasser weil er nicht schwimmen kann.*

Heyren straffer Wanneth, forthi han kan ey sømmæ. (adä.) *S. Heiren laster Vandet fordi u. s. w.*

Því lastar hegrinn vatnið, að hann kann ei að is. synda. *Deshalb tadelt der Reiher das Wasser, weil er nicht schwimmen kann.*

Hegrinn vatnið lastar, því hann kann ekki að synda. *Der Reiher hasst das Wasser, weil er nicht schwimmen kann.*

Hegren lastar Vatnet, han kann inkje symja. nw. *Der Reiher tadelt das Wasser, er kann nicht schwimmen.*

Hägeren lastar Wattnet effter han intet kan sw. simma. *S. Heiren laster Vandet fordi u. s. w.*

Ardea culpat aquas quia (cum) nescit nare per lt. illas (ipsa natare). (mlt.)

Ardea culpauit undas, male quando natauit. (mlt.)

---

259. Es reimt sich wie die Faust auf's Auge.

Es reimt sich wie eine Haspel in einen Sack.
Es reimt sich wie die Igelshaut zum Küssen.
Es reimt sich wie Glauben und Fühlen.
Es reimt sich eben wie Honig und Galle.
Es reimt sich zur Sache wie 'n Pflug zum Fischergarn.
Es reimt sich zur Sache wie 'n alt Weib zur Hasenjagd.

md. Dosz paszt zesomme bi Schubkarrn o Perücke. (frk. H.) *Das passt zusammen wie Schubkarren und Perrücke.*
Dös päßt *(passt)* wi á Faust uf's Ág. (frk. M.)
Passen ewĕ ĕng Fanscht op en A. (mrh. L.) *Passen wie eine Faust auf ein Auge.*
Schikt a sich wi anne Faust uf's Óge. (schls. B.)

od. Das schickt sich, wie eine Faust auf ein Aug. (bair.)
Das is *(ist)* wie a Faust auf an Auch. (ndö.)
Es passt wie eine Faust aufs Aug. (schwei.)
Es rümt sie wie Choche und Salzmässe. (schwei.) *Es reimt sich wie Kochen und Salzmessen.*
Es schickt si *(sich)* wie Charesalb *(Karrensalbe)* und Rosoli. (schwei.)
Es taugt zsäme *(zusammen)* wie Chabis *(Kohl)* und Schoofffleisch. (schwei.)
Es passt zsäme wie e Handhebi an e Mählsack, (wie de Haspel in e Sack) (wie de Haspel in e Geldseckel) (wie-n e Hund mit eme Barisol). (schwei.) *Es passt zusammen wie eine Handhabe und ein Mehlsack (wie die Haspel in einem Sack) (wie die Haspel in einem Geldseckel) (wie ein Hund mit einem Sonnenschirm).*
Passa wie n' en alta Bletz uf ena neus Häsz. (schwei. A.) *Passen wie ein alter Lappen auf ein neues Kleid.*
Es paszt z'säme wie-n-e Pastete-n-a-n-e Mistgablo. (schwei. S.) *Es passt zusammen wie eine Pastete und eine Mistgabel.*

pd. Dät basst, wie en Fust ob dät Aug. (nrh. N.)
Dat klappt, as de Fust upt Oge. (ns. B.)
Dat passt sik as de Haspel up de Kohlpott. (ns. B.) *Das passt sich wie die Haspel auf den Kohltopf.*
Dat passt sick as de Fuust up 't Og un as de Knyptang up de Sög. (ns. Hmb.) *Das passt sich wie die Faust auf's Auge und wie die Kneipzange auf die Sau.*
Dat passt sick as de Haspel up 'nen Kohlputt. (ns. Hmb.) *Das passt sich wie die Haspel auf einen Kohltopf.*
Dat passt as de Fust up 't Oge. (ns. ofs.)
Dat passt as' n Haspel up' n Kohlpott. (ns. ofs.) *Das passt wie eine Haspel auf einen Kohltopf.*
Dat passt as 'n Haspel up 'n Kölpott. (ns. O. J.) *S. Dat passt as'n u. s. w.*
Dat passt wie de Fuust önt Näsloch. (ns. Pr.) *Das passt wie die Faust in's Nasenloch.*
Dit passt, as de Funst opt Og'. (ns. Pr.-W.)
Dat passet osse de Fuust uppe 't Auge. (ns. W.)
Et likt as de Füst up't Auge un'n Rider up de Sügen. (wstf. Mst.) *Es passt wie die Faust auf's Auge und ein Reiter auf die Sau.*

Dat past als eene tang op een varken. *Das passt wie eine Zange auf ein Ferkel.* **dl.**
Dat past als rozen in een varkenskot. *Das passt wie Rosen in einen Schweinestall.*
Het past erbij als een zijden doek op een varkenskop. *Es passt dazu wie ein seidenes Tuch auf einen Schweinskopf.*

Det passer, som en knyttet Næve til et blaat Øie. *Das passt, wie eine geballte Faust zu einem blauen Auge.* **dä.**

Cela rime comme hallebarde et miséricorde. *Das reimt sich wie Hellebarte und Barmherzigkeit.* **fz.**

---

260. Wer die Rose bricht, Muss leiden, dass sie sticht.

Die Finger sticht Wer Rosen bricht.

Die rozen (de roos) wil plukken, moet de doornen niet ontzien. *Wer Rosen (die Rose) pflücken will, muss der Dornen nicht achten.* **dl.**

He that would pu' the rose maun sometimes be scarted wi' the thorns. (scho.) *Wer die Rose pflücken möchte, muss manchmal von den Dornen geritzt werden.* **en.**

Hvo der vil plukke Rosen, man ikke frygte for Tornen. *Wer die Rose pflücken will, darf sich nicht vor den Dornen fürchten.* **dä.**

Den som vill plocka rosen, bör ej frukta för törnet. *S. Hvo der u. s. w.* **sw.**
Dhen Rooser wil pläcka, han måste intet rädas för Törnet. *Wer Rosen pflücken will, muss sich nicht vor den Dornen fürchten.*

Rose ne nait pas sans piquerons. *Rose wächst nicht ohne Stacheln.* **fz.**

it. Ogni rosa ha la sua spina. *Jede Rose hat ihren Dorn.*

mi. Non si può cor la rosa senza pungersi. (t.) *Man kann die Rose nicht pflücken, ohne sich zu stechen.*

ni. No se nasa una rosa se no se strenze el spin. (v.) *Man steckt die Nase in keine Rose, ohne in den Dorn zu greifen.*

Ogni rosa ga el suo spin. (v. trst.) *S. Ogni u. s. w.*

si. Unni ci su rosi, ci su spini. (s.) *Wo Rosen sind, sind Dornen.*

Ind' ogni rosa bi hat ispina. (sa.) *In jeder Rose ist ein Dorn.*

---

261. Man kann nicht immer auf Rosen gehen.

---

it. Semper ben no se pò sta. (ni. l. m.) *Es kann einem nicht immer gut gehen.*

ni. El sol no bate sempre su le so verze. (v.) *Die Sonne scheint nicht immer auf seinen Kohl.*

L'aqua no vien sempre al so molin. (v.) *Das Wasser kommt nicht immer auf seine Mühle.*

---

262. Zijn't roozen, zij zullen bloeijen; zijn't doornen, zij zullen steken. (dt.) *Sind's Rosen, sie werden blühen; sind's Dornen, sie werden stechen.*

---

it. Se saranno rose, fioriranno, Se saranno spine, pungeranno. *Wenn es Rosen sind, werden sie blühen, wenn es Dornen sind, werden sie stechen.*

mi. S' a gli e rôs, al fiurirà. (rom.) *Wenn es eine Rose ist, wird sie blühen.*

S'ella è rosa, ella fiorirà, S'ella è spina, ella pungerà. (t.) *Wenn es eine Rose ist, wird sie blühen, Wenn es ein Dorn ist, wird er stechen.*

ni. Se il saràn roèusi il fioriràn. (em. P.) *Wenn es Rosen sind, werden sie blühen.*

S' èl j' hin rôs èl fiorirànn. (em. R.) *S. Se il u. s. w.*

Se saran rosa han de fiori. (l. m.) *Wenn es Rosen sind, müssen sie blühen.*

Se sãn rêuze sciofan. (lig.) *S. Se il u. s. w.*

S'a son reûze, a fioriran. (piem.) *S. Se il u. s. w.*

Se le sarà rose, le fiorirà. (v.) *S. Se il u. s. w.*

---

263. Wer kein Ross hat, der muss zu Fuss gehen.

Them that canna ride maun shank it. (scho.) en.
Die nicht fahren können, müssen zu Fuss gehen.

Han scal fodhe mawer Heath, eij haffwer fedher. dä.
(adä.) *Der muss mager Pferd füttern, der kein fettes hat.*

Tá ið langtröjini ikki rökka, verða tvörtröjini is.
tikin. (fær.) *Wenn man das Grosse nicht hat, hilft man sich mit dem Kleinen.*

Hann, ið ikki hevir tey høgu seglini, má sigla við teim lágu. (fær.) *Der, welcher nicht das hohe Segel hat, muss mit dem niedrigen segeln.*

Dan som inkje heve Øyk, fær fara med eigne nw.
Føter. *Wer keinen Gaul hat, muss mit seinen Füssen fahren.*

Han fær sigla med sundt Segl, som inkje heilt heve. *Der muss mit zerrissenem Segel schiffen, der kein ganzes hat.*

Thæn skal fodha dud, som ey hawer dyran sw.
hæst. (asw.) *Der muss die Schindmähre füttern, der kein theures Pferd hat.*

Pascatur macidus cui pinguis abest palefridus. lt.
(mlt.)

Qui ne peut galopper qu'il trotte. *Wer nicht* fz.
galoppieren kann, der trabe.

Chi non puol aver ricolta, vada a spigolare. it.
(mi. t.) *Wer keine Ernte halten kann, gehe Ähren lesen.*

Chi no pò andà in tirosa vaga a pè. (l. m.) ni.
Wer nicht in der Kutsche fahren kann, gehe zu Fuss.

Quem non ten quem mande, yrgase e ande. pt.
(gal.) *Wer keinen Boten hat, erhebe sich und gehe.*

---

264. Rother Bart und Erlenbogen Gerathen selten, ist nicht erlogen.

Erlenholz und rothes Haar Sind auf gutem Boden rar.

Rötpart und erlin pogen, thuens recht, sô muosz mans loben. (ad.)

Ein röter bart und erlenbogen, für diese dreizehn noch so viel, gibt niemand gern ein pappenstiel. (ad.)

E runt Hoer on e Eerleheck Wasse of kän md.
gute Fleck. (frk. H.) *Ein rothes Haar und*

eine Erlenhecke wachsen auf keinem guten Flecke.

a Rötos Håer on o Êrla-Hêck', Di wasso sèlle of 'n guto Flèck. (frk. H.) *Ein rothes Haar und eine Erlenhecke die wachsen selten auf einem guten Flecke.*

Roŏtha Hoor un ärlă Häckă wassn uf kiin gută Fleckă. (frk. U.) *Rothe Haare und Erlenhecken wachsen auf keinem guten Flecke.*

Rothe Haar und Erlenholz, die wachsen auf keinem guten Boden. (mrh. E.)

Rothe Haar unn *(und)* Erleholz wachse uff kam *(auf keinem)* gute Grund nun Bodem (mrh. F.)

od. Rauds Hauar und Jarlhulz wachsn af koin goudn Buadn. (opf.) *Rothes Haar und Erlenholz wachsen auf keinem guten Boden.*

Erlenes Laub und rothe Loden Wachsen selten auf gutem Boden. (östr. schls.)

Rote Haar und Ellenbogen, Wenn sie geraten, muss man's loben. (schwb.)

Die Rothhörige *(Rothhaarigen)* sind eitweders *(entweder)* recht guet *(gut)* oder recht schlimm. (schwei.)

Rothi Lütli, Tüfelshütli. (schwei.) *Rothe Leutchen, Teufelshäutchen.*

Die rothe Lüt hend sibe Hüt, sechsmol meh as ander Lüt. (schwei.) *Die rothen Leute haben sieben Häute, sechs Mal mehr als andre Leute.*

pd. Ruh Hoor en Hölcterholz wåhsst selden op 'ne gaue Gronk. (nrh. A.) *Rothes Haar und Holunderholz wächst selten auf einem guten Grund.*

Ru'e Horen on Elsenholt, di wassen op kene ju'e Jronk. (nrh. Gl.) *Rothe Haare und Erlenholz, die wachsen auf keinem guten Grund.*

Rohe Hoor on Elsenholt wess selden op guë Grond. (nrh. M.) *Rothe Haare und Erlenholz wachsen selten auf gutem Grund.*

Rit Hör ug Erle wuosse nèd af gådem Bodem. (nrh. S.) *Roth Haar und Erlen wachsen nicht auf gutem Boden.* [*böses Blut.*

Rit Hüft, bisz Blåt. (nrh. S.) *Rothes Haupt,*

Ellern Holt un vossig Haor sünd upp goden Bodd'n raor. (ns. A.)

Rod Haor un ellern Holt wässt nich ümmer upp göden Grund. (ns. A.) *Rothe Haar und erlen Holz wächst nicht immer auf gutem Grund.*

Ellern Holt un rode Haare, wasset up keen goden Grund. (ns. B.) *Erlen Holz und rothe Haare wachsen auf keinem guten Grund.*

Råe Håre un Ellernholt wasset up keuen gauen Boden. (ns. ha. G. u. G.) *S. Rauds Hauar u. s. w.*

Ellernholt un roode Haar wasst up keenen goden Grund. (ns. hlst.) *S. Ellern Holt un rode u. s. w.*

Rode Haar un Ellernholt wasst nich vaken up godem Grund. (ns. Hmb.) *Rothe Haare und Erlenholz wachsen nicht oft auf gutem Grunde.*

Raue Hör un Ellernhüchte de draget sèllen geoe Früchte. (ns. L.-D.) *Rothe Haare und Ellernschösslinge tragen selten gute Früchte.*

Rode Haar un Ellernholt wasst up geen goden Grund. (ns. ofs.) *Rothe Haare und Erlenholz wachsen auf keinem guten Grund.*

Roä Har' un Ellernholt wasst nich up gode Grund. (ns. O. R.) *Rothe Haare und Erlenholz wachsen nicht auf gutem Grund.*

Elsenholt un roed Hoa wassen nich up goden Bodden. (ns. U.) *Erlenholz und rothe Haare wachsen nicht auf gutem Boden.*

Raude Hoore un Erlenholt wasset sellen up ennem gudden Grunde. (ns. W.) *Rothe Haare und Erlenholz wachsen selten auf einem guten Grund.*

Rohe Håre un Ellernholt wasset up keinen gooen Grunne. (wstf. M.) *S. Rode Haar un Ellernholt wasst up geen u. s. w.*

Roe Hår un Iärlenholt wasset selten op gueden Grunne. (wstf. Mrk.) *S. Rohe Hoor u. s. w.*

Ellernholt un fossig Hår Sind up guoden Grunde rår. (wstf. Mst.) *S. Erlenholz u. s. w.*

Rohe Hoor' un Erlenholt wasset opp kainem guoden Grund. (wstf. Mühlheim a. R.) *S. Rode Haar un Ellernholt wasst up geen u. s. w.*

Rood haar en elzenhout Wordt op geen' goeden dl. grond gebouwd. *Roth Haar und Erlenholz wird auf keinem guten Grund gezogen.*

Rot Hår å Ællbosk gror it å en goi Grund. dä. (jüt.) *Rothes Haar und Erlenbusch wachsen nicht auf gutem Boden.*

Homme roux et chien lainu Plustost mort que fz. cognu. *Rother Mann und wolliger Hund, lieber todt als gekannt.*

Uomo rosso e cane lanuto, Più tosto morto it. che conosciuto. (mi. t.) *S. Homme roux u. s. w.*

Rosso, mal pelo. (t.) *Roth, schlecht Haar.* mi.

Ros de pél, cento diàoi per caèl. (l.) *Roth* ni. *von Haar, hundert Teufel jedes Haar.*

Om de pel ross, se no l' è mat, l' è vizbiu. (l. m.) *Mann mit rothem Haar ist, wenn nicht närrisch, lasterhaft.*

De pel ross, poch ghe n' è e manch gh'en foss. (l. m.) *Von rothem Haar, wenig sind's, und möchten noch weniger sein!*

Rosso dal mal pelo, cento diavoli per cavelo. (v.) *S. Ros u. s. w.*

lm. Home royx y gos cerrut, avans mort que conegut. (neat.) *S. Homme roux u. s. w.*

---

265. Schwarzer Kopf, rother Bart, Böse Art.

Schwarzes Haar und rother Bart, Sind Zeichen einer bösen Art.

od. Hüt dich vor dem Rothbart, Rothbart nie gut ward. (schwei.)

pd. Rode Bart, Düfels Art. (us. ofs.) *Rother Bart, Teufels Art.*

---

dt. Roode baard, Duivels aard. *S. Rode u. s. w.*

en. A red beard and a black head, Catch him with a good trick and take him dead. *Ein rother Bart und ein schwarzer Kopf, fangt ihn geschickt und fangt ihn todt.*

---

fz. Barbe rousse, noir de chevelure, Est reputé faux par nature. *Rother Bart, schwarzes Haar, wird für falsch von Natur gehalten.*

Barbe rousse et noirs cheveux, Ne t'y fie si tu ne veux. *Rother Bart und schwarze Haare, trau' ihnen nicht, wenn du nicht willst.*

nf. Barbe rouge et noirs cheveux, Guettes t'en, si tu peux. *Rother Bart und schwarze Haare, hüte dich davor, wenn du kannst.*

it. Barba rossa e mal colore, Sotto il cielo non è il peggiore. *Rother Bart und bleiche Farbe — unterm Himmel gibts nichts Schlimmeres.*

ni. Ai òm negher ced el pas, E dei ros no sta a fidas. (l. b.) *Den schwarzen Leuten mache Platz, und den rothen traue nicht.*

lm. Barba de mòltes colors Sols la porten los traydors. (val.) *Bart von vielen Farben tragen nur die Verräther.*

pt. Falso por natura, cabello negro e barba ruiva. *Falsch von Natur, schwarzes Haar und rother Bart.*

Barba de tres cores, barba de traidores. *Bart von drei Farben, Verrätherbart.*

sp. Falso por natura, cabello negro, la barba rubia. *Falsch von Natur, Haar schwarz, der Bart roth.*

Barba de tres colores, no la traen si no traidores. *Bart von drei Farben tragen nur Verräther.*

---

266. Allgemeiner Ruf ist selten grundlos.

Ein gemein gerůcht ist selten erlogen. (ad.)

Es ist nicht ohne, was Herr Jedermann spricht. (bair.) od.

Man sagt selten etwas, es sei denn etwas dar- [an. (schwei.)

Een gemeen geruecht is selden gelogen. *S. Ein u. s. w.* dt.

Een gemeen gheruchte is selden ghelogen. (ah.) [S. Ein u. s. w.

Wat alman secht, is ghemeenlick waer. (ah.) *Was Jedermann sagt, ist gewöhnlich wahr.*

Common fame is seldom to blame. *Allgemeines Gerücht ist selten zu tadeln.* en.

Common saw sindle lies. (schö.) *Allgemeines Gerücht lügt selten.*

Det er ei Alt uden Grund, som gaaer om i Folkemund. *Es ist nicht alles ohne Grund, was umgeht im Volkesmund.* dä.

Sjaldan lýgr almanna-rómr. *Selten lügt aller Welt Stimme.* is.

Aalmennings-Ordet er sjeldan nagtande. *Der Allerweltruf ist selden zu misachten.* nw.

Dat gjeng inkje Gitord av ingen Ting. *Es geht kein Ruf von Nichts aus.*

Sällan rykte utan rot. *Selten Gerücht ohne Wurzel.* sw.

Ryktet är sållan fåfängt. *Das Gerücht ist* [selten nichtig.

Publica fama non semper vana. lt.

Quicquid communis fama famat, de toto non deperditur.

Noun sẽ dis màon, què noun l' i siègo un pàou. (sf. Lgd.) *Man sagt nicht Schlimmes, ohne dass nicht ein wenig daran sei.* fz.

Non se dis man, que n' en sie (pauc ou prou). (nprv.) *Man sagt nicht Schlimmes, ohne dass etwas (wenig oder viel) daran sei.* sf.

E' non si grida mai al lupo, che non sia in paese. *Man schreit nie Wolf! wenn er nicht im Orte ist.* it.

Un si dice mai nulla, ch' un ne sia qualcosa. (crs.) *Man sagt nie etwas, ohne dass einiges daran sei.* mi.

Non si grida al lupo ch' e' non sia lupo ò can bigio. (t.) *Man schreit nicht Wolf! wenn nicht ein Wolf oder ein grauer Hund da ist.*

ni. S'el n' è un lòv, el sarà un can bis. (em. P.) *Ist's kein Wolf, wird's ein grauer Hund sein.*
S' al n' è un lòv, al srà un can bis. (em. R.) *S. S' el u. s. w.*
As cria mai al luv ch' ai sia nen. (piem.) *Man schreit nie Wolf! ohne dass er da sei.*

si. Nun si dici mutta si nun è parti o tuttu. (s.) *Man sagt nie etwas, wenn es nicht zum Theil oder ganz so ist.*

lm. Lo que tots dinen, ò es, ò vol ser. (val.) *Das was Alle sagen, ist entweder, oder wird sein.*

sp. Lo que todos dicen, ó es ó quiere ser. *S. Lo que tots u. s. w.*

---

267. Nach gethaner Arbeit ist gut ruhen.

md. Nåch getânar Arbeit is gut Rûn. (schls.)

od. Nach geschehener Arbeit ist gut ruhen. (bair.)

pd. Nå gedåner Arbeid is gaud resten. (ns. ha. G. u. G.) *Nach gethaner Arbeit ist gut rasten.*
Nå gedån Wiärk es guet resten. (wstf. Mrk.) *Nå u. s. w.*

dt. Rust is eerst zoet na den arbeid. *Rast ist erst süss nach der Arbeit.*

---

dä. Efter Arbeide er Hvilen sød. *Nach Arbeit ist die Ruhe süss.*
Hvile er Arbeidets Løn. *Ruhe ist der Arbeit Lohn.*
Godt er at hvile paa giort Gierning. *Gut ist's ruhen nach gethaner Arbeit.*

nw. Naar Verket er gjort, er godt aa kvila. *Wenn die Arbeit gethan ist, ist's gut zu ruhen.*

sw. Efter fullgjordt arbete är hvilan god. *Nach vollbrachter Arbeit ist die Ruhe gut.*
Arbete gör sömnen ljuf (söt.) *Arbeit macht den Schlaf sanft (süss.)*

---

lt. Grata quies post exhaustum solet esse laborem.
Dulcis confecto rite labore quies.
Acti labores jucundi.

fz. Après besoigner convient reposer. *Nach Arbeiten gehört sich Ruhen.*

it. Su reposu est plus saboridu pustis de su trabagliu. (si. sa.) *Die Ruhe ist genussreicher nach der Arbeit.*

sp. Tras el trabajo viene el dinero y el descanso. *Nach der Arbeit kömmt das Geld und die Ruhe.*

S.

268. Wer wird der Vögel wegen die Saat unterlassen?

---

dt. Wie is er zoo slecht, dat hij om der vogelen wil zou laten zaaijen? *Wer ist so einfältig, dass er um der Vögel willen das Säen unterlassen sollte?*

---

dä. Man skal ei lade være at saae fordi Fuglene æde af Kornet. *Man soll das Säen nicht unterlassen, weil die Vögel das Korn abfressen.*

---

fz. Il ne faut pas laisser de semer pour crainte (par la crainte) des pigeons. *Man muss aus Furcht vor den Tauben nicht unterlassen, zu säen.*

sf. Non restes de semenar per lous ousseous n' y per las fournigos. (nprv.) *Unterlasse nicht zu säen der Vögel, noch der Ameisen wegen.*

it. Un bisogna lascià di suminà pe e passare. (mi. crs. s.) *Man muss der Sperlinge wegen nicht unterlassen zu säen.*

mi. Non bisogna ristare per le passere di seminar panico. (t.) *Man muss der Sperlinge wegen nicht unterlassen, Hirse zu säen.*

ni. Desmeter de somnà el mei per le passere. (l. brs.) *Der Sperlinge wegen unterlassen, Hirse zu säen.*

si. Si fussi pri timuri di l' oceddi, nuddu siminiria granu. (s.) *Wenn's aus Furcht vor den Vögeln wäre, säte Keiner Korn.*
Pri paura d' oceddi nun si simina granu? (s.) *Aus Furcht vor Vögeln sät man nicht Korn?*
Pri timuri di ciauli non simina linu. (s. C.) *Aus Furcht vor Elstern sät er nicht Hirse.*
Pro paura de sos ladros non si piantinat sa figu? (sa. M.) *Aus Furcht vor den Dieben pflanzt man den Feigenbaum nicht.*

lm. No s dexa de sembrar per pòr dels aucèlls. (ucat.) *Man unterlässt nicht zu säen aus Furcht vor den Vögeln.*

sp. Por miedo de gorriones, no se dexan de sembrar cañamones. *Aus Furcht vor den Sperlingen unterlässt man nicht Hanf zu säen.*

---

269. Man muss die Katze nicht im Sacke kaufen.

md. Di San kèft ma' nèt im Sàck. (frk. H.) *Die Sau kauft man nicht im Sack.*

Ar keft di Kåtz in Sonk. (frk. H. S.) *Er kauft die Katze im Sack.*

Mür söll di Kåtz nit im Sök käff'n. (frk. M.)

Wer Kiesel säet, Stoppeln mähet, Im Sacke kauft Und sich mit Thoren rauft, Der begehet Ding', die thöricht sind. (mrh. E.)

't Kêft ö' kèng Kås am Sak. (mrh. L.) *Es kauft einer keine Katze im Sack.*

od. Man kauft keine Katze im Sack. (bair.)

Eine Katze im Sack kaufen. (schwei.)

Er het e Tuub im Sack gehauft. (schwei.) *Er hat eine Taube im Sack gekauft.*

Ke Chatz im Sack chaufa. (schwei. A.) *Keine Katze im Sack kaufen.*

pd. De Kåtz äm Sàck kifen. (nrh. S.) *Die Katze im Sack kaufen.*

Wier wit de Kåtz äm Sàck kifen? (nrh. S.) *Wer wird die Katze im Sacke kaufen?*

De Katt in'n Sack köp'n. (ns. A.) *S. De Kåtz u. s. w.*

De Katte inn Sakk kopn. (ns. B.) *S. De Kåtz u. s. w.*

Man kann dat Farken nig in Sak koopen. (ns. hlst.) *Man kann das Ferkel nicht im Sacke kaufen.*

'n Katt in de Sack kopen. (ns. ofs.) *S. Eine Katze u. s. w.*

Das Ferkel im Sack kaufen. (ns. Pr.)

---

dt. Hij koopt kat in den zak. *Er kauft Katz' im Sak.*

en. To buy a pig in a poke. *Ein Schwein in einem Sacke kaufen.*

I'll not buy a pig in a poke. *Ich will nicht ein Schwein in einem Sacke kaufen.*

fs. Jö Katt änjn' e Sëck kupen. (M.) *S. De Kåtz u. s. w.*

---

dä. At kjøbe Katten i Sakken. *S. De Kåtz u. s. w.*

nw. Kaupa Grisen i Sekken. *S. Das Ferkel u. s. w.*

Ein skal inkje kaupa Grisen i Sekken. *Man muss nicht das Ferkel im Sacke kaufen.*

sw. Ingen köper grisen i säcken. *Keiner kauft das Ferkel im Sack.*

---

lt. Alcaun emere.

cw. Ils Gatts cumpr' ün en Sacs. (obl.) *Die Katzen in Säcken kaufen.*

fz. Acheter chat en poche. *Katz' im Sack kaufen.*

C' est mal achat de chat en sac. *Katz' im Sack ist schlechter Kauf.*

nf. I n'fåt nin ach'ter on chet d'vin on sèche. (w.) *Man muss nicht eine Katze in einem Sacke kaufen.*

sf. Non cau pås croumpa blad en sac. (Brn.) *Man muss nicht Korn im Sacke kaufen.*

Fåou pa croumpa cat ën sa. (Lgd.) *S. I n' fåt u. s. w.*

Faut pas crompar cat en sac. (nprv.) *S. I n' fåt u. s. w.*

it. Comprare gatta in sacco. *S. Acheter u. s. w.*

mi. Camprè gatt in sacch. (rom.) *S. Acheter u. s. w.*

ni. N' cumprar gatt in sacc. (em. B.) *Kauf nicht Katze im Sack.*

Accattà (Vende) un gatto in to sacco. (lig.) *Er borgt (verkauft) eine Katze im Sack.*

Conprè ant un sach. (piem.) *In einem Sack kaufen.*

No se compra la gata in saco. (v. trst.) *Man kauft die Katze nicht im Sack.*

si. Non accattare la gatta dinto lo sacco. (npl.) *Borge nicht die Katze im Sack.*

La gatta nun cumprari 'ntra lu saccu. (s.) *S. N' cumprar u. s. w.*

Non accattari la gatta 'ntra lu saccu. (s. C.) *S. Non accattare u. s. w.*

pt. Comprar nabos em sacco. *Rüben im Sack kaufen.*

sp. Comprar gato en saco. *S. Acheter u. s. w.*

---

270. Man schlägt auf den Sack und meint den Esel.

Man schlägt auf den Sack und meint den Müller.

Gott schlägt oft auf den Sack, damit der Esel es empfinde.

md. Hä schle-ät of den Sök on määnt den Esel. (frk. H.) *Er schlägt auf den Sack und meint den Esel.*

Mür schlécht uf'n Sök und mènt' n Èis'l (Öis'l). (frk. M.)

Ja, a schlæd uw a Sattal und mênt's Fârt. (schls. B.) *Ja, er schlägt auf den Sattel und meint's Pferd.*

od. Wenn man die Ross nicht schlagen darf, so schlägt man auf den **Sattel**. (schwei.)

pd. Em schlit af de Sadel, dad et der Häszt fält. (urh. S.) *Man schlägt auf den Sattel, damit es das Pferd fühlt.*

Er klopft auf den **Sack und meint den Müller**. (ns. Pr.)

---

dl. Hij sloeg den zak, en meende den ezel. *Er schlug den Sack und meinte den Esel.*

Die het paard niet slaan kan, sla den zadel. *Wer das Pferd nicht schlagen kann, schlage den Sattel.*

en. Who cannot beat the horse, let him beat the saddle. *Wer das Pferd nicht schlagen kann, lasst ihn den Sattel schlagen.*

---

dä. Naar man ikke tør slaae Hesten, saa slaaer man paa Sadelen. *Wenn man das Pferd nicht schlagen darf, so schlägt man auf den Sattel.*

Man klapper ofte Hunden for Herrens Skyld. *Man schlägt oft den Hund des Herren wegen.*

---

lt. Qui asinum non potest, stratum caedit.

Ut canis saevit in lapidem.

fz. Qui ne peut frapper l'âne, frappe le bât. *Wer den Esel nicht schlagen kann, schlägt den Saumsattel.*

Qui ne peut battre le cheval Batte la selle ou le bast. *Wer das Pferd nicht schlagen kann, schlage den Sattel oder den Saumsattel.*

Battre le chien devant le lion. *Den Hund vor dem Löwen schlagen.*

Pour douter, bat-on le chien avant le lyon. (afz.) *Im Zweifel schlägt man den Hund vor dem Löwen.* [u. s. w.

nf. Batte li chin d'vant l' lion. (w.) *S. Battre*

it. Chi non può dare all' asino, dà al basto. *Wer's dem Esel nicht geben kann, gibt's dem Sattel.*

Chi non può batter il caval, batte la sella. *Wer das Pferd nicht schlagen kann, schlägt den Sattel.*

mi. Chi ch' an pò battr e caval, i batt la sèlla. (rom.) *S. Chi non può batter u. s. w.*

Chi an pò battr e caval, bètta la sella. (rom.) *S. Die het paard u. s. w.*

Si batte la sella per non battere il cavallo. (t.) *Man schlägt den Sattel, um nicht das Pferd zu schlagen.*

Chi non può dare all' asino, dia al basto. (t.) *Wer's nicht dem Esel geben kann, geb' es dem Saumsattel.*

Tante volte si tira al cane, per fare insulto al padrone. (t.) *So und so oft schiesst man auf den Hund, um den Herrn zu beleidigen.*

Chi n'po battr al cavall, batt la sèlla. (em. B.) **mi.** *S. Chi non può batter u. s. w.*

Chi n' poèul batter el cavall, batta la sela. (em. P.) *S. Die het paard u. s. w.*

Chi èn pòl bàtter al cavall, batt la sèlla. (em. R.) *S. Chi non può batter u. s. w.*

Chi no pöl bat el caval, bat la sèla. (l.) *S. Chi non può batter u. s. w.*

I brieû, i dà al ca se no i pöl dà al padrù. (l. b.) *Die Schelme, sie geben's dem Hunde, wenn sie's dem Herrn nicht geben können.*

Batter la sela per el caal. (l. brs.) *Den Sattel schlagen des Pferdes wegen.*

Di voeult per el cavall se batt la sella. (l. m.) *Mitunter schlägt man den Sattel des Pferdes wegen.*

Batter la sella invece del cavallo. (lig.) *Den Sattel anstatt des Pferdes schlagen.*

Chi pöl nen bate l' aso, a bat el bast. (piem.) *S. Qui ne peut frapper u. s. w.*

Chi a pöl non bate el caval, a bat la sela. (piem.) *S. Chi non può batter u. s. w.*

Co' no se pol bater el cavalo, se bate la sèla. (v.) *Wenn man das Pferd nicht schlagen kann, schlägt man den Sattel.*

Nun pò all' asinu e duna a la vardedda. (s.) **si.** *Er kann's nicht dem Esel (geben) und gibt's dem Sattel.*

Non poi all' asinu e duni a la varduni. (s. C.) *S. Nun pò u. s. w.*

Qui non podet iscender ad su caddu, iscendet ad su sedda. (sa. L.) *S. Chi non può batter u. s. w.*

sp. Quien no puede dar en el asno, da en el albarda. *Wer nicht auf den Esel schlagen kann, schlägt auf den Sattel.*

Por dar en el asno dar en la albarda. *Anstatt auf den Esel zu schlagen auf den Sattel schlagen.*

No pueden al asno, vuélvense al albarda. *Sie können nicht beim Esel, sie wenden sich an den Sattel.*

Azotan á la gata si no hila nuestra ama. *Sie peitschen die Katze, wenn unsere Herrin nicht spinnt.*

Desque no pudo al asno, tórnase al albarda. *Sobald man's nicht beim Esel kann, wendet man sich zum Sattel.*

Quien no puede dar al asno, Torna se al albarda. (asp.) *Wer's nicht dem Esel geben kann, wendet sich an den Sattel.*

— —

271. Stricke den **Sack** zu, wenn er auch nicht voll ist.

od. Man kann den Sack auch zustricken, wenn er nicht voll ist. (schwb.) [(schwei.)

Man bindet manchen Sack zu, ehe er voll ist.

Me het scho mänge Sack verbunde, er ist nid voll gsii. (schwei.) *Man hat schon manchen Sack zugebunden, er ist nicht voll gewesen.*

pd. Me bengt 'ne Sack wal zau, ih he voll es. (nrh. A.) *Man bindet einen Sack wohl zu, ehe er voll ist.*

Dar ward mennig Sakk tobunnen, de nich vull is. (ns. B.) *Da wird mancher Sack zugebunden, der nicht voll ist.*

Wardt (Et wart) mannig Sakk tobunden (tobunnen), de nig vull is. (ns. hlst.) *Es wird mancher Sack zugebunden, der nicht voll ist.*

Dar ward mannig Sack tobunnen, dee nich vull is. (ns. Hmb.) *S. Dar ward u. s. w.*

Dar wart ök wol 'n Sack töbunden, ēr he vull is. (ns. O. J.) *Da wird auch wohl ein Sack zugebunden, ehe er voll ist.*

Dar wart woll mennig Sack tobunnen, de nich vull is. (ns. O. R.) *Da wird wohl mancher Sack zugebunden, der nicht voll ist.*

———

dt. Men bindt den zak wel eens toe, al is hij niet vol (eer hij vol is). *Man bindet den Sack wohl auch zu, wenn er gleich nicht voll ist (ehe er voll ist.)*

Men bint menighen sac toe, die niet vol en is. (mdt.) *Man bindet manchen Sack zu, der nicht voll ist.*

Men bint een zak wel ten halven toe. (ah.) *Man bindet den Sack wohl auch in der Hälfte zu.*

en. Bind the sack ere it be fu' (scho.) *Bindet den Sack zu, ehe er voll ist.*

Ane may bind the sack before it's fu'. (scho.) *Man kann den Sack zubinden, ehe er voll ist.*

fs. Ik kaan a Pöös uk tubinj iar-r fol as. (A.) *Ich kann den Beutel auch zubinden, ehe er voll ist.*

———

nw. Ein ska binda Bandet fyre ein halv Sekk og. *Man muss das Band auch für einen halben Sack binden.*

Qui non impletur saccus quandoque ligatur. **lt.** (mlt.)

On lie bien le sac avant qu' il soit plein. *S.* **fz.** *Me bengt u. s. w.*

L' en lye bien le sak enke soit pleyn. (afz.) *S. Me bengt u. s. w.*

On lie bien son sac ains quil soit plains. (afz.) *Man bindet seinen Sack wohl zu, ehe er voll ist.*

———

272. Wenn man den **Sack** aufbindet, so sieht man was drin ist.

Als men den zak ontbindt, dan ziet men, wat **dt.** er in is.

———

Naar man ryster Sækken, seer (mærker) man **dä.** hvad i er (der er i den). *Wenn man den Sack ausschüttelt, sieht (merkt) man, was drin ist.*

Naar ein let upp Sekken, so ser ein kvat som **nw.** i er.

Ingen vet hvad som finnes i säcken, förrän den **sw.** blir upplöst. *Niemand weiss, was sich im Sacke befindet, ehe derselbe aufgebunden wird.*

Ingen weet hwad i säcken är förrän han blijr vplöst. *Niemand weiss, was im Sacke ist, ehe er aufgebunden wird.*

———

273. Wer da sät, der hofft zu schneiden; wer nicht sät, der wird nicht schneiden.

Wer säet, Der mähet.

Wer seet der schneid zu seiner zeit. (ad.)

Wër nich säjet, dei kan nich arnen. (ns. ha. **pd.** G. u. G.) *Wer nicht sät, der kann nicht ernten.*

Wô nits eseiet werd, då werd åk nits earnet. (ns. ha. G. u. G.) *Wo Nichts gesät wird, da wird auch Nichts geerntet.*

De der sait, de der mait. (ns. hlst.) *S. Wer säet u. s. w.*

— —

Naar man vil høste, maa man ogsaa saae. **dä.** *Wenn man ernten will, muss man auch säen.*

———

Qui vitat molam, vitat farinam. **lt.**

Il faut semer pour recueillir. *Man muss säen,* **fz.** *um einzuernten.*

Il faut semer qui veut moissonner. *Säen muss, wer schneiden will.*

Qui ne seme ne cueilt. (afr.) *Wer nicht sät, erntet nicht ein.*

sf. Qui nou n'a en sac, Que nou n'a en blad. (Brn.) *Wer nicht im Sack hat, hat nicht im Korn.*

it. Chi non semina, non ricoglie. *S. Qui ne seme u. s. w.*

mi. Bisogna suminà per ricoglie. (crs.) *S. Il faut semer pour u. s. w.*

ni. Chi no semina, no regòi. (l. b.) *S. Qui ne seme u. s. w.*

No pò minga regòj chi no somèna. (l. m.) *Nicht kann ernten, der nicht sät.*

Chi no semena, no racoglie. (v.) *S. Qui ne seme u. s. w.*

si. Ci nu semina, nu ecoglie. (sp.) *S. Qui ne seme u. s. w.*

Quie non bettat non toddit. (sa. L.) *Wer nicht ausstreut, erntet nicht.*

Qui non maghinat, non hat farina. (sa. L.) *Wer nicht mahlt, hat kein Mehl.*

---

274. Wer Funken sät, der erntet Flammen.

Wer då bôsheit sêwet, mit recht er alle bôsheit mêwet. (ad.)

---

dl. Die distels zaait, zal stekels maaijen. *Wer Disteln sät, wird Stacheln mähen.*

Die wind zaait zal onweder maaijen. *Wer Wind sät, wird Unwetter mähen.*

Die onrust zaait, Moeite maait. *Wer Unruhe sät, erntet Mühe.*

---

dä. Hvo der saaer Had, skal høste Anger. *Wer Hass sät, wird Reue ernten.*

Hvo som Synden saaer, han skal høste Skam. *Wer die Sünde sät, wird Schande ernten.*

---

cw. Tgi ca semna dispettas, quel meda process. (obl.) *Wer Zank sät, erntet Process.*

Tgi ca semna zerclim, sa buca meder salin. (obl.) *Wer Unkraut sät, wird nicht Weizen ernten.*

it. Cui simina guai, ricogghi malanni. (si. s.) *Wer Schlimmes sät, erntet Unheil.*

si. Cui simina spini, nun ricogghi rosi. (s.) *Wer Dornen sät, erntet nicht Rosen.*

Qui semenat males accoglit malannos. (sa. L.) *S. Cui simina guai u. s. w.*

Quem abrolhos semea, espinhos colhe. *Wer Disteln sät, erntet Dornen.* pt.

Quien abrojos siembra, espinas coge. *S. Quem u. s. w.* sp.

---

275. Ingün non po dir: da quist' aua non baiverà. (cw. ld. U.-E.) *Niemand kann sagen: von diesem Wasser werde ich nicht trinken.*

Il ne faut pas dire: Fontaine, de ton eau je ne boirai pas. *Man muss nicht sagen: Brunnen, von deinem Wasser werd' ich nicht trinken.* fz.

Jhamâi fâou dirè: d' aqèll' âigo noun bèourâi. (Lgd.) *Man muss nie sagen: von diesem Wasser werde ich nicht trinken.* sf.

Non digues jamay: d' aquel aigo non beouray. (nprv.) *Sage niemals: von diesem Wasser werde ich nicht trinken.*

Non si può dire: per questa via non andrò. *Man kann nicht sagen: auf diesem Weg werde ich nicht gehen.* it.

Non bisogna dire: per questa via non voglio andare. *Man darf nicht sagen: auf dieser Strasse will ich nicht gehen.*

Un di: funtana un bieragghiu mai di a to acqua. (crs. m.) *Sage nicht: Brunnen, ich werde nie von deinem Wasser trinken.* mi.

Un s pò di: da quê an passarò. (rom.) *Man kann nicht sagen: hier werde ich nicht vorüberkommen.*

Non serve dire: per tal via non passerò, ne di tal acqua non beverò. (t.) *Es nutzt nicht zu sagen: über diesen Weg werde ich nicht gehen oder von diesem Wasser werde ich nicht trinken.*

No di mai: de sto pa no'u voi mangià. (l. b.) *Sage niemals: von diesem Brot will ich nicht essen.* ni.

No se pöl di: per ste strada no voi passà. (l. b.) *Man kann nicht sagen: diese Strasse will ich nicht gehen.*

No se pol dir: de sto pan no gho ne vogio magnar. (v.) *Man kann nicht sagen: von diesem Brot will ich nicht essen.*

No se pol dir: per sta strada no gho voi andar. (v.) *S. No se pöl u. s. w.*

Non nerzes mai: de cuss' abba non hap' a bier. (sa.) *Sage nie: von diesem Wasser brauch' ich nicht zu trinken.* si.

No digas d' aquesta aigua no beuré per térbola que sia. (neat.) *Sage nicht: von diesem* lm.

Wasser werde ich nicht trinken, so trübe es auch sei.

Ningù pot dir desta aygua no beurà, per tervola que stia. (val.) *Keiner kann sagen: von diesem Wasser werde ich nicht trinken, so trübe es auch sei.*

pt. Ninguem diga: desta agoa não beberei. *Niemand sage: von diesem Wasser werde ich nicht trinken.*

Não digas: desta agoa não beberei, nem deste pão comerei. *Sage nicht: von diesem Wasser werde ich nicht trinken, noch von diesem Brote essen.*

sp. Ninguno puede decir: de esta agua no beberé.

Nadie diga (No diga nadie): De esta agua no beberé. *S. Ninguem u. s. w.*

---

276. Den Freund zu erkennen, musst du erst einen Scheffel **Salz** mit ihm gegessen haben.

od. Es soll Keiner den Andern für einen guten Freund halten, er habe denn zuvor einen Scheffel Salz mit ihm gegessen. (schwei.)

---

dt. Men zal niemand vriend noemen, eer men eene mudde zout met hem gegeten heeft. *Man soll Niemand Freund nennen, ehe man eine Tonne Salz mit ihm gegessen hat.*

Eer dat gy een vriend betrouwt, Zoo eet met hem een mudde zout. (vl.) *Bevor ihr einem Freunde traut, esst eine Tonne Salz mit ihm.*

en. Before you make a friend, eat a peck (bushel) of salt with him. *Bevor ihr einen zum Freund macht, esst eine Metze (einen Scheffel) Salz mit ihm.*

A man must eat a bushel of salt with another, before he takes him for a friend. *Ein Mensch muss einen Scheffel Salz mit einem Andern gegessen haben, bevor er ihn zum Freunde nimmt.*

Before ye choose a friend eat a peck o' saut wi' him. (scho.) *Bevor ihr einen Freund wählt, esst eine Metze Salz mit ihm.*

---

dä. Man skal æde en Skieppe Salt med En, for man gjør Venskab med ham. *Man muss einen Scheffel Salz mit Einem essen, ehe man Freundschaft mit ihm schliesst.*

sw. Tro ej din vän, förrän i ätit upp en halfspann salt tillsammans. *Traue nicht deinem Freunde, ehe ihr eine Vierteltonne Salz miteinander aufgegessen habt.*

---

lt. Multi modii salis simul edendi ut amicitiae munus expletum sit.

fz. On ne peut dire ami celui avec qui on n'a pas mangé quelques minots de sel. *Man kann den nicht Freund nennen, mit dem man nicht einige Minots Salz gegessen hat.*

Devant que bien l'on cognoisse un amy, Manger convient muy de sel avec luy. *Bevor man einen Freund recht kennt, muss man eine Tonne Salz mit ihm essen.*

af. Daouan pusques congneissé vn amyq, De sau te cau mingea dap het vn muyq. (Gsc.) *Bevor man einen Freund erkennen kann, muss man eine Tonne Salz mit ihm essen.*

it. Prima di scegliere l'amico, bisogna averci mangiato il sale sette anni. (mi. t.) *Bevor man den Freund wählt, muss man sieben Jahr Salz mit ihm gegessen haben.*

ni. Prima de fat n'amis Mangia insèma ün car de ris. (l.) *Ehe man einen zum Freund macht, esse man mit ihm einen Karren voll Reis.*

si. Pro connoscher unu amigu est precisu mandigare unu saccu de sale cumpare. (sa. L.) *Um einen Freund zu kennen, ist es vorgeschrieben, einen Sack Salz zusammen zu essen.*

Non ti fides de amigu finzas a mandigare unu saccu de sale cumpare. (sa. L.) *Vertraue nicht dem Freunde, ehe ihr einen Sack Salz zusammen gegessen.*

277. Traue Niemand, du **habest denn** einen Scheffel **Salz** mit ihm gegessen.

Trau Keinem, du habest denn einen Scheffel Salz mit ihm gegessen.

Doch scholt du getrawen swach einem in vil grösser sach, hâst du noch nicht mit im gessen ein vierding salz wol aufgemessen. (ad.)

od. Trau Niemand, ehe du eine Salzscheibe mit ihm gegessen hast. (bair.)

Man muss niemand trauen, mit dem man nicht eine Scheibe Salz gegessen hat. (schwei.)

---

dt. Men kent niemand recht om te vertrouwen, of men moet eenen zak zout mede gegeten hebben. *Man kennt Niemand genug, um ihm zu trauen, oder man muss einen Scheffel Salz mit ihm gegessen haben.*

---

dä. Man skal æde en Skieppe Salt med Een, for man kiender ham. *Man muss einen Scheffel Salz mit Einem essen, ehe man ihn kennt.*

is. Trú þú engum til fulls, sem þú átst ei saltið með. *Traue Keinem vollkommen, mit dem du nicht das Salz assest.*

---

lt. Nemini fidas, nisi cum quo modium salis absumpseris.

fz. Pour bien connaître un homme il faut avoir mangé un minot de sel avec lui. *Um einen Menschen gut zu kennen, muss man ein Minot Salz mit ihm gegessen haben.*

sf. Fâou manjha un' èmino dë sâou ënsën, për counoñissë l' imou d'as jhëns. (Lgd.) *Man muss eine Mine Salz zusammen essen, um die Gemüthsart der Leute zu kennen.*

Faut manjar uno emino de sau per ensen, davant que couneissé l' himour de ley geus. (uprv.) *Man muss eine Mine Salz zusammen essen, bevor man die Gemüthsart der Leute kennt.*

it. Non si conosce uno se non si mangia seco un moggio di sale. *Man kennt Einen nicht, wenn man nicht einen Malter Salz mit ihm isst.*

Bisogna mangiar molte moggia di sale prima che un si conosca. *Man muss viele Scheffel Salz (zusammen) essen, ehe man Einen kennt.*

mi. E bsogna magnêr un sacch e d sêl prema d chnósser on. (rom.) *Man muss einen Sack Salz essen, ehe man Einen kennt.*

Prima di conoscer uno, bisogna consumare un moggio di sale. (t.) *Ehe man Einen kennt, muss man einen Scheffel Salz (mit ihm) verzehren.*

ni. Bisògna magnar insèm una corba d' sal prema d' cgnossr ûn. (em. B.) *Man muss zwei Scheffel Salz zusammen essen, ehe man Einen kennt.*

Per di: conossi el tal, Bögna mangiàgh insèma on stè de sal. (l. m.) *Um zu sagen: den kenn' ich, muss man zusammen einen Scheffel Salz essen.*

Prima de dì de vün o ben o mal, Bögna mangiàgh insèma on car de sal. (l. m.) *Bevor man von Einem gut oder schlecht spricht, muss man zusammen einen Karren Salz essen.*

Per savé che odor vün el sa, bögna stagh insèma on inverna e on està. (l. m.) *Um zu wissen wie Einer ist, muss man einen Winter und einen Sommer mit ihm zubringen.*

Per conosse un a bsogna mangeje una miga d' sal ansem (pi d'una volta ansem). (piem.) *Um Einen zu kennen, muss man einen halben Scheffel Salz (mehr als ein Mal) zusammen essen.*

Prima de dir ben o mal, bisogna magnarghe insieme tre quarte de sal. (v.) *Ehe man gut oder schlecht spricht, muss man zusammen drei Viertel Salz essen.*

Per saver de che odor uno 'l sa, bisogna starghe insieme un inverno e un istà. (v.) *S. Per savé u. s. w.*

si. Non bisogna fidarti di nessuno, se prima non hai mangiato con lui più tomola di sale. (npl.) *Du darfst Keinem trauen, wenn du nicht zuvor mehr als einen Scheffel Salz mit ihm gegessen hast.*

Pri canusciri a nu omu ci voli na sarma di sali. (s.) *Um einen Menschen zu kennen, bedarf es eines Scheffels Salz.*

Pro connoscher s'homine est precisu mandigare unu saccu de sale cumpare. (sa. L.) *Um den Menschen zu kennen, ist's bestimmt, einen Sack Salz zusammen zu essen.*

lu. Per conéxer á algú, s' hi ha de menjar un cortá de sal. (neat.) *Um Jemand zu kennen, muss man einen Cortan Salz (mit ihm) essen.*

pt. Não te has de fiar, senão com quem comeres hum moio de sal. *Du sollst dich nur auf den verlassen, mit welchem du einen Scheffel Salz gegessen hast.*

---

278. Wo Aas ist, da **sammeln** sich die Adler.

Wo Aas ist, da versammeln sich die Raben.
Die Giren fliegen (*Geier fliegen*) gerne dar,
Wo sie des Ases nemen war. (ad.)

---

dt. Waar een dood ligchaam is, daar verzamelen de arenden. *Wo ein Leichnam ist, da versammeln sich die Adler.*

en. Corbies dinna gather without they smell carrion. (scho.) *Raben sammeln sich nicht, wenn sie nicht Aas riechen.*

---

dä. Hvor Aadselet er, samles Ørnene. *Wo das Aas ist, sammeln sich die Adler.*

Hvor Honning er, der sankes Fluer. *Wo Honig ist, da sammeln sich Fliegen.*

nw. Dar Aata er, vil Arame sankast.

sw. Der ätelen är, dit samlas ock örnarna. *Wo das Aas ist, da sammeln sich auch die Adler.*

Aas lockar örnen vth. *Aas lockt den Adler heraus.*

---

lt. Ubi cadaver, ibi aquila.

it. Dove son le carogne, ivi vanno i corvi. *Wo das Aas ist, da ziehen die Raben hin.*

mi. Al mosch al corr dri al carogn. (rom.) *Die Fliege läuft hinter dem Aas her.*

Dove son carogne son corvi. (t.) *Wo Aas ist, sind Raben.*

Le mosche si posano sopra alle carogne. (t.) *Die Fliegen setzen sich auf Aas.*

ni. El mòse còrren dri al carógn. (em. B.) *Die Fliegen laufen hinter dem Aas her.*

El mósch van adréé al carógn. (em. R.) *S. El u. s. w.*

I mosch volen attorna a di carogn. (l. m.) *Um Aas schwärmen die Fliegen.*

E mosche s' attaccan a-e carogne. (lig.) *S. Le mosche u. s. w.*

Le mosche a volo adoss a le carogne. (piem.) *S. I mosch u. s. w.*

si. Unni c' è meli, currinu li muschi. (s.) *Wo Honig ist, laufen die Fliegen hin.*

Ad su mortorzu current sos corvos. (sa. L.) *Zum Aas laufen die Raben.*

wl. Unde este miere, a collo și musce. *Wo Honig ist, dort sind auch Fliegen.*

279. Wenn das Ferkel satt ist, stösst es den Trog um.

Wenn der Wanderer getrunken hat, so kehrt er dem Brunnen den Rücken zu.

md. Wan d' Schwēi' sāt sin, stöszen se den Trach em. (mrh. L.) *Wenn die Schweine satt sind, stossen sie den Trog um.*

od. Wenn d' Sou gnueg het, gheit si der Chübel um. (schwei.) *Wenn die Sau genug hat, kehrt sie den Kübel um.*

pd. Wenn de Swin satt sünd, stöt'n se'n Trogg ümm. (ns. A.) *S. Wan u. s. w.*

Wenn de Swiene satt sünd, so stöt se' n Trog ümm. (ns. ha. V.) *S. Wan u. s. w.*

Wenn de Swienen satt sünt, kehren se dat Block um. (ns. ofs.) *S. Wan u. s. w.*

Wann de Süege satt sint, dann stülpet se den Truoch ümme. (wstf. Mrk.) *Wenn die Säue satt sind, dann stossen sie den Trog um.*

---

dt. Als 't varken zat is, zoo stoot het de trog om.

Als de zog zat is, dan werpt ze den trog om. *Wenn die Sau satt ist, dann wirft sie den Trog um.*

Als de sogh vol is, wroetse den troch omme. (avl.) *S. Als de zog u. s. w.*

en. When the pig has had a belly full, it upsets the trough. *Wenn das Ferkel den Bauch voll hat, stürzt es den Trog um.*

---

sw. När swinet tömt hoen, wänder det honom up ned på. *Wenn das Schwein den Trog geleert, kehrt es ihn um und um.*

---

fz. Quand les cochons sont souls, ils renversent leur auge. *Wenn die Schweine satt sind, werfen sie ihren Trog um.*

Pourceau gras rompt la sout. (afz.) *Fettes Schwein zerbricht den Koben.*

nf. Quand lou pö a grai et casse sai soe. (F.-C.) *Wenn das Schwein fett ist, zerbricht es den Koben.*

it. Fare come il cavallo grasso, che dopo avere mangiato la biada, da calcio al vaglio. *Es wie das grobe Pferd machen, das, nachdem es das Futter gefressen, gegen das Sieb ausschlägt.*

mi. L' asino, quando ha mangiato la biada, tira calci al corbello. (t.) *Der Esel, wenn er das Futter gefressen hat, schlägt gegen den Korb aus.*

ni. L' asen, quand l' à mangiat, el volta 'l cül a la treis. (l. b.) *Der Esel, wenn er gefressen hat, kehrt er der Krippe den Rücken.*

De d' caoss al crivel dop mangià la biava. (piem.) *Dem Siebe Fusstösse geben, nachdem das Futter gefressen.*

si. L' ingratu livata la siti ci vota li spaddi a la funtana. (s.) *Wenn der Undankbare den Durst gelöscht hat, kehrt er dem Brunnen den Rücken.*

sp. El invierno es ido, y el verano venido, mal haya quien bien nos hizo. *Der Winter ist gegangen und der Frühling gekommen, schlecht geh' es dem, der uns Gutes that.*

Sanct Johan es venido, mal aya quien bien nos fizo. (asp.) *Johanni ist gekommen, schlecht geh' es dem, der uns Gutes that.*

---

280. Wenn die Maus satt ist, so schmeckt das Mehl bitter.

Wenn die Maus satt ist, ist das Mehl bitter. (nd.)

md. Bann di Maus sätt és, schmèckt d's Mäl bittər. (frk. H.)

Wenn di Maus sont is, schmëkt is Maal (Korn) bittər. (frk. H. S.)

Wenn di Maus voll ît *(ist)*, schmeckt 's Schmälz bitter. (frk. M.)

Wenn die Maus satt ist, so ist das Korn bitter. (mrh. E.)

Wan d' Meis sât sin, dan as d' Miĕl batter. (mrh. L.) *Wenn die Mäuse satt sind, dann ist das Mehl bitter.*

pd. Es de Muus satt, dann schmäck et Mehl better. (nrh. M.) *Ist die Maus satt, dann schmeckt das Mehl bitter.*

Wun det Méiszke sâd äs, äs det Miel bäter. (nrh. S.) *Wenn das Mäuschen satt ist, ist das Mehl bitter.*

Wenn de Muus satt is, schmeckt det Mehl bidder. (ns. A.)

Wenn de Müse satt sünd, smeckt dat Mehl bitter. (ns. B.) *Wenn die Mäuse satt sind, schmeckt das Mehl bitter.*

Wenn de Müse sat sint, sau smecket dat Mël bitter. (ns. hn. G. u. G.) *Wenn die Mäuse satt sind, so schmeckt das Mehl bitter.*

Wenn de Müse satt sünt, is dat Meel bitter. (ns. hlst.) *Wenn die Mäuse satt sind, ist das Mehl bitter.*

Venn de Mus satt is, so is dat Mel besch. (ns. hlst. A.) *Wenn die Maus satt ist, so ist das Mehl bitter.*

Wenn de Muus satt is, is 't Mehl bitter. (ns. Hmb.) *Wenn die Maus satt ist, ist das Mehl bitter.*

Wenn de Mus satt is, smeckt dat Mēhl bitter. (ns. M.) [(ns. ofs.)

Wenn de Mus satt is, smeckt't Mehl bitter.

Wenn de Muus satt is, smeckt dat Mehl bitter. (ns. O. St.)

Wenn de Muus duhn öss, öss (schmeckt) dat Koornke bötter. (ns. Pr.) *Wenn die Maus satt ist, ist (schmeckt) das Körnchen bitter.*

Muuske duhn, Koornke bötter. (ns. Pr.) *Mäuschen satt, Körnchen bitter.*

Dett Bukke öss voll, dat Koornke öss bötter. (ns. Pr.) *Der Bauch ist voll, das Körnchen ist bitter.*

Wann de Mülise des Mehls saat siet, dann schmecked ennen dat Mehl bitter. (ns. W.) *Wenn die Mäuse des Mehles satt sind, dann schmeckt ihnen das Mehl bitter.*

---

dl. Als de muis zat is, zoo wordt het meel bitter. *Wenn die Maus satt ist, so wird das Mehl bitter.*

Als de muys sat is, soe is dat meel bitter. (ah.) *S. Venn u. s. w.*

Als de muys sat is, smert haer tmeel. (avl.) *Wenn die Maus satt ist, wird ihr's Mehl sauer.*

en. When the mouse has had enough (its fill), the meal is bitter. *Wenn die Maus genug gehabt hat, ist das Mehl bitter.*

To a full belly all meat is bad. *Einem vollen Bauche ist jede Speise schlecht.*

fs. Wánn'e Müss sätt sin, smäget't Mähl bätter. (M.) *S. Wenn de Müse satt sünd u. s. w.*

---

dä. Naar Musen er mæt, er Melet beesk. *S. Wenn de Maus satt is, is't u. s. w.*

is. Þegar músin er mett, finnst henni mjölið beiskt. *Wenn die Maus satt ist, scheint ihr das Mehl bitter.*

Tá ið músin er mett, er mjölið beiskt. (fær.) *S. Wenn de Muus satt is, is't u. s. w.*

nw. Naar Musi er mett, er Mjølet beiskt. *S. Wenn de Muus satt is, is't u. s. w.*

Naar Purka er full, er Dravet surt. *Wenn das Ferkel satt ist, ist der Maisch sauer.*

sw. När musen är mätt, smakar mjölet bätskt.

När råttan är mätt, är mjölet bäskt. *Wenn die Ratte satt ist, ist das Mehl bitter.*

Mwsen mått, år Miölet beskt. *Die Maus satt, ist das Mehl bitter.*

---

lt. Anima satur calcat favum.

Mus satur insipidam dijudicat esse farinam.

Sorice iam plena contingit amara farina. (mlt.)

fz. Lorsque les pigeons sont soûls de pois, ils trouvent la vesce amère. *Wenn die Tauben voll von Erbsen sind, finden sie die Wicke bitter.*

A merle soûl cerises sont amères. *Satter Amsel sind Kirschen bitter.*

A ventre soûl cerises amères. *Vollem Bauch (sind) Kirschen bitter.*

Au dégousté le miel amer est. *Dem Übersatten ist der Honig bitter.*

A columbes saoules cerises sont amères. (afz.) *Satten Tauben sind Kirschen bitter.*

A colum saul cerises sunt ameres. (afz.) *Satter Taube sind Kirschen bitter.*

nf. Qwand l' pourçai es sô, les navais (r' laveures) sont seûres. (w.) *Wenn das Schwein satt ist, sind die Rüben (ist das Spülicht) sauer.*

Qwand les pourcias sont sôs, les navias sont seûrs. (w. N.) *Wenn die Schweine satt sind, sind die Rüben sauer.*

sf. Quoan l' ason öy hart de bren, Lou roumeu que sab à la besse. (Brn.) *Wenn der Esel satt von Kleie ist, schmeckt das Korn nach Wicke.*

Gens sadouls non soun grand mingeadous. (Gsc.) *Satte Leute sind nicht grosse Esser.*

A l' ázë sadoul lou bla i- ës vëssu. (l.gil.) *Dem satten Esel ist das Korn Wicke.*

Coulous sadouls amaros sount cerieros. (nprv.) *S. A columbes u. s. w.*

it. A colombo pasciuto la veccia par amara. *Sattem Täuberich scheint die Wicke bitter.*

Colombo pasciuto, veccia amara. *Täuberich satt, Wicke bitter.*

A ventre pieno ogni cibo è amaro. *Vollem Bauch ist jede Speise bitter.*

mi. Colombo pasciuto, ciliegia (ciregia) amara. (t.) *Täuberich satt, Kirsche bitter.*

Allo svogliato il mèle pare amaro (è amaro il mele). (t.) *Dem Übersatten scheint (ist) der Honig bitter.*

Chi hà guasto il palato, il mele gli pare amaro. (t.) *Wer den Gaumen verdorben hat, dem scheint der Honig bitter.*

Al gusto guasto non è buono alcun pasto. (t.) *Verdorbenem Geschmack ist keine Speise gut.*

ni. Al columb quand l' è sodól, töcc i gra i sa de essa. (l. b.) *Wenn der Täuberich satt ist, schmecken ihm alle Körner nach Wicke.*

A **venter** pien someja bon nagott. **(l. m.)** ***Vollem Bauch*** *dünkt Nichts* ***gut.***

Quand el güst l' è guast, No l' è bon nessün past. (l. m.) *Wenn der Geschmack verdorben ist, ist keine Speise gut.*

Quand no se gà pü fam, Nè del pan, nè del salam, No se sa de cosse fan. (l. m.) ***Wenn*** *man keinen Hunger mehr hat, weiss* ***man*** *weder* ***von*** *dem Brod,* ***noch von dem Salami,*** *was man anfangen soll.*

si. A cui avi guastu lu palatu, ogni cibu ci pari amaru. (s.) *Wer den Gaumen verdorben hat, dem scheint jede Speise bitter.*

Cui è saturu, schifia. (s.) *Wer satt ist, mäkelt.*

Qui est attattu dispretiat su melo. (sa. L.) *Wer satt ist, verschmäht den Honig.*

pt. Ao homem farto as cerejas lhe amargão. *Dem Satten sind die Kirschen bitter.*

Homem farto não he comedor. *Ein Satter ist kein Esser.* [*Ao u. s. w.*

sp. Al hombre harto las cerezas le amargan. *S.*

Hombre harto no es comedor. *S. Homem u. s. w.*

Cauallo harto no es comedor. (asp.) *Satter Pferd ist kein Fresser.*

---

281. Der **Satte** glaubt dem Hungrigen nicht.

Der Satte mag nicht wissen, wie dem Hungrigen zu Muthe ist.

E sat Schwéin dèjkt u' kèn hongerécht. **md.**
(mrh. L.) *Ein sattes Schwein denkt an kein hungriges.*

Wer gegessen hat, meint, Andere seien auch **od.**
satt. (schwei.)

Wan en anger satt es, da gläuft men, alle **pd.**
Selige sind satt. (mh. A.) *Wenn ein Andrer satt ist, da glaubt man, alle Armen sind satt.*

Een volle maag gelooft aan geen honger. ***Ein*** **dt.**
voller Magen glaubt an keinen Hunger.

De vette zeug weet weinig, hoe de magere te **moet is.** *Die fette Sau weiss nicht, wie der mageren zu Muthe ist.*

Die den buyck vol heeft, meent dat ander ook sat syn. (avl.) *Wer den Bauch voll hat, meint, dass die Anderen auch satt sind.*

Little knows the fat sow, what the lean one **en.**
means. *S. De vette u. s. w.*

Den Mætte veed ei, hvad den Hungrige lider. **dä.**
Der Satte weiss nicht, was der Hungrige leidet.

Den Mætte vil ei vide, hvor den Hungrige er til Mode. *S. Der Satte mag u. s. w.*

Den fede So veed ei, hvad den sultne lider. *Die fette Sau weiss nicht, was die hungrige leidet.*

Den fulde So vonler ikke hvor den sultne grynter. *Die volle Sau bedenkt nicht, wie die hungrige grunzt.*

Then mætthæ wil eij widhe, hwat then fastende lidher. (adä.) *Der Satte will nicht wissen, was der Nüchterne leidet.*

Then Helbrædhe wedh eij, hwad then Sywghe lidher. (adä.) *Der Gesunde weiss nicht, was der Kranke leidet.*

Hinn saddi veit ei, hvað hinn svángi líður. **is.**
S. Den Mætte veed u. s. w.

Hinn metti (saddi) vill ei vita, hvað hinn húngraði má **líða.** *Der Satte will nicht wissen, was der Hungrige leiden muss.*

Fullr veit ei (Ekki veit fullr), hvar svángr sitr. *Der Volle weiss nicht (Nicht weiss der Volle), wo der Hungrige sitzt.*

Heilbrigðr veit ei hvað hinn sjúki líðr. *S. Then Helbrædhe u. s. w.*

Hin metti veit ei, hvát svangur líður. (fær.) *S. Den Mætte veed u. s. w.*

Dan mette veit inkje, kvar han Sopen sit. *S.* **nw.**
Fullr u. s. w.

Dan fulle veit inkje, kvat dan fastande tarv. (B.-St.) *Der Volle weiss nicht, was der Nüchterne bedarf.*

sw. Den feta soon vet inte hvad den svultna lider. *S. Den fede So u. s. w.*

Thæn mætte weth ey huru thom hungrugha likar. (asw.) *Der Satte weiss nicht, wie es dem Hungrigen ansteht.*

Thæn helbregdhe wet ey huru thom siwka ediser. (asw.) *S. Then Helbrædhe u. s. w.*

---

lt. Non vult scire sator quid jejunus patiatur. (mlt.)

Sano non paret dolor, ægro qvantus (egro quantus) amaret. (mlt.)

fz. Qui a la panse pleine, il lui semble que les autres sont rassasiés. *Wer den Bauch voll hat, dem dünkt, die Anderen seien satt.*

Qui a la pance pleine, il lui semble que les aultres sont soulz. *S. Qui a u. s. w.*

nf. In crevé n' considère nié in affamé. (w.) *Ein Voller achtet eines Hungrigen nicht.*

sf. Q' a be dina, crèi lous àoutrës sadouls. (Lgd.) *Wer gut diniert hat, glaubt die Andern satt.*

Qu a beu dinat, cres lous autres sadouls. (nprv.) *S. Q' a u. s. w.*

it. Il satollo (pasciuto) non crede al digiuno. *Der Satte (Gesättigte) glaubt nicht dem Nüchternen.*

mi. U tocchiu un crede u famitu. (crs.)

E passù nu cred a l' afamè. (rom.)

Pänza pjiena an sa dla vöta. (rom.) *Voller Bauch weiss nichts vom leeren.*

Corpo satollo non crede al digiuno. (t.) *Satter Leib glaubt nicht dem nüchternen.*

Corpo pieno non crede a quello vuoto. (u.) *Voller Leib glaubt nicht dem leeren.*

ni. Panza peina n' s' accorda dla vuda. (em. B.) *Voller Bauch stimmt nicht mit dem leeren.*

Panza pién'na an creda a voènda. (em. P.) *Voller Bauch glaubt nicht leeren.*

Panza pina èn créd alla vòda. (em. R.) *Voller Bauch glaubt nicht dem leeren.*

Pansa piena no pensa a quèla venda. (l. b.) *Voller Bauch denkt nicht an den leeren.*

Pauscia pienna nò pensa a quèla vöda. (l. m.) *S. Pansa piena u. s. w.*

Panscia pienna nò pensa a venter voeuj. (l. m.) *Voller Wanst denkt nicht an leeren Bauch.*

A pansa pinn-a a no compatisce a vöna. (lig.) *Der volle Bauch bedauert nicht den leeren.*

Chi a l'a pansa piena a pensa nen a chi al l' a vöida. (piem.) *Wer den Bauch voll hat, denkt nicht an den, der ihn leer hat.*

Chi a l' a gl corp ben farsi, a sa nen compati. (piem.) *Wer den Leib gut gestopft hat, kann nicht Mitgefühl haben.*

Chi a l' a la pansa piena, a rid del giun. (piem.) *Wer den Bauch voll hat, lacht über den Fastenden.*

El sazio no crede a l' afamà. (v.)

Panza piena no crede a quela voda. (v.) *S. Panza pina u. s. w.*

Corpo passùo no crede a dezun. (v.) *S. Corpo satollo u. s. w.*

El porco passù no se ricorda de quelo a digiun. (v.) *Das satte Schwein gedenkt nicht des nüchternen.*

Lu saturu nun cridi a lu diunu. (s.) *S. Il satollo u. s. w.* **si.**

S' attattu non crèt ad su famidu. (sa. L.)

Lo fart no conex al dejú. (cat.) *Der Satte kennt den Nüchternen nicht.* **lm.**

Lo fart no té ansia del dejú. (val.) *Der Satte kümmert sich nicht um den Nüchternen.*

Mal se doe o farto do faminto. *Wenig Mitleid fühlt der Satte mit dem Hungrigen.* **pt.**

O farto do jejum não tem cuidado algum. *Der Satte kümmert sich nicht im Geringsten um den Nüchternen.*

El harto del ayuno no tiene cuidado (duelo) ninguno. *S. O farto u. s. w.* **sp.**

---

282. **Je schlimmer die Sau, desto besser die Eicheln.**

Der faulsten Sau gehört allweg der grösste Dreck.

Der faulsten Sau der dickste Dreck.

Je schlimmer d' Sou, desto besser d' Eichle. (schwei.) **od.**

De fulst Suu übercheunt de gröst Dräck. (schwei.) *Die faulste Sau bekommt den grössten Dreck.*

Der fülste Suu die beste Eichle. (schwei.) *Der faulsten Sau die besten Eicheln.*

De magerschte Pokken freten de beste Worteln. (urh. M.) *Die magersten Schweine fressen die besten Wurzeln.* **pd.**

De dummst Lied hebbe (haff) de beste Kartoffle. (ns. Pr.) *Die dümmsten Leute haben (bauen) die besten Kartoffeln.*

De Fulen hebben de scherpste Kniwe. (ns. N.) *Die Faulen haben die schärfsten Kneifen.*

De vuilste (luiste) varkens krijgen de beste eikels. *Die faulsten (schmutzigsten) Schweine kriegen die besten Eicheln.* **dl.**

De slimste varkens ziet men wel de beste knollen eten. *Die ärgsten Schweine sieht man wohl die besten Rüben fressen.*

Aan de vuilste zeug komt de grootste Drek toe. *Der faulsten Sau kommt der grösste Dreck zu.*

en. Into the mouth of a bad **dog** often falls a good **bone.** *In das Maul **eines** bösen Hundes **fällt oft ein guter Knochen.***

---

sw. Ondt **barn ger man ofta största** brödstycket. *Bösem **Kinde gibt man oft** das grösste **Stück Brot.***

---

fz. Souvent à mauvais chien tombe un bon os en gueule. ***Oft fällt einem bösen Hunde ein guter Knochen in's Maul.***

A mauvais chien la queue luy vient. ***Dem schlechten** Hunde wächst der **Schwanz.***

A meschant chien belle queue. ***Bösem Hunde** schöner **Schwanz.***

Au plus **larron la bourse.** ***Dem ärgsten Spitzbuben** die **Börse.***

nf. S'il y a une bonne poire dans un poirier, c'est pour un cochon. (nrm.) ***Wenn es eine gute Birne in einem Birngarten gibt, ist sie für ein Schwein.***

C' est todi (sovint) l'mâle trôie qui tome à l' bonne recenne. (w.) ***Es ist immer (oft) die schlechte Sau, welche auf die gute Mohrrübe stösst.***

sf. Së i-a uno bôno ribo, un azë la mânjho (un marit azë arribo). (Lgd.) ***Wenn es ein gutes Kraut gibt, frisst's ein Esel (kriegt's ein schlimmer Esel).***

A un marri pouerc, boueno pastenargo. (nprv.) ***Einem bösen Schweine gute Mohrrübe.***

Si l'y a uno boueno ribo, en un marrit ay arribo. (nprv.) ***Wenn es ein gutes Kraut gibt, kriegt ein schlimmer Esel davon.***

it. Al più **tristo porco** vien la miglior pera. ***Dem schlechtesten** Schweine fällt die beste Birne zu.*

A' più **tristi porci** vanno le miglior pere. ***Den schlechtesten** Schweinen fallen die besten **Birnen zu.***

mi. I bon pcou i va sempr in bocca a i piò poltron. (rom.) ***Die guten Bissen kommen** immer in den **Mund der Faulsten.***

Ai peggio porci vanno (toccano) le meglio **pere.** (t.) ***S.** A' più u. s. w.*

ni. S' a gh' è un bon pcon, al casca in bocca **al** lov. (em. P.) *Wenn es einen **guten Bissen gibt, so** fällt er dem Wolfe in's Maul.*

I bu bocû, spès i toca ai piö poltrù. (l. b.) ***Die guten** Bissen fallen oft den Faulsten zu.*

Se gh'è ön bu bocû, **el va'n** boca al luf. (l. b.) *S. S'a gh'è u. s. **w.***

Ai pëssë brüt porscèl **Toca el bocon pü bél.** (l. m.) ***Dem hässlichsten Schwein fällt der schönste Bissen zu.***

li pi bon bocon a van sempre (sovens) an boca **al** luv (ai pi poltron). (piem.) ***Die besten Bissen kommen immer (oft) dem Wolf (den Faulsten) in den Mund.***

O peior porco come a melhor **lande.** *Das* **pt.** ***schlimmste** Schwein frisst **die** beste Eichel.*

A mão bácoro boa lande. ***Schlimmem Ferkel gute Eichel.***

El mas ruin puerco come la mejor bellota. ***S.*** **sp.** ***O peior u. s. w.***

Al mas ruin puerco **la mejor bellota.** ***Dem schlimmsten Schwein die beste Eichel.***

---

283. Was die **Sau** verbrochen, Am Ferkel wird's gerochen.

Was die Suw verbrochen, am Süwlin wird gerochen. (ad.)

Woos de Docke verschiddet, das mudden die **md.** Ferkelchen entgelten. (W. E.) *Was das **Mutterschwein verschüttet, das müssen die Ferkelchen entgelten.***

Wat de Sû weilt, mötet de Fickeln entgellen. **pd.** (ns. ha. G. u. G.) ***Was die** Sau **wühlt, müssen die Ferkeln entgelten.***

Wann de Süge den Trog ümmstött **hef,** de **Fièrken 't antèrste** entgel'en möötet. (wstf. Mst.) ***Wenn die Sau** den **Trog** umgestossen **hat, müssen es die** Ferkel zuerst entgelten.*

Wann de Suuge den Trag ümmestätt heft, de Fierken't anteerste **entgeelen** mötet. (wstf. O.) ***S.** Wann de Süge **u. s. w.***

Wat de zeug doet, moeten de biggen ontgelden. **dt.** *Was **die** Sau **thut, müssen** die Ferkel **entgelten.***

Tidt gielder Griis det gammel So giorde. ***Oft* dä.** ***büsst Ferkel,*** *was alte Sau that.*

Gris gjelder det, Galten har brudt. ***Ferkel** büsst, was der Borg verbrochen hat.*

Ofte maa Grisen gjelde Det, gammel So gjorde. *Oft muss das Ferkel das büssen, was alte **Sau that.***

Griis maa gielde det, gammel So **har brudt.** *Ferkel muss das büssen, (was) alte Sau verbrochen hat.*

Offthe geller Griiss thet gammel Swiju giordhe. (adä.) *Oft büsst Ferkel, was altes Schwein that.*

is. Grísir gjalda, en gömul svín valda. *Die Ferkel büssen es, und alte Schweine thun's.*

nw. Dat Sui gjorde, faa Griserne gjelda. *Was die Sau that, müssen die Ferkel entgelten.*

Sui (Su'a) bryt, og (aa) Ungarne (Ungann) nyt. *Die Sau verbricht's und die Ferkel (das Ferkel) büssen (büsst) es.*

sw. Det suggan bryter, får grisen betala. *Was die Sau verbricht, muss das Ferkel bezahlen.*

Hva(d) so bryder, ska gris betala. (Skånen.) *Was Sau verbricht, muss Ferkel bezahlen.*

Opta giæller griis thz gamal swin haffua til giorth. (asw.) *S. Offthe u. s. w.*

---

lt. Quod sus peccavit, sucula sæpe luit.

Sæpe luet porci facinus porcellus adulti. (mlt.)

fz. Si truye forfait les pourceaux le comparent. (afz.) *Wenn die Sau sich vergeht, gleichen es die Ferkel aus.*

af. La trinčjho fāi lou māou é lous poucels ou pâghou. (Lgd.) *Die Sau thut das Schlimme, und die Ferkel bezahlen es.*

La truejo fa lou mau et lous pourquets va pagon. (aprv.) *S. La trinčjho u. s. w.*

---

284. Wenn man eine Sau auch in Gold kleidete, so legte sie sich doch in den Koth.

Die Sau legt sich nach der Schwemme wieder in den Koth.

Ferkel sind Ferkel, und zieht man ihm eine Chorkapp an, legt es sich doch in den Dreck.

Daz swîn, ez lât den lûtern brunnen und leit sich in den trüeben pfuol. (ad.)

Vnd wenn man einer saw ein gůlden stůck anzöge, so legt sie sich doch mitten in dreck. (ad.)

od. Eine Sau, wenn sie gewaschen ist, wälzt sich wieder im Koth. (schwei.)

Wenn man einer Sau ein goldnes Halsband anlegte, so wälzte sie sich doch damit in den Koth. (schwei.)

---

dt. Wanneer men eene zog een gouden kleed aantrok, zoo lag zij toch midden in den Drek. *Wenn man einer Sau ein goldnes Kleid anzog, lag sie doch mitten im Dreck.*

De gewasschen zeug wentelt sich in het slijk. *Die gewaschene Sau wälzt sich im Schlamme.*

Men kan een varken geene reinheid leeren. *Man kann einem Schweine keine Reinlichkeit lehren.*

Wie kan de varkens uit den stront houden! *Wer kann die Schweine vom Schmutz fern halten!*

It is hard to break a hog of an ill custom. *Es ist schwer, ein Schwein von einer übeln Gewohnheit loszumachen.*

Naar man klaaer Svinet, lægger det sig i Sølen. dä. *Wenn man das Schwein kratzt, legt es sich in den Schmutz.*

Det er ondt at holde Grisene tilbage, naar de engang har været vante til Bladbyg. *Es ist bös, die Ferkel zurückzuhalten, wenn sie einmal an grüne Gerste gewöhnt gewesen sind.*

Det er ondt at vænne So af Vang, som i er vant. *Es ist böse, (die) Sau von der Wiese zu entwöhnen, an die sie gewöhnt ist.*

Ont ær at wænyæ thet Swijn off Wong, som i ær want. (adä.) *Bös ist's das Schwein der Wiese zu entwöhnen, an die es gewöhnt ist.*

Thet ær ont at wæniæ thet Swijn af Wong, i ær wondh. (adä.) *Es ist bös das Schwein der Wiese zu entwöhnen, an die es gewöhnt ist.*

Þveigið svín veltir sér i sama saur. *Gewaschenes Schwein wälzt sich im selben Schmutz.* is.

Um ein kleder Sui med Silke, so legg ho seg nw. i Søyla (Sørpet). *Wenn man die Sau in Seide kleidet, so legt sie sich in den Koth.*

Om Soon wore klädd i Gyllendwk, så lägger sw. hon sigh ändå i skarnet. *Wenn die Sau in Goldstoff gekleidet würde, so legt sie sich doch in den Auswurf.*

När man klår svinet, ligger det sig i solen. *S. Naar u. s. w.*

Svinet, tvaget, sölar sig åter i träcken. *Das Schwein, gewaschen, besudelt sich wiederum im Dreck.*

Soon sölar gärna i träcken. *Die Sau besudelt sich gern im Dreck.*

Ilt ær wænia thz swin w akir som i ær want. (asw.) *Übel ist's, das Schwein vom Acker zu entwöhnen, an den es gewöhnt ist.*

Thz ær oilh at wænia thz swiin v aker som i æro wan. (asw.) *Es ist bös, die Schweine vom Acker zu entwöhnen, an den sie gewöhnt sind.*

Sus magis in cœno gaudet quam fonte sereno. lt. (mlt.)

Agris vix glisit disvescere sus quibus isoit. (mlt.)

Porcus edax flagris licet ictus, vix it ab agris. (mlt.)

---

285. La lisière est pire que le drap. (fz.) *Der* **Saum** *ist schlechter, als das Tuch.*
nf. Li lizire est pé qui l'drap. (w.) *S. La lisière u. s. w.*
it. Chi disse ragion di Stato, disse un tristo, E chi disse ragion di confino, disse un assassino. *Wer Staatsrecht sagte, sagte ein Schlechter, und wer Grenzrecht sagte, sagte ein Raubmörder.*
ni. Gent d' confin o lader o assassin. (piem.) *Leute an der Grenze, entweder Diebe oder Mörder.*
Gente de confin, o ladri o assassin. (v.) *S. Gent u. s. w.*

---

286. Durch **Schaden** wird der Narr klug.

en. Wise men learn by other harms, fools by their own. *Weise Leute lernen durch Anderer Schaden, Narren durch ihren eigenen.*

sw. Narren blijr medh sin skada klook. *Der Narr wird durch seinen Schaden klug.*

lt. Eventus stultorum magister.
Nunquam sapiunt stulti, nisi in angustiis.
fz. Après lou dan fols së fan sàjhës. (sf. Lgd.) *Nach dem Schaden werden Narren weise.*
sf. Après lou dau, foueils se fan sagis. (nprv.) *S. Après u. s. w.*
pt. O louco pela pena he cordo. *Der Narr ist durch die Strafe klug.*
Pela pena o louco se faz sabio. *Durch die Strafe wird der Narr weise.*
sp. El loco por la pena es cuerdo. *S. O louco u. s. w.*

---

287. Durch **Schaden** wird man klug.
Schaden macht zwar klug, aber nicht reich.
Von schaden, gibt man, manger wise werde. (ad.)
md. Mit Schåden werd ma kluk. (schls. B.)
od. Durch Schaden wird man klug, ist aber ein theures Lehrgeld. (schwei.)
pd. En wirt genaäh durch seinjo Schade klaëh. (urh. S.) *Man wird genug durch seinen Schaden klug.*
Dör Schåden werd men klauk. (ns. ha. G. u. G.)
Dör Schåden vard man klok, åver selten rik. (ns. hlst. A.) *Durch Schaden wird man klug, aber selten reich.*
Dür Schaden weerd me klauk. (ns. W.)

---

dt. Door schade en schande wordt men wijs. *Durch Schaden und Schande wird man weise.*
en. Adversity makes a man wise, not rich. *Trübsal macht einen Mann weise, nicht reich.*
Bought wit is best. *Erkaufter Witz ist am besten.*
fs. Döör Skås waard-m klook, an nimmer rik. (A.) *Durch Schaden wird man klug, aber nie reich.*
Döör Skåsh waart'm klook, man nimmar rik. (F.) *S. Döör Skås u. s. w.*
Auf Shåse wort' m klauck, aurs sålten rick. (M.) *S. Dör Schåden u. s. w.*
Skaad' maaked klook, man to leet. (S.) *Schaden macht klug, aber zu spät.*

---

dä. Af Skade bliver man klog.
Af Skade bliver man klog, men sielden rig. *S. Dör Schåden u. s. w.*
Af Skade bliver man klog, men ikke rig. *Durch Schaden wird man klug, aber nicht reich.*
is. Skaðinn gjörir mann hygginn, en ekki ríkan. *Der Schaden macht den Mann klug, aber nicht reich.*
Skaði kennir mér minni. *Schaden lehrt mir Erinnerung.*
Skàði ger mannin visan, men ikki rikan. (fær.) *S. Skaðinn u. s. w.*
nw. D' er Skade, som gjerer Mannen vis. *Es ist der Schaden, welcher den Mann weise macht.*
Av Skade verd ein vis og inkje rik. *Durch Schaden wird man weise und nicht reich.*
Naar Huset er brent, plar Folk vera vare med Vermen. *Wenn das Haus abgebrannt ist, pflegen die Leute vorsichtig mit dem Feuer zu sein.*
Skade og Skam lærer Folk fara visare fram. *Schaden und Scham lehrt die Leute weiser dahin zu fahren.*
Røynsla er ein god Læremeister, alt so inkje er for dyr. *Erfahrung ist eine gute Lehrmeisterin, wenn sie nur nicht zu theuer wäre.*
sw. Af skadan blir man vis men inte rik. *Durch Schaden wird man weise, aber nicht reich.*
Skadha giör wijs. *Schaden macht weise.*

---

lt. Quae nocent docent.
Vexatio dat intellectum.
Facit experientia cautos.
Nocumenta, documenta.
fz. Dommage Rend sage. *S. Skadha u. s. w.*
nf. En vint sedge et ses dépens. (F.-C.) *Man wird auf seine Kosten klug.*

af. Apres la tale è lou damnatgé Ou es més abisat è satgé. (Gsc.) *Nach dem Schnitt und dem Schaden ist man gewitzigter und weiser.*

it. A sue proprie spese s' impara. (mi. crs.) *Auf seine eigenen Kosten lernt man.*

mi. S' impara a so spese. (crs.) *Man lernt auf seine Kosten.*

si. Qui ischeblat in conca sua resessit plus sabiu. (sa.) *Wer sich an seinem Kopf wehe thut, wird weiser.*

sp. Potros cayendo y mozos perdiendo van ascsando. *Füllen werden durch's Fallen und Burschen durch's Verlieren klüger.*

---

288. Selig, wen fremder **Schaden** witzig macht.

Mit fremdem Schaden ist wohlfeil klug werden.

od. Aus fremdem Schaden ist wohlfeil klug werden. (bair.)

---

dä. Sæl er den, der kan see ved anden Mands Skade. *Selig ist, wer durch anderen Mannes Schaden einsehen lernt.*

Saligh ær then, ther kan see wedh annen Mandz Skadhe. (adä.) *S. Sæl u. s. w.*

is. Sæll er sá, sem letr sér annars viti að varnaði verða. *Selig ist, wer sich eines Anderen Strafe zur Warnung dienen lässt.*

Sá er vel vis, sem vis er af annars skaða. *Der ist wohl weise, der weise ist durch eines Anderen Schaden.*

sw. Bäst att bli klok af andras skada. *Am besten (ist's), klug durch eines Anderen Schaden zu werden.*

Bætræ ær see widh annans skadha æn widh sineghin.(asw.) *Besser ist's, durch des Anderen Schaden einsehen, als durch seinen eigenen.*

---

lt. Felix quem faciunt aliena pericula cautum.

cw. Or dilg Donn dils auters amprender Prudienscha, Ei vera Sabienscha. (obl.) *Aus dem Schaden der Andern Klugheit lernen, ist wahre Weisheit.*

fz. Bien se chastie qui par autre se chastie. (afz.) *Gut bessert sich, wer sich durch Anderen bessert.*

sp. Dichoso el varón que escarmienta en cabeça agena y en la suya non. *Glücklich der Mann, der an Anderer Kopf und nicht an eignem klug wird.*

---

289. Wer den **Schaden** hat, braucht für den Spott nicht zu sorgen.

Ist ein altes sprichwort, als ir dicke hânt gehört: schade der het gerne spot. (ad.)

md. Wer den Schaden hat, hat des Spottes nicht Mangel. (mrh. E.)

Hiéft de Schuot, fir de Spott brauch der nét ze suorgen. (mrh. L.) *Habt den Schaden, für den Spott braucht ihr nicht zu sorgen.*

Wär 'n Schöd'n håt, dörf für 'n Spout nit sorg'n. (frk. M.) *Wer den Schaden hat, darf für den Spott nicht sorgen.*

od. Wer den Schaden hat, muss auch noch das Gespött leiden. (bair.)

Wer den Schaden hat, darf für den Spott nicht sorgen. (schwei.)

pd. Wä d'r Schade hät, dä hät och d'r Schemp. (nrh. D.) *Wer den Schaden hat, der hat auch den Schimpf.*

Wen Unglöck het, bruckt för Spott niet te sorgen. (nrh. M.) *Wer Unglück hat, braucht für Spott nicht zu sorgen.*

Dî de Schaden hôt, hôd ûch de Spôt. (nrh. S.) *Wer den Schaden hat, hat auch den Spott.*

Wër den Schåden (Schâen) (weg-) het, (dë) brûket vor den Spot nich te sorgen. (ns. ha. G. u. G.)

De den Schaden hett, hett den Schimp dato. (ns. ha. K.) *Wer den Schaden hat, hat den Schimpf dazu.*

De de Schaa hett, hett de Schimp darto. (ns. ofs.) *S. De den u. s. w.*

Wei den Schaden hätt, draff für den Spott nit sorgen. (ns. W.) *S. Wär u. s. w.*

---

dt. Die de schade heeft, behoeft voor den spot niet te sorgen.

Die de schade heeft, heeft de schande toe. *S. De den u. s. w.*

Die de schade heeft, heeft den spot toe. *Wer den Schaden hat, hat den Spott dazu.*

Spot en schade gaan gaarne zamen. *Spott und Schade gehen gern zusammen.*

---

dä. Hvo som Skaden faaer, tør ikke sorge for Spotten. *S. Wär u. s. w.*

Hvo der haver Skaden, tør intet lede efter Spotten (har ikke længe at bie efter Spotten). *Wer den Schaden hat, darf nach dem Spott nicht suchen (hat nicht lange auf den Spott zu warten).*

Skade og Spot følges gjerne ad. *Schaden und Spott gehen gern zusammen.*

Spoth oc Skade folges gerne ath. (adä.) *S. Spot u. s. w.*

is. Spott og skadi sitja saman. *Spott und Schaden sitzen beisammen.*

sw. Spotten och skadan följas gjerna åt. *S. Spot u. s. w.*

Spoth ok skadhi folias gerna aath. (asw.) *S. Spot u. s. w.*

---

lt. Dampno concinnus consveverat esse cachinnus. (mlt.)

cw. Don e gomias van ensemeñ. (obl.) *Schaden und Spott gehn zusammen.*

it. A ch' ha u dannu ha spessu u dannu e le rise. (mi. crs.) *Wer den Schaden hat, hat oft den Schaden und das Gelächter.*

---

290. Das freie Schaf frisst der Wolf.

pd. Fliegt die Taube zu weit in's Feld, Sie doch zuletzt der Habicht behält. (ns. Pr.)

---

dt. Verdeelde hanen eet de vos. *Einzelne Hähne frisst der Fuchs.*

en. The lone sheep is in danger of the wolf. *Das einzelne Schaf ist in Gefahr vor dem Wolfe.*

---

dä. Det frie Faar ædes af Ulven. *Das freie Schaf wird vom Wolf gefressen.*

---

fz. Homme seul est viande à loup. *Einzelner Mann ist Fleisch für den Wolf.*

it. La pecora che si sbranca, la fiera la mangia. *Das Schaf, welches sich von der Heerde trennt, das wilde Thier frisst es.*

mi. Chi si spicca, è dalla volpe. (crs.) *Was sich trennt, ist beim Fuchse.*

ni. Legor sola e inesperta, campagna scoerta. (l. m.) *Ein Hase allein und unerfahren, offenes Feld.*

Levre sola e inesperta, campagna scoerta. (v.) *S. Legor u. s. w.*

---

291. Der geduldigen Schafe gehen viel in einen Stall.

Geduldiger Schafe gehen viel in einen Stall, ungeduldiger noch mehr.

Geduld und Batzen gehen viel in einen Sack.

md. Der üngeduldige Schaff gèn vil in Ṣtål, der geduldige åber noch mèe. (frk. H.) *Der ungeduldigen Schafe gehen viele in einen Stall, der geduldigen aber noch mehr.*

Gedellëch Schof gi' fill an ê Staḷ. (mrh. L.) *Geduldige Schafe gehen viele in einen Stall.*

Geduldige Schafe gehen viel in einen Stall. od. (bair.)

's Gend viel geduldige Schof in ein Stall und die ungeduldige noch vil me, ma wirft's no enne. (schwb. W.) *Es gehen viel geduldige Schafe in einen Stall und die ungeduldigen noch viel mehr, man wirft sie hinein.*

Et gô fil gût Schôw ān ène Ṣtal. (nrh. S.) *Es* pd. *gehen viel gute Schafe in einen Stall.*

Dar gat vel makke Schapen in een Stall un wilde noch mehr. (ns. B.) *Da gehen viel zahme Schafe in einen Stall und wilde noch mehr.*

Der gedülligen Schâpe gât vêle in einen Stall. (ns. ha. G. u. G.)

Der gedülligen Schâpe gât vêle in'n Stall (ns. ha. G. u. G.) *Der geduldigen Schafe gehen viele in den Stall.*

Der Gedülligen gât vêle bienander, un der Ungedülligen noch mêr. (ns. ha. G. u. G.) *Der Geduldigen gehen viele zusammen und der Ungeduldigen noch mehr.*

Dar gât völ makke Schâp in ên'n Stall un wilde noch mêr (ns. O. J.) *S. Dar gat u. s. w.*

Dar gaht väle frame Schape in enen Kafen. (ns. O. R.) *Da gehen viele fromme Schafe in einen Stall.*

Er gaan veel tamme schapen in een hok; maar dt. nog meer wilde, want die kruipen op elkander. *Es gehen viel zahme Schafe in einen Stall, aber noch mehr wilde, denn die kriechen auf einander.*

Diar kön fül taam Sjep uun ian Hôk. (A.) *Es* fs. *können viele zahme Schafe in einen Stall.*

Diar kön vël taam Schep nun ian Henk. (F.) *S. Diar u. s. w.*

Fromme Faar gaae mange i een Sti. *Fromme* dä. *Schafe gehen viele in einen Stall. u. s. w.*

From Fåår gå många i ett stall. *S. Fromme* sw.

---

292. Man muss die Schafe scheeren und nicht rupfen.

Man soll die Kuh melken und nicht schinden.

Meent ge uw schapen wel, Scheer dan de wol, dt. maar niet het vel. *Meint ihr's gut mit euern Schafen, scheert die Wolle, aber nicht das Fell.*

Men mag de koe wel melken, maer de spenen niet aftrekken. (vl.) *Man mag die Kuh wohl melken, aber das Euter nicht abreissen.*

---

dä. Man skal malke Koen, men ikke til Blodet. *Man soll die Kuh melken, aber nicht bis auf's Blut.*

Tag saa Honning, at Bierne have Næring. *Nimm so Honig, dass die Bienen Nahrung haben.*

Man skal blade Kaalen, men ikke rykke den op med Roden. *Man soll den Kohl abblättern, aber ihn nicht mit der Wurzel herausreissen.*

Tagh saa Honningh, at Bijæn haffwe Næringh. (adä.) *S. Tag u. s. w.*

Man scal blædhæ Kaalen, oc eij oprocke hannum med Rooden. (adä.) *Man soll den Kohl abblättern und ihn nicht mit der Wurzel herausreissen.*

Blædh saa Kaalstocken at han maa andhensindhz groo. (adä.) *Blättre den Kohlstock so ab, dass er abermals wachsen mag.*

nw. Ein skal klippa Ulli og inkje Skinnet. *Man soll die Wolle scheeren und nicht das Fell.*

D' er Ulli, ein skal skjera, og inkje Skinnet. *Es ist die Wolle, die man scheeren soll, und nicht das Fell.*

D' er Skjegget, ein skal skjera, og inkje Hoka. *Es ist der Bart, den man abschneiden soll, und nicht das Kinn.*

sw. Man skal blåde kaalen og icke rycke ham up med roden. *S. Man scal u. s. w.*

Man skal blædhia kaalen ok ey skæra op mz rotum. (asw.) *S. Man scal u. s. w.*

Blæd swa kaal at han ii geen wæxir. (asw.) *Blättre so Kohl, dass er wieder wächst.*

---

lt. Sic minuas mella, qvod apum sit cum dape cella. (mlt.)

Eradicandum non est olus, ast mutilandum. (mlt.)

Utere (Vtere) sic olere, qveat (queat) ut (vt) rursum subolere. (mlt.)

fz. Il faut tondre les brebis et non les écorcher. *Man muss die Schafe scheeren und sie nicht schinden.*

Il faut tondre ses brebis et non pas les écorcher. *Man muss seine Schafe scheeren und nicht sie schinden.*

nf. Qui trop tond son bestial, il se deçoit. (Chmp.) *Wer seine Heerde zu sehr scheert, betrügt sich.*

it. Si vuol leccare e non mordere. *Man muss lecken und nicht beissen.*

---

293. Wenn die **Schafe** blöken, fällt ihnen das Futter aus dem Maule.

Währand dat Schoop blääket, kann 't nit muffelen. (ns. W.) *Während das Schaf blökt, kann es nicht kauen.* pd.

Als het schaap blaat, is het een' beet kwijt. *Wenn das Schaf blökt, verliert es ein Maul voll.* dl.

Als een ezel balkt, eet hij niet. *Wenn ein Esel schreit, frisst er nicht.*

Terwijl het vrouwtje klappeit, verliest zij een steekje. *Während das Frauchen schwatzt, verliert es eine Masche.*

Als tschaepken bleet, verliestt een beetken. (avl.) *S. Als het schaap u. s. w.*

The ass that brays most, eats least. *Der Esel, der am meisten schreit, isst am wenigsten.* en.

Brebis qui bêle perd sa goulée. *Schaf, das blökt, verliert sein Maul voll.* fz.

Tote berbis qui bâie, piede ine gueulêie. (w.) *Jedes Schaf, das blökt, verliert ein Maul voll.* nf.

Vaque qui bret perd eune gueulée. (w. M.) *Kuh, die brüllt, verliert ein Maul voll.*

Fêdo qü biâlo, pèr un moucel. (Lgd.) *S. Brebis u. s. w.* sf.

Fedo que beêllo, perde mousseou. (aprv.) *S. Brebis u. s. w.*

Pecora che bela, perde il boccone. *S. Brebis u. s. w.* it.

La pecora per far bè perde il boccone. (t.) *Durch Blöken verliert das Schaf den Bissen.* mi.

Piegora che sbeca perde 'l bocon. (v.) *S. Brebis u. s. w.* ni.

Ovella que bela perd bocî. (neat.) *S. Brebis u. s. w.* lm.

Ovella que bela moç pert. (val.) *S. Brebis u. s. w.*

Ovelha, que berra, bocado perde. *S. Brebis u. s. w.* pt.

Oveja que bala, bocado pierde. *S. Brebis u. s. w.* sp.

---

294. Ein **Schalk** kennt den andern.

Ein Schalk weiss, wie's dem andern um's Herz ist.

Een Schalk weet des An'ern Gang. (ns. Hmb.) *Ein Schalk weiss des Andern Gang.* pd.

De eene stamelaar verstaat den anderen wel. *Ein Stammler versteht den andern gut.* dl.

A wool-seller knows a wool-buyer. (n. en.) *Ein Wollverkäufer kennt einen Wollkäufer.* en.

Woo-sellers ken aye woo-buyers. (scho.) *Wollverkäufer kennen stets Wollkäufer.*

---

lt. Bestia bestiam novit.
Novi Simonem et Simon me.
Fur furem cognoscit, lupus lupum.
Furem fur agnoscit et lupum lupus.

it. Un diavolo conosce l'altro. *Ein Teufel kennt den andern.*

mi. Per conoscere un furbo, ci vuole un furbo e mezzo. (l.) *Um einen Schelm zu kennen, bedarf es eines und eines halben Schelms.*

ni. Per conoss ü fürbo ghe öl ü gran fürbo. (l. b.) *Um einen Schelm zu kennen, bedarf es eines grossen Schelms.*

si. Su birbu connoschet su birbante. (sa. L.) *Der Schelm kennt den Schelm.*

---

295. **Wo keine Scham, ist auch keine Ehre.**
Wo keine Scham ist, ist auch keine Tugend.
Scham ist ein din höhste tugent. (ad.)

od. Wer keine Scham hat, hat keine Ehre. (schwei.)
Wo keine Scham ist, ist keine Ehre. (schwei.)

---

dt. Daar geene schaamte is, is geene eer. *S. Wo keine Scham ist, ist keine u. s. w.*
Schaamte kwijt, eer kwijt. *Ohne Scham, ohne Ehre.*

---

dä. Hvor ingen Skam er, der er ingen Ære. *Wo keine Scham ist, da ist keine Ehre.*
Hvor der ingen Skam er, er heller ingen Ære. *Da wo keine Scham ist, ist auch keine Ehre.*

nw. Dar ingi Skam er inne, kjem ingi Æra ut. *Wo keine Scham innewohnt, kommt keine Ehre heraus.*

---

it. Dove non vi è vergogna, non vi è timore. (si. npl.) *Wo nicht Scham ist, ist keine Furcht.*

pt. Quem não tem vergonha, não tem honra. *Wer keine Scham hat, hat keine Ehre.*

---

296. **Wo euer Schatz ist, da ist auch euer Herz.**
Swâ des menschen schaz lît, dâ ist daz herze alle zît. (ad.)
Swâ din hort ist, dâ sint dîne sinne. (ad.)

od. Wo der Schatz ist, da ist auch das Herz. (schwei.)

---

dt. Daar uw schat is, daar is ook uw harte.

---

fz. Au trésor gist le coeur. *Beim Schatze liegt das Herz.*

---

297. **Es ward wohl schon eher eine üble Scheide gefunden, darin ein guter Degen steckte.**

od. Unter einem wüsten Kleid liegt oft die grösste Geschicklichkeit. (schwei.)

---

dt. Onder een' graauwen rok schuilt dikwijls groote wijsheid. *Unter einem grauen Rock verbirgt sich zuweilen grosse Weisheit.*

---

dä. Der findes tidt Guld og Perler i et skident Fad. *Es wird oft Gold und Perlen in einem schmutzigen Fass gefunden.*
I et ringe Herberg findes ofte en klog Vert. *In einer schlechten Herberge wird oft ein kluger Wirth gefunden.*
Offthe ær Skarlagens Hiærthe vndher reefwen Kaabæ. (adä.) *Oft ist Scharlachherz unter zerrissenem Mantel.*
Offthe ære treeffnæ Hendher vndher reeffuen Kaabæ. (adä.) *Oft sind betriebsame Hände unter zerrissenem Mantel.*
Then brwne Nødh (Nydh) hawer (haffuer) then sødhe Kærne. (adä.) *Die braune Nuss hat den süssen Kern.*
Der sidder tidt et fiint Hierte under en grov Vennike. (jüt.) *Es sitzt oft ein zartes Herz unter einem groben Tuch.*

is. Opt er í vondum skeiðum vænt sverð. *Oft ist in schlechter Scheide schönes Schwert.*
Opt er vænt sverð í vondum skeiðum. *S. Opt er u. s. w.*
Opt ern dýr hjörtu undir ódýrum stakki. *Oft sind kostbare Herzen unter grober Jacke.*
Eg er ei svo hræddr, sem eg er illa klæddr. *Ich bin nicht so furchtsam, wie ich schlecht gekleidet bin.*
Opt bera dökk epli (svört nyt) sætan kjarna. *Oft trägt schwarzer Apfel (schwarze Nuss) süssen Kern.*
Maugur er ikki so ræddur sum illa klæddur. (fær.) *Mancher ist nicht so feig, wie er schlecht gekleidet ist.*

sw. Skarlakanshjerta finnes ofta under vallmars-tröja. *Scharlachherz wird oft unter (einer) Jacke aus Vadmal (grobem Tuch) gefunden.*

I ringa herberge finnes ofta klok vänl. *S. I et u. s. w.*
Under låga tak bo ofta höga själar. *Unter niedrigem Dach wohnen oft hohe Seelen.*
I kojan finnes ofta, hvad man ej finner i palatset. *In der Hütte findet man oft, was man nicht im Palaste findet.*
Opta ær skarlakans hiærta vndher wadhmals kapo. (asw.) *Oft ist Scharlachherz unter Vadmalmantel.*
Opta æru thriffua hændir vndir riffne kapo. (asw.) *S. Offthe ære u. s. w.*
Then bruna nothen hawer then sota kærnan. (asw.) *S. Then u. s. w.*

---

lt. Sæpe etiam sub sordido pallio sapientia latet.
Fervæ togæ (toge) squalor (squalor) solet intus purpureum cor. (mlt.)
Velat sæpe proba membra vetusta roba. (mlt.)
Fusca nucella foris nucleum tenet intro saporis. (mlt.)
fz. Biaux noiaux gist sos foible escorce. (afz.) *Schöner Kern liegt unter dünner Schale.*
it. Spesso in un fodero rotto si ripone un coltello di fin acciajo. *Oft steckt in einer zerbrochenen Scheide ein Messer von feinem Stahl.*
Spesso sott' abito vile S' asconde un cor gentile. *Oft birgt sich unter schlechtem Kleide ein edles Herz.*
Spesso sotto rozza fronde Dolce frutto si nasconde. *Oft birgt unter rauhem Laub sich süsse Frucht.*
mi. Sotto piombo si trovano le vene d' oro. (t.) *Unter Blei finden sich die Goldadern.*
ni. La virtù no sta in tel saio. (v.) *Die Tugend hängt nicht am Kleide.*
si. Spesso in un pannu vile È chiusu un cnor gentile. (npl.) *Oft ist in einem schlechten Kleide ein edles Herz eingeschlossen.*

---

298. Bürger und Bauer **Scheidet** Nichts als die Mauer.
Bürger vnd Bawer, scheidet nichts, denn die mawer. (ad.) [hlst.]
pd. Börger un Buur, schedet nix as de Muur. (ns.
dl. Burger en boer scheiden niets dann die muur.
dä. Borger og Baur (Bonde) — dem skiller kun en Muur. *Bürger und Bauer, die scheidet nur eine Mauer.*
is. Borgara (Burgeysa) og búra skilr ei annað enn múra. *Den Bürger (Den Magnaten) und Bauern, scheidet nichts anderes, als die Mauer.*

---

299. Wer sich von 'nem bösen Weibe **scheidet**, macht 'ne gute Tagreise.

---

dl. Die zich van een kwaad wijf scheidt, doet eene goede dagreize.
Die zich van een' zot (eene hoer) scheidt, doet eene goede dagreize. *Wer sich von einem Narren (einer H...) scheidet, macht eine gute Tagreise.*
Die van quaden can scheeden, doet eene goede daghuaert. (avl.) *Wer von Bösen scheiden kann, thut eine gute Tagereise.*
en. He keeps his road weel enough wha gets rid o' ill company. (scho.) *Der verfolgt den richtigen Weg, welcher schlechte Gesellschaft los wird.*

---

dä. Den gior en god Dagsreise, der reiser fra en Hore. *Der macht eine gute Tagereise, der von einer H... reist.*

---

lt. Arduum conficit iter, qui absolvitur a scorto.
fz. Bonne journée fait qui de fol se délivre. *Gute Tagereise macht, wer sich von einem Narren losmacht.*
Bone journée fait (Bon jornal fet) qe de fol se delivre. (afz.) *S. Bonne u. s. w.*
sf. La bonne iournade que hé, hara aquet Qui eniterа l'hostau deou hol è deou beoubet. (Gsc.) *Gute Tagereise thut und wird der thun, der das Haus des Narren und des Trunkenboldes vermeidet.*
Bôno jhournâd' a fa, qü dë fol s' ës dëlivra. (Lgd.) *Gute Tagereise hat gemacht, wer sich von einem Narren losgemacht.*
Boueno journado a fach, qu de foueil s'es delieurat. (nprv.) *S. Bôno u. s. w.*
it. Chi fugge un matto, ha fatto buona giornata. *Wer einem Narren entflieht, hat gute Tagereise gemacht.*
mi. Chi fugghie u mattu ha guadagnatu a so jurnata. (crs. s.) *Wer dem Narren entflieht, hat schon Tag gewonnen.*
Chi lascia indietro la malizia, ha fatto una buona giornata. (t.) *Wer die Bosheit hinter sich lässt, hat eine gute Tagereise gemacht.*

ni. Chi schiva un matt fa una bòn'na giornada. (em. P.) *Wer einem Narren entschlüpft, macht eine gute Tagereise.*

---

300. **Der Schein trügt.**
Schein trügt.
Der Schein **betrügt,** Der Spiegel lügt.

pd. De Schien **drügt.** (ns. A.)
De Schien **bedrüüget.** (ns. W.) *Der Schein betrügt.*

---

dt. Schijn bedriegt. *Schein betrügt.*
fs. De Shin bedrēgt. (M.) *S. De Schien bedrüüget.*

---

dä. Skinnet bedrager ofte. *Der Schein betrügt oft.*
sw. Skenet bedrager. *S. De Schien bedrüüget.*

---

lt. Fallitur visus.
Fallaces sunt rerum species.
cw. Paretta engonna. (obl.) *S. Schein u. s. w.*
fz. Les apparences **sont** trompeuses. *Der Schein ist trügerisch.*
nf. Nul ne se doit fier en apparence. (Chmp.) *Keiner soll sich auf den Schein verlassen.*
it. L' **apparenza inganna.**
mi. L' **aparenza ingana.** (rom.)
ni. L'apparèinza inganna. (em. B.)
L' **apparenza** l' inganna **e' l mond** l' è on **bôf,**
Tane in pegor de föra **e de dent lôf.** (l. m.)
Der Schein trügt und die Welt ist eine Posse: so viel sind Schafe von aussen und von innen Wölfe.
L' aparenssa **sovens a ingana.** (piem.) *S. Skinnet u. s. w.*
La parenza **ingana.** (v. trst.)
si. L' apparenza **'nganna.** (ap. L.)

---

301. Ein **Schelm** gibt **mehr, als er hat.**
Ein Schelm macht's besser, als **er kann.**

md. A Schēlm, daar **merra** gitt, **åls** wii or **hot.** (frk. H. S.) *Ein Schelm, der* ***mehr gibt, als er hat.***
Á Spitzbuá geit mehr, áss ár håt. (frk. **M.**) *Ein Spitzbube gibt mehr, als er hat.*
Ã ***(Ein)*** Schelm machs besser, wiero *(als* ***er)*** **kann.** (Hrz.)
A Schelme dår? besser mocht as a's gelarnt **hòt.** (schls. B.) *Ein Schelm, der's besser* ***macht, als er's*** *gelernt* ***hat.***

Ein Schelm ist, der's besser gibt, als er hat. **od.** (schwei.)
A Schööilm tuid mear **as** a kann. (st.) *Ein Schelm thut mehr, als er kann.*

En Schelm gift mēr as he het. (ns. ha. G. u. **G.**) **pd.**
En Schelm givt meer as he hett. (ns. hlst.)
In Hundsfort, weär meer jift as er het. (ns. N.) *Ein Hundsfott, der mehr gibt, als er hat.*
En Schelm gitt meih osse hei hät. (ns. W.)

Het is een schelm, die meer doet, dan hij kan. **dt.** ***Das ist ein*** *Schelm, der mehr thut, als* ***er kann.***

An Skelm, diar sin Bäst eg dê. (A.) ***Ein*** **fs.** ***Schelm, der nicht sein Bestes thut.***

En Skjelm gjør Mere, end han kan. *S. A* **dä.** ***Schöölm u. s. w.***

Enginn kveðr betr enn hann kann. *Keiner* **is.** ***singt besser, als er kann.***
Engi kveðr betur (Enginn betr kveðr) enn kann. *S. Enginn kveðr* ***u. s. w.***
Býðr enginn betra enn **hefir.** ***Keiner bietet Besseres, als*** *er* ***hat.***
Eingin kvøður betur **enn hann kann.** (fær.) ***S. Enginn kveðr u. s. w.***

Dat byd ingen betre, en han heve. *Es bietet* **nw.** ***Niemand Besseres an, als*** *er hat.*
Dat kved ingen betr, en han kann. *Es singet* ***Keiner besser, als er*** *kann.*

Skälm den som gör mer än han kan. *Schelm,* **sw.** ***der mehr thut, als*** *er kann.*
Skålm som ger båttre ån han har. *Schelm, der* ***Besseres gibt, als er hat.***
Man kan inte **gifva bättre än man** sjelf eger. *Man kann nicht* ***besser geben, als*** *man selbst hat.*
Man gieer intet båttre ån man haar. *Man gibt Nichts Besseres, als man hat.*

Nessuno dà quel che non ha. (mi. t.) ***Keiner*** **it.** ***gibt das, was er nicht hat.***
Nessuno può dare quel che non ha. (**u.**) ***Keiner*** **mi.** *kann das geben, was er nicht hat.*

---

302. Salb' den **Schelm,** so sticht **er** dich,
Stich **den** Schelm, so salbt **er** dich.

Smeer de laarzen van een' vuil' mensch aan het **dt.** vuur, hij zegt, dat gij ze brandt. *Schmiert die Stiefeln eines schlechten Menschen am Feuer,* ***er*** *sagt, dass ihr sie verbrennt.*

Doe een' bedelaar goed, dan wordt gij met luizen beloond. *Thut einem Bettler Gutes, so werdet ihr mit Läusen belohnt.*

en. A beggar pays a benefit with a **louse**. *Ein Bettler bezahlt eine Wohlthat mit einer Laus.*

Knock a carle, and ding a carle, and that's the way to win a carle; kiss a carle, and clap a carle, and that's the way to tine a carle. (scho.) *Puff' einen Bauer und stoss' einen Bauer: das ist der Weg, einen Bauer zu gewinnen; küss' einen Bauer und klopf' einen Bauer: das ist der Weg, einen Bauer zu verlieren.*

Gie a beggar a bed, and he 'll pay you wi' a louse. (scho.) *Gebt einem Bettler ein Bett, und er wird euch mit einer Laus bezahlen.*

---

dä. Klapper Du Bonden, saa napper han Dig; Napper Du Bonden, saa klapper han Dig. *Klopfest du den Bauer, so zwickt er dich; zwickst du den Bauer, so klopft er dich.*

Klappæ Bondhen, thaa napper han teg, nappæ Bondhen, thaa klapper han teg. (adä.) *S. Klapper u. s. w.*

is. Gjörðu **skálkinum** (stráknum) best, hann launar þér verst. *Thu' dem Schelm sehr wohl, er lohnt dir's sehr schlecht.*

Gjör þú illum gott, og þakka Guði, að hann launar þér engu. *Thue dem Bösen Gutes, und danke Gott, wenn er dir's nicht lohnt.*

Ger **skálkinum** gott, hann lonar tár aftar við háð og spott. (fær.) *Thue dem Schelm Gutes, er lohnt dir's nachher mit Hohn und Spott.*

sw. Klappa paddan, så snappar hon digh igen. *Klopfe den Bettler, so schnappt er nach dir.*

Gör din ovän godt, och bed Gud att han ej lönar dig det. *Thue deinem Feinde Gutes und bitte Gott, dass er dir's nicht lohne.*

Giör wäl moot Paddan, men bedh Gudh at hon icke löhner digh. *Thue dem Schelm wohl, aber bitte Gott, dass er dir's nicht lohne.*

Den som ber för tjufwen, får skam til tack. *Wer für den Dieb bittet, kriegt Schimpf als Dank.*

Klappar thu bondan, tha nappar han thik; Slar thu honum, tha smor han thik. (asw.) *Klopfest du den Bauer, so schnappt er nach dir; schlägst du ihn, so salbt er dich.*

---

lt. Beneficia **male locata malefacta arbitror.**

Rustica gens est optima flens et (sed) pessima gaudens (ridens): Ungentem pungit, pungentem rusticus ungit. (mlt.)

fr. Oignez vilain, il vous poindra, Poignez vilain, il vous oindra. *Salbt den Schelm (Bauer), er wird euch stechen, stecht den Schelm (Bauer), er wird euch salben.*

Graissez les bottes à un (d'un) vilain, il dira qu' on les lui brûle. *Schmiert einem Schelm (Bauern) die Stiefeln, er wird sagen, dass man sie ihm verbrennt.*

Faites bien **le vilain et il vous fera mal.** (afr.) *Thut dem Schelm (Bauer) Gutes und er wird euch Böses thun.*

nf. Graissiez les bottes **d' ein vilain, os n' arez** qu' chés crottes ed'reste. (pic.) *Schmiert die Stiefeln eines Schelms (Bauern), ihr werdet nur den Schmutz davon haben.*

Qui fait du bien à n' un vilain, Est sur qu' i li crach'ra dins s' main. (lt.) *Wer einem Schelm (Bauer) Gutes thut, ist sicher, dass er ihm in die Hand spucken wird.*

sf. Oente lou bilan té pugnyra, Pugnys lou, té ountara. (Gsc.) *Salb den Schelm, er wird dich stechen, stich ihn, er wird dich salben.*

Fazés dë bë à Bërtran, vou lou rëndra ën cagan. (Lgd.) *Thut Bertrand Gutes, er wird es euch mit Sch..... wiedergeben.*

it. Il villano punge **chi l' unge,** E unge chi lo punge. *Der Schelm (Bauer) sticht wer ihn salbt, und salbt wer ihn sticht.*

Fa ben **al villan e** ti vuol male, fagli male e ti vuol bene. *Thue dem Schelm (Bauer) Gutes und er will dir übel, thue ihm Böses und er will dir wohl.*

mi. Chi fa il servizio al villano, si sputa in mano. (t.) *Wer dem Schelm (Bauer) Dienste erweist, spuckt sich in die Hand.*

Punge il villan chi l' unge, unge chi 'l punge. (t.) *S. Il villano u. s. w.*

Fate del bene al villano, dirà che gli fate del male. (t.) *Thut dem Schelm (Bauer) Gutes, er wird sagen, dass ihr ihm Böses thut.*

Batti il villano e saratti amico. (t.) *Schlage den Bauer und er wird dir Freund sein.*

ni. El vilan el sponz se i le onz, E l' onz se i le sponz. (l. m.) *Der Schelm sticht, wenn man ihn salbt, und salbt, wenn man ihn sticht.*

El vilan onze chi lo ponze e ponze chi lo onze. (v.) *Der Schelm (Bauer) salbt, wer ihn sticht, und sticht, wer ihn salbt.*

Deghe da magnar a un vilan, e po 'l ve magnarà i dei. (v.) *Gib einem Schelm (Bauer) zu essen und nachher wird er euch die Finger abessen.*

pt. Quanto se faz ao villão, tudo he maldição. *Was man dem Schelm (Bauer) thut, ist Alles Fluch.*

---

303. Als twee schelmen elkander verschalken, dan lacht de duivel zich ziek. (dt.) *Wenn zwei* **Schelme** *einander betrügen, dann lacht der Teufel sich krank.*

---

is. Tá jö mold stjelur mold, ler fjandin. (fær.) *Wenn die Erde Erde stiehlt, lacht der Teufel.*

---

fz. Quand on peut rejoinde el Diabe, el bon Diu n'en foët que rire. (nf. pic.) *Wenn man den Teufel betrügen kann, so lacht der liebe Gott nur darüber.*

nf. Quand on voleûr attrappe in aute, li diale enné reie. (w.) *Wenn ein Dieb einen andern betrügt, lacht der Teufel darüber.*

sf. Qan lou pâouré dôno au richë, lou diâblë sü ris. (Lgd.) *Wenn der Arme dem Reichen schenkt, lacht der Teufel.*

Quand lou paure douno au riche, lou diable s' en ris. (nprv.) *S. Qan u. s. w.*

it. Quando il povero dona al ricco, il diavolo se la ride. (mi. t.) *S. Qan u. s. w.*

sl. Quann u ladre ie arribbâte, chiangene le pete de le vie. (ap. B.) *Wenn der Dieb bestohlen wird, weinen die Steine am Wege.*

Quando un ladro ruba un altro ladro Per pietà ne piangono le pietre. (npl.) *Wenn ein Dieb einen andern Dieb bestiehlt, weinen die Steine aus Mitleid darüber.*

Quannu lu poviru duna a lu riccu, lu diavulu sinni ridi. (s.) *S. Qan u. s. w.*

---

304. Der alte **Schenk** ist todt.

Schenk ist todt und Gebert hat ein Bein gebrochen.

Herr Schenk ist gestorben und Gebert hat ein Bein verloren.

Schenk und Umsonst sind gestern gestorben.

Gibmir hat's Genick gebrochen.

Der Schenk ist todt, der Wirth lebt noch.

Der Schenker ist todt, der Henker lebt noch.

Der Herr von Gebhausen ist todt.

md. Dar Schênkar ės gastôrbo, dar Geizhâls lâbt noch. (frk. H.) *Der Schenker ist gestorben, der Geizhals lebt noch.*

Der Geber hat den Hals gebrochen, der Schenker ist gestorben! (sä. V.)

Der Schenke is gesturbon. (schls. B.) *Der Schenker ist gestorben.*

od. Haitzutaag is Fätt'r Gimm'r gschtuebe, âbr sai Bruad'r Gaizhâuz laabt nooch. (östr. schls.) *Heutzutag ist Vetter Gibmir gestorben, aber sein Bruder Geizhals lebt noch.*

Der Schänker ist gstorbe, de Hänker lebt no. (schwei.) *Der Schenker ist gestorben, der Henker lebt noch.*

pd. De Gêwer is öwer'n Härz eflögen (un het det Wêerkömen vergeten). (ns. ha. G. u. G.) *Der Geber ist über'n Harz geflogen und hat das Wiederkommen vergessen.*

De Schenker is estorwen. (ns. ha. G. u. G.) *S. Der Schenke u. s. w.*

De Schenker öss gestorwe, de Gewer öss verdorwe. (ns. Pr.) *Der Schenker ist gestorben, der Geber ist verdorben.*

De Gewer öss gestorwe, de Schenker öss verdorwe, de Giezhals lewt noch. (ns. Pr.) *Der Geber ist gestorben, der Schenker ist verdorben, der Geizhals lebt noch.*

---

dl. Heer Schenk is dood en Leen is ziek. *Herr Schenk ist todt und Darlehn ist krank.*

en. Giving is dead now-a-days and Restoring very sick. *Geben ist heut zu Tage todt und Wiedergeben sehr krank.*

Gie is a gude fellow, but he soon wearies. (scho.) *Geben ist ein guter Bursche, aber er wird bald müde.*

---

fz. Donat est mort et Restorat dort. *Schenker ist todt und Wiedergeber schläft.*

Donner est mort et Prêter est bien malade. *Geben ist todt und Borgen ist sehr krank.*

sl. St. Donat est mort. (nprv.) *St. Donat ist todt.*

it. Donato morì sull' Alpe. *Schenk starb auf den Alpen.*

Donato è morto e Ristoro sta male. *Schenk ist todt und Wiedergeber befindet sich schlecht.*

Donato è morto e cortesia sta male. *Schenk ist todt und Höflichkeit befindet sich schlecht.*

mi. Er sor Donato è morto. (R.) *Der Herr Donat ist todt.*

Dunê l' è môrt. (rom.) *Schenk ist gestorben.*

Donato è morto pazzo all' ospedale E il figlio è tocco dello stesso male. (t.) *Donatus ist verrückt im Spital gestorben und der Sohn hat dasselbe Übel.*

ni. Donên l'è mort e so fioeul stà mal. (em. P.) *Donat ist gestorben und sein Sohn befindet sich schlecht.*

San Donat l' è passat. (l. b.) *St. Donatus ist gestorben.*

El sior Donâ l' è môrt a l' ospedâ. (l. m.) *Der Herr Donatus ist im Spital gestorben.*

San Donà xe morto e so pare stà mal. (v.) *St. Donatus ist todt und sein Vater befindet sich schlecht.*

San Donà xe morto. (v. trst.) *S. St. Donat u. s. w.*

---

305. Einem **geschenkten** Gaul Sieht man nicht in's Maul.

Geschenktem Gaul sieh nicht in's Maul: nimm's, die Haut ist dankenswerth.

md. 'n Geschènkto Gaul Guckt mo' net ins Maul. (frk. H.)

An geschenkten Gaul Guktmer niiet ins Maul. (frk. H. S.)

Ån g'schenkt'n Gaul Guckt mĕr nĭt 'nei' 's Maul. (frk. M.)

Engem geschèŋkte' Gaûl, Kuckt ĕn nét an d' Maûl. (mrh. L.)

od. Einem geschenkten Gaul Gugget ma ett in's Maul. (schwb.)

Einem geschenkten Gaul Schaut man nicht ins Maul. (schwei.)

A-ma gschenkta Ross mos-ma nüd i d' Schnorra luega. (schwei. A.) *Einem geschenkten Ross muss man nicht in die Schnauze schauen.*

An g'schenkt'n Gaul Schaut ma' nit i's Maul. (tir. U.-I.)

pd. M'r moss 'm geschänkte Päed net en d'r Monk seen. (urh. D.) *Man muss dem geschenkten Pferd nicht in den Mund sehen.*

Geschenketen Pêren draf men nich in 't Mûl seien. (ns. ha. G. u. G.) *Geschenkten Pferden darf man nicht in's Maul sehen.*

'n Geven Perd word in d' Beck nich keken. (ns. O. A.) *Einem geschenkten Pferd wird nicht in's Maul geguckt.*

Eunem geschenkeden Guhle Süht me nit in de Muhle. (ns. W.-U.)

---

dl. Een gegeven paard moet men niet in den bek zien. *S. A-ma u. s. w.*

Men moet geen gegeven paard in den bek zien. *Man muss keinem gegebenen Pferde in's Maul sehen.*

Een geschonken paard moet men eerder naar den aars dan naar de tanden kijken. *Einem geschenkten Pferd muss man eher nach dem Hintern, als nach den Zähnen sehen.*

en. Look not a gift horse in the mouth. *Sieh nicht einem geschenkten Pferd in's Maul.*

A gi'en horse shouldna be looked i' the mouth. (scho.) *Einem geschenkten Pferde sollte nicht in's Maul gesehen werden.*

Een jonn gaul siochtmo met yne mouwl. (afs.) fs.

En shangden Häjnst mäujt'm ài äujn'e Thöle sijn. (M.) *S. A- ma u. s. w.*

Man skal ei skue (ikke see) given Hest i dii. Munden. *S. M'r u. s. w.*

Man scal ey skwæ (eij skudhe) giffwen Hesth (Hæsth) i Mwnnæ (Mwn). (adä.) *S. M'r u. s. w.*

Gefnum hesti ei gægst i munn. *S. 'n Geven* is. *u. s. w.*

Given Gamp skal ein inkje sjaa paa Tennerna. nw. *Geschenktem Gaul muss man nicht nach den Zähnen sehen.*

Gifven häst skall man inte se i munnen. *Geschenktem Pferd soll man nicht in den Mund sehen.* sw.

En gifwen håst skall man icke skåda i munnen. *S. A- ma u. s. w.*

Man skal ey giffnom hæste i mun see. (asw.) *S. M'r u. s. w.*

Noli equi dentes inspicere donati. lt.

Cum dabitur sonipes gratis, non inspice dentes. (mlt.)

Donato non sunt ora inspicienda caballo. (mlt.)

Ad ün chavalg dunà nun as guard' in buocha. cw. (ld. O.-E.)

Ad ün chavagl dunà non as guarda in bocca. (ld. U.-E.)

Ad ün Cavall, ch' ei schenkiau, Ven bucca sin ils Dents miran. (obl.) *Einem Pferde, das geschenkt ist, wird nicht auf die Zähne gesehen.*

Rauba schenghiada vegn buoc visitada. (obl.) *Geschenkte Sachen werden nicht untersucht.*

A cheval donné il ne faut pas regarder à la fz. bouche. *S. Gifven u. s. w.*

A cheval donné il ne faut pas regarder aux dents. *S. Given u. s. w.*

A cheval donné on ne regarde pas à la bride. *Geschenktem Pferd sieht man nicht nach dem Zaume.*

A chaual done dent ne gardet. (afz.) *Geschenktem Pferde besehe nicht den Zahn.*

Cheval donné ne doit-on en dens regarder. (afz.) *S. Given u. s. w.*

A chevell doné sa dent n' est agardé. (afz.) *Geschenktem Pferd wird der Zahn nicht besehen.*

A cheval donné On ne doit pas la gueule nf. ouvrir, Pour regarder s' il est âgé. (Chmp.) *Geschenktem Pferde muss man nicht das Maul aufmachen, um zu sehen, ob es alt ist.*

A cin g'vau baillé ein ne ravise poïnt ch' lieon. (pic.) *Bei einem geschenkten Pferde denkt man nicht an die Halfter.*

sf. A chivau donat non fau regardar leys dents. (nprv.) *Geschenktem Pferde muss man nicht die Zähne ansehen.*

it. A caval donato non si guarda in bocca.

A caval donato non si guarda (mira) il dente (pelo). *Geschenktem Pferd besieht (beschaut) man nicht den Zahn (das Haar).*

A caval donato non guardar in bocca. *S. Look u. s. w.*

mi A cavallu datu un li guardà palataggia. (crs. s.) *Geschenktem Pferd guckt man nicht in den Gaumen.*

Caval donê un si guërda in bocca. (rom.)

A caval donato non gli si guarda in bocca. (t.)

ni. Cavall donà in bocca an gh v' ha guardà. (em. P.) *S. Gifeen u. s. w.*

A cavall dounêè au s' ègh guèrda in bócca. (em. R.) *S. Gifeen u. s. w.*

A caal donat no 's varda 'n boca. (l. brs.)

Cavall donaa nò se ghe guarda in bocca. (l. m.)

A cavallo donnôu non se gh' ammïa in bocca. (lig.)

Un caval regalà as goarda nen an boca. (piem.)

A cavalo donà no se ghe varda in boca. (v.)

A caval donà no se ghe varda in boca. (v. trst.)

si. A cavaddu datu nun circari sedda. (s.) *Bei geschenktem Pferde suche keinen Sattel.*

A caddu donadu non li mires pilu. (sa. L.) *Geschenktem Pferd besieh nicht 's Haar.*

lm. A caball donad no li mires lo dentad. (neat.) *Geschenktem Pferde sieh nicht auf's Gebiss.*

Al cavall donat no li mires el pel. (val.) *S. A caddu u. s. w.*

pt. A cavallo dado não olhes o dente. *S. A chaual u. s. w.*

sp. A caballo dado no le miran el diente. *S. A chaual u. s. w.*

wl. Calluluï de darŭ nu se cantă pe dinţï. *Geschenktem Pferde untersuche nicht die Zähne.*

---

306. Schenken heisst Angeln.

Er gibt den Hut um einen Rock.

od. Er bringt ein Ei und will zwei. (schwb. W.)

Er bringt e Zwäheli *(ein Handtuch)* und hett *(hätte)* gêrn e Tischtuech *(ein Tischtuch)* derfür *(dafür)*. (schwei. Sch.)

---

dt. Hij geeft eene muts, om eenen rok weder te krijgen. *Er gibt eine Mütze, um einen Rock wieder zu kriegen.*

Een ei geven, om een' os te bekomen. *Ein Ei geben, um einen Ochsen zu bekommen.*

Eenen taling uitzenden, om eenen endvogel te vangen. *Eine Kriechente ausschicken, um eine Ente zu fangen.*

Hy geeft een ei om een kicken weêr te krygen. (vl.) *Er gibt ein Ei, um ein Küchlein wieder zu kriegen.*

en. If he gies a duck, he expects a goose. (scho.) *Wenn er eine Ente gibt, erwartet er eine Gans.*

The hen's egg gaes to the ha' to bring the goose's egg awa. (scho.) *Das Hühnerei geht nach der Halle, um das Gänseei zu holen.*

fs. Hi lët an Swâlk üütjile an wal an Gus wedder hâ. (A.) *Er lässt eine Schwalbe ausfliegen und will eine Gans wieder haben.*

Hi lët an Lâsk üütjile an wal an Gus wedder hâ. (A.) *Er lässt eine Lerche ausfliegen und will eine Gans wieder haben.*

Hi leat an Swâlk üüjile an wal' n Gus weddar hâ. (F.) *S. Hi lët an Swâlk u. s. w.*

---

an. Æ sér gjöf til gjalda. *Immer sieht Gabe auf Ersatz.*

dä. Fattigh Qwinne giffwer Hønssægh, at hwn will haffwæ Gaasewgh igheen. (adä.) *Das arme Weib gibt Hühnereier, um Gänseeier wieder zu haben.*

is. Fátæk kvinna gefr hænuegg og heitar gáfur í gegn. *Das arme Weib gibt Hühnereier und erfleht Gaben dafür.*

Hann gaf kálf og keypti við uxa. *Er gab ein Kalb und angelte damit einen Ochsen.*

Fátæk kona gevur hønsareggið út, og vil hava gásareggið aftur. (fær.) *Das arme Weib gibt das Hühnerei aus und will das Gänseei dafür haben.*

nw. Gaava ventar Attergaava. *Gabe erwartet Gegengabe.*

sw. Fattig qvinna skänker hönsägg, för att få gåsägg igen. *Das arme Weib schenkt Hühnereier, um Gänseeier wieder zu kriegen.*

Fatigh kona fore hona ægg at hon ma ffa gaas ægh. (asw.) *S. Fattig u. s. w.*

---

lt. Donare iis, qui donare maxima possunt.

Pilium donat ut pallium recipiat.

Gallinam dat ut taurum recipiat.

Exiguum munus majoris est muneris hamus.

Ovum dat nulli, nisi sit retributio pulli.

Ovum (Owm) gallinæ (galline) fert pauper, ut (vt) auferat aucæ (auce). (mlt.)

fz. Petit **don** est le hain du plus grand **don.** *Kleines Geschenk ist der Angelhaken des grösseren Geschenkes.*

Donner un oeuf pour avoir un boeuf. *S. Een ei u. s. w.*

Donner un pois pour avoir une fève. *Eine Erbse geben, um eine Bohne zu bekommen.*

Donner un pois pour avoir un boisseau de fèves. *Eine Erbse geben, um einen Scheffel Bohnen zu haben.*

Donner **un petit poisson** pour en avoir **un gros.** *Einen **kleinen Fisch** geben, um einen grossen dafür zu bekommen.*

Donner un chabot pour avoir **un gardon.** ***Einen** Grosskopf **geben**, um ein **Rothauge zu bekommen.***

nf. Diner on peus po ravu u' fève. (w.) ***S. Donner un pois pour avoir une u. s. w.***

sf. Dè vn oeu, oun a quauqué cop vn boeu. (Gsc.) *Von einem Ei hat man manchmal einen Ochsen.*

Bàil' **un iòou, per avèdr' un bióou. (Lgd.)** *S. Een ei **u. s. w.***

it. Dare un ago per aver un palo di ferro. *Eine Nadel geben, um eine Eisenstange zu haben.*

mi. Chi dà vò. (rom.) *Wer gibt, will.*

Dè poch pr avè benasse. (rom.) *Wenig geben, um viel zu bekommen.*

Dêr un òv (pulsen), pr avêr una galena. (rom.) *Ein Ei (Küchlein) geben, um eine Henne zu bekommen.*

Dêr una brasòla pr avêr un porch. (rom.) *Eine Carbonate geben, um ein Schwein zu bekommen.*

A le volte si dà un uovo per un bue. (t.) *Mitunter gibt man ein Ei für **einen Ochsen.***

ni. Dar 'na candèla pr' avêr 'na **tôrza.** (em. **P.**) *Ein Licht geben, um eine Fackel zu **be**kommen.*

Regalà se ciama pescà. (l.) *Schenken heisst fischen.*

El vilan dona on üsell, Per tiras a cà on porscell. (l. m.) ***Der** Bauer schenkt einen Vogel, um ein Ferkel nach Haus zu bringen.*

De un' agucia per aveje un pal d' fer. (piem.) *S. Dare un ago u. s. w.*

De pòch per aveje motoben. (piem.) *S. Dè poch u. s. w.*

De un tantin per aveje un tanton. (piem.) *Ein kleines Stück geben, um ein sehr grosses zu haben.*

Donar ce ciama pescar. (v.) *S. Regalà u. s. w.*

si. Regalu ispectat regalu. (sa. L., S.) *Geschenk erwartet Geschenk.*

sp. Dar aguja y sacar reja. ***Nähnadel geben und** Pflugschaar nehmen.*

— —

307. Aus **Scherz kann** leicht Ernst werden.

md. Aus **Spàs gêt Jêrscht. (mrh. L.)** *Aus Spass **wird Ernst.***

is. **Ur gamni verðr opt grimm alvara.** ***Aus Scherz wird oft grimmiger** Ernst.*

Alvara fylgir hvörju gamni. *Ernst folgt jedem **Scherz.***

nw. **Dat verd ofta Aalvore av Gaman.** *Es wird oft Ernst aus Scherz.*

D' er mangt, som yppest med Skjemt og endast med Aalvore. ***Es ist Manches,** was mit **Scherz anfängt und mit Ernst endigt.***

lt. **Post verba verbera.**

it. **Dai sas buglias s' andat ad sos veros. (si. sa.)** ***Aus dem Spass kommt man zum** Ernst.*

lm. **Las burlas passan á veras. (neat.)** *Die **Scherze gehen in Ernst über.***

Les burles vénen à vères. (val.) ***S. Las burlas u. s. w.***

308. **Wer Scherz ausgibt, muss Scherz einnehmen.**

Wer scherzen will, soll auch Scherz verstehen **und aufnehmen.**

Wer mit gespot umbe **gât, der wirt zu spot an** aller stat. (ad.)

pd. Weär Schleäj uetdeelt, mut Schleäj **inneëmen.** (ns. N.) *Wer Schläge austheilt, muss Schläge einnehmen.*

en. They that play at bowls **must expect** rubbers. (m. en.) *Wer mit Kugeln spielt, **muss** Reiber erwarten.*

dä. Hvo Andre spotter, bliver selv ei uspottet. *Wer Andere verspottet, bleibt selbst nicht ungehöhnt.*

Hwo Andhen spotther, han bliffwer eij vspotthet. (adä.) *S. Hvo u. s. w.*

is. Hvar annan spottar, spottast lika. *Wer den Andern verspottet, wird gleichfalls verspottet.*

Hann, ið spottar aðrum, spottast sjálvur. (fær.) *Der, welcher den Andern verspottet, wird selbst verspottet.*

Spottarin kemur í spottarans hús og brennir so spottaran inni. (fær.) *Der Spotter kommt in Spotters Haus und brennt so den Spotter d'rin.*

nw. Dan som gjerer Gaman, skal tola dat og. *Wer Scherz macht, muss ihn auch dulden.*

sw. Den som ger sig i leken, måste leken tåla. *Wer sich in den Scherz einlässt, muss den Scherz verstatten.*

---

lt. Deridens alium non inderisus abibit. (mlt.)

it. Chi no vol esser cogionai, no cogiona. (ni. v.) *Wer nicht gefoppt sein will, foppe nicht.*

si. Qui non bajulat burlas, non intret in giogu. (sa.) *Wer nicht Spass verträgt, trete nicht in's Spiel.*

---

309. **Seinem Schicksal mag Niemand entrinnen.**

pd. Wien ässt betrêfe sål, dier entgid em nét. (urh. S.) *Wen Etwas betreffen soll, der entgeht ihm nicht.*

---

dä. Ingen kan undgaae sin Skjæbne. *Keiner kann seinem Schicksal entgehen.*

is. Eingin fer undan lagnuni. (fær.) *S. Ingen u. s. w.*

sw. Ingen kan sin skäpna fly. *S. Ingen u. s. w.*

---

it. Chi ha a rompere il collo, trova la scala al bujo. *Wer den Hals brechen soll, findet die Treppe im Finstern.*

rai. Ognunu nasce cu u so destinu. (crs.) *Jeder wird mit seinem Schicksal geboren.*

Ognunu va cumme ell' è destinatu. (crs.) *Jedem geht es, wie es ihm bestimmt ist.*

E bsögna tô quëll ch è destinê. (rom.) *Man muss nehmen, was bestimmt ist.*

Quando s' ha a rompere il collo, si trova la scala. (t.) *Wenn man den Hals brechen soll, findet sich die Treppe.*

ni. Dal destinâ no se pol scampar. (v.) *Dem Schicksal kann man nicht entgehen.*

Chi ha a rompere il collo trova la strada al buio. (v.) *Wer den Hals brechen soll, findet die Strasse im Finstern.*

sp. No puede huyr ninguno a su ventura. (asp.)

---

310. **Schlaf ist der grösste Dieb, er raubt das halbe Leben.**

Sonnen er ein stor Tjuv; han vil stela halve **nw.**
Tidi. *Der Schlaf ist ein grosser Dieb; er stiehlt die halbe Zeit.*

Quo plus in vita dormio, vivo minus. **lt.**

Dormire pagu, vida meda. (si. sa. L.) *Wenig* **it.**
schlafen, langes Leben.

Qui dormit meda, pagu vivet. (sa. L.) *Wer viel* **si.**
schläft, lebt wenig.

---

311. **Schlaf und Tod sind Zwillingsbrüder.**

Svefn og dauði eru samlíkir. *Schlaf und* **is.**
Tod gleichen sich.

Svefn og dauði samlagast hvör við annann. *Schlaf und Tod vereinigen sich miteinander.*

Somnen er Broder til Dauden. *Der Schlaf* **nw.**
ist dem Tode Bruder.

U sounu è cumpagnu di a morte. (mi. crs.) **it.**
Der Schlaf ist Gefährte des Todes.

---

312. **Dem schlafenden Wolf läuft kein Schaf in's Maul.**

Dem schlafenden Fuchs läuft keine weise Maus in den Mund. [den munt. (ad.)
Ez loufet selten wisiu mûs släfender vohen in

Den slapenden wolf loopt geen schap in den **dt.**
moud.

Liggende Ulv løber ikke Lam i Munde. *Lie-* **dä.**
gendem Wolf läuft kein Lamm in's Maul.

Liggende Ulv kommer ikke løbende Lam (Lam løbende) i Munde. *Liegendem Wolf kommt kein laufendes Lamm (Lamm laufend) in's Maul.*

Siællen kommer ligghende Wlff Lam i Mwnnæ. (adä.) *Selten kommt liegendem Wolf ein Lamm in's Maul.*

Sjaldan kemur liggjanda úlfi (vargi) lamb **is.**
(matur) í munn. *Selten kommt liegendem Wolf ein Lamm (Speise) in's Maul.*

Liggjanda úlfi kemr sjaldan hlaupandi lamb í munn. *Liegendem Wolf kommt selten laufendes Lamm in's Maul.*

---

lm. Á llob dormènt no li cntra res cn dènt. (ncat.) *Schlafendem Wolf kommt nichts in die Zähne.*

---

313. Schlafender Fuchs fängt kein Huhn.

Ein Wolf im Schlaf Fing nie ein Schaf.

Trägen Wolfes Mund kriegt selten fette Bissen.

Ez wirt vil selten hirz erjeit mit släfendem hunde; trages wolves munde geschiht von spise selten guot. (ad.)

od. Ein schläfender Fuchs fängt keine Henne. (bair.)

---

dt. De slapende vos vangt geene hoenders (krijgt niets in den muil). *Der schlafende Fuchs fängt keine Hühner (kriegt nichts in's Maul)*

De vos niet raapt, Als hij slaapt. *Der Fuchs raubt nicht, wenn er schläft.*

Slapende katten Vangen geen ratten. *Schlafende Katzen fangen keine Ratten.*

Den slapenden vos valt niets in den muil. (vl.) *Dem schlafenden Fuchse fällt nichts in's Maul.*

Een slapende kat En vangt geen rat. (vl.) *Eine schlafende Katze fängt keine Ratte.*

en. When the fox sleeps, no grapes fall in his mouth. *Wenn der Fuchs schläft, fallen ihm keine Trauben in's Maul.*

Foxes when sleeping have nothing fall into their mouths. *Wenn Füchse schlafen, fällt ihnen nichts in ihre Mäuler.*

---

an. Sjaldan liggjandi úlfr lær um getr, né sofandi maðr sigr. *Selten gewinnt der liegende Wolf einen Schinken, noch der schlafende Mann den Sieg.*

dä. Sovende Ræv fanger ingen Hons. *Schlafender Fuchs fängt keine Hühner.*

Sovende Ulv bider ei mange Dyr. *Schlafender Wolf beisst nicht viele Thiere.*

En sovende Kat fanger ingen Muus. *Eine schlafende Katze fängt keine Maus.*

Sovende Mand faaer ei Seier, eller liggende Mand Lykke. *Schlafender Mann wird nicht Sieg haben, noch liegender Mann Glück.*

Ho lenghe sower paa sijn Bædh, han faar Lidhet fore sijn Næb. (adä.) *Wer lange in seinem Bette schläft, der kriegt wenig für seinen Schnabel.*

Hoo længhe liggher paa sijn Bæd, han fangher Lidhet fore sijt Næb. (adä.) *Wer lange auf seinem Bette liegt, der fängt wenig für seinen Schnabel.*

Hoo længhe wil soffwæ, han faar lidhet got at dwæ. (adä.) *Wer lange schlafen will, der kriegt wenig Gutes zu tunken.*

Liggjandi úlfr sjaldan lær umgetr. *Liegender* **is.** *Wolf gewinnt selten einen Schinken.*

Sá fugl, sem lengi sefr á sinni sæng, fær litið fyrir sitt nef. *Der Vogel, der lange in seinem Bett schläft, kriegt wenig für seinen Schnabel.*

Sjaldan gefst sofandi manni sigr. *Selten wird schlafendem Manne Sieg gegeben.*

Hvör lengi liggr í sinni sæng, fær litið í sinn munn. *Wer lange in seinem Bett liegt, kriegt wenig in seinen Mund.*

Liggjande Ulv fær inkje Lambekjot. *Liegender* **nw.** *Wolf kriegt kein Lammfleisch.*

Sofvande ulf fångar ingen gås. *Schlafender* **sw.** *Fuchs fängt keine Gans.*

Liggande ulf får sällan ett ben. *Liegender Wolf kriegt selten ein Bein.*

Laater man får magran Kåhl. *Träger Mann kriegt magern Kohl.*

Siællan faar lath wiff goda bradh. (asw.) *Selten kriegt fauler Wolf guten Braten.*

Hwa længe sower aa sin bæd, han faar litit for sith næff. (asw.) *S. Ho lenghe u. s. w.*

Hwa længe ligger a sin bæd, han faar litith for sin næb. (asw.) *S. Hoo længhe liggher u. s. w.*

Hwa længe wil sowa, han faar litith at dutius. (asw.) *Wer lange schlafen will, der kriegt wenig zu tunken.*

Cui sopor est tractim, nec edenda lucrabitur **lt.** auctim. (mlt.) [ori. (mlt.)

Pansa morosa thori modicum dapis impetrat

Stertere cui carum, macet huic buligo (bulligo) poparum. (mlt.)

Raro lupi lenti prebentur fercula denti. (mlt.)

Renard qui dort la matinée, N' a pas la gueule **fz.** (langue) emplumée. *Fuchs, der den Morgen verschläft, hat die Schnautze (Zunge) nicht voll Federn.*

A goupil endormi rien ne lui chet en gueule. *Schlafendem Fuchs fällt nichts in's Maul.*

A renard endormi ne lui chest rien en la gorge. *Schlafendem Fuchs fällt nichts in den Hals.*

A regnard endormy ne vient bien ni profit. *Schlafendem Fuchs wird weder Gut noch Vortheil.*

Un chien endormi forcera rarement un cerf. *Ein schlafender Hund wird selten einen Hirsch stellen.*

Jamés aboup nagout goay bouque emplumade **af.** Quan drom toustem de iour la grasse maytinle. (Gsc.) *Niemals hätte ein Fuchs das Maul voll Federn, wenn er stets den ganzen Morgen verschlief.*

Rhinar qü dor la matinádo, n' a pa la görjho émploumádo. (Lgd.) *Fuchs, der den Morgen verschläft, hat die Kehle nicht voll Federn.*

it. Chi dorme, non piglia pesci. *Wer schläft, fängt keine Fische.* [*nicht.*

Chi dorme, non pesca. *Wer schläft, fischt*

mi. Chi dorme, un piglia pesci. (crs.) *S. Chi dorme, non piglia u. s. w.*

Chi dorme, nun pijja pesce. (R.) *S. Chi dorme, non piglia u. s. w.*

Chi ch dörum an ciapa péss. (rom.) *S. Chi dorme, non piglia u. s. w.*

Volpe che dorme, vive sempre magra. (t.) *Schlafender Fuchs lebt immer mager.*

A porco pigro non cadde (toccò) mai pera mézza. (t.) *Faulem Schwein fiel nie eine teige Birne zu.*

Chi dorme grassa mattinata, va mendicando la giornata. (t.) *Wer den hellen Morgen verschläft, geht am Tage betteln.*

Chi si cava il sonno, non si cava la fame. (t.) *Wer den Schlaf befriedigt, befriedigt nicht den Hunger.*

ni. Cui ch' al duàr nol chiape pesc. (frl.) *S. Chi dorme, non piglia u. s. w.*

Chi se scöd la sögn, no se scöd la fam. (l.) *S. Chi si cava u. s. w.*

Chi sa scüd ol song, no sa scüd la fam. (l. b.) *S. Chi si cava u. s. w.*

Chi dorma tard, nö ciapparà mai pess. (l. m.) *Wer spät schläft, wird nie Fische fangen.*

Chi dorme, no piggia pesci. (lig.) *S. Chi dorme, non piglia u. s. w.*

Chi a dëurm, a guadagna nen. (piem.) *Wer schläft, gewinnt Nichts.*

Chi dorme, no pia pesce. (v.) *S. Chi dorme, non piglia u. s. w.*

Chi dormi, no ciapa pesse. (v. trst.) *S. Chi dorme, non piglia u. s. w.*

si. Qui dormit, non piscat. (sa. L.) *S. Chi dorme, non pesca.*

pt. A raposa dormida não lhe cade nada da boca. *S. A goupil u. s. w.*

Lobo tardio não toma vazio. *Saumseliger Wolf nimmt nie leeren Platz ein.*

A passaro dormente tarde entra o cevo no ventre. *Schlafendem Sperling dringt die Lockspeise spät in den Bauch.*

sp. A la vulpeja dormida, no le cae nada en la boca. *S. A goupil u. s. w.*

A raposo durmiente no le amanece la gallina en el vientre. *Schlafendem Fuchs gelangt mit Anbruch des Tages keine Henne in den Bauch.*

Raposa que mucho tarda, caza aguarda. *Fuchs, der sehr zaudert, wartet auf Wildpret.*

---

314. Weiber und Pferde wollen geschlagen sein.

Nussbäume, Esel und Weiber wollen geschlagen sein.

Drei Dinge thun nichts, ohne geschlagen zu md. werden: die Glocke, der Esel und ein fauler Knecht. (sch. E.)

Wenn man Nussbäume und Weiber nicht od. schwinget, so tragen sie keine Frucht. (schwei.)

'ne Unschlagen Fran iss ass'n unsulten Kohl. pd. (ns. P.-H.) *Eine nicht geschlagene Frau ist wie ungesalzener Kohl.*

Een kwezel, een ezel en een notenboom moeten dl. door slagen goed worden. *Eine Betschwester (Heuchlerin), ein Esel und ein Nussbaum müssen durch Schläge gut werden.*

A spaniel, a woman, and a walnut tree The en. more they're beaten, the better still they be. *Ein Windspiel, ein Weib und ein Wallnussbaum werden immer besser, je mehr sie geprügelt werden.*

Try Ting gjøre ikke godt uden Hugg: Val- dä. nødtræet, Asenet og en ond Qvinde (Ladegulv, Stokfisk og en ond Kone). *Drei Dinge thun ohne Schläge nicht gut: der Wallnussbaum, der Esel (Dreschtenne, Stockfisch) und ein böses Weib.*

Nux, asinus, mulier similes sunt lege ligati: lt. Haec tria nil recte faciunt, si verbera desint.

Nux, asinus, mulier verbere opus habent.

Bon cheval, mauvais cheval veut l' esperon, fz. Bonne femme, mauvaise femme veut le baston. *Gutes Pferd (und) böses Pferd will den Sporn, gute Frau (und) böse Frau will den Stock.*

Boun è maubez rousin an besoun d' esperoun, sf. Bonne è maubese hemne d'vn bon bastoun. (Gsc.) *Gutes und schlechtes Ross bedarf des Sporens, gute und schlechte Frau eines guten Stockes.*

it. Donne, asini e noci voglion le mani atroci. (mi. t.) *Frauen, Esel und Nüsse verlangen grausame Hände.*

ni. Con j' asen agh vœul el baston. (em. P.) *Zu den Eseln braucht man den Stock.*

Al caal sperù e a la dona bastù. (l. b.) *Dem Pferde (den) Sporn und der Frau (den) Stock.*

Donne, can e bacalà No in bonn che ben pestà. (l. m.) *Frauen, Hunde und Stockfisch sind nicht gut, wenn sie nicht gut geprügelt werden.*

Al caval spron, a la fomna baston. (piem.) *Dem Pferde (den) Sporn, der Frau (den) Stock.*

Al cavalo speron, a la dona baston. (v.) *S. Al caval u. s. w.*

Le done, i cani e' l bacalà, Perchè i sia boni i ghe vol ben pestà. (v.) *Die Frauen, die Hunde und der Stockfisch müssen gut geklopft werden, damit sie gut seien.*

si. Piccinnos, ainos et feminas, si non sunt toccados non faghent nudda. (sa.) *Knaben, Esel und Weiber thun nichts, ohne geschlagen zu werden.*

A su caddu s'isprone, ad sa femina su bastone. (sa. L.) *S. A caval u. s. w.*

lm. Al ase y mala muller Bastonadas se han de fer. (neat.) *Dem Esel und dem bösen Weibe muss man Schläge geben.*

Al ase y mala muller bastonades ho han de fer. (val.) *S. Al ase u. s. w.*

sp. El villano y el nogal á palos dan lo que han. *Der Bauer und der Nussbaum geben geschlagen was sie haben.*

El asno y la muger á palos se han de vencer. *Den Esel und die Frau muss man mit Stöcken unterwerfen.*

El almendro (nogal) y el villano el palo en la mano. *Der Mandelbaum (Nussbaum) und der Bauer, den Stock in der Hand.*

---

315. Daar schuilt eene slang onder het loof. (dt.) *Da ist eine* **Schlange** *unter dem Laub versteckt.*

dt. Dikwyls schuilt er eene slang onder 't loof. (vl.) *Oft ist eine Schlange unter dem Laub versteckt.*

en. Look before you leap, for snakes among sweet flowers do creep. *Seht zu, bevor ihr springt, denn unter süssen Blumen kriechen Schlangen.*

Ofte er Orm under blomstrende Busk. *Oft* **dä.** *ist Schlange unter blühendem Strauch.*

Ofte ligger Orm i Skiul under blomstrende Busk. *Oft liegt (eine) Schlange unter blühendem Strauch in Versteck.*

Falskhed ligger ofte under fagert Haar. *Falschheit liegt oft unter schönem Haar.*

Tidt ligger Falskhed under favert Haar. *Oft liegt Falschheit unter schönem Haar.*

Tidt er vanskabt Sind under fagert Skind. *Oft ist missgestaltetes Herz unter schöner Haut.*

Under hvide Liin skiules tidt et skabbet Skind. *Unter weissem Leinen verbirgt sich oft eine räudige Haut.*

Udi (Under) søde Tale ligger Falskhed i Dvale. *In (Unter) süsser Rede liegt Falschheit im Winterschlaf.*

Ormæære offthe vndher blomstrande Bwskæ. (adä.) *Schlangen sind oft unter blühendem Gebüsch.*

Opt er naðra undir grœnu grasi. *Oft ist* **is.** *Natter unter grünem Gras.*

Opt eru ormar undir fögrum rósum (búska). *Oft sind Schlangen unter schöner Rose (schönem Strauche).*

Undir hvörjum steini hvílir höggormr. *Unter jedem Stein schläft eine Schlange.*

Opt er flagð í fögru skinni. *Oft ist weiblicher Unhold in schöner Haut.*

Ofta býr fals (flagð) undir fríðum skinni. (fær.) *Oft wohnt Falsch (Troll) unter schöner Haut.*

Ofta ligger ormen under rosenbusken (blom- **sw.** sterbusken). *Oft liegt die Schlange unter dem Rosenbusch (Blumenstrauch).*

Ormen lurar under blomstren. *Die Schlange lauert unter den Blumen.*

Der är en orm i gräset. *Da ist eine Schlange im Gras.*

Orm ær opta vndher blomstrande buska. (asw.) *S. Ofte er Orm u. s. w.*

Latet anguis sub herbis (in herba). **lt.**

Inficiat præceps hominem sub (de) flore rubi seps (ceps). (mlt.)

Le serpent est caché sous les fleurs. *Die* **fz.** *Schlange ist unter den Blumen verborgen.*

Souba couverture d'or Poison gist et dort. (afz.) *Unter goldner Decke liegt und schläft Gift.*

It serpe tra' fiori e l' erba giace. *Die Schlange* **it.** *liegt zwischen den Blumen und dem Gras.*

Ne' fiori cova la serpe. *In den Blumen brütet die Schlange.*

Spesso sotto bel guanto brutta mano si nasconde. *Oft verbirgt unter schönem Handschuh sich hässliche Hand.*

---

316. Der **Schleicher** überwindet den Beisser.

od. Ein **schleicher** so weit kommt als der Renner.

---

dt. Sluipende honden hebben het spek allereerst weg. *Schleichende Hunde haben den Speck zuerst weg.*

Sluipende katten halen **'t vleesch uit den pot.** *Schleichende Katzen* ***holen 's Fleisch aus*** *dem Topf.*

en. The still sow sucks **up all the** draught. ***Die*** *stille Sau* ***saugt den ganzen*** *Trank aus.*

A still sow eats all the draff. (scho.) *Eine* ***stille Sau frisst das ganze Spülicht.***

---

dä. De lumske Sviin æde Masken, de galne løbe udenom. ***Die hinterlistigen Schweine fressen die Träber, die unklugen laufen aussen herum.***

---

fz. C'est l'loûrd chet qui happe li chàr foû dè pot. (nf. w.) ***Es*** *ist die schwerfällige Katze,* ***die das Fleisch*** *aus dem Topfe holt.*

nf. C'est l'loûrd chet qu'attrappe li soris. (w.) ***Es ist die*** *schwerfällige Katze, welche die Mäuse* ***fängt.***

it. L' agnello umile succhia le mammelle della propria madre e quelle degli altri. ***Das sanfte Lamm saugt an der Brust der eigenen Mutter und an der von anderen.***

ni. L'agnèl mansuet el tèta 'l lat de so mader e po quel de oter. (l. b.) ***Das sanfte Lamm saugt die Milch seiner Mutter und dann die der andern.***

L' agnelo umile el lata da do mame, e 'l superbo da una sola. (v.) *Das sanfte Lamm saugt an zwei Müttern und das übermüthige blos an einer.*

pt. Bezerrinha mansa todas as vaccas mamma. ***Das*** *sanfte Kalb saugt alle Kühe an.*

sp. Oveja duenda mama á su madre y á la agena. *Zahmes Schaf saugt an der eigenen Mutter und an der fremden.*

Becerro manso mama á su madre y á otras quatro. *Zahmes Kalb saugt an seiner Mutter* ***und an vier andern.***

Becerrica mansa todas las vacas mama. *S.* ***Bezerrinha u. s. w.***

Bezerra mansa mama de su madre y de la agena. *Zahmes Kalb saugt an seiner Mutter und an der fremden.*

Corderilla mega mama á su madre **y la agena.** *Sanftes Lämmchen saugt* ***an seiner Mutter*** *und* ***an der*** *fremden.*

Bezerrota mansa: todas las vacas mama. (asp.) ***S. Bezerrinha u. s. w.***

---

317. Alle Menschen auf Erden können noch keinen **Schleifstein** schinden.

Den Esel scheeren.

Hei lät sik fillen äs en Kieserlink. (wstf. S.) **pd.** *Er lässt sich* ***die Haut abziehen,*** *wie ein Kieselstein.*

Men kan geenen (geen') **keisteen de** huid afstroopen. *Man kann keinem Schleifstein die Haut abziehen.* **dt.**

Zy willen den kei het vel **afdoen. (vl.)** ***Sie*** *wollen dem Schleifstein* ***das Fell abziehen.***

Zy willen **een ei** scheeren. (vl.) ***Sie wollen ein*** *Ei scheeren.*

It's very hard **to shave an egg.** ***Es ist sehr*** *schwer, ein Ei zu scheeren.* **en.**

Den lever ikke i al Verden, **som kan flaae Huden af** en Hvædsteen. *Der lebt nicht in der ganzen Welt, der die Haut von einem Schleifstein abziehen kann.* **dä.**

Det er haardere een Steen, at taghe thet som eij ær tijl. (adä.) *Das ist härter als Stein, das zu nehmen, was nicht da* ***ist.***

Nàkað vinnist àf beini, men einki àf steini. (fær.) *Etwas kann man aus einem Knochen kriegen, aber nichts aus einem Stein.* **is.**

Ein gnagar nokot av eit Bein, **og** inkje av **ein** Stein. *Man nagt Etwas von einem Knochen* ***ab, und Nichts*** *von einem Stein.* **nw.**

Man **gnager något** af ben, men intet af sten. *Man nagt* ***etwas*** *aus Knochen, aber nichts aus Stein.* **sw.**

Thz ær hardhare æn steen taka thz ey ær til. **(asw.)** ***S.*** *Det er u. s. w.*

Asinum tondes. **lt.**

Prendere **quod** desit, vi durius est adamantis. **(mlt.)**

Chercher **à tondre** sur un oeuf. *Versuchen ein Ei zu scheeren (i. e. als Geiziger handeln).* **fz.**

L' on **ne** peut escorcher une pierre. *Man* ***kann keinen*** *Stein scheeren.*

nf. Raser d' sus le dos d' ein u. (pic.) *Auf dem Rücken eines Eis scheeren.*

sf. Troubaric à toudre sus un huou. (uprv.) *Er würde ein Ei scheeren können.*

---

318. Wo es **schmerzt**, da greift man hin.

od. Wo der Schmerz ist, da greift man hin, wo es einem wehe thut, da hat man seine Hand. (schwei.)

pd. De wat Leeves hett, de geitr na; de wat Seres hett, de föhltr na. (ns. B.) *Wer etwas Liebes hat, der geht darnach; wer etwas Wundes hat, der fühlt darnach.*

Wër wat Leiwes het, dei geit dernâe, un wër wat Weies het, dë foilt dernâe. (ns. ha. G. u. G.) *S. De wat u. s. w.*

Wër wat Leiwes het, dei geit dernâe, un wër wat Weies het, dë sût dernâe. (ns. ha. G. u. G.) *Wer etwas Liebes hat, der geht darnach, und wer was Wundes hat, der sieht darnach.*

De watt Lewes hett, de geiht dernah, de wat Wehes hett, de klait dernah. (ns. ha. V.) *S. De wat u. s. w.*

De wat Lôves hett, de geit dernâ; De wat Sêres hett, de föhlt dernâ. (ns. O. J.) *S. De wat u. s. w.*

---

dt. De tong gaat (is) waar de tand zeer doet. *Die Zunge geht hin (ist), wo der Zahn weh thut.*

fs. Diar wat Lefs hê, di lêpt-r efter; diar wat Siars hê, di felt-r efter. (A.) *Wer etwas Liebes hat, läuft danach; wer etwas Wundes hat, fühlt danach.*

Diar wat Lefs hea, di leapt 'r eftar; diar wat Siars hea, di felt 'r eftar. (F.) *S. Diar u. s. w.*

---

dä. Hvor det smerter Eu, der griber man med Haanden. *Wo es einen schmerzt, da greift man mit der Hand hin.*

Thet ær Hand som saart, Øgen som kært oc Hiærthe som Rijgdom. (adä.) *Da ist Hand, wo Wundes, Augen, wo Liebes, und Herz, wo Reichthum (ist).*

is. þar er augað, sem kært er, höndin, sem sárt er. *Da ist das Auge, wo Liebes ist, die Hand, wo Wundes ist.*

þar er hönd, sem sárt er, auga, sem kært er, hjarta, sem auður er. *S. Thet u. s. w.*

þar leikur hönd á, sem sárt er. *Da geht Hand hin, wo Wundes ist.*

Ögat är gjärna dher kiärt är, och handen dher sårt är. *Das Auge ist gern, wo Liebes ist, und die Hand, wo Wundes ist.* sw.

Tungan leker på tandasår. *Die Zunge spielt an der Zahnwunde.*

Ther ær hand, som saart ær, hiærta, som godz ær, ogha som kært ær. (asw.) *Da ist Hand, wo Wundes ist, Herz, wo Reichthum ist, Auge, wo Liebes ist.*

Æ lekir tunga a tanne saarast. (asw.) *Immer spielt die Zunge am schmerzhaftesten Zahn.*

Ubi dolet, ibi manus adhibemus. lt.

Ubi quis dolet, ibidem manum habet.

Est ibi nostra manus qua nos in parte dolemus. (mlt.)

Ir petit angorem, cor gazas, visus amorem. (mlt.)

Obsequitur denti superambula lingua dolenti. (mlt.)

La langue va, où la dent fait mal. *S. De tong u. s. w.* fz.

La uet la lange ou la dens deut. (afz.) *Dahin geht die Zunge, wo der Zahn weh thut.*

Li linwe vis batte todi so l' dint qui v' fait dè mâ. (w.) *Die Zunge stösst immer an den Zahn, der euch weh thut.* nf.

La lingua batte dove (ove) il dente duole. *Die Zunge schlägt an, wo der Zahn schmerzt.* it.

Due u dente frighie, a lingua pochia. (crs. m.) *Wo der Zahn schmerzt, leckt die Zunge.* mi.

Duve sente u dente, a lingua pogghia. (crs. s.) *S. Due u. s. w.*

Tûchûr ou dov ui dôl. (rom.) *Anfassen, wo es weh thut.*

La lenghva batt, dov e dent e dôl. (rom.) *S. La lingua batte u. s. w.*

La lingua va, dove gli duole il dente. (l.) *S. De tong u. s. w.*

Am dâ dov al dent m' dol. (em. B.) *Ich fasse hin, wo mich der Zahn schmerzt.* ni.

La lèngua bàta dòva 'l dent doèula. (em. P.) *S. La lingua batte u. s. w.*

La lingua côrr dôv a dôl al dêint. (em. R.) *S. De tong u. s. w.*

Touchêr dôv dôl al dêint. (em. R.) *Anfassen, wo der Zahn weh thut.*

Töc i mèt la ma doe che ghe dôl. (l. b.) *Alle fassen mit der Hand hin, wo's weh thut.*

La lengua batt in dove dœur el dent. (l. m.) *S. La lingua batte u. s. w.*

La lengua la corr, dove che 'l dent el dör. (l. m.) *S. De tong u. s. w.*

A lengua a côre dove o dente dêue. (lig.) *S. De tong u. s. w.*

La lenga a bat dov el dent a deul. (piem.) *S. La lingua batte u. s. w.*

La lengua bate dove el **dente dol.** (v.) *S. La lingua batte* **u. s. w.**

La lengua **dà dove ch'el dente diòl.** (v.) *S. La lingua* **batte u. s. w.**

La lingua bati indove che el dente **diol.** (**v. trst.**) *S. La lingua batte u. s. w.*

si. Batte la lingua addu lu diente dole. (ap. L.) *S.* ***La lingua batte u. s. w.***

La lingua va unni lu denti doli. (s.) *S. De* ***tong u. s. w.***

La lingua batti unni **lu denti doli.** (s.) ***S.*** *La lingua batte u.* ***s. w.***

Sa limba battit in ue **sa dente dolet.** (sa.) ***S.*** *La lingua batte* ***u. s. w.***

pt. Lá vai a lingua, **onde doe a gengiva.** *Da geht die Zunge* ***hin, wo das Zahnfleisch*** *weh thut.*

A mão na dor, e o olho no amor. ***Die Hand nach dem Schmerz und das Auge nach der Liebe.***

sp. Allá va la lengua do duele la muéla. ***S. Lá vai u. s. w.***

---

319. Schmidt ist der Funken gewohnt.

Schmidts Sohn ist der Funken gewohnt.

od. Schmids-Chind sind si der Funke **gwont.** (**schwei.**) *Schmidtskinder sind* ***der Funken gewohnt.***

---

dt. Smids kinderen zijn wel vonken **gewend.** ***Schmidts Kinder sind*** *wohl Funken* ***gewohnt.***

Die voerman geweest is, is het klappen **van de zweep gewoon (kent** het klappen **van de zweep).** ***Wer Fuhrmann gewesen ist, ist des Knallens der Peitsche gewöhnt (kennt das Knallen der Peitsche).***

---

dä. Smedeborn **rædes ei for Gnister.** ***Schmiede****kinder fürchten* ***sich*** *nicht* ***vor Funken.***

Gamle Soldater kunne taale Krudlugten. *Alte Soldaten können den Pulverdampf vertragen.*

Gammelt Huus er vant til Rog. *Altes Haus ist an Rauch gewöhnt.*

sw. Smedens barn ä' inte rädda för gnistorna. ***Des*** *Schmidts Kind ist nicht vor* ***den Funken bange.***

---

it. Chi è nato di carnovale, **non** ha paura di **brutti** musi. (mi. R.) *Wer im Carneval geboren ist, hat keine Furcht vor hässlichen Gesichtern.*

La cadena no la g' à pura del füm. (l. b.) **ni.** *Die Kette hat keine Furcht vor dem Rauch.*

---

320. Man schneidet die Riemen, nachdem die Haut ist.

Ein man den riemen sniden sol nâch der hiute, **daz stât wol.** (ad.)

Wer wenig Tuch hat, mache den Rock **desto** od. **kürzer.** (schwei.)

Wit naar het laken Uw kleêren maken. *Wollt* **dt.** ***eure*** *Kleider nach dem Tuche machen.*

Wil naer uw laken Uwe kleêren maken. (vl.) *Wollt eure Kleider nach euerm Tuche machen.*

Cut your cloak according to your cloth. *Schneidet* **en.** *euern Mantel nach euerm Tuche.*

You must cut your cloak according to your cloth. *Ihr müsst euern Mantel nach euerm Tuche schneiden.*

Make not your tail broader than your wings. *Macht euern Schweif nicht breiter als eure Flügel.*

Cut the **garment according to the cloth.** ***Schneidet das Kleid nach dem Tuche.***

Sníddu þér stakk eptir vexti. ***Schneide dir*** **is.** ***die Jacke nach dem Wuchs.***

Drizzar la carga **suenter la via.** (obl.) ***Die*** **cw.** *Ladung nach dem Wege richten.*

Il faut tailler la robe selon le corps. *Man* **fz.** *muss das Kleid nach dem Körper schneiden.*

Il faut faire la manche selon le bras. *Man muss den Ärmel nach dem* ***Arme*** *machen.*

Fa **la** veste secondo il panno. *Mach' das Kleid* **it.** *nach dem Tuche.*

Tajè sgond **e pänn.** (rom.) *Nach dem Tuche* **mi.** *schneiden.*

Chi ha poco panno, porti il vestito corto. (t.) *Wer wenig Tuch hat, trage das Kleid kurz.*

Bisogna **compartire** il refe secondo le pezze. (t.) ***Man muss den*** *Zwirn nach den Stücken vertheilen.*

Il sarto **fa** il mantello secondo il **panno.** (t.) *Der Schneider macht den Mantel nach dem* ***Tuche.***

---

321. Schön ist kein Gefängniss, **keine** Liebste hässlich.

Kein Gefängniss ist schön und keine Braut hässlich

dt. Men vindt geen schoon gevangenhuis of leelijk lief. *Man findet kein schönes Gefängniss, noch hässlich Lieb.*

Geen leelijk lief noch schoonen koolzak. *Kein hässlich Lieb, noch reiner Kohlensack.*

en. Never seem'd a prison fair or (nor a) mistress foul. *Nie schien ein Gefängniss schön, noch eine Geliebte hässlich.*

---

dä. Intet Fængsel er skjønt, og ingen Brud hæslig. *S. Kein u. s. w.*

---

fz. Il n' est point de belles prisons, ni de laides amours. *Es gibt kein schönes Gefängniss und kein hässliches Liebchen.*

Il n' est nulle laide amour, ni belle prison. *Es gibt kein hässliches Liebchen, noch schönes Gefängniss.*

Il n' y a point de laides amours. *Es gibt kein hässlich Liebchen.*

Il n' y a point de belle prison, ni de laides amours. *S. Il n' est point u. s. w.*

sf. N' auouc jamès bèros presous, Ni leugé amous. (Arm.) *Nie gab es schöne Gefängnisse, noch hässliche Liebchen.*

Non y a pas de bères presous, Ni de lèdes amous. (Brn.) *S. Il n' est point u. s. w.*

Jamay non son bellos presous, ne laidos amours. (nprv.) *Nie gibt's schöne Gefängnisse, noch hässliche Liebchen.*

it. Mai la preson l'è bella o l'amôr brütt. (ni. l. m.) *Nie ist das Gefängniss schön oder die Liebe hässlich.*

---

322. **Schöne Jungfer trägt ihr Heirathsgut im Angesicht.**

Die Schönheit eines Mädchens ist die Hälfte der Mitgift.

pd. Det Gesicht bräinjt det Mëtchen angder de Houf. (urh. S.) *Das Gesicht bringt das Mädchen unter die Haube.*

Köppken gladd un Föudgen gladd, is de halwe Brundschatt. (wstf. H.) *Köpfchen hübsch und Füsschen hübsch ist der halbe Brautschatz.*

---

en. Fair maidens wear nae purses. (scho.) *Schöne Mädchen tragen keine Börsen.*

---

dä. Deilighed bær Medgiften i Ansigtet. *Schönheit trägt die Mitgift im Gesicht.*

En smuk Pige faaer nok en Beiler. *Ein schönes Mädchen bekommt schon einen Freier.*

En fager mö bär hemgiften i sitt ansigte. *Ein* sw. *schönes Mädchen trägt die Mitgift in ihrem Gesicht.*

Formosa facies muta commendatio. lt.

In virgine formam dotis dimidium vocant.

Chi nasce bella non nasce povera. *Die schön* it. *zur Welt kommt, kommt nicht arm zur Welt.*

Chi nasce bella, nasce maritata. (t.) *Die schön* mi. *geboren wird, wird verheirathet geboren.*

Beltà porta la sua borsa. (t.) *Schönheit trägt ihre Börse.*

Chi bella nacque, Povera non nacque. (t.) *Die schön geboren wurde, ward nicht arm geboren.*

Chi nas bèla, nas maridada. (l. b.) *S. Chi* ni. *nasce bella, nasce u. s. w.*

Ai avocat no manca mai lit, A bèle done no manca marit. (l. b.) *Den Advocaten fehlt nie Streit, schönen Frauen fehlt nie ein Mann.*

Chi a nass bela, a porta la dote an scarsela. (piem.) *Die schön zur Welt kommt, trägt die Mitgift in der Tasche.*

Li bei a l' an la dote con lor. (piem.) *Die Schönen haben die Mitgift bei sich.*

Chi nasse bela, ga la dota con ela. (v.) *Die schön zur Welt kommt, hat die Mitgift bei sich.*

Ai avocati no manca mai liti, A bele done no manca mariti. (v.) *Den Advocaten fehlt's nie an Prozessen, schönen Frauen fehlt's nicht an Männern.*

Chi nassi bela, nassi maridada. (v. trst.) *S. Chi nasce bella, nasce u. s. w.*

Biddizza è menza doti. (s.) *Schönheit ist halbe* si. *Mitgift.*

---

323. Was lieb ist, das ist **schön.**

Mein Buhl die schönste.

Hüsch és nét hüsch: bés èn gefällt is hüsch. md. (frk. H.) *Hübsch ist nicht hübsch: was einem gefällt, ist hübsch.*

Was man liebt, ist das Allerschönste. (bair.) od.

Fair is not fair, but that which pleaseth. *Schön* en. *ist nicht schön, sondern das, was gefällt.*

Handsome is that handsome does. *Schön ist, wer schön handelt.*

Bonny is that bonny diz. (n. en.) *S. Handsome u. s. w.*

---

dä. Hvad der er kjært, er skjønt. *Was da lieb ist, ist schön.*

nw. Dat er alt vent, som kjært er. *Es ist Alles schön, was lieb ist.*

---

lt. Si quis amat ranam, ranam putat esse Dianam. (mlt.)

fz. Est assez beau qui a tous ses membres. *Schön genug ist, wer alle seine Glieder hat.*

Qui vient est beau, qui apporte est encore plus beau. *Wer kommt, ist schön, wer bringt, ist noch schöner.*

Beau est qui vient et plus beau qui apporte. *Schön ist, wer kommt, und schöner, wer bringt.*

sf. Tout ço qui plats qu' èy ayse. (Brn.) *Alles, was gefällt, ist hübsch.*

Nè pa bè eein k' è bè, ma eein ke pllai. (Pat. s.) *Nicht ist schön, was schön ist, sondern das, was gefällt.*

it. Non è bel quel, che è bel, ma quel, che piace. *S. Nè u. s. w.*

mi. Unn' è bellu ciò ch' è bellu, ma è bellu ciò chi piace. (crs.) *Nicht ist das schön, was schön ist, sondern das ist schön, was gefällt.*

Non è bel quel ch' è bello, ma quel che piace. (t.) *S. Nè u. s. w.*

ni. Nol è biell chell che al è biell, ma chell, che al plâs. (frl.) *S. Nè u. s. w.*

No l' è bèl quel ch' è bèl, ma quèl che pias. (l.) *S. Nè u. s. w.*

Nò l' è bell quell ch' è bell, ma quell che pias. (l. m.) *S. Nè u. s. w.*

L' è nen bel lö ch' l' è bel, l' è bel lö ch' a pias. (piem.) *Das ist nicht schön, was schön ist, das ist schön, was gefällt.*

A l' è nen bel lô ch' a l' è bel, ma a l' è bel lô ch' a pias. (piem.) *S. Unn' u. s. w.*

No xe belo quel ch' è belo, ma xe belo quel che piase. (v.) *S. Unn' u. s. w.*

No xe bel quel che xe bel, ma quel che piasi. (v. trst.) *S. Nè u. s. w.*

si. Quella è la bella, che al tuo cuor piace. (npl.) *Die ist die Schöne, welche deinem Herzen gefällt.*

Nun è bedda chidda chi è bedda, ma chidda chi piaci. (s.) *Nicht ist die schön, die schön ist, sondern die, welche gefällt.*

La bedda è chidda, chi a lu cori piaci. (s.) *Die Schöne ist die, welche dem Herzen gefällt.*

Non est bellu su qui est bellu, si non su qui piaghet. (sa.) *S. Nè u. s. w.*

pt. Quem ama ao feio, fermoso (bonito) lhe parece. *Wer das Hässliche liebt, dem scheint es schön.*

El deseo haze hermoso lo feo. *Die Begierde* sp.
macht das Hässliche schön.

Quien feo ama, hermoso le paresce. *S. Quem u. s. w.*

---

324. **Schönheit** kann man nicht essen.
Schönheit brockt man nicht in die Schüssel.
Von der Schönheit kann man nicht leben.
Die Schônheit nâhret nicht. (bair.) od.

La bellezza non si mangia. *Die Schönheit* it.
isst man nicht.

A bellezza unn' empie a casa. (crs.) *Die* mi.
Schönheit füllt das Haus nicht an.

La bellezza non si mette in tavola. (t.) *Die Schönheit trägt man nicht bei Tafel auf.*

Intor le belezze no si rosee. (frl.) *An der* ni.
Schönheit nagt man nicht.

La belezza no la se mangia. (l.) *S. La bellezza non si mangia.*

La belezza no la fa boi la pignata. (l.) *Die Schönheit macht den Topf nicht sieden.*

La belessa la fa miga boi la pignata. (l. b.) *S. La belezza no la fa u. s. w.*

La belessa no la fa mèt in taola. (l. b.) *Die Schönheit lässt sich nicht bei Tisch auftragen.*

Co la belezza no se magna. (v.) *Mit der Schönheit isst man nicht.*

Co la belezza sola no se vive. (v.) *Von der Schönheit allein lebt man nicht.*

Bellesa non fraghet domo. (sa. L.) *Schönheit* si.
macht kein Haus.

Fermosura de mulher não faz rico ser. *Schön-* pt.
heit der Frau macht nicht reich sein.

---

325. **Schönheit** ohne Tugend ist verdorbener Wein.

Schoonheid zonder goedheid deugt niet. *Schön-* dt.
heit ohne Güte taugt Nichts.

Schoonheid zonder deugd Verleend maar korte vreugd. *Schönheit ohne Tugend verleiht nur kurze Freude.*

Schoonheyt sonder duecht, Verleent onlanghe vruecht. (avl.) *S. Schoonheid zonder deugd u. s. w.*

en. Beauty 's muck when honour 's tint. (scho.) *Schönheit ist werthlos, wenn die Ehre verloren ist.*

---

dä. Fagerhed uden Tugt: Rose uden Lugt. *Schönheit ohne Ehrbarkeit, Rose ohne Duft.*

nw. Dar Dygdi vantar, er Venleiken inkje verd. *Wo die Tugend fehlt, ist die Schönheit nichts werth.*

Venleike utan Vit er litet verd. *Schönheit ohne Geschick ist wenig werth.*

sw. Fägring (Fager) utan tukt, är en ros utan lukt. *Schönheit (Schön) ohne Zucht ist eine Rose ohne Duft.*

---

cw. Bellëzza sënza virtù e scò le vin sënza gust. (bl. bd.) *Schönheit ohne Tugend ist wie der Wein ohne Geschmack.*

fz. Beauté sans bonté ne vaut rien. *S. Schoonheid zonder goedheid u. s. w.*

Beauté sans bonté est comme vin esventé. *Schönheit ohne Güte ist wie ausgewitterter Wein.*

Biauté ne vaut rien sans bonté. (afz.) *S. Schoonheid zonder goedheid u. s. w.*

sf. Bianta sein bonta n' é ke pura vanitâ. (Pat. s.) *Schönheit ohne Güte ist reine Eitelkeit.*

it. Belta senza virtù presto svanisce. *Schönheit ohne Tugend verschwindet rasch.*

mi. Bellezza senza bontà, è come vino svanito. (t.) *S. Beauté sans bonté est u. s. w.*

Bellezza senza bontà, è casa senza uscio, nave senza vento, e fonte senz' acqua. (t.) *Schönheit ohne Güte ist ein Haus ohne Thür, ein Schiff ohne Wind und ein Brunnen ohne Wasser.*

ni. Da dona bèla, senza bontà, Piö che ta podet staga lontà. (l. b.) *Von schöner Frau ohne Güte bleib so entfernt wie du kannst.*

---

326. Schönheit und Keuschheit sind selten beieinander.

---

dl. Schoonheid en eerbarheid komen niet wel overeen. *Schönheit und Ehrbarkeit stimmen nicht gut zusammen.*

---

dä. Skjonhed og Kydskhed, Viisdom og Rigdom, Ungdom og Afholdenhed, Alderdom og Sundhed findes sjelden sammen. *Schönheit und Keuschheit, Weisheit und Reichthum, Jugend und Enthaltsamkeit, Alter und Gesundheit finden sich selten zusammen.*

De skjønneste Qvinder ere ei altid de frommeste. *Die schönsten Frauen sind nicht immer die frömmsten.*

Skönhet och kyskhet, visdom och rikedom, ungdom och måttlighet, ålderdom och helsa finnas sällan tillhopa. *S. Skjonhed u. s. w.* sw.

Fager kropp och selig själ finnas inte alltid tillsammans. *Schöner Leib und sittsame Seele findet sich nicht immer beisammen.*

Rara pudicicię manet et concordia formę. (mlt.) lt.

Rara est adeo concordia formae atque pudicitiae.

Beau et bon l' on ne peut pas être. *Schön und gut kann man nicht sein.* fz.

Beauté et folie sont souvent en compagnie. *Schönheit und Thorheit sind oft miteinander.*

En grande beauté rarement loyauté. *Bei grosser Schönheit selten Treue.*

En grand' beauté ne gît pas grand' loyauté. *In grosser Schönheit liegt nicht grosse Treue.*

Beautat é bolie soun souben en companye. (Gsc.) *S. Beauté u. s. w.* sf.

La bellezza e la follia Vanno spesso in compagnia. *Die Schönheit und die Thorheit gehen oft miteinander.* it.

Bellezza e fullia So spessu in cumpagnia. (crs.) *S. Beauté u. s. w.* mi.

Beltà e follia vanno spesso in compagnia. (t.) *Schönheit und Thorheit gehen oft miteinander.*

Dòna bèla, o mata o vanerèla. (l.) *Schöne Frau, entweder thöricht oder eitel.* ni.

Xe molto raro che una bela puta E de corpo e de cuor sia sana tuta. (v.) *Es ist sehr selten, dass ein schönes Mädchen sowohl an Körper, wie an Herz ganz gesund sei.*

---

327. Schönheit vergeht, Tugend besteht.

Schénhêt, Fergénglêchkêt. (mrh. L.) *Schönheit, Vergänglichkeit.* md.

Schinhit fergit, Rèchtschafenhit bestît. (mrh. S.) *Schönheit vergeht, Rechtschaffenheit besteht.* pd.

Schînhit ferziert, Tugent bléift wiert. (mrh. S.) *Schönheit vergeht, Tugend bleibt werth.*

Beauty is a blossom. *Schönheit ist eine Blüte.* eu.

Skjonhed forgaaer, Dyd bestaaer. dä.

nw. Venleiken er vond aa halda. *Die Schönheit ist schwer zu behalten.*
D' er stokkut Stund, at Venleiken vårer. *Es ist eine kurze Stunde, dass die Schönheit währt.*

sw. Fägring faller snart. *Schönheit verfällt rasch.*

---

lt. Vanitas pulchritudo.
Forma bonum fragile est.

fz. Dü bëlo fëmo é flou dü mâi, Ën un jhour la bëonta s' ën vâi. (sf. Lgd.) *Von schöner Frau und Blume des Mai's geht in einem Tag die Schönheit fort.*

sf. De bello fremo et flous de May, en un jour la beoutat s' en vay. (nprv.) *S. Dë bëlo u. s. w.*

it. Bellezza è come un fiore, Che nasce e presto muore. *Schönheit ist wie eine Blume, die aufsprosst und rasch stirbt.*

mi. A bellezza passa prestu. (crs.) *Die Schönheit geht rasch vorüber.*

ni. La belezza la düra poch. (l.) *Die Schönheit währt kurz.*
La blessa a dura poch. (piem.) *S. La belezza u. s. w.*
La belezza dura poco. (v.) *S. La belezza u. s. w.*

sl. Humana bellesa ses de paga dura. (sa. L.) *Menschliche Schönheit ist von kurzer Dauer.*

---

328. **Die schönsten Äpfel sticht der Wurm am ersten.**

Auf das schönste Fleisch sitzen gern Schmeissfliegen.
Die besten Käse werden von den Mäusen angefressen.

---

dt. Het schoonste vleesch is 't kwaadst voor de vliegen te bewaren. *Das schönste Fleisch ist am schwersten vor den Fliegen zu bewahren.*
Het witste kleed is 't eerst besmet. *Das weisseste Kleid ist zuerst beschmutzt.*
Het witste satijn is het allereerst bevlekt. *Der weisseste Atlas wird am allerersten fleckig.*

en. The fairest silk is soonest stained. *Die schönste Seide fleckt am ersten.*
The finest lawn soonest stains. *Das feinste Klartuch fleckt am ersten.*

---

dä. De skjønneste Æbler stikker Ormen allerforst.

sw. De vackraste äpplena bli först maskstungna. *Die schönsten Äpfel werden zuerst wurmstichig.*
Bästa Osten blir snarast musathen. *Der beste Käse wird am raschesten von den Mäusen gefressen.*

---

it. In la dolce c' entra u vermu. (mi. crs.) *In das Süsse dringt der Wurm ein.*

mi. In panno fino sta la tarma. (t.) *In feinem Tuch steckt die Motte.*
Nelle belle muraglie si genera il serpe. (t.) *In den schönen Mauern wird die Schlange erzeugt.*

---

329. **Wenn der Schreiber nichts taugt, gibt er's der Feder Schuld.**

Wenn der Schreiber nichts nütz ist, so muss die Feder daran Schuld sein. (bair.)

---

od. dl. Een schlecht maaijer heeft nooit eene goede zeissen. *Ein schlechter Mäher hat nie eine gute Sense.*

en. An ill workman quarrels with his tools. *Ein schlechter Arbeiter zankt auf sein Handwerkszeug.*
A bad shearer never had a good syckle. (m. en.) *S. Een schlecht u. s. w.*
An ill shearer ne'er got a gude heuk. (scho.) *S. Een schlecht u. s. w.*

---

nw. Ein ringer Roar lastar paa Aarama. *Ein schlechter Ruderer schimpft auf die Ruder.*

---

fz. Mauvais ouvrier ne trouvera jamais bon outil. *Schlechter Arbeiter wird nie gutes Handwerkszeug finden.*
Mavais ovriers ne trovera ja bon ostil. (afz.) *S. Mauvais u. s. w.*

sf. Djamé crouié ovrai ne trova dé boun utis. (Pat. s.) *Niemals findet schlechter Arbeiter gutes Handwerkszeug.*

it. Cattivo lavoratore a ogni ferro pon cagione. *Schlechter Arbeiter schiebt die Schuld auf jedes Eisen.*

mi. A i gattivi marinari tutti i venti so cuntrarj. (crs.) *Den schlechten Seeleuten sind alle Winde Gegenwinde.*
Per chi un sa zappà, tutte e zappe so malfatte. (crs.) *Für den, der nicht zu hacken versteht, sind alle Hacken schlecht gemacht.*
Tótta la colpa l' è dé mandgh. (rom.) *Die ganze Schuld liegt am Stiel.*
Al cattivo lavoratore or gli casca la zappa ora il marrone. (t.) *Dem schlechten Arbeiter fällt bald die Hacke, bald die Radhaue hin.*

A cattivo lavoratore Ogni zappa dà dolore. (t.) *Schlechtem Arbeiter macht* **jede** *Hacke Schmerz.*

ni. Al cativ paisà casca despès **la zapa da le ma-** (l. b.) *Dem schlechten* **Bauer fällt oft die Hacke** *aus den Händen.*

Catía laandera troa **mai la buna preda.** (l. brs.) *Schlechte Wäscherin* **findet nie das gute Brett.**

La cattiva lavandèra trœuva mai bonna preja. (l. m.) *Die schlechte Wäscherin findet nie ein gutes Brett.*

Cativa lavandera trœuva mai na bona pera. (piem.) ***Schlechte Wäscherin findet nie einen*** *guten Stein.*

---

330. Der grösste **Schritt** ist immer der aus der Thür.

pd. **Dat Süll** es immer **de höggeste Bäärich.** (wstf. Mrk.) *Die* ***Schwelle ist immer der höchste Berg.***

---

dt. **Daar is niets duer dan het eerste pintje.** ***Nur das erste Pintchen ist theuer.***

en. **The first step being taken, the rest is easy.** ***Ist der erste Schritt gethan, ist das Übrige leicht.***

---

dä. **Det største Skridt er det ud af Døren.** *Der* ***grösste Schritt ist der aus der Thür.***

Det **høieste Bjerg at komme over er** Dørtærskelen. ***Der höchste*** *Berg zum Drüberkommen ist die Thürschwelle.*

nw. Durstokk-Mili **er alltid lengst.** ***Die Thürschwell-Meile*** *ist* ***stets am längsten.***

D' er lang Heiman-Reidsla. *Es ist* ***lang die*** *Ausfahrt aus der Heimath.*

Fyrste Fetet kostar mest. ***Der erste Schritt*** *kostet am meisten.*

sw. Alltid sämsta föret i portlidret. *Immer* ***der*** *schlimmste Weg im Thorhaus.*

Alltid sväråst i portlidret. ***Immer am schwer-*** *sten im Thorhaus.*

Den första timan **i** galgen är den swåraste. ***Die erste*** *Stunde am Galgen ist die schwerste.*

---

fz. **Il n'y a** que le premier pas qui coûte. *Es ist* ***nur*** *der erste Schritt, der kostet.*

Il n'y a que la première bouteille qui soit chère. *Es ist* ***nur die erste Flasche****, die theuer ist.*

Il n'y a que la première pinte qui coûte. **S.** *Daar is niets u. s. w.*

I n'y a qui l'prumî pas qui cosse. (w.) ***S. Il n'y a*** *que le premier u. s. w.*

Non y a pas que lou parme pintou **de câ.** sf. **(Brn.)** *Es ist nur der erste Schoppen theuer.*

Il più duro passo è quello **del soglio.** ***Der*** it. ***schwerste Schritt*** *ist der über die Schwelle.*

Il più difficile è mettere il piè in istaffa (nella **staffa).** ***Das*** *Schwerste ist den* ***Fuss in den Steigbügel zu setzen.***

U pegghiò gradu è quellu di a porta (dill' mi. **usciu.) (crs. m.)** ***Die schlimmste Stufe ist die der Thür.***

E piô **cativ pass l' è quêll dl' öss. (rom.)** ***Der schlimmste Schritt ist der aus der Thür.***

Il passo più difficile è quello dell' uscio. (t.) ***S. E piô u. s. w.***

Il primo scudo è il più difficile a fare. (t.) ***Der erste Scudo ist am schwersten zu erwerben.***

Fatto un certo che, la roba vien da se. (t.) ***Etwas*** *Gewisses erworben, kommt das Gut von selbst.*

El pi cativ pass a l' è el **prim.** (piem.) *Der* ni. *schlimmste Schritt ist der erste.*

Tuto **sta** nel **fare** i primi paoli. (v.) *Alles* ***kommt darauf an****, die* ***ersten*** *Paoli zu erwerben.*

Tuto sta nel far i primi mile. (v. trst.) ***Alles kommt darauf an, die ersten Tausend zu erwerben.***

Lo mès mal pas es lo de la porta. (ncat.) ***S.*** **lm.** ***E piô u. s. w.***

El salir de la posada es la mayor jornada. **sp.** ***Das Verlassen des Quartiers ist die grösste Tagereise.***

---

331. Verliert man die **Schuhe**, so behält man doch die Füsse.

Gott gebe, Gott grüsse! **Bier und Wein schmeckt süsse. Versauf' ich auch die Schuh, behalt' ich doch die Füsse.**

Se ben ho perso l'anello, ho pur ancora le dita. **it.** ***Hab' ich*** *auch den Ring verloren, so hab'* ***ich doch noch*** *die Finger.*

Se m' è andà vera ed anèi, **G'** ò amò i dit, **ni.** ch'in pässè bèi. (l. m.) ***Sind mir auch Trau-*** *reif und Ringe verloren, hab' ich noch die Finger, die schöner sind.*

Se xe andà i anèi, No xe andà i dei. (v.) *Sind die Ringe fort, sind die Finger nicht fort.*

Se ò perso i anèi, No ò perso i dèi. (v.) *Wenn ich auch die Ringe verloren habe, so habe ich nicht die Finger verloren.*

si. Se son cadute l' anella, son rimaste le dita. (npl.) *Wenn die Ringe abgefallen sind, sind (doch) die Finger geblieben.*

Si di li mani cadern l' aneddi, Arristati mi su li jiditeddi. (s.) *Wenn von den Händen die Ringe fielen, sind mir (doch) die Finger geblieben.*

sp. Aunque se perdiéron los anillos, aqui quedáron los dedillos. *Wenn auch die Ringe verloren giengen, so blieben die Finger da.*

Si se perdiéron los anillos, Aqui fincaron los zarcillos. *Giengen die Ringe verloren, blieben die Ohrringe da.*

---

332. Für böse **Schuld** nimm Bohnenstroh.

Für alte Schuld nimm Bohnenstroh.

Für alte Schuld nimm Haferstroh, Sonst machst nur Advokaten froh.

Für ungewisse Schuld nimmt man auch Haferstroh.

md. Für vorlorna Scholl nimmt mo' Höberssprô'. (frk. H.) *Für verlorene Schuld nimmt man Haferspreu.*

Fu' schlèchte' Beziller he]t ë' wât ë' krit. (mrh. L.) *Von schlechten Zahlern holt man, was man kriegt.*

od. Für alte Schulden nimmt man Haberstroh. (bair.)

An bösen Schulden nimmt man Haberstroh. (schwb. W.)

pd. Vör en ungewisse Schuld mutt man Haverkaff annehmn. (ns. B.) *Für eine unsichere Schuld muss man Haferspreu nehmen.*

Vor verlörene Schuld maut men Häwerkâwe nômen. (ns. ha. G. u. G.) *Für verlorene Schuld muss man Haferspreu nehmen.*

---

dt. Voor oude en onwisse schulden neemt men hooi en haverstroo. *Für alte und ungewisse Schulden nimmt man Heu und Haferstroh.*

en. Of ill debtours men takes oats. (scho.) *Von schlechten Schuldnern nimmt man Hafer.*

---

dä. Man maa tage suur Sild af onde Gieldinger. *Man muss von bösen Schuldnern sauern Hering nehmen.*

Tagh (Thw scalt taghe) soorth Salth aff ondhe Gællere. (adä.) *Nimm (Du musst) schwarzes Salz von schlechten Zahlern (nehmen).*

Tak grátt salt af vondum gjöldum. *Nimm* **is.** *graues Salz von schlechten Zahlern.*

Betri er svart salt frá ringum gjaldara enn einki. (fær.) *Besser ist schwarzes Salz von schlechtem Zahler, als Nichts.*

Af ond güldenär tar man svart salt: man tar **sw.** hvad man kan få. *Von bösem Schuldner nimmt man schwarzes Salz: man nimmt was man kriegen kann.*

Swart Salt aff ond giäldenär. *Schwarzes Salz von bösem Schuldner.*

Tak (Thu skalt taka) swarth salt aff ondom gællara. (asw.) *Nimm (Du musst) schwarzes Salz von schlechtem Schuldner (nehmen).*

Accipias paleam, si non vult solvere nequam. **lt.**

Ab improbo debitore quidvis accipe. [(mlt.)

A solvente pigri tibi mnas salis elige nigri.

Sal nigrum poscas a quo solvi male noscas. (mlt.)

De male solvente sal nigrum suscipe. (mlt.)

D' un mauvais payeur on tire ce qu' on peut. **fz.** *Von einem schlechten Zahler zieht man heraus, was man kann.*

D'un mauvais débiteur et payeur Prends paille et foin pour ton labeur. *Von einem schlechten Schuldner und Zahler nimm Stroh und Heu für deine Mühe.*

De maveis payeur prent-on avainne. (afz.) *Von schlechtem Zahler nimmt man Hafer.*

De bon deteur aueine, et de mal nient. (afz.) *Von gutem Schuldner Hafer und von schlechtem Nichts.*

Dë michan pagadou, fâou prênë la pâlio â la **sf.** flou. (Lgd.) *Von schlechtem Zahler muss man das Stroh im Boden nehmen.*

De marrits pagadours, faut prendre de paillo ou de flours. (nprv.) *Von schlechten Zahlern muss man Stroh oder Blumen nehmen.*

Da cattivo debitor togli paglia per lavor. *Von* **it.** *schlechtem Schuldner nimm Stroh für Mühe.*

Da cattivo debitore ò aceto ò vin cercone. *Von schlechtem Schuldner Essig oder verdorbenen Wein.*

Da i cativ pagadur e bsögna tô quèll ch ven. **mi.** (rom.) *Von den schlechten Zahlern muss man nehmen, was kommt.*

Dal mal pagatore, o aceto, o cercone. (t.) *S. Da cattivo debitore ò u. s. w.*

Da 'n cattiv pagadòr bisogna toèur còll ch' es **ni.** poèul avèr. (em. P.) *Von einem schlechten Zahler muss man nehmen, was man haben kann.*

Dai cativ pagadûr, Bisogna ciàpâ quel che i vol dâ lur. (l. b.) *Von den schlechten Zah-*

lern muss man nehmen, was sie geben wollen.

Dai cativ pagador (Da le cative paghe) a bsogna piè lö ch' as pöül. (piem.) *Von den schlechten Zahlern muss man nehmen, was man kann.*

Da cativo pagador, bisogna tor quel che se pol. (v.) *Von schlechtem Zahler muss man nehmen, was man kann.*

si. A mal pagatore o paglia, o fieno. (npl.) *Von schlechtem Zahler Stroh oder Heu.*

Di lu malu pagaturi o oriu o pagghia. (s.) *Vom schlechten Zahler Gerste oder Stroh.*

Dai su malu pagadore tirande su qui podes. (sa.) *Vom schlechten Zahler zieh heraus was du kannst.*

lm. De mal pagador gra ó palla. (neat.) *Von schlechtem Zahler Korn oder Stroh.*

pt. A máo pagador em farellos. *Von schlechtem Zahler nimm Kleie.*

sp. Del mal pagador aunque sea en paja. *Von schlechtem Zahler wenn es auch in Stroh sei.*

La mala paga siquiera en pajas. *Die schlechte Schuld und wenn es in Stroh sei.*

---

333. Wer seine **Schulden** bezahlt, verbessert sein Gut.

Wer seine Schulden bezahlt, verbessert seine Umstände.

Wer seine Schulden bezahlt, verringert sein Gut nicht.

pd. De sin Schuld betahlt, vermehrt sin Got. (us. B.) *Wer seine Schuld bezahlt, vermehrt sein Gut.*

De sine Schulden betaalt, beetert sin Good. (ns. hlst.)

Wër sine Schulden betâlt, verbetert sin Vermögen. (us. ha. G. u. G.) *Wer seine Schulden bezahlt, verbessert sein Vermögen.*

Wer seine Schulden bezahlt, verbessert seine Güter. (us. Pr.)

Wei siene Schulden betaalt, verbettert sien Gutt. (ns. W.)

---

dl. Die zijne schuld betaalt, vermindert zijn goed niet (verarmt niet), maar hij raakt zijn geld toch kwijt. *Wer seine Schuld bezahlt, vermindert sein Gut nicht (verarmt nicht), aber er wird sein Geld doch los.*

Die syne schult betaelt, en mindert syn goet niet. (avl.) *Wer seine Schuld bezahlt, vermindert sein Gut nicht.*

He who pays his debts, begins to make a stock. en. *Wer seine Schulden bezahlt, fängt an Kapital zu machen.*

Den (Hvo), som betaler sin Gjeld, (han) formerer sit Bo (Gods). *Der, welcher seine Schuld bezahlt, vermehrt seine Habe.* dä.

Hvo som betaler sin Gield, han øger sin Bo. *Wer seine Schuld bezahlt, vergrössert seine Habe.*

Dan som greider si Skuld, han aukar sitt Bu. *S. Den, som betaler u. s. w.* nw.

Den som betalar sin skuld, förbättrar sitt gods. sw.

Chi paja debits, fa credits. (ld. U.-E.) *Wer seine Schulden bezahlt, erwirbt Credit.* cw.

Qui paye ses dettes, s'enrichit. *Wer seine Schulden bezahlt, bereichert sich.* fz.

Qui s'acquitte, s'enrichit. *Wer bezahlt, bereichert sich.*

Qui paye sa debte fait grand acqueste. *Wer seine Schuld bezahlt, macht grossen Erwerb.*

Qui se acquitte, ne se encumbre. *Wer bezahlt, kommt nicht in Verlegenheit.*

Quî pâie ses dettes, s'arrichise. (w.) *S. Qui paye ses dettes u. s. w.* nf.

Chi paga debito, fa capitale. *Wer Schuld bezahlt, macht Kapital.* it.

Chi paga debit acquista credit. (em. P.) *S. Chi paja u. s. w.* ni.

A pagà dèbet s' acquista crèdet. (l. b.) *Mit Schuldenbezahlen erwirbt man sich Credit.*

Chi paga dèbet fa capital. (l. m.) *S. Chi paga debito u. s. w.*

Chi paga debit aquista credit. (piem.) *S. Chi paja u. s. w.*

Chi paga debito fa capital. (v.) *S. Chi paga debito u. s w.*

Qui paga lo que deu, fa cabal per son hereu. (neat.) *Wer bezahlt, was er schuldet, macht Kapital für seinen Erben.* lm.

Quem paga divida, faz cabedal. *S. Chi paga debito u. s. w.* pt.

Quien paga deuda, hace caudal. *S. Chi paga debito u. s. w.* sp.

---

334. Bist du **schuldig**, Sei geduldig!

Fil Schûlden, fil dûlden. (urh. S.) *Viel Schulden, viel dulden.* pd.

Hvo der ei har Penge i Pungen, maa have gode Ord paa Tungen. *Wer nicht Geld im* dä.

Beutel hat, muss gute Worte auf der Zunge haben.

Den, som er skylle, han fær å **vær** dylle. (Tørninglæn). *Wer schuldig* **ist**, ***muss*** *geduldig sein.*

nw. Sakad Mann maa tegja. *Schuldiger Mann muss schweigen.*

Sakad Mann er god aa gjesta. *Schuldiger Mann ist gut zu besuchen.*

sw. Den som **inte har pengar** i pungen, **bör ha** goda ord på tungan. *S. Hvo u. s. w.*

---

lm. Si al qui dèus no pots pagàr, Humilment li **has** de parlàr. (val.) *Wenn du dem, welchem du schuldig bist, nicht bezahlen kannst,* ***musst*** *du demüthig zu ihm sprechen.*

sp. Quien no tiene miel en la orza, téngala en la boca. *Wer nicht Honig im Topfe hat, habe ihn im Munde.*

---

335. Den **Schuldigen** schreckt eine Maus.

Der Schuldige fürchtet sich vor einem rauschenden Blatt.

Dem Schuldigen läuft eine Katze bald über den Rücken.

Dem Schuldigen klopft das Herz.

Dem Schuldigen schaudert (dottert).

Dem **schuldigen** Mann Geht Grauen an.

Es träumt einem Schuldigen bald vom Teufel.

md. Den Dieb erschreckt eine Maus. (mrh. E.)

od. Dem Schuldigen schockt 's Mäntele *(wackelt das Mäntelchen).* (schwb. **W.)**

---

dt. Die schuldig is, slaapt niet wel. *Wer schuldig ist, schläft nicht gut.*

---

dä. Den Skyldige skrækkes af en Muus. *Der Schuldige wird durch eine Maus erschreckt.*

is. Illr flýr, þó enginn elti. ***Der*** *Böse flieht, wo Niemand ihn verfolgt.*

Allstaðar er illr óttafullr. *Überall ist der Böse voller Furcht.*

nw. Sakad **Mann er** aldri rædd. ***Der Schuldige ist nie*** *ohne Furcht.*

Dan vonde flyr, dar ingen elter **han.** *S. Illr flýr u. s. w.*

Han ottast ilt (Han er ilt rædd), som ilt gjerer. ***Der*** *fürchtet Schlimmes, der Schlimmes thut.*

sw. Skyldig (Saker) är alltid rädd. *Schuldiger ist stets* ***bange.***

---

fz. Il ne faut qu'une souris pour faire peur au méchant. *Es bedarf nur einer Maus, um dem Bösen Furcht* ***zu*** *machen.*

Pécheur a tousjours paour. (afz.) ***Sünder hat*** *immer Furcht.*

it. Al ladro fa **paura** anche un **sorcio.** *Dem Dieb macht* ***selbst*** *eine Maus Furcht.*

si. Cuscenza lesa fa l' omu paurusu. (s.) *Verletztes Gewissen macht den Menschen furchtsam.*

pt. Ao que mal vive, o medo **o** persegue. *Wer schlecht lebt, den verfolgt die Furcht.*

sp. **Al que mal vive, el** miedo le sigue. *S. Ao u. s. w.*

---

336. **Er ist Niemand** mehr **schuldig,** als Herrn Jedermann.

md. **Hä** es kän Mensche schölk, es nár all den Leute. (frk. H.) *Er ist keinem Menschen schuldig, als nur allen Leuten.*

od. Er hat so viel Schulden, wie der Hase. (schwei.)

Er hät *(hat)* Schulde *(Schulden)* wie roth Hünd *(Hunde).* (schwei.)

Er ist voll Schulde **wie** en *(ein)* Hund voll **Flöh. (schwei.)**

Er ist alle Hünde schuldig. (schwei.)

---

dt. Hy **is** aen duitschen en aen walen schuldig. **(vl.)** *Er ist Deutschen und Wälschen schuldig.*

---

fz. **Devoir à Dieu et au monde.** *Gott und aller Welt schuldig sein.*

nf. Ni d'veur qu'âs Wallons et âs Tixhons. (w.) *Nur den Wallonen und den Vlamingen schuldig sein.*

it. Aver più debiti che la lepre. *Mehr Schulden haben als der Hase.*

ni. Aveir più dèbit ch' u' ha la livra. (em. B.) *S. Aver u. s. w.*

Aver pu debit che la volpa. (em. P.) *Mehr Schulden haben, als der Fuchs.*

---

337. **Der Schuster hat** die schlechtesten Schuh.

md. Schmieds Pferd und Schusters Weiber gehen meistens barfuss. (mrh. E.)

D' Schösteschfrauen an d' Schmatspèrt dö gin zum dackste' barfös. (mrh. L.) *Die Schusterfrauen* ***und*** *des Schmieds Pferd gehen meistens barfuss.*

od. Er flickt andern den Schuh und gehet baarfuss. (schwei.)

pd. Woehr hät woll de Schnierer en heel Büchs', un de Schoster heel Ståweln? (ns. A.) Wann hat wohl der Schneider eine ganze Hose und der Schuster ganze Stiefeln?

Schosters Kinner gaht barft. (ns. O.) Schusters Kinder gehen barfuss.

De Schohmakers lopen mit de schofelste Schoh. (ns. ofs.) Die Schuhmacher laufen mit den elendesten Schuhen.

De Timmerlüh hebben de klattergste Husen. (ns. ofs.) Die Zimmerleute haben die zerlöchertsten Häuser.

---

dl. Wie draagt er ergens slimmer schoen, dan eene schoenmakersvrouw? Wer trägt wohl schlechtere Schuhe, als eine Schuhmachersfrau?

en. Who goes worse shod, than the shoe-maker's wife? Wer geht schlechter beschuht, als des Schuhmachers Weib?

Who goes more bare than the shoe-maker's wife and the smith's mare? Wer geht mehr barfuss, als des Schuhmachers Weib und des Schmieds Pferd?

Who goeth more tattered then the tailor's child? (nen.) Wer geht zerrissener, als des Schneiders Kind?

The smith's mear and the souter's wife are aye warst shod. (scho.) Des Schmieds Pferd und des Schuhmachers Weib sind immer am schlechtesten (beschlagen und) beschuht.

---

is. Smiðir (Smiða börn) eiga opt versta knífa (verst til spóna). Die Schmiede (Schmiedskinder) haben oft das schlechteste Messer (den schlechtesten Löffel).

Spónasmiða börn (Spónasmiðir) eiga opt vesta spæni. Der Löffelmacher Kinder (Die Löffelmacher) haben oft die schlechtesten Löffel.

nw. Skomakar-Borni hava stundom verste Skoerne. Schuhmachers Kinder haben mitunter die schlechtesten Schuh.

Oyken aat Smiden gjeng oftaste uskodd. (Tr.-St.) Das Pferd des Schmieds geht am häufigsten unbeschlagen.

sw. Skomakarens hustru och smedens märr (häst) äro alltid sämst skodda (hafva oftast söndriga skor). Des Schuhmachers Weib und des Schmieds Pferd sind immer am schlechtesten beschuht (haben am öftersten zerrissene Schuhe).

Smedens märr och skomakarens qwinna gå snarast barfotade. Des Schmieds Pferd und Schuhmachers Weib gehen am leichtesten barfuss.

Skomakaren (Smeden) haar offta söndriga skoor (elnck Yx). Der Schuhmacher (Schmied) hat oft zerrissene Schuhe (schlechte Axt).

Les cordonniers sont (toujours) (presque toujours) les plus mal chaussés. Die Schuhmacher sind (immer) (fast immer) am schlechtesten beschuht. fz.

C' est todi l' coiphí l' pus mâ châssi. (w.) Immer ist der Schuster am schlechtesten beschuht. nf.

In casa di calzolajo non si hanno scarpe. In Schuhmachers Hause gibt's keine Schuhe. it.

I più gattivi scarpi so quelli di i calzulaj. (crs.) Die schlechtesten Schuh sind die der Schuhmacher. mi.

I calzolai fan come l' asino che porta vino e beve acqua. (t.) Die Schuhmacher machen es wie der Esel, welcher Wein trägt und Wasser säuft.

I sartori hanno sempre gli abiti scuciti e i calzolari le scarpe rotte. (u.) Die Schneider haben immer aufgetrennte Kleider und die Schuhmacher zerrissene Schuhe.

I sartor i porta i gombet fora de le maneghe. (l. b.) Dem Schneider sehen die Ellbogen zu den Ärmeln heraus. ni.

I sciavatin g' àn semper i scarp rot. (l. m.) Die Schuhflicker haben immer zerrissene Schuh.

Ii ciavatin a l'an sempre le scarpe rote. (piem.) S. I sciavatin u. s. w.

El calegher ga sempre le scarpe rotte. (v.) Der Schuhmacher hat immer zerrissene Schuh.

I sartori coi gombi fora de le maneghe, e i zavatini coi pie fora de le scarpe. (v.) Die Schneider mit den Ellbogen zu den Ärmeln und die Schuhflicker mit den Füssen zu den Schuhen heraus.

I zavatini va co le scarpe rote. (v.) Die Schuhflicker gehen mit zerrissenen Schuhen.

In domo de truddarzu, nè trudda nè cogarzu. (sa. L.) Im Hause des Löffelmachers weder Kelle, noch Löffel. si.

In domo de ferreri schidoni de linna. (sa. M.) Im Hause des Schmieds hölzerner Spiess.

Lo sabater es lo més mal calsad. (cat.) Der Schuster ist am schlechtesten beschuht. lm.

Alfaiate, mal vestido, sapateiro, mal calçado. Schneider, schlecht bekleidet, Schuster, schlecht beschuht. pt.

Em casa de ferreiro espeto de páo. S. In domo de ferreri u. s. w.

sp. En casa del herrero, cuchillo mangorrero (peor apero). *Im Hause des Schmiedes werthloses Messer (schlechteres Handwerkszeug).*

---

338. **Schuster**, bleib' bei deinem Leisten.

md. Jeder bleibe bei seinem Fach, Dann fällt auch kein Schneider vom Dach. (mrh. E.)

Schöster, bleif bei déngem Lèscht. (mrh. L.)

Bekemmer séch jiderê' sénger Sâch, Da' féllt wêder Schneider nach Schöster fum Dâch. (mrh. L.) *Bekümmre sich Jeder um seine Sach', so fällt weder Schneider noch Schuster vom Dach.*

od. Schuster, bleib bei'm Leist. (schwei.)

pd. Jeder Ochs an seinen Strick. (ns. Pr.)

De Schoster bliewe bie sienem Leiste. (ns. W.) *Der Schuster bleibe bei seinem Leisten.*

---

dl. Schoenmaker, blijf bij uw leest.

Schoenmaker, ga niet buiten uwen leest. (vl.) *Schuster, geht nicht über euern Leisten.*

en. Every cobbler stick to his last. *Jeder Schuhflicker bleibe bei seinem Leisten.*

Let not the shoemaker go beyond his last. *Lasst nicht den Schuhmacher über seinen Leisten gehen.*

Every man to his mouse-trap. (m. en.) *Jeder Mann bei seiner Mäusefalle.*

---

dä. Skomager, bliv ved din Læst!

Lad den blive ved Aaren, som har lært at roe. *Lass den bei den Rudern beiben, der zu rudern gelernt hat.*

Naar hver agter sit, bliver Gierningen giort. *Wenn Jeder auf das Seinige Acht gibt, wird das Werk gemacht.*

Præsten Bogen, Bonden Plogen. *Der Priester das Buch, der Bauer den Pflug.*

nw. Skomakar, sit med din Lest! *Schuhmacher, sitz' bei deinem Leisten!*

sw. Skomakare, blif vid din läst.

---

lt. Ne sutor ultra crepidam.

fz. Cordonnier, borne-toi à la chaussure. *Schuster, beschränke dich auf das Schuhwerk.*

Chacun son métier, et les vaches seront bien gardées. *Jeder sein Gewerbe, und die Kühe werden gut gehütet werden.*

Quand chacun fait son métier, les vaches sont bien (en sont mieux) gardées. *Wenn Jeder thut, was seines Amtes ist, so werden die Kühe gut gehütet (besser gehütet) werden.*

nf. Chacun son métier, les moutons seront bien gardés. (Br.) *Jedem sein Gewerbe, so werden die Schafe gut gehütet werden.*

Chécun son métie, les pô sont bin vodgeai. (F.-C.) *Jedem sein Gewerbe, sind die Schweine gut gehütet.*

A chacun sin métier, chés vakes seront bien wardées. (pic.) *S. Chacun son métier et u. s. w.*

Qwand on fait turtos (tos) s'mestî, les pourçais sont bin wârdés. (w.) *Wenn Jeder thut, was er soll, werden die Schweine gut gehütet werden.*

A marihâ (À chaq' mar'hâ) s'lâ. (w.) *Dem Hufschmied (Jedem Hufschmied) seinen Nagel.*

Chacun s'metier, les pourcieaux seront bé gardés. (w. M.) *Jedem sein Gewerbe, werden die Schweine gut gehütet werden.*

sf. Sabatié, fâi toun môstié. (Lgd.) *Schuster, betreibe dein Handwerk.*

it. I cordovani restino in Levante. *Die Corduanmacher mögen in der Levante bleiben!*

mi. Ognun per so prufessione (arte). (cre.) *Jeder für sein Gewerbe (seine Kunst).*

Ognuno all' arte sua e il lupo alle pecore. (n.) *Jeder bei seiner Kunst und der Wolf bei den Schafen.*

nl. Ofelò, fa el to mestè. (em. P.) *Kringelbäcker, treibe dein Gewerbe.*

Ofelè, fa 'l tò mestê. (l. m.) *S. Ofelè u. s. w.*

Ognün tenda al fat sò (faga el sò vers). (l. m.) *Jeder trachte seinem Geschäft nach (mache seine Aufgabe).*

O negiâ fa nëgie. (lig.) *Der Kringelbäcker mache Kringel.*

Oflè, oflò, fa tô mestè. (piem.) *S. Ofelè u. s. w.*

Chi fa ofele, fassa ofele. (piem.) *Wer Kringel macht, mache Kringel.*

si. Qui est boe, qui Inoret; qui est ranzolu, qui filet. (sa.) *Wer Ochse ist, der arbeite; wer Spinne ist, der spinne.*

lm. Ferrer, ferrer, fés ton affer. (ncat.) *Schmied, Schmied, treibe dein Geschäft!*

Cada hu de son ofici. (ncat.) *Jeder bei seinem Amt.*

Qui es confrare, pren candela. (ncat.) *Wer Confrater ist, nehme die Kerze.*

Çabater, fes tes çabates. (val.) *Schuster, mache deine Schuh.*

Lo Cavaller à la guerra y el Laurador à la terra. (val.) *Der Cavalier zum Kriege und der Ackerbauer zum Boden.*

pt. Tornai-vos a vosso mister, que sapateiro só heis de ser. *Kehrt zu euerm Gewerb zurück, denn Schuster allein müsst ihr sein.*

Cada qual em seu officio. *S. Cada hu u. s. w.*

sp. Zapatero, á tu zapato. *Schuster, zu deinem Schuh!*

Nuestro amigo Don Jaco, tornaos á vuestro menester, que zapatero soliades ser. *Unser Freund, Don Jacob, kehrt zu euerm Gewerb zurück, denn Schuster pflegtet ihr zu sein.*

Buñolero, haz tus buñuelos! *Pfannkuchenbäcker, mache deine Pfannkuchen.*

Buñolero solia ser, boluime a mi menester. *Pfannkuchenbäcker pflegte ich zu sein, ich kehrte zu meinem Handwerk zurück.*

La misa digala el cura. *Die Messe mag der Pfarrer lesen.*

Corta, cortador; ó compon, cosedor. *Schneide, Fleischhauer, oder verziere, Näher.*

---

339. Der **Schwächste** muss das Kreuz tragen.

od. Der Mindest muss immer den Sack tragen. (schwb. W.)

Dem Armen blast der Wind in's Gesicht. (schwb. W.)

pd. De jungste Bedler moot de Püt dragen. (ns. ofs.) *Der jüngste Bettler muss den Bettelsack tragen.*

---

dt. Die de zwakste schouders heeft, moet het zwaarste pak dragen. *Wer die schwächsten Schultern hat, muss das schwerste Pack tragen.*

De jongste ezel moet het pak dragen. *Der jüngste Esel muss das Pack tragen.*

De onsterkste geeft men de kaars in de hand. *Dem Schwächsten gibt man die Kerze in die Hand.*

Die het dunste kleed aanheeft, moet met den rug tegen het gat van de deur zitten. *Wer das dünnste Kleid anhat, muss mit dem Rücken gegen das Thürloch sitzen.*

en. The weakest must hold the candle. *Der Schwächste muss die Kerze halten.*

The weakest must go to the wall. *Der Schwächste muss an die Mauer.*

The least boy always carries the greatest fiddle. *Der kleinste Junge trägt immer die grösste Geige.*

The weakest gangs to the wa'. (scho.) *S. The weakest must go u. s. w.*

---

is. Alltið hefir sá minsti stærstan skaða. *Stets hat der Kleinste den grössten Schaden.*

Dhen swagaste måste altijdh hålla Liwset. **sw.** *Der Schwächste muss stets das Licht halten.*

Au plus débile la chandelle à la main. *Dem* **fz.** *Schwächsten die Kerze in die Hand.*

Au plus débile la chandelle en la main, A l'homme vile se presche l'honneur en vain. *Dem Schwächsten die Kerze in die Hand, dem ehrlosen Manne predigt man umsonst die Ehre.*

Les mal-vestus devers le vent. *Die Schlechtgekleideten vor den Wind.*

E tócca sempar a i schèlz andà pr i spen. **it.** (mi. rom.) *Immer müssen die Barfüssigen durch die Dornen gehen.*

Le desgrassie a casco sempre adôss ai pi deboj. **ni.** (piem.) *Die Unglücksfälle fallen immer auf die Schwächsten.*

Al carro quebrado nunca le faltan mazadas. **sp.** *Dem zerbrochenen Wagen fehlen nie Stösse.*

No vienen frieras, sino á ruines piernas. *Nicht kommen Frostbeulen ausser an schlimmen Füssen.*

---

340. Die **schwarzen** Trauben sind so süss, als die weissen.

A black plum is as sweet as a white. *Eine* **en.** *schwarze Rosine (Pflaume) ist so süss, wie eine weisse.*

Sorte Kirsebær ere de bedste. *Schwarze Kir-* **dä.** *schen sind die besten.*

Sorte Piger blive ogsaa gifte. *Schwarze Mädchen werden auch verheirathet.*

Svarte Bær smaka stundom best. *Schwarze* **nw.** *Beeren schmecken oft am besten.*

Svarta körsbär äro de bästa. *S. Sorte Kirse-* **sw.** *bær u. s. w.*

Svarta pigor bli ocksȧ gifta. *S. Sorte Piger u. s. w.*

Ein kien noerd court aussi fort qu' ein blanc. **fz.** (nf. pic.) *Ein schwarzer Hund läuft eben so sehr, wie ein weisser.*

Les neûrs chins corret ossi vite qui les blancs. **nf.** (w.) *Die schwarzen Hunde laufen eben so schnell, wie die weissen.*

Eytan ben enrabien lous chins blancs, que **sf.** lous negrés. (uprv.) *Die weissen Hunde werden eben so gut toll, wie die schwarzen.*

---

341. Nach **schwarzen** Kirschen steigt man hoch.

Nach gelben Birn vnd brawnen **Nüssen** felt man bisweilen den Hals ab. (ad.)

md. Noch den schwarze Kersche **greift** me om höchste. **(frk.** H.) *Nach* **den** *schwarzen Kirschen greift man am höchsten.*

od. Nach braunen Kirschen steigt man hoch. (bair.)

Nach schwarzen Kirschen springt man **hoch.** (schwei.)

pd. Nå de schwarze Kirsche stècht em hi. (nrh. S.) *Nach den schwarzen Kirschen steigt man* ***hoch.***

---

dä. Efter brune Kirsebær stiger man holt.

sw. Effter brwna bäår klijfwer man högt i Trää. *Nach schwarzen Kirschen klettert man hoch auf den Baum.*

---

342. Schwarze Kühe geben auch weisse Milch.

Ist die Kuh auch noch so schwarz, sie gibt immerdar weisse Milch.

md. Schwärz Kõ gin och wéis Mellech. **(nrh. L.)**

pd. De Bäfelkå åss schwarz, awer se **git weisz Mältch. (nrh. S.)** *Die Büffelkuh* ***ist schwarz, aber sie gibt*** *weisse Milch.*

En swarte Ko givet ok witte Mælk. (ns. hlst. A.) ***Eine schwarze Kuh*** *gibt* ***auch*** *weisse* ***Milch.***

Schwarte Kūg gewe ok witte Melk. (ns. Pr.)

---

dt. Eene zwarte **hen** legt witte eijers. ***Eine*** *schwarze Henne legt weisse Eier.*

en. A black hen lays a white egg. (scho.) *Eine schwarze Henne legt ein weisses Ei.*

fs. En surt Kō' **jéft** witt Mölke. (M.) *Eine schwarze* ***Kuh gibt*** *weisse Milch.*

---

dä. En sort Ko giver ogsaa hvid Melk. *S. En swarte u. s. w.*

Sort Bund bærer god Frugt. *Schwarzer Boden trägt gute Frucht.*

Om end Koen er nok saa sort, den giver dog hvid Melk. *Ist die Kuh auch noch so schwarz, sie gibt doch weisse Milch.*

Sworth **Koo** giffwer hwiid Mælck. (adä.) *Schwarze Kuh gibt weisse Milch.*

is. Svört kýr selur hvíta mjólk. *S. Sworth u. s. w.*

nw. Swarta Kyr hava **ogso** kvit Mjølk. *Schwarze Kühe haben auch* ***weisse*** *Milch.*

Svart ko mjölkar hvit mjölk. *Schwarze Kuh* **sw.** *milcht weisse Milch.*

Swart Jord bár och godh Sådh. *Schwarze Erde trägt auch gute Saat.*

The swarta **ko molkar the hwito miolk.** (asw.) *Die schwarze* ***Kuh milcht die*** *weisse Milch.*

Præbet candoris lac nigri vacca **coloris.** (mlt.) **lt.**

Noire geline **pont** blanc oef. (afz.) *Schwarze* **fz.** *Henne* ***legt*** *weisses Ei.*

Neyr **geline** ponne blank oef. (afz.) *S. Noire u. s. w.*

La poule negré que lé l' oeu blanc. (Brn.) **sf.** ***Die*** *schwarze Henne legt das Ei weiss.*

Tèro negro fài bon bla, é la blanco lou fài granat. (Lgd.) *Schwarze Erde macht gutes Korn und die* ***weisse*** *macht* ***es*** *körnig.*

Terro negro pouerto bouen blad.(nprv.) *Schwarze Erde trägt gutes Korn.*

Terra móra fa bon pan. (mi. rom.) *Schwarze* **it.** *Erde gibt gutes Brotkorn.*

Anche le mucche nere danno il **latte** bianco. **mi.** (l.) *Auch die schwarzen Kühe geben die Milch weiss.*

Galina negra fa **l' ov** bianch. **(l.** b.) *S.* **ni.** *Noire u. s.* ***w.***

La galina **negra fa el vovo bianco. (v.)** ***S. La poule u. s. w.***

Negro he o carvoeiro, branco he o seu dinheiro. **pt.** ***Schwarz*** *ist der Kohlenbrenner, weiss ist* ***sein*** *Geld.*

La tierra morena buen pan lleva (lleva **sp.** **el** pan), la blanca cadillos **y** lapa. *Die schwarze Erde trägt gutes Brotkorn (das Korn zum Brot), die weisse Kletten und Klettenkraut.*

La tierra negra buen pan lleva, la blanca como alcanza. *Die schwarze Erde trägt gutes Korn zum Brot, die weisse wie sie vermag.*

---

343. Der kann nicht reden, der nicht kann **schweigen.**

Lern' schweigen, so kannst du am Besten reden.

Wer nicht schweigen kann, kann auch nicht **od.** reden. (schwei.)

Lær **at tie, saa** kan du bedst tale. *S. Lern'* **dä.** *schweigen,* ***u. s.*** *w.*

Han kann inkje tala, som inkje kann tegja. **nw.** *Der kann nicht reden, der nicht schweigen kann.*

sw. Den som icke wet tiga, wet icke eller tala. *Der, welcher nicht zu schweigen weiss, weiss auch nicht zu reden.*

lt. Loqui ignorabit qui tacere nescit.

it. Chi non sa tacere, non sa parlare. *Wer nicht zu schweigen weiss, weiss nicht zu reden.*

344. Mit **Schweigen** verredt sich Niemand.

Mit Schweigen verräth sich Niemand.

md. Mit Schweigen verredet man sich nicht. (mrh. E.)

od. Schweigen hat Wenige gereuet. (bair.)

Mit Schweigen Niemand fehlen kann. (schwei.)

dü. Den som tier, fortaler sig ikke. *Der, welcher schweigt, verredet sich nicht.*

nw. Han fortalar seg inkje, som tegjer. *Der verredet sich nicht, der schweigt.*

sw. Den som tiger, förtalar sig ei. *S. Den som tier u. s. w.*

cw. Pauc plidar fa Donn da **rar. (obl.)** *Wenig sprechen thut selten Schaden.*

fz. Jamès hemno mudo N' estèe de soun marit batudo. (sf. Arm.) *Nie ward eine stumme Frau von ihrem Mann geschlagen.*

it. Nessuno si penti mai d' aver taciuto. (mi. t.) *Niemand bereute je geschwiegen zu haben.*

pt. De calar ninguem se arrependeo, **de** fallar sempre. *Schweigen bereute Niemand, Reden immer.*

345. **Schweigen** thut nicht allweg **gut.**

Swigen tuot vil dicke schaden. (ad.)

od. Einem schweigenden Mund ist nicht zu helfen. (schwei.)

Wer zu einem Ding schweigt, der **gibt** sich schuldig. (schwei.)

pd. We siek nich meldt, de kritt Nicks. (wstf. R.) *Wer sich nicht meldet, der kriegt Nichts.*

en. Dumb folks get no **lands.** *Stumme Leute bekommen kein Land.*

A man may hold his tongue in an ill time. *Es kann Einer seine Zunge zur Unzeit halten.*

is. Fáir byggja að þegjanda þörf. *Wenige denken an des Schweigenden Bedarf.*

nw. Tegjande Manns Torv er vand aa vita. *Schweigenden Mannes Bedürfniss ist schwer zu wissen.*

Han fær inkje, som inkje bed. *Der empfängt **nicht,** der nicht bittet.*

Dan **som** inkje falar, han **inkje fær.** ***Wer nicht verlangt,** erhält nicht.*

Offta tijger man til sin egen **skada.** ***Oft*** **sw.** ***schweigt man zu** seinem eigenen **Schaden.***

Ingen giver dumbe Lamb. *Niemand **gibt dem Stummen ein Lamm.***

Piget **quem petere piget.** **lt.**

Fâte di jâser, **on mourt sins** k'fession. (nf. w.) **fz.** *Wenn **man nicht spricht,** stirbt man ohne **Beichte.***

Ci que sé caisé, **nion ne l' oû. (Pat. s.)** ***Wer*** **sf.** *schweigt, den **hört Niemand.***

Per tacer, si muore. ***Durch Schweigen stirbt** man.* **it.**

Chi **ch'** an **pèrla n ha guint. (rom.)** ***Wer** nicht* **mi.** *spricht, **hat nichts.***

Chi non parla, Dio non l' ode. (t.) ***Wer nicht spricht, den hört** Gott nicht.*

La rana pr' ẻu dmandar la pera **la côva. nl. (em. P.)** ***Der Frosch** verlor den Schwanz, **weil er ihn nicht verlangte.***

Chi a parla nen, a oten mai nen. (piem.) ***Wer nicht spricht, der** erlangt nie etwas.*

Chi a ciama nen, a oten nen. (piem.) *Wer **nichts verlangt,** erhält nichts.*

Chi **no parla, no** ga guente. (v.) *S. Chi ch'an **u. s. w.***

Chi no domanda, guente ga. (v.) *Wer nicht **verlangt, hat** nichts.*

Co **se tase no vien mai sera. (v.)** ***Wenn man schweigt, wird's nie Abend.***

La lingua muta (Lingua, **chi** nun parra) è **si.** mala sirvuta. (s.) *Die stumme Zunge (Zunge, welche nicht spricht) wird schlecht bedient.*

Qui non faeddat, a corcoriga si faghet. (sa. L.) *Wer nicht redet, macht sich zum Kürbis.*

Á boca que no parla Dêu no l' ou. **(neat.) lm.** *Den Mund, der nicht spricht, den **hört Gott** nicht.*

Boca que no parla, Déu no la ou. (val.) *Mund, der nicht spricht, den hört Gott nicht.*

Quem não falla, não **o** ouve Deos. *S. Chi* **pt.** *non parla u. s. w.*

Quien (A quien) **no habla, no le** oye Dios. **sp.** *S. Chi non parla u. s. w.*

346. **Schweigen** und Denken Mag Niemand kränken.

Schweigen und denken kann Niemand kränken. **od. (schwei.)**

pd. Stillschweigen und Denken thut Niemand kränken. (ns. Pr.)

---

dt. Swyghen en deneken Mach niemant krencken. (ah.)
Zwygen en denken Kan niemand krenken. (vl.) *S. Schweigen und denken kann u. s. w.*

---

dä. Tie og tænke kan Ingen (ingen Mand) krænke. *S. Schweigen und denken kann u. s. w.*
is. Þegja og þeinkja, það kann engan kreinkja. *Schweigen und denken, das kann Niemand kränken.*
nw. Tegja og tenkja kann ingen Mand krenkja. *S. Schweigen und denken kann u. s. w.*
sw. Tiga och tänka kan ingen kränka. *S. Schweigen und denken kann u. s. w.*

---

347. Wer schweigt, bejaht.

---

en. Silence gives consent. *Schweigen gibt Zustimmung.*

---

dä. Den som tier, samtykker. *Wer schweigt, genehmigt.*
sw. Den som tiger, samttycker. *S. Den som tier u. s. w.*

---

lt. Qui tacet, consentire videtur.
cw. Chi tascha, conferma. (ld. O.-E.) *Wer schweigt, stimmt zu.*
Chi tascha, cufferma. (ld. U.-E.) *S. Chi tascha u. s. w.*
Tgi che quescha, consentescha. (obl.) *S. Den som tier u. s. w.*
fz. Qui ne dit mot consent. *Wer Nichts sagt, stimmt zu.*
it. Chi tace confessa. *Wer schweigt, gesteht ein.*
mi. Chi tace, accunsente. (crs.) *S. Den som tier u. s. w.*
Ch'tês, cunfërma. (rom.) *S. Chi tascha u. s. w.*
ni. Chi tas cunfëirma. (em. B.) *S. Chi tascha u. s. w.*
Chi tas conferma. (em. P.) *S. Chi tascha u. s. w.*
Chi tâs conferma. (l. m.) *S. Chi tascha u. s. w.*
Chi tas aconsent. (piem.) *S. Den som tier u. s. w.*
Chi tase, conferma. (v.) *S. Chi tascha u. s. w.*
si. Cui taci, accunsenti. (s.) *S. Den som tier u. s. w.*
Quie cagliat acconsentit. (sa. L.) *S. Den som tier u. s. w.*
pt. Quem cala, consente. *S. Den som tier u. s. w.*
sp. Quien calla, otorga. *S. Den som tier u. s. w.*

---

348. Die besten Schwimmer ertrinken, und die besten Klimmer brechen den Hals.

Die besten Schwimmer ersaufen, und die besten Fechter werden erschlagen.
Die besten Fechter werden erschlagen, Die besten Schwimmer kriegt's Wasser beim Kragen.
Die hohen steiger fallen gern, die guten schwimmer ertrincken gern. (ad.)
md. Dē bêscht Schwemmer ersaufen. (mrh. L.) *Die besten Schwimmer ertrinken.*
od. Die besten Schwimmer ersaufen. (bair.)
Die grössten Schwimmer sind ertrunken, die grössten Klimmer sind gefallen. (schwei.)
pd. Hauge Klemmer un daipe Schwemmer wäret nich ålt. (wstf. Mst.) *Hohe Klimmer und tiefe Schwimmer werden nicht alt.*

---

dt. De beste zwemmers verdrinken meest, en de beste klimmers breken meest den hals. *Die besten Schwimmer ertrinken am häufigsten, und die besten Klimmer brechen am häufigsten den Hals.*
Hooge klimmers en diepe zwemmers staen meest kwalyk. (vl.) *Hohe Klimmer und tiefe Schwimmer fahren meistens schlecht.*

---

dä. De bedste Svømmere drukne ogsaa. *Die besten Schwimmer ertrinken auch.*
is. Opt drukkna þeir fyrst, sem syndir eru bezt. *Oft ertrinken die am ersten, welche die besten Schwimmer sind.*
nw. Beste Symjaren kann og sokkja. *Der beste Schwimmer kann auch untersinken.*
sw. Goda simmare kunna ock drunkna. *Gute Schwimmer können auch ertrinken.*
Bästa Fåchtare fåå snarast hugg. *Die besten Fechter bekommen am schnellsten Hiebe.*

---

lt. Saepe natatores submerguntur meliores, Sic et scansores collum frangunt meliores.
fz. Bon nageur de n'estre noyé n'est pas seur. *Guter Schwimmer ist nicht sicher, dass er nicht ertrinkt.*
Bons nageurs sont à la fin noyez. *Gute Schwimmer ertrinken am Ende.*
af. Un bon nadairē à la fi sē nēgo. (Lgd.) *Ein guter Schwimmer ertrinkt am Ende.*
Un bouen nédayre es à la fin negat. (nprv.) *S. Un bon nadairē u. s. w.*
sp. El mejor nadador es del agua. *Der beste Schwimmer ist des Wassers.*

---

349. Wo **Sechse** essen, spürt man den Siebenten nicht.

Wo Sieben essen, da isst auch noch Einer.

---

dä. Hvor Sex spise, mærker man ikke den Syvende.

---

fz. Wiss' qui ni a po deux, i gu' y a po treus. (nf. w.) *Wo für Zwei ist, ist für Drei.*

---

350. Lieber Aff' **sieh** erst auf dich, Dann lobe oder schelte mich.

Schau' in dein Haus.

Guck' in dein Häflin.

od. Schau dich zuerst selbst im Spiegel. (schwei.)

Schau ins Nachbars Küche, zuerst aber in dein Häfelein. (schwei.)

pd. Elkeener kyk in synen Rönnsteen. (ns. Hmb.) *Jeder gucke in seinen Rinnstein.*

---

dt. Kyk in uw eigen potje eerst. *Guckt zuerst in euer eignes Töpfchen.*

---

is. Straffaðu þig sjálfan fyrst, áðr enn þú dœmir aðra. *Strafe dich selbst zuerst, bevor du And're richtest.*

Hoyr um annan, kigg um teg sjálvan. (fær.) *Höre vom Andern, schau auf dich selbst.*

---

lt. Qui alteri vult injuste dicere, se prius respiciat.

cw. Guarda il prüm sün te, Lura güdicha me. (ld. O.-E.) *Sieh zuerst auf dich, dann richte mich.*

fz. Cil qui d' autruy voudra parler, regarde soy, il se taira. *Wer über Andere reden will, sehe sich an, er wird schweigen.*

nf. D'vant d'blâmer les autres qu'i s'meure. (w.) *Eh' er die Andern tadelt, bespiegele er sich.*

sf. Që d' âoutrui vâou parla, së rëgârde é së táisara. (Lgd.) *S. Cil u. s. w.*

it. Guardati ai piedi! *Siehe dir auf die Füsse!*

Bada a te! *Achte auf dich!*

mi. Chi vuol dir mal d'altri guardi prima se. (t.) *Wer Böses von Andern sagen will, sehe zuerst sich an.*

Chi vuol dir mal d'altrui, pensi prima di lui. (t.) *Wer Böses von Anderen reden will, denke zuerst an sich.*

ni. Guardet a ti e pò parla. (l. m.) *Sieh auf dich und dann sprich.*

Goardesse ben noi prima d' critichè j' autri. (piem.) *Sehen wir uns gut an, ehe wir die Andern tadeln.*

Pensa ai cas tò. (piem.) *Denke an deine Angelegenheiten.*

Vardete prima ti e pò parla. (v.) *Sieh zuerst auf dich und dann sprich.*

Vardarse un altri, prima de dir. (v.) *Sehen wir uns an, ehe wir reden.*

Prima de parlar mal de i altri, se se varda se stessi. (v. trst.) *Ehe man Böses von den Andern sagt, sehe man sich selbst an.*

Guarda a tia e poi parra di mia. (s.) *Sieh* si. *auf dich und dann sprich über mich.*

Guardati lu to jmbu. (s.) *Sieh dir deinen Buckel an.*

Quant voldràs dir mal dalgú, mira primer, qui lm. eres tu. (val.) *Wenn du von Andern übel reden willst, siehe erst, wer du bist.*

---

351. Wenn das Aug' nicht **sehen** will, So helfen weder Licht, noch Brill'.

Wenn ein Aug nicht sehen will, Helfen weder od. Licht, noch Brill. (schwb.)

De nich sehn will, de helpt noch Kers noch pd. Brill. (ns. B.) *Wer nicht sehen will, dem hilft weder Kerze, noch Brill.*

Wat baat kaars of bril, Als de uil niet kijken dt. wil? *Was nützt Kerze oder Brille, wenn die Eule nicht sehen will?*

Wat help keers en bril, Als de uil niet zien en wil? (vl.) *Was hilft Kerze und Brille, wenn die Eule nicht sehen will?*

Who so blind as he that will not see? *Wer (ist) so* en. *blind wie der, welcher nicht sehen will?*

There 's nane sae blind as them, that winna see. (scho.) *Es ist Keiner so blind, wie die, welche nicht sehen wollen.*

Ingen er mere blind, end den, som ei vil see. dä. *Keiner ist blinder, als der, welcher nicht sehen will.*

Naar En vil ikke see, da hjelper hverken Lys eller Briller. *Wenn einer nicht sehen will, da hilft weder Licht, noch Brille.*

Han er blindaste, som inkje vil sjaa. *Der ist* nw. *der Blindeste, der nicht sehen will.*

När man ej vill se, hjelpa hvarken ljus eller sw. glasögon. *Wenn man nicht sehen will, helfen weder Licht, noch Brille.*

Il n' y a de pire aveugle, que celui qui ne veut fz. pas voir. *Es gibt keinen schlimmeren Blinden, als den, der nicht sehen will.*

---

352. **Seine** Hühner legen Eier mit zwei Dottern.

Seine Eier haben allzeit zwei Dotter.

Seine Butter muss immer oben schwimmen.

md. Sei' Är hebn zwå Dotter. (frk. M.) *Seine Eier haben zwei Dotter.*

od. Seine Eier haben alle zwei Dotter. (bair.)

Er meint, seine Eier haben zwei Dotter. (schwei.)

---

dt. Zijne hennen leggen altijd eijers met twee dojers. *Seine Hennen legen immer Eier mit zwei Dottern.*

Al zijne schellingen zijn dertien grooten waard. *Alle seine Schillinge sind dreizehn Groschen werth.*

Zijne stuivers zijn negen duiten waardig. *Seine Stüber sind neun Deuten werth.*

en. All your geese are swans. *All' eure Gänse sind Schwäne.*

His egg has aye twa yolks. (scho.) *Sein Ei hat stets zwei Dotter.*

His geese are a' swans. (scho.) *Seine Gänse sind lauter Schwäne.*

His meal is a' dough. (scho.) *Sein Mehl ist lauter Teig.*

---

fz. Ses poies, c'est des âwes. (nf. w.) *Seine Hühner, das sind Gänse.*

nf. Tos ses oûs sont des oûs d'awe. (w.) *All' seine Eier sind Gänseeier.*

it. Il suo soldo val tredici danari. *Sein Soldo gilt dreizehn Pfennige.*

---

353. **Selber ist der Mann.**

Selbst thut's ganz, Heissen zur Hälft' und Bitten gar nicht.

Selbst thut es ganz, Heissen zur Hälfte; Bitten ist umsonst.

Der Herr muss selber sein der Knecht, Will er's im Hause haben recht.

Selbs ist der mann. (ad.)

md. Sâlwer is d'r Mân. (thr. R.)

od. War wi͡n hâân sai Sâch rächt, Muus sanbr sain Herr ân Knächt. (östr. schls.) *Wer seine Sach will haben recht, muss selbst sein Herr und Knecht.*

pd. Sülfst is de Mann. (ns. B.)

Sülwest is de Man. (ns. ha. G. u. G.)

Wat man sülwest daun kann, brûkt man nich von andern daun to lâten. (ns. ha. G. u. G.) *Was man selbst thun kann, (das) braucht man nicht von Andern thun zu lassen.*

De sulwst no' gaan kann, de sgall sik ni' drägen laten. (ns. O. St.) *Wer selbst noch gehen kann, der soll sich nicht tragen lassen.*

Selwer is de Mann. (ns. W.)

---

dt. Wat gy alleen kunt, roept daer geen ander toe. (vl.) *Was ihr allein könnt, dazu ruft keinen Andern.*

Zoo gy uw papken blazen kont, Gebruik toch nooit een vreemden mond. (vl.) *Wenn ihr euer Breichen blasen könnt, gebraucht doch niemals einen fremden Mund.*

en. For that thou canst do thyself, rely not on another. *Was du selbst thun kannst, darin verlass dich nicht auf einen Andern.*

---

dä. Selv er bedste Mand. *Selbst ist (der) beste Mann.*

Selv er den bedste Dreng. *Selbst ist der beste Knecht.*

Hvad Herren selv gjør, er velgjort. *Was der Herr selbst thut, ist wohlgethan.*

Hvo der selv haver Hænder, har ei behov at laane dem. *Wer selbst Hände hat, hat nicht nöthig, sie zu entlehnen.*

Egen Haand er altid huldest. *Eigene Hand ist immer die treueste.*

is. Sjálf er höndin hollust. *Selbst ist die treueste Hand.*

nw. Sjølv er beste Drengen. *S. Selv er den u. s. w.*

Eigi Hand er hollaste. *Eigne Hand ist die treueste.*

sw. Sjelf är bästa dräng. *S. Selv er den u. s. w.*

Lita ej på andra, när du kan uträtta saken sjelf. *Verlass dich nicht auf Andre, wenn du die Sache selbst ausrichten kannst.*

Lijt intet til en annan, dhet du sielff kant giöra. *Überlass nicht einem Andern, was du selbst thun kannst.*

---

fz. De ce que tu pouras faire jamais n' attens à aultruy. *Was du thun kannst, damit verlass dich nie auf Andere.*

nf. Ni v'fez mâie aidî qwand v'polez fer tot seu. (w.) *Lasst euch nie helfen, wenn ihr es allein thun könnt.*

it. Chi eh an fa da su pósta, póch ui è da speré da j ětar. (mi. rom.) *Wer nicht seinerseits handelt, da ist wenig von Andern zu hoffen.*

mi. Quel che tu stesso puoi e dire e fare, Che altri il faccia mai non aspettare. (t.) *Was du selbst sagen und thun kannst, dass Andere es thun, erwarte niemals.*

si. Nun fari fari ad autri chiddu chi poi fari tu stissu. (s.) *Lasse nicht von Andern thun, was du selbst thun kannst.*

sp. A lo que puedes solo, no esperes á otro. *In dem, was du allein kannst, hoffe nicht auf einen Andern.*

---

354. **Selbst gethan ist bald gethan.**

Nimm deiner Dinge selbst dich an, So sind sie bald und wohl gethan.

Schaue selbst nach deinen Dingen, Wenn sie sollen wohl gelingen.

Selbst essen macht satt.

Wer's selbst ergreift (Wer es selbst angreift), hat's in Händen (der hat's in den Händen).

md. Wer selbst angreift, hat's in den Händen. (nrh. E.)

od. Wenn du willst haben, dass dir etwas' ling *(gelinge)*, So guck selber noch *(nach)* deam *(dem)* Ding. (schwb. W.)

Wer will dass 's em ling, der lueg selb zu sim Ding. (schwei.) *Wer will, dass es ihm gelinge, der sehe selbst nach seiner Sache.*

pd. Wier sälwesst ugreift, huod ed än Häinjden. (nrh. S.) *S. Wer selbst u. s. w.*

Sülwest daun, dat geit dermöe. (ns. ha. G. u. G.) *Selbst thun, damit geht es.*

---

en. If a man will have his business well done, he must do it himself. *Will Jemand sein Geschäft gut verrichtet haben, muss er es selbst verrichten.*

If you want your business weel done, do 't yourself. (scho.) *Wenn ihr euer Geschäft gut besorgt haben wollt, besorgt es selbst.*

---

dä. Selvgjort er velgjort. *Selbstgethan ist wohlgethan.*

nw. Sjølvgjort er væl gjort. *S. Selvgjort u. s. w.*

D' er inkje vondt, som ein Mann gjerer seg sjølv. *Es ist nicht schlecht, was ein Mann sich selbst thut.*

Dan som inkje sjolv ser til, fær dat sjeldan, som han vil. *Wer nicht selbst nachsieht, kriegt's selten, wie er will.*

sw. Sjelfgjordt är alltid välgjordt. *Selbst gethan ist immer wohlgethan.*

---

it. Chi vuol presto e bene, faccia da sè. (mi. t.) *Wer (es) schnell und gut will, thu' es selbst.*

mi. Chi fa da sè, fa per tre. (t.) *Wer selbst schafft, schafft für drei.*

ni. Chi fa da sè i su qui i fa per tri. (em. B.) *Wer das Seinige hier selbst thut, schafft für drei.*

l fat tò fai de per te, Se te vo che i vade be. (l. b.) *Deine Geschäfte thue du, wenn du willst, dass sie gut gehen.*

Chi a travaja per sò cont a val per tre. (piem.) *Wer für seine Rechnung arbeitet, arbeitet für drei.*

Chi fa per sè, fa per tre. (v.) *Wer für sich schafft, schafft für drei.*

si. Se vuoi essere ben servito, serviti da tè stesso. (npl.) *Willst du gut bedient werden, bediene dich selbst.*

lad. Si vols ser bèn servid, feste tù matex lo llit. (neat.) *Wenn du gut bedient sein willst, mache dir selbst das Bett.*

pt. Se queres ser bem servido, serve a ti mesmo. *S. Se vuoi u. s. w.*

sp. Si quieres ser bien servido, sírvete tú mismo. *S. Se vuoi u. s. w.*

---

355. **Selbst ist ein gut Kraut, wächst aber nicht in allen Gärten.**

pd. Selv es e got Krut, dat wåhsst e Mallichs Gade net. (nrh. A.) *Salbei (Selbst) ist ein gut Kraut, es wächst in Jedermanns Garten nicht.*

Selv wes net ön Allemanns Gaad'n. (nrh. E.) *Salbei (Selbst) wächst nicht in Jedermanns Garten.*

Self es 'n guet Krut, åwwer et wässet in allen Gærens nitt. Et wässet men då, bå me frö opstet. (wstf. Mrk.) *Salbei (Selbst) ist ein gut Kraut, aber es wächst in allen Gärten nicht. Es wächst nur da, wo man früh aufsteht.*

Selwe is en gut Krût, men et wäss nig (åwer 't wässt nich) in Allemanns Gaoden (Gåren). (wstf. Mst.) *Salbei (Selbst) ist ein gutes Kraut, aber es wächst nicht in Jedermanns Garten.*

Selwe ies gued Kriut. (wstf. S.) *Salbei (Selber) ist gut Kraut.*

---

dt. Zelf is het beste kruid; maar het wast niet in alle hoven. *Selbst ist das beste Kraut, aber es wächst nicht in allen Gärten.*

Selue is guedt cruyt, mer sy wasset in all mans hoenen niet. (ah.) *S. Selve is u. s. w.*

---

356. Was du willst, das hole selbst, was du nicht willst, das hole durch einen Andern.

---

sw. Vill du hafva ditt ärende väl uträttadt, så gack sjelf — om illa, så skicka en annan. *Willst du dein Geschäft wohl ausgerichtet haben, so gehe selbst, wenn schlecht, so schicke einen Andern.*

---

fz. Si vous voulez que votre affaire soit faite, allez-y: si vous voulez qu' elle ne soit pas faite, envoyez-y. *Wenn ihr wollt, dass euer Geschäft abgemacht werde, geht hin: wenn ihr wollt, dass es nicht abgemacht werde, schickt hin.*

sf. Voulés? ana-ïe. Voulés pa? manda-ïe. (Lgd.) *Wollt ihr? — geht hin. Wollt ihr nicht? — schickt hin.*

Si voues faire un affaire vay ly, si non lou voues faire, mande ly. (nprv.) *Wenn du ein Geschäft abmachen willst, geh hin, wenn du es nicht abmachen willst, schick' hin.*

it. Chi vuol, vada; chi non vuol, mandi. *Wer will, gehe; wer nicht will, schicke.*

Chi và, vuole; chi manda, non se ne cura. *Wer geht, will; wer schickt, kümmert sich nicht darum.* [*Chi vuol u. s. w.*

mi. Chi bole, vada; chi nu bole, mandi. (ers.) *S.*
Chi vo vega e chi ch' an vo menda. (rom.) *Wer will, gehe, und wer nicht will, schicke.*

ni. Chi vol, vada (vaga), chi n' vol, manda. (em. B.) *S. Chi vuol u. s. w.*

Chi vœul vaga, chi n'vœul manda. (em. P.) *S. Chi vuol u. s. w.*

Chi vòl vada, e chi èn vòl manda. (em. R.) *S. Chi vo u. s. w.*

Cui en ûl vè vadi, cui en nol ûl vè mandi. (frl.) *Wer will, gehe hin, wer nicht will, schicke hin.* [*S. Chi vuol u. s. w.*

Chi völ, vaghe, chi no völ, mande. (l. brs.)

Chi vœur, ch' el vaga lù, chi nô vœur, manda. (l. m.) *Wer will, der gehe selbst, wer nicht will, schicke.*

Chi vœûl vada, e chi vœûl neç, manda. (piem.) *S. Chi vo u. s. w.*

Chi vol, vaga e chi no vol, manda. (v.) *S. Chi vo u. s. w.*

Chi vol vaga e chi no vol staga. (v.) *Wer will, gehe, und wer nicht will, bleibe.*

Chi vol, vadi, e chi no vol, mandi. (v. trst.) *S. Chi vo u. s. w.*

si. Chi vuole, va e chi non vuole, manda. (npl.) *Wer will, geht, und wer nicht will, schickt.*

Anda cui voli, cui non voli manda. (s.) *Gehe, wer will, wer nicht will, schicke.*

Qui queret andet, qui non queret mandet. (sa.) *S. Chi vuol u. s. w.*

lad. Allò quet importa à tu, no ho deixes fer à ningù. (val.) *Das, was dir wichtig ist, lass es durch Niemand thun.*

---

357. Wer selbst geht, den betrügt der Bote nicht.

Wenn man selbst geht, betrügt Einen der Bote nicht. [hs. G. u. G.)

Wër sülben geit, dën drügt de Böe nich. (ns. pd.

War man sülvenst kummt, bedrüggt een de Bade neet. (ns. ofs.) *Wo man selbst kommt, betrügt einen der Bote nicht.*

Wannste selwer ges, bedrüget di de Buo'e nitt. (wstf. Mrk.) *Wenn du selbst gehst, betrügt dich der Bote nicht.*

Wannste selwer geist, bedruiget di de Boade nit. (wstf. S.) *S. Wannste u. s. w.*

---

dl. Daar men zelf gaat, wordt men door geen bode bedrogen. *Wenn man selbst geht, wird man durch keinen Boten betrogen.*

De beste bode is de man zelf. *Der beste Bote ist der Mann selbst.*

Niet voor de bode selve te syn. (avl.) *Nichts besser, als selbst der Bote sein.*

Geen boodschap is zo goed als die men zelf doet. (vl.) *Keine Botschaft ist so gut, als die man selbst thut.*

---

dä. Naar man selv gaaer, sparer man Budleien. *Wenn man selbst geht, spart man das Botenlohn.*

---

fz. On ne trouva jamais meilleur messager que soi-même. *Man fand nie bessern Boten als sich selbst.*

nf. I n'y a si bon messegi qu' lu-même. (w.) *Es gibt keinen so guten Boten wie sich selbst.*

it. Non è più bel messo che se stesso. *Es ist kein besserer Bote als man selbst.*

mi. Chi bole esse sigurn, face e so cose dapersè (nu face fa e so cose all' altri). (ers.) *Wer sicher sein will, verrichte seine Sachen selbst (lasse seine Sachen nicht von Andern ausrichten).*

ni. Chi vol un bel messo, vada sè stesso. (v.) *Wer einen guten Boten will, gehe selbst.*

---

358. **Wer selbst mausen kann,** der **braucht k**eine Katzen.

pd. **Wer sin** Scho sick sülwst **kann flick'n,** de brükt se nich nao'n Schoster to schick'n. (ns. A.) *Wer seine Schuh selbst flicken kann, der braucht* **sie nicht** *zum Schuster zu schicken.*

Woto holl 'k mi **'n Hund, wenn ik sülvst bellen sall? (ns. M.-Str.)** *Wozu halt' ich mir einen Hund, wenn ich selbst bellen soll?*

dt. **Beveel (Commandeer) 'ge honden, en blaf zelf.** *Befehlt eure Hunde und klafft selbst.*

en. **What? keep a dog and bark myself?** *Was? einen Hund haben und selber bellen?*

dä. Hvo **der selv** kan **muse, bruger** ingen Katte.

nw. Dan som gjøyr sjølv, han slepp aa halda Hund. *Wer selbst bellt, braucht keinen Hund zu halten.*

359. **Selten** ist a**ngenehm.**

Swaz seltsæn ist **daz dunket guot, sô manz den** liuten tiure tuot. **(ad.)**

dt. Hoe min ghesien, hoe meer beghoert. **(avl.)** *Je weniger gesehen, je mehr begehrt.*

cw. Caussa rara, **caussa cara.** (**obl.**) *Seltene Sache, liebe Sache.*

fz. Chose rarement **veue est plus chère tenue.** *Selten gesehene Sache wird werther gehalten.*

La chose guerre véue Est chiere tenue. (afz.) *Selten gesehene Sache wird werth gehalten.*

it. **Le cose rare Son le più** care. *Die seltenen Sachen* ***sind die liebsten.***

mi. Cosa rara, cosa **cara.** (t.) *S. Caussa u. s. w.*

ni. El püssé rar, l' è 'l püssé **car.** (**l.**) *Das Seltenste,* **es ist das** *Liebste.*

L.' è semper cara **röba** che sia rara. (l. m.) *Es ist immer theure Waare, die selten ist.*

si. Voi farti amari, fatti disiari. (s.) *Willst du geliebt werden, lass* **dich** *verlangen.*

360. Wer etwas will gelten, der komme **selten.**

md. E gudde' Freut, Dé séle' keet. (mrh. L.) *Ein guter Freund, der selten kommt.*

pd. Wer will watt gelten, de mütt kaom selten. (ns. A.) *Wer etwas gelten* ***will, der muss*** *selten kommen.*

Sjeldenkommen er velkommen. *Seltengekommen* **dä.** *ist willkommen.*

Sjeldan komen er kjæraste komen. *Selten ge-* **nw.** *kommen* **ist** *am willkommensten.*

A **menx bisita — Mèy ayma. (sf. Bru.)** *Weniger besuchen — lieber haben.* **fz.**

Bén bede tante, mes pas trop souben. (Bru.) **sf.** *Besuche die Tante, aber nicht zu oft.*

361. Wasser in **einem Siebe** holen.

Er holt Wasser in **einem Siebe.**

Das heisst Wasser **im Sieb forttragen.**

Swer wazzer in dem sibe treit **dast verlorn** arebeit. (ad.)

Er schepfet wazzer mit dem sibe. (ad.)

Water in eenen korf putten. *Wasser in einem* **dt.** *Korbe schöpfen.*

Hij vangt regenwater in eene zeef. *Er fängt Regenwasser in einem Siebe auf.*

To pour water into a sieve. *Wasser in ein* **en.** *Sieb giessen.* {*Siebe schöpfen.*

Wähser Sujn't Sähw usen. (M.) *Wasser im* **fs.**

At bære Vand i et Sold. *Wasser in einem* **dä.** *Siebe tragen.*

Bera Vatn i eit Saald. *S. At bære u. s. w.* **nw.**

Lympham cribro infundere. **lt.**

Cribro aquam haurire.

C'est folie puiser l'eau dans un crible**au.** *Es* **fz.** ***ist Thorheit,*** *Wasser in einem Siebe zu schöpfen.*

Andar per acqua col vaglio. *Mit* **dem Sieb** **it.** *nach Wasser gehen.*

Bole adacquà cu u cernigliu. (crs.) *Er will* **mi.** *mit dem* ***Sieb bewässern.***

Portar l' acqua **nel vaglio. (t.)** *Das Wasser im Siebe tragen.*

Tirà seu l' aqua con **d' cuna** segia senza fond. **ni.** (**l.** b.) *Wasser* ***mit einem*** *Eimer ohne Boden schöpfen.*

Pigghiari l' acqua 'ntra lu panaru. (s.) *Das* **si.** *Wasser im Korbe schöpfen.*

A căra apă cu ciurulŭ. *Wasser mit dem* **wl.** ***Reuter*** *tragen.*

362. Op eenen ziedenden pot zit nooit eene vlieg. (dt.) *Auf einen siedenden Topf setzt sich niemals eine Fliege.*

---

fz. En four câou noun creïsson èrbos. (sf. Lgd.) *In heissem Ofen wachsen keine Kräuter.*

sf. En four caud non creisson herbos. (nprv.) *S. En u. s. w.*

it. A pentola che bolle, gatta non s' accosta. (mi. t.) *Dem Topfe, der siedet, nähert sich keine Katze.*

ni. A pignata che boi nos che visina gac. (l. b.) *S. A pentola u. s. w.*

A pignata che boge, la gata no va vicin. (v.) *S. A pentola u. s. w.*

si. A pignata chi vugghi, nun c' incugnanu muschi. (s.) *Auf den Topf der siedet, setzen sich keine Fliegen.*

sp. A olla que hierve ninguna mosca se atreve. *Auf einen Topf der siedet, wagt sich keine Fliege.*

---

363. Das sein soll, das schickt sich wohl.

Swaz (sô) geschehen sol, daz geschiht. (ad.)

Daz sin sol, daz muoz geschehen. (ad.)

Swaz sich sol gefüegen, wer mac daz understên? (ad.)

md. Wos sei˜ söll, schickt si' wohl. (frk. M.)

od. Was sein soll, schickt sich wohl. (bair.)

pd. Wat sien sal, Dat scheckt sich wal. (nrh. A.)

Wat up'n Wëge is, dat blift nich ûte. (ns. ha. G. u. G.) *Was auf dem Wege ist, das bleibt nicht aus.*

Wat de Minsche hem sal, dat krigt he âk. (ns. ha. G. u. G.) *Was der Mensch haben soll, das kriegt er auch.*

Wat sin sal, schickt sich. (ns. N.) *Was sein soll, schickt sich.*

---

fs. Wát 'm hêwe shâll, fâit 'm nóg. (M.) *Was man haben soll, bekommt man noch.*

---

dä. Det, som skal skee, skikker sig selv. *Das, was geschehen soll, schickt sich von selbst.*

Det kommer vel, der skee skal. *Das kommt wohl, was geschehen soll.*

is. Hvad sem ske skal, verðr ekki umflúið. *Das, was geschehen soll, wird nicht geändert.*

sw. Dhet måste gåå som Gudh wil ha. *Es muss gehen wie Gott (es) haben will.*

---

it. Sarà quel che sarà. *Was sein wird, wird sein.*

S' ell è destinata, riescerà. (crs.) *Wenn's bestimmt ist, wird's gelingen.* mi.

Sarà quèll che srà. (rom.) *S. Sarà u. s. w.*

Quel ch' è disposto in cielo, convien che sia. (t.) *Was im Himmel bestimmt ist, muss sein.*

Sarà lò ch' a sarà. (piem.) *S. Sarà u. s. w.* ni.

sp. Lo ordenado en el Cielo por fuerza (forzoso) se ha de cumplir en el suelo. *Was im Himmel beschlossen ist, muss sich gewaltsam auf Erden erfüllen.*

Esso se haze lo que a Dios plaze. *Das geschieht was Gott gefällt.*

---

364. Man sagt viel in einem sommerlangen tag. (ad.)

md. D' Leit schwëtze fill, wan d' Déch lang sin. (nrh. L.) *Die Leute schwatzen viel, wenn die Tage lang sind.*

od. Man redet viel, wenn der Tag lang ist. (schwei.)

---

dä. Man kan sige meget en sommerlang Dag. *Man kann viel sagen an einem sommerlangen Tage.*

Meget kan snakkes en sommerlang Dag. *Viel kann geredet werden an einem sommerlangen Tage.*

is. Sagt getr maðr margt sumarlángan dag. *Gesagt kriegt man viel an sommerlangem Tage.*

nw. Ein kann myket segja ein sumarlang Dag. *S. Man kan u. s. w.*

sw. Man kan mycket snacka en Sommarlång Dagh. *S. Man kan u. s. w.*

---

365. Wem die Sonne scheint, der fragt nichts nach den Sternen.

---

dt. Daar de zon schijnt, is de maan niet noodig. *Wo die Sonne scheint, ist der Mond nicht nöthig.*

Men zoekt geene lamp, als de zon op is. *Man sucht keine Lampe, wenn die Sonne auf ist.*

en. The moon's not seen where the sun shines. *Der Mond wird nicht gesehen, wo die Sonne scheint.*

---

dä. Naar Solen skinner, skjøtter man ej om Stjernerne (behøver man intet andet Lys). *Wenn die Sonne scheint, kümmert man sich nicht um die Sterne (braucht man kein anderes Licht).*

is. Stjörnurnar gefa ljós, ef ei er uppi sól (þá sól er ei á lopti). *Die Sterne geben Licht, wenn die Sonne nicht oben ist (wenn die Sonne nicht am Himmel ist).*

þar þarf ei að kveikja ljós, sem sólin skín. *Da braucht man kein Licht anzustecken, wo die Sonne scheint.*

nw. Ein ser ingi Stjernor, dar Soli skin. *Man sieht keine Sterne, wo die Sonne scheint.*

Naar Soli skin, skjøyter ingen um Maanen (um annat Ljos). *Wenn die Sonne scheint, bekümmert sich Niemand um den Mond (um andres Licht).*

sw. När solen skiner, frågar ingen efter månen (behöfves ingen lykta). *Wenn die Sonne scheint, frägt Keiner nach dem Monde (wird keine Laterne gebraucht).*

---

fz. Où le soleil luict la lune n'a qu'y faire. *Wo die Sonne scheint, hat der Mond nichts zu thun.*

A midy estoile ne luit. *Zu Mittag leuchtet kein Stern.*

af. Së lou sourël lusis, n' âi pa bëzoun dë lüno. (Lgd.) *Wenn die Sonne scheint, hast du den Mond nicht nöthig.*

Si lou souleou luze, non ay qu' a faire de luno. (nprv.) *Wenn die Sonne scheint, brauchst du den Mond nicht.*

Embe lou souleou estelos non luzon. (nprv.) *Mit der Sonne leuchten keine Sterne.*

it. Il maggior lume il minor lume abbaglia. (mi. crs.) *Das grössere Licht verdunkelt das kleinere.*

mi. Quando il sole ti splende, non ti dèi curar della luna. (t.) *Wenn die Sonne dir leuchtet, kümmere dich nicht um den Mond.*

lm. En la presencia del Sol poca es la llum del cresol. (val.) *In der Gegenwart der Sonne ist das Licht der Lampe gering.*

sp. El sol me luzga, que de la luna no he cura. *Die Sonne leuchte mir, so mache ich mir nichts aus dem Mond.*

---

366. Hundert Pfund **Sorge** bezahlt kein Loth Schulden.

Ein Pfund Sorgen Zahlt kein Loth Borgen.

md. Honnert Pont Schagréng bezuole' kèn Dubbel Scholt. (mrh. L.) *Hundert Pfund Kummer bezahlen keinen Double (Zweipfenniger) Schuld.*

---

dt. Een pond zorg kan nog geen ons schuld betalen. *Ein Pfund Sorge kann noch kein Loth Schuld bezahlen.*

en. A pound of care will not pay an ounce of debt. *S. Een pond u. s. w.*

A pound o' care winna pay an ounce o' debt. (scho.) *S. Een pond u. s. w.*

---

dä. Hundrede Vogne med Sorg betale ei en Haandfuld Gield. *Hundert Wagen mit Sorge bezahlen nicht eine Handvoll Schuld.*

---

fz. Cent ans de chagrin ne paient pas un sou de dettes. *Hundert Jahre Kummer bezahlen nicht einen Sou (Kreuzer) Schulden.*

Cent ans de melancolie ne paieront jamais pour un liard de debtes. *Hundert Jahre Melancholie werden nie einen Liard (Heller) Schulden bezahlen.*

Cent livres de mélancholie ne payent pas un sol de dettes. *Hundert Pfund Melancholie bezahlen keinen Sou Schulden.*

Cent heures de chagrin ne payent pas un sol de dettes. *Hundert Stunden Kummer bezahlen nicht einen Sou Schulden.*

Mille escus de melancholie n'acquittent le debteur d'un soul. *Tausend Thaler Melancholie bezahlen nicht einen Heller für den Schuldner.*

af. Cën-t-ëscus dë lâghis pâgoun pa un pata dë dëoutës. (Lgd.) *Hundert Thaler Unruhe bezahlen nicht einen Pata (Zweiheller) Schulden.*

Cent escus de melancouniė pagaran pas un patac de deoutes. (nprv.) *Hundert Thaler Melancholie werden nicht einen Zweiheller Schulden bezahlen.*

it. Niun pensier non pagò mai debito. *Kein Gedanke bezahlte je Schulden.*

mi. Cento libbre di pensieri non ne pagano una di debito. (t.) *Hundert Pfund Gedanken bezahlen nicht ein (Pfund) Schulden.*

Un carro di fastidj non paga un quattrin di debito. (t.) *Ein Wagen voll Kummer bezahlt nicht einen Quattrin (Kreuzer) Schulden.*

ni. Un an d' malinconi en paga un quatrein d' dêbit. (em. B.) *Ein Jahr Schwermuth bezahlt nicht einen Quattrin Schulden.*

Malinconea no paga dèbegg. (l. b.) *Schwermuth bezahlt keine Schulden.*

Ù car de penser no paga û quatri de dèbet. (l. b.) *Ein Wagen voll Gedanken bezahlt nicht einen Quattrin Schulden.*

On an de malincouia no paga on sold de dèbit. (l. m.) *Ein Jahr Schwermuth bezahlt nicht einen Soldo Schulden.*

Un sach de fastidi no paga ün quattrin de dèbit. (l. m.) *Ein Sack Sorgen bezahlt nicht einen Quattrin Schulden.*

El sagrinesse a paga nen ii debit. (piem.) *Sich grämen bezahlt nicht die Schulden.*

Cent' ani de guai (malinconia) no paga un soldo de debito. (v.) *Hundert Jahre Jammer (Melancholie) bezahlen nicht einen Soldo Schulden.*

Col pensarghe no se paga debiti. (v.) *Mit dem Darandenken bezahlt man keine Schulden.*

si. Cento carra di pensieri non pagano un quattrino di debito. (npl.) *Hundert Karren Gedanken bezahlen nicht einen Kreuzer Schulden.*

Cent' unzi di malancunia non paganu tri dinari di detta. (s.) *Hundert Unzen Melancholie bezahlen nicht drei Heller Schuld.*

S'esser tristu (Sa tristura) non pagat depidos. (sa.) *Das Traurigsein (Die Traurigkeit) bezahlt keine Schulden.*

---

367. **Lass die Vöglein sorgen, die haben schmale Beine.**

Las einen hund sorgen, der bedarff vier schuch. (nd.)

od. Er lässt die Vögel sorgen. (bair.)

Er löt s guet Vögili sörge. (schwei. Sch.) *Er lässt das gute Vöglein sorgen.*

pd. He lett Violn sorgn. (us. B.) *Er lässt Violen sorgen.*

---

dt. Laat de vogeltjes sorgen, die hebben dunne beentjes. *Lass die Vögelchen sorgen, die haben dünne Beinchen.*

Laet een hondt sorghen, die behoeft twee paer schoenen. (ah.) *Lass einen Hund sorgen, der braucht zwei Paar Schuhe.*

---

dä. Lad Hunden sorge, han har fire Fødder, og ingen Skoe til dem. *Lass den Hund sorgen, er hat vier Füsse und keine Schuhe dazu.*

Lad Fanden sorge, han har hverken Krop eller Siæl. *Lass den Teufel sorgen, er hat weder Körper, noch Seele.*

is. Hundinn láttu sorga ef hann þarf fjóra skó. *Den Hund lass sorgen, wenn er vier Schuh braucht.*

nw. Lat Hunden syrgja; han heve fire Føter og ingen Sko. *Lass den Hund sorgen; er hat vier Füsse und keinen Schuh.*

---

368. **Wer über sich haut, dem fallen die Späne in die Augen.**

Wer wider den Wind brunzt, macht sich nasse Hosen.

Wer über sich vil howen wil dem fallen spæn in die ougen vil. (ad.)

Swer über houbet vihtet dem risent spæne in sînen buosen. (ad.)

Waar an Schtee in di Höi worft, dan fëlter md. uffan Kunepf. (frk. H. S.) *Wer einen Stein in die Höhe wirft, dem fällt er auf den Kopf.*

Hat nét ze hîch, da' sprêngt iech kê' Spôn an d' A. (mrh. L.) *Haut nicht zu hoch, dann springt euch kein Span in die Augen.*

Die boven zijn hoofd kapt, dien vallen de dt. spaanderen in de oogen. *Wer über seinen Kopf haut, dem fallen die Späne in die Augen.*

Wie tegen wind spuwt, mackt zynen baerd vuil. (vl.) *Wer gegen den Wind spuckt, macht (sich) seinen Bart schmutzig.*

Who spits against heaven it falls in his face. en. *Wer gegen (den) Himmel spuckt, dem fällt's in sein Gesicht.*

He that hews abune his head may get a spail in his e'e. (scho.) *Wer über seinen Kopf haut, kann einen Span in's Auge bekommen.*

He that spits against the wind spits in his ain face. (scho.) *Wer gegen den Wind spuckt, spuckt sich selbst in's Gesicht.*

De, dirr âpjn' e Hâmmel spüttet, spüttet hâm fs. sëllew äujn't Ônláss. (M.) *Wer gegen den Himmel spuckt, spuckt sich selbst in's Angesicht.*

Hvo der hugger over sig, ham falde Spaaner i dä. Øinene. *Wer über sich haut, dem fallen Späne in die Augen.*

Hvo der blæser til Ilden, ham flyve Gnister i Øinene. *Wer in's Feuer bläst, dem fliegen Funken in die Augen.*

Dan som høgg upp yver seg, fær Sponarne i nw. Augat. *Wer über sich haut, kriegt die Späne in's Auge.*

Hugger man ofvanom sig, så falla spånorna i sw. ögonen. *Haut man über sich, so fallen die Späne in die Augen.*

In coelum expuis. lt.

Chi spida cunter il vent, as spüd' in fatscha. cw. (ld. O.-E.) *Wer gegen den Wind spuckt, spuckt sich in's Gesicht.*

fz. Qui crache contre le ciel, il lui tombe sur la tête. *Wer gegen den Himmel spuckt, dem fällt es auf den Kopf.*

nf. Il a craché in air, ça li a requein su s'nez. (w. M.) *Er hat in die Luft gespuckt, das ist ihm auf seine Nase zurückgefallen.*

sf. Qu escupe au Ceon, bagno sa caro. (nprv.) *Wer gegen den Himmel spuckt, macht sich das Gesicht nass.*

it. Chi sputa in sù, lo sputo gli torna in su 'l viso. *Wer in die Höhe spuckt, dem fällt die Spucke in's Gesicht.*

Chi contro a Dio gitta pietra, in capo gli ritorna. *Wer gegen Gott mit Steinen wirft, dem fallen sie auf den Kopf zurück.*

Chi piscia contra il vento, si bagna la camiscia. *Wer gegen den Wind brunzt, macht sich das Hemd nass.*

mi. Chi contro Dio gitta pietra, in capo gli torna. (t.) *S. Chi contro u. s. w.*

ni. Chi pissa incontro 'l vento, se bagna le braghe. (v. trst.) *S. Wer wider u. s. w.*

si. Chi sputa'n cielo, le retorna' n faccie. (npl.) *Wer gegen den Himmel spuckt, dem fällt's in's Gesicht zurück.*

A cui sputa 'ncelu, 'nfacci ci veni. (s.) *Wer gegen den Himmel spuckt, dem kömmt's in's Gesicht.*

Quic ruspiât in chelu, in faccia li torrat. (sa. L.) *S. Chi sputa'n u. s. w.*

Non ruspies ad su chelu, qua ti que ruet in bucca. (sa. L.) *Spucke nicht gegen den Himmel, denn es fällt dir in den Mund.*

lm. Qui escup al Cel, en la cara li cau. (val.) *S. Who spits u. s. w.*

sp. Quien al cielo escupe, en la cara le cae. *S. Who spits u. s. w.*

Quien al cielo escupe, ala cara le torna. (asp.) *S. Chi sputa'n u. s. w.*

—

369. Auf die Neige ist nicht gut sparen.

Es ist zu spät zu sparen, wenn die Tonne leer ist.

Sparen ist zu spät, wenn man im Beutel auf die Nath und im Fass auf den Boden greift.

Sparen ist zu spät, Wenn's an die Hofstatt geht.

Sparen ist zu spat, Wenn's geht an den Hausrath.

od. Es ist zu spät sparen, wenn man nichts mehr hat. (schwei.)

Spodn muisst, sou loung wos hosd, sisd is 's umsisd. (st.) *Sparen musst, so lange was hast, sonst ist's umsonst.*

Spare bie 'n fullen Fate; bie 'n leddigen is 't to late. (ns. ha. V.) *Spare beim vollen Fasse, beim leeren ist es zu spät.* pd.

—

dl. Spar, als het vat vol is: als het ledig is, helpt geen sparen meer. *Spart, wenn das Fass voll ist: wenn es leer ist, hilft kein Sparen mehr.*

Tis te laete gespaert, als di botter op den bodem is. (ah.) *Es ist zu spät gespart, wenn die Butter auf dem Boden ist.*

't Schrappen en geldt niet meer als de pot uit is. (vl.) *Das Kratzen hilft nichts mehr, wenn der Topf aus ist.*

Als 't hammetje gekloven is, is 't sparen gedaen. (vl.) *Wenn der Schinken gespalten ist, ist es mit dem Sparen vorbei.*

en. Too late (It's too late) to spare When the bottom is bare. *Zu spät (Es ist zu spät) zu sparen, wenn der Boden bloss ist.*

Better spare at the brim, than at the bottom. *Besser am Rand, als auf dem Boden sparen.*

It's ower late to spare when the back's bare. (scho.) *Es ist viel zu spät zu sparen, wenn der Boden bloss ist.*

fs. Aw'e Hijlling sparen. (M.) *Auf die Neige sparen.*

—

dä. Bedre at spare paa Bredden end paa Bunden. *S. Better spare u. s. w.*

Bedre er spare paa Bredden end paa Bunden. *Besser ist's am Rand, als am Boden sparen.*

Naar man er paa Bunden, er det for silde at spare. *Wenn man am Boden ist, ist es zu spät zu sparen.*

Bædra ær sparth fraa Brædh æn fraa Bondhen. (adä.) *Besser ist am Rand gespart, als auf dem Boden.*

Spar fra Laaget, Bunden sparer sig selv. (jüt.) *Spare am Deckel, am Boden spart es sich von selbst.*

nw. D' er seint aa spara, naar Botnen er berr (paa berre Botnen). *Es ist spät zu sparen, wenn der Boden bloss ist (bei blossem Boden).*

D' er seint, naar ein er komen paa berrau Botn. (B.-St.) *Es ist spät, wenn man auf den blossen Boden gekommen ist.*

sw. För sent att spara vid botten. *Zu spät am Boden sparen.*

Det är för sent spara på botten. *Das ist zu spät am Boden sparen.*

Bætra ær spara fra bræd æn fra bwthn. (asw.) *S. Bedre er u. s. w.*

—

lt. Sera in profundo parsimonia.

Quam (Qvam) fundo parce (parcæ) magis (mage) sunt res vasis ab arce. (mlt.)

it. Quanna la mattra è china, Sparagna la farina; Quannu lu funnu pare, nu lla sparagnare. (si. ap.) *Wenn das Fass voll ist, spare das Mehl; wenn der Boden erscheint, ist Nichts zu sparen.*

si. Sparagna a farina quannu a tina è china; Quannu u culacchiu pari, nu bisogna sparagnari. (cal.) *Spare das Mehl, wenn die Tonne voll ist; wenn der Boden durchscheint, ist's nicht nöthig zu sparen.*

Quanno la votta è chiena, appila appila, quanno è bacante, non haie ch' appilare. (npl.) *Wenn das Fass voll ist, halte zusammen, halte zusammen, wenn es leer ist, ist Nichts zusammenzuhalten.*

Sparagna la tina, mentri è china, quannu lu funnu pari, nun c' è chiu di sparagnari. (s.) *Spar' die Tonne, während sie voll ist, wenn der Grund erscheint, ist nichts mehr zu ersparen.*

---

370. **Ein Pfennig ist eben so bald erspart, denn gewonnen.**

Ein ersparter Pfennig ist zweimal verdient.

od. Der Pfenning den man erspart, ist eben so viel, wie der (ist eben so gut wie der Gulden) den man gewinnt. (schwei.)

De een Groten spart, hett twee verdeent. (ns. B.) *Wer einen Groschen spart, hat zwei verdient.*

De 'n Groten spart, het twê verdênt. (ns. O. J.) *S. De een u. s. w.*

---

dt. Een gespaarde penning is dubbel verdiend. *Ein ersparter Pfennig ist doppelt verdient.*

Eén penning gespaard Is er twee vergaârd. *Ein Pfennig erspart ist zwei gesammelt.*

Een stuiver gespaard is een stuiver gewonnen. *Ein Stüber gespart ist ein Stüber gewonnen.*

en. A penny saved is a penny got. *Ein Pfennig erspart ist ein Pfennig erworben.*

A penny spared is twice got. *Ein Pfennig erspart ist zwei Mal erworben.*

A penny hain'd's penny gained. (scho.) *S. A penny saved u. s. w.*

---

dä. Den Penge, man sparer, er saa god, som den, man erhverver. *Der Pfennig, den man spart, ist so gut, wie der, den man erwirbt.*

Spart Penge er saa god, som arvet Penge. *Erspartes Geld ist so gut wie ererbtes Geld.*

is. Sparaðr skildingr er betri enn sá, sem maðr þarf að ávinna. *Ersparter Schilling ist besser als der, den man gewinnen muss.*

nw. Ein Skilling, som er spard, er tvo Gonger tent. *Ein Schilling, der erspart ist, ist zwei Mal verdient.*

sw. Sparad penning är så god som vunnen. *Ersparter Pfennig ist so gut wie gewonnen.*

Den styfern men sparar, är så god, som den man förtjener. *Der Stüber, den man spart, ist so gut, wie der, welchen man verdient.*

---

it. Quattrino risparmiato due volte guadagnato. (mi. t.) *Ersparter Quattrin zwei Mal gewonnen.*

ni. Ü sold sparegnat l'è ü sold guadegnat. (l. b.) *Ein Soldo erspart, ist ein Soldo gewonnen.*

Quatri risparmiat do ölte guadegnat. (l. b.) *S. Quattrino u. s. w.*

Val più un soldo sparmià, che do guadagnà. (v.) *Mehr gilt ein ersparter Soldo, als zwei gewonnene.*

---

371. **Spar' in der Zeit, so hast du in der Noth.**

Wer heute spart, hat morgen etwas.

od. Wer sparet, wenn er hat, findet, wenn er bedarf. (schwei.)

pd. Spare wat, so hest du wat. (ns. B.) *Spare was, so hast du was.*

De wat spart, de wat hett. (ns. B.) *Der was spart, der was hat.*

De Mörgens wat spart, de Abnds wat hett. (ns. B.) *Der Morgens was spart, der Abends was hat.*

Wēr (sek) wat hêget, dei het wat. (ns. hu. G. u. G.) *Wer (sich) was aufhebt, der hat was.*

De wat heegt, de hett wat. (ns. hlst.) *S. De wat u. s. w.*

Dee wat hägt, dee wat hett. (ns. Hmb.) *S. De wat u. s. w.*

Hedj di wat, so heste wat un laat en jeden det sinije. (ns. N.) *Spar' dir was, so hast du was und lass einem Jeden das Seine.*

De wat spärt, de wat hett. (ns. O. J.) *S. De wat u. s. w.*

Spaare in der Tied, sau häst duu in der Nauth. (ns. W.)

---

en. Of saving comes having. *Vom Sparen kommt Haben.*

Frae saving comes having. (scho.) *S. Of u. s. w.*

---

nw. D' er best aa spara fraa Loket. *Es ist am besten zu sparen im Vollen.*

Dan som gjøymer i Nogdi, han heve i Naudi. (B.-St.) *Wer im Überfluss aufhebt, der hat in der Noth.*

sw. Den något spar, han något har. *S. De wat u. s. w.*

---

cw. Tgi spargna a tems, quel ha el basegns. (obl.) *Wer bei Zeiten spart, der hat das Nothwendige.*

it. Cull' annate di a diviza pensa all' annate di a dicetta. (mi. ers.) *In den Jahren der Fülle denk' an die Jahre des Mangels.*

si. Qui arribbat quando hat, mandigat quando queret. (sa. L.) *Wer aufhebt, wann er hat, isst, wann er will.*

---

372. **Sparen ist verdienen.**

Erspart ist so gut, als erworben.

pd. Wat man spart, is so got as verdeent. (us. B.) *Was man spart, ist so gut wie verdient.*

Wat man spart, is so good as verdeend. (ns. Hmb.) *S. Wat man spart, is so got u. s. w.*

---

en. To haid is to hae. (scho.) *Sparen ist haben.*

---

dä. Hvad man sparer, er ogsaa vundet. *Was man spart, ist auch gewonnen.*

Sparsomhed er den største Indtægt. *Sparsamkeit ist die grösste Einnahme.*

nw. Dat som er spart, er tent. *Was erspart ist, ist verdient.*

---

lt. Magnum vectigal parsimonia.

fz. Les spâgnes sont des wâgnes. (nf. w.) *Die Ersparnisse sind Verdienst.*

sf. Lou parmè estalbiat, Qu' èy lou parmè ganhat. (Brn.) *Das erste Ersparte ist der erste Gewinn.*

it. L' è mëi un bon sparagn ch n' è un bon guadagn. (mi. rom.) *Besser ein gutes Erspartes, als ein guter Gewinn.*

mi. Lo sparagno è il primo guadagno. (t.) *Das Ersparte ist der erste Gewinn.*

ni. Il prin capital l' è 'l tegni cont. (frl.) *Das erste Kapital ist das Rechnungführen.*

El prim guadagnat l' è 'l prim risparmiat. (l.) *Der erste Gewinn ist das erste Ersparte.*

El prëm guadagnat l' è 'l prëm sparegnat. (l. b.) *S. El prim u. s. w.*

Sparagno, primo guadagno. (v.) *Erspartes, erster Gewinn.*

Xe megio un bel sparagno che un bel guadagno. (v.) *S. L' è mëi u. s. w.*

El sparagno xe el primo guadagno. (v. test.) *S. Lo sparagno u. s. w.*

Chi sparagna, guadagna. (upl.) *Wer erspart,* si. *gewinnt.*

Lu sparagnu è un gran guadagnu. (s.) *Das Ersparte ist ein grosser Gewinn.*

---

373. **Was man spart für den Mund, Frisst Katz' oder Hund.**

Sparmund Frisst Katz' und Hund.

Was man vor den Frommen spart, wird den Bösen zu Theil.

Was man spart für den Mund, frisst die Katze md.
oder der Hund. (mrh. E.)

Wât ë' spuört fir de Mogt, Frest d' Kâz oder den Hogt. (mrh. L.) *S. Was man spart für den Mund, frisst die u. s. w.*

Wos mar darspâart on Mund, fressn Kâtz'n od.
und Hund. (opf. N.) *Was man erspart am Mund, fressen Katzen und Hunde.*

Was man verspart am Munde, fresseñ die Katzen. (schwb.)

Wat me spart für der Monk, Fresst Katz of pd.
Honk. (urh. A.)

Watt 'n högt vöörn Mund, Dat fritt Katt un Hund. (us. A.) *Was man spart für den Mund, das frisst Katze und Hund.*

Wat spart de Mund, fritt Katte un Hund. (us. B.) *Was spart der Mund, frisst Katze und Hund.*

Wat men höget vor der Mund, dat fret de Katte öder de Hund. (ns. ha. G. u. G.) *Was man spart für den Mund, das frisst die Katze oder der Hund.*

Wat men spârt vor der Mund, Dat fret Katte un Hund. (ns. ha. G. u. G.) *S. Watt'n u. s. w.*

Sparmund fritt Katt un Hund. (ns. hlst.) *S. Sparmund u. s. w.*

Wat spart de Mund, fritt de Hund. (ns. Hmb.) *Was spart der Mund, frisst der Hund.*

De wat spart vör d' Mund, spart vör d' Katt un d' Hund. (ns. ofs.) *Der was spart für den Mund, spart für die Katze und den Hund.*

De spârt vör'n Mund, spârt vör Katt un Hunt. (ns. O. J.) *Der spart für den Mund, spart für Katz und Hund.*

Was du nicht gönnst deinem Mund, das frisst Katz und Hund. (us. Pr.)

---

dl. Wat men spaart uit den mond Krijgt dikwijls kat of hond. *Was man spart aus dem Mund, Kriegt oft Katz' oder Hund.*

en. What the goodwife spares, the cat eats. *Was die Hausfrau spart, isst die Katze.*

What carlins hain, cats eat. (scho.) *Was alte Weiber sparen, fressen Katzen.*

---

an. Oft sparir leiðum, þats letir ljúfum hugat. *Oft spart man für Unangenehme das, was man Liebenswürdigen zugedacht hat.*

dä. Hvad (Det) man sparer for sin Mund, (det) æder Kat eller (og) Hund. *Was man spart für seinen Mund, (das) frisst Katze oder (und) Hund.*

Hvad man gjemmer for sin Mund, æder ofte Kat eller Hund. *Was man aufhebt für seinen Mund, frisst oft Katze oder Hund.*

Den (Hvo) der gjemmer til Natten, gjemmer til Katten. *Der, welcher für die Nacht aufhebt, hebt für die Katzen auf.*

Den giemmer til Kat som giemmer til Nat. *Der hebt für (die) Katze auf, der für (die) Nacht aufhebt.*

Den giemmer til Muus, som til Morgen giemmer. *Der hebt für Mäuse auf, der für Morgen aufhebt.*

Then gømmer til Moess, til morghen gømmer. (adä.) *S. Den giemmer til Muus u. s. w.*

is. Sá geymir músum, er til morgins geymir. *Der hebt für die Mäuse auf, der für den Morgen aufhebt.*

nw. Dat ein sparer fraa sin Munn, dat eta Katt og Hund. *Was man spart aus seinem Mund, das frisst Katze und Hund.*

Han sparer til Kattar, Som sparer til Nattar. *Der spart für die Katzen, der für die Nächte spart.*

Dan som sparer til Morgons, han sparer aat Musom. *Wer für den Morgen spart, spart für die Mäuse.*

sw. Den som gömmer öfwer natten, han gömmer åt katten. *Der, welcher über Nacht aufhebt, der hebt für die Katze auf.*

Han giwer mws maat som til morgons gomir. (asw.) *Der gibt Mäusen Speise, der für den Morgen aufhebt.*

---

lt. Muribus id dapinat quod (qvod) crastina cura reclinat. (mlt.)

fz. Ce que l'homme espargne de sa bouche, Le chat ou chien vient qui l'embouche. *Was der Mensch sich von seinem Mund erspart, das erschnappt die Katze oder der Hund.*

Chose la plus recommandée Du chat est souvent emportée. *Was am meisten anempfohlen ist, wird oft von der Katze geholt.*

Chi sparagna, vien la gatta e gliele magna. it.
(mi. t.) *Wer spart, dem kommt die Katze es wegfressen.*

Chi serba, serba al gatto. (t.) *Wer aufhebt,* mi.
hebt der Katze auf.

Masseria, masseria, Viene il diavolo e portala via. (t.) *Vorrath, Vorrath, kommt der Teufel und trägt ihn fort.*

Sparègna e che te sparègna, Ve la gata e 'l te ni.
la sgrafegna. (l. b.) *Spare, und was du sparst, kommt die Katze und holt dir's weg.*

Tègn a ma, tègn a ma, Vègn el diavol e 'l te la porta vià. (l. b.) *Halt's in der Hand, halt's in der Hand, kommt der Teufel und trägt dir's fort.*

A chi sparagna, La gata magna. (v.) *Wer spart, dem frisst's die Katze.*

Sparagna, sparagna, E po 'l gato la magna. (v.) *Spare, spare, und dann frisst's die Katze.*

Chi tropo sparagna, vien la bissa e ghe lo magna. (v.) *Wer zu viel spart, dem kommt die Schlange und frisst es.*

A chi tuto sparagna, El diavolo magna. (v. trst.) *Wer Alles spart, dem frisst's der Teufel.*

Chi sparagna, la gata 'l magna. (v. trt.) *S. A chi sparagna u. s. w.*

Qui arribbat a eras, arribbat ad sos canes. si.
(sa. L.) *Wer auf morgen spart, spart für die Hunde.*

Ca arribba a dumani, arribba a li cani. (sa. S.) *S. Qui arribat u. s. w.*

---

374. Auf den **Sparer** folgt der Zehrer.

Nach dem Sparer kommt der (ein) Zehrer.

Der Sparer will einen Zehrer haben.

Ein Sammler will einen Verschwender haben.

Sparer will einen Zerer (Geuder) han. (ad.)

Dar Spòoror will 'n Vorthûer hà. (frk. H.) *Der* md.
Sparer will 'nen Verthuer haben.

A Schpooror will an Forduuor hou. (frk. H. S.) *Ein Sparer will einen Verthuer haben.*

Der Spòrer muß sein Åwårer höb'n. (frk. M.) *Der Sparer muss seinen Verschwender haben.*

Dor Spåror wil an Zæror hån. (schls. B.) *S. Der Sparer will u. s. w.*

Der Sparer findet seinen Zehrer. (bair., schwei.) od.

Dá Šboará findt án Ziará. (ndö.) *Der Sparer findet einen Zehrer.*

Der Spåorer mouss án G'wèrer hôbm. (opf. N.) *Der Sparer muss einen Verschwender haben.*

Der Sparer muss einen Neisser haun *(Geniesser haben).* (schwb.)

E Huser muess e Güder ha. (schwei. S.) *Ein Haushalter muss einen Vergeuder haben.*

De Sparer mue en Güder hâ. (schwei. Sch.) *S. Der Spåorer u. s. w.*

An iada Spoara gfint an Ziara. (st.) *Ein jeder Sparer findet einen Zehrer.*

pd. Upp'n Hög'r kümmt 'n Vertärer. (ns. A.) *Auf einen Heger kommt ein Verzehrer.*

Uppen Heger kummt en Feger. (ns. B.) *Auf einen Heger kömmt ein Feger.*

Uppen Hüder kummt en Rider. (ns. B.) *Auf einen Hüter kommt ein Wühler.*

Up en 'n Höger Kümt en Föger. (ns. ha. G. u. G.) *S. Uppen Heger u. s. w.*

Nah 'n Hörder kummt 'n Röhrder, nah 'n Heger kummt 'n Feger. (ns. ha. V.) *Nach einem Sammler kommt ein Rührer, nach einem Heger kommt ein Feger.*

Up'n Heeger kumt en Verteerer. (ns. hlst.) *S. Upp'n u. s. w.*

Nau goden Heeger Kumt en goden Feeger. (ns. hlst.) *Nach einem guten Heger kommt ein guter Feger.*

Up den Häger kümmt de Fleeger. (ns. Hmb.) *Auf den Heger kommt der Feger.*

Nö' den Höger kümmt 'n Föger. (ns. L.-D.) *Nach dem Heger kommt ein Feger.*

Upp 'n Erwarfer kummt 'n Verdarwer. (ns. O.) *Auf einen Erwerber kommt ein Verderber.*

Up 'n Heger kummt 'n Fleger. (ns. ofs.) *S. Uppen Heger u. s. w.*

Na 'n Hüder kummt 'n Rüder. (ns. ofs.) *Nach einem Hüter kommt ein Wühler.*

Up e gode Heger folgt e gode Feger. (ns. Pr.-O.) *Auf einen guten Heger folgt ein guter Feger.*

---

dl. De spaarder wil een' teerder hebben. *S. Der Sparer will u. s. w.*

Nae een guet spaerer compt een guet teerrer. (ah.) *Nach einem guten Sparer kommt ein guter Verzehrer.*

fs. Efter an gratten Erwerwer komt an iargen Ferderwer. (A.) *Nach einem grossen Erwerber kommt ein arger Verderber.*

Eftar an gratten Erwerwar komt an iargan Vörderwar. (F.) *S. Efter u. s. w.*

Efter en Samler kommer en Øder. *Nach einem* dä. *Sammler kommt ein Verschwender.*

Efter en god Avler kommer en god Øder. *Nach einem guten Erwerber kommt ein guter Verschwender.*

Gierne kommer rund Arving efter karrig Eier. *Gern kommt freigebiger Erbe nach kargem Eigner.*

Der kommer ofte en god Ødere efter en god Avlere. *Es kommt oft ein guter Verschwender nach einem guten Erwerber.*

Opt kemr góðr eyðari eptir góðan aflara. *S.* is. *Der kommer u. s. w.*

Etter ein god Avlar kjem ein god Oydar. *S.* nw. *Efter en god u. s. w.*

Dat kjem Oydar etter Avlar; dat kjem Byrdesopar etter Mylnar. (Tel.) *Es kommt der Verschwender nach dem Erwerber, es kommt der Kistenfeger nach dem Sammler.*

Efter en samlare kommer en ödslare. *S. Efter* sw. *en Samler u. s. w.*

Quod parens quaerit, effundit prodigus haeres. lt.

Tuot la roba sto avair duos minchuns: ün chi cw. la raspa insemel, ed ün chi la fa ir. (ld.) *Alles Gut will zwei Thoren haben: einen, der es zusammenrafft, und einen, der es in Gang bringt.*

Mintga spergnader ha siu leviader. (obl.) *Jeder Sparer hat seinen Verschwender.*

De ce que l' avarre amasse et espargne, Le fz. large s' en esjouyt, égaye et baigne. *Au dem, was der Geizige sammelt und spart, erfreut, erheitert und weidet sich der Freigebige.*

Ce que chiche espargne, large despend. *Was der Karge erspart, gibt der Freigebige aus.*

Apré un accampäirë, vën un ëscampäirë. (Lgd.) sf. *Nach einem Scharrer kommt ein Verthuer.*

A bon amassäirë, bon ëscampäirë. (Lgd.) *Auf guten Sammler guter Verthuer.*

Après un grand accampaire ven un escampaire. (nprv.) *Auf einen guten Scharrer kommt ein Verthuer.*

Doppu l' avaru veni lu sfragaru. (si. s.) *Nach* it. *dem Geizigen kommt der Verprasser.*

Nuestros padres á pulgadas y nosotros á bra- sp. zadas. *Unsere Väter (sammelten) zollweis und wir (geben's) klafterweis (aus).*

---

375. **Sparmund und Nährhand Kaufen fremdes Land.**

Sparmund und Übelleb kaufen Herrn Wohl- od. leb sein Haus ab. (schwei.)

dt. Spaarmond koopt Smeermond zijn huis en land af. *Sparmund kauft Schmausmund sein Haus und Land ab.*

en. A saving man did once purchase the house of a riotous one. *Ein sparsamer Mann kaufte einst das Haus eines liederlichen.*

---

376. Er hat einen **Sparren** zu viel.

---

fs. He hêt en Shruw lüss. (M.) *Er hat eine Schraube los.*

Ham is en Skröw lnas. (N.) *Ihm ist eine Schraube los.*

---

dä. At have en Skrue løs. *Eine Schraube los haben.*

sw. Han har en skruf lös. *S. He u. s. w.*

---

fz. Il lui manque un clou. *Ihm fehlt ein Nagel.*

Il a un coup de marteau. *Er hat einen Hammerschlag.*

Il a un coup de hache. *Er hat einen Axtschlag.*

Il a bien des chambres à louer dans la tête. *Er hat viel Stuben im Kopfe zu vermiethen.*

nf. Il a on côp d'hèp. (w.) *S. Il a un coup de hache.*

Avu on côp d' hèp (d'màrtai). (w.) *Einen Axtschlag (Hammerschlag) haben.*

Avu quéqu' bois foû di s'fahenne. (w.) *Einiges Holz aus seinem Bündel heraus haben.*

Il a pierdou l'pomme di s'canne. (w.) *Er hat seinen Stockknopf verloren.*

it. Li manca u patrone di casa. (mi. crs.) *Ihm fehlt der Hausherr.*

mi. Egli ha un ramo di pazzo come l' olmo da Fiesole. (t.) *Er hat einen Narrenzweig (so gross), wie die Ulme in Fiesole.*

pt. Falta-lhe uma aduella. *Ihm fehlt eine Daube.*

sp. Tener ramo de locura. *Einen Zweig Narrheit haben.*

---

377. Ein wenig zu **spät**, ist viel zu spät.

pd. E wenig ze spich es völ ze spich. (nrh. A.)

En Bettje te laat, is vööl te laat. (nrh. Kl.) *Ein Bischen zu spät, ist viel zu spät.*

En betn to late is vel to late. (us. B.) *S. En Bettje u. s. w.*

En betten tiou late, vel tiou late. (ns. L.) *Ein Bisschen zu spät, viel zu spät.*

Botken to late is vel to late. (us. L.-D.) *S. En Bettje u. s. w.*

'n Bäten to laat, is väl to laat. (ns. O. St.) *S. En Bettje u. s. w.*

---

dt. Weinig te laat, veel te laat. *Wenig zu spät, viel zu spät.*

fs. Lyts to let, folle to let. (afa.) *S. Weinig u. s. w.*

---

378. Wer zu **spät** kommt, sitzt hinter der Thür.

Wer zu spät kommt, hat das Nachsehen.

Wer zu spät kommt, isst mit den Gemalten an der Wand.

Wer zu spät kommt, wird übel logirt.

md. Ber nit kommt zor Schössl, dem schädts äm Rössl. (frk. U.) *Wer nicht kommt zur Schüssel, dem schadets am Rüssel (Mund).*

pd. Wier ze ŝpêt kit, ässt häinjder der Dir (nit ferläft mät de Knôchen) (mät dem Iwrichgebliwänen). (nrh. S.) *Wer zu spät kommt, isst hinter der Thür (nimmt vorlieb mit den Knochen) (mit dem Übriggebliebenen).*

Wer nich passt up 'n Disk, den mott eten, wat öbbrig blifft. (ns. L.) *Wer den Tisch verpasst, der muss essen, was übrig bleibt.*

---

dt. Die te laat komt, vindt den schotel omgekeerd. *Wer zu spät kommt, findet die Schüssel umgekehrt.*

fs. Diar alta leedh komt, fant an vörslöödan Dör. (F.) *Wer zu spät kommt, findet eine verschlossene Thür.*

---

dä. Hvo til Gilde kommer silde, han skal sidde og æde ilde. *Wer spät zum Gastmahl kommt, der wird schlecht sitzen und essen.*

Den sene Ko faaer det sure (skidne) Græs. *Die späte Kuh bekommt das saure (beschmutzte) Gras.*

is. Sein kýgv fær skitið gras. (fær.) *Späte Kuh kriegt das beschmutzte Gras.*

nw. Dan som inkje passar Maal, fær supa kaldt Kaal. *Wer die Mahlzeit verpasst, muss kalte Kohlsuppe essen.*

Dan som kjem etter hinom, fær eta med Svinom. *Wer nach den Andern kommt, muss mit den Schweinen essen.*

---

lt. Sero venientes, male sedentes.

fz. Qui vient tard les autres il regarde. *Wer spät kommt, sieht den Andern zu.*

Les os sont pour les absents. *Die Knochen sind für die Abwesenden.*

Quand tard arrive, mal loge. *Wenn man spät ankommt, wohnt man schlecht.*

sf. Lou qui-s' lhèbe te tard, que minye la soupe rede. (Brn.) *Wer spät aufsteht, isst die Suppe kalt.*

it. Chi tardi arriva, trova il diavol nel catino. *Wer spät ankommt, findet den Teufel in der Schüssel (d. i. die Schüssel leer).*

mi. Chi giunghie troppu tardi, manghia i resti (rode l'osso). (crs.) *Wer zu spät kommt, isst die Überreste (nagt den Knochen ab).*

Chi tardi arriva, mal allogghia. (crs. s.) *Wer spät ankommt, wohnt schlecht.*

Ch' têrd ariva, mêl aloza. (rom.) *S. Chi tardi arriva, mal u. s. w.*

ni. Chi a j' è a j' è, chi a j' è neu, sia mangià soa part (sia magnata la parte sua). (piem.) *Wer da ist, ist da, wer nicht da ist, dessen Theil werde gegessen.*

Chi tard ariva, mal alogia. (piem.) *S. Chi tardi arriva, mal u. s. w.*

Chi tardi ariva, mal alogia. (v.) *S. Chi tardi arriva, mal u. s. w.*

Chi tardi arriva, mal aloza. (v. trt.) *S. Chi tardi arriva, mal u. s. w.*

si. Chi tardi arriva, male alloggia. (npl.) *S. Chi tardi arriva, mal u. s. w.*

Cui tardu arriva, malu alloggiu trova. (s.) *Wer spät ankommt, findet schlechte Wohnung.*

Qui tardu benit, male alloggiat. (sa.) *S. Chi tardi arriva, mal u. s. w.*

wl. Cine vine pré tărḑiŭ la masă acellu róde óssele. *Wer zu spät zu Tische kommt, nagt Knochen.*

---

379. **Es ist ein bös Spiel, da der Eine lacht, und der Andere weint.**

---

dt. Tis quaet spel, daer deen lacht en dander schreyt. (avl.)

en. It is na play, where ane greits and another laughs. (scho.) *Es ist kein Spiel, wo Einer weint und ein Anderer lacht.*

---

dä. Det er ei eens Gammen, at een leer og en anden græder. *Es ist nicht gleiche laute Freude, dass Einer lacht und ein Anderer weint.*

Thet ær eij eens lighe Leegh, at En leer og een Andhen grædher. (adä.) *Es ist kein ganz gleiches Spiel, dass Einer lacht und ein Anderer weint.*

Ekki er það eins gaman, þá einn hlær, en is. annar grætr. *S. Det u. s. w.*

D' er inkje godt Gaman, at ein ler, og ein nw. annan greet. *Es ist kein guter Scherz, dass Einer lacht und ein Anderer weint.*

Thz ær olika laate en leer ok annar grater. sw. (asw.) *Das ist ungleicher Laut: Einer lacht und ein Anderer weint.*

Non jocus aequatur, hic ridet et hic lacri- lt. matur. (mlt.)

Sa buglia est bella quando totus rient. (si. sa.) it. *Der Spass ist schön, wenn Alle lachen.*

---

380. **Die in het spel komt, moet spelen.** (dt.) *Wer zum Spiel kommt, muss spielen.*

Vil du i Leg, da skal du Leg oppe holde. dä. *Willst du in's Spiel, so musst du das Spiel halten.*

Wil thw i Leegh gaa, thaa scal thw Leegh oppæholdhe. (adä.) *S. Vil u. s. w.*

Wil thu i leek gaa, tha skalt thu leek halda. sw. (asw.) *S. Vil u. s. w.*

Qui a d' aqueres nonces ba, De quet pà que fz. minye. (sf. Brn.) *Wer zu dieser Hochzeit geht, muss von dem dortigen Brote essen.*

Chi è in ballo, ha da ballare. *Wer im Reigen* it. *ist, muss tanzen.*

Quando si è in ballo, convien ballare. *Wenn man im Reigen ist, muss man tanzen.*

Poichè siamo in ballo, bisogna ballare. *Da wir im Reigen sind, müssen wir tanzen.*

Quandu s' entra in ballu, bisogna a ballà. mi. (crs.) *Wenn man in den Reigen tritt, muss man tanzen.*

Quand' uno è in ballo, bisogna ballare. (t.) *Wenn Einer im Reigen ist, muss er tanzen.*

Quand s' è in ball, bœugna ballà. (l. m.) *S.* ni. *Quando si u. s. w.*

Quand' un è an bal, a bsogna balè. (piem.) *S. Quand' uno u. s. w.*

Quando se xe in balo, bisogna balar. (v.) *S. Quando si u. s. w.*

Co se xe in balo, bisogna balar. (v. trst.) *S. Quando si u. s. w.*

Da qui semus in ballu est precisu ballare. (sa.) si. *S. Poichè u. s. w.*

La que no baila, de la boda se salga. *Die,* sp. *welche nicht tanzt, verlasse die Hochzeit.*

wl. Cellă ce se prinde în chora, trebuie se jóce. *Wer in den Reigen tritt, muss mit tanzen.*

---

381. **Spielen,** Fischen, Vogelstellen Schänden manchen Junggesellen.

md. Fischer und Jäger sind leerer Säcke Träger. (mrh. E.)

Drei Jäger, drei Fischer und drei Vogelfänger Vermögen nicht zu ernähren einen Müssiggänger. (mrh. E.)

od. Fischen und jagen Macht einen leeren Magen. (schwb.)

Fischlein fangen, Vögelein stellen, Verderbt manchen guten Gesellen. (schwei.)

pd. Fischkefangen un Vuggelstellen Verdirwet mannegen jungen Gesellen. (ns. W.) *Fischefangen und Vogelstellen Verdirbt manchen jungen Gesellen.*

---

dt. Visschen vangen en strikken stellen Bederven vele jonggezellen. *Fischefangen und Schlingenlegen verderben viele Junggesellen.*

---

cw. Cun Pesces pigliar, Utschels tschappar Han Juvens bers sa mess a pers. (obl.) *Mit Fischefangen und Vogelstellen Verderbten sich manche junge Gesellen.*

fz. Cacheux, pékeux, tendeux Trois métiers de gueux. (nf. pic.) *Jäger, Fischer, Vogelsteller, drei Bettlerhandwerke.*

sf. Lou cassadou et lou yongadou Nou hèn pas maysou. (Brn.) *Der Jäger und der Spieler gründen kein Haus.*

Cassâirë é jhongâirë nouu pôdou që mâoutrâirë. (Lgd.) *Jäger und Spieler können nur schlecht fahren.*

Cassaires et jugaires nou pouedou que mau traire. (nprv.) *S. Cassâirë u. s. w.*

it. Chi va dietro a pesce e penne, In questo mondo mal ci venne. (mi. t.) *Wer hinter Fischen und Federn hergeht, kommt in dieser Welt schlecht an.*

ni. Pessèt e üselèt fa l' òm poarèt. (l. b.) *Fischlein und Vöglein machen den Mann arm.*

Scae de pessèt e ale de uselèt fa l' om poarèt. (l. b.) *Schuppen von Fischchen und Flügel von Vögelchen machen den Mann arm.*

Chi tira de mira, chi suna de lira, Chi pesca co l' am i mör de la fam. (l. V.-C.) *Wer schiesst, die Leier spielt und angelt stirbt Hungers.*

Pesseto e oseleto fa l' omo povereto. (v.) *S. Pessèt u. s. w.*

Scagie de pesseto e pena de oseleto fa l' omo povereto. (v.) *S. Scae u. s. w.*

Ala de oselim, coa de pessatim fa l' om poverim. (v. trt.) *Flügel von Vögeln, Schwanz von Fischen machen den Mann arm.*

Homine jogadore, homine pedidore. (sa. L.) si. *Spielsüchtiger Mann, elender Mann.*

---

382. **Spieler** und Rennpferde dauern nicht lange.

Hoe groot het geluk van den speler ook zij, **dt.** op het laatst begeeft het hem. *So gross das Glück des Spielers auch sei, zuletzt verlässt es ihn.*

Gamesters and race-horses never last long. **en.** *Spieler und Rennpferde dauern niemals lange.*

A cheval courant et à homme joueur peu de **fz.** temps dure l'honneur. *Dem Rennpferd und dem Spieler dauert die Ehre kurze Zeit.*

Homme hutineux et cheval coureur, Flascon de vin ont tost leur fin. *Streitsüchtiger Mann, Rennpferd und Weinflasche finden bald ihr Ende.*

A rousin sautadou è homé iougadou Nou du- **sf.** rera long temps la santat è l'aunou. (Gsc.) *Dem springenden Pferde und dem Spieler werden die Gesundheit und die Ehre nicht lange währen.*

A caval corrente e felice giucatore poco dura **it.** l'onore. *Dem Rennpferde und dem glücklichen Spieler dauert die Ehre nicht lange.*

Homine valente et caddu corridore pagu durant. **si.** (sa. L.) *Tapfrer Mann und Rennpferd halten nicht lange aus.*

Homem atrevido, odre de bom vinho e vaso de **pt.** vidro pouco durão. *Kühner Mann, Schlauch guten Weines und Gefäss von Glas dauern wenig.*

Cavallo rifador e odre de bom vinho pouco se lográo. *Feuriges Pferd und Schlauch guten Weines geniesst man nicht lange.*

Home reñidor, cavalo corredor, odre de bon viño nunca dura muyto. (gal.) *Streitsüchtiger Mann, Rennpferd, Schlauch guten Weines dauern nie lange.*

Ni al caballo corredor, ni al hombre rifador **sp.** dura mucho el honor. *Weder dem Renn-*

pferd, noch dem streitsüchtigen Manne währt die Ehre lange.

Odre de buen vino y caballo saltador y hombre rifador nunca dura mucho con su señor. *Schlauch guten Weins, springend Pferd und streitsüchtiger Mann bleibt nie lange bei seinem Herrn.*

---

383. **Niemand mag weiter springen, als sein Springstock lang ist.**

pd. De wider springn will, as sin Stokk rekkt, fallt inn Slot. (ns. B.) *Wer weiter springen will, als sein Stock reicht, fällt in den Graben.*

De wieder springen will, as de Stock reckt, fallt in de Schloot. (ns. ofs. A.) *Wer weiter springen will, als der Stock reicht, fällt in den Graben.*

He wil wider springen, as sin Pattstock reckt. (ns. O. J.) *Er will weiter springen, als sein Springstock reicht.*

---

dt. Spring niet verder, dan uw stok lang is (dan uw pols vermag). *Springt nicht weiter, als euer Stock lang ist (als eure Störstange reicht).*

Wil niet verder springen, dan uw stok lang is (of gij valt in den sloot). *Wollt nicht weiter springen, als euer Stock lang ist (oder ihr fallt in den Graben).*

Zet uw stok niet verder, dan gij bespringen kunt. *Setzt euern Stock nicht weiter, als ihr springen könnt.*

---

dä. Man maa ikke flyve høiere, end man har Vinger til. *Man muss nicht höher fliegen, als man Flügel dazu hat.*

nw. Ein skal inkje hoppa høgre, en Staven rekk. *Man soll nicht höher springen, als der Stab reicht.*

sw. Flyg intet högre än vingarna båhra. *Flieg' nicht höher, als die Fittige tragen.*

Man bör inte flyga högre än vingarna båra. *Man muss nicht höher fliegen, als die Flügel tragen.*

---

it. Far il passo secondo la gamba. *Den Schritt nach dem Beine thun.*

mi. Chi face u passu majò che a' nforcatoghia, casca prestu in terra. (crs.) *Wer den Schritt grösser macht, als die Schenkelöffnung, fällt bald hin.*

Chi bole fà u passu majò di e gambe si resta a mezzu viagghiu. (crs. m.) *Wer den Schritt grösser machen will als die Beine, bleibt mitten unterwegs.*

E bsogna fër e pass sgònd la gamba. (rom.) *Man muss den Schritt nach dem Beine machen.*

Bisogna fare i passi secondo le gambe. (t.) *Man muss die Schritte nach den Beinen machen.*

Far el pass second la gamba. (em. P.) *S. Far* **nl.** *il passo u. s. w.*

S'à de fa'l pas second la gamba. (l. b.) *S. E bsogna u. s. w.*

Bisogna fa 'l pas second la gamba. (l. brs.) *S. E bsogna u. s. w.*

A mesura di gamb s' ha de fa i pass. (l. m.) *Nach Massgabe' der Beine muss man die Schritte machen.*

Fe el pass adatà a la gamba. (piem.) *S. Far il passo u. s. w.*

Bisogna far el passo secondo la gamba. (v.) *S. E bsogna u. s. w.*

---

384. **Staub bleibt Staub und wenn er bis zum Himmel fliegt.**

Stoft är stoft, flöge det än til himmelen opp. **sw.** *Staub ist Staub, flöge er auch bis zum Himmel auf.*

En dvärg är en dvärg, stod' han än på högsta berg. *Ein Zwerg ist ein Zwerg, ständ' er auch auf höchstem Berg.*

Abba, abba, binu, binu. (si. sa.) *Wasser,* **it.** *Wasser, Wein, Wein.*

Abba in su pistone pista, abba est et abba si. s' istat. (sa. L.) *Wasser im Mörser gestossen ist Wasser und bleibt Wasser.*

---

385. **Gebrauchter Pflug blinkt, Stehend Wasser stinkt.**

Stehende Wasser werden endlich faul und stinkend.

Fleissiger Spaten ist immer blank.

Rast' ich, so rost' ich, sagt der Schlüssel (des Ackermanns Pflug) (des Gärtners Spaten).

Ein gebrauchter Schlüssel ist immer blank. (bair.) od.

Als de ploeg werkt, dan blinkt hij. *Wenn der* **dt.** *Pflug arbeitet, dann blinkt er.*

Een mes, dat gedurig geslepen wordt, roest niet. *Ein Messer, das fortwährend geschliffen wird, rostet nicht.*

Als het ijzer rust, dan roest het. *Wenn das Eisen ruht, so rostet es.*

Dat rust, roest. *Was ruht, rostet.*

Als het water still staat, stinkt het. *Wenn das Wasser still steht, stinkt es.*

De ploeg, die werkt, blinkt, stil water stinkt. (vl.) *Der Pflug, der arbeitet, blinkt, Still Wasser stinkt.*

Rust maekt roest. (vl.) *Rast macht Rost.*

Daer wast geen mos (spinrag) aen eenen draeijenden meulekam. (vl.) *Es wächst kein Moos (Spinnengewebe) an einem drehenden Mühlenrad.*

en. A plough, that works, glisters, but the still water stinks. *Ein Pflug, der arbeitet, blinkt, aber das stille Wasser stinkt.*

Standing pools gather filth. *Stehende Teiche setzen Schlamm an.*

Staunin' dubs gather dirt. (scho.) *S. Standing u. s. w.*

fs. En brückten Käie äs Alltidd bläuk. (M.) *S. Ein gebrauchter u. s. w.*

---

dä. Stillestaaende Vand raadner. *Stillstehendes Wasser fault.*

sw. Stillaståënde vatten blir snart stinkande. *Stillstehendes Wasser wird bald stinkig.*

---

fz. L'eau en fontaine est doulce et clere, et puis devient trouble et sallée. *Das Wasser im Brunnen ist süss und klar, und dann wird's trüb' und bitter.*

it. Acqua che non si muove, marcisce. *Wasser, das sich nicht bewegt, fault.*

ni. L' aqua che core no fa lea. (v.) *Das fliessende Wasser setzt keinen Schlamm an.*

si. Furmaggiu chi nun si mania spissu fa vermi. (s.) *Käse, der nicht gegessen wird, erzeugt oft Würmer.*

sp. Agua que curre nunca mal culle. (ast.) *Fliessendes Wasser saugt niemals Böses ein.*

---

386. Gestohlen Brot schmeckt wohl.

Gestohlen Wasser ist Malvasier.

od. Gestohlne Biszlen *(Bissen)* schmecken wohl. (schwb.)

Gestohlen Frucht schmeckt süss. (schwei.)

pd. Gestilk Kaze méisle gât. (nrh. S.) *Gestohlne Katzen mausen gut.*

Stahlen Brod smekkt söte. (ns. B.) *Gestohlen Brot schmeckt süss.*

Staalen Brod smekt söt. (ns. hlst.) *S. Stahlen u. s. w.*

Stahlen Brod smeckt söt. (ns. ofs.) *S. Stahlen u. s. w.*

Fremder Zucker schleimt nicht. (ns. Pr.)

---

dt. Een lecker beetken smaeckt so wel ghestolen. (avl.) *Ein lecker Bisschen schmeckt gestohlen so gut.*

---

dä. Fremmed Mad smager altid bedst og stiaalet Vand er sødest. *Fremde Speise schmeckt immer am besten und gestohlenes Wasser ist am süssesten.*

sw. Stulet bröd smakar väl.

Stulet Watn är altijdh sött. *Gestohlen Wasser ist immer süss.*

Stulen maath smakar bäst. *Gestohlene Speise schmeckt am besten.*

---

lt. Dulce pomum quum abest custos.

Aquae furtivae dulciores.

fz. Pain dérobé reveille l'appetit. *Entwendetes Brot reizt die Esslust.*

---

387. Wer im Kleinen anfängt zu stehlen, der treibt's in's Grosse.

Wer nur erst die Kälber stiehlt, der stiehlt auch bald die Kühe.

Aus Pfennigdieben werden Thalerdiebe.

od. Wer im Kleinen anfängt stehlen, der treibt's im Grossen. (schwei.)

We me einol en Ae gno hed, cha ma nomma höra stehla. (schwei.) *Wenn man einmal ein Ei genommen hat, kann man nie mehr aufhören zu stehlen.*

pd. Erst 'n Läpel, denn 'n Sleef, un am Enne 'n ganzen Deef. (ns. ha. V.) *Erst ein Löffel, dann eine Schleife und am Ende ein ganzer Dieb.*

---

dt. Eerst eene raap, En dan een schaap, Daarna eene koe, En dan naar de galge toe. *Erst eine Rübe und dann ein Schaf, darauf eine Kuh und dann nach dem Galgen zu.*

en. He that will steal a pin, will steal a better thing. *Wer eine Nadel stiehlt, wird etwas Besseres stehlen.*

He that will steal an egg, will steal an ox. *Wer ein Ei stiehlt, wird einen Ochsen stehlen.*

He that steals a preen will steal a better thing. (scho.) *S. He that will steal a pin u. s. w.*

Begin wi' needles and preens, and end wi' horned nowte. (scho.) *Fangt mit Näh- und Stecknadeln an und hört mit Hornvieh auf.*

---

dä. Hvo **der stiæler en Naal, stiæler** ogsaa **en Sølverskaal.** ***Wer eine Nadel*** *stiehlt, stiehlt* ***auch eine Silberschale.***

At begynde med Naal og ende med Sølvskaal. ***Mit (der) Nadel anfangen*** *und mit (der) Silberschale enden.*

Tyven begynder med en Naal, og **ender** med en Guldskaal. *Der Dieb fängt mit einer Nadel an und endet mit einer Goldschale.*

Hvo **som stjæler Kalven,** stjæler vel og Koen. ***Wer das Kalb stiehlt,*** *stiehlt wohl* ***auch die Kuh.***

is. Sá, sem stelr kálfinum, **horfir ei í að stela** kúnni. *Wer das Kalb* ***stiehlt, scheut nicht*** *zurück, die Kuh zu* ***stehlen.***

nw. Tjuven byrjar med **Naal** og endar med Sylverskaal. ***Der Dieb*** *fängt mit (der) Nadel* ***an und endet*** *mit (der) Silberschale.*

sw. Begynna med en nål, sluta med en silfverskål. *Mit einer Nadel beginnen, mit einer Silberschale enden.*

Dhen som bóriar medh Nåål, han lychtar och fulle medh Silffskåål. *Wer mit (der) Nadel anfängt, der endigt auch sicher mit (der) Silberschale.*

---

lt. Qui vitulum tollit, taurum subduxerit idem. Taurum tollet qui vitulum substulerit.

fz. Larronneau premier d' esguillettes, Avec le temps de la boursette. *Zuerst kleiner Dieb von Schleifen, mit der Zeit Börsendieb.*

nf. L' ci qui prind in' oû, prindret on boû. (w.) *Wer ein Ei nimmt, würde einen Ochsen nehmen.*

sf. Qu raube un liuou, raubarié un buou. (nprv.) *Wer ein Ei stiehlt, würde einen Ochsen stehlen.*

it. Ladroncello di stringhetta Al fin vien alla bòrsetta. *Kleiner Senkeldieb kommt zuletzt zur Börse.*

mi. Us chmenza da e poch. (rom.) *Man fängt beim Kleinen an.*

Chi rubbà una spilla, rubba una libbra. (t.) *Wer eine Nadel stiehlt, stiehlt eine Lira.*

ni. Chi toèus el poch, toèus an l' assè. (em. P.) *Wer das Wenige nimmt, nimmt auch das Viele.*

Chi roba el poch el pò robà anch el tant. (l. m.) *Wer das Kleine stiehlt, kann auch das Grosse stehlen.*

Col ch'a roba una cosa, a n'a roba un'aotra. (piem.) *Wer eine Sache stiehlt, stiehlt eine andre.*

Chi **roba** el poco roba anca l' **assae. (v.)** *S.* ***Chi toèus u. s. w.***

El ladre del agulla al ou, del ou al bou, del **lm.** bou á la forca. (neat.) *Der Dieb von der Nadel* **zum** *Ei*, **vom** *Ei zum Ochsen, vom* ***Ochsen an den Galgen.***

Del ou al sou, del sou al bou, del bou á la **forca. (neat.)** ***Vom Ei zum Sou,*** *vom* ***Sou zum Ochsen, vom Ochsen*** *an den Galgen.*

O ladrão da agulha ao **ouro** e **do** ouro á forca. **pt.** *Der Dieb von der Nadel* ***zum Gold*** *und vom Gold* ***an den*** *Galgen.*

Ladrãosinho d' agulheta **depois sobe a** barjuleta. ***Kleiner*** *Nadeldieb* ***steigt nachher zur Börse.***

Ladroncillo de agujeta despues sube á barju- **pl.** **leta.** ***S.*** *Ladrãosinho* ***u.*** *s. w.*

---

388. Den Stein, den ich nicht heben **kann, lass ich liegen.**

Den Stein, den man allein nicht heben kann, **soll man selbander liegen lassen.**

Lass **den Stein ligen, so dir zu schwer ist.** (ad.)

Wer **heht daz er niht mac getragen, daz** muoz **er vallen lân. (ad.)**

Den Stein, welchen man nicht heben kann, **md.** muss man liegen lassen. (mrh. E.)

E Stên, dên ên nêt hiewe' kann, dê lêst ê' **leien.** (mrh. L.) *Einen Stein, den Einer nicht heben kann, den lässt er liegen.*

Was man nicht heben kann, muss man liegen **od.** **lassen.** (bair.)

Wenn man den Stein nicht lupfen kann, **so muss man ihn** liegen **lassen.** (schwei.)

We me de Chare nit cha bhebe, muess me-n e fahre lo. (schwei.) *Wenn man den Karren* ***nicht*** *heben kann, muss man ihn fahren lassen.*

Wenn-mes nomma mag ufgheba, mos-mes **rita loh. (schwei. A.)** *Wenn man's nimmer* ***aufheben kann, muss man's*** *rutschen lassen.*

Dä Steen, dä m'r net hävve kan, moss m'r **pd.** **ligge lohsse. (nrh. D.)** *S. Den Stein, wel-* ***chen u. s.*** *w.*

De Sten, de man nig drægen kann, lett man liggen. (ns. hlst. A.) *Den Stein, den man nicht tragen kann, lässt man liegen.*

Wat man nich böören kann, mütt man liggen **laten.** (ns. Hmb.) *Was man nicht heben* ***kann, muss*** *man liegen* ***lassen.***

---

dt. Wie eenen steen niet alleen opheffen kan, die zal hem ook andermaal wel laten liggen. *Wer einen Stein nicht allein aufheben kann, der soll ihn auch ein ander Mal wohl liegen lassen.*

Dat u te zwaer om heffen is, dat laet ge liggen. (vl.) *Was euch zu schwer zu heben ist, das lasset ihr liegen.*

---

dä. Den Steen, man ikke (ei) kan løfte (lette), skal man lade ligge. *Den Stein, den man nicht heben kann, muss man liegen lassen.*

Den Steen, man ei kan magte, lader man ligge. (jüt.) *Den Stein, den man nicht bewältigen kann, lässt man liegen.*

nw. Dan Steinen, ein inkje kann lyfta, skal ein lata liggja. *S. Den Stein, welchen u. s. w.*

sw. Dhen intet kan ensam lyffta steenen, han låte sielffanuar liggian. *Der den Stein nicht allein aufheben kann, der lasse ihn selbander liegen.*

Kan du inte lyfta stenen, så välta honom. *Kannst du den Stein nicht aufheben, so wälze ihn.*

---

cw. Tgi ca buc alzar il crap, quel sto ruclar el. (obl.) *Wer den Stein nicht heben kann, der muss ihn rollen.*

---

389. **Der Stein ist wohl fromm, aber man stösst sich übel d'ran.**

Ein Schaf ist wohl fromm, es gras't aber genau.

Keine Katze so glatt, sie hat scharfe Nägel.

pd. De Kaz dît èuem hisch, awer ed äsz er nét ze trân. (urh. S.) *Die Katze thut einem schön, aber es ist ihr nicht zu trauen.*

---

en. She loves the poor well, but can't abide beggars. *Sie liebt die Armen sehr, aber Bettler kann sie nicht ausstehen.*

---

fz. Bon loup mauvais compagnon, dit la brebis. *Guter Wolf schlechter Gefährte, sagte das Schaf.*

Bonne mule, mauvaise bête. *Gutes Maulthier, schlimmes Thier.*

it. Mulo bon mulo, ma cativa bestia. (ni. v.) *(Das) Maulthier (ein) gut Maulthier, aber (eine) schlimme Bestie.*

pt. Bom amigo he o gato, senão que arranha. *Gut Freund ist die Katze, nur dass sie kratzt.*

Buen amigo es el gato, sino que rasciña. *S. Bom u. s. w.* sp.

Bueno, bueno, bueno, mas guarde Dios mi burro de su centeno! *Gut, gut, gut, aber Gott hüte meinen Esel vor seinem Roggen.*

---

390. **Walzender Stein wird nicht moosig.**

Gewälzter Stein wird nicht moosig.

Gewälzter (Ein oft gewälzter) Stein begraset nicht.

Walzender Stein wird nie bemost. (ad.)

Ein Mühlstein wird nicht mosig. (bair.) od.

Ein rollender Stein kommt nicht zu erwarmen. (schwei.)

Der Stein, der viel (oft) gerührt wird, bemoost nicht. (us. Pr.) pd.

En rollenden Sten settet kain Mosz. (wstf. Mrk.) *Ein rollender Stein setzt kein Moos an.*

Een rollende steen gaart geen mos. *Ein rollender Stein sammelt kein Moos.* dt.

Een rollende steen neemt geen mos mede. *Ein rollender Stein nimmt kein Moos mit.*

Een steen die men hen en weder wentelt, bewasset selden. (ah.) *Ein Stein, den man hin und her wendet, bewächst selten.*

De steen, die veel verlegd wordt, bewast door geen groen. (vl.) *Der Stein, der oft verlegt wird, bewächst mit keinem Grün.*

A rolling stone gathers no moss. *S. Een rollende steen gaart u. s. w.* en.

A trolling stone gathers no moss. (n. en.) *S. Een rollende steen gaart u. s. w.*

A rowing stane gathers nae fog. (scho.) *S. Een rollende steen gaart u. s. w.*

De Stijn, dirr öfting wallert wort, begräit äi. (M.) *Der Stein, der oft gewälzt wird, berast nicht.* fs.

Den Steen, som (der) tidt vendes (flyttes), bliver ei (ikke) mosgroet. *Der Stein, der oft gewendet (gerückt) wird, wird nicht moosig.* dä.

Den Steen bliver ikke mosgroet, som tidt vendes. *Der Stein wird nicht moosig, der oft gewendet wird.*

Then Stheen wordher eij mwssgroodh, som offthae røres. (adä.) *Der Stein wird nicht moosig, der oft bewegt wird.*

Um veltan stein vex traudla gras. *An gewälztem Stein wächst schwer Gras.* is.

þráveltr steinn verðr sízt mosavaxinn. *Gewälzter Stein wird kaum bemoost.*

Illa (Seint) grær um hrærðan stein. *Nicht gut (Spät) wächst es an bewegtem Stein.*

Ekki (Sjaldan) grær um opt hrærðan stein. *Nicht (Selten) wächst es an oft bewegtem Stein.*

Ikki gror um tann stein, ið ofta verður rivin. (fær.) *Nicht wächst es an dem Stein, der oft gerieben wird.*

nw. Dat gror sjeldan um dan Steinen, som ofta er skiplad (rumplad) (flutt). *Es wächst selten auf dem Steine, der oft bewegt (gerollt) (versetzt) wird.*

sw. På den sten, som ofta vältas, växer ingen mossa. *Auf dem Stein, der oft gewälzt wird, wächst kein Moos.*

Den sten, som ofta wåltes, mossas icke. *Der Stein, der oft gewälzt wird, bemoost nicht.*

Then steen som opta roris han wardher ey molugher. (asw.) *Der Stein, der oft bewegt wird, der wird nicht moosig.*

---

lt. Saxum volutum (rotatum) (Lapis sæpe volutatus) non obducitur musco.

Non lapis aretatur (artatur) musco, qvi (qui) sæpe (sepe) rotatur (vagatur). (mlt.)

cw. Peidra chi rondla, non fa müschiel. (ld. U.-E.) *Stein, der rollt, setzt kein Moos an.*

In crap che rocla fa ca mescal. (obl.) *Ein Stein, der rollt, setzt kein Moos an.*

fz. Pierre qui roule n'amasse pas mousse. *Stein, der rollt, sammelt kein Moos.*

Pierre roulante n'amasse jamais mousse. *Rollender Stein setzt nie Moos an.*

Pierre souvent remuée De la mousse n'est vellée. *Oft bewegter Stein wird nicht vom Moos überzogen.*

Pierre volente ne quielt mosse. (afz.) *Beweglicher Stein sammelt nicht Moos.*

Pierre volage ne queult mousse. (afz.) *S. Pierre volente u. s. w.*

nf. Caillou qui roule n'amasse pas mousse. (Br.) *S. Pierre qui roule u. s. w.*

Piere que role n' aicate pe de mousse. (F.-C.) *S. Pierre qui roule u. s. w.*

sf. Peyre mabedisse n'amasse pas mousse. (Brn.) *Bewegter Stein sammelt nicht Moos.*

Pierre souben remudade De mousse nés guay gahade. (Gsc.) *S. Pierre souvent u. s. w.*

Peyro que regoulo n'accampo jamay mousso. (nprv.) *Stein, der rollt, sammelt niemals Moos.*

Perre ke rebatta ne recouêt djamè mossa. (Pat. s.) *S. Peyro u. s. w.*

it. Pietra mossa non fa muschio. *Bewegter Stein setzt kein Moos an.*

Sasso, che non sta fermo, non fa muschio. *Stein, der nicht fest liegt, setzt kein Moos an.*

Sasso che rotola, non fa muschio. (t.) *S.* mi. *Peidra u. s. w.*

Sasso che rotola non vi nasce muschio. (t.) *(An) Stein, der rollt, entsteht kein Moos an.*

Pietra mossa non fa musco. (t.) *S. Pietra mossa u. s. w.*

Pietra che va rotolando, non coglie mosche. (t.) *Stein, der rollt, zieht keine Fliegen an.*

Sasso che non istà fermo, non vi si ferman mosche. (t.) *An einem Stein, der nicht fest liegt, setzen sich keine Fliegen fest.*

Sasso che rugola no fa muscio. (v.) *S. Peidra* ni. *u. s. w.*

Sasso tondo no fa muscio. (v.) *Runder Stein setzt kein Moos an.*

Sasso che rugola no fa formighe (mosche). (v.) *Stein, der rollt, setzt keine Ameisen (Fliegen) an.*

Petra smossa nun pigghia lippu. (s.) *S. Pietra* si. *mossa u. s. w.*

Pedra lodurana (troulana) non ponet mai lana. (sa.) *Runder (Wälzender) Stein setzt nie Wolle an.*

Pedra movedissa no cria molsa. (neat.) *Be-* lm. *wegter Stein erzeugt kein Moos.*

Pedra movediça, não cria bolor. *S. Pedra* pl. *movedissa u. s. w.*

Piedra movediza, nunca moho la cubija. *Be-* sp. *wegter Stein, den deckt niemals Moos zu.*

Piedra mouediza, no la cubre moho. (asp.) *Bewegter Stein, den bedeckt kein Moos.*

---

391. **Wenn der Stein aus der Hand ist, ist er des Teufels.**

Wenn das Wort heraus ist, ist es eines Andern.

Geredet ist geredet, man kann's mit keinem Schwamm abwischen.

Ein wort daz ein mâl kumt herûz, daz enmac in niht komen wider. (ad.)

Daz wort enkumt niht wider in. (ad.)

Wos ma garet hôt, zoit ma nich wider zarike. md. (schls. B.) *Was man geredet hat, zieht man nicht wieder zurück.*

Wenn der Wurf aus der Hand ist und das od. Wort geredt, so wird man ihm nicht mehr Meister. (schwei.)

Wenn der Wurf us der Hand ist, so ist er's Tüfels. (schwei.)

pd. Wun der Štin ousz der Hâut hâous äsz, äsz é des Teiwels. (nrh. S.)

Stê ût d' Hand, iss'n Düw'l in d' Hand. (ns. A.) *Stein aus der Hand, ist dem Teufel in der Hand.*

Wenn de Worp ût der Hand is, sau is he in Düwels Gewald. (ns. ha. G. u. G.) *Wenn der Wurf aus der Hand ist, so ist er in Teufels Gewalt.*

---

dt. Een geworpen steen, een afgeschoten pijl en een gesproken woord zijn niet te herroepen. *Ein geworfener Stein, ein abgeschossener Pfeil und ein gesprochenes Wort sind nicht zurückzurufen.*

Als het woord uit den mond is, gaap dan tot morgen, het zal er niet weder inkomen. *Wenn das Wort aus dem Mund ist, mach' ihn bis morgen auf, es wird nicht wieder hereinkommen.*

---

dä. Stenen af Haanden og Ordet af Munden har man ikke Magt over. *Über den Stein aus der Hand und das Wort aus dem Mund hat man keine Macht.*

Naar Ordet er sagt, kan det ikke tages tilbage. *Wenn das Wort gesagt ist, kann es nicht zurückgenommen werden.*

Er Fuglen af Haanden, er den ond at faae tilbage. *Ist der Vogel aus der Hand, ist er schwer zurück zu bekommen.*

nw. Naar Steinen er or Handi og Ordet or Munnen, so er dat vondt aa atter taka. *Wenn der Stein aus der Hand und das Wort aus dem Mund ist, so sind sie schwer zurückzunehmen.*

Naar Ordet er sagt, er Mannen fast. *Wenn das Wort gesagt ist, ist der Mann gebunden.*

sw. Ett utfluget ord kommer aldrig igen (åter). *Ein ausgesprochenes Wort kommt niemals wieder (zurück).*

---

lt. Nescit vox missa reverti.

Quod semel emissum est volat irrevocabile verbum.

fz. Puis que la parolle est issue du corps elle n'y peut jamais entrer. (afz.) *Wenn das Wort aus dem Körper ist, kann es nie (wieder) hineingehen.*

Parolle une fois volée Ne puet plus estre rapelée. (afz.) *Einmal entflogenes Wort kann nicht mehr zurückgerufen werden.*

af. Pèiro tracho es de màon retène. (Lgd.) *Geworfener Stein ist übel zurückzuhalten.*

Peyro tracho n'a ges de quoné, et es de malo retenir. (uprv.) *Geworfener Stein hat keinen Griff und ist übel zurückzuhalten.*

it. Pietra tratta non si può tornar indietro. *Geworfener Stein kann nicht zurückkehren.*

mi. Parola detta e sasso tirato non fù più suo. (t.) *Gesprochenes Wort und geworfener Stein gehören einem nicht mehr.*

Parole di bocca e pietra gettata, Chi le ricoglie, perde la giornata. (t.) *Worte des Mundes und geworfener Stein, wer sie aufliest, verliert den Tag.*

ni. El sass tiraa, dove l'è andaa, l'è andaa. (l. m.) *Der geworfene Stein, wohin er geflogen ist, dahin ist er geflogen.*

Sasso butà xe in man del diavolo. (v.) *Geworfener Stein ist in der Hand des Teufels.*

Sasso trato e parola dita no torna più in drio. (v.) *Geworfener Stein und gesprochenes Wort kommen nicht mehr zurück.*

si. Parola ditta chiu nun po sturnari. (s.) *Gesprochenes Wort kann nicht mehr zurückkehren.*

Sas paraulas da qui bessint non torrant plus in segus. (sa.) *Wenn die Worte heraus sind, kehren sie nicht mehr zurück.*

Sa paraula da qui ndela bettas non ses plus padronu. (sa.) *Des Wortes, das heraus ist, bist du nicht mehr Herr.*

Sa pedra da qui bessit dae manu la jughet su demoniu. (sa. L.) *Wenn der Stein aus der Hand ist, trägt ihn der Teufel.*

lm. La paraula que ha exid de la boca no pod tornar atrás. (neat.) *Das Wort, das aus dem Munde heraus ist, kann nicht zurückkehren.*

La pedra eixida de la ma, no es sab hon va. (val.) *Der Stein, der aus der Hand ist, man weiss nicht, wohin er geht.*

pt. Palavra e pedra solta, não volta. *Loses Wort und loser Stein kehren nicht um.*

sp. Vase la piedra de la honda, y la palabra de la boca no torna. *Fliegt der Stein aus der Schleuder und das Wort aus dem Mund, kehren sie nicht wieder.*

Palabra y piedra suelta no tiene buelta. *S. Palavra u. s. w.*

---

392. Das Pferd **stirbt** oft, ehe (während) das Gras wächst.

Indessen das Gras wächst, verhungert der Gaul.

Während (Wenn) das Gras wächst, ist der Hengst todt.

md. War wäss, wu Hans is, wenn Gros wächst! (Hrz.) *Wer weiss, wo Hans ist, wenn Gras wächst!*

9d. Bäsz det Gräsz wieszt, **äsz der** Häszt **dit.** (nrh. S.) *Bis das Gras wächst, ist* ***der*** *Hengst todt.*

Bäsz det **Brit bakt, ätürf det** Käinjt. (nrh. S.) *Bis das* ***Brot bäckt, stirbt das*** *Kind.*

Wer wêt, **wu de** Hingst **iss, wenn 't Gras** wässt! (ns. A.) *Wer weiss,* ***wo der Hengst ist,*** *wenn's Gras wächst!*

Wär weit, **wô Hans is,** wenn 't Gras wösset! (ns. ha. **G. u. G.**) ***Wer*** *weiss, wo Hans ist, wenn 's Gras* ***wächst!***

Ha! Wer weet, **wo** Hingst is, wenn 't Gras wass't! (ns. ha. V.) *Ha! Wer weis, wo Hengst ist, wenn's Gras wächst!*

Wo is *(ist)* de *(der)* Hirsch, wenn **'t Gras** wasst *(wächst)*! (ns. hlst.)

Wo is Hingest, wen **Gras** wast! (ns. N.) *Wo ist Hengst, wenn Gras wächst!*

Bä wet, bå Hans es, **wann de** Hawer wässet! (wstf. Mrk.) *Wer weiss, wo Hans ist, wenn der Hafer wächst!*

Wei weit, wå Hans ies, wann Haber wässet! (wstf. S.) *Wer weiss,* ***wo*** *Hans ist, wenn Hafer wächst!*

---

dt. Terwijl het gras groeit, sterven de paarden van honger. *Während das Gras wächst, sterben die Pferde* ***vor*** *Hunger.*

Eer het gras **wast** (gewassen is), is de hengst dood. *Ehe* ***das*** *Gras wächst (gewachsen ist), ist der Hengst todt.*

Al eer tgras ghewast, **so is den hengst dood.** (avl.) *S. Eer het gras* ***wast u. s. w.***

Eer het gras gewassen is, is het peerd dood. (vl.) *Ehe das Gras gewachsen ist, ist das Pferd todt.*

en. While the grass is growing (Whilst the grass grows) the steed starves. *Während das Gras wächst, verhungert das Ross.*

An auld horse (The cow) may dee, **ere the** grass grow. (scho.) ***Ein altes Pferd (Die*** *Kuh) kann sterben,* ***ehe das Gras wächst.***

---

dä. Medens Græsset groer, døer Horsemoder (Koen). *Während das Gras wächst, stirbt die Stute (Kuh).*

nw. Naar Graset er grott, er Kui daud. *Wenn das Gras gewachsen ist, ist die Kuh todt.*

Kui døyr, medan Graset gror. *Die Kuh stirbt, während das Gras wächst.*

Medan gräset gror, dör märren. ***Während das*** **sw.** *Gras wächst, stirbt die Mähre.*

So l' timps (Dismitant) **qu' l' avône crèhe, li** **fz.** **ch'vä mourt** (crève). **(nf. w.)** ***Während der Hafer wächst,*** *stirbt* ***das*** *Pferd.*

Mentre **l' orba cresce,** il cavallo **muore di fame. it.** *Während* ***das*** *Gras wächst,* ***stirbt das Pferd*** *vor Hunger.*

Mentre l' **erba cresce, muore** il cavallo. (t.) mi. *Während das* ***Gras wächst, stirbt*** *das Pferd.*

Intànt che l' èrba crèssa, el cavall moèura. ni. **(em. P.)** ***S. Mentre l' erba cresce, muore u. s. w.***

Intant **ch' l' erba a cress, el caval a meùir. (piem.)** ***S. Mentre l' erba cresce, muore u. s. w.***

Fin che l' erba cresse, **el caval** crepa. **(v.)** ***Bis das Gras*** *wächst, verreckt das Pferd.*

Mentri l' erva crisci, lu cavaddu mori di fami. **si.** **(s.)** ***S. Mentre l' erba*** *cresce, il* ***u. s. w.***

---

393. **Stirb** nicht, **lieber Hengst, es kommt** die Zeit, wo Gras wächst!

Ochse, wart des Grases!

Expecta bos **olim herbam. lt.**

Cavall, **nu morir! (ld. O.-E.)** ***Pferd, stirb nicht!*** **cw.**

Ne **meurs, cheval, herbe te vient!** ***Stirb nicht,*** **fz.** *Pferd, Gras kommt dir!*

Caval, deh, non morire, Che l' erba ha **da ve- it.** nire! *Pferd, ach, stirb nicht, denn das Gras* ***muss kommen!***

Magna, **cavallo** mio, **che l' erba** cresce! (R.) mi. *Friss,* ***mein Pferd, denn*** *das Gras wächst!*

Campa, **caval, che l' erba** cress! (rom.) *Lebe, Pferd,* ***denn das Gras*** *wächst!*

Caval, deh, **non morire, Che** erba **de' venire! (t.)** ***Pferd, ach, stirb*** *nicht, denn* ***Gras muss kommen!***

Spèta, cavàll, **che l'** erba **crèssa! (em.** P.) ni. *Warte, Pferd, denn das Gras wächst!*

Scampa, cavall, **che** l' èrba **créss! (em.** R.) *S. Campa* ***u. s. w.***

Caàl, no stà a mori, Che l' erba à da vegni! **(l.** b.) *Pferd,* ***stirb*** *nicht, denn das Gras muss kommen!*

Mugia, bo, che l' erba cres. (l. brs.) *Brülle, Ochse, denn das Gras wächst.*

Spèta, caval, che èrba crèss! (l. m.) *Warte, Pferd, denn Gras wächst!*

Speccia on tratt, el mè bò, che l' erba cress! (l. m.) *Warte ein Bisschen, mein Ochse, denn das Gras wächst!*

Speta, caval, ch' l' erba a chersa! (piem.) *S. Spèta, cavàll, u. s. w.*

Caval, no star a morir, Che l' erba ha da vegnir! (v.) *S. Caàl u. s. w.*

Bel cavalo, no morir, Chè bel' erba à da vegnir. (v.) *Schönes Pferd, stirb nicht, denn schönes Gras muss kommen!*

Scampa, cavalo, che l' erba vien! (v.) *Lebe, Pferd, denn das Gras kommt!*

Speta, caval, che l' erba cressi! (v. trst.) *S. Spèta, cavàll, u. s. w.*

si. Aspetta, cavaddu, chi l' erba crisci! (s.) *S. Spèta, cavàll u. s. w.*

Caddu, non morzat, qui s' herva ja benit! (sa. L.) *S. Caàl u. s. w.*

Ispectu, caddu, s' herva! (sa. L.) *Warte, Pferd, auf's Gras!*

---

394. **Stiefmutter ist des Teufels Unterfutter.**

Stiefmütter sind am besten im grünen Kleide.

od. A Stuifmuidar is an Taiß sain Intafuida (st.) *E'ne Stiefmutter ist dem Teufel sein Unterfutter.*

pd. 'ne Stefmutter is den Dûwel sin Underfutter. (ns. ha. G. u. G.) *S. A u. s. w.*

---

dt. Die eene stiefmoeder heeft, Mag rouwen zoo lang hij leeft. *Wer eine Stiefmutter hat, mag trauern, so lange er lebt.*

---

dä. Saa er ofte Stivmoder mod Barn som Salt i saaret Øje. *Oft ist Stiefmutter so gegen's Kind, wie Salz in wundes Auge.*

Saa ær Steffmodher wet Barn som Salt i saare Øghen. (adä.) *So ist Stiefmutter mit dem Kind, wie Salz in wunde Augen.*

nw. Stykmoder kjem som Salt i saart Auga. *Stiefmutter kommt wie Salz in wundes Auge.*

sw. Swa ær stiwffmodher widh sin barn som salt i saar øghon. (asw.) *So ist Stiefmutter mit ihrem Kind, wie Salz in wunde Augen.*

---

lt. Sæva (Seua) noverca (nouerca) suis fit alumnis, ut (vt) sal ocellis (oculis). (mlt.)

fz. Qui a marastre a le diable en l'astre. *Wer eine Stiefmutter hat, hat den Teufel am Heerde.*

Chi ha matrigna Di dietro si signa. *Wer eine Stiefmutter hat, bekreuze sich von hinten.* it.

Chi g'à la madregna, Con do' man se segna. (l. m.) *Wer eine Stiefmutter hat, bekreuze sich mit beiden Händen.* ni.

Madrasta, en lo nom basta. (val.) *Stiefmutter, am Namen ist's genug.* lm.

---

395. **Wer eine Stiefmutter hat, hat auch einen Stiefvater.**

Wer e Stiefmueter het, het au e Stiefvater. (schwei.) *Wer eine Stiefmutter hat, hat auch einen Stiefvater.* od.

E Stiefmueter macht au e Stiefvater. (schwei.) *Eine Stiefmutter macht auch einen Stiefvater.*

Stiefmueter oder Stiefätti, as si der Tüfel hätti! (schwei.) *Stiefmutter oder Stiefvater, wenn sie der Teufel hätte!*

De eerst en Stefmoder hett, kriggt ok bold en Stefvader. (ns. B.) *Wer erst eine Stiefmutter hat, kriegt auch bald einen Stiefvater.* pd.

De êrst 'n Stêfmôder het, krigt ok bol 'en Stêfvâder. (ns. O. J.) *S. De eerst u. s. w.*

Hest du êrst 'n Stêfmôr, dann krigst du ôk 'n Stêfvâr, de Dûwel hâle se alle gar. (ns. O. J.) *Hast du erst eine Stiefmutter, dann kriegst du auch einen Stiefvater, der Teufel hole sie alle zusammen.*

Stiefmoêr, stiefvaêr. *Stiefmutter, Stiefvater.* dt.

Hvo der har en Stedmoder, har ogsaa en Stedfader. dä.

Det Barn, der faaer Stivmoder, faaer ogsaa Stivfader. *Das Kind, das eine Stiefmutter kriegt, kriegt auch einen Stiefvater.*

Með stjúpmóður fá menn og stjúpföður. *Mit der Stiefmutter kriegt man auch einen Stiefvater.* is.

D' er inkje lengje Stykmoder (Stjukmoder), fyrr dat er Stykfader og. *Es ist nicht lange eine Stiefmutter, ehe auch ein Stiefvater ist.* nw.

Den som har en styfmor, har också en styffar. sw.

Qui a pârâsse, a mârâsse. (nf. w.) *Wer Stiefvater hat, hat Stiefmutter.* fz.

Chi g'à madregna, g'à padregno. (ni. l. b.) *Wer Stiefmutter hat, hat Stiefvater.* it.

Mort la mader, òrb el pader. (l. m.) *Todt die Mutter, blind der Vater.* ni.

Mare morta, pare orbo. (v.) *Mutter todt, Vater blind.*

---

396. **Steek** uw' **vinger in** geen **stille** water. (dt.) *Steckt* ***euern*** *Finger* ***in kein*** **stilles** *Wasser.*

---

fz. En eau quoye **tu ne doibs** Mettre pied, **main** ne doigts. *In stilles* ***Wasser*** *sollst* ***du weder*** *Fuss, Hand noch* ***Finger*** *stecken.*

it. Tacito fiume — **non** ci passare. (si. ap.) ***Über*** *schweigenden* ***Fluss fahre*** *nicht.*

si. A jumi cittu **nu jiri a piscari.** (cal.) ***In stillen*** *Fluss geh'* ***nicht fischen.***

pt. Em rio quedo, **não mettas teu dedo.** ***In stillen*** *Fluss stecke* ***nicht deinen Finger.***

sp. En rio manso, no **metas tu mano.** ***In stillen*** *Fluss stecke* ***nicht deine Hand.***

En rio quedo, **no metas tu dedo.** *S. Em u. s. w.*

---

397. **Stille** Wasser fressen auch **Grund.**

md. Stille Wässer Grundfresser. (mrh. E.)

Stel Wässer **fresst** de Grogt. (mrh. L.) *Still Wasser* ***frisst den*** *Grund.*

od. Stille **Wasser** fressen tief. (bair.)

pd. De **stillesten** Waatere breeket de deepesten Löchere. (ns. W.) *Die stillsten Wasser brechen die tiefsten Löcher.*

---

lt. Stagnum litus edit: torrens properando **recedit.** (mlt.)

cw. Aua tgeua cava riva. (obl.) *Stilles* ***Wasser*** *höhlt (das) Ufer.*

fz. Eau quoye jour et nuit Noye, submerge **et** nuit. *Stilles Wasser ertränkt, überschwemmt und schadet Tag und Nacht.*

it. Le acque quete rovinano i ponti. *Die stillen Wasser zerstören die Brücken.*

mi. Acqua cheta sfonda **ripe (muri). (crs.)** *Stilles Wasser unterwühlt* ***Ufer (Mauern).***

Acqua cheta rovina i ponti. **(t.)** ***Stilles Wasser*** *zerstört die Brücken.*

L'acque chete son quelle **che** immollano. **(t.)** *Die stillen Wasser* ***sind's,*** *die erweichen.*

si. Riu mudu **trazat** s' homine (trazat pius). (sa. L.) *Stummer Fluss reisst den Menschen (am meisten) fort.*

---

398. **Stille** Wasser sind betrüglich.

Stillem Wasser und schweigenden **Leuten ist nicht zu trauen.**

Stumme Hunde und stille Wasser sind gefährlich.

Schweigender Hund beisst am ersten.

Stille waters zijn zorgelijk en bedriegelijk. dt. ***Stille Wasser sind besorglich und*** *betrüglich.*

Wacht u voor het stille water. *Hütet* ***euch vor dem stillen Wasser.***

Op een mensch, die niet spreekt, dient gepast. ***Auf einen Menschen,*** *der* ***nicht spricht, muss man aufpassen.***

Tro ei stille Vand og tiende Mand. ***Traue*** **dä.** ***nicht stillem*** *Wasser und schweigendem* ***Mann.***

Var dig for tiende Hund **og** stille **Vand.** ***Hüte dich vor schweigendem Hund und stillem Wasser.***

Tiende Hund og tyst Vand har skuffet mangen **Mand.** *Schweigender Hund und stilles Wasser hat manchen Mann betrogen.*

I tyst Vand ere Orme **værst.** ***In stillem*** *Wasser* ***sind Schlangen am schlimmsten.***

I toost (tost) Watu ære Oormenæ (Oorme) wærsth. (adä.) ***In stillem Wasser sind die Schlangen (sind Schlangen) am schlimmsten.***

Í dymmu vatni eru verstu ormar. ***S. I tyst*** **is.** ***u. s. w.***

Opt er ljótr ormr i lygnu vatni. ***Oft ist häss-*** *liche Schlange in stillem Wasser.*

Opt eru pöddur í lygnu vatni. *Oft sind Kröten* ***in*** *stillem Wasser.*

Opt eru skædir fiskar (ormar) í **lygnum vötnum.** *Oft sind schädliche Fische* ***(Schlangen) in*** *stillen Wassern.*

Ljótastu ormarnir eru tvistastir í vatninum. (fær.) ***Am scheusslichsten sind die Schlangen in den stillsten Gewässern.***

I stillaste Votni er styggastu Botnen. ***In den*** **nw.** ***stillsten Wassern ist der*** *schlimmste* ***Grund.***

I stillaste Vatnet **er styggaste Ormarne.** ***Im*** *stillsten Wasser* ***gibt's die schlimmsten*** *Schlangen.*

I stillaste Vatnet **renn stridaste** Strammen. (B.-St.) *Im stillsten* ***Wasser fliesst*** *die stärkste Strömung.*

Tyst hund är ej **att lita** pa (intet att tro). sw. *Schweigendem Hund ist nicht zu trauen.*

En tyst hund är intet troendes. *Einem schweigenden Hunde ist nicht zu trauen.*

I thysto watne æro (æru) orma wærste (værste). (asw.) *S. I tyst u. s. w.*

---

it. Non credas undam placidam non esse profundam. Quo flumen placidum est, forsan latet altius unda.

Cave tibi a silente aqua et muto cane.

Anguibus (Angvibus) est furmus quandoque (qvandoqve) latex taciturnus. (mlt.)

In limpha tacita truciora latent aconita. (mlt.)

cw. Chaun mütt morda strett. (ld. O.-E.) *Stummer Hund beisst scharf.*

fz. En eau endormie Point ne te fie (Nul ne se fie). *Dem schlafenden Wasser traue nicht (traue Keiner).*

Il n' est pire eau que celle qui dort. *Es gibt kein schlimmer Wasser, als das, welches schläft.*

L' eau dormant vaut pis que l' eau courant. *Das Wasser im Schlaf ist schlimmer, als das im Lauf.*

Il n' est si perillouse yaue que la coye. (afz.) *Es gibt kein so gefährliches Wasser, wie das stille.*

Aigue coïe ne la croye. (afz.) *Stillem Wasser glaube nicht.*

Pire est coie yawe que la rade. (afz.) *Schlimmer ist stilles Wasser als das rasche.*

nf. Mefiez-ve de l' keute aiwe. (w.) *Misstraut dem stillen Wasser.*

Li keute aiwe est pé qui l' eiss qui court. (w.) *S. L' eau u. s. w.*

sf. A l' aygue douce nou- b' hidet, A la bribente que- b' vedet. (Brn.) *Dem stillen Wasser traut nicht, auf das reissende seht ihr.*

Hol es qui se hide En aigue endromide. (Gsc.) *Thor ist, wer schlafendem Wasser traut.*

Aygo queto es dangeirouo. (nprv.) *Stilles Wasser ist gefährlich.*

Non l' y a pus piejo aigo qu' aquelo que croupis. (nprv.) *S. Il n' est pire u. s. w.*

Foueil que se fizo à l' aygo mouerto. (nprv.) *S. Hol u. s. w.*

it. Dall' acqua cheta bisogna guardarsi. *Vor stillem Wasser muss man sich hüten.*

Dall' acque chete ti guarda. *Vor den stillen Wassern hüte dich.*

Guardati da uomo che non parla e da can che non abbaja. *Hüte dich vor (einem) Menschen, der nicht spricht, und (einem) Hunde, der nicht bellt.*

Dio mi guardi da chi ha poche parole. *Gott hüte mich vor dem, der wenig Worte hat.*

Sebbene e' fa la gazza morta, da queste acque chete ti guarda. *Obwohl er die todte Elster spielt, hüte dich vor diesen stillen Wassern.*

Bronza coverta trusa la traversa. *Versteckte Glut durchlöchert die Schürze.*

Guardati da acqua chi dorme e da fiume chi mi camina. (crs.) *Hüte dich vor schlafendem Wasser und raschem Strom.*

A gli e agli acqv quedi ch ingana. (rom.) *Die stillen Wasser sind's, die täuschen.*

Da fiume ammutito fuggi. (t.) *Vor stummgewordenem Fluss fliehe.*

Acque quete fan le cose e stansi chete. (t.) *Stille Wasser thun's und schweigen.*

Acqua cheta vermini mena. (t.) *Stilles Wasser führt Gewürm.*

Buona quella lima che doma il ferro senza strepito. (t.) *Gut die Feile, welche das Eisen ohne Geräusch bezwingt.*

Acqua cheta mena cotani. (t. luc.) *Stilles Wasser führt Felsstücke.*

Il chian che nol bac, lè chèll che al muard. ni. (frl.) *Der Hund, der nicht bellt, ist der, welcher beisst.*

Bisogna ardas da l' aqua morta. (l. b.) *Man muss sich vor dem todten Wasser hüten.*

Le leme surde i è quele che laura püsse. (l. b.) *Die stummen Feilen sind die, welche am meisten arbeiten.*

No ghe pezo aqua de l' aqua morta. (v.) *S. Il n' est pire u. s. w.*

L' aqua morta fa i vermi. (v.) *Das todte Wasser erzeugt das Gewürm.*

Le brouse coverte xe quele che scota. (v.) *Die bedeckten Kohlen sind es, die versengen.*

Di fiume sordo, d' uomo che non parla e di si. cane che non baja, non ti fidare. (npl.) *Einem stummen Flusse, einem Menschen, der nicht spricht, und einem Hunde, der nicht bellt, traue nicht.*

D' omu chi nun parra e sciumi chi nun grida guardati. (s.) *Vor einem Menschen, der nicht spricht und einem Flusse, der nicht rauscht, hüte dich.*

Riu mudu, bardadilu. (sa.) *Stummer Strom, hüte dich vor ihm.*

Cane mudu appizzigat. (sa. L.) *Stummer Hund beisst.*

Guárdat' (Dèu nos guard) d' aigua que no lm. corra y de gat que no miola. (ncat.) *Hüte dich (Gott hüte uns) vor Wasser, das nicht fliesst, und einer Katze, die nicht miaut.*

Dèu nos guart de laygua mansa, que la corrent ella passa. (val.) *Gott hüte uns vor dem stillen Wasser, denn das fliessende läuft vorüber.*

De gos que mord y no lladra de aquex te guarda. (val.) *Vor dem Hund, der beisst und nicht bellt, hüte dich.*

pt. Não ha agoa mais perigosa, que a que não soa. *Es gibt kein gefährlicheres Wasser, als das, welches nicht rauscht.*

Da agoa mansa te guarda, que da rija ella te apartará. *Vor stillem Wasser hüte dich, denn das reissende wird dich (von sich) entfernen.*

Guarte de homem, que não falla, e de cão, que não ladra. *S Guardati da uomo u. s. w.*

sp. Del agua mansa te guarda (que la recia presto se pasa). *Vor dem stillen Wasser hüte dich (denn das reissende zieht rasch vorüber).*

Del agua mansa me libre Dios, que de la brava (recia) me guardaré yo. *Vor dem stillen Wasser schütze mich Gott, denn vor dem wilden (reissenden) werde ich mich hüten.*

De hombre que no habla y de can que no ladra, libera nos. *Vor (einem) Menschen, der nicht spricht, und (einem) Hunde, der nicht bellt, schütze uns (Gott).*

De persona callada arriedra tu morada. *Von schweigender Person entferne deine Wohnung.*

---

399. Stille Wasser sind tief.

Stille Wasser gründen tief.

Stille Wasser, tiefe Gründe.

Wo der Fluss am tiefsten ist, da ist er am stillsten.

md. Stèlla Waßor sénn tief. (frk. H.)

Schtilla Wäßor gründon diif. (frk. H. S.) *S. Stille Wasser gründen u. s. w.*

Schtilla Waßorla senn garn diif. (frk. H. S.) *Stille Wässerchen sind gern tief.*

Stille Wosser sein garne tief. (schls.) *Stille Wasser sind gern tief.*

od. Stille Wasser haben oft tiefe Gründe. (schwei.)

pd. Stell Wässer gröude dehf. (nrh. D.) *S. Stille Wasser gründen u. s. w.*

Stille Waters sinn diep. (nrh. Kl.)

Ståll Wasser gréift déf. (nrh. S.) *Still Wasser greift tief.*

De stillsten Waters hebbt de deepsten Grünne. (ns. B.) *Die stillsten Wasser haben die tiefsten Gründe.*

Stille Wåter sint deip. (ns. ha. G. u. G.)

Stille Wåter fleitet deip. (ns. ha. G. u. G.) *Stille Wasser fliessen tief.*

Dat stillste Vater hett öft sin depste Grund. (ns. hlst. A.) *Das stillste Wasser hat oft seinen tiefsten Grund.*

Stille Waters hebbt de deepsten Grünne. (ns. O. R.) *Stille Wasser haben die tiefsten Gründe.*

De stillesten Waatere sied am deepesten. (ns. W.) *Die stillsten Wasser sind am tiefsten.*

Stille waters hebben diepe gronden. *Stille Wasser haben tiefe Gründe.* dt.

Daar de rivier diepst is, maakt ze minst gerucht. *Wo der Fluss am tiefsten ist, macht er das wenigste Geräusch.*

Still waters run deep. *S. Stille Wåter fleitet u. s. w.* en.

Still waters have deep bottoms. *S. Stille waters hebben u. s. w.*

Smooth waters rin deep. (scho.) *Glatte Wasser fliessen tief.*

Stal Wedder hê jip Grüünj. (A.) *Stilles Wasser hat tiefen Grund.* fs.

Stal Weedar hea jip Grünj. (F.) *S. Stal Wedder u. s. w.*

Dat ståll Wähser hêt de diepste Grünn. (M.) *Das stille Wasser hat den tiefsten Grund.*

Dit stelst Weedter heed di düpst Grün'. (S.) *Das stillste Wasser hat den tiefsten Grund.*

Det stille Vand har den dybe Grund. *Das stille Wasser hat den tiefen Grund.* dä.

De stel Vand hæ dæn dyf Gruud. (jüt.) *S. Det stille u. s. w.*

Opt eru lygn vötn djúp. *Oft sind stille Wasser tief.* is.

Í lygnu vatni er opt lángt til botns. *In stillem Wasser ist es oft weit bis auf den Grund.*

Stillaste Vatnet heve djupaste Grunnen. *S. Dit stelst u. s. w.* nw.

Altissima quaeque flumina minimo labuntur sono. lt.

Ov'è l'acqua più cheta, quivi è maggior fondo. *Wo das Wasser am ruhigsten ist, ist der tiefste Grund.* it.

Dove il fiume ha più fondo, fa minor strepito. *S. Daar de rivier u. s. w.*

Onde vai mas fundo o rio, ahi faz menos ruido. *S. Daar de rivier u. s. w.* pt.

Do va mas hondo el rio, hace menos ruido. *S. Daar de rivier u. s. w.* sp.

Apa linĭ e addûncă. *Sanftes Wasser ist grundlos.* wl.

---

400. Thorheit und **Stolz** Wachsen auf einem Holz.

Stultus und **der** grobe Stolz Wachsen Beid' an einem **Holz**.

md. Dummheit und Stolz Wachsen auf einem Holz. **(mrh. E.)**

Dommhêt a Stolz Waossen an engem **Holz.** **(mrh. L.)** *S. Dummheit u. s. w.*

od. **Grobheit und Stolz** wachsen **auf** einem **Holz. (bair.)**

---

nw. **Styven og stolt** veksa baade **i same Holt.** ***Dumm und stolz*** *wachsen Beide* ***an dem****selben Holze.*

---

lt. **Inscitia omnis arrogantiae mater est.**

Arrogantia facit **stultum.**

it. Quellu ch' **ha grand orgogliu** e pretenzione, È bugiardu, ingannosu **o superbone. (mi. crs.)** ***Der, welcher grossen Stolz und An****massung hat,* ***ist verlogen, betrügerisch oder äusserst*** *hochmüthig.*

mi. **Baldezza di** signore, cappello **di matto. (t.)** *Herrenkeckheit, Narrenkappe.*

La superbia è figlia dell' ignoranza. (t.) *Die Überhebung ist Tochter der Unwissenheit.*

ni. La superbia xe **fia de** l' ignoranza. (v.) *S. La superbia* ***è u. s. w.***

---

401. **Wer nach dem Kranze strebt, der bekommt doch eine Blume.**

Wer nach **einem goldnen Kleide strebt**, erhält doch eine Schleppe davon.

Wessen Sinn nach einem gold'nen **Wagen steht,** dem wird leicht **ein** Nagel davon.

od. Wer **nach einem Wagen** stellt, kriegt wenigstens auch **einen Nagel davon. (schwei.)**

pd. He ringt noch **so lange na den vergulden** Wagn, bet **he de Luuse darvun kriggt. (ns. B.)** *Er ringt noch so* ***lange nach dem vergoldeten*** *Wagen, bis* ***er die Lünsen davon kriegt.***

Wër nâu goldenen Wâgen ringet, dë krigt gewiss 'ne Lünze dervon. (ns. ha. G. u. G.) ***Wer nach einem goldenen Wagen ringt, der bekommt gewiss einen Achsennagel davon.***

Wer na'n vergoldten Wagen ringt, de krigt ook en Lûnz davun. (ns. hlst.) ***Wer nach ver****goldetem Wagen* ***ringt,*** *der kriegt auch eine Lünse davon.*

Den na'n güllnen **Wagen ringet, kriegt allwenner en Speiken dervan. (ns. L.-D.)** ***Wer*** *nach einem goldnen Wagen ringt, kriegt zuweilen eine Speiche davon.*

De nâ'n Wagen ringet, krigt tom minnsten ênen Lûns af. (wstf. Mst.) ***Wer nach*** *dem Wagen ringt, kriegt zum* ***mindesten*** *einen Achsennagel* ***ab.***

De na'n Waagen ringet, krigt **to'm** minnsten **eenen Lûns af.** (wstf. O.) *S. De nâ'n u. s. w.*

---

dt. **Die naar een' gouden wagen staat** (een' goud wagen **volgt), Krijgt er wel** eene as (een' nagel) van. ***Wer nach*** *einem goldenen Wagen strebt (einem goldenen Wagen folgt), kriegt wohl eine Achse (einen Nagel) davon.*

Vraag ge om eene koe, dan **krijg ge** toch ligt **een kalf.** ***Verlangt eine Kuh, dann*** *bekommt* ***ihr doch leicht ein Kalb.***

Weel nae een gulden waeghen steet, hy cryghtter **wel een radt van.** (ah.) *Wer nach* ***einem goldenen Wagen*** *strebt, der kriegt wohl ein* ***Rad davon.***

en. Bode for a silk gown **and ye'll get** a sleeve o'it. **(scho.)** *Begehrt* ***ein*** *seidnes Kleid und* ***ihr werdet*** *einen Ärmel davon erhalten.*

Wish for a gown o' gowd and ye 'll aye get **a sleeve** o' t. (scho.) *Wünscht euch ein Kleid* ***von Gold****, und ihr werdet immer einen Ärmel* ***davon kriegen.***

---

dä. **Hvo som stræber** efter en Guldvogn, faaer dog **Lundstikken.** *Wer nach einem Goldwagen strebt, erhält doch den Achsennagel.*

Faaer man ei Fuglen, da faaer man vel en Fieder af ham. *Kriegt man nicht den Vogel, so kriegt man wohl eine Feder von ihm.*

Hwo som attraar en Vogn af Guld, han faar **en** Lwndstyckæ. (adä.) *Wer* ***einem Wagen von Gold*** *nachtrachtet, der bekommt* ***einen Achsennagel.***

---

lt. **Ex auri plaustro** lumbestica fit cupienti. (mlt.)

---

402. **Strecke dich nach der** Decke.

Jeder strecke sich nach seiner Decke.

Wer sich nicht nach der Decke streckt, Dem **bleiben die** Füsse unbedeckt.

Man musz **sich** streken nach der Deken. (ad.)

md. 's Musz **si' *(Es*** *muss sich)* Jeder nach seiner Deck' **streck'n.** (frk. M.)

Man muss **sich** strecken Nach der Decken. (mrh. E.)

Strèckt ìech der Dècken no. (mrh. L.) *Streckt euch der Decke nach.*

Ma *(Man)* muss sich strecken nöch dər *(nach der)* Decke. (schls. B.)

Wer sich nit strekket no der Decke, Dem bleiwen die Füsse unbedecket. (W. E.) *S. Wer sich u. s. w.*

od. Du musst dich strecken, darnach dich weisst zu decken. (schwei.)

pd. 'Stråk dich nö der Dåk! (nrh. S.)

Nö den Dåken mès em sich śtråken. (nrh. S.) *Nach der Decke muss man sich strecken.*

Een mütt sick noa de Deck strecken. (ns. A.) *S. Ma muss u. s. w.*

Elk mutt sik strekken na sine Dekken. (ns. B.) *Jeder muss sich nach seiner Decke strecken.*

Man mutt sine Föte nich vudder steken, as de Dekke geit. (ns. B.) *Man muss seine Füsse nicht weiter stecken, als die Decke geht.*

Man maut sek strecken när Decken. (ns. ha. G. u. G.) *S. Ma muss u. s. w.*

Man mütt syn Fööt nich wyder stäken, as de Däk geiht. (ns. Hmb.) *S. Man mutt u. s. w.*

Man mot sick nich wier strecken, osse man sick kann decken. (ns. L.-D.) *Man muss sich nicht weiter strecken, als man sich zudecken kann.*

Man moot de Foten strecken na de Decken. (ns. ofs.) *Man muss die Füsse nach der Decke strecken.*

Elk môt sick strecken na sîne Decken. (ns. O. J.) *S. Elk mutt u. s. w.*

Man moot de Föte nich wieder stäken, as de Däke geiht. (ns. O. R.) *Man muss die Füsse nicht weiter strecken, als die Decke geht.*

Man mot sick nich wiër strekken, äls dei Dekke gait, soss weret ein'n dei Fäute kault. (wstf. M.) *Man muss sich nicht weiter strecken, als die Decke geht, sonst werden einem die Füsse kalt.*

Well sick länger streckt, äs he sick decken kann (as sîne Decke), de wädet (den wäret) de Têne kaolt. (wstf. Mst.) *Wer sich länger streckt, als er sich zudecken kann, (als seine Decke), dem werden die Zehen kalt.*

---

dl. Steek uwe voeten niet verder dan uw bed reikt. *Steckt eure Füsse nicht weiter, als euer Bett reicht.*

Steek uwen voet niet verder, dan uw bed lang is. (vl.) *Steckt euern Fuss nicht weiter, als euer Bett lang ist.*

en. Stretch your legs according to your coverlet. *Streckt eure Beine nach eurer Decke.*

Stretch your arm no further than your sleeve will reach. *Streckt euern Arm nicht weiter, als euer Ärmel reicht.*

Put your hand nae farther oot (Ne'er put your hand farther out), than your sleeve will reach. (scho.) *Streckt eure Hand nicht (niemals) weiter aus, als euer Ärmel reicht.*

---

dä. Ræk (Stræk) ikke Foden længer, end Skindfelden naaer. *Strecke den Fuss nicht länger, als die Bettdecke reicht.*

Efter sit Dække Enhver sig maa strække. *Nach seiner Decke muss Jeder sich strecken.*

Ræck Fodhen saa, at Skindfellen maa owergaa. (adä.) *Strecke den Fuss so aus, dass die Bettdecke darübergehe.*

Ræck eij Fodhen længher æn Skijndfellen ræcker. (adä.) *S. Ræk ikke u. s. w.*

is. Eingin toyggir sig longur enn armarnir rökka. (fær.) *Keiner strecke sich länger, als die Arme reichen.*

nw. Ein fær inkje retta Foten lenger, en Felden rekk. *Man muss den Fuss nicht länger strecken, als die Decke reicht.*

sw. Man bör inte sträcka fötterna längre än skinnfällen räcker. *Man muss die Füsse nicht länger strecken, als die Bettdecke reicht.*

Man bör ej sträcka sig längre än täcket räcker. *Man muss sich nicht länger ausstrecken, als die Decke reicht.*

Man skal ey rækia foten længre æn skinfælden rækker. (asw.) *S. Ein fær u. s. w.*

Ræk ey fotin vndan skinfældin. (asw.) *Strecke den Fuss nicht weiter, als die Bettdecke.*

---

lt. Pes sic tendatur ne (ut) lodex pretereatur (transgrediatur). (mlt.)

Intra mensuram lodicis tu porrige suram. (mlt.)

cw. Ti deis (stos) ta stender mai aschia, Sco leung' (grond') a lad' ei tia Cuvria. (obl.) *Du musst dich stets so strecken, wie deine Decke lang (gross) und breit ist.*

fz. Il faut étendre ses pieds selon ses draps. *Man muss seine Füsse nach seinen Betttüchern ausstrecken.*

Froit a le piè ki plus l'estent Ke ses covretoirs n'a de lonc. (afz.) *Kalt hat den Fuss, der ihn mehr ausstreckt, als seine Decken lang sind.*

nf. Chacun s'teind ses pieds suivant ses draps. (R.) *Jeder streckt seine Füsse nach seinen Betttüchern aus.*

sf. Cal pa s' ëstëndrë mâi që sa flassâdo. (Lgd.) *Man muss sich nicht weiter ausstrecken, als seine Decke.*

Sè fâou pa màï alounya që la couvertûro noun dûro. (Lgd.) *S. Man bör ej u. s. w.*

it. Non bisogna distendersi più che 'l lenzuol sia lungo. *Man muss sich nicht weiter ausstrecken, als das Betttuch lang ist.*

Non bisogna distendere i piedi più che sia il lenzuolo. *Man muss die Füsse nicht weiter ausstrecken, als das Betttuch geht.*

mi. Bisogna distendersi quanto il lenzuolo è lungo. (t.) *Man muss sich so weit ausstrecken, wie das Betttuch lang ist.*

Non distenderti più che il lenzuol non è lungo. (t.) *Strecke dich nicht weiter aus, als das Betttuch lang ist.*

Chi si stende più del lenzuolo, si scuopre da piedi. (t.) *Wer sich weiter ausstreckt, als das Betttuch (reicht), deckt sich die Füsse auf.*

ui. Quand l' è pécol el lèt, S' à de sta cürt e strèt. (l. b.) *Wenn das Bett klein ist, muss man kurz und eng liegen.*

No slongà minga i gamb pü di lenzö. (l. m.) *Strecke die Beine nicht länger, als das Betttuch.*

Destendsse pi ch' el linssœul. (piem.) *Sich weiter ausstrecken, als das Betttuch.*

Slonga la gamba come xe la coverta. (v.) *Strecke das Bein so lang, wie die Decke ist.*

si. Stendi il piede per quanto è lungo il lenzuolo. (sp.) *Strecke den Fuss so weit aus, wie das Betttuch lang ist.*

Stenni lu pedi quantu lu linzolu teni. (s.) *Strecke den Fuss, so weit das Betttuch geht.*

Isterre su pê segundu (cunforme) su lentolu. (sa. L.) *Strecke den Fuss nach dem Betttuch.*

Non isterres su pê plus de su lentolu. (sa. L.) *Strecke den Fuss nicht weiter, als das Betttuch.*

lm. No allargar més lo bras que la mánega. (neat.) *Strecke den Arm nicht weiter aus, als der Ärmel (reicht).*

pt. Cada hum estenda a perna até onde tem a cuberta. *Jeder streckt das Bein, so weit er die Decke hat.*

sp. Cada uno extienda la pierna como tiene la cubierta. *S. Cada hum u. s. w.*

Cada uno se extiende hasta donde puede. *Jeder streckt sich aus, bis wohin er kann.*

No estirar la pierna mas de lo que alcanza la manta. *Strecke das Bein nicht weiter, als die Decke reicht.*

Extender la pierna hasta donde llega la sábana. *Das Bein ausstrecken, bis wohin das Betttuch reicht.*

---

403. **Um des Kaisers Bart streiten.**

Um des Esels Schatten zanken.

Uneis sy um enes nüts wäge. (schwei. Bern.) od. *Uneins sein wegen eines Nichts.*

Se striën sech öm Keisersch Bart on kriegen pd. noch kenn Hoor. (nrh. M.) *Sie streiten sich um des Kaisers Bart und kriegen auch kein Haar davon.*

Se speelt um des Kaisers Bart. (ns. hlst.) *Sie spielen um des Kaisers Bart.*

Wy spälf üm des Kaisers Bart, der ikm winnt, schall üm hahlen. (ns. Hmb.) *Wir spielen um des Kaisers Bart, wer ihn gewinnt, der soll ihn holen.*

Dä tröget sik üm Kaisers Bårt. (wstf. Mrk.) *Die streiten sich um Kaisers Bart.*

Käbbele di nitt üm Kaisers Bårt! (wstf. Mrk.) *Streite dich nicht um Kaisers Bart!*

Vechten (Wedden) (Spelen) om des keizers baard: dt. die het wint, zal hem halen. *Raufen (Wetten) (Spielen) um des Kaisers Bart: wer ihn gewinnt, soll ihn holen.*

Zij vechten om de beerenhuid. *Sie raufen um die Bärenhaut.*

At trættes om Keiserens Skæg. dä.

At trættes om Pavens Skæg. *Um des Pabstes Bart streiten.*

Träta om påfvens skägg. *S. At trættes om* sw. *Pavens u. s. w.*

Spela om Påfwens skägg. *Um des Pabstes Bart spielen.* [*streiten.*

Tråta om Geetenllen. *Um die Ziegenwolle*

De lana caprina contendere (rixari). lt.

De umbra asini litigant.

De fumo disceptare.

Se battre de la chappe à l' évêque. *Sich um* fz. *den Mantel des Bischofs raufen.*

Disputar dell' ombra dell' asino. *S. Um des* it. *Esels u. s. w.*

Disputar della lana caprina. *S. Tråta u. s. w.*

Disputè d lana capreua. (rom.) *S. Tråta u. s. w.* mi.

Disputè dl' onbra dl' aso. (piem.) *S. Um des* ni. *Esels u. s. w.*

---

404. **Strenge Herren regieren nicht lange.**

Gestrenge Herren regieren nicht lange.

Dor Rousen dauort langor wi di Gääs. (frk. md. H. S.) *Der Rasen dauert länger, als die Gans.*

Dē strèng Richter richten nèt lang. (mrh. L.) *Die strengen Richter richten nicht lange.*

od. Strenge Gwalt wird nid alt. (schwei.)

Grosza Gwald werd nüd ald. (schwei. A.) *Grosse Gewalt wird nicht alt.*

pd. Sträng Hähre richte net lang. (nrh. D.) *Strenge Herren richten nicht lange.* (G. u. G.)

Strenge Herren regört nich lange. (ns. ha.

Strenge Heeren richtet nit lange. (ns. W.) *S. Sträng Hähre u. s. w.*

Strenge Richter richtet nit *(richten nicht)* lange. (ns. W.)

Strenge Hërens dā richtet nitt lange. (wstf. Mrk.) *S. Sträng Hähre u. s. w.*

---

dl. Strenge heeren regeren niet lang.

fs. Stringe Heren regeerje neat lang. (afs.)

String Hiaren ragt eg laang. (A.) *S. Sträng Hähre u. s. w.*

String Hiere regiere âi long. (M.)

Strông Hêrren regiiri ek lung. (S.)

---

dä. Strenge Herrer regjere kun kort. *Strenge Herren regieren nur kurz.*

Strenge Herrer raade sielden længe. *Strenge Herren herrschen selten lange.*

is. Strángir herrar ríkja sjaldan leingi. *Strenge Herren regieren selten lange.*

Opt hefir strángt vald stutt regiment. *Oft hat strenge Gewalt kurzes Regiment.*

Ekkërt ofríki hefir lángan aldr. *Keine Strenge hat langes Alter.*

Strangir harrar skulu stokkut valda. (fær.) *Strenge Herren sollen kurz herrschen.*

sw. Stränga herrar regera icke länge.

Stränga herrar råda inte länge. *Strenge Herren herrschen nicht lange.*

Stränga herrar ha kort commando. *Strenge Herren haben kurzes Regiment.*

---

lt. Nullum violentum diuturnum.

---

405. Im Hause des Gehängten sprich nicht vom **Strick.**

Im Hause des Gehenkten rede nicht vom Stricke.

od. Darf nicht Katze (Mietz) sagen, wenn alles voller Katzen lauft. (schwb. W.)

---

dl. Het is niet geraden van de galg te spreken, daar de waard een dief is. *Es ist nicht räthlich vom Galgen zu sprechen, wo der Wirth ein Dieb ist.*

Name not a rope in his house that hang'd himself. *Nennt nicht den Strick im Hause dessen, der sich aufhing.* eu.

Don't talk of a halter in company of him whose father was hanged. *Sprecht nicht vom Strick in der Gesellschaft desjenigen, dessen Vater gehängt wurde.*

Dinna speak o' a raip to a chiel whase father was hong'd. (scho.) *Sprecht nicht vom Strick zu einem Burschen, dessen Vater gehangen wurde.*

Tal ikke om Strikke i hængt Mands Huus. dä.

I hængt Mands Huus taler man ikke gjerne om Strikken. *Im Hause des Gehängten spricht man nicht gern vom Stricke.*

Rod inkje um Reip i hengder Manns Hus. nw.

Tala ej om rep i hängd mans hus. sw.

Il ne faut point parler de corde dans la maison d' un pendu. *Man muss im Hause eines Gehängten nicht vom Stricke reden.* fz.

Lou qui nous boulhe audi lou sou, Nou deu pas touca la corde. (Brn.) *Wer nicht das Seinige hören will, darf den Strick nicht berühren.* sf.

Non parlar di corda in casa dell' appiccato. it.

Un parlà di funa in casa d'impiccati. (crs.) mi.

Un parlà di razza in casa di basterdi. (crs.) *Sprich nicht von Raçe im Hause von Bastarden.*

Non nominare la fune in casa dell' impiccato. (t.) *Nenne nicht den Strick im Hause des Gehängten.*

Non ricordare il capestro in casa dell' impiccato. (t.) *Erinnere nicht an den Strang im Hause des Gehängten.*

Non rammentar la croce al diavolo. (t.) *Rufe nicht dem Teufel das Kreuz zurück.*

'n Casa de 'mpiso non nommenare chiappe. (npl.) *Im Hause des Gehängten nenne nicht den Strick.* si.

A casa di lu 'mpisu nun si po diri 'mpendi st' ogghiarolu. (s.) *Im Hause des Gehängten darf man nicht sagen: hänge diesen Ölkrug auf.*

In domo de s' impiccadu non nomines sa fune. (sa.) *S. 'n Casa u. s. w.*

Non nomines su cannau in domo de s'impiccadu. (sa.) *Nenne den Hanf nicht im Hause des Gehängten.*

Em casa de ladrão não lembrar baraço. *Im Hause des Diebes erinnere nicht an den Strick.* pt.

---

406. Leeres **Stroh** dreschen.
Den Esel scheren.
Unterm Schnee ernten.
Er will den Schnee im Ofen dörren.
Er will Brot im kalten Ofen backen.
Er mästet einen Wetzstein.
Er baut auf Sand.
Er fährt Sand in's Meer.
od. Zünd er mir den Weyer hinter dem Haus an. (schwei.)

dt. Het is kaf (hooi) gedorscht. *Es ist Spreu (Heu) gedroschen.*
Het is op eene rots geploegd. *Es ist auf einem Felsen gepflügt.*
Het is tegen den dood gevochten (geworsteld). *Es ist gegen den Tod gekämpft (gestritten).*
fs. Lähsig Strâi tjärshen. (M.)

dä. At tærske (for) Langhalm (Halm). *Schüttstroh dreschen.*

lt. Verberare lapidem.
Ignem dissecare.
Exurere mare.
Actam rem (Actum) agere.
Bovi clitellas imponere.
In frigidum furnum panes immittere.
it. È come voler legar il sabbion con le stroppe. *Es ist als ob man den Sandkies mit den Strohwischen binden wollte.*
mi. È quant' è suminà in l' arena. (crs.) *Es ist wie in den Sand säen.*
È gattiva indirizzà l' anche a li cani. (crs.) *Es ist übel, den Hunden die Schenkel gerade richten wollen.*
È gattiva da calci in la muru. (crs.) *Es ist übel mit der Faust gegen die Mauer schlagen.*
Voler dirizzare le gambe ai cani. (t.) *Den Hunden die Beine gerade richten wollen.*
Voler dirizzare il becco allo sparviere (agli sparvieri). (t.) *Dem Sperber (Den Sperbern) den Schnabel gerade richten wollen.*
ni. Vrér drizzar il gambi ai càn. (em. P.) *S. Voler dirizzare le u. s. w.*
Drizà i gambe ai ca. (l. b.) *Den Hunden die Beine gerade richten.*
Addrissà e gambe a-i storti. (lig.) *Den Krummbeinigen die Beine gerade richten.*
Drissè ël bech a j' osei. (piem.) *Den Vögeln den Schnabel gerade richten.*
Vorreje drissè le ganbe ai can. (piem.) *Er möchte den Hunden die Beine gerade richten.*
Vorreje drissè le ganbe ai sôp. (piem.) *Er möchte den Lahmen die Beine gerade richten.*

407. Wider den **Strom** ist übel schwimmen.
md. Gënt d' Strumm as schwêer schwammen. (mrh. L.) *Gegen den Strom ist schwer schwimmen.*
Wider a Ştrûm is nich gut ze schwimmen. (schls. B.) *Wider den Strom ist nicht gut zu schwimmen.*
Man kann nicht gegen den Strom schwimmen. od. (schwei.)
pd. Strom up is quad swemmen. (ns. B.) *Stromauf ist schlecht schwimmen.*

dt. Tegen den stroom is het kwaad zwemmen.
Tegen wind end stroom kan men niet opzeilen. *Gegen Wind und Strom kann man nicht segeln.*
en. No striving against the stream. *Kein Ringen gegen den Strom.*
Puff not against the wind. *Blas't nicht gegen den Wind.*
Ne'er strive against the stream. (scho.) *Ringt niemals gegen den Strom.*

dä. At svømme imod Strømmen. *Gegen den Strom schwimmen.*
nw. D' er stridt imot Straumen aa symja. *Es ist schwer, gegen den Strom zu schwimmen.*
Stræva mot Straumen. *Gegen den Strom ringen.*
Han stræver, som Kjeringi mot Straumen. *Er ringt, wie die Frau gegen den Strom.*
sw. Det är ej godt simma emot strömmen. *S. Wider u. s. w.*
Ondt simma moot strömmen. *Übel gegen den Strom schwimmen.*

lt. Contra fluminis tractum niti difficile.
Contra aquam remigare.
Contra torrentem niti.
Adversus stimulum ne calcitres.
fz. Il ne faut pas aller contre le courant. *Man muss nicht gegen die Strömung fahren.*
Dure chose est regimber contre aguillon. (afz.) *Hartes Ding ist, gegen den Stachel ausschlagen.*
it. Andè contr' acqua. (mi. rom.) *Gegen das Wasser fahren.*
mi. È un cattivo andare contro la corrente (il vento). (t.) *Es ist ein übel Fahren gegen die Strömung (den Wind).*

nl. Andar cóntra la curéint. (em. B.) *Gegen die Strömung fahren.*
S'à mai d'andà contr' aqua. (l.) *Man muss niemals gegen das Wasser fahren.*
Andè contr' aqua. (piem.) *S. Andè u. s.* **w.**
No bisogna andar contro **la** corente. (v.) *S. Il ne faut u. s. w.*
sl. Nun si po contrà ventu navigari. (s.) *Man kann nicht gegen (den) Wind fahren.*

---

408. Het vergramt de merrie niet als de hengst slaat. (dt.) *Es stört die* **Stute** *nicht, wenn der Hengst schlägt.*
dt. Ten vergramt tmeericken niet, wat thinsken slaet. (avl.) *S. Het* ***vergramt u. s. w.***

---

fz. Jamais coup de **pied** de jument ne fit **mal à** cheval. *Nie that ein Schlag der Stute dem Pferde weh.*
sf. Co-dē-pé d'ègo n'éstroupié jhamâi roussin. (Lgd.) *Schlag der Stute machte nie den Hengst lahm.*
Cop de **ped** d'ego n'estroupiet jamai roussin. (nprv.) *S. Co-dē-pē u. s. w.*
it. Calcio di cavalla non fece mai male a poledro. *Schlag der Stute that nie (dem) Füllen weh.*
mi. Calciu di giumentu 'un fa male a cavallu. (crs.) *Schlag der Stute thut dem Hengst nicht weh.*
Calciu di jumenta unn' ammazzò mai cavallu. (crs.) *Schlag der Stute tödtete niemals den Hengst.*
Calcio di stallone non fa male alla cavalla. (t.) *Schlag des Hengstes thut der Stute nicht weh.*
ni. Chignada de caal, A la caala no fa mal. (l. **b.)** *Schlag des Hengstes thut der Stute nicht weh.*
Quand un s' veûl ben, un s' ofend nen. **(piem.)** *Wenn man sich wohl will, beleidigt man sich nicht.*
Peada de manza no mazza cavalo. (v.) *Schlag der Stute schlägt keinen Hengst todt.*
pt. Couces de egoa, amores para rocim. *Schläge der Stute, Liebkosungen für den Hengst.*
O couce da egoa não faz mal ao potro. *Der Schlag der Stute thut dem Fohlen nicht weh.*
sp. Coces de yegua, amores para el rocin. ***S.*** *Couces u. s. w.*
La coz de la yegua no hace mal al **potro.** *S. O couce u. s. w.*

---

409. Er **sucht** den Esel und sitzt darauf.
Du suchst den Bären und stehst vor ihm.
Ä sücht **d'n** Èsel unn ritt droff. (thr. R.) ***Er*** **md.** ***suchet den*** *Esel und reitet darauf.*
Er reitet auf'n Ross und **sucht es.** (bair.) **od.**
Er ruft den Esel und sitzt d'rauf. (schwb. W.)
Dear *(Der)* sucht au da *(auch den)* Esel und **reitet drauf.** (schwb. W.)
Er sucht das Pferd und reitet **darauf. (schwei.)**
Hä sitz om Påd un süht et nit. **(nrh. K.)** ***Er*** **pd.** ***sitzt auf dem*** *Pferd und* ***sieht es nicht.***
Hei sitt op et Pêrd en sückt het. (nrh. Kl.) ***Er sitzt auf dem Pferd und sucht es.***
Gêner sås ĭm Sadel unt söt: Ir Lékt, hud er nèt mé Ruosz gesân? (nrh. S.) *Jener sass* ***im Sattel und sagte: Ihr Leute,*** *habt ihr* ***nicht mein Ross gesehen?***
He sitt upt Perd un soggt **darna. (ns. B.)** ***Er sitzt auf*** *dem Pferd und sucht danach.*
He sitt up 't Piird un söcht 't. (ns. M.-Str.) ***S. Hei sitt*** *u. s. w.*
He sitt up 't Perd un söcht derná. (ns. O. **J.)** ***S. He*** *sitt upt u. s. w.*
Hei seekt dat Peerd on rött **darop. (ns.** Pr.) ***S. Er sucht*** *das u. s. w.*

De man zocht naar het paard, **en** hij zat **er dl.** **op.** ***Der*** *Mann suchte* ***nach dem*** *Pferd und* ***sass*** *darauf.*
Hij slacht den **boer, die naar zijn ezel zocht,** en hij zat **er zelf op.** ***Er gleicht dem Bauer, der nach seinem Esel suchte und selbst drauf sass.***
The butcher look'd for his knife, **when** he had **en.** **it in his mouth.** ***Der Fleischer*** *suchte sein* ***Messer, während er es im*** *Munde hatte.*
Ye're like the man that sought his horse, and him on **its back. (scho.)** *Ihr seid wie der Mann, der* ***sein Pferd suchte*** *und auf seinem Rücken sass.*
Hi sjogt am a Hud **an hê-u** sallew üüb-t **Haad. fs.** (A.) *Er sucht nach* ***dem*** *Hute und* ***hat ihn*** *selbst auf dem* ***Kopfe.***
Hi sjocht am **a Sådel an sat 'aräübh.** (F.) *Er sucht nach dem* ***Sattel und sitzt*** *darauf.*
Hi sjukt eed'er **di Saadel en set** er üp. (S.) ***S. Hi sjocht u. s. w.***

At gaae over Bækken og lede efter Vand. **dä.** *Über den Bach gehen und nach Wasser suchen.*

Arrepta candela candelabrum quaeris. **lt.**
Il cherche son âne et il est (monté) dessus. *Er* **fz.** *sucht seinen Esel und er sitzt darauf.*

sf. As d'aquo de l'autré, qu'ero sus son azé, et lou cerquavo. (nprv.) *Du bist wie Jener, der auf seinem Esel war und ihn suchte.*

it. Tu fai come colui, che cercava l' asino e vi era sopra. *Du machst es wie Jener, welcher den Esel suchte und drauf war.*

ni. Serchè l'aso e essie a caval. (piem.) *Den Esel suchen und drauf reiten.*

si. Fagher que i caddu qui quircát su boe ruin qui portát a caddu. (sa. L.) *Es machen wie Jener, der den rothen Ochsen suchte, den er führte.*

---

410. **Man sucht Keinen hinter der Thür, wenn man nicht selbst dahinter gesteckt hat.**

Man sucht Keinen hinter der Thür (hinterm Ofen), man habe denn selbst dahinter gesteckt.

Man sucht Keinen hinter'm Ofen, man sei denn vorher selber dahinter gewesen (wenn man nicht selbst dahinter gesteckt hat).

Es sucht Keiner den Andern im Sack, er habe denn selbst darin gesteckt.

md. Mër sécht kén Ännern hinter 'n Ouf'n, wemmer nit sälber d'rhint geätz'n it. (frk. M.) *Man sucht keinen Andern hinter'm Ofen, wenn man nicht selber dahinter gesessen hat.*

Me soöket neimes hinger dem Oewen, wamme ni selwer derhingere seaten heat. (hss.) *Man sucht Niemand hinter dem Ofen, wenn man nicht selber dahinter gesessen hat.*

Ma sücht ken Schelm hinger der Thûre, ma hoat denn salber do hinger gestackt. (schls.) *Man sucht keinen Schelm hinter der Thür, man habe denn selber dahinter gesteckt.*

Kenner söcht d'n Annern henger d'r Dûr, baun ä net sâlwer d'rhenger gestäckt hât. (thr. R.) *Keiner sucht den Andern hinter der Thür, wenn er nicht selbst dahinter gesteckt hat.*

od. Man suecht Koan hinta'n Ofn, ausser man is selba dahinta gwen. (bair.) *Man sucht Keinen hinter'm Ofen, ausser man ist selber dahinter gewesen.*

Má suăcht säld'n oăn hintá dá Dĭă, wôn má nid sälwá hint'n g'sdéckt is. (ndö.) *Man sucht selten Einen hinter der Thür, wenn man nicht selber dahinter gesteckt hat.*

Es sucht Keiner den Andern hinterm Ofen, er sei denn selbst dahinter gewesen. (schwb. W.)

Es sucht Keiner den Andern im Sack, er sei denn zuvor darin gesteckt. (schwei.)

pd. Me söckt genge henger 'ne Struch, of me hat selvs derhenger geleege. (nrh. A.) *Man sucht Keinen hinter dem Strauch, oder man hat selbst dahinter gelegen.*

Me röft gengen usgene Bösch, of men es selvs dren gewees. (nrh. A.) *Man ruft Keinen aus dem Busch, oder man ist selbst darin gewesen.*

Wä henger d'r Häcke geläge hät, dä söhk och ehne doh. (nrh. D.) *Wer hinter der Hecke gelegen hat, der sucht auch Einen da.*

Êner (Hê) söcht kên' hinnerm Aow'n, hê hat denn sülwst daohinner (hinner) sät'n. (ns. A.) *Einer (Er) sucht Keinen hinter dem Ofen, er hat denn selbst dahinter gesessen.*

Man soggt Nüms achtern Abnd, o'r man hett sülfs darachter setn. (ns. B.) *Man sucht Niemand hinterm Ofen, oder man hat selbst dahinter gesessen.*

Man söcht Keinen hindern Ówen, man het er (denn) sülwest hinder esëten. (ns. ha. G. u. G.) *Man sucht Keinen hinter dem Ofen, man hat (denn) selbst dahinter gesessen.*

Man söcht Nüms achtern Aven, man hett der sülvst achter seeten. (ns. hlst.) *S. Man soggt u. s. w.*

Nüms söcht Eenen achter der Döör, stund hee nich sülvst eenmal darvöör. (ns. Hmb.) *Niemand sucht Einen hinter der Thür, stand er nicht selbst einmal davor.*

Man söcht Nemmes achtern Tune, man is sülves darachter wesen. (ns. L.-D.) *Man sucht Niemand hinter'm Zaune, (oder) man ist selbst dahinter gewesen.*

Man socht Nümms achter'n Afend, wenn man dar sülvst nich säten het. (ns. O. R.) *S. Me soöket u. s. w.*

Me säuket Kennen hinger'n Oowen (hinger der Dööre), me hät selwer derhinger 'seeten. (ns. W.) *Man sucht Keinen hinter dem Ofen (der Thür), (oder) man hat selbst dahinter gesessen.*

Ët säuket Nümmes biäne ächtern Oawen, wenn hai selwer noch nit deräichter seäten hiät. (wstf. A.) *Es sucht Niemand von hinter'm Ofen, wenn er selbst noch nicht dahinter gesessen hat.*

Me saüket Nümmes ächter dem Backuowen, ärr me hiät selwer der ächter siäten. (wstf. Mrk.) *Man sucht Niemand hinter dem Backofen, oder man hat selber dahinter gesessen.*

---

dl. Niemand zoekt een ander in den oven, of hij is er zelf in geweest. *Niemand sucht einen*

Andern im Ofen, oder er ist selbst darin gewesen.

Niemant en soeckt den anderen in den ouen, of hy hefter seluer in gewest. (nh.) *S. Niemand u. s. w.*

en. The old woman would never have look'd for her daughter in the oven (in the oven for her daughter), had she (if she had) not been there herself. *Das alte Weib würde nie nach der Tochter im Ofen gesucht haben, wäre (wenn) sie nicht selbst drinnen gewesen (wäre).*

Nae man can seek his marrow i' the kirn sae weel as him that has been in 't himsel. (scho.) *Keiner kann seinen Genossen so gut im Ofen suchen, wie der, welcher selbst darin gewesen ist.*

—

dä. Den leder ikke gierne bag Doren, som ei selv har staaet der. *Der sucht nicht leicht hinter der Thür, der nicht selbst dort gestanden hat.*

Man soger Ingen bag Doren (Kakkelovnen), naar man ikke selv har været der. *Man sucht Keinen hinter der Thür (dem Ofen), wenn man nicht selbst da gewesen ist.*

Moderen havde ikke ledt efter Datteren i Ovnen, naar hun ikke selv havde været der. *Die Mutter hätte nicht nach der Tochter im Ofen gesucht, wenn sie nicht selbst da gewesen wäre.*

Ingen leder efter en Anden i Sækken, uden han selv har været der for. *Keiner sucht nach einem Andern im Sacke, ausser wenn er selbst vorher da gewesen ist.*

is. Enginn leitar bak ofnsins, sem þar ei hefir verið áðr. *Keiner sucht hinter dem Ofen, der nicht vorher dort gewesen ist.*

sw. Ingen söker en annan bakpå ugnen, som ej sjelf varit der förut. *Keiner sucht einen Andern hinter dem Ofen, der nicht selbst vorher dort gewesen ist.*

Ingen söker dhen andra baak Ugnen, vthan han haar sielff waret dher förr. *Keiner sucht den Andern hinter dem Ofen, ausser er ist selbst vorher dort gewesen.*

—

lt. Autumat hoc in me, quod novit perfidus in se. (mlt.)

fz. L' ci qu' a stu es för, sét bin comme on fait les câches. (nf. w.) *Der, welcher im Ofen gesteckt hat, weiss wohl, wie man die Backbirnen macht.*

it. Se la madre non fosse mai stata nel forno, non vi cercherebbe la figlia. *Wenn die Mutter nie im Ofen gewesen wäre, würde sie nicht die Tochter dort suchen.*

—

411. **Suche, so wirst du finden.**

Dé sicht, dé fennt. (mrh. L.) *Wer sucht, der findet.* md.

Wat te der säkst, wirst te fäinjden. (nrh. S.) *Was du dir suchst, wirst du finden.* pd.

Die zockt, die vindt. (vl.) *S. Dé u. s. w.* dt.

—

Qui quaerit, invenit. lt.

Qui bien chace bien trueve. (afz.) *Wer gut sucht, findet gut.* fz.

Ch' til qui cache y treuve. (pic.) *Der, welcher sucht, der findet.* nf.

Qui qwire, trouwe. (w.) *Wer sucht, findet.*

Qu cerquo atrobo. (nprv.) *S. Qui qwire u. s. w.* sf.

Chi cerca, trova. *S. Qui qwire u. s. w.* it.

Chi cerca, trova, e chi seguita, piglia. (crs.) *Wer sucht, findet, und wer fortsetzt, nimmt.* mi.

A ch zerca tròva. (rom.) *S. Qui qwire u. s. w.*

Chi cerca, trova, e talor quel che non vorrebbe. (t.) *Wer sucht, findet, und mitunter das, was er nicht möchte.*

Chi cerca, trova e chi dorme si sogna. (t.) *Wer sucht, findet, und wer schläft, träumt.*

Chi serca, cata, e chi sernès, el se insaùta. (l. b.) *Wer sucht, findet, und wer zu sehr wählt, sucht schlecht aus.* ni.

Chi cerca, trœuva, e chi s' incanta, pèrd. (l. m.) *Wer sucht, findet, und wer stehen bleibt, verliert.*

Chi çerca, trêuva (attrêuva). (lig.) *S. Qui qwire u. s. w.*

Chi a serca, a trêuva. (piem.) *S. Qui qwire u. s. w.*

Chi cerca trova e chi dorme s' insonia. (v.) *S. Chi cerca, trova e chi dorme u. s. w.*

Chi cerca, cata e chi cerne s' inzavata. (v.) *S. Chi serca, cata u. s. w.*

Chi cerca rogna, rogna trova. (v.) *Wer Krätze sucht, findet Krätze.*

Chi zerca, trova. (v. trst.) *S. Qui qwire u. s. w.*

Chi cerca, gata. (v. trt.) *S. Qui qwire u. s. w.*

Cui cerca trova, cui seguita vinci. (s.) *Wer sucht, findet, wer fortfährt, gewinnt.* si.

Qui quircat incontrat. (sa. L.) *S. Qui qwire u. s. w.*

Qui cerca, troba. (ncat.) *S. Qui qwire u. s. w.* lm.

Cantă și vei află. wl.

—

412. Wasser im Meere suchen.

dl. Hij zou wel zeggen, dat in de zee geen water was. *Er würde sagen, dass in der See kein Wasser wäre.*

Indien men hem naar de rivier stuurde, hij zou geen water vinden. *Wenn man ihn nach dem Flusse wiese, er würde kein Wasser finden.*

lt. Aquam in aquis petis.

In mari aquam quæris.

Nodum in scirpo quaerit.

fz. Il ne saurait trouver de l'eau à la rivière. *Er wüsste kein Wasser im Flusse zu finden.*

nf. N'nin trover d'l'aiwe ès Moûse. (w.) *Kein Wasser in der Maas finden.*

Aller qwèri St-Pire à Rome. (w.) *St. Peter in Rom suchen.*

it. E' cerca il nodo al giunco. *Er sucht den Knoten an der Binse.*

mi. Un trova acqua in mare. (crs.) *Er findet kein Wasser im Meer.*

413. Wer wird im Hundestall Brod suchen?

Das heisst Schmeer von der Katze kaufen.

Vom Esel kann man nicht Wolle kaufen (fordern).

pd. Wêr söcht Brât in'n Hunnestalle? (ns. hn. G. u. G.) *Wer sucht Brot im Hundestall?*

Wo findt man Brod im Hunnenstall *(Hundestall)*? (ns. hlst.)

De söcht fief Föt up een Schaap. (ns. hlst.) *Der sucht fünf Füsse an einem Schafe.*

Find't man ök Speck in 't Hundenest? (ns. O. J.) *Findet man auch Speck im Hundeneste?*

Me maut niene Wüörste im Rüenstalle saüken. (wstf. Mrk.) *Man muss keine Würste im Hundestalle suchen.*

dl. Men zal geen spek zoeken in het nest van den hond (worsten in den hondenstal). *Man soll keinen Speck im Hundeneste (Würste im Hundestalle) suchen.*

Met den kaaiman hoendereijeren gezocht in een uilen nest. *Mit dem Kaiman Hühnereier in einem Eulenneste suchen.*

Vijf voeten zoeken, daar er maar vier zijn. *Fünf Füsse suchen, wo bloss vier sind.*

Zy willen spek zoeken in den hondsnest. (vl.) *Sie wollen Speck suchen im Hundeneste.*

Zoek geene drie beenen aan eene kat. (vl.) *Suche nicht drei Beine an einer Katze.*

en. Don't fish for strawberries in the bottom of the sea. *Fischt nicht nach Erdbeeren auf dem Grunde der See.*

It's ill taking corn frae geese. (scho.) *Schlecht zu nehmen ist Korn von Gänsen.*

fs. Ham fandt nian Spêk unn Hüünjsnêst. (A.) *Man findet keinen Speck im Hundsneste.*

Kupe Margen fân a Hüünjer, jo mei-s wel sallew. (A.) *Kaufe Würste von den Hunden, sie mögen sie wohl selbst.*

dä. Man skal ikke lede efter Pølse i Hundehuset (Hundegaard). *Man soll nicht nach Wurst im Hundehause suchen.*

Det er ondt at kiøbe Havre af Gaasen og Pølse af Hunden. *Es ist übel, Hafer von der Gans und Wurst vom Hunde zu kaufen.*

is. Íllt er að fara í geitahús að leita ullar. *Übel ist's, in den Ziegenstall zu gehen, um Wolle zu suchen.*

sw. Man söker intet Korfwen i Hundehwset. *Man sucht nicht die Wurst im Hundehause.*

Det år ej godt köpa hafre af gåsen. *Est ist nicht gut Hafer von der Gans kaufen.*

Man får löpa länge efter en vildgås, innan man hittar en strutsfjäder efter honom. *Man kann lange hinter einer wilden Gans herlaufen, ehe man eine Straussfeder hinter ihr findet.*

lt. Ab asino (Asini) lanam quaerere.

fz. Chercher midi à quatorze heures. *Mittag um vierzehn Uhr suchen.*

Demander de la laine à un âne. *Von einem Esel Wolle verlangen.*

nf. Cacher midi à quatorze heures. (pic. St.-Q.) *S. Chercher u. s. w.*

Qwer mêïneit à quatorze heures. (w. N.) *Mitternacht um vierzehn Uhr suchen.*

sf. Non cau pas cerqua cinq pès an gat. (Brn.) *Man muss nicht fünf Füsse an der Katze suchen.*

Cèrca la gnué për lous armâxis. (Lgd.) *Die Nacht in den Wandschränken suchen.*

Cerquo miejour à un' houro. (nprv.) *Er sucht Mittag um ein Uhr.*

Cerquo cinq pez en un mouton. (nprv.) *Er sucht fünf Füsse an einem Hammel.*

it. Cercar cinque piè al montone. *Fünf Füsse am Hammel suchen.*

mi. È quant' a circà cinque pedi a un muntone. (crs.) *Es ist, wie fünf Füsse an einem Hammel suchen.*

È una pazzia quella di circà cinque pedi au muntone. (crs.) *Es ist das eine Narrheit, fünf Füsse am Hammel zu suchen.*

Cercare le nozze all' ospedale. (crs.) *Die Hochzeit im Spitol suchen.*

Cercà e mosche in padula. (crs.) *Die Fliegen im Sumpfe suchen.*

Zarchê zenqv rôd in t un càr. (rom.) *Fünf Räder an einem Wagen suchen.*

È come cercar de' funghi in Arno (de' pesci in monte Morello). (t.) *Es ist, wie Pilze im Arno (Fische im Berg Morello) suchen.*

È come cercar cinque ruote nel carro. (t.) *Es ist, wie fünf Räder am Wagen suchen.*

Dall' asino non cercar lana. (t.) *Vom Esel suche nicht Wolle.*

ni. Sercà le pistole ai fra. (l.) *Die Pistolen bei den Mönchen suchen.*

Sercà 'l fred per el let. (l.) *Die Kälte im Bette suchen.*

Sęrchè sinch roe ant un cher. (piem.) *S. Zarchê u. s. w.*

Sęrchè sinch pè ant el moton. (piem.) *S. Cercar u. s. w.*

Śerchè set roe ant un cher. (piem.) *Sieben Räder an einem Wagen suchen.*

pt. Demandar sete pés ao carneiro. *Sieben Füsse vom Hammel (Widder) verlangen.*

Não busques pão no moiño do cão. *Suche nicht Brot in der Mühle des Hundes.*

Na boca do cão não busques o pão, nem no focinho da cadella a manteiga. *Im Maule des Hundes suche nicht das Brot, noch in der Schnauze der Hündin die Butter.*

Buscar agoa em fonte secca. *Wasser im trocknen Brunnen suchen.*

No niño do can no cates lo pan, nem no fucinom da cadela cates la manteyga. (gal.) *Im Lager des Hundes suche nicht das Brot, noch suche in der Schnauze der Hündin die Butter.*

sp. Buscais cinco pies al gato y él no tiene sino quatro. *Du suchst fünf Füsse an der Katze und sie hat nur vier.*

Andar buscando tres pies al gato. *Drei Füsse an der Katze suchen wollen.*

Comprar del lobo carne. *Fleisch vom Wolfe kaufen.*

Buscar cinco pies al gato. (asp.) *Fünf Füsse bei der Katze suchen.*

No pidas al olmo la pera porque no la lleva. (asp.) *Verlange nicht die Birne von der Ulme, weil sie keine trägt.*

---

414. Die **Sünde** geht süss ein, aber bitter wieder aus.

Sünden kehren lachend ein und weinend aus.

Mane sünde kurze fröude hât, nâch der vil langin riuwe gât. (ad.)

De zonde is zoet in't volbrengen, maar het einde is zuur. *Die Sünde ist süss im Vollbringen, aber das Ende ist sauer.* dt.

De sonde is soete int volbrenghen, maer teyndeken is suer. (avl.) *S. De zonde u. s. w.*

Synden kommer med Latter og gaaer med Graad. *Die Sünde kommt mit Lachen und geht mit Weinen.* dä.

Synd kemur með hlátri, en fer met gráti. *S. Synden u. s. w.* is.

Syndi yppest med Laatt og endar med Graat. *Die Sünde fängt mit Lachen an und endigt mit Weinen.* nw.

Synden kommer med löje, men går bort med gråt. *Die Sünde kommt mit Lachen, aber geht mit Weinen fort.* sw.

---

415. De eene zonde trekt de andere. (dt.) *Eine* **Sünde** *zieht die andere nach sich.*

Dan eine Udygdi avlar dan andre. *Eine Untugend zeugt die andere.* nw.

Li uns pechiez atire l'autre. (afz.) fz.

Un vizio chiama l'altro. (mi. t.) *Ein Laster ruft das andere.* it.

T.

416. Es ist leichter **tadeln,** als besser machen.

Es ist keine Kunst ein Ding tadeln: nachthun thut's, wer's könnte!

pd. Ên' watt wêt'n iss kên Kunst, äöw'r bât'r mook'n datt iss 'n Kunst. (ns. A.) *Einem etwas wissen ist keine Kunst, aber besser machen ist Kunst.*

---

dt. 't Valt ligter te berispen dan te verbeteren. (vl.) *Es fällt leichter zu tadeln, als zu verbessern.*

---

dä. Kunst er snarere lastet, end lært. *Kunst ist rascher getadelt, als erlernt.*

is. Hægra er að finna að, enn gjöra betur. *Leichter ist's zu tadeln, als besser zu machen.*

nw. Kunsten er lettare lastad en lærd. *Die Kunst ist leichter getadelt, als erlernt.*

D' er lettare aa lasta en gjera uppatter (gjera Gjerningi betre). *Es ist leichter zu tadeln, als nachzumachen (die Arbeit besser zu machen).*

sw. Konsten är lättare lastad än lärd. *S. Kunsten u. s. w.*

---

cw. Criticar va pli dabot che meglier far. (obl.) *Tadeln geht leichter, als besser machen.*

it. Facile è criticar, l' arte difficile. *Leicht ist tadeln, schwer die Kunst.*

ni. Squas ttüc se crèden bon de critegà, Ma de fa mèi se tröva scarsità. (l. m.) *Fast Alle glauben sich zum Tadeln fähig, aber zum Bessermachen finden sich Wenige.*

---

417. Wer Andere **tadeln** will, muss selbst ohne Mängel sein.

od. Wer eines Hinkenden spotten will, muss selbst grad sein. (schwei.)

pd. We der Dûvel banne wel, moss selvs reng sien. (nrh. A.) *Wer den Teufel bannen will, muss selbst rein sein.*

Wä d'r Dûhfel banne welt, moss rehn sen. (nrh. D.) *S. We u. s. w.*

---

en. Cast the beame out of thie owne eye, then thou maiest see a mothe in another mans. (aen.) *Wirf den Balken aus deinem eigenen Auge, dann magst du ein Stäubchen in dem eines Andern sehen.*

He has need o' a clean pow that ca's his neighbour nitty-now. (scho.) *Der muss einen reinen Kopf haben, der seinen Nachbar Lauskopf nennt.*

---

dä. Han skal være skiær, en Anden vil skielde. *Der muss rein sein, (der) einen Andern schelten will.*

Den skal have rene Fingre, som en Andens Næse vil snyde. *Der muss reine Finger haben, der einem Andern die Nase putzen will.*

nw. Han skal sjolv vera skir (rein), som vil skjella ein annan (reinska dei andre). *Der muss selbst rein sein, der einen Andern schelten (die Andern reinigen) will.*

---

lt. Qui in alium paratus est dicere, omni culpâ carere debet.

Loripedem rectus derideat.

Tune alios culpa cum tu sis sine culpa.

it. Chi vuol dir degli altri, sia netto di specchio. (t.) *Wer über die Andern reden will, sei rein als Muster.*

mi. Chi schernisce lo zoppo, deve esser diritto. (t.) *Wer den Lahmen verhöhnt, muss gerade sein.*

Chi burla lo zoppo, badi d' essere diritto. (t.) *Wer des Lahmen spottet, sehe zu, dass er gerade sei.*

ni. Prima di minciunà 'n zöp, varda a te sè dret. (l. b.) *Ehe du einen Lahmen verspottest, sieh auf dich, ob du gerade bist.*

si. Quie biet binu, non devet narrer imbreagu. (sa.) *Wer Wein trinkt, darf nicht Trunkenbold sagen.*

---

418. **Wer getadelt sein will, muss freien; wer gelobt sein will, sterben.**

od. Wer will geschimpft sein, muss heirathen. (schwei.)

Wer will gelobt sein, muss sterben. (schwei.)

pd. De röhmt wesn will, mutt starven, de besnakkt wesn will, mutt fri'n. (ns. B.) *Wer gerühmt werden will, muss sterben, wer besprochen werden will, muss freien.*

De råmt wesen will, möt starven, de besnackt wesen will, möt frêen. (ns. O. J.) *S. De röhmt u. s. w.*

Wer verachtet werden will, muss heirathen, und wer gelobt werden will, muss sterben. (ns. Pr.)

---

dt. Als men houwet oft sterft, dan coudtmen van de liens meest. (avl.) *Wenn man heirathet oder stirbt, dann schwatzt man am meisten von den Leuten.*

---

dä. Ingen er ond for han frier, og god, for han er død. *Keiner ist schlimm, bevor er freit, und gut, bevor er todt ist.*

is. Eingin verður lastaður til fullar, firr enn hann giftist, og lovaður, firr enn hann er deyður. (fær.) *Keiner wird gänzlich getadelt, ehe er heirathet, und gelobt, ehe er todt ist.*

nw. Dei er alle lastade, som skal giftast, og alle lovade, som er daude. *Die werden Alle getadelt, welche heirathen sollen, und Alle gelobt, die todt sind.*

sw. Ingen är ond förr än han friar, och ingen god förr än han är död. *S. Ingen er u. s. w.*

Ingen lastas förr än han skall gifta sig, och ingen rosas förr än han är död. *Keiner wird getadelt, bevor er sich verheirathen soll, und Keiner wird gelobt, bevor er todt ist.*

419. **Am jüngsten Tage hilft kein Geld mehr.**

Bist du arm oder bist du reich, Am jüngsten Tag ist Alles gleich.

pd. Am jünksten Middage es en Kaudlatt so guet as 'ne Pistolle. (westf. Mrk.) *Am jüngsten Tage ist ein Kuhfladen so gut, wie eine Pistole.*

---

dt. Ten jongsten dag zal goud en slijk Het een aan 't ander zijn gelijk. *Am jüngsten Tage wird Gold und Schlamm einander gleich sein*

Een koets vol gouds, een kar vol steens, Dat zal hiernamaels als zijn eens. *Eine Kutsche voll Gold, eine Karre voll Steine, das wird später Alles eins sein.*

en. A thousand pounds and a bottle of hay, Is all one thing at doom's day. *Eintausend Pfund und ein Gebund Heu ist ganz eins am Tage des Gerichts.*

---

fz. Fignes de chat et marc d'argent seront tout ung au jugement. *Katzenkoth und (eine) Mark Silbers werden beim Gericht ganz gleich sein.*

Fien de chien et marc d'argent seront tout un au jour du jugement. *Hundekoth und (eine) Mark Silbers werden am Tage des Gerichts ganz gleich sein.*

af. Àou jhour d'àou jhujhamëu, àitau vàoudra la merdo coumo l'arjhëu. (Lgd.) *Am Tage des Gerichtes wird der Koth so viel gelten wie's Geld.*

it. Al di del giudizio tanto vale el marcheto che'l ducato. (ni. v.) *Am Tage des Gerichtes gilt der Marcheto so viel wie der Dukaten.*

---

420. **Am jüngsten Tag wird offenbar, Wer hier ein guter Pilgrim war.**

Am jüngsten Tage wird geschaut, Was Mancher hier für Bier gebraut.

od. Wenn man auskehrt, wird man finden, was hinter dem Ofen liegt. (schwei.)

---

dt. Men zal ten jongsten dag wel zien, wie een goed (wijs) pilgrim is. *Man wird am jüngsten Tage wohl sehen, wer ein guter (weiser) Pilger ist.*

en. When Gabriel blows his horn, then this question will be decided. *Wenn Gabriel sein Horn bläst, dann wird diese Frage entschieden werden.*

There's a day coming that 'll show wha's blackest. (scho.) *Es kommt ein Tag, der zeigen wird, wer am schwärzesten ist.*

---

lt. Ad partus ovium noscuntur pondera ventrum.

fz. En la fin cognoist on le bon et le fin. *Am Ende erkennt man den Guten und den Feinen.*

A la fin saura-t-on qui a mangé lart. (afz.) *Am Ende wird man erfahren, wer (den) Speck gegessen hat.*

A l' aigneler verra-t-on lesquelles sont prains. (afz.) *Beim Lammen wird man sehen, welche (Schafe) trächtig sind.*

sf. Au part (pourcera) que s' saura qui ėy preuh. (Brn.) *Beim Lammen (Ferkeln) wird man wissen, was trächtig ist.*

A la fin sē sĥoupra, cĥou a manjha lou lar. (Lgd.) *S. A la fin saura-t-on u. s. w.*

Àou dēbasta, sē vėzon las cachadûros. (Lgd.) *Beim Absatteln sieht man die gedrückten Stellen.*

A la fin s' y sçaubra, qu aura manja lou lard. (uprv.) *S. A la fin saura-t-on u. s. w.*

Au desbasta, se vezon las cachaduros. (uprv.) *S. Àou dēbasta u. s. w.*

Au retour de la fiero, se saubra qu ės bonen marchand. (uprv.) *Bei der Rückkunft vom Markt wird man erfahren, wer (ein) guter Kaufmann ist.*

it. Al far de' conti ce n'avvederemo. *Bei'm Rechnungsmachen werden wir's gewahr werden.*

Allo scuoter de' sacchi (Allo staccar delle tende) ce n'avvederemo. *Beim Schütteln der Säcke (Beim Losmachen der Zelte) werden wir's wahrnehmen.*

mi. A la fen de zogh us uvdrà. (rom.) *Am Ende des Spieles wird man's sehen.*

A la squerta di capena us uvdrà quèll ch' ha fatt i bighètt. (rom.) *Beim Wegnehmen des Laubes wird man sehen, was die Seidenwürmer gemacht haben.*

Al levar delle tende si conosce il guadagno. (t.) *Beim Wegnehmen der Zelte kennt man den Gewinn.*

lm. Al cul del sac se troban las engrunas. (ncat.) *Im Boden des Sackes findet man die Krümchen.*

sp. Al fin se ven las zurrapas. *Am Ende sieht man den Bodensatz.*

---

421. Aus **Tagen** werden Wochen, aus Monden Jahre.

---

dl. Elke dag is er ééu. *Jeden Tag ist einer hin.*

---

dä. Af Dage blive Uger, af Uger blive Maaneder, af Maaneder blive Aar. *Aus Tagen werden Wochen, aus Wochen werden Monde, aus Monden werden Jahre.*

---

it. Ogni di passa un di. *Jeden Tag vergeht ein Tag.*

mi. Ogni di ne va un di. (t.) *Jeden Tag geht ein Tag hin.*

mi. Ògn dé passa un dé. (em. B.) *S. Ogni di passa u. s. w.*

Ògn' (Agn) ann passa un ann. (em. B.) *Jedes Jahr vergeht ein Jahr.*

Tutt i di in passa vòn. (em. P.) *Alle Tage vergeht einer.*

Tutt i dì a in passa un. (em. R.) *S. Tutt i dì in passa u. s. w.*

Tuti il di ai na passa un. (piem.) *S. Tutt i dì in passa u. s. w.*

Ogni zorno passa un zorno. (v.) *S. Ogni dì u. s. w.*

Ogni anno passa un anno. (v.) *S. Ògn' ann u. s. w.*

Ogni die que nde passat una. (sa. L.) *Jeden* si.
Tag vergeht einer.

---

422. De eene dag volgt den anderen; Maar zij gelijken niet op elkanderen. (dt.) *Der eine **Tag** folgt dem andern, aber sie gleichen nicht einander.*

Sælt lif og söttlausir dagar fylgjast ei alltīð Is.
að. *Glückliches Leben und krankheitlose Tage folgen sich nicht immer.*

Dogri er like lange, men inkje like gode. *Die* nw.
Tage sind gleich lang, aber nicht gleich gut.

Ein annan Dag here eit annat Lag. *Ein and'rer Tag hat eine andre Art.*

Den ena dagen är ej den andra lik. *Der eine* sw.
Tag ist nicht dem andern gleich.

Dies quandoque parens, quandoque noverca. lt.

Les jours se suivent et ne se ressemblent pas. fz.
Die Tage folgen sich und gleichen sich nicht.

Tos les jous ni s' raviset nin. (w.) *Alle Tage* nf.
gleichen sich nicht.

Tous les jours n' sont nié ègales. (w. M.) *Alle Tage sind nicht gleich.*

Não são todos os dias iguaes. *Nicht sind* pt.
alle Tage gleich.

Hum dia melhor, que outro. *Ein Tag (ist) besser, als der andere.*

No son todos los dias iguales. *S. Não u. s. w.* sp.

---

423. Es ist kein **Tag**, er bringt seinen Abend mit.

Ist der Tag auch noch so lang, dennoch kommt der Abend.

Na tage volget je de nacht. (ad.)

E jėt Dåch hnot sėinjen Òwent. (nrh. S.) *Ein* pd.
jeder Tag hat seinen Abend.

De Dag wil n' Åvend hebben. (ns. O. J.) *Der Tag will einen Abend haben.*

---

dl. Geen dag, die niet zijn' avond heeft. *Kein Tag, der nicht seinen Abend hat.*

De langste dag heeft ook zijn' avond. *Der längste Tag hat auch seinen Abend.*

en. The longest day must have an end. *Der längste Tag muss ein Ende haben.*

Be the day never so long, At length cometh even-song. *Sei der Tag auch noch so lang, Endlich kommt der Abendsang.*

Be the day weary, be the day long, At length it ringeth to even-song. (n. en.) *Sei der Tag schwer, sei der Tag lang, Endlich läutet's zum Abendsang.*

The langest day has an end. (scho.) *Der längste Tag hat ein Ende.*

---

dä. Enhver Dag har sin Aften. *Jeder Tag hat seinen Abend.*

Den længste Dag har ogsaa Aften. *Der längste Tag hat auch Abend.*

Dagen er aldrig saa lang, at Aften maa vi jo vente. *Der Tag ist nie so lang, dass wir den Abend nicht erwarten dürften.*

is. Hvöreinn dagr hefr sinn enda. *Jeder Tag hat sein Ende.*

Allir dagar eiga kvöld. *Alle Tage haben Abend.*

nw. Dagen er aldri so lang, dat kjem ei eingong Kvelden. *Der Tag ist nie so lang, dass nicht ein Mal der Abend käme.*

Langt Liv skal og faa Ende. *Langes Leben muss auch ein Ende nehmen.*

sw. Aldrig är dagen så lång, att inte aftonen kommer. *Nie ist der Tag so lang, dass nicht der Abend käme.*

Aldrigh år Dagen så lång, thet kommer ju Qwåller en gång. *S. Dagen er aldri u. s. w.*

fz. Il n' y a point de si long jour que la nuit ne le suive. *Es gibt keinen Tag so lang, dass die Nacht ihm nicht folge.*

Il n' y a si long jour qui ne vienne à la nuit. *Es gibt keinen so langen Tag, der nicht zur Nacht käme.*

Il n' est si grand jour qui ne vienne au vespre, ny temps qui ne prenne fin. *Es ist kein so langer Tag, der nicht zur Vesper käme, noch eine Zeit, die nicht ein Ende nähme.*

A chacun jour son vespre. *Jedem Tag seine Vesper.*

nf. I n' y a nou si lon joû qui n' vinse à l' nute. (w.) *S. Il n'y a si u. s. w.*

sf. Cade jour a sa nuech. (uprv.) *Jeder Tag hat seine Nacht.*

Non vien di che non venga sera. *Kein Tag kommt, wo nicht der Abend käme.* it.

Non vi è si lungo giorno, che non lo segua la notte. *S. Il n'y a point u. s. w.*

Tótt i dé us fa sera. (rom.) *Alle Tage wird's Abend.* mi.

Ogni dì vien sera. (t.) *Jeden Tag kommt Abend.*

Ogni zorno vien sera. (v.) *S. Ogni u. s. w.* ni.

Não há dia sem tarde. *Es gibt keinen Tag ohne Abend.* pt.

---

424. Es kommt Alles an den Tag.

Es kommt Alles an den Tag, was man unterm Schnee verbirgt.

Es ist Nichts so fein gesponnen, Es kommt doch endlich an die Sonnen.

Ez ist ain alt gesprochen wort, recht tuon das sey ain grösser hort, wan es kumbt alles an den tag. (md.)

Nie wart sô klein gespunnen ez kæm etswenn ze sunnen. (ad.)

't Gët néischt esö réng gestícht, 't Kemt un md. d' Dâchlicht. (nrh. L.) *Es gibt nichts so rein angezettelt, es kommt an's Tageslicht.*

Es ist Nichts so fein gesponnen, es kommt od. doch noch an die Sonne. (bair.)

Es ist kein Faden so rein gesponnen, Er kommt doch endlich an die Sonnen. (schwei.)

So rein ist nüd g'spunna, Das nid chund a d' Sunne. (schwei.) *So rein ist Nichts gesponnen, Das nicht kommt an die Sonne.*

Et kid Ales un Dâch. (nrh. S.) pd.

Et kid Ales un de San. (nrh. S.) *Es kommt Alles an die Sonn'.*

Ed äsz näszt esi schin gespanen, Et kid emôl un 't Lächt der Sanen. (nrh. S.) *Es ist Nichts so schön gesponnen, Es kommt ein Mal an's Licht der Sonne.*

Et kümmet Olles an den Dang. (ns. W.)

Niets wordt zoo fijn gesponnen, of het komt dl. wel aan den dag (het licht). *Nichts wird so fein gesponnen, es kommt wohl an den Tag (das Licht).*

Het komt weêr boven, wat onder de sneeuw verborgen is. *Es kommt wieder herauf, was unter dem Schnee verborgen ist.*

Dat comt al uut, dat men onder den snee berecht. (adl.) *Es kommt Alles heraus, was man unter dem Schnee verbirgt.*

Het breekt al uit, wat onder den snee verborgen is. (nh.) *Alles kommt heraus, was unter dem Schnee verborgen ist.*

Men vindt gheen werck so heymelick ghesponnen, het en comt wel wt metter sonne. (avl.) *Man findet kein Werk so heimlich gesponnen, es kommt mit der Sonne wohl heraus.*

en. Ever out cometh evel sponne web. (aen.) *Immer heraus **kommt übel** gesponnen Gewebe.*

---

dä. **Hvad der skjules i** Snee kommer op i Tø. *Was **da** verborgen wird im Schnee, kommt bei **Thauwetter heraus.***

Hvad man skiuler i Snee, det bares i **Tø.** ***Was** man im Schnee verbirgt, das **wird offenbar bei** Thauwetter.*

Det er intet saa skiult i Snee, det kommer jo op i Tø. *Es ist nichts so versteckt im Schnee, es kommt doch heraus bei Thauwetter.*

Thet kommer gerne opp i Thoo, som **man** **fæler** i **Snoø.** (adä.) *Das kommt gern **bei** Thauwetter heraus, was man im Schnee verbirgt.*

is. Hvað nóttin byrgir, auglýsir optirkomandi dagr. *Was die Nacht verbirgt, offenbart der nachkommende Tag.*

sw. Det som gömmes i snö, kommer upp i tö. *Das was **im** Schnee verborgen wird, kommt heraus bei Thauwetter.*

Tijd öpnar alt. *Zeit offenbart Alles.*

Det man gjömmer i snö, kommer igen i tö. *Was man im Schnee verbirgt, kommt wieder im Thauwetter.*

Thz kombir ok **op vndher snio fiælas.** (asw.) ***Das kommt auch heraus, was unter dem Schnee verborgen wird.***

---

lt. Tempus omnia **revelat.**

Sub nive quod tegitur, dum nix perit, innotescitur. (mlt.)

Rem, qvam (quam) nix celat, pulsa nive (niue) terra revelat (reuelat. **(mlt.)**

cw. **Nuot** ei schi zupau, **che vegn buec palesau.** (obl.) *Nichts ist **so verborgen, dass es nicht offenbar** werde.*

Nagin Filven schi fin filau C'el vegnig buc a Lgisch manau. (obl.) *Kein Faden **so fein gesponnen, dass** er nicht an's Licht gebracht werde.*

fz. Ce qui se fait de nuit paraît au grand jour. *Was bei Nacht gethan wird, erscheint **am** Tage.*

Il n'y a chose tant soit celée Que le temps ne rende avérée. *Es gibt keine so verborgene Sache, dass die Zeit sie nicht **offenbar** machte.*

L'en ne peut rien faire soubz terre **qui ne soit sçeu** dessus. **(afz.)** ***Man kann unter der** Erde Nichts thun, was auf ihr nicht bekannt würde.*

On n'tape mâie ine pire ès l'aiwe, qu'elle ni r'vinse à joû. (w.) *Man wirft keinen Stein in's Wasser, der nicht wieder an den Tag käme.* **nf.**

Quel che si fa di notte, appar di giorno. *S.* **it.** *Ce qui u. s. w.*

Quel che si fa allo scuro, appare al sole. *Was man im Finstern thut, erscheint in der Sonne.*

Non fa mai liscia di notte, che non asciugasse **di giorno.** ***Nie** wurde des Nachts Wäsche **gewaschen, die** nicht am Tage getrocknet **worden wäre.***

Non fu mai **cosa sotto terra, che non venisse** sopra. *Es gab nie **etwas unter der Erde,** was nicht heraufgekommen **wäre.***

La neve **si strugge, e l'immondezze si** scoprono. ***Der Schnee schmilzt und die** Unreinigkeiten werden sichtbar.*

Quel che si fa **all' oscuro, apparisce al sole. (t.)** **mi.** *S. Quel che **si fa all' u. s. w.***

Non **fu fatta mai tanto liscia di** notte, che non si **risapesse di giorno. (t.)** *Niemals wurde Nachts **so viel Wäsche gewaschen,** dass man es am **Tage nicht erfahren hätte.***

Non si fa cosa sotto terra, che non si sappia **sopra terra. (t.)** ***Man thut Nichts** unter der Erde, **was man auf der Erde nicht** wüsste.*

La neve si strugge, **e lo stronzolo** si scopre. (t.) ***Der** Schnee schmilzt **und der** Koth wird sichtbar.*

A la spiaggia **de la neve párine le strönzere.** **si.** (ap. B.) ***Beim Weggehen des Schnee's erscheinen** die **Kothhaufen.***

Alla squajare **de la nie parenu li strunzi.** (ap. **L.**) ***S. A la u. s. w.***

Non **c' è 'nganno che non se** scopra, **ne tra**-dimiento **che** non venga **a** la luce. (npl.) *Es gibt **keinen** Betrug, der nicht entdeckt würde, **noch** Verrath, der nicht an's Licht **käme.***

Annuccia, annuccia, chi tuttu pari. (s.) *Verbirg, **verbirg,** Alles kommt heraus.*

Lu celu e la terra l' ha juratu, Non si fa cosa ca un s' ha saputu. (s. C.) *Der Himmel **und die** Erde haben's geschworen, es geschieht Nichts, was man **nicht** wüsste.*

Cum su tempus s' iscobiat ogni cosa. (sa.) *Mit der Zeit wird Alles entdeckt.*

Niente si faghet qui non benit a s' ischire. (sa. L.) *Nichts geschieht, was man nicht erführe.*

Non si cuat peccadu qui su tempus non revelat. (sa. l.) *Kein Vergehen verbirgt sich, dass die Zeit es nicht offenbarte.*

lm. No hià cosa encoberta, que prompte ò tart no sia descoberta. (val.) *Es gibt kein verborgen Ding, das früh oder spät nicht entdeckt würde.*

pt. Não ha secreto, que tarde ou cedo não seja descuberto. *Es gibt kein Geheimniss, das nicht spät oder früh entdeckt würde.*

sp. No hay secreto que tarde ó temprano no sea descubierto. *S. Não ha u. s. w.*

Lo que de noche se hace de dia paresce. *S. Ce qui u. s. w.*

---

425. Es wird **Tag**, wenn auch der Hahn nicht kräht.

dt. Hoewel men den haan niet hoorde kraaijen, zal het toch wel dag worden. *Wenn man auch den Hahn nicht krähen hörte, wird es doch wohl Tag werden.*

---

dä. Det bliver vel Dag, om end Hanen ei galer. *Es wird wohl Tag, wenn auch der Hahn nicht kräht.*

Dagen kommer vel, om end Hanen ikke galer. *Der Tag kommt wohl, wenn auch der Hahn nicht kräht.*

nw. Dat kjem Dag, um inkje Hanen gjæl.

Dat kjem Dag, um inkje Klokka slær. *Es kommt (der) Tag, auch wenn die Glocke nicht schlägt.*

sw. Dagen kommer väl, om också inte tuppen gal. *S. Dagen u. s. w.*

Dagen kommer fulle, fast Haanan intet gaal. *Der Tag kommt sicherlich, obschon der Hahn nicht kräht.*

---

fz. Coq chante ou non, viendra le jour. *Singe der Hahn oder nicht, der Tag wird kommen.*

Si jà ne chante le coq, si vient le jour. (afz.) *Wenn auch der Hahn nicht kräht, doch kommt der Tag.*

Quoy que fol tarde Jour ne tarde. (afz.) *Zögert auch der Narr, der Tag zögert nicht.*

sf. Ben que lou gau non cante pas, lou temps non perde pas un pas. (nprv.) *Wenn auch der Hahn nicht kräht, die Zeit verliert keinen Schritt.*

it. Con gallo e senza gallo, Dio fa giorno. *Mit Hahn und ohne Hahn macht Gott Tag.*

Anca senza che cante 'l gal, el Signur el fa **ni.**
ògn de. (l. b.) *Auch ohne dass der Hahn kräht, macht der Herr jeden Tag.*

O con gallo o senza gallo si fa sempre giorno. **si.**
(npl.) *Mit Hahn oder ohne Hahn wird immer Tag.*

Cu gaddu e senza gaddu Diu fa jornu. (s.) *S. Con gallo u. s. w.*

---

426. Der **tanzt** gern, der zwischen Dornen tanzt.

Hij heeft wel lust tot soppen, die zijn brood **dt.**
in de goot (de mosterd) doopt. *Der hat wohl Lust zu tunken, der sein Brot in die Gosse (den Senf) taucht.*

Hij heeft het schapenvleesch wel lief (Hij moet wel gaarne schapenvleesch eten), die zijn brood met de wol spreidt (in de poke dopt). *Der hat das Schaffleisch wohl gern (Der muss wohl gerne Schaf-Fleisch essen), der sein Brot mit der Wolle reibt (in die Pocke taucht).*

Hij is begaan op vleesch, die paddenvleesch koopt. *Der ist erpicht auf Fleisch, der Krötenfleisch kauft.*

Hij moet wat groens lusten, die om peterselie naar den Bosch gaat. *Den muss nach was Grünem gelüsten, der um Petersilie nach dem Busch geht.*

They love dancing well, that dance amid thorns. **en.**
Die lieben Tanzen sehr, die zwischen Dornen tanzen.

He loves mutton (sheep's flesh) well, that dips (wets) his bread in the wool. *Der isst gern Hammel- (Schaf-)Fleisch, der sein Brot in die Wolle taucht.*

He loves roast-meat well, that licks the spit. *Der isst gern Braten, der den Spiess ableckt.*

He loves bacon well that licks the swine-sty-door. *Der isst gern Speck, der die Thür zum Schweinstall leckt.*

He needs a bird that gives a groat for an owl. *Der braucht einen Vogel, der einen Groschen für eine Eule gibt.*

He lo'ed mutton weel that lick'd where the ewie lay. (scho.) *Der ass gern Hammelfleisch, welcher leckte, wo das Mutterschaf lag.*

De mäi häll Braahs, dirr'e Ponn släcket. (M.) **fs.**
Der mag gern Braten, der die Pfanne leckt.

---

sw. Den är förweten på färskt, som går åt skogen at äta sniglar. *Der ist versessen auf Frisches, der in den Wald geht, um Erdschnecken zu essen.*

---

427. Er zijn geene ergere dooven, dan die niet hooren willen. (dt.) *Es gibt keine ärgeren* **Tauben,** *als die nicht hören wollen.*

en. There's nane sae deaf as them that winna hear. (scho.) *Es gibt Niemand so taub, wie die, welche nicht hören wollen.*

---

dä. Ingen er mere døv, end den, som ikke vil høre. *Keiner ist tauber, als der, welcher nicht hören will.*

sw. Ingen är så döf som den ej vill höra. *Keiner ist so taub wie der, welcher nicht hören will.*

---

fz. Il n'y a pire sourd que celui qui ne veut pas entendre. *Es gibt keinen schlimmern Tauben, als den, welcher nicht hören will.*

Il n'est point de pire sourd Que celui qui feint le lourd. *Es gibt keinen schlimmern Tauben, als den, welcher den Schwerfälligen spielt.*

N'est si mal sourd comme cil qui ne veut ouir goutte. (afz.) *Es gibt keinen so schlimmen Tauben wie den, der gar Nichts hören will.*

af. Et nou y a de piré sourd, Quaquet que hé lou lourd. (Gsc.) *S. Il n'est point de pire u. s. w.*

Non l'y a tan marrit sourd, qu' aquueu que non vou pas auzir. (nprv.) *S. Il n'y a u. s. w.*

it. È un cattivo sordo quello che non vuole intendere. *Ein schlimmer Tauber ist der, welcher nicht hören will.*

mi. U più gattivu sordu è quellu ch' un bole sente. (crs. s.) *Der schlimmste Taube ist der, welcher nicht hören will.*

L' è un gran cativ sord quèll ch au vô capi. (rom.) *Das ist ein sehr schwer Tauber, der nicht verstehen will.*

È mal sordo chi non vuol sentire. (t.) *Schwer taub ist, wer nicht hören will.*

Egli è mal sordo quel che non vuole udire. (t.) *Der ist schwer taub, der nicht hören will.*

ni. L'è un brutt sòrd quèll ch'èu vòl sintir. (em. R.) *S. È un cattivo u. s. w.*

Nò gh' è pesg sord, de chi nò voeur intend. (l. m.) *S. Il n'y a u. s. w.*

Quel che no vër capì l' è 'l püssé sord. (l. m.) *Der, so nicht hören will, ist der schlimmste Taube.*

El più tristo sordo xe quel che non vol intender. (v.) *S. U più u. s. w.*

Nun c' è chiù surdu di cui nun voli sentiri. **si.** (s.) *Es gibt keinen Tauberen, als den, welcher nicht hören will.*

No hi ha pitjor sord que aquell que no vol **lm.** oir. (neat.) *S. Il n'y a u. s. w.*

No hià pitjor sort, quel qui no vol oir. (val.) *S. Il n' y a u. s. w.*

Não ha peor surdo, que o que não quer ouvir. **pt.** *S. Il n' y a u. s. w.*

No hay peor sordo que el que no quiere oir. **sp.** *S. Il n' y a u. s. w.*

---

428. Die gebratenen **Tauben** fliegen einem nicht in's Maul.

Gebratene Tauben (Hühner) kommen Keinem in den Mund geflogen.

Die gebraten Tuben fliegen eim nicht ins Mul. (ad.)

A gebrontana Daub flücht enn niiet ins Maul. **md.** (frk. H. S.) *Eine gebratene Taube fliegt einem nicht in's Maul.*

Warde' bis das d' gebroden Dauwen èngem an de Mout gefine' kommen. (nrh. L.) *Warten, bis die gebratenen Tauben einem in den Maul geflogen kommen.*

Er wartet, bis ihm die gebratenen Vögel in's **od.** Maul fliegen. (bair.)

Es fliegen einem keine gebratenen Tauben ins Maul. (schwei.)

Hest gmeint, du chönnest gad säga: Täller, so heiest e Worst. (schwei. A.) *Hast gemeint, du könntest nur sagen: Teller, so habest du eine Wurst.*

Di proddnan Taubm fliagn Niam in's Maul. (st.) *Die gebratenen Tauben fliegen Niemandem in's Maul.*

Gebrone Duvve kommen enge net egen Mull **pd.** gefloogo. (nrh. A.) *Gebratene Tauben kommen einem nicht in's Maul geflogen.*

De gebrôdän Douwe (Fânkich) (Kletite) flîje néd ä̈n der Laft erüm. (nrh. S.) *Die gebratenen Tauben (Pfannkuchen) (Kolatschen) fliegen nicht in der Luft herum.*

Et falen nichen Krape fum Hémel eruof. (nrh. S.) *Es fallen keine Krapfen vom Himmel herab.*

dt. De gebraden duiven (ganzen) (snippen) (patrijzen) (leeuwerikken) komen u niet in den mond vliegen. *Die gebratenen Tauben (Gänse) (Schnepfen) (Rebhühner) (Lerchen) kommen euch nicht in den Mund geflogen.*

Gebraaden hazen loopen den slaper niet in den mond. *Gebratene Hasen laufen dem Schläfer nicht in den Mund.*

Gebraden duiven vliegen niet in de lucht. (vl.) *Gebratene Tauben fliegen nicht in der Luft.*

Gebraden patrysen komen niemand in den mond vliegen. (vl.) *Gebratene Rebhühner kommen Niemand in den Mund fliegen.*

en. You may gape long enough, e're a bird fall in your mouth. *Ihr mögt lange genug den Mund aufsperren, eh' euch ein Vogel hineinfällt.*

Ye may gape lang enough ere a bird flee in your mou'. (scho.) *Ihr könnt lange genug den Mund aufsperren, ehe euch ein Vogel hineinfliegt.*

fs. A bräset Dääwen kem eg uun a Müüs fle-n. (A.) *Die gebratenen Tauben kommen nicht in den Mund geflogen.*

Brand'et Düffen flö ek sallew di Müd' iin. (S.) *Gebratene Tauben fliegen nicht selbst in den Mund.*

---

dä. Stegte Duer flyve Ingen i Munden. *Gebratene Tauben fliegen Keinem in den Mund.*

Man skal længe gabe, før der flyve En stegte Duer i Munden. *Man soll lange gaffen, ehe einem gebratene Tauben in den Mund fliegen.*

Forthi ær Arbeydhe got, at Gotz rægner eij i Mwndh. (adä.) *Dazu ist Arbeit gut, weil Gutes nicht in den Mund regnet.*

is. Engum flýgr sofandi steikt gæs í munni. *Keinem fliegt im Schlaf eine gebratene Gans in den Mund.*

Þú bíðr þess steikt hæna fljúgr í munn þér. *Du erwartest, dass das gebratene Huhn dir in den Mund fliege.*

nw. Dat kjem inkje steikte Fuglar fljngande i Munnen. *Es kommen nicht gebratene Vögel in den Mund geflogen.*

sw. Inga steckta Starar flyga euom i munnen. *Es fliegen Einem keine gebratene Staare in den Mund.*

Det flyga inga stekta sparfvar i halsen. *Es fliegen keine gebratene Sperlinge in den Mund.*

For thy ær ærwodhe got at godz rægnar cy j mwn. (asw.) *S. Forthi u. s. w.*

---

lt. Non tibi per ventos assa columba venit.

Fici cadunt in os comedentis.

Re labor est dulcis, qvia (quia) non pluit usus (vsus) hinleis (hyuleis). (mlt.)

ew. Utschals bersai sgolan nigliu en bocca. (obl.) *Gebratene Vögel fliegen Keinem in den Mund.*

Cun far nunt, sgolan bucc' utschals barsai en bucca. (obl.) *Mit Nichtsthun fliegen nicht gebratene Vögel in den Mund.*

fz. Il attend que les alouettes lui tombent toutes rôties dans le bec. *Er wartet, dass die Lerchen ihm gebraten in den Schnabel fallen.*

Les alouettes rôties ne se trouvent pas sur les haies. *Die gebratenen Lerchen werden nicht auf den Hecken gefunden.*

Les allouetes luy tomberont toutes rôties dans la bouche. *Die Lerchen werden ihm gebraten in den Mund fallen.*

nf. Ratinde qui les alouettes vis toumesse totès rosteies. (w.) *Warten, dass euch die Lerchen gebraten herunter fallen.*

it. Aspetta a bocca aperta le lasagne.*) *Er wartet mit offenem Munde auf die Nudeln.*

Non attendere i maccheroni in bocca. *Wartet nicht darauf, dass die Maccaroni in den Mund fallen.*

Egli aspetta che venga la manna dal cielo. *Er wartet, dass das Manna vom Himmel falle.*

mi. I fichi e i louzi un caseanu da u celu. (crs.) *Die Feigen und die Nudeln fallen nicht vom Himmel.*

Casca propio er cacio in su li maccaroni. (R.) *Der Käse fällt gerade auf die Maccaroni.*

Asptêr i macaron in bocca. (rom.) *Die Maccaroni im Mund erwarten.*

Aspettare a bocca aperta le lasagne. (t.) *Mit offenem Mund auf die Nudeln warten.*

Aspettare che le lasagne piovano altrui in bocca (goln). (t.) *Warten, dass die Nudeln Anderer in den Mund (Hals) regnen.*

ni. Cascar al furmai in t' i macaron. (em. B.) *Der Käse fällt auf die Maccaroni.*

Aspetè ch' le lasagne (ii macaron) av casco an boca. (piem.) *Warten, dass die Nudeln (Maccaroni) in den Mund fallen.*

si. Maccarone, santame 'n canna. (npl.) *Maccaroni, spring' mir in's Maul.*

Ispectare sa manna a bucca abberta. (sa.) *Die Manna mit offenem Munde erwarten.*

---

*) **Lasagne**, breite, flache Nudeln.

429. Den **Teufel** jagt man hinaus, der Satan kommt wieder herein.

Er schlägt einen Esel heraus und zehn hinein.

Schlegstu einen Teuffel heraus, so soltu jr zehen wider hinnein schlagen. (ad.)

od. Wenn man einen Teufel herausschlågt, so schlågt man zehen herein. (schwei.)

Me schloht ehnder zwe Düfle-n-yne, gäb eine-n-use. (schwei. S.) *Man schlägt eher zwei Teufel hinein, bevor einen heraus.*

pd. He hett siek bekährt van'n Düwel tom Satan. (ns. O.) *Er hat sich bekehrt vom Teufel zum Satan.*

Einen Teufel treibt man aus, zehn treibt man ein. (ns. Pr.)

---

dt. Slaat men er één duivel uit, men slaat er wel tien weder in. *Schlägt man einen Teufel heraus, man schlägt ihrer wohl zehn wieder hinein.*

---

nw. Dar ein slær ein Djevel ut, dar slær ein tri inn-atter. *Wo man einen Teufel hinausschlägt, da schlägt man dreie wieder hinein.*

---

it. S'el n'è al diàvol l'è so fioèul. (ni. em. P.) *Wenn's nicht der Teufel ist, so ist's sein Sohn.*

ni. Dal dièvel a sò fiól a gh' è pòca differèinza. (em. R.) *Zwischen dem Teufel und seinem Sohn ist wenig Unterschied.*

si. Mortu est su diaulu, et naschido est su fizo. (sa.) *Gestorben ist der Teufel und geboren ist sein Sohn.*

pt. Hum roim' se nos vai da porta, outro vem, que nos consola. *Wenn uns ein Böser aus der Thür geht, kommt ein anderer, der uns tröstet.*

sp. Un ruin ido, otro venido. *Ein Böser fort, (ein) anderer gekommen.*

---

430. Der **Teufel** ist alt.

---

fz. Si l' diale est pus malin, c'est qu'il est pus vi. (nf. w.) *Ist der Teufel pfiffiger, so ist's, weil er älter ist.*

it. U diaule ne sa, eppò ne sa, perch' è becchiu. (mi. crs.) *Der Teufel ist klug und zwar ist er klug, weil er alt ist.*

mi. Il diavolo è cattivo, perch' egli è vecchio. (t.) *Der Teufel ist schlimm, weil er alt ist.*

El diaol el ne sa tante, perchè l' è vèc. (l.) ni. *Der Teufel weiss so viel, weil er alt ist.*

El diavo a l'è cativ, perchè a l'è vej. (piem.) *S. Il diavolo u. s. w.*

El diavolo (ghe ne) sà assae perchè l' è vechio. (v.) *Der Teufel weiss sehr viel, weil er alt ist.*

Il demonio assai sa, perchè è vecchio. (npl.) sa. *S. El diavolo u. s. w.*

---

431. Der **Teufel** ist nicht so schwarz, als man ihn malt.

Der Deiwel as nét esõ schwärz, ewõ ên e molt. md. (mrh. L.)

De Düwel is so swart nich, as man em afmalt. pd. (ns. B.) *Der Teufel ist so schwarz nicht, wie man ihn abmalt.*

De Dûwel is san swart nich, as he 'måket werd. (ns. ha. G. u. G.) *Der Teufel ist nicht so schwarz, wie er gemacht wird.*

De duivel is zoo zwart niet, als hij wel geschilderd wordt. dt. *Der Teufel ist so schwarz nicht, wie er wohl gemalt wird.*

De koe is nooit zoo bont, als zij wel geschilderd wordt. *Die Kuh ist niemals so bunt, wie sie wohl gemalt wird.*

The lion 's not half so fierce as he is painted. en. *Der Löwe ist nicht halb so wild, wie er gemalt wird.*

The very deil is no sae ill as he 's ca'd. (scho.) *Der Teufel selbst ist nicht so schlimm, wie er genannt wird.*

The deil 's nae wour than he's ca'd. (scho.) *Der Teufel ist nicht schlimmer, als er genannt wird.*

Fanden er aldrig saa sort, som man maler ham. dä. *Der Teufel ist nie so schwarz, wie man ihn malt.*

Man siger Ulven storre, end han er. *Man schildert den Wolf grösser, als er ist.*

Eingin ger at mála fjandan svartari enn hann is. er. (fær.) *Keiner soll den Teufel schwärzer malen, als er ist.*

Le diable n'est pas si noir qu'on le fait. fz. *Der Teufel ist nicht so schwarz, wie man ihn macht.*

On crie toujours le loup plus grand qu'il n'est. *Man schreit den Wolf immer grösser aus, als er ist.*

Li leus n'est mie si grant cum l'um l'escrie.
(afz.) *Der Wolf ist niemals so gross, wie
man ihn ausschreit.*

it. Il diavolo non è così brutto come lo dipingono.
*Der Teufel ist nicht so hässlich, wie sie
ihn malen.*

Chi il diavolo ha veduto davvero, Con meno
corna il vide e meno nero. *Wer den Teufel
wirklich gesehen hat, der hat ihn weniger
schwarz und mit geringeren Hörnern gesehen.*

mi. E gèvul un è acsé brótt cum us dpenz. (rom.)
*Der Teufel ist nicht so hässlich, wie man
ihn malt.*

Il diavolo non è brutto quanto (com' e') si di-
pinge. (t.) *S. E gèvul u. s. w.*

Non bisogna fare (farsi) il diavolo più nero
che non è. (t.) *Man muss (sich) den Teufel
nicht schwärzer machen, als er ist.*

ni. Al diavel n' è quasi brütt emod al se dpenz.
(em. B.) *S. E gèvul u. s. w.*

An è pò tant brütt al diavl quant al s' dpinz
vê. (em. B.) *S. E gèvul u. s. w.*

El diàvol n' è mai brütt cusè j' al fàn. (em. P.)
*Der Teufel ist nie (so) hässlich, wie sie ihn
machen.*

Al dièvel a n' è brutt, cómm' èl dipinzen.
(em. R.) *S. Il diavolo non è così u. s. w.*

Il diaul nol è mai come che lu fàsin. (frl.) *Der
Teufel ist nie, wie sie ihn machen.*

El diaol no l'è csé bröt come i la fa. (l.) *Der
Teufel ist nicht so hässlich, wie sie ihn
machen.*

El diavol nò l'è mai brüt come 'l picciüren.
(l. m.) *Der Teufel ist nie so hässlich, wie
sie ihn malen.*

O diao o n' è tanto brütto, comme o fan. (lig.)
S. El diaol u. s. w.

El diavo a l'è nen tant brut com a lo fan.
(piem.) *S. El diaol u. s. w.*

La desgrassia a sarà nen tan grossa com a
smia. (piem.) *Das Unglück wird nicht so
gross sein, wie es scheint.*

Il diavolo no xe cussì bruto come che i lo fa.
(v.) *S. El diaol u. s. w.*

El diavolo no 'l xe po tanto bruto come che
i lo fa. (v. trst.) *S. El diaol u. s. w.*

si. Lu diavulu nun è tantu bruttu, quantu si
pinci. (s.) *S. E gèvul u. s. w.*

Su dimoniu non est gasi nieddu comente lu
pintant. (sa.) *S. Il diavolo non è così u. s. w.*

Su peccadu de s' iscandalu est plus mannu de
su qui si faghet. (sa.) *Die Sünde des Ge-
rüchts ist grösser, als die, welche begangen
wird.*

Não he o diabo tão feio como o pintão. *S. Il* pt.
diavolo non è così u. s. w.

No es tan bravo el leon, como lo pintan. (asp.) sp.
Der Löwe ist nicht so wild, wie sie ihn malen.

---

432. Der **Teufel** stelle sich wie er will,
immer ragen ihm die Füsse hervor.

Der Teufel stelle sich wie er wolle, es ragt
ihm der Pferdehuf hervor.

Der Teuffel stelle sich, wie er wölle, so regen
jm doch die füsse herfür. (ad.)

Der Teufel mag sich stellen wie er will, so kann od.
er doch die Füsse nicht verbergen. (schwei.)

Fanden man anstille sig, som han vil — man dä.
kjender ham dog paa Fødderne. *Der Teufel
mag sich stellen, wie er will — man kennt
ihn doch an den Füssen.*

Fanden stille sig an, som han vil, saa robe dog
Kloerne ham. *Der Teufel stelle sich, wie
er will, so verrathen ihn doch die Krallen.*

Le diable ne saurait renier sa nature. *Der* fz.
Teufel kann seine Natur nicht verläugnen.

On diale, tot diale qu'il est, n'sâreut caché ses nf.
coirnes. (w.) *So sehr Teufel der Teufel auch
sei, seine Hörner kann er nicht verbergen.*

---

433. 's Tüfels Mähl wird zu Chrüsch.
(od. schwei.) *Des* Teufels *Mehl wird zu
Grüsch.*

Het meel van den duivel gaat heel in gruis dl.
weg. *Das Mehl des Teufels geht ganz als
Grüsch weg.*

The devils meal is half bran. *Des Teufels* eu.
Mehl ist halb Kleie.

La farina del Diavel va in brenn. (ld. U.-E.) ew.
Das Mehl des Teufels wird zu Kleie.

Rauba dilg Giavel va en Criscas. (obl.) *Gut
des Teufels wird zu Grüsch.*

La farine du diable n'est que bran. *Das Mehl* fz.
des Teufels ist lauter Kleie.

La monnaye du diable est des feuilles de chêne.
Die Münze des Teufels sind Eichenblätter.

La farena de gèvul la va tötta in remul. (mi. it.
rom.) *S. Het meel u. s. w.*

La farina del diavolo va tutta in crusca. (n.) mi.
S. Het meel u. s. w.

ni. La fareina dèl diavel va tútta in rémel (ramel). (em. B.) *S. Het meel u. s. w.*

La faréu'na dal diàvol va tutta in romol. (em. P.) *S. Het meel u. s. w.*

La faréna dal dièvel la va tuttà in rèmel. (em. R.) *S. Het meel u. s. w.*

La farine dal diaul e' va in semule. (frl.)

La farina del Diavol la va in crusca. (l. m.)

A farenn-a do diao a va tùtta in brenno. (lig.) *S. Het meel u. s. w.*

La farina del diavo a va tuta au bren. (piem.) *S. Het meel u. s. w.*

La farina del diavolo va tuta in crusca. (v.) *S. Het meel u. s. w.*

La farina del diavolo va tuta in semola. (v. trst.) *S. Het meel u. s. w.*

si. Farina di diavulu va tutta in crusca. (s.) *Teufelsmehl wird ganz zu Grüsch.*

---

434. Je mehr der **Teufel** hat, je mehr will er haben.

md. Wât der Deiwel mĕ huot, wât e mĕ welt han. (mrh. L.)

pd. Wie der Dûvel mich hat, wie he mich welt han. (nrh. A.)

Jĕ mĕr de Dûwel het, jé mĕr wil he hem. (ns. ha. G. u. G.)

Jĕ mĕr men den Dûwel bilt, jĕ mĕr wil he hem. (ns. ha. G. u. G.) *Je mehr man dem Teufel bietet, je mehr will er haben.*

Je mehr dat de Düwel hett, je mehr will he hebben. (ns. ofs.)

Je meer de Duiwel hiät, je meer well 'e häwwen. (wstf. A.)

Jo mär de Düwel hätt, jo mär as hai begiärt. (wstf. Mrk.) *Je mehr der Teufel hat, je mehr er begehrt.*

---

dt. Hoe meer men den duivel biedt, hoe meer hij hebben wil. *S. Jĕ mĕr men u. s. w.*

---

fz. Plus a le diable, plus vent avoir. (afz.)

nf. P'us a l'diale, pus' vout-i avou. (w.)

sf. Doummâi lou diâblĕ a, doummâi voudrié avĕ. (Lgd.) *Je mehr der Teufel hat, je mehr möchte er haben.*

Au mai lou Diable a, au mai vourié aver. (uprv.) *S. Doummâi u. s. w.*

lm. La mar com mès tè, mès brama. (neat.) *Je mehr das Meer hat, je mehr wünscht es.*

---

435. Man muss dem **Teufel** ein Kerzchen aufstecken.

Man muss dem Teufel zwei Lichter anbrennen.

Dem Teufel muss man zwei Kerzen aufstecken, dass er uns ungeschoren lasse.

Wer den Teufel zum Freunde haben will, der zündet ihm eine Fackel an.

Dem Teufel muss man bisweilen auch einen Maien stecken.

Wenns net annerscht gieht, muss mer zum Teifel md.
ah Vetter sahn. (Hrz.) *Wenn's nicht anders geht, muss man zum Teufel auch Vetter sagen.*

Ma' muas o' Diamål 'n Teufal à' a' Kèrzl' auf- od.
stécka'. (bair. O.-L.) *Man muss bisweilen dem Teufel auch ein Kerzchen aufstecken.*

Me moss de Gekke Ûhm hesche. (nrh. A.) *Man* pd.
muss den Narren Oheim nennen.

Man muss dem lieben Gott ein, dem Teufel zwei Lichter anstecken. (ns. Pr.)

Den duivel eene kaars ontsteken. *Dem Teufel* dt.
eine Kerze anstecken.

Dat is eene kaars voor den duivel. *Das ist eine Kerze für den Teufel.*

Men moet den Duyvel altemit een keerse op steecken. (ah.) *Man muss dem Teufel dann und wann eine Kerze aufstecken.*

It's sometimes good to hold a candle to the en.
devil. *Es ist bisweilen gut, dem Teufel ein Licht zu halten.*

Heiðraðu skálkinn, svo hann skaði þig ekki. is.
Ehre den Schalk, so schadet er dir nicht.

Corvi lusciniis honoratiores. lt.

Il faut savoir mettre une chandelle devant le fz.
diable. *Man muss ein Licht vor den Teufel zu stellen wissen.*

Brûler une chandelle au diable. *Dem Teufel ein Licht anbrennen.*

I fât quéqu' feies mette ine chandelle â diale. nf.
(w.) *Man muss dem Teufel bisweilen ein Licht aufstecken.*

Accendi le candele ai santi e al diavolo. (mi. t.) it.
Zünde die Lichter für die Heiligen und den Teufel an.

Impessa na candela ai sanc e n' altra al diaol. ni.
(l. b.) *Zünde eine Kerze für die Heiligen und eine andere für den Teufel an.*

Fe limosna al diavo per tenilo lontan. (piem.) *Dem Teufel Almosen geben, um ihn fern zu halten.*

---

436. Wenn der **Teufel** alt wird, will er ein Mönch werden.

od. Wenn der **Düfel** *(Teufel)* alt isch *(ist)*, so will er Waldbrueder werde. (schwei. S.)

pd. Wenn den **Dûwel** alt würd, well he Pap werden. (nrh. M.) *Wenn der Teufel alt wird, will er Pfaffe werden.*

---

dl. Als de duivel oud is, wil hij monnik worden.

Als de duivel ziek is, wil hij heremiet worden. *Wenn der Teufel krank ist, will er Einsiedler werden.*

en. The devil was sick, the devil a monk would be; The devil was well, the devil a monk was he! *Der Teufel war krank, der Teufel wollt' ein Mönch sein; Der Teufel war wohl, den Teufel wollt' er ein Mönch sein!*

The deil was sick, the deil a monk wad be; The deil grew hale, syne deil a monk was he. (scho.) *S. The devil u. s. w.*

---

dä. Naar Fanden bliver gammel (syg), saa vil han være Munk. *Wenn der Teufel alt (krank) wird, so will er Mönch sein.*

sw. När hin håle blir gammal, så gör han sig till munk. *Wenn der Böse alt wird, so macht er sich zum Mönch.*

När den onde sjuknar, vill han bli munk. *Wenn der Böse krank wird, will er Mönch werden.*

---

fz. Quand le diable devient vieux, il se fait ermite. *Wenn der Teufel alt wird, macht er sich zum Einsiedler.*

Quand le diable fut vieux, il se fit ermite. *Als der Teufel alt war, machte er sich zum Einsiedler.*

Le renard est devenu hermite. *Der Fuchs ist Einsiedler geworden.*

A la fin sera le renard moyne. *Zuletzt wird der Fuchs Mönch sein.*

Regnard est devenu moyne. (afz.) *(Der) Fuchs ist Mönch geworden.*

nf. Quand l' djiabe y vient vieux, y s'fret hermite. (pic.) *S. Quand le diable devient u. s. w.*

C'est li diale qui s'fait ermite. (w.) *'s Ist der Teufel, der Einsiedler wird.*

Quand l'diabe diviet vieux, i s'fait ermite. (w. M.) *S. Quand le diable devient u. s. w.*

sf. Qan lou diàblë poughé pus fa dë mâou, së faghet armito. (Lgd.) *Wenn der Teufel nichts Böses mehr thun kann, macht er sich zum Einsiedler.*

Quand lou Diable pounguet plus faire de mau, se fet Harmito. (nprv.) *S. Qan u. s. w.*

it. Il diavolo quand' è vecchio, si fa romito. *Wenn der Teufel alt ist, macht er sich zum Einsiedler.*

mi. Il diavolo quand' è vecchio, si fa cappuccino. (t.) *Wenn der Teufel alt ist, wird er Kapuciner.*

Il lupo d'esser frate ha voglia ardente Mentre è infermo; ma sano se ne pente. (t.) *Der Wolf hat brennende Lust, Mönch zu sein, während er krank ist; aber gesund, reut's ihn.*

si. Quannu lu diavulu fa vecchiu, si fici rimitu. (sic.) *S. Quand le diable fut u. s. w.*

lm. Lo diable cuand es vell, se fa hermitá. (cat.) *S. Il diavolo quand' è vecchio, si fa romito.*

sp. El lobo harto de carne, se mete frayle. *Der Wolf, der satt von Fleisch ist, wird Mönch.*

---

437. Wenn der **Teufel** das Pferd holt, holt er auch den Zaum dazu.

Hat der Tiufel den Hund geholt, so hol er auch den Strick. (ad.)

md. Esz es ega-il, is der Gaul fott, so koo der Za-im auch fortge-in. (frk. H.) *Es ist gleich; ist der Gaul fort, kann der Zaum auch fortgehen.*

Hot der Deufəl di Kuu gəhuəlt, sə sollər in Schwâñz aa huuel. (frk. H. S.) *Hat der Teufel die Kuh geholt, so soll er den Schwanz auch holen.*

Hât d'r Teif'l 'n Gaul g'hollt, söll er â 'n Zâm holl'n. (frk. M.) *Hat der Teufel den Gaul geholt, soll er auch den Zaum holen.*

Het de Dûwel et Perd ehaalt, sau kanne aak du Tögel laugen. (Hrz.) *Hat der Teufel das Pferd geholt, so kann er auch den Zügel holen.*

Hat der Schinder das Pferd, so mag er auch den Zaum nehmen. (mrh. E.)

Wan der Deiwel d' Pèrt hôot, da' kann en och de Snodel huolen. (mrh. L.) *Wenn der Teufel das Pferd hat, kann er auch den Sattel holen.*

od. Wenn der Hund hin ist, soll auch der Schwanz hin sein. (schwb.)

Ist die Kuh hin, soll's Kälble *(Kälbchen)* auch hin sein. (schwb.)

Hat der Teufel den Sattel, so hol er auch den Zaum. (schwei.)

Hed de Tüfel de Vogel, so nähm er au s'Cheñ. (schwei.) *Hat der Teufel den Vogel, so nehm' er auch den Käfich.*

Häd d' Chue der Chübel umgheit, so ghei si d' Gelte-n au no um. (schwei.) *Hat die Kuh den Kübel umgestossen, so stosse sie die Gelte auch noch um.*

Wenn de *(der)* Schlegel ab ist, wil i de Stiil grad au nohi würfa *(will ich den Stiel nur auch nachwerfen).* (schwei.)

pd. Höllt d'r Deuwel d'r Zom, kann ä och dat Päd hoole. (nrh. D.) *Holt der Teufel den Zaum, kann er auch das Pferd holen.*

Halt de Düwel dat Perd, so hole he den Tom darto. (ns. B.) *Holt der Teufel das Pferd, so hole er den Zaum dazu.*

Langet de Düwel den Pastôr, san mag he den Schaulemester âk langen. (ns. ha. G. u. G.) *Holt der Teufel den Pastor, so mag er den Schulmeister auch holen.*

Haalt de Důvel dat Peerd, so haalt he den Toom dato. (ns. hlst.) *Holt der Teufel das Pferd, so holt er den Zaum dazu.*

Hahlet de Düwel dat Peerd, so hahl't hee ook den Toom. (ns. Hmb.) *Holt der Teufel das Pferd, so holt er auch den Zaum.*

Wenn de Düwel de Trumpett kricht, denn mag he ok dat Mundstück halen. (ns. O.) *Wenn der Teufel die Trompete kriegt, so mag er auch das Mundstück holen.*

Halt de Düwel dat Pärd, halt he 'n Tom darto. (ns. ofs.) *S. Haalt u. s. w.*

Hett de Důwel dat Pêrd hålt, håle he den Tôm dartô. (ns. O. J.) *Hat der Teufel das Pferd geholt, hole er den Zaum dazu.*

Hat der Teufel den Pfaff geholt, lass er auch den Küster holen. (ns. Pr.)

Hat der Teufel die Axt geholt, so hol' er auch den Stiel (Helm). (ns. Pr.)

---

dt. Daar de bijl gebleven is, wat is eraan gelegen, of men ook den steel kwijt raakt? *Was ist daran gelegen, dass man auch den Stiel verliert, wo das Beil geblieben ist?*

---

dä. Har Fanden ædt Hesten, da lad ham æde Bidselet med. *Hat der Teufel das Pferd gefressen, so lass ihn den Zaum mit fressen.*

nw. Dan som misser Hudi, kann giva Halen attpaa. *Wer die Haut verliert, kann den Schwanz dazu geben.*

---

il. Vada la ca, e'l tègg. (ui. em. R.) *Geh' das Haus und das Dach.*

---

438. Wenn man den **Teufel** in die Kirche lässt, so will er gar auf den Altar.

Lässt man den Teufel in die Kirche, so will er auf den Altar.

od. Wenn man den Teufel in die Kirche lässt, so will er gleich auf den Altar. (schwei.)

pd. Wann de Düwel in de Kiärke küemt, well he sek glik oppen Priäkstaul. (wstf. Mrk.) *Wenn der Teufel in die Kirche kommt, will er gleich auf die Kanzel.*

---

dl. Komt de duivel in de kerk, dan wil hij op het hoogaltaar zitten. *Kommt der Teufel in die Kirche, so will er auf dem Hochaltar sitzen.*

Komt de duivel in de kerk, dan wil hy op den hoogen altaer zitten. (vl.) *S. Komt u. s. w.*

en. Let the devil get into the church, and he will mount the altar. *Lasst den Teufel in die Kirche, und er will den Altar besteigen.*

---

dä. Slipper Fanden i Kirken, saa vil han strax paa Alteret. *Schlüpft der Teufel in die Kirche, so will er gleich auf den Altar.*

sw. Slipper dhen onde i Kyrkian, så wil han strax på Altaret. *Schlüpft der Böse in die Kirche, so will er gleich auf den Altar.*

---

439. Wer den **Teufel** im Schiff hat, der muss ihn fahren.

od. Es ist leicht den Teufel ins Haus laden, aber seiner abkommen ist schwer. (schwei.)

Wer de Tüfel iglade het, muess em Werch gee. (schwei.) *Wer den Teufel eingeladen hat, muss ihm Arbeit geben.*

pd. Wär den Düwel lädt, dei maut âk tauseien, wô he Râd schaffet. (ns. ha. G. u. G.) *Wer den Teufel einladet, der muss auch zusehen, wo er Rath schafft.*

Bai met dem Düwel fôrt, maut 'et Postgelt fôr 'ne betalen. (wstf. Mrk.) *Wer mit dem Teufel fährt, muss das Postgeld für ihn bezahlen.*

---

en. He that takes the devil into the boat must carry him over the sound. *Wer den Teufel in's Boot nimmt, muss ihn über den Sund fahren.*

He that hath shipped the devil, must make the best of him. *Wer den Teufel eingeschifft hat, muss mit ihm auskommen.*

---

dä. Hvo der skiber Fanden, faaer at føre ham (man endeligen føre ham frem). *Wer den*

Teufel einschifft, muss ihn führen (muss ihn durchaus wegführen).

nw. Dan som tæk Trollet paa Nakken, fær bera dat fram. *Wer den Troll auf den Nacken nahm, muss ihn forttragen.*

sw. Den som tar björnen i båten, må föra han öfver sundet. *Wer den Bären in's Boot nimmt, muss ihn über den Sund bringen.*

Den som tagit hin i båten, får ock föra honom i land (til lands). *Wer den Bösen in's Boot genommen, muss ihn auch an's Land bringen.*

När man tagit hin i båten, måste man föra honom i land. *Wenn man den Bösen in's Boot genommen, muss man ihn an's Land bringen.*

---

fz. Qui diable achète, diable vend. *Wer (einen) Teufel kauft, verkauft (einen) Teufel.*

sf. Qui diables croumpe, diables que den bene. (Brn.) *Wer Teufel kauft, muss Teufel verkaufen.*

it. Chi ha imbarcato il diavolo, bisogna che lo meni. *Wer den Teufel eingeschifft hat, muss ihn fahren.*

mi. Chi è imbarcato col diavolo, ha a passare in sua compagnia. (t.) *Wer sich mit dem Teufel eingeschifft hat, muss in seiner Gesellschaft überfahren.*

pt. Quem demos compra, demos vende. *Wer Teufel kauft, verkauft Teufel.*

---

440. Wer mit dem **Teufel** essen will, muss einen langen Löffel haben.

Wer wilde Katzen fangen will, muss eiserne Handschuhe haben.

---

dt. Hij moet wel een' langen lepel hebben, die met den droes pap zal kunnen eten. *Der muss wohl einen langen Löffel haben, der mit dem Teufel soll Brei essen können.*

en. He has need of a long spoon that eats with the devil. *Der bedarf eines langen Löffels, der mit dem Teufel isst.*

He must have iron nails that scratches a bear. *Der muss eiserne Nägel haben, der einen Bären kratzt.*

He needs a long-shanket spoon that sups kail wi' the deil. (scho.) *Der bedarf eines langstieligen Löffels, der Kohlsuppe mit dem Teufel isst.*

He suld hae a langshankit spune that wad sup kail wi' the deil. (scho.) *Der müsste einen langstieligen Löffel haben, der Kohlsuppe mit dem Teufel essen wollte.*

---

dä. Den skal have en lang Skee, der vil sobe af Fad med Fanden. *Der muss einen langen Löffel haben, der mit dem Teufel aus der Schüssel suppen will.*

Han skal have Fingre af Jern, som Fanden vil flaae. *Der muss Finger von Eisen haben, der den Teufel schinden will.*

sw. Den som vill rifvas med vargar, bör hafva björnklor. *Wer sich mit Wölfen raufen will, muss Bärenklauen haben.*

---

it. Chi a l' a da fe con il gram, ch' a pia soe mesure. (ni. piem.) *Wer mit den Bösen zu thun hat, nehme seine Massregeln.*

sp. Quien el diablo há de engañar de mañana há de madrugar. *Wer den Teufel betrügen will, muss früh aufstehen.*

---

441. Wo der **Teufel** nicht hin mag, schickt er seinen Boten.

Wo der Teufel nicht hin mag kommen, da schickt er seinen Boten (ein alt Weib) hin.

Wo der Teufel nicht hin mag, da schickt er ein alt Weib.

Wo der Teufel Nichts ausrichten kann, dahin schickt er ein altes Weib.

Was der Teufel nicht mag errichten, Das muss ein altes Weib verrichten.

Dâ der tiufel niht hin mac, dâ sent er sinen boten hin. (ad.)

Der tewffel seinen boten sendet, dâ er nit mag kummen. (ad.)

md. Wu dr Teif'l nit sälber nou' kou", schickt är än ålti Frå. (frk. M.) *Wo der Teufel nicht selbst hinan kann, schickt er ein altes Weib.*

Wât der Deiwel nêt wês, wês èng al Fra. (mrh. L.) *Was der Teufel nicht weiss, weiss eine alte Frau.*

od. Wo der Teufel nit hin mag, schickt er ein alt Weib hin. (bair. L.)

Wo der Teufel nicht hin will, schickt er seine Boten. (schwei.)

Won da Taifl nicks ausricht, schickt ar an olds Waib. (st.) *Wo der Teufel Nichts ausrichtet, schickt er ein altes Weib.*

pd. Wo der Dûvel net komme kan, do scheckt he singe Gesandte. (nrh. A.) *Wo der Teufel nicht kommen kann, da schickt er seine Gesandten.*

Wo d'r Dühfel net komme kan, doh scheck hä 'n aalt Wyf. (nrh. D.) *Wo der Teufel nicht kommen kann, da schickt er ein altes Weib.*

Wo de Dûvel nig sûlvst kumt, schikt he en oold Wief. (ns. hlst.) *Wo der Teufel nicht selbst kommt, schickt er ein altes Weib.*

Wat de Düwel nich weet, dat weet'n old Wif. (ns. O.) *S. Wât u. s. w.*

Wohin der Teufel nicht selbst kommt, da schickt er ein altes Weib (den Pfaffen). (ns. Pr.)

Boo de Düüwel nit selwer binne kann, do schicket hei sienen Afgesandten hin. (ns. W.) *Wo der Teufel nicht selbst hin kann, da schickt er seinen Abgesandten hin.*

Wo de Duiwel ni kumen kaun, schikket 'n alt Weiw. (wstf. Dr.) *S. Wo d'r u. s. w.*

Bå de Düwel nitt selwer kuemen kann, då schicket he en ålt Wif. (wstf. Mrk.) *Wo der Teufel nicht selbst kommen kann, da schickt er ein altes Weib.*

---

dt. Daar de duivel niet zelf durft komen, zendt hij een oud wijf of een' monnik. *Wo der Teufel nicht selbst darf kommen, sendet er ein altes Weib oder einen Mönch.*

Daer de duuel niet commen en can, sendt hy synen bode. (avl.) *Wo der Teufel nicht kommen kann, sendet er seinen Boten.*

---

dä. Hvor Fanden ikke kan komme selv, der sender han sine Bud (en gammel Kjærling). *Wo der Teufel nicht selbst kommen kann, da sendet er seinen Boten (ein altes Weib).*

Hvor Fanden ikke selv er, der haver han sin visse Bud. *Wo der Teufel nicht selbst ist, da hat er seinen sichern Boten.*

Hvor Fanden ikke selv tør komme, did sender han sit visse Bud. *Wo der Teufel nicht selbst kommen darf, da sendet er seinen sichern Boten hin.*

Hwar Diæffuelen kan eij sælffwer være, ther hawer han sijne Sendhebudh. (adä.) *Wo der Teufel nicht selbst sein kann, da hat er seinen Boten.*

is. Hvar sem fjandinn ei er, þar hefir hann sina. *Wo der Teufel nicht ist, da hat er die Seinen.*

sw. Hvar den onde icke är sjelf, der har han sitt ombud. *Wo der Teufel nicht selbst ist, da hat er seinen Boten.*

---

lt. Dæmon ubi deerit, ibi servum mittere quærit. (mlt.)

Où le diable ne peut aller, Sa mère tâche d'y envoyer (Sa mère tasche d'y mander). *Wo der Teufel nicht hin gehen kann, sucht er seine Mutter hinzuschicken.* **fz.**

Iune non penetrat sa femina, manca su diaulu. (si. ss.) *Wohin die Frau nicht eindringt, dringt noch weniger der Teufel ein.* **it.**

---

442. Daden zijn mannen, woorden zijn vrouwen. (dt.) **Thaten** *sind Männer, Worte sind Frauen.*

Deeds are fruits, words are but leaves. *Thaten sind Früchte, Worte sind nur Blätter.* **en.**

Les actes (effets) sont des mâles, et les paroles sont des femelles. *Die Handlungen (Wirkungen) sind männlich und die Worte sind weiblich.* **fz.**

Parolles sont femelles et les faits malles. *Worte sind weiblich und die Thaten männlich.*

Les paroles sont les fumelles et les scrits sont les mâies. (w.) *Die Worte sind weiblich und die Schriften sind männlich.* **af.**

Paraules que soun femeles, lous hets que soun maslez. (Gsc.) *Worte sind weiblich, die Thaten sind männlich.* **sf.**

Le parole son femmine e i fatti maschi. *Die Worte sind weiblich und die Thaten männlich.* **it.**

Le parole son feminine; li fatti son maschi. (crs.) *Die Worte sind weiblich; die Thaten sind männlich.* **mi.**

Le parole son femmine e i fatti son maschi. (t.) *Die Worte sind weiblich und die Thaten sind männlich.*

Il paroli èn paroli, i fatt èn fatt. (em. P.) *Die Worte sind Worte, die Thaten sind Thaten.* **ni.**

I fatt j' èn fatt, e il ciacc'ri j' èn ciacc'ri. (em. P.) *Die Thaten sind Thaten und die Schwätzereien sind Schwätzereien.*

Él paról hin fémmen e i fatt hin masc. (em. R.) *S. Le parole son femmine e i fatti son u. s. w.*

I fat i è masc e le parole fomne. (l. b.) *Die Thaten sind männlich und die Worte weiblich.*

I fatt hin mas'c, hin femmen i paroll. (l. m.) *Die Thaten sind männlich, weiblich sind die Worte.*

I paroll hin paroll, i fatt hin fatt, Ciaccer hin ciaccer, i danee hin danee. (l. m.) *Die Worte sind Worte, die Thaten sind Thaten, Schwätzereien sind Schwätzereien, die Gelder sind Gelder.*

Ii fat a son mas'c e le parole fumele. (piem.) *S. I fat u. s. w.*

Le parole xe femene e i fati xe mas-ci. (v.) *S. Le parole son femmine e i fatti son u. s. w.*

---

443. Bei Tische und im Bette soll man nicht blöde sein.

---

it. Ne a tavula, ne a lettu Un ci vole sugghietto. (mi. crs.) *Weder bei Tische, noch im Bette soll man Rücksicht nehmen.*

ni. Nè a taola, nè a let ai veül gnun rispet. (piem.) *S. Ne a tavula u. s. w.*

A taola e a let gnun rispet. (piem.) *Bei Tische und im Bett keine Rücksicht.*

Nè a tola, nè a leto, No ghe vol rispèto. (v.) *S. Ne a tavula u. s. w.*

Nè a tola, nè in leto no se porta rispeto. (v. trst.) *Weder bei Tische, noch im Bette nimmt man Rücksicht.*

---

444. A tu qu' et dic bilhe, Entend-me tu nore! (fz. sf. Brn.) *Dir sag' ich's,* **Tochter,** *höre du mich, Schwiegertochter!*

sf. A tu va diou, fillo, entendé va tu nonero! (uprv.)

it. Dico a te, figliuola, intendilo tu, nuora!

Dico a te, figliuola, acciocchè intenda tu, nuora! *Dir sag' ich's, Tochter, damit du es hörest, Schwiegertochter!*

mi. Dico a mia figlia, che intenda mia nuora. (crs.) *Ich sag's meiner Tochter; damit es meine Schwiegertochter höre.*

Parlu a te, figliola, perchè intenda tu, nora! (crs.) *Ich spreche zu dir, Tochter, damit du es hörest, Schwiegertochter!*

Parlu a te, sociara, perchè intenda tu, nora! (crs.) *Ich spreche zu dir, Schwiegermutter, damit du hörest, Schwiegertochter!*

Dico a te, suocera, perchè nuora intenda. (t.) *Ich sage dir's, Schwiegermutter, damit es die Schwiegertochter höre.*

ni. Te 'l disi a ti, fiöra, Intendem ti nöra! (l. m.)

Parlo a ti, sêuxon, che ti m' intendi, nêna! (lig.) *S. Parlu a te, sociara u. s. w.*

Parlè a la fia per tant ch' la nöra antenda. (piem.) *Es der Tochter sagen, damit es die Schwiegertochter höre.*

Te lo digo a ti, fia, intendimo ti, niòra! (v.)

si. Audimi, soggira, e sentimi, nora! (s.) *Höre mich, Schwiegermutter, und verstehe mich, Schwiegertochter!*

A tie naro, fiza, intendedilu, nura! (sa.)

A tie naro, sogra, intendedilu, nura! (sa.) *Dir sage ich es, Schwiegermutter, höre du es, Schwiegertochter!*

Tilu naro, fiza, intendedila, nura! (sa. L.)

lm. Á tu t' ho dig, sogra, entent' hi, nora! (neat.) *S. A tie naro, sogra u. s. w.*

A tu et dich, sogra, entente, nora! (val.) *S. A tie naro, sogra u. s. w.*

sp. A tí lo digo, hijuela, entiéndelo tú, mi nuera! *Dir sag' ich's, Tochter, höre du es, meine Schwiegertochter.*

A tí lo digo hijuela: Entiénde lo tu, nuera! (asp.)

---

445. Wer die Tochter haben will, halt' es mit der Mutter.

md. Wer die Tochter haben will, muss die Mutter freien. (mrh. E.)

Fir d' Duochter ze krēen, muss ên un der Mamm freien. (mrh. L.) *Um die Tochter zu kriegen, muss man um die Mutter freien.*

od. Wer die Tochter will haben, muss mit der Mutter buhlen. (schwei.)

pd. Wä de Doeter han welt, dä moss an d'r Mohder freie. (nrh. D.) *Wer die Tochter haben will, der muss um die Mutter freien.*

Wei de Dochter friggen will, de hall et midde der Motter. (ns. W.) *Wer die Tochter freien will, der halte es mit der Mutter.*

Wai de Dochter häbben will, mot an de Mutter friggen. (wstf. Dr.) *S. Wä u. s. w.*

Bai de Dochter friggen well, dai maut de Mor striken. (wstf. Mrk.) *Wer die Tochter freien will, der muss die Mutter streicheln.*

---

dt. Wie de dochter wil hebben, moet eerst de moeder winnen. *Wer die Tochter haben will, muss erst die Mutter gewinnen.*

en. He that would the daughter win, Must with the mother first begin. *Wer die Tochter gewinnen möchte, muss zuerst mit der Mutter beginnen.*

---

dä. Den som vil have Datteren, man holde gode Miner med Moderen. *Der, welcher die Tochter haben will, muss freundlich mit der Mutter thun.*

sw. Den som vill hafva dottren, får hålla sig väl med modren. *Der, welcher die Tochter haben will, muss sich gut mit der Mutter stellen.*

Vill du ega dottren, så sök vinna modren. *Willst du die Tochter haben, so suche die Mutter zu gewinnen.*

---

it. Alliscia a mamma per avè a figliola. (mi. crs.) *Schmeichele der Mutter, um die Tochter zu haben.*

ni. Chi völ el pom, sbasse la rama, Chi völ la s'cièta, caresse la mama. (l. b.) *Wer den Apfel will, ziehe den Zweig herab, wer das Mädchen will, thue der Mutter schön.*

Fe la cort a la mare per avejo la fia. (piem.) *Der Mutter den Hof machen, um die Tochter zu haben.*

Chi vol la nosèla, tira la rama, E chi vol la fia, carezza la mama. (v.) *Wer die Nuss will, ziehe den Zweig herab, und wer die Tochter will, thue der Mutter schön.*

Chi vol la fugazza, sfregola el forno. (v.) *Wer den Kuchen will, reibe den Ofen aus.*

Chi vol la fia, basi la mama. (v. trst.) *Wer die Tochter will, küsse die Mutter.*

Chi vol el pomo, sbassa la rama, Chi ama la fiola, basa la mama. (v. vic.) *Wer den Apfel will, ziehe den Zweig herab, wer die Tochter liebt, küsse die Mutter.*

---

446. Willst du gern die **Tochter** han, Sieh vorher die Mutter an.

---

dä. Den skal skue Moderen vel, som vil have Datteren. *Der muss gut auf die Mutter sehen, der die Tochter haben will.*

nw. Han skal sjaa væl paa Moderi, som vil hava Dotteri. *S. Den u. s. w.*

sw. Skåda modren, den dotren åga will. *Sehe die Mutter an, wer die Tochter haben will.*

---

fz. Dë bon plan plànto ta vigno, dë bòno ràsso prën la filio. (sf. Lgd.) *Von gutem Stock bepflanze deinen Weinberg, von gutem Geschlecht nimm die Tochter.*

sf. De bouën plau planto ta vigno et de boüno race preu la fillo. (nprv.) *S. Dë u. s. w.*

Dé bon pllan pllanta ta vegne, dé bonna mare prein la felle. (Pat. s.) *Von gutem Stock bepflanze deinen Weinberg, von guter Mutter nimm die Tochter.*

it. Tö la vigna de bon teren, Tö mié de bon parent. (ni. l. m.) *Nimm die Rebe von gutem Land, nimm die Frau von guten Eltern.*

pt. Quando entrares na villa, pergunta primeiro pela mãi, que pela filha. *Wenn du in die Stadt kommst, frage früher nach der Mutter, als nach der Tochter.*

(Quando entrares por la villa) Pregunta primero' por la madre que por la hija. *S. Quando entrares na u. s. w.* **sp.**

De buena vid planta la viña, y de buena madre toma la hija. *Von gutem Weinstock bepflanze den Weinberg, und von guter Mutter nimm die Tochter.*

De buena planta planta la vite; Y de buena madre toma la hija. (asp.) *Von gutem Stocke pflanze die Rebe und von guter Mutter nimm die Tochter.*

---

447. **Töchter** sind leicht zu erziehen, aber schwer zu verheirathen.

Töchter sind eher gut zu erziehen, als gut zu verheirathen.

Väöl Dêrns un väöl Brûnkôlland iss'n Bûr sin Schaod'n. (ns. A.) *Viel Mädchen und viel Braunkohlland ist des Bauern Schaden.* **pd.**

Väöl Dêrns un'n grôt'n Gaorn verderb'n 'n besten Hoff. (ns. A.) *Viel Mädchen und ein grosser Garten verderben den besten Hof.*

Dereus un Müs(e) mäkt hâle Hüs(e). (ns. O. J.) *Mädchen und Mäuse machen leere Häuser.*

—

Qui n' a que des filles pour des gendres sera à toutes heures en grand esclandre. *Wer nur Töchter hat, wird um Schwiegersöhne zu allen Stunden in grosser Noth sein.* **fz.**

Qui a des filles à marier luy faut de l' argent à planté. *Wer Töchter zu verheirathen hat, muss Geld in Fülle haben.*

Ci ka prau fedé et prau tei, djamai dzouia ne se vai. (Pat. s.) *Wer viel Töchter und viel Dächer hat, den sieht man niemals vergnügt.* **sf.**

Chi g' à föle de maridà Per na gogia 'l s' à sbassà. (ni. l. b.) *Wer Töchter zu verheirathen hat, muss sich um eine Nadel bücken.* **it.**

Fiöla de maridà, oss dür de rosegà. (l. m.) *Tochter zu verheirathen, harter Knochen abzunagen.* **ni.**

Chi g' à föle de maridà, per on gügin s' à de sbassa. (l. m.) *S. Chi g' à u. s. w.*

Fie da maridar, ossi duri da rosegar. (v.) *Töchter zu verheirathen, harte Knochen abzunagen.*

Chi ga fie da maridar, per un ago s' ha da sbassar. (v.) *S. Chi g' à u. s. w.*

---

448. Arm ist, wer den Tod wünschet, aber ärmer, der ihn fürchtet.

nw. D' er ilt aa ottast fyre Dauden, d' er ilt aa ynskja han og. *Es ist schlimm, sich vor dem Tod zu fürchten, es ist auch schlimm, ihn zu wünschen.*

lt. Mortem optare malum, timere pejus.

it. Qui disizat sa morte est unu vile, qui la timet est pejus. (si. sa. L.) *Wer den Tod ersehnt, ist ein Feigling, wer ihn fürchtet, ist schlimmer.*

---

449. Dem Tod ist Niemand zu stark.

pd. Dem Diud äsz Némeszt zc štark. (nrh. S.)

---

dä. Doden er den Beiler, der ikke vil have Nei. *Der Tod ist der Freier, der kein Nein haben will.*

The doo alle som feye ære. (adä.) *Die sterben Alle, welche dem Tod verfallen sind.*

is. Fer hvör, þá feigr er (er feigðin kallar). *Jeder geht, wenn er dem Tode verfallen ist (wenn der Tod ruft).*

Hann fellur, ið feigur er. (fær.) *Der fällt, der dem Tod verfallen ist.*

Feigdin dregur mannin. (fær.) *Der nahe bevorstehende Tod trägt den Mann fort.*

sw. Döden låter intet skrämma sigh. *Der Tod lässt sich nicht schrecken.*

Alle do the som feghe æru. (asw.) *Alle die sterben, welche dem Tod verfallen sind.*

---

lt. Mortis habens horam cadit omnis homo nece coram. (mlt.)

fz. Il n'y a si fort que la mort ne renverse. *Keiner ist so stark, dass der Tod ihn nicht niederwürfe.*

La dure mort saisit le faible et fort. *Der grausame Tod ergreift den Schwachen und Starken.*

La mort n' espargue ne foible ne fort. (afz.) *Der Tod verschont weder Schwachen, noch Starken.*

it. La morte non perdona al forte. (mi. t.) *Der Tod verschont den Starken nicht.*

lm. Contra el poder de la mort, no hià hom que sia fort. (val.) *Gegen die Macht des Todes gibt's keinen Menschen, der stark sei.*

---

450. Der Tod hat keinen Kalender.

Nichtz ist gewisser todes schlund, nichtz ungewisser seiner stund. (nd.)

Wer weisst, wer der letzt vergrabt. (schwei.) od.

De dood kent geen' almanak. *Der Tod kennt* dt. *keinen Kalender.*

Death keeps no Calendar. *Der Tod hält* en. *keinen Kalender.* [u. s. w.

De Dühs hält nan Àlmenäk. (M.) S. Death fs.

Doden er vis, men Timen er uvis. *Der Tod* dä. *ist gewiss, aber die Stunde ist ungewiss.*

Dodhen er wiss, endog Tijmen ær eij wiss. (adä.) *Der Tod ist gewiss, die Stunde gleichwohl ist nicht gewiss.*

Dauðinn er viss, en dauðastundin óviss. *Der* is. *Tod ist gewiss und die Todesstunde ungewiss.*

Deyðin biggar ikki at tonnunum. (fær.) *Der Tod sieht nicht nach den Zähnen.*

Eingin veit, hvör eíst hann krevir. (fær.) *Keiner weiss, wen er zuletzt verlangt.*

Dauden er viss, men Dagen er uviss. *Der* nw. *Tod ist gewiss, aber der Tag ist ungewiss.*

Döden frågar inte efter åren. *Der Tod fragt* sw. *nicht nach den Jahren.*

Döden är viss, men stunden oviss. *Der Tod ist gewiss, aber die Stunde ungewiss.*

Dodhrin ær os vis ok hans time ær ovis. (asw.) *Der Tod ist uns gewiss, und seine Stunde ist ungewiss.*

Carpit iter Lachesis (lachisis), licet anceps lt. hora sit (fit) ejus (eius). (mlt.)

Certius est quam mors, quam mors incertius nil est. (mlt.)

Rien n' est plus certain que la mort, rien fz. n' est plus incertain que l' heure de la mort. *Nichts ist gewisser als der Tod, nichts ist ungewisser, als die Stunde des Todes.*

La mort vient, mais on ne sait l'heure. *Der Tod kommt, aber man weiss die Stunde nicht.*

La mort vient qu'on ne scait l' heure. *Der Tod kommt, ohne dass man die Stunde weiss.*

Tous faut pourrir ou ne scait quand. *Alle müssen faulen, man weiss nicht wann.*

L' un meurt jeune, l' autre vieillart. (Chmp.) nf. *Der Eine stirbt jung, der Andere alt.*

L'un meurt devant, l'autre derrière. (Chmp.) *Der Eine stirbt vorher, der Andere nachher.*

On n' sèt ni d' moirt ni d' veie. (w.) *Man weiss weder Tod, noch Leben.*

it. La morte non guarda calendario. *S. Death u. s. w.*

mi. La mòrt l'an ghvàrda in fazza a indson. (rom.) *Der Tod sieht Keinem in's Angesicht.*

La morte non guarda la fede del battesimo. (t.) *Der Tod sieht das Taufzeugniss nicht an.*

La morte non guarda solamente al libro de' vecchi. (t.) *Der Tod sieht nicht bloss im Buche der Alten nach.*

La morte non guarda in faccia a nessuno. (t.) *S. La mòrt l'an u. s. w.*

ni. La mort no la guarda in boca a nessù. (l. b.) *Der Tod sieht Niemand in den Mund.*

La mort la sta sül tec, Nè la guarda al gioin, nè al vec. (l. m.) *Der Tod sitzt auf dem Dach und sieht weder auf den Jungen, noch auf den Alten.*

La mort a goarda gnun an facia, nè a giovo, nè a vej. (piem.) *Der Tod sieht Keinem in's Angesicht, weder dem Jungen, noch dem Alten.*

La morte no ga lunario. (v.)

La morte no varda in boca a nessun. (v.) *S. La mort no u. s. w.*

---

451. **Der Tod ist das Ende aller Noth.**

Der Tod ist Ende aller Noth.

Es ist ein gut ding vmb den tod, Er hilffet vns aus aller not. (ad.)

od. Der gute Tod hilft aus aller Noth. (bair.)

---

dt. De dood is een goed ding: hij helpt ons uit allen nood. *Der Tod ist ein gut Ding: er hilft uns aus aller Noth.*

en. A dead mouse feels no cold. *Eine todte Maus fühlt keine Kälte.*

A ground sweat cures all disorders. (o. en.) *Ein Grabschweiss heilt alle Unpässlichkeiten.*

---

dä. Doden hjelper af Nøden. *Der Tod hilft aus der Noth.*

Doden befrier for al Nød. *Der Tod befreit von aller Noth.*

is. Dauði er alls ills (armæðn hvörrar) endi. *Der Tod ist alles Übels (jeder Mühe) Ende.*

sw. Döden hjelper utur nöden. *S. Doden hjelper u. s. w.*

---

lt. Finis miseriae mors est.

Malorum meta mors.

it. La morte è (il) fin d' una prigione oscura. *Der Tod ist das Ende eines dunklen Gefängnisses.*

La morte medica tutti i mali. *Der Tod heilt alle Übel.*

mi. Chi muore, esce d' affanni. (t.) *Wer stirbt, kommt aus den Nöthen.*

Non si ha pace che dopo morte. (u.) *Man hat nicht (eher) Frieden, als nach dem Tode.*

ni. An muriend as va fòra d' tuti ii fastidi. (piem.) *Sterbend kommt man aus allen Nöthen.*

La morte guarisce da ogni male. (v.) *Der Tod heilt von jedem Übel.*

---

452. **Der Tod kommt ungeladen.**

---

dt. De dood gaat meestentijds te gast, Daar ze ongenood den waard verrast. *Der Tod kommt meistens zu Gast, wo er ungeladen den Wirth überrascht.*

---

dä. Døden blæser ikke Basun (Lyd) for sig. *Der Tod bläst nicht Posaune vor sich her.*

Dodhen blæss eij i Lywdh fore segh. (adä.) *S. Doden u. s. w.*

is. Dauðinn lætr ei þeyta lúðr fyrir sèr. *Der Tod lässt nicht die Trompete vor sich her blasen.*

Deyðin spir ongan eftir. (fær.) *Der Tod frägt nicht an.*

nw. Dauden sender inkje alltid Fyrebod. *Der Tod sendet nicht immer einen Verboten.*

sw. Döden blåser ej i horn. *Der Tod stösst nicht in's Horn.*

Dødhrin blæse ey i ludh (lwdh) for sik. (asw.) *S. Doden u. s. w.*

---

lt. Sistrum non reboat mors, ubi presto meat. (mlt.)

Non clangunt lituo tempore fata suo. (mlt.)

it. La mòrt la ven quand manch si pensa. (mi. rom.) *Der Tod kommt, wenn man es am wenigsten denkt.*

mi. La morte e l' acqua vengono presto. (t.) *Der Tod und das Wasser kommen schnell.*

La morte viene quando meno s' aspetta. (u.) *Der Tod kommt, wenn man ihn sich am wenigsten erwartet.*

ni. La mort riva quand men un s' l' aspeta. (piem.) *S. La morte viene u. s. w.*

453. Der Tod macht Alles gleich: Er frisst Arm und Reich.

Arm oder reich, Der Tod macht Alles gleich.

Der Todt schonet niemands. (nd.)

md. Arem a reich, Der Döt mécht alles glêich. (mrh. L.) *S. Arm u. s. w.*

od. Der Tod macht alle Menschen gleich. (bair.)

Mit Karst und Kron Treibt der Tod gleichen Hohn. (schwei.)

---

dt. De bleeke dood Spaart klein noch groot. *Der blasse Tod schont weder Klein, noch Gross.*

Edel, arm en rijk, Maakt de dood gelijk. *Edel, arm und reich, macht der Tod gleich.*

en. Death spares neither small nor great. *Der Tod schont weder Klein, noch Gross.*

We shall lie all alike in our graves. *Wir werden Alle gleich in unsern Gräbern liegen.*

---

dä. Døden gjør Alle lige. *Der Tod macht Alle gleich.*

nw. Fatige og rike er alle i Dauden like. *Arme und Reiche sind Alle im Tode gleich.*

sw. Arm och rik gör döden lik. *Arm und reich macht der Tod gleich.*

---

lt. Omnia mors aequat.

Ultima nos omnes efficit hora pares.

Pallida mors aequo pulsat pede pauperum tabernas regumque turres.

Mors sceptra ligonibus aequat.

Dispar vivendi ratio est, mors omnibus una.

cw. La mort fa simil l' ün al oter; ella magl' il rich e non spredsch' il pover. (bl. U.-E.) *Der Tod macht den Einen dem Andern gleich; er trifft den Reichen und verachtet nicht den Armen.*

fz. Mort n'espargne ni petits ny grands. *Tod verschont weder Geringe, noch Grosse.*

it. La morte pareggia ogni cosa. *Der Tod macht Alles gleich.*

La morte fa pari tutti. *S. Doden u. s. w.*

L'eccelse ed umil porte Batte ugualmente morte. *Der Tod klopft gleichmässig an die hohen und niedern Thüren.*

La morte non sparagna nè re di Francia, o di Spagna. *Der Tod verschont weder den König von Frankreich, noch von Spanien.*

mi. La morte pareggia tutti. (t.) *S. Doden u. s. w.*

Alla fin del gioco, tanto va nel sacco il re quanto la pedina. (t.) *Am Ende des Spieles wird so gut der König, wie der Bauer in den Sack gethan.*

Dopo morti, tutti si puzza a un modo. (t.) *Sind sie gestorben, riechen Alle auf eine Weise.*

A morte a no a perdonn-a a nisciûn. (lig.) ni. *Der Tod verschont Keinen.*

Sie pie de tera ne gualiva tuti. (v.) *Sechs Fuss Erde macht Alle gleich.*

Quatro tole coverze tuti. (v.) *Vier Bretter bedecken Alle.*

La morte no la sparagna a nissun. (v.) *S. A morte u. s. w.*

Morti nun guarda picciuli e nun grandi, nè si. poviri, nè ricchi. (s.) *Der Tod sieht weder Kleine noch Grosse, weder Arme noch Reiche an.*

In su nascher et morrer totu semus que pare. (sa. l.) *Beim Geborenwerden und Sterben sind wir Alle gleich.*

Tambè mor lo Papa, com lo qui no tè capa. lm. (val.) *Ebenso gut stirbt der Pabst, wie der, welcher keinen Mantel hat.*

Tanto morre o Papa, como o que não tem pt. capa. *S. Tambè u. s. w.*

---

454. Der Tod macht mit Allem Feierabend.

Der Tod hebt Alles auf.

Der Tod endet Alles. (schwei.) od.

Als de dood komt, is't al gedaan. *Wenn der* dt. *Tod kommt, ist Alles aus.*

Het eindje is de dood. *Das Ende ist der Tod.*

Døden er Ende paa Visen. *Der Tod ist das* dä. *Ende vom Liede.*

Dauden er Enden paa alla Segner. *Der Tod* nw. *ist das Ende von allen Geschichten.*

Döden är den sista rätten. *Der Tod ist die* sw. *letzte Instanz.*

Mors ultima linea rerum. lt.

Amor può tutto, pecúnia vince tutto, il tempo it. consuma tutto e la morte termina tutto. *Liebe kann Alles, Geld besiegt Alles, die Zeit zehrt Alles auf, und der Tod endet Alles.*

La morte rompe ogni disegno. (crs.) *Der Tod* mi. *hebt jedes Vorhaben auf.*

La mört amêsa gni cosa. (rom.) *Der Tod bringt Alles in Ordnung.*

L' ultima cosa che si ha da fare, è il morire. (t.) *Die letzte Sache, die man zu thun hat, ist das Sterben.*

La morte accomoda tutte le partite. (u.) *Der Tod vergleicht alle Parteien.*

ni. La morta finissa tutt. (em. P.) *S. Der Tod endet u. s. w.*

La mort arangia tut. (piem.) *S. La mört amêsa u. s. w.*

La morte giusta tuto. (v.) *S. La mört amêsa u. s. w.*

La morte giusta tute le partie. (v.) *S. La morte accomoda u. s. w.*

si. Cum sa morte si accabat totu. (sa. L.) *Mit dem Tode endet Alles.*

Sa morte isconzat ogni dissignu. (sa. L.) *S. La morte rompe u. s. w.*

---

455. **Der Tod will eine Ursach haben.**

Der Tod will einen Anfang (eine Ausrede) haben.

Der Todt wil ein vrsach haben. (ad.)

md. Der Tûd will a Ûrsach' hâ. (frk. H.)

od. Der Tod muss eine Ausred' haben. (bair.)

Der Tod muss eine Ursache haben. (schwei.)

pd. De Dod will en Orsak hebbn. (ns. B.)

De Dod will en Orsake hebben. (ns. hlst.)

De Dood will 'n Orsaak hebben. (ns. ofs.)

De Dôt wil 'n Orsak hebben. (ns. O. J.)

De Daut will sienen Grund hawwen. (ns. W.) *Der Tod will seinen Grund haben.*

---

dl. De dood moet eene oorzaak hebben. *S. Der Tod muss eine Ursache u. s. w.*

---

dä. Doden vil have en Aarsag.

nw. Dauden lyt ei Orsak hava. *S. Der Tod muss eine Ursache u. s. w.*

sw. Döden wil haa en orsak.

Döden skall någon orsak ha. *S. Der Tod muss eine Ursache u. s. w.*

---

fz. Li moirt a todi on sujet. (af. w.) *Der Tod hat immer eine Ursache.*

it. La morte sempre trova qualche scusa. *Der Tod findet immer einen Vorwand.*

ni. Ogni mort a l' a soa scusa. (piem.) *Jeder Tod hat seinen Vorwand.*

Ogni morte vol la so scusa. (v.) *Jeder Tod will seinen Vorwand.*

si. Morti nun veni senza cagiuni. (s.) *Der Tod kommt nicht ohne Anlass.*

Un iscuja bi queret ad sa morte. (sa. L.) *Einen Vorwand will der Tod haben.*

pt. Não ha morte sem achaque. *Es gibt keinen Tod ohne Vorwand.*

sp. No ay muerte sin achaque. *S. Não u. s. w.*

---

456. **Des Todes Pfad ist stets geebnet.**

---

dl. De dood komt altijd ergens bij. *Der Tod kommt stets irgendwo an.*

Ten weet nyemant, woe hem syn doodt bescheert is. (nh.) *Es weiss Niemand, wo ihm sein Tod bescheert ist.*

---

dä. Ingen Vei er saa god at finde, som Veien til Doden. *Kein Weg ist so gut zu finden, wie der Weg zum Tode.*

is. Dauðans útgångr er greiðr. *Des Todes Ausgang ist bereit.*

Ekki veit hvar feigr flækist. *Keiner weiss, wo der Todesgeweihte umherzieht.*

Eingin veit hvår feigur flakkar. (fær.) *S. Ekki u. s. w.*

nw. Dat veit ingen, hvar den feige flakkar. *Das weiss Keiner, wo der Todesgeweihte umherzieht.*

---

fz. A toute heure la mort est preste. (afz.) *Zu jeder Stunde ist der Tod bereit.*

sf. L'homé sçau pron vont' es nat, may non pas vonte mourra. (nprv.) *Der Mensch weiss wohl, wo er geboren ist, aber nicht, wo er sterben wird.*

it. La morte entra per le finestre. *Der Tod kommt zu den Fenstern herein.*

mi. Per tutto si muore. (t.) *Überall stirbt man.*

Morte ha teso la rete a tutti i varchi. (t.) *Der Tod hat das Netz an allen Ausgängen ausgespannt.*

Ognun sa dove e' nasce, ma nessun sa dove ei debba morire. (t.) *Jeder weiss, wo er geboren ist, aber Keiner weiss, wo er sterben soll.*

Si sa dove si nasce; non si sa dove si muore. (u.) *Man weiss, wo man geboren ist; man weiss nicht, wo man stirbt.*

ni. In dove semm nassun, già tucc el semm, Ma ni semm minga dove moriremm. (l. m.) *Wo wir geboren sind, wissen wir wohl Alle, aber wir wissen nicht, wo wir sterben werden.*

As sa dov as nass, ma nen, dov as meûir. (piem.) *Man weiss, wo man geboren ist, aber nicht, wo man stirbt.*

Se sa dove se nasse, ma no dove se muôr. (v.) *S. As sa u. s. w.*

Va pur do che ti vol, da la morte scampar no ti pol. (v.) *Geh nur wohin du willst, dem Tode kannst du nicht entgehen.*

si. L' acqua e la morte stan dietro le porte. (npl.) *Das Wasser und der Tod stehen hinter den Thüren.*

Sapemu unni semu, no unni muriremu. (s.) *Wir wissen, wo wir sind, nicht, wo wir sterben werden.*

Si sa unni si nasci, nun si sa unni si mori. (s.) *S. Si sa dove u. s. w.*

---

457. Er ist gut nach dem Tode zu schicken.

Er wär gut nach dem Tod schicken. (ad.)

md. Hä es gut nech'n Tuut schecke. (frk. H.)

A wär gut nôgham Tûde ze schicken. (schls. B.) *S. Er wär u. s. w.*

od. Er is guet um n' Tod z'schicka. (schwei.)

Er wär gued no-em Tod schicka. (schwei. A.) *S. Er wär u. s. w.*

Ear is guid um an Tod schikkan. (st.)

pd. Er ist gut nach dem Tode zu schicken (wenn man nicht gerne sterben will). (ns. Pr.)

Bai lange liäwen well, maut di taum Doe schicken. (wstf. Mrk.) *Wer lange leben will, muss dich nach dem Tod schicken.*

De is goot nam Doe te schikken. (wstf. O.) *Der ist gut nach dem Tod zu schicken.*

---

dt. Het is een goede bode, om den dood te halen. *Es ist ein guter Bote, um den Tod zu holen.*

en. Good to fetch a sick man sorrow and a dead man woe. (w. en.) *Gut, einem Kranken Leid und einem Todten Weh zu holen.*

Ye 're gude to be sent for sorrow. (scho.) *Ihr seid gut nach Leid zu schicken.*

Ye 're gude to fetch the deil a priest. (scho.) *Ihr seid gut dem Teufel einen Priester zu holen.*

fs. He äs äi gäujd êfter 'e Dühs ütt tó sijnnen. (M.) *Er ist nicht gut, nach dem Tode auszuschicken.*

Dü beest am a Duns to haal'n fóör di dir eg haal sterwe wal. (Nm.) *Du bist am besten, den Tod zu holen für den, der nicht gern sterben will.*

Dü beest gud eeder di Duas tü stjüüren. (S.) *Du bist gut nach dem Tode zu schicken.*

---

dä. Han er god at sende efter Doden.

Han var god at sende efter Helsot til hvem der nødig vilde dø. (Fn.) *Er wäre gut nach der Todeskrankheit zu schicken für den, der ungern sterben wollte.*

---

fz. Il est bon pour aller quérir (chercher) la mort. *Er ist gut, um den Tod zu holen.*

È buon da mandar per la morte. it.

Esser buono a mandar per la morte. *Gut sein, um nach dem Tode zu schicken.*

Egli è buono a mandarlo per la morte. (t.) mi.

Esse bon a mandelo a sgrchè la mort. (piem.) ni. *Gut sein, um ihn zu schicken, den Tod zu holen.*

---

458. Er is hulp voor alles behalve voor den dood. (dt.) *Es gibt Hülfe für Alles, ausser für den Tod.*

Voor alle ding is nog eens baat (Voor de ziekte dt. is soms baat), Maar voor den dood is geen raad. *Für alle Dinge ist noch (Für die Krankheit ist bisweilen) Hülfe, aber für den Tod ist kein Rath.*

Der er Raad mod Alt, uden mod Doden. *Es* dä. *ist Rath wider Alles, ausser gegen den Tod.*

Ingen kan giøre Forbud for Doden. *Niemand kann Protest gegen den Tod einlegen.*

Hoo kan haffwe Forbudh fore Dodhen? (adä.) *Wer kann Abwehr gegen den Tod haben?*

D' er Raad fyre alle Ting, so nær som fyre nw. Dauden. *Es ist Rath für Alles, ausser für den Tod.*

D' er ingi Raad fyre Helsotti. *Es gibt keinen Rath gegen Todeskrankheit.*

Hwa kan hawa forbyrdh for dodsins aatstrydh? sw. (asw.) *Wer kann Abwehr haben gegen des Todes Anfall?*

Mortis ab austerm (haustere) sibi qvis (quis) lt. scit falce cavere (cauere). (mlt.)

Il y a remède à tout hors (fors à) la mort. fz.

Contre la mort n'y a point d'apel. *Gegen den Tod gibt's keine Berufung.*

Encontre la mort n'a nul ressort. (afz.) *Wider den Tod ist kein Mittel.*

Fais çou qu' ti vous, ti mours là qu' ti deus. nf. (w.) *Mach' was du willst, du stirbst, wann du es musst.*

En tout l'y a remedi, s'ou qu'à la mouert. (nprv.) sf.

Contro la mouert, n'y a ges d'appel. (nprv.) *S. Contre la mort u. s. w.*

A ogni cosa è rimedio fuor ch' alla morte. it.

A tött ui è e su rimedi fôra che a la mört. (rom.) mi.

A tutto c' è rimedio fuorchè alla morte. (t.)

Tutto si rimedia, fuorchè la morte. (n.) *Alles heilt sich, ausser der Tod.*

Ad ogne male 'nce remmedio sulo ch' a la si. morte. (npl.) *Gegen jedes Übel ist Hülfe, ausser gegen den Tod.*

A la morti sula nun c' è rimediu. (s.) *Gegen den Tod allein* **ist keine Hülfe.**

Ind' ogni cosa bi **hat su remediu, foras de in** sa **morte.** (sa. L.)

lm. Pera tot **hià remey, sinos pera la mort. (val.)**

pt. Para tudo **ha remedio, senão para a** morte.

Contra **a morte não ha remedio.** *Gegen den Tod ist keine Hülfe.*

sp. **A todo hay maña sino** á la muerte. *Gegen Alles gibt's List, ausser gegen den Tod.*

A todo hay remedio, sino ala muerte. (asp.)

---

459. Es ist ein bitter **Kraut um den Tod.**

od. **Sterben ist** kein Kinderspiel. **(schwei.)**

dt. **De dood is een bitter kruid.** *Der Tod ist ein bitter Kraut.*

Hoe bitter is **de dood!** ***Wie bitter ist der Tod!***

nw. **Dauden er hard at paa** ganga. ***Der Tod ist hart zu überstehen.***

D' er saart aa Livet lata. ***Es ist schmerzlich, das Leben zu lassen.***

it. **Tutto è meglio della morte. (mi. t.)** ***Alles ist besser, als der Tod.***

mi. **Ogni cosa è meglio che la morte. (t.)** ***Jedes Ding ist besser, als der Tod.***

L' ultima minchioneria è quella della morte. (n.) ***Die letzte Dummheit ist der Tod.***

si. **Sa morte l'hat timida ancora Deus in quant' ad homine.** (sa.) *Den Tod hat selbst Gott* ***gefürchtet, als er*** *Mensch* ***war.***

---

460. Für den Tod kein Kraut gewachsen ist.

Für den **todt ist** kein kraut gewachsen. (ad.)

md. Gënt der Döt **as** kê' Kraut gewuos. (mrh. L.)

od. Es giebt **kein Kräutl** wider den Tod. **(bair.)**

Es ist für den Tod kein Kraut gewachsen. **(schwei.)**

Wider des Todes Kraft Hilft kein Kräutersaft. (schwei.)

Fia 'n Tod is kuan Kraiddl gwoan. (st.) *Für* ***den*** *Tod ist kein Kräutlein gewachsen.*

pd. Für den Dîd âsz nicht Krokt gewnossen. (nrh. S.)

Vor'n Dâd kein Krûd ewossen is. (ns. ha. G. u. G.)

Vör **de Dood** is geen Krut wussen. (ns. ofs.)

För'n **Dood** is kien Kruut wussen. (ns. O.-R.)

Für den Daut ken Kruut gewossen is. (ns. W.)

Voor den dood is geen kruid gewassen. **dt.**

Death defies the doctor. (scho.) *Der Tod* **eu.**
trotzt dem ***Arzt.***

For Doden **hjelper ingen Doctor.** ***Gegen den*** **dä.**
Tod hilft ***kein Arzt.***

Fyrir dauðans **makt er engin urt vaxin.** *Für* **is.**
des *Todes* ***Macht ist kein Kraut*** *gewachsen.*

D' er ingen Drykk, som duger **mot** Dauden. **nw.**
Es ist kein Trank, der gegen den Tod hilft.

D' er faafengt aa binda um Banasaaret. *Es ist* ***fruchtlos,*** *die Todeswunde zu verbinden.*

Ingen ört hjelper emot döden. *Kein Kraut* **sw.**
hilft gegen den Tod.

Contra vim mortis nullum est medicamen (non **lt.**
nascitur herba) **in** hortis.

Al mal mortale nè medicar, nè medicina vale. **it.**
Gegen tödtliches Übel hilft weder kuriren, noch Medizin.

A mal mortale, **nè** medico nè medicina vale. **mi.**
(t.) *Gegen tödtliches Übel hilft weder Arzt, noch Arzenei.*

Contra el mâ de la mort No var nè medesina, **ni.**
nè confort. (l. m.) *Gegen das Übel des Todes hilft* ***weder*** *Arzenei,* ***noch*** *Stärkung.*

La morti nun avi paura di medicu. (s.) *Der* **si.**
Tod hat keine Furcht vor dem Arzt.

Contra ad sa morte non bi hat herba in corte. **(sa. L.)** *Wider den Tod gibt's kein Kraut* ***im*** *Garten.*

Quando su male est de morte, su mèigu est cegu. (sa. L.) *Wenn das Übel tödtlich ist, ist der Arzt blind.*

---

461. Kein Harnisch schützt wider den Tod.

Geene rusting helpt tegen doodschichten. *Keine* **dt.**
Rüstung hilft wider Todespfeile.

Tegen den dood is geen schild, Leef dan, gelijk gij sterven wilt. *Gegen den Tod ist kein Schild, lebt denn, wie ihr sterben wollt.*

Dat heve ingen Laas fyre sitt Liv. (B.-St.) **nw.**
Es hat Keiner ein Schloss vor seinem Leben.

Rien **n'est** d'armes quand la mort **assaut. fz.**
Nichts *helfen Waffen, wenn der Tod angreift.*

A' morte não ha casa forte. *Gegen den Tod* **pt.**
gibt's keine Burgfeste.

sp. A la muerte no ay casa fuerte. S. A' morte u. s. w.

---

462. Man soll Keinen vor seinem Tode glücklich preisen.

Vor seinem Tod ist Niemand glücklich zu preisen.

---

dt. Niemand gelukkig vóór zijnen dood. Niemand glücklich vor seinem Tode.

en. No man can be called happy before his death. Kein Mensch kann vor seinem Tode glücklich genannt werden.

---

dä. Priis Ingen salig (lykkelig), før han er i sin Grav. Preise Keinen glücklich, bevor er in seinem Grabe ist.

Ingen kan siges salig, før han er i sin Grav. Keiner kann glücklich genannt werden, bevor er in seinem Grabe ist.

Ingen kan siges lyksalig eller ulyksalig før sin Død. Keiner kann vor seinem Tode glückselig oder unglückselig genannt werden.

Priis Ingen salig før sin Ende, Lykken kan sig snarlig vende. Preis Keinen glücklich vor seinem Ende, Es kann das Glück sich plötzlich wenden.

is. Lofaðu eingan, fyrr enn líf er endað. Preise Keinen eher, als das Leben geendet ist.

sw. Prisa ingen lycksalig förrän han är död. Preise Keinen glücklich, bevor er todt ist.

Rosa ingen före ändan. Preise Keinen vor dem Ende.

---

lt. Nemo ante mortem beatus.

fz. On n'est 'honreux qui qwand on a six pids d'terre so les oayes. (nf. w.) Man ist nur glücklich, wenn man sechs Fuss Erde auf den Augen hat.

sf. Noun m' apélès bèaurădo, q' oun siègo mòrto ou ĕntèrădo. (l.gd.) Nenne mich nicht glücklich, ehe ich todt oder begraben bin.

it. Avanti la morte non lice Chiamar alcun felice. Vor dem Tode darf man Niemand glücklich nennen.

Mentre l' uomo ha denti in bocca, Non sà quello che gli tocca. So lange der Mensch Zähne im Munde hat, weiss er nicht, was ihn trifft.

mi. Infenatant che on l' è a ò mond, nu pò savē cum la s' andarà a fini. (rom.) So lange man in der Welt ist, kann man nicht wissen, wie es zu Ende gehen wird.

Indson sa cum la s pōssa andēr a fini. (rom.) Niemand weiss, wie es zu Ende gehen kann.

Fin ch' uno ha denti in bocca, Non sa quel che gli tocca. (t.) So lange Einer Zähne im Munde hat, weiss er nicht, was ihn trifft.

Fin a la mort un conoss nen nost sort. (piem.) Bis zum Tode kennen wir unser Geschick nicht. mi.

Tant ch' un viv, un sa nen lo ch' an pœūssa tochene. (piem.) So lange Einer lebt, weiss er nicht was ihm begegnen kann.

Fin ch' l'om a l'a ii dent an boca, un a sa nen l'ô ch'an ai toca. (piem.) S. Mentre u. s. w.

Tant ch' un a ii dent an boca, un sa nen lô ch' an (ai) toca. (piem.) S. Fin ch'uno u. s. w.

Fin (Sin) a la morte no se sa la sorte. (v.) Bis zum Tode weiss man nicht das Geschick.

Niune si nerzat biadu finas qui siat interradu. (sa. L.) Niemand werde glücklich genannt, bis er begraben ist. si.

Nadie se alabe hasta que acabe. Niemand rühme sich, bis er stirbt. sp.

---

463. Was geboren ist, ist vom Tod geworben.

Den Tod frisst ein Jeder am ersten Brei.

Bei jeder Geburt wird eine Leiche angesagt.

Was die Erde gibt, das nimmt sie wieder.

Werden und sterben ist allen Menschen gemein. (schwei.) od.

Reeds bij onze geboorte komt de dood ons aan boord. Bereits bei unserer Geburt kommt uns der Tod an Bord. dt.

Elke trede is eene nadering tot den dood. Jeder Schritt ist ein Nahen dem Tode.

Klein en groot Komen dagelijks nader aan den dood. Klein und Gross kommen täglich dem Tode näher.

Dat lyf ontfaet, werdt in de doot gheerft. (avl.) Was Leben empfängt, wird dem Tode vererbt.

Doe tleuen is gheschapen, werdt de doot geboren. (avl.) Wenn das Leben geschaffen ist, wird der Tod geboren.

Døden er hver Mands Alfarevei. Der Tod ist Jedermanns Landstrasse. dä.

Alle skal gaae med Hel i Dands. Alle müssen mit Hel zum Tanz gehen.

Jörðin tekr við oss fyrst og seinast. Die Erde empfängt uns zuerst und zuletzt. is.

Allir eru feigir fœddir. *Alle sind dem Tode verfallen geboren.*

Öllum er skapað eittsinn að deya. *Jeder ist geschaffen, um ein Mal zu sterben.*

nw. Dat verd alt feigt, som født er. *Es ist Alles dem Tode verfallen, was geboren ist.*

Dauden er alle Mann etlad. *Der Tod ist Jedermann bestimmt.*

sw. Döden är allom öden. *Der Tod ist das Verhängniss für Alle.*

---

lt. Cui nasci contigit, mori restat.

Nascentes morimur, finisque ab origine pendet.

Omnes eodem cogimur.

Calcanda semel via leti.

fz. Il faut mourir qui veut vivre. *Wer leben will, muss sterben.*

Tous fils de Adam mourront. *Alle Söhne Adams werden sterben.*

nf. Tu es cendre et un peu de poudre. (Chmp.) *Du bist Asche und ein wenig Staub.*

I fât turtos passer po l'même trò. (w.) *Wir müssen Alle durch dasselbe Loch.*

it. Tutto, che nasce, convien che muoja. *Alles, was geboren wird, muss sterben.*

Chi nasce, (A chi nasce) convien morire. *Wer geboren wird, muss sterben.*

La morte è un debito commune. *Der Tod ist eine gemeinsame Verpflichtung.*

mi. Chi nasce, convien che muoia. (t.) *S. Chi nasce u. s. w.*

A chi è nato, convien morire. (t.) *Wer geboren ist, muss sterben.*

Il primo passo che ci conduce alla vita, ci conduce alla morte. (t.) *Der erste Schritt, der uns zum Leben führt, führt uns zum Tode.*

Una volta per uno tocca a tutti. (t.) *Ein Mal für Jeden kommt es an Alle.*

Tutti torniamo alla gran madre antica. (t.) *Alle kehren wir zur grossen alten Mutter zurück.*

Terra innanzi e terra poi. (t.) *Erde vorher und Erde nachher.*

Chi è nato deve morire. (u.) *S. A chi è u. s. w.*

Nessuno deve restar per seme. (u.) *Keiner wird als Same bleiben.*

ni. Chi nasse, more. (v.) *Wer geboren wird, stirbt.*

Una volta per omo toca a tuti. (v.) *Ein Mal kommt's an jeden Menschen.*

Vien la so ora per tuti. (v.) *Für Jeden kommt seine Stunde.*

La morte uno a la volta ne scoa via tuti. (v.) *Einen nach dem Andern fegt der Tod Alle weg.*

---

464. Was todt ist, beisst nicht mehr.

Todte Hunde beissen nicht.

Todte Mäuse beissen nicht.

Todter Mann macht keinen Krieg.

Dit Hangt beisze Nëmi. (nrh. S.) *Todte Hunde beissen Niemand.* pd.

Wer död iss, lett sin Kik'n. (ns. A.) *Wer todt ist, lässt sein Gucken.*

Wër däd is let sin Kucken. (ns. ha. G. u. G.) *S. Wer död u. s. w.*

Todte Hunde bellen nicht mehr. (ns. Pr.)

Wer dodt üss, lätt sin Kicke. (ns. Pr.) *S. Wer död u. s. w.*

Doode honden bijten niet. *S. Todte Hunde u. s. w.* dt.

Død Hund bider ikke. *Todter Hund beisst nicht.* dä.

Den Gaas klekker ikke (mere), som Hovedet er af. *Die Gans, deren Kopf ab ist, schnattert nicht (mehr).*

Dauðr hundr bitr ei svo blœði. *Todter Hund beisst nicht blutig.* is.

Dan Fuglen, som er fallen, han syng inkje meir. *Der Vogel, der todt ist, der singt nicht mehr.* nw.

Den gås som halsen är af, kacklar inte mer. *Die Gans, deren Hals ab ist, schnattert nicht mehr.* sw.

Dhen Gåås som Halsen är aff, hon roopar intet meer. *Die Gans, deren Hals ab ist, die schreit nicht mehr.*

Hugg hufwudet af gåsen, så kacklar hon intet mer. *Haue der Gans den Kopf ab, so schnattert sie nicht mehr.*

Döder Hundh biitz intet. *S. Dod u. s. w.*

Mortui non mordent. lt.

Mortuus (Homo mortuus) non facit guerram.

Chien mort (Un chien mort) ne mord plus. *Todter Hund (Ein todter Hund) beisst nicht mehr.* fz.

Homme mort ne fait pas la guerre. *S. Todter Mann u. s. w.*

Morte la beste, mort le venin. *Todt das Thier, todt das Gift.* nf.

Chin qu'est moirt ni hagne pus. (w.) *Hund, der todt ist, bellt nicht mehr.*

Uomo morto non fà guerra. *S. Todter Mann u. s. w.* it.

Uomo morto non fà più guerra. *Todter Mann macht keinen Krieg mehr.*

Morta la bestia, morto il veleno. *S. Morte u. s. w.*

Cane morto non morde. (t.) *S. Dod u. s. w.* mi

El morto no morsega. (v.) *Der Todte beisst nicht.* ni

si. Morto il cane, è morta la rabbia. (ap.) *Todt der Hund, ist todt die Wuth.*

lm. Mort lo gos, morta la rabia. (val.) *Todt der Hund, todt die Wuth.*

sp. Muera, muera, que hombre muerto no hace guerra. *Stirb, stirb, denn todter Mann macht keinen Krieg.*

---

465. **Von Todten soll man nichts Übles reden.**

Von Todten soll man Nichts als Gutes reden.

Die Todten sol man ruhen lassen. (nd.)

md. Losst d' Döde' röen. (urh. L.) *Lasst die Todten ruhen.*

od. Man muss die Todten ruhen lassen. (schwei.)

Mit den Todten kann man nicht zürnen. (schwei.)

pd. Sin beslaten Mund nig natoseggen. (us. hlst.) *Seinem geschlossenen Mund nicht (Böses) nachreden.*

---

dt. Van de dooden niets dan goed. *Von den Todten nichts als Gutes.*

en. Speak well of the dead. *Sprecht gut von den Todten.*

---

sw. Smäda icke (på) den döda. *Schmähe nicht den (auf den) Todten.*

---

lt. Parce sepultis.

De mortuis non nisi bene.

it. Lasciar i morti in pace. *Die Todten in Frieden lassen.*

mi. All' assente e al morto non si dee far torto. (t.) *Dem Abwesenden und dem Todten soll man nicht Unrecht thun.*

ni. A parlà mal dei mort, O fals o vera se g' à semper tort. (l.) *Wenn man schlecht von den Todten spricht, sei es falsch oder wahr, hat man immer Unrecht.*

Tant dei mort, che dei lontan, For che in ben no sta a parlan. (l. m.) *Sowohl von den Todten, wie von den Abwesenden sprich nicht, ausser im Guten.*

Lassè ii mort an pas. (piem.) *S. Lasciar u. s. w.*

Lassa star i morti. (v. trst.) *Lass die Todten sein.*

si. Rispecta sos mortos qua non si defendent. (sa. l.) *Ehre die Todten, weil sie sich nicht vertheidigen.*

Rispecta sos mortos et time sos bios. (sa. l.) *Ehre die Todten und fürchte die Lebenden.*

---

466. **Auf einen solchen Topf gehört eine solche Stürze.**

Auf schiefen Topf ein schiefer Deckel.

Jed's Häfälä findt sei' Stürzlä. (frk. M.) *Jedes* md.
Töpfchen findet sein Stürzchen.

Auf ein hölzernes Geschirr gehört ein hölzerner Deckel. (urh. E.)

Wie der Hafen, so der Deckel. (schwei.) od.

Jedder Döppe hat singen Decksel. (urh. A.) pd.
Jeder Topf hat seinen Deckel.

E jêt Däpchen fäinjt séinj Dåkeltchen. (urh. S.) *Ein jedes Töpfchen findet sein Deckelchen.*

So'n Putt, so'n Deckel. (us. hlst.) *Solch ein Topf, solch ein Deckel.*

So Topke, so Stertke. (us. Pr.) *Wie Töpfchen, so Stürzchen.*

Jedet Toppke krigt sin Stertke. (us. Pr.-W.) *Jedes Töpfchen kriegt sein Stürzchen.*

Op dit potje dient zulk een dekseltje. *Auf* dt.
dieses Töpfchen gehört solch ein Deckelchen.

Zoo pot, zoo deksel. *Wie Topf, so Deckel.*

Elk potje vindt zyn schyfje. (vl.) *S. Jedes u. s. w.*

Reperit patella operculum. lt.

Dignum patella operculum.

A chaque pot son couvercle. *Jedem Topf* fz.
sein Deckel.

Chaque pot trouve s'couverture. (R.) *Jeder* nf.
Topf findet seinen Deckel.

Cadù toupi tròbo sa cabucèlo. (Lgd.) *S.* sf.
Chaque u. s. w.

Ogni ezit il so cuviart. (ni. frl.) *S. A chaque* it.
pot u. s. w.

Ogni pignata avi lu so cuverchiu. (s.) *S.* si.
Jedder u. s. w.

Cada olléta troba sa cobertoreta. (val.) *S.* lm.
Jeder u. s. w.

Não ha panella sem testo. *Es gibt keinen* pt.
Kochtopf ohne irdenen Deckel.

A cada ollaza Su cobertera za. *Jedem grossen* sp.
Topf seine grosse Stürze.

---

467. **Der Topf lacht über den Kessel.**

Der Hafen straft den Kessel, dass er russig ist.

Der Kessel schilt den Ofentopf.

Schornstein schimpft das Ofenloch.

Der Kessel strofft *(straft)* immer a *(den)* md.
Ufentup *(Ofentopf)*. (schls.)

od. Dr Käss'l schtrooft a Unfatoop. (östr. schls.) *S. Der Kessel u. s. w.*

Der Hafen hat der Pfanne (Die Pfanne hat dem Kessel) nichts aufzuheben. (schwei.)

Die Pfanne ist so schwarz als der Hafen. (schwei.)

pd. De Pott verwitt de Ketel, dat hei swart is. (nrh. Kl.) *Der Topf wirft dem Kessel vor, dass er schwarz ist.*

Der Kieszel ferwëiszt der Fan, se wûr schwarz. (nrh. S.) *Der Kessel wirft der Pfanne vor, sie wäre schwarz.*

Der Schuoëht (Ob'n) ferwëiszt dem Kieszel (der Kalefök). (nrh. S.) *Der Schornstein (Ofen) schilt den Kessel (Wärmer).*

De Ketel verwitt de Pott, dat he swart is. (ns. B.) *Der Kessel wirft dem Topf vor, dass er schwarz ist.*

De Panne schelt den Pott Schwartmiul. (ns. L.) *Die Pfanne schilt den Topf Schwarzmaul.*

Deär Pot schimt en Keätel Schwartoarsch. (ns. N.) *Der Topf schimpft den Kessel Schwarza . . . . .*

De Pott verwitt den Ketel, dat he swart is. (ns. O. J.) *S. De Pott verwitt de u. s. w.*

---

dt. De pot verwijt den ketel, dat hij zwart is. *S. De Pott verwitt de u. s. w.*

De pot verwijt den hengel, dat hij zwart is. *Der Topf wirft dem Haken vor, dass er schwarz ist.*

De oven verwijt den schoorsteen, dat hij zwart is. *Der Ofen wirft dem Schornstein vor, dass er schwarz ist.*

Wat verwyt de palle de loete, alse beede in den ouene moeten. (avl.) *Was schilt die Feuerschaufel das Schüreisen, da sie beide in den Ofen müssen?*

en. The kettle calls the pot black. *Der Kessel heisst den Topf schwarz.*

The kiln calls the oven burn-house. *Die Darre heisst den Ofen Brennhaus.*

„Unsicker, unstable", quo' the wave to the cable. (scho.) *„Unsicher, unbeständig", sagte die Welle zum Tau.*

fs. A Kraagh kaan a Seddel nant ferwed. (A.) *Der Grapen kann dem Kessel nichts vorwerfen.*

A Kraagh hea a Seddel nant tu verwedden: jo san biash saart. (F.) *Der Grapen hat dem Kessel nichts vorzuwerfen: sie sind beide schwarz.*

---

dä. Vee Dig, saa sort Du er (est)! sagde Gryden til Jydepotten. *Wehe dir, wie schwarz du bist! sagte der Grapen zum jütländischen (schwarzen) Topf.*

Hvor smittede den Kjedel den Gryde! *Wie beschmutzte der Kessel den Grapen!*

Den Gryde smitter ikke den Kjedel. *Der Grapen beschmutzt den Kessel nicht.*

Wee wordhe teg, so sort tw æst — sagdhe Grydhen til Kædhelen. (adä.) *Wehe dir, wie schwarz du bist! sagte der Grapen zum Kessel.*

is. Svei þér svo svartr þú ert, sagði grýtan við leirpottinn. *Wehe dir, wie schwarz du bist! sagte der Eisentopf zum Thontopf.*

nw. Kjetelen finn aat Gryta, og daa er dei svarte baade. *Der Kessel spottet über den Grapen, und doch sind sie beide schwarz.*

D'er leidt, naar Kolet finn aat Branden. (Tr.-St.) *Es ist übel, wenn die Kohle über den Feuerbrand spottet.*

sw. Hur svart är du! sade kitteln till grytan. *Wie schwarz bist du! sagte der Kessel zum Grapen.*

Kära kittel, sota inte grytan! *Lieber Kessel, mache den Grapen nicht schwarz!*

Grytan lastadhe kætilin we ær tik tha swart thu æst. (asw.) *Der Grapen lästerte den Kessel: wehe dir, wie schwarz du bist!*

---

lt. Væ tibi nigræ, dicebat caccabus ollæ.

Ecce quam niger es, sic dixit caccabus ollae.

„Phi" sonuit fuscum ridens anlaria furnum. (mlt.)

Teter es ecce (o) lebes! ait olla, pudescere debes. (mlt.)

fz. Le chaudron mâchure la poêle. *Der Kessel schimpft den Tiegel.*

La pelle se moque du fourgon. *Die Ofenschaufel macht sich über die Ofengabel lustig.*

Le four appelle le moulin brûlé. *Der Backofen nennt die Mühle verbrannt.*

nf. C' est l' crama qui lomm' li chaudron neûr con. (w.) *Der Kesselhaken ist's, der den Kessel Schwarza . . . . heisst.*

sf. Lou pèiròou vòou mascara la sartan. (Lgd.) *Der Kessel will den Ofen schwarz machen.*

Lou peyrou mascaro la sartan. (nprv.) *Der Kessel macht den Ofen schwarz.*

L' é lo racle, ke se mokké de l' ècové. (Pat. s.) *Es ist das Kratzeisen, das sich über den Ofenbesen lustig macht.*

it. La padella vuol dir nero al paiuolo. *Die Pfanne will zum Kessel sagen: Schwarzer!*

La padella dice al paiuolo: vatene lì, che tu non mi tinga. *Die Pfanne sagt zum Kessel: geh fort, dass du mich nicht beschmutzest.*

La padella dice al pajuòlo: fatti in là, che tu mi tingi. *Die Pfanne sagt zum Kessel: geh fort, denn du beschmutzest mich.*

Il cencio dice male allo straccio. *Der Lappen schimpft den Fetzen.*

Cencio dice all' altro: straccio. *Lappen sagt zum andern: Fetzen!*

mi. Ritirati, firsogghia, che tu nu mi tinghi. (ers.) *Zurück, Pfanne, damit du mich nicht beschmutzest.*

Fatt in là, paròl (parlètta), t' nu imbòrna la parlètta (padèlla). (rom.) *Fort, Kessel (Kesselchen), mache nicht das Kesselchen (die Pfanne) schwarz.*

ni. Al lavèzz ziga dri alla padèlla: fatt in là ch' t' n' em' tenz. (em. B.) *Der Kohlentopf schimpft auf die Pfanne: geh fort, damit du mich nicht beschmutzest.*

La grèzza crida adrè al maguàn. (em. P.) *Die Beschlagtasche schimpft auf den Kesselflicker.*

La gruèza crida adréè al magnan. (em. R.) *S. La grèzza u. s. w.*

La gradèla la dis mal de la padèla. (l.) *Der Rost schimpft auf die Pfanne.*

La padela (peila) a dis al pajrœul: fate andá ch' it em tense. (piem.) *S. La padella dice al pajuòlo u. s. w.*

Il lavezzo fa beffe de la pignata. (v.) *Der Kohlentopf spottet des Kochtopfes.*

La grèla che dise mal de la farsòra. (v.) *Der Rost, der auf die Pfanne schimpft.*

La scova parla mal del manigo. (v. trst.) *Der Besen schimpft den Stiel.*

si. Dicce la caldâr a la frisòle: fatte cchiù dda cca tu mi tinge. (ap. B.) *Der Kessel sagt zur Pfanne: weiter fort, denn du beschmutzest mich.*

Nci dissi la padedda a lu cardaru: Vaddi via che mi tingi. (cal.) *S. La padella dice al pajuòlo u. s. w.*

Arrassate, caudara, ca me tigne. (npl.) *Entferne dich, Kessel, denn du beschmutzest mich.*

Su caldaròne narat nièdda ad sa padedda. (sa. L.) *Der Kessel sagt zur Pfanne: Schwarze!*

Sa padedda narat ad su caldaròne nièddu. (sa. L., S.) *Die Pfanne sagt zum Kessel: Schwarzer!*

lm. Diu l' olla à la paella: fôste en llà, no m' enmascares. (ncat.) *Sagte der Topf zur Pfanne: fort dort, beschmutze mich nicht.*

sp. Dixo la sarten á la caldera: tirte allá, cul negra. *Die Pfanne sagte zum Kessel: fort dort, Schwarze ....!*

Dixo la sarten a la caldera: Anda para, cul negra. (asp.) *Die Pfanne sagte zum Kessel: Geh zum Teufel, Schwarze ....!*

---

468. **Kein Topf so schief, er findet seinen Deckel.**

Kein Töpfchen so schief, es findet sich ein Deckelchen d'rauf.

md. Et ies kin Pott son scheiw, et passet en Deckel derup. (hss. N.) *Es ist kein Topf so schief, es passt ein Deckel drauf.*

Es ist kein Töpfchen so klein, es passt ein Deckelchen darauf. (mrh. E.)

't As kên Deppen esô klèng, et fennt sên Dèckel. (mrh. L.) *Es ist kein Topf so klein, er findet seinen Deckel.*

od. Es ist kein Topf so schief, es findet sich ein Deckel dazu. (bair.)

pd. Esu scheef en es geen Döppe, et kritt 'ne Decksel op. (nrh. A.) *So schief ist kein Topf, er kriegt einen Deckel auf.*

Et es gee Döppchen esu kleng, et fengt doch en Deckselche. (nrh. A.) *Es ist kein Töpfchen so klein, es findet doch ein Deckelchen.*

Ăt es kee Döpche su scheef, of ăt fenk sich ă Däckelche drop. (nrh. D.) *Es ist kein Töpfchen so schief, es findet sich ein Deckelchen drauf.*

Et es kein Dôpchen esu scheif, et fink doch sin Deckelchen. (nrh. K.) *Es ist kein Töpfchen so schief, es findet doch sein Deckelchen.*

't Is genne Pott so scheef, of 't passt 'nen Deckel dropp. (nrh. Kl.) *S. Et ies u. s. w.*

't Iss kên Pott so schêf, 't findt sick 'n Stölper drupp (Deckel to). (ns. A.) *Es ist kein Topf so schief, es findet sich ein Deckel drauf (dazu).*

Dar is keen Pott so scheef, dar passet en Stulpen up. (ns. B.) *Da ist kein Topf so schief, da passt ein Deckel drauf.*

Et is kein Pot sau scheif, et passet en Deckel drup. (ns. ba. G. u. G.) *S. Et ies u. s. w.*

Keen Putt is so scheef, he findt sin Deckel. (ns. hlst.) *Kein Topf ist so schief, er findet seinen Deckel.*

Dar is keen Putt so scheef, et findt sik en Stülper dato. (ns. hlst.) *Da ist kein Topf so schief, es findet sich ein Deckel dazu.*

Nin Putt is to scheew, hee findt synen Stülper. (ns. Hmb.) *Kein Topf ist zu schief, er findet seinen Deckel.*

't Is keen Pott so scheef, door passt en Stülpen to. (ns. M.-Sch.) *Es ist kein Topf so schief, da passt ein Deckel dazu.*

Dar is kên Pot sô schêf, dar passt noch wol 'n Stülp (Lit) up. (ns. O. J.) *Da ist kein Topf so schief, da passt wohl noch eine Stürze (ein Deckel) darauf.*

Keen Pott so sgeef, of der passt en Stulp up. (ns. O. St.) *Kein Topf so schief, da passt ein Deckel darauf.*

Et öss kein Toppke so schlecht, dat söck nich e passendet Deckelke dato findt. (ns. Pr.) *Es ist kein Töpfchen so schlecht, dass sich nicht ein passendes Deckelchen dazu findet.*

Et is kenn Pott sau scheif, et passet en Deckel drupp. (ns. W.) *S. Et iss u. s. w.*

Et es kain Pott so schef, et passet en Dickel derop. (wstf. Mrk.) *S. Et iss u. s. w.*

---

dt. Er is geen pot zoo scheef, of er past een dekseltje op. *Es ist kein Topf so schief, es passt ein Deckelchen drauf.*

Noyt pot so slom, hy en vant syne schyne. (avl.) *Nie (war) ein Topf so schief, er fand seinen Deckel.*

Daer is geen potteken of daer past een schyfken op. (vl.) *Da ist kein Töpfchen, da passt ein Deckelchen drauf.*

fs. Dir is naan Poot so skief, dat-r nian Lad to paaset. (N.) *Es ist kein Topf so schief, dass kein Deckel dazu passte.*

---

fz. Il n'y a point de pot si laid qui ne trouve son couvercle. *Es gibt keinen so hässlichen Topf, der nicht seinen Deckel fände.*

Il n'est si méchant (vilain) pot qui ne trouve son couvercle. *Kein Topf so schlecht, der nicht seinen Deckel fände.*

nf. I n'y a point d' si laid pot qu'y ne trouve s'converture. (R.) *S. Il n'y a point u. s. w.*

I n'y a nou si laid pot qui n' trouve si coviècle. (w.) *S. Il n'y a point u. s. w.*

it. Non vi è pentola si brutta che non si trovi il suo coperchio. *S. Il n'y a point u. s. w.*

nl. Nol è cuviart che no s' adati a qualchi cait. (frl.) *Es gibt keinen Deckel, der nicht auf irgend einen Topf passte.*

No gh' è brôta pignata, che 'l sô coêrc no la se cata. (l. b.) *Es ist kein hässlicher Topf, dessen Deckel sich nicht finde.*

No gh' è pignata che covercio no cata. (v.) *Es ist kein Topf, der nicht Deckel fände.*

pt. Não ha panella tão feia, que não ache seu cubertouro. *S. Il n'y a point u. s. w.*

sp. No hay olla tan fea que no halle su cobertera. *S. Il n'y a point u. s. w.*

---

469. Ablass nach Rom tragen.

Sparren nach Norwegen führen.

od. Stroh nach Kornwestheim tragen. (schwb.)

pd. Dehlen na Norwegen schikken. (ns. B.) *Dielen nach Norwegen schicken.*

Dat is so vël as Delen na Norwegen stüren. (ns. ofs.) *Das ist so viel, wie Dielen nach Norwegen schicken.*

---

dt. Sparren (Spaanderen) naar Noorwegen brengen (zenden). *Sparren (Späne) nach Norwegen bringen (senden).*

Zend geene steenkolen naar Newcastle. *Sendet keine Steinkohlen nach Newcastle.*

en. To carry (Sending) coals to New-castle. *Kohlen nach Newcastle schaffen (schicken).*

Carrying saut to Dysart and puddings to Tranent. *Salz nach Dysart und Würste nach Tranent bringen.*

Giving an apple where there's an orchard. (m. en.) *Einen Apfel geben, wo ein Obstgarten ist.*

---

dä. Man skal ikke bære Meel i Mollerens Huus. *Man muss nicht Mehl in des Müllers Haus tragen.*

At give Bagerborn Hvedebrød. *Bäckerkindern Weissbrot geben.*

is. Þú færir náttuglur til Athenu-borgar. *Du bringst Eulen nach Athen.*

---

lt. Noctuas Athenas.

it. Portar nottole a Atene (vasi in Samo). *Eulen nach Athen (Gefässe nach Samos) bringen.*

mi. Portar i sorci in macello. (R.) *Die Mäuse in's Schlachthaus bringen.*

Portar mosche in Puglia (coccodrilli a Egitto). (t.) *Fliegen nach Apulien (Krokodile nach Egypten) bringen.*

Portar fraschoni a Valembrosa. (t. flor.) *Zweige nach Vallombrosa bringen.*

Portar porri (cavoli) (poponi) a Legnaia. (t. flor.) *Lauch (Kohl) (Melonen) nach Legnaia bringen.*

pt. Vender mel ao colmeeiro. *Dem Bienenzüchter Honig verkaufen.*

sp. Vender miel al colmenero. *S. Vender mel u. s. w.*

---

470. Holz in den Wald tragen.

md. Seld ich Hulz in a Wald trân, wûsan vûr genunk drinne is? (schls. B.) *Sollte ich Holz in den Wald tragen, wo schon genug drin ist?*

od. Bäme ni a Pusch träân. (östr. schls.) *Bäume in den Busch tragen.*

pd. Hûlz ân de Bûsch drôn. (nrh. S.)

---

dl. Hout in het bosch dragen.

Hout naar het bosch brengen. *Holz nach dem Walde bringen.*

---

dä. Man skal ikke bære Træ i Skoven. *Man muss nicht Holz in den Wald tragen.*

is. Bràk er að bera trè til skógar. *Abmühen ist es, Holz in den Wald zu tragen.*

sw. Båra Vedh til Skogs.

Det år onödigt båra wed til skogs. *Es ist unnöthig, Holz in den Wald zu tragen.*

---

lt. In sylvam ligna ferre (vehere ligna).

Sydera coelo (Arboribus folia) addit.

it. Portar legne al bosco.

mi. Portar le legne al bosco, (t.) *Das Holz in den Wald tragen.*

---

471. Wasser in das Meer tragen.

Wasser in den Brunnen tragen.

Wasser in den Rhein tragen.

Das hiesse Wasser in den Rhein tragen.

Wasser in die Donau (Elbe) tragen.

Der treit das wasser in den Ryn Vnd schüttet wasser in eyn brunn. (ad.)

md. Dos hêßet Wâßer 'nei'n Mô' trôg'n. (frk. M.) *Das hiesse Wasser in den Main tragen.*

Wässer an d' Mîer schüblen. (mrh. L.) *Wasser in's Meer schütten.*

od. Wasser in die Reuss (Limmat) (Aar) tragen. (schwei.)

Wasser in Ri träge. (schwei. Sch.) *S. Wasser in den Rhein u. s. w.*

pd. Water en den Rien dragen. (nrh. M.) *S. Wasser in den Rhein u. s. w.*

Wâsser ân de Brûnnen drôn. (nrh. S.) *S. Wasser in den Brunnen u. s. w.*

---

dl. Water in de zee brengen. *Wasser in die See bringen.*

Water in den Rijn dragen. *S. Wasser in den Rhein u. s. w.*

Dat is ook water in de bron dragen. *Das ist auch Wasser in den Brunnen tragen.*

en. To carry water into the sea.

To carry water into (To cast water in) the Thames. *Wasser in die Themse tragen (schütten).*

fs. Wâhser ûnjn 'e Sûhss drêgen. (M.) *S. Wasser in den Brunnen u. s. w.*

---

dä. At bære Vand til Stranden. *Wasser an den Strand tragen.*

is. Að bera vatn í bakkafullan lœkinn. *Wasser in den übervollen Bach tragen.*

Það er að bera í bakkafullan lœkinn. *Das heisst in den übervollen Bach tragen.*

nw. Bera Vatn i Aa. *Wasser in den Fluss tragen.*

D' er inkje verdt, aa bera Vatn i Aa. *Es ist nicht nöthig, Wasser in den Fluss zu tragen.*

D' er ingi Torv aa veita Vatn aat Sjoen. *Es ist kein Bedürfniss, Wasser in die See zu leiten.*

---

lt. In mare aquam defert.

Mari aquam addere.

fz. Porter de l'eau à la mer.

Porter l'eau en la mer. *Das Wasser in's Meer tragen.*

Porter de l'eau à la rivière. *S. Bera u. s. w.*

Dedans la mer de l'eau n'aporte. *In's Meer trage kein Wasser.*

nf. Poirter (Taper) d'laiwe ès Moûse. (w.) *Wasser in die Maas tragen (schütten).*

sf. Ponerto l'aygo à la foueut. (nprv.) *Er trägt das Wasser in den Brunnen.*

it. Portar acqua al mare.

E' porta l' acqua al mare. *Er trägt das Wasser in's Meer.*

Agginnger acqua al fiume. *Wasser in den Fluss thun.*

mi. Purtê l'acqua a e mêr. (rom.) *S. Porter l'eau u. s. w.*

Portare acqua al molino. (t.) *Wasser zur Mühle tragen.*

Portar acqua ad Arno. (t. flor.) *Wasser in den Arno tragen.*

ni. Azzunze dell' aegua a-o mà. (lig.) *Wasser in's Meer thun.*

Versè (Butè) d' aqua ant el Po. (piem.) *Wasser in den Po giessen.*

si. Aggiungher abba ad su mare. (sa. L.) *S. Azzunze u. s. w.*

Totu est adjungher abba ad su riu. (sa. L.) *Alles ist Wasser in den Fluss thun.*

pt. Levar agoa ao mar.

wl. Nu căra apă la fontână. *Trage nicht Wasser in den Brunnen.*

---

472. **Wer gerne trägt, dem ladet Jeder auf.**

Wer sich auf der Achsel sitzen lässt, dem sitzt **man nachher auf dem** Kopfe.

Wer sich anspannen lässt, der muss ziehen.

---

dä. Den **som lader sig spænde** for Ploven, maa **trække.** *Wer sich vor den Pflug spannen lässt, muss ziehen.*

Den som kaster sig selv under Bænken, ham lade de Andre nok **ligge der.** *Wer sich selbst unter die Bank* ***wirft, den lassen*** *die Andern gern dort liegen.*

sw. Dhen som låter **spänna sigh i** Kiärran, han måste **och** lära **draga.** ***Wer*** *sich in den Karren* ***spannen lässt, muss*** *auch ziehen* ***lernen.***

---

it. Chi si lascia **metter in spalla la** capra, indi a poco **è** sforzato **a** portar la vacca. *Wer sich die Ziege auf die Schulter laden lässt, ist bald gezwungen, die Kuh zu tragen.*

---

473. Die **Trauben** sind sauer, sagte der Fuchs.

pd. De **Birre sin noch** nit rief, sääd der Fuss, do **schott hä** der Baum met singem Stääz. **(nrh. K.)** *Die Birnen sind noch nicht reif,* ***sagte der Fuchs, da*** *schüttelte er den Baum* ***mit seinem Schwanz.***

De Beren **sünt sur, sä de** Voss. (ns. B.) *Die Birnen* ***sind sauer,*** *sagte der Fuchs.*

De Beeren sünd suur, seggt de Voss. (ns. hlst.) *S. De Beren u. s. w.*

De sind sur, **sæ** de Foss um de Vindruven, då **konn he se nig krigen. (ns. hlst. A.)** ***Die sind sauer, sagte der Fuchs von den Weintrauben,*** *da* ***konnte er sie nicht kriegen.***

De **Beêrn** (Wiendrufen) sünt sur, sä de Voss, do hungen se hum to hoog. (ns. ofs.) *Die* ***Birnen*** *(Weintrauben) sind sauer, sagte der Fuchs, da hingen sie ihm zu hoch.*

De **Wurst** is doch **to krumm, sä de** Voss, do hung se hum to hoch. (ns. ofs.) ***Die Wurst ist doch zu krumm, sagte der Fuchs, da hing sie ihm zu hoch.***

Wen kên kumt, wil'k ôk kên, sæ də Foz un slôch mittən Staert annən Baernbôm. (ns. O. J.) *Wenn keine kommt, will ich auch keine, sagte* **der** *Fuchs und schlug mit* **dem** *Schwanz* ***an den*** *Birnbaum.*

Sèz mi dôch tô krum, sæ də Foz, dô hunk də Wurst bâbən ünnərn Wiməm. (ns. O. J.) *Sie* ***ist mir doch*** *zu krumm, sagte der Fuchs, da* ***hing die Wurst*** *oben unter den Fleischhängen.*

De Bären **sünt suur, sä** de Foss, un slog mit'n Stärt **an'n Boom. (ns. O. K.)** *Die Birnen* ***sind sauer, sagte der Fuchs*** *und schlug mit* ***dem*** *Schwanz an* ***den*** *Baum.*

De Druwen sitt su'er, sach de Foss, as he nitt derbi konn. (wstf. Mrk.) *Die Trauben sind sauer, sagte der Fuchs,* ***als er nicht*** *dazu* ***konnte.***

Et was mi doch men Spass, hadde de Foss sacht, då hadde in der Hast en Biärenblatt för'ne Biär ansaihen. Wann de ock wärs 'ne Biär wiäst, ik **hädde di doch nitt** friäten. (wstf. Mrk.) *Es war doch nur Spass, hatte der Fuchs gesagt, da hatt' er in der Hast ein Birnenblatt* ***für eine Birne*** *angesehen. Wenn* ***du auch eine Birne gewesen wärst, ich hätte dich doch nicht gefressen.***

Wann kaine kuemet, we'k ock kaine, harre de Foss sacht, då harre hai met 'ne Stiärte **an'n Biärbom kloppet. (wstf.** Mrk.) *Wenn* ***keine kommt, will ich auch keine,*** *hatte der* ***Fuchs gesagt, da hatte er mit*** *seinem Schwanz an den Birnbaum geklopft.*

Se es mi te krumm, sach de Foss, då sat de Katte met 'ner Wuorst omme Bome. (wstf. Mrk.) *Sie ist mir zu krumm,* ***sagte der*** *Fuchs, da sass die* ***Katze mit einer Wurst*** *auf dem Baume.*

---

dt. **De druiven zijn zuur, zei de** vos, maar hij kon **er niet bij.** ***Die*** *Trauben sind sauer, sagte* ***der*** *Fuchs,* ***aber er*** *konnte nicht dazu.*

Hij **doet als** de vos met de druiven. *Er macht's wie der Fuchs mit den Trauben.*

Alzoo zegt de vos van de kersen (moerbeziën), als hij er geen van mag hebben. *So spricht* ***der*** *Fuchs von den Kirschen (Maulbeeren),* ***wenn er*** *keine davon haben kann.*

en. **Foxes** when they cannot reach the grapes say **they are not ripe.** *Wenn Füchse die Trauben* ***nicht*** *erwischen* ***können, sagen*** *sie, dass sie* ***nicht*** *reif sind.*

Fie upon heps, quoth the fox, because he could not reach them. *Pfui über* ***Hagebutten,*** *sprach der Fuchs, weil er sie nicht erwischen konnte.*

Soor plums! quo' the tod, when he couldna climb the tree. (scho.) *Saure Pflaumen! sprach der Fuchs, als er nicht auf den Baum klettern konnte.*

---

dä. De ere sure, sagde Ræven om Ronnebærrene, da han ikke kunde naae dem. *Die sind sauer, sagte der Fuchs von den Vogelbeeren, als er nicht dazu konnte.*

nw. Reven lastar Rauneberi, han kann inkje naa dei. *Der Fuchs bemäkelt die Vogelbeeren, zu denen er nicht kann.*

sw. De äro så sura, sa' räfven om rönnbären. *Die sind so sauer, sagte der Fuchs von den Vogelbeeren.*

Dhen Fohlan haar altijd lythe, som man intet kan fåå. *Das Fohlen hat stets Fehler, das man nicht bekommen kann.*

---

fz. Il est comme le renard, il trouve les raisins trop verts. *Er ist wie der Fuchs, er findet die Trauben zu grün.*

Les raisins sont trop verts. *Die Trauben sind zu grün.*

Autant dit le renard des mûres: elles sont trop vertes. *So sagt der Fuchs von den Maulbeeren: sie sind zu grün.*

Ainsi dist le renard des mures quand il n' en peult avoir: elles ne me sont point bonnes. (afz.) *So sagt der Fuchs von den Maulbeeren, wenn er sie nicht haben kann: sie sind mir nicht gut.*

nf. Les rengins n' sont nin co meurs. (w.) *Die Trauben sind noch nicht reif.*

sf. Ansin dis lou rèinar das razins. (Lgd.) *So sagt der Fuchs von den Trauben.*

Ansin dis lou reynard à las maduras, son aigros. (nprv.) *So sagt der Fuchs bei den reifen (Trauben): sie sind sauer.*

it. La volpe dice, che l' uva è agresta. *Der Fuchs sagt, dass die Traube unreif ist.*

Come disse la volpe: lasciala star, che ella è acerba. *Wie der Fuchs sagte: lass sie stehen, denn sie ist sauer.*

mi. Tant' era agra, disse a golpe quandu un pudê più piglià a mela ch' ell' avea lasciatu corre. (crs.) *Er war so sauer, sagte der Fuchs, als er den Apfel nicht mehr ergreifen konnte, den er hatte laufen lassen.*

Anca la volp l' an vòl l' ôva. (rom.) *Auch der Fuchs will die Traube nicht.*

ni. Gnanca a la ulp ghe pias i gai ross. (l. b.) *Nicht einmal dem Fuchs gefallen die rothen Hähne.*

La volp che nò ghe riva a cattà l'uga, La se scusa col di: l'è zerba ammò. (l. m.) *Der Fuchs, der die Traube nicht erreichen kann, entschuldigt sich mit den Worten: sie ist noch sauer.*

Quand ch' el léon l' ha nen podu piè la sea, l' ha dit che l' è marsa. (piem.) *Als der Wolf das Schaf nicht kriegen konnte, hat er gesagt, es wäre räudig.*

La volpe no vol sariese. (v.) *Der Fuchs will keine Kirschen.*

La volpe che no vol sarièse. (v. trst.) *Der Fuchs, der keine Kirschen will.*

si. La volp cca non arriva all uve, disce cca è agrest. (ap. B.) *Der Fuchs, der nicht bis zu den Trauben reicht, sagt, sie sind nicht reif.*

Gatta che non può arrivare al polmone, dice che puzza. (npl.) *Die Katze, welche die Lunge nicht erreichen kann, sagt, sie stinkt.*

La gatta chi nun arriva a lu pulmuni, dici chi feti. (s.) *S. Gatta u. s. w.*

sp. Así dixo la zorra á las uvas, no pudiéndolas alcanzar, que no estaban maduras. *So sagte der Fuchs von den Trauben, als er sie nicht erreichen konnte: sie wären nicht reif.*

---

474. **Sind die Trauben gekeltert, so achtet man nicht der Trestern.**

---

fz. Adieu, paniers, vendanges sont faites. *Fahrt hin, Körbe, die Lese ist vorüber.*

La fête passée, adieu le saint. *Vorbei das Fest, Fahrwohl dem Heiligen.*

nf. Après la fête, adieu le saint. (nrm.) *Nach dem Fest, Fahrwohl dem Heiligen.*

Adiet les blés, les fromints sont meurs. (w.) *Fahr' hin, Getreide, der Weizen ist reif.*

it. Fatta la festa, è corso il palio. (mi. t.) *Das Fest vorüber, ist der Preis erlaufen.*

mi. Fatta la festa, non v'è chi spazzi la sala. (t.) *Das Fest vorüber, ist Niemand, der den Saal auskehre.*

Opera fatta, maestro in pozzo. (t.) *Werk fertig, Meister im Brunnen.*

ni. Fatta la festa, gabbato lo santo. (emi. P.) *Das Fest vorüber, der Heilige verspottet.*

Finida la sagra, töc i dis che l'è stada magra. (l. b.) *(Ist) die Kirchweih vorüber, sagen Alle, sie sei mager gewesen.*

Mestér fat, artesta taresat. (l. b.) *Arbeit gemacht, Künstler getadelt.*

Passâ la festa, l' è gabbâ anch el Sant. (l. m.) *Das Fest vorüber, wird auch der Heilige verspottet.*

Passà la festa, gabato il Santo. (piem.) *S. Fatta la festa, gabbato u. s. w.*

Finia la sagra, tuti ghe ne dise mal. (v.) *Ist die Kirchweih vorüber, sprechen Alle Schlechtes von ihr.*

Opera fata, maestro in pozzo. (v.) *S. Opera fatta u. s. w.*

Svodà la squela, tuti ghe spua drento. (v.) *(Ist) die Schüssel leer, spucken Alle hinein.*

si. Dai sa mata da qui ude ruent sas rosas, si dispretiant sas ispinas. (ss. M.) *Vom Baum, von welchem die Rosen abfallen, werden die Dornen verachtet.*

lm. Quand es menester María, vinga María; quand no es menester María, fora María. (neat.) *Wenn Maria nothwendig ist, komme Maria; wenn Maria nicht nothwendig ist, hinaus Maria.*

——

475. **Trau,** Schau, Wem.

Traue nicht lachenden Wirthen und weinenden Bettlern.

Grossen Herrn und schönen Frauen Soll man wohl dienen, doch wenig trauen.

Klarem Himmel und lachendem Herren ist nicht zu trauen.

Traue keinem Judaskusse, Fremdem Hund und Pferdefusse.

Neuen Freunden und einem alten Hause ist nicht wohl zu trauen.

Weibern und Geschossen soll Niemand trauen.

Bei Leibe Trau keinem Weibe Obgleich sie todt ist.

Trau keinem Wetter im April Und keinem Schwörer bei dem Spiel.

od. Einen lachenden Schergen und zähnenden Hund muss man nicht trauen. (bair.)

Es ist den Schelmen nicht zu trauen. (schwei.)

Dem Stammelnden ist schwer zu trauen. (schwei.)

pd. Em Kithiwdije sål em nét trûn. (urh. S.) *Einem Rothköpfigen soll man nicht trauen.*

Den Råwen upn Dåke un den Fos vor der Dör is nich to trûen. (ns. ha. G. u. G.) *Dem Raben auf dem Dache und dem Fuchse vor der Thür ist nicht zu trauen.*

Trûe den nich, dei met dek up enen Küssen slöpt. (ns. ha. G. u. G.) *Traue dem nicht, der mit dir auf einem Kissen schläft.*

Tevenkinder un Mårenkinder mut man nig troen. (ns. hlst.) *Hundekindern und Mähren-kindern muss man nicht trauen.*

——

Peerdsvoet, wolfstand, hoereneers en dobbeleers-hand, niet te betrauwen. (avl.) *Pferdefuss, Wolfszahn, H . . . . a . . . . und Würfelspielerhand ist nicht zu trauen.* dt.

Trust not a horse 's heel, nor a dog's tooth. *Traut nicht einem Pferdefuss, noch einem Hundezahn.* en.

——

Man skal ikke troe en springsk Hest, eller en stor Herre, naar de ryste med Hovedet. *Man soll nicht einem wilden Pferde, noch einem grossen Herrn trauen, wenn sie mit dem Kopf schütteln.* dä.

Store Herrer og smukke Qvinder skal man tjene vel og troe ilde. *S. Grossen u. s. w.*

Tro ingen Eva's Datter! *Trau keiner Tochter Eva's!*

Tráðu aldrei vetrarþokn. *Traue niemals* [*Winternebel.* is.

Traudt skaltu trúa þínum óvin, þó blídt brosi. *Kaum trauen sollst du deinem Feinde, wenn er freundlich lächelt.*

Traudt skaltu trúa akri ársánum og úngum syni. *Kaum musst du frühgesätem Acker und zu frühzeitigem Sohne trauen.*

Traudt skaltu trúa brúðar beðmálum og brotnu sverði. *Kaum musst du der Braut Bettrede und gebrochenem Schwerte trauen.*

Traudt skaltu trúa bjarnar fimleik og barni höfðingja. *Kaum musst du des Bären Spiele und dem Königskinde trauen.*

Traudt skaltu trúa brestandi boga og brennandi loga. *Kaum musst du gellendem Bogen und brennender Lohe trauen.*

Traudt skaltu trúa fljúgandi fleini og fallandi báru. *Kaum musst du fliegendem Pfeile und fallender Woge trauen.*

Traudt skaltu trúa gínandi úlfi og galandi kráku. *Kaum musst du zähnebleckendem Wolfe und krächzender Krähe trauen.*

Traudt skaltu trúa heiðríkum himni og hlæandi herra. *Kaum musst du heiterem Himmel und lachendem Herrn trauen.*

Traudt skaltu trúa húsi hálfbrunnu né bróðurbana, ef á braut hittir. *Kaum musst du halbverbranntem Hause, noch dem Brudermörder trauen, wenn er (dir) auf dem Wege begegnet.*

Traudt skaltu trúa ísi einnættum og ormi hringlögðum. *Kaum musst du einnächtigem Eise und geringeltem Wurme trauen.*

Trauðt skaltu trúa sjúkum kálfi og sjálfráðum þræli. *Kaum musst du siechem Kalbe und selbstwilligem Knechte trauen.*

Trauðt skaltu trúa vaxandi vogi og vellandi katli. *Kaum musst du wachsender Woge und wallendem Kessel trauen.*

Trauðt skaltu trúa þeim, þú hefir illt tilgjört og ei forlikað. *Kaum musst du dem trauen, dem du Schlimmes zugefügt und mit dem du dich nicht verglichen hast.*

sw. Hundetanden och Hästefooten äre intet troendes. *Dem Hundszahn und dem Pferdefuss ist nicht zu trauen.*

Stora herrar och vackra qvinnor skall man tjena väl och tro illa. *S. Grossen u. s. w.*

---

lt. Eligas quem diligas.

Fide, sed cui, vide.

Equo ne credite Teucri.

Ab equinis pedibus procul recede.

Nec mulieri, nec gremio credendum.

Ridenti domino diffide poloque sereno. (mlt.)

fz. A batelier et voiturier ne s' y faut jamais fier. *Auf Fährmann und Fuhrmann muss man sich nie verlassen.*

Il ne faut pas se fier à femme morte. *Man darf todter Frau nicht trauen.*

af. Cil est faux qui à femme se fie. (Chmp.) *Der ist thöricht, der einer Frau traut.*

sf. Non te hides au mensongé n' au bent, Car bol és plan aquet qui si attent. (Gsc.) *Traue nicht der Lüge, noch dem Winde, denn sehr thöricht ist, wer sich darauf verlässt.*

Dē marìdo fèmno gardo tē é dē la bóno nonn tēn fisē's. (Lgd.) *Vor schlechter Frau hüte dich und der guten traue nicht.*

Non te fises en aqueou que ris davant que parle. (nprv.) *Traue nicht dem, der lacht, ehe er spricht.*

it. Non ti fidar, se puoi far di manco. *Traue nicht, wenn du es anders thun kannst.*

mi. Ommu chi sperghiura, cavallu chi suda e donna chi pianghie, un ti ne fidà. (crs. s.) *Manne, welcher schwört, Pferde, welches schwitzt und Frau, welche weint, traue nicht.*

Caval che suda, omo che giura, e donna piangente, non gli creder niente. (t.) *Pferde, welches schwitzt, Manne, welcher schwört und weinender Frau glaube nichts.*

Uom che ghigna, can che rigna, non te ne fidare. (t.) *Manne, der grinst, Hunde, der die Zähne fletscht, traue nicht.*

ni. Bisogna piö fidass guaca d'so pader. (l. b.) *Man muss selbst seinem Vater nicht mehr trauen.*

Nanca al vec no staga a crèd. (l. m.) *Selbst dem Alten traue nicht.*

No bisogna fidarse gnanca de so pare. (v.) *Man muss selbst seinem Vater nicht trauen.*

Da chi no se fida, no te fidar. (v.) *Wem man nicht traut, dem traue nicht.*

Omo che pianzi, caval che suda, dona che giura, no se ghe credi un corno. (v. trst.) *Manne, der weint, Pferde, welches schwitzt, Frau, die schwört, denen glaubt man nicht so viel.*

si. Di cattiva donna guardati e della buona non ti fidar di nulla. (npl.) *S. Dē marìdo u. s. w.*

A quattru cosi criditu nun dati: Suli d' invernu e nuvuli di estati, Di donni amuri e carità di frati. (s.) *Vier Dingen schenke keinen Glauben: Sonne im Winter und Wolken im Sommer, Liebe von Frauen und Barmherzigkeit von Mönchen.*

Nun ti fidari si luci la luna. (s.) *Traue nicht, wenn der Mond scheint.*

Non ti fides de Sanctu qui mandigat. (sa.) *Traue keinem Heiligen, der isst.*

pt. Nem te fies em villão, Nem bebas agoa de charqueirão. *Traue weder einem Bauern, noch trinke Sumpfwasser.*

Da má molher te guarda, e da boa não fies nada. *S. Dē marìdo u. s. w.*

sp. Ni fies en villano, ni bebas agua de charco. *S. Nem te fies u. s. w.*

De la mala muger te guarda Y de la buena no fies nada. (asp.) *S. Dē marìdo u. s. w.*

---

476. **Trauwohl** ritt das Pferd hinweg.

Trauwohl stahl die Kuh aus dem Stalle.

Trauwol reitet das Pferd weg. (ad.)

od. Trauwohl ritt das Pferd davon. (bair.)

Wohlgetraut reitet das Pferd hinweg. (schwei.)

pd. Froum het en Kuh gestohlen on es doch noch Fromm. (nrh. M.) *Fromm hat eine Kuh gestohlen und ist doch noch Fromm.*

---

dl. Trouw reed met het paard weg. *Treu ritt mit dem Pferde weg.*

Eerlijk (Vroom) heeft de koe gestolen. *Ehrlich (Fromm) hat die Kuh gestohlen.*

Trouw wel rydt dat peert enweeh. (ah.)

---

sw. God tro red hästen bort. *Gut-Treu ritt das Pferd fort.*

---

477. Man **tritt** den Frosch so **lange, dass** er pfeift.

pd. Man kann de Utze so lange peddn, bet **se** quakket. (us. B.) *Man kann die Kröte so lange treten, bis sie quäkt.*

Man kann 'n Lork so lange träen, **bät he** quacket. (us. hn. V.) *S. Man kann **de** Utze u. s. w.*

Man kann de Pogg so lang drücken, dat he quackt. (us. ofs.) *Man kann den Frosch **so** lange drücken, dass er quäkt.*

---

dt. Men kan den kikvorsch (de pad) wel zoo lang trappen (tergen), tot hij (ze) kwak zegt (kwaakt) (spuwt) (barst). *Man kann den Frosch (die Kröte) so lange treten (quälen), bis er (sie) Quack sagt* ***(quakt)*** *(spuckt)* ***(berstet).***

Men tredet die padde wel soe lange, dat sy van sich spyet. (ah.) *Man tritt die Kröte wohl so lange, dass sie von sich spuckt.*

---

dä. Man træder Frøen saa længe, intil den qvækker. *Man tritt den Frosch so lange, bis er quakt.*

---

lt. **Rana sæpius conculcata tandem coaxat.**

---

478. **Wenn man** den Wurm **tritt, so krümmt er sich.**

Es ist kein Wurm so klein, dass er sich nicht krümmte, wenn man ihn tritt.

Kein Wurm **so** klein, er krümmet sich.

md. 't As kē Wurem esō klēng, trett ēn en **op** de Kapp, e rēngelt de Schwanz. (mrh. L.) *Es ist kein Wurm so klein, tritt man ihn auf den Kopf, er ringelt den Schwanz.*

---

en. Tread on a worm and it will turn. *Tritt auf einen Wurm, und er wird sich krümmen.*

A baited cat may grow as fierce as a lion. *Eine gehetzte Katze kann so wüthend werden, wie ein Löwe.*

Tramp on a worm an' she'll turn her head. (scho.) *Tritt auf einen Wurm, und er wird den Kopf drehen.*

Tramp on a snail an' she'll shoot oot her horns. (scho.) *Tritt auf eine Schnecke, und sie wird die Hörner herausstrecken.*

---

dä. En traadt Orm krymper sig. *Ein getretener Wurm krümmt sich.*

Saa længe træder man Ormen paa Halen, **at** han vender Brodden igien. *So lange tritt man den Wurm auf den Schwanz, dass er den Stachel herausstreckt.*

Man træder Katten saa længe paa Halen, til han vender Kløerne igien (indtil den vender Kløerne i Veiret). *Man tritt die Katze so lange auf den Schwanz, bis sie die Klauen herausstreckt.*

Træd Katten paa Halen, han vender Kløerne igien. *Tritt die Katze auf den Schwanz, sie streckt die Klauen heraus.*

nw. Ein leikar so lengje med Katten, at ein fær **kjenna** Klorna hans. *Man spielt so lange* ***mit*** *der Katze, dass man ihre Klauen zu kennen bekommt.*

sw. Man trampar masken så länge, att han vill värja sig. *Man* ***tritt den*** *Wurm so lange, dass er* ***sich wehrt.***

---

lt. **Laesa saepius** repugnat ovis.

ew. **Il** verm as storscha, sch' el vain squitschà. **(ld.** U.-E.) *Der Wurm krümmt sich, wenn* ***er*** *gequetscht wird.*

fz. Un ver se rebèque quand on le presse. *Ein Wurm krümmt sich, wenn man ihn tritt.*

Il n'y a point de si **petit** ver qui ne se recroqueville **si l'on marche** dessus. *S. Es* ***ist kein*** *Wurm* ***so klein u.*** *s. w.*

si. **Qua sa formiga si** bettat ad **mossu**, Ad qua-**leune qui li** ponet su pè. (sa. L., M.) *Auch* ***die Ameise*** *wendet sich zum Biss bei Einem,* ***der sie*** *mit dem Fusse* ***tritt.***

---

479. **Was man einem treuen** Diener giebt, **ist Alles zu** wenig; was man einem **untreuen** giebt, Alles zu viel.

Was man dem gibt, der trewlich dienet, ist alles zuwenig. Widerumb was man dem gibt, der vntrewlich dienet, ist alles zuuiel. (ad.)

pd. En träen Dåner kån em nét genaćh bezuolen. (urh. S.) *Einem treuen Diener kann man nicht genug zahlen.*

---

dä. Hvad man giver en tro Tjener, er altid for Lidt; Hvad man giver en utro, altid for Meget. *Was man einem treuen Diener gibt, ist stets* ***zu*** *wenig; was man einem untreuen gibt,* ***stets zu viel.***

nw. Ein tru Tenar fær alltid for litet, ein utru alltid for myket. *Ein treuer Diener kriegt stets zu wenig, ein untreuer stets zu viel.*

sw. Trogen tiåhnare år Gull wård (en skatt i Hwset). *Treuer Diener ist Goldes werth (ein Schatz im Hause).*

---

480. **Stäter Tropfen höhlt den Stein.**

Den stein der trophe dürkel macht dicke vallent, niht mit kraft. (ad.)

md. De dägliké Druope dringet dor en harten Stein. (hss. N.) *Der tägliche Tropfen dringt durch einen harten Stein.*

Eine tägliche Tröps *(Tropfen)* schlägt ein Loch in den Boden. (mrh. E.)

Eng dégelêch Dreps mécht e Lach. (mrh. L.) *Ein täglicher Tropfen macht ein Loch.*

pd. Der dägliche Dröpp maacht et Daach nasss. (nrh. A.) *Der tägliche Tropfen macht das Dach nass.*

Stèter Droppen (Drippen) höllet den Stein. (ns. ha. G. u. G.)

Steten Droppen höllet den Stein. (ns. W.)

---

dl. Het water holt een arden steen, En dat maar door een drup alleen. *Das Wasser höhlt den Quaderstein und zwar nur durch einen Tropfen allein.*

eu. Spit on the stone, it will be wet at the last. *Spuckt auf den Stein, er wird zuletzt nass sein.*

---

dä. Then Stheen wordher waadh, hwer Man spytther vppaa. (adä.) *Der Stein wird nass, auf den Jedermann spuckt.*

Then Stheen wordher omsyder wodh, som hver Mand spytther vppaa. (adä.) *Der Stein wird endlich nass, auf den Jedermann spuckt.*

is. Dropinn holar hardan stein. *Der Tropfen höhlt den harten Stein.*

Dropinn opt nær dettr á stein, djúp varð þar af holan ein. *Wenn der Tropfen oft auf den Stein fällt, wird ein tiefes Loch von ihm.*

nw. Med langa Tider kann Dropen bora Berget. *Mit langer Zeit kann ein Tropfen den Berg aushöhlen.*

sw. Då man långe spottar på en sten, skall han en gång bli wåt. *Wenn man lange auf einen Stein spuckt, wird er ein Mal nass werden.*

Then steen wardher ok wather ther marghe sputta vppa. (asw.) *Der Stein wird auch nass, auf den Viele spucken.*

---

lt. Stilla assidua cavat lapidem.

Assidua stilla saxum excavat.

Gutta cavat lapidem non bis (vi) sed saepe cadendo.

Gutta cavat lapidem, consumitur annulus usu.

Forte lapis madeat, quo labra multa screant (plcs ubi multa spuat). (mlt.)

Petra madere qveat, plebs ubi multa screat. (mlt.)

Continueivel daguttar po il crap forar. (obl.) **cw.** *Fortgesetztes Tropfen kann den Stein durchlöchern.*

La goutte d'eau cave la pierre. *Der Tropfen* **fz.** *Wasser höhlt den Stein aus.*

L'eau qui tombe goutte à goutte cave la pierre. *Das Wasser, welches Tropfen auf Tropfen fällt, höhlt den Stein aus.*

Goutte à goutte se creuse la pierre. *Tropfen auf Tropfen höhlt sich der Stein aus.*

La continuelle goutière rompt la pierre. (afz.) *Das fortgesetzte Tropfen sprengt den Stein.*

Goccia a goccia si cava la pietra. *S. Goutte* **it.** *à goutte u. s. w.*

Goccia morta fossa fa. *Stehender Tropfen macht (eine) Grube.*

A goccia continua (fissa) pertusa u marmu. **mi.** (crs.) *Der stäte Tropfen (sprengt) durchlöchert den Marmor.*

A goccia a goccia s'incava la pietra. (t.) *S. Goutte à goutte u. s. w.*

La gossa continua la smangia la preda. (l. b.) **ni.** *Der stäte Tropfen verzehrt den Stein.*

La gossa continua a fora la pera. (piem.) *Der stäte Tropfen durchlöchert den Stein.*

A gossa a gossa a s' fora una pera. (piem.) *Tropfen auf Tropfen durchlöchert sich ein Stein.*

La giozza continua scava (spezza) la piéra. (v.) *Der stäte Tropfen höhlt (sprengt) den Stein.*

La giozza continua magna la piéra. (v.) *S. La gossa continua la u. s. w.*

La continua smancia la petra. (s.) *Das Fort-* **si.** *gesetzte verzehrt den Stein.*

Buttiu morta faghet fossu. (sa. L.) *S. Goccia morta u. s. w.*

Continua gotera, forada la pedra. (val.) *Stäter* **lm.** *Tropfen, durchlöchert der Stein.*

A pedra he dura, e a gota d'agoa he minda, **pt.** mas cahindo de continuo, faz cavadura. *Der Stein ist hart und der Tropfen Wasser ist fein, aber immerfort fallend macht er (eine) Höhlung.*

Agoa mollo em pedra dura, tanto dá até que fura. *Weiches Wasser auf harten Stein fällt so lange, bis es durchlöchert.*

La piedra es dura, y la gota menuda, mas cayendo **sp.** de contino hace cavadura. *S. A pedra u. s. w.*

La peña es dura y el agua menuda, mas cayendo cada dia hace cavadura. *Der Felsen ist hart und das Wasser ist fein, aber täglich fallend macht es (eine) Höhlung.*

Contina gotera horada la piedra. (asp.) *S. Continua u. s. w.*

---

481. Drop by drop the sea is drain'd. (cn.) **Tropfen** *auf Tropfen läuft das Meer ab.*

cn. Drop by drop the lake is drained. *Tropfen auf Tropfen wird der See abgelassen.*

---

nw. Ein Sup i Senn: dat tomer ei Tunna med Tidai. *Ein Schluck auf ein Mal leert mit der Zeit eine Tonne.*

---

fz. Goutte à goutte la mer s' égoutte. (afz.)

sf. Goûto à goûto, l'äizino s'ègoûto. (Lgd.) *Tropfen auf Tropfen entleert sich das Gefäss.*

Goutto à goutto, lou veisseou s'esgouto. (nprv.) *S. Goûto u. s. w.*

Se toté gotté cressan, toté gotté décressan. (Pat. s.) *Wenn jeder Tropfen mehrt, mindert jeder Tropfen.*

pt. Gotta e gotta, o mar se esgota.

sp. Gota á gota la mar se apoca. *Tropfen auf Tropfen vermindert sich das Meer.*

Grano á grano se acaba el monton de antaño. *Korn auf Korn wird der Haufen des vorigen Jahres alle.*

---

482. Im **Trüben** fischen.

md. A fischt garn am Trûben. (schls.) *Er fischt gern im Trüben.*

---

fs. Äujn glaumnig Wähser fäshen. (M.) *In trübem Wasser fischen.*

---

dä. Han vil fiske i rørt Vand. *Er will in trübem Wasser fischen.*

sw. Han fiskar i grumligt vatten. *Er fischt in trübem Wasser.*

---

lt. Piscari in turbido.

fz. Pêcher en eau trouble. *S. Äujn u. s. w.*

nf. Pehi ès l'mâcite aiwe. (w.) *Im schmutzigen Wasser fischen.*

Pêcher à l'ieau troube. (w. M.) *S. Äujn u. s. w.*

it. Pescare nel torbido.

ni. Pçschè ant el torbid. (piem.)

---

483. In **trübem** Wasser ist **gut** fischen.

md. Am drêwe' Wâsser as gutt feschen. (mrh. L.)

od. In trûben Wassern ist gut fischen. (schwei.)

---

dl. In troebel water is het goed visschen.

Het is goet visschen, daer twater ghestoird is. (avl.) *Es ist gut fischen, wo das Wasser getrübt ist.*

en. It is ('Tis) good fishing in troubled waters. *Es ist gut fischen in trüben Gewässern.*

It's gude fishing in drumly waters. (scho.) *S. It is u. s. w.*

---

dä. I rørt Vand er godt at fiske. *In aufgerührtem Wasser ist gut fischen.*

sw. Gott fiskia i upröret Watn. *Gut fischen in aufgerührtem Wasser.*

---

lt. In turbida aquâ optima est angvillae captura.

cw. En aua turbla ei bien pescar. (obl.)

fz. Il n'est que pêcher en eau trouble. *Kein Fischen wie in trübem Wasser.*

Il n'y a pesche qu'en eau trouble. *Kein Fischen wie das in trübem Wasser.*

Eau trouble, gain du pescheur. *Trübes Wasser, Gewinn des Fischers.*

L'eau trouble est le gain du pêcheur. *Das trübe Wasser ist der Gewinn des Fischers.*

sf. Perqua en laiguete trouble Es guasayn triblé ou double. (Gsc.) *In trübem Wasser fischen ist zwei- oder dreifacher Gewinn.*

Fa bouen pescar en aygo troublo. (nprv.)

En aygo troublo tendé l'aret. (nprv.) *In trübem Wasser spannt das Netz aus.*

it. Fiume torbo, guadagno de' pescatori. *Trüber Strom, Gewinn der Fischer.*

mi. A fiume torbido, guadagno di pescatore. (t.) *In trübem Strom Gewinn des Fischers.*

ni. Inturbia l' acqua se te vo pescà. (l. b.) *Trübe das Wasser, wenn du fischen willst.*

Aqua trubbia, pes en giro. (l. brs.) *Trübes Wasser, Fisch in Bewegung.*

Aqua turbia, vadagno de pescaori. (v.) *Trübes Wasser, Gewinn der Fischer.*

si. A riu buluzadu balanzu de piscadore. (sa.) *S. A fiume torbido, guadagno u. s. w.*

A riu bulnzadu allegria de piscadore. (sa.) *In trübem Fluss Freude des Fischers.*

lm. A riu rebolt, guanancia de Peixcadors. (val.) *In trübem Strom, Gewinn der Fischer.*

pt. Na agoa envolta pesca o pescador. *In trübem Wasser fischt der Fischer.*

sp. En el agua turbia haze buen pescar.

Á rio revuelto ganancia de pescadores. *S. A rio u. s. w.*

Á rio vuelto, ganancia de pescador. *S. A fiume torbido, u. s. w.*

---

484. **Ist der Trunk im Manne, So ist der Verstand in der Kanne.**

Wenn Wein eingeht, geht Witz aus.

Wo Wein eingeht, da geht der Witz (die Weisheit) aus.

md. Wenn d'r Branntwäin besuffen eis, eis d'r Karl a Norr. (schls. F.) *Wenn der Branntwein gesoffen ist, ist der Kerl ein Narr.*

od. Wenn der Wein drinnen ist, ist der Verstand draussen. (schwei.)

Wein ein, Witz aus. (schwei.)

pd. Is dat Beer im Manne, de Geest is im Kanne. (ns. B.) *Ist das Bier im Manne, ist der Geist in der Kanne.*

Is dat Beer in 'm Manne, de Geest is in der Kanne. (ns. Hmb.) *S. Is dat Beer u. s. w.*

Is dat Beer in de Kann, is de Geest in de Mann; is dat Beer in de Mann, is de Geest in de Kann. (ns. ofs.) *Ist das Bier in der Kann', ist der Geist im Mann; ist das Bier im Mann, ist der Geist (Hefen) in der Kann'.*

Is de Branwin in de Mann, is de Verstand in de Kann. (ns. O. J.) *Ist der Branntwein im Manne, ist der Verstand in der Kanne.*

Is dat Beer *(Bier)* in'n Mann, is de Verstand in de Kann. (ns. O. R.)

Es de Drunk im Manne, Dann es de Verstant in de Kanne. (wstf. Mrk.)

Is de Drunk in'n Manne, denn is de Versiand in der Kanne. (wstf. Mst.)

Is de Drunk in'n Manne, dann is de Verstand in der Kannen. (wstf. O.)

---

dt. Als de wijn ingaat, gaat de wijsheid uit. *Wenn der Wein eingeht, geht die Weisheit aus.*

Wanneer de wijn is in de man, Dan is de wijsheid in de kan. *Wenn der Wein im Manne ist, dann ist die Weisheit in der Kanne.*

Als de wyn is in den man, Is de wysheid in de kan. (vl.) *S. Wanneer u. s. w.*

Als de wyn gaet in de man, Gaet de wysheid in de kan. (vl.) *Wenn der Wein geht in den Mann, Geht die Weisheit in die Kann'.*

en. When the wine goes in, the wit goes out. *Wenn der Wein eingeht, geht der Verstand aus.*

When wine (the wine) is in, wit (the wit) is out. *Wenn (der) Wein drin ist, ist (der) Verstand draussen.*

'at Biir un a man an 'at wat un a can. (A.) fs.
Das Bier im Manne und der Verstand in der Kanne.

Naar Øllet gaaer (gauger) ind, (da) gaaer dä.
(gauger) Viddet ud. *Wenn das Bier eingeht, (so) geht der Verstand aus.*

Øllet af Kanden, Viddet af Manden. *Das Bier aus der Kanne, der Verstand aus dem Manne.*

Naar Ølhet gaar indh, thaa gaar Widhet vdh. (adä.) *S. Naar Øllet u. s. w.*

Naer (þá) ölið geingr inn, geingr vitið út. *S.* is.
Naar Øllet u. s. w.

þegar vínið geingr inn, geingr vitið út. *S. When the wine goes u. s. w.*

Tá ið ölið fer inn, fer vitið út. (fær.) *S. Naar Øllet u. s. w.*

Naar Ølet gjeng inn, gjeng Vited ut. *S.* nw.
Naar Øllet u. s. w.

Der vinet går in (är inne), går (är) vettet ut. sw.
Wo der Wein eingeht (drin ist), geht (ist) der Verstand aus.

Naar olit gaar in, tha gaar vethith wth. (asw.) *S. Naar Øllet u. s. w.*

Facit insanire sanos copia vini. lt.

Sapientia vino obumbratur. [natur. (mlt.)

Lexis truncatur cerevisia dum (cum) domi-

Le boire entre et la raison sort. *Das Trinken* fz.
geht ein und die Vernunft geht aus.

Entre les verres et les pots Moins de sages que de sots. *Zwischen den Gläsern und den Kannen weniger Weise, als Narren.*

Vin dentro, senno fuori. *Wein drinnen, Ver-* it.
stand draussen.

Dove entra il bere, se n' esce il sapere. (t.) mi.
Wo das Trinken eingeht, geht das Wissen aus.

Vino dentro, senno fuora. (t.) *S. Vin u. s. w.*

Vi e savi Nos pöl avi. (l. b.) *Wein und Wissen* ni.
kann man nicht (zusammen) haben.

Onde entra o beber, Sahe o saber. *S. Dove* pl.
entra u. s. w. [*geht Wissen aus.*

Do entra beber, Sale saber. *Wo Trinken eingeht,* sp.

---

485. **Trunken gesündigt, nüchtern gebüsst.**

Trunken gestohlen, nüchtern gehängt.

Trunkene Freude, nüchternes Leid.

od. Was einer trunken sündiget, das muss er nüchtern büssen. (schwei.)

Süss getrunken, sauer bezahlt. (schwei.)

pd. Wer besopenerwis stillt, mütt nüchternwis hang'n. (us. A.) *Wer besoffener Weise stiehlt, muss nüchterner Weise hängen.*

Wei besopen stielt, de mott nüchtern hangen. (us. W.) *Wer besoffen stiehlt, der muss nüchtern hängen.*

Wai besapen stelt, mot nüchtern hangen. (wstf. Dr.) *Wer besoffen stiehlt, muss nüchtern hängen.*

---

dl. Wat men dronken doet, moet men nuchteren boeten (ontgelden). *Was man trunken thut, muss man nüchtern büssen (entgelten).*

Wie dronken steelt, moet nuchteren hangen. *S. Wei u. s. w.*

en. He that kills a man when he is drunk, must be hang'd when he is sober. *Wer einen Menschen umbringt, wenn er betrunken ist, muss gehangen werden, wenn er nüchtern ist.*

---

dä. Hvad man gjør i Drukkenskab, skal man svare til, naar man bliver ædru. *Was man in Trunkenheit thut, muss man verantworten, wenn man nüchtern wird.*

Drukken Mands Glæde er ædru Mands Sorg. *Trunkenen Mannes Freude ist nüchternen Mannes Sorge.*

Drukken Aftenglæde har fastende Morgensorg. *Trunkene Abendfreude hat fastende Morgensorge.*

Thet er soth at dricke oc swrdh at betale. (adä.) *Es ist süss zu trinken und sauer zu bezahlen.*

nw. Dat drukken bryt, skal han udrukken bøta. *Was der Trunkene verbricht, soll er nüchtern büssen.*

sw. Det drucken gör, får nykter betala. *Was der Trunkene thut, muss der Nüchterne bezahlen.*

Drucken stiäl, nöchter hänger. *Der Trunkene stiehlt, der Nüchterne hängt.*

Sött dricka är surt at betala. *Süsses Trinken ist sauer zu bezahlen.*

Soth ær at drykka ok surth ather giælla. (asw.) *Süss ist zu trinken und sauer zu bezahlen.*

---

lt. Blanda gulæ (gule) prendi fit potio (pocio), sæva (seua) rependi. (mlt.)

---

486. Trunkner Mund Verräth des Herzens Grund.

In trunkenheit wirt manec sache enbunden. (ad.)

Swaz tougenlinge ein mensche et hât an sich verborgen gar, in trunkenheit, swer vregen gât, ez wirt im offenbâr. (ad.)

Voller Mund sagt des Herzens Grund. (mrh. E.) md.

Ein trunkener Mund, redet aus Herzens Grund. od. (bair.)

Was einer nüchtern im Kopf hat, das redet er im Rausch. (schwei.)

Ennen vollen Mond spreckt sinn Herzensgrond. pd. (nrh. M.) *Ein voller Mund spricht seines Herzens Grund.*

E bedrünjt Mangt Ofenbârt desz Härzens Grangt. (nrh. S.) *Ein trunkener Mund offenbart des Herzens Grund.*

'n Dunen Mund spreckt Hartensgrund. (us. ofs.) *Ein trunkener Mund spricht Herzensgrund.*

Besapen Mund Spreckt uut Hartens-Grund. (us. O. R.) *Trunkner Mund spricht aus Herzensgrund.*

Dronken mond Spreekt 's harten grond. dl. *Trunkner Mund Spricht des Herzens Grund.*

Wat de nuchtere denkt, dat spreekt de dronkaard. *Was der Nüchterne denkt, das spricht der Trunkene.*

De wijn in het lijf, het hart in den mond. *Der Wein im Leibe, (ist) das Herz im Munde.*

What soberness conceals, drunkenness reveals. en. *Was Nüchternheit verbirgt, offenbart Trunkenheit.*

Drukken Mund taler af Hjertets (Hiertens) dä. Grund. *S. Besapen u. s. w.*

Hvad Ædru tenker, det Drukken taler. *S. Wat u. s. w.*

Det den Ædru har i Hiertet, har den Drukne i Munden. *Was der Nüchterne im Herzen hat, hat der Trunkene im Munde.*

Drukkins manns munnr drafar af hjartans is. grunni. *Trunkenen Mannes Mund schwatzt aus Herzens Grunde.*

Hvað einn hugsar ódrukkinn, talar hann drukkinn. *Was Einer nüchtern denkt, spricht er betrunken.*

Drukken Munn talar av Hjartans Grunn. *S.* nw. *Besopen u. s. w.*

Drukken talar, dat udrukken tenkjer. *Der Trunkene spricht, was der Nüchterne denkt.*

Drykken lyser dat, som loynt er. *Der Trunk macht das bekannt, was verborgen ist.*

sw. Drucken man talar af hjertans grund. *S. Bempen u. s. w.*

Drucken man talar hvad nykter tänker. *S. Drukken talar u. s. w.*

---

lt. In vino veritas.

Ebrietas et amor cuncta produnt.

Ebrietas prodit, quod amat cor, sive quod odit.

Quod in corde sobrii, id est in lingua ebrii.

Arcanum demens detegit ebrietas.

cw. Tiers igl vin gi ün la Vardad. (obl.) *Beim Wein sagt Einer die Wahrheit.*

fz. Ce que le sobre tient au coeur Est sur la langue du buveur. *Was der Nüchterne im Herzen hält, ist auf der Zunge des Trinkers.*

sf. Quoan lou by entre, lou secret que sort. (Brn.) *Wenn der Wein eingeht, kommt das Geheimniss heraus.*

it. E ven e fa dscorar. (mi. rom.) *Der Wein macht reden.*

mi. La varitê la sta in te fond de bichir. (rom.) *Die Wahrheit liegt im Grund des Bechers.*

m. El vin fa dir la verità. (v.) *Der Wein lässt die Wahrheit sagen.*

si. S' imbrenga et s' innamorada narant quant' ischint. (sa. L., M.) *Der Trunkene und der Verliebte sagen, was sie wissen.*

pt. Depois de beber, cada hum dá seu parecer. *Nach dem Trinken sagt ein Jeder seine Meinung.*

sp. Despues de beber cada uno dice su parecer. *S. Depois u. s. w.*

---

487. **Ein Tuch in's Grab, Damit schabab.**

od. Es Tuech is Grab, dermit schabab. (schwei.)

pd. En Hemed un en Dank, dat is in't Graf genaug. (us. ha. G. u. G.) *Ein Hemd und ein Tuch, das ist in's Grab genug.*

---

dt. Een hemd in het graf en daarmeê is het uit. *Ein Hemd in das Grab und damit ist es aus.*

en. To the grave a pall And that is all. *In's Grab ein Tuch und das ist Alles.*

A' that ye'll tak wi'ye will be a kist and a sheet after a'. (scho.) *Alles, was ihr mit euch nehmen werdet, wird am Ende ein Sarg und ein Grabtuch sein.*

---

fz. Le plus riche (en mourant) n'emporte qu'un linceul. *Der Reichste nimmt (sterbend) nur ein Leichentuch mit sich.*

L'ultimo vestito ce lo fanno senza tasche. (mi. t.) it. *Das letzte Kleid machen sie uns ohne Taschen.*

---

488. **Alles vergeht, Tugend besteht.**

Tugend besteht, wenn Alles vergeht.

Tugend altert nie.

Tugend Hat ewige Jugend.

Tugend und Öl schwimmen immer oben.

Sint daz ez allez sus zergât, daz al diu werlt ze handen hât, niht mêr bestât niur tugend tât. (ad.)

Tugend erlischt nimmermehr. (schwei.) od.

Deugd veroudert niet. *Tugend altert nicht.* dt.

De deugd is as olie: men mag ze schudden, zooveel men wil, zij drijft altijd boven. *Die Tugend ist wie Öl: man mag sie schütteln, wie man will, sie schwimmt immer oben.*

Dyd er stadig Eiendom i Liv og Død. *Tugend ist festes Eigenthum im Leben und im Tode.* dä.

Dygðin kemr vel fyrir daginn, þó hún dylist um stund. *Die Tugend kommt wohl an den Tag, wenn sie auch eine Zeit lang verborgen ist.* is.

Dygd år odödeligh. *Tugend ist unsterblich.* sw.

Vivit post funera virtus. lt.

---

489. **Tugend ist der beste Adel.**

Wer Tugend hat, ist wohlgeboren.

Grôsz tugent adelt weib und man. (ad.)

Got selbe spricht: swer tugende pfligt, den sol man edel nennen. (ad.)

Deugd alleen maakt waren adel. *Tugend allein macht wahren Adel.* dt.

Dyd er det bedste Adelsdiplom. *Tugend ist das beste Adelsdiplom.* dä.

Dygd giör Ådel. *Tugend macht Adel.* sw.

Virtus nobilitat. lt.

Virtute decet, non sanguine niti.

Vertu seule fait l'homme parfaict. (afz.) *Tugend allein macht den Menschen vollkommen.* fz.

---

490. **Tugend** überwindet Gewalt.

dt. Deugd overwint list en geweld. *Tugend überwindet List und Gewalt.*

fz. Vertu excelle force. (afz.)

491. **Tugend** und gute Sitten erben nicht.

dä. Dyd og gode Sæder gaae ikke i Arv.
nw. Dygdi gjeng inkje alltid i Erve (Arv). *Die Tugend vererbt sich nicht immer.*

Dygd og gode seder gå inte i arf. **sw.**
Dygden ärfwes intet altijdh. *S. Dygdi u. s. w.*

492. **Tugend** wächst im **Unglück**.
Tugend und Gewürz werden, je mehr gestossen, je stärker.

De deugd wast in het ongeluk. *Die Tugend wächst im Unglück.* **dt.**

Dyd voxer i Modgang. **dä.**
Dygdi syner i Motgangen mest. *Die Tugend ist im Unglück am meisten sichtbar.* **nw.**

U.

493. Hann, íð illt gitur, hann illt ger. (is. faer.) *Der, welcher* **Übles** *denkt, thut Übles.*
nw. Vondt Auga ser inkje godt. *Böses Auge sieht nichts Gutes.*
Han er sjeldan trygg, som andre mistryggjer. *Der ist selten treu, der Anderen misstraut.*

cw. Tgi mal crei, mal fa. (obl.) *Wer Übles glaubt, thut Übles.*
it. Chi d' altri è sospettoso, è di sè mal mendoso. (mi. t.) *Wer auf Andere argwöhnisch ist, ist selbst voller Fehler.*

494 **Überall** geht die Sonne auf.
Überall bäckt man das Brot im Ofen.
Gänse gehen überall barfuss.
Zerbrochene Töpfe gibt's überall.
md. os Is allênna gut Brûd êsza. (frk. H.) *Es ist aller Enden gut Brot essen.*
's Ît überoll guât Brât âss'n, wemmër ês hât. (frk. M.) *Es ist überall gut Brot essen, wenn man's hat.*
od. Es ist überall gut Brod essen. (bair.)
pd. Et es kenn Gänsken en 't Bruck, of et het enne Kopp. (nrh. M.) *Es ist kein Gänschen im Bruch, das nicht einen Kopf hätte.*

In de ganze Welt wä(r)t Brot backt. (ns. A.) *In der ganzen Welt wird Brot gebacken.*
De Gôs gaon äöw'rall ba(r)ft. (ns. A.) *Die Gänse gehen überall barfuss.*
Stên sünt allerwärts hart. (ns. A.) *Steine sind überall hart.*
Tobraken Potte gift et allerwegn. (ns. B.) *S. Zerbrochene u. s. w.*
Et werd allerwerts Bröd ebacken. (ns. ha. G. u. G.) *Es wird überall Brot gebacken.*
De Gös gân allertwägen baarst. (ns. M.-Str.) *S. De Gôs u. s. w.*
Es sind überall zerbrochene Töpfe. (ns. Pr.)
Überall gibt es zerbrochne Töpfe, aber in Tolkemit die meisten. (ns. Pr.)

Men bakt overal goed brood. *Man bäckt überall gut Brot.* **dt.**
Hierom en daarom gaan de hoenders barrevoets. *Hier und dort gehn die Hühner barfuss.*
Overal vindt men gebroken potten. *Überall findet man zerbrochene Töpfe.*
In alle landen zijn gebroken potten. *In allen Ländern sind zerbrochene Töpfe.*
In alle landen zijn holle potten. *In allen Ländern sind hohle Töpfe.*
Overal staan de gevels omhoog en de handen open. *Überall stehen die Giebel in die Höhe und die Hände offen.*

Honden hebben tanden in alle landen. *Hunde haben in allen Ländern Zähne.*

In alle landen bijten de honden En lasteren de monden. *In allen Ländern beissen die Hunde und lästern die Mäuler.*

Hierom en daerom gaen de gansen baervoets. (avl.) *Hier und dort gehn die Gänse barfuss.*

en. In every country the sun riseth in the morning. *In jedem Lande geht des Morgens die Sonne auf.*

fs. Diar san breeghan Potten unu alla Lunnan. (F.) *Es sind zerbrochene Töpfe in allen Ländern.*

---

dä. Overalt staaer Solen op om Morgenen. *Überall geht die Sonne am Morgen auf.*

Der er sondrige Potter allevegne. *S. Es sind u. s. w.*

is. Í öllum löndum er pottr brotinn. *S. In alle landen zijn gebroken u. s. w.*

Víða eru pottar brotnir (vatnsins rennur). *Weit und breit gibt's zerbrochene Töpfe (Wasserrinnen).*

Víða dreifist mjöl og mjólk. *Weit und breit wird Mehl und Milch verstreut.*

Víða stendr fé fótum. *Weit und breit steht Vieh auf Beinen.*

nw. Kvar ein tek paa Tistelen, so sting hau. *Wo man die Distel anfasst, so sticht sie.*

Dat finst allstad Fant imillom Folk og Folk imillom Fant. (Ag.-St.) *Man findet überall Bettler unter Leuten und Leute unter Bettlern.*

Kvar ein kjem, saar Durstokken paa tvert. (Ag.-St.) *Wohin man kommt, liegt die Thürschwelle der Quer.*

D' er brotne Bikarar i alle Land. (B.-St.) *Es sind Brotbäcker in allen Ländern.*

D' er Tros i alle Skogar. (Kr.-St.) *Es sind dürre Äste in allen Wäldern.*

sw. Söndriga pottor öfweralt. *Zerbrochene Töpfe überall.*

---

fz. Partout est l' aventure (le péril). *Überall ist der Zufall (die Gefahr).*

af. Pertout las auques qu' an bèc. (Brn.) *Überall haben die Gänse Schnäbel.*

Que y a pertout cent lègues de mechant cami. (Brn.) *Überall gibt's hundert Meilen schlechten Weg.*

Për tou i-a uno lègo dë michan camin. (Lgd.) *Überall gibt's eine Meile schlechten Wegs.*

Pertout las auquos au bec. (nprv.) *S. Pertout las auques u. s. w.*

Pertout l'y a uno lego de marrit camin. (nprv.) *[S. Për tou u. s. w.*

Per tö le zouïe ou le bé. (Pat. s.) *S. Pertout las auques u. s. w.*

it. Si trova pane da per tutto. *Brot findet sich überall.*

Per tutto son de' tristi e de' buoni. *Überall sind Schlimme und Gute.*

Per tutto si muore. *Überall stirbt man.*

mi. Da par tött ni è e su ben e e su mêl. (rom.) *Überall hat es sein Gutes und sein Schlimmes.*

Per tutto si leva il sole. (t.)

Per tutto v' è guai. (t.) *Überall gibt's Weh.*

Per tutto è un dosso e una valle. (t.) *Überall gibt's Berg und Thal.*

ni. Da per tuto ghe xe 'l so ben e 'l so mal. (v.) *S. Da par tött u. s. w.*

lm. Per totes parts hià cent llegues de mal cami. (val.) *S. Que y a u. s. w.*

sp. En (Á) cada cabo tres leguas de mal quebranto. *An jedem Orte drei Meilen schlechten Wegs.*

Tambien por do va, como por do vino, tres leguas de mal camino. *Ebenso wohin er geht, wie woher er kam, (sind) drei Meilen schlechten Wegs.*

Por do quiera hay su legua de mal camino. *Überall hat's seine Meile schlechten Wegs.*

---

495. Überfluss Macht Überdruss.

md. Iwerfloss mècht Iwerdross. (mrh. L.)

---

dt. Overvloed baart walging.

---

sw. Öfverflöd gör matleda.

---

lt. Copia fastidium facit (nauseam parit).

Copia parit fastidium.

fz. L'abondance engendre la nausée. *Der Überfluss erzeugt den Widerwillen.*

it. L' abbondanza genera fastidio. *Der Überfluss erzeugt Überdruss.*

mi. E bròd tròpp grass e stòffa. (rom.) *Die zu fette Brühe übersättigt.*

ni. Di vault troppa boudânza squas la nous. (l. m.) *Bisweilen entsteht aus zu grossem Überfluss Widerwillen.*

Anche el pì bel bal s' a dura an pess a nöja. (piem.) *Auch der schönste Tanz langweilt, wenn er eine Weile dauert.*

La carestia fa fame e l' aboudanza stufa. (v.) *Die Hungersnoth macht Hunger und der Überfluss übersättigt.*

si. Abbundanza genera fastidio. (s.)

lm. La abundancia mata la fam. (val.) *Der Überfluss tödtet den Hunger.*

496. **Übung macht den Meister.**
Übung bringt Kunst.

od. Die Übung macht den Meister. (bair.)
Durch Spinnen lernt man spinnen. (bair.)
Die Erfahrung (Übung) macht den Meister. (schwei.)

pd. Handthere deit lehre. (us. Pr.) *Hanthieren lehrt.*
Übunge maaket den Meister. (us. W.)

---

dt. Door oefening wordt de kunst verkregen. *Durch Übung wird die Kunst erworben.*
Eerst na lange oefening wordt de leerling meester. *Erst nach langer Übung wird der Lehrling Meister.*
Al doende leert men. (vl.) *Ausübend lernt man.*

en. Use makes mastery. *Übung macht Meisterschaft.*
Use makes perfectness. *Übung macht Vollkommenheit.*
Practice makes perfect. *Übung macht vollkommen.*
Use maks perfyteness. (scho.) *S. Use makes perfectness.*

---

dä. Øvelse gjør Mester.
Øvelse gjør Konsten let. *Übung macht die Kunst leicht.*

is. Vanium gefr listina. *Gewohnheit gibt Kunstfertigkeit.*

sw. Öfning gör mästaren.
Öfning gör konst. *Übung macht Kunst.*
Öfning ger färdighet. *Übung gibt Fertigkeit.*

---

lt. Fabricando fabricam (Canendo musicam) disces.
Scribere scribendo, dicendo dicere discunt.
Ire docetur eundo.

cw. L'exercizi fa il maister. (ld.) *S. Die Übung u. s. w.*
Cu 'lg Exercizi ad ilg Delici tiers sieu Uffici, Ven ün ün Meister. (obl.) *Durch die Übung und das Vergnügen an seinem Geschäft wird Einer ein Meister.*

fz. En apprenant l'on devient maistre. *Lernend wird man Meister.*
En faisant on apprend. *S. Al doende u. s. w.*
L'expérience rend habile. *Die Übung macht geschickt.*
On ne peut faire qu'en faisant. *Machend nur kann man machen.*
A force de forger on devient forgeron. *Durch Schmieden wird man Schmidt.*
En forgeant on devient forgeron. *Schmiedend wird man Schmidt.*
En forgeant devient on febvre. *S. En forgeant u. s. w.*
En usaige et action gist maitrise et experiment. *In Übung und Thätigkeit liegt Meisterschaft und Erfahrung.*
Usage rend mestre. (afz.)

On fait in fesant. (w. M.) *Machend macht man.* nf.
C'n'est qu'ès fiant qu'on fait. (w. N.) *Machend nur macht man.*

Coustume rende mestré. (uprv.) sf.
Lou long et souvent practiqua, fa l'oubrie experimenta. (uprv.) *Die lange und häufige Übung macht den erfahrenen Arbeiter.*

Il fare insegna fare. *Das Machen lehrt machen.* it.

A forza d' fè us impèra. (rom.) *S. Al doende* mi.
u. s. w.
A forza d' fè us fa la pratica. (rom.) *Durch Machen gewinnt man die Übung.*
Chi molto pratica, molto impara. (t.) *Wer viel übt, lernt viel.*

A füria de fa s' impara a fa. (l.) *Durch* ni.
Machen lernt man machen.
A fa s' impara a fa. (l.) *Machend lernt man machen.*
Ol fa l' insegna a fa. (l. b.) *S. Il fare u. s. w.*
Travajand a s'anpara. (piem.) *S. Al doende u. s. w.*
Con l' esercissisi as perfessiona ogni cosa. (piem.) *Durch die Übung vervollkommnet sich jedes Ding.*
El far insegna a far. (v.) *S. Il fare u. s. w.*
A forza de far se fa pratica. (v.) *Durch Machen bekommt man Übung.*

Chi pratica impara e chi legge, trova. (upl.) si.
Wer übt, lernt, und wer liest, findet.
La fari insigna a fari. (s.) *S. Il fare u. s. w.*

La práctica trau ai mestre. (neat.) *Die Übung* lm.
bringt zum Meister.
Lo menester fa for. (val.) *Das Arbeiten lässt machen.*
La practica trau Mestres. (val.) *Die Übung bringt Meister hervor.*

El ejercicio hace maestro. *S. Die Übung u. s. w.* sp.
Uso hace maestro. *Gebrauch macht (den) Meister.*
El usar saca oficial. *Das Üben macht den Arbeiter.*

---

497. Omgængelse i Ungdommen gjør Broderskab i Alderdommen. (dä.) *Umgang in der Jugend macht Brüderschaft im Alter.*

sw. Ungt umgänge gör gammal vänskap. *Junger Umgang macht alte Freundschaft.*

---

fz. Conversation en jeunesse, Fraternité en vieillesse. *Verkehr in der Jugend, Brüderschaft im Alter.*

it. Conversazione in giovinezza, fraternità in vecchiezza. (mi. t.) *S. Conversation u. s. w.*

ni. Insêma de scïaflëi, de vëe come fradëi. (l. b.) *Zusammen als Kinder, als Alte wie Brüder.*

Insieme da putei, da vecchi i xe fradei. (v.) *Zusammen als Kinder, sind sie als Alte Brüder.*

---

498. Sage mir, mit Wem du umgehst, so sage ich dir, wer du bist.

Wir haben gehört vil lange wol, daz man den man bi sinen gesellen dicke erkennen sol. (a-l.)

od. Wen man nicht kennen kann, schau' man seine Kam'raden an. (bair.)

Wenn man einen nicht kennen kann, so sehe man seine Gesellschaft an. (bair.)

Willst du Jemand kennen, so sehe, mit wem er umgeht. (schwei.)

Willst du kennen, wer der Mann, So siehe nur seine Gesellschaft an. (schwei.)

---

dt. Seg mij, met wien gij omgaat, en ik zal uwen staat weten. *Sagt mir, mit wem ihr umgeht, und ich werde euern Stand wissen.*

Zeg my met wie gy verkeert, Dan heb ik uwen aerd geleerd. (vl.) *Sagt mir, mit wem ihr verkehrt, dann hab' ich eure Art gelernt.*

en. Tell me with whom thou goest, And I'll tell thee what thou doest. *Sage mir, mit wem du gehst, und ich werde dir sagen, was du thust.*

---

dä. Siig mig, Hvem du omgaaes med, og jeg skal sige dig, Hvem du er. *Sage mir, mit wem du umgehst, und ich werde dir sagen, wer du bist.*

is. Segðu mèr hvörnig þinn lagsmaðr er, svo kann eg vita, hvörnig þú ert. *Sage mir, wer dein Kamerad ist, so kann ich wissen, wer du bist.*

nw. Seg meg, kven du sokjer; eg segjer deg, kven du er. *Sage mir, wen du besuchst; ich sage dir, wer du bist.*

sw. Säg mig, med hvilka du helst umgås, och jag skall strax säga dig hurudan du är. *Sage mir, mit wem du am liebsten umgehst, und ich werde dir gleich sagen, wie du bist.*

Säg mig med hvem du lefwer, och jag skall säga dig hvem du är. *Sage mir, mit wem du lebst, und ich werde dir sagen, wer du bist.*

---

lt. Noscitur ex socio, qui non cognoscitur ex se.

Ex socio cognoscitur vir.

cw. Di'm con chi tü vast, schi t' vögl eu dir chi tü est. (ld. U. E.) *Sage mir, mit wem du gehst, so will ich dir sagen, wer du bist.*

Di cun tgi ti vas, sche ditg jeu tgi ti eis. (obl.)

Di cun tgi ti vas, e jeu vi dir tgei ti fas. (obl.) *S. Tell me u. s. w.*

fz. Dis-moi qui tu hantes (fréquentes), (et) je te dirai qui tu es. *S. Siig u. s. w.*

sf. Digo më ën càon vài, të dirài càon ës. (Lgd.) *Sage mir, mit wem du gehst, ich werde dir sagen, wer du bist.*

it. Dimmi con chi tu vai, e saprò quel che tu fai. *Sage mir, mit wem du gehst, und ich werde das wissen, was du thust.*

mi. Dimmi con chi vai, ti dirò quel che tu fai. (crs.) *S. Tell me u. s. w.*

Dimmi con chi (chi tu) pratichi e ti dirò chi (tu) sei. (t.) *S. Siig u. s. w.*

ni. Dimm con chi t'tratt, ch'at dirò chi t'è. (em. P.) *S. Digo u. s. w.*

Te vü savê chi'l sia? Guarda la sò compagnia. (l.) *Du willst wissen, wer Einer sei? Sieh seine Gesellschaft an.*

Dimm con chi te vee, mi te savaroo di cossa te see. (l. m.) *Sage mir, mit wem du gehst, ich werde dir zu sagen wissen, was du bist.*

Disme con ch' it vas, i t' dirò lò ch' it fas. (piem.) *S. Tell me u. s. w.*

Dimmi chi pratichi e ti dirò chi sei. (v.) *S. Siig u. s. w.*

Vustu (Volêu) saver chi l'è (chi 'l xe)? varda (vardè) chi 'l pratica. (v.) *Willst du wissen wer Einer sei? Sieh, mit wem er umgeht.*

Dime con chi che ti va e te dirò chi che ti xe. (v. trst.) *S. Siig u. s. w.*

Varda chi pratico e ti savarà chi son. (v. trst.) *Siehe mit wem ich umgehe, und du wirst wissen, wer ich bin.*

si. Dimmi con chi vai e ti dirò chi sei. (ap.) *S. Siig u. s. w.*

Dimme cu ci stai, te dicu che fai. (ap. L.) *Sage mir, mit wem du bist, ich sage dir, was du thust.*

Dimme con chi vaie, ca te dico chello che faie. (npl.) *Sage mir, mit wem du gehst, so sage ich dir das, was du thust.*

Dimmi cu cui vai, e ti dicu chi fai. (s.) *Sage mir, mit wem du gehst, und ich sage dir, was du thust.*

Si mi diei en cui vai, ti dien chi fai. (s.) *Wenn du mir sagst, mit wem du gehst, sage ich dir, was du thust.*

Narami cum quie habitas, et ti hap' a narrer quie ses (ite faghes). (sa. L.) *Sage mir, mit wem du wohnst, und ich kann dir sagen, wer du bist (was du thust).*

lm. Digasme al qui vas y t' diré qui serás. (neat.) *Sage mir, zu wem du gehst, und ich werde dir sagen, wer du sein wirst.*

Dicsme en qui vas y et diré qui eres. (val.) *S. Sūg u. s. w.*

pt. Dize-me com quem andas, dir-te-hei que manhas has. *Sage mir, mit wem du gehst, ich werde dir sagen, was für Gewohnheiten du hast.*

sp. Dime con quien irás, decirte he lo que harás. *Sage mir, mit wem du gehen wirst, ich werde dir sagen, was du thun wirst.*

Dime con quien vas, decirte he que mañas has. *S. Dize-me u. s. w.*

Dime con quien pasces: y dezirte que hazes. (asp.) *S. Tell me u. s. w.*

---

499. Drei Mal umgezogen ist ein Mal abgebrannt.

Viel Rutschen macht dünne Hosen.

md. Drê mol gezuen as halef ferduorwen. (mrh. L.) *Drei Mal gezogen ist halb verdorben.*

Drüimå nisgezüjen is er gût bi eimå åbgebrånt. (thr. K.) *Drei Mal ausgezogen ist so gut wie ein Mal abgebrannt.*

od. Oft rutschen macht böse Hosen. (schwb. W.)

Drü mol zoge ist eimol abbränut (schwei.)

Viel Rutschen giebt böse Hosen. (schwei.)

pd. Drei Mal umziehen ist so gut wie einmal abbrennen. (ns. Pr.)

---

dt. Veel verhuizen kost veel bedstroo. *Viel Umziehen kostet viel Bettstroh.*

en. Two flittings are as bad as one fire. (n. en.) *Zwei Umzüge sind so schlimm, wie ein Feuer.*

---

nw. Tri Gonger flutt er som ein Gong brent.

sw. Tre gånger byta om bostad går upp emot en husbrand. *Drei Mal Wohnstätte wechseln ist einem Hausbrand gleich.*

Ingen flyttier så sitt Boo, at han icke mister en Koo. *Keiner wechselt so seinen Wohnsitz, dass er nicht eine Kuh einbüsste.*

Trois déménagements équivalent à un incendie. **fr.** *Drei Umzüge sind einem Brande gleich.*

Qui cambie souben de maisoun Perd lou temps **sf.** soun ben è sasoun. (Gsc.) *Wer oft das Haus wechselt, verliert die Zeit, sein Gut und (seine) Musse.*

Tre sfratti equivalgono ad uno incendio. (sl. **it.** upl.) *S. Trois déménagements u. s. w.*

---

500. Undank ist der Welt Lohn.

Man diene wie man will, so ist Undank der Lohn.

Ondank as der Welt Lön. (mrh. L.) **md.**

Undank is der Welt Lauhn. (ns. W.) **pd.**

Ondankbare menschen hebben 't derde deel der **dt.** wereld in, ja, vrij meerder. *Undankbare Menschen haben den dritten Theil der Welt inne, ja, noch mehr.*

Utak er Verdens Løn. **dä.**

Vantakk er Verdi si Løn. **nw.**

Otack är verldens lön. **sw.**

Få ben ai putti, e se lo dimenticanno, få ben **it.** ai vecchi, e muojono. *Thu' den Kindern Gutes, und sie vergessen es, thu' den Alten Gutes, und sie sterben.*

Sto mond l'è pien d'ingrat e sconoscent. (l. m.) **ni.** *Diese Welt ist voll von Undankbaren und Unerkenntlichen.*

A fa del ben, se tröva dei nemis. (l. m.) *Thut man Gutes, findet man Feinde.*

A far del ben, se se fa dei nemici. (v.) *Durch Gutesthun macht man sich Feinde.*

---

501. Es ist Alles verloren, was man dem Undankbaren thut.

Einem Undankbaren Gutes thun und eine Schlange im Busen tragen, ist Eins so gut, wie das Andere.

Wen spricht (ich weiz ouch selber wol), daz der dienst wirt niemen guot, den man dem argen menschen tuot. (ad.)

Was man Undankbaren Gutes erzeigt, ist alles **od.** übel angelegt. (schwb.)

Man thu dem Undankbaren was man will, So ist es doch verloren Spiel. (schwei.)

dt. Fielten goed te doen, is water in de zee dragen. *Schelmen Gutes thun heisst Wasser in die See tragen.*

't Is geld in 't water geworpen. *Es ist Geld in's Wasser geworfen.*

't Is boter aan den galg gesmeert. *Es ist Butter an den Galgen geschmiert.*

is. Allt er það spillt, sem óþokka er gefið. *Alles ist verloren, was dem Undankbaren gegeben wird.*

lt. Incepta est largitio quae indignis accidit.

Benefacta male locata pro malefactis arbitranda.

fz. Obliger un ingrat c'est perdre le bienfait. *Einen Undankbaren verpflichten heisst die Wohlthat verlieren.*

sf. Un sèrvicë n' ës jhamâi pèrdu, soun un vilèn l' a rëssâoupu. (l.gl.) *Ein Dienst ist niemals verloren, wenn nicht ein Schelm ihn erwiesen bekommen.*

Un plaset es perdut, quand un ingrat l'a ressaupút. (nprv.) *Ein Dienst ist verloren, wenn ein Undankbarer ihn erwiesen bekommen.*

it. Chi serve a gente ingrata, il tempo perde. *Wer undankbaren Leuten dient, verliert die Zeit.*

Mal frutto coglie, chi serve a gente ingrata. *Schlechte Frucht erntet, wer undankbaren Leuten dient.*

ni. Fa servizi a on ingrat, se gh' ha desenpit. (l. m.) *Einem Undankbaren Dienste erweisen, hat man sie eingebüsst.*

si. Ad nomo ingrato e a cavolo fronzuto, Quanto più tu lor fai, tutto è perduto. (upl.) *Bei Undankbarem und Blumenkohl ist Alles verloren, so viel du ihnen thust.*

Ad omu ingratu e caulu sciurutu Chiddu chi è fattu, tuttu è perdutu. (s.) *Bei Undankbarem und Blumenkohl ist Alles, was gethan wird, verloren.*

Qui servit a gente de pagu connoschimentu est tempus perdidu. (sa.) *Wer Leuten von geringer Erkenntlichkeit dient, 's ist verlorene Zeit.*

pt. Fazer bem a velhacos, he lançar agoa in mar. *S. Fielten u. s. w.*

502. Trägst du den Undankbaren nach Rom und setzest ihn unsanft nieder, so sieht er dich scheel an.

Wer dich gen Rom trüge und setzte dich ein Mal etwas unsanft nieder, so wäre Alles verschüttet.

Wer dich erslich gen Rom trúg vnd herwider vnd setzte dich ungefehr ein mal vnsanfft nider, so were es alles verloren. (ad.)

Wer den Dúvel teigen Jahr Huback drigt uun stülpt'n eis unsacht nedder, dem iss doch nich holpen. (ns. P. H.) *Wer den Teufel zehn Jahr Huckeback trägt und setzt ihn ein Mal unsanft nieder, dem ist doch nicht geholfen.* pd.

Dragt uwen vriend tot Romen en zet hem wat onzacht neder, gij hebt uwen Dank weg. *Tragt euern Freund nach Rom und setzt ihn etwas unsanft nieder, so seid ihr um euern Dank.* dt.

Naar En bar Dig til Rom og tilbage igjen, men satte Dig siden haardt ned, da var det Alt omsonst. *Wenn Einer dich nach Rom und wieder zurück trüge, setzte dich aber nachher hart nieder, so wäre Alles umsonst gewesen.* dä.

Tjen nitten Aar vel og det tyvende ilde, saa faaer Du Utak for dem alle. *Diene neunzehn Jahr gut und das zwanzigste schlecht, so empfängst du für alle Undank.*

Gjer tie Gonger vel og ein Gong ille, so fer du Skam til Takk fyr' alt i hop. *Mach's zehn Mal recht und ein Mal schlecht, so empfängst du Schimpf zum Dank für Alles zusammen.* nw.

Göra nitton gånger väl, men den tjugonde illa, får skam för alltsammans. *Neunzehn Mal es gut machen, aber das zwanzigste schlecht, kriegt man Schande für Alles zusammen.* sw.

Göra nitton gångr väl, och den tjugonde illa, så får man otack för allt. *Neunzehn Mal es gut machen und das zwanzigste schlecht, so kriegt man Undank für Alles.*

Sa segnore (grande) servilu totu s' annu, una bolta qui li benzas manen perdes totu. (si. sa. L.) *Diene dem (grossen) Herrn das ganze Jahr, verfehle ein Mal etwas, so verlierst du Alles.* it.

503. Ungebetene Gäste setzt man hinter die Thür.

Ungebetene Gäste setzt man hinter den Feuerheerd.

Ungeladenem Gast ist nicht gestuhlt.

md. Die ugelödene Goest setzt me henner'n Ofe. (frk. H.) *Die ungeladenen* ***Gäste setzt*** *man hinter'n Ofen.*

Ungeladene Gäste setzt man hinter die **Thür.** (mrh. E.)

En ongeluodene' Gäscht dé sétzt **èn** hanner **d'** Dir. (mrh. L.) *Einen ungebetenen Gast, den* ***setzt man hinter*** *die Thür.*

Au ungebatnen Gast steckt man untern Ofen. (schls.) ***Einen*** *ungebetenen Gast steckt man unter den* ***Ofen.***

Ungebâtne Gäste sezt ma hingør a Hård (Ufen). (schls. B.) *Ungebetene Gäste setzt man hinter den Heerd (Ofen).*

Ae ungebädener Gast fengt en **ungesassten** Stuhl. **(W. E.)** ***Ein ungebetener Gast findet*** *einen ungesetzten* ***Stuhl.***

od. Wer nicht geladen ist, gehört hinter die Thür. (schwei.)

Wer ungladne Gast ist, ist nit gstuelet. (schwei.) *Wer ungeladener Gast ist, (dem) ist nicht gestuhlt.*

pd. Ungebëene **Gæste** stellt man hinder **de Dör.** (ns. **ha. G.** u. G.) *Ungebetene* ***Gäste stellt*** *man hinter die Thür.*

Ungebetene Gäste gehören **hinter** den Ofen (die Thür) (unter den Tisch). (ns. Pr.)

Ungebetene **Gäste setzt** man unter den Tisch. (ns. Pr.)

En ungelaadenen Gast finget eunen **ungelaadenen** Staul. (ns. W.) *S.* ***Ae u. s. w.***

---

dl. Ongenoode gasten **zet** men achter de deur.

en. An unbidden guest **knoweth** not where to sit. *Ein ungebetener Gast weiss nicht, wo* **er** *sitzen soll.*

Come uncа'd, sits unserved. (scho.) *Wer ungeladen gekommen, sitzt unbedient.*

---

dä. For ubudne Gjester staaer ingen Stol. *Für ungebetene Gäste steht kein Stuhl* ***da.***

Ubudne Gjester skalle staae udenfor Doren. *Ungebetene Gäste müssen draussen* ***vor*** *der Thür stehen.*

Ubuden Gjest **hører ei** til Fest. *Ungebetener Gast gehört* ***nicht*** *zum Fest.*

Hwaar **scal vbwdhen** siddhe? (adä.) *Wo soll* ***der*** *Ungebetene sitzen?*

Selvbuden Giæst **skal sidde ved** Doren. (jüt.) *Selbstgeladener Gast soll neben der Thür sitzen.*

is. Ýzt við dyr skal óboðinn sitja. *Hinter der Thür soll der Ungebetene* ***sitzen.***

Niðarlega skál óboðin sita. (fær.) *Niedrig soll der Ungebetene sitzen.*

Ubuden skal sitja i Bríki.*) (B.-St.) *Der* ***Un-*** *gebetene soll* ***an der*** *Thür sitzen.* **nw.**

För objudna **gäster** står ingen stol. *S. For u. s. w.* **sw.**

Oförtänkta gäster få oförtänkta rätter. *Unerwartete Gäste bekommen unerwartete Gerichte.*

Obedna **giäster låter man sta vthe.** ***Ungebetene Gäste lässt man draussen stehen.***

Hwar **skal obudhin sithia? (asw.)** *S.* ***Hwaar u.*** *s. w.*

Assideat **valvae non invitatus** honeste. **lt.**

Deviat a sede non invitatus in sede (ede). (mlt.)

Hoste qui de soy mesme est convié Est bien tost saoul et contenté. *Selbstgeladener Gast ist bald gesättigt und zufrieden.* **fz.**

Që väi ën nôssos sans ëstrë convida, së rëtôrno **af.** san-z-avë **dina. (l.gd.)** *Wer uneingeladen auf die Hochzeit* ***geht, kehrt*** *zurück ohne Mittag gegessen zu haben.*

Qu va ey noneços senso **estre** envida. **s'en** tourno **senso** aver dina. (nprv.) ***S.*** *Që u. s. w.*

Chi và alle nozze **(alla festa)** e non è invitato, **it.** se ne torna svergognato (ben gli sta, se n' è scacciato). *Wer zur Hochzeit (zum Feste) geht und nicht eingeladen ist, kehrt beschämt* ***zurück (dem ist's recht,*** *wenn er weggejagt* ***wird).***

Cane no' nmittato à nozze, Non ce vaa ca si coglie zotte. (npl.) *Ein Hund, der nicht eingeladen wird zur Hochzeit, gehe nicht, denn* ***er*** *kriegt Prügel.*

À la boda del fiol **qui no t' hi** convida no **lm.** t' hi vol. (mcat.) *Zur Hochzeit des Sohnes, wer dich nicht einladet, will dich nicht.*

A boda, nem bautizado não vás sem ser con- **pt.** **vidado.** *Weder zur Hochzeit, noch zur Taufe* ***gehe ohne*** *eingeladen zu sein.*

Quem **se não** roga, não lhe vão á boda. *Wen man nicht bittet, der gehe nicht zur Hochzeit.*

A boda nen á batizado no vaas sin ser chamado. (gal.) *S. A boda* **u.** *s. w.*

A boda **ni** a baptismo no vayas sin ser llamado. **sp.** ***S. A*** *boda u. s. w.*

Óspele nechiematū n' are scaunū. ***Der unge-*** ***betene*** *Gast hat keinen Stuhl.* **wl.**

---

*) **Die** kurze Bank zunächst der Thür.

504. **Ungegönnt** Brot wird auch **gegessen.**
Ungegönnt Brot macht auch satt.
od. Ung'gunne Brod wird au g'gässe. (schwei.)
Ung'gunne Brod trüejet au au. (schwei.) *Ungegönnt Brot gedeihet auch.*
pd. Misgunnt Brod ward ok getn. (ns. B.)
Misgönt Bröd werd ök egeten. (ns. ha. G. u. G.)
Katt, du sallst weeten, Ungünnt Brod wart ook eeten. (ns. hlst.) *Katze, du musst wissen, ungegönnt Brot wird auch gegessen.*
Katte, din moszt wetten, Unvergünnt Braud werd auk getten. (ns. L.) *S. Katt u. s. w.*
Ungünnt Brod Schmeckt ok god. (ns. M.-Str.) *Ungegönnt Brot schmeckt auch gut.*
Katte, Katte, du sallt weten, ungegünnt Brod word völ eten. (ns. ofs.) *Katze, Katze, du musst wissen, ungegönnt Brot wird viel gegessen.*
Ungünnt Brod wart ook äten. (ns. O. R.)
Ongegönnt Brot gedeiht nich *(nicht).* (ns. Pr.)
Katt, dat sullst du weete, ongegönnt Brot ward oft gegeete. (ns. Pr.) *Katze, das musst du wissen, ungegönnt Brot wird oft gegessen.*
Wat nich gegunnt was, schmeckt am beste. (ns. Pr.) *Was nicht gegönnt wird, schmeckt am besten.*
Katte, dät möst du weten: Unjegünt Broed wät ock jäten. (ns. U.) *Katze, das musst du wissen: ungegönnt Brot wird auch gegessen.*
Misgünstig beRoud wärt äuk gätten. (watf. A.)

dt. Ongegund brood wordt het meest gegeten. *Ungegönnt Brot wird am meisten gegessen.*
Benyd brood wordt meest gegeten. (vl.) *Beneidet Brot wird am meisten gegessen.*
fs. Masgonnen Braad ward ok eeden. (N.)
Forgöndt Bruad uud' uk iiten. (S.)

dä. Det Brod, som misundes En, mætter ogsaa. *Das Brot, was Einem missgönnt wird, sättigt auch.*
nw. Misunt Mat kann ogso metta. *Ungegönnt Speise kann auch sättigen.*
sw. Missundt Brödh (Nidingsbrödh) blifr snarast äthet. *Ungegönnt Brot wird am schnellsten gegessen.*

fz. Pain crien ne crieve ventre. (afz.) *Beschrieenes Brot macht nicht bersten.*
it. Cavaddu jastimatu li luce lu pilu. (si. ap. L.) *Beschrieenem Pferde glänzt das Fell.*

505. Ein **ungerechter** Heller frisst einen **Thaler.**
Oan ungrechter Haller *(Ein ungerechter Heller)* od. frisst zehn Thaler. (bair.)
on U'grechta' Halla' frisst a'n Thala. (bair. O.-L.)
Der ung'recht Chrüzer frisst zäche g'recht. (schwei. S.) *Der ungerechte Kreuzer frisst zehn gerechte.*
Uan ungrechda Hola frisst zedn grechdi Thola. (st.) *Ein ungerechter Heller frisst zehn gerechte Thaler.*
'n Ungerechten Groten nimmt twintig Daler pd. mit. (ns. O.) *Ein ungerechter Groschen nimmt zwanzig Thaler mit.*
De ungerächte Häller vertêrt den gerächten Daller. (wstf. P.) *Der ungerechte Heller verzehrt den gerechten Thaler.*

Eén onregtvaardige penning verslindt er tien. dt. *Ein ungerechter Pfennig verschlingt ihrer zehn.*

Een vrœth fanghen Penning draffwer bort dä. andre thij. (adä.) *Ein unrecht gewonnener Pfennig zieht zehn andere fort.*
En orätt penning drager tio andra ut med sig. sw. *Ein unrechter Pfennig trägt zehn andere mit sich fort.*
Een orœther fangin penningir dragher wth andhra tiio. (asw.) *S. Een vrœth u. s. w.*

Pauca male parta multa bene comparata per- lt. dunt.
Aes (Es) partum scelere solet aera decem removere. (mlt.)
Ben man aquis, manjo l'autre. (sf. nprv.) *Un-* fz. *recht erworbenes Gut verzehrt das andere.*
Un grosso di mal acquisto porta via tutto il it. bene acquistato. *Ein unrecht erworbener Groschen nimmt alles gerecht Erworbene fort.*
Sa cosa male aquistada faghet perdere sa li- si. cita. (sa.) *Übelerworbenes Gut macht das gerechte verlieren.*

506. **Ungeschehen** Mag **noch** geschehen.
Wat néd äss, kân äinjde wärden. (nrh. S.) pd. *Was nicht ist, kann immer werden.*
Wat nich is, (dat) kan wören. (ns. ha. G. u. G.) *Was nicht ist, (das) kann werden.*
Wo niks is, kann wat wören. (wstf. Dr.) *Wo Nichts ist, kann was werden.*

dt. Ongezieën Kan geschieën. *Ungesehen kann geschehen.*

---

fz. I vint todi ou joû qui n'a pas v'non. (nf. w.) *Es kommt immer ein Tag, der noch nicht gekommen ist.*

it. Quel che non è stato, può essere. (mi. t.) *Was nicht gewesen ist, kann sein.*

ni. Tuto xe possibile. (v.) *Alles ist möglich.*

---

507. Das Unglück kommt über Nacht.

od. Z' Nacht 's Unglück wacht. (tir.)

---

dä. Ulykken vanger mens (tidt) Manden sover. *Das Unglück wacht, während der Mensch (oft) schläft.*

nw. Skaden vaker, medan Mannen søv. *Der Schaden wacht, während der Mensch schläft.*
Ustundi kjem alltid uventad. *Unglücksstunde kommt stets unerwartet.*

it. Le disgrazie son sempre apparecchiate. *Die Widerwärtigkeiten sind immer bereit.*

mi. Disgrazie e spie son sempre pronte. (t.) *Widerwärtigkeiten and Spione sind immer bereit.*
Le disgrazie son come le tavole degli osti. (t.) *Die Widerwärtigkeiten sind wie die Wirthstafeln.*

ni. El dsgrazi ein séimpr ammanvâ. (em. B.) *S. Le disgrazie son sempre u. s. w.*
El dsfurtoun ein séimpr ammanvâ. (em. B.) *Die Unglücksfälle sind immer bereit.*
Él desgraźi hin séimper ammanidi. (em. R.) *S. Le disgrazie son sempre u. s. w.*
I disgrazi fu preparâ come i tavol di òst. (l. m.) *Die Widerwärtigkeiten sind bereit, wie die Wirthstafeln.*
Le desgrassie a son sempre pronte com le taole dj'òsto. (piem.) *Die Widerwärtigkeiten sind immer bereit wie die Wirthstafeln.*
Le disgrazie xe sempre pronte. (v.) *S. Le disgrazie son sempre u. s. w.*
Le disgrazie xe come le tole dei osti. (v.) *S. Le disgrazie son come u. s. w.*

---

508. Ein Unglück, kein Unglück.

---

dä. Den Ulykke maa være velkommen, som kommer allene. *Das Unglück möge willkommen sein, welches allein kommt.*

---

fz. Es ben houro de Dion benetto, Quand uno disgraci ven souléto. (sf. nprv.) *Es ist wohl eine von Gott gesegnete Stunde, wenn ein Unglück allein kommt.*

it. Ben venga il male quando sen vien solo. (si. upl.) *Willkommen das Übel, wenn es allein kommt.*

lu. Bè vèns, mal, si vèns soules. (val.) *Willkommen, Übel, wenn du allein kommst.*

sp. En hora buena vengas (vengais), mal, si vienes (venis) solo! *S. Bè vèns u. s. w.*
Bien (Con bien) vengas, mal, si vienes solo. *S. Bè vèns u. s. w.*

---

509. Ein Unglück tritt dem andern auf die Fersen.

Ein Unglück hockt auf dem andern.
Wo Trauer im Haus ist, da steht Trübsal vor der Thür.
Es ist nicht genug, dass das Haus voll Unglück ist, es steht auch noch ein Wagen voll vor der Thür.
Ein ungluk das ander reit. (ad.)
Ein schade dicke den andern bringet, ein tugent nâch der andern dringet. (ad.)

pd. Wenn een Unglük kumt, so holt nog een gansen Wagen vull vör de Dör. (ns. hlst.) *Wenn ein Unglück kommt, so hält noch ein ganzer Wagen voll vor der Thür.*
Ut een Für treed ik herut un in 't andre hennin. (ns. Hub.) *Aus einem Feuer tret' ich heraus und in's andre hinein.*

---

dl. Het eene kwaad brengt het andere mede. *Das eine Übel bringt das andere mit.*
Die een ongheluck heeft, mach naer tander wel wtzien. (avl.) *Wer ein Unglück hat, mag immerhin nach dem andern aussehn.*

eu. One misfortune comes on the neck of another. *Ein Unglück kommt auf dem Nacken eines andern.*
One mischief falls upon the neck of another. *Ein Missgeschick stürzt einem andern über den Hals.*
Ill comes upon waurs back. (scho.) *Böses kommt auf des Schlimmern Rücken.*

fs. Dàt ihu Ünlock drègt dat auser àw'e Rägg. (M.) *Das eine Unglück trägt das andere auf dem Rücken.*

---

dä. Den ene Ulykke har den anden paa Ryggen. *Das eine Unglück hat das andere auf dem Rücken.*

Een Ulykke rækker den Anden Haand. *Ein Unglück reicht dem andern (die) Hand.*

Een Ulykke gaar med den anden til Dands. *Ein Unglück geht mit dem andern zum Tanz.*

Hvo der har een Ulykke, han tør ikke lede efter den anden. *Wer ein Unglück hat, der darf nicht nach dem andern suchen.*

Der er ei en Sorg til Ende, forend vi have en anden ihænde. *Es ist nie eine Trübsal zu Ende, bevor wir eine andere haben.*

is. Ein eymdin ber aðra á baki. *S. Dät u. s. w.*

Ein eymdin býðr annari heim. *Ein Elend ladet das andere zu sich ein.*

Ein armóð rættir aðrari hondina. (fær.) *S. Een Ulykke rækker u. s. w.*

nw. Dan eine Skaden retter Handi aat hinom. *Der eine Schaden reicht dem andern die Hand.*

sw. Den ena olyckan hat den andra i följe. *Das eine Unglück hat das andere im Gefolge.*

Den ena olyckan räcker den andra handen. *S. Een Ulykke rækker u. s. w.*

En olycka går med dhen andra til dantz. *S. Een Ulykke gaar u. s. w.*

---

lt. Aliud ex alio malum gignitur.

fz. Un malheur en amène un autre. *Ein Unglück bringt ein andres mit sich.*

Un malheur amène son frère. *Ein Unglück führt seinen Bruder mit sich.*

Un mal attire l'autre. *Ein Übel zieht das andere herbei.*

Après perdre on perd bien. *Nachdem man verloren, verliert man erst recht.*

Un abysme appelle un autre abysme. *Ein Abgrund ruft einen andern Abgrund.*

nf. On mâ n' n' amène in aute. (w.) *Ein Übel führt ein anderes mit sich.*

On mâlheûr n' vint nin sins l' autre. (w.) *Ein Unglück kommt nicht ohne das andere.*

sf. Kau lo mo vein, trotze. (Pat. s.) *Wenn das Unglück kommt, wuchert's.*

it. Le disgrazie sono come le ciriegie: l'una tira l'altra. *Die Widerwärtigkeiten sind wie die Kirschen: eine zieht die andere nach sich.*

mi. Al dsgrazi al ven sempr' in cumpagnéja. (rom.) *Die Unglücksfälle kommen immer in Gesellschaft.*

Un male tira l'altro. (t.) *S. Un mal u. s. w.*

Le disgrazie sono come le ciliege. (t.) *Die Widerwärtigkeiten sind wie die Kirschen.*

Non si rompe mai un bicchiere, che non se ne rompan tre. (t.) *Nie zerbricht ein Glas, ohne dass dreie zerbrechen.*

Ogni male vuol giunta. (t.) *Jedes Schlimme will Zugabe.*

ni. Il desgràzj j' èn cmé il zrès, adrè vuna a gh'in va dès. (em. i'.) *Die Widerwärtigkeiten sind wie die Kirschen, hinter einer kommen zehn her.*

Èl desgràzi hin cómm èl žrès, adréč a una a g'hin viu dès. (em. R.) *S. Il desgràzj u. s. w.*

Û mal tira l' oter. (l. b.) *S. Un mal u. s. w.*

I desgrazi somejen ai scirês, Adree a vuna gh'en ven dès. (l. m.) *Die Widerwärtigkeiten gleichen den Kirschen, hinter einer kommen zehn her.*

Le desgrassie a son com le cerese, apress a una ai n'a ven sent. (piem.) *Die Widerwärtigkeiten sind wie die Kirschen, hinter einer kommen hundert her.*

Le disgrazie xe come le sariese, Drio de una ghe ne vien diese. (v.) *S. Il desgràzj u. s. w.*

Le disgrazie le xe infilà come le avemarie. (v.) *Die Widerwärtigkeiten sind aufgereiht, wie die Avemaria's.*

Le disgrazie le se core sempre drio. (v.) *Die Widerwärtigkeiten laufen einander immer nach.*

Le crose no le xe una co no le xe tre. (v.) *Ein Kreuz kommt nicht, ohne dass dreie kommen.*

Una le ciama tute. (v.) *Eins ruft sie alle.*

si. Un mali un' è passatu, l' autru è juntu. (s.) *Ein Unglück ist nicht vorüber, so ist das andere gekommen.*

lm. Hon và el mal? Hon nihà mes. (val.) *Wohin geht das Übel? Wo es mehr gibt.*

pt. Huma desgraça alcança outra. *Ein Unglück holt das andere ein.*

Donde vás mal? Onde ha mais mal. *Wohin gehst du, Übel? Wo es mehr Übel gibt.*

sp. Adonde vas, mal? Adonde mas hay. *Wohin gehst du, Übel? Wo es mehr gibt.*

Adó vas, duelo? Adó suelo. *Wohin gehst du, Schmerz? Wohin ich (zu gehen) pflege.*

Anda, malo, tras tu hermano. *Gehe, Übel, deinem Bruder nach.*

---

510. Kein Unglück so gross, Es hat ein Glück im Schooss.

Kein Unglück so gross, es ist ein Glück dabei (dass nicht auch Glück dabei wäre).

Es ist selten ein Schaden ohne Nutzen.

Kein ungelücke wart sō grôz, da enwære bi ein heil. (ad.)

md. 't As kē' Schuot esō grösz, 't as e klēnge' Profit derbei. (mrh. L.) *Es ist kein Schaden so gross, es ist ein kleiner Vortheil dabei.*

od. Es ist selten ein Unglůck ohne Glůck. (bair.)

Es ist kein Unglück so gross, Es trägt ein Glück im Schooss. (schwei.)

Es ist keis *(kein)* Schädli, es ist au *(auch)* es *(ein)* Nützli *(Vortheil)*. (schwei.)

pd. Bå em jēden Åglāk äs uǵe Glāk. (nrh. S.) *Bei einem jeden Unglück ist auch ein Glück.*

Et is kein Ungelücke, et is wō gaud tau. (ns. ha. G. u. G.) *Es ist kein Unglück, es ist zu etwas gut.*

Bei jedem Unglück ist noch immer ein Glück. (ns. Pr.)

---

dt. Er is geen ongeluk zoo groot, of er is ook nog een geluk bij. *Kein Unglück ist so gross, dass nicht auch noch ein Glück dabei wäre.*

en. No great loss but some small profit. *Kein grosser Verlust ohne einen kleinen Nutzen.*

Nae great loss but there 's some sma' 'vantage. (scho.) *Kein grosser Verlust ohne dass irgend ein kleiner Vortheil dabei wäre.*

---

dä. Der kommer aldrig den Skade paa Land, som kommer Ingen til Gavn. *Es kommt niemals der Schaden in's Land, der Keinem zum Gewinn käme.*

Det er aldrig Noget saa meget til Skade, at det er jo Noget til Gavn. *Es ist niemals Etwas so zum Schaden, dass es nicht auch irgend zum Gewinn wäre.*

Thet ær een onth Skadhe, ter Inghen kommer tijl Gavn. (adä.) *Das ist ein schlimmer Schaden, der Niemand zu Gute kommt.*

is. Enginn er svo aumr, að ekki hafi einhvörja lukku. *Keiner ist so elend, dass er nicht ein Glück hätte.*

nw. Dat kjem aldri dan Skade paa Land, dat ei er einkvar til Bate. (B.-St.) *S. Der kommer u. s. w.*

sw. Aldrig någon olycka, att inte lycka är med. *Niemals irgend ein Unglück, wobei kein Glück wäre.*

Det är intet ondt, som icke kommer något godt af. *Es ist nichts Übles, aus welchem nicht etwas Gutes käme.*

Thz ær een ondher skadhi ængom kombir til gagns. (asw.) *S. Thet u. s. w.*

---

lt. Turpis jactura que nullis est valitura. (mlt.)

A quelque chose malheur est bon. *Unglück ist zu etwas gut.* fz.

A quelque chose est malheurté bonne. *S. A quelque chose malheur u. s. w.*

Il n'est mal dont bien ne vienne. *Es ist kein Übel, aus dem kein Gutes käme.*

Il n'est damaige qui ne porte aucun profit. (afz.) *Es gibt keinen Schaden, der keinen Vortheil brüchte.*

À quette cosse malheur est bon. (R. Douai.) nf. *S. A quelque chose malheur u. s. w.*

Li mâlheur est bon à n'saqnoi. (w.) *Das Unglück ist zu etwas gut.*

A quanquo causo malhur és bonen. (nprv.) *S.* sf. *A quelque chose malheur u. s. w.*

Non c'è male senza bene. (mi. t.) *Es gibt kein* it. *Übles ohne Gutes.*

Tüt el mal no l'è pö mal. (l.) *Alles Schlimme* ni. *ist nicht schlimm.*

Tüt el mal no 'l fa pö mal. (l.) *Alles Üble thut nicht Übles.*

No gh'è mal senza ben. (l. m.) *S. Non c'è* [u. s. w.

D'ün mal nass ün ben. (l. m.) *Aus etwas Bösem entspringt etwas Gutes.*

La va minga mal per tüc. (l. m.) *Es geht nicht für Alle schlecht.*

Tuto 'l mal no xe mal. (v.) *S. Tüt el mal* [u. s. w.

Tuto 'l mal no vien per noser. (v.) *Nicht alles Böse kommt, um zu schaden.*

Dal mal vien el ben. (v.) *Aus dem Bösen kommt das Gute.*

No xe mai un mal senza un ben. (v. trst.) *Nie ist ein Böses ohne ein Gutes.*

D' un mal nassi un ben. (v. trst.) *S. D'ün mal u. s. w.*

Ha males, que vem por bem. *Es gibt Übel,* pt. *die zum Heil kommen.*

No hay mal sin bien, cata para quien. *Es* sp. *gibt kein Übel ohne Gutes, beobachte für wen.*

No ay mal que no venga por bien. *Es gibt kein Übel, das nicht zum Heil käme.*

---

511. **Unglück im Spiel, Glück in der Liebe.**

Bär kä Glöck in der Karte hot, hot'sz in der md. Liep. (frk. H.) *Wer kein Glück in der Karte hat, hat's in der Liebe.*

Ongléck am Spil, Gléck an der Léft. (mrh. L.)

Winig Glöck em Spil, vil Glöck em Hehroden. pd. (nrh. K.) *Wenig Glück im Spiel, viel Glück im Heirathen.*

---

dl. Ongelukkig in het spel, gelukkig in de liefde. *Unglücklich im Spiel, glücklich in der Liebe.*

---

dä. Ulykke i Spil, Lykke i Kjærlighed.

---

fz. Malheureux en jeu, heureux en amour. *S. Ongelukkig u. s. w.*

Malheureux au jeu, heureux en femme. *Unglücklich im Spiel, glücklich bei Frauen.*

it. Chi perde a u jocu è fortunatu in amore. (mi. crs. s.) *Wer im Spiel verliert, ist glücklich in der Liebe.*

mi. Chi ha fortuna in amor, non giuochi a carte. (t.) *Wer Glück in der Liebe hat, spiele nicht Karten.*

ni. Sfortunât tal zûc, fortunât in amôr. (frl.) *S. Ongelukkig u. s. w.*

Fortunât in amôr, sfortunât tal zûc. (frl.) *Glücklich in der Liebe, unglücklich im Spiel.*

Chi è fortünâ in amor, l' è disfortünâ nel giöch. (l. m.) *Wer glücklich in der Liebe ist, ist unglücklich im Spiel.*

Chi a l' è fortunà an amor a l' è desfortunà al giöch. (piem.) *S. Chi è fortünâ u. s. w.*

Chi xe sfortunai al zogo, xe fortunai in amor. (v.) *Wer unglücklich im Spiel ist, ist glücklich in der Liebe.*

Chi xe fortunà in amor, xe desfortunà nel zogo. (v.) *S. Chi è fortünâ u. s. w.*

Sfortunà nel zogo, fortunà in amor. (v. trst.) *S. Ongelukkig u. s. w.*

---

512. **Unglück** kommt selten allein.

Wann Unglück kömmt, so ist es nie allein.

Das Unglück kommt bei Haufen.

md. Es kommt selten ein Unglück allein. (mrh. E.)

En Ongléck kemt kēs eléng. (mrh. L.) *Ein Unglück kommt selten allein.*

od. Es kommt kein Unglück allein. (schwei.)

pd. In Áglück kit sälden elin. (mrh. S.) *S. En Ongléck u. s. w.*

Onglück kömmt nich alleen. (us. Pr.) *Unglück kommt nicht allein.*

En Unglücke kümmet sellen olleine. (us. W.) *S. En Ongléck u. s. w.*

---

dl. Een ongeluk komt zelden alleen. *S. En Ongléck u. s. w.*

Een ongeluk komt nooit alleen. *Ein Unglück kommt nie allein.*

Een ongeluk heeft ligt een broêrtje of een zustje. *Ein Unglück hat leicht ein Brüderchen oder ein Schwesterchen.*

en. Misfortunes seldom come alone. *Unglücksfälle kommen selten allein.*

An evil chance seldom comes alone. *S. En Ongléck u. s. w.*

Hardships seldom come single. (scho.) *Ungemach kommt selten einzeln.*

---

dä. Ulykken kommer sjelden alene. *Das Unglück kommt selten allein.*

En Ulykke kommer aldrig allene. *S. Een ongeluk komt nooit u. s. w.*

Ulykken (Skaden) kommer ei (ikke) ene til Byen. *Das Unglück (Der Schaden) kommt nicht allein in's Dorf (zur Stadt).*

Sielden kommer Sorg ene. *Selten kommt Trübsal allein.*

Ingen Sorg (er) uden Søster. *Keine Trübsal (ist) ohne Schwester.*

Skadhen kommer eij gernæ ene tijl Hws. (adä.) *Der Schaden kommt nicht gern allein in's Haus.*

is. Ólukkan er sjaldan ein (einsömul). *Das Unglück ist selten allein.*

Sjaldan er ólukkan einstök (lymd ein). *Selten ist Unglück vereinzelt (Elend allein).*

Sjaldan er eitt mótlæti einsamalt. *Selten ist ein Unglücksfall vereinzelt.*

Sjaldan er ein bára stök. *Selten ist eine Woge allein.*

Ólukkan kemur sjaldan einsamöld. (fær.) *S. Ulykken kommer sjelden u. s. w.*

nw. Ulukka kjem inkje aaleine. *S. Onglöck u. s. w.*

Ulukka kjem inkje einsaman. *Unglück kommt nicht vereinzelt.*

sw. Olyckan kommer sällan ensam. *S. Ulykken kommer sjelden u. s. w.*

Ingen olycka ensam. *Kein Unglück allein.*

Ingen sorg vthan syster. *S. Ingen Sorg uden u. s. w.*

Ey kombir skadhi een til by. (asw.) *Nicht kommt Schaden allein in's Dorf.*

---

lt. Nulla calamitas sola.

Rarò ulla calamitas sola venit.

Cui advenit unum, non advenit solum.

Damnum (Dampnum) solivagum non svevit (swevit) visere pagum. (mlt.)

fz. Un malheur ne vient jamais seul. *S. Een ongeluk komt nooit u. s. w.*

Un mal et un cordelier sont rarement seuls. *Ein Übel und ein Franziskaner sind selten allein.*

Un mal et un cordelier Rarement seuls dans un sentier. *Ein Übel und ein Franziskaner (sind) selten allein auf einem Pfade.*

Quant auient uauient sole. (afz.) *Wenn es kommt, kommt's nicht allein.*

Cui advient une, n'advient seule. (afz.) *Wem eines kommt, kommt's nicht allein.*

nf. In malheur ne vint pé tout po lu. (F.-C.) *Ein Unglück kommt nicht ganz für sich.*

On mâlheûr ni vint mâie tot sen. (w.) *Ein Unglück kommt nie ganz allein.*

I n'tome maie ine pire tot' seule. (w.) *Es fällt nie ein Stein ganz allein.*

sf. Jamay un mau non ven soulet. (nprv.) *Niemals kommt ein Übel allein.*

Uno disgraci ven pas souleto. (nprv.) *Ein Missgeschick kommt nicht allein.*

it. Un malanno non vien mai solo. *S. Een ongelak komt nooit u. s. w.*

mi. U male un bene mai solu. (crs.) *Das Schlimme kommt nie allein.*

Le disgrazie non vengon (vanno) mai sole. (t.) *Die Unglücksfälle kommen (gehen) nie allein.*

Un male e un frate rade volte soli. (t.) *Ein Übel und ein Klosterbruder (sind) selten allein.*

ni. I mai e i fra no i va mai soi. (l. b.) *Die Übel und die Klosterbrüder gehen nie allein.*

si. Unu male non benit mai solu. (sa.) *Ein Übel kommt nie allein.*

Una disgratia non benit mai sola. (sa.) *S. Een ongeluk komt nooit u. s. w.*

pt. Nunca uma desgraça vem só. *Niemals kommt ein Unglück allein.*

---

513. **Unglück** kommt ungerufen.

Man darf dem Unglück keinen Boten senden, es kommt wohl selbst.

Nach Unglück braucht Keiner weit zu gehen.

md. 's Unglück mit sein' breit'n Fuess *(mit seinem breiten Fuss)* kommt bald. (frk. M.)

od. Man darf um's Unglück keinen Boten schicken, es kommt selbst. (bair.)

Man darf dem Unglück keinen Boten schicken, es kommt von selbst. (schwei.)

pd. Onglöck rauht nich. (ns. Pr.) *Unglück ruht nicht.*

---

dt. Men moet een ongeluk geen bode zenden. *Man muss einem Unglück keinen Boten senden.*

en. Sorrow comes unsent for. *Leid kommt, ohne dass man danach sendet.*

Ill weather and sorrow come unsent for. *Schlechtes Wetter und Leid kommen, ohne dass man danach sendet.*

Sorrow an ill weather come unca'd. (scho.) *Leid und schlechtes Wetter kommen ungerufen.*

Ulykken kommer ubuden. *Das Unglück kommt ungebeten.* dä.

Ulykken kommer tiest selvbuden. *Das Unglück kommt am häufigsten ungebeten.*

Íllt kemr ókallað. *Übel kommt ungerufen.* is.

Skaden kjem oftaste sjølvbeden. *Der Schaden kommt am häufigsten ungebeten.* nw.

Det onda kommer wål obudit (fulle okalladt). *Das Schlimme kommt wohl ungebeten (ganz ungerufen).* sw.

Mala vel invocata veniunt. lt.

Le disgrazie non si comprano al mercato. (mi. t.) *Die Widerwärtigkeiten kauft man nicht auf dem Markte.* it.

Li guai (disgrazj) veninu senza chiamata. (s.) *Die Unglücksfälle (Widerwärtigkeiten) kommen ohne Rufen.* si.

---

514. **Unglück** sitzt nicht immer vor einer Thür.

Das Unglück sitzt nicht immer vor armer Leute Thür.

Es hängt kein Geldsack hundert Jahre vor der Thür, aber auch kein Bettelsack.

Et henkt kennen Geldsack hondert Johr vör ein Döhr, ewer ock kennen Bedelsack. (nrh. M.) *Es hängt kein Geldsack hundert Jahr vor einer Thür, aber auch kein Bettelsack.* pd.

En Geldsack un 'n Bettelsack hangt keene hundert Jahr vöer enen Huse. (ns. L.-D.) *Ein Geldsack und ein Bettelsack hängen keine hundert Jahr vor einem Hause.*

De Geldsack hänget kenne fufzig Johre für der Döhre un de Beddelsack auk nit. (ns. W.) *Der Geldsack hängt keine fünfzig Jahre vor der Thür und der Bettelsack auch nicht.*

Geldsack un Biädelsack hanget keine hunnert Jår vöer äiner Döör. (wstf. A.) *Geldsack und Bettelsack hängen keine hundert Jahr vor einer Thür.*

De Geltsack un de Biädelsack hanget nitt hunnert Jår vör ener Döör. (wstf. Mrk.) *Der Geldsack und der Bettelsack hängt nicht hundert Jahr vor einer Thür.*

Altijd zullen de duivel niet aan ééne deur kloppen. *Nicht immer werden die Teufel an eine Thür klopfen.* dt.

The devil is not always at one door. *Der Teufel ist nicht immer an einer Thür.* en.

fz. Le diable n' est pas toujours à la porte d' un (du) pauvre homme. *Der Teufel ist nicht immer vor der Thür eines (des) armen Mannes.*

Le diable n'est pas toujours à ung huys. *S. The devil u. s. w.*

Malheure ne dure pas tousjours. *Unglück währt nicht immer.*

Heur et malheur n'ont qu'un temps. *Glück und Unglück haben nur eine Zeit.*

sf. Toujhour dûro pa lou mâou-tën. (Lgd.) *Nicht immer währt das schlechte Wetter.*

Lou man-tens duro pas toujour. (uprv.) *Das schlechte Wetter währt nicht immer.*

Lou Diable sera pas toujour (Toujour lou Diable sera pas) à la pouerto d' un paur' homé. (uprv.) *Der Teufel wird nicht immer (Nicht immer wird der Teufel) an der Thür eines armen Mannes sein.*

it. Gioja e sciagura Sempre non dura. *Freude und Unglück dauert nicht immer.*

mi. Sempar la n' andarà acsè. (rom.) *Es wird nicht immer so gehen.*

Sempre non istà il mal dov' ei si posa. (t.) *Nicht immer bleibt das Übel, wo es sich niederlässt.*

Il male non istà sempre dove si pone (posa), se non sopra i gobbi. (t.) *Das Übel bleibt nicht immer, wo es sich niederlässt, wenn nicht auf den Bucklichten.*

ni. La n' andarà sèimpr aqusè. (em. B.) *S. Sempar u. s. w.*

Semper acsì la n'andarà. (em. P.) *S. Sempar u. s. w.*

La n' andarà sèimper acsè. (em. R.) *S. Sempar u. s. w.*

Al dièvel an sta sèimper a un uss. (em. R.) *S. The devil u. s. w.*

Sempre icsè no l' andarà. (l. b.) *S. Sempar u. s. w.*

No l' andarà sempre icsè: Dôpo 'l nigol vè 'l serè. (l. b.) *Nicht immer wird es so gehen: nach der Bewölkung kommt die Klarheit.*

si. Bonu tempu e malu tempu nun dura tuttu tempu. (s.) *Gutes Wetter und schlechtes Wetter dauert nicht allzeit.*

Nè tempus malu durat, nen tempus bonu. (ss.) *Weder schlechtes, noch gutes Wetter hält an.*

lm. No hià bé que cent anys dure, Ni mal que à ells aplègue. (val.) *Es gibt kein Gut, welches hundert Jahr dauerte, noch Übel, welches sie zählte.*

pt. Não ha mal que cem annos dure, nem bem que os ature. *Es gibt kein Übel, welches hundert Jahre dauerte, noch Gutes, was sie aushielte.*

Sufra (Sûfrase) quien penas tiene que tras **sp.**
un tiempo otro (que tiempo tras tiempo) viene. *Leide, wer Schmerzen hat, denn einst kommt's anders.*

---

515. Wer **Unglück** soll haben, der stolpert im Grase, Fällt auf den Rücken und bricht sich die Nase.

Wenn ein Unglück sein soll, so kannst du auf den Rücken fallen und die Nas' abbrechen.

Wenn Unglück sein soll, so fällt eine Katze vom Dachboden sich todt.

Wenn's Unglück will, fällt sich eine Katze vom Stuhl zu Tode.

Will's Unglück, so fällt eine Katze vom Stuhl.

Wer Unglück haben soll, bricht den Finger im Hirsebrei.

Wer kein Glück hat, dem verbrennt das Brot im Ofen.

Wer nichts haben soll, der verliert das Brot aus dem Sacke.

Wenn der Bettler nichts haben soll, so verliert er das Brot aus der Tasche.

Bann desz Uglöck sän Welle soll hò, so koo **md.**
me of ebener Årde den Haals gebrech. (frk. H.) *Wenn das Unglück seinen Willen haben soll, so kann man auf ebener Erde den Hals brechen.*

Wenn Unglück sein Willaa hot, brichtmar in Fingar in Oorsch ou. (frk. H. S.) *Wenn Unglück seinen Willen hat, bricht man den Finger im A.... ab.*

Wår kè Glich håt, bricht 'n Fing'r in Orsch ô'. (frk. M.) *Wer kein Glück hat, bricht den Finger im A.... ab.*

Dên Ongléek huot, dô bréicht de Fanger am Bréi (dé fëllt um gléiche' Buodem a' bréicht e Bên). (mrh. L.) *Wer Unglück hat, der bricht die Finger im Brei (der fällt auf gleichem Boden und bricht ein Bein).*

Wenn's Ungluck will, so fallt si' Katz vo'n **od.**
Stuol 'rå' z' Tôd. (bair. O.-L.) *S. Wenn's Unglück u. s. w.*

Wer kä Glück håut, verlèiart 's Bråut in Sök. (opf. N.) *Wer kein Glück hat, verliert's Brot im Sack.*

Wenn er Brod backen sollte, fiel ihm auch der Ofen ein. (schwei.)

We en Unglück sal han, de brecht 'ne Fenger **pd**
egen Spinat of egene Riesbrei. (mrh. A.) *Wer ein Unglück haben soll, der bricht einen Finger im Spinat oder im Reisbrei.*

Wü versuffe sall, dä versüff en em Fingerhoht met Wasser. (nrh. K.) *Wer ersaufen soll, der ersäuft in einem Fingerhut mit Wasser.*

Wenn ên Mallôr hämm' sall, denn briekt hê sick 'n Finger in 'n Aors aff un stött sick mit 'n Stummel 't Oog ût. (ns. A.) *Wenn Einer Unglück haben soll, dann bricht er sich den Finger im A .... ab und stösst sich mit dem Stummel das Auge aus.*

Wër en Unglücke hem sal, dei felt up 'n Rûen und breket de Nœse. (ns. ha. G. u. G.) *Wer ein Unglück haben soll, der fällt auf den Rücken und bricht die Nase.*

Wenn en Unglücke sin sal, sau felt de Katte von'n Staule död. (ns. ha. G. u. G.) *Wenn ein Unglück sein soll, so fällt sich die Katze vom Stuhl todt.*

Wenn men Unglücke hem sal, sau breket men den Finger in der Westentaschen af. (ns. ha. G. u. G.) *Wenn man Unglück haben soll, so bricht man den Finger in der Westentasche ab.*

Wenn 'n Unglücke sien sall, sau fällt d' Katte von 'n Staule dood. (ns. ha. H.) *S. Wenn en Unglücke sin u. s. w.*

Nu, wenn en Unglůck sin sall, so kannst du up den Růggen fallen un brecken de Nås af. (ns. hlst.) *Nun, wenn ein Unglück sein soll, so kannst du auf den Rücken fallen und die Nase abbrechen.*

Wenn de arme Mann nicks hebben schall, verlüst hee dat Brood ut der Kypen. (ns. Hmb.) *Wenn der arme Mann nichts haben soll, verliert er das Brot aus dem Korbe.*

Wecker Unglück hebben sall, de terbräckt sick den Dumen in 't Åårsloch. (ns. M.-Str.) *Wer Unglück haben soll, der zerbricht sich den Daumen im A .... loch.*

Wenn de Bedler 'n Unglück hebben sall, denn verlüst he 't Brot ut de Sack. (ns. ofs.) *Wenn der Bettler ein Unglück haben soll, dann verliert er's Brot aus dem Sacke.*

---

dt. Dien een ongeluk moet overkomen, struikelt in't gras. *Wen ein Unglück treffen soll, strauchelt im Grase.*

Die maar een ongeluk zal hebben, kan ligt op den rug vallen en breken den neus. *Wer ein Unglück haben soll, kann leicht auf den Rücken fallen und die Nase brechen.*

Die maar een ongeluk zal hebben, kan den neus wel in zijn bed breken. *Wer ein Unglück haben soll, kann die Nase in seinem Bette brechen.*

Hij is geboren op Sint Galperts nacht, drie dagen voor 't geluk. *Er ist in St. Galpertsnacht geboren, drei Tage vor dem Glück.*

Ongelukken zijn kwaade kansen, al zou men zijn duim maar in het bed breken met vlooijen knippen. *Unglück ist Unglück, und soll man sich den Daumen im Bett beim Flöheknicken brechen.*

Wien het geluk tegen is, die breekt wel een been op slechter aarde. *Wem das Glück entgegen ist, der bricht wohl ein Bein auf ebener Erde.*

Hij zou zich beslabben al at hij hazelnoten. *Er würde sich beschlabbern, und äss' er Haselnüsse.*

Dat er een steen uit de lucht viel, hy zou op mynen kop vallen. (vl.) *Und wenn ein Stein aus der Luft fiele, würde er mir auf den Kopf fallen.*

en. He falls (tumbles) on his back and breaks his nose. *Er fällt auf seinen Rücken und bricht sich die Nase.*

---

dä. Naar Ulykken skal være, kan man brække sit Been paa jevnt Gulv. *Wenn das Unglück sein soll, kann man sein Bein auf ebener Diele brechen.*

Thet ær daarligt (er Ilath), at druknæ paa tiwrt (tywrt) Landh. (adä.) *Es ist thöricht, auf trocknem Lande zu ertrinken.*

nw. D' er leidt aa drukna paa turre Landet. *Es ist schlimm, auf trocknem Lande zu ertrinken.*

D' er ilt aa brjota Foten paa flate Golvet. *Es ist übel, den Fuss auf der ebenen Diele zu brechen.*

Han er uheppen, som støyter seg paa alle Steinar. *Der ist unglücklich, der sich an allen Steinen stösst.*

Dei er liksom dei tvo Systrerna: dan eine svalt i Hel Jola-Natti, dan andre fraus i Hel Jonsoko-Natti. (B.-St.) *Die sind wie die beiden Schwestern: die eine hungerte sich zu Tode in der Christnacht, die andere fror zu Tode in der Johannisnacht.*

D' er uheppet Folk, som svelt i Hel um Jola-Natti, elder frys i Hel um Jonsoko-Natti. (Nordenfjelds). *Das sind unglückliche Leute, welche sich in der Christnacht zu Tode hungern, oder in der Johannisnacht zu Tode frieren.*

sw. När olyckan vill till, bryter man så lätt ett ben på golfvet som i skogen. *Wenn das Unglück will, bricht man eben so leicht ein Bein auf dem Fussboden, wie im Walde.*

Thz ær een dare ther druknar aa thort land. (asw.) *Das ist ein Thor, der auf trocknem Land ertrinkt.*

Thz ær ilt at drunkna a thorth landh. (asw.) *Das ist übel, auf trocknem Land zu ertrinken.*

---

lt. Qui procul est Scyllæ (cille), fatue dimergitur (submergitur) ille. (mlt.)

Se fatue mergit, qui (qvi) tempe per arida pergit. (mlt.)

fz. Il tombe sur le dos et se casse le nez. *Er fällt auf den Rücken und schlägt sich die Nase entzwei.*

Quand un homme est malheureux, il se noyerait dans un (son) crachat. *Wenn ein Mensch unglücklich ist, würde er in einem (seinem) Speichelauswurf ertrinken.*

nf. S' noyer dans sin rakion. (pic.) *In seinem Speichelauswurf ertrinken.*

Qwand on a dè guignon, on s' neyerent dins on rèchon. (w.) *Wenn man Unglück hat, würde man in einem Speichelauswurf ertrinken.*

I s' cass'rent l' narenne so n' live di boure. (w.) *Er würde sich die Nase auf einem Pfund Butter entzweischlagen.*

I s' neierent d' vins on rechon. (w.) *Er würde in einem Auswurf ertrinken.*

sf. A jhèns malhirouzès lou pan mouzis âou four. (Lgd.) *Unglücklichen Leuten schimmelt das Brot im Ofen.*

it. S' io cascassi indietro, mi romperei il naso, tanto sono disgraziato. *Wenn ich rückwärts fiele, ich bräche die Nase, so unglücklich bin ich.*

Agli sgraziati va sempre sopra il cotto l' acqua bollita. *Den Unglücksmenschen läuft stets das kochende Wasser über.*

Chi nasce sfortunato, s' ei va indietro a cader si rompe il naso. *Wer unglücklich geboren wird, bricht sich, wenn er rückwärts zu fallen kommt, die Nase.*

Allo sgraziato tempesta il pane in forno. *Dem Unglücklichen verhagelt das Brot im Ofen.*

Non fece mai bucato che non piovesse. *Sie hatte nie Wäsche, ohne dass es regnete.*

E' non mangia mai ciriegie che non bacate. *Er isst nie Kirschen, die nicht wurmstichig wären.*

Egli ha la maledizione. *Er hat den Fluch.*

Egli è scommunicato. *Er ist ausgeschlossen (excommunicirt).*

mi. Si annigherebbe in un bicchier d' acqua. (crs.) *Er würde in einem Glas Wasser ertrinken.*

Chi nass dsgraziû, ui piôv in sè cul anca a stêr a sdê. (rom.) *Wer unglücklich geboren wird, dem regnet's auf seinen Hintern auch wenn er sitzt.*

Chi è nato sgraziato, gli tempesta il pan nel forno. (t.) *Wer unglücklich geboren ist, dem verhagelt das Brot im Ofen.*

Cascò in Arno ed arse. (t.) *Er fiel in den Arno und verbrannte.*

A chi è disgraziato, gli tempesta nel forno. (t.) *Wer unglücklich ist, dem hagelt's im Ofen.*

A chi nass dsfurtunâ a i casca la cà in cò. **mi.** (em. B.) *Wer unglücklich geboren wird, dem fällt das Haus auf den Kopf.*

Se a da so un cöpp el da in tla testa a un tribulà. (em. P.) *Wenn ein Ziegel herunter fallen soll, so schlägt er einem Unglücklichen auf den Kopf.*

S' a casca un cöpp am dà int la tèsta. (em. R.) *Wenn ein Ziegel fällt, schlägt er ihm auf den Kopf.*

Chi è nassit desfortünat, Ghe piov sul cül aca quand el sta sentat. (l. b.) *S. Chi nass u. s. w.*

Chi sfortünat el nass, El morirà col cül in mezz ai strass. (l. b.) *Wer unglücklich geboren wird, stirbt mit dem Hintern mitten in den Lumpen.*

Al pover desgraziâ ghe tempesta el pan nel forno. (l. m.) *Dem armen Unglücksmann verhagelt das Brot im Ofen.*

Chi è nassü desgraziâ, Ghe piöv anch sül consolâ. (l. m.) *Wer unglücklich geboren ist, dem regnet's auch auf's Sitzmittel.*

Al pover desgraziâ Ghe tempesta sul cü anca sentâ. (l. m.) *Dem armen Unglücksmann hagelt's auf den Hintern, auch wenn er sitzt.*

Al pover desgraziâ Anca el ben ghe torna in mâ. (l. m.) *Dem armen Unglücksmann schlägt auch das Gute zum Schlimmen aus.*

Quand el povrôm vœül cheüse, el forn a drôca. (piem.) *Wenn der Arme backen will, fällt der Ofen ein.*

Quand un (Chi) a l' è desgrassià, s' ai casca un cop (dal teit), ai dà (va) sla (su la) testa. (piem.) *Wenn Einer (Wer) unglücklich ist, dem fällt, wenn ein Ziegel (vom Dach) fällt, derselbe auf den Kopf.*

Chi xe disgrazià, ghe tempesta nel forno. (v.) *S. A chi è u. s. w.*

Chi xe disgrazià, ghe tempesta el pan nel forno. (v.) *Wer unglücklich ist, dem verhagelt das Brot im Ofen.*

A chi nasse sfortunai, ghe piove sul culo a star sentai. (v.) *S. Chi nass u. s. w.*

A chi xe disgrazià, ghe tempesta sul toni anca sentà. (v.) *Wer unglücklich ist, dem hagelt's auf den Hintern, auch wenn er sitzt.*

Chi nasse sfortunà, se bagna 'l culo a restar sentà. (v.) *Wer unglücklich geboren wird, macht sich beim Sitzen den Hintern nass.*

Non feci mai bucato che non piovesse. (v.) *Ich hatte nie Wäsche, ohne dass es regnete.*

E' ti muore sempre il bue di quaresima. (v.) *Es stirbt dir der Ochse stets in der Fastenzeit.*

Chi sfortunado nasse, more col culo rovegià in le strasse. (v. ver.) *Wer unglücklich geboren wird, stirbt mit herumgedrehtem Hintern in den Lumpen.*

sd. Siccaresili s' herva subta piantas. (sa.) *Ihm vertrocknet das Gras unter den Füssen.*

Si andas a mare non incontras abba. (sa. L.) *Wenn du an's Meer gehst, triffst du kein Wasser.*

516. **Unkraut** vergeht nicht.

Unkraut verliert sich nicht.

Unkraut lässt (will) vom Garten nicht.

Unkraut verdirbt nicht (es käm eher ein Platzregen darauf).

md. Unkraut fardërbt niict *(verdirbt nicht)*. (frk. H. S.)

Ongkraut fergêt nét. (mrh. L.)

Unkraut ausjäten ist schwer. (schls. F.)

Unkruit vergât net. (thr. R.)

Unkraut vergeht nit *(nicht)*, das wässt in der Kachel *(wächst im Ofen)*. (W. E.)

od. Koan Ungraud vá'diâ'bt nid. (ndö.) *Kein Unkraut verdirbt.*

's Uchrut *(Unkraut)* verdirbt nit *(nicht)*. (schwei.)

Das Unkraut will nicht aus dem Garten. (schwei.)

Unkraut verdirbt nicht. (tir. B.)

pd. Onkraut verjeht net. (nrh. Gl.)

Onkrût vergeht niet. (nrh. Kl.)

Åkrokt ferdirft nét. (urh. S.) *S. Unkraut fardërbt u. s. w.*

Unkrût vergeit nich. (ns. A.)

Unkrûd vergeit nich. (ns. ha. G. u. G.)

Unkrûd verdarwet nich. (ns. ha. G. u. G.) *S. Unkraut fardërbt u. s. w.*

Unkrud fergeit nig. (ns. hlst. A.)

Unkruut verjeet nich; so kolt is keen Winter (ns. N.) *Unkraut vergeht nicht; so kalt ist kein Winter.*

Unkruut vergett nit. (ns. W.)

---

dt. Onkruid vergaat niet.

Onkruid vergaat nooit (verderft noode). *Unkraut vergeht nie (verdirbt ungern).*

Onkruid gaat niet uit (blijft altijd boven). *Unkraut geht nicht aus (bleibt stets oben).*

Üünkrüüs fergongt eg. (A.) **fs.**

Unkrüdd forgungt ài. (M.)

Ukrud (Ondt Krud) forgaaer ikke. **dä.**

Onde Urter voxe mest og forgaae senest. *Schädliche Kräuter wachsen am meisten und vergehen am spätesten.*

Vondt Krut oydest aldri ut. *Schlechtes Kraut wird niemals ausgerottet.* **nw.**

Dat kjem aldri Uaar paa Ugraset. *Es kommt nie ein Unjahr für das Unkraut.*

Ondt Krydde förgås intet. **sw.**

Ondt krut förgås ej gerna (icke så lätt). *Schlechtes Kraut vergeht nicht (so) leicht.*

Ogräset är ej så lätt utrotadt. *Das Unkraut ist nicht so leicht ausgerottet.*

Mala herba difficulter moritur. **lt.**

Mala herba non interit.

On n' sâreut distrûre li mâle hièbe. (nf. w.) *Man kann das Unkraut nicht ausrotten.* **fz.**

Male herbe non pot peri, Ni la boune reberdi. (Brn.) *Schlechtes Kraut kann nicht umkommen, noch das gute wieder grün werden.* **af.**

L' erbâ cativa l' an va mëi a mël. (mi. rom.) *Das Unkraut kommt nie zu Schaden.* **it.**

L' erba catia la mör mai. (l. b.) *Das Unkraut stirbt nie.* **ni.**

Herva male non morit mai. (sa.) *Unkraut [stirbt nie.* **si.**

Herva male prestu non si siccat. (sa.) *Unkraut verdorrt nicht (so) schnell.*

Mala herba may mor. (neat.) *S. Herva male non u. s. w.* **lm.**

Erva má, não lhe empece a geada. *Unkraut, dem schadet der Frost nicht.* **pt.**

Yerba mala, no le empece la helada. *S. Erva u. s. w.* **sp.**

Cosa mala nunca muere. *Schlimmes Ding stirbt niemals.*

Earba ré nu se usucă. *Schlechtes Kraut verdorrt nicht.* **wl.**

---

517. **Unkraut** wächst in Jedermanns Garten.

Ukrud voxer i hver Mands Have. **dä.**

Dat veks Ugras i alle Hagar. *Es wächst Unkraut in allen Gärten.* **nw.**

sw. Ogräs växer i hvars mans trädgård. *Unkraut wächst in Jedermanns Baumgarten.*

---

it. Cattiva erba nasce dapertutto. *Schlechtes Kraut wächst allenthalben.*

ni. **La** gramegna la crei da per tüt. **(l.)** *Das Hundsgras wächst allenthalben.*

---

518. **Unkraut** wächst ungesä't.
Unkraut wächst besser, als (der) Weizen.
Unkraut wuchert besser, als Weizen.
Böses Kraut wächst bald.
Unkrût walsset âne sât. (ad.)

od. Das Unkraut wåchst von selbst. (bair.)
Das Unkraut wachst auch ungewartet. (schwei.)

---

dt. Het onkruid wast zonder zaaijen. *Das Unkraut wächst ohne Säen.*
Het onkruid wast van zelf. *S. Das Unkraut wächst von u. s. w.*
Het onkruid wast weliger dan het gezaaide. *Das Unkraut wächst üppiger, als das Gesä'te.*
Kwaad kruid wast **wel**. *Schlecht* ***Kraut*** *wächst gut.*

en. Ill weeds grow apace. *Schlechte Kräuter wachsen rasch.*
Ill weeds wax weel. (scho.) *Schlechte Kräuter wachsen gut.*

---

dä. Ukrud aagrer bedre, end Hvede. *S. Unkraut wuchert u. s. w.*
Ukrud voxer snart. *Unkraut wächst schnell.*
Ondhe Yrther voxæ mæsth. (mdä.) *Schlechte Kräuter wachsen am meisten.*

sw. Ogräs växer ofta, der hvete var sådt. *Unkraut wächst oft, wo Weizen gesä't war.*
Ogräset växer ovattnadt. *Das Unkraut wächst unbegossen.*
Ogräs wäxer fulle owattnadt. *Unkraut wächst ganz unbegossen.* [*üppig.*
Odhyrth vaxir yffrith. (asw.) *Schierling wächst*

---

lt. Herba mala citò crescit.
Pullulat herba satis quæ nil habet utilitatis. (mlt.)

fz. Mauvaise herbe croit toujours. *Böses Kraut wächst immerzu.* [*u. s. w.*
Mauvaise herbe croist soudain. *S. Böses Kraut*
Male herbe mens crest. (afz.) *Böses Kraut* ***wächst am besten.***
Male herbe croit plustost que bonne. (afz.) *Schlechtes Kraut wächst rascher, als gutes.*

Les malès hièbes crèhet volti. (w.) ***Die*** **nf.** *schlechten Kräuter wachsen gern.*

Marrido herbe crey toujours. **(nprv.)** ***S. Mau-*** **sf.** ***vaise herbe*** *croit u. s. w.* [***rasch.***

La mal erba presto cresce. ***Das Unkraut wächst*** **it.**

La mal' erba cresce presto. (t.) ***S. La mal u. s. w.*** **mi.**

L' erba cativa crés prëst. (em. B.) ***Das schlechte*** **ni.** *Kraut wächst rasch.*

L'erba **catia la nass in** del sò ort. (l. b.) *Das* ***schlechte Kraut erzeugt sich in*** *seinem Garten.*

La cativ erba nass **e crèss pü** prëst. (l. m.) *Das böse Kraut spriesst und wächst schneller.*

Erba cativa a **cress prest. (piem.)** ***Böses Kraut*** *wächst rasch.*

La mal erba **cresse. (v.)** ***Das Unkraut wächst.***

Erba mala **prestu crisci. (s.)** ***S. Ukrud voxer*** **si.** ***u. s. w.***

A má erva depressa nasce, e depressa envelhece. pt. ***Das Unkraut entspriesst*** *rasch und* ***altert rasch.***

La yerba **mala presto** crece y ántes de tiempo **sp.** **envejesce.** ***Das böse*** *Kraut wächst* ***rasch und altert vor der Zeit.***

Pirnlü rëü cresce și nesemĕnatü. ***Die schlechte*** **wl.** ***Quecke wächst auch ungesät.***

---

519. **Der Unschuldige** muss viel leiden.
Der Unschuldige muss die Zeche (das Gelag) **bezahlen.** [(ausgiessen).
Der **Unschuldige muss das** Bad austragen
Die Unschuld **muss immer den Hund** heben.
Die Gerechten werden immer geschlagen.
Die Frommen bekommen die Neige.
Der Frömmste muss das Kreuz tragen.
Je grösser Christ, je grösser Kreuz.

En god Mand har som oftest en **ond** Qvinde. **dä.** ***Ein guter*** *Mann hat am häufigsten ein böses* ***Weib.***

Jamais à un bon chien il ne vient un bon os. fz. *Niemals fällt einem* ***guten Hunde ein guter*** *Knochen* **zu.** [***Jamais*** *u. s. w.*

A bon chien n'eschet jamais **bon os.** (afz.) ***S.***

Aux **bons** souvent meschet. (afz.) *Den Guten missglückt's oft.*

Si **gn'y** a n'màle hiébe **â** champ, c'est todi **nf.** l'homme biesse qu'y tome. (w.) *Wenn's im Felde ein böses Kraut gibt, ist's immer das gute Thier, welches darauf stösst.*

---

520. Es ist ein grosser **Unterschied** zwischen dem König David und einem Hutmachergesellen.

od. Es ist ein Unterschied zwischen einem Diamant und einem Blüsemer-Käs. (schwei.)

pd. Twischen den Künnig Salomo un einen Schauflicker geit eine grote Heerstrate. (ns. ha. H.) *Zwischen dem König Salomo und einem Schuhflicker geht eine grosse Heerstrasse.*

Dä is en grote Unnersched twischen König Sálomo un Jürgen Hotmåker. (ns. hlst. A.) *Es ist ein grosser Unterschied zwischen König Salomo und Jürgen Hutmacher.*

't Is 'n groten Ünnerscheed twilschen König Salamo un Jürgen Hootmaker. (ns. O. B.) *S. Då u. s. w.*

---

dt. Er is onderscheid tusschen Salomo en zijn schoenlapper: intusschen wijze mannen doen wel eens zotte dingen. *Es ist ein Unterschied zwischen Salomo und seinem Schuhflicker, indessen kluge Männer thun wohl ein Mal al[…] ne Dinge.*

Het is een groot onderscheid, koning zijn of niemendal. *[…] ein grosser Unterschied, König oder gar Nichts sein.*

en. There's a difference between the piper and his bitch. (scho.) *Es ist ein Unterschied zwischen dem Pfeifer und seiner Hündin.*

---

dä. Der er Forskiel paa St. Knud og Vor Frue. *Es ist ein Unterschied zwischen St. Knud und Unserer Frau.*

nw. D' er Skil paa Fant og Fagna-Mann. *Es ist ein Unterschied zwischen Narr und tüchtigem Mann.*

Dat skil seg Fant og Fagna- Folk. *Es unterscheiden sich Narr und tüchtige Leute.*

D' er Skil paa Frendar og framandt Folk. *Es ist ein Unterschied zwischen Verwandten und Fremden.*

D' er Skil paa gletta og detta. *Es ist ein Unterschied zwischen Gleiten und Fallen.*

D' er Skil paa aa raka Skjegget og skjera Holsn av. *Est ist ein Unterschied zwischen Bartscheeren und Kinnabschneiden.*

D' er Skil paa aa steikja Braud og brenna dat. *Es ist ein Unterschied zwischen Brot rösten und es verbrennen.*

D' er Skil paa Folk og toma Tunnor. (B.-St.) *Es ist ein Unterschied zwischen Leuten und leeren Tonnen.*

E cumme tra me e u Papa. (mi. crs.) *Es ist wie zwischen mir und dem Papst.* it.

E cumme tra u jornu e a notte. (crs. s.) *Es ist wie zwischen dem Tag und der Nacht.* mi.

E cumme tra biancu e negru. (crs. s.) *Es ist wie zwischen Weiss und Schwarz.*

A j' è la diferenssa ch' a j' è tra un violin e un pulpit (tra un burat e una cherdenssa). (piem.) *Es ist der Unterschied, der zwischen einer Violine und einem Pult (einem Mehlbeutel und einem Kredenztisch) ist.* ni.

---

521. **Untreue** schlägt ihren eigenen Herrn.

Vntrew schlegt jren eigen herren. (ad.)

Vntrew offt seinen herren schlegt. (ad.)

Vntrew trifft seinen herren gern. (ad.)

Untrei schlåd immor sen égnan Herrn. (schl. B.) md. *Untreue schlägt immer ihren eigenen Herrn.*

Untreue trifft seinen eigenen Herrn. (bair.) od.

Onrääch schleet sy ehge Håhr. (nrh. D.) *Unrecht schlägt seinen eigenen Herrn.* pd.

Outrouw slaat haar eigen heer. dt.

Ontrouw slaat zich zelve. *Untreue schlägt sich selbst.*

Ontrouw wordt gaarne met ontrouw betaalt. *Untreu wird gern mit Untreu bezahlt.*

Bedrog bedriegt zich zelf. *Betrug betrügt sich selbst.*

Ontrou slaet aeren eyghen heeren. (ah.)

He that deceives another, is often deceived himself. *Der, welcher einen Andern betrügt, wird oft selbst betrogen.* en.

Treachery will come home to him that formed it. *Verrath kommt dem heim, der ihn beabsichtigte.*

Falsk slaaer sin egen Herre paa Hals. *Falschheit schlägt ihren eigenen Herrn auf den Hals.* dä.

Swigh och Falsk slaar offthe sijn Herre paa Halss. (adä.) *Trug und Falschheit schlagen oft ihren eigenen Herrn auf den Hals.*

Ótrú og fals slær sinn eiginn herra um háls. *Untreue und Falschheit schlagen ihren eigenen Herrn auf den Hals.* is.

Ótrú svíkr sinn eiginn herra. *Untreue betrügt ihren eigenen Herrn.*

Svik og fals slá sinn herra um háls. *Trug und Falschheit schlagen ihren Herrn auf den Hals.*

sw. **Falskhet slår sin egen herre på halsen.** *S. Falsk u. s. w.*
Falskhet slår sin egen herre på **nacken.** *Falschheit schlägt ihren eigenen Herrn auf den Nacken.* [*S. Svik u. s. w.*
Swik ok fals slaar **sin herra aa hals.** (asw.)

---

lt. In caput auctoris **facinus plerumque redundat.**
Fraus in auctorem **recidit.**
Fraus, ut plebs dicit, **dominum collotenus** (collatenus) icit. (mlt.)

fz. La perfidie retombe sur **son auteur.** *Die Treulosigkeit fällt auf ihren* ***Urheber zurück.***
Tricherie revient à son maître. ***Betrug kommt zu seinem Herrn zurück.***

it. L' inganno va in casa dell' ingannatore. ***Der Betrug geht in's Haus des Betrügers.***

mi. Chi ingana è ingané. (rom.) *Wer betrügt, ist betrogen.* [*ist, wer betrügt.*
L' ingannato è chi inganna. (t.) ***Der Betrogene***

ni. L' ingan el va adòs a l' ingannadùr. (l. b.) ***Der*** *Betrug geht hinter dem Betrüger her.*
L' ingan d' ordinari a casca **sle** spale dl' ingannator. (piem.) *Der Betrug fällt gewöhnlich* ***auf die*** *Schultern des Betrügers.*
L' ingano casca su l' ingànator. (v.) ***Der Betrug*** *fällt auf den Betrüger.*
L' ingano casca sora l' ingannator. (v. trst.) *S. L'ingano u. s. w.*

si. S' ingannu (S' ingaunia) andat **cum** s' ingannadore. (sa.) *Der Betrug geht* ***zum*** *Betrüger.*

sp. Justa razon, engañar al engañador. *Das ist gerecht: den Betrüger betrügen.*

---

522. **Unverhofft** Kommt oft.
Wenn man's am Wenigsten denkt, liegt **ein** Fisch in den Reusen.
Oft fahet man Fische von ungefähr, Wo **man** nit meinte, dass einer wär. (ad.)

pd. Unverhoffet kümmet ofte. (ns. W.)

---

dt. Daar men't **minst** verwacht Springt de haas uit de gracht. ***Wo*** *man es am mindesten vermuthet, springt der Hase aus dem Graben.*

Where we last think, **there goeth the hare** **en.** away. ***Wo*** *wir (es) am* ***wenigsten denken, läuft der*** *Hase davon.*

Lykken kommer, naar mindst men venter **det. dä.** ***Das Glück kommt, wenn*** *man's* ***am wenigsten erwartet.***
Ofte beder man Dyr, hvor man mindst venter. ***Oft jagt man Wild auf, wo man es am wenigsten erwartet.***
Naar man mindst tænker det, er der en Fisk paa Krogen. ***Wenn man es am wenigsten glaubt, ist ein Fisch an der Angel.***
Ofta kemur upp undan kávi, tá ið minst várir. **is.** **(fær.)** ***Oft kommt der Tauchende*** *(Ertrinkende)* ***in die Höhe, wenn man es am mindesten erwartet.***
Det sker mycket oförtänkt. ***Es geschieht*** **sw.** ***Vieles unerwartet.***
I det vattnet man minst tror, får **man snarast Fisk.** ***Im*** *Wasser,* ***wo*** *man's am wenigsten* ***glaubt, fängt man am*** *schnellsten Fische.*

Quo minime quæris gurgite piscis erit. **lt.**
Insperata sæpe contingunt.

D' aqi oun noun pênso l'ömë, sourtis la lèbrë. fz. **(sf. Lgd.)** ***Dort, wo der Mensch es nicht denkt, kommt der Hase heraus.***

Di dove meno si pensa, si leva la lepre. ***Wo man*** **it.** ***es am wenigsten denkt, springt der Hase auf.***
Ove meno si crede, l' acqua rompe. ***Wo man es am wenigsten glaubt, springt das Wasser.***

La levar la sta dov un s pensa. (rom.) ***Der*** **mi.** ***Hase steht, wo man's nicht denkt.***

Sovens **lo ch' meno un cred a l' è lo ch' ariva. ni.** **(piem.)** ***Oft ist das, was man am wenigsten glaubt, das, was geschieht.***
Dove che manco se crede, l' aqua rompe. (v.) ***S. Ove u. s. w.***

D' abont menos se pensa salta la llebra. **(neat.) lm.** ***S. Di dove u. s. w.***
De hon hu menys se pensa salta una llebre. (val.) ***Wo man es am wenigsten*** *denkt,* ***springt ein Hase auf.***

Donde (Por donde) menos se piensa salta la **sp.** **liebre.** ***S. Di dove u. s. w.***

V.

523. The father a saint, the son a devil. (en.) *Der* **Vater** *ein Heiliger,* **der Sohn ein** *Teufel.*

en. The father a saint, the son a sinner. ***Der*** *Vater ein Heiliger, der Sohn* **ein Sünder.**

fz. De **père** saintelot enfant **diablot.** *Von heiligem* ***Vater*** *verteufeltes Kind.*

it. Di padre **santalotto** figlio **diavolotto.** ***Von*** *heiligem Vater verteufelter Sohn.*

pt. De pai santo filho diabo. *Von heiligem Vater teuflischer Sohn.*

sp. De padre **santo** hijo diablo. ***S. De pai u. s. w.***

524. Was **der Vater** **erspart, verthut der** Sohn.

Der Vater ein Sparer, der Sohn ein Gender.

Der Vater Spir und Spar, der Sohn Rips **und Raps.**

dt. **De vader** spaart, en **de zoon** verteert. ***Der Vater*** *spart und der Sohn verzehrt.*

Spaar-vader — kwist-kind. *Sparvater — Verschwenderkind.*

en. After **a thrifty father a prodigal son.** *Nach einem sparsamen* ***Vater*** *ein verschwenderischer Sohn.*

A miserly father makes a prodigal son. *Ein geiziger Vater macht einen verschwenderischen Sohn.*

lt. Quantum pater colligit, tantum **filius dissipat.**

fz. Père ménager, fils prodigue. *Sparsamer* ***Vater,*** *verschwenderischer Sohn.*

De père gardien, fils garde-rien. ***Von bewahrendem*** *Vater nichtsbewahrender* ***Sohn.***

À père amasseur fils gaspilleur. ***Sammelndem Vater vergeudender Sohn.***

De père **amasseur enfant gaspilleur.** *Von sammelndem* ***Vater vergeudendes*** *Kind.*

À père avare enfant prodigue. ***Geizigem Vater verschwenderisches*** *Kind.*

A **pay amassado, hil goaspilladou. (Gsc.)** *S.* sf. ***À père*** *amasseur* ***u.*** *s. w.*

Lou pàirë a fa **las** amassadoñiros è lou fil las escampadoñiros. (**Lgd.**) *Der Vater hat die Schätze gesammelt und der Sohn sie* ***vergeudet.***

Il padre fa la roba e 'l figliuol la manda male. **it.** *Der Vater macht das Vermögen und der Sohn verthut es.*

A padre guadagnatore figlio spenditore. *Erwerbendem Vater ausgebender Sohn.*

A padre avaro (cupido) figliuol prodigo. (t.) **mi.** *S. À père avare u.* ***s. w.***

Pader avar, fiol dissipà. (l. b.) ***Geiziger Vater,*** **ni.** *vergeudender Sohn.*

Pare che guadagna, Fio che magna. (v.) ***Vater,*** *der verdient, Sohn, der verzehrt.*

A pare guardador fill dissipador. (ucat.) ***Gei-*** **lm.** ***zigem*** *Vater vergeudender Sohn.*

Lo pare guaña l' ral y lo fill lo gasta mal. **(ucat.)** ***Der*** *Vater gewinnt den Real und* ***der*** *Sohn wendet ihn schlecht an.*

Lo pare guanya el real, Y son fill lo gasta mal. (val.) *S. Lo pare u. s. w.*

A pai guardador, filho gastador. ***S. A pare*** **pt.** *guardador u.* ***s. w.***

A padre allegador **hijo despendedor.** ***S. À*** **sp.** *père amasseur* ***u. s. w.***

A padre **ganador** hijo gastador. *S. A padre guadagnatore u. s. w.*

A padre guardador (endurador) hijo despendedor (gastador). *S. A pare guardador* ***u.*** *s. w.*

525. Wo **es** mir wohl gehet, da ist mein **Vaterland.**

Ubi bene (bonum), ibi patria. **lt.**

La patrie est partout où l' on est bien. ***Das*** **fz.** ***Vaterland ist überall, wo man sich wohl befindet.***

Toute terre més boun beray pays Oun pla me **sf.** **ba è troby bous amyqs. (Gsc.)** *Jedes Land* *ist mir gutes wahres Vaterland, wo es mir gut geht und ich gute Freunde fand.*

it. La patria è ove si ha del bene. *Das Vaterland ist, wo man's gut hat.*

ni. Dov a s' sta ben, a l' **è nostra patria. (piem.)** *Wo man sich wohl **befindet, ist unser Vaterland.***

si. Inne s' istat bene, inie est sta patria. (sa.) ***Wo** man sich wohl befindet, da ist das Vaterland.*

lm. Aquella **es** la Patria hon hu bè **passa. (val.)** *Das ist das Vaterland, wo Einer **gut lebt.***

---

526. **Verbotene** Frucht schmeckt am Besten.

Verbotene Wasser sind oft besser als **Wein.**
Verbotenes Wasser ist Malvasier.
In verbotenen Teichen fischt man gern.
Was man verbeut, Das thun die Leut.
Was man einem verbeut, das liebt ihm erst.
Verboten wazzer bezzer sint, dan **offen win,** des hoer ich jehen. (ad.)
Verstolnin wazzer süezer sint, dan offen win, des **jehent** din kint. (ad.)

md. Ferbnode' Wūor zēt nu. (mrh. L.) *Verbotene Waare zieht an.*

od. Die verbotene Frucht schmeckt besser. (bair.)
Verboten Obst ist süss. (schwei.)
Verbotene Frucht schmeckt süss. (schwei.)

---

dt. Verboden vruchten zijn de zoetste. *Verbotene Früchte sind die süssesten.*

en. Forbidden fruit is sweet. *Verbotene Frucht ist süss.*

---

dä. Forbuden **Frugt smager bedst.**

nw. Forbodi **Frukt er søtaste.** ***Verbotene Frucht** ist die süsseste.*

sw. Förbuden frukt (mat) smakar alltid bäst (väl). *Verbotene Frucht (Speise) schmeckt stets am besten (gut).*
Förbuden maat blir snarast äthen. *Verbotene Speise wird am raschesten gegessen.*

lt. Nitimur in vetitum semper cupimusque negata.

fz. Chose défendue, chose désirée. (afz.) *Verbotene Sache, begehrte Sache.*
Chose deffendue et prohibée est souvent la plus désirée. (afz.) *Verbotene und untersagte Sache wird oft am meisten begehrt.*

sf. Cause dehendude à goardade Es tonstens la mes recerquade. (Gsc.) *Verbotene und verschlossene Sache ist immer am meisten begehrt.*

Cauvo **defendudo es mai desirado. (nprv.)** ***Verbotenes ist** am meisten begehrt.*

Più da noi è bramato, Chi più **ci vien negato. it.** *Am meisten von uns begehrt wird, **was uns am meisten versagt wird.***

Quel che l' è proibit, l' è più gradit. (l. b.) ni. ***Was verboten ist, ist am angenehmsten.***

Passè **se vöil quel che i ne töl. (l. m.)** ***Am meisten will man, was man nicht soll.***

Cosi vietati su chiu desiati. (s.) ***Verbotene*** **si.** ***Dinge werden am meisten begehrt.***

Cosa privada es desitjada. (neat.) ***Entzogene*** **lm.** ***Sache wird begehrt.***

---

527. Wer sich ein **Mal verbrannt** hat, bläst hernach die **Suppe.**

Wär **eimol** sich de Muhl **verbrannt hät, dä pä. blihss zom zweite Mol. (nrh. K.)** ***Wer sich ein Mal das Maul verbrannt hat, der bläst zum zweiten Mal.***

Hvo der engang har brændt sig, blæser siden-dä. efter paa Suppen.

Dhen en gång bränner sigh **aff Grööten han sw.** blåås **dher** på en **annan gång.** ***Wer sich ein** Mal **am Brei verbrennt, der bläst ein ander** Mal darauf.*

Chi **s' è scottato una** volta, **l' altra vi soffia it. sù.** ***Wer sich ein Mal verbrüht hat, bläst das andere** Mal **darauf.***

Becchia spavicchiata a ogni **traghietto va pisata. mi. (crs.)** *Erschreckte Alte **geht bei jedem Stege** vorsichtig.*

Chi è scottato **una volta, l'** altra vi **soffia sù. (t.)** *Wer ein Mal verbrüht **ist, bläst** das andere Mal darauf.*

Chi è stat scotat na olta, l' altra ga boſa sora. ni. (l. b.) *Wer ein Mal verbrüht worden ist, bläst das andere Mal darauf.*

Chi xe stà scotà da la menestra calda, supia su la freda. (v.) *Wer an der heissen Suppe **verbrüht worden ist, bläst auf die kalte.***

---

528. Ein magerer **Vergleich** ist besser, als ein fetter Process.

Ein magerer Vergleich ist besser, als ein feistes Urtheil.

E moren Akŏert as besser, ewē e fëtt Pro-md. zēss. (mrh. L.)

E mager Vergliech es beisser, äls 'ne fette Process. (sä. A.)

pd. Ät es bässer 'ne magre Verglich, als 'ne fätte Prozäss. (nrh. D.) *Es ist besser ein magerer Vergleich, als ein fetter Process.*

En mågere Fendragg is bæder as en fette Prosess. (ns. hlst. A.)

Bäter en magern Verglik, as en fetten Process. (wstf. Mrk.) *Besser ein magerer Vergleich, als ein fetter Process.*

---

dt. Een mager verdrag is beter dan een vet process.

Beter een kwaad appointement dan een goed process. *Besser ein schlechter Vergleich, als ein guter Process.*

Beter een mager vergelijk, dan een vet process. *S. Bäter u. s. w.*

en. Agree, for the law is costly. *Vergleicht euch, denn der Process ist kostspielig.*

---

dä. Et magert Forlig er bedre, end en fed Proces.

Bedre er et magert Forlig end en fed Trætte. *Besser ist ein magerer Vergleich, als ein fetter Process.*

is. Betri er mögr forlikun enn feitr prósess. *Besser ist magerer Vergleich, als fetter Process.*

nw. D' er betre mager Sætt en feit Sak. *S. Betri u. s. w.*

D' er betre ein liten Lut en ei lang Trætta. *Es ist besser ein kleines Stück, als ein langer Streit.*

sw. Bättre en mager förlikning, än en fet rättegång. *S. Bäter u. s. w.*

---

cw. Megl ün majer agiüstamaint co üna grassa sentenzcha. (ld.) *Besser ein magerer Vergleich, als ein fettes Urtheil.*

Ün mager Gistament porta pli bear cut, c' ün grass Process. (obl.) *Ein magerer Vergleich trägt mehr ein, als ein fetter Process.*

fz. Un mauvais accomodement vaut mieux qu' un bon (que le meilleur) procès. *Ein schlechter Vergleich ist besser, als ein guter (als der beste) Process.*

Un maigre accord est préférable à un gras procès. *Ein magerer Vergleich ist einem fetten Processe vorzuziehen.*

nf. On mavâ arrang'mint vât mi qu'on bon procès. (w.) *S. Un mauvais u. s. w.*

sf. Un marrit appointament van may qu'un bouen Arrest. (nprv.) *Ein schlechter Vergleich ist besser, als ein gutes Urtheil.*

it. Meglio un magro accordo, che una grassa sentenza. *S. Megl u. s. w.*

È meglio un magro accordo, che una grassa sentenza. *Besser ist ein magerer Vergleich, als ein fettes Urtheil.*

L' è méi un mégr acummdament, ch n' è una mi.
grassa sentenza. (rom.) *S. È meglio u. s. w.*

L' è méi üna magra comodaziù che üna grassa ni.
sentenza. (l. b.) *S. È meglio u. s. w.*

On magher gilistament l' è mëi che üna grassa sentenza. (l. m.) *S. Ein magerer Vergleich ist besser, als ein feistes u. s. w.*

A l' è mej un cativ acordi (agiustament) ch' una boņa sentenssa. (piem.) *S. Un marrit u. s. w.*

A l' è mej un acordi mediocre ch' una boņa sentenssa. (piem.) *Ein mittelmässiger Vergleich ist besser, als ein gutes Urtheil.*

Megio un magro comodamento, che una grassa sentenza. (v.) *S. Megl u. s. w.*

Xe megio un magro acordo, che una grassa sentenza. (v.) *S. È meglio u. s. w.*

Megghiu magru accommodu, chi sentenza si.
grassa. (s.) *Besser magerer Vergleich, als fettes Urtheil.*

Mezus acconzamentu lanzu qui non sententia rassa. (sa. L.) *S. Megghiu u. s. w.*

Mès val (Val mès) un dolènt ajust, que l' lm.
millor plèt. (neat.) *Besser ist ein schlechter Vergleich, als der beste Process.*

Mes val un roin ajust, Que una bona sentencia. (val.) *S. Un marrit u. s. w.*

Mais val má avença, que boa sentença. *Besser* pt.
ist schlechter Vergleich, als gutes Urtheil.

Mas vale mala avenencia que buena sentencia. sp.
S. Mais u. s. w.

Mas vale mal ajuste que buen pleyto. *Besser ist schlechter Vergleich, als guter Process.*

---

529. Verheirathe deinen Sohn wann du willst, deine Tochter wann du kannst.

Marry your son when you will, but your en.
daughter when you can. *Verheirathet euren Sohn, wann ihr wollt, aber eure Tochter, wann ihr könnt.*

Marry your sons when you will, your daughters when you can. *Verheirathet eure Söhne, wann ihr wollt, eure Töchter, wann ihr könnt.*

Marry your son when you will, but your dochter when you can. (scho.) *S. Marry your son u. s. w.*

---

dä. Gift din Søn, naar (om) du vil, din Datter, naar (om) du kan.

sw. Gift bort din son när du vill, din dotter när du kan.

---

fz. Marie ton fils quand tu voudras, ta fille quand tu pourras.

it. Casa il figlio quando vuoi, E la figlia quando puoi. (mi. t.) *Verheirathe den Sohn, wann du willst, und die Tochter, wann du kannst.*

ni. Loga 'l fiö quand ti te vò, E la tosa quand te pò. (l. m.) *S. Casa il u. s. w.*

lm. Casa ton fill quant volras Y ta filla quant poras. (neat.) *Verheirathe deinen Sohn, wann du willst, und deine Tochter, wann du kannst.*

Casa à ton fill quant voldrás, Y à ta filla quant podrás. (val.) *S. Casa ton u. s. w.*

pt. Casa o filho quando quizeres, E a filha quando puderes. *S. Casa il u. s. w.*

sp. Casa el hijo quando quisieres, Y la hija quando pudieres. *S. Casa il u. s. w.*

---

530. Theuer verkaufen ist keine Sünde, wol aber falsch messen.

---

nw. Dyrt selt er ingi Synd, naar inkje Fals er i. *Theuer verkauft ist keine Sünde, wenn kein Falsch dabei ist.*

---

it. Caro mi vendi e giusto mi misura. *Verkauf mir theuer und miss mir richtig.*

mi. Vendum chêr e pesa giòst. (rom.) *S. Caro u. s. w.*

ni. Vendi caro e pesa giusto. (v.) *Verkaufe theuer und wiege richtig.*

---

531. Wer sich auf Andere verlässt, der ist verlassen genug.

od. Wenn man sich auf Andere verlässt, ist man verlassen genug. (bair.)

Wo' se' áf Annore vo'lâßt, den-r-is vo'lâß'n. (tir. U.-I.) *Wer sich auf Andere verlässt, der ist verlassen.*

pd. Bai sik op Annere verlätt, es verlåten genauch. (wstf. Mrk.)

---

dt. Wie op hulp van anderen zich verlaat, die rust tegen een' zwakken muur zonder grondvast. *Wer sich auf Anderer Hülfe verlässt, der lehnt sich an eine schwache Mauer ohne Grundlage.*

Hvo som forlader sig paa Andre, er forladt. dä. *S. Wer u. s. w.*

Ni comptans jamâie qui sor nos. (nf. w.) fz. *Zählen wir stets nur auf uns.*

Guêi a chi ch' ha bsogn dj ätar. (mi. rom.) it. *Wehe dem, der Anderer bedarf.*

Dosgrassià col ch' a l' a bsogn d'j' aotri. ni. (piem.) *Unglücklich der, welcher der Anderen bedarf.*

Chi no fa da so posta, pol sperar poco dai altri. (v.) *Wer nicht selbst etwas thut, darf wenig von den Andern hoffen.*

---

532. Frauen, Pferde und Uhren soll man nicht verleihen.

Dein Pferd, dein Schwert und dein Weib leihe nicht her.

Dein Weib, dein Schwert und dein Pferd magst du wohl zeigen, aber nicht ausleihen.

Verliehen Weib, Ross, Laut und Wehr Bekommst im vor'gen Stand nicht mehr.

De Ûr, de Bis nêh de Frâ nêmeszte' loâ! pd. (nrh. S.) *Die Uhr, den Besen und die Frau leihe Niemandem!*

Det Ruos nêh det Gewier nêh de Frâ sål em nêmeszte lân. (nrh. S.) *Das Ross und das Gewehr und die Frau soll man Niemandem leihen.*

Leen nooit uit uw meisje, uw horologie of uw dt. pennemes; want gij krijgt ze bedorven t' huis. *Verleiht niemals euer Mädchen, eure Uhr, oder euer Federmesser, denn ihr kriegt sie verdorben zurück.*

The wife, the horse and the sword may be eu. shew'd, but not lent. *Die Frau, das Pferd und das Schwert dürfen gezeigt, aber nicht verliehen werden.*

Øyk og Kvern og Kona skal ingen Mann nw. laana. *Pferd und Handmühle und Frau soll kein Mann verleihen.*

Sko og Kvern og Øyk skal ingen Mann laana. *Schuh und Handmühle und Pferd soll kein Mann verleihen.*

Hustru, håst, kläder och sko lånas illa ur sw. bondens bo. *Hausfrau, Pferd, Kleider und Schuh werden übel aus des Bauern Wohnung verliehen.*

---

lt. Uxor, equus, vestis et calceamenta inhonestis, Dum conceduntur, cum damno restituuntur.

lt. Nè liber, nè cavai no impresta mai. (ni. l. m.) *Weder Buch, noch Pferde verleihe je.*

ni. Nè fomne, nè cavai as presto mai. (piem.) *Weder Frauen, noch Pferde verleihe je.*

Nè cavalo, nè libri, nè dona no se impresta. (v.) *Man verleiht weder Pferd, noch Bücher, noch Frau.*

Libri nè cavai, no s'impresta mai. (v.) *Weder Bücher, noch Pferde werden je verliehen.*

533. Verrath ist angenehm, Verräther verhasst.

dt. Men bedient zich wel van de verraderij, maar haat evenwel de verraders. *Man bedient sich wohl des Verrathes, aber hasst darum doch die Verräther.*

dä. Herrer elske Forræderi, men hade Forræderen. *Herren lieben Verrätherei, aber hassen den Verräther.*

is. Stórherrar elska svikin, en ei svikarann. *Grosse Herren lieben den Verrath, aber nicht den Verräther.*

sw. Herrar älska fulle förräderij, men hnata förrådaren. *Herren lieben wohl Verrätherei, aber hassen den Verräther.*

fz. Trahison plaist et traistre déplait. *Verrath gefällt und Verräther missfällt.*

it. Tradimento piace assai, Traditor non piacque mai. (mi. t.) *Verrath gefällt sehr, Verräther gefiel niemals.*

ni. El tradiment pò pinsè, Ma al traditor tücc i bestemia adrè. (l. m.) *Der Verrath kann gefallen, aber dem Verräther fluchen Alle nach.*

Pò piasè el tradiment, ma el traditor da tucc l' è detestaa. (l. m.) *Gefallen kann der Verrath, aber der Verräther wird von Allen verabscheut.*

si. Si voli lu tradimentu, ma nun si stima lu tradituri. (s.) *Man will den Verrath, aber man schätzt nicht den Verräther.*

lm. L' home vol la traició, pero no al traidor. (neat.) *Der Mensch will den Verrath, aber nicht den Verräther.*

pt. Paga-se o Rei da traição, do traidor não. *Zufrieden ist der König mit dem Verrath, mit dem Verräther nicht.*

Gusta a traicion y-o traidor non. (gal.) *Es gefällt der Verrath und der Verräther nicht.*

sp. Págase el Rey de la traicion, mas no de quien la hace. *Gefallen findet der König am Verrath, aber nicht an dem, der ihn ausübt.*

La traicion aplace, mas no el que la hace. *Der Verrath gefällt, aber nicht der, der ihn ausübt.*

534. Erst verschmäht, Dann Gebet.

dt. Men zal dat nog met lantaarnen zoeken. *Man wird das noch mit Laternen suchen.*

Hij zal er nog vinger en duim na lekken. *Er wird sich noch Finger und Daumen danach lecken.*

Men weyghert altemet, datmen gheerne weder hadde. (avl.) *Man verschmäht mitunter, was man gern wieder hätte.*

en. After scorning comes catching. *Nach Verschmähen kommt Zugreifen.*

dä. Offthe bædhes thet igeen, som for borthkasthes. (adä.) *Oft wird das wieder erbeten, was vorher fortgeworfen wird.*

sw. Mången spottar i kålen och får sedan supa den sjelf. *Mancher spuckt in den Kohl und muss ihn nachher selbst essen.*

Man spottar offta i Kålen och swper honom sielff vth. *Man spuckt oft in den Kohl und isst ihn selbst aus.*

Opta bedhis han thr badhit flyr. (asw.) *S. Offthe u. s. w.*

lt. Saepe reposcit idem, quod jactavit prius idem. (mlt.)

fz. Qui refuse, muse. *Wer verschmäht, denkt nach.*

Tel refuse qui après muse. *Mancher verschmäht, der dann nachdenkt.*

nf. Cu refuse eppré muse. (Fr.-C.) *Wer verschmäht, denkt dann nach.*

Qui r'fuse après muse. (w.) *S. Cu u. s. w.*

sf. Qu refuso, souven muso. (uprv.) *Wer verschmäht, denkt oft nach.*

it. Tal lascia l' arrosto che poi brama 'l fumo. (mi. t.) *Mancher lässt den Braten stehen, der nachher den Rauch wünscht.*

si. Chiddu chi si schifia, veni tempu chi s' addisia. (s.) *Was man verschmäht, kommt eine Zeit, wo man's ersehnt.*

535. **Versprechen** ist Eins und Halten ein Anderes.

Gereden vnd halten ist zweierley. (ad.)

md. **Fersprîechen** un halen as zwêerlê. (mrh. L.) *Versprechen und Halten ist zweierlei.*

---

dt. Beloven en verleesten **syn twee** gheesten. (avl.) *Geloben und Leisten sind zwei Geister.*

en. To promise **is one thing, and** to keep is **another.** To promise **is ae thing, to keep it's anither.** (scho.) *Versprechen ist Eins, halten ist ein Anderes.*

---

dä. At love (Loven) er ærligt, **at holde (Holden)** er besværligt. *Versprechen (Das Versprechen) ist ehrlich, halten (das Halten) ist beschwerlich.*

Loven er ærlig, **men Holden besværlig.** *Das Versprechen ist ehrlich, aber das Halten beschwerlich.*

is. Léttara er að **lofa enn að enda.** *Leichter ist zu versprechen, als zu halten.*

Mangur lovar **runt, men heldur tunt.** (fær.) *Mancher verspricht freigebig, aber hält spärlich.*

nw. Lova er **lett, halda er helder tungt.** *Versprechen ist leicht, halten ist eher schwer.*

D' er lettare **lova en halda.** *Es ist leichter versprechen, als halten.*

sw. Lofva är lättare **än hålla.** *Versprechen ist leichter, als halten.*

---

lt. Aliud est facere, **aliud est dicere.**

fz. Promettre **et tenir sont deux.** *S. Fersprîechen u. s. w.*

Ce sont deux **promettre et tenir.** *Das ist zweierlei: versprechen und halten.*

nf. Promette et **t'ni c'est deux.** (w.) *S. Fersprîechen u. s. w.*

sf. Proumettre e **donnar son** dous. (nprv.) *Versprechen und geben ist zweierlei.*

it. Promettere è **una cosa,** mantenere è un' altra. *S. To promise is ae u. s. w.*

mi. Altro è promettere, **altro è mantenere.** (t.) *S. To promise is ae u. s. w.*

ni. Altro xe el dir, **altro el far.** (v. trst.) *Eins ist das Sagen, ein Anderes das Thun.*

si. Su fagher non est comente et in su narrer. (sa. L.) *Das Thun ist nicht wie das Sprechen.*

Su narrer non est que in su fagher. (sa. L.) *Das Sprechen ist nicht wie das Thun.*

wl. Un'a e a promite, si alt'a a împlini. *Eins ist versprechen, das Andere erfüllen.*

---

536. **Verstand** und Nachgedanken **kommt** nicht vor den Jahren.

Der Verstand kommt nicht **vor den Jahren. od.** (bair.)

Witz und Haar kommt nicht vor Jahr. (schwei.)

Verstand kommt nicht vor Jahren. (schwei.)

Verstand kümmet nit für den Johren. (ns. W.) pd.

Verstand kommt nicht vor den Jahren.

Verstand un Naugedanken kummet nich vor Jahren. (wstf. O.)

Het verstand komt niet vóor de jaren. *S. Der* **dt.** *Verstand u. s. w.*

't Verstand komt vóor de jaren niet. (vl.) *S. Der Verstand u. s. w.*

Vitið kemr ei fyrir árin. *S. Der Verstand u. s. w.* **is.**

Non venit ante suos prudentia nobilis **annos. lt.** (mlt.)

---

537. **Sie verstehen einander wie Diebe beim Jahrmarkt.**

Zij verstaan elkander als dieven op eene kermis. **dt.** *Sie verstehen einander wie Diebe auf einer Kirmes.*

Zij verstaan elkander als de kramers op de markt. *Sie verstehen einander wie die Krämer auf dem Markte.*

De förstå hwarandra, som twå tjufwar på en **sw** Marknad. *Die verstehen einander, wie zwei Diebe auf einem Markt.*

Intelligunt se mutuo, **ut** fures in **nundinis. lt.**

Ils s'entendent comme larrons en **foire. fz.**

I s'étindet comm' des côpeûs d' boûsse. (w.) **nf.** *Sie verstehen einander wie Beutelschneider.*

Far come **i ladri di Pisa.** *Es machen wie* **it.** *die Diebe von Pisa.*

Fà cum fa i lòdar d Pisa. **(rom.)** *Es machen,* **mi.** *wie die Diebe von Pisa thun.*

Far come i corsali, che si **nimicano,** ma non si danno. (t.) *Es machen, wie die Korsaren, die sich befeinden, aber sich nichts thun.*

Far cmè i lader d' Pisa. (em. P.) *S. Far* **ni.** *come i ladri u. s. w.*

Fèr comm' i lèder ėd Pisa. (em. R.) *S. Far come i ladri u. s. w.*

Fa come i lader de Bressa. (l. m.) *Es machen wie die Diebe von Bressa.*

Quant i lader se fan la guèrra, l' è sègn che van d' acòrd. (l. m.) *Wenn die Diebe sich streiten, ist's ein Zeichen, dass sie einig sind.*

Fe com ii lader d' Pisa. (piem.) *S. Far come i ladri u. s. w.*

Quando i ladri se fa guera, segno che i se d' acordo. (v.) *S. Quant u. s. w.*

— — —

538. **Er sammelt die Asche und verstreut das Mehl.**

pd. Dat Stroh schonen un bi Flass bakkn *(und bei Flachs backen).* (us. B.)

---

nl. Hij is penning-wijs en pond-zot. *Er ist Pfennig-weise und Pfund-thöricht.*

en. Penny-wise, pound-foolish. *Pfennigweise, Pfundthöricht.*

---

is. Það er aðhlwilig sparsemi, að geyma glermolana en glata eðalsteinunum. *Das ist zu ergötzliche Sparsamkeit, Glasstückchen aufzuheben und Edelsteine zu verlieren.*

— —

fz. Amassadou de bren, Barreyadou de barie. (Brn.) *Kleiensammler, Mehlvergeuder.*

Déstréch âou brén, largan à la farîno. (Lgd.) *Genau mit der Kleie, freigebig mit dem Mehl.*

Sies estrech au bren et large à la farino. (nprv.) *Du bist genau mit der Kleie und freigebig mit dem Mehl.*

Cribla lo son por perdre la farena. (Pat. s.) *Die Kleie sieben, um das Mehl zu verlieren.*

it. Stretta in la brenna e larga in la ferina. (mi. crs. m.) *Genau mit der Kleie und freigebig mit dem Mehl.*

si. Guai a cui strudi la farina e sparagna la canigghia. (s.) *Wehe dem, welcher das Mehl verbraucht und die Kleie spart.*

Aurradore de sa chijina et isbaidore de sa farina. (sa.) *Ersparer der Asche und Verschwender des Mehls.*

Fulini su scetti e scavulai sa simbula. (sa. M.) *Das Kernmehl wegwerfen und die Kleie streuen.*

lm. Arreplegador de sagó y escampador de farina. (cat.) *Kleiensammler und Mehlvergeuder.*

Replegador del segó y escampadòr de la farina. (val.) *Sammler der Kleie und Vergeuder des Mehls.*

pt. Apanhador de cinza, derramador de farinha. *Aschenersparer, Mehlverschwender.*

Aproveitador de farellos, esperdiçador de farinha. *S. Amassadou u. s. w.*

sp. Allegador de la ceniza y derramadór de la harina. *S. Aurradore u. s. w.*

Derramar la harina, y allegar la ceniza. *Das Mehl verstreuen und die Asche sammeln.*

---

539. **Es geht so viel in einen Quack, wie in einen Sack.** (md. nrh. E.)

pd. 'n Mensch frisst su vel wie och 'n Bohfenk. (nrh. D.) *Ein Spatz frisst so viel wie ein Buchfink.*

---

en. An old cat laps as much as a young kitling. *Eine alte Katze leckt so viel auf, wie ein junges Kätzchen.*

As deep drinketh the goose as the gander. *So viel trinkt die Gans wie der Gänserich.*

— —

dä. En slet Hest æder saa Meget, som en god. *Ein schlechtes Pferd frisst so viel wie ein gutes.*

En skabbet Hest æder lige saa Meget, som en god. *Ein schäbiges Pferd frisst eben so viel, wie ein gutes.*

En Gaas drikker saa meget som en Gasse. *Eine Gans drinkt so viel wie ein Gänserich.*

Et Pund Fjedre veier lige saa meget, som et Pund Bly. *Ein Pfund Federn wiegt eben so viel, wie ein Pfund Blei.*

nw. Dat gjeng like myket i ein Pose, som i ein Sekk. *Es geht eben so viel in einen Beutel, wie in einen Sack.*

Gran-Merri et like myket som Raude. *Grauschimmelstute frisst eben so viel, wie Rothschimmel.*

Ein Fille-Gamp og ein god Gamp eta like myket. *Eine Schindmähre und ein gutes Pferd fressen gleich viel.*

sw. En skabbig häst äter lika mycket som en god. *S. En skabbet u. s. w.*

Ett pund fjäder väger lika mycket som ett pund bly. *S. Et u. s. w.*

---

fz. Autant dépend chiche que large. *Eben so viel verthut der Geizige, wie der Freigebige.*

Autant tient poche comme sas. (afz.) *So viel fasst Tasche wie Sack.*

sf. Eytan manjo bassaquet, que gros basseas. (nprv.) *So viel frisst der Sack, wie der grosse Beutel.*

it. Tanto mangia una rozza, quanto un buon cavallo. *Eben so viel frisst eine Schindmähre, wie ein gutes Pferd.*

mi. Tanto beve l' oca quanto il papero. (t.) *Eben so viel säuft die Gans, wie das Gänschen.*

Tanto mangia il povero quanto il ricco. (t.) *Eben so viel isst der Arme, wie der Reiche.*

ni. Mangia tant el poer che 'l sior. (l.) *S. Tanto mangia il u. s. w.*

Tanto magna una rozza che un bel cavalo. (v.) *Eben so viel frisst eine Schindmähre, wie ein schönes Pferd.*

pt. O saco redondo tanto leva como o longo. (gal.) *Der runde Sack schafft so viel fort, wie der lange.*

540. Viel Federchen machen ein Bett.

Viele Körner machen einen Haufen.

Viel Reislein machen einen starken Besen.

od. Viele Körnlein machen auch einen Haufen. (schwei.)

Viele kleine Fischlein geben auch ein Mahl. (schwei.)

Vil chliini Vögeli gend au en grosse Brote. (schwei.) *Viel kleine Vögel geben auch einen grossen Braten.*

Vil Tröpfli git au es Schöpfli. (schwei.) *Viel Tröpfchen geben auch ein Schöppchen.*

---

dt. Veel veêrtjes maken een bed.

Veel reisjes maken een' bezem. *Viele Reislein machen einen Besen.*

Veel hairtjes maken een' borstel. *Viel Borsten machen eine Bürste.*

Veel maliën maken een pansijzer (pantser). *Viele Maschen machen ein Panzerhemd.*

Veel pluimkens maken een bed. (vl.)

Veel hairkens maken eenen borstel. (vl.) *S. Veel hairtjes u. s. w.*

---

dä. Mange Fjædre gjøre en Seng. *Viele Federn machen ein Bett.*

Mange Riis gjøre en stor Kost. *Viele Reiser machen einen grossen Besen.*

Mange Korn gjøre en Banke. *S. Viele Körner u. s. w.*

sw. Många fjädrar göra en säng. *S. Mange Fjædre u. s. w.*

Många små posar fylla snart en säck. *Viel kleine Beutel füllen rasch einen Sack.*

Många korn göra en skäppa. *Viele Körner machen einen Scheffel.*

---

fz. Prou de broundillos fan un fays. (sf. uprv.) *Viele Reisigbündel machen eine Bürde.*

lm. Mòltas candeletas fan un ciri pascual. (neat.) *Viele Kerzchen machen eine Osterkerze.*

---

541. Viel Geschrei und wenig Wolle.

Viel Geschrei und wenig Wolle, sagte der Narr und schor ein Schwein.

Viel Geschrei und wenig Wolle, sprach der Teufel, da schor er ein Schwein.

Viel Geschrei und wenig Wolle, hat der Teufel gesagt und hat ein Schwein geschoren.

Geschreies vil und lützel wolle gap ein sû. (ad.)

Viel Geschrei und wenig Eier. (bair.) od.

Viele Schur und wenig Wolle. (bair.)

's Kräusch is oft greaßa' âls da' Bâch. (tir. U.-I.) *Das Geräusch ist oft grösser, als der Bach.*

Een groot Gehei on wenig drop (on en Ei op de Kaar). (nrh. M.) *Ein grosser Lärm und wenig drauf (und ein Ei auf dem Wagen).* pd.

Vêl Räk un wênig Füer. (ns. ha. G. u. G.) *Viel Rauch und wenig Feuer.*

Veel Geschrei un wenig Wull! seed de Düvel, un schoor en Swien. (ns. hlst.) *Viel Geschrei und wenig Wolle! sagte der Teufel und schor ein Schwein.*

Da is wenig Voll un fel Geschrei, sæ de Dyvel, as he Svin klipper. (ns. hlst. A.) *Da ist wenig Wolle und viel Geschrei, sagt der Teufel, wenn er ein Schwein scheert.*

Vêl Geschrei un wenig Wull! säd de Düwel, dar schoor hee en Swyn. (ns. Hmb.) *S. Viel Geschrei und wenig Wolle, sprach u. s. w.*

Väl Geschricht un weinig Wull. (ns. O. R.)

Veel Geschröcht on wenig Woll, seggt de Diewel on scheert de Su. (ns. Pr.) *Viel Geschrei und wenig Wolle, sagt der Teufel und scheert die Sau.*

Vêel geschreeuw en luttel wol. dt.

Veel geschreeuw, maar weinig wol, zei de drommel ende hij schoor zijne varkens. *Viel Geschrei, aber wenig Wolle, sagte der Teufel und er schor seine Schweine.*

Veel ruigs en weinig wol, zei de aap en hij schoor het varken. *Viel Rauhes und wenig Wolle, sagte der Affe, und er schor das Schwein.*

Groot roemen, weinig gebraad. *Grosses Rühmen, wenig Braten.*

Great cry and little wool. en.

Great cry and little wool, quoth the devil, when he sheared his hogs. *Viel Geschrei und wenig Wolle, sagte der Teufel, als er seine Schweine schor.*

Great boast, small roast. *S. Groot u. s. w.*

Much bruit, little fruit. *Viel Geräusch, wenig Frucht.*

„Mair whistle than woo," quo the souter when he sheared the sow. (scho.) *„Mehr Gequieke als Wolle," sagte der Schuster, als er die Sau schor*

---

dä. Du har nok af Munden og lidt af Ulden, sagde Fanden, han klippede en So. *Du hast genug Maul und wenig Wolle, sagte der Teufel, er schor eine Sau.*

Mangen gior megen Spud paa lidet Mad (Kiod). *Mancher thut viel Brühe auf wenig Speise (Fleisch).* [wenig Wolle.

sw. Mycket af munnen, litet af ullen. *Viel Maul,* Mycket af munnen och litet af ullen (sa' han som klippte so'n). *Viel Maul und wenig Wolle, sagte der, welcher die Sau schor.*

Hon har mycket af munnen, men litet af ullen, sad' hin, klippte soen. *Sie hat viel Maul, aber wenig Wolle, sagte der Böse, er schor die Sau.*

---

lt. Loquentiae multum sapientiae parvum.

cw. Bler füm e pac rost. (ld. U.-E.) *Viel Rauch und wenig Braten.*

Beara tschoutsch' a pauca lana. (obl.)

Gronda baheida, pauca moneida. (obl.) *Gross Geschrei, wenig Münze.*

Pli fimm ca rost. (obl.) *Mehr Rauch, als Braten.*

Pli fimm ca carn. (obl.) *Mehr Rauch, als Fleisch.*

fz. Faire plus de bruit que de besogne. *Mehr Lärm, als Arbeit machen.*

sf. Chic de man et gran ligasse. (Brn.) *Wenig Böses und grosser Verband.*

Per poq de bust souben gran brut. (Gsc.) *Um wenig Holzstücke oft grosser Lärm.*

it. Assai romore e poca lana, disse colui che tosava la porca. *Viel Lärm und wenig Wolle, sagte Jener, welcher die Sau schor.*

Gran rombazzo e poca lancia. *Gross Gesause und wenig Wurfspiess.*

Molto fumo e poco arrosto. *S. Bler u. s. w.*

È più il fumo che non l' arrosto. *Der Rauch ist grösser, als der Braten.*

mi. Focu di paglia, assai fume e poca vaglia. (crs.) *Strohfeuer: viel Rauch und wenig Werth.*

Ha più fume che arostu. (crs.) *Es gibt mehr Rauch, als Braten.*

Benasse (Molt) fom e poch arost. (rom.) *S. Bler u. s. w.*

Benasse aparenza e poca sustanza. (rom.) *Viel äusserer Schein und wenig Inhalt.*

Gran romore e poche lancerotte. (t.) *Grosser Lärm und wenig Wurfspiesse.*

Molte penne e poca carne. (t.) *Viel Federn und wenig Fleisch.*

Come disse colui che tosava il porco: gran romore e poco lana. (t. fr.) *Wie Jener sagte, der das Schwein schor: grosser Lärm und wenig Wolle.*

Più fùm che lasagn. (em. B.) *Mehr Rauch, als Nudeln.* ni.

L' è pu l' fum che l'rost. (em. P.) *S. È più u. s. w.*

Molta aparenza e poca sostanza. (em. P.) *S. Benasse aparenza u. s. w.*

Tant' armór e póca lana. (em. R.)

Mòlt famm e pòch ròst. (em. R.) *S. Bler u. s. w.*

L' è più al famm che al ròst. (em. R.) *S. È più u. s. w.*

L' è pùssè fùm che ròst. (l. m.) *S. Ha più u. s. w.*

Molto fùmme e poco rosto. (lig.) *S. Bler u. s. w.*

Pi d' fum ch' d' rost. (piem.) *S. Pli fimm ca rost.*

Motoben d' fum e poca brasa. (piem.) *Sehr viel Rauch und wenig Gluth.*

Assai fumo e poco rosto. (v. trst.) *Reichlich Rauch und wenig Braten.*

Assai fumu e pocu arrustu. (s.) *S. Assai famo u. s. w.* si.

Est plus su fumu qui non s' arrustu. (sa.) *S. È più u. s. w.*

Meda cumone et paga lana. (sa. L.) *Viel Vieh und wenig Wolle.*

Mes es lo roido, que les anous. (val.) *Mehr gibt's Lärm, als Nüsse.* lm.

Mas es el ruido que las nueces. *S. Mes u. s. w.* sp.

542. **Viel Hände Machen bald ein Ende.**

Viel Hände machen (haben) bald Feierabend.

Viel Hände machen leichte Bürde.

Viel Hände machen kurze Arbeit, aber der Teufel fährt in die Schüssel.

Viel Hände, leichte Arbeit.

Viel Hände heben leicht eine Last.

Viel Hände Zerreissen die Wände.

Viel Hénd' mâch'n bâll ân End. (frk. M.) md.

Viel' Händ' machen geschwind ein End'. (mrh. E.)

Fill Hénn lösche' fill Brénn. (mrh. L.) *Viel Hände löschen viel Brände.*

Viele Händ' machen der Arbeit bald ein End', od. (bair.)

Viele Händ Machet bald ein End. (schwb. W.)

Vil Händ breched Muure-n und Wänd. (schwei.) *Viel Hände brechen Mauern und Wände.*

Viel Hände machen die Schüssel ledig. (ns. Pr.) pd.

---

dt. Veel handen maken ligt werk, maar zijn de droes in de schotel. Viele Hände machen leichte Arbeit, aber sind des Teufels in der Schüssel.

Veel ezels maken den last ligt. Viel Esel machen die Last leicht.

en. Many hands make quick work. Viele Hände machen schnelle Arbeit.

Mony hands maks light wark. (scho.) Viele Hände machen leichte Arbeit.

fs. Föl Hunnen måge lagt Werk. (A.) S. Mony u. s. w.

Völ Hunnan mâgi lacht Werk. (F.) S. Mony u. s. w.

Månning Häujnne mage bastig Arbêjd. (M.) S. Mony u. s. w.

dä. Mange Hænder gjøre snar Gjerning. S. Many u. s. w.

Mange Hænder gjøre snart Fyraften. Viele Hände machen rasch Feierabend.

Mange Munde gjøre tomme Fade. Viele Mäuler machen leere Schüsseln.

Manghe Hendher gøre snar Gerningh. (adä.) S. Mony u. s. w.

Mange Hænder giver rapt Arbejde, og mange Munde giver tomme Fade. (Vendsyssel.) Viele Hände machen rasche Arbeit und viele Mäuler machen leere Schüsseln.

is. Margar hendr vinna létt verk. S. Mony u. s. w.

nw. Mange Hender gjera lett Lyfte. Viel Hände machen leichte Last.

Mange Hender gjera mange Hogg. Viele Hände thun viele Schläge.

Dar som er mange Hender, er mange Munnar (Tenner). Wo viel Hände sind, sind viel Mäuler (Zähne).

Mange Føter gjera mange Fet (Veg i Fonn). Viele Füsse machen viele Fusstapfen (einen Weg im Schnee).

sw. Manga händer göra arbetet lätt. Viel Hände machen die Arbeit leicht.

Många händer göra lätt arbete. S. Mony u. s. w.

Många munnar göra tomma fat. S. Mange Munde u. s. w.

---

lt. Multae manus onus levant (levius reddunt).

Multorum manibus allevintur onus (opus). (mlt.)

fz. Hère de yen, Hère bezen, Mes hère minyeren. (sf. Brn.) Viel Leute werden viel thun, aber viel essen.

sf. Pron de maus fan lou bays laugier. (uprv.) Viel Hände machen die Last leicht.

Pron de gens fan pron d'obro, may manjon tant! (uprv.) Viel Leute thun viel Arbeit, aber sie essen so viel!

Molte mani fanno l'opera leggiera. S. Många händer u. s. w. it.

Tante man fan prest el pan. (l. m.) Viele Hände machen schnell Brot. ni.

Asse man fa presto el pan. (v.) S. Tante man u. s. w.

Muitas mãos, e poucos cabellos, asinha os depennão. Viele Hände und wenig Haare rupfen uns rasch. pl.

---

543. Viel Köche verderben den Brei.

Viele Köche versalzen das Mus.

Zefill Kèch fenlièrwen de Brèi. (nrh. L.) Zu viel Köche verderben den Brei. md.

Zefill Kèch forsalzen d' Zopp. (nrh. L.) Zu viel Köche versalzen die Suppe.

Viele Köche versalzen die Suppe. (bair.) od.

Vül Kéch' va'solz'n d' Supp'n. (ndö.) S. Viele Köche versalzen die u. s. w.

Viel Chöch versalze de Brei. (schwei.) Viele Köche versalzen den Brei.

Viele Köche versalzen die Brühe. (schwei.)

Viele Köche kochen nicht wohl. (schwei.)

Vêle Köche verdarwet den Bri. (us. hn. G. n. G.) pd.

Veel koks bèderven den brij. dl.

Veel koks verzuimen den brij. Viele Köche versäumen den Brei.

Veel koks verzouten den bry. (vl.) S. Viel Chöch u. s. w.

Too many cooks spoil the broth. Zu viele Köche verderben die Brühe. en.

Mony cooks ne'er made gude kail. (scho.) Viele Köche machten nie gute Brühe.

Ower mony cooks spoil the broth. (scho.) S. Too many u. s. w.

Mange Kokke fordærve Suppen. Viele Köche verderben die Suppe. dä.

Mange Kokke forsalte Suppen. S. Viele Köche versalzen die Suppe.

Jo flere Kokke, jo værre Sand. Je mehr Köche, je schlechter Brühe (Suppe).

Dess fleire Kokkar, dess verre Sod. S. Jo flere u. s. w. nw.

Många Kockar fördärfwa Soden. Viele Köche verderben die Brühe. sw.

Många kockar koka dålig soppa. Viele Köche kochen schlechte Suppe.

Ju flera kockar, dess sämre soppa. *S. Je flere u. s. w.*

Ju flera kockar, ju mindre såd. *Je mehr Köche, je weniger Brühe.*

cw. Biaras cuschiniers lavagan la suppa. (obl.) *Viele Köchinnen verderben die Suppe.*

fz. Trop de cuisiniers gâtent la sauce. *Zu viele Köche verderben die Sauce.*

nf. Pus n' y a-t-i d' couheüres divins u' couheue, pus mâle est l' sope. (w.) *Je mehr Köchinnen in der Küche sind, je schlechter ist die Suppe.*

it. Dove sono molti cuochi, la minestra sarà troppo salata. *Wo viele Köche sind, wird die Suppe zu gesalzen sein.*

mi. I troppi cuochi guastano la minestra (la cucina). (l.) *Die zu vielen Köche verderben die Suppe (Küche).*

ni. Tanc coch i guasta la menestra. (l. b.) *S. Mange Kokke fordærve u. s. w.*

si. Dove più galli cantano, mai non fa giorno. (sp.) *Wo mehrere Hähne krähen, wird es nie Tag.*

pt. Muitos concertadores desconcertão a noiva. *Viele Vermittler verwirren die Braut.*

sp. Muchos componedores descomponen la novia. *S. Muitos u. s. w.*

Muchas maestras cohonden la novia. *Viele Belehrerinnen verwirren die Braut.*

wl. Copillu cu mòse multe rămâne cu burica netăiată. *Wo viele Hebammen sind, bleibt (dem Kinde) der Nabel unabgeschnitten.*

544. Viel Köpfe, viel Sinne.

md. Fill Köpf, fill Sinn; fill Barghleut, fill Oorschlader. (frk. H. S.) *Viel Köpfe, viel Sinne; viel Bergleute, viel A....leder.*

Viel Köpf, viel Sinn. (frk. M.)

Viel Köpf', viel Sinn', viel Hasen, viel Spring'. (nrh. E.)

Viel Köppe *(Köpfe)*, viel Sinne, viel Dächer, viel Grinne *(Gerinne)*. (schls.)

Vil Keppe, vil Sinnon. (schls. B.)

od. Viel Köpf, viel Sinn. (bair.)

Vil Chöpf, vil Sinn. (schwei.)

Als manig Hiern, als manig Haubt. (tir.) *So viel Gehirne, so viel Köpfe.*

Viel Köpf', — viel Si'. (tir. U.-I.)

pd. Vele Köppe, vele Sinne. (ns. ho. G. u. G.)

Fæle Köppe, fæle Sinn. (ns. hlst. A.)

San vill Köppe, san vill Sinne. (ns. W.) *So viel Köpfe, so viel Sinne.*

So mannige Waorst, so mangen Pinn; So mangen Kopp, so mangen Sinn. (wstf. Mrk.) *So viel Würste, so viel Speiler; so viel Köpfe, so viel Sinne.*

dl. Zoo menige mensch, zoo menige zin. *So viel Menschen, so viel Sinne.*

en. Many men, many minds. *Viel Menschen, viel Sinne.*

So many men, so many minds; So many dogs, so many kinds. *So viel Menschen, so viel Sinne; so viel Hunde, so viel Arten.*

Sae mony men, sae mony minds. (scho.) *S. Zoo u. s. w.*

As mony heads, as mony wits. (scho.) *S. San u. s. w.*

dä. Mange Hoveder — mange Sind (mange Kroppe — mange Skind). *Viel Köpfe — viel Sinne (viel Leiber — viel Häute).*

Saa mange Hoveder, saa mange Sind — (saa mange Pølser, saa mange Skind). *So viel Köpfe, so viel Sinne (so viel Würste, so viel Häute).*

Saa mange Pølser, toss saa mange Pind'. (jüt.) *So viel Würste, doppelt so viel Speiler.*

Sa manneg Hode, sa manneg Sind. (jüt. S.) *S. Saa u. s. w.*

nw. So mange Hovud, so mange Sinn. *S. Saa u. s. w.*

D' er so mange Sinni som Skinni. *Es sind so viel Sinne, wie Häute.* [*Saa u. s. w.*

sw. Så många hufvuden, så många sinnen. *S.*

lt. Quot (Tot) capita, tot sententiae.

Quot homines, tot sententiae.

cw. Tons tgaus, e tons meinis. (obl.) *So viel Köpfe und so viel Meinungen.*

Tons chians, tons sens. (obl.) *S. Sun u. s. w.*

fz. Autant de têtes, autant d' avis. *So viel Köpfe, so viel Ansichten.*

Autant de têtes, autant d'opinions. *So viel Köpfe, so viel Meinungen.*

Autant de gents, autant de sens. *S. Zoo u. s. w.*

af. Tan dë tèsto, tan dë jhüus. (Lgd.) *So viel Köpfe, so viel Leute.*

Tant de testos, tant d' opinions. (nprv.) *S. Autant de têtes, autant d'opinions.*

it. Quante teste, tanti cervelli. *So viel Köpfe, so viel Gehirne.*

Tanti uomini, tanti pareri. *So viel Menschen, so viel Meinungen.*

Tanti uomini, tante berrette. *So viel Männer, so viel Mützen.*

mi. Tant tèst, tant zarvell. (rom.) *S. Quante u. s. w.*
Tante teste, tanti cervelli. (t.) *S. Quante u. s. w.*

ni. Tant tèst, tant servi. (em. B.) *S. Quante u. s. w.*
Divers i coo, divers hin i cervej. (l. m.) *Verschieden die Köpfe, verschieden sind die Gehirne.*
Cento teste, cento seste. (lig.) *Hundert Köpfe, hundert Mützen.*
Tante teste, tanti servej. (piem.) *S. Quante u. s. w.*
Tante teste, tanti umor. (piem.) *So viel Köpfe, so viel Launen.*
Tante teste, tanti cervei. (v.) *S. Quante u. s. w.*

si. Tantas concas, tantas berritas. (sa.) *So viel Köpfe, so viel Mützen.*
Chentu concas, chentu berritas. (sa.) *S. Cento u. s. w.*

lm. Tants caps, tants barrets. (cat.) *S. Tantas u. s. w.*
Tans homens, tans parers. (val.) *S. Tanti omini, tanti u. s. w.*

pl. Quantas cabeças, tantas carapuças. *S. Tantas u. s. w.*

---

545. Viel Lärmens um Nichts.

Viel Lärm, nichts dahinter.

pd. Een groot Behei on neeks en de Täsch. (urh. M.) *Ein grosser Lärm und nichts in der Tasche.*
Väl Laarm un wenig dahinner. (ns. M.-Str.) *Viel Lärm und wenig dahinter.*

---

en. Much ado about nothing.
A lang paddy noddy about nought. (n. en.) *Eine lange Geschichte um Nichts.*

---

it. Gran fracass senssa risultato. (ni. piem.) *Grosser Lärm ohne Ergebniss.*

ni. Fumo senza rosto. (v. trst.) *Rauch ohne Braten.*

si. Fumo senza arrosto. (sp.) *S. Fumo u. s. w.*

pt. Cacarear e não pôr ovo. *Gackern und nicht Legen.*

sp. Cacarear y no poner huevo. *S. Cacarear u. s. w.*

---

546. Viel Maulwerk, wenig Herz.

Das Löwenmaul hat ein Hasenherz.
Zu Hause Löwen, im Treffen Hasen.
Die sich grosser Streiche rühmen, sind selten gute Fechter.
Wer in der Ferne pocht, schweigt in der Nähe.
Grosse Worte, kleine Werke.

od. Vil Muuls, wenig Herz. (schwei.)
Viel Wort, wenig Werk. (schwei.)

A long tongue is a sign of a short hand. en.
Eine lange Zunge ist das Zeichen einer kurzen Hand.

Store Ord ere tidt smaa i Gierning. dä.
Grosse Worte sind oft klein in That.
Stoore Ordh gorae sieldhen from Gerningh. (adä.) *Grosse Worte thun selten kühne That.*

D' er leidt vera stor heime og liten burte. nw.
Es ist übel gross zu Hause sein und draussen klein.
Store Ord gjera liti Gjerd. *Grosse Worte machen kleine That.*

Stor i orden, feg i hjertat. sw.
Gross in Worten, feig im Herzen.
Lejonmun och harhjerta. *Löwenmaul und Hasenherz.*
Opta ær stoor ordh i rædda hiærta. (asw.) *Oft ist grosses Wort in bangem Herzen.*

Bgler pleds e poichs fats. (obl.) *Viel Worte* ew.
und wenig Thaten.
Tgi ca fa bia canera, ha pauca curascha. (obl.) *Wer viel Geschrei macht, hat wenig Muth.*

Longue langue, courte main. *Lange Zunge,* fz.
kurze Hand.
Les grands discurs ne sont pas les grands faiseurs. *Die Grosssprecher sind nicht die grossen Thuer.*
De grans vanteurs petits faiseurs. (afz.) *Grosse Prahler, kleine Thuer.*

Les grands brayâs n'ont mâie toué personne. nf.
(w.) *Die grossen Brüller haben niemals Jemand umgebracht.*

Mé de lengua, que de fai. (Pat. s.) *Mehr* af.
Rühmens, als That.

Lunga lingua, corta mano. *S. Longue u. s. w.* it.

Beunesè parol e pôch fètt. (rom.) *Sehr viel* ni.
Worte und wenig Thaten
Più ciacc'ri che fatt. (em. P.) *Mehr Geschwätz,* ni.
als That.
Asse parolle e pochi fæti. (lig.) *S. Beunesè u. s. w.*
Esse pi d' parole che d' fait. (piem.) *Mehr von Worten, als von That sein.*
Motobon d' ciance e pochi fait. (piem.) *Sehr viel Geschwätz und wenig That.*

A lingua longa he sinal de mão curta. *Die* pt.
lange Zunge ist Kennzeichen von kurzer Hand.

Antes de la hora gran denuedo; venidos al punto, sp.
venidos al miedo. *Vor der Zeit grosser Muth; zum Punkt gekommen, in Furcht gerathen.*

---

547. **Viel Schweine machen den Trank dünn.**

Wo viel Säue sind, wird das Gespühl dünn.
Wo der Ferkel viel sind, da ist das Gespühl dünn.

md. Viel Brüäder mäch'n schmöli Güäter. (frk. M.) *Viel Brüder machen schmale Güter.*
Fill Geschwéster gét schmol Délen. (mrh. L.) *Viel Geschwister gibt schmal Theilen.*

pd. Wo der Fæsele väl sönd, do es et Gespenles dönn. (nrh. A.) *S. Wo der Ferkel u. s. w.*
Wo d'r Sän vel send, doh fält ät Gesphhles dönn. (nrh. D.) *Wo der Säue viel sind, da wird das Gespühl dünn.*
Wo der Färkes völl send, do wöt de Spöl dönn. (nrh. Gl.) *Wo der Schweine viel sind, da wird das Spühlicht dünn.*
Vööl Swîn maok'n 'n Drank dünn. (ns. A.)
Vele Swine makt dünnen Drank. (ns. B.) *Viele Schweine machen dünnen Trank.*
Vüle Swîne mâket den Drank dünne. (ns. ha. G. u. G.)
Wô der Swîne véle sint, dâ wörd dat Spoil dünne. (ns. ha. G. u. G.) *S. Wo der Färkes u. s. w.*
Veel Swin makt den Drank dünn. (ns. hlst.)
Fæle Svin mâken de Drank dynn. (ns. hlst. A.)
Väle Swyn maakt dünnen Drank. (ns. Hmb.) *S. Vele Swine u. s. w.*
Väl Swienen maken dünn Drank. (ns. ofs.) *S. Vele Swine u. s. w.*
Je mehr Schwien *(Schweine)*, je dönner de Drank *(dünner der Trank)*. (ns. Pr.)
Veel Gäst make e leddi'gut Nest. (ns. Pr.) *Viel Gäste machen ein leeres Nest.*
Bo der Fickelen ville sied, doo weerd dat Speul dünne. (ns. W.) *Wo der Ferkel viel sind, da wird das Spühlicht dünn.*
Wo der Sweïne vïele sind, is et Soap dünne. (wstf. Dr.) *Wo der Schweine viel sind, ist das Gespühl dünn.*
Bâ der Fiärken viel sint, wärt de Drank dünne. (wstf. Mrk.) *Wo der Ferkel viel sind, wird der Trank dünn.*
Viel Fiärken maket de Speil dünne. (wstf. S.) *Viel Ferkel machen das Spühlicht dünn.*

---

dt. Veele zwijnen maken dunnen drank. *S. Vele Swine u. s. w.*
Daar de varkens veel zijn, valt de spoeling dun. *S. Wo der Färkes u. s. w.*
Veel bedelaars aan één deur bijeen, Dat maakt voor hen de winsten kleen. *Viele Bettler an einer Thür zusammen, das macht für sie die Gewinne klein.*

A muär Swin, a thanner Speelang. (A.) *Je mehr Schweine, je dünneres Spühlicht.* fs.
A muar Hüünjer; a thanner Slâb. (A.) *Je mehr Hunde, je dünneres Gesöff.*
A muar Swin, a thannar Slâb. (F.) *Je mehr Schweine, je dünneres Gesöff.*
Hü muar Katter, hü ten'ner Slabbi. (S.) *Je mehr Katzen, je dünneres Gesöff.*

Mange Sviin giøre Dranken tynd. dä.
Fleiri hundar, tunri soðið. (fær.) *Je mehr Hunde, je dünnere Suppe.* is.
Mång Swijn giör Drancken tunn. sw.
Många munnar göra liten mat. *Viele Mäuler machen wenig Speise.*
Bröderna många och Clostret armt. *Viele Brüder und das Kloster (wird) arm.*
Många gäster göra dåligt herberge. *Viele Gäste machen schlechte Herberge.*

---

548. **Viel Stroh, wenig Korn.**

Viel Geschein', wenig Wein. (mrh. E.) md.

Veel stroo, weinig koren. dt.
Mooi stroo, weinig koren. *Schön Stroh, wenig [Korn.*
Lang stroo, geene erwten. *Langes Stroh, keine Erbsen.*
Much bran and little meal. *Viel Kleie und wenig Mehl.* en.

Mange Avner, liden Kjærne. *Viel Spreu, wenig Kern.* dä.
Mange Blomster, liden Frugt. *Viele Blüten, [wenig Frucht.*
Myeken halm, och lijtet korn. *Viel Stroh und wenig Korn.* sw.
Mång blaad, och lijten frucht. *Viel Blätter und wenig Frucht.*

Il y a plus de paille que de grains. *Es gibt mehr Stroh, als Körner.* fz.
Dë prou pâlio, pâou gran. (Lgd.) *Von vielem Stroh wenig Korn.* sf.
De prou paillo, paue de gran. (uprv.) *S. Dë u. s. w.*
Assai pampini e poc' uva. *Viel Weinlaub und wenig Trauben.* it.
Molti pampani e poca uva. (t.) *S. Assai pampini u. s. w.* mi.
Tante foe e poch ûa. (l. b.) *So viel Blätter und wenig Trauben.* ni.
Motoben d' föüje e poca uva. (piem.) *Sehr viel Blätter und wenig Trauben.*

Molti pampani, poca ùa. (v.) *Viel Weinlaub, wenig Trauben.*

si. Assai fogghi e nenti fruttu. (s.) *Viel Blätter und keine Frucht.*

Foza meda et pagu fructu. (sa. l.) *Viel Laub und wenig Frucht.*

pt. Muita palha e pouco grão. *S. Mycken u. s. w.*

sp. Mucha paja y poco grano, es por vicio del verano. *Viel Stroh und wenig Korn ist durch Fehler des Frühlings.*

---

549. Wenig und oft macht zuletzt viel.

od. Wenig aber oft, macht auch viel. (bair.)

---

dä. Lidet og ofte (Lidt og tidt) fylder snart Sækken. *Wenig und oft füllt rasch den Sack.*

nw. Tidt og smaatt fyller Sekken braadt. *Oft und wenig füllt den Sack rasch.*

sw. Litet och ofta fyller snart säcken. *S. Lidet u. s. w.*

---

it. Poc e dé spes el mantè 'l convent. (ni. l. brs.) *Wenig und oft erhält das Kloster.*

ni. Pocheto e spessèto Impenisse 'l borseto. (v.) *Sehr wenig und sehr oft füllt das Beutelchen.*

---

550. Wenig zu wenig macht zuletzt viel.

pd. Hier en Töpken un dâ en Töpken, an'n Enne werd et en Underröckchen. (ns. ha. G. u. G.) *Hier ein Zöttchen und da ein Zöttchen, am Ende wird es ein Unterröckchen.*

---

dl. Met graantje bij graantje krijgt de hen de krop vol. *Mit Körnchen auf Körnchen kriegt die Henne den Kropf voll.*

Alle dagen een draadje, is een hemdsmouw in't jaar. *Alle Tage ein Fädchen ist ein Hemdsärmel im Jahre.*

Een draeyken sdaechs is een hemdensmaken slaers. (avl.) *Ein Fädchen des Tags ist ein Hemdsärmelchen des Jahrs.*

en. Grain by grain the hen fills her belly. *Korn bei Korn füllt die Henne ihren Bauch.*

---

is. Lítið við lítið, verður lítið mikið. *Wenig zu wenig, wird wenig viel.*

Leggðu lítið við lítið, og mun það verða stór hrúga um síðir. *Lege wenig zu wenig, und zuletzt wird das ein grosser Haufen werden.*

Legg lítið við lítið, það verður stór rúgva umsíðir. (fær.) *Lege wenig zu wenig, so wird das zuletzt ein grosser Haufen.*

Adde parum parvo et ex minimo magnus lt.
acervus erit.

Dagnot e dagnot fà puoz. (obl.) *Tropfen und* cw.
Tropfen macht (eine) Lache.

Dagnott a dagnott fa mignuee. (obl.) *Tropfen auf Tropfen macht Käse (Hauskäse).*

Goutte à goutte on remplit la cuve. *Tropfen* fz.
auf Tropfen füllt man die Kufe.

Maille à maille se fait le haubergeon. *Masche auf Masche macht sich das Panzerhemd.*

Goute et goute que hé lagot. (Brn.) *S. Do-* sf.
gnot e u. s. w.

Goutto a goutto on emplee la boutte. (Gsc.) *S. Goutte à goutte u. s. w.*

Pèiro à pèiro sè fan clapiès. (Lgd.) *Stein auf Stein bilden sich Haufen.*

Peyro a peyro se fan clapies. (nprv.) *S. Pèiro u. s. w.*

Gota sur gota fa la motta. (Pat. s.) *Tropfen auf Tropfen macht den Käse.*

Ogni poco face l' assai. (mi. crs.) *Jedes Wenig* it.
macht das Viel.

A granello a granello s' empie lo staio e si fa mi.
il monte. (t.) *Körnchen auf Körnchen füllt sich der Scheffel und macht sich der Haufen.*

Un poco e un poco fa un tòco. (t.) *Ein wenig und ein wenig macht ein Stück.*

Granù, granèl fa muntunsèl. (l. b.) *Korn,* ni.
Körnlein macht' (das) Häuflein.

Da un tantin ai na ven un tanton. (piem.) *Aus einem Wenig kommt ein Viel.*

A un poco un poco se fa un toco. (v.) *Mit ein wenig und ein wenig macht sich ein Stück.*

Ad unza ad unza si faghet su cantare. (sa. si.
l., M.) *Unze auf Unze wird der Centner.*

De miea en miea s' ompla la piea. (neat.) *Mit* lm.
Krümchen auf Krümchen füllt sich die Elster.

De gota en gota s' ompla la bòta. (neat.) *S. Goutte à goutte u. s. w.*

Grão a grão enche a gallinha o papo. *Korn* pt.
bei Korn füllt die Henne den Kropf.

Grano á grano hinche la gallina el papo. *S.* sp.
Grão u. s. w.

Grano á grano bastece la hormiga su granero. *Korn auf Korn füllt die Ameise ihren Speicher.*

Grano á grano allega para tu año. *Korn auf Korn sammle für dein Jahr.*

---

551. Wer viel anfängt, endet wenig.

Fangvielan richt' wenig aus.

Wan swer beginnet dinges vil, der endet niht swaz er wil. (ad.)

Swer zwei were mit einander tuot, din werdent beidiu selten guot. (ad.)

od. Wer zu viel anfangt, macht zu wenig aus. (schwei.)

pd. Wecker vööl anfangt, endigt weinig. (m. A.)

---

dl. Men moet niet te veel eijeren onder eene hen leggen. *Man muss nicht zu viel Eier unter eine Henne legen.*

Hij neemt te veel hooi op de vork. *Er nimmt zu viel Heu auf die Gabel.*

en. He that has many irons in the fire, some of them will let burn (will cool). *Wer viele Eisen im Feuer hat, der wird einige davon verbrennen lassen (dem werden einige davon kalt werden).*

Ower mony irons in the fire, some maun cool. (scho.) *Zu viel Eisen im Feuer, müssen einige kalt werden.*

---

dä. Den som har mange Jern i Ilden, brænder somme. *Wer viele Eisen im Feuer hat, verbrennt einige.*

Hvo der har mange Jern i Ilden, han faaer somme brændt. *Wer viele Eisen im Feuer hat, dem verbrennen einige.*

Den meget har i Sindet, falder somt ud af Mindet. *Wer viel im Sinne hat, dem fällt einiges aus dem Gedächtniss.*

Hwo mange Jern haffwer i Ildhen, brændher somme. (adä.) *S. Den som u. s. w.*

is. Byrja mikið, baka litið. *Viel anfangen, wenig backen.*

Ef þrjú járn eru í eldi senn, eitthvert þeirra brenn. *Wenn drei Eisen auf ein Mal im Feuer sind, verbrennt eins von ihnen.*

Sá, sem hefir margt í sinni, fellr margt úr minni. *Wer viel im Sinne hat, dem fällt viel aus dem Gedächtniss.*

Haun sum hevir mangt í sinni, honom fellur mangt úr minni. (fær.) *S. Sá u. s. w.*

nw. Dan som heve mange Jarn i Elden, han brenner sume av dei. *Wer viele Eisen im Feuer hat, verbrennt einige davon.*

Heve ein mange Jarn i Elden i Senn, so er dat væl eit, som brenn. *Hat Einer viele Eisen zugleich im Feuer, so ist wohl eins, das verbrennt.*

Dan som heve mangt i Sinne, slepper mangt or Minne. *S. Sá u. s. w.*

sw. Den som har många jern i elden, bränner några. *S. Den som u. s. w.*

Den som har många jern i elden, bränner gerna något. *Wer viele Eisen im Feuer hat, verbrennt leicht eins.*

Den som mycket har i sinnet, honom faller somligt ur minnet. *S. Den meget u. s. w.*

Hwa margh jern hawer i eldhin, han kan thom ey allom skota. (asw.) *Wer viele Eisen im Feuer hat, kann sie nicht alle abwarten.*

---

lt. Hic minus insignit qui plura metalla coignit. (mlt.)

cw. Metter massa biers fiers in il fü. (ld.) *Zu viel Eisen in's Feuer legen.*

it. Chi mette molti ferri in fucina, alcuno ne abbruccia. *Wer viele Eisen in die Schmiede legt, verbrennt eins davon.*

mi. Un mette troppa carne a focu. (crs.) *Setze nicht zu viel Fleisch an's Feuer.*

Chi duie case tene, innʼ una piove. (crs.) *Wer zwei Häuser hat, dem regnet's in eins.*

Mettar troppa chèrn' a e foch. (rom.) *Zu viel Fleisch an's Feuer setzen.*

Chi troppo intraprende, poco finisce. (t.) *Wer zu viel unternimmt, beendigt wenig.*

Non bisogna mettere tanta carne al fuoco. (t.) *Man muss nicht so viel Fleisch an's Feuer setzen.*

Mèttar tròppa chèrna al fügh. (em. lt.) *S. Mettar u. s. w.*

Chi ambrassa trope cose a n'a finiss gnune. (piem.) *Wer zu viel Dinge ergreift, beendigt keins.*

Butè tropa carn al feu. (piem.) *S. Mettar u. s. w.*

No bisogna meter massa feri in fogo (massa pignate sul fogo). (v.) *Man muss nicht zu viel Eisen in's Feuer legen (zu viel Töpfe auf's Feuer setzen).*

si. Nun mettiri tanta carni a lu spitu. (s.) *Stecke nicht so viel Fleisch an den Spiess.*

'Nfilari troppu carni a lu spitu. (s. C.) *Stecke nicht zu viel Fleisch an den Spiess.*

Qui est intentu ad medas cosas a pagas attendet (non nde faghet niuna). (sa.) *Wer auf viele Dinge aus ist, gibt auf wenige Acht (thut keins).*

Qui tenet duas domos, ind' una bi pioet. (sa. L., M.) *S. Chi duie u. s. w.*

Qui tenet duas domos, una nde laxat ruer. (sa. L., M.) *Wer zwei Häuser hat, lässt eins einfallen.*

---

552. **Wer zu viel fasst, lässt viel fallen.**

---

en. He that grasps at too much, holds nothing fast. *Wer nach zu Vielem greift, hält Nichts fest.*

---

lt. Pluribus intentus minor est ad singula sensus. (mlt.)

cw. Tgi bia embratscha, pauc cumdenscha. (obl.) *Wer viel umfasst, hält wenig fest.*

fz. Qui trop embrasse, mal étreint. *Wer zu viel umfasst, hält schlecht fest.*

Chi trop empoigne, rien n'estraint. *Wer zu viel umfasst, hält Nichts fest.*

Trop estraindre fait chier. (afz.) *Zu viel fest halten lässt fallen.*

nf. Qui trop embrasse, mal estraint. (Chmp.) *S. Qui trop embrasse u. s. w.*

Qui trop abresse, mâ strind. (w.) *S. Qui trop embrasse u. s. w.*

sf. Qui trop amarre, chic estrenh. (Brn.) *Wer zu viel umfasst, hält wenig fest.*

Qu trop embrasso, mau estregne. (nprv.) *S. Qui trop embrasse u. s. w.*

it. Chi tutto abbraccia, nulla stringe. *Wer Alles umfasst, hält Nichts fest.*

mi. Chi troppu vole abbracciâ, nunda stringhie. (crs. m.) *Wer zu viel umfassen will, hält Nichts fest.*

Chi più abbraccia, mancu stringhie. (crs. m.) *Wer zu viel umfasst, hält um so weniger.*

A chi' tropp abrazza, gnint strenz. (rom.) *S. Qui trop empoigne u. s. w.*

Chi troppo abbraccia, nulla stringe. (t.) *S. Qui trop empoigne u. s. w.*

Chi troppo abbracciar vuole, nulla stringe. (t.) *S. Chi troppu u. s. w.*

Chi più abbraccia, meno stringe. (t.) *S. Chi più abbraccia, mancu u. s. w.*

ni. Chi troppo abbraccia, nulla stringe. (v.) *S. Qui trop empoigne u. s. w.*

Chi tuto brassia, gniente strenzi. (v. trst.) *S. Chi tutto u. s. w.*

si. Ci multu branca, nienti stringe. (ap.) *Wer viel fasst, hält Nichts fest.*

Cui troppu abbrazza, pocu strinci. (s.) *S. Qui trop amarre u. s. w.*

Qui meda afferrat, nudda istringhet. (sa. L.) *Wer viel nimmt, hält Nichts.*

lm. Qui mólt abrassa, poc estreñ. (ncat.) *S. Tgi u. s. w.*

Qui molt abarca, poch aprèta. (val.) *S. Tgi u. s. w.*

pt. Quem muito abarca, pouco abraça. *S. Tgi u. s. w.*

Quem tudo abarca, pouco ata. *Wer Alles umfasst, bindet wenig fest.*

Quien mucho abarca, poco aprieta. (asp.) *S.* sp. *Tgi u. s. w.*

---

553. **Wer zu viel haben will, dem wird zu wenig.**

Der Alles will haben, soll Nichts haben.

Wer zuviel wil haben, dem wird gar nichts. (ad.)

Er übergiht, swer wil ze vil. (ad.)

Dên alles wêlt, kritt néscht. (mrh. L.) *Wer* md. *Alles will, kriegt Nichts.*

Wer z' vil will han, dem z' lüzel werde. (schwei.) od.

Wer zu viel auf einmal will, erhält gar nichts. (schwei.)

Wer z' vil will, chond z' lützel über. (schwei. A.) *Wer zu viel will, bekommt zu wenig.*

De 't All hebbn will, kriggt nix. (ns. B.) *Wer* pd. *Alles haben will, kriegt Nichts.*

Wër Alles hem wil, krigt nits. (ns. ha. G. u. G.) *S. De 't u. s. w.*

De 't All hebben will, krigt Nicks. (ns. O. J.) *S. De 't u. s. w.*

De 't All hebben will, kricht Nicks. (ns. O. R.) *S. De 't u. s. w.*

All covet, all lose. *Alles begehren, Alles verlieren.* en.

Covetousness brings nothing home. *Begier bringt Nichts nach Hause.*

Hvo der vil have Alt, faaer Intet. *S. De 't* dä. *u. s. w.*

Hver ofmikið vill, hefir stundum lítið. *Wer* is. *zu viel will, hat oft wenig.*

Sá hefir minnst, sem mest girnist. *Der hat am mindesten, der am meisten begehrt.*

Sá geingr margs á mis, som margt girnist. *Der erlangt Vieles nicht, der viel begehrt.*

Dan som vil hava for myket, han fær for litet. nw. *Wer zu viel haben will, der kriegt zu wenig.*

Dan som alt vil hava, skal inkje hava. *S. Der Alles u. s. w.*

Den som gapar efter mycket, mistar ofta hela sw. stycket. *Wer nach Vielem schnappt, büsst oft das ganze Stück ein.*

Dhen som wil för mycket, mistar offta heela stycket. *Wer zu viel will, büsst oft das ganze Stück ein.*

Ju mera man vill, ju mindre man får. *Je mehr man will, je weniger man kriegt.*

Qui totum vult, totum perdit. lt.

Chi memma voul, ünguott' averà. (ld. O.-E.) cw. *Wer zu viel will, wird Nichts haben.*

Chi voul avair tuot, quel non survain üngnotta. (ld. O.-E.) S. De 't u. s. w.

Chi blër vol, pac piglia. (ld. U.-E.) Wer viel will, kriegt wenig.

Chi tuot voul, ingnotta ha. (ld. U.-E.) Wer Alles will, hat Nichts.

fz. Qui tout convoite, tout perd. Wer Alles begehrt, Alles verliert.

Cil qui tot convoite, tot pert. (afz.) S. Qui u. s. w.

Qi tut coveyt, tut perde. (afz.) S. Qui u. s. w.

nf. Qui vout trop, n'a rin. (w.) Wer zu viel will, hat Nichts.

af. Q8 tout on vôon, tout on per. (Lgd.) Wer Alles will, verliert Alles.

it. Chi troppo vuole, niente ha. S. Qui vout u. s. w.

Per tener l'uovo, la gallina e le penne, spesso si perde l'uovo, la gallina e le penne. Will man das Ei, die Henne und die Federn haben, verliert man oft das Ei, die Henne und die Federn.

mi. Chi troppu vole, nunda ha. (crs.) S. Qui vout u. s. w.

Chi troppu vole, nunda ottene. (crs.) Wer zu viel will, erhält Nichts.

Chi a tuttu vole, a tuttu perde. (crs.) S. Q8 u. s. w.

Chi vò gni côsa, n ha guint. (rom.) S. Chi tuot u. s. w.

Chi ch' an s' cuntenta dl' unèst, perd e mandgh e pu anca e rèst. (rom.) Wer sich nicht mit dem Billigen begnügt, verliert den Henkel und dann auch den Korb.

Chi tutto vuole, tutto perde. (t.) S. Q8 u. s. w.

Chi tutto vuole, nulla non ha. (t.) S. Chi tuot u. s. w.

ni. Chi no se contenta de l' onest, Perd el mànich e pò 'l cest. (l. m.) Wer sich nicht mit dem Billigen begnügt, verliert den Henkel und dann den Korb.

Chi troppo vœu ninte ha. (lig.) S. Qui vout u. s. w.

Dixe a figgia de Torriggia: Chi vêu tutto, ninte piggia. (lig.) Sagte das Mädchen von Torrigia: Wer Alles will, kriegt Nichts.

Chi a vœl trop, a otëu gnente. (piem.) S. Chi troppu vole, nunda ottene.

Chi a vœl tut, a otëu gnente. (piem.) S. De 't u. s. w.

Chi tuto vol, tuto perde. (v.) S. Q8 u. s. w.

Chi tuto vol, gnente ga. (v.) S. Chi tuot u. s. w.

Chi vol l'assae, perde anca 'l poco. (v.) Wer das Zuviele will, verliert auch das Wenige.

Chi no se contenta dell' onesto Perde 'l manego e anca 'l cesto. (v.) Wer sich nicht mit dem Billigen begnügt, verliert den Henkel und auch den Korb.

Chi no se mai contento, Resta le mani piene de vento. (v.) Wer nie zufrieden ist, behält die Hände voll Wind.

Chi no se contenta de l' onesto, Perdi el manigo e anca el zesto. (v. trst.) S. Chi no se contenta dell' u. s. w.

Cui tuttu voli, tuttu perdi. (s.) S. Q8 u. s. w. si.

Cui assai voli, nenti avi. (s.) S. Qui vout u. s. w.

Totu lu perdet quie totu lu queret. (sa. L.) Alles verliert, wer Alles will.

Qui totu (lu) queret, totu (lu) perdet. (sa. L.) S. Q8 u. s. w.

Qui tot ho vol, tot ho perd. (neat.) S. Q8 u. s. w. lm.

Qui tot ho vol, tot ho pert. (val.) S. Q8 u. s. w.

Quem tudo o quer, tudo o perde. S. Q8 u. s. w. pt.

Quien todo lo quiere (quisiere), todo lo pierde. S. Q8 u. s. w. sp.

---

554. Zwei Klenge maachen ee Gruss, zwei Wenige maachen ee Vŏl. (pd. urb. A.) Zwei Kleine machen ein Grosses, zwei Wenige machen ein Viel.

Veel kleintjes maken een grootje. Viel Kleinchen machen ein Grosses. dt.

Many littles make a mickle. Viele Wenig machen ein Viel. en.

Mony littles mak a muckle. (scho.) S. Many littles u. s. w.

Many a little makes a mickle. (s. en.) S. Many littles u. s. w.

Tak margt smátt, legg það saman, svo verðr það mikið. Nimm viel Kleines, leg' das zusammen, so wird das viel. is.

Adde parum parvo magnus acervus erit. lt.

Si paulo paulum adjicies facicsque ita crebro.

Deux petits font un grand. Zwei Kleine machen ein Grosses. fz.

Molti pochi fanno un assai. S. Many littles u. s. w. it.

Tanti pòch fan assè. (l. m.) So viele Wenig machen Viel. ni.

Tuti ii pôch a fan un pro. (piem.) Alle Wenig bringen einen Vortheil.

Tanti pochi forma (fa) un assae. (v.) S. Tanti pòch u. s. w.

Assai piccoli fa un grande. (v. trst.) *Viel Wenig machen ein Grosses.*

si. Multi picca fannu assai. (s.) *S. Many littles u. s. w.*

Tantas unzas faghent una libera. (sa. L., M.) *So viel Unzen machen ein Pfund.*

lm. Möltas micas fan un tros. (neat.) *Viele Stückchen machen ein Stück.*

pl. De muitos poucos se faz hum muito. *Aus vielen Wenig macht sich ein Viel.*

sp. Muchos pocos hacen un mucho. *S. Many littles u. s. w.*

---

555. Hier is voor zoo vele heeren te nijgen, zij de pad, en de egge sleepte haar over het ligchaam. (dt.) *Hier muss man sich vor so vielen Herren neigen, sagte die Kröte, und die Egge gieng ihr über den Leib.*

dt. Hier is voor zoo vele heeren te nijgen, zij de kikvorsch, en de egge sleepte hem over het ligchaam. *Hier muss man sich vor so vielen Herren neigen, sagte der Frosch, und die Egge gieng ihm über den Leib.*

en. Many masters, quoth the toad to the harrow, when every tine turn'd her over. *Viele Herren, sagte die Kröte zur Egge, als jeder Zahn sie umdrehte.*

Ower mony maisters, ower mony maisters! as the toad said when under the harrow. (n. en.) *Zu viel Herren, zu viel Herren! wie die Kröte sagte, als sie unter der Egge war.*

„Ower mony maisters", quo' the puddock to the harrow, when ilka tooth gie her a tug. (scho.) *„Zu viel Herren", sagte die Kröte zur Egge, als jeder Zahn sie mit fortzerrte.*

---

dä. Mange Herrer ere vært, sagde Tudsen til Harven, da alle Tænderne gik over hende. (jüt.) *Viele Herren sind zu schlimmsten, sagte die Kröte zur Egge, als alle Zähne über sie weggiengen.*

---

fz. A deables tant de maistres, dist li crapes à la herse. (afz.) *Zum Teufel so viele Herren, sagte die Kröte zur Egge.*

---

556. Viele Bäche machen einen Strom.

Viel Bächlein machen auch einen Strom.

Viele Tröpfchen machen Wasser.

Viele Bächlein geben (auch) einen grossen Fluss (einen Bach). (schwei.) **od.**

Many drops make a shower. *Viele Tropfen machen einen Schauer.* **en.**

Mange Bække smaa gjøre en stor Aa. *Viele kleine Bäche machen einen grossen Fluss.* **dä.**

Monge Becke oc smaa gore een stoor Aa. (adä.) *Viele und kleine Bäche machen einen grossen Fluss.*

Margr lækr smár gjörir stórar ár. *Viele kleine Bäche machen grosse Flüsse.* **is.**

Margir smálækir gjöra mikla á. *Viele kleine Bäche machen grossen Fluss.*

Mange Bekkjer smaa gjera ei stor Aa. *S. Mange Bække u. s. w.* **nw.**

Dat renn mange Bekkjer til dan Elvi. *Es laufen viele Bäche in den Elf.*

Många bäckar små göra en stor å. *S. Mange Bække u. s. w.* **sw.**

Mange bækkia oc sma gora stora aa. (asw.) *S. Monge u. s. w.*

Amnem (Ampnem) parvorum facit unda (vnda) frequens (frequens) fluviorum. (mlt.) **lt.**

Les petits ruisseaux font les grandes rivières. *Die kleinen Bäche machen die grossen Ströme.* **fz.**

Les p'tites corottes fet les grandès aiwes. (w.) *Die kleinen Rinnsale machen die grossen Wasser.* **nf.**

Pichôto ribièro fâi bens grans gours. (Lgd.) *Kleiner Fluss macht die grossen Ströme.* **af.**

Pichounos ribieros fan ley gros gours. (nprv.) *Kleine Flüsse machen die grossen Ströme.*

---

557. Viele Hirten, übel gehütet.

Viele Herren, übel regiert (schlecht Regiment).

Viel Hirt'n, übl g'hüit. (frk. M.) **md.**

Je mehr Hirten, je übler gehutt (gehütet). (schls.)

Bei vielen Hirten wird übel gehütet. (schwb.) **od.**

Viel Hirten (Hüter) hüten nicht wohl. (schwei.)

Oa Bua hüat't die Goaß leicht, zwea hüst, drei gä' nit. (tir. U.-I.) *Ein Bube hütet die Geiss leicht, zweie kaum, dreie gar nicht.*

Veel Herders bij de schapen Zullen maar te langer slapen. *Viele Hirten bei den Schafen Werden nur um so länger schlafen.* **dt.**

Vele meesters, magere zwijnen. *Viele Herren, magere Schweine.*

---

dä. Mange Hyrder vogte ikke. *Viele Hirten hüten übel.*

Jo flere Hyrder, jo værre Vogt. *Je mehr Hirten, je schlechtere Hut.*

Mange Herrer regjere ikke vel. *Viele Herren regieren nicht gut.*

is. Margir herrar stjórna heldr illa. *Viele Herren regieren sehr schlecht.*

Herrar margir stjórna opt illa. *Viele Herren regieren oft schlecht.*

nw. Dess fleire Gjætarar, dess verre Gjætsla. *Je mehr Hüter, je schlechter die Hut.*

sw. Många herdar vakta illa. *S. Mange Hyrder u. s. w.*

---

558. **Viele Hunde sind des Hasen Tod.**

Viel (Zu viel) Säcke sind des Esels Tod (Untergang).

nd. Vil Honn senn der Hôse Tuut. (frk. H.) *Viel Hunde sind der Hasen Tod.*

Zu viele Hund' sind der Hasen Tod. (mrh. E.)

Vill Honn sin der Huosen Dôt. (mrh. L.) *S. Vil u. s. w.*

Viel Hund seen der Hoasen Tudt. (schls.) *S. Vil u. s. w.*

Vil Hunde is dər Hâsan Tût. (schls. B.) *S. Vil u. s. w.*

od. Vül Hund· sann 's Hâsn Dôd. (ndö.)

Viele Säcke sind des Esels Tod. (schwei.)

Viil Hunt senn 's Hosn Tod. (st.)

pd. Fil Heangt sén der Hôsen Dît. (urh. S.) *S. Vil u. s. w.*

Vääl Hunn' iss 'n Haos'n sin Dôd. (ns. A.) *Viele Hunde sind des Hasen sein Tod.*

Vêle Hunne sint des Häsen Dâd. (ns. ha. G. u. G.)

Fæle Hunnen sind de Hâs sin Dod. (ns. hlst. A.) *S. Vääl u. s. w.*

Op veele Hund' öss de Haas dodt. (ns. Pr.) *Bei vielen Hunden ist der Hase todt.*

Unna vä Hunnen is de Hoes doet. (ns. U.) *Unter vielen Hunden ist der Hase todt.*

Vill Hunde sied der Haasen erre Daud. (ns. W.) *Viele Hunde sind der Hasen ihr Tod.*

---

dl. Veel honden zijn den haas zijn dood. *S. Vääl u. s. w.*

De veelheid der honden is der wolven dood. *Die Menge der Hunde ist der Wölfe Tod.*

Veele honden doen den haas den dood. (nh.) *Viele Hunde bringen dem Hasen den Tod.*

en. Many sands will sink a ship. *Viele Sandkörner bringen ein Schiff zum Sinken.*

Mony hounds may soon worry a hare. (scho.) *Viele Hunde können leicht einen Hasen zerreissen.*

Folle wynen dwæ de hase daed. (afs.) *Viele* fs.
Hunde machen den Hasen todt.

Föl Hüünjer bitj a Hâs duad. (A.) *Viele Hunde beissen einen Hasen todt.*

Fuul Hün'ner sen di Haas sin Duad. (S.) *S. Vääl u. s. w.*

Mange Hunde ere Harens Dod. dä.

Samledh Sijldh styggher offte sthoor Hwalff. (adä.) *Viel Heringe zusammen verjagen oft grossen Wallfisch.*

Manne Hund ær æ Har sin Do. (jüt.) *S. Vääl u. s. w.*

Mange Sandskorn kommer Skib til at synke. (jüt.) *S. Mony sands u. s. w.*

Enginn má vid margnum. *Keiner kann gegen* is.
Viele.

Mange Hundar gjera Haren feig. *S. Folle u. s. w.* nw.

Många hundar äro harens död. sw.

Sampnat sil stygger ok stora fiska. (asw.) *Viel Häringe zusammen verjagen auch grosse Fische.*

Multitudo canum mors leporis. lt.

Cetum junctiva (iunctina) fugat halecum comitiva (comitiua). (mlt.)

Come poteva campar una lepre da tanti cani? it.
Wie konnte ein Hase so vielen Hunden entlaufen?

Cent' oeche ammazzano un lupo. (t.) *Hundert* mi.
Gänse machen einen Wolf todt.

Tanti nenti ammazzanu un asinu. (s.) *Viele* si.
Nichts tödten einen Esel.

Tanti muschi siddianu un cavaddu. (s.) *Viele Fliegen machen ein Pferd todt.*

Si tantos halcones la garza combaten, á fe que sp.
la maten. *Wenn so viel Falken den Reiher angreifen, tödten sie ihn wahrhaftig.*

Si tantos monteros la garza combaten, por Dios que la maten. *Wenn so viel Jäger den Reiher angreifen, bei Gott, so tödten sie ihn.*

---

559. **Viele Pfennige machen einen Thaler.**

Viele Heller machen auch Geld.

Viil Graizä' mochän äh än Guld'n. (ndö.) *Viel* od.
Kreuzer machen auch einen Gulden.

Vill Pennige maket auk en Daaler. (ns. W.) pd.
Viele Pfennige machen auch einen Thaler.

---

en. Penny and penny, laid up, will be many. *Pfennig und Pfennig, aufbewahrt, werden viel.*

cw. Bears Solds a Hallers fan er or Thalers. (obl.) *Viel Soldi und Heller machen auch Thaler.*

Biars bluzchers e hallers fan en or tålers. (obl.) *Viel Blutzger und Heller machen auch Thaler.*

fz. Denier sur denier bâtit la maison. *Heller auf Heller baut das Haus.*

nf. Liard à liard la coutume se ramasse. (nrm.) *Heller zu Heller kommt die Auflage zusammen.*

it. Quattrino a quattrino si fa il fiorino. *Quattrin zu Quattrin macht sich der Gulden.*

A quattrino a quattrino si fa il soldo. *Mit Quattrin zu Quattrin macht sich der Soldo.*

mi. E quatren fa e bajòcch. (rom.) *Die Pfennige machen den Bajocchó.*

A quattrino a quattrino si fa il fiorino. (t.) *S. Quattrino u. s. w.*

ni. Û bez e û bez fa û sold. (l. b.) *Ein Heller und ein Heller macht einen Soldo.*

A quatri a quatri se fa i sichi. (l. b.) *Quattrin auf Quattrin macht sich der Zecchin.*

Co le migole se fa i tòch, E coi sole i berlingòe. (l. b.) *Mit den Stückchen macht sich das Stück und mit den Soldi der Berlingot.*

Un quatrin a la volta as fa d'dnè. (piem.) *Je ein Quattrin auf ein Mal macht Geld.*

A un soldo a la volta se fa un zechin. (v.) *Immer ein Soldo macht sich ein Zecchin.*

A un bezzo e a un soldo se fa una lira. (v.) *Mit einem Pfennig und einem Soldo macht sich eine Lira.*

si. A cavallo a cavallo se fà lo tornese. (npl.) *Rappen zu Rappen macht sich der Tornese.*

A dinaru a dinareddu si fa lu carrineddu. (s.) *Heller zu Heller macht sich der Carlin.*

A granu a granu si fa lu tari. (s.) *Gran zu Gran macht sich der Tari.*

A soldu a soldu si faghet s' iscudu. (sn.) *Soldo zu Soldo macht sich der Scudo.*

---

560. **Viele Streiche fällen die Eiche.**

Von vielen Schlägen wird der Stockfisch weich.

Was ein Streich nicht kann, das thun zehn.

md. Viel Streich machen den Stockfisch weich. (nrh. E.)

od. Erst auf viele Streiche fällt die Eiche. (bai.)

Veel slagen maken den stockvisch murw. *S. Viel Streich u. s. w.* dt.

Met veel slagen wordt de stokvisch murw. *Mit vielen Schlägen wird der Stockfisch mürbe.*

Met veel slagen valt de boom. (vl.) *Mit vielen Streichen fällt der Baum.*

Veel slagen maken den stokvisch zacht. (vl.) *S. Viel Streich u. s. w.*

Many strokes fell down strong oaks. *Viele Streiche fällen starke Eichen.* en.

Little knocks rive great blocks. (o. en.) *Kleine Schläge spalten grosse Blöcke.*

Mange Hug fælde Egen. dä.

Hvad eet Hug ikke kan, det kunne to. *Was ein Streich nicht kann, das können zwei.*

Af mange Slag bliver Stokfisken blød. *S. Von vielen u. s. w.*

D' er mange Öksarhogg, som Eiki skal fella. *Es sind viele Axthiebe, welche die Eiche fällen werden.* nw.

Många hugg fälla eken. *S. Mange u. s. w.* sw.

Många slag göra stockfisken mjuk. *S. Viel Streich u. s. w.*

Multis ictibus dejicitur quercus. lt.

Con il tanto picchiar la pietra rompe. (mi. crs.) *Mit dem vielen Klopfen zerbricht der Stein.* it.

Afforza di forza si rompe ancu a petra. (crs.) *Kraft der Gewalt zerbricht man auch den Stein.* mi.

---

561. **Es muss ein garstiger Vogel sein, der sein eigen Nest beschmeisst.**

Es ist ein böser Vogel, der in sein eigen Nest hofiert. (ad.)

E schlöchte' Full, dén a sein Ascht mécht. (nrh. L.) *Ein schlechter Vogel, der in sein Nest macht.* md.

Dat us en slechten Vuegel, dä in sin egen Nest dritt. (wstf. Mrk.) *Das ist ein schlechter Vogel, der in sein eigen Nest macht.* pd.

Het is een vuile vogel, die zijn eigen nest ontreinigt. *Es ist ein schmutziger Vogel, der sein eigenes Nest verunreinigt.* dt.

Het zijn slechte honden, die hun eigen volk bijten. *Es sind schlechte Hunde, die ihr eigenes Volk beissen.*

'Tis een vuul voghel, die zijn nest ontreint. (a.dt.) *Es ist ein schmutziger Vogel, der sein Nest verunreinigt.*

en. It is an ill bird, that fouls her own nest. *Das ist ein schlimmer Vogel, der sein eigenes Nest beschmutzt.*

It 's an ill bird, that bewrays its own nest. *Es ist ein schlimmer Vogel, der sein eigen Nest verräth.* [S. It is u. s. w.

It 's an ill bird, that files its ain nest. (scho.)

She' s a foule bird, that syles her own nest. (scho.) *S. It is u. s. w.*

---

dä. Det er en slem Fugl, som besmitter sin egen Rede. *S. It is u. s. w.*

Thet ær een ont Fugell, som skidher i sijn eghen Rædhe. (adä.) *S. Dat es u. s. w.*

Det er en daarlig Kone, der laster sin egen Kaal. (jüt. S.) *Das ist ein thöricht Weib, das seinen eigenen Kohl tadelt.*

is. Sá er fuglinn verstr, sem í sjálfs síns hreiðr dritr (yfirgefr). *Das ist der schlimmste Vogel, der in sein eigenes Nest macht.*

Ringur er fuglur, í sitt reiður dritur. (fær.) *Schlecht ist der Vogel, der in sein eigen Nest macht.*

nw. D' er ein klen Fugl, som skjemmer sitt eiget Reid. *S. It is u. s. w.*

sw. Dålig fågel som smutsar i eget bo. *Schlechter Vogel, der das eigene Nest beschmutzt.*

Elack fogel som sölar sitt egit Näste. *S. Dålig u. s. w.*

Thz ær een ondh fughil som oreenth gør i sith redher. (asw.) *S. Dat es u. s. w.*

---

lt. Turpis avis, proprium qui foedat stercore nidum. (mlt.) [(mlt.)

Progenies avium mala fędat stercore nidum.

Non est illa valens quæ nidum stercorat ales. (mlt.) [(mlt.)

Degenerans olidum facit ales stercore nidum.

fz. L' oiseau ne doit pas salir son nid. *Der Vogel darf sein Nest nicht beschmutzen.*

pt. Aquella ave he má, que em seu ninho suja. *Der Vogel ist schlecht, der sein Nest verunreinigt.* [Aquella u. s. w.

sp. Aquella ave es mala que su nido caga. *S.*

---

562. Kein Vogel fliegt so hoch, er kommt wieder auf die Erde.

od. Es fliegt kein Vogel so hoch, er lässt sich zuletzt noch nieder. (schwei.)

Es flügt kei Vogel so höch, er chunnt wieder abe. (schwei. S.) *Es fliegt kein Vogel so hoch, er kommt wieder herunter.*

pd. Et flüget kain Vüegelken so hoge, et maut doch op der Ärde sine Narunge säken. (wstf. Mrk.) *Es fliegt kein Vögelchen so hoch, es muss doch auf der Erde seine Nahrung suchen.*

---

dt. Er is geen vogel, zoo hoog hij vliegt, of hij moet eens dalen. *Es gibt keinen Vogel, so hoch er fliege, der nicht einmal herabkommen müsste.*

Ten vlocch nie Voghel soo hooch, hi en socht ziin aas an der eerden. (ah.) *Ein Vogel flog nie so hoch, er sucht doch seine Nahrung auf der Erde.*

Een vogel vloog nooit zoo hoog, of hy moest zynen kost op de aerde zoeken. (vl.) *Ein Vogel flog nie so hoch, dass er nicht seine Nahrung auf der Erde suchen müsste.*

---

dä. Fuglen flyver aldrig saa høit, at den jo søger sin Føde paa Jorden. *Der Vogel fliegt nie so hoch, dass er nicht sein Futter auf der Erde suchte.*

Fuglen flyver aldrig saa høit, den sætter sig jo igjen paa Jorden. *Der Vogel fliegt nie so hoch, er setzt sich doch wieder auf die Erde.*

Høg flyver aldrig saa høit i Luften, han søger jo sit Rov paa Jorden. *(Ein) Habicht fliegt nie so hoch in der Luft, er sucht doch seinen Raub auf der Erde.*

nw. Fuglen flyg aldri so høgt, han ei kjem atter aat Jordi. *Der Vogel fliegt nie so hoch, dass er nicht wieder auf die Erde käme.*

sw. Fågeln flyger aldrig så högt, att han ju icke söker sin föda på marken. *S. Fuglen flyver aldrig saa høit, at u. s. w.*

---

563. Man siehts wohl am Neste, was für Vögel darin sind.

Einerlei Vögel hocken auf einerlei Nest.

Kleine Vöglein, kleine Nestlein.

Man sihet bî dem neste wol, wie man den vogel loben sol. (ad.)

md. Lüderliche Vögel bauen auch lüderliche Nester. (mrh. E.)

Grûsse Vägel missen grûsse Nâstar hân. (schls. B.) *Grosse Vögel müssen grosse Nester haben.*

od. Kleine Vögel brauchen nur kleine Nester. (bair.)

Einerlei Vögel haben auch einerlei Nester. (schwei.)

Wie der Vogel, so baut er auch sein Nest. (schwei.)

Ein seltner (kurioser) Vogel muss ein seltnes (kurioses) Nest haben. (schwei.)

Man kann es an dem Nest sehen, was für Vögel drinnen sind. (schwei.)

pd. Watt 'n göden Voggel iss, de bût 'n gôd Nest. (ns. A.) *Was ein guter Vogel ist, der baut ein gutes Nest.*

En gaud Vögel het en gaud Nest. (ns. ha. G. u. G.) *Ein guter Vogel hat ein gutes Nest.*

---

dl. Men kent den vogel aan zijn nest. *Man kennt den Vogel an seinem Nest.*

Kleine vogeltjes maken kleine nestjes. *Kleine Vögelchen machen kleine Nestchen.*

en. A little bird wants but a little nest. *Ein kleiner Vogel braucht nur ein kleines Nest.*

---

dä. Man seer paa Reden hvad Fugl der er inde. *Man sieht am Neste, was für ein Vogel darin ist.*

Liden Fugl — liden Rede. *Kleiner Vogel, kleines Nest.*

Liden Fugl — liden Rede; lidet Huus — liden Sorg. *Kleiner Vogel, kleines Nest; kleines Haus, kleine Sorge.*

is. Af hreiðri má hyggja, hvör fugl þar býr. *Aus dem Nest kann man schliessen, welcher Vogel drin wohnt.*

Litlum fuglum litið hreiðr lætr best. *Kleinen Vögeln gefällt kleines Nest am besten.*

nw. Liten Fugl byggjer litet Reid. *Kleiner Vogel baut kleines Nest.*

Ein stor Fugl treng eit stort Reid. *Ein grosser Vogel braucht ein grosses Nest.*

sw. Stora fåglar bygga stora bon. *Grosse Vögel bauen grosse Nester.*

Stora foglar, stora bo. *Grosse Vögel, grosse Nester.*

---

fz. Tel oiseau, tel nid. *Wie der Vogel, so das Nest.*

pt. Ao pequeno passarinho, pequeno ninho. *Dem kleinen Vögelchen, kleines Nest.*

sp. A chico paxarillo chico nidillo. *S. Ao u. s. w.*

---

564. Vögel von einerlei Federn fliegen gern beisammen.

Die Vögel gesellen sich zu ihres Gleichen.

md. Vögel von einerlei Federn fliegen gern zusammen. (mrh. E.) [(schwei.)

od. Vögel einerlei Farb fliegen gern miteinander.

Glîichig Vögel striichid gern mitenand. (schwei.) *Gleiche Vögel streichen gern miteinander.*

Einerlei Vögel hocken auf einerlei Aest. (schwei.)

Krö bå Krö, Pô bå Pô. (mrh. S.) *Krähe bei* pd. *Krähe, Pfau bei Pfau.* [(ns. B.)

Vagels vun een Feddern flegt geern tohope.

Vogels van eenerlei veren vliegen gaarne zamen. dl.

Uilen bij uilen, kraaijen bij kraaijen. *Eulen bei Eulen, Krähen bei Krähen.*

Voeghelen van eenre veeren die vlieghen geerne tsaemen. (alt.) [samen. (vl.)

Vogelen van eener pluimen vliegen geerne

Valk by valk en uil by uil. (vl.) *Falk bei Falk und Eule bei Eule.*

De eene kraei zit geerne by de andere. (vl.) *Die eine Krähe sitzt gern bei der andern.*

Birds of a feather (of like feathers) flock together. *Vögel von gleichem Gefieder schaaren sich zusammen.* en.

Birds o' a feather flock thegither. (scho.) *S. Birds of u. s. w.*

Fugle af eet Slags Farve flyve gjerne sammen. dä. *S. Vögel einerlei u. s. w.*

Fugle af ens Fjedre samles gjerne. *Vögel von einerlei Gefieder schaaren sich gern zusammen.*

Líkir (Samlíkir) fuglar fljúga jafnast. *Gleiche* is. *Vögel fliegen zusammen.*

Einslitir fuglar fljúga saman. *Vögel einerlei Farbe fliegen zusammen.*

Sækir kraka sinn maka. *Es sucht die Krähe ihres Gleichen.* [u. s. w.

Like Fuglar fljuga jamnaste. *S. Likir fuglar* nw.

Lijka foglar flyga gjärna ihoop. *Gleiche Vögel* sw. *fliegen gern zusammen.*

Den ena kråkan sitter gerna hos den andra. *S. De eene u. s. w.*

Concolores aves facillime congregantur. lt.

Semper graculus assidet graculo.

Ils utschels d' üna colur vaun insembel. (ld. ew. O.-E.) *Die Vögel von einer Farbe gehen zusammen.*

Les ouhais d'in' même plome (coleur) si qwèret fz. volti. (nf. w.) *Die Vögel von einerlei Gefieder (Farbe) suchen sich gern.*

I osèi de l' istessa pena i vola tùc insema. it. (ui. l. b.) *Die Vögel von demselben Gefieder fliegen alle zusammen.*

Todas las aves con sus pares. *Alle Vögel mit* sp. *ihres Gleichen.*

---

565. Wer Vögel fangen will, muss nicht mit Prügeln d'rein werfen.

Wenn man Vögel fangen will, muss man nicht mit Knütteln darunter werfen.

Wer Vögel fangen will, muss süss pfeifen und nicht mit Knütteln d'reinschlagen.

md. Wär Vög'l fängä will, dörf nit mit Prüg'ln d'rei' wärf'n. (frk. M.) *Wer Vögel fangen will, darf nicht mit Prügeln drein werfen.*

Wer will Spatzen fünken *(fangen)*, Darf nicht drein werfen mit Sprünkeln *(Stangen)*. (mrh. E.)

Wan e' Fulle' fënke' wellt, da' muss ën nét mat Kleppelen drâ' schloen. (mrh. L.) *Wenn Einer Vögel fangen will, da muss er nicht mit Knütteln drein schlagen.*

Unter de Voagel muss ma nich mit Prügeln warffen. (schls.) *Unter die Vögel muss man nicht mit Prügeln werfen.*

Bår wi Vôl fang, derf net mit Knüdeln drin schmiss. (thr. R.) *S. Wär u. s. w.*

od. Wenn Einer Vögel fangen will, so muss er nicht mit Bengeln dreinwerfen. (schwei.)

Wer nu will Vogla fah, muess nu nit mit dum Stecko an d' Stude schlah. (schwei.) *Wer Vögel fangen will, muss nicht mit dem Stecken an den Busch schlagen.*

pd. We Mösche fange wel, moss heusch duhn. (nrh. A.) *Wer Spatzen fangen will, muss leise verfahren.*

Wä Vüggel fange welt, moss hörsch doon. (nrh. D.) *Wer Vögel fangen will, muss leise verfahren.*

De Vagels fangen will, mutt nich mit Knüppels darna smitu. (ns. B.) *Wer Vögel fangen will, muss nicht mit Knütteln danach werfen.*

De Vagels fangen will, mutt nich mit Knüppels darnah smieten. (ns. hn. V.) *S. De Vagels u. s. w.*

De Vögels fangen will, mutt neet mit Knüppels dermanken smiten. (ns. ofs.) *Wer Vögel fangen will, muss nicht mit Knütteln dazwischen werfen.*

De Vågels fangen will, mût nich mit Knüppels darnå smiten. (ns. O. J.) *S. De Vagels u. s. w.*

---

dt. Die vogels wil vangen, moet er met geene stokken onder slaan. *Wer Vögel fangen will, muss nicht mit Stöcken drunter schlagen.*

Die vogels wil vangen, moet ze niet verschrikken (schuw maken). *Wer Vögel fangen will, muss sie nicht erschrecken (scheu machen).*

Het is kwaad vogels met trommels vangen. *Vögel lassen sich schlecht mit Trommeln fangen.*

Met zoet geluid wordt de vogel gevangen. *Mit süssem Laut wird der Vogel gefangen.*

Men vangt het hoen met tijt — tijt — tijten, En niet met gooijen en met smijten. *Man fängt das Huhn mit Put! Put! Put! und nicht mit Werfen und mit Schmeissen.*

To fright a bird is not the way to catch it. en. *Einen Vogel erschrecken ist nicht die Art ihn zu fangen.*

En ne prent pas les oisiax à la tartarelle. (afz.) fz. *Man fängt die Vögel nicht mit Schnarren.*

Quem passaro ha de tomar, não o ha de enxotar. pt. *Wer einen Sperling fangen soll, muss ihn nicht verscheuchen.*

Quien páxaro ha de tomar, no ha de ojear. sp. *S. Quem u. s. w.*

---

566. **Volkesstimme, Gottesstimme.**

Des volks stem is Gods stem. *Des Volkes Stimme ist Gottes Stimme.* dt.

The people's voice, God's voice. *Des Volkes Stimme, Gottes Stimme.* en.

Folkets Stemme — Guds Stemme. dä.

Vox populi, vox Dei. lt.

Voix du peuple, voix de Dieu. *Stimme des Volkes, Stimme Gottes.* fz.

La voix du peuple est la voix de Dieu. *Die Stimme des Volkes ist die Stimme Gottes.*

Voux de poplé, voux de Diou. (Gsc.) sf.

Voce di popolo, voce di Dio. it.

Vos dé popul, vos di Dio. (rom.) mi.

Voce del popolo, voce del Signore. (t.) *Stimme des Volkes, Stimme des Herrn.*

Vòus d' popol, vòus d' Iddio. (em. B.) ni.

Vôsa d' popol, vôsa di Dio. (em. P.)

Vôs èd pòpol, vòs èd Dio. (em. R.)

Voxe de popolo, voxe de Dio. (lig.)

Ose de popolo, ose de Dio. (v.)

Vuci di populu, vuci di Diu. (s.) si.

Boghe de pobulu, boghe de Deus. (sa. L.)

La voz de pleu, voz de Deu. (neat.) *Die Stimme des Volkes, Stimme Gottes.* lm.

Voz do povo, voz de Deos. *S. Voix u. s. w.* pt.

La voz del pueblo es voz de Dios. *Die Stimme des Volkes ist Gottes Stimme.* sp.

Vocea poporuluĭ e vocea luĭ Dumnedeŭ. *Volkesstimme ist Stimme Gottes.* wl.

---

567. Auf vollem Bauch steht ein fröhlich Haupt.
Auf vollem Magen Steht ein fröhlicher Kragen.
Auf vollem pauch stét fröleichs haubt. (ad.)
Ûf vollem bûch stât gerne frœlich houpt. (ad.)
Vil dicke frô houbet stât an satem bûche, swer den hât. (ad.)
pd. Uppen vullen Buuk steit 'n lustigen Kopp. (ns. O.) *Auf dem vollen Bauch steht ein lustiger Kopf.*

---

dt. Als het buikje vol is, is het hoofd blij. *Wenn das Bäuchlein voll ist, ist der Kopf fröhlich.*
Op een vollen buyck, staet een vroliek hoeft. (nh.)

---

dä. Paa en fuld Mave staaer et lystigt Hoved. *Auf einem vollen Magen steht ein lustiges Haupt.*
is. Á fullum búk stendr hýrt höfuð.
Fátt stendr höfuð á fullum búk. *Zurückgebogen steht das Haupt auf vollem Bauch.*
Frott er hövur áf fullum mága. (fær.) *Froh ist das Haupt von vollem Magen.*
nw. Dat stend høgt Hovud paa metter Mage. *Es steht hohes Haupt auf vollem Magen.*

---

fz. Quoan lou beute èy hart, la bouque qu' arrit. (sf. Brn.) *Wenn der Bauch voll ist, lächelt der Mund.*

---

568. Voller Bauch lobt das Fasten.
Der Vollbauch lobt das Fasten.
Mit vollem Bauch ist gut Fastenpredigt halten.

---

dt. Die geen' honger heeft (Die niet hongert), heeft goed van de vasten te spreken. *Wer keinen Hunger hat (Wer nicht hungert), hat gut von den Fasten sprechen.*

---

dä. Mæt (Mætter) Mave roser Fasten. *Voller Magen lobt das Fasten.*
Med fuld Mave er godt at holde Fastepræken. *S. Mit vollem Bauch u. s. w.*
Den har bedst ved at faste, som har ingen Hunger. *Der hat am besten fasten, der keinen Hunger hat.*
Then haffwer got at fasthe, ther findher Fiske paa sijn Diske. (adä.) *Der hat gut fasten, der Fische auf seinem Tische findet.*
is. Sá má fullvell fasta, sem fisk hefir á borði. *Der kann sehr gut fasten, der Fische auf dem Tisch hat.*
nw. Metter Mage maa væl rosa Fasta. *Voller Magen kann wohl das Fasten loben.*
Mätter Maga rosar fastan. *S. Mæt u. s. w.* **sw.**

---

lt. Qui satur est pleno laudat jejunia ventre.
Carnibus abstentum pia placat pisce parapsis. (mlt.)
fz. Quiconque a l'estomach plain bien peut jeuner. *Wer den Magen voll hat, kann gut fasten.*
it. È bello predicare il digiuno a corpo pieno. *Es ist schön, das Fasten mit vollem Leib predigen.*
mi. Predichèr e dzön a pänza pjina. (rom.) *Das Fasten mit vollem Bauch predigen.*
L' è un bèll predichèr e dzön a pänza pjina. (rom.) *Es ist ein schönes Fastenpredigen mit vollem Bauch.*
Bel predicare il digiuno a corpo pieno. (t.) *Schön Fastenpredigen mit vollem Leib.*
ni. Predichè el giun con la pansa piena. (piem.) *S. Predichèr u. s. w.*

---

569. Vom Gaul auf den Esel kommen.
Es kommt Niemand gern vom Pferd auf den Esel.
Vom Esel auf die Kue.
Biz daz sîn habe kume von dem rosse zu dem stabe. (ad.)
md. Ar is fân Pfaar uffən liesəl gəkumma. (frk. H. S.) *Er ist vom Pferd auf den Esel gekommen.*
Fum Pêrt op den Iésel kommen. (mrh. L.)
Fum Steiwer op den Dubbel kommen. (mrh. L.) *Vom Stüber auf den Double kommen.*
od. Er wird bald von Federn auf's Stroh kommen. (bair.)
A iis fo a Fandan ofs Schtruu kumma. (östr. schls.) *Er ist von den Federn auf's Stroh gekommen.*
Er ist vom Sattel uf 's Bast cho *(auf den Saumsattel gekommen).* (schwei.)
Vom Schelmen auf den Dieben kommen. (schwei.)
Vom Ross auf'n Esel kommen. (tir.)
pd. Vum Rôss âf de Keâ, vun der Keâ âf 't Schwéng, vun Schwéng âf den Heangd kun. (nrh. S.) *Vom Ross auf die Kuh, von der Kuh auf's Schwein, vom Schwein auf den Hund kommen.*
Vunt Perd uppen Esel kamn. (ns. B.)
Vunr Platten inr Matten kamn. (ns. B.) *Von der Platte in die Matte kommen.*
Vunr Matten up Stroh kamn. (ns. B.) *Von der Matte auf's Stroh kommen.*
De kumt vun de Matt up dat Stro. (ns. hlst., Hmb.) *Der kommt von der Matte auf's Stroh.*

Van'n Perd up'n Esel kamen. (ns. ofs.)
Hei kümmet von'n Perd up'n Esel. (watf. M.). *Er kommt vom Pferd auf den Esel.*
Vam Balken op de Hille. (watf. Mrk.) *Vom Balken auf die Latte.*

---

dt. Hij springt van den os op den ezel. *Er springt vom Ochsen auf den Esel.*
Men wijst hem van den os op den ezel. *Man schickt ihn vom Ochsen auf den Esel.*
Van het bed op het stroo geraken. *Vom Bett auf's Stroh gerathen.*
en. Out of God's blessing into the warm sun. *Aus Gottes Segen in die warme Sonne.*
fs. Fon'e Häjnst åw't Äsel kåmen. (M.)

---

dä. At komme fra Dynen i Halmen. *Vom Bett auf's Stroh kommen.*
At hjelpe En fra Dynen i Halmen. *Einen vom Bett auf's Stroh verhelfen.*
Ont ær at hielppæ aff Dynen oc i Halmæn. (adä.) *Schlimm ist's, (Einem) aus dem Bett und auf's Stroh verhelfen.*
is. Hann stè af hestinum en stökk uppå asnann. *Er stieg vom Pferd und sprang auf den Esel.*
nw. Han steig fraa Kaarde til Greip. *Er stieg vom Degen zum Gefäss.*
sw. Han förbättras ifrå Hästen til Åsnan. *Er verbessert sich vom Pferd zum Esel.*

---

lt. Ab equo ad asinum.
Ab equis ad asinos.
Ab asino ad boves transcendere.
Protrahit in stramen pulvinar vile juvamen. (mlt.)
fz. Se faire d'évêque meunier. *Vom Bischof Müller werden.*
nf. Si fer d' evèque moûnî. (w.) *S. Se faire u. s. w.*
sf. De pouer se faire caïou. (Pat. s.) *Vom Schwein Ferkel werden.*
it. Ser Grisante Di mastro lavorante. *Vom Meister Ser Grisante (Lehrling).*
Di Messere Tornar Sere. *Vom Messere (Herrn) Sere (Meister) werden.*
Tornar di Papa Vescovo (di Badessa conversa). *Vom Papst Bischof (Von der Äbtissin Laienschwester) werden.*
Tornare da calzolajo a ciabattino. *Vom Schuhmacher Schuhflicker werden.*
mi. Va di Vescu in prete. (crs.) *Er wird vom Bischof Priester.*
Palegghiu, paleggliiu, Anderai di male in peggliiu. (crs.) *Poley, Poley, du wirst vom Schlimmen zum Schlimmern kommen.*
Da patron dvintê garzon. (rom.) *Vom Herrn Knecht werden.*
Da majèstar dvintê sculèr. (rom.) *Vom Meister Schüler werden.*
Da caliè dventè ciavatin. (piem.) *S. Tornare ni. da calzolajo u. s. w.*
Torrare dai messaju a crabarzu. (sa. L.) *Vom si. Landbauer (Schnitter) Ziegenhirt werden.*
Torrare dai mastru a dischente. (sa. L.) *Vom Meister Lehrling werden.*
Dai padronu s' est factu teraccu. (sa. L.) *Vom Herrn ist er Knecht geworden.*
Falare dai piscamu a furraju. (sa. L.) *Vom Bischof Bäcker werden.*
sp. De caballo de regalo á rocin de molinero. *Vom Paradepferd auf die Müllermähre.*
De Alcalde á verdugo, ved como subo. *Vom Alcalden zum Henker, seht, wie ich steige.*
wl. Nu te face din caliŭ măgarŭ. *Werde nicht aus einem Pferd ein Esel.*

---

570. Vorgethan und nachbedacht Hat Manchen in gross Leid gebracht.

Ze gâch vil afterriuwe. (ad.)
Vergæhen dick schaden geit. (ad.)
od. Vorgethan und nachgedacht, hat Manchem viel Leid gebracht. (bair.)
pd. Eerst don, naher bedenken, Deit faken kränken. (ns. B.) *Erst thun, nachher bedenken, that oft kränken.*
Vörr gedohn un noh bedacht Hät Manchen in graut Leid gebracht. (ns. W.)

---

dt. Niet wel bedacht, nogtans beproefd, Heeft dikwijls menig mensch bedroefd. *Nicht wol bedacht und dennoch versucht, hat oft manchen Menschen betrübt.*
Niet bedocht, ende naer gheprouft, heeft menigen menschen seer bedrouft. (avl.) *Nicht bedacht und nachher versucht, hat manchen Menschen sehr betrübt.*

---

is. Að framkvæma fyrst og þeinkja siðan, hefir mörgum komið í háska striðan. *Zuerst ausführen und nachher denken, hat Viele in schlimme Noth gebracht.*
nw. Fyre gjort og etter tenkt Heve so mang ein Daare krenkt. *Vorgethan und nachbedacht, hat so manchen Narren gekränkt.*

sw. Föregjordt och efterställt har mången dåre kränkt. *Vorgethan und nachbedacht, hat manchen Narren gekränkt.*

---

it. Chi dinanzi non mira, di dietro poi sospira. *Wer vorher nicht zusieht, seufzt dann hinterher.*

mi. U pentimentu un bale quandu a cosa è fatta. (crs.) *Die Reue hilft nicht, wenn eine Sache geschehen ist.*

Chi dinanzi non mira, di dietro sospira. (t.) *Wer vorher nicht zusieht, seufzt hinterher.*

ni. Despœù sospira chi nô pensa prima. (l. m.) *Nachher seufzt, wer nicht zuerst überlegt.*

Chi no pensa prima, sospira dopo. (v.) *Wer zuerst nicht überlegt, seufzt nachher.*

si. Cui prima nun pensa, all' ultimu suspira. (s.) *Wer zuerst nicht überlegt, seufzt zuletzt.*

Qui prima non pensat, male si agatat. (sa. L.) *Wer vorher nicht überlegt, befindet sich (nachher) schlecht.*

---

571. **Vorsicht** ist die Mutter der Weisheit.

---

dt. Voorzigtigheid in druk Is moeder van 't geluk. *Vorsicht im Unglück ist die Mutter des Glücks.*

Voorzigtigheid is de moeder der fijne biergłazen. *Vorsicht ist die Mutter der feinen Biergläser.*

Voorzigtigheid is de moeder van de porseleinkast: dan breken de pulletjes niet. *Vorsicht ist die Mutter des Porcellanschrankes: dann brechen die Krügelchen nicht.*

De voorzichtigheid is de moeder van den porceleinwinkel. (vl.) *Die Vorsicht ist die Mutter des Porcellanladens.*

---

dä. Forsigtighed er en Borgemesterdyd. *Vorsicht ist eine Bürgermeistertugend.*

sw. Försigtighet är klokhetens högra öga. *Vorsicht ist der Klugheit rechtes Auge.*

---

fz. La prudence est la mère de l'assurance. *Die Vorsicht ist die Mutter der Sicherheit.*

---

572. **Vorsorge** verhütet Nachsorge.

Besser ein Vorsorger, denn ein Nachsorger.

Bässer verwoirt, all beklåjen. (thr. R.) *Besser verwahrt, als beklagt.* md.

Vorsicht ist besser, als Nachsicht. (bair.) od.

Vorseien is beter as nåseien. (us. ha. G. u. G.) *Vorsehen ist besser, als nachsehen.* pd.

Vör Bescheed Givt na keen Kreet. (us. hlst.) *Bescheid vorher gibt nachher keinen Streit.*

Et is beater färseiu, åsse nåseiu. (wstf. Dr.) *Es ist besser vorsehen, als nachsehen.*

Voorzorg komt achterzorg vóór. *Vorsorge kommt der Nachsorge zuvor.* dt.

Forsorg forebygger Eftersorg. dä.

Bedre er at have Forsorg, end Eftersorg. *Besser ist's Vorsorge, als Nachsorge zu haben.*

Bedræ ær forœ at waræ æn effther at kæræ. (adä.) *Besser ist's vorher abzuwehren, als nachher zu klagen.*

Betra er að vera vis fyrir skaðann enn eptir. *Besser ist 's weise vor dem Schaden, als nachher zu sein.* is.

Betri er at vera firivárin, enn eftirsnárur. (fær.) *Besser ist 's zur Zeit vorsichtig, als nachher bedenklich zu sein.*

D' er betre Fyresorg, en Ettersorg. *Es ist besser Vorsorge, als Nachsorge.* nw.

Förewaar är bättre än efftersnaar. *Verwahrung ist besser, als Nachklage.* sw.

Tagh rådh för giärning. *Nimm Rath vor der That.*

Bætra ær forra war en æffte snaar. (asw.) *S. Bedræ u. s. w.*

Antequam incipias, consulto. lt.

Prodest cautela plus quam (qvam) postrema querela (qverela). (mlt.)

Pensa prima e poi fa. *Zuerst überlege und dann handle.* it.

Fa sempre cun prudenza i fatti toi; Pensaci prima e nun pentitti poi. (crs.) *Was du thust, thue immer mit Vorsicht; überlege zuerst und bereue nicht nachher.* mi.

Pensa be avanti di fa una cosa për un falla duie volte. (crs.) *Überlege wohl, ehe du eine Sache machst, um sie nicht zwei Mal zu machen.*

Pensarci avanti e non pentirti poi. (crs.) *Es vorher überlegen und es nicht nachher bereuen.*

Pensarci avanti, per non pentirsi poi. (t.) *Es vorher bedenken, um es nicht nachher zu bereuen.*

Prima cunsigliati e poi fai. (t.) *Zuerst berathe dich und dann handle.*

Bisogna prima pensare e poi fare. (t.) ***Man muss** zuerst überlegen und dann thun.*

si. Prima pensa e poi fa, perchè parole poco pensate portano pena. (upl.) *Zuerst bedenke und **dann handle,** weil wenig überlegte Worte Strafe bringen.*

Penzatu e po facite. (upl.) *Überlegt und dann **handelt.***

Penza la cosa prima chi la fai, Chi la cosa penzata è bedda assai. (s.) *Bedenke die Sache, ehe du sie thust, denn die bedachte Sache ist schön.*

Penzaci prima **nun pigghiari sbagghiu,** Doppu lu fattu nun c'è chiu **cunsigghiu.** (s.) *Überlege es zuerst, um nicht zu irren, nach der That ist kein Rath mehr.*

Cui prima penza, doppu nun si penti. (s.) ***Wer** zuerst überlegt, bereut nicht nachher.*

Prima **pensa e** poi faghi. (sa. L.) *S. Pensa **prima** u. s. w.*

W.

573. Frisch **gewagt ist halb** gewonnen.

md. Frisch gewâgt ės hâlb gewonn. (frk. H.)

Frisch gewâkt is holp gewunnou. (schls. B.)

od. Frisch gewagt daran ist halb gewonnen. (schwei.)

Frisch g'wogt, isch halb g'wunne, D' Stäge-n-ab drolet, isch au ertrunne. (schwei. S.) *Frisch gewagt ist halb gewonnen, die Stiegen herabgefallen ist auch entronnen.*

pd. Frischk gewaaget is half gewunnen. (**us.** W.)

---

dä. Frisk vovet, er halv vundet.

Dristig vovet, halv er vundet. *Dreist gewagt **ist halb gewonnen.***

nw. Hugheilt vaagat er halvt **vunnet.** ***Kühn gewagt ist** halb gewonnen.*

sw. Friskt wågadt år häiften wunnit.

Raskt vågadt är **halft vunnet.** *Rasch gewagt ist halb gewonnen.*

---

lt. Dimidium facti habet qui fortiter audet.

cw. Frestg ugegiau ei miez gudognau. (obl.)

Promt ughiau (vugiau), miez gudignau (gudoingiau). (obl.) *Rasch gewagt, halb gewonnen.*

---

574. Wagen gewinnt, **Wagen** verliert.

Wer nicht wagt, gewinnt **nicht.**

Wagen gewint, wagen verleurt. (ad.)

md. Wer nicht wagt, wer nicht winn't, Und wer nicht sucht, der nichts find't. (mrh. E.)

Dên nêscht wot, dên nêscht wennt (dên nêscht sicht, dên nêscht fennt). (mrh. L.) ***Wer** Nichts wagt, **der Nichts** gewinnt (wer **Nichts** sucht, der Nichts **findet).***

Wagner gewinnt, Wagner verliert. (sä. **A.)**

War nich **warbt,** dar verdarbt. (sä. **A.) *Wer** nicht **wirbt, der verdirbt.***

Wer **nichts wagt, gewinnt nichts.** (bair.) **od.**

Wer nix wôgt, der g'wingd nix. (ndö.) *S. Wer **Nichts wagt,** der gewinnt Nichts.*

Wer **nichts waget,** gewinnt nichts. (schwei.)

Wä nit wog, dä nit wennt. (nrh. K.) *S. Wer* pd. *nicht wagt, der gewinnt nicht.*

Wër wâget, dei winnt. (**ns.** ha. G. **u.** G.) *Wer wagt, der gewinnt.*

Wër nich wâget, dë nich winnt. (ns. ha. G. u. G.) *S. Wä u. s. w.*

Wâge gewinnt, wâge verspêlt. (ns. ha. **G. u. G.)** *Wagen gewinnt, Wagen verspielt.*

Ver niks vågt, **ok** niks vinnt. (us. hlst. A.) *Wer Nichts **wagt, auch Nichts** gewinnt.*

De der **wâgt, de der winnt. (ns.** O. J.) *S. Wër **wâget u. s. w.***

Wei **nit wooget,** de gewinnt nit. (ns. W.) *S. **Wä u. s. w.***

Wie waegt, die wint. (vl.) *S. Wër wâget u. s. w.* **dt.**

Nothing (Nought) venture, nothing (nought) **en.** have. *Nichts wagen, Nichts haben.*

Naething venture, naething have. (scho.) *S. Nothing u. s. w.*

De, dirr âi waaget, wânnt âi. (M.) *Der, wel-* **fs.** *cher nicht wagt, gewinnt nicht.*

---

dä. Den som ikke vover, vinder ikke. *S. De, dirr u. s. w.*
Hoo Inthet wawær, han **Inthet windher.** (adä.) *S. Wē u. s. w.*
Inghen winner, **vdhen han wowær.** (adä.) *Keiner gewinnt, ausser dass er wagt.*
is. Hefir sá jafnan, **er hættir.** *Der hat oft, der wagt.*
Vogun vinnur og **vogun tapar.** *Wagen gewinnt und Wagen verliert.*
Hvör **ei vogar, hann vinnur ei.** *S. Wä u. s. w.*
Vágin **vinnur og vágin missir.** (fær.) *S. Vogun u. s. w.*
nw. Vaagan vinn og Vaagan taper. *S. Vogun u. s. w.*
Dan som inkje **vaagar,** han **inkje vinn.** *S. Wä u. s. w.*
Dan som vaagar, hann anten vinn elder taper. *Wer wagt, der gewinnt entweder, oder verliert.*
Vaagespel fer stundom ille, stundom væl. *Wagespiel läuft mitunter schlecht, mitunter gut ab.*
sw. Den intet våger, han intet vinner. *S. Wē u. s. w.*
Hva ey wagher, han ey vindher. (asw.) *S. Wä u. s. w.*
Ängin **vindher vtan han vagher.** (asw.) *S. Inghen u. s. w.*

---

lt. Nansi lucratur, ausus **cui nil famulatur.** (mlt.)
cw. Chi non resgia, **non fa assas.** (ld. U.-E.) *S. Wer nicht wagt, gewinnt u. s. w.*
Nuot ughigiau, nuot gudignau. **(obl.)** *Nichts gewagt, Nichts gewonnen.*
fz. Qui ne risque rien n'a rien. *Wer Nichts wagt, hat Nichts.*
Qui ne se risque jamais ne **sera riche.** *Wer nicht wagt, wird niemals reich sein.*
nf. Qui n'risqueie rin **n'a rin.** (w.) *S. Qui ne risque u. s. w.*
sf. Qui arré non **risque,** Arré non pisque. **(Brn.)** *Wer Nichts wagt, fischt Nichts.*
Qui arré non hé, arré non gagne. (Brn.) *Wer Nichts thut, gewinnt Nichts.*
it. Chi non s' arristia, Non acquista. *Wer nicht wagt, erwirbt nicht.*
Chi non s'arristia, Non perde **e** non acquista. *Wer nicht wagt, verliert weder, noch gewinnt er.*
mi. Chi tentò, perse o guadagnò. (crs.) *Wer versuchte, verlor oder gewann.*
Chi nun risica manca rosica. (crs.) *Wer nicht wagt, nagt noch weniger.*
Nunda ottene chi nunda tenta. (crs.) *Nichts erreicht, wer Nichts versucht.*

Chi ch' an risga, an rosga. (rom.) *Wer nicht wagt, nagt nicht.*
C'si **non** s' arrischia, non guadagna. (t.) *S. Wer nicht wagt, gewinnt u. s. w.*
Chi non risica, non rosica. (t.) *S. Chi ch' an u. s. w.*
Chi nulla ardisce, nulla fa. (t.) *Wer Nichts wagt, macht Nichts.*
Chi non s' avventura, Non ha ventura. (t.) *Wer sich nicht aussetzt, hat kein Glück.*
Chi n'risga n'rösga. (em. B.) *S. Chi ch' an u. s. w.* **ni.** [u. s. w.
Chi n'risga an rosga. (em. P.) *S. Chi ch' an*
Chi èn la risga èn la rösga. (em. R.) *S. Chi ch' an u. s. w.*
Chi non risiga, no rosega. (l. brs.) *S. Chi ch' an u. s. w.*
Chi nò resêga, nò farà mai ass. (l. m.) *Wer nicht wagt, wird nie gewinnen.*
Chi non risiga, non rosiga. (piem.) *S. Chi ch' an u. s. w.*
Chi no riscia, no aquista. (v.) *S. Chi non s' arristia, Non acquista.*
Chi no la risega, no la rosega. (v.) *Wer's nicht wagt, nagt's nicht.*
Chi no se mete a pericolo, no guadagna. (v.) *Wer sich nicht aussetzt, gewinnt nicht.*
Chi no risiga, no rosiga. (v. trst.) *S. Chi ch' an u. s. w.*
Chi no risega, no rosega. (v. trt.) *S. Chi ch' an u. s. w.*
Cui nun arrisica, nun arrusica. (s.) *S. Chi* **si.** *ch' an u. s. w.*
Qui non arriscat non piscat. (sa.) *Wer nicht wagt, fischt nicht.*
Qui no s' arrisca, no pisca. (ncat.) *S. Qui* **lm.** *non arriscat u. s. w.*
Qui no aventura, no tè ventura. (ncat.) *S. Chi non s'avventura u. s. w.*
Qui no arrisca, no pisca. (val.) *S. Qui non arriscat u. s. w.*
Quien no se aventuró, ni perdió, ni ganó. **sp.** *Wer sich nicht aussetzte, verlor weder, noch gewann er.*
Quien no risca, no pisca. *S. Qui non arriscat u. s. w.*

---

575. Wahl Macht Qual.
Wer die Wahl hat, hat die Qual.
Wär de Wahl hät, hät och de Qual. (mrh. K.) **pd.** **Wer** *die Wahl hat, hat auch die Qual.*
Ousz der Wuol de Kwuol. (mrh. S.) *Aus der Wahl die Qual.*

Wär de Wäl het, het de Quål. (ns. **ha. G.** u. G.) *S. Wer u. s. w.*
Wei de Wohl hät, hät auk de Quool. **(ns. W.)** *S. Wär u. s.* **w.**
Bai de Wål hiät, hiät ock de Quål. **(wstf.** Mrk.) **S.** Wär **u. s. w.**

dt. Keur **baart** angst. ***Wahl** erzeugt Qual.*
Die de keur heeft, heeft de kwel. *S. Wer u. s. w.*
Weel die eoer **heft,** die heft die quael. (ah.) *Wer **die Wahl hat, der** hat die Qual.*

fs. Väl Keer, väl Handbreeghan. (F.) *Viel Wahl, **viel Kopfbrechen.***

is. Sá á kvöl, sem á **völ (sem völ á).** ***Der hat** Qual, der Wahl **hat.***

sw. Den som kommer **i val, kommer ocksä i qval.** *Wer zur Wahl **kommt, kommt auch in Qual.***

576. Sprich was **wahr ist.** Trink was klar **ist, Iss was** gar **ist.**

pd. Et, wat goar is, Drink, wat kloar is, Un gloew, **wat woar is.** (ns. N.) *Iss was gar ist, Trink **was klar ist, Und glaub' was wahr ist.***

dt. Spreek, **dat waar** is; Eet, dat **gaar is; Drink,** dat klaar is. *Sprich was **wahr ist, Iss was gar ist,** Trink was klar **ist.***

sw. Tala intet moot sanningen. ***Sprich nicht gegen** die **Wahrheit.***

fz. Vérité sois **ta maitresse. (nf. Chmp.)** *Wahrheit sei **deine Herrin.***

it. Bisogna parlare **col cuore in mano.** (mi. t.) *Man muss **mit dem Herzen auf der** Hand sprechen.*

ni. La vritâ **e pêhi pi. (piem.)** *Die Wahrheit **und Nichts weiter.***

577. Man muss Heu machen, **während die Sonne scheint.**

Man muss schneiden, wenn Ernte ist.
Man soll melken, wenn's Zeit ist.
Wenn der Stein umläuft, soll man schleifen.
Trinke, **wenn du** am Brunnen bist.
Fische, **wenn** du bei'm Wasser **bist.**
Wärme dich, weil 's Feuer brennt.
Fahr deinen Mist zu Felde, weil du Schultheiss bist.
Man muss sämblen, weil die Ernte **da ist.** (ad.)
Die wil der schöne sumer wert sol man gewinnen, des man gert. (ad.)
Darumb die **weil** du Amptmann **bist,** vergess nit uszufüren mist. (ad.)
Man **muss** schneiden, weil es Erndt ist. (schwei.) od. Man muss Pfeiffen schneiden, weil man in den Rohren **sitzt.** (schwei.)
Mach Heu, **wenn** die Sonne scheint. (schwei.)
Mach Mist, **wil** *(weil)* **d'** *(du)* Landpfleger bist. **(schwei.)**

Men **moet** zeilen, terwyl de **wind** dient. (vl.) **dt.** *Man muss segeln, während der **Wind** günstig ist.*
Men **moet** zyne **knipen uitzetten** terwyl het **regent.** (vl.) *Man muss seine Kübel hinaus**setzen,** während es regnet.*
Men moet gapen **als er** pap geboden wordt. (vl.) *Man muss den Mund aufsperren, wenn Brei angeboten wird.*
Trek, als het noopt, visscher! (vl.) ***Zieh,** wenn **es** anbeisst, Fischer!*
Hael op, als 't vischje noopt. (vl.) ***Zieh hinauf,** wenn's Fischchen anbeisst.*
Gryp, als **het tyd is.** (vl.) *Greif **zu,** wenn es **Zeit ist.***
Make hay, while the sun shines. *S. Mach* **en.** ***Heu u. s. w.***
It 's gude to hae your **cog** out when it rains **kail. (scho.)** *Es ist gut, euern Kübel draussen zu haben, wenn es Suppe regnet.*
Drijnk din Bier, **ihr** 't forslåit. (M.) *Trink* **fs.** *dein Bier, ehe **es** schal wird.*

Í vindi skal við höggva, veðri á sjó róa, myrkri **an.** við man spjalla, mörg eru dags augu. *Im Winde soll man Holz hauen, bei gutem Wetter in die See **rudern, im Finstern mit** den Weibern **kosen; viele Augen** hat der Tag.*
Við eld **skal öl drekka,** en á ísi skríða. *Beim Feuer soll man Bier trinken und auf dem **Eise** Schlittschuh laufen.*
Man **skal** segle, medens Børen blæser. *Man* **dä.** *muss **segeln,** während der Fahrwind weht.*
Man **skal** male, medens Vandet løber. *Man muss mahlen, während das Wasser läuft.*
Man skal nytte Solen, mens den skinner. *Man muss die Sonne benutzen, während sie scheint.*
Man skal æde Pølsen, medens den er varm. *Man muss die Wurst essen, während sie warm ist.*
Varm dig, naar du sidder ved Ilden. *Wärme **dich, wenn** du am Feuer **sitzest.***

Drik dit Øl, før det bliver dovent. *S. Drdjnk u. s. w.*

Man scal nytthe then Sool, ther than skijn. (adä.) *Man muss die Sonne brauchen, die da scheint.*

Man scal ædhe Polsen, men hwn ær warm. (adä.) *S. Man skal æde u. s. w.*

Men thw haffwer Rijffwen, thaa war æy seen. (adä.) *Während du die Harke hast, sei nicht langsam.*

is. Maðr skal sólar neyta, meðan skín. *S. Man skal nytte u. s. w.*

Maðrinn skal safna þá sólin skín, en eta þá regnið kemr. *Der Mensch soll sammeln, wenn die Sonne scheint, und essen, wenn der Regen kommt.*

Hvör eti bjúga meðan heitt er. *Jeder esse die Wurst, während sie heiss ist.*

Baka þig meðan eldrinn brennr. *Wärme dich, während das Feuer brennt.*

nw. Ein skal skjera, medan skjært er. *Man muss scheren, während zu scheren ist.*

Ein skal drikka, fyrr Ølet dovnar. *Man muss trinken, ehe das Bier schal wird.*

sw. Man måste mala medan man har watten. *Man muss mahlen, während man Wasser hat.*

Korfven bör ätas medan den är varm. *Die Wurst muss gegessen werden, während sie warm ist.*

Hösta mådhan Rogen är mogen. *Ernten während der Roggen reif ist.*

Man måste mala mädan watnet löper. *Man muss mahlen, während das Wasser fliesst.*

Man skal æta korwin muen han ær heether. (asw.) *S. Man skal æde u. s. w.*

Mædhan thu hawer riwo tha war idhogher. (asw.) *Während du die Harke hast, sei fleissig.*

---

lt. Dum calidum sentis farcimen mando bidentis. (mlt.)

Utere splendore, qvem Phoebus tunc micat hore. (mlt.)

Rastro dentato prata parata dato. (mlt.)

cw. Un sto far fein da Tschiel sarein. (obl.) *Man muss Heu machen bei heiterm Himmel.*

fz. Il faut puiser quand la corde est au puits. *Man muss schöpfen, wenn das Seil im Brunnen ist.*

nf. Tandis que vous t'nez chez lou par chés oreilles, secouez les. (pic.) *Während ihr den Wolf bei den Ohren habt, schüttelt sie.*

Qwand l' bouïon cût, el fât houmer. (w.) *Wenn die Brühe kocht, muss man schäumen.*

Qwand vos t'nez l'alouette, vos l'divez ploumer. (w.) *Wenn ihr die Lerche habt, müsst ihr sie rupfen.*

Qan l'aouro boufo, cal venta. (Lgd.) *Wenn* sf.
der Wind weht, muss man das Korn werfen.

Bisogna macinare quando piove. *Man muss* it.
mahlen, wenn es regnet.

E bsogna spulê fina ch tira e vent. (rom.) *Man* mi.
muss das Korn werfen, so lange der Wind weht.

Bisogna macinare fin chè piove. (t.) *Man muss mahlen, so lange es regnet.*

Infin che il vento è in poppa, bisogna saper navigare. (t.) *So lange der Wind günstig ist, muss man zu schiffen wissen.*

Bisogna masenar finchè piove. (v.) *S. Bisogna* ni.
macinare fin u. s. w.

Quando si hat su bentu, si bentulat. (sa. l.) si.
Wenn man den Wind hat, wirft man's Korn.

Mentres es calênt, se peln. (ucat.) *Während* lm.
es heiss ist, schält man ab.

---

578. Die Wahrheit hat nur eine Farbe, die Lüge mancherlei.

Lygni heve mange Liter, Sanningi heve alltid nw.
ein. *Die Lüge hat viele Farben, die Wahrheit hat immer eine.*

Lygni kastar Liten, Sanningi er dan same. *Die Lüge legt die Farbe ab, die Wahrheit ist dieselbe.*

Sanningi er alltid seg sjolv lik. *Die Wahrheit ist immer sich selbst gleich.*

Sanningen år sigh altijdh sielff lijk. *S. San-* sw.
ningi u. s. w.

Sanning skiffter intet färgan. *Wahrheit wechselt keine Farbe.*

Verum quidem unum est. lt.

Veritas semper una est.

La verità è una. *Die Wahrheit ist eine.* it.

La verità è una sola. (t.) *Die Wahrheit ist* mi.
eine allein.

La veritaa l' è vuna, e semper quella. (l. m.) ni.
Die Wahrheit ist eine und immer dieselbe.

A veitæ a l'e unn-a sola. (lig.) *S. La verità è una sola.*

La verità xe una sola. (v.) *S. La verità è una sola.*

La verità xe sempre quela. (v.) *Die Wahrheit ist immer dieselbe.*

579. Die **Wahrheit** ist der Welt leid.

Willfahren macht Freunde, Wahrsagen Feinde.

md. D' Wöerécht mécht ferhâst. (mrh. L.) *Die Wahrheit macht verhasst.*

Wahrheit verdriesst die Leute. (sä. A.)

od. Die Wahrheit hört man nicht gern. (bair.)

Wahrheit gebiert Neid und Hass. (schwei.)

pd. Wër de Wârheit seggt, het ûtebacken. (ns. ha. G. u. G.) *Wer die Wahrheit sagt, hat ausgebacken.*

---

dt. De waarheid wil niet altijd gehoord worden. *Die Wahrheit will nicht immer gehört werden.*

De waarheid gezeid, Maakt haat en nijd. *Die Wahrheit sagen macht Hass und Neid.*

---

dä. Sandhed føder Had. *Wahrheit erzeugt Hass.*

Sandtalen Qwinne haffwer faa Wenner. (adä.) *Wahrheitredende Frau hat wenig Freunde.*

is. Sannleiks orðin eru beiskr pipar. *Der Wahrheit Worte sind bittrer Pfeffer.*

Krákan er þvi leið, að hon segir jafnan satt. *Die Krähe ist darum verhasst, dass sie immer wahr spricht.*

nw. Sanningi er stundom hard aa hoyra. *Die Wahrheit ist mitunter hart zu hören.*

Dat sanne vil ingen kanna. *Das Wahre will Niemand anerkennen.*

sw. Sanning föder hat. *S. Sandhed u. s. w.*

Sanningen är ond (altid ondt) at höra. *Die Wahrheit ist schlimm (immer schlimm) zu hören.*

Sanningen är svär att höra. *Die Wahrheit ist schwer zu hören.*

Frammælth quinna hawer faa wini. (asw.) *S. Sandtalen u. s. w.*

---

lt. Veritas odium parit.

Femina veridica paucis (paulis) censetur amica. (mlt.)

cw. La verdat schendra hass. (obl.) *Die Wahrheit erzeugt Hass.*

fz. Verité engendre hayne. (afz.) *S. Sandhed u. s. w.*

it. Il vero partorisce odio. *Das Wahre erzeugt Hass.*

Mal volentieri s' ascolta il vero. *Ungern hört man die Wahrheit.*

Del vero s' adira l' huomo. *Über das Wahre erzürnt sich der Mensch.*

mi. La verità genera odio. (t.) *S. La verdat u. s. w.*

La verità genera nimistà. (t.) *Die Wahrheit erzeugt Feindschaft.*

Ognun s' adira del vero. (t.) *Jeder erzürnt sich über das Wahre.*

Di il vero a uno ed è tuo nemico. (t.) *Sag' Einem die Wahrheit, und er ist dein Feind.*

ni. La vrità a pias nen sempre. (piem.) *Die Wahrheit gefällt nicht immer.*

La verità no la piase sempre. (v.) *S. La vrità u. s. w.*

si. Pro sa veridade su Christianu est male quersidu. (sa. L.) *Für die Wahrheit will man dem Christen (Menschen) nicht wohl.*

Sa veridade causat odiu. (sa. L.) *Die Wahrheit bringt Hass hervor.*

lm. En dièn (Per dirse) las veritats se perden las amistats. (neat.) *Wenn man die Wahrheit sagt, gehen die Freundschaften verloren.*

La veritat amarga. (neat.) *Die Wahrheit ist bitter.*

En dirse les veritats se perden les amistats. (val.) *S. En dièn u. s. w.*

Les veritats amarguen. (val.) *Die Wahrheiten sind bitter.*

pt. Mal me querem as comadres, porque lhes digo as verdades. *Übel wollen mir die Gevatterinnen, weil ich ihnen die Wahrheiten sage.*

A verdade amarga. *S. La veritat u. s. w.*

sp. Mal me quieren mis comadres porque les digo las verdades. *Übel wollen mir meine Gevatterinnen, weil ich ihnen die Wahrheiten sage.*

Mal me quiere y peor querrá á quien dixere la verdá. *Übel will mir und übler wird mir wollen, wem ich die Wahrheit sagen werde.*

La verdad amarga. *S. La veritat u. s. w.*

---

580. Die **Wahrheit** will an den Tag.

od. Die Wahrheit kriecht in keine Mauslöcher. (schwei.)

---

dä. Sandhed kommer omsider for en Dag. *Wahrheit kommt endlich an den Tag.*

Mange Tingh oppes, oc Sandhedh rones. (adä.) *Viele Dinge werden offenbar und die Wahrheit kommt an den Tag.*

E Sande skal nok komme for en Dag. (jüt. S.) *Die Wahrheit soll noch an den Tag kommen.*

is. Sannleikrinn kemr opt ófyrirsynju í ljós. *Die Wahrheit kommt oft unversehens an's Licht.*

sw. Sanningen kommer slutligen i dagen. *Die Wahrheit kommt schliesslich an den Tag.*

Sanningen kommer omsijder i dagsliwset. *Die Wahrheit kommt zuletzt an's Tageslicht.*

Mangh thingh øppas ok sanninden rønis. (asw.) *S. Mange u. s. w.*

---

lt. Veritas nunquam latet.
Veritatem dies aperit.
Emergit verum licet exstant (extent) schismata (cismata) rerum. (mlt.)

cw. La verdat vegn finalmein alla glisch. (obl.) *Die Wahrheit kommt endlich an's Licht.*

fz. Le temps découvre la vérité. *Die Zeit offenbart die Wahrheit.*

it. La verità non può star nascosta. *Die Wahrheit kann nicht verborgen bleiben.*

mi. Il tempo scuopre la verità. (t.) *S. Le temps u. s. w.*

ni. Col temp se desquatta la veritaa. (l. m.) *Mit der Zeit entdeckt man die Wahrheit.*
La verità vien sempre fora. (v.) *Die Wahrheit kommt stets heraus.*
La verità col tempo se fa conosser. (v.) *Die Wahrheit wird mit der Zeit erkannt.*

---

581. Kinder und Narren sagen die **Wahrheit.**

Kinder, Narren, trunkner Mund, Reden aus des Herzens Grund.
Der tôre verhilt dehcine frist, swaz in sime herzen ist. (ad.)

md. Kénnar on Nårr'n sprécha di Wårat. (frk. H.)
Kinnat un Nårn rieden di Woorat. (frk. H. S.)
Narren und Kinder sagen die Wahrheit. (mrh. E.)
D' Kanner an d' Nare' soen d' Wöerécht. (mrh. L.) *Die Kinder und die Narren sagen die Wahrheit.*
Kinder und Noarren reden die Woahrheit. (schls.)

od. Kinder und Narrn sagn d' Wahret. (bair.)
D' Gofa ond d' Narra sägid d' Wohrecht. (schwei. A.) *S. D' Kanner u. s. w.*
D' Gofa ond die rüschiga Lüt sägid d' Wohrecht. (schwei. A.) *Die Kinder und die Betrunkenen sagen die Wahrheit.*
Vo" Kinda'n und Låpn Ku" ma' d' Wårchet da'tåpn. (tir. U.-I.) *Von Kindern und Narren kann man die Wahrheit erwischen.*

pd. Gäcke en Kenger sage de Wohrheet. (nrh. D.) *S. Narren u. s. w.*
Kender on Gecken seggen de Worrheid. (nrh. M.)
Kinner un oll' Lüd' seug'n d' Waorheit. (ns. A.) *Kinder und alte Leute sagen die Wahrheit.*
Kinder un Narren segget de Wåhrheit. (ns. ha. G. u. G.)
De Narren un de kleinen Kindere kôret ût. (ns. ha G. u. G.) *Die Narren und die kleinen Kinder plaudern aus.*
Klene Kinner un ole Lyd kriggt man de Vårheit fon to veten. (ns. hlst. A.) *Von kleinen Kindern und alten Leuten kriegt man die Wahrheit zu wissen.*
Kinder un dûne Lü(de) seggt de Wårheit. (ns. O. J.) *Kinder und Betrunkene sagen die Wahrheit.*
Kingere un Narren säöget de Wohrheit. (ns. W.)
Kinner un alle Lüe segget de Wöerheit. (watf. P.) *S. Kinner u. s. w.*

Kinderen en gekken zeggen de waarheid. **dt.**
Kinderen en dronken lieden zeggen de waarheid. *S. Kinder un dûne u. s. w.*

Children and fools tell (speak) truth. **en.**

Af Born og Narre faaer man Sandheden at vide. *Von Kindern und Narren erfährt man die Wahrheit.* **dä.**
Af Børn og galne Folk skal man faae Sandheden at vide. *Von Kindern und närrischen Leuten wird man die Wahrheit zu wissen kriegen.*
Sandhed skal man lære (høre) af Børn og drukne Folk. *Wahrheit wird man von Kindern und Betrunkenen erfahren (hören).*
Børn, Narre og Drukne sige Sandhed. *Kinder, Narren und Betrunkene sagen (die) Wahrheit.*
Barn syer gerne Sandheth. (adä.) *Kind sagt gern die Wahrheit.*

Barn segir jafnan sannleik. *Kind sagt immer die Wahrheit.* **is.**
Kornbarn, drukkinn maðr og dárinn segja sannleikann. *Kleines Kind, trunkener Mann und Narr sagen die Wahrheit.*
Þrennslags fólk þegir traudt um sannleik: börn, narri og drukkinn. *Dreierlei Leute verschweigen schwer die Wahrheit: Kinder, Narr und Betrunkener.*

Smaae Born og galne (ore) Folk segja Sanningi. *Kleine Kinder und verrückte Leute sagen die Wahrheit.* **nw.**
Av galne Folk og smaae Born skal ein verda vis. *Durch verrückte Leute und kleine Kinder wird man unterrichtet.*
Dan galne (galnaste) segjer Sanningi (sannaste). *Der Verrückte (Verrückteste) sagt die Wahrheit (spricht am wahrsten).*

Barn och narrar tala sanningen. **sw.**
Af barn och dårar får man veta sanningen. *S. Af Born og Narre u. s. w.*
Barn och narrar tala snarast sannt. *Kinder und Narren sprechen am leichtesten wahr.*
Barn sigher gerna santh. (asw.) *S. Barn syer u. s. w.*

---

lt. Si secretarum seriem vis noscere rerum: Ebrius, insipiens, pueri dicunt tibi verum.

Est phrasis (frasis) in puero bene consentanea vero. (mlt.)

fz. Enfans et sots (fous) sont devins. *Kinder und Narren sind Wahrsager.*

Enfants et fous sont prophètes. *Kinder und Narren sind Propheten.*

nf. On sèt tot des efants et de sôleies. (w.) *Man erfährt Alles von den Kindern und von Betrunkenen.*

Pa l' z' enfants et l' z' hommes saouls on sait tout. (w. M.) *Durch die Kinder und die Betrunkenen erfährt man Alles.*

Pa les soulées et les éfants on sé todit tot, (w. N.) *Durch die Betrunkenen und die Kinder erfährt man immer Alles.*

sf. Y-a três mênos dë jhën q' an përmission dë tou diré: ëfans, fols é Ëmbriäia. (Lgd.) *Es gibt drei Gattungen von Leuten, welche Erlaubniss haben, Alles zu sagen: Kinder, Narren und Betrunkene.*

L'y a tres sortes de gents qu' an libertat de tout dire: enfans, fourils et ubriachs. (nprv.) *Es gibt drei Arten von Leuten, welche Freiheit haben, Alles zu sagen: Kinder, Narren und Betrunkene.*

it. I putti e i matti indovinano. *Die Kinder und die Narren sagen wahr.*

ni. I mat e i s'eèe i dis la erità. (l. b.) *Die Narren und die Kinder sagen die Wahrheit.*

I s'eèe e i mat despès i à indèinat. (l. b.) *Die Kinder und die Narren sagen oft wahr.*

Le masnà a son la boca dla vrità. (piem.) *Die Kinder sind der Mund der Wahrheit.*

I mati e i putei dise la verità. (v.) *S. I mat u. s. w.*

I mati e i putei gho indovina. (v.) *Die Narren und die Kinder sagen wahr.*

si. Da piccoli e da ubbriachi si sa la verità. (ap.) *Von Kindern und von Betrunkenen erfährt man die Wahrheit.*

Su piccinnu et i su maccu narant sa veridade. (sa.) *Das Kind und der Narr sagen die Wahrheit.*

lm. Infant y orad din la veritat. (ucat.) *Kind und Narr sagt die Wahrheit.*

Linfant y lorât dineu la veritat. (val.) *S. Su piccinnu u. s. w.*

sp. Los niños y los locos dicen la verdad (las verdades). *Die Kinder und die Narren sagen die Wahrheit (die Wahrheiten).*

---

582. **Unzeitige Wahrheit ist einer Lüge gleich.**

All truth must not be told at all times. *Es* **eu.** *darf nicht zu jeder Zeit jede Wahrheit gesagt werden.*

Utidig Sandhed er ei bedre, en Løgn. *Un-* **dä.** *zeitige Wahrheit ist nicht besser, als Lüge.*

D' er stundom Sanningi er Lygni lik. *Es* **nw.** *ist mitunter die Wahrheit der Lüge gleich.*

Toute vérité n'est pas bonne à dire. *Nicht* **fz.** *jede Wahrheit ist gut zu sagen.*

Toutes vérités ne sont pas bonnes à dire. *Nicht alle Wahrheiten sind gut zu sagen.*

Tuit voir ne sont pas bel à dire. (afz.) *S. Toutes vérités u. s. w.*

Aucune fois voir dire nuit. (afz.) *Manchmal schadet Wahrheit sagen.*

Tout voir ne sont pas bel à dire. (Champ.) *S.* **nf.** *Toutes vérités u. s. w.*

La varitè l an s pò sempar di. (mi. rom.) *Die* **it.** *Wahrheit kann man nicht immer sagen.*

Tótt quëll ch è e vera un s pò sempar di. **mi.** (rom.) *Alles, was Wahrheit ist, kann man nicht immer sagen.*

Tutt il vrità in s' pöulen miga dir. (em. P.) **ni.** *Nicht alle Wahrheiten lassen sich sagen.*

Tutt èl veritèd èn's pólen dir. (em. R.) *S. Tutt il u. s. w.*

Tütte e veitæ no stà ben a dile. (lig.) *S. Toutes vérités u. s. w.*

Tute le verità no stà ben a dirle. (v.) *S. Toutes vérités u. s. w.*

Nem tudo o que he verdade, se diz. *Nicht* **pt.** *Alles, was Wahrheit ist, sagt sich.*

---

583. **Wahrheit bringt Gefahr.**

Mit der Wahrheit kommt man in's Geschrei (kann man leicht in's Geschrei kommen).

Wer die Wahrheit geigt, dem schlägt man die Fiedel (den Fiedelbogen) (die Geige) an den Kopf.

Wer die Wahrheit redet, findet keine Herberge.

Wer will die Wahrheit sagen, Muss schnell von dannen jagen.

Wer d' Wouret geigt, den schlägt mer 'n Fickl- **md.** buga um's Maul. (frk. M.) *Wer die Wahrheit geigt, dem schlägt man den Fidelbogen um's Maul.*

Ma wird se mit der Woahrhet oas Geschree brengen. (schl.) *Man wird sie mit der Wahrheit in's Geschrei bringen.*

od. Wenn man die Wahrheit geigt, so schlägt man einem den Fidelbogen um's Maul. (bair.)

Welcher die Wahrheit aufgeiget, dem schlägt man zum Lohn die Geigen um den Kopf. (schwb. W.-L.)

Die Wahrheit bringt an Galgen. (schwei.)

pd. Wen de Worheit seth, kann niet overall herbergen. (nrh. M.) *Wer die Wahrheit sagt, kann nicht überall herbergen.*

De Wörhit wirt mät Schlieje bezoolt (huod en lichte Lin). (nrh. S.) *Die Wahrheit wird mit Schlägen bezahlt (hat einen geringen Lohn).*

Wecker de Woahrheit sägt, find't keen Herberg. (ns. A.) *S. Wer die Wahrheit redet u. s. w.*

De Wärheit finnt kene Harbarge. (ns. ha. G. u. G.) *Die Wahrheit findet keine Herberge.*

Wër de Wärheit seggt, krigt kene Harbarge. (ns. ha. G. u. G.) *Wer die Wahrheit sagt, kriegt keine Herberge.*

Dee de Wahrheit seggt, find't nich Harbarg. (ns. Hmb.) *Wer die Wahrheit sagt, findet nicht Herberge.*

Weär de Woarheet ceet, wert ute Herberje jejaet. (ns. N.) *Wer die Wahrheit redet, wird aus der Herberge gejagt.*

De de Wahrheit seggt, kann nien Harbarg kriegen. (ns. O. R.) *Wer die Wahrheit sagt, kann keine Herberg kriegen.*

---

dl. De waarheid vindt zelden herberging. *Die Wahrheit findet selten Herberge.*

De waarheid vindt geene plaats. *Die Wahrheit findet keinen Platz.*

Weel die waerheyt secht, mach nergens herberge cryghen. (ah.) *Wer die Wahrheit sagt, kann nirgends Herberge bekommen.*

Die al twaer segghen wilt, en can nerghens gheherberghen. (avl.) *Wer nur das Wahre sagen will, kann nirgends herbergen.*

en. He that follows truth too near the heels, shall have dirt thrown into his face. *Wer der Wahrheit zu dicht auf den Fersen folgt, dem wird Schmutz in's Gesicht fliegen.*

fs. Dïar a Wiard säit, faut mian Harbarg. (A.) *S. Wer die Wahrheit redet u. s. w.*

Diär di Waarheid seid', di fendt aaft nün Härbärig. (S.) *Wer die Wahrheit sagt, der findet oft keine Herberge.*

Sandhed faaer ei gjerne Herberg. *Wahrheit* dä.
bekommt nicht leicht Herberge.

Sandhed er tidt ilde hørt, værre lidt og værst lønnet. *Wahrheit wird oft übel vernommen, übler gelitten und am übelsten gelohnt.*

Døren lukkes hardt i Laas for sandfor Mand. *Die Thür wird stark verschlossen vor wahrheitsgetreuem Mann.*

Sandhed er altid husvild. (jüt.) *Wahrheit ist immer obdachlos.*

Hvör sannindin segir, fær hvörgi hús. *Wer* is.
die Wahrheit sagt, kriegt nirgends Behausung.

Sannleikur hevir ofta fingiđ brotna pannu. (fær.) *Die Wahrheit hat oft eine zerbrochene Pfanne gekriegt.*

Dan som vil segja alle Mann sant, fær Skam nw.
til Takk. *Wer Allen die Wahrheit sagen will, kriegt Schimpf zum Dank.*

Sanningen har svårt för att finna herberge. sw.
Der Wahrheit fällt's schwer, Herberge zu finden.

Sanningen får intet gerna herberge. *S. Sandhed faaer u. s. w.*

Plusears perdent en voir dire. (af. Champ.) fz.
Viele verlieren, indem sie die Wahrheit sagen.

Chi dice la verità è impiccato. *Wer die Wahr-* it.
heit sagt, wird gehängt.

Il vero ha il morbo in casa. (t.) *Der Wahre* mi.
hat die Pest im Hause.

La vrità soveus a l' è castigà. (piem.) *Die* ni.
Wahrheit wird oft bestraft.

---

584. **Wahrheit giebt kurzen Bescheid, Lüge macht viel Redens.**

Sandhed siger Texten uden Forklaring. *Wahr-* dä.
heit sagt den Text ohne Erläuterung.

Sannleikrinn er sagnafár, lýgin lángorð. *Die* is.
Wahrheit ist redekarg, die Lüge weitschweifig.

Sanningi er stutt, og Lygni er lang. *Die* nw.
Wahrheit ist kurz und die Lüge ist lang.

Chi dice il vero, non s' affatica. (mi. t.) *Wer* it.
die Wahrheit sagt, müht sich nicht ab.

A verdade não quer enfeites. *Die Wahrheit* pt.
liebt nicht Zierrathen.

---

585. **Wahrheit wird wohl erdrückt, Aber nicht erstickt.**

Wahrheit leid't wohl Noth, Doch nicht den Tod.

Wer die Wahrheit wollte begraben, Müsste dazu viel Schaufeln haben.

Zum Begräbniss der Wahrheit gehören viel Schaufeln.

md. D' Wôerécht gét nét enner. (mrh. L.) *Die Wahrheit geht nicht unter.*

od. Es braucht viel Schaufeln die Wahrheit zu vergraben. (schwei.)

pd. De Warheit blift öben. (us. ha. G. u. G.) *Die Wahrheit bleibt oben.*

---

nl. De waarheid is as de olië: zij komt altijd boven. *Die Wahrheit ist wie das Öl: sie schwimmt immer oben.*

en. Truth and oil are ever above. *Wahrheit und Öl sind immer oben auf.*

Truth and oil come aye uppermost. (scho.) *Wahrheit und Öl kommen stets oben auf.*

---

dä. Sandhed bestaaer, Løgn forgaaer. *Wahrheit besteht, Lüge vergeht.*

Sandhed vinder, Løgn forsvinder. *Wahrheit gewinnt, Lüge verschwindet.*

is. Sannleikrinn sökkur niðr stundum en kafnar þó aldrei. *Die Wahrheit sinkt mitunter nieder und verliert doch nie den Athem.*

nw. Lygni skal stupa, Sanningi skal standa. *Die Lüge wird fallen, die Wahrheit wird stehen.*

sw. Sanning består, när lögn förgår. *Wahrheit besteht, während Lüge vergeht.*

Sanningen tränger igenom såsom en åskvigge. *Die Wahrheit dringt durch wie ein Donnerkeil.*

---

lt. Veritas saepe laborat, nunquam opprimitur.

Veritas semper praevalet, eique cedunt omnia.

fz. La vérité comme l'huile vient au dessus. *Die Wahrheit kommt wie das Öl obenauf.*

L'huyle, comme aussi vérité Retournent tousjours en sommité. *Das Ol und die Wahrheit kommen immer an die Oberfläche zurück.*

sf. La veritat a commo l' oli, va toujour dessus. (nprv.) *S. De waarheid u. s. w.*

it. La verità si può ben piegare, ma romper non mai. *Die Wahrheit kann wohl gebeugt, aber niemals gebrochen werden.*

Il vero alla fine sempre vince, e si rimane in sella. *Das Wahre siegt am Ende immer, und bleibt im Sattel.*

La verità è come l'ulio, che stà sempre a galla. *Die Wahrheit ist wie das Öl, das stets oben schwimmt.*

mi. La varità la vô stê d sôra. (rom.) *Die Wahrheit will obenauf sein.*

La verità può languire, ma non perire. (t.) *Die Wahrheit kann leiden, aber nicht untergehen.*

L'olio e la verità tornano alla sommità. (t.) *Das Öl und die Wahrheit kehren an die Oberfläche zurück.*

La verità stà sempre a galla. (t.) *Die Wahrheit ist stets obenauf.*

ni. La veritèè stà sèimper sôver. (em. R.) *S. La verità stà sempre u. s. w.*

A veitæ a ven sempre a galla. (lig.) *Die Wahrheit kommt immer obenauf.*

La vrità a ven dsora com l' euli. (piem.) *Die Wahrheit kommt nach oben wie das Öl.*

La verità stà de sora come l' ogio. (v.) *Die Wahrheit bleibt oben wie das Öl.*

La verità sempri va 'nsummu. (s.) *S. A veitæ u. s. w.*

lm. La veritat sempre sura. (neat.) *S. La verità stà sempre u. s. w.*

pt. A verdade e o azeite andão de cima (á tona d' agoa). *Die Wahrheit und das Öl gehen oben (auf der Oberfläche des Wassers).*

Sempre a verdade sahio vencedora. *Immer ging die Wahrheit als Siegerin hervor.*

Ainda que enterrem a verdade, a virtude não se sepulta. *Wenn sie auch die Wahrheit in die Erde vergraben, wird die Tugend nicht begraben.*

sp. Aunque malicia obscurezca (la mentira escuresca) la verdad, no la puede apagar. *Wenn auch Bosheit (die Lüge) die Wahrheit verdunkelt, so kann sie sie nicht auslöschen.*

La verdad como el olio siempre anda (nada) en somo. *Die Wahrheit geht (schwimmt) wie das Öl immer oben.*

La verdad adelgaza, pero no quiebra. *Die Wahrheit nimmt ab, aber zerbricht nicht.*

---

586. **Mühl warm, Backofe warm, Macht den reche Bauer arm.** (md. frk. H.) *Mühle warm, Backofen warm, macht den reichen Bauer arm.*

od. Mühliwarm und ofewarm (bäckewarm) Macht die riiche Buure arm. (schwei.) *Mühle warm und Ofen warm, macht die reichen Bauern arm.*

Grüen *(Grün)* Holz, warm Brod, und trüebe Wii *(trüber Wein)*, do het e Huus kei

Schick derbi *(dabei hat ein Haus kein Glück).* (schwei.)

---

dt. Groen hout, heet brood en nieuwe wijn, Dat kan vor't huis niet dienstig zijn. *Grün Holz, heiss Brot und neuer Wein, das kann für's Haus nicht dienstlich sein.*

---

dä. Varmt Øl af Karret, frisk Brod af Ovnen og grønt Træ af Skoven gjør et Skarns Huusholdning. *Warmes Bier vom Fasse, frisches Brot aus dem Ofen und grünes Holz aus dem Walde, machen des Taugenichts Haushalt.*

nw. Nybakat Braud og nykirnat Smior: dat et seg upp sjølv. *Frisches (neubacken) Brot und frische Butter: das isst sich selbst auf.*

---

fz. Vin trouble, pain chaud et bois vert Enchéminent l'homme au désert. *Trüber Wein, heisses Brot und grünes Holz bringen den Menschen in's Elend.*

nf. Bois vert, pain chaud et cidre nouveau Mettent la maison à vau l'eau. (nrm.) *Grünes Holz, heisses Brot und neuer Cider machen das Haus zunichte.*

Bos vert, pain ter, soupe à l'ognon Ch' est tout ruine moëson. (pic.) *Grünes Holz, weiches Brot, Zwiebelsuppe, das Alles ist Hauses Untergang.*

Eine jone femme, Du bos vert, Du pain ter, Del flamike À l'ognou, C' est l' ruination D' eine moeson. (pic.) *Eine junge Frau, grünes Holz, weiches Brot, Zwiebelkuchen, das ist der Verderb eines Hauses.*

sf. Vin troublat, pan caut ò bois bert, Bouten leon l'hostau en desert. (Gsc.) *Trüber Wein, heisses Brot und grünes Holz bringen das Haus rasch in's Elend.*

Bos vér é pau cñon, Fan la ruino d' un oustâou. (Lgd.) *Grünes Holz und heisses Brot machen das Verderben eines Hauses.*

Pan frës, prou filios, é bos ver Boûtou l' oustâou ën désér. (Lgd.) *Frisches Brot, viel Töchter und grünes Holz bringen das Haus in's Elend.*

Farino frësco é pan tëndrë, ajbûdon un oustâou à dëssëndrë. (Lgd.) *Frisches Mehl und weiches Brot helfen einem Hause abwärts gehen.*

Pan fresc, prou fillos et bouese vert, Meton l' houstau leon en desert. (nprv.) *Frisches Brot, viel Töchter und grünes Holz bringen das Haus leicht in's Elend.*

Farino fresquo et pan tendré, ajudon uno meizon à descendré. (nprv.) *S. Farino u. s. w.*

Farena fretze et pan tso, fan la ruina de l'otto. (Pat. s.) *Frisches Mehl und heisses Brot machen das Verderben des Hauses.*

it. Vino spesso, pan caldo e legna verde, E non si lagni l' uomo se si perde. (mi. t.) *Dicker Wein, heisses Brot und grünes Holz, da beschwere der Mensch sich nicht, wenn er verdirbt.*

mi. Legna verda, pa cald, ciapà la bala, Nol se lamente l' òm se pò 'l se mala. (l. b.) *Grünes Holz, warmes Brot und ein tüchtiger Rausch, wenn man dann krank wird, beklage man sich nicht.*

---

587. **Gewarnter Mann ist halb gerettet.**

---

en. Afore warn'd, afore arm'd. *Zuvor gewarnt, zuvor bewaffnet.*

Fore-warned, fore-armed. *S. Afore u. s. w.*

---

cw. In um visaus ei miez salvaus. (obl.) *Ein gewarnter Mann ist halb gerettet.*

fz. Un homme averti en vaut deux. *Ein gewarnter Mann ist zweie werth.*

Un adverty en vaut deux. *Ein Gewarnter ist zweie werth.*

Qui est garnis il n'est surpris. *Wer versehen ist, wird nicht überrascht.*

nf. In homme prévenu in vaut deux. (w.) *S. Un homme u. s. w.*

sf. U abertit qu'en bau dus. (Brn.) *S. Un adverty u. s. w.*

Un avürti në vâou dous. (Lgd.) *S. Un adverty u. s. w.*

Un avizat n'en vaut dous. (nprv.) *S. Un adverty u. s. w.*

it. Huomo avvisato, mezzo armato. *Gewarnter Mann, halb bewaffnet.*

mi. Ommu avisatu è mezzu salvu. (crs.)

Ommu avertitu ne vale dui. (crs.) *Gewarnter Mann ist zweie werth.*

Om avisè l'è mèzz salvè. (rom.)

Om avisè, mèzz salvè (rom.) *Gewarnter Mann, halb gerettet.*

Uomo avvertito, mezzo munito. (t.) *Gewarnter Mann, halb versehen.*

ni. Omm avisà l'è mezz salvà. (em. P.)

Òmm avvisèè mèžž salvèè. (em. R.) *S. Om avisè, mèzz u. s. w.*

Òmm avvisèè mèžž provvist. (em. R.) *S. Uomo avvertito u. s. w.*

Om visàt l'è mèz (mès) salvat. (l. b.)

Om aizàt, om salvat. (l. brs.) *Gewarnter Mann, geretteter Mann.*

Ommo avvisòu, mezo sarvòu. (lig.) *S. Om avisè, mèrz u. s. w.*

Un òm averti a n' a val scnt. (piem.) *Ein gewarnter Mann gilt hundert.*

Omo avisà xe mezzo armà. (v.) *Gewarnter Mann ist halb gewaffnet.*

si. Uomo avvisato è mezzo salvato. (npl.)

Omu avvisatu è menzu sarvatu. (s.)

lm. Home previngud, val per dos. (neat.) *Gewarnter Mann gilt für zwei.*

Un avisad (previngud) val per dos. (neat.) *S. Un adeerty u. s. w.*

Home prevengut val per dos. (val.) *S. Home previngud u. s. w.*

pt. Homem apercebido meio combatido. *Vorbereiteter Mann, halb gekämpft.*

sp. Hombre prevenido vale por dos. *S. Home previngud u. s. w.*

Castillo apercebido, no es decebido. *Gerüstetes Schloss wird nicht betrogen.*

Ome apercibido medio combatido. *S. Homem u. s. w.*

---

588. Mancher wartet des Ei's und lässt dabei die Henne laufen.

Viel kriegen um das Ei und lassen die Henne fliegen.

Er hebt den Löffel auf und zerbricht die Schüssel.

md. Mancher will den Halm fischen und lässt dabei die Bausch schwimmen. (mrh. E.)

D' E gehollt an d' Hong lâfe' gelosst. (mrh. L.) *Das Ei gehalten und das Huhn laufen gelassen.*

od. Er gèiht'n Stràuhholm nàuch, und die Schutverlèiart'r. (opf. N.) *Er geht dem Strohhalm nach und die Schütte verliert er.*

Er hebt einen Vogel und lässt zehen fliegen. (schwei.)

Er hebt am Sattel und lässt die Gurre *(Pferd)* laufen. (schwei.)

Den Kreuzer heben und den Gulden fahren lassen. (schwei.)

Den Bluzger zählen und den Batzen verwerfen. (schwei.)

Er hebet 's Mögli (d' Mugga) ond lod 's Mehrli (die Kameel) lauffa. (schwei. A.) *Er hält das Möcklein (die Mücke) und lässt das Starlein (Kameel) laufen.*

pd. Dat Ei wahren un dat Hohn flegn latn. (us. B.) *Das Ei wahren und das Huhn fliegen lassen.*

He wahrt dat Ei un lett dat Hohn flegen. (us. hn. V.) *Er wahrt das Ei und lässt das Huhn fliegen.*

Hei waart et Ei un lät et Kniken fleigen. (wstf. S.) *S. He u. s. w.*

Men ziet op het ei, en laat het hoen loopen. dl. *Man sieht auf das Ei und lässt das Huhn laufen.*

Het hennenei (musschenei) grijpen en het ganzenei verwaarlozen. *Das Hühnerei (Sperlingsei) greifen und das Gänseei verwahrlosen.*

Men siet oppet ey eñ laet het hoen lopen. (ah.) *S. Men ziet u. s. w.*

Men ziet naer een hennenei en laet het ganzenei varen. (vl.) *Man sieht nach einem Hühnerei und lässt das Gänseei fahren.*

To save at the spigot and let (it run) out at en. the bung (faucet). *Am Zapfen sparen und am Spundloch (Zwicker) heraus (laufen) lassen.*

Hi hèlt bi a Plank an lèt a Marrag fàr. (A.) fs. *Er hält beim Speiler und lässt die Wurst fahren.*

Hi hual bi di Plek en let di Mårig faal. (S.) *S. Hi hèlt u. s. w.*

At spare paa Skillingen og lade Daleren gaae. dä. *Am Schilling sparen und den Thaler gehen lassen.*

Spara Skillingen og spilla Dalaren er ein klen nw. Rekneskap. *Den Schilling sparen und den Thaler vergeuden ist eine schlechte Rechnung.*

Att spara vid svicken och låta löpa vid tappen sw. är dålig hushållning. *Am Zäpfchen sparen und am Zapfen laufen lassen, ist schlechte Haushaltung.*

Han sparar på styfvern och slösar med dalern. *Er spart Stüberweis und ist verschwenderisch mit dem Thaler.*

Ad mensuram aquam bibere, sine mensura lt. offam comedere.

Tener il muschin e schar ir' il cavagl. (obl.) cw. *Die Fliege halten und das Pferd gehen lassen.*

Guardarla nel lucignolo e non nell' olio. *Auf* it. *den Docht sehen und nicht auf's Öl.*

Guai a chi guarda nel lucignolo e non nell' mi. olio. (t.) *Wehe dem, der auf den Docht sieht und nicht auf's Öl.*

L' è prope fi gran minciù Chi tègn a ma de ai. la spina e lassa 'ndà del burù. (l. b.) *Das ist fürwahr ein grosser Laffe, der den Hahn in der Hand hält und aus dem Spundloch fliessen lässt.*

Tigna a ma de la spina, lasá 'n da del burú. (l. brs.) *Er hält den Hahn in der Hand und lässt aus dem Spundloch laufen.*

Guardè le busche e lassè andè ii trav. (piem.) *Die Splitter bewahren und die Balken gehen lassen.*

Andè apres a le busche e nen guardè ii trav. (piem.) *Nach den Splittern gehen und nicht die Balken aufheben.*

Tui cont d' j' agucià e nen fè cas d' le marele. (piem.) *Die Faden zählen und der Knäuel nicht achten.*

---

589. **Was soll der Blinde mit dem Spiegel?**

Ein lieht in fremedes mannes hant daz fröit den blinden selten. (ad.)

---

dt. Wat doet de blinde met den spiegel! *Was thut der Blinde mit dem Spiegel!*

en. A blind man has nae need o' a looking-glass. (scho.) *Ein Blinder braucht keinen Spiegel.*

---

dä. Hvad skal den Blinde med Speilet?

Hvad skal en Blind med Speil, en Død med Præken, en Ukerd med Bøger, en Daare med Regjering, og en Nidding med Rigdom? *Was soll ein Blinder mit Spiegel, ein Todter mit der Predigt, ein Ungelehrter mit Büchern, ein Narr mit Regierung und ein Bube (Neidhart) mit Reichthum?*

is. Hvað gjörir blindr við gler? *Was macht der Blinde mit dem Augenglas?*

Hvað skal blindum bók? *Was soll dem Blinden ein Buch?*

Hvað skal daufum hörpuslättur? *Was soll dem Tauben Harfenspiel?*

sw. Hwad skal dhen blinde medh spegel?

Hvadh giör dhen blinde medh spegelen? *S. Wat doet u. s. w.*

---

it. Quid caeco cum speculo?

fz. A l'aveugle ne duit peinture, Couleur, miroir ne figure. *Dem Blinden hilft weder Bild, Farbe, Spiegel noch Gestalt.*

---

590. **Was soll der Honig in Esels Maule?**

Was nützt (hilft) der Kuh Muskate? (sie frisst wohl Haferstroh).

Der Sau gehören nicht Muskaten.

Was soll der Kue eine Muscatnuss? (ad.)

Bosz nützt der Kuu Muschko-ntebläit, be-i där md.
tut'sa Höberstrü-e. (frk. H.) *Was nützt der Kuh Muscatenblüthe, bei der thut's Haferstroh.*

Was weiss die Kuhe von der Muskatnuss? (bair.) od.

Was versteht è Kueh vun ere Muschketnuss *(eine Kuh von einer Muscatnuss)*! (els. Str.)

Was soll der Kuh eine Muscatnuss? Es thut ihr gnug ein Läcklein Heu. (schwei.)

Was soll ein Esel mit der Muscatnuss und die Kuh mit dem Riberli? (schwei.)

Wos woas dar Oux va da Muschganus, wonn a nid ins Gwöölb kimp! (st.) *Was weiss der Ochse von der Muscatnuss, wenn er nicht in's Gewölbe (Gewürzladen) kommt!*

Wat schall't Honnig in'r Theerbütt? (ns. P.-H.) pd.
Was soll der Honig im Theerfasse?

Was soll der Kuh eine Muskatnuss? (ns. Pr.)

Wat zal een ezel honig eten? *Was soll ein* dt.
Esel Honig essen?

Wat weet eene koe (zeug) van saffraan eten? *Was weiss eine Kuh (Sau) vom Saffranessen?*

De honig is voor de zeugen niet. *Der Honig ist für die Säue nicht.*

What should a cow do with a nutmeg? *Was* en.
sollte eine Kuh mit einer Muscatnuss thun?

It is not for asses to lick honey. *Es ist nicht für Esel, Honig zu lecken.*

Annað skal enn hveiti i hunds búk. *Anderes* is.
als Weizen muss in Hundes Bauch.

Hvát skál hveiti i hunds búk? (fær.) *Was soll Weizen in Hundes Bauch?*

Det år onödigt fylla märren med muscot (pep- sw.
par). *Es ist unnütz, die Mähre mit Muscate (Pfeffer) zu stopfen.*

Det förstår du dig på, som märren på muscot. *Darauf verstehst du dich, wie die Mähre auf Muscate.*

Le miel n'est pas fait pour les ânes (pour la fz.
gueule de l'âne). *Der Honig ist nicht für die Esel (für das Maul des Esels) gemacht.*

Tu t' y connais comme une truye en fine espice et pourceau en poivre. *Du verstehst dich darauf, wie eine Sau auf feines Gewürz und ein Schwein auf Pfeffer.*

Le perle non son fatte per i minghiali. *Die* it.
Perlen sind nicht für die Eber gemacht.

Al nös muschöti al n' è fatti pr i pörch zin- mt.
giöl. (rom.) *Die Muscatnuss ist nicht für die Wildschweine gemacht.*

L'orzo non è fatto per gli asini. (t.) *Die Gerste ist nicht für die Esel gemacht.*
Il brodo non si fa per gli asinelli. (t.) *Die Brühe wird nicht für die Eselchen gemacht.*
La treggèa non è da porci. (t.) *Das Zuckerzeug ist nicht für Schweine.*
Le margherite non si danno ai porci. (t.) *Man gibt die Tausendschönchen nicht den Schweinen.*

ni. 'l Nus muscat n' in fatt pr i pure zinghial. (em. B.) *S. Al nös u. s. w.*
El tarfoeuj n'è miga fatt per j' åsen. (em. P.) *Der Klee ist nicht für die Esel gemacht.*
L'òrž n' è fatt pér j' èsen. (em. R.) *S. L'orzo non u. s. w.*
Al žùccher n' è fatt pér j' èsen. (em. R.) *Der Zucker ist nicht für die Esel gemacht.*
La biava (El brod) a l' è nen faita (fait) per j' aso. (piem.) *Der Hafer (Die Brühe) ist nicht für die Esel gemacht.*
Le gazie no se da ai porchi. (v.) *Die Akazienschoten gibt man nicht den Schweinen.*

lm. No es la mel per la boca del ase. (neat.) *Nicht ist der Honig für den Mund des Esels.*
Que sab l' ase que 's safrá, si may ha estat adroguer. (ncat.) *Was weiss der Esel, was Safran ist, wenn er nie Droguist gewesen ist.*

pt. Não he o mel para a boca do asno. *S. No es u. s. w.*
Sopa de mel não se fez para a boca do asno. *Honigsuppe wird nicht für den Mund des Esels gemacht.*
Não he o bom bocado para a boca do asno. *Der gute Bissen ist nicht für den Mund des Esels.*
Não sabe o asno que cousa são alfeloas. *Nicht weiss der Esel, was Syrupconfekt ist.*

sp. No se hizo la miel por la boca del asno. *Nicht ist der Honig für den Mund des Esels gemacht worden.*
Tal sabe el asno, que cosa es melcocha. *Ebenso gut weiss der Esel, was Gewürzkuchen ist.*

---

591. Was thut der Esel mit der Sackpfeife?
Was soll dem Esel der Psalter (die Leier)?
Was soll der Dohle die Harfe?
Die Eule weiss nichts vom Sonntag.

md. Bosz verstät die Ku vom Sonntig? (frk. H.) *Was versteht die Kuh vom Sonntag?*
Hei weit sou vil dåvan, åsse de Krägge vamme Sunndage. (hss. N.) *Er weiss so viel davon, wie die Krähe vom Sonntag.*
Hei weit sou vil dåvan, åsse de Osse vamme Vuggelsneste. (hss. N.) *Er weiss so viel davon, wie der Ochse vom Vogelneste.*
Esö fill fun èppes ferstoen ewě d' Kallef fun der Hömes. (mrh. L.) *So viel von Etwas verstehen, wie das Kalb von der Hochmesse.*
Er stellt sich wie der Esel zum Lautenschlagen. (sä. V.)
Err verstcht's wie d'r Essel 's Zitherschläuje. (els. Str.) *Er versteht's, wie der Esel das Zitherschlagen.*

od. Wos wåß d'r Ochs, wenn's Sunntá is, wemmərn ŏ'spannt, zeicht er. (opf. N.) *Was weiss der Ochs, wenn's Sonntag ist, wenn man ihn anspannt, zieht er.*
Was weiss eine Kuh, wenn's Sonntag ist? (schwb. W.)

pd. He wett so vöhl dovan, as de Kuh van de Sonndag. (nrh. M.) *Er weiss so viel davon, wie die Kuh vom Sonntag.*
Hé wet so vööl daovon, ass de Krei von'n Sündag. (ns. A.) *S. Hei weit sou vil davan, åsse de Krägge u. s. w.*
He weet dar so vel vun, as de Kreih vunn Sünndag. (ns. B.) *S. Hei weit sou vil dåvan, åsse de Krägge u. s. w.*
De Os kikt in de Bibel! (ns. hlst.) *Der Ochse guckt in die Bibel!*
He weet der nett so völ van, as de Krei van de Sönndag. (ns. ofs.) *Er weiss nicht so viel davon, wie die Krähe vom Sonntag.*
He weet der nett so völ van, as wenn de Oss in de Bibel kickt. (ns. ofs.) *Er weiss nicht so viel davon, wie wenn der Ochs in die Bibel guckt.*
He weet der nett so völ van, as de Mutt van't Jödenhus (Wafelbacken). (ns. ofs.) *Er weiss nicht so viel davon, wie die Muttersau vom Judenhaus (Waffelbacken).*
He wêt sô väl dervan, as de Kreie van Sondag. (ns. O. J.) *S. Hei weit sou vil dåvan, åsse de Krägge u. s. w.*
Dar weet he so väl af as de Krai van'n Sonndag. (ns. O. R.) *Da weiss er so viel davon, wie die Krähe vom Sonntag.*
Er weiss davon so viel, wie die Kuh vom Sonntage. (ns. Pr.)
Er versteht davon so viel, wie die Kuh vom rothen (grünen) Thor. (ns. Pr.)
Wat weet de Su vom Sinndag? (ns. Pr.) *Was weiss die Sau vom Sonntag?*

Hei weit san vill davon, osse de Katte van Sunndaage. (ns. W.) *Er weiss so viel davon, wie die Katze vom Sonntage.*

---

dl. Wat doet de ezel met de zakpijp?

Wat maakt de zog aan het spinrokken? *Was macht die Sau am Spinnrocken?*

Wat weet de os van de noordstar! *Was weiss der Ochse vom Nordstern!*

Hij weet er net zoo veel van, als eene kraai van den zaturdag. *Er weiss nicht so viel davon, wie eine Krähe vom Sonnabend.*

Hy wetter effen soe veele van, als tcalf van der hoomisse. (ah.) *Er weiss gerade so viel davon, wie das Kalb von der Hochmesse.*

fs. Wat witj a Kåt van Piadarsdai? (F.) *Was weiss eine Katze vom Peterstage.*

---

dä. Han forstaer seg ligeså godt å 'et, som e Ku å e Söndag. (jüt. S.) *Er versteht sich eben so gut darauf, wie die Kuh auf den Sonntag.*

is. Hvað skal hrosshófr á hörpustrengjum? *Was soll Pferdehuf auf Harfensaiten?*

Hvað vill gásin gjöra með fílinn? *Was will die Gans mit dem Elfenbein machen?*

Hvað skal gömlum skolla skeifur stórar? *Was sollen altem Fuchse grosse Hufeisen?*

Hvað skulu hundum helgidómar? *Was sollen Hunden Heiligthümer?*

Hann veit ekki meira af því enn kálfr af krossmarki. *Er weiss nicht mehr davon, als ein Kalb vom Kreuzeszeichen.*

---

fz. Qu'a de commun l'âne avec la lyre? *Was hat der Esel mit der Leier gemein?*

Ung asne n'entend rien en musique. *Ein Esel versteht nichts von Musik.*

it. Essere come l'asino al suon della lira. *Wie der Esel beim Lautenklange sein.*

ui. Esse com l'aso al son dla lira. (piem.) *S. Essere u. s. w.*

---

592. **Was versteht ein Bauer von Saffran?**

Was weiss der Bauer vom Gurkensalat? — er isst ihn mit der Mistgabel.

md. Bosz verstät der Bauer vom Krautsolöt? hä esz en mit'n Leffel. (frk. H.) *Was versteht der Bauer vom Krautsalat? er isst ihn mit dem Löffel.*

Bås verstät d'r Buir von Gurkensålåt? (thr. R.) *Was versteht der Bauer vom Gurkensalat?*

Wat keunt der Buur van Zafferon? (nrh. A.) pd. *Was kennt der Bauer von Saffran?*

Wat kennt der Buer von Zaffroon? (nrh. Gl.) *S. Wat kennt der Buur u. s. w.*

Watt wêt de Bûr von Gurkensalaod? (ns. A.) *Was weiss der Bauer von Gurkensalat?*

Wat weit de Bûere von Gurkenzalåd, dên et he med der Mesgrêpen. (ns. ha. G. u. G.) *S. Was weiss u. s. w.*

Wat kent de Bûere Gurkenzalåd, dên et he med der Mesgrêpen. (ns. ha. G. u. G.) *Was kennt der Bauer Gurkensalat, den isst er mit der Mistgabel.*

Wat weet de Buur van Augurkensalat, he itt sinen mit de Mistfork. (ns. hlst.) *Was weiss der Bauer von Gurkensalat, er isst seinen mit der Mistgabel.*

Wat wet de Buer von Gurkenzalåt, he frett en mit de Messfork. (ns. M.-Str.) *Was weiss der Bauer von Gurkensalat, er frisst ihn mit der Mistgabel.*

Wat weet de Bur van Saffrau? (ns. ofs.) *Was weiss der Bauer von Saffran?*

Wat weet de Bur van Gurkensalat? (ns. ofs.) *S. Watt wêt u. s. w.*

Wat weet de Buur van Gurkensalat? den frett he mit de Messfork. (ns. O. J.) *S. Wat wet u. s. w.*

Wat versteit de Buur von Saffran? hei denkt, hei kröggt fer e Grosche e ganze Sack voll. (ns. Pr.) *Was versteht der Bauer von Saffran? er denkt, er kriegt für einen Groschen einen ganzen Sack voll.*

Wat weet de Buur vom Gurkeselat? hei ett em möt de Mestfork. (ns. Pr.) *S. Was weiss u. s. w.*

Wat weet de Buur vom Gurkeselat? hei ett em möt dem Läpel. (ns. Pr.) *Was weiss der Bauer vom Gurkensalat? er isst ihn mit dem Löffel.*

Wat weet een boer van sporen? *Was weiss* dl. *ein Bauer von Sporen?*

Wat witj an Büür fån Safrån? (A.) *Was* fs. *weiss ein Bauer von Safran?*

Wat witj a Büür vån Sawarån? (F.) *S. Wat witj u. s. w.*

Hvad forstaaer en Bonde sig paa Agurke- dä. salat? *Was versteht sich ein Bauer auf Gurkensalat?*

Hvad förstår en bonde sig pa gurksallat? *S.* sw. *Hvad u. s. w.*

---

fz. Vilain ne set qu' esperons valent. (afz.) *Der Bauer weiss nicht, was Sporen werth sind.*

wl. Scie ţĕrrannlū, ce o sofrandū? *Weiss der Bauer, was Safran ist?*

---

593. **B'schissee Wasser löscht au de Durst.** (ol. schwei.) *Beschmutztes* **Wasser** *löscht auch den Durst.*

---

en. Foul water will quench fire. *Schmutziges Wasser löscht Feuer.*

Foul water as soon as fair will quench hot fire. *Schmutziges Wasser, so gut wie reines, löscht brennendes Feuer.*

Foul water will slocken fire. (scho.) *S. Foul water will u. s. w.*

---

nw. Ureint Vatn slokkjer og ein Brand. *Unreines Wasser löscht auch einen Brand.*

sw. Orent watten slåcker ocksă eld. *Unreines Wasser löscht auch Feuer.* [u. s. w.

Oreent Watn slåcker och en brand. *S. Ureint*

Allt Watn slåcker Eelden. *Alles Wasser löscht das Feuer.*

---

fz. Touto aygo amousso fuer. (sf. nprv.) *Alles Wasser löscht Feuer.*

it. Ogni acqua spegne il fuoco. (mi. t.) *S. Allt u. s. w.*

mi. Ogni acqua spegne fuoco. (t.) *S. Touto u. s. w.*

ni. Ogni aqua a destissa el fēū. (piem.) *S. Allt u. s. w.*

Anca l' aqua cativa cava la sè. (v.) *Auch das schlechte Wasser löscht den Durst.*

si. Ogni acqua leva siti. (s.) *Jedes Wasser löscht Durst.*

---

594. **Bis dahin läuft noch viel Wasser den Rhein hinunter.**

Bis dahin wird noch viel Wasser ablaufen.

Bis dahin wird noch manche Maus in ein ander Loch schlupfen!

Für Megenze gāt die wile dés klāren Rīnes harte vil. (ad.)

md. Do werd noch vil Waszer die Wärr' nōfliesze. (frk. H.) *Da wird noch viel Wasser die Werra hinabfliessen.*

Bis dāhi' läfft nu' viel Wāßer 'n Mō' 'nunter. (frk. M.) *Bis dahin läuft noch viel Wasser den Main hinunter.*

't Kann nach fill Wāszer de Bīeréch erof läfen (ēer dāt geschitt). (mrh. L.) *Es kann noch viel Wasser den Berg herab laufen (ehe das geschieht).*

Is *(Es)* wird noch viel Wosser *(Wasser)* vorbeyflüssen *(vorbeifliessen).* (schls.)

's Wert wul noch vil Wassr wekflissen. (schls. B.) *Es wird wohl noch viel Wasser wegfliessen.*

od. Es wird unterdessen noch viel Wasser in der Isar hinablaufen. (bair.)

Es wird (bis dann) noch manche Maus in ein ander Loch kriechen. (schwei.)

pd. En der Zick drihv noch mänchen Droppe Wasser lans Kölle. (nrh. K.) *In der Zeit fliesst noch mancher Tropfen Wasser an Köln vorüber.*

Bās do wi't nōch vil Wasser ān der Bāch (Keakel) öwe flēssen. (nrh. S.) *Bis dahin wird noch viel Wasser im Bach (Koekel) abwärts fliessen.*

In'n Jaar kann veel Water den Barg herdaalloopen. (ns. hlst.) *In einem Jahr kann viel Wasser den Berg herablaufen.*

Bit dat geschüt, kann noch väl Wāter den Bärg dāāl lopen. (ns. M.-Str.) *Bis das geschieht, kann noch viel Wasser den Berg hinunter laufen.*

---

dt. Er zal nog veel water ten dale (over de bergen) loopen. *Da wird noch viel Wasser zu Thale (über die Berge) laufen.*

---

dä. I eet Aar kan meget Vand løbe ned ad Bjerget. *S. In'n u. s. w.*

Der vil endnu løbe meget Vand til Stranden til den Tid. *Bis zu der Zeit wird noch viel Wasser zum Strand laufen.*

---

fz. Il passera bien de l'eau sous les ponts entre ci et là (d'ici à ce temps là). *Von jetzt an bis dahin (Bis zu der Zeit) wird noch viel Wasser unter den Brücken durchlaufen.*

Il passera bien de l'eau sous le pont. *Es wird viel Wasser unter der Brücke durchlaufen.*

nf. I pass'ret bin d'l'aiwe d'zo l'Pont-d's-Arches. (w.) *Es wird noch viel Wasser unter dem Pont-des-Arches durchlaufen.*

---

595. **Das Wasser hat keine Balken.**

Das Wasser ist nicht gebälkt, sagt der Jūd.

Auff dem eiss ist nicht gut gehn, denn es hat kein balcken. (ad.)

md. D's Waßer höt ké Balke. (frk. H.)
Das Wasser hot kenne Balken. (W. E.)

od. „'s Wäßer håt kén Bålk'n," sécht d'r Jud'. (opf. N.) *Das Wasser hat keine Balken, sagt der Jude.*

pd. Det Wåter het kene Balken. (us. ha. G. u. G.)
Under'n Ise sint kene Balken (segt de Jûde). (us. ha. G. u. G.) *Unterm Eise sind keine Balken (sagt der Jude).*
Moses hett ken Balken unner dat Is leggt. (ns. hlst. A.) *Moses hat keine Balken unter das Eis gelegt.*
Waater driggel keune Balken. (ns. W.) *Wasser trägt keine Balken.*

---

dl. Op het ijs is het niet good gaan, want het heeft geene balken. *Auf dem Eis ist es nicht gut gehen, denn es hat keine Balken.*

---

nw. D' er ingen Aas under Isen. *Es ist kein Balken unter dem Eise.*
Sjoen er eit laust Fotspenne. *Die See ist eine lose Fussstütze.*

---

596. Lass Gottes **Wasser** über Gottes Land laufen.

md. Gottes Wåszer iwer Gottes Lagt läfe' loszen. (mrh. L.) *Gottes Wasser über Gottes Land laufen lassen.*

od. Loss giin, wiis a Hang hoot. (östr.-schls.) *Loss's gehn, wie's den Hang hat.*
Loss d' Kåtze laafa, d'r Kååt'r watt s' kriigha. (östr.-schls.) *Lass die Katze laufen, der Kater wird sie kriegen.*

pd. Godds Water over Godds Land loope lote. (nrh. Kl.) *S. Gottes u. s. w.*
He lött Gotts Water öwer Gotts Land laupen. (nrh. M.) *Er lässt Gottes Wasser über Gottes Land laufen.*
Laat God's Water söwer God's Land lopen. (ns. Hmb.)
Dai lätt ok gärne Guodes Water löwer Guodes Laut gån. (watf. Mrk.) *Der lässt auch gern Gottes Wasser über Gottes Land gehen.*

---

dl. Hij laat Gods water over Gods land gaan. *Er lässt Gottes Wasser über Gottes Land gehen.*
Hij laat Gods water over Gods akker loopen. *Er lässt Gottes Wasser über Gottes Acker laufen.*
Zy laten Gods water over Gods akker loopen. (vl.) *Sie lassen Gottes Wasser über Gottes Acker laufen.*
Zy laten de zotten om de wereld vechten. (vl.) *Sie lassen die Narren um die Welt fechten.*

Lad Guds Vand løbe over Guds Land. **dä.**

---

fz. Il faut laisser couler l'eau sous le pont. *Man muss das Wasser unter der Brücke fliessen lassen.*
Il faut laisser courir le vent par-dessus les tuiles (toits). *Man muss den Wind über die Ziegel (Dächer) wehen lassen.*

nf. Laissez toujours le temps aller. (Champ.) *Lasst die Zeit immer gehen.*

sf. Cal lâissa courê l' âigo jhoul' pou. (Lgd.) *S. Il faut laisser couler u. s. w.*
Leysso courre l' aygo pèr lou valat. (uprv.) *Lass das Wasser durch das Thal laufen.*

it. Lasciar andar l' acqua alla bassa. *Das Wasser abwärts gehen lassen.*

mi. Lascià corre trenta di per mese. (crs.) *Dreissig Tage im Monat laufen lassen.*
Lascia corre u tribiu per l' achia. (crs.) *Lass die Dreschwalze über die Tenne laufen.*
Lassà andê (corär) l' acqua in zo. (rom.) *Das Wasser niederwärts gehen (laufen) lassen.*
Lassêr andêr al cös cum al va. (rom.) *Die Dinge gehen lassen wie sie gehen.*
Lascia correr l' acqua a la china. (t.) *Lass das Wasser abwärts laufen.*

ni. Lasar andar l'acqua al so molén. (em. P.) *Das Wasser auf seine Mühle gehen lassen.*
Lassèr andèr l'acqua pri sõ canè. (em. R.) *Das Wasser in seinen Kanälen gehen lassen.*
Lasa 'nda l' aqua per el sô canal. (l.) *Lass das Wasser in seinem Kanal gehen.*
Lascià andâ l' ægua in zù e o vento in sciù. (lig.) *Das Wasser nach unten und den Wind nach oben gehen lassen.*
Lascià corri o pescio. (lig.) *Den Fisch laufen lassen.*
Lassè andè (core) l'aqua per gl pi bass. (piem.) *Das Wasser gehen (laufen) lassen, wo's am niedrigsten ist.*
Bisogna lassar che l' aqua cora per i so ghebi. (v.) *Man muss das Wasser in seinen Bächelchen (Kanälen) laufen lassen.*

si. Lascia lu munnu comu lu trovi. (s.) *Lass die Welt, wie du sie findest.*
Li cosi comu su lassali stari, Nè ti pigghiari gatti a pettinari. (s.) *Lass die Dinge, wie sie sind, und nimm dir keine Katzen, um sie zu kämmen.*

Laxa falare s'abba inne toccat. (sa. L.) *S. Lascia correr u. s. w.*

---

597. **Trink' Wasser wie ein Ochs und Wein wie ein König.**

---

sw. Dricka Watn som en Oxe och Wijn som en Herre. *Wasser wie ein Ochs und Wein wie ein Herr trinken.*

---

fz. L'eau à traits de boeuf boys, Et le vin comme roy.

sp. El agua como buey, y el vino como Rey. *Das Wasser wie ein Ochse und den Wein wie ein König.*

---

598. **Much water goes by the mill the miller knows not of.** (en.) *Viel Wasser fliesst an der Mühle vorbei, wovon der Müller nichts weiss.*

en. Muckle water rins by that the miller watsna o'. (scho.) *Viel Wasser rinnt vorbei, wovon der Müller nichts weiss.*

Meikle water runs, where the miller sleeps. (scho.) *Viel Wasser läuft, wo der Müller schläft.*

---

dä. Der løber meget Vand i Dammen, medens Mølleren sover. *Es läuft viel Wasser in den Teich, während der Müller schläft.*

Meget løber Vand fra Møllen, mens Mølleren sover. *Viel Wasser läuft aus der Mühle, während der Müller schläft.*

Vandet løber, mens Mølleren sover. *Das Wasser läuft, während der Müller schläft.*

Dagen gaaer, men Doven sover. *Der Tag geht vorüber, während der Faule schläft.*

Møghet løber Watn, men Mølleren soffwer. (adä.) *S. Meikle u. s. w.*

Medens Mølleren sover, løber Vandet i Dammen. (jüt.) *Während der Müller schläft, läuft das Wasser in den Teich.*

is. Mikið vatn rennur, meðan kvernkallin sefur. *Viel Wasser rinnt, während der Müller schläft.*

nw. Dat renn myket Vatn, medan Mylnaren sov. *Es rinnt viel Wasser, während der Müller schläft.*

Byren blæs, um inkje Siglaren ser dat. *Der Fahrwind bläst, wenn es der Schiffer nicht sieht.*

Det rinner mycket vatten, medan mjölnaren sofver. *S. Dat u. s. w.* sw.

Mycket Watn rinner mådan Mölnaren sofwer. *S. Meikle u. s. w.*

Mykith lopir watn, mæn mølnarin soffwer. (asw.) *S. Meikle u. s. w.*

Tanto multore multum fluit unda sopore. (mlt.) lt.

Assai acqua passa per il molino che il mulinajo non vede. *Viel Wasser läuft an der Mühle vorüber, das der Müller nicht sieht.* it.

---

599. **Schlafende Hunde soll man nicht wecken.**

Schlafenden Löwen soll man nicht wecken.

Wecke die Katze nicht, wenn sie schläft.

Den slafenden hunt sal nymant wecken. (ad.)

In ein Wespennest stören. (sä. A.) md.

Einen schlafenden Hund muss man nicht wecken. (bair.) od.

En Hangt, dier de schlêft, sål em nêd afwåken. (nrh. S.) *Einen Hund, der schläft, soll man nicht aufwecken.* pd.

Slapende honden behoort men niet wakker te maken. dt.

Men moet geen' slapende honden (wolven) (kinderen) wakker maken. *Man muss keine schlafenden Hunde (Wölfe) (Kinder) aufwecken.*

Men moet geen slapenden hond wakker maken. (vl.) *Man muss keinen schlafenden Hund aufwecken.*

Wake not a sleeping dog. *Weckt keinen schlafenden Hund.* en.

It is not good to wake a sleeping dog (lion). *Es ist nicht gut, einen schlafenden Hund (Löwen) zu wecken.*

It is ill awaking of a sleeping lion. *Es ist übel, einen schlafenden Löwen zu wecken.*

Let sleeping dogs lie. (scho.) *Lasst schlafende Hunde liegen.*

It is kittle to wauke sleeping dogs. (scho.) *Es ist bedenklich, schlafende Hunde zu wecken.*

Sliepende honnen hært me næt weytsen to meytsen. (afs.) fs.

Sovende Hund skal man ei vække. *Schlafenden Hund soll man nicht wecken.* dä.

Sovende Løve skal man ei vække. *Schlafenden Löwen soll man nicht wecken.*

Man skal ei kaste Steen efter den Hund, som ligger stille. *Man soll keinen Stein nach dem Hunde werfen, der stille liegt.*

Vil Faaret vække Ulven, mister det Skindet. *Will das Schaf den Wolf wecken, büsst es die Haut ein.*

sw. Man skall ej wäcka hunden som säfwer. *Man soll den Hund nicht wecken, der schläft.*

Wäck intet vpp Hunden mädan han sofwer. *Wecke nicht den Hund auf, während er schläft.*

Man bör inte väcka björn som sofver. *Man muss nicht den Bären wecken, der schläft.*

---

lt. Irritare canem noli dormire volentem.

fz. Il ne faut pas réveiller le chien qui dort. *S. Man skall u. s. w.*

N'éveillez pas le chien qui dort. *Weckt nicht den Hund, der schläft.*

Il fait mal éveiller le chien qui dort. *Es ist böse, den Hund, der schläft, zu wecken.*

Réveiller (Esveiller) le chat qui dort. *Die Katze wecken, die schläft.*

N'éveillez pas le chat qui dort. *Weckt nicht die Katze, welche schläft.*

Il ne faut pas émouvoir les frêlons. *Man muss die Wespen nicht aufstören.*

N'eveillez pas le chen qi dort. (afz.) *S. N'éveillez pas le chien u. s. w.*

nf. Ch' n' est qu'ein laissiant roupiller ch' marlou, qu' ein ne rechoit pau de coups de griffes. (pic.) *Nur wenn man die Katze schlafen lässt, empfängt man keine Krallenhiebe.*

I n'fa nin dispierter l' chet qui doime. (w.) *Man muss nicht die Katze stören, die schläft.*

it. Non destare (svegliare) il can che dorme. *Wecke nicht den Hund, der schläft.*

Non stuzzicar l' orso che dorme. *Störe den Bären, der schläft, nicht auf.*

Stuzzicar il vespajo (formicajo). *Das Wespennest (Den Ameisenhaufen) aufstochern.*

mi. Lassê stêr i chen ch dòrum. (rom.) *S. Let u. s. w.*

Distûr i chen ch dörum. (rom.) *Die Hunde wecken, welche schlafen.*

Stuzzighêr i chen ch dörum. (rom.) *Die Hunde aufstören, die schlafen.*

Non istuzzicare il can che dorme. (t.) *Störe nicht den Hund auf, welcher schläft.*

Non istuzzicare il formicaio (vespaio). (t.) *Stochere nicht den Ameisenhaufen (das Wespennest) auf.*

ni. N' dsdar i can, ch' dormen. (em. B.) *Wecke nicht die Hunde, welche schlafen.*

Dsdar un vespar. (em. B.) *Ein Wespennest aufrühren.*

An dsdar i càn ch' dormen. (em. P.) *S. N' dsdar u. s. w.*

Stighêr i can èch dòrmen. (em. R.) *S. Stuzzighêr u. s. w.*

Lassa stà i can che dorma. (l. m.) *S. Let u. s. w.*

Addesciâ can chi dorme. (lig.) *Hund, der schläft, wecken.*

Desviè ii can ch' a dëurmo. (piem.) *S. Distêr u. s. w.*

Bustichè ii can ch'a dëurmo. (piem.) *S. Stuzzighêr u. s. w.*

Bustichè un vespè. (piem.) *S. Dsdar un u. s. w.*

No svegià i cani che dorme. (v.) *S. N' dsdar u. s. w.*

Can che magna e omo che dorme lassèli star. (v.) *Einen Hund, der frisst, und einen Menschen, der schläft, lass sein.*

No svejar i cani che dormi. (v. trst.) *S. N'dsdar u. s. w.*

Non gimentánu a cane cci dorme. (ap. B.) *S.* **si.** *Non istuzzicare il can u. s. w.*

Cani, chi dormi, nun lu stuzzicari. (s.) *Einen Hund, der schläft, störe nicht auf.*

No arrisbigghiari lu cani ca dormi. (s. C.) *S. Non istuzzicare il can u. s. w.*

Non istighes mai sa espe. (sa. L.) *Reize niemals die Wespe.*

---

600. Zittere, Unglück zu erwecken, wenn es schläft.

pd. Wenn en Unglücke slöpt, mot men et släpen läten. (ns. hn. G. u. G.) *Wenn ein Unglück schläft, muss man es schlafen lassen.*

---

en. When ill luck falls asleep, let nobody wake her. *Wenn Unglück einschläft, lasst Niemand es wecken.*

When sorrow is asleep, wake it not. *Wenn Leid schläft, weckt es nicht.*

---

dä. Gammelt Skarn skal man ei rode op i. *Alten Schmutz soll man nicht aufrühren.*

is. Vektu ekki ólukkuna, þá hún sefr. *Wecke nicht das Unglück, wenn es schläft.*

Illt er að vekja upp fornan fjandskap. *Schlimm ist's, frühere Feindschaft zu wecken.*

nw. Sovande Sorg skal ein inkje vekkja (og vakande Sorg skal ein slekkja). *Schlafende Sorge soll man nicht wecken (und wachende Sorge soll man einschläfern).*

---

fz. Il ne faut pas courroucer la fée. *Man muss nicht die Fee erzürnen.*

pt. Quando a ma ventura dorme, ninguem a desperte. *Wenn das Unglück schläft, wecke es Niemand.*

sp. Quando la **mala** ventura **(fortuna)** se **duerme,** nadie **la despierte.** *S. Quando u. s. w.*

---

601. **Er ist weder Fisch noch Vogel.**
Er ist weder Fuchs noch Hase.

pd. Man weet nich, ob man Fisk o'r Flesk an em hett. (ns. B.) *Man weiss nicht, ob man Fisch oder Fleisch an ihm hat.*
Er (Sie) ist nicht Fisch, **nicht Fleisch.** (ns. Pr.)
Dat es **nitt Foss, dat es nitt Hase.** (wstf. Mrk.) ***Das ist nicht Fuchs, das ist*** *nicht Hase.*

---

dt. Hij is noch vleesch noch visch. ***Er ist weder Fleisch, noch Fisch.***
Hij is noch mossel noch **visch.** ***Er ist*** *weder Muschel, noch Fisch.*
Men weet **niet,** wat men aan hem heeft: vleesch of visch. ***Man*** *weiss nicht, was man an ihm* ***hat: Fleisch oder*** *Fisch.*
Men weet niet, of men visch of graat aan **hem** heeft. *Man* ***weiss nicht, ob*** *man Fisch* ***oder*** *Gräte an* ***ihm hat.***
Hij is noch vijg noch rozijn. ***Er ist weder Feige, noch Rosine.***

en. Neither **fish,** nor **flesh,** nor **good red herring.** *Weder* ***Fisch, noch Fleisch, noch guter*** *rother* ***Häring.***
Neither **fish, flesh, nor gude red herring.** (scho.) *S. Neither* ***fish u. s. w.***

---

dä. Det er **hverken Fisk eller Kjød.** *Das ist weder Fisch,* ***noch Fleisch.***

nw. D' er korkje Fugl **elder Fisk.** *Es ist weder Vogel, noch Fisch.*

---

fz. Il n'est **ni chair, ni poisson.** ***S. Hij is*** *noch* ***vleesch u. s. w.***
On ne sait, s'il est chair ou poisson. ***Man*** *weiss* ***nicht, ob er Fleisch*** *oder Fisch* ***ist.***

nf. I **n'est ni châr, chan** ni pchon (pechon). **(w.)** ***S. Hij*** *is noch vleesch u. s. w.*

sf. **N'es ni** cat ni pey. (nprv.) *Es ist weder Katze,* ***noch*** *Fisch.*
N'es **ni figo ni resin. (nprv.)** ***S.*** *Hij is noch vijg u. s. w.*

it. Non essere nè carne, nè pesce. *Weder Fleisch, noch Fisch sein.*
Non sapere se è carne o pesce. ***Nicht wissen, ob*** *er Fleisch oder Fisch ist.*
Non essere nè marzolino, nè raviggiuolo. *Weder Märzkäse, noch frischer Ziegenkäse sein.*
Non essere nè **uti, nè puti.** *Weder* ***das, noch*** *jenes* ***sein.***
Nè essar **nè pess** e **nè chèran. (rom.)** *Weder mi. Fisch,* ***noch Fleisch sein.***
No savei **s'a l'è carne o pescio. (lig.)** ***S. Non*** **ni.** ***sapere u. s. w.***
Nè can, nè lô. (lig.) *Weder Hund, noch Wolf.*
Nen esse nè carn, nè pess. (piem.) *S. Non* ***essere nè carne u. s. w.***
N'esser nè bo nè vaca. (piem.) ***Weder Ochse, noch*** *Kuh sein.*
Esse nè asil, nè posca. **(piem.)** ***Weder Essig, noch*** *Nachwein sein.*
Nen esse nè bon nè gram. **(piem.)** *Weder gut,* ***noch*** *schlecht sein.*
Nen esse nè sô, ne lô (nè ti nè mi). (piem.) ***S.*** *Non essere* ***nè*** *uti u. s. w.*
No 'l xe nè carne, nè pesse. (v.) *S. Hij is* ***noch*** *vleesch u. s. w.*

pt. Não **he peixe, nem carne.** *Er ist weder Fisch, noch* ***Fleisch.***

sp. **Don Lope ni es vinagre ni arrope.** ***Don Lope ist weder Weinessig, noch Weinmost.***

---

602. **Auf dem Weg, den Viele gehen,** wächst kein **Gras.**
Auf vielbetretenem Fussteig wächst kein Gras.
Wo Jedermann geht, wächst kein Gras.

pd. Op 'ne Fautpac kann kain Grasz wassen. (wstf. Mrk.) ***Auf einem Fusspfad kann*** *kein* ***Gras*** *wachsen.*

---

dt. **Op eenen betreden** (Op alle mans) **weg** wast **geen gras.** ***Auf*** *einem betretenen Weg (Auf* ***Jedermanns*** *Weg) wächst kein Gras.*
Op een pad, dat veel begaan wordt, wast geen koren. *Auf* ***einem*** *Pfad, der viel betreten wird, wächst kein Korn.*

fs. An Wäi **diar** altidj gingen waardt, diar wèkst **nian Gèrs. (A.)** *Auf einem Weg, der immer* ***betreten wird,*** *wächst kein Gras.*

---

dä. Der groer ikke Græs paa Alfarevei. *Es wächst* ***nicht*** *Gras auf (der) Landstrasse.*
Der groer ikke Korn paa alfare Veie. *Es wächst nicht Korn auf (der) Landstrasse.*

is. Sjaldan **grær gras á** almennings vegi (götu). *Selten* ***wächst Gras auf der*** *Landstrasse.*

Tað gror ikki gräs undir gangandi fóti. (fær.) *Es wächst nicht Gras unter gehendem Fusse.*

uw. Dat gror inkje Gras i Aalmennings Vegen *S. Der groer u. s. w.*

Dat gror sjeldan i Aalmennings Vegjer. *Es wächst selten auf Landstrassen.*

sw. Gräås wäxer sällan på Almennewägen. *Gras wächst selten auf der Landstrasse.*

———

fz. À chemin battu il ne croît point d' herbe. *Auf betretenem Weg wächst kein Gras.*

———

603. Wer an den Weg bauet, hat viel Meister.

Wer bauet an den Strassen, Der muss sich meistern lassen.

Wer an der Strasse bauen will, Derselb' hat Widersprecher viel.

Ich tzimber sô man seget bî (dem) wege, des mûz ich manegen meister hân. (ad.)

od. Wer am Weg baut, hat viele Meister. (bair.)

Wer will bauen an die Strassen, Der muss die Leute reden lassen. (schwei.)

pd. Wecker (Wer) an'n Weg bût, hät vääl Meisters. (ns. A.)

De ann Weg but, hett vel Mesters. (ns. B.)

De an den Weg bût, het voel Mesters. (ns. O. J.)

———

dt. Die aan den weg timmert, heeft veel meesters (raadslieden). *Wer an den Weg zimmert, hat viele Meister (Rathgeber).*

Die timmert aan de straat, Veroorzaakt veel gepraat. *Wer an die Strasse zimmert, verursacht viel Gerede.*

Weel by den weeh timmert, die het veele meysters (berichts). (ah.) *S. Die aan u. s. w.*

en. He that builds a house by the high-way side, either too high or too low. *Wer ein Haus an der Landstrasse baut, macht es entweder zu hoch oder zu niedrig.*

———

dä. Hvo som bygger ved Alfarevei, faaer mange Mestere. *Wer an der Landstrasse baut, kriegt viele Meister.*

is. Hvör hjá götu húsar, hefir margan gest og meistara. *Wer an der Strasse baut, hat manchen Gast und Meister.*

nw. Dan som byggjer ved Landsvegen, fær mange Meisterar. *S. Hvo som u. s. w.*

Dan som byggjer ved Landsvegen, fær mange Lastarar. *Wer an der Landstrasse baut, kriegt viele Tadler.*

Den som bygger hus vid allmänna landsvägen, sw. får många byggmästare. *Wer an der allgemeinen Landstrasse ein Haus baut, kriegt viel Baumeister.*

———

Edificans habet artifices prope compita plures. lt. (mlt.)

Lou qui bastis au bord d' un camin sera cri- fz. ticat. (sf. Arm.) *Wer am Rande eines Weges baut, wird bekrittelt werden.*

Chi fa la câsa in piazza, O 'la fa alta, o 'la it. fa bassa. *Wer das Haus am Platze baut, macht es entweder hoch oder niedrig.*

Chi fa la casa in piazza, o l' è tropp' alta o mi. troppo bassa. (l.) *Wer das Haus am Platze baut, macht's entweder zu hoch oder zu niedrig.*

A fabricà la casa 'n piaza, chi la öl alta, chi mi. la öl basa. (l. brs.) *Wenn man das Haus am Platze baut, wollen Einige es hoch, Andere niedrig.*

Ca fada 'n piazza, o tröp volta o trop bassa. (l. m.) *Haus am Platze gebaut, (ist) entweder zu hoch oder zu niedrig.*

Chi a fa la ca an piassa o a la fa aota o a la fa bassa. (piem.) *S. Chi fa la casa in piazza, o 'la u. s. w.*

Chi fa la casa in piazza, o la fa massa alta o massa bassa. (v.) *Wer das Haus am Platze baut, macht es entweder sehr hoch oder sehr niedrig.*

Cui fa la casa in chiazza, o la fa auta, o la si. fa bascia. (s.) *S. Chi fa la casa in piazza, o 'la u. s. w.*

Quem faz casa na praça, huns dizem que he pt. alta, outros que he baixa. *Wer ein Haus am Platze baut, (dem) sagen die Einen, dass es hoch, die Andern, dass es niedrig sei.*

Quien en la plaza á labrar se mete, muchos sp. adestradores tiene. *Wer auf dem Platze arbeiten will, hat viele Unterweiser.*

Quien en plaça a obrar se mete, Muchos administradores tiene. (asp.) *S. Quien u. s. w.*

———

604. Alle Wege führen nach Rom.

Es ist mehr als ein Weg nach Rom.

Alle stige gênt zer strâzen. (ad.)

All Wêe' fêeren no Rôm. (mrh. L.) md.

Es führen alle Wege nach Rom. (schwei.) od.

Alle Wäg goont noh Rom. (nrh. D.) *Alle* pd. *Wege gehen nach Rom.*

———

dt. Alle wegen voeren naar Rome.
en. There are more ways to the wood than one. *Es gibt mehr Wege in den Wald, als einen.*
There 's mair ways to the wood than ane. (scho.) *S. There u. s. w.*

---

dä. Der fører flere end een Vei til Skoven. *Es führt mehr als ein Weg in den Wald.*
Det er ikke Adelvei ene, der gaaer til Skoven. *Es ist nicht (blos) eine Landstrasse, welche in den Wald führt.*
is. Margar eru götur til Guðs. *Es gibt viel Wege zu Gott.*
sw. Alla vägar föra till Rom.

---

fz. Tous chemins vont à Rome. *S. Alle Wähg u. s. w.*
Tout chemin mène à Rome. *Jeder Weg führt nach Rom.*
af. Tou cami vài à la vilo. (Lgd.) *Jeder Weg geht in die Stadt.*
Tout camin va à vielo. (nprv.) *S. Tou u. s. w.*
it. Per più vie si va a Roma. *Auf mehreren Wegen geht man nach Rom.*
E' si va per più strade a Roma. *Man kommt auf mehreren Strassen nach Rom.*
Per più strade a Roma. *Auf mehreren Strassen nach Rom.*
mi. Per centu strade si va a Roma. (crs.) *Auf hundert Strassen geht man nach Rom.*
Tutte le strade conducono a Roma. (t.)
ni. Per più strèd as và a Rôma. (em. R.) *Auf mehreren Strassen geht man nach Rom.*
Ogne strada mèt en piazza. (l. b.) *Jede Strasse führt auf den Platz.*
Pe ciù stradde se va a Romma. (lig.) *S. Per più strèd u. s. w.*
Tute le stra a meno a Roma. (piem.)
Tute le stra a van a Roma. (piem.) *S. Alle Wähg u. s. w.*
Ogni strada me buta in piazza. (v.) *Jede Strasse führt mich auf den Platz.*
si. Per medas caminos si andat a Roma. (sa.) *Auf vielen Wegen geht man nach Rom.*
pt. Todos os caminhos vão ter á ponte quando o rio vai de monte a monte. *Alle Wege gehen zur Brücke, wenn der Fluss von Berg zu Berg geht.*
sp. Todo camino vá á Roma. *Jeder Weg geht nach Rom.*

---

605. Wee, die in een quaad land geboren is! (dt.) **Wehe** *(dem), der in einem schlechten Land geboren ist!*

Tristo a quell' uccello che nasce in cattiva **it.** valle! (mi. t.) *Traurig für den Vogel, der in schlechtem Thale zur Welt kommt!*
Gram l' osel che nas in catia al! (l.) *S.* **ni.** *Tristo u. s. w.*
Trist quèl üsèl che nass in brütta val! (l. m.) *S. Tristo u. s. w.*
Trist a col osel ch' a nass ant una cativa val. (piem.) *S. Tristo u. s. w.*
Gramo quel oselo che nasse in tristo guaro! (v. vic.) *Traurig für den Vogel, der in schlechtem Nest zur Welt kam!*

---

606. Es ist der beste Hausrath, der ein fromm **Weib** hat.
Ein fromm Weib Ist ihres Mannes Leib.
Ein frommes Weib kan man mit golde nicht vberwegen. (ad.)

Eene goede vrouw is het beste huisraad. *Eine* **dt.** *gute Frau ist der beste Hausrath.*
Eene goede vrouw kan men met geen goud betalen (opwegen). *Eine gute Frau kann man nicht mit Gold bezahlen (aufwiegen).*
Saith Solomon the wise: A good wife's a godly **en.** prize. *Salomon der Weise sagt: ein gutes Weib ist ein köstlicher Preis.*

En god Hustru er det bedste Boskab i Huset. **dä.** *Eine gute Hausfrau ist der beste Hausrath.*
En god Quinde er kosteligere end Guld (er mere værd, end Perler). *Ein gutes Weib ist kostbarer, als Gold (mehr werth, als Perlen).*
Han fører goth Læss i Gaardhen, en god Husfru faar. (adä.) *Der bringt gute Fuhre in den Hof, der eine gute Hausfrau kriegt.*
Sá ekr gódu hlassi í gard, sem fær góda konu. **is.** *Der führt gute Fuhre in den Hof, der ein gutes Weib bekommt.*
Hvað er dýrmætara hnoss, enn dygðug kona? *Was ist ein kostbarerer Schatz, als ein tugendhaft Weib?*
Han kjøyrer godt Lass i Garden, som ei god **nw.** Kona fær. *S. Sá u. s. w.*
From hustru är ett godt läkeblad. *Fromme* **sw.** *Hausfrau ist ein gutes Heilblatt.*
From Qwinna år Dygdenes Spijscammar. *Frommes Weib ist der Tugend Speisekammer.*

Thæn akir goth las i gardh, som godha kunu ffaar. (asw.) *S. Så u. s. w.*

---

lt. Femina raro bona, sed quae bona digna corona. (mlt.)

Sarcina fausta datur, cui coelebs (celebs) sponsa jugatur (iungatur). (mlt.)

fz. Femme bonne vaut une couronne. *Gute Frau ist eine Krone werth.*

Femme de bien vaut un grand bien. *Rechtschaffene Frau ist ein grosses Gut werth.*

De bonnes armes est armé Qui à bonne femme est marié. *Mit guten Waffen ist ausgerüstet, wer an eine gute Frau verheirathet ist.*

Bonne femme, bon renom, Patrimoine sans parangon. *Gute Frau, guter Ruf, Erbtheil ohne Gleichen.*

sf. Hemne modeste, propre, satge Es lou paramen deou mayunatge. (Gsc.) *Bescheidene, reinliche, verständige Frau ist die Zierde des Haushaltes.*

it. Chi incontra buona moglie ha gran fortuna. *Wer ein gutes Weib trifft, hat grosses Glück.*

mi. Una bona donna di casa è l' onore e la ricchezza d'una famiglia. (crs.) *Eine gute Hausfrau ist die Ehre und der Reichthum einer Familie.*

ni. Na fomna bona la val ôna corùna. (l. b.) *Eine gute Frau ist eine Krone werth.*

si. Chi ha buona moglie ha gran fortuna. (npl.) *Wer ein gutes Weib hat, hat grosses Glück.*

Bona mugghieri è la prima ricchizza di la casa. (s.) *Gutes Weib ist der grösste Reichthum des Hauses.*

lm. La dona bona y lleal es un tesor principal. (val.) *Die gute und treue Frau ist ein vorzüglicher Schatz.*

pt. A molher boa, prata he que muito soa. *Die gute Frau ist Silber, das sehr klingt.*

sp. La muger buena corona es del marido. *Das gute Weib ist die Krone ihres Mannes.*

De buenas armas es armado, quien con buena muger es casado. *S. De bonnes u. s. w.*

El ama brava es llave de su casa. *Die brave Herrin ist der Schlüssel ihres Hauses.*

---

607. **Weib** und Leinwand kauft man nicht bei Lichte.

Weiber und Leinwand kauf nicht bei Lichte.

od. Me cha weder Fraue no Tuech bi Liecht chaufe. (schwei.) *Man kann weder Frauen, noch Tuch bei Licht kaufen.*

pd. Fine Lenewand un Frûenslûe mot men nich bi Lichte köœpen. (ns. ha. G. u. G.) *Feine Leinwand und Frauensleute muss man nicht bei Lichte kaufen.*

---

en. Neither women nor linen by candle-light. *Weder Frauen, noch Leinwand bei Kerzenlicht.*

---

dä. Quinder og Lærred skal man ei kjøbe ved Lys. *Weiber und Leinwand soll man nicht bei Licht kaufen.*

is. Kauptu konu og lèrept við ljós. *Kaufe Frau und Leinwand bei Licht.*

sw. Qwinnor och tyger bör man ej wälja wid ljus. *Weiber und Zeuge muss man nicht bei Licht wählen.*

Man skall inte välja sköna qvinnor vid ljus. *Man soll nicht schöne Weiber bei Licht auswählen.*

---

fz. Prendre ne doit à la chandelle Argent, toile, drap ni pucelle. *Nehmen soll man bei dem Licht Geld, Leinwand, Tuch und Mädchen nicht.*

Toille, femme layde ny belle Prendre ne doibt à la chandelle. *Leinwand und Weib, hässlich oder schön, soll man nicht bei Lichte kaufen.*

sf. Prené non cau, a la clare candele, Tele ny or, è meus ube puussele. (Gsc.) *Man muss bei Kerzenlicht weder Leinwand, noch Gold nehmen und noch weniger ein Mädchen.*

La fënno é la têlo, mâou së câousis à la candèlo. (Lgd.) *Die Frau und die Leinwand wählen sich schlecht bei Licht aus.*

La fremo et la telo, mau se chausir à la candelo. (nprv.) *S. La fënno u. s. w.*

it. Nè donna, nè tela a lume di candela. *Weder Frau, noch Leinwand bei Kerzenlicht.*

mi. A lume di lumera canavaccia pare tela. (crs.) *Bei Lampenlicht scheint Kannevas Leinwand.*

Nè donna, nè tela non guardare al lume di candela. (t.) *Weder Frau, noch Leinwand schau bei Kerzenlicht an.*

ni. Nè a donna, nè a tela N i guardar a lum d' candela. (em. B.) *S. Nè donna, nè tela non u. s. w.*

Nè dònna nè têila a lusòr èd caudèjla. (em. R.) *S. Nè donna, nè tela a u. s. w.*

Nè dònna nè têila va guardèda a lumm èd candèjla. (em. R.) *S. Nè donna, nè tela non u. s. w.*

No guardà dona, nè tela Al lüzur de la candela. (l. b.) *Beschau nicht Frau, noch Leinwand beim Schein der Kerze.*

No stimà mai fomna o tela Al lüsür de la candela. (l. b.) *Schätze niemals Frau oder Leinwand beim Glanz des Lichtes.*

Dona e tela al lusor de la candela. (l. b.) *Frau und Leinwand beim Schein der Kerze.*

Nö giudica, nè stima donn o tira Al lumm ingannador de la candira. (l. m.) *Beurtheile nicht und schätze nicht Frau oder Leinwand beim trügerischen Licht der Kerze.*

A-o cæo da candeja o doggion pä teja. (lig.) *Beim Kerzenlicht scheint der Kanneras Leinwand.*

Nè fomna nè teila a van nen goardà al ceir d' candeila. (piem.) *S. Nè donna, nè tela non u. s. w.*

Nè dona, nè tela a lusor de candela. (v.) *S. Nè donna, nè tela a u. s. w.*

Nè dona, nè tela no se varda a ciaro de candela. (v. trst.) *Weder Frau, noch Leinwand beschaut man bei Kerzenlicht.*

si. Nè femmena, nè tela, a lumme de cannela. (npl.) *S. Nè donna, nè tela a u. s. w.*

A lustru di cannila, nè fimmini, nè tila. (s.) *Bei Kerzenschein weder Frauen noch Leinwand.*

Nen femina, nen tela a lughe de candela. (sa.) *S. Nè donna, nè tela a u. s. w.*

A lughe de candela nè femina nen tela. (sa.) *Bei Kerzenlicht weder Frau, noch Leinwand.*

lm. Dona y tela no la mires ab candela. (neat.) *Frau und Leinwand beschaue nicht mit Licht.*

pt. A molher, e a seda, de noite á candeia. *Die Frau und die Seide des Nachts bei Licht.*

O trigo e a tea á candêa. *Den Weizen und die Leinwand bei Licht.*

sp. La muger y la tela (cibera) no le catos á la candela. *Die Frau und die Leinwand (den Weizen) prüfe nicht beim Licht.*

---

608. **Hunde pissen und Weiber weinen, wann sie wollen.**

pd. Hunn' piss'n un Frûnslüd wên', wenn 's will'n. (ns. A.)

Hünn pist un Frônzlů blart, azzo wilt. (ns. O. J.)

---

dt. De vrouwen hebben drieërlei tranen: van leed, van ongeduld, en van bedroeg. *Die Frauen haben dreierlei Thränen: des Leids, der Ungeduld und des Betrugs.*

Vrouwenrouw wordt klein geacht, Als 't eene oog weent en't andre lacht. *Frauenleid wird gering geachtet, wenn 's eine Auge weint und 's andere lacht.*

en. Women laugh when they can and weep when they will. *Weiber lachen, wann sie können, und weinen, wann sie wollen.*

---

dä. Qvinde leer, naar hun kan, og græder, naar hun vil. *Weib lacht, wenn es kann, und weint, wenn es will.*

sw. Qwinnogråth är intet åth. *Weiberweinen, ist nichts dran.*

---

fz. A toute heure Chien pisse et femme pleure. *Zu jeder Stunde pisst der Hund und weint die Frau.*

Femme rit quand elle peut Et pleure quand elle veut. *S. Qvinde u. s. w.*

Femme se plaind, femme se deult, Femme est malade quand elle veut (Et par sainte Marie, Quand elle veut, elle est guerrie). *Frau beschwert sich, Frau beklagt sich, Frau ist krank, wann sie will (und, bei der heiligen Marie, wann sie will, ist sie genesen).*

nf. A toute heure Kien i pisse et femme al' pleure. (pic.) *S. A toute heure u. s. w.*

sf. La hemne qu' arrit quoan pot, Et que ploure quoan bou. (lim.) *S. Qvinde u. s. w.*

A toute houre Can pisse ò hemne ploure. (Gac.) *S. A toute heure u. s. w.*

Fënno së plan, fënno së dôou, Fënn' ës malâouto qan-t-ou vôou. (Lgd.) *S. Femme se plaind u. s. w.*

Fremo s'y plagne, fremo s'y dou, Fremo es malauto quand elle vou. (nprv.) *S. Femme se plaind u. s. w.*

it. Le done le gh' à sempre 'l scatoli de le lagrime in sacòcia. (ml. l. b.) *Die Frauen haben immer das Schächtelchen mit den Thränen in der Tasche.*

ni. La dona la red, la pianz e la se döl, L' è sana e la se mala quand la völ. (l. b.) *Die Frau lacht, weint und klagt, ist gesund und krank, wann sie will.*

Le done tien le lagreme in scarsela. (v.) *Die Frauen haben die Thränen in der Tasche.*

Dona se lagna, dona se dol, dona se amala, quando la vol. (v.) *S. Femme se plaind u. s. w.*

Le done ga le lagrime in scarsela. (v. trst.) *S. Le done tien u. s. w.*

pt. Molher se queixa, molher se doe, molher enferma, quando ella quer. *S. Femme se plaind u. s. w.*

A molher sára e adoece, quando quer. *Das Weib wird gesund und krank, wann es will.*

sp. Muger se queja, muger se duele, muger enferma, quando ella quiere. *S. Femme se plaind u. s. w.*

Ni á la muger que llorar, ni al perro que mear. *Nie fehlt der Frau das Weinen, noch dem Hunde das Pissen.*

---

609. **Weiber** haben langes Haar und kurzen Sinn.

Frauen haben langes Haar und kurzen Sinn.

Frauen haben lange Kleider und kurzen Muth.

Lange kleider, kurtzer sinn. (ad.)

Die vrouwen haben langez hâr und kurz gemüete, daz ist wâr. (ad.)

Vrouwen die habent kurzen muot, saget man, und langez hâr. (ad.)

Kurzen muot unt langez hâr habent die meide sunderbâr. (ad.)

Ich hört ie sagen, daz ist wâr: vrouwen die haben langez hâr, dâ bi einen kurzen sin. (ad.)

md. Die Weiber haben lange Röck', aber einen kurzen Verstand. (mrh. E.)

Lange Haare, kurzer Verstand. (sä. V.)

od. Lange Röcke, kurzer Sinn. (bair.)

Lange Haar und kurzer Sinn. (schwb.)

Eine Frau hat einen kurzen Muth und lange Kleider. (schwei.)

Kurzer Muth, lange Züpfen *(Zöpfe)*, Kleines Herz und lange Jüppen *(Röcke)*. (schwei.)

pd. Früenslüe hebbet lange Häre un korten Verstand. (ns. ha. G. u. G.) *Frauensleute haben lange Haare und kurzen Verstand.*

Weiber haben lange Haare, aber ein kurzes Gedächtniss. (ns. Pr.)

---

dt. Vrouwen hebben lange kleederen en korten moed. *S. Frauen haben lange Kleider u. s. w.*

Vrouwen hebben lange cleder ende corte moet. (nh.) *S. Frauen haben lange Kleider u. s. w.*

---

dä. Qvinder have stakket Sind og langt Haar. *Weiber haben kurzen Sinn und langes Haar.*

Qvinder have korte Sind under lange Klæder. *Weiber haben kurzen Sinn unter langen Kleidern.*

Lange Klæder og stakkede Sind hore Qvindfolk til. *Lange Kleider und kurzer Sinn gehören Frauensleuten an.*

Qvinder have kun liden Forstand, men lange Haar. *Weiber haben nur wenig Verstand, aber lange Haare.*

Qvinnor hafva långa kläder, men kort sinne. sw. *Weiber haben lange Kleider, aber kurzen Sinn.*

Foeminea vestis longa et longior amentia. lt.

Le donne spesso hanno lunga veste, mà corto it. intelletto. *Die Weiber haben oft langes Kleid, aber kurzen Verstand.*

Le donne han lunghi i capelli, e corto il cer- mi. vello. (t.) *Die Weiber haben lange Haare und kurzen Verstand.*

Le done le gh' à lungh i cavèi e cürt i servèi. ni. (l. b.) *S. Le donne han u. s. w.*

Cavèi longh, testa cürta. (l. m.) *Lange Haare, kurzer Verstand.*

Longh cavèl cürt cervèl. (l. m.) *Langes Haar, kurzer Verstand.*

La dona ga più rici che cervelo. (v.) *Die Frau hat mehr Haarlocken, als Verstand.*

Cavei longhi, poca testa. (v.) *Lange Haare, wenig Kopf.*

Longo cavèlo, curto cervèlo. (v.) *S. Longh u. s. w.*

Cabello luengo y corto el seso. *Haar lang* sp. *und kurz den Verstand.*

---

610. **Weiber** hüten ist vergebliche Arbeit.

Leichter einer Wanne Flöhe hüten, als eines Weibes.

't As mĕ lieht, e Sâk Flē hidden, cwē e fer- md. lëft Framegsch. (mrh. L.) *Es ist leichter, einen Sack Flöhe zu hüten, wie ein verliebtes Frauenzimmer.*

Da will ich lieber en Sack voll Flöhe hüten, als e *(ein)* paar junge Mädchen beaufsichtigen. (sä. A.)

E Sack voll Flöh isch besser z' hüete-n- as od. jungi Wyber. (schwei. S.) *Ein Sack voll Flöhe ist besser zu hüten, als junge Weiber.*

Em kā laichter en Hiert Huosn hüd'n, äls en pd. Frå. (nrh. S.) *Man kann leichter eine Herde Hasen hüten, als eine Frau.*

Läwer en Sak fōl Flī häde, wā en licht Frå. (nrh. S.) *Lieber einen Sack voll Flöhe hüten, als eine leichtsinnige Frau.*

Et is lichter, en'n Sack vull Flöœ te hoien, as en (jung) Mäken. (ns. ha. G. u. G.) *Es ist leichter, einen Sack voll Flöhe zu hüten, als ein (junges) Mädchen.*

Es ist leichter einen Sack Flöhe hüten, als ein Frauenzimmer. (os. Pr.)

Et es lichter, en Sack Flö verwaren, as en junk Mäken. (wstf. Mrk.) *Es ist leichter, einen Sack Flöhe bewahren, als ein junges Mädchen.*

Me kann ër 'n Pott vull Fläue hö'en, as 'ne Bissewentke van 'n Wichte. (wstf. Mst., O.) *Man kann eher einen Topf voll Flöhe hüten, als ein Mädchen, das gern läuft.*

---

dt. Het is gemakkelijker, een' korf met vlooijen te hoeden (te bewaren), dan een dozijn jonge meisjes. *Es ist leichter, einen Korb mit Flöhen zu hüten (bewahren), als ein Dutzend junger Mädchen.*

Het is gemakkelijker een' troep muizen naar Jerusalem te drijven, dan twee vrouwen te bewaken. *Es ist leichter, einen Trupp Mäuse nach Jerusalem zu treiben, als zwei Frauen zu bewachen.*

Die dochters heeft, is altijd heerder. *Wer Töchter hat, ist stets Hirte (Hüter).*

---

dä. Det er lettere, at passe paa en Sæk fuld af Lopper, end paa en Qvinde. *Es ist leichter, einen Sack voll Flöhe hüten, als ein Weib.*

Mandvoxen Mo er ond at vogte. *Mannbares Mädchen ist bös zu überwachen.*

Hvo der haver en hvid Hest og deilig Kone, er sielden uden Sorg. *Wer einen Schimmel und ein schönes Weib hat, ist selten ohne Sorge.*

Then thwr rød Teghelsteen, som woekter een Qwinnæ. (adä.) *Der wäscht rothen Ziegelstein, der ein Weib bewacht.*

sw. Mogen mö är svår att vakta. *Reifes Mädchen ist schwer zu bewachen.*

Moogen Möö år ond at wachta. *S. Mogen u. s. w.*

---

lt. Ille lavat laterem, qvi custodit mulierem. (mlt.)

fz. C' est un fâcheux troupeau à garder Que de sottes filles à marier. *Das ist eine schlimme Heerde zu hüten, heirathssüchtige Mädchen!*

Filles sottes à marier sont bien pénibles à garder. *Heirathstolle Mädchen sind sehr mühsam zu hüten.*

Qui a des filles est tousjours berger. *S. Die dochters u. s. w.*

Les femmes fenestrières et les terres de frontières sont mauvaises à garder. *Die fensterliebenden Frauen und die Ländereien an der Grenze sind schlecht zu bewachen.*

Qui a femme à garder n' a pas journée assurée. *Wer eine Frau zu bewachen hat, ist keines Tages sicher.*

Lou qui a heme bère, Castèt en frountère Et bigne en carrère, Ne' ii manque pas guerre. (Brn.) *Wer eine schöne Frau, ein Schloss an der Grenze und einen Weinberg an der Landstrasse hat, dem fehlt nicht Krieg.* **af.**

Hilhes sottes a marida Sou de manbez guarda. (Gsc.) *S. Filles u. s. w.*

Filios qü sou à marida, michan troupel à garda. (Lgd.) *Heirathsfähige Mädchen, schlimme Heerde zu hüten!*

Fillos que sont à maridar, Marrit troupeou es à gardar. (nprv.) *S. Filios u. s. w.*

it. È più difficile a tene una donna che un sacco di puce. (mi. cra.) *Es ist schwieriger eine Frau zu hüten, als einen Sack mit Flöhen.*

Chi ha bella donna e castello in frontiera, non ha mai pace in lettiera. (t.) *Wer eine schöne Frau und ein Schloss an der Grenze hat, hat nie Ruhe im Bett.* **mi.**

Chi ha buon cavallo e bella moglie, non istà mai senza doglie. (t.) *Wer ein gutes Pferd und schönes Weib hat, ist niemals ohne Kummer.*

Mejo farghe la guardia a un saco de pulisi che a una dona. (v. trst.) *Besser einen Sack voll Flöhe überwachen, als eine Frau.* **ni.**

lm. Vinyas y donas hermosas De guardar dificultosas. (neat.) *Weinberge und schöne Frauen sind schwierig zu hüten.*

Vinyes y dones hermóses de guardar dificultoses. (val.) *S. Vinyas u. s. w.*

pt. Moller fermosa, viña e figueiral muy maos son de guardar. *Schöne Frau, Weinberg und Feigengarten sind sehr bös zu hüten.*

A quem tem mulher fermosa, castello em fronteira, vinha na carreira, não lhe falta canceira. *Wer ein schönes Weib, ein Schloss an der Grenze und einen Weinberg am Wege hat, dem fehlt's nicht an Quälerei.*

sp. El que tiene muger hermosa, ó castillo en frontera, ó viña en carrera, nunca le falta guerra. *Wer ein schönes Weib oder ein Schloss an der Grenze oder einen Weinberg am Wege hat, dem fehlt's nie an Streit.*

Mal ganado es de guardar doncellas y mozas por casar. *S. Filios u. s. w.*

Viña y niña, (Niña y viña y) peral y habar malos son de guardar. *Weinberg und Mädchen, (Mädchen und Weinberg und) Birnengarten und Bohnenfeld sind bös zu bewachen.*

Los que tienen muger, muchos ojos han menester. *Die, welche ein Weib haben, haben viel Augen nöthig.*

---

611. Wenn die **Weiber** waschen und backen, Haben sie den Teufel im Nacken.

md. Bann die Weiber wösche on backe, Honn se den Deufel henner den Nacke. (frk. H.) *Wenn die Weiber waschen und backen, haben sie den Teufel hinter dem Nacken.*

Wenn die Weiber waschen und backen, Ham se den Teufel im Nacken. (frk. M.)

od. Wenn die Frau wäscht und backt, Hat sie den Teufel im Sack. (schwb. W.)

Wenn d' Weiber wäschet und bachet *(backen)*, no hend *(haben)* sie da Teufel im Leib. (schwb. W.)

Wenn d' Frau d' Wösch hät *(die Wäsche hat)*, so hät de Ma *(Mann)* e *(eine)* salzni *(gesalzene)* Frau und e böses Hemb *(Hemd)*. (schwei.)

pd. Wån de Från wäschen ont bȧk'n, Sizt in der Teiwel hinder'm Nåk'n. (nrh. S.) *Wenn die Frauen waschen und backen, sitzt ihnen der Teufel hinter dem Nacken.*

Bi 't Brugen Un Backen Hebb'n de Frugen Den Düwel in'n Nacken. (ns. M.-Str.) *Beim Waschen und Backen haben die Frauen den Teufel im Nacken.*

Wenn de Wiewer wasche on backe, Hebbe se ömmer den Diewel öm Nacke. (ns. Pr.) *Wenn die Weiber waschen und backen, haben sie immer den Teufel im Nacken.*

---

dl. Zoo lang de vrouw wascht, krijgt de man geen goed word. *So lange die Frau wäscht, kriegt der Mann kein gutes Wort.*

---

fz. Femme qui chauffe le four et faict ensemble lessive, elle vant pis que Proserpine. *Weib, das den Ofen heizt und zugleich Wäsche hat, ist schlimmer, als Proserpina.*

af. Fēmno qü cöi é fài bugâdo, ēs miējho-fōlo ou ênrajhâdo. (Lgd.) *Frau, die bäckt und Wäsche hat, ist halb närrisch oder toll.*

it. Pane e bucata fan donna scorrucciata. (mi. t.) *Brot und Wäsche machen zornige Frau.*

ni. Quand i donn fan la lissia, stagh lontan quaranta mia. (l. m.) *Wenn die Frauen die Wäsche haben, bleibe vierzig Meilen weit.*

Co le done fa lissia e pan, staghe lontan. (v.) *Wenn die Weiber Wäsche haben und Brot backen, bleib fern von ihnen.*

---

612. **Weiberlist** Geht über alle List.

Weiberlist, Nichts d'rüber ist.

Manneslist ist behende, Weiberlist hat kein Ende.

Pfaffentrug und Weiberlist Geht über Alles, was ihr wisst.

Sit niemen alsô wiser ist, in überwinde wibes list mit ir minne meisterschaft. (ad.)

Pfaffentrug und Weiberlist Geht über Alles, od.
was da ist. (schwei.)

Mennerlist is behenne, Wiwerlist nümt kein pd.
Enne. (ns. ha. G. u. G.) *Männerlist ist behende, Weiberlist nimmt kein Ende.*

Die Weiber haben neunundneunzigerlei List und noch 'nen Sack voll. (ns. Pr.)

Vrouwenlist gaat boven alle list. dl.

Vrouwenlist is kwaad te doorgronden. *Frauenlist ist schwer zu ergründen.*

Ingen List som Qvindelist. *Keine List wie* dä.
Weiberlist.

Mands List er vel behende, Men Qvindelist er uden Ende. *Männerlist ist wohl behende, aber Weiberlist ist ohne Ende.*

Qvinnolist öfvergår all list. sw.

Qvinnolist har ingen brist. *Weiberlist hat keinen Mangel.*

Astuzia di donne le vince tutte. (mi. t.) *Weiber-* it.
list überwindet alle.

I donn in birbonn. (l. m.) *Die Frauen sind* ni.
verschlagen.

Sa malitia de sa femina superat tote sas ateras. si.
(sa.) *Die List der Frau überwindet alle anderen.*

---

613. Den Grossen **weichen** ist keine Schande.

Ist man übermannet, so ist fliehen keine od.
Schande. (schwei.)

Als hoogerman (meerderman) komt, moet lee- dl.
german (minderman) buigen (wyken). (vl.) *Wenn Hochmann (Mehrmann) kommt, muss Tiefmann (Mindermann) ducken (weichen).*

---

dä. Man skal fire (for) Magten, om den sad i en Hundehale (Hunderumpe) (om den end var i en Kattehale). *Man muss der Macht nachgeben, und sässe sie in einem Hundeschwanz (Hundesteiss) (und wäre sie in einem Katzenschwanz).*

Han skal vige, som mindre maaer (formaaer) (magter). *Der muss weichen, der weniger vermag.*

Det er ennog Skam at give seg for sin Övermand. (jüt. S.) *Das ist keine Schande, sich seinem Obermann zu fügen.*

is. Aldrei er þeim minna skömm, að víkja fyrir þeim meira. *Niemals ist's dem Kleineren Schande, vor dem Grösseren zu weichen.*

nw. D' er ingi Skam, aa vika fyre sin Yvermann. *Es ist keine Schande, vor seinem Obermann zu weichen.*

D' er ingi Skam, aa fella fyre ei Kjempa. *Es ist keine Schande, vor einem Riesen (Helden) zu fallen.*

sw. Han måste alltid vika, som minst förmår. *Der muss stets weichen, der am wenigsten vermag.*

Wijk then störe. *Weiche vor dem Grösseren.*

---

lt. Cedendum (Cede) majori.

it. Gamba mia, non è vergogna, di fuggir quando bisogna. (mi. t.) *Bein mein, nicht ist's Schande, zu fliehen, wann es nöthig ist.*

si. Unni nun poi stari, nun ti virgugnari a fuiri. (s.) *Wo du nicht Stand halten kannst, schäme dich nicht, zu fliehen.*

---

614. Grüne **Weihnachten**, weisse **Ostern**.

Grüner Christtag, weisse Ostern.

Weihnachten im Klee, Ostern im Schnee.

Steckt die Krähe um Weihnachten im Klee, Sitzt sie sicher um Ostern im Schnee.

md. Schwarze Christdæ, wesze Uuster. (frk. H.) *Schwarzer Christtag, weisse Ostern.*

Schwârza Weinâchtan, weißa Uestarn; weißa Weinâchtan, grüüna Uestarn. (frk. H. S.) *Schwarze Weihnachten, weisse Ostern; weisse Weihnachten, grüne Ostern.*

Ein grüner Christtag, ein weisser Ostertag. (mrh. E.)

Grénge' Kreschdâch, Wéiszen Oschterdâch. (mrh. L.) *Grüner Christtag, weisser Ostertag.*

Schwarz Christkengechen, wiss Öster. (thr. R.) *Schwarz Christkindchen, weisse Ostern.*

od. Gräwé Wei'nächt'n, weissé Osto'n. (bair. O.-L.) *Graue Weihnachten, weisse Ostern.*

Weisse Weihnachten, grüne Ostern. (östr. schls.)

Christkind im Schnee, Ostereier im Klee. (schwb. W.)

En' obere Wenecht, e wisze Ostera. (schwei. A.) *Schneelose Weihnacht, weisse Ostern.*

Grüeni Wiehnecht, wyszi Ostere. (schwei. S.)

Wiehnecht im Chlee, Ostere-n- im Schnee. (schwei. S.) *S. Weihnachten u. s. w.*

Grüng Krestmes, wisse Posche. (nrh. A.) pd.

'ne Gröne Chresdag, 'ne wiesse Poschdag. (nrh. K.) *Ein grüner Christtag, ein weisser Ostertag.*

Chresdag an der Dôhr, Ostern ôm et Fôr. (nrh. K.) *Christtag an der Thür, Ostern am Feuer.*

Säzt em um Kräsztdâch häinjder de Wäinjden, se säzt em um Üszterdâch häinjder de Bräinjden. (nrh. S.) *Sitzt man am Christtag hinter der Wand, so sitzt man am Ostertag hinter dem Brand.*

Kierd em um Kräsztdâch af der Gasz, Se äsz se um Üszterdâch fum Schnî nasz. (nrh. S.) *Kehrt man am Christtag auf der Gass, so ist sie am Ostertag vom Schnee nass.*

Grôn Winacht'n, witt Ostern. (ns. A.)

Groine Winachten, wite Âstern. (ns. ha. G. u. G.)

Winnachten in'n Klei, Östern in'n Snei. (ns. ha. G. u. G.) *Weihnachten im nassen Kothboden, Ostern im Schnee.*

Grône Karsstied, soehre Paaske. (ns. ofs.) *Grüne Weihnachtszeit, dürre Ostern.*

Weihnachten Schnee, Ostern Klee. (ns. Pr.)

En graünen Kristdach, en witten Päskodach. (wstf. Mrk.) *S. 'ne u. s. w.*

Grône Wihnachten, witte Ostern. (wstf. Mst.)

Eene groene Kersmis maakt een witte Paschen. df.
Grüne Weihnacht macht weisse Ostern.

Eene witte Kersmis maakt een groene Paschen. *Weisse Weihnacht macht grüne Ostern.*

Zijn de boomen om Kersmis wit van sneeuw, ze zijn in de lente wit van bloesem. *Sind die Bäume zu Weihnachten weiss von Schnee, sie sind im Lenze weiss von Blüten.*

An greenen Jul, an witjen Paask. (A.) fs.

Grøn Juul, hvid Paaske. dä.

En grøn Juul bringer snee hvid Paaske. *Grüne Weihnacht bringt schneeweisse Ostern.*

Julesommer gjør Paaskevinter. *Weihnachtssommer macht Osterwinter.*

En grön Jul de gir en (h)vi Päsk. (jüt.) *S. Eene groene u. s. w.*

is. Hiti um jól boðar kalda páska. *Hitze zu Weihnachten verkündet kalte Ostern.*

Svört jól gera hvítar páskir. (fær.) *Schwarze Weihnachten machen weisse **Ostern**.*

Jólasummar verður páskavetur. (fær.) ***Weih**nachtssommer wird Osterwinter.*

nw. Jole-Sumar gjerer Paaske-Vinter. ***S. Jule**sommer u. s. **w**.*

sw. Grön **jul,** hvit påsk.

---

fz. A Noël souvent moucherons, Et à Pasques sont les glaçons. *Zu Weihnachten sind oft Mücken, und zu Ostern Eisschollen.*

Qui voit à Noël les moucherons, A Pasques verra les glaçons. *Wer zu Weihnachten **die** Mücken sieht, wird zu Ostern die Eisschollen sehen.*

A Noël au balcon (perron), **A Pâques au tison.** *Zu Weihnachten auf dem **Altan (der Freitreppe)**, **zu** Ostern **beim Feuerbrand**.*

A Noël au pignon, à Pâques au tison. ***Zu** Weihnachten am Giebel, zu Ostern beim Feuerbrand.*

nf. A Noël les moucherons, **A Pâques les glaçons.** (nrm.) *Zu Weihnachten **die Mücken**, zu Ostern die Eisschollen.*

Nouel à chés **pignons**, Pâques **à chés tisons. (pic.)** *Weihnachten an den Giebeln, **Ostern an den** Feuerbränden.*

Blanc Noïé, vitès Pâques. (w.) *S. Weisse u. s. w.*

Qwand on magne des bouquettes a l'ouhe, **on** magne les cocognes ès l' couleie. (w.) *Wenn man **die** Christkuchen **an** der Thür **isst**, isst man die Ostereier im Gang.*

sf. Qui a Nadau s' assoureillo, A Pasquos que s' atourreillo. (Arm.) *Wer sich zu **Weih**nachten sonnt, hüllt sich **zu Ostern ein**.*

Nadau au sou, Et Pasques au **tisou. (Brn.)** *Weihnachten **an der Schwelle und Ostern** am **Feuerbrand**.*

A Nadãou ãou fio, à Pâsco ãou **ru. (Lgd.)** ***Zu** Weihnachten am Feuer, **zu Ostern auf der** Schwelle.*

it. Chi fa il ceppo **al sole, fa la Pasqua al fuoco.** *Wer Weihnachten **in der Sonne feiert, feiert** das Osterfest am Feuer.*

ni. Nadal al zũe e Pasche dongie il fũc. (frl.) *Weihnachten beim Spiel und Ostern beim Feuer.*

Nedal al **zöch e** Pasqua **al** föch. (l. b.) ***S.** Nadal u. s. w.*

Nedal al föch e Pasqua al zöch. (l. b.) *Weihnachten beim Feuer und Ostern beim Spiel.*

L' an che se süda **de** Nedal, De Pasqua se trema senza fal. (l. b.) *Im Jahr, **wo man** zu Weihnachten schwitzt, zittert **man zu** Ostern unfehlbar vor Kälte.*

A Natal el solet, a Pasqua **el tissonet. (piem.)** *Zu Weihnachten die Sonne, **zu Ostern den** Feuerbrand.*

Verde Nadale, bianca Pasqua. (v.)

Da Nadal al zogo, da Pasqua al fogo. (v.) *Zu **Weihnachten** beim Spiel, zu Ostern beim **Feuer**.*

Quel ano che se sua de Nadal, Da Pasqua se trema in general. (v.) ***In dem Jahre, wo man zu Weihnachten schwitzt, zittert man allgemein zu Ostern vor Kälte.***

De Nadal al fogo, de Pasqua al zogo. (v. trst.) ***Zu Weihnachten beim Feuer, zu Ostern beim** Spiel.*

Natali **cu** la **suli** e **Pasqua cu** la **tizzuni. (s.)** **si.**
*Weihnachten mit **der Sonne und Ostern mit** dem Feuerbrand.*

Natal na praça, e Pascoa em **casa.** ***Weih**nachten auf dem Platz und Ostern **im Hause**.* **pt.**

O Natal **ao soalhar, E a** Pascoa ao **lar.** ***Zu Weihnachten im Freien in** der **Sonne und zu Ostern am Herd**.*

Por Natal sol, Por **Pascoa carvão.** ***Zu Weihnachten Sonne, zu Ostern Kohle.***

Por Natal ao jogo, e por Pascoa ao fogo. ***Zu Weihnachten beim Spiel, und zu Ostern beim Feuer.***

Por Navidad sol y por Pascua carbon. ***S. Por*** **sp.**
Natal sol u. s. w.

La de **Navidad al sol y la florida al tizon.** ***Weihnachten in der Sonne und den Palmsonntag beim Feuerbrand.***

Quien la pascua de Navidad tiene al umbral, la de flores tiene en el hogar. ***Wer das** Weihnachtsfest auf **der** Thürschwelle **be**gehet, begeht den Palmsonntag **am Herd**.*

La Navidad al sol y la de flores **al** fuego, si quieres el año derechero. *Das Weihnachtsfest in der Sonne und den Palmsonntag am Feuer, wenn du das Jahr ordentlich willst.*

---

615. Wer den **Wein** getrunken, der trinke auch die Hefen.

Hast den Teufel g'fressen, so friss die Hörner od.
auch. (schwei.)

Wer det Fet egeten het, dei mot ōk det Spoil **pd.**
süpen (frēten). (us. hn. G. u. G.) *Wer das Fett gegessen hat, der muss auch das Spü**licht** saufen (fressen).*

Wer dat Fleesch gegete heft, kann ok de Knakes frete. (ns. Pr.) *Wer das Fleisch gegessen hat, kann auch die Knochen fressen.*

---

dä. Hær et towen e Pols, kan et tæj e Pregel med. (jüt.) ***Hat es** die Wurst genommen, kann es die Wurstspeile mitnehmen.*

nw. Dan Hunden, som aat Kjøtet, kann eta Beini med. *Der Hund, welcher das Fleisch frass, kann den Knochen mitessen.*

sw. Dhen Wijnet drack, han supe och dråggen.

Den som tar köttet, kan ocksä taga benen. *Wer das Fleisch **nimmt, kann auch den** Knochen nehmen.*

Den som tager köttet, får **ock taga benen.** *Wer das Fleisch nimmt, **muss auch den** Knochen nehmen.*

---

lt. Faecem bibat, qui **vinum bibit.**

fz. Qui a mangé le **rot** ronge l'ost. ***Wer den** Braten gegessen hat, nage den Knochen (ab).*

nf. Si t' as mié le diale, min les cornes. (R.) *S. Hast u. s. w.*

L'ci qu'a **magnî** l'diale, qui mâgne pôr **les coinnes. (w.)** *Wer den Teufel gefressen hat, fress' auch **die** Hörner.*

sf. Q' a agu la farino, aghë lou brën. (Lgd.) ***Wer** das Mehl gehabt hat, habe die Kleie.*

Qu a begut lou vin, begue la lyé. (uprv.)

Qu a agut la farino, qu' age **lou racet. (uprv.)** ***S. Q' a agu u. s. w.***

it. Chi ha mangiato la carne, si roda l'osso. ***Wer das Fleisch gegessen hat, nage den Knochen (ab).***

Chi ha mangiato il cappone, mangi ancor le penne. ***Wer den Kapaun gegessen hat, esse** auch die **Federn.***

mi. Chi ha manghiatu a polpa si roda l' osse. (crs.) *S. Chi ha mangiato la u. s. w.*

Beva la feccia chi ha bevuto il vino. (t.) *Trinke die Hefe, wer den Wein getrunken hat.*

Chi ha mangiati i cavoli, mangi anche i bruglioli. (t. luc.) *Wer den Kohl gegessen hat, esse auch die Strünke.*

nl. Chi ha magnà la carna, ha da magnar anca j oss. (em. P.) ***Wer das Fleisch gegessen hat,** muss auch die Knochen essen.*

Chi à maiat la carne, rosêghe i oss. (l. b.) *Wer das Fleisch gegessen hat, nage die Knochen (ab).*

Chi a l'a bvu el vin bon, ch'a beiva d'co el gram. (piem.) *Wer den guten Wein getrunken hat, der trinke auch den schlechten.*

Chi a mangia el diavo ch'a mangia ii corn. **(piem.)** ***S. L' ci u. s. w.***

Chi ga magnà la carne, rosega l'osso. (v.) *S. Chi ha mangiato la u. s. w.*

Chi ga magnà **la** polpa, che magni anca **i** ossi. (v. trst.) *Wer das Fleisch gegessen hat, esse auch die Knochen.*

Manciasti la carni, spulpati l'ossu. **(s.)** *Du sst. assest das Fleisch, nage den Knochen ab.*

Qui si maudigat sas pulpas, si mandighet sos **ossos. (sa.)** *Wer das Fleisch isst, esse die* ***Knochen.***

Qui **menja la carn, que rosegue ls' ossos. lm. (neat.)** *S. Qui si mandigat u. s. w.*

Al qui menja lo madur ferli rosegar lo dur. (neat.) *Wer das Reife isst, den lass das Unreife nagen.*

Quis mentja la polpa, que rosègue lhos. **(val.)** *S. Qui si mandigat* ***u. s. w.***

Qui es mentja les madures, Ques mentje les dures. (val.) *Wer die reifen isst, esse die harten.*

Quem come a carne, roa o osso. *Wer das* **pt.** *Fleisch isst, nage den Knochen (ab).*

Quien come la carne, que roa el huesso. *S.* **sp.** *Quem come u. s. w.*

Quien comio la carne, que roya el **huesso.** *Wer das Fleisch ass, nage den Knochen (ab).*

---

616. Einen Mohren kann man nicht **weiss** waschen.

Es ist vergeblich, einen Mohren wollen weiss waschen.

Mohren werden nimmer weiss.

Kein Mohr wird weiss.

Es hilft kein Bad am Raben.

Dem Ziegelstein die Röth abwaschen.

Des môres hût nusanfte lât ir swarze varwe die si hât. (ad.)

Ein **swarzin krâ, swer sie** gebât, sô wirt sie doch niht wîz. (ad.)

Sich badet diu krâ mit allem fliz und kan doch niemer werden wîz. (ad.)

Den ziegel und den bôsen man nieman volle waschen kan. (ad.)

Wer schwarz ist geboren, Au dem ist alles **md.** Waschen verloren. (mrh. E.)

Schwârz gebnoren, All wësche' ferlnoren. (mrh. L.) *Schwarz geboren, alles Waschen verloren.*

Man kann keinen Mohren weiss waschen. **od.** (schwei.)

Schwarz gebore Het's Wäsche verlore. (schwei.) *Schwarz geboren hat's Waschen verloren.*

Einen Raben waschen. (schwei.)

pd. Magst ĕm waschen, magst ĕm ryven, as hee is, so ward hee blywen. (ns. Hnb.) *Magst ihn waschen, magst ihn reiben, wie er ist, so wird er bleiben.*

Schwarz geboren, ist alles Weisswaschen verloren. (ns. Pr.-O.)

---

dt. Die eenen moor wil waschen, verliest zijne moeite. *Wer einen Mohren waschen will, verliert seine Mühe.*

't Is verlooren de moor gewassen, want 't is in de natuur. *Den Mohren waschen ist verloren, denn 's ist in der Natur.*

't Is vergeefs de moriaan geschuert, want 't is in de natuur. *Es ist vergebens, den Mohren scheuern, denn 's ist in der Natur.*

Het is den moriaan gewasschen (geschuerd). *Es ist den Mohren gewaschen (gescheuert).*

en. There is no washing a blackamoor white. *Ein Mohr ist nicht weiss zu waschen.*

A crow is never the whiter for washing herself. *Eine Krähe wird nie weisser, weil sie sich wäscht.*

Black will take no other hue. *Schwarz nimmt keine andere Farbe an.*

A craw is nae whiter for being washed. (scho.) *Eine Krähe wird nicht weisser, wenn sie gewaschen wird.*

fs. An suart Schep kat her egh witj thau. (F.) *Ein schwarzes Schaf lässt sich nicht weiss waschen.*

---

dä. Kragen er ikke des hvidere, at hun tidt toer sig. *Die Krähe ist darum nicht weisser, dass sie sich häufig wäscht.*

Kragen og Horen de toe sig aldrig vide. *Die Krähe und die H . . ., die waschen sich niemals weiss.*

Kranghen ær eij diss hwiddher, at hwn tijt twor segh. (adä.) *S. Kragen er u. s. w.*

is. Krákan verðr ei hvitari, þó hún baði sig. *Die Krähe wird nicht weisser, wenn sie sich auch badet.*

Ekki er krákan hvitari, þó hún hafi jafnan bað. *Nicht ist die Krähe weisser, wenn sie auch immer ein Bad hat.*

Samt er krákan svört, þó hemi sé baðið gjört. *Dennoch ist die Krähe schwarz, wenn sie auch gebadet worden.*

Seint mun hrafninn hvítr verða. *Spät wird der Rabe weiss werden.*

Ilt er svart skinn hvitt at tvá. (fær.) *Übel ist's, schwarze Haut weiss zu waschen.*

Korpen blir ej dess hvitare, om man tvättar honom. *Der Rabe wird nicht um so weisser, wenn man ihn wäscht.* sw.

Korpen blir ej hvitare, fastän man twålar honom. *Der Rabe wird nicht weisser, obwohl man ihn einseift.*

Hvad hjelper det att tvätta korpen, han blir ändå aldrig hvit? *Was hilft es, den Raben zu waschen, er wird doch niemals weiss.*

Krakan ær ey thy hwitare at hon opta badhar. (asw.) *Die Krähe ist darum nicht weisser, dass sie sich oft badet.*

Aethiopem dealbat. lt.

Aethiops non dealbescit.

Lota licet cornix tamen exitet albidior vix. (mlt.)

A laver la tête d'un more (maure), on perd sa lessive (son savon). *Wenn man einen Mohren den Kopf wäscht, verliert man seine Lauge (Seife).* fz.

On n'sûrent blanqui on moriâne. (w.) nf.

Lou courbax qu' a bèt qu' es laba Nou sera pas jamby blanc. (Brn.) *Der Rabe, so schön er gewaschen ist, wird nie weiss sein.* sf.

Lavare il moro. *Den Mohren waschen.* it.

Lavare carboni. *Kohlen waschen.*

E' lava 'l viso al Moro. (t.) *Er wäscht dem Mohren das Gesicht.* mi.

Bianca per forza e nigra per natura, Nu ti lavori, no, ca perdi l' aqua. (cal.) *Weiss durch Gewalt und schwarz von Natur, mühe dich nicht ab, nein, denn du verlierst das Wasser.* si.

Cui ci lava la testa a lu tignusu, perdi la liscia. (s.) *Wer dem Grindigen den Kopf wäscht, verliert die Lauge.*

Lavari la testa a lu tignusu. (s. C.) *Dem Grindigen den Kopf waschen.*

Jurado tem as agoas: das negras não fazerem alvas. *Die Wasser haben's geschworen: aus Negern werden wir nie Weisse machen.* pt.

La puta y la corneja, mientra mas se lava, mas negra semeja. *Die H— und die Krähe, je mehr sie sich wäscht, je schwärzer sie scheint.* sp.

Jurado ha el baño de negro no hacer blanco. *Geschworen hat das Bad, aus dem Neger keinen Weissen zu machen.*

Para que va la negra al baño si blanca no puede ser? *Warum geht die Negerin in's Bad, wenn sie nicht weiss werden kann?*

Ha jurado el baño, del negro no hazer blanco. (asp.) *S. Jurado ha u. s. w.*

617. Also geht es in der Welt, Der Eine steigt, der Andre fällt.

Der fuchs sprach: ez ist hiur als vert, des lâ dich niht sin wunder: der ein gât ûf, der ander under. (ad.)

---

dt. De weireld is an bolle, we draayen ol a litje. (vl. F.) *Die Welt ist ein Ball, wir drehen alle ein wenig.*

en. The world is a ladder for some to go up and some down. *Die Welt ist eine Leiter, für Einige zum Hinaufsteigen und für Einige zum Hinabsteigen.*

---

dä. Op og ned Verdens Sæd; ned og op Verdens Løb. *Auf und nieder, Brauch der Welt; nieder und auf, der Welt Lauf.*

nw. Verdi heve sin gamle Sed: dan eine stig upp og dan andre ned. *Die Welt hat ihren alten Brauch: der Eine steigt hinauf und der Andere hinab.*

sw. Verldens lopp: den ene neder, den andre opp. *Der Welt Lauf: der Eine nieder, der Andere auf.*

---

cw. Igl mund ei se' üna scala: l' ün va ansi, l' auter va angiù. (ld. grd.) *Die Welt ist wie eine Treppe: der Eine geht hinauf, der Andere geht hinunter.*

fz. Le monde est rond, Qui ne sçait nager va au fond. *Die Welt ist rund, wer nicht schwimmen kann, geht zu Grund.*

sf. Aquesto mounde es un pipot, Tiro qui pot. (Arm.) *Diese Welt ist ein Fass: Zapfe wer kann.*

it. Il mondo è fatto a scarpette: Chi se le cava, e chi se le mette. *Die Welt ist wie Schuhe gemacht: der zieht sie aus und der zieht sie an.*

Questo mondo è fatto a scarpette: Chi se le cava, e chi se le mette. *Diese Welt ist wie Schuhe gemacht: der zieht sie an und der zieht sie aus.*

mi. E mond l' è fatt in tond, e chi ch' an sa navghê, va prest a e fond. (rom.) *Die Welt ist rund gemacht, und wer nicht schiffen kann, geht rasch zu Grunde.*

Questo mondo è fatto a scale, Chi le scende e chi le sale. (t.) *Diese Welt ist als Treppe gemacht, Der steigt sie hinab und der steigt sie hinauf.*

nt. Al mond l' è una roda. (em. B.) *Die Welt ist ein Rad.*

El mond l' è fatt a scarpètta, chi s' la cava e chi s' la mètta. (em. P.) *S. Il mondo u. s. w.*

St' mònd l' è una ròda, chi va sù, chi va zò. (em. R.) *Diese Welt ist ein Rad, der geht hinauf, der geht hinunter.*

L' è faa a scala stô mond, se va sû e giô. (l. m.) *Als Treppe ist diese Welt gemacht, man geht hinauf und hinunter.*

Sto bèl mond l'è fat a scala, Vün el crès e l'alter cala. (l. m.) *Diese schöne Welt ist als Treppe gemacht: Einer steigt hinauf und der Andere hinunter.*

Sto bèl mond l'è fà a calzèt, Vün el i e cava, l'alter el i e mèt. (l. m.) *Diese schöne Welt ist wie Strümpfe gemacht: Einer zieht sie aus, der Andere zieht sie an.*

O mondo o l'è faeto a scaa, chi monta, e chi caa. (lig.) *Die Welt ist als Treppe gemacht, der steigt hinauf und der steigt hinunter.*

A sto mond chi va su e chi va giù. (piem.) *In dieser Welt geht der hinauf und der hinunter.*

El mond a l'è fait a scala, Chi a monta e chi a cala. (piem.) *S. O mondo u. s. w.*

Sto mond a l' è una roa, chi va su, chi va giù. (piem.) *S. St' mònd u. s. w.*

Sto mond a l'è una roa, chi monta, chi cala. (piem.) *Diese Welt ist ein Rad, der steigt hinauf, der hinab.*

Mond rotond, bassin sensa fond, chi a sa non naviglè, prest a va al fond. (piem.) *Welt (ist) rund, ein Becken ohne Grund, wer nicht schiffen kann, geht rasch zu Grund.*

Mondo fato tondo, Chi no sa navegar, Presto va al fondo. (v.) *S. E mond u. s. w.*

Sto mondo xe fato a scarpete, Chi se le cava e chi se le mete. (v.) *S. Questo mondo è fatto a scarpette u. s. w.*

El mondo xe fato a scale; Chi le scende, e chi le sale. (v.) *S. O mondo u. s. w.*

Il mondo è una ruota, oggi ti sazii e dimani si. non mangi. (ap.) *Die Welt ist ein Rad, heute sättigst du dich und morgen issest du nicht.*

Così va questo mondo, Si nuota e si va a fondo. (npl.) *So geht diese Welt, man schwimmt und man geht zu Grund.*

Accussì va lu munnu, cui nata e cui va 'nfunnu. (s.) *So geht die Welt, der schwimmt und der sinkt auf den Grund.*

Su mundu est un iscala, quie l' alzat, quie la falat. (sa. L., M.) *Die Welt ist eine Treppe, der steigt sie hinauf, der hinab.*

Su mundu est tundu, et qui non ischit navigare, falat a fundu. (sa. L., M.) *Die Welt ist rund, und wer nicht schiffen kann, steigt auf den Grund herab.*

sp. Este mundo es golfo redondo, quien no sabe nadar, vase al hondo. *Diese Welt ist ein rundes Meer, wer nicht schwimmen kann, geht zu Grund.*

Mundo redondo, quien no sabe nadar, vase á lo hondo. (asp.) *Die Welt ist rund, wer nicht schwimmen kann, kommt auf den Grund.*

---

618. **Die Welt ist nirgends mit Brettern vernagelt.**

od. Anderswo ist die Welt auch nicht mit Brettern verschlagen. (bair.)

Die Welt ist nicht mit Brettern vernagelt. (schwei.)

---

it. Tutto il mondo è paese. *Die ganze Welt ist Heimath.*

mi. Da par tött us viv. (rom.) *Überall lebt man.*

ni. Tutt al mond è paes. (em. B.) *S. Tutto il u. s. w.*

Tutt al mónd è paèis. (em. R.) *S. Tutto il u. s. w.*

Tutt el mond l'è paès. (l. m.) *S. Tutto il u. s. w.*

Tûtto o mondo o l' è paise. (lig.) *S. Tutto il u. s. w.*

Tut mond è pais. (piem.) *S. Tutto il u. s. w.*

Tuto 'l mondo xe paese. (v.) *S. Tutto il u. s. w.*

si. Tutto lo munno è paiese. (npl.) *S. Tutto il u. s. w.*

Tuttu lu munnu è comu casa nostra. (s.) *Die ganze Welt ist wie unser Haus.*

Totu su mundu est paesu. (sa. L.) *S. Tutto il u. s. w.*

pt. Toda a terra he huma e a gente quasi quasi. *Die ganze Erde ist eine und die Menschheit so ungefähr.*

sp. Todo el mundo es pais. *S. Tutto il u. s. w.*

Todo el mundo es uno. *Die ganze Welt ist eine.*

---

619. **Mit Wenig lebt man wohl.**

md. Mit viel hëlt mër Haus, mit wenig' kummt mër aus. (frk. M.) *Mit viel hält man Haus, mit wenig kommt man aus.*

Mit Vielem hält man Haus, Mit Wenig kommt man aus. (mrh. E.)

Mat Fillem hëllt ën Haus, mat wënech kemt ën och aus. (mrh. L.) *Mit Vielem hält man Haus, mit Wenig kommt man auch aus.*

Met Villem kümmt mer us, Met Wennigem hält me auk Hus. (W. E.) *Mit Vielem kommt man aus, mit Wenigem hält man auch Haus.*

od. Mit vielem halt man Haus, Mit wenigem kommt man auch aus. (bair.)

Mit viel hält man Haus, Mit wenig kommt man auch aus. (schwb.)

Mit Vielem kommt man aus; Mit Wenigem hält man Haus. (schwb. W.)

Mit Vilem *(Vielem)* güdet me *(vergeudet man)*, Mit wenigem spart me *(man)*. (schwei.)

pd. Med Vêlen hölt men Hûs, med Wênigen kümt men åk ût. (ns. hn. G. u. G.) *S. Mat Fillem u. s. w.*

Mit Villem hält me Huus, Midde Wennigem kümmet me auk uut. (ns. W.) *S. Mat Fillem u. s. w.*

---

nw. Ein kann liva vael med litet og ille med myket. *Man kann mit Wenig wohl und schlecht mit Viel leben.*

Ein kjem mest like langt med litet som med myket. *Man kommt meistens gleich weit mit Wenig wie mit Viel.*

sw. Mycket kan snart blij alt, och lijtet kan waara längre. *Viel kann leicht alle werden, und Wenig kann länger währen.*

---

cw. Cun Bear viv' ün grass, cun pauc ven ün er tras. (obl.) *Mit Vielem lebt Einer gut, mit Wenigem kommt Einer aus.*

fz. Lou bère que desgouste, Lou chic que hè plasè. (sf. Bm.) *Das Viele übersättigt, das Wenige macht Vergnügen.*

it. Col poco si gode e coll' assai si tribola. (mi. t.) *Mit Wenigem erfreut man sich und mit Vielem plagt man sich.*

ni. Dël poc a s' in god, dël purassà a s' in fa nozz. (em. B.) *Das Wenige geniesst man, mit dem Vielen schwelgt man.*

Col poch se god tant, e col tant se god poch. (l. b.) *Bei Wenigem geniesst man viel und bei Vielem geniesst man wenig.*

Col poco se gode e co l' assae se strapazza. (v.) *Mit Wenig lässt man's sich wohl sein, und mit Vielem richtet man sich zu Grunde.*

El poco se gode e l' assae se strapazza. (v.) *Das Wenige erfreut und das Viele geht zu Grunde.*

si. Meglio de lo poco gaudere che de l' assaie trivolare. (npl.) *Besser sich am Wenigen erfreuen, als sich mit dem Vielen plagen.*

pt. O pouco basta, o muito se gasta e a quem não tem Deus o mantem. *Das Wenige genügt, das Viele verdirbt, und wer nichts hat, den erhält Gott.*

sp. Lo poco abasta y lo mucho se gasta. *Das Wenige genügt und das Viele verdirbt.*

---

620. **Wenig** und gut.

Ein pfefferkorn vil bässer ist, dann ein grösser haufen mist. (ad.)

od. Ein einiges Bienlein ist besser, als ein Schwarm Fliegen. (schwei.)

pd. Lütjet un woll is bäter, as groot un weh. (ns. bn. V.) *Klein und wohl ist besser, als gross und weh.*

---

dl. Een greintje peper is beter dan eene mand vol pompoenen. *Ein Körnchen Pfeffer ist besser, als ein Korb voll Kürbisse.*

Eene bij is beter dan eene handvol vliegen. *Eine Biene ist besser, als eine Handvoll Fliegen.*

Eene talie van een' haas is eene el van eene kat waard. *Eine Schnitte von einem Hasen ist eine Elle von einer Katze werth.*

en. One leg of a lark is worth the whole body of a kite. *Ein Lerchenbein ist einen ganzen Geier werth.*

A piece of kid 's worth two of a cat. *Ein Stück Zicklein ist zwei von einer Katze werth.*

---

dä. Lidt og godt.

sw. Bättre litet och godt, än mycket som till intet duger. *Besser wenig und gut, als viel, was zu Nichts taugt.*

---

fz. Il y a plus de goût à un grain de poivre qu' à un muid de chaux. *Es ist mehr Geschmack in einem Pfefferkorn, als in einer Tonne Kalk.*

Mieulx vault une seule mouche à miel Que cent bourdons sans miel. *Mehr ist eine einzige Biene werth, als hundert Drohnen ohne Honig.*

Mieiz vant une taile de bacon, que dens dasne. (afz.) *Besser ist eine Schnitte Speck, als zwei vom Esel.*

Meux vaut pièce de porce que hanuche de asne. (afz.) *Besser ist ein Stück vom Schwein, als eine Keule vom Esel.*

Vaut may un plat de broueit, qu'uno oulo de lavagno. (uprv.) *Besser ist eine Schüssel Fleisch, als ein Kochtopf voll Wasser (worin es eingeweicht worden ist).*

Kan lé bein, lé prau. (Pat. s.) *Wenn's gut ist, ist's viel.*

it. Poco e buono empie il tagliere. (mi. t.) *Wenig und gut füllt das Hackebrett.*

mi. Val più un grano di pepe, che un stronzolo d' asino. (t.) *Mehr werth ist ein Pfefferkorn, als ein Eselsk—.*

È meglio un garofano, che un gambo di pera. (t.) *Besser ist ein Gewürznäglein, als ein Birnenstiel.*

ni. L'è mei al poc e bòn, che al purassà e cativ. (em. B.) *Besser wenig und gut, als viel und schlecht.*

Val più il grè de pier, che il fig d' asen. (l. b.) *S. Val più u. s. w.*

Pòch ma bon. (piem.) *Wenig, aber gut.*

Pòch e bon, e pien el piat. (piem.) *Wenig und gut, und die Schüssel voll.*

Poco, ma bon. (v.) *S. Pòch u. s. w.*

Val più un gran de pevare che un stronzo de aseno. (v.) *S. Val più u. s. w.*

si. È meglio un maccarone che cento vermicelli. (npl.) *Besser ist eine Maccarone, als hundert Vermicelli (Fadennudeln).*

pt. Mais valem dous bocados de vacca, que sete de pata. *Mehr werth sind zwei Bissen Kuhfleisch, als sieben von Ente.*

sp. Mas vale una abeja que mil moscas. *Mehr gilt eine Biene, als tausend Fliegen.*

Mas valen dos bocados de vaca que siete de pata. *S. Mais u. s. w.*

wl. Mai bine puţină şi bună de cât multă şi rea. *Es ist besser wenig und gut, als viel und schlecht.*

---

621. Die Spritzen kommen, **wenn** das Haus abgebrannt ist.

Es ist zu lange gehawet, wen das tach vber den Kopff brennet. (ad.)

---

dl. Het is te spade, water te werpen, als het vuur in het spinrokken is. *Es ist zu spät, Wasser zu werfen, wenn das Feuer im Spinnrocken ist.*

en. When the house is burnt down, you bring water. *Wenn das Haus niedergebrannt ist, bringt ihr Wasser.*

---

dä. Det er for sildigt at slaae Vand paa Asken, naar Huset er brendt. *Er ist zu spät, Wasser auf die Asche zu giessen, wenn das Haus abgebrannt ist.*

nw. Naar Huset er brent, plar Folk vera vare med Vermen. *Wenn das Haus abgebrannt ist, pflegen die Leute vorsichtig mit dem Feuer zu sein.*

sw. Det år försent wakta elden når huset står i brand. *Es ist zu spät, das Feuer zu hüten, nachdem das Haus in Brand steht.*

Seent wachta Elden, når Hwset står i brandh. *Spät das Feuer hüten, wenn das Haus in Brand steht.*

Slå watu på Askan, sedan Hwset år upbrändt. *Wasser auf die Asche schütten, nachdem das Haus abgebrannt ist.*

---

lt. Aquas cineri infundere.

fz. Quant la charete est versee, si quer len la charere. (afz.) *Wann der Wagen umgeworfen ist, frägt man nach dem Geleise.*

it. Tardi si vien con l'acqua, quando la casa è arsa. *Spät kommt man mit dem Wasser, wenn das Haus abgebrannt ist.*

pt. Queimada la casa, acode com agoa. *Wenn das Haus abgebrannt, komm mit Wasser.*

sp. La casa quemada, acudir con el agua. *Wenn das Haus abgebrannt, mit dem Wasser kommen.*

A carros quebrados carriles à fartos. (ast.) *Für zerbrochene Wagen Geleise in Menge.*

wl. Adduce apă, duppŏ ce s' a stinsă foculă. *Man bringt Wasser, nachdem das Feuer gelöscht ist.*

---

622. **Er steckt Reifen auf, wenn kein Bier mehr im Keller ist.**

Zum Fasse sehen, wenn der Wein im Keller fliesst.

Rechnen, wenn's Gütchen verthan ist.

Man jagt die Katze zu spät vom Speck, wenn er gefressen ist.

---

dt. Het is te laat: staa vast! te zeggen, als de pijl uit den boog is. *Es ist zu spät: Steh fest! zu sagen, wenn der Pfeil vom Bogen ist.*

en. When the wine is run out, you 'd stop the leak. *Wenn der Wein ausgelaufen ist, wollt ihr den Leck verstopfen.*

---

dä. Det er for silde (sildigt), at raabe: Kat! naar Flesket er ædt. *Es ist zu spät: Katze! zu rufen, wenn das Fleisch gefressen ist.*

Det er for sildigt at lære at svømme, naar Vandet gaaer i Munden. *Es ist zu spät, schwimmen zu lernen, wenn das Wasser in den Mund kommt.*

D' er seint aa snyta seg, naar Nosi er av. *Es ist spät, sich zu schnäuzen, wenn die Nase ab ist.* **nw.**

D' er seint aa sjaa paa Steinen, naar ein heve støytt seg. *Es ist spät, nach dem Stein zu sehen, wenn man sich gestossen hat.*

D' er seint aa sælda, naar Sanderna er komna i Halsen. *Es ist spät, zu sieben, wenn die Spreu in den Hals gekommen ist.*

För sent att ropa: kass! när korfven är uppäten. *Zu spät zu rufen: fort! wenn die Wurst aufgefressen ist.* **sw.**

För sent att kasta jästen i ugnen, när brödet är bakadt. *Zu spät die Hefen in den Ofen zu schütten, wenn das Brot gebacken ist.*

För sent att väpna sig, när fienden står för dörren. *Zu spät sich zu bewaffnen, wenn der Feind vor der Thür steht.*

Seent sichta när Sådorna äre upäthne. *Spät sieben, wenn die Saaten aufgefressen sind.*

Det är försent ropa: kass! se 'n korfwen är upäten. *Es ist zu spät: fort! zu rufen, nachdem die Wurst aufgefressen ist.*

Det är försent, kasta jästen i ugnen, sedan brödet är bakadt. *Es ist zu spät, die Hefen in den Ofen zu schütten, wenn das Brot gebacken ist.*

Trop tard est-il de conseil prendre, quand en bataille il faut descendre. *Zu spät ist's, sich zu berathen, wenn man zur Schlacht ziehen soll.* **fz.**

Egli ha fatto come quel Perugino, che subito, che gli fu rotto la testa, corse a casa per la celata. *Er hat's gemacht, wie jener Peruginer, der gleich, nachdem ihm der Kopf entzweigeschlagen worden, nach Hause lief, um sich zu verstecken.* **it.**

A modo del villan matto: Dopo il danno fà il patto. *Auf die Art des dummen Bauern: nach dem Schaden macht er den Vertrag.*

Recibido ya el daño, atapar el horado. *Wenn der Schaden schon geschehen ist, das Loch zustopfen.* **sp.**

---

623. **Wenn das Kind ertrunken ist, deckt man den Brunnen zu.**

Zu spät deckt man den Brunnen zu, wenn das Kind bereits ertrunken ist.

Den Brunnen schliessen, wenn das Kind ertrunken ist.

pd. Wenn 't Kind in'n Brunnen falln iss, denn wä(r)t'r todeckt. (us. A.) *Wenn's Kind in den Brunnen gefallen ist, dann wird er zugedeckt.*

Wenn't Kind versöpen is, denn werd de Brunne tänelegt. (us. hn. G. u. G.) *Wenn's Kind ersoffen* **ist, dann wird der Brunnen zugedeckt.**

Wenn dat Kind versapen is, smitt man de Sod to. (us. hlst. A.) *Wenn das Kind ersoffen* **ist,** *schmeisst man den Brunnen zu.*

Wenn 't Kind verdrunken is, sall de Pütt dämpt worden. (us. ofs.) *Wenn das Kind ertrunken* **ist,** *soll der Brunnen* **zugemacht** *werden.*

Wen et Kint vadrunken is, decken **de Lüed en** Pütten to. (us. U.) *Wenn* **das** *Kind ertrunken ist, decken die Leute den Brunnen* **zu.**

Wann 't Kint **verdrunken es, well me** 't Pütt decken. (wstf. Mrk.) **Wenn das** *Kind ertrunken ist,* **will man den** *Brunnen bedecken.*

---

fs. Wan-t **Biarn nun Suas leit, leit-m-t** Lad üüb. (A.) **Wenn's Kind im Brunnen** *liegt, legt* **man den Deckel auf.**

Lii di Led üp, wan dit Jungen ön Sund' **es.** **(S.) Lege den Deckel auf,** *wenn der Junge* **im Brunnen ist.**

---

dä. Det **er for** sildigt (sent) **at** skyde **(lukke) Brønden igien,** naar Barnet er druknet. **Es ist zu spät, den** *Brunnen wieder zuzuschieben* **(zuzumachen), wenn das Kind** *ertrunken ist.*

is. Það er **seint að** byrgja brunninn, þá barnið er dautt. *Es ist spät, den Brunnen zuzudecken,* **wenn das** *Kind todt ist.*

Seint er að byrgja brunninn auða, þá barnið er dottið **ofan** í. *Spät ist's, den Brunnen zuzudecken,* **wenn** *das Kind oben hinein gefallen* **ist.**

nw. D' er seint aa dytta Brunnen, naar Barnet er druknat. *Es ist spät, den Brunnen zuzumachen, wenn das Kind ertrunken ist.*

sw. Det är försent att lägga locket på brunnen när barnet har drunknat. *Es ist zu spät, den Deckel* **auf den Brunnen zu legen, wenn das** *Kind* **ertrunken ist.**

---

lt. Serum cavendi tempus est, in mediis malis.

---

624. **Wenn** das Kind getauft ist, will Jeder es heben.

Bann's Kénd gəhóbə is, will Jêdər Gavâtər stéə. (frk. H.) *Wenn's Kind getauft ist, will Jeder Gevatter stehen.* md.

Näch der Kindleskirm will Jeder Gvätter sei'. (frk. M.) *Nach der Kindtaufe will Jeder* **Gevatter** *sein.*

Wenn d' Chatz tauft ist, will en Njedere Götti sii. (schwei.) **Wenn** *die Katze getauft ist, will ein Jeder Pathe sein.* od.

Wenn 't Kind döft is (sau) wilt alle Lüe Vader **sin. (us. hn.** G. u. G.) *Wenn das Kind getauft ist, (so)* **wollen alle Leute** *Gevatter sein.* pd.

Is 't Kindjen **ka'stel so** wull Eener Vadder stahn. (us. Hmb.) *Ist das Kindchen getauft, so will Einer Gevatter stehen.*

Wann dat *(das)* Kind **gedoft is** *(getauft ist),* dann will Jeder Gevatter **sien** *(sein).* (us. W.)

Wann't Kiind kasselt is, will'r Jedereene wual Vadder to stannen. (wstf. **O.)** *Wenn das Kind getauft* **ist,** *will Jedermann Gevatter dabei stehen.*

When **the child is** christened, **you** may have **god-fathers enough.** *Wenn das Kind getauft* **ist, könnt ihr Pathen genug haben.** en.

C'est quand l'enfant est **baptisé,** qu'il **arrive** des parrains. **Wenn das Kind getauft ist, kommen Pathen an.** fz.

Quand el batèz l'è face, Töc i völ vès gbidas. **(ni. l. b.) Wenn die Taufe vorbei ist,** *wollen* **Alle** *Pathen sein.* it.

Dopo che 'l xe batizà, i vol esser compari. (v.) *Nachdem's getauft ist, wollen sie Pathen sein.* ni.

Co' **se xe** imbriaghi tuti **vol dar da** bever. **(v.)** *Wenn* **man** *betrunken* **ist, wollen** *Alle zu trinken* **geben.**

---

625. **Als de** bruid is aan den man, Dan wil **elk** eran. (dt.) **Wenn** *die Braut an den Mann (gebracht) ist, will* **Jeder** *daran.*

Quand la fille est mariée **viennent** des gendres **(il arrive des** gendres) (il **arrive** assez de gen**dres). Wenn** *die Tochter* **verheirathet ist,** *kommen Schwiegersöhne (genug Schwiegersöhne).* fz.

A **filhe** maridade cent partits qu' eñ sort. (Brn.) *Der verheiratheten Tochter bieten sich hundert Partieen.* **sf.**

it. Sposa fatta piace a tutti. *Getraute Braut gefällt Allen.*

nl. Fata la spusa, töc i la vorav. (l. b.) *Ist die Braut getraut, möchten sie Alle.*

Quand la spusa l'è fada, töc i la vurav (a töc la ghe pias). (l. b.) *Wenn die Braut getraut ist, möchten sie Alle (gefällt sie Allen).*

Quand la spusa l'è fada, a töc la fa voia. (l. b.) *Wenn die Braut verheirathet ist, macht sie Allen Lust.*

Co la sposa xe fata, tuti la voria aver. (v.) *Wenn die Braut getraut ist, möchten Alle sie haben.*

Co la sposa xe fata, a tuti la ghe fa vogia. (v.) *S. Quand la spusa l'è fada, a töc u. s. w.*

Quando la cavala xe mia, tuti la voria. (v.) *Nun die Stute mein is', möchten sie Alle.*

lm. Despres de casada la filla ixen gendres. (neat.) *Nach der Verheirathung der Tochter kommen Schwiegersöhne.*

pt. A filha casada sahem-lhe genros. *Zu verheiratheter Tochter kommen Schwiegersöhne.*

sp. A (la) hija casada salen nos yernos. *Zu der verheiratheten Tochter kommen uns Schwiegersöhne.*

A hija casada salen los yernos. (asp.) *Zu verheiratheter Tochter kommen die Schwiegersöhne.*

---

626. Wenn's Kalb ersoffen ist, deckt der Bauer den Brunnen zu.

Wenn die Kuh todt ist, wird der Stall gebessert.

Gesottenem Fische hilft das Wasser nicht.

md. Wan d' Kallef am Petz léit, da' mécht ên en Déckel drop. (mrh. L.) *Wenn das Kalb im Brunnen liegt, macht man einen Deckel drauf.*

pd. As 't Kalf versopen is, meckt men de Pött tu. (nrh. Kl.) *Wenn das Kalb ersoffen ist, macht man den Brunnen zu.*

Wenn de Kau dâte is, sau werd de Stal ebetert. (ns. ha. G. u. G.) *S. Wenn die Kuh u. s. w.*

Wenn't Pêrd kaput is, sau werd de Stal ebetert. (ns. ha. G. u. G.) *Wenn's Pferd hin ist, wird der Stall ausgebessert.*

Hei upp, Koh dodt. (ns. ofs.) *Heu da, Kuh todt.*

Wen da Fisk brâ'n is, helpt ûm't Wâter ni mêr. (ns. O. J.) *Wenn der Fisch gebraten ist, hilft ihm das Wasser nicht mehr.*

---

dt. Als het kalf verdronken is, wil men den put dempen. *Wenn das Kalb ertrunken ist, will man den Brunnen zudecken.*

Men dempt (vult) den put, wanneer (als) 't kalf verdronken is. *Man deckt (füllt) den Brunnen zu, wenn das Kalb ertrunken ist.*

Het hooi op en de koe dood. *Das Heu da und die Kuh todt.*

't Is te laet den put gevuld als het kalf verdronken is. (vl.) *Es ist zu spät der Brunnen ausgefüllt, wenn das Kalb ertrunken ist.*

When the horse is starved, you bring him oats. en. *Wenn das Pferd verhungert ist, bringt ihr ihm Gerste.*

When the dog is drowning, every one offers him water. *Wenn ein Hund im Ertrinken ist, bietet Jeder ihm Wasser an.*

Det är tid komma med höet när märren är död. sw. *Es ist Zeit mit dem Heu zu kommen, wenn die Mähre todt ist.*

Det är tid komma med mjölken när fölet är dödt. *Es ist Zeit mit der Milch zu kommen, wenn das Fohlen todt ist.*

Quand le chien se noie, chacun lui porte de fz. l'eau. *Wenn der Hund ertrinkt, bringt Jeder ihm Wasser.*

A cavallu mortu un bale erba sigata. (mi. crs.) it. *Todtem Pferde hilft geschnittenes Gras nicht.*

Morto l'asino va pel maniscalco. (t.) *Der Esel* mi. *todt, geh nach dem Kurschmidt.*

Asno morto, cevada ao rabo. *Esel todt, Gerste* pt. *bis zum Schwanz.*

Al asno muerto la cebada al rabo. *Dem todten* sp. *Esel die Gerste bis zum Schwanz.*

---

627. Wenn's Kalb gestohlen ist, bessert der Bauer den Stall.

Wenn die Kuh gestohlen ist, sperrt man den Stall.

Den Stall zuthun, wenn 's Pferd davongelaufen ist.

Haun di Kü 'naus ês, macht mo' d'n Stål zú. md. (frk. H.) *Wenn die Kuh hinaus ist, macht man den Stall zu.*

Wenn di Kuâh dauß it, mécht mēr 'n Stöl zuâ. (frk. M.) *S. Haun u. s. w.*

Wenn 's Pard gestuln is, schliesst mer 'n Stoll zu. (sä. A.) *Wenn 's Pferd gestohlen ist, schliesst man den Stall zu.*

od. Wenn die Kuh gestohlen ist, schliesst man die Thüre zu. (bair.)

Wenn d' Chue dusse-n ist, so thuet me d' Thür zue. (schwei.) *Wenn die Kuh draussen ist, macht man die Thür zu.*

Wann aus dem Stall die Kuh, schliesst man die Thür zu spat *(spät).* (tir.)

pd. Wenn 't Pērd estôlen is, sau werd de Stall ebetert. (us. hn. G. u. G.) *Wenn 's Pferd gestohlen ist, so wird der Stall ausgebessert.*

Wann de Gaul gestollen is, dann manket me de Dööre tau. (us. W.) *Wenn der Gaul gestohlen ist, dann macht man die Thüre zu.*

---

dl. Het is te laat den stal te sluiten, als het paard gestolen is. *Es ist zu spät, den Stall zu schliessen, wenn das Pferd gestohlen ist.*

Sluit den stal: de wolf heeft de schapen gegeten. *Schliesst den Stall: der Wolf hat die Schafe gefressen.*

Het is te laat de kooi gesluten, als het vogeltje gevlogen is. *Es ist zu spät, den Käfich zu schliessen, wenn das Vögelchen entflogen ist.*

Men sluit den stal te laet als het peerd (de koe) gestolen is. (vl.) *Man schliesst den Stall zu spät, wenn das Pferd (die Kuh) gestohlen ist.*

en. When the steed is stolen, the stable-door shall be shut. *Wenn das Ross gestohlen ist, wird die Stallthür geschlossen.*

When the wares are gone, shut up the shop-windows. *Wenn die Waaren fort sind, schliesst die Ladenfenster.*

When the daughter is stolen, shut Peppergate. (w. en.) *Wenn die Tochter gestohlen ist, schliesst 's Pfefferthor.*

---

dä. Det er for ilde, at lukke Buuret naar Finken er fløien. *Es ist zu spät, den Bauer zu schliessen, wenn der Finke davongeflogen ist.*

Det er for seent, at stænge Houschuset, naar Ræven har ædet Hønsene. *Es ist zu spät, das Hühnerhaus zu schliessen, wenn der Fuchs die Hühner gefressen hat.*

At lukke Skrinet naar Pengene ere stjaalne. *Den Schrein zuschliessen, wenn das Geld gestohlen ist.*

nw. D' er seint aa stengja Stallen (Buret), naar Folen (Fuglen) er burte (flogen). *Es ist spät, den Stall (Bauer) zuzumachen, wenn das Fohlen (der Vogel) fort (weggeflogen) ist.*

sw. Det är försent att stänga buren, när fågeln är utflugen. S. *Het is te laat de kooi u. s. w.*

Det är för sent att stänga hönshuset, sedan räfven ätit upp hönsen. S. *Det er for seent u. s. w.*

Sent stänga hönshuset, sedan räfven ätit upp hönsen. *Spät das Hühnerhaus zu schliessen, wenn der Fuchs die Hühner aufgefressen.*

Nil juvat amisso claudere septa grege. lt.

Accepto damno januam claudere.

Sero subtractis reparas presepe caballis. (mlt.)

Il est trop tard de fermer l' écurie, quand les fz. chevaux sont pris. *Es ist zu spät, den Stall zu schliessen, wenn die Pferde genommen sind.*

Il n' est plus temps de fermer l' écurie, quand les chevaux ont été pris. *Es ist nicht mehr Zeit, den Stall zu schliessen, wenn die Pferde genommen worden sind.*

Il est temps de fermer l' étable, quand les chevaux s' en sont allés. *Es ist Zeit, den Stall zu schliessen, wenn die Pferde davon gegangen sind.*

Fermer l' écurie quand les chevaux sont dehors. *Den Stall schliessen, wenn die Pferde draussen sind.*

A tart ferme l' om l' estable quant le cheval est perduz. (afz.) *Zu spät schliesst man den Stall, wenn das Pferd verloren ist.*

Quant le cheval est emblé dounke ferme fols l' estable. (afz.) *Wenn das Pferd fort ist, dann schliesst der Narr den Stall.*

A tart est huis clos, quant li chival en est hors. (afz.) *Spät ist die Thür geschlossen, wenn das Pferd draussen ist.*

L' on a à tart fermé l' estable, Quand li che- nf. vaux en est emblé. (Champ.) *Man hat den Stall spät geschlossen, wenn die Pferde fort sind.*

Pour fremer ch' poulailler ch' est s' y prendre ein pen tard D' attendre eq' chés poulets soient mingés par chés renards. (pic.) *Um den Hühnerstall zu schliessen, ist es ein wenig spät zu warten, bis die Hühner von den Füchsen gefressen sind.*

Il est trop târd di serrer li stâ qwand li ch'vâ est sâvé. (w.) *Es ist zu spät, den Stall zu schliessen, wenn das Pferd davon ist.*

Sarràs l' estable, la besty es presso. (nprv.) sf. *Schliess den Stall, das Vieh ist gestohlen.*

Serrar la stalla quando s' han perduti i bovi. it. *Den Stall schliessen, wenn sich die Ochsen verloren haben.*

Quando l' uccello è fuggito, poco rileva riserrar la gabbia. *Wenn der Vogel fort ist, hilft es wenig, den Käfich wieder zu verschliessen.*

mi. Chiede l' uscio dopo che è scappatu un porcellu. (cra.) *Die Thür schliessen, nachdem ein Ferkel entwischt ist.*

Assrê la stala quand ch l' é scapp i bö. (rom.) *Den Stall schliessen, wenn die Ochsen entwischt sind.*

Assrê la stala dop ch l' é scapp i bö. (rom.) *Den Stall schliessen, nachdem die Ochsen entwischt sind.*

Perduti i buoi, serra la stalla. (t.) *Sind die Ochsen verloren, schliesst er den Stall.*

ni. Srar la stalla dôp ch' i bu ein scappà. (em. B.) *S. Assrê la stala dop u. s. w.*

Pers i bo sarà la stala. (em. P.) *Den Stall schliessen, wenn die Ochsen verloren sind.*

Scapat i bö el völ sarà la stala. (l. b.) *Sind die Ochsen entwischt, will er den Stall schliessen.*

Dopo scapat i bö serà la stala. (l. brs.) *S. Assrê la stala dop u. s. w.*

L' è inutil, scappà i bœu, sarrà la stalla. (l. m.) *Es ist unnütz, den Stall zu schliessen, wenn die Ochsen entwischt sind.*

Chiudere la stalla dopo che è fuggito il vitello. (lig.) *Den Stall schliessen, nachdem das Kalb entflohen ist.*

Sarè la stala, quand ii bœ̃ a son scapà. (piem.) *S. Assrê la stala quand u. s. w.*

Sarè l' uss, quand ii bœ̃ a son scapà. (piem.) *Die Thür schliessen, wenn die Ochsen entwischt sind.*

Scapà ii bœ̃, sarè la stala. (piem.) *Sind die Ochsen entwischt, den Stall schliessen.*

No aspetar de serar la stala co i bo xe scampai. (v.) *Warte nicht ab, den Stall zuzuschliessen, bis die Ochsen entwischt sind*

Dopo scampada la vaca, serè la stala. (v. trst.) *Den Stall schliessen, nachdem die Kuh entwischt ist.*

m. S. Chiara di Napoli, prima si lasciò rubare e poi si fece le porte di ferro. (ap.) *S. Chiara in Neapel, zuerst liess man stehlen und dann machte man die eisernen Thüren.*

È mala cosa chiudere la stalla quanno ne sò scinte li vuole. (npl.) *Es ist ein übel Ding, den Stall zuzuschliessen, wenn die Ochsen fort sind.*

Dopo di aver perduti i bovi serri la stalla. (npl.) *Nachdem du die Ochsen verloren hast, schliesse den Stall zu.*

Persi li muli e va circanno li capestri. (s.) *Nachdem die Maulthiere verloren sind, geht er die Zäume suchen.*

---

628. **Die Wurst nach dem Schinken werfen.**

Die Wurst nach der Speckseite werfen.

Man muss die Wurst nach der Speckseite werfen.

Hä wörft mit der Wu-erst noch der Spaakseite. md. (frk. H.) *Er wirft mit der Wurst nach der Speckseite.*

Ar wörft di Wuuerscht nouchou Seusouk. (frk. H. S.) *Er wirft die Wurst nach dem Sausack (Schweinsmagen).*

År wirft di Worșt nåch 'n Säusök. (frk. M.) *S. Ar wörft u. s. w.*

Dês hásst di Wûrșt nåuch'n Säusök werf'n. od. (opf. N.) *Das heisst: die Wurst nach dem Sausack werfen.*

Er wirft a *(eine)* Wurst nach einem Blonzen *(einer Blutwurst).* (schwb.)

Der rickt 'n Schunka *(Schinken)* an einen Kreuzer Speck. (schwb. W.)

Eine Wurst nach einer Seite Speck werfen. (schwei.)

Ich stecke *(werfe)* eine Wurst an (in Bach), dass ich kann einen Hammen *(Schinken)* herausziehen. (schwei.)

En Brotwoosch gägen en Sick Späck. (nrh. K.) pd. *Eine Bratwurst gegen eine Speckseite.*

He schmit met en Gerschteköruschen no en Sit Speck. (nrh. M.) *Er wirft mit einem Gerstenkörnchen nach einer Speckseite.*

De Wost nao d' Specksit smit'n. (ns. A.) *S. Die Wurst nach der u. s. w.*

Hê smitt de Wost nao'n Schink'n. (ns. A.) *Er wirft die Wurst nach dem Schinken.*

Mitr Mettwurst na' n Schinken smitn. (ns. B.) *Mit der Mettwurst nach dem Schinken werfen.*

Mit der Wost na der Siche Speck smieten. (ns. ha. H.) *Mit der Wurst nach der Speckseite werfen.*

He smitt mit de Vyrst na de Schink. (ns. hlst. A.) *Er wirft mit der Wurst nach dem Schinken.*

Mit der Mettwo'st naa'm Schinken smyten. (ns. Hmb.) *S. Mitr u. s. w.*

He smitt mit de Pink na de Schink. (ns. ofs.) *Er wirft mit der kleinen Wurst nach dem Schinken.*

Mit 'n Wurst na' n Siede Speck smieten. (ns. ofs.) *Mit einer Wurst nach einer Speckseite werfen.*

He smitt mit 'n Mettwurst na'n Side Speck. (ns. O. J.) *Er wirft mit einer Mettwurst nach einer Speckseite.*

He smitt mit 'n Mettwust na'n Schinken. (ns. O. R.) *Er wirft mit einer Mettwurst nach einem Schinken.*

He smitt mit 'n Mettwust na' n Sginken. (ns. O. St.) *S. He smitt mit 'n u. s. w.*

Hei schmiet midde emer Brotwost noh emer Siede Speck. (ns. W.) *Er wirft mit einer Bratwurst nach einer Speckseite.*

Hai smitt mit der Mettwust no de Seien Spekk. (wstf. Dr.) *Er wirft mit der Mettwurst nach der Speckseite.*

Miet 'ner Woast un 'ner Snie Spekk smuiten. (wstf. S.) *S. Mit 'n u. s. w.*

---

dt. Met eene metwost naar eene zij spek smijten. *Mit einer Mettwurst nach einer Speckseite werfen.*

fs. Hi smat eftar a Skink me'n Māragh. (F.) *Er wirft nach dem Schinken mit einer Wurst.*

---

dä. At kaste efter en Side Flesk med en Spegepølse. *Nach einer Speckseite mit einer Knackwurst werfen.*

---

fz. Il sème un grain d'orge pour attraper un pigeon. *Er wirft ein Gerstenkorn aus, um eine Taube zu fangen.*

it. Lanciar un ago per aver un pal di ferro. *Eine Nadel auswerfen, um eine Eisenstange zu haben.*

Gittar una pallottola per aver un colombo. *Ein Kügelchen auswerfen, um einen Täubrich zu fangen.*

mi. Vuol che io getti un ago per raccorre un pal di ferro. (t.) *Er will, dass ich eine Nadel auswerfe, um eine Eisenstange zu bekommen.*

ni. Semenuâ agogge pe arrecchêugge pâferi. (lig.) *Nadeln säen, um Stangen zu ernten.*

---

629. Man **soll die Perlen nicht vor die Säue werfen.**

Man soll nicht Perlen vor die Schweine werfen.

Perlen vor die Säue werfen.

Man sol diu mergriezzer vur diu swîn niht giezzen. (ad.)

dt. Werp geene paarlen voor de zwijnen: zij mogten ze onder den draf inlijven. *Werft keine Perlen vor die Schweine: sie möchten sie mit dem Spülicht einschlürfen.*

Strooi geene roozen voor de varkens. *Streut keine Rosen vor die Schweine.*

't Is roozen voor de varkens gestrooid. *Das heisst Rosen vor die Schweine gestreut.*

en. To throw pearls before swine. *Perlen vor Schweine werfen.*

fs. Dâ Pârle faar 'e Swin smitten. (M.) *Die Perlen vor die Schweine werfen.*

---

is. Maðr skal ei gimsteini grýta fyrir svin. *Man muss nicht einen Edelstein vor ein Schwein werfen.*

Illt er að bera gimsteina fyrir svin. *Übel ist's, Edelsteine vor Schweine zu bringen.*

Illt er gimsteinum fyrir svin að kasta. *Übel ist's, Edelsteine vor Schweine zu werfen.*

Illt er að prýða svin með silfri og perlum. *Übel ist's, Schweine mit Silber und Perlen zu schmücken.*

sw. Man bör ej kasta perlor för svin. *Man muss keine Perlen vor Schweine werfen.*

Kasta intet Pärlor för Swijn. *Wirf nicht Perlen vor Schweine.*

Giff intet Hunden aff Helgedomen. *Gib dem Hunde nichts von der Reliquie.*

---

lt. Turpe est sanctum dare catellis.

Turpe rosas suibus, sanctum dare turpe catellis. (mlt.)

fz. Donner les perles aux pourceaux. *Den Schweinen die Perlen geben.*

Il ne faut pas semer des marguérites devant les pourceaux. *Man muss nicht Tausendschönchen (Perlen) vor die Schweine streuen.*

Il ne faut pas semer des fleurs devant des pourceaux. *Man muss nicht Blumen vor Schweine streuen.*

C'est folie semer les roses aux pourceaux. *Es ist Thorheit, die Rosen vor die Schweine zu streuen.*

sf. Gietto de perlos ey pouores. (nprv.) *Er wirft Perlen vor die Schweine.*

it. Gettar le perle a' porci. *S. Dâ Pârle u. s. w.*

Gittar le perle in bocca al ciacco. *Die Perlen dem Schwein in den Mund werfen.*

Dar la treggêa a' porci. *Das Zuckerwerk den Schweinen geben.*

Dar le noci moschate ai porci cinghiali. *Die Muscatnüsse den wilden Schweinen geben.*

mi. Essere come gettare le perle (margherite) (la treggêa) ai porci. (t.) *Es ist, als würfe man die Perlen (die Tausendschönchen) (das Zuckerzeug) vor die Schweine.*

ni. Dâ e confittûe all' aze. (lig.) *Dem Esel das Confekt geben.*

Darghe confeti ai porchi. (v.) *Den Schweinen Confekt geben.*

A l' è l'istess com de d' bonbon (d' confitture) ai porss. (piem.) *Es ist ebenso, als gäbe man Bonbons (Confekt) den Schweinen.*

---

630. Das **Werk** lobt den Meister.

md. 's Wark löbt a Méstar. (schls. B.)
od. Das Werk schlägt dem Meister nach. (schwei.)
pd. Am Werke erkennt me *(man)* den Meister. (ns.W.)

---

dt. Aan het werk kent men den meester. *S. Am Werke u. s. w.*
en. The workman is known by his work. *Der Arbeiter wird an seinem Werk erkannt.*
Wark bears witness wha does weel. (scho.) *Das Werk bezeugt, wer's gut macht.*
fs. Dät Wiirk prihsset' e Mäister. (M.) *Das Werk preist den Meister.*

---

dä. Værket priser Mesteren. *S. Dat u. s. w.*
Gjerningen priser Mesteren. *S. Dat u. s. w.*
is. Verkið lofar meistarann.
nw. Gjerningi prisar Meisteren. *S. Dat u. s. w.*
D' er Verket, som viser Meisteren. *Es ist das Werk, das den Meister zeigt.*
Dat syner paa Verket, kvat Vitet er. *Am Werke wird es sichtbar, was für Talent ist.*
sw. Verket prisar mästaren. *S. Dat u. s. w.*

---

lt. Opus laudat artificem.
Opus artificem probat.
Artificem commendat opus.
cw. La Lavur laud' ilg Factur. (obl.) *Die Arbeit lobt den Arbeiter.*
fz. A l' oeuvre on connait l' ouvrier (l' artisan). *Am Werk erkennt man den Arbeiter.*
A l' ouvrage cognoit-on l' ouvrier. *An der Arbeit erkennt man den Arbeiter.*
L'oeuvre l' ouvrier découvre. *Das Werk verräth den Arbeiter.*
La fin loue l' ouvrier. *Das Ende lobt den Arbeiter.*
L'uevre apporte son jugement, Ce sachiez bien apertement. (afz.) *Das Werk bringt sein Urtheil mit, das mögt ihr recht offenbar wissen.*
nf. Ch' est à ch' pied d' ech' l' abe qu' o conoit ch' bokillon. (pic.) *Am Strunk des Baumes erkennt man den Holzhauer.*
A l' ovrége, on rik'nohe l' ovri. (w.) *S. A l'oeuvre u. s. w.*
C'est a l' muraie qu'on rik'nohe les maçons. (w.) *An der Mauer ist es, dass man die Maurer erkennt.*
L' obro lauzo lou Mestre. (nprv.) sf.
L' opera è quella che loda il maestro. *Das* it.
Werk ist's, das den Meister lobt.
All' opera si conosce il maestro. *S. Am Werke u. s. w.*
L' opera loda il maestro. (t.) mi.
Dall' ôpea se conosce o meistro. (lig.) *S. Am* ni.
Werke u. s. w.
L' opera a fa onor al maestro. (piem.) *Das Werk macht dem Meister Ehre.*
Da l' opera as conoss chi a la fata. (piem.) *Am Werke erkennt man, wer es gemacht hat.*
L'opera loda 'l maestro. (v.)
Da l' opera se cognosse 'l maestro. (v.) *S. Am Werke u. s. w.*
Da l' opera se conosse chi l' ha fata. (v.) *S. Da l' opera as u. s. w.*
Di l' opera si canusci lu mastru. (s.) *S. Am* si.
Werke u. s. w.
Su trabagliu narat (annuntiat) quie est su mastru (quie l' hat factu). (sa.) *Die Arbeit sagt (verkündet) es, wer der Meister ist (wer sie gemacht hat).*

---

631. Er ist nicht **werth**, ihm die Schuhriemen aufzulösen.

Hij is niet waardig, diens schoenriem vast te dt.
binden. *Er ist nicht werth, dessen Schuhriemen fest zu binden.*
Not worthy to wipe his shoes. *Nicht werth,* en.
seine Schuhe zu putzen.

Indignus est qui illi calceos detrahat. lt.
Indignus qui illi matellam porrigat.
Il n'est pas digne de délier les cordons de ses fz.
souliers.
Non esser degno di sciorre le sciarpe a uno. it.
Nicht werth sein, Einem die Schuhe aufzubinden.
Non è degno di cavargli le scarpe. *Er ist nicht werth, ihm die Schuhe auszuziehen.*
No essar bon d purtê dri al schèrp a on. (rom.) mi.
Nicht gut sein, Einem den Schuh nachzutragen.
Non esser degno di sciorre ad uno la correggia del calzare. (t.) *Nicht werth sein, Einem den Schuhriemen aufzubinden.*
Non è degno di portargli dietro i libri. (t. flr.) *Er ist nicht werth, ihm die Bücher nachzutragen.*

ni. N'èsser nianc bön d' purtari dri el scarp. (em. B.) *Nicht einmal gut sein, um den Schuh nachzutragen.*

N'èsser dègn d' basar la tèrra dòv ún mett i pì. (em. B.) *Nicht werth sein, den Boden zu küssen, wo Einer die Füsse hinsetzt.*

N' esser guàn degn d' portargh adrè il scarpi. (em. P.) *Nicht einmal werth sein, ihm den Schuh nachzutragen.*

Esse guanca bon a descaussoje le scarpe. (piem.) *Nicht einmal gut sein, ihm die Schuhe auszuziehen.*

Esse guanca degn d' ferteje le scarpe. (piem.) *Nicht einmal werth sein, ihm die Schuhe zu reinigen.*

No l' è guanca degno de liearghe le siòle de le scarpe. (v.) *Er ist nicht einmal werth, ihm die Sohlen der Schuhe zu lecken.*

si. Non esser dignu a l' isolver sas iscarpas. (sa. L.) *Nicht werth sein, ihm die Schuhe aufzubinden.*

---

632. Es ist ein Wetter, dass man keinen Hund hinausjagen möchte.

md. Ess es e Waater dösse *(draussen)*, doss me kän Hond naus möcht gejoe. (frk. H.)

Bei dem Wetter jagt man keinen Hund zum Hause 'naus. (sä. A.)

S'ies Water, ma joite kin Hund nauss. (schls.) *Es ist Wetter, man jagte keinen Hund 'naus.*

od. Pan an söölte Weda jankkt ma kuann Hunt aui. (st.) *Bei einem solchen Wetter jagt man keinen Hund hinaus.*

pd. En Wedder, dat man keen Hund utjagen much. (ns. hlst.) *Ein Wetter, dass man keinen Hund hinausjagen möchte.*

---

dt. Het is geen weêr, om kat of hond uit te jagen. *Es ist kein Wetter, um Katze oder Hund hinauszujagen.*

Men zou noch kat, noch hond buiten jagen. (vl.) *Man würde weder Katze, noch Hund hinausjagen.*

---

sw. Det år sådant wäder, at man ej will köra ut sin hund. *Es ist solches Wetter, dass man nicht seinen Hund hinaustreiben will.*

---

fz. Il fait un temps à ne pas mettre un chien dehors.

nf. I fét un tems qu'on n'encacherôt point un kien apa les rues. (R.) *Es ist ein Wetter, dass man keinen Hund in die Strassen jagen würde.*

On n' tap'reut nin on chin à l'ouhe. (w.) *Man würde keinen Hund vor die Thüre jagen.*

On n' chôkreut nin s' bell' mère à l'ouhe. (w.) *Man würde nicht seine Schwiegermutter vor die Thür jagen.*

On n' jetterôi nié in quié a l' porte. (w. M.) *S. On n' tap'reut u. s. w.*

---

633. Der Mönch antwortet, wie der Abt singt.

Zingt de abt wel, de prioor blijft hem niets schuldig. *Singt der Abt gut, bleibt ihm der Prior Nichts schuldig.* dt.

Eptir þvi dansa múnkar, sem ábóti kveðr. *Danach tanzen die Mönche, wie der Abt singt.* is.

Eins og ábótinn, dansa múnkarnir. *Wie der Abt, tanzen die Mönche.*

Eptir sem ábótinn kveðar, dansa múnkarnir. *Je nachdem der Abt singt, tanzen die Mönche.*

Le moine répond comme l' abbé chante. fz.

Comme chante le chapelain, Ainsy répond le sacristain. *Wie der Kaplan singt, so antwortet der Sakristan.*

Le bedeau de la paroisse est toujours de l'avis de monsieur le curé. *Der Messner der Pfarrei ist immer der Meinung des Herrn Pfarrers.*

Coumo l' abbé canto, lou mounge respoun. (Arm.) *Wie der Abt singt, antwortet der Mönch.* sf.

Coûmo cânto l' abat, atâou rèspon lou clerjha. (Lgd.) *Wie der Abt singt, so antwortet der Messner.*

Rispond i frà come à intonà l'Abà. (ni. l. m.) *Die Mönche antworten, wie der Abt angestimmt hat.* it.

A rsponde i frà com a l' a antonà l' abà. (piem.) *S. Rispond u. s. w.* ni.

Como canta o Abbade, assim responde o Sacristão. *S. Coûmo u. s. w.* pt.

Como canta el Abad, así responde el Sacristan. *S. Coûmo u. s. w.* sp.

---

634. Es ist eben Gurr, wie Gaul.

Es ist Schumpe, wie H....

Es ist Jacke (Hucke), wie Hose.

Eine Stunde **nach** zwölf ist es Eins, was man thue.

md. Döös ***(Das)*** **is** *(ist)* Hanks wi Manks. (frk. H. S.)

Dai eine ies von Riggenstrāu, dai andere ies **iwenstāu.** (hss. N.) *Die eine ist von Roggenstroh,* ***die*** *andere* ***ist ebenso.***

Speck und **Schwart sind von einer** Art. (nrh. E.)

Spèck a' Schwart, **As èuger Art.** (nrh. L.) ***S.*** *Speck* ***u. s. w.***

's Is *(Es ist)* Wurst wie Gurke. (sä. **A.)**

od. Jacke wi Plūnte. (östr. schls.)

's Iis hock mr d· Hoose ūn fleck mr **d· Metze.** (östr. schls.) ***'s Ist huck mir die Hose und*** *flick mir die Mütze.*

pd. Vöre Flepp en henge Jockeb. (nrh. A.) *Vorn Philipp und hinten Jakob (1. Mai).*

Muus as Moor, Stiirten hebben se All. (nrh. M.) *Maus wie Mutter, Schwänze haben sie alle.*

Krisstes oder Jösesx tās in **Téiwel.** (nrh. S.) *Christus oder Jesus, 's ist ein Teufel.*

Hēz oder Haz nēh Miz āsz Kaz. (nrh. S.) *Hetz oder Hatz und Miez ist Katz.*

Kēs oder Tårelt, tās ales int. (nrh. S.) *Käs oder Quark, 's ist Alles eins.*

't Is Mūs as **Mōn. (ns. A.)** ***'s*** *Ist Maus wie Mamma.*

Dat is Muus **of Moor** (Muus wie Muus), de Katt fritt se alle beide. (ns. hlst.) *Das ist Maus* ***oder*** *Mausmutter (Maus wie Maus), die Katze frisst sie alle beide.*

Dat is Schöffel as Stöl. (ns. hlst. A.) *Das ist Schaufel wie Stiel.*

Dat is Mūs as Mōr — **Stērten** un Oren hebbt se all. (ns. O. **J.)** *Das ist Maus wie Mutter* ***— Schwänze und Ohren*** *haben sie alle.*

Dat öss Jack wie Hos' (Pigg). (ns. **Pr.)** ***Das ist Jacke wie Hose*** *(Wamms).*

Müs ässe Mäner, Stäte hed se alle. (wstf. S.) ***S. Maus u. s. w.***

---

dl. Een ziek wijf en eene kranke vrouw. ***Ein*** *siechen Weib und eine kranke Frau.*

en. Goose, gander and gosling are three sounds, but one thing. *Gans, Gänserich und Gänschen sind drei Worte, aber ein Ding.*

---

dä. Eene Time efter Tolv er Klokken Eet. *Eine Stunde nach Zwölf ist ein Uhr.*

Hib som Hab, Skurv som Skab. *Hib wie* ***Hab,*** *Grind wie Ausschlag.*

Det er Hip som Hap. *Das ist Hip wie* ***Hap.***

Det er Hib som Hab. (jüt. S.) *S. Det er* ***u. s. w.***

sw. Mus som **Moder,** Katten bijter dhem bada. ***Maus*** *wie Mutter,* ***die Katze beisst sie beide.***

C'est bonnet blanc et blanc bonnet. ***'s Ist*** **fz.**
Weissmütze und weisse Mütze.

C'est jus vert et vert jus. ***'s Ist grüner Saft und unreifer*** *Traubensaft.*

C'est comme qwatte aidans **on** patar. **(w.) nf.**
's Ist wie vier Liards *ein Sou.*

Antau baleré esta porc que pourqué. (lim.) **sf.**
Eben so gut wäre es Schwein, *wie Schweinchen* ***zu sein.***

È tutta fava. ***Es ist Alles Bohne.*** **it.**

E comme cascia e furmaglia. (em.) ***Es ist*** **mi.**
wie Käse und Quark.

S' un **è bò l' è vaca. (rom.)** ***Wenn es kein*** *Ochse ist, ist's* ***'ne Kuh.***

Pulpèt e pulpètta **l' è l' istess.** (rom.) ***Roulade und*** *Fleischkloss,* ***'s*** *ist dasselbe.*

S' **a l' è** nen supa, a l' è pan bagnà. (piem.) **ni.**
Wenn es *nicht Brotsuppe ist,* ***ist's warmes Wasser*** *auf* ***Brot.***

Su qui est labia (laen), est labiola (lacheddu). **si.**
(sa. L.) *Was Kessel (Trog) ist, ist Kessel-****chen*** *(Trögchen).*

Digasli barret, digasli sombrero. **(neat.)** *Nenne* **lm.**
es Barett, *nenne* ***es Sombrero.***

Tal es Ali, **com** Canali. **(val.)** *'s Ist Ali wie Canali.*

Olivo y aceytuno **todo** es uno. *Ölbaum und* **sp.**
Olivenbaum, Alles ist eins.

Pato, ganso **y** ansaron tres cosas suena y una son. *Ente, Gans und Gänserich klingt wie* ***drei*** *Dinge und sind eins.*

---

635. Es ist gehüpft **wie** gesprungen.

Es ist einerlei: gehüpft oder gesprungen.

Gesotten **wie** gebacken.

Hineingeritten oder hineingefahren **ist gleich.**

Es kommt auf **Eins hinaus:** draussen **oder vor** der Thür.

Übersehen ist auch verspielt.

Esz es gehöpft bi gesprongc. (frk. **H.)** **md.**

Zu **Tod** gearbeitet ist auch **gestorben. (frk. H.)**

's **It** g'hopft wi g'sprungā. **(frk. M.)**

's Is ghupft wie gsprungā. **(frk. O.)**

Die ganze Nacht gesoffen **ist auch** gewacht. **od.**
(bair. L.)

's Ist drolet, wie bolet. (schwb. W.) *Es ist gerollt wie gekugelt.*

Es ist holen, was g'worfen. (schwei.) *Es ist gekugelt wie geworfen.*

Z' Tod erschrocke ist au g'storbe. (schwei.) *Zu Tod erschrocken ist auch gestorben.*

Blind g'schosse-n- isch au g'fehlt. (schwei. S.) *Blind geschossen ist auch gefehlt.*

S ist ghupft wie gsprunge. (schwei. Sch.)

Das is ghupft wia gsprungen. (st.)

G'hupft wie g'sprungen. (tir.) *Gehüpft wie gesprungen.*

Das ist Alles g'haut oder g'stochen. (tir.)

G'loffn wie g'sprungen. (tir. B.) *Gelaufen wie gesprungen.*

pd. So nigge (*neu*), so alt, So warm, so kalt. (wstf. Mrk.)

Me kann sik so guet versitten, as verlopen. (wstf. Mrk.) *Man kann sich so gut versitzen, wie verlaufen.*

Me kann sik so guet verilen, as verwilen (wstf. Mrk.) *Man kann sich so gut vereilen, wie verweilen.*

Me kann sik säu gued vermilen, ässe vorwuilen. (wstf. S.) *S. Me kann sik so guet verilen u. s. w.*

---

en. It is as good to be in the dark, as without light. *Es ist so gut im Finstern, wie ohne Licht zu sein.*

---

dä. Falder Krukken paa en Steen, da brister den, og falder Stenen paa en Krukke, da brister den ogsaa. *Fällt der Krug auf einen Stein, so zerbricht er, und fällt der Stein auf einen Krug, so zerbricht er auch.*

Slaa Leerpotthe tijl Stheen oc Stheen tijl Potthe, thaa vordher thet henne til Meen. (adä.) *Wirf einen irdenen Topf an einen Stein und einen Stein an einen Topf, so wird das ihm zum Schaden.*

Slaa Steen wed Wglæ oc Wglæ wed Steen, thet galler Vglæs Ben. (adä.) *Wirf einen Stein an eine Eule und eine Eule an einen Stein, so büsst 's der Eule Bein.*

Lægh Ijldh paa Lowæ oc Lowæ paa Ijld, tha swidher Haandh oc ickæ Brandh. (adä.) *Leg Feuer auf den Handteller und den Handteller auf Feuer, so verbrennt die Hand und nicht der Brand.*

sw. Faller krukan på en sten, så spricker hon, och faller stenen på en kruka, så spricker hon ocksä. *S. Falder u. s. w.*

Sla leergryto wid steen ok steen widh gryto tha giællir gryto. (asw.) *Wirf einen irdenen Topf an einen Stein und einen Stein an einen Topf, so büsst es der Topf.*

Sla wgglo widh steen ok steen widh ugglo thæ giæller vgglo been. (asw.) *Wirf eine Eule an einen Stein und einen Stein an eine Eule, so büsst's der Eule Bein.*

---

lt. Testa terit lapidem, testam lapis, exitus idem. (mlt.)

Si pyr (pir) ponis in hir (ir), pyr (pir) in hir (ir), non hir (ir) ruit in pyr (pir). (mlt.)

Noctua cessa (cesa) petra vel caedens (cedens) saucit (sauciat) ossa. (mlt.)

fz. Autant vaut bien battu que mal battu. *Gut geschlagen oder schlecht geschlagen gilt gleichviel.*

Autant vaut être mordu d'un chien que d'une chienne. *Von einem Hund oder einer Hündin gebissen werden, ist dasselbe.*

Autant vaut traîner que porter. *Ziehen ist ebenso gut wie tragen.*

Autant vaut bien battre que mal battre. *Eben so viel gilt gut schlagen, wie schlecht schlagen.*

nf. Ottant d' mori qui d' piède li veie. (w.) *Eben so ist es zu sterben, wie das Leben zu verlieren.*

sf. Autan bau cade que trebuca. (Brn.) *Eben so schlimm ist fallen, wie ausgleiten.*

Áitan cósto bē batu, qē māou batu. (Lgd.) *Eben so viel kostet gut geschlagen, wie schlecht geschlagen.*

Tan vāou bē batu, qē māou batu. (Lgd.) *S. Autant vaut bien battu u. s. w.*

Que s' en tourne a la même part, De refusa ou de da tard. (nprv.) *Es läuft auf's Nämliche hinaus, abzuschlagen oder spät zu geben.*

it. Tant' è da casa mia a casa tua, quanto da casa tua a casa mia. *Es ist eben so weit von meinem Hause zu deinem, wie von deinem Hause zu meinem.*

Tanto camina il zoppo, quanto lo sciancato. *Der Hinkende geht eben so, wie der Lahme.*

mi. Tantu è a zappà che a rompe tolle. (crs.) *Es ist eben so viel umhacken, wie Erdklösse zerbrechen.*

Tant' è ficcare che mettere. (t.) *Es ist gleich, hineinstecken und hineinthun.*

Tanto è morir di male, quanto d'amore. (t.) *Es ist dasselbe, an Krankheit zu sterben, wie aus Liebe.*

ni. Esgn tut da l' aqua al pùt comè dal pùt a l' aqua. (l. b.) *Es ist dasselbe, aus dem Wasser in den Brunnen, wie aus dem Brunnen in das Wasser.*

A la piegora, tanto ghe fa che la magna el lovo, quanto che la scana el becher. (v.) *Dem Schafe ist es gleich, ob der Wolf es frisst, oder der Fleischer es schlachtet.*

lm. Tararà, y tarurà, tot es hu. (val.) *Tatarata und Tuturuta, Alles ist eins.*

sp. Si la piedra da en el cántaro, mal para el cántaro, y si el cántaro da en la piedra, mal para el cántaro. *Wenn der Stein auf den Krug fällt, schlimm für den Krug, und wenn der Krug auf den Stein fällt, schlimm für den Krug.*

Qual mas, qual ménos toda la lana es pelos. *Eine mehr, eine weniger, ist jede Wolle Haar.*

---

636. Es tuchet sich, wie man spinnt.

od. Wie me spinnt, so tuechet 's. (schwei.) *Wie man spinnt, so tucht es sich.*

---

dä. Ligesom (Som) man reder til Rok, saa spinder man. *Wie man den Rocken zurichtet, so spinnt man.*

Man skal spinde Tov efter Tovets Evne. *Man muss Wolle nach der Wolle Fähigkeit spinnen.*

is. Út kemur innispunnið tegv. (fær.) *Aus kommt das Garn, wie es eingesponnen ist.*

nw. Dat verd Spit etter Spune. *Das Stricken wird nach dem Gespinnst.*

Ille spunnet verd ille spitat. *Schlecht gesponnen wird schlecht gestrickt.*

Som ein legg paa Rokken, so spinn ein paa Snelda. *Wie man auf den Rocken legt, so spinnt man auf der Spindel.*

Dan som ille staurar, han ille gjerder. *Wer die Pfähle schlecht setzt, macht einen schlechten Zaun.*

---

it. La figliuola come è allevata, la stoppa come è filata. *Das Mädchen, wie es erzogen ist, das Werg, wie es gesponnen ist.*

mi. La giovine come è allevata, la stoppa come è filata. (t.) *S. La figliuola u. s. w.*

ni. La fiöla come l' è levada, la stopa come l' è filada. (l.) *S. La figliuola u. s. w.*

si. La stoppa come è filata, e la figlia come è allevata. (npl.) *Das Werg, wie es gesponnen ist, und die Tochter, wie sie erzogen ist.*

pt. A moça como he criada, a estopa como he fiada. *S. La figliuola u. s. w.*

sp. La moza como es criada, la estopa como es hilada. *S. La figliuola u. s. w.*

---

637. Wie das Garn, so das Tuch.

Schlimmes Leder, schlimme Schuhe.

Kinder Werg gibt Kinder Garn. (mrh. E.) md.

Rupfenes Garn, rupfenes Tuch. (bair. L.) od.

Zoo de wol is, is het laken. *Wie die Wolle ist, ist das Tuch.* dt.

Sour grapes can ne'er make sweet wine. *Saure Trauben können nie süssen Wein geben.* en.

Som Hampen er, bliver Traaden. *Wie der Hanf ist, wird der Zwirn.* dä.

Af ondt Læder gjøres slemme Sko. *Aus schlechtem Leder werden schlechte Schuh gemacht.*

Af vondu leðri gjörast ei góðir skór. *Aus schlechtem Leder macht man keine guten Schuhe.* is.

Dat verd alltid Verk etter Vyrke. *Arbeit wird stets nach dem Arbeitsstoff.* nw.

Av laakt Ledr verda laake Skor. *Aus schlechtem Leder werden schlechte Schuhe.*

Som hampan är till, blir ock träden. *Wie der Hanf ist, wird auch der Zwirn.* sw.

Aff elackt Läder görs slemma Skoor. *S. Af ondt u. s. w.*

Chi ha megliò filu, face megliò telà. (mi. crs.) *Wer besseres Garn hat, macht bessere Leinwand.* it.

Chi ha cattiva cera, fa cattive candele. (t.) *Wer schlechtes Wachs hat, macht schlechte Kerzen.* mi.

Catia cera, brüte candele. (l. b.) *Schlechtes Wachs, schlechte Kerzen.* ni.

De linho mordido nunca bom fio. *Von kurzem Flachs nie gutes Garn.* pt.

Del lino mordido nunca sale buen hilo. *Aus kurzem Flachs wird nie gutes Garn.* sp.

De ruin paño nunca buen sayo. *Aus schlechtem Tuch nie guter Rock.*

De orujo exprimido nunca mosto corrido. *Aus ausgepressten Weintrestern niemals abgelaufener Most.*

---

638. Wie das Korn ist, so giebt es Mehl.

Wi's uf de Mile kimt, werd's abgemålon. (schls. B.) *Wie's auf die Mühle kommt, wird's abgemahlen.* md.

Huowermiél gét Huowerpankoch. (mrh. L.) *Hafermehl gibt Haferpfannenkuchen.*

Wie das Mehl, so das Brod. (schwls.) od.

Mehl wie Korn. (schwei.)

---

fz. Tel grain, tel pain. *Wie das Korn, so das Brot.*
De tel pain telle soupe. *Von solchem Brot solche Suppe.*

sf. Dĕ thon pan, tĕ farăi tâlo soûpo. (Lgd.) *Wie das Brot ist, werde ich dir die Suppe machen.*

it. Buon grano fa buon pane. *Gutes Korn macht gutes Brot.*

mi. Chi ha più bon grann, fa più bona farina. (crs.) *Wer besseres Korn hat, macht besseres Mehl.*
Chi ha più bona farina, fa più bon pane. (crs.) *Wer besseres Mehl hat, macht besseres Brot.*
Qual pane hai, tal suppa avrai. (t.) *Wie du das Brot hast, so wirst du die Suppe haben.*

ni. Come l' è 'l pan, te farè la süpa. (l. m.) *Wie das Brot ist, wirst du die Suppe machen.*
El bon gran fa el bon pan. (v.) *Das gute Korn macht das gute Brot.*

---

639. **Wie der Heilige, so der Feiertag.**
Kleinen Heiligen helt man schlechte Feiertag. (nd.)

---

dt. Zoo de zant is, is zijne offerande. *Wie der Heilige ist, so ist sein Opfer.*

en. Like saint, like offering. *Wie der Heilige, so das Opfer.*

---

sw. Små Helgon få lijtet offer. *Kleine Heilige kriegen kleines Opfer.*

---

fz. Selon le saint, l'encens. *Je nach dem Heiligen der Weihrauch.*
A tel saint, telle offrande. *S. Like saint u. s. w.*
A tel seint tel offreid. (afz.) *S. Like saint u. s. w.*

nf. Tèllès gins, tèlle escince. (w.) *Wie die Leute, so der Weihrauch.*

sf. Coûmo las jhĕn, l' ëncĕn. (Lgd.) *S. Tèllès u. s. w.*

it. A tal santo, tal offerta. *S. Like saint u. s. w.*

mi. Fè la fèsta sgond e Sant. (rom.) *Das Fest feiern je nach dem Heiligen.*

ni. Secondo o santo, se fa l' offerta. (lig.) *Je nach dem Heiligen bringt man das Opfer.*
Fe la festa second el saut. (piem.) *S. Fè u. s. w.*

si. Segundu su Sanctu sa festa. (sa.) *Je nach dem Heiligen das Fest.*
Segundu su Sanctu s' incensu. (sa.) *S. Selon le saint u. s. w.*

lm. Segons la gènt los encens. (neat.) *Je nach den Leuten der Weihrauch.*

Cuales barbas, tales tobajas. *Wie die Bärte, so die Handtücher.* sp.

Cumŭ e sântu, așĭa e șĭ tămâĭa. *Wie der Heilige, so auch der Weihrauch.* wl.

---

640. **Wie der Herr, so der Knecht.**
Getreuer Herr, getreuer Knecht.
Fleissiger Hausvater macht gutes Gesinde.
Am Gesinde erkennt man den Herrn.
Das Wetter kennt man bei dem Winde, Und den Herrn bei seinem Gesinde.
Das Wetter erkennt man an dem Wind (Den Vater an dem Kind, Den Herrn an dem Gesind).

Wŏ den Hĕr, esŏ de Knĕcht. (nrh. L.) md.
D' Wiĕder erkĕnnt ĕn um Wagt, Den Hĕr um Knĕcht, an de Papp um Kagt. (nrh. L.) *Das Wetter erkennt man am Wind, den Herrn am Knecht und den Vater am Kind.*
Den Herrn kennt man aus dem Gesind, wie od. der Herr, so der Knecht. (bair.)
Das Wetter kennt man am Winde, Wie den Herrn am Gesinde. (schwb. W.)
Wie der Herr, so der Diener. (schwei.)

Wă der Här, esi det Gesäinjt. (nrh. S.) *Wie der Herr, so das Gesinde.* pd.
Bun de Heere, sau de Knecht. (ns. W.)

Zulke heer, zulke knecht. dt.
Zulke meester, zulke knaap.
Zoo de heer is, zoo is het huisgezin. *Wie der Herr ist, so ist das Hausgesinde.*
Den heer kent men bij zijn gezin. *Den Herrn kennt man an seinem Gesinde.*

Like master, like man. en.

Som Herren er, saa er Tjeneren. *Wie der Herr ist, so ist der Diener.* dä.
Som Herren er, saa følge ham Svende. *Wie der Herr ist, so folgen ihm die Knechte.*
Hemmeligh Herre haffwer (gor) fortrwdnæ Swenæ. (adä.) *Argwöhnischer Herr hat (macht) verdrossene Diener.*

Latr herra hefir lata sveina. *Fauler Herr hat faule Knechte.* is.
Látur harri hevir látar sveinar. (fær.) *S. Latr u. s. w.*

Som Husbonden fer, so fylgja Sveinarne. *Wie der Hausherr geht, so folgen die Knechte.* nw.
Store Herrar hava store Drengjer. *Vornehme Herren haben vornehme Diener.*

sw. Lata herrar, lata drängar. *Faule Herren, faule Diener.*

Lata Herrar, tröge Drångin. *S. Lata u. s. w.*

Som Herren är, så blijr och tiälmaren. *Wie der Herr ist, so wird auch der Diener.*

Hemelikan (Hemel) herrn gor otroin (otroen) hioon. (asw.) *Argwöhnischer (Geheimnissvoller) Herr macht untreuen Diener.*

---

lt. Ignavus servos rector facit esse protervos. (mlt.)

Vernas morigeros non efficit improbus heros. (mlt.)

fz. Tel maitre, tel valet.

Tel seigneur, tel page et serviteur. *Wie der Herr, so der Page und Diener.*

Bon maistre, bon serviteur. *Guter Herr, guter Diener.*

Le bon maitre fait le bon valet. *Der gute Herr macht den guten Knecht.*

Les bons maitres font les bons valets. *Die guten Herren machen die guten Knechte.*

A tel maistre tel vallet. (afz.) *Solchem Herrn solcher Diener.*

A tel seignor tele mesnie. (afz.) *Solchem Herrn solcher Hausstand.*

nf. Lou bon maitre fait lou bon valet. (F.-C.) *S. Le bon u. s. w.*

Les bons maisses fet les bons valets. (w.) *S. Les bons maitres u. s. w.*

sf. Lou bou meste que bè lou bon baylet, Et lou bon baylet lou bon meste. (Bru.) *Der gute Herr macht den guten Diener und der gute Diener den guten Herrn.*

On cogneis lou maesté dap lou bailet. (Gsc.) *Man kennt den Herrn nach dem Diener.*

it. Tal padrone, tal servitore.

I servitori son simili ai padroni. *Die Diener gleichen den Herren.*

ni. Padrù mat, servitùr bagat. (l. b.) *Toller Herr, verrückter Diener.*

Chi vör vedè 'l padron, che 'l guarda al servitor. (l. m.) *Wer den Herrn sehen will, sehe den Diener an.*

Cativo paron, cativo gastaldo. (v.) *Schlechter Herr, schlechter Aufseher.*

sl. A tali patruni tali servu. (s.) *S. A tel maistre u. s. w.*

pt. Tal amo, taes criados. *Wie der Herr, so die Diener.*

Tão bom he Pedro como seu amo. *So gut ist Peter, wie sein Herr.*

sp. Ruin señor cria ruin servidor. *Schlimmer Herr macht schlimmen Diener.*

Tan bueno es Pedro, como su amo. *S. Tão u. s. w.*

---

641. **Wie** der Hirt, so die Heerde.

Irrender Hirt, irrende Schafe.

Wie der Herrscher, so das Volk.

Wie der Abt, so die Mönche.

Freudiger Hauptmann, lustiges Kriegsvolk.

Gut Hauptman, gut Soldat. (ad.)

Wie der Regent, so die Unterthanen. (schwei.) od.

Zoo de heer is, zoo is het volk. *Wie der Herr* dt.
ist, so ist das Volk.

Zoo de Abt is, zoo zijn de monniken. *Wie der Abt ist, so sind die Mönche.*

Als de herder doolt, dolen de schapen. (vl.) *Wenn der Hirt sich verirrt, verirren sich die Schafe.*

Like priest, like people. *Wie der Priester,* en.
so das Volk.

Som Fyrsten er, saa er Folket. *Wie der Fürst* dä.
ist, so ist das Volk.

Som Abbeden er, saa ere Munkene. *S. Zoo de Abt u. s. w.*

Glad Anfører, lystige Soldater. *Fröhlicher Anführer, lustige Soldaten.*

God Fyremann gjerer godt Fylgje. *Guter An-* nw.
führer macht gut Gefolge.

Sådan herde, sådan hjord. sw.

Tapper föhrare giör godh följare. *Tapferer Führer macht gut Gefolge.*

Qualis rex, talis grex. lt.

Qualis Sacerdos, talis populus.

Bonus dux bonum reddit comitem.

Tel prestre tel peuple. *S. Like u. s. w.* fz.

Tel chapelain, tel sacristain. *Wie der Kaplan, so der Sakristan.*

Bon capitaine, bon soldat. *Guter Hauptmann, guter Soldat.*

Les bons patrons fet les bons sodârs. (w.) *Die* nf.
guten Obersten machen die guten Soldaten.

Tal abbate, tali i monachi. *S. Wie der Abt,* it.
u. s. w.

Il grege è simile al pastore. (t.) *Die Heerde* mi.
ist dem Hirten ähnlich.

Il popolo è simile al signore. (t.) *Das Volk ist dem Herrn ähnlich.*

Quel che fa il signore, fanno poi molti. (t.) *Was der Herr thut, thun nachher Viele.*

Qual è il rettore, tale sono i popoli. (t. fir.) *Wie der Herrscher ist, so sind die Völker.*

si. Qual è il Cappellano, tale è il Sagrestano. (npl.) *Wie der Kaplan ist, so ist der Sakristan.*

Comente sunt sos qui cumandant, sunt totu sos qui obedint. (sa.) *Wie die sind, welche befehlen, sind alle die, welche gehorchen.*

Segundu su pastore sas arveghes. (sa. l.) *Je nach dem Hirten die Schafe.*

Segundu sos superiores sunt sos subditos. (sa. l.) *Je nach den Vorgesetzten sind die Untergebenen.*

pt. Qual o Rei, tal a grei. *Wie der König, so das Volk.*

Assim como vive o Rei, vivem os vassallos. *So wie der König lebt, leben die Vasallen.*

A máo Capellão, máo Sancristão. *Schlechtem Kaplan schlechter Sakristan.*

sp. Qual el rey, tal la grey. *S. Qual o u. s. w.*

Qual es el rey, Tal es la grey. *Wie der König ist, so ist das Volk.*

Al mal capellan mal sacristan. *S. A máo u. s. w.*

A mal abad mal monacillo. *Schlechtem Abt schlechter Messknabe.*

Que a mal capellan, mal sacristan. (asp.) *S. A máo u. s. w.*

---

642. Zulke leest, zulke schoen. (dt.) *Wie der Leisten, so der Schuh.*

---

fz. Tel pied, tel soulier. *Wie der Fuss, so der Schuh.*

Telle jambe, telle chausse. *Wie das Bein, so der Strumpf.*

Telle main, telle mouffle. *Wie die Hand, so der Handschuh.*

Tel cerveau, tel chapeau. *Wie der Kopf, so der Hut.*

Telle robe, telle forme. *So das Kleid, wie die Gestalt.*

nf. A belle jambe, belle châsseure. (w.) *Schönem Beine schönes Fusswerk.*

sf. Segoun lou pod, la sabato. (nprv.) *Je nach dem Fuss der Schuh.*

it. Qual piede, tale scarpa. *S. Tel pied u. s. w.*

mi. Qual gamba, tal calza. (t.) *S. Telle jambe u. s. w.*

Qual cervello, Tal cappello. (t.) *S. Tel cerveau u. s. w.*

Tal culo, tal brache. (t.) *Wie der Hintere, so die Hosen.*

Qual guaina, tal coltello. (t.) *Wie die Scheide, so das Messer.*

Qual buco, tal cavicchio. (t.) *Wie das Loch, so der Pflock.*

---

643. Wie der Wirth, so der Gast.

Wie der Wirth, so schickt ihm Gott die Gäste.

Zeig' mir den Wirth, ich zeig' dir den Gast.

Bi der Wi-ert, so die Geest. (frk. H.) *Wie der Wirth, so die Gäste.* md.

Ja, wi der Wirt sein öch de Gäste. (schls. B.) *Ja, wie der Wirth, sind auch die Gäste.*

Wie der Wirth ist, so bescheert ihm Gott Gäste. (schwei.) od.

As de Weerth is, so berad Gott de Gäste. (ns. B.) *S. Wie der Wirth ist u. s. w.* pd.

As de Weerth, so berand God de Gäst. (ns. Hmb.) *S. Wie der Wirth, so schickt u. s. w.*

Zoo als de waard is, beschikt God hem de gasten. *Wie der Wirth ist, schickt ihm Gott die Gäste.* dt.

Vrolijke waarden maken vrolijke gasten. *Fröhliche Wirthe machen fröhliche Gäste.*

Wijs mij den waard, ik wijs u den gast. *S. Zeig' mir u. s. w.*

Som Verten er, saa ere Gjesterne. *Wie der Wirth ist, so sind die Gäste.* dä.

Viis mig Verten — jeg viser dig Gjesten. *S. Zeig' mir u. s. w.*

Þar er svo góðr gestr sem húsbóndinn. *Da ist so guter Gast, wie der Hausherr.* is.

Som Wärden är, så finna sigh och giästerna. *Wie der Wirth ist, so finden sich auch die Gäste.* sw.

---

644. Wie die Arbeit, so der Lohn.

Alsô man dem meister lônet, alsô wischet er daz swert. (ad.)

Grobi (Grobe) Arbeit, grobs Geld. (schwei.) od.

Wâ de Arbed, esi der Lûn. (nrh. S.) pd.

Wâ em sëinj Arbed mâcht, esi bezuolt se sich. (nrh. S.) *Wie man seine Arbeit macht, so bezahlt sie sich.*

Sau de Aarwed, sau de Lauhn. (ns. W.)

Gelijk het werk, zoo de loon. dt.

Loon naar werken. *Lohn gemäss dem Arbeiten.*

A lean fee is fit for a lazy clerk. *Eine geringe Gebühr gehört sich für einen faulen Schreiber.* en.

---

dä. Lidet Arbeide, liden Løn. *Kleine Arbeit, kleiner Lohn.*

Trøg Gierning gior tynd Næring. *Lässige Arbeit macht geringen Unterhalt.*

Thet ær tijlbørligth, at hwer faar, som han fortiæn. (adä.) *Es ist gebührend, dass Jeder kriegt, was er verdient.*

nw. Goda Hender krevja gode Pengar. *Gute Hände verlangen gutes Geld.*

sw. Sådant arbete, sådan lön.

Lönen efter mödan. *Der Lohn gemäss der Mühe.*

Gott arbete gieer godh lôhn. *Gute Arbeit gibt guten Lohn.*

Litet arbete, liten lön. *S. Lidet u. s. w.*

Lôhnen effter arbetet. *Der Lohn gemäss der Arbeit.*

---

lt. Par praemium labori.

Qvale qvis asportet, qvod tale reportet, oportet. (mlt.)

cw. Seo la lavur, aschia er la pagaglia. (obl.) *Wie die Arbeit, so ist die Bezahlung.*

fz. Tel travail, tel salaire.

nf. A chacun sélon sés œufes. (w. M.) *Jedem nach seinen Werken.*

it. Chi ben serve, assai dimanda. (mi. crs.) *Wer gut dient, fordert viel.*

sd. Zoronada bene facta est pagada a bonu coro. (sa. L.) *Gute Tagesarbeit wird gern bezahlt.*

---

645. **Wie** die Eltern geartet sind, So sind gemeiniglich die Kind'.

Wie der Acker, so die Ruben, Wie der Vater, so die Buben.

Den Vater kennt man an dem Kind, Den Herrn an seinem Hausgesind.

Das Töchterlein schlachtet nach der Mutter.

Die Mutter eine Hexe, die Tochter auch eine Hexe.

Die Mutter gibt's theuer, und die Tochter nicht wohlfeil.

od. Wie der Vater, so der Sohn. (schwei.)

Wie die Mutter, so die Tochter. (schwei.)

's Isch wohr und au nit minger Wie d' Eltere, so die Chinger. (schwei. S.) *Es ist wahr und auch nicht minder: wie die Eltern, so die Kinder.*

pd. Wå der Faoter, esi der San. (nrh. S.) *S. Wie der Vater u. s. w.*

As de Fatter, as de Su'n. (watf. Atd.) *S. Wie der Vater u. s. w.*

Zoo de vader is, zoo is de zoon. *Wie der* dl.
Vater ist, so ist der Sohn.

Den vader kent men bij zijn kind. *Den Vater kennt man an seinem Kind.*

De zoon schoeit op des vaders leest. *Der Sohn schuht nach des Vaters Leisten.*

Zoo moeder, zoo dochter. *Wie Mutter, so Tochter.*

Van geile moeders veile dochters. *Von geilen Müttern feile Töchter.*

Zoo de moeder, zoo het kind. (vl.) *Wie die Mutter, so das Kind.*

Like father (Sire), like son. *Wie Vater, so* en.
Sohn.

Such a father, such a son. *So ein Vater, so ein Sohn.*

Like mother, like daughter. *S. Zoo moeder u. s. w.*

Sic (Sike) faither (father), sic (sike) son. (scho.) *S. Like father u. s. w.*

Sønnen slægter gjerne Faderen paa. *Der Sohn* dä.
schlachtet gern dem Vater nach.

Som Moderen er, saa er Datteren. *Wie die Mutter ist, so ist die Tochter.*

Datteren fører sig gjerne i Moderens Særk. *Die Tochter zieht gern der Mutter Hemd an.*

Datteren fører sig i Moderens Særk, og Sønnen i Faderens Skjorte. *Die Tochter zieht der Mutter Hemd und der Sohn des Vaters Hemd an.*

Dotther farer (faar) gernæ (gærne) i Modhers Særck. (adä.) *S. Datteren fører sig gjerne u. s. w.*

Dóttirin klæðist opt móður mötli. *Die Tochter* is.
zieht oft der Mutter Mantel an.

Som Faderen gjeng fyre, kjem Sonen etter. nw.
Wie der Vater vorangieng, kommt der Sohn nach.

Sådan fader, sådant barn. *Solcher Vater,* sw.
solches Kind.

Sonen träder gerna i fadrens fotspår (skoor). *Der Sohn tritt gern in des Vaters Fussspur (Schuhe).*

Dottren klär sig gerna i modrens särk. *S. Datteren fører sig gjerne u. s. w.*

Dotther faar gerna i modhers særk. (asw.) *S. Datteren fører sig gjerne u. s. w.*

Filii matrizant, filiae patrizant. lt.

Ut vetus est dictum, vult filia matris amictum. (mlt.)

Gual sco ilg Bab, schi ei ilg Filg er. (obl.) *S.* cw.
Zoo de vader u. s. w.

fz. Tel père, tel fils. S. Like father u. s. w.
Telle mère, telle fille. S. Zoo moeder u. s. w.
Au train de la mère la fille. Wie 's die Mutter treibt, so die Tochter.

nf. Tele la mère come la fille. (Chmp.) So die Mutter, wie die Tochter.
Té père, té fils. (w.) S. Like father u. s. w.
Tèle mère, tèle feie. (w.) S. Zoo moeder u. s. w.

it. Qual' è il padre, tali sono i figli. Wie der Vater ist, so sind die Söhne.
Qual' è la madre, tal' è la figlia. Wie die Mutter ist, so ist die Tochter.

mi. Tal calzo, tal magliolo: Tal padre, tal figliuolo. (crs.) Wie Weinstock, so Rebe: wie Vater, so Sohn.
Dal calzo ne viene il magliolo: Quale il padre, tale lo figliuolo. (crs.) Vom Weinstock kommt die Rebe: wie der Vater, so der Sohn.
Qual il padre, tal il figlio e tutta la masnada. (t.) Wie der Vater, so der Sohn und die ganze Familie.
Della madre il cammin segue la figlia. (t.) Den Weg der Mutter verfolgt die Tochter.
La buona madre fa buona la figlia. (t.) Die gute Mutter macht die Tochter gut.

ni. L' è fioèul d' so pader. (em. P.) Es ist (der) Sohn seines Vaters.
L' è fioèul d' so madra. (em. P.) Es ist (der) Sohn seiner Mutter.
L' è fiòl èd sò pèder. (em. R.) S. L' è fioèul d' so pader. [u. s. w.
Talis patris talis fili. (em. R.) S. Like father
Tal pare, tal fio. (v. trst.) S. Like father u. s. w.

si. Dimmi a chi sei figlio e ti dico a chi somigli. (ap.) Sag' mir, wessen Sohn du bist, und ich sage dir, wem du gleichst.
Dimmi a chi è figlia, che ti dico a chi assomiglia. (npl.) Sag' mir, wessen Tochter sie ist, so sag' ich dir, wem sie gleicht.
Quali patri, tali figghiu; quali matri, tali figghia. (s.) Wie Vater, so Sohn; wie Mutter, so Tochter.
Torta lu patri, torti Li figghi finu a morti. (s.) Verkehrt der Vater, verkehrt die Söhne bis zum Tode.
Comente est su babbu, tales sunt sos fizos. (sa.) S. Qual' è il u. s. w.
Fizu masciu tirat a mama, fiza femina tirat a babbu. (sa. L.) Der Knabe gleicht der Mutter, das Mädchen gleicht dem Vater.

lm. Si lo pare es músic, lo fill es ballador. (neat.) Wenn der Vater Musiker ist, ist der Sohn Tänzer.

pt. Qual o pai, tal o filho. S. Wie der Vater u. s. w.
Qual he Maria, tal filha cria. Wie Maria ist, solche Tochter erzieht sie.
Mãi e filha vestem huma camisa. Mutter und Tochter ziehen ein Hemd an.
Tal he o demo, como sua mãi. So ist der Teufel, wie seine Mutter.

sp. Quales fuéron los padres, los hijos serán. Wie die Väter waren, werden die Söhne sein.
Madre y hija visten una camisa. S. Mãi u. s. w.
Qual es Maria, tal hija cria. S. Qual he u. s. w.
La madre holgazana, saca hija cortesana. Die faule Mutter zieht die Tochter zur Buhlerin auf.

---

646. Wie die Frage, so die Antwort.
Guter Gruss, gute Antwort.
Gut grus gibt gut antwort. (ad.)

pd. Wā der Grosz esi der Dänk. (urh. A.) Wie der Gruss, so der Dank.

---

dl. Zoo vraag, zoo antwoord.
Zoo groet, zoo antwoord. Wie der Gruss, so die Antwort.
Op zotte vragen zotte antwoorden. Auf dumme Fragen dumme Antworten.
Soeten aenual maect soete antwoorde. (avl.) Sanfte Anfrage macht sanfte Antwort.
Naar heesch comt antwoorde. (avl.) Gemäss der Frage kommt Antwort.

---

dä. God Hilsen, godt Svar. S. Guter Gruss u. s. w.

is. Góð kveðja fær góð andsvar. Guter Gruss kriegt gute Erwiderung.
Uppá auðmjúka bœn vænta menn auðmjúks andsvars. Auf bescheidene Bitte erwartet man bescheidene Antwort.
Sá, sem gott talar, fær gott andsvar. Wer gut spricht, kriegt gute Antwort.

nw. Eit godt Ord fær eit godt Svar. Ein gutes Wort kriegt eine gute Antwort.
Spotteleg Spurnad fær spottelegt Svar. Spöttische Frage empfängt spöttische Antwort.

---

fz. Telle demande, telle réponse.
A sotte demande, sotte réponse. Auf alberne Frage, alberne Antwort.

nf. Tèlle dimande, tèlle response. (w.)

it. Tal proposta, tal risposta.

lm. Aixi com preguntarás, Tal resposta alcançarás. (val.) Wie du fragen wirst, so wirst du Antwort erhalten.

pl. Qual pergunta farás, tal resposta terás. *Welche Frage du thun wirst, solche Antwort wirst du haben.*

A pergunta astuta resposta aguda. *Auf verschmitzte Frage scharfe Antwort.*

A apressada pergunta vagarosa resposta. *Auf rasche Frage langsame Antwort.*

sp. Qual pergunta harás, tal respuesta habrás. *S. Qual u. s. w.*

A presurosa demanda, espaciosa respuesta. *S. A apressada u. s. w.*

---

647. **Wie** die Frau, so die Magd.

Wie der Baum, so die Birne, Wie die Frau, so die Dirne.

Tanzt die Frau, so hüpft die Magd.

md. Wie die Frau, so die Magd; wie der Herr, so der Knecht; wie die Eltern, so die Kinder. (mrh. E.)

pd. Wô (Wû) de Böeme, sau de Beren; Wô (Wû) de Früen, sau de Deren. (ns. ha. G. u. G.) *Wie die Bäume, so die Birnen; wie die Frauen, so die Dirnen.*

---

dl. Zoo de juffer, zoo de meid.

Zoo als de jufvrouw is, zoo is hare kamenier. *Wie die Frau ist, so ist ihre Magd.*

en. Like mistress, like maid.

Hackney-mistress, hackney-maid. *Alltagsfrau Alltagsmagd.*

---

dä. Som Fruen er til, saa er hendes Terne. *S. Zoo als u. s. w.*

is. það ern ekki undr, þó þernan líkist sinni frú. *Das ist kein Wunder, wenn die Dirne ihrer Frau gleicht.*

---

lt. Talis hera, tales pedisequae.

fz. A tel dame tel chamberière. (afz.) *Wie die Dame, so die Kammerfrau.*

it. Qual è la padrona, tal è la serva. *Wie die Herrin ist, so ist die Dienerin.*

mi. Quando la donna folleggia, la fante danneggia. (t.) *Wenn die Frau flattert, stiehlt die Magd.*

ni. Padruna mata, serva saata. (l. b.) *Tolle Herrin, verrückte Dienerin.*

---

648. Bi di Leut, Sô das Gezeuk. (md. frk. H.) **Wie** *die Leute, so das Zeug.*

md. Wie der Hèrr, so as G'schérr. (frk. M.) *Wie der Herr, so das Geschirre.*

Wie der Ma, so dät Geschärr. (mrh. N.) *Wie der Mann, so das Geschirr.*

Wie der Herre, So 's Gescherre. (sä. A.)

Wie der Wirth, so das Gut. (schwei.) od.

Wi deär Herre, so de Karre. (ns. N.) *Wie* pd.
der Herr, so der Wagen.

Ass dei Herr, so dei Karreth. (ns. P.-H.) *S. Wi deär u. s. w.*

Wie der Herr, so die Karret (Kaross). (ns. Pr.)

Bau de Mann, Sau de Kroam. (ns. W.) *Wie der Mann, so der Kram.*

Zulke man, zulke werk. *Wie der Mann, so* dl.
die Arbeit.

Zuk wuf, zuk huis. (vl. F.) *Wie die Frau, so das Haus.*

Like carpenter, like chips. *Wie der Zimmer-* en.
mann, so die Schnitzel.

Sok Lidj, sok Tjüüg. (A.) *Wie Leut', so Zeug.* fs.

Saa er Bo (Huus), som Bonde (Husbonde). *So* dä.
ist (die) Wohnung (das Haus), wie (der) Bauer (Hausherr).

Dat syner paa Kjeroldi, kvat Kallen er, og paa nw.
Klædi, kvat Kjeringi er. *Man sieht es am Wagen, was der Mann ist, und an der Kleidung, was die Frau ist.*

Dat syner paa Buet, kvat Bonden er. *Es ist an der Wohnung sichtlich, was der Bauer ist.*

Dat syner paa Husi, kvat Husbond er. *Es ist am Hause sichtlich, was für ein Hausherr ist.*

Så är by som bonde. *Das Dorf ist wie der* sw.
Bauer.

Det är by, som bonde. *S. Så u. s. w.*

Wackert Hws höfwes en from Wärd. *Grossem Hause geziemt ein frommer Wirth.*

Pulchrae domus pulcher hospes. lt.

Tant vaut l' homme, tant vaut sa terre. *So* fz.
viel ein Mann gilt, gilt sein Land.

Tel hoste tel hostel. *Wie der Wirth, so das Wirthshaus.*

Tant vaut home tant vaut sa terre. (afz.) *S. Tant vaut u. s. w.*

Qual he elle, tal casa mantem. *Wie er ist,* pt.
so hält er 's Haus.

Qual es el señor, tal casa pon. *Wie der Herr* sp.
ist, so bestellt er 's Haus.

---

649. **Wie** die Saat, so die Ernte.

Wie der Baum, so die Frucht.

Wie gesäet, so geschnitten.

Wie man aussäet, so scheuert man ein.
Was du säest, das wirst du ärnten.
Säet Einer Gutes, so schneidet er nichts Böses.
Die Frucht ist wie der Baum.
Aus böser Wurzel üble Frucht.
Di liute suident unde maent von rehte als si den acker saent. (ad.)
Ein guoter boum git guote fruht. (ad.)

md. Wē de Bām, esō den Apel. (nrh. L.) *Wie der Baum, so der Apfel.*

od. Wie die Aussaat, so die Ernte. (schwei.)
Was der Mensch säet, das wird er ernten. (schwei.)
Es fallt kei *(kein)* Süessäpfel *(Süssapfel)* vom e Suuräpfelbaum *(von einem Sauerapfelbaum)*. (schwei.)

pd. Wā de Onssōt, esā der Āren. (nrh. S.) *S. Wie die Aussaat u. s. w.*
As hi de se säst, a son bist de einearta. (nrh. U.) *Wie du säest, so wirst du einernten.*
Up en'n Kūlappelbām, dā wasset sīn lēwe keine Sommerstēlke. (us. ha. G. u. G.) *Auf einem Kühläpfelbaum*) wachsen im Leben keine Sommerstielchen.**)*
De frō seit, der frō meit. (ns. O. J.) *Wer früh sät, der früh mäht.*

---

dl. Zulke zaad, zulke vrucht. *Wie die Saat, so die Frucht.*
Zulk zaad gezaaid, Zulke vrucht gemaaid. *Wie die Saat gesät, So die Frucht gemäht.*
Zulke boomen, zulke peeren. *Wie die Bäume, so die Birnen.*
Alle vrucht smaakt naar haren boom. *Jede Frucht schmeckt nach ihrem Baum.*
Een goede boom brengt goede, maar een kwaade boom brengt kwade vruchten voort. *Ein guter Baum bringt gute, aber ein schlechter Baum bringt schlechte Früchte hervor.*
Het appeltje smaakt naar den boom. (vl.) *Das Äpfelchen schmeckt nach dem Baum.*

en. What you sow, you must mow. *Was ihr sät, müsst ihr mähen.*
Sow thin, shear thin. *Säe dünn, mähe dünn.*
Such as the tree is, such is the fruit. *Wie der Baum ist, so ist die Frucht.*
Saw thin, shear thin. (scho.) *S. Sow u. s. w.*

---

dä. Hvad man saaer, dat høster man. *Was man sät, das erntet man.*

Ond Rod giver ei godt Æble. *Schlechte Wurzel gibt nicht gute Äpfel.*
Hwo Lidhet saar, han Lidhet faar. (adä.) *Wer wenig sät, der wenig kriegt.*
Hoo som Lidhet saar, han Lidhet faar. (adä.) *S. Hwo u. s. w.*
Goth Træ bær gerne godhe Æble. (adä.) *Guter Baum trägt gewöhnlich gute Äpfel.*
Ondh Roodh giffwer eij godhe Æble. (adä.) *S. Ond Rod u. s. w.*
Thelig ær Frucktheu, som Dygdhen ær i Trædh. (adä.) *So ist die Frucht, wie die Tauglichkeit dazu im Baume ist.*

is. Sérhvört sæði ber sér líkan ávöxt. *Jede Saat trägt ihre gleiche Frucht.*
Svo sem sæðið er, svo er ávöxturinn. *Wie die Saat ist, so ist die Frucht.*
Hvör litlu sár (sáir), hann litið fár (uppsker). *S. Hwo u. s. w.*
Lítið fær, sá litlu sær. *Wenig kriegt, wer wenig sät.*
Sá góðu sáir, mun gott uppskera. *Wer Gutes sät, wird Gutes ernten.*
Þegar illu korni er sáð, mun illt afgróa. *Wenn schlechtes Korn gesät ist, wird es schlecht aufspriessen.*
Góð rót gefr góðan ávöxt. *Gute Wurzel gibt gute Frucht.*
Góð rót gefr góð epli. *Gute Wurzel gibt guten Apfel.*

sw. Den (som) litet sár, han litet får. *S. Hwo u. s. w.*
Som man såår vth, så skiåår man och vpp. *S. Wie man aussät u. s. w.*
Ond rooth, elack frucht. *Schlechte Wurzel, schlechte Frucht.*
God rod bår gierne gode åble. *Gute Wurzel trägt gewöhnlich gute Äpfel.*
Ond rot föder ingen god frukt. *Schlechte Wurzel bringt keine gute Frucht hervor.*
Hwa som litith saar, han skær litith. (asw.) *S. Hwo u. s. w.*
Hwa litith saar, han litith skær. (asw.) *S. Hwo u. s. w.*
Tholik ær frueth som træsins dygdh ær. (asw.) *S. Thelig u. s. w.*
Ondh roth fødhe aldhre godha frueth. (asw.) *Schlechte Wurzel bringt nie gute Frucht hervor.*

---

lt. Quemadmodum (Ut) sementem feceris, ita et metes.
Dum sit (fit) pauca seges, pauca metendo leges. (mlt.)
Messis erit rara, quam (qvam) dextra (dextera) sparsit (spargit) auara (avara). (mlt.)
Radix sæpe mala producit pessima mala. (mlt.)

---

*) Baum, der eine geringe Sorte rother Äpfel trägt.
**) Art sehr feiner Äpfel.

Non potest arbor mala fructus bonos facere. (mlt.)

A radice mala non procedunt bona mala. (mlt.)

Quale (Qvale) sit arbustum, talem dant arbuta fructum (gustum). (mlt.)

cw. Our da bön (mal) non po gnir mal (bön). (M. U.-E.) *Aus Gutem (Schlechtem) kann nicht Schlechtes (Gutes) kommen.*

fz. Telle semence, telle recueille.

Qui sème bon grain recueille bon pain. *Wer gutes Korn sät, erntet gutes Brot.*

Bon fruit vient de bonne semence. *Gute Frucht kommt aus gutem Samen.*

Bonne semence fait bon grain, Et bons arbres portent bon fruit. *Guter Same bringt gutes Korn, und gute Bäume tragen gute Frucht.*

De noble plante noble fruit. *Aus edler Pflanze edle Frucht.*

Tel arbre, tel fruict. *S. Wie der Baum u. s. w.*

De doulx arbre doulces pommes. *Von süssem Baum süsse Äpfel.*

On connoist bien au pommier la pomme, A la barbe l'homme. *Man kennt wohl am Apfelbaum den Apfel, am Barte den Mann.*

L' office dénote quel soit l' homme, Et le pommier quelle est la pomme. *Das Amt zeigt, was der Mann sei, und der Apfelbaum, was der Apfel ist.*

Petit recholt qui petit seme. (afz.) *S. Litid u. s. w.*

Toz jors siet la pome el pomier. (afz.) *Immer gleicht der Apfel dem Apfelbaum.*

Mal arbre ne fet bon frut. (afz.) *Schlechter Baum bringt nicht gute Frucht hervor.*

De pute racine pute herbe. (afz.) *Aus schlechter Wurzel schlechtes Kraut.*

nf. De pute rachine pute ente. (apic.) *Von schlechter Wurzel schlechter Schössling.*

Bon fruit prouvient de bonne semeinche. (pic.) *S. Bon fruit u. s. w.*

On veut bin a l' âbe li fruit qu' i poite. (w.) *Man sieht wohl am Baume die Frucht, die er trägt.*

Li frut fait l' âbe. (w.) *Die Frucht macht den Baum.*

sf. Qui peu semer, peu cuelira. (Gsc.) *Wer wenig sät, wird wenig ernten.*

Qö päou sëmëno, päou rëculi. (Lgd.) *S. Heo u. s. w.*

Commo semenas, recuillez. (nprv.) *Wie du säest, ernte.*

Qu päue semeno, päue recuille. (nprv.) *S. Heo u. s. w.*

it. Quèll ch' s' somna quèll s racòi (s'arcoi). (mi. rom.) *S. Heud u. s. w.*

Chi mal semina, mal raccoglie. (t.) *Wer* mi. *schlecht sät, erntet schlecht.*

Da catia semenza no pol mai nas bu frût. ni. (l. b.) *Aus schlechtem Samen kann nie gute Frucht kommen.*

Conforma se somèna, se regüj. (l. brs.) *Wie man sät, erntet man.*

Come se semina se regöi. (l. m.) *S. Conforma u. s. w.*

El bon alber fa 'l bon frût. (l. m.) *Der gute Baum bringt die gute Frucht.*

Chi mal semena, mal racoglie. (v.) *S. Chi mal u. s. w.*

El bon albero fa i boni fruti. (v.) *Der gute Baum bringt die guten Früchte.*

Como si semina, così si raccoglie. (npl.) *S.* si. *Wie man aussät u. s. w.*

Chiddu chi si simina, si ricogghi. (s.) *S. Heud u. s. w.*

Qui semenat bene, mezus boddit. (sa.) *Wer gut sät, erntet besser.*

Qui pagu semenat, pagu messat. (sa.) *S. Heo u. s. w.*

Qui pagu bettat, pagu isettat. (sa. L.) *Wer wenig ausstreut, hofft wenig.*

De dolènt arbre no s' esperes bon fruit. (neat.) lm. *Von schlechtem Baum erwarte man nicht gute Frucht.*

Conforme es larbre, aixi dóna el fruit. (val.) *Wie der Baum ist, so gibt er die Frucht.*

Cada hum colhe, segundo semea. *Jeder erntet,* pl. *wie er sät.*

De tal arvore, tal fruto. *Von solchem Baum solche Frucht.*

Qual eres, tal medres. *Wie du säen wirst,* sp. *so wirst du ernten.*

---

650. **Wie** du mir, So ich dir.

Brätst du mir de Wurst, so lösch ich dir den Durst.

Êr mich, sô êr ich dich. (md.)

Denn schône du mîn, sô schôn ich dîn. (md.)

Brühst du mi, eck brüh di wedder. (Hrz.) md. *Neckst du mich, ich necke dich wieder.*

Kummste mer a su, su kumm ich dir a su. (schls.) *Kommst du mir so, so komme ich dir so.*

Hilf du mir, so hilf ich dir. (schwei.) *Hilf du mir, so helf ich dir.*

Wie du mir dienest, so diene ich dir auch. (schwei.)

Denkst du mein, so denk ich dein. (schwei.)

pd. Kümmst du mi so, so kaom ick di so. (ns. A.) *S. Kümmste u. s. w.*

Klei mi, so kleie ik di. (ns. B.) *Kraue mich, so kraue ich dich.*

Dat geit Ledder um Ledder, brüst (sleist) du mi, brü (sla) ik di wedder. (ns. B.) *Das geht Leder um Leder: neckst (schlägst) du mich, neck' (schlag') ich dich wieder.*

San du mek, san ek dek. (ns. ha. G. u. G.)

Peddst du mî, pedd' ek dî weder. (ns. ha. G. u. G.) *Trittst du mich, tret' ich dich wieder.*

Wĕr mek sleit, dĕn slâ' ek wêer. (ns. ha. G. u. G.) *Wer mich schlägt, den schlag' ich wieder.*

Kumst du mi so, so kam ik di so. (ns. hlst.) *S. Kümmste u. s. w.*

Ledder um Ledder, Sleist du mi, ik sla di wedder. (ns. hlst.) *Leder um Leder, schlägst du mich, ich schlage dich wieder.*

Ledder üm Ledder! Sleist du my, slaa ick dy wedder. (ns. Hmb.) *Leder um Leder! Schlägst du mich, schlag' ich dich wieder.*

Kümmst du mi so, so kaam' ick di so. (ns. M.-Sch.) *S. Kümmste u. s. w.*

Sleist du mi, sla ik di wedder. (ns. O.) *Schlägst du mich, schlag' ich dich wieder.*

Ledder um Ledder, sleist du mi, sla ick wedder. (ns. O.) *Leder um Leder, schlägst du mich, schlag' ich wieder.*

Krabbst (Kleist) du mi de Nack, so füll ik di de Sack. (ns. ofs.) *Kratzest du mir den Nacken, so fülle ich dir den Sack.*

Dat geit Lêr um Lêr (Ledder um Ledder), brůdest (sleist) du mi, brůde (sla) ik di wêr (wedder). (ns. O. J.) *S. Dat geit u. s. w.*

Brůest du mi, brůde ick di wer. (ns. O. J.) *Neckst du mich, necke ich dich wieder.*

San du mic, San ick dic. (ns. W.)

---

dl. Leêr om leêr, Sla (Loer) je mij, ik sla (loer) je weêr. *Leder um Leder, schlagt (betrügt) ihr mich, schlag' (betrüg') ich euch wieder.*

en. Claw me, and I'll claw thee. *Kratz' mich und ich kratz' dich.*

Scratch my breech, and I'll claw your elbow. *Kratz' mir den Hinteren und ich kratze dir den Ellbogen.*

Tit for tat; if you kill my dog, I'll kill your cat. (m. en.) *Dies für das, wenn ihr meinen Hund umbringt, werd' ich eure Katze umbringen.*

---

is. Höggir þú mig, þá sting eg þig. *Haust du mich, so stech' ich dich.*

---

fz. Comme il te fait, fais lui. *Wie er dir thut, thu' ihm.*

Comme tu me esveilleras, Je te esveilleray. *Wie du mich weckst, so werd' ich dich wecken.*

Pour ce le me fais que le te face. (afz.) *Deshalb thu es mir, damit ich es dir thue.*

Qui me fet, faz a lui; qui ne me fet, ne io lui. (afz.) *Wer mir (was) thut, dem thu' ich was; wer mir Nichts thut, dem thu' ich auch Nichts.*

Pour ce te fais que tu me refaces, L'une bonté l'autre requiert. (afz.) *Deshalb thu' ich es dir, damit du es mir wieder thuest: eine Güte ist der andern werth.*

nf. Comme on m' tripe, j' bouděne. (R.) *Wie man mich tritt, trete ich.*

Qui m' tripe, jě l' r'tripe. (w.) *Wer mich tritt, den tret' ich wieder.*

sf. To te me fara, to te fari, se de la tsivra au tschevri. (Pat. s.) *Wie du mir thun wirst, werde ich dir thun, sagte die Ziege zum Zickel.*

Gratta mé, té gratteri. (Pat. s.) *S. Klei u. s. w.*

it. Stuppa mi dasti e stuppa ti filai, Tu mi tincisti ed iu ti anniricai. (si. s. C.) *Werg gabst du mir und Werg spann ich dir; du färbtest mich und ich machte dich schwarz.*

si. Segundu su qui mi faghes ti facto. (sa. L.) *Je nachdem du mir thust, thu' ich dir.*

Sedattu meu sedattu, su qui mi faghes, ti facto. (sa. L.) *Mehlsieb, mein Mehlsieb, was du mir thust, thu' ich dir.*

lm. Calla tu, y callarè yo. (val.) *Schweige du, und ich werde schweigen.*

sp. Si quieres que haga por ti, haz por mi. *Wenn du willst, dass ich für dich (etwas) thue, thue es für mich.*

Callate y callemos, que sendas nos tenemos. *Schweige und wir wollen schweigen, denn wir haben einander in der Gewalt.*

---

651. Wie gewonnen, So zerronnen.

Gewonnen mit Schand', Geht schnell von der Hand, Gewonnen mit Ehr', Dess wird immer mehr.

Wie empfangen, So gegangen.

md. Gewonnen mit Schand, verschwind't in der Hand. (Hrz.)

Wát mat Péife' kegn, gèt mat Trommen derfun. (urh. L.) *Was mit Pfeifen kommt, geht mit Trommeln weg.*

od. Gwonna (*Gewonnen*) mit Schand: Geht schnell von der Hand; Gwonna mit Ehr: Das wird immer mehr. (schwb. W.)

Ring g'wunne, ring verspilt (dure). (schwei.) *Leicht gewonnen, leicht verspielt.*

Ring derzue, ring derve. (schwei.) *Leicht dazu, leicht davon.*

pd. Met de Tromm gewonne, met de Flöt verspeelt. (urh. A.) *Mit der Trommel gewonnen, mit der Flöte verspielt.*

Wá em 't gewänt, Wá em 't ferspilt. (urh. S.) *Wie man 's gewinnt, so verspielt man 's.*

Ass du kümmst, so geist du. (us. A.) *Wie du kommst, so gehst du.*

---

dt. Ligt gekomen, ligt gegaan. *Leicht gekommen, leicht gegangen.*

Met het trommeltje gewonnen, en met het fluitje verteerd. *Mit dem Trommelchen gewonnen und mit dem Flötchen verzehrt.*

Zoo gewonnen, zoo verteerd. (vl.) *Wie gewonnen, so verzehrt.*

en. So got, so gone. *Wie gewonnen, so gegangen.*

Lightly come, lightly go. *S. Ligt u. s. w.*

Evil gotten, evil spent. *Schlecht gewonnen, schlecht ausgegeben.*

What is got over the Devil's back, is spent under his belly. *Was über des Teufels Rücken gewonnen wird, wird unter seinem Bauche verschleudert.*

To naught it goes, that came from naught. *Zu Nichts wird, was von Nichts kam.*

---

dä. Som det kommer, saa gaaer det. *Wie es kommt, so geht es.*

Hvad let kommer, det let gaaer. *Was leicht kommt, das leicht geht.*

Ilde vundet, Snart forsvundet. *Übelgewonnen, bald verschwunden.*

Thet man met Syndh faar, thet met Sorghen gaar. (adä.) *Was man mit Sünde bekommt, das geht mit Sorgen fort.*

is. Hvör hann aflar í synd, eydir í synd. *Wer in Sünde erwirbt, verthut in Sünde.*

Það ferst með sorg, sem fæst með synd. *Das geht mit Sorge fort, was mit Sünde bekommen wird.*

nw. Lett (braadt) fenget er lett (braadt) gjenget. *Leicht (Schnell) gewonnen, ist leicht (schnell) gegangen.*

Lettaste tent er lettaste tært. *Am leichtesten verdient ist am leichtesten verzehrt.*

Dat som kjem inn med Synd, gjeng ut med Sorg. *Was mit Sünde einkommt, geht mit Sorge fort.*

Dat fer med Sorg, som med Synd er saukat. *S. Það u. s. w.*

Ille fenget er snart gjenget. *Übel bekommen, ist bald gegangen.*

Såsom wunnet, så förswunnet. *Wie gewonnen, so verschwunden.* sw.

Så kommet, så gånget. *Wie gekommen, so gegangen.*

Det lätt fås, det lätt förgås. *Was leicht bekommen wird, das leicht vergeht.*

Lätt fånget, snart förgånget. *Leicht bekommen, rasch vergangen.*

Rijkedom går som han kommer. *Reichthum geht, wie er kommt.*

Illa wunnet (fånget), snart förswunnet (förgånget). *S. Ilde u. s. w.*

Thet orätt fås medh Sorg förgås. *Was unrechtmässig bekommen wird, geht mit Sorge fort.*

Thz man mz syndom faar, thz mz sorghum forgaar. (asw.) *S. Thet u. s. w.*

Male parta male dilabuntur. lt.

Quod cito fit, cito perit.

Quod male quaesitum est, pejus abire solet.

Res male quaesita saepe recedit ita. (mlt.)

Sco gudaingiau, aschia sgulau. (obl.) cw.

Tou vegn, tou va: Prest gudognau, prest consumau. (obl.) *Donner kommt, Donner geht: Rasch gewonnen, rasch verbraucht.*

Sco igl ei vegnen, aschi' er en. (obl.) *Wie es gekommen ist, so ist es gegangen.*

Sco 'lg ei vaugien, sch' eilg jeu. (obl.) *S. Sco igl u. s. w.*

Spert gudignau, daven sgulau. (obl.) *Schnell gewonnen, weg geronnen.*

Ce qui vient du diable, retourne au diable. fz. *Was vom Teufel kommt, kehrt zum Teufel zurück.*

Du diable vint, au diable retourna. *Vom Teufel kam's, zum Teufel kehrte es zurück.*

Ce qui vient de la flûte, s' en retourne au tambour. *Was mit der Flöte kommt, geht mit der Trommel wieder fort.*

Ce qui est venu de la flûte, s'en reva au tambourin. *Was mit der Flöte gekommen ist, geht mit dem Tamburin wieder fort.*

D' où vient l' agneau, là retourne la peau. *Von wo das Lamm kommt, dahin kehrt das Fell zurück.*

De mal est venu l' agneau, Et à mal retourne la peau. **Vom** *Bösen ist das Lamm gekommen, und zum Bösen kehrt das Fell zurück.*

Ce qu' est venu de pille, pille, l'rest s' en va **de tire,** tire. (afs.) *Was mit greif, greif gekommen, geht rasch mit reiss, reiss fort.*

De Debles vint, à Debles irra. (afz.) *Vom* ***Teufel kum's, zum*** *Teufel wird es gehen.*

nf. **Ce qui vient de** flot, **s'** en retourne **de marée.** (nrm.) *Was mit der Flut kommt, geht* ***mit der*** *Ebbe wieder fort.*

Tout ce qui vient d' ebbe, s' en retournera de flot. (nrm.) *Alles, was mit der Ebbe kommt, wird mit der Flut wieder fortgehen.*

C' qui vient d' ric, s' en va d' rac. (R.) *Was ritsch kommt, geht ratsch fort.*

D' aiwe vint, d' **aiwe** riva. (w.) *Zu Wasser kommt's, zu Wasser geht's.*

Con qui vint dè l' flute ès r'va à tabeur. (w.) *S. Ce qui vient de la u. s. w.*

C' qui vient d' rif s' en va d'raf. (w. M.) ***S. C' qui vient de*** *ric u. s. w.*

C' qui vint d' rif, ès vas **d' raf. (w. N.)** ***S. C' qui vient de*** *ric u. s. w.*

sf. **Ço qui bien de** rifou rafou, Que s' en ba per **guicou guacou.** (Brn.) *S. C' qui vient de* ***ric u. s. w.***

Requiem que gagne aryen, Gaudeamus qu' en despen. (Brn.) *Requiem gewinnt das Geld, Gaudeamus gibt es aus.*

Ben que ven eme la fluito, s'en tourno au tambour. (nprv.) *Gut, das mit der Flöte kommt,* ***geht*** *mit der Trommel fort.*

Dou Diable ven l'agneou, au Diable tourno la **peou.** (nprv.) *Vom Teufel kommt das Lamm, zum Teufel kehrt das Fell zurück.*

Ben respaillat s'en va coumo paillo. (nprv.) *Zusammengeraffte Gut geht fort wie Stroh.*

Cein ké vein pé la rapena, c'ein va pé la rouvena. (Pat. s.) *Was mit Raub kommt,* ***geht*** *mit Rain fort.*

it. Chi tosto viene, tosto se ne va. *Was rasch kommt, geht rasch fort.*

Quel **che** vien di ruffa raffa, Se ne va di buffa **in baffa.** *Was gripsch grapsch kommt, geht biff baff fort.*

Quel che vien di penna e stola, Tosto vien e tosto vola. *Was mit Feder und Stola kommt, kommt rasch und eilt rasch fort.*

Diavol porta e diavol reea. *Der Teufel bringt's und der Teufel holt's.*

Quel che vien di salti, va via di balzi. (t.) **mi.** *Was mit Sprüngen kommt, geht in Sätzen weg.*

Venne per le poste, se ne va per istaffetta. (t.) *Es kam mit der Post, es geht mit der Staffette fort.*

La roba venuta col fanfirinfi, se ne va col fanfaranfà. (t.) *Was mit Titiriti gekommen ist, das geht* ***fort*** *mit Tatarata.*

I quattrin **di** zugadur i vann emod i vinunn. **mi.** (em. B.) *Die Quattrini des Spielers* ***gehen wie sie*** *kamen.*

La robba và con la vein. (em. B.) *Das Gut geht fort, wie es kommt.*

Quell ch' vein pr' al fanfaranfein, s' in va pr' al fanfaranfà. (em. B.) *Was da kommt mit Titiriti, geht fort mit Tatarata.*

L' è gnuda d' riff e la va d' raff. (em. P.) *Es ist mit greif gekommen* ***und*** *geht mit reiss fort.*

I bés dai predis c' vegnin chiantand e van vie sivilant. (frl.) *Das Geld der Priester kommt mit Singen und geht mit Pfeifen fort.*

Quel che **va** de salt, el va via de sbalz. (l. b.) *S. Quel* ***che vien*** *di salti u. s. w.*

I dinæ **de cappellan,** cantando vegnan, cantando **van.** (lig.) *Das Geld des Kapellans kommt* ***mit Singen*** *und geht mit Singen.*

La **roba d' stola a** va via ch' a volà. **(piem.)** ***Der Gewinn der*** *Stola geht* ***fort, wie im Flug.***

Lò **ch' a ven** per fluta, a va via per tamborn. (piem.) *S. Ce qui vient de la flûte u. s.* ***w.***

Come se vien, se va. (v.) *Wie es kommt, geht's.*

Quel che vien de tinche tanche, **Se** ne **va de** ninche nanche. (v.) ***S.*** *C' qui u.* ***s. w.***

Roba de stola, **la va che la svola. (v.)** ***S. La*** *roba* ***d'stola u. s. w.***

Roba **robà,** come la vien, la va. (v.) *Geraubtes Gut, wie es kommt, so geht's.*

Denaru di stola, se ne vola. (cal.) *Stolageld* **si.** *fliegt weg.*

Dinari di sacristanu, comu vinniru, sinn' annaru. (s.) *Geld des Sacristans, wie es kommt, geht 's fort.*

Su qui si leat per rifi rafa, totu si qu' andat per bifi et bafa. (sa.) *S. Quel che vien u. s. w.*

Sa cosa furada pagu durat et comente est benuida, gasi si qu' andat. (sa.) *Das gestohlene Gut währt nicht lange,* ***und,*** *wie es gekommen, so geht es fort.*

Qui presta benit, prestu siqu' andat. **(sa. L.)** *S. Chi* ***tosto u.*** *s.* ***w.***

Male acquiridu coment' intrat bessit. (sa. L.) *Schlecht Erworbenes geht fort, wie es kommt.*

lm. Dinera de capellans cantan venen, cantan se n' van. (ment.) *S. I dime u. s. w.*

Quand de mal just vè l' añell, Mal prodit farà la pell. (ment.) *Wenn vom Unrecht kommt das Lamm, wird das Fell schlechten Vortheil bringen.*

Lo que guanya el Escolà, Cantant vé y cantant sen 'vâ. (val.) *Das, was der Student gewinnt, kommt mit Singen und geht mit Singen.*

pl. Dinheiros de sacristão, cantando vem, cantando vão. *Geld des Sacristans kommt mit Singen und geht mit Singen.*

O mal ganhado, leva-o o diabo. *Das unrecht Gewonnene holt der Teufel.*

sp. Los dineros del sacristan cantando se vienen, cantando se van. *S. Dinheiros u. s. w.*

La hacienda del abad, cantando viene y chiflando va. *Das Vermögen des Abtes kommt singend und geht pfeifend.*

De malo vino el conejo, con el diablo irá el pellejo. *Vom Bösen kam das Kaninchen, mit dem Teufel wird das Fell wieder fortgehen.*

---

652. **Wie man den Acker bestellt, so trägt er.**

Wie man den Acker baut, so trägt er auch Frucht.

Wer seinen Acker mit Fleiss baut, soll Brots genug haben.

od. Wer spärlich seinen Acker düngt, Der weiss schon was die Ernte bringt. (schwb. W.)

pd. Gäf dem Bodem, se geit hio der néh. (urh. S.) *Gib dem Boden, so gibt er dir nach.*

---

dt. Naar dat men den akker bouwt, draagt hij vrucht. *Je nachdem man den Acker baut, trägt er Frucht.*

Die wel aan zijnen akker doet, Hij doet gewis hem weder goed. *Wer seinem Acker Gutes thut, dem thut er gewiss wieder Gutes.*

---

dä. Sielden skær man godt Korn af ond Ager. *Selten schneidet man gutes Korn von schlechtem Acker.*

Man skær sielden goth Korn af ond Agher. (adä.) *Man schneidet selten gutes Korn von schlechtem Acker.*

is. Sá, sem ræktar sina jörð, skal fá sitt brauð. *Wer seine Erde baut, soll sein Brot bekommen.*

Man skær siellan goth korn aff ondh akir. sw. (asw.) *S. Man u. s. w.*

Raro metuntur ope sata de salsuginis ope. (mlt.) lt.

Terre bien cultivée moisson espérée. *Gut be-* fz. *stellter Boden, zu hoffende Ernte.*

Terra coltivata, raccolta sperata. *Bestellter* it. *Acker, zu hoffende Ernte.*

Si ari male, peggio mieterai. *Wenn du schlecht ackerst, wirst du noch schlechter ernten.*

Tèra laorada, racòlta sperada. (l.) *S. Terra* ui. *u. s. w.*

Dámeu, la dis la téra, e ten darò. (l. m.) *Gib mir, sagt die Erde, und ich werde dir wiedergeben.*

La terra dici: dunami, chi ti dunu. (s.) *Die* si. *Erde sagt: gib mir, damit ich dir gebe.*

Qui trabagliat sa terra, tenet pane; qui la laxat reposare, morit misera. (sa.) *Wer das Land bebaut, hat Brot; wer es ruhen lässt, stirbt elend.*

Deita estereo ao pão, que as terras to pagarão. pl. *Bereite Dünger der Saat, denn die Felder werden dir's bezahlen.*

---

653. **Wie man in den Wald schreit, so schallt es wieder heraus.**

Wie man ins Holz schreit, so schreit es zurück.

Wie du in den Wald schreist, so tönt es wieder.

Der gut ins Holz ruft, kriegt eine gute Antwort.

Wie man in's Loch hinein schreit, so ruft's wieder heraus.

Swie man ze walde rüefet, daz selbe er wider güefet. (ad.)

Swie man ze walde ruofet, billich alsô der galm wider billet. (ad.)

Wie yeder vor dem wald jn hyltt, des glich jm allzyt widerhyltt. (ad.)

Bimme in den Waald schreit, ze schreit'ss md. widder 'raus. (frk. H.) *Wie man in den Wald schreit, so schreit's wieder heraus.*

Wämor ins Hunelz schreit, schalts widdar. (frk. H. S.) *Wie man in's Holz schreit, schallt's wieder.*

Wie man in den Wald schreit, so schallt es daraus wieder. (mrh. E.)

Wë ën an de Besch rifft, esô schalt et erâus. (mrh. L.) *Wie man in den Busch ruft, so schallt es heraus.*

Wie mer in de Wald röft, so kümmt et ens werer zeutgä. (mrh. S.) *Wie man in den*

Wald ruft, so kommt es einem wieder entgegen.

Wis an Wald schalt, sa schalt's wider raus. (schls. B.) *Wie es in den Wald schallt, so schallt es wieder heraus.*

Bi's in d'n Wâld schallt, schallt's widder ärnis. (thr. R.) *S. Wie u. s. w.*

Rieft mer gut in den Wald, so schallt 's em gut entgegen. (W. E.) *Ruft man gut in den Wald, so schallt es einem gut entgegen.*

od. Wie der Hall in Wald geht, so geht er wieder zurück. (bair. L.)

Wie man in den Wald schreit, so schreits heraus (so entspricht er). (schwei.)

Wia da' Hal ein Wâld eiche geaht, aso geaht s' wieder ausa'. (tir. U.-I.) *Wie der Hall in den Wald hineingeht, so geht er wieder heraus.*

pd. Wie men ehn der Bösch röft, esu röft et wörrem eruhs. (nrh. A.) *Wie man in den Busch ruft, so ruft es wieder heraus.*

Wie m'r en d'r Beusch röhf, sa krit m'r och de Antwoet. (nrh. D.) *Wie man in den Busch ruft, so kriegt man auch die Antwort.*

Wä em än de Bäsch réft, réft et zeräk. (nrh. S.) *Wie man in den Busch ruft, ruft es zurück.*

So ass 'n in 't Holt rinn schrit, so schrit wedder rût. (us. A.) *Wie man in's Holz hineinschreit, so schreit es wieder heraus.*

As man int Holt roppt, so roppt hett wedder herut. (us. B.) *Wie man in's Holz ruft, so ruft es wieder heraus.*

Wò man int Holt röpet, san schallt (schriet) et wëer rût. (us. ha. G. u. G.) *Wie man in's Holz ruft, so schallt (schreit) es wieder heraus.*

De good in 't Holt röpt, krigt en goode Antwoord. (us. blst.) *S. Der gut u. s. w.*

So as man in de Vald röppt, kriggt man ok Antvort. (us. hlst. A.) *Wie man in den Wald ruft, kriegt man auch Antwort.*

Wiet felt, so bullert et. (us. N.) *Wie es fällt, so schallt 's.*

So as man in 't Holt roppt, so kricht man Antwoord. (us. O. R.) *Wie man in's Holz ruft, so kriegt man Antwort.*

Bau me in den Berg rüpet, san schallt et widder runter (san anferdet eunem). (us. W.) *Wie man in den Berg ruft, so schallt es wieder heraus (so antwortet er einem).*

So at me int Holt raüpet, so raüpet et wir herut. (wstf. Mrk.) *S. As man u. s. w.*

Als men in het bosch roept, zoo roept het daar weder uit. *S. Wie men u. s. w.* dl.

You shall have as good as you bring. *Ihr werdet's kriegen, wie ihr's bringt.* en.

Som man raaber i Skoven, (saa) faaer man Svar. *Wie man in den Wald ruft, (so) kriegt man Antwort.* dä.

Som En raaber i en Skov, saa svares ham igien. *Wie Einer in einen Wald ruft, so wird ihm wieder geantwortet.*

So som ein ropar til Fjellet (Skogen), so svarar dat. *Wie man in den Felsen (Wald) ruft, so antwortet es.* nw.

Som man ropar i skogen, får man svaret til. *S. Som man raaber u. s. w.* sw.

Som du ropar i skogen (marken), så får du och svaren til. *Wie du in den Wald (das Feld) rufst, so kriegst du auch Antwort.*

Silvis immissum solet echo remittere bombum. (mlt.) H.

---

654. **Wie man 's treibt, so geht 's.**

Wiimasch treibt, ssu gëts. (frk. H. S.) md.

Wie mer's treibt, so geht's. (sä. A.)

Wi mas treibt, su gits. (schls. B.)

Wie sich Einer haltet, so geht es ihm. (schwei.) od.

Wie m'r ehnem deet, sa ät ehnem geet. (nrh. D.) *Wie man Einem thut, so es Einem geht.* pd.

We mer einem deit, Esu et einem geit. (nrh. K.) *S. Wie m'r u. s. w.*

Sau asse de Minsche duit, sau asse 't 'ne geit. (us. ha. G. u. G.) *So wie der Mensch thut, so geht es ihm.*

Wò man 't drift, sau geit et. (us. ha. G. u. G.)

Bau me 't driewet, sau geit et. (us. W.)

Do well and have well. *Thue gut und hab' es gut.* en.

Do weel and hae weel. (scho.) *S. Do well u. s. w.*

Som man gior, saa har man Lykke. *Wie man handelt, so hat man Glück.* dä.

Som man bär sigh åth til, så far man och lyckan til. *Wie man sich aufführt, so kriegt man auch das Glück dazu.* sw.

Qualis quisque geret, talia quisque feret. H.

Chi mel fa, mel paisa (s' impaisa). (ld. O.-E.) *Wer schlecht handelt, schlecht lebt.* cw.

Chi mal fa, mal s' impaissa. (ld. U.-E.) *S. Chi mel u. s. w.*

Seo in fa, sche va ei. (obl.) *Wie Einer thut, so geht's ihm.*

fz. Qui mal fera Mal trouvera. *Wer Schlechtes thun wird, wird Schlechtes finden.*

it. Come farai, cosi avrai. (mi. t.) *Wie du thun wirst, so wirst du's haben.*

ni. Come se fa, se truova. (l. m.) *Wie man's macht, so findet man's.*

Chi fa ben, tröva ben. (l. m.) *Wer's gut macht, findet's gut.*

Chi fa ben, truova ben, mas chi fa mma. (l. m.) *Wer's gut macht, findet's gut, schlecht, wer's schlecht macht.*

Chi fa ben, trova ben. (v.) *S. Chi fa ben, tröva u. s. w.*

si. Come vai, sei trattato. (npl.) *Wie du's treibst, so wirst du behandelt.*

Comu fai, t' è fattu. (s.) *Wie du thust, so wird dir gethan.*

Qui faghet bene, non tenet mai male. (sa. L.) *Wer gut handelt, hat's nie schlimm.*

Qui faghet male, hat male et pejus. (sa. L.) *Wer schlecht handelt, hat's schlecht und schlimmer.*

Qui andat a fagher male li faghent pejus. (sa. L.) *Wer Böses thun will, dem thun sie Schlimmeres.*

lm. Fill ets, pare serás, tal farás, tal trobarás. (neat.) *Sohn bist du, Vater wirst du sein, wie du's thun wirst, so wirst du's finden.*

Tal farás, tal trobarás. (neat.) *Wie du es thun wirst, so wirst du's finden.*

Conforme farás, aixi trobarás. (val.) *S. Tal farás u. s. w.*

---

655. **Wie man sich bettet, so liegt man.**

Wie man sein Bett macht, so liegt man.

Wie man sich bettet, so schläft man auch.

Wie du dir gebettet hast, so liege.

Wie Einer sein Bett macht, so mag er d'rauf liegen.

Wie gebettet, so geschlafen.

Wer sich gut bettet, schläft auch gut.

Wer wohl liegen will, der bette sich wohl.

md. Ewē ĕ sĕi Bĕtt mécht, esō schlĕft ĕn. (mch. L.) *Wie man sein Bett macht, so schläft man.*

Wie mer sich bettet, so schläft mer. (sll. A.)

Werd am gut betten, su werd a gut ligan. (schls. B.) *Wird einer (sich) gut betten, so wird er gut liegen.*

od. Hast dir gut gebettet, so wirst du gut liegen. (bair.)

Bettst dir guet, so ligst guet. (opf.) *Bettest du dir gut, so liegst gut.*

Bettst dir gut, so ligst gut. (schwb. W.) *S. Bettst dir guet u. s. w.*

Wie sich Einer bettet, so liegt er. (schwei.)

Bettest du dir wohl, so liegst du wohl. (schwei.)

pd. Wá te der bätst, esi wirst te lĭn. (nrh. S.) *Wie du dir bettest, so wirst du liegen.*

De sik wol beddet, de slöppt got. (ns. B.) *Wer sich wohl bettet, der schläft gut.*

So as man sik bettet, liggt man. (ns. hlst. A.) *Wie man sich bettet, liegt man.*

Wie man sattelt, so reitet man, wie man kocht, so isst man. (ns. Pr.)

Bai sik guet beddet, dai slapet guet. (wstf. Mrk.) *S. De sik u. s. w.*

---

dt. Zoo als men zijn bed opmaakt, zoo slaapt men. *Wie man sein Bett macht, so schläft man.*

Maak uw bed zoo als gij slapen wilt. *Macht euer Bett so, wie ihr schlafen wollt.*

en. He that makes his bed ill, lies there. *Wer sein Bett schlecht macht, liegt darauf.*

As ye mak your bed, sae ye maun lie on't. (scho.) *Wie ihr euer Bett macht, so müsst ihr darauf liegen.*

---

dä. Som man reder (til), saa ligger man. *Wie man's macht, so liegt man.*

Som man reder under sig, saa ligger man. *Wie man's unter sich zurecht macht, so liegt man.*

nw. Som ein reider um seg, so ligg ein til. *Wie man sich's macht, so liegt man.*

Som ein gjerer upp um seg, so ligg ein. *S. Som ein u. s. w.*

sw. Som man bäddar åt sig, får man ock (så får man) ligga. *Wie man sich bettet, muss man auch (so muss man) liegen.*

---

cw. Fas si bien lètg per tei, Schi dermas bein vonzei. (obl.) *Mache dir das Bett so gut, dass du Abends gut schläfst.*

fz. Comme on fait son lit, on se couche. *S. Wie man sein Bett u. s. w.*

Qui mal fait son liet, Mal couche et gist. *Wer sein Bett schlecht macht, schläft und liegt schlecht.*

nf. Comme on fait s'lèt on s'couke. (w.) *S. Wie man sein Bett u. s. w.*

Chacun fait s'lèt comme i s'vout couki. (w.) *Jeder macht sein Bett, wie er liegen will.*

Chacun fait s'lit comme i veut s'coucher. (w. M.) *S. Chacun fait s' lèt u. s. w.*

it. S' à de dormi, come gh' è fat el ni. (mi. l. b.) *Man muss schlafen, wie das Nest gemacht ist.*

ni. Se dorme come xe fato el leto. (v.) *Man schläft, wie das Bett gemacht ist.*

Quel leto che ti te farà, quel ti godarà. (v. trst.) *Was für ein Bett du dir machen wirst, dessen wirst du dich erfreuen.*

pt. Quem bem cama fizer, nella se deitará. *Wer das Bett gut machte, wird sich hinein legen.*

sp. Quien mala cama hace En ella se yace. *Wer das Bett schlecht macht, legt sich hinein.*

wl. Cumŭ ţĭ aşternĭ, aşia şi dormĭ. *Wie du dir bettest, so schläfst du.*

---

656. **Zoo man, zoo paard, Zoo volk, zoo waard.** (dt.) **Wie** *Mann, so Pferd, wie die Leute, so der Wirth.*

dt. Zoo herder, zoo hond. *Wie der Hirt, so der Hund.*

Zoo als de juffrouw is, zoo is ook haar hondeken. *Wie die Frau ist, ist auch ihr Hündchen.*

Zoo als de juffrouw danst, danst ook haar hondeken. *Wie die Frau tanzt, tanzt auch ihr Hündchen.*

---

dä. Som Manden er, saa Hesten. *Wie der Mann ist, so das Pferd.*

Kath tien sijn Frawe oc Hwndhen sijn Herre. (adä.) *Die Katze dient ihrer Frau und der Hund seinem Herrn.*

is. Hundr er sinum herra likr, köttur sinni frú. *Der Hund ist seinem Herrn gleich, die Katze ihrer Frau.*

Köttur þénar sinni frú, hundr sinum herra. *Die Katze dient ihrer Frau, der Hund seinem Herrn.*

nw. So som Hunden er, so er Husbonden. *Wie der Hund ist, so ist der Hausherr.*

sw. Hundin skal thiæna herran ok katthin frwnne. (asw.) *Der Hund soll dem Herrn und die Katze der Frau dienen.*

---

lt. Cattus gliscit heræ canis heroique placere. (mlt.)

it. Qual è la signora, tal è la cagnuola. *Wie die Herrin ist, so ist die Hündin.*

mi. Tal è la cagnuola, Qual' è la signora. (t.) *So ist die Hündin, wie die Herrin ist.*

sp. Qual el dueño, tal el perro. *Wie der Herr, so der Hund.*

---

657. **Wie Stall, so Vieh.**

Gute Warte ist halbes Futter. (bair.) **od.**

San Lüüde, san Tüüg, san Stall, san Veih. **pd.** (ns. W.) *Wie Leute, so Zeug, wie Stall, so Vieh.*

So Stall, so Vaih; so Lü, so Kaü. (wstf. Mrk.) *Wie Stall, so Vieh; wie Leut', so Küh.*

Gelijk het vee is, zoo is de stal. *Wie das* **dt.** *Vieh ist, so ist der Stall.*

God Rygt er Hestens halve Foder. *Gute War-* **dä.** *tung ist des Pferdes halbes Futter.*

Dat syner paa Hesten, kvat Hage han gjeng i. **nw.** *Man erkennt am Pferd, auf welche Trift es ging.*

Hwar häst är som han är hällen til. *Jedes* **sw.** *Pferd ist, wie es gehalten wird.*

Male pasture fet male berbit. (afz.) *Schlechte* **fz.** *Weide macht schlechte Schafe.*

Té stä, téle biesse. (w.) **nf.**

La buona greppia fa la buona bestia. (mi. t.) **it.** *Die gute Krippe macht das gute Vieh.*

Come gh' è la stala, ghe sarà la cavala. (l. b.) **ni.** *Wie der Stall ist, so wird die Stute sein.*

Conforme sa pastura sa rassura. (sa. L.) *Nach* **sä.** *der Weide das Fettwerden*

---

658. **Der Wille ist und thut Alles.**

Wille geht vor Gold.

Mat guddem Welle' mécht ê' fill. (mrh. L.) **md.** *Mit gutem Willen macht Einer viel.*

Met den wil kan men bergen verzetten. *Mit* **dt.** *dem Willen kann man Berge versetzen.*

Where there's a will, there's a way. *Wo ein* **en.** *Wille ist, da ist ein Weg.*

When the will's ready, the feet's light. (scho.) *Wenn der Wille da ist, sind die Füsse leicht.*

Eith working when will's at hame. (scho.) *Leicht arbeiten, wenn Wille da ist.*

God Villie bærer tung Byrde. *Guter Wille* **dä.** *trägt schwere Bürde.*

En god Villie drager et stort Læs. *Ein guter Wille zieht ein grosses Fuder.*

God Villie drager stort Læs tilbyes (storst Læs til By). *Guter Wille zieht grosses (das grösste) Fuder in's Dorf.*

Godh Wilie draffwer gerne stoort Læss tijl By. (adä.) *Guter Wille zieht gern grosses Fuder in's Dorf.*

is. Sigrsæll er gódr vilji. *Siegreich ist der gute Wille.*

nw. D' er Viljen, som driv Verket. *Es ist der Wille, welcher das Werk betreibt.*

D' er Hugen, som viser Dugen. *Es ist der Wille, der Tauglichkeit weist.*

sw. God vilja drar lasset till bys. *Guter Wille zieht das Fuder in's Dorf.*

Viljan drar halfva lasset. *Der Wille zieht das halbe Fuder.*

God vilja gjör bördan lätt. *Guter Wille macht die Last leicht.*

---

lt. Ad villam bona magna trahit plaustrata voluntas. (mlt.)

fz. A bonne volonté ne faut la faculté. *Gutem Willen gebricht die Fähigkeit nicht.*

it. A buona volontà Non manca facoltà. *Gutem Willen fehlt nicht Fähigkeit.*

mi. La volontà è tutto. (t.) *Der Wille ist Alles.*

Quando c'è la volontà, c'è tutto. (t.) *Wenn der Wille da ist, ist Alles da.*

Dove la voglia è pronta, le gambe sono leggiere. (t.) *Wo der Wille (die Lust) bereit ist, sind die Beine leicht.*

ni. Le ròbe se i à de fa, Quand che gh' è la voluntà. (l. b.) *Alles lässt sich machen, wenn der Wille da ist.*

Quand gh'è la volontà, gh'è tüt. (l. m.) *S. Quando c'è u. s. w.*

C' ûnn-a bonn-a vœntæ s' arriva a tûtto. (lig.) *Mit gutem Willen kommt man zu Allem.*

A bona volontà No manca facoltà. (v.) *S. A buona u. s. w.*

Volontà, tuto fà. (v.) *Wille thut Alles.*

sp. No falte voluntad, que no faltará lugar. *Fehl' es nicht an Willen, so wird es nicht an Gelegenheit fehlen.*

---

659. Des Menschen **Wille** ist sein Himmelreich.

pd. Des Minsche Wellen ess des Minsche Silligkeit. (nrh. K.) *Des Menschen Wille ist des Menschen Seligkeit.*

Den Minschen sîn Wille is sin Himmelrik. (ns. ha. G. u. G.)

Minschen Will is sin Himmelrik. (ns. hlst.)

Des Menschken Wille is sien Himmelriek. (ns. W.)

Det Mensken Wille is sien Hiemelrik. (wstf. Mrk.)

---

dt. Des menschen zin is zijn hemelrijk. *Des Menschen Sinn ist sein Himmelreich.*

's Menschen zin is 's menschen leven. *Des Menschen Sinn ist des Menschen Leben.*

---

dä. Menneskets Villie er hans Himmerige.

(En) Mands Villie, (en) Mands Himmerige. *(Eines) Menschen Wille, (eines) Menschen Himmelreich.*

Thet ær all Goth, æfther Williæ gaar. (adä.) *Das ist alles Gutes, (das) nach Willen geht.*

Thet tycker man at wære goth, met Williæ skeer. (adä.) *Das dünkt Einem gut zu sein, was mit Willen geschieht.*

is. Manneskjunnar vilji er hennar himnariki, en verðr opt hennar helviti. *Der Menschen Wille ist ihr Himmelreich und wird oft ihre Hölle.*

nw. D' er alt vel, som er til Vilje. *Es ist Alles recht, was nach Willen ist.*

sw. Hvars och ens vilja är ens himmelrike. *Jedes Wille ist sein Himmelreich.*

Thz ær got mæn æpther wilia gar. (asw.) *Das ist gut, wenn es nach Willen geht.*

---

lt. Sors hominem lenit quando (qvando) placendo venit. (mlt.) (tur. (adä.)

Res bona conjicitur, libitum qvis qvando seqvetur.

sp. Voluntad es vida. *Wille ist Leben.*

---

660. Man muss den **Willen** für die That nehmen.

Man muss den Willen für das Werk nehmen.

Der Wille gilt oft für die That.

Sô nemet willen für din were an. (ad.)

od. Der Wille gilt für's Werk. (bair.)

---

en. Take the will for the deed. *Nehmt den Willen für die That.*

Ye mann tak the will for the deed. (schs.) *Ihr müsst den Willen für die That nehmen.*

---

is. Taka viljann fyrir verkit. *Den Willen für die That nehmen.*

nw. Ein lyt stundom taka Viljen fyre Verket. *Man muss bisweilen den Willen für die That nehmen.*

sw. Willian tags för wärket. *Der Wille wird für die That genommen.*

---

lt. Voluntas bona pro facto est.

fz. La bonne intention doit être réputée pour le fait. *Die gute Absicht muss für die That genommen werden.*

La bonne volonté est réputée pour le fait. *Der gute Wille wird für die That genommen.*

La voulenté est réputée pour le fait. (afz.) *S. William* u. s. w.

---

661. **Willkommen sein** wie die Sau im Judenhause.

Er wird ankommen wie die Sau im Judenhause.

Gelegen **kommen** wie der Fuchs unter die Hühner.

md. Dā ît mēr on'g'sāg'n wi **di Sau in Judǎhaus.** (frk. M.) ***Da ist man angesehen, wie die*** *Sau im* ***Judenhause.***

od. **Du kommst recht an, wie die Sau in der Judengasse. (schwb.)**

Sô ûwêrt wiene Sû im Judehûs. (schwei. Sch.) ***So unlieb,*** *wie eine Sau* ***im*** *Judenhause.*

pd. **He es so** wellkomm, as en Ferken en en Jödenhuus. (nrh. M.) *Er ist so willkommen, wie* ***ein Ferkel in*** *einem Judenhause.*

Du kümmst an ass de Sôg' in't Judenhûs. (ns. A.) ***Du kommst an, wie die Sau im Judenhause.***

As de Söge int Jödenhus kamn. (ns. B.) ***Wie die Sau in's Judenhaus kommen.***

He kummt an, as de Sôg in 't Judenhuus. (ns. hlst.) ***Er kommt an, wie die Sau im Judenhause.***

He sall pass kamen, as de Mutt in 't Jödenhus. **(ns.** ofs.) ***Er*** *wird* ***gelegen*** *kommen, wie das Mutterschwein* **im** *Judenhause.*

He schall **to** pass kamen as de Mutt in 't Jȯdenhûs. **(ns. O. J.)** *S. He* ***sall*** *u. s. w.*

De kummt an as d' Mutt in 't Judenhuus. **(ns. O. R.)** ***Der kommt an, wie*** *das Mutterschwein im Judenhause.*

Dai es ankuemen **as de** Suege im Judenhuse. **(wstf.** Mrk.) *Der ist angekommen, wie die Sau im Judenhause.*

---

dt. **Hij is er zoo wel** ontvangen, als **de zog bij den Jood in huis.** ***Er*** *wird dort so gut empfangen, wie die Sau beim Juden im Hause.*

Hij is er gezien als een varken in eene Jodenkeuken. ***Er*** *ist da gern gesehen, wie ein* ***Schwein*** *in einer Judenküche.*

Hij komt er te pas als een Jood in een varkenshok. ***Er*** *kommt da gelegen,* ***wie*** *ein* ***Jude in einem*** *Schweinestall.*

Hij is er zoo welkom als een hond in de keuken (vleeschhal). *Er ist da so willkommen, wie ein Hund in der Küche (Fleischhalle).*

Hij is er gezien als een hond bij een' boer in de vleeschkuip. *Er ist da gern gesehen, wie ein Hund bei einem Bauer* **in** *der Fleischtonne.*

Hij is er zoo aangenaam als een hond in een **kegelspel.** ***Er ist*** *da so angenehm, wie ein* ***Hund in*** *einem Kegelspiele.*

Hij is er zoo welkom als de kat in de melk**kamer.** ***Er ist da so*** *willkommen,* ***wie die Katze in der Milchkammer.***

Hij is er zoo gezien als eene rat bij een boer op een korenzolder. ***Er ist da so gern gesehen, wie eine Ratte bei einem Bauer auf einem Kornboden.***

Hij is er gezien als eene rotte kool (een kool**stronk)** bij eene groenvrouw. *Er ist da gern gesehen, wie ein verfaulter Kohlkopf (ein Kohlstrunk) bei einer Gemüsefrau.*

Hij is er gezien als een rotte **appel bij eene** fruitvrouw. *Er ist da* ***gern gesehen, wie ein*** *fauler Apfel bei einer* ***Obstfrau.***

Hy is overál **gezien als een hesp op de Jodenbruiloft.** (vl.) ***Er ist überall gern gesehen, wie ein Schinken auf der Judenhochzeit.***

Hy is zoo welkom als een hond in het vleeschhuis (in een kegelspel). (vl.) ***Er ist so willkommen, wie ein Hund im Fleischhause (in einem*** *Kegelspiele).*

Hy is zoo welkom als **de** eerste dag van den **Vasten.** (vl.) *Er ist so willkommen, wie der erste Tag der Fasten.*

Hy is zoo welkom als een dief **by den kramer.** (vl.) *Er ist so willkommen,* ***wie ein Dieb*** *bei dem* ***Krämer.***

Welcome as **rain at harvest.** ***Willkommen, wie ein*** *Regen* ***in der Ernte.***

As **welcome** as Hopkin, **that came to** jail over night and was hang'd the next morning. *So willkommen, wie Hopkin, welcher über Nacht in's Gefängniss kam und am nächsten Morgen gehangen wurde.*

He 's as welcome as snaw in hairst. (scho.) *Er* ***ist so*** *willkommen, wie Schnee* ***in*** *der Ernte.*

He 's as welcome as water **in a riven** ship. **(scho.)** ***Er ist*** *so willkommen, wie Wasser* ***in einem leeken Schiff.***

Han **er saa** velkommen som en So i Jødehus. **dä.** *Er* ***ist so*** *willkommen, wie eine Sau im* ***Judenhause.***

Ond Giæst er velkommen som Salt i suurt Øie. *Schlimmer Gast ist willkommen, wie Salz in triefendem Auge.*

Han er som en Hund i et Spil Kegler. (jüt. S.) *Er ist wie ein Hund in einem Kegelspiele.*

nw. Han er alle Stader komen liksom Hosten. *Er ist überall willkommen, gleich dem Husten.*

sw. Välkommet som salt i surt öga och vatten i nytt skepp. *Willkommen, wie Salz in triefendem Auge und Wasser in neuem Schiff.*

---

fz. Il vient là comme un chien dans un jeu de quilles. *Er kommt da wie ein Hund in ein Kegelspiel.*

nf. Esse riçu comme on chin d' vin on jeu d' beies. (w.) *Empfangen werden, wie ein Hund in einem Kegelspiele.*

Riçur comme on chin d'vin on jeu d' beies. (w.) *Empfangen, wie einen Hund in einem Kegelspiele.*

Esse riçu comme li fils dè l' beguenne. (w.) *Empfangen werden, wie der Sohn der Beguine.*

Ette reçue comme in lavement à l' ieau froide. (w. M.) *Empfangen werden, wie ein Klystier von kaltem Wasser.*

sf. L' y sara tant ben vengut, qu' un chin en un joec de quillos. (uprv.) *Er wird dort so willkommen sein, wie ein Hund in einem Kegelspiel.*

---

662. Bei gutem **Winde** ist gut segeln. Unterm Segel ist gut rudern.

pd. Strom dal un vörn Wind is got seiln. (us. B.) *Stromab und vor dem Wind ist gut segeln.*

In 't stille Wér is 't gôd Haver seien. (us. O. J.) *Bei stillem Wetter ist es gut Hafer säen.*

---

dt. Met geluk en goeden wind vaart men wel. *Mit Glück und gutem Wind fährt man gut.*

Onder een staand zeil is het goed roeijen. *Unter aufgespanntem Segel ist gut rudern.*

en. 'T is safe riding in a good haven. *In einem guten Hafen ist gut ankern.*

It 's easy to bowl down hill. *Bergab ist leicht kegeln.*

---

dä. Det er godt, at seile med god Vind. *Es ist gut, mit gutem Wind zu segeln.*

Godt er at sidde ved Styret i stille Veir. *Gut ist's, in stillem Wetter am Steuer zu sitzen.*

nw. D' er lett aa ro under fullt Segel. *Es ist leicht zu rudern unter vollem Segel.*

D' er uvandt aa ro, naar dat rek av seg sjølv. *Es ist unnütz zu rudern, wenn es sich von selbst bewegt.*

Det är godt sitta (Godt sitta) vid styret när sw. (det) intet blås. *Es ist gut am Steuer sitzen (Gut sitzen am Steuer), wenn es nicht weht.*

Godt roo under fullt Segel. *Gut rudern unter vollem Segel.*

En aygo puro barquo seguro. (sf. uprv.) *In* fz. *klarem Wasser sichere Barke.*

Santa e strade fatte è bell' andà. (mi. crs.) it. *Auf gebahnten Wegen ist schönes Gehen.*

---

663. De wind is nooit zoo slecht, of hij brengt iemand voordeel aan. (dt.) *Der* **Wind** *ist nie so schlimm, dass er nicht Jemand Vortheil brächte.*

It is an ill wind that blows nobody profit. en. *Es ist ein schlechter Wind, der Niemand zum Nutzen bläst.*

It is an ill wind that blaws naebody gude. (scho.) *Es ist ein schlechter Wind, der Niemand Gutes bringt.*

I gn'a non timpesse qui n'vinse à pont. (nf. w.) fz. *Es gibt kein Unwetter, das nicht zur rechten Zeit käme.*

La tempesta l'è mai in dagn de tuec. (ni. l. m.) it. *Das Unwetter ist nie zu Aller Schaden.*

No tempesta minga per tüc. (l. m.) *Es wettert* ni. *niemals für Alle.*

A tenpesta mai a dan d' tuti. (piem.) *Es wettert nie zum Schaden Aller.*

No casca tempesta che no la sia bona per qualchedun. (v.) *Es kommt kein Unwetter, ohne dass es für Jemand gut wäre.*

---

664. Er schifft im **Winde**.

Er rudert in der Luft.

Er balgt den Nebel.

Er will den Wind auf Flaschen ziehen.

Wässer schneide' bis op de Grogt. (urh. L.) md. *Wasser bis auf den Grund schneiden.*

Mit da' Stang *(der Stange)* im Nebel umstüren. od. (bair.)

Mit der Stang im Nebel herumfahren. (schwei.)

---

dt. Het is water dreschen. *Es ist Wasser dreschen.*
Dat is water in den vijzel stampen. *Das ist Wasser im Mörser stampfen.*

---

lt. In aere piscari.
Rete ventos venaris.
In mare venari.
In aqua scribis.
Aquam in mortario tundere.
Nebulas diverberare.

fz. Battre l'eau (avec un bâton). *Das Wasser (mit einem Stock) schlagen.*
Autant vaudroit battre l' eau de la rivière. *Es wäre ebenso gut, das Wasser im Fluss zu schlagen.*
Donner un coup de sabre (d'épée) dans l'eau. *Einen Säbelhieb (Degenhieb) in's Wasser thun.*
Escrimer contre les ondes avec une épée de bois. *Mit einem hölzernen Säbel gegen die Wogen fechten.*
Dans un mortier de l' eau ne pile. *In einem Mörser stampfe nicht Wasser.*

nf. Diner des côps d' sâbe ès l' aiwe. (w.) *Säbelhiebe in's Wasser thun.*

sf. As fach un trauc en l' er. (uprv.) *Du hast ein Loch in die Luft gemacht.*

it. Pestare (Batter) l' acqua nel mortaio. *Das Wasser im Mörser stampfen.*
Far un buco nell' acqua. *Ein Loch im Wasser machen.*

mi. Pesta l' acqua in la murtaru! (crs.) *Stampfe das Wasser im Mörser!*
E quant' e sulcà sull' acqua. (crs.) *Es ist so viel, wie Furchen auf dem Wasser ziehen.*
E quant' e da un pugnu in celu. (crs.) *Es ist so viel, wie einen Faustschlag gegen den Himmel thun.*
Pstê l' acqua in te murter. (rom.) *S. Pestare u. s. w.*
Fér un bus in t l' acqua. (rom.) *S. Far u. s. w.*
Tu dibatti l' acqua nel mortaio. (t.) *Du stampfest das Wasser im Mörser.*
Pigliare il vento in reti. (t.) *Den Wind in Netzen fangen.*
Pigliare ad ammattonare il mare. (t.) *Das Meer pflastern wollen.*

ni. Far un bus in-t- l' acqua. (em. B.) *S. Far u. s. w.*
Pistar l' acqua in-t-al mortal. (em. B.) *S. Pestare u. s. w.*
Pistar l' acqua in t' el mortal. (em. P.) *S. Pestare u. s. w.*
Far un bus in t' l' acqua. (em. P.) *S. Far u. s. w.*
Forèr un bus int l' acqua. (em. R.) *Ein Loch in's Wasser bohren.*
Pistèr l' acqua int al mortèl. (em. R.) *S. Pestare u. s. w.*
Pestà l' aqua en del morter. (l. b.) *S. Pestare u. s. w.*
Fà u bus ind' aqua. (l. b.) *S. Far u. s. w.*
Dà de bacchæ in te l' ægua. (lig.) *Stockschläge in's Wasser thun.*
Dà di pûgni in çê. (lig.) *Faustschläge gegen den Himmel thun.*
Fà un pertûso in te l' ægua. (lig.) *S. Far u. s. w.*
Pestâ l' ægua in to mortâ. (lig.) *S. Pestare u. s. w.*
Fe un pertus ant l' aqua. (piem.) *S. Far u. s. w.*
Pistè l' aqua ant el mortè. (piem.) *S. Pestare u. s. w.*
Pestar l' aqua in t' el mortèr. (v.) *S. Pestare u. s. w.*
Far un buso in aqua. (v., v. trst.) *Ein Loch in Wasser machen.*
Pestar aqua in mortèr. (v. trst.) *Wasser im Mörser stampfen.*

si. Azzappa all' acqua e simina a lu ventu. (s.) *Er hackt in's Wasser und sät in den Wind.*
Pisti l' acqua 'ntra lu murtaru. (s. C.) *S. Pesta u. s. w.*
Abba in su pistone pista, abba est et abba s' istat. (sa. L.) *Wasser, im Mörser gestampft, ist Wasser und bleibt Wasser.*

---

665. Je schöner die **Wirthin**, je schwerer die Zeche.

dt. Je schöner die Wirthin, je theurer der Wein.

pd. Ach wo schön wir de Wirtsfru, sär de Knecht; ach wo hässlich is de Rääknung, sär de Herr. (ns. M.-Str.) *Ach, wie schön war die Wirthsfrau! sagte der Knecht; ach, wie hässlich ist die Rechnung! sagte der Herr.*

---

en. The fairer the hostess, the heavier the reckoning.

---

dä. Hvor der er en smuk Vertinde, er Øllet godt. *Wo eine schöne Wirthin ist, ist das Bier gut.*

---

fz. Belle hôtesse c'est un mal pour la bourse. *Schöne Wirthin ist ein Übel für den Beutel.*

sf. Bell' Houstesso, escourrenso de bousso. (uprv.) *Schöne Wirthin, Durchfall der Börse.*

it. Bedda ostissa, caru cuntu. (si. s.) *Schöne Wirthin, theure Rechnung.*

pl. Hospeda formosa danno faz á bolsa. *Schöne Wirthin thut der Börse Schaden.*
sp. Huéspeda hermosa mal para la bolsa. *Schöne Wirthin, schlimm für die Börse.*

---

666. Er **weiss**, wo **Barthel Most holt.**
Barthel weiss schon, wo er den Most holt.
Er weiss, wo der Teufel das Nest hat.
Er weiss, wo das Wasser zur Mühle fliesst.
Er weiss, wo das Gold im Rheine liegt.
md. Dër wäsz, wu Bärthel Monst hollt. (frk. M.)
Er weiss, wo das Krönnchen *(i. e. Messer zum Grasschneiden)* im Heck liegt. (mrh. E.)
Wesse' *(Wissen)* wö Bartel de Most helt *(holt).* (mrh. L.)
Wesse' wät d' Pogt kascht. (mrh. L.) *Wissen, was das Pfund kostet.*
Der weess (*weiss*), wo Barthel Most holt. (sä. A.)
od. Er weiss, wo die Katze in Teig langt. (schwb. W.)
Es weisst noch Niemand, wo Bartli Most holt. (schwei.)
Er weiss, wie vil der Haber gilt. (schwei. S.)
Ea woas, wou da Paddlmai Mousd foal hod. (st.) *Er weiss, wo der Bartholomäus Most feil hat.*
pd. Hä weiss, wo Battel der Moss höllt. (nrh. K.)
Hä weiss och, wat de Botter gilt. (nrh. K.) *Er weiss auch, was die Butter gilt.*
Ich weiss, wo der Hahs (*Hase*) höpp (*hupft*). (nrh. K.)
Ick sall öär well wiese, wor Bartelt de Mostert helt. (nrh. Kl.) *Ich werde ihnen schon weisen, wo Barthel den Senf holt.*
Hé wêt, wo Bartel 'n Most haolt. (ns. A.)
Hé wêt, wo Bartel Most waont. (ns. A.) *Er weiss, wo Barthel Most wohnt.*
He weet, wo Barteld den Most halt. (ns. B.)
Weten, wo de Forke im Stehl stikkt. (ns. B.) *Wissen, wo die Gabel im Stiel steckt.*
Ick will di wisen, wâr Abram de Mustert mält (de Tom uphangt). (ns. O. J.) *Ich will dir weisen, wo Abraham den Senf mahlt (den Zaum aufhängt).*
Hei wett, wo Lux 's Beier hahlt. (ns. P.-H.) *Er weiss, wo Lux das Bier holt.*
Er weiss, wo Luks Bier holt. (ns. Pr.)
Er weiss, wo dem Hasen das Bein entzwei ist. (ns. Pr.)

---

dt. Hij weet wel, waar Abraham den mutsaard haalt. *Er weiss wohl, wo Abraham das Holzbündel holt.*
Hij weet, waar de haas liep. *Er weiss, wo der Hase lief.*
He knows which side his bread is buttered on. en. *Er weiss, auf welcher Seite sein Brot geschmiert ist.*
He kens whilk side his bannock 's buttered on. (scho.) *Er weiss, auf welcher Seite sein Haferkuchen geschmiert ist.*

Han veed, hvor David henter (kiøbte) Øllet. dä. *Er weiss, wo David das Bier holt (kaufte).*
Hun veed, hvor David boer. *Sie weiss, wo David wohnt.*
Hann veit hvar fiskr liggr undir steini. *Er* is. *weiss, wo der Fisch unter dem Steine liegt.*
Han fick veta, hvar David köpte ölet. *Er* sw. *bekam zu wissen, wo David das Bier kaufte.*

E' sa dove il diavolo tiene la coda. *Er weiss,* it. *wo der Teufel den Schwanz hat.*
A donna sa duve u Diaule tene a coda. (crs.) mi. *Die Frau weiss, wo der Teufel den Schwanz hat.*
Savê dov e gövul ten la coda. (rom.) *Wissen, wo der Teufel den Schwanz hat.*
Savê méttr a lêtt la spôsa. (rom.) *Die Braut in's Bett zu legen wissen.*
Saper dove il diavolo tien la coda. (t.) *S. Savê dov u. s. w.*
Saper a' quanti di è S. Biagio. (t. fir.) *Wissen, am wievielsten der St. Blasiustag ist.*
So ancor' io, quante paie fanno tre buoi. (t. fir.) *Ich weiss auch, wie viel Paare drei Ochsen ausmachen.*
Savêir dòv al dinvel tein la co. (em. B.) *S.* ni. *Savê dov u. s. w.*
Savêr dova el diavol tén la cöva. (em. P.) *S. Savê dov u. s. w.*
Savêir dôv al diävel tín la cóva. (em. R.) *S. Savê dov u. s. w.* [*E' sa u. s. w.*
El sa doe 'l diaol el tègn la cua. (l. b.) *S.*
El sa doe 'l diaol el tègn la scarpèta. (l. b.) *Er weiss, wo der Teufel den Schuh hat.*
Savei dove o diao o l' ha a cöa. (lig.) *S. Savê dov u. s. w.*
Saveje fin dov el diavo a ten la côa. (piem.) *S. Savê dov u. s. w.*
Saveje el di ch' a l' è san Bias. (piem.) *S. Saper a' u. s. w.*
Saver indove che el diavolo tien la coda. (v. trst.) *S. Savê dov u. s. w.*
Sà dove lo diascance tene la coda. (npl.) *S.* si. *E' sa u. s. w.*

---

667. Was ich nicht weiss, Macht mich nicht heiss.

md. Bosz ich net wääsz, Macht mich net hääsz. (frk. H.)

Wos i' nit wäß, mécht m'r nit häß. (frk. M.) *Was ich nicht weiss, macht mir nicht heiss.*

Wät ên nét wês, Mécht ên nét hês. (mrh. L.). *Was man nicht weiss, macht einen nicht heiss.*

Wät ech net weiss, dät macht mech net heiss. (mrh. N.) *Was ich nicht weiss, das macht mich nicht heiss.*

Wos ich nich wêss, mocht mer nich hêss. (schls. B.) *S. Wos i' u. s. w.*

Wat me net wees, Maacht net hees. (sii. A.) *Was man nicht weiss, Macht nicht heiss.*

od. Was man nicht weiss, macht einem nicht heiss. (bair.) (schwei.)

Was ich nicht weiss, macht mir nicht heiss.

Was wir nicht wissen, thut uns nicht weh. (schwei.)

Wâs i' nit wôaß, mâcht ma' nit hôaß. (tir. U.-I.) *S. Wos i' u. s. w.*

pd. Wat m'r net wees, määt ehne net hees. (nrh. D.) *S. Was man u. s. w.*

Wat mer nit en weiss, Mäht eine nit en heiss. (nrh. K.) *S. Was man u. s. w.*

Watt ick nich wêt, maokt mi nich hêt. (ns. A.)

Wat ek nich weit, mâkt mek nich heit. (ns. ha. G. u. G.)

Wat ik nig weet, makt mi nig heet. (ns. hlst.)

Wat ick nich weet, Dat makt mi nich heet. (ns. O. R.) *S. Wät u. s. w.*

Wat ick nit weit, maaket mick nit heit. (ns. W.)

Bat ick nitt wet, makt mi nitt het. (wstf. Mrk.)

Wat ik ni weit, dat makt meĭ ni heit. (wstf. P.) *S. Wät u. s. w.*

---

dl. Wat men niet weet, Doet ons geen leed. *Was man nicht weiss, thut uns kein Leid.*

Dat men niet weet, dat niet en deert. *Was man nicht weiss, das thut nicht weh.*

fs. Wat ik eg witj, det bat mi eg. (A.) *Was ich nicht weiss, das beisst mich nicht.*

---

dä. Hvad man ei hører, har man ei ondt af. *Was man nicht hört, davon hat man nicht Schlimmes.*

nw. Dat eg inkje veit, gjerer meg korkje kald elder heit. *Was ich nicht weiss, macht mich weder kalt, noch heiss.*

sw. Hvad man icke vet, gör ej heller förtret. *Was man nicht weiss, macht auch keinen Verdruss.*

Çon qu'on n'sét nin, n'grive nin. (nf. w.) S. fz. *Dat men u. s. w.*

Ke rein ne sa, rein ne grâve. (Pat. s.) S. nf. *Dat men u. s. w.*

De quèl che nô se sà, nô pô rineress. (ni. l. m.) it. *Was man nicht weiss, darum kann man sich nicht grämen.*

---

668. Wer weiss, was der Abend bringt.

Niemand weiss, was der Morgen bringt.

Wier wisz, wat der More bräinjt? (nrh. S.) pd. *Wer weiss, was der Morgen bringt?*

Wie weet, wat de avond brengen zal? *Wer weiss, was der Abend bringen wird?* dl.

Wie weet, wat ons de morgen brengt? *Wer weiss, was uns der Morgen bringt?*

Men weet niet, wat de dag van morgen geven zal. *Man weiss nicht, was der morgige Tag geben wird.*

Niemand weet, wat komen zal: wie zag morgen? *Niemand weiss, was kommen soll: Wer sah morgen?*

Niemand zoo oud, die morgen zag. *Niemand so alt, dass er morgen sah.*

Enginn veit hvað ókominn dagr bruggar. is. *Keiner weiss, was der kommende Tag braut.*

Enginn veit hvað á dagana kann að drífa. *Keiner weiss, was am Tage kommen kann.*

Eingin veit á morni at siga, hvår hann á kvöldi gistur. (fær.) *Niemand weiss am Morgen zu sagen, wo er am Abend einkehrt.*

Man vet inte hvad som kan ske innan aftonen. sw. *Man weiss nicht, was vor dem Abend geschehen kann.*

Nescis quid paritura sit dies. lt.

Nescis quid serus vesper vehat.

Si po sperà in ciò ch' a da veni, Ma di siguru it. nimu la po di. (mi. crs.) *Man kann hoffen auf das, was kommen soll, aber mit Sicherheit kann es Niemand sagen.*

Nimu po risponde ci saragghiu dumane. (crs. m.) mi. *Niemand kann verbürgen, ich werde morgen da sein.*

Non ischimus su qui nos hat a benner cras. si. (sa.) *Wir wissen nicht, was uns morgen begegnen wird.*

---

669. **Wo Frösche sind, da sind auch Störche.**

md. Wo Birnen sind, da sind auch Klüppel. (mrh. E.)
Wo Birnen an den Bäumen hangen, Da finden sich auch Stangen. (mrh. E.)
Wō Bire' gēt, do gēt och Kleppelen. (mrh. L.) *Wo es Birnen gibt, da gibt's auch Klüppel.*
pd. Wo Hegge sönd, do sönd auch Mösche. (nrh. A.) *Wo Hecken sind, da sind auch Spatzen.*
Wo Knauche send, de dugge, doh send och Honk, de se mugge. (nrh. D.) *Wo Knochen sind, die taugen, da sind auch Hunde, die sie mögen.*
Wor Åbärs sünt, dar sünt ok Poggen. (ns. B.) *Wo Störche sind, da sind auch Frösche.*
Wo Adebaars sünd, dar sünd ook Poggen. (ns. Hmb.) *S. Wor u. s. w.*
Boo Müüse sied, doo sied auk Katten. (ns. W.) *Wo Mäuse sind, da sind auch Katzen.*
Bā Knuoken sint, dā düeget, dā sint ock Rü'ens dā se müeget. (wstf. Mrk.) *S. Wo Knauche u. s. w.*
Wå Knüäkskes sind, de dåaget, då gift 't auk Rü'ens, de se måaget. (wstf. Mst.) *Wo Knöchlein sind, die taugen, da gibt es auch Hunde, die sie mögen.*
Waar Knuäckskes sind, de dåüget, daar gift 't auck Rüüens, de se måüget. (wstf. O.) *S. Wå u. s. w.*

---

dl. Daar kikkers zijn, zijn ook ooijevaars. *Wo Frösche sind, sind auch Störche.*
en. Where there are reeds, there is water. *Wo Rohr ist, da ist Wasser.*

---

dä. Hvor der findes Duer, findes ogsaa Høge. *Wo sich Tauben befinden, befinden sich auch Sperber.*
sw. Der det finns dufvor, finnas ocksa hökar. *S. Hvor u. s. w.*

---

fz. Quand il y a du crotin, il y a du lapin. (nf. urm.) *Wo's Mist gibt, gibt's Kaninchen.*
it. Dov' è la buca, è il granchio. (mi. t.) *Wo das Loch ist, ist der Krebs.*
ni. Dove ghe xe rane, ghe xe aqua. (v.) *Wo Frösche sind, ist Wasser.*
Dove gh' è mar, gh' è pesse. (v.) *Wo Meer ist, ist Fisch.*
wl. Unde e lacū, a colo sunatū si broasce. *Wo ein Teich ist, da sind auch Frösche.*

---

670. **Wo geschellt wird, sind Glocken.**
Wo man blöken hört, sind Schafe im Lande.

Daar moet water zijn, zou het kalf verdrinken. dl.
Da muss Wasser sein, wo das Kalb ertrinken soll.
Where the horse lies down, there some hair en.
will be found. *Wo das Pferd sich niederlegt, wird etwas Haar gefunden.*
There's aye some water whaur the stirkie drowns. (scho.) *Es ist immer etwas Wasser, wo die Färse ertrinkt.*
Where the deer's slain, the blude will lie. (scho.) *Wo das Wild getödtet wird, muss Blut sein.*

---

671. **Wo Rauch ist, muss auch Feuer sein.**
Wo Rauch aufgeht, da ist Feuer nicht weit.
Rauch geht vor dem Feuer her.
Wō Damp ås, as och Feier. (mrh. L.) *Wo* md.
Dampf ist, ist auch Feuer.
Wō Feier as, do as och Damp. (mrh. L.) *Wo Feuer ist, da ist auch Dampf.*
Mo a Rach ist, ist au a Fuir. (tir. O.-I.) *Wo* od.
ein Rauch ist, ist auch ein Feuer.
Wor Rok is, dar is ok Für. (ns. B.) *Wo* pd.
Rauch ist, da ist auch Feuer.
Wo Rook is, is ook Für. (ns. M.-Sch.) *Wo Rauch ist, ist auch Feuer.*
Waar Rook is, is ook Für. (ns. ofs.) *S. Wo Rook is u. s. w.*
Wo Rook iss, da iss ok Füer. (ns. Pr.) *S. Wor u. s. w.*

Waar rook is, is ook vuur. *S. Wo Rook is u. s. w.* dl.

Hvor der er Røg, maa ogsaa være Ild. dä.
Røghen kommer gerne aff Brandene. (adä.) *Rauch kommt gern vom Brand.*
Röök går gärna aff bränden. *S. Røghen u. s. w.* sw.
Æ gaar rokir aff nakro. (asw.) *Immer geht Rauch von etwas aus.*

Flamma fumo proxima est. lt.
Causa vaporare fumum facit ex aliqua (aliqvā) re. (mlt.)
Dove fuogo si fa, nasce del fumo. (mi. t.) *Wo* it.
Feuer gemacht wird, entsteht Rauch.
Dō ghé del füm, el ghé del föc. (l. brs.) *Wo* ni.
Rauch ist, ist Feuer.
Unni c' è focu, pri lu fumu pari. (s.) *Wo Feuer* si.
ist, kommt's durch den Rauch zum Vorschein.

Da ne bi fighent fogu, **fumu** bessit. **(sa. L.)** *Wo sie Feuer machen, steigt Rauch* ***auf.***

Da ne bessit fumu, bei hat fogu. **(sa. L.)** ***Wo Rauch aufsteigt, da ist Feuer.***

lu. Foc secreto lo fumo **lo** descoure. (neat.) ***Heimliches Feuer thut*** *der Rauch kund.*

Hon se fa foch ix fum. (val.) ***Wo Feuer gemacht*** *wird, geht Rauch heraus.*

sp. Donde **fuego** se hace, humo sale. *S.* ***Hon u. s. w.***

---

672. **Wo Tauben sind, da fliegen Tauben zu.**

Das Huhn **legt** gern in's Nest, **wo schon Eier** sind.

Es regnet **gern,** wo es schon **nass ist.**

md. Wo Tauben **sin** *(sind)*, fliegen Tauben zu. **(sä. A.)**

Wu *(Wo)* Tauben sein, **flugen** ***(fliegen)*** **Tauben** zu. (schls.)

od. Wo viel ist, da will **auch** viel hin. (els.)

pd. Wo Würsch send, doh komme Würsch. (nrh. **D.)** *Wo Würste sind, da* ***kommen*** *Würste.*

Wo Dûw'n sünd, flêg'n **Dûw'n to.** (ns. A.) *S. Wo* ***Tauben*** *sin u.* ***s. w.***

Wuo Duwen sin, **flîäen Duwen tuo. (ns. N.)** *S. Wo Tauben sin u. s.* ***w.***

Wo Duwe sönd, da fleege **Duwe to. (ns. Pr.)**

---

dt. Waar duiven **zijn, daar vliegen duiven toe.**

Waar duiven **zijn, vliegen duiven toe.** *S. Wo Tauben sin u.* ***s. w.***

en. He that **has a goose, will get a goose. (scho.)** *Wer* ***eine Gans hat, wird eine Gans bekommen.***

---

dä. Hvor der er Duer, flyve Duer til. ***S. Wo Tauben sin u. s. w.***

sw. Dar **Duvor er fyre, fljuga Duvor til.** *S. Wo* ***Tauben sin u. s.*** *w.*

Dar **godt Folk er fyrr, kjem godt** Folk til. ***Wo*** *gute* ***Leute*** *sind,* ***kommen gute*** *Leute zu.*

sw. Der dufvor finnas, flyga dufvor till. *Wo sich Tauben finden, fliegen Tauben* ***zu.***

---

fz. Qui chapon mange, chapon lui vient. *Wer Kapaun isst, der kriegt Kapaun.*

Qui mange chappon, perdrix lui **vient.** ***Wer*** *Kapaun* ***isst,*** *der kriegt Rebhuhn.*

nf. Wiss **qu'i** gn'a des colons, les colons volet. **(w.)** ***Wo es*** *Tauben gibt, fliegen die Tauben* ***hin.***

---

673. Wenn's **wohl** steht, sind wir Alle gute Regenten.

Wenn's gut geht, sind sie Alle gute Rathgeber.

Wenn's Schiff gut geht, will Jeder Schiffsherr sein.

Wenn's gut geht, so sind **alle gute Hebammen. od.** (schwei.)

Wenn's still ist, will Jedermann Steuermann sein. (schwei.)

Wo's eben ist, ist guet *(gut)* Charrer *(Kärrner)* z' sii *(zu sein).* (schwei.)

In a calm sea every man **is a pilot.** ***Bei* en. *ruhiger See ist*** *Jeder ein* ***Lootse.***

Alle ville styre i godt Veir. *Alle wollen bei* **dä.** ***gutem*** *Wetter steuern.*

I stilla väder äro alla **goda sjömän.** ***Bei* sw. *stillem*** *Wetter* ***sind Alle gute Seeleute.***

In tranquillo quilibet **est gubernator. lt.**

En tens calmé cadun **es mariniè. (sf. nprv.) fz.** ***Bei ruhigem*** *Wetter* ***ist Jeder Seemann.***

Ognuno sa navigare quando **è** buon vento. **it.** *Jeder kann schiffen, wenn guter Wind ist.*

Nantu **e** belle strade ci vann anca i zoppi **mi.** **(cechi).** (crs.) *Auf schönen Wegen gehen* ***auch die*** *Lahmen (Blinden).*

Al buon tempo ognun sa ire. (t.) ***Bei gutem Wetter weiss Jeder zu gehen.***

Tutti sanno camminare per l'asciutto. (t.) ***Alle wissen im Trocknen zu gehen.***

Quando **la palla balza, ognun sa** darle. (t.) ***Wenn die Kugel aufspringt, kann*** *Jeder* ***sie treffen.***

Per la sütta tütt i san andar. (em. B.) *Im* **ni.** *Trocknen wissen Alle* ***zu*** *gehen.*

Quand la va ben, tutt en brav. (em. P.) *Wenn es gut geht, sind Alle wacker.*

Töc i sa naigà quand gh'è 'l bu vent. (l. b.) *Alle wissen zu schiffen, wenn guter Wind ist.*

Quand el balû el ve sul brassal, I è bu töcc a rimandal. (l. b.) ***Wenn*** *der Ball* ***auf die*** *Armschiene kommt,* ***sind*** *Alle geschickt, ihn zurückzuwerfen.*

Quand ve in boca i **macarù I** e mangia ogni minciù. (l. b.) *Wenn die* ***Maccaroni in den Mund*** *kommen, isst sie jeder Dummkopf.*

Quand la va be, töc i è brai. (l. b.) *S. Quand* ***la va*** *ben u. s. w.*

Tuti a son bon quand la fortuna ai **seconda.** (piem.) ***Alle*** *sind tauglich,* ***wenn das Glück ihnen*** *beisteht.*

Quando la barca va, ogni mincion la para. (v.) *Wenn* ***die*** *Barke geht, leitet sie jeder Tölpel.*

Quando **vien i** macaroni in boca, tuti li sa **magnar. (v.)** *Wenn die Maccaroni in* ***den Mund*** *kommen,* ***verstehen Alle sie zu essen.***

Tuti ze bravi co la va ben. (v.) *Alle sind wacker, wenn's gut geht.*

Cul bon vento tuti sa navigar. (v. trst.) *Mit dem guten Winde wissen Alle zu schiffen.*

si. Ognun sa navigare col buon tempo. (npl.) *Jeder weiss bei gutem Wetter zu schiffen.*

Ognunu sa navigari cu bon ventu. (s.) *Jeder weiss mit gutem Winde zu schiffen.*

A bentu in favore, ognunu ischit navigare. (ss.) *Bei günstigem Winde weiss Jeder zu schiffen.*

---

674. Wohlfeil kostet viel Geld.

pd. 'Ne wollfeile Kauf ess nit lunter 'ne gohde Kauf. (nrh. K.) *Ein wohlfeiler Kauf ist nicht immer ein guter Kauf.*

---

en. Good cheap is dear. *Wohlfeil ist theuer.*

A good bargain is a pick-pocket. *Wohlfeil ist ein Taschendieb.*

---

dä. Godt Kjøb koster mest. *Wohlfeil kostet am meisten.*

---

fz. Bon marché tire l'argent de la bourse. *Wohlfeil lockt's Geld aus dem Beutel.*

Bon marché ruine (Les bons marchés ruinent). *Wohlfeil richtet zu Grunde.*

Bon marché fait argent débourser. *Wohlfeil macht Geld ausgeben.*

Bon marché tret (marchiés traiet) argent de bourse (borse). (afz.) *Wohlfeil zieht Geld aus dem Beutel.*

nf. L'pus quier ch'est l'meyeur marché. (pic. St. Q.) *Das Theuerste ist am wohlfeilsten.*

Li meyeu marchî est l'pus chir. (w.) *Das Wohlfeilste ist am theuersten.*

it. Le buone derrate vuotano la borsa. *Die wohlfeilen Waaren leeren die Börse.*

mi. L'è e bon prèzz ch vota al bisacch. (rom.) *Es ist die Wohlfeilheit, welche die Tasche leert.*

Il buon mercato (La buona derrata) cava l'occhio al villano. (t.) *Das Wohlfeile (Die wohlfeile Waare) sticht dem Bauer das Auge aus.*

Da' buoni partiti, pàrtiti. (t.) *Vor den wohlfeilen Käufen hüte dich.*

nl. El bomarcat el vöda 'l borsèl. (l.) *Das Wohlfeile leert den Beutel.*

El bomarcat el trà in malora (el scavezza 'l còl). (l.) *Das Wohlfeile bringt in's Unglück (bricht den Hals).*

Ol bon marcat al vuda el borsel. (l. b.) *S. El bomarcat el vöda u. s. w.*

Bö e bumercat no i sta miga 'nsèma. (l. brs.) *Gut und wohlfeil sind niemals beisammen.*

El va semper a res'c d'es ingannat Chi sta sul comprà a bumarcat. (l. brs.) *Wer wohlfeil kauft, läuft stets Gefahr, betrogen zu werden.*

Vardet dal bumercat. (l. brs.) *Hütet euch vor dem Wohlfeilen.*

Ol bu mercat el vüda 'l borsel. (l. brs.) *S. El bomarcat el vöda u. s. w.*

Ròba de bon mercà di völt l'è cara. (l. m.) *Wohlfeile Waare ist bisweilen theuer.*

El bon mercaa frusta sossenn la borsa, E di voeult menna l' omm a l' ospedaa. (l. m.) *Wohlfeil zerreisst oft die Börse und führt bisweilen den Menschen in's Spital.*

Guardet ben dai parti tròp grass. (l. m.) *Hütet euch wohl vor den zu guten Käufen.*

La roba a bon pat a vœüida la borsa. (piem.) *Die wohlfeile Waare leert die Börse.*

El bon pressi a vœüida la borsa. (piem.) *Der gute Preis leert die Börse.*

El bon marcà a strassa la borsa e a manda l' om a l' ospidal. (piem.) *Wohlfeil zerreisst den Beutel und bringt den Menschen in's Hospital.*

El bon marcà strazza la borsa. (v.) *Wohlfeil zerreisst den Beutel.*

El bon marcà ingrassa l'occio al vilan. (v.) *Wohlfeil schmiert dem Bauer das Auge.*

Vardete da la bubàna. (v.) *S. Vardet u. s. w.*

A buon mercato penzace. (npl.) *Bei Wohlfeil überleg' es dir.* ni.

Lo barato es car. (val.) *Das Wohlfeile ist theuer.* lm.

O caro he barato e o barato he caro. *Das* pt.
Theure ist wohlfeil und das Wohlfeile ist theuer.

Mercadoria barata roubo das bolsas. *Wohlfeile Waare bestiehlt die Börsen.*

Barato es caro. *S. Good cheap u. s. w.* sp.

Lo barato es caro. *S. Lo barato u. s. w.*

Quien se viste de ruin paño, dos veces se viste al año. *Wer sich in wohlfeiles Tuch kleidet, kleidet sich zwei Mal des Jahres.*

---

675. Goedkoop verkoopen, maakt den winkel ledig. (dt.) *Wohlfeil verkaufen macht den Laden leer.*

Geef goedkoop, en gij zult zoo veel verkoopen dt.

als vier. *Gebt's billig, und ihr werdet so viel verkaufen wie Vier.*

nw. Godt Kaup gjerer godt Tillaup. *Wohlfeiler Kauf macht* **viel** *Zulauf.*

it. **Al bomarsè tüc i ghe cor adrè. (mi. l.)** *Wohlfeilem Kauf laufen Alle nach.*

mi. **Al bon mareà tuti ghe** core drio. (v.) *S. Al bomarsè u. s. w.*

sp. **Haz barato y venderás por quatro.** *Mach' Schleuderpreise und du wirst für Vier verkaufen.*

---

676. **Wohlschmack** Bringt **Bettelsack.**

Hechtenzünglein, Barbenmäulein, Bringen den Reiter um sein Gäulein.

Aus einem Schlecker Wird **ein armer Lecker.**

md. Wer liebt den Wohlgeschmack, Kommt an den Bettelsack. (mrh. E.)

Gutschmäcke **giebt** Bettelsäcke. **(mrh.** E.)

od. Goutschmeck mächt Bêt'lsèck'. (opf. N.) *Gutschmack macht Bettelsäcke.*

Wolgeschmack Bringt Bettelsack. (schwb. W.)

Thee, Kaffee und Leckerli Bringet den Metzger **um's Äckerli.** (schwei.)

Allzeit **naschen macht leere** Taschen. (schwei.)

pd. Gåt schmakt **mächt de** Käinjder nakt. (nrh. S.) *Gutgeschmeckt macht die Kinder nackt.*

Wollsmack (bringt) Beddelsack. (ns. A.)

Wolsmakk brengt Ungemakk. (ns. B.) *Wohlschmack bringt Ungemach.*

Wolsmack Bringet Baddelsack. (ns. ha. G. u. G.)

Wollsmack bringt 'n Bädelsack. (ns. O. R.)

Gotschmack bringt den Prachersack. (ns. Pr.) *Gutschmack bringt den Bettelsack.*

Wollgeschmack Brenget Beddelsack. (ns. W.)

dt. Een lekkere mond leidt tot den **bedelzak.** *Ein leckerer Mund bringt zum Bettelsack.*

en. He **who** feeds like an emperor, **is** apt to die like a beggar. *Wer wie ein Kaiser isst, stirbt leicht wie ein Bettler.*

dä. **Et fedt** Kjøkken **gjør en mager Pung.** ***Eine fette** Küche **macht einen mageren Beutel.***

sw. **Wälsmaak** giör **tiggiare.** ***Wohlschmack macht Bettler.***

Af en rik läckermun blir **en fattig** tallrikslickare. *Aus einem reichen Leckermund wird ein armer Tellerlecker.*

Fett kök gör mager pung. *Fette Küche macht mageren Beutel.*

Slösan giör armood. *Verschwendung macht Armuth.*

fz. **A** grasse cuisine Pauvreté voisine. *Fette Küche Armuth nahe.*

nf. **Bandours et bobans Ne font pas riches gens. (nrm.)** ***Gastereien und Wohlleben machen nicht reiche Leute.***

nf. **Qui bè trop granu chèro, A la fin se** bey en neccèro. (Arm.) ***Wer** zu grossen Tisch führt, **sieht sich zuletzt** in Noth.*

it. **A grassa cucina,** povertà vicina. (mi. t.) *S. it. A grasse u. s. w.*

---

677. **Wohlthat** annehmen ist Freiheit verkaufen.

dt. De weldaad heb ik ontvangen; **de** vrijheid is mij ontgaan. *Die Wohlthat hab' ich empfangen, die Freiheit ist mir entgangen.*

dä. Hvo som tager imod **Foræringer, sælger tidt sin** Frihed. *Wer Geschenke **annimmt, verkauft oft seine** Freiheit.*

sw. **Den som tager gåfvor, säljer sin frihet.** ***Wer Gaben nimmt, verkauft seine Freiheit.***

lt. **Argentum accepi, imperium vendidi.**

fz. **Qui prend s'oblige.** ***Wer nimmt, verpflichtet sich.***

it. **Chi** dono prende, libertà vende. *Wer Geschenk nimmt, verkauft Freiheit.*

mi. Chi dell' altrui prende, la sua libertà vende. (t.) *Wer von Andern nimmt, verkauft seine **Freiheit.***

Chi prende, si rende. (t.) *Wer nimmt, ergibt sich.*

ni. **Chi** aceta d' regai a vend soa libertà. (piem.) ***Wer** Geschenke annimmt, verkauft seine **Freiheit.***

si. Qui acceptat regalu perdet sa libertade. (sa. L., S.) *Wer Geschenk annimmt, verliert **die** Freiheit.*

Qui regalu acceptat, libertate bendet. (sa. L., S.) *S. Chi dono u. s. w.*

---

678. **Wohlthaten** schreibt man nicht in den **Kalender.**

Man vergisst Nichts so bald als Wohlthaten.

Wohlthat ist gar bald vergessen, Übelthat hart **zugemessen.**

Der wohlthat wird bald vergessen, aber der vbelthat gedencket man lang. (ad.)

---

dt. Eene weldaad wordt haast vergeten, maar eene euveldaad gedenkt men lang. *Eine Wohlthat wird bald vergessen, aber einer Übelthat gedenkt man lange.*

---

dä. Velgjerninger skriver man ikke i Almanaken.
is. Ekkèrt fyrnist fljótar enn velgjörðir. *S. Man u. s. w.*
Fáir skrifa velgjörðir í reikuingsbók. *Wenige schreiben Wohlthaten in's Rechnungsbuch.*
sw. Välgerningar skrifver man inte i almanachan.
Wälgiärning förgiätes snart. *Wohlthat wird rasch vergessen.*

---

lt. Memoria beneficiorum fragilis est.
Labitur ex animo benefactum, iniuria durat. (mlt.)
fz. Rien ne vieillit si vite qu'un bienfait. *Nichts wird so schnell alt, wie eine Wohlthat.*

---

679. **Wohlgethan** überlebt den Tod.

dt. Weldaden leven nog na den dood. *Wohlthaten leben noch nach dem Tode.*

---

fz. Tout passe fors que bienfait. *Alles vergeht ausser Wohlthat.*
nf. Bons services ne puet périr. (Chmp.) *Gute Dienste können nicht vergehen.*
it. Su bonu fagher non morit mai. (si. sa.) *Das Wohlthun stirbt niemals.*
si. S'obera bona non perit mai. (sa. L.) *Das gute Werk vergeht niemals.*

---

680. **Wohlthun** trägt Zinsen.

dä. Velgjorenhed bærer Renter.

---

fz. Un bienfait n'est jamais perdu. *Eine Wohlthat ist nie verloren.*
Bienfaict n'est jamais perdu. *Wohlthat ist nie verloren.*
nf. On binfait n'est mâie pierdou. (w.) *S. Un bienfait u. s. w.*
Fer bin, bin r'vint. (w.) *Gutes thun, Gutes kommt wieder.*
it. Piacere fatto non va perduto. (mi. t.) *Erwiesene Freundlichkeit geht nicht verloren.*
Chi beneficio fa, beneficio aspetti. (t.) *Wer Wohlthat ausübt, erwarte Wohlthat.* ml.
Il servizio torna sempre a casa col guadagno. (t.) *Der (erwiesene) Dienst kommt stets mit Gewinn heim.*
La caritat è va fur pal balcon, e jentre pal puarton. (frl.) *Die Wohlthat geht zum Fenster hinaus und kommt zum Thor wieder herein.* ni.
Un ben fat, l'è mai bütat. (l.) *Eine Wohlthat ist nie weggeworfen.*
La carità la va föra dal balcù e la turna dal portù. (l. b.) *S. La caritat u. s. w.*
Chi fa la carità, Se no la troa incö, la troa domà. (l. b.) *Wer Wohlthat ausübt, findet er sie nicht heute wieder, findet er sie morgen wieder.*
El bon no'l se trà mai via. (l. m.) *Das Gutthun wird niemals weggeworfen.*
Ogni servizi, el torna semper a ca col sò guadagn. (l. m.) *Jeder Dienst kommt mit seinem Gewinn heim.*
Chi fa la carità, Se nol la tròva, la troerà. (l. m.) *Wer Wohlthat übt, findet er sie nicht wieder, so wird er sie wieder finden.*
Dà ona lira per carità, Che cent lir te tornerà (gioverà). (l. m.) *Gib eine Lira aus Mildthätigkeit weg, du wirst hundert wieder bekommen (es wird dir zu hundert helfen).*
Un benefizio no xe mai butà al vento. (v.) *Eine Wohlthat ist nie in den Wind geworfen.*
Chi fa la carità, la trova. (v.) *Wer Wohlthat ausübt, findet sie.*
Dà un, e ti gavarà cento. (v.) *Gib eins und du wirst hundert empfangen.*
Lo fare bene non se perde maie. (npl.) *Das Wohlthun geht nie verloren.* si.
Lo fèr bè may se perd. (neat.) *S. Lo fare bene u. s. w.* lm.
Fer bè no es pert. (val.) *Wohlthun ist nicht verloren.*
Fazer bem nunca se perde. *Wohlthun geht nie verloren.* pt.
Hacer bien nunca se pierde. *S. Fazer bem u. s. w.* sp.

---

681. **Der schreit zu langsam, den der Wolf** erwürgt.

De vogel krijt spade, als hij gevangen is. *Der Vogel schreit (zu) spät, wenn er gefangen ist.* dt.
De vogel piept te laat, als hij in den strik zit. *Der Vogel piept zu spät, wenn er in der Schlinge sitzt.*

---

sw. För sent att sparka emot, när oket ligger på halsen. *Zu spät, sich zu stemmen, wenn das Joch auf dem Halse liegt.*

---

fz. A tard se repend le rat Quand par le col le tient le chat. *Zu spät bereut die Ratte, wenn die Katze sie am Genick hält.*

A tart crie le oysel (l'oiseau) quant (quand) il est pris. (afz.) *Zu spät schreit der Vogel, wenn er gefangen ist.*

A tart crie la corneille quand li laz la tient par le col. (afz.) *Zu spät schreit die Krähe, wenn die Schlinge sie am Halse hält.*

nf. Cil à tart merci crie, qui atent qu' on le pent. (Chmp.) *Der schreit zu spät um Gnade, der da wartet, bis man ihn hängt.*

sf. Tard crido l'auset Quan es au lasset. (Gsc.) *Zu spät schreit der Vogel, wenn er in der Schlinge ist.*

Tard se repent lou praube rat Quan per lou cot lou ten lou gat. (Gsc.) *Zu spät bereut die arme Ratte, wenn die Katze sie beim Genick hält.*

Tar crido l'äoucel, qant es prës. (Lgd.) *S. A tart crie le oysel u. s. w.*

Tard crido l'ousseou quand es pres. (nprv.) *S. A tart crie le oysel u. s. w.*

it. Tardi s' avvede il ratto, quando si trova in bocca al gatto. (mi. t.) *Zu spät wird's die Ratte gewahr, wenn sie sich im Maul der Katze befindet.*

---

682. Der Wolf beisst das Schaf um eine Kleinigkeit.

---

dt. Om eene kleine zak bijt (eet) de wolf het schaap. *Um einer kleinen Sache willen beisst (frisst) der Wolf das Schaf.*

---

dä. Det er en ringe Aarsag (Sag), hvorfor Ulven æder Faaret. *Das ist eine geringe Ursache (Sache), wegen welcher der Wolf das Schaf frisst.*

sw. Ulfven får nog orsak med lammet, fastän det dricker nederst i bäcken. *Der Wolf findet schon Ursache bei dem Lamme, obgleich es zu unterst im Bache trinkt.*

---

fz. A bien petite occasion Se saisit le loup du mouton. *Bei sehr geringfügiger Veranlassung bemächtigt sich der Wolf des Hammels.*

---

683. De wolf beweent het schaap, en dan eet hij het. (dt.) *Der Wolf beweint das Schaf und dann frisst er's.*

Carrion crows bewail the dead sheep and then en.
eat them. *Aaskrähen beklagen die todten Schafe und fressen sie dann.*

Il lupo piange la pecora, poi se la mangia. *Der* it.
Wolf beweint das Schaf, dann frisst er's.

Le lagrime del coccodrillo che uccide l' uomo e poi lo piange. *Die Thränen des Krokodils, welches den Menschen tödtet und ihn dann beweint.*

Ammazza l' ommu e po u pianghie cumme i mi.
cuccodrilli. (crs.) *Er schlägt den Menschen todt und beweint ihn dann wie die Krokodile.*

Il corvo piange la pecora, e poi la mangia. (t.) *Der Rabe beweint das Schaf und dann frisst er's.*

Il coccodrillo mangia l' uomo, e poi lo piange. (t.) *Das Krokodil frisst den Menschen und beweint ihn dann.*

Le lacrime del cocodrilo, ch'amassa l'om e peui ni.
a lo piora. (piem.) *S. Le lagrime u. s. w.*

El lovo pianze la piegora, e po' el la magna. (v.)

---

684. Der Wolf frisst auch die gezählten Schafe.

Die gezählten Schafe frisst der Wolf auch.

Der Wolf nicht lange fragt und wählt, Er frisst die Schafe auch gezählt.

De geteiketen Schape frett de Wulf ok. md.
(Hrz.) *Die gezeichneten Schafe frisst der Wolf auch.*

Der Wolf raubt auch die gezeichneten Schafe. (mrh. E.)

De Wollef fresst och dé gezéchent Schof. (mrh. L.) *Der Wolf frisst auch die gezeichneten Schafe.*

Die Wölfe fressen auch von gezählten Schafen. od.
(schwei.)

Der Wolf friszt die zeichnete *(gezeichneten)* Schof *(Schafe)* an *(auch)*. (schwei. S.)

Der Wülf frisst ooch de gezichent Schöf. pd.
(nrh. S.) *S. De Wollef u. s. w.*

De Wulf fritt ok wol en tellt Schap. (ns. B.) *Der Wolf frisst auch wohl ein gezähltes Schaf.*

De getellten Schäpe fret de Wulf ôk. (ns. hs. G. u. G.) *S. Die gezählten u. s. w.*

Tellte Schaap wart ook beten. (ns. hlst.) *Gezählte Schafe werden auch gebissen.*

De Foss **bitt** ok tellte Gös. (ns. hlst. A.) *Der Fuchs beisst auch gezählte Gänse.*

Tellt Schâp frätt de **Wulf** ok. (ns. M.-Str.) *Gezählte Schafe frisst der Wolf auch.*

De **Wulf** frett **ook** wol 'n telld **Schaap**. (ns. ofs.) *S. De Wulf fritt u. s. w.*

Tell'de Schape wärt uck stalen. (ns. O. R.) *Gezählte Schafe werden auch gestohlen.*

De Wulf nimmt ok e geteekent **Schap**. (ns. Pr.) *Der Wolf nimmt auch ein gezeichnet Schaf.*

Jutelt Schoep frät de Wulf ock. (ns. U.) *S. Tellt u. s. w.*

De Wulf fret äuk wal en getaiket Schop. (wstf. Dr.) *Der Wolf frisst auch wohl ein gezeichnetes Schaf.*

De Wolf frietet ock van getallden Schapen. (wstf. Mrk.) *Der Wolf frisst auch von gezählten Schafen.*

---

dt. De wolf eet wel **getelde schapen**. *Der Wolf frisst **wohl gezählte Schafe**.*

De vos **lust ook wel getelde druiven**. *Den Fuchs gelüstet's auch wohl nach gezählten Trauben.*

fs. Dat Reef nimt ook têld Gäis. (M.) *Der Fuchs nimmt auch gezählte Gänse.*

---

dä. Ulven tager ogsaa de talte Faar. *Der Wolf nimmt auch die gezählten Schafe.*

Ræven tager ogsaa de talte Gæs. *Der Fuchs nimmt auch die gezählten Gänse.*

Wlff tagher oc aff taldhe Faar. (adä.) *Der Wolf nimmt auch von gezählten Schafen.*

is. Tekur úlfur af töldum sauðum. *Der Wolf nimmt von den gezählten Schafen.*

Opt etr úlfr talda sauði. *Oft frisst der Wolf gezählte Schafe.*

sw. Ulfven biter ock räknade får. *Der Wolf beisst auch gezählte Schafe.*

Ulfwen biter wål fåren fast de åro råknade. *Der Wolf beisst wohl die Schafe, auch wenn sie gezählt sind.*

Wlfin takir ok taaldh faar. (asw.) *Der Wolf **nimmt auch** gezählte Schafe.*

---

lt. Lupus non curat numerum.

De grege prædator lupus, is quamvis numeratur. (mlt.)

fz. Brebis comptées le loup les mange. *Gezählte Schafe frisst der Wolf.*

De brebis comptées mange bien le loup. *Von gezählten Schafen frisst der Wolf wohl.*

Des ouailes countez prent le louc. (afz.) *Gezählte Schafe nimmt der Wolf.*

Fêdo countâdo, lou lou l' a manjhâdo. (Lgd.) sf. *Gezähltes Schaf, der Wolf hat's gefressen.*

Fedos **contados**, lou loup n' en manjo. (nprv.) *Gezählte Schafe, der Wolf frisst davon.*

Anche delle pecore annoverate (se ne) mangia **il**. il **lupo**. *Auch gezählte Schafe (von **gezählten Schafen**) frisst der Wolf.*

Pecora contata, il **lupo se la mangia**. (t.) *Gezähltes Schaf, der **Wolf frisst's**.* mi

Pecore conte lupo **le mangia**. (t.) *S. Brebis u. s. w.*

Il lupo non guarda che le pecore **sieno** conte. (t.) *Der Wolf sieht nicht darauf, dass die Schafe gezählt seien.*

Il pégri contàdi el lòv in ja magna. (em. P.) ni. *S. Die gezählten u. s. w.*

Pégri contàdi el lòv in magna. (em. **P.**) *S. Fedos u. s. w.*

El luf mangia **lo** pegore, ai sebé **che i è contade.** (**l.** b.) *Der Wolf frisst die Schafe, auch wenn sie gezählt sind.*

El lôff el mangia i pegor anch cuntaa. (l. **m.**) ***Der** Wolf frisst die Schafe auch gezählt.*

Le fee contâ el luv ai mangia. (piem.) *Die gezählten Schafe frisst der Wolf.*

Ovella contada **lo llob se** la menja. (neat.) *S.* **lm.** *Pecora contata **u. s. w.***

De contado **come o lobo.** *Vom Gezählten* **pt.** *frisst der Wolf.*

Do contado **come o** gato. ***Vom** Gezählten frisst die Katze.*

De lo contado come **el** lobo. *S. Do contado* **sp.** *come o lobo.*

---

685. Ein **Wolf** frisst den andern nicht.

Ein Wolf beisst den andern nicht.

Es beisst kein Wolf den andern.

D' Wellef friesze' séch nét enner séch. (mrh. L.) md. *Die Wölfe fressen sich nicht unter sich.*

De **wolven eten elkander niet.** ***Die Wölfe*** **dt.** *fressen einander nicht.*

Twee kwade honden byten malkander niet. (vl.) *Zwei böse Hunde beissen einander nicht.*

Dog does not eat dog. *Hund frisst nicht Hund.* **en.**

Nae carrion will kill a craw. (scho.) *Kein Aasgeier tödtet eine Krähe.*

Den ene Fanden Kys' ei den anden. *Der eine* **dä.** *Teufel schreckt den andern nicht.*

Eeth Troldh kyws eij annet. (adä.) *Ein Troll schreckt nicht den andern.*

is. Enginn úlfr etr upp annann. *Kein Wolf frisst den andern auf.*

sw. Den ena vargen biter ej den andra. *S. Ein Wolf beisst u. s. w.*

En Warg bijter intet dhen andra. *S. Ein Wolf beisst u. s. w.*

Dhen ena paddan bijter intet dhen andra. *Eine Kröte beisst nicht die andere.*

Eth trwl bither ey thx andra. (asw.) *Ein Troll beisst den andern nicht.*

---

lt. Canis caninam non est mordere pellem.

fz. Les loups ne se mangent pas. *Die Wölfe fressen sich nicht.*

Ung loup ne mange point l'autre.

Loup ne mange chair de loup. *Wolf frisst nicht Wolfsfleisch.*

nf. Les leups ni s' magnet nin. (w.) *S. Les loups u. s. w.*

sf. Lou loup que minye de toute carn, sinou que de la soue. (Brn.) *Der Wolf frisst von jedem Fleisch, ausser von Wolfsfleisch.*

Jamay un loup non manget l' autre. (nprv.) *Niemals frisst ein Wolf den andern.*

it. Lupo non mangia di lupo. *Wolf frisst nicht vom Wolfe.*

Il lupo non mangia il lupo. *Der Wolf frisst nicht den Wolf.*

Un asino non mangia l' altro. *Ein Esel frisst nicht den andern.*

mi. Can an magna d' can. (rom.) *Hund frisst nicht vom Hund.*

Il lupo non mangia della carne di lupo. (t.) *Der Wolf frisst nicht Wolfsfleisch.*

Ogni carne mangia il lupo e la sua lecca. (t.) *Jedes Fleisch frisst der Wolf und seines, leckt er.*

Cane non mangia cane. (t.) *S. Dog u. s. w.*

ni. Can en magna d' can. (em. B.) *S. Can u. s. w.*

El lòv an màgna d' lòv. (em. P.) *Der Wolf frisst nicht vom Wolfe.*

Càn an màgna d' càn. (em. P.) *S. Can u. s. w.*

Lóv èn magna èd lóv. (em. R.) *S. Lupo u. s. w.*

Can èn magna èd can. (em. R.) *S. Can u. s. w.*

Luf no mangia luf. (frl.) *Wolf frisst nicht Wolf.*

Chian nol mangie di chian. (frl.) *S. Can u. s. w.*

Ca no maia ca. (l. b.) *S. Dog u. s. w.*

Lôf no mangia lôf. (l. brs.) *S. Luf u. s. w.*

Lô no mangia lô. (lig.) *S. Luf u. s. w.*

Ël luv a mangia mai d' carn d' luv. (piem.) *Der Wolf frisst niemals Wolfsfleisch.*

Ii can gross as mordo nen tra d' lor. (piem.) *Die grossen Hunde beissen sich nicht untereinander.*

Fra cani no i se morsega. (v.) *Hunde unter sich zerfleischen sich nicht.*

Can no magna de can. (v.: v. trst.) *S. Can u. s. w.*

Ogni carni mancia lu lupu, la sua ddicca. (s.) ni. *S. Ogni u. s. w.*

Su lupu (leone) ogni petta s' hat potidu mandigare, foras de sa sua. (sa. L.) *Der Wolf (Löwe) hat jedes Fleisch fressen können, ausser seinem.*

Cans ab cans may se mossegan. (neat.) *Hunde* lm. *beissen sich niemals mit Hunden.*

Nunca hum lobo mata outro. *Niemals tödtet* pt. *ein Wolf den andern.*

Hum aspide não mata outro. *Eine Natter tödtet die andere nicht.*

Un lobo no muerde à otro. *S. Ein Wolf* sp. *beisst u. s. w.*

---

686. Es hat noch kein Wolf einen Winter gefressen.

Dr Wolf hàt nu' kén Wintr gfräßn. (frk. M.) md. *Der Wolf hat noch keinen Winter gefressen.*

Der Wolf het no kein Winter gfresse. (schwei.) od. *S. Dr u. s. w.*

Der Wûlf früszt de Wäinjter nét. (urh. S.) pd. *Der Wolf frisst den Winter nicht.*

De Müse frätet den Winter nich up. (ns. ha. G. u. G.) *Die Mäuse fressen den Winter nicht auf.*

Lupi nullum terminum comedunt. (mlt.) lt.

L' inveran un sé magné méi e lóv. (mi. rom.) it. *Den Winter frass nie der Wolf.*

Nè caldo, nè gelo Non restò mai in cielo. (t.) mi. *Weder Hitze, noch Kälte blieb jemals im Himmel.*

Nè 'l cald, nè 'l frèd no i le mangia el luf. ni. (l. b.) *Weder die Hitze, noch die Kälte frisst der Wolf.*

El luf el mangia nessü inverni. (l. m.) *Der Wolf frisst keinen Winter.*

Ël luv a l'a mai mangià nè l' istà nè l' invern (nè 'l freid nè 'l caod). (piem.) *Der Wolf hat (noch) nie weder den Sommer, noch den Winter (weder die Kälte, noch die Hitze) gefressen.*

El lovo no magna stagion. (v.) *Der Wolf frisst keine Jahreszeit.*

---

687. Lamm! Lamm! ist des **Wolfes** Vesperglocke.

dt. Lam! Lam! is des wolfs vesperklok.

Leer eenen wolf spreken, hij zal altijd roepen: lam. *Lehr' einen Wolf sprechen, er wird immer Lamm! sagen.*

Al leert men een' wolf ook het paternoster, hij roept toch altijd: blé! *Lehrt man einen Wolf auch das Vaterunser, er ruft doch immer: bäh!*

Al komt de wolf tot den priester, en zet men hem voor het boek, om psalmen te lezen, toch houdt hij een oog naar het bosch gekeerd. *Kommt der Wolf auch zum Priester und man setzt ihn vor's Buch, um Psalmen zu lesen, er hält doch ein Auge nach dem Walde gerichtet.*

dä. Kjend Ulven (Kiend Ulv) Paternoster, den (han) siger dog Lam! Lam! *Lehre den Wolf (das) Paternoster, er sagt doch Lamm! Lamm!*

Man prædiker aldrig saa længe for Ulv, han siger dog Lam ad Aften. *Man predigt dem Wolf nie so lange vor, er sagt doch Lamm am Abend.*

Kænd Wlff Paternoster, han syer alth Lam! Lam! (adä.) *Lehre den Wolf das Paternoster, er sagt stets Lamm! Lamm!*

sw. Lamm! Lamm! är ulfvens både morgon- och aftonsång. *Lamm! Lamm! ist des Wolfes Morgen- und Abendsang.*

Lär ulfven Pater noster, han ropar ändå lamm. *Lehre den Wolf (das) Paternoster, er ruft doch Lamm.*

Kæn wlff pater noster han bedhis æ lamb. (asw.) *Lehre den Wolf das Paternoster, er bittet immer Lamm.*

lt. Cum lupus addiscit psalmos, desiderat agnos. (mlt.)

In discendo lupus nimis affirmans ait agnus. (mlt.)

Vota Dei discens lupus est agni reminiscens. (mlt.)

Si lupus instruitur in numen credere magnum, Semper dirigitur ab eo respectus ad agnum. (mlt.)

688. Nicht um meinetwillen, sagt der **Wolf**, aber ein Schaf schmeckt doch gut.

Niet om mijnen wil, zei de wolf, maar de dt. schapen waren best in die weide. *Nicht um meinetwillen, sagte der Wolf, aber die Schafe wären am besten auf der Weide.*

Achter in het veen (op het veld) zijn de besten weiden, zei de vos, niet voor mij, maar voor de goede ganzen. *Hinten im Torfmoor (auf dem Felde) sind die besten Weiden, sagte der Fuchs, nicht für mich, aber für die guten Gänse.*

Det er ikke for min Skyld, jeg siger, at der dä. er god Gaasegang i Skoven, sagde Ræven til Gæssene. *Es ist nicht um meinetwillen, dass ich sage: im Wald ist gute Gänseweide, sagte der Fuchs zu den Gänsen.*

Der er god Gaasegang i Skoven — sagde Ræven, da den vilde lokke Gjæssene derind. *Es ist gute Gänseweide im Walde, sagte der Fuchs, als er die Gänse hineinlocken wollte.*

689. Oft ist eines **Wolfes** Herz bedeckt mit Schaffellen.

Iedoch steckit in der schâfînen hiute daz wulvîne herze. (ad.)

Innen wolf und ûzen schâf. (ad.)

Ofte er Ulvesind under Faareskind. *Oft ist* dä. *Wolfssinn unter Schafsfell.*

Under Faareskind er ofte Ulvesind. *Unter Schafsfell ist oft Wolfssinn.*

Opt er úlfr i fugls fiðri. *Oft ist der Wolf* is. *im Vogelgefieder.*

D' er Ulvesinn under Saudeskinn. *Es ist* nw. *Wolfssinn unter Schafsfell.*

D' er ofta Fals under fagert Skinn. (Nordland.) *Es ist oft Falsch unter schöner Haut.*

Ulfhjerta döljes ofta under fårpelsen. *Wolfs-* sw. *herz verbirgt sich oft unter dem Schafspelz.*

Vlfwehiärta finns offta vnder Fårepältzen. *Wolfesherz wird oft unter dem Schafspelz gefunden.*

Pelle sub agnina latitat mens saepe lupina. lt.

C' est on leup coviert d' ine pai d' mouton. fz. (nf. w.) *Das ist ein Wolf, bedeckt mit einem Schafsfell.*

Agneou defouero et loup dedins. (nprv.) *Lamm* sf. *von aussen und Wolf inwendig.*

Il lupo s'è vestito della pelle d'aguello. *Der* it. *Wolf hat sich mit dem Lammfell bekleidet.*

mi. Tal sembra in vista agnel, che dentro è lupo. (t.) *Mancher scheint von Ansehen ein Lamm, der inwendig ein Wolf ist.*

Santo per la via, diavolo in masseria. (t.) *Heiliger auf der Strasse, Teufel daheim.*

ni. Oh quane, oh quane, i par sane e i è birbane! (l. b.) *O wie Viele, wie Viele scheinen Heilige und sind Schelme!*

L'apparenza l'inganna e 'l mond l'è on bàf, Tanc in pegor de föra e de dent lôf. (l. m.) *Der Schein trügt und die Welt ist eine Posse, Viele sind Schafe von aussen und inwendig Wölfe.*

Santo in ciesa, e diavolo a casa. (v.) *Heiliger in der Kirche und Teufel zu Hause.*

si. Sotto spoglia di agnello lupo rapace. (npl.) *Unter Lammfell reissender Wolf.*

In s'esternu unu anzone, in s'internu unu leone. (sa. L.) *Im Äussern ein Lamm, im Innern ein Löwe.*

---

690. Wenn ein Wolf den andern frisst, ist Hungersnoth im Walde.

Nur bei scharfem Hunger frisst eine Spinne die andere.

Als de eyne wolff den anderen yst, so ys groet hunger in dem busche. (ad.)

od Es muss ein kalter Winter sein, bis ein Wolf den andern frisst. (schwei.)

pd. Wenn een Wulf vom andre frett, denn öss knapp Tiet. (ns. Pr.) *Wenn ein Wolf vom andern frisst, dann ist knappe Zeit.*

---

dl. Als de eene wolf den anderen eet, zoo is er honger in het land (woud). *Wenn der eine Wolf den andern frisst, so ist Hunger im Lande (Walde).*

De eene wolf bijt (eet) (aast van) den anderen niet; of het moet een koude winter zijn. *Der eine Wolf beisst (frisst) den andern (frisst von dem andern) nicht, oder es muss ein kalter Winter sein.*

Als deen wolf den anderen eedt, so isser honghere in der waude. (avl.) *Wenn der eine Wolf den andern frisst, ist Hunger im Walde.*

en. It's a hard winter, when one wolf eats another. *Es ist ein harter Winter, wenn ein Wolf den andern frisst.*

---

dä. Det maa (Det skal) være en haard Vinter, naar (om) den ene Ulv æder den anden. *S. Es muss u. s. w.*

is. Þá er hart í ári, þegar einn hrafninn höggur annars augu út. *Dann ist's hart im Jahr, wenn ein Rabe des andern Auge aushackt.*

---

lt. Quando lupum lupula vorat, esurit undique sylva.

fz. La famine est bien grande, quand les loups s' entremangent. *Die Hungersnoth ist sehr gross, wenn die Wölfe einander auffressen.*

La guerre est forte, quand les loups se mangent l'un l'autre. *Der Krieg ist heftig, wenn die Wölfe einander fressen.*

Il faict bien mauvais au bois quand les loups se mangent l'un l'autre. *Es steht sehr schlimm im Walde, wenn die Wölfe einander fressen.*

Quand le loup mange son compagnon, Manger manque en bois et buisson. *Wenn der Wolf seinen Gesellen frisst, fehlt's an Frass in Wald und Busch.*

af. Quan lou loup mynge soun compagnou, Myngea que manque en bosq è en bouysson. (Gsc.) *S. Quand le loup u. s. w.*

Michâuto sèzon, qan-t-un loub mànjho l' âoutrë. (Lgd.) *Schlechte Jahreszeit, wenn ein Wolf den andern frisst.*

Marrido seyzou, quand un loup manjo l'autre. (nprv.) *S. Michâuto u. s. w.*

it. Quando il lupo mangia il compagno, creder si dee sterile la campagna. (mi. t.) *Wenn der Wolf den Gefährten frisst, muss man das Land öde glauben.*

pt. Quando o lobo come outro, fome ha no souto. *Wenn der Wolf den andern frisst, gibt's Hunger im Gehölz.*

sp. Quando un lobo come a otro, no hay que comer en el soto. *Wenn ein Wolf den andern frisst, gibt's im Gehölz Nichts zu essen.*

---

691. Wenn man vom Wolfe spricht, so ist er nicht weit.

Wenn man vom Wolfe redet, so guckt er über die Hecke.

Wenn man den Wolf nennt, so kommt er gerennt.

Wo man des Teufels gedenkt, da will er sein.

Sô man den wolf nennet, sô er zuo drenget. (ad.)

md. Bann mo' vom Fuchs röd, stëckt o' in der nächste Hecke. (frk. H.) *Wenn man vom Fuchs redet, steckt er in der nächsten Hecke.*

Wan ë' fum Wollef schwëtzt, dan as en nét wéit derfun. (mrh. L.) *Wenn man vom*

Wolf schwatzt, dann ist er nicht weit davon.

Wenn man den Esel nennt, kommt er auch gerennt. (sä. A.)

Wenn ma 's Wulwes gedenkt, su kimt a gråde. (schls. B.) *Wenn man des Wolfes gedenkt, so kommt er gerade.*

Wäm'me von Fuchse schwatzt, sitzt 'e hinger der Hecke. (W. E.) *Wenn man vom Fuchs schwatzt, sitzt er hinter der Hecke.*

od. Wenn ma'n Wulv'n nennt, sua kumd a gerannd. (opf.) *S. Wenn man den Wolf u. s. w.*

Wenn man vom Wolf redet, so sieht man ihm den Schwanz. (schwei.)

Wenn einer vom Wolf redet, ist er weit oder nah. (schwei.)

Wenn ma vom Tüfel säd, ist er etwedersch wit oder noch. (schwei. A.) *Wenn man vom Teufel spricht, ist er entweder weit oder nah.*

Wonnu mar an Wulf nennt, sa kimp a. (st.) *Wenn man den Wolf nennt, so kommt er.*

pd. Wan m'r vam Dühfel sprich, dan küt hä. (nrh. D.) *Wenn man vom Teufel spricht, dann kommt er.*

Wan em fum Wûlwe ried, äss e nét fär. (nrh. S.) *Wenn man vom Wolf redet, ist er nicht fern.*

Wonem des Wuulf geweehnt, ässe än der Necht. (nrh. S.) *Wenn man des Wolfes erwähnt, ist er in der Nähe.*

Rof dem Déiwel, e kit. (nrh. S.) *Rufe den Teufel, er kommt.*

Benn men vom Bolf sprecht, setzt hea hentan Zoen. (nrh. U.) *Wenn man vom Wolf spricht, sitzt er hinter dem Zaun.*

Wenn man von'n Wulwe spreket, san is he nich wit. (ns. ha. G. u. G.)

Wenn man von'n Wulwe spreket, san sit he hindern Busche. (ns. ha. G. u. G.) *Wenn man vom Wolfe spricht, so sitzt er hinter dem Busch.*

Wenn man von'n Düwel spreket, san sit he hinder der Dör (up der Hecken). (ns. ha. G. u. G.) *Wenn man vom Teufel spricht, so sitzt er hinter der Thür (auf der Hecke).*

Wenn man an e Wulf denkt, äss hei da (nich wiet). (ns. Pr.) *Wenn man an den Wolf denkt, ist er da (nicht weit).*

Wan'me des Wulwes gedenket, dann is hei nit wiet (dann käkket hei öwer de Hecke). (ns. W.) *Wenn man des Wolfes gedenkt, dann ist er nicht weit (dann guckt er über die Hecke).*

Wanme den Düwel raipet, küemmet 'e. (wstf. Atd.) *Wenn man den Teufel ruft, kommt er.*

Wanme vam Wulwe kü'ert, süht me den Stährt. (wstf. Mrk.) *Wenn man vom Wolf redet, sieht man den Schwanz.*

———

Als men van den wolf spreekt, ziet men weldra dl. zijn staart. *Wenn man vom Wolfe spricht, sieht man bald seinen Schwanz.*

Als men van den duivel spreekt, dan is hij nabij (dan rammelt reeds zijn gebeente). *Wenn man vom Teufel spricht, so ist er nahe (so kloppert bereits sein Gebein).*

Als men van duivel spreekt, staat hij om den hoek van de deur. *Wenn man vom Teufel spricht, steht er hinter der Thür.*

Als men van een bedrieger spreekt, daar is hij. *Wenn man von einem Betrüger spricht, so ist er da.*

Als men van de zon spreekt, ziet men hare stralen. *Wenn man von der Sonne spricht, sieht man ihre Strahlen.*

Talk of the wolf and his tail appears. *Sprecht* en. *vom Wolf und sein Schwanz erscheint.*

Talk of the devil and you 'll see his horns. *Sprecht vom Teufel und ihr werdet seine Hörner sehen.*

Talk of the devil and he comes or sends (and his imp appears). *Sprecht vom Teufel und er kommt oder schickt (und sein Gehülfe erscheint).*

The devil is never nearer than when we are talking of him. *Der Teufel ist nie näher, als wenn wir von ihm sprechen.*

Speak o' the deil and he 'll appear. (scho.) *Sprecht vom Teufel und er wird erscheinen.*

Wáan'm ûm'e Håjnger snåket, ås'r åi widdwåg. fs. (M.) *Wenn man vom Teufel spricht, ist er nicht weit weg.*

———

þar er mér úlfs ván, er ek eyru sék. *Da er-* an. *warte ich den Wolf, wo ich die Ohren seh'.*

Naar man seer Ulvens Øren (Ørene af Ulven), dä. er han selv ikke (ei) langt borte. *Wenn man des Wolfes Ohren (die Ohren vom Wolfe) sieht, ist er selbst nicht weit davon.*

Naar man taler om Fanden, er han (altid) nærmest. *Wenn man vom Teufel spricht, ist er (stets) am nächsten.*

Naar man taler om Fanden, er han ei langt borte. *S. Wánn 'm u. s. w.*

nw. **Naar ein ser Oyro av** Ulven, so er han inkje langt ifraa. *Wenn man die Ohren vom Wolfe sieht, so ist er nicht weit davon.*

Ulven er inkje langt undan, naar ein ser Øyro hans. ***Der** Wolf ist nicht weit davon, wenn **man seine Ohren** sieht.*

Naar **ein talar um Trolli, daa ero dei** nest. *Wenn **man von Erdgeistern spricht,** da sind **sie am nächsten.***

sw. **När man ser öronen på vargen, är** han **inte långt** borta. ***Wenn man die** Ohren **vom Wolfe sieht, ist er nicht weit davon.***

När man talar om trollet, är det icke långt borta. ***Wenn man vom Troll spricht, ist er** nicht **weit davon.***

Kalla icke på fan (Kalla **intet på then Onda),** han kommer nog objuden **(full oboden).** ***Rufe** nicht nach dem **Teufel (dem Bösen), er kommt (ganz) ungebeten.***

---

lt. **Lupus (est) in fabula.** [(mlt.)

Inde lupi speres caudam cum videris aures.

fz. Quand **on parle du loup, on en voit la queue.** *S. Wenn man **vom Wolf redet, so sieht u. s. w.***

Qui de lou parole, pres en noit la quoie. (afz.) ***Wer vom Wolfe spricht, sieht bald seinen Schwanz.***

nf. **Quand on jâze dè leup on vent s'lûr si cowe.** (w.) ***Wenn man vom Wolfe schwatzt, sieht man seinen Schwanz schimmern.***

On n' jâze mâie dè leup qu' on n' veûse si cowe. (w.) ***Man schwatzt nie vom Wolf, ohne dass man seinen Schwanz sähe.***

sf. **Le lops es en la faula.** (aprv.) ***Der Wolf ist's in der Fabel.***

Qui den loup parle, La coude qu' en bet. (Brn.) ***Wer vom Wolf spricht, sieht seinen Schwanz.***

Quen lou parle deou loup, De la quoue ou bey **lou bout. (Gsc.)** ***Wenn man** vom Wolfe **spricht, sieht man das Ende vom** Schwanz.*

it. **Chi ha il lupo in bocca, l' ha sulla** coppa. ***Wer den Wolf im Munde hat, hat** ihn auf **dem** Becher.*

Chi mentova il **lupo, l' ha appresso.** ***Wer den** Wolf erwähnt, **hat ihn nahe bei.***

Cosa ragionata per **via va.** ***Besprochene Sache** ist unterweges.*

mi. **Roba** arcurdêda l' è par strêda. (rom.) *Ding, an das man denkt, ist unterwegs.*

Cosa ragionata va per via. **(t.)** *S. Cosa u. s. w.*

ni. Persôuna nominà o per vì, o per strà. (em. B.) *Person, die man genannt hat, ist unterwegs.*

A parla del diaol compar la pel. (l. brs.) *Beim Sprechen vom Teufel erscheint sein Fell.*

Parland del löff, **l' è li a** mostrà la cova. (l. m.) *Spricht **man vom** Wolf, ist er **da,** den Schwanz **zu zeigen.***

Parlando del **diavolo ne compajon le corne.** (lig.) *Beim **Sprechen vom Teufel erscheinen seine Hörner.***

El luv a l' è ant la fávola. (piem.) ***S. Le lops u. s. w.***

Parlè del luv, mentre ch' el luv ariva. (piem.) ***Vom** Wolfe sprechen, während der Wolf **kommt.***

Qui del llob parla, prop li ix. (neat.) *Wer vom **Wolf spricht, ist ihm nahe.*** lm.

Fallai no lobo, ver-lhe-heis a pelle. *Spreckt **vom Wolfe, ihr** werdet das Fell sehen.* **pt.**

Fallais no rum, logo aparece. *Ihr sprecht **vom Bösen,** sogleich erscheint **er.***

Fallando no ruim de **Roma, logo assoma.** *Wenn man vom Bösen aus Rom spricht, sogleich erscheint er.*

---

692. **Wer beim Wolf zu Gevatter stehen will, muss einen Hund unter dem Mantel haben.**

Die den wolf tot gezel heeft, drage den hond dl. **onder** zijnen mantel. *Wer den Wolf zum **Gefährten hat,** trage den Hund unter seinem Mantel.*

Who hath a wolf **for** his mate, needs a dog **en.** for his man. *Wer einen Wolf zum Gefährten hat, braucht einen Hund zu **seinem Diener.***

Den, der staaer Fadder til en **Ulv, maa have dä.** en Hund under Kappen. *Der, welcher Gevatter beim Wolf **steht,** **muss einen** Hund **unter dem** Mantel haben.*

Qui **a le loup pour** compagnon, Porte **le** chien **fz.** sous **le** bocton. *S. Die den u. s. **w.***

Qâou **a** lou loub për soun coumpâirë, mëno lou **sf.** chi për cantouns è për câirë. (Lgd.) ***Wer den Wolf** zu seinem Gevatter hat, führe den **Hund** in allen Ecken und Winkeln mit sich.*

Qu a lou loup per son compaire, meno lou chin **per cantons et** per caires. (nprv.) *S. Qâou u. s. w.*

Chi ha il lupo per compagno, porti il can sotto **it.** il mantello. *S. **Die** den u. s. w.*

Chi ha **la** volpe per commare, porti il can **sotto il** mantello. *Wer die **Füchsin** zur*

Gevatterin hat, trage den Hund unter dem Mantel.

mi. Chi hà il lupo per compare, porti il cane sotto il mantello. (t.) *Wer den Wolf zum Gevatter hat, trage den Hund unter dem Mantel.*

Chi hà la volpe per comare, porti la rete a cintola. (t.) *Wer den Fuchs zur Gevatterin hat, trage das Netz am Gürtel.*

ni. Chi g' à el lôf per sò compar, Porte 'l ca sota 'l tabar. (l. b.) *S. Chi hà il lupo u. s. w.*

Chi a gl luv per vsin ch'as goarda nœit e matin. (piem.) *Wer den Wolf zum Nachbar hat, der wache Nacht und Morgen.*

Chi ga compare el lovo, del can el ga bisogno. (v.) *Wer den Wolf zum Gevatter hat, hat den Hund nöthig.*

---

693. Wenn der Wolf Schafhirt ist, da geht es nicht blos an die Wolle, sondern auch an das Fell.

Wo der Wolf wird der Hirt, Da sind die Schafe verirrt.

Wo der Wolf weidet die Heerd', Sind die Schäflein bald verzehrt.

Swâ der wolf ze hirte wirt, dâ mite sint diu schâf verirt. (ad.)

od. Wo der Wolf Hirt ist, so werden die Schaafe gefressen. (schwei.)

---

dl. Als men den wolf tot schaapherder maakt, is de kudde in groote gevaar. *Wenn man den Wolf zum Schafhirten macht, ist die Heerde in grosser Gefahr.*

---

dä. Gud bedre Faarene, naar Ulven er Dommer. *Gott helfe den Schafen, wenn der Wolf Richter ist.*

---

694. Der Wölfe Tod ist der Schafe Heil.

dl. Der wolven dood is de welvaart van de schapen. *Der Wölfe Tod ist die Wohlfahrt der Schafe.*

De ziekte van den wolf is het behoud van het schaap. *Die Krankheit des Wolfes ist die Erhaltung des Schafes.*

---

fz. Mort du loup, santé de la brebis. *Tod des Wolfes, Gesundheit des Schafes.*

Mort du louveau, santé de l'aigneau. *Tod des jungen Wolfes, Gesundheit des Lammes.*

Mort d'ein kien, vie d'ein leu. (pic.) *Tod eines* nf.
Hundes, Leben eines Wolfes.

Mort deou loubet, Santat de lagueret. (Gsc.) sf.
S. Mort du louveau u. s. w.

La morte dei lupi è la salute delle pecore. it.
Der Tod der Wölfe ist die Gesundheit der Schafe.

La morte del lupo è (la) sanità delle pecore. *Der Tod des Wolfes ist (die) Gesundheit der Schafe.*

Lá mört dal pigur l' è la campa di chen. mi.
(rom.) *Der Tod des Schafes ist das Leben der Hunde.*

La morte de' lupi è sanità delle pecore. (t.) *Der Tod der Wölfe ist Gesundheit der Schafe.*

La mort del luf (lüf) l' è la sanità de le (d'i) ni.
pegore. (l. b.) *S. La morte del lupo u. s. w.*

Desgrassia del can, fortuna del luv. (piem.) *Unglück des Hundes, Glück des Wolfes.*

La morte del lovo xe la salute de la piegora. (v.) *Der Tod des Wolfes ist das Heil des Schafes.*

La morte de le piegore xe la salute dei cani. (v.) *Der Tod der Schafe ist das Heil der Hunde.*

La disgrazia del lupo xe la fortuna della pegora. (v. trst.) *Das Unglück des Wolfes ist das Glück des Schafes.*

La morte de' lupi è sanità alle pecore. (npl.) si.
Der Tod der Wölfe ist Gesundheit den Schafen.

Sa morte de su mazzone est sa salude de sos anzones. (sa. L.) *Der Tod des Fuchses ist das Heil der Lämmer.*

Em morrer o asno não perde o lobo. *Beim* pt.
Sterben des Esels verliert der Wolf nicht.

---

695. Mit den Wölfen muss man heulen.

Wer unter Wölfen ist, muss mitheulen.

Mat de Wellef muss ên heilen. (mrh. L.) md.

Wenn ma under a Wilwan is, müss ma mite heilan. (schls. B.) *Wenn man unter den Wölfen ist, muss man mit heulen.*

Wer mit den Wölfen geht, muss mit ihnen od.
heulen. (bair.)

Mät de Wëlwen mész em hêlen. (urh. S.) pd.

Bäszt te ängder de Wëlwen, se mêst te mäd en hêlen. (urh. S.) *Bist du unter den Wölfen, so musst du mit ihnen heulen.*

Wür under den Wülwen is, mot mée hûlen. (ns. hn. G. u. G.) *Wer unter den Wölfen ist, muss mit heulen.*

50*

Wer manke den Hunnen is, maut dermee hülen. (ns. hn. G. u. G.) *Wer unter den Hunden ist, muss mit ihnen heulen.*

Man schall hulen mit de Hunnen, wobi man is. (ns. hlst. A.) *Man muss mit den Hunden heulen, bei denen man ist.*

Wer met 'n Wülwen is, mot auck met 'n hüülen. (wstf. O.) *Wer mit den Wölfen ist, muss auch mit ihnen heulen.*

---

dl. Die met de wolven verkeert, moet mede huilen. *Der mit den Wölfen verkehrt, muss mit heulen.*

Die in het bosch is, moet met de wolven huilen. *Der im Walde ist, muss mit den Wölfen heulen.*

---

dä. Man skal tude med de Ulve man er iblandt. *Man soll mit den Wölfen heulen, unter denen man ist.*

Man faaer at synge med de Fugle, man er iblandt. *Man muss mit den Vögeln singen, unter denen man ist.*

nw. Dan som vil med Ulvom bu, han maa med Ulvom yla (tjota). *Der, welcher mit den Wölfen wohnen will, muss mit den Wölfen heulen.*

sw. Den med ulfven äter, får med ulfven tjuta. *Wer mit dem Wolf isst, muss mit dem Wolfe heulen.*

Den som äter (ihop) med vargarna, måste tjuta med dem. *Wer mit den Wölfen (zusammen) isst, muss mit ihnen heulen.*

Med barnen måste man lalla. *Mit den Kindern muss man lallen.*

Kombir thu til wlua, tha thiwth som the. (asw.) *Kommst du zu Wölfen, so heule wie sie.*

---

lt. Omnibus licet esse lupos in regione luporum.

Ulula cum lupis, cum quibus esse cupis.

Si comes esse lupi vis, voce sibi simuleris. (mlt.)

Consonus esto lupis cum quibus (qvibus) esse cupis. (mlt.)

fz. Il faut hurler avec les loups.

Qui est avec les loups, il lui faut hurler. *Wer mit den Wölfen ist, muss heulen.*

Qui hante avec le loup, Hurler lui faut s'il n'est bourd. (afz.) *Wer mit dem Wolf verkehrt, muss heulen, wenn er nicht ungeschickt ist.*

Hinnir avec les chevaulx. (afz.) *Mit den Pferden wiehern.*

nf. Il faut heurler avec les leus. (Chmp.)

Avec les fols il faut foller. (Chmp.) *Mit den Tollen muss man tollen.*

I fât hoûler avou les leûps. (w.)

I faut hawer avou les chins. (w.) *Mit den Hunden muss man bellen.*

I faut huler avou les leûps. (w. N.)

Nella chiesa coi santi, in taverna coi ghiotti. it. *In der Kirche mit den Heiligen, in der Schenke mit den Schlemmern.*

In chiesa coi santi, all' osteria co' ghiotti. (t.) mi. *S. Nella chiesa u. s. w.*

In cesa coi sant, al ustarea coi birbant. (l. b.) ni. *In der Kirche mit den Heiligen, in der Schenke mit den Schelmen.*

In ciesa coi Santi, e a l' osto coi imbriagoni. (v.) *In der Kirche mit den Heiligen und in der Schenke mit den Trunkenbolden.*

Abbaja cu li cani e roccula cu li lupi. (s.) si. *Belle mit den Hunden und heule mit den Wölfen.*

---

696. Zu **Wolfsfleisch** gehört ein Hundszahn.

Auf Eselsfleisch gehört Eselsbrühe. (mrh. E.) md.

Tot vleesch van wolven, tanden van honden. dl. *Zu Fleisch von Wölfen, Zähne von Hunden.*

Op grijpende wolfsklaauwen passen hondstanden. *Auf packende Wolfsklauen passen Hundezähne.*

Tot vleesch van honden, tanden van doggen. (vl.) *Zu Fleisch von Hunden Zähne von Doggen.*

Der skal Hundetand til Ulvekiød. *Es gehört* dä. *Hundszahn zu Wolfsfleisch.*

Hård nöt vill hafva skarpa tänder. *Harte Nuss* sw. *will scharfe Zähne haben.*

Til en glupande Ulf hörer en bijtande Hund. *Zu einem reissenden Wolf gehört ein beissender Hund.*

A chair de loup sauce de chien. *Zu Wolfs-* fz. *fleisch Hundsbrühe.*

A chair de chien saulse de loup. (afz.) *Zu Hundsfleisch Wolfsbrühe.*

A carn de cań, dent de loup. (Brn.) *Zu Hunds-* nf. *fleisch Wolfszahn.*

A car dë chin, saousso dë lou. (Lgd.) *S. A chair de chien u. s. w.*

A cart de chin, sausso de loup. (sprv.) *S. A chair de chien u. s. w.*

A carne di lupo dente di cane. *Zu Wolfs-* it. *fleisch Hundszahn.*

A carne di lupo zanne di cane. *Zu Wolfsfleisch Hundszähne.*

A carne d'orso zanne di lupo. *Zu Bärenfleisch Wolfszähne.*

mi. A un popol pazzo un prete spiritato. (t.) *Zu einem tollen Volke ein besessener Priester.*

A ciccia di lupo zanne di cane. (t.) *S. A carne di lupo zanne u. s. w.*

ni. Contr' al lüf ghe völ el ca. (l. b.) *Wider den Wolf bedarf man des Hundes.*

A un popol mat deje un retor anspirità. (piem.) *Für ein tolles Volk gehört ein besessener Regierer.*

lm. A carn dura, dent agüda. (val.) *Zu hartem Fleisch scharfer Zahn.*

pt. A carne de lobo dente de cão. *S. A carne di lupo dente u. s. w.*

A pão duro dente agudo. *Zu hartem Brot scharfer Zahn.*

sp. A carne de lobo diente de perro. *S. A carne di lupo dente u. s. w.*

Á pan duro diente agudo. *S. A pão u. s. w.*

---

697. **Wer nicht kann, wie er will, muss wollen, wie er kann.**

---

dt. Kunt gy niet wat gy wilt, wil wat gy kunt. (vl.) *Könnt ihr nicht, was ihr wollt, wollt, was ihr könnt.*

en. They who cannot as they will, must will as they can. *Die nicht können, wie sie wollen, müssen wollen, wie sie können.*

If we can't as we would, we must do as we can. *Wenn wir nicht können, wie wir möchten, müssen wir thun, wie wir können.*

He that canna do as he would, maun do as he may. (scho.) *Wer nicht thun kann, wie er möchte, muss thun, wie er kann.*

---

dä. Den som ikke kan, som han vil, skal ville, som han kan.

is. Hver sem vill ekki þegar hann má, hann fær ekki þegar hann vill. *Wer nicht will, wenn er kann, kriegt nicht, wenn er will.*

nw. Den som inkje kann som han vil, faer vilja som han kann.

sw. När man ej kan göra som man will, får man göra som man kan. *Wenn man nicht thun kann, wie man will, muss man machen, wie man kann.*

---

lt. Ut quimus, quando ut volumus non licet.

Quand on ne peut pas faire comme on veut, il **fz.**
faut faire comme on peut. *S. När u. s. w.*

Qui ne peut comme il veut, Veuille comme il peut. *Wer nicht kann, wie er will, wolle, wie er kann.*

Qûon noun fâi qan pòon, noun fâi qan vòon. **sf.**
(l.gd.) *Wer nicht thut, wann er kann, thut nicht, wann er will.*

Qu non fa quand pou, non fa pas quand vou. (uprv.) *S. Qûon u. s. w.*

Chi non fa quando e' puole, non fa poi quando **it.**
e' vuole. *Wer nicht thut, wann er kann, thut nachher nicht, wann er will.*

Chi non può fare come vuole, faccia come può. **mi.**
(t.) *Wer nicht thun kann, wie er will, thue, wie er kann.*

Chi non fa quando può, non fa quando vuole. (t.) *S. Qûon u. s. w.*

Chi no pül fa come 'l völ, al faghe come 'l **ni.**
pül. (l. b.) *S. Chi non può u. s. w.*

S' à de fa come se pöl, e miga come se völ. (l. b.) *Man muss thun, wie man kann, und nicht, wie man will.*

Se no te pol far come te vo, fa come te po. (v.) *Wenn du nicht thun kannst, wie du willst, thue, wie du kannst.*

Cui nun po fari comu voli, facissi comu po. **si.**
(s.) *S. Chi non può u. s. w.*

Cui nun po fari quannu voli, facissi quannu po. (s.) *Wer nicht thun kann, wann er will, thue, wann er kann.*

Cui nun voli quannu po, nun putrà quannu voli. (s.) *Wer nicht will, wann er kann, wird nicht können, wann er will.*

Quem quando póde não quer, quando quer não **pl.**
póde. *Wer nicht will, wann er kann, kann nicht, wann er will.*

Quien quando puede no quiere, quando quiere **sp.**
no puede. *S. Quem u. s. w.*

Quien quando puede no quiere, bien es que quando quiera no pueda. *Wer nicht will, wann er kann, (dem) ist's recht, dass er nicht kann, wann er will.*

Si no como queremos, pasamos como podemos. *Wenn nicht, wie wir wollen, gehen wir, wie wir können.*

698. **Wer nicht will, der hat gegessen.**

Wer nit will, der hott gehat. (W. E.) *Wer* **md.**
nicht will, der hat gehabt.

Wer nett will, hot ghett, oder weiss es noch **od.**
z' krieget. (schwb. W.) *Wer nicht will, hat gehabt, oder weiss es noch zu kriegen.*

Wer nicht will, hat schon gehabt. (schwei.)

pd. Wer nich wöll, dei heft all. (ns. Pr.) *Wer nicht will, der hat schon.*

---

fz. Qu non manjo à taulo, manjo voute lou cat miaulo. (sf. nprv.) *Wer nicht bei Tische isst, isst, wo die Katze miaut.*

it. Gallina che non pizzola ha pizzolato. *Henne, die nicht pickt, hat gepickt.*

mi. Gallina ch' un becca ha beccatu. (crs.) *S. Gallina che u. s. w.*

Chi non mangia a desco, Ha mangiato di fresco. (t.) *Wer nicht bei Tische isst, hat kürzlich gegessen.*

mi. Chi n' magna, ha magnà. (em. P.) *Wer nicht isst, hat gegessen.*

Chi no g'à fam, o l'à mangiat o l'è malat. (l. b.) *Wer keinen Hunger hat, hat entweder gegessen, oder ist krank.*

Chi no mangia, ha mangiôu. (lig.) *S. Chi n'magna u. s. w.*

Chi a mangia nen a taola, a l'è segn, ch'a l'à già mangià. (piem.) *Wenn Einer nicht bei Tische isst, so ist's ein Zeichen, dass er schon gegessen hat.*

Chi a mangia nen a taola, a l' a mangià ch' a l' è poch. (piem.) *Wer nicht bei Tische isst, hat kurz vorher gegessen.*

Chi no magna, ga magnà. (v.) *S. Chi n'magna u. s. w.*

Chi no ga fame, o l'ha magnà, o l'è amalà. (v.) *S. Chi no g'à fam u. s. w.*

Chi no magna a tola, ga magnà da sola. (v.) *Wer bei Tische nicht isst, hat für sich gegessen.*

sd. Merula (Craba) qui non biccat, biccadu hat. (sa. L.) *Meise (Ziege) die nicht frisst, hat gefressen.*

---

699. Wer will, der kann.

Wer nur will, der kann wohl.

Wer recht will, dem ist wohl zu helfen.

Willig Herz macht leichte Füsse.

od. Wer ernsthaft will, der leistet vill. (schwb. W.)

pd. Willig Herte makt lichte Fäute. (ns. L.) *S. Willig u. s. w.*

---

en. To him that wills ways are not wanting. *Wer will, dem fehlen die Wege nicht.*

Nothing is impossible to a willing mind. *Einem willigen Geist ist Nichts unmöglich.*

Where the will is ready, the feet are light. *Wo der Wille gut ist, sind die Füsse leicht.*

Mikið getr sá vel vill. *Viel kann, wer gut will.* is.

Han er ram, som vil fram. *Der ist mächtig, der vorwärts will.* nw.

Nil volenti difficile (difficile volenti). lt.

Valenti nil insuperabile.

Vouloir c'est pouvoir. *Wollen ist Können.* fz.

On peut selone raison ce qu'on veut. (afz.) *Man kann, je nachdem man will.*

A chi vuole non è cosa difficile (nulla è impossibile). *Für den, der will, gibt's nichts Schweres (ist Nichts unmöglich).* it.

Se l'uomo vuole, tutto puole. (crs.) *Wenn der Mensch will, kann er Alles.* mi.

Chi tuttu vole, tuttu pole. (crs.) *Wer Alles will, kann Alles.*

Chi bole, tuttu face (ottene). (crs. s.) *Wer will, thut (erhält) Alles.*

Basta vle ns fa gni cösa. (rom.) *Es genügt zu wollen, so macht man Alles.*

Un basta bsë, ma e bsogna vle. (rom.) *Es genügt nicht zu können, sondern man muss wollen.*

Quant a s' voèul nient è difizil. (em. P.) *Wenn man will, ist Nichts schwer.* ni.

Quand se völ, se pöl. (l. m.) *Wenn man will, kann man.*

Col ch' a vëul, tut a pëul. (piem.) *Der, welcher will, kann Alles.*

Podeje a va ben, ma a bsogna d' cò voreje. (piem.) *Können ist gut, aber es ist auch Wollen nöthig.*

Quando se vol, tuto se pol. (v.) *Wenn man will, kann man Alles.*

Basta voler, se fa tuto. (v.) *Es genügt zu wollen, so macht man Alles.*

Mais faz quem quer, que quem póde. *Mehr thut, wer will, als wer kann.* pt.

Mas hace el que quiere, que no el que puede. *Mehr thut der, welcher will, als der, welcher kann.* sp.

---

700. Das Pferd beim Zaume, den Mann beim Wort.

Man fasst das Pferd beim Zaum, den Mann beim Wort.

Den Ochsen soll man bei den Hörnern nehmen, den Mann beim Wort, die Frau beim Rock.

Man nimmt den Mann beim Wort und den Hund beim Schwanz. (schwei.) od.

Fass den Ochs beim Horn, den Mann beim Wort und die Frau beim Rock. (schwei.)

De Stier hebt me bin Hörnere, de Ma bin Worte und 's Wiib bi der Jüppe. (schwei.) *Den Stier hält man bei den Hörnern, den Mann beim Worte und die Frau beim Rock.*

pd. Kalwer binnt me an Stricke, de Lü an Schriften. (wstf. Mrk.) *Kälber bindet man an Stricke, die Leute an Schriften.*

'ne Kau hält'm an 't Seil, un en Buer an de Unnerschrift. (wstf. R.) *Eine Kuh hält man am Strick und einen Bauer an der Unterschrift.*

---

dl. Men vangt het paard bij den brijdel, en den man bij zijn woord. *Man fasst das Pferd beim Zügel und den Mann bei seinem Wort.*

Bij de hooren vangt (bindt) men den os, bij het woord den man. *Bei den Hörnern fasst (bindet) man den Ochsen, beim Worte den Mann.*

Men pakt het zwijn bij den staart, gelijk den man bij zijn woord. *Man fasst das Schwein beim Schwanze, wie den Mann bei seinem Worte.*

By den hoorne vangt men den osse, by den woorde den man. (avl.) *S. Bij de hooren u. s. w.*

en. Take a man by his word and a cow by her horns. *Fasst einen Mann bei seinem Wort und eine Kuh bei ihren Hörnern.*

---

dä. Man tager Hesten ved Tømmen, Manden ved Ordet. *S. Man fasst u. s. w.*

Ord binder en Mand, og Hampereb Oxen. *Wort bindet einen Mann und Hanfseil den Ochsen.*

Man tager Oxen om Hornet, og Manden ved hans Ord. (jüt.) *Man nimmt den Ochsen am Horn und den Mann bei seinem Wort.*

nw. Naar Ordet er sagt, er Manden fast. *Wenn das Wort gesagt ist, ist der Mann gebunden.*

---

lt. Verba ligant homines, taurorum cornua funes.
Cornu bos capitur, voce ligatur homo.

fz. Le boeuf par la corne et l' homme par la parole. *Den Ochsen beim Horn und den Mann beim Wort.*

On lie les boeufs par les cornes et les hommes par les paroles. *Man bindet die Ochsen bei den Hörnern und die Menschen bei den Worten.*

On prend les bestes par les cornes et les hommes par les paroles. *Man nimmt die Thiere bei den Hörnern und die Menschen bei den Worten.*

On prend les oiseaux par le bec et les hommes par la parole. *Man nimmt die Vögel beim Schnabel und die Menschen beim Wort.*

Comme les boeufs par les cornes on lye, Aussi les gents par leurs mots ou folie. (afz.) *Wie die Ochsen bei den Hörnern, so bindet man die Menschen bei ihrer Rede oder Thorheit.*

sf. Com lous boüus per las cornés ou ligue, Atau las gens per lous mouts è holie. (Gsc.) *S. Comme u. s. w.*

L' homé per la paraulo, et lou buou per la bano. (nprv.) *Den Mann beim Wort und den Ochsen beim Horn.*

it. L' uomo per la parola e il bue per le corna. *Den Mann beim Wort und den Ochsen bei den Hörnern.*

mi. Dill' omani si ne pigliamu e parolle e di i boj le corne. (crs. s.) *Bei den Menschen nimmt man die Worte und bei den Ochsen die Hörner.*

Gli uomini si legano per la lingua e i buoi per le corna. (t.) *Die Menschen werden durch die Zunge und die Ochsen an den Hörnern gebunden.*

ni. Se liga i bo colle corde e i òm co le parole. (l. b.) *Man bindet die Ochsen mit den Stricken und die Menschen mit den Worten.*

Se liga i bò a la gola E i òm a la parola. (l. m.) *Man bindet die Ochsen am Halse und die Menschen am Worte.*

I omeni se ciapa per la parola, i asini per la cavezza. (v.) *Die Menschen fasst man beim Wort, die Esel am Halfter.*

El pesse per la gola, L'omo per la parola. (v.) *Den Fisch am Halse, den Mann beim Worte.*

La parola liga i omeni. (v.) *Das Wort bindet die Menschen.*

si. L' uomo per la parola ed il bove per le corna. (npl.) *S. L'uomo u. s. w.*

L' omu s' attacca pri la parola, lu voi pri la corna. (s.) *Den Mann bindet man beim Wort, den Ochsen bei den Hörnern.*

Lu voi pri la corna e l' omu pri la palora. (s. C.) *S. Le boeuf u. s. w.*

lm. L' home per la paraula, y l' bou per la banya. (neat.) *S. L'homé u. s. w.*

pt. O boi pela ponta, e o homem pela palavra. *S. Le boeuf u. s. w.*

Ao boy pelo corno e ao homem pela palavra. *S. Le boeuf u. s. w.*

sp. Al buey por el cuerno y al hombre por el verbo. *S. Le boeuf u. s. w.*

Al buc por el cuerno y al hombre por la palabra. (asp.) *S. Le boeuf u. s. w.*

---

701. Ein gutes **Wort** bricht Einem kein Bein.

Freundliche Worte machen die Zähne nicht stumpf und ein helles Ansehen.

pd. Van 'n good Woord weert de Tänen ni' stump. (us. O. St.) *Von einem guten Worte werden die Zähne nicht stumpf.*

dl. Schoone spraken en schueren gheene kaken. (avl.) *Schöne Reden scheuern keine Backen.*

en. Good words break no bones. *Gute Worte brechen keine Knochen.*

Soft words hurt not the mouth. *Sanfte Worte thun dem Mund nicht weh.*

Smooth language grates not the tongue. *Glatte Rede scheuert die Zunge nicht.*

Fair words hurt ne'er a bane, But foul words break mony a ane. (scho.) *Gute Worte beschädigen nie einen Knochen, aber schlimme Worte zerbrechen manchen.*

dä. Tungen slides ei af gode Ord. *Die Zunge nutzt sich nicht von guten Worten ab.*

fz. Douce parôle n' écorche langue. *Sanftes Wort beschädigt die Zunge nicht.*

Douce parolle n' escorche pas la bouche. *Sanftes Wort beschädigt den Mund nicht.*

Jamais beau parler n'écorche la langue. *Niemals beschädigt freundliches Reden die Zunge.*

Bele parole ne freint teste. (afz.) *Schönes Wort spaltet den Kopf nicht.*

Ben parler ne counchie bouche. (afz.) *Freundliches Reden ritzt den Mund nicht.*

sf. Beon parlar n'escourtego pas la bouco. (nprv.) *Freundliches Reden beschädigt den Mund nicht.*

it. Bel parlare non scortica, ma sana. *Freundliches Reden beschädigt nicht, sondern heilt.*

u.i. Il bel parlare non scortica la lingua. (t.) *Das freundliche Reden beschädigt die Zunge nicht.*

Le buone parole non rompono i denti. (t.) *Die guten Worte brechen die Zähne nicht entzwei.*

ni. Bonn-e parolle e peje nisse no rompan a testa a nisciün. (lig.) *Gute Worte und faule Birnen zerschlagen Niemand den Kopf.*

Le bone parole no liga i denti. (v.) *Die guten Worte machen die Zähne nicht stumpf.*

702. Ein gutes **Wort** kostet Nichts.

Gute (Höfliche) Worte vermögen viel und kosten wenig.

Schöne Worte helfen viel und kosten wenig.

Gaue Wöre kostet kein Geld. (us. hs. G. u. G.) pd. *Gute Worte kosten kein Geld.*

Goede woorden kosten geen geld. *S. Gaue* dl. *u. s. w.*

Good words cost nothing (nought). *Gute Worte* en. *kosten Nichts.*

Gude words cost naething. (scho.) *S. Good u. s. w.*

Gode Ord i Munden og Hatten i Haanden dä. koster Intet, men gavner Folk og Land. *Gute Worte im Munde und den Hut in der Hand kostet Nichts, aber nützt Leuten und Land.*

Roda er ingi Moda. *Reden ist keine Mühe.* nw.

Det kostar ej myeket at ge et godt ord. *Es* sw. *kostet nicht viel, ein gutes Wort zu geben.*

Bellos paraulos, non coueston ren. (sf. nprv.) fz. *Schöne Worte kosten Nichts.*

Onestà di bocca, assai vale e poco costa. *Artigkeit im Reden gilt viel und kostet wenig.* it.

Onore di bocca assai vale e poco costa. (crs.) *S. Onestà u. s. w.*

E belle parolle facenu a metà di u pagamentu. (crs.) *Die schönen Worte machen die Hälfte der Zahlung aus.*

E parlê ben e gósta pöch. (rom.) *Das Wohlreden kostet wenig.*

Cun la bèlla manira us fa gni cosa. (rom.) *Mit guter Art macht man Alles.*

Onor di bocca, assai giova e poco costa. (t.) mi. *Höflichkeit im Reden nützt viel und kostet wenig.*

Cortesia di bocca, mano al capello, Poco costa ed è buono e bello. (t.) *Höflichkeit im Reden, Hand am Hut, Kostet wenig und ist schön und gut.*

Al parlèr bëign cósta pöch. (em. R.) *S. E* ni. *parlê u. s. w.*

Bonn paroll varen tant e costen poch. (l. m.) *Gute Worte gelten so viel und kosten wenig.*

Onestà d' boca (d' parole) a costa poch e a pöl esse util. (piem.) *Höflichkeit im Reden (in den Worten) kostet wenig und kann nützlich sein.*

El parlè onestament a val moto ben e a costa poch. (piem.) *Das höfliche Reden ist viel werth und kostet wenig.*

Un bel parlé a costa poch e a val d' bei dnè. (piem.) *Ein schönes Reden kostet wenig und ist schönes Geld werth.*

Onor de boca, Assae val, e poco costa. (v.) *S. Onestà u. s. w.*

si. Cortesia di bocca, molto vale e poco costa. (npl.) *S. Onestà u. s. w.*

Boni paroli e vistiti di pannu mai a lu mannu hannu fattu dannu. (s.) *Gute Worte und Tuchkleider haben den Leuten nie Schaden gethan.*

Una paraula bona pagu costat et balet meda. (sa.) *Ein gutes Wort kostet wenig und gilt viel.*

lm. Bon Senyor parlau cortès, Quel bon parlar no costa rès. (val.) *Guter Herr spricht höflich: das gute Sprechen kostet nichts.*

pt. Palavras não custão dinheiro. *Worte kosten kein Geld.*

sp. La palabra de la boca mucho vale y poco cuesta. *Das Wort des Mundes ist viel werth und kostet wenig.*

Mucho vale y poco cuesta á mal hablar buena respuesta. *Viel gilt und wenig kostet gute Antwort auf schlechtes Reden.*

---

703. **Ein Mann ein Wort, ein Wort ein Mann.**

Ein Wort ein Wort, ein Mann ein Mann.

md. E Man, e Wûrt. (nrh. L.) *Ein Mann, ein Wort.*

A Wort a Wort, a Monn a Monn. (schls.) *S. Ein Wort u. s. w.*

Ä Wuirt, ä Mün. (thr. R.) *Ein Wort, ein Mann.*

od. Ein Mann, ein Wort. (bair.)

pd. En Woort en Woort, enn Mann enn Mann. (ns. W.) *S. Ein Wort u. s. w.*

---

dt. Een man, een man; een woord, een woord. *Ein Mann, ein Mann; ein Wort, ein Wort.*

fs. En Urd en Urd, en Mönn en Mönn. (M.) *S. Ein Wort u. s. w.*

---

dä. En Mand en Mand, et Ord et Ord. *S. Een man u. s. w.*

En Mand er en Mand, et Ord er et Ord. *Ein Mann ist ein Mann, ein Wort ist ein Wort.*

sw. Mans ord och mans ära. *Mannes Wort und Mannes Ehre.*

Ord äro Ord och man är man. *Worte sind Worte und Mann ist Mann.*

Ün Plaid ün Plaid, ün Hum ün Hum. (obl.) ew.
S. Ein Wort u. s. w.

---

704. **Ein Wort ist ein Hauch, ein Hauch ist Wind.**

Woorden zijn wind. *Worte sind Wind.* dt.

Les paroles et la plume le vent les emporte. fz.
Die Worte und die Feder, der Wind entführt sie.

Ploûmos è parâoulos, l'âouro las èmpôrto. sf.
(Lgd.) *Federn und Worte, der Wind entführt sie.*

Plumos et paraulos, lou vent las empouerto. (nprv.) *S. Ploûmos u. s. w.*

Le parole non hanno il manico. (mi. t.) *Die* it.
Worte haben keinen Henkel.

Il paroli j' én d' aria. (em. P.) *Die Worte* ni.
sind Wind.

Paraulas, bentu las leat. (sa.) *Worte, der* si.
Wind entführt sie.

Paraulas y plomas lo vènt se las porta totas. lm.
(neat.) *Worte und Federn, der Wind nimmt sie alle mit sich.*

Palavras e plumas, o vento as leva. *Worte* pt.
und Federn, der Wind entführt sie.

Palabras y plumas, el viento las lleva. *S.* sp.
Palavras u. s. w.

Palabras y plumas, el viento las tumba. *Worte und Federn, der Wind wirft sie zu Boden.*

---

705. **Ein Wort ist genug für den, der's merken mag.**

Zartem Ohr halbes Wort.

Einem Gelehrten ist gut predigen.

Den Gelërten is gaud *(ist gut)* predigen. (ns. pd.
ha. G. u. G.)

Verståndigen Gôsen *(Gänsen)* is *(ist)* good *(gut)* predigen. (ns. hlst.)

Een goed verstaander heeft maar een half dt.
woord noodig. *Ein gut Verstehender bedarf nur eines halben Wortes.*

Een woord is voor de geleerden genoeg. *Ein Wort ist für die Gelehrten genug.*

A word is enough to the wise. *Dem Weisen* en.
ist ein Wort genug.

Ae ward is enough to the wise. (scho.) *S. A* [*word u. s. w.*

---

dä. Man kan vel forstaae halvqvædet Vise og halv svarede Ord. *Man kann halbgesungene Weise und halb erwiederte Worte wohl verstehen.*
sw. Vis man förstår halfqväden visa. *Weiser Mann versteht halbgesungene Weise.*

---

lt. Dictum sapienti sat est.
Sapienti pauca (Sat sapienti).
Intelligenti pauca.
fz. A bon entendeur demi-mot. *Gutem Hörer halbes Wort.*
A bon entendeur peu de paroles. *Gutem Hörer wenig Worte.*
A bon entendeur ne faut que une parolle. (afz.) *Für den guten Hörer bedarf es nur eines Wortes.*
nf. A tout bon enteindeux à mitan mot. (pic. St.-Q.) *Jedem gut Verstehenden halbes Wort.*
A in bon comprenneur, i n'li faut qu'enne demi parole. (w. M.) *S. Een goed verstaander u. s. w.*
sf. Bou entenedou, Dab mïeye paraule qu' a pron. (Brn.) *Guter Hörer hat mit halbem Worte genug.*
A bouen entendour, pauc paraulos. (nprv.) *S. A bon entendeur peu u. s. w.*
it. Al buono intenditor poche parole. *Dem guten Hörer wenig Worte.*
mi. A un bon intendidore poche parolle li bastanu. (crs.) *Einem guten Hörer genügen wenig Worte.*
A buon intenditor poche parole. (t.) *S. A bon entendeur peu u. s. w.*
ni. Chi ha bòn'na orèccia inténda! (em. P.) *Wer gutes Ohr hat, höre!*
A brav intenditor mezza parolla. (l. m.) *S. A bon entendeur demi-mot.*
A bon intenditor poche parole basto. (piem.) *Gutem Hörer genügen wenig Worte.*
Chi veûl capì, capissa! (piem.) *Wer verstehen will, verstehe!*
A un bon intenditor poche parole basta. (v.) *S. A un bon u. s. w.*
A bon intendidor poche parole ghe vol. (v. trst.) *Bei gutem Hörer bedarf es weniger Worte.*
si. A bonu intendidore pagas paraulas. (sa.) *S. A bon entendeur peu u. s. w.*
lm. A bon entenedor, breu parlador. (val.) *Gutem Hörer kurzer Sprecher.*
pt. A bom entendedor poucas palavras. *S. A bon entendeur peu u. s. w.*
sp. Al buen entendedor pocas palabras. *S. Al bueno u. s. w.*
À buen entendedor breve hablador. *S. A bon entenedor u. s. w.*
À buen entendedor pocas palabras. (asp.) *S. A bon entendeur peu u. s. w.*

---

706. Grosse Worte und Federn gehen viel auf ein Pfund.

Es gönd vil Rede in e fuederig Fass. (schwei.) od.
Es gehen viel Reden in ein fuderig Fass.

Daar gaan veel woorden in een' zak, en veel dl.
eenden in eene kooi. *Es gehen viel Worte in einen Sack und viel Enten in einen Käfich.*

Der gaae mange Ord i en lang Sæk. *Es* dä.
gehen viele Worte in einen langen Sack.
Mång Ord gå i en långh Säck. *Viele Worte* sw.
gehen in einen langen Sack.

---

707. Grosse Worte und nichts dahinter.

Grosse wort vnd nichts dahinden. (ad.)
Gute Worte und nichts dahinter, geben sie im od.
Sommer und Winter. (schwei.)
En grosse Brüemer, en chline Thüener. (schwei.)
Ein grosser Rühmer, ein kleiner Thuer.

Huch prälet, hijn betälet. (M.) *Hoch geprahlt,* fs.
schlecht bezahlt.

Store Pralere — slette Betalere. *Grosse* dä.
Prahler — schlechte Bezahler.

Gran pruméss e pöch fètt. (mi. rom.) *Gross* it.
Versprechen und wenig That.
Gran dimostrassion e pôchi fait. (piem.) *Grosse* ni.
Bezeigung und wenig That.
Motoben d' basin, ma pochi quatrin. (piem.)
Sehr viele Küsse, aber wenig Quattrini.
A mucha parola obra poca. *Bei vielem Ge-* sp.
schwätz wenig Arbeit.

---

708. Man muss die Worte nicht auf die Goldwage legen.

'T muss ên nét all Wûrt op d' Goltwo léen. md.
(mrh. L.) *Man muss nicht alle Worte auf die Goldwage legen.*

Ma wird wul egen sulln die Worte uf die Guldwoge lehn? (schls.) *Man wird wohl eigens sollen die Worte auf die Goldwage legen?*

Ma muss de Worte gor uf die Guldwoge lehn. (schls.) *Man muss die Worte gar auf die Goldwage legen.*

od. Man kann nicht alle Worte auf der Goldwage abwägen. (schwei.)

———

dä. Man skal ikke lægge ethvert Ord paa Vægtskaalen. *Man muss nicht jedes Wort auf die Wagschale legen.*

Man får icke wåga Alt på Guldwigt. *Man muss nicht Alles auf der Goldwage wägen.*

Man kan ey Alth i Skaale wæyn. (adä.) *Man kann nicht Alles auf der Schale wiegen.*

is. Hygginn maðr vegr sin orð á gullvigt. *Der verständige Mann wägt seine Worte auf der Goldwage.*

nw. Ein kaun inkje vega alle Ordi paa Gullvegti. *Man kann nicht alle Worte auf der Goldwoge wägen.*

sw. Man får inte (icke) väga allt på guldvigt. *S. Man får u. s. w.*

Icke all Ord på wichtskaål. *Nicht alle Worte auf der Wagschale.*

Wåg icke all ord på Gullwicht. *Wäge nicht alle Worte auf der Goldwage.*

Man kan ey alth i skaalom wægha. (asw.) *S. Man kan ey Alth u. s. w.*

———

lt. Cuncta gerenda nequis (neqvis) metiri lancibus equis (æqvis). (mlt.)

———

709. Mit guten **Worten fängt man die** Leute.

Schöne Worte machen den Gecken fröhlich.

———

dt. Schoone woorden maken de zotten blij. *Schöne Worte machen die Narren froh.*

en. Fair words make fools fain. *S. Schoone woorden u. s. w.*

———

dä. Favre Ord fryde en Daare (og stundom fuldviis en Mand). *Schöne Worte erfreuen einen Thoren (und mitunter einen sehr weisen Mann).*

Fawræ Ordh frygdhe een Daaræ. (adä.) *Schöne Worte erfreuen einen Thoren.*

nw. D' er gode Ord, ein fangar Folk med. *Es sind gute Worte, mit denen man Leute fängt.*

Ein fangar Fisk med Agn og Folk med fagre Ord. *Man fängt Fische mit Köder und Leute mit schönen Worten.*

Fagre Ord gjera Gapen fegen. *S. Schöne Worte u. s. w.*

Fagra ord fröjda en dåre. *S. Fawræ u. s. w.* sw.

Godh Ord frögda en dåra. *Gute Worte erfreuen einen Thoren.*

Fagher ordh frægdha een dara. (asw.) *S. Fawræ u. s. w.*

———

Blandiendo decipiuntur homines. lt.

Mulcent delirum verba polita virum. (mlt.)

Lætificat stultum, qvi scit promittere multum. (mlt.)

Demulcet multum dulcis promissio stultum. (mlt.)

Belle promesse fol lie. *Schönes Versprechen* fz. *freut den Narren.*

Douces promesses fols lient. *Schöne Versprechungen erfreuen Narren.*

De bel promès est li fol en joy. (afz.) *Über schöne Verheissung ist der Narr fröhlich.*

Biaus semblans faict musart lie. (afz.) *Schöner Schein macht den Thoren fröhlich.*

Bêlos proumêssos fan lous nècis jbonioûsès. sf. (Lgd.) *Schöne Versprechungen machen die Narren fröhlich.*

Toujhour proumêtré é noun tênë ès lou fat êntrêtênë. (Lgd.) *Immer versprechen und nicht halten heisst den Narren unterhalten.*

Bellos promessos, entretien de foucil. (nprv.) *Schöne Versprechungen, Unterhaltung für den Narren.*

Bellos paraulos et quatious fach trompon leys sagis et leys matras. (nprv.) *Schöne Worte und schlechte Thaten täuschen die Weisen und die Thoren.*

Buone parole e cattivi fatti ingannano savi e it. matti. (mi. t.) *Gute Worte und schlechte Thaten täuschen Weise und Narren.*

Co le bone paròle e i cativ fat Se minciònen ui. i savi come i mat. (l. m.) *Mit den guten Worten und den schlechten Thaten hat man die Weisen wie die Narren zum Besten.*

Pur tropp i bej paroll e poch i trist fatt, Ingannen tant i savi, come i matt. (l. m.) *Nur zu sehr täuschen die schönen Worte und nachher die schlechten Thaten sowohl die Weisen, wie die Narren.*

Bone parole e cativi fati ingana savi e mati. (v.) *S. Buone u. s. w.*

Boni paroli e tristi fatti 'ngannanu li savj e li si. matti. (s.) *S. Bellos paraulos u. s. w.*

Cum paraulas bonas si lusingat sa gente. (sa.) *Mit guten Worten täuscht man die Leute.*

pt. Boas palavras e mãos feitos enganão **sisudos** e nescios. *S. Buone u. s. w.*
Debaixo de boa palavra, ahi está o engano. *Unter dem guten Worte da liegt der Betrug.*
sp. Buenas **palabras** y ruynes hechos engañan **sabios y locos**. *S. Buone u. s. w.*

— —

710. Schöne **Worte** machen den Kohl nicht fett.
Worte backen **nicht Küchlein.**
md. Fill Geschwëtz **a** wënech Fëtt mécht moer **Zoppen.** (mrh. **L.**) *Viel Geschwätz und wenig Fett macht **magere Suppen.***

dt. **Schoone woorden maken de kool niet** vet.
en. **Fair words butter no parsnips.** ***Schöne** Worte **schmalzen keine Rüben.***
Fair wards winna mak the pot boil. (scho.) ***Schöne Worte machen** den Topf nicht kochen.*
fs. **Gauhs Urde måge de Küjl** ài fätt. (M.) *Gute **Worte machen den Kohl** nicht fett.*

dä. Favre **Ord giøre ikke Kaalen fed.**

it. **Le parole non fan farina.** ***Die Worte machen kein Mehl.***
mi. Acqua **e ciacar an fa fartell. (rom.)** ***Wasser** und **Geschwä'z machen keinen Pfannkuchen.***
Le chiachiere non fanno farina. (t.) ***Die Redereien machen kein Mehl.***
ni. **Il ciàccer in fan** farén'na. (em. P.) *S. **Le chiachiere u. s.** w.*
Ciacole no fa fritole. (v. trst.) *Schwätzereien **machen** keine Frittole (**i. e. kleines** Ölgebäck).*

711. Schöne **Worte** müssen schlechte **Waare verkaufen.**
Böse Waare muss man aufschwatzen.
md. Schlëcht **Wûor gët** fill gelûoft. (mrh. L.) *Schlechte Waare wird viel gelobt.*
od. Mit guten Worten verkauft man **böse Waare.** (bair.)

dä. **Gode Ord maac** sælge daarlige **Varer.** ***Gute Worte müssen** schlechte Waaren verkaufen.*
is. **Góð orð** hljóta að selja vonda vöru. *Gute **Worte** müssen schlechte Waare verkaufen.*
nw. **Dat vil** gode Ord til aa selja vonda Varor. ***Es** bedarf guter Worte, **um schlechte** Waaren zu verkaufen.* [*Ord u. s. w.*
sw. Goda ord måste sälja **dåliga** varor. *S. Gode*
Sööt Ord giöra elackt köp. *Süsse Worte **machen schlechten** Kauf.*
Godt Ordh sälliar elacka wahror. *Gutes Wort **verkauft schlechte** Waaren.*
Elaka wahror woela haa gott förspråk. ***Schlechte** Waaren **wollen** gute Fürsprache haben.*

Laudat **mercator quas** vult etrudere merces. **lt.**

712. Von **Worten** zu Werken ein weiter **Weg.**
Von Worten zu Werken ist ein weiter Weg. od. (schwei.)

Lange mijlen leggen Tusschen doen en zeggen. **dt.**
Lange Meilen liegen zwischen Thun und Sagen.
Tusschen tsegghen en tdoen verslytmen vele schoen. (avl.) ***Zwischen dem** Sagen und **dem Thun** zerreisst man viele Schuh.*
Saying and doing are two things. *Sagen und* **en.** *thun sind zwei Dinge.*
There's muckle between the word and the deed. **(scho.)** *Es **ist viel** zwischen dem Wort und **der That.***

Imellem sige og giøre (Sagn og Gierning) er **dä.** **en lang** Vei. *Zwischen sagen und thun (Sagen **und** Thun) ist ein langer Weg.*
Fraa Ord og til Verk er Vegen lang. *Zwi-* **nw.** ***schen** Wort und Werk ist der Weg lang.*

Du **dit au fait a** grant trait. ***Vom Sagen zur*** **fz.** *That gibt's grosse Strecke.*
Entre faire et dire Y a moult a dire. *Zwi-**schen Thun und** Sagen **gibt es** viel zu sagen.*
Moult a entre fere et dire. (afz.) *Viel gibt's zwischen **Thun und** Sagen.*
Deou disè au het ya un gran tret. (Gsc.) *Vom* **sf.** *Sagen **zur** That gibt's eine grosse Strecke.*
D' âou dich âou fach i-a gran trach. (Lgd.) *S. **Du dit u. s. w.***
Dou dich au fach l' y a grand trach. (nprv.) *S. Du dit u. s. w.*
Dal detto al fatto vi è un gran tratto. *Von* **it.** *der Rede zur That ist eine grosse Strecke.*
Tra u di e u fa c' è una gran differenza. (crs.) **mi.** *Zwischen dem Sagen und dem Thun ist ein grosser Unterschied.*
Tra lu fà e lu di c' è na vella callaghia nu u mezzu. (crs.) *Zwischen Thun und Sagen liegt ein schöner Rain in der Mitte.*

Da u crede all' esse, E cumme da u filà a u tesse; Da a di au fà, E cumme da u tesse au filà. (crs.) *Vom Glauben zum Sein ist's wie vom Spinnen zum Weben; vom Sagen zum Thun ist's wie vom Weben zum Spinnen.*

Da o dëtt a e fatt ui ò un gran tratt. (rom.) *S. Dal detto al fatto vi u. s. w.*

Tra e dir e ò fë ui è una gran difarenza. (rom.) *S. Tra u di u. s. w.*

Dal detto al fatto c' è un bel tratto. (t.) *Von der Rede zur That ist's eine schöne Strecke.*

Dal fare al dire c' è che ire. (t.) *Vom Thun zum Sagen gibt's zu gehen.*

ni. Tra 'l dir e 'l far a i è una gran bèla diferëinza. (em. B.) *S. Tra u di u. s. w.*

Dal di al fa gh' è piissé de la mità. (l.) *Vom Sagen zum Thun ist mehr als die Hälfte (Wegs).*

Dal di al fa el gh' è ü gran tir de ma. (l. b.) *Vom Sagen zum Thun ist ein grosser Handwurf.*

Dal di al fa, ghe passa 'n car de réf. (l. b.) *Vom Sagen zum Thun geht ein Karren mit Zwirn auf.*

A di se fa prest, a fa ga ol ü pèz. (l. b.) *Beim Sagen macht man schnell, beim Thun braucht's ein Stück.*

Dal dit al fat, gh' e ou gran trat. (l. m.) *S. Dal detto al fatto vi u. s. w.*

Dal dir al far, gh' è asquas de mezz el mar. (l. m.) *Vom Sagen zum Thun ist es von hier bis zur Mitte des Meeres.*

Dal dit al fat a j'è un gran trat. (piem.) *S. Dal detto al fatto vi u. s. w.*

Dal dito al fato passa un gran trato. (v.) *Von der Rede zur That geht eine grosse Strecke.*

Dal dito al fato ghe xe un bel trato. (v. trst.) *S. Dal detto al fatto c'è u. s. w.*

Dal dir al far, passa diferenza. (v. trst.) *Vom Sagen zum Thun ist Unterschied.*

si. Da lu dittu a lu fattu ci è un gran trattu. (s.) *S. Dal detto al fatto vi u. s. w.*

Dai su narrer ad su fagher bi hat meda distantia. (sa. L.) *Vom Sprechen zum Thun ist grosse Entfernung.*

A pensare s' istat pagu, a fagher bi queret meda. (sa. L.) *Zum Denken gehört wenig, zum Thun viel.*

sp. Del dicho al hecho hay gran trecho. *S. Du dit u. s. w.*

Decir y hazer no comen a una mesa. *Sagen und Thun essen nicht an einem Tische.*

---

713. Woorden van een' heilige, klaauwen van een kat. (dt.) **Worte** *eines Heiligen, Klauen einer Katze.*

Hij heeft eens engels wieken, maar eens duivels stem. *Er hat eines Engels Schwingen, aber eines Teufels Stimme.* dt.

Beads about the neck, and the devil in the heart. *Rosenkranz um den Hals und den Teufel im Herzen.* en.

Den der haer en Engel i sin Tale, haer en Devel i sin Hale. (jüt. S.) *Wer einen Engel in seiner Sprache hat, hat einen Teufel in seinem Schwanze.* dä.

Han er en Engel i e Tale og en Devel i e Hale. (jüt. S.) *Er ist ein Engel in der Sprache und ein Teufel im Schwanze.*

Paroles d'angelot, ongles de diablot. *Engelsworte, Teufelsklauen.* fz.

Habit de béat a souvent ongles de chat. *Bei der Frömmlerkutte sind oft Katzenkrallen.*

Paraules d' anyoulou, urpes deu diable. (Brn.) *S. Paroles u. s. w.* sf.

Pare un santarellu epp' è un dianle. (mi. crs.) *Er scheint ein Heiliger und ist doch ein Teufel.* it.

Ha la cera chiara e u core negru. (crs.) *Er hat eine heitere Miene und ein schwarzes Herz.* mi.

Parole de anzoleto e onge de diavoleto. (v.) *S. Paroles u. s. w.* ni.

Paternostri de beato e onge de gato. (v.) *Frömmlervaterunser und Katzenklauen.*

Unglas de gat y cara de beat. (neat.) *Katzenkrallen und Frömmlergesicht.* lm.

Palavras de santo e unhas de gato. *Heiligenworte und Katzenkrallen.* pt.

Contas na mão e o demonio no coração. *Rosenkranz in der Hand und den Teufel im Herzen.*

Unhas de gato e habito de beato. *Katzenklauen und Einsiedlerkleidung.*

Uñas de gato y habitos de beato. *S. Unhas u. s. w.* sp.

Cara de beato y (con) uñas de gato. *Frömmlergesicht und (mit) Katzenklauen.*

Cuentas de beato y uñas de gato. *Rosenkranz und Katzenkrallen.*

Las tocas de beata y uñas de gata. *Betschwesternhauben und Katzenklauen.*

El cuerpo sancto y el anima del diablo. (asp.) *Der Körper heilig und die Seele des Teufels.*

714. **Worte füllen den Bauch nicht.**
Von Worten wird der Bauch nicht voll.
Der Bauch lässt sich nicht mit Worten abspeisen.

---

dt. Praatjes vullen den buik niet. *Reden füllen den Bauch nicht.*
Woorden zijn goed voedsel voor de ooren, maar de buik heeft er niet aan. *Worte sind gute Nahrung für die Ohren, aber der Bauch hat Nichts davon.*
Woorden gaan in het lijf niet. *Worte kommen nicht in den Leib.*

en. Fine words don't fill the belly. *Schöne Worte füllen den Bauch nicht.*
The belly is not fill'd with fair words. *Der Bauch wird nicht mit schönen Worten gefüllt.*

---

dä. Ord fylde ikke Maven. *Worte füllen den Magen nicht.*

nw. Gode Ord metta ingen Mage. *Gute Worte sättigen keinen Magen.*
Gode Ord gjera myket, men inkje ein fastande full. *Gute Worte machen viel, aber nicht einen Nüchternen voll.*
Han er lettfodd, som feitnar av fagre Ord. *Der ist leicht genährt, der von schönen Worten fett wird.*

sw. Ord fylla icke magen. *S. Ord fylde u. s. w.*
Fagra ord mätta ingen mage (inte magen). *Schöne Worte sättigen keinen Magen (nicht den Magen).*
Godh Ordh måtta intet Magen. *Gute Worte sättigen nicht den Magen.*

---

fz. Le ventre ne se rassasie pas de paroles. *Der Bauch wird nicht durch Worte satt.*
Langage ne paist pas gens. *Rede nährt nicht Leute.*

nf. Les paroles ni moussot nin ès coirps. (w.) *S. Woorden gaan u. s. w.*

it. Il ventre non si sazia di parole. *S. Le ventre u. s. w.*
Le parole (belle parole) non pascono i gatti. *Die Worte (schönen Worte) füttern die Katzen nicht.*

mi. E fom nu arimpiéss la panza. (rom.) *Der Bauch füllt den Bauch nicht.*
Le parole non empiono il corpo. (t.) *Die Worte füllen den Leib nicht.*

ni. Èl paròl impissen pòch la panda. (em. R.) *Die Worte füllen den Bauch wenig.*
Panscia no se impieniss de compassion. (l.) *Der Bauch wird nicht durch Mitleid voll.*
Le bune parole no l'empieness la panza. (l. b.) *Die guten Worte füllen den Bauch nicht.*
E parolle non impan a pansa. (lig.) *S. Le parole non empiono u. s. w.*
La panssa a s' ampiss nen d' parole. (piem.) *Der Bauch füllt sich nicht mit Worten.*
Le parole anpisso nen la panssa. (piem.) *S. Le parole non empiono u. s. w.*
Le bele parole no impenisse la panza. (v.) *Die schönen Worte füllen den Bauch nicht.*

si. Li paroli nun inchinu panza. (s.) *S. Le parole non empiono u. s. w.*
Sas paraulas non pienant sa matta. (sa.) *S. Le parole non empiono u. s. w.*

pt. Palavras não enchem barriga.

---

715. **Worte füllen den Sack nicht.**

md. Mat Wirder bezilt ê' kèng Schoįt. (mrh. L.) *Mit Worten bezahlt man keine Schuld.*

---

dt. Veel woorden vullen geen' zak. *Viele Worte füllen keinen Sack.*
Schoone woorden vullen geen' zak. *Schöne Worte füllen keinen Sack.*
Honigzoete wordekens brengen geene haver in de kast. *Honigsüsse Worte bringen keinen Hafer in den Kasten.*
Woorden vullen geen zakken. (vl.) *Worte füllen keine Säcke.*
Klaps en vullen geen' zacks. (vl. F.) *Redereien füllen keine Säcke.*

en. Good words fill no sack. *Gute Worte füllen keinen Sack.*
Fair words fill no sacks. *Schöne Worte füllen keine Säcke.*
Many words will not fill a bushel. *Viele Worte füllen keinen Scheffel.*
Mony words dinna fill the firlot. (scho.) *Viele Worte füllen kein Firlot.**)

fs. Folle wirden follen nin seck. (afs.) *S. Veele woorden u. s. w.*

---

dä. Gode Ord fylde ikke Pungen. *Gute Worte füllen nicht den Beutel.*
Søde (Store) Ord fylde kun lidt i Sækken (i Sæk). *Süsse (Grosse) Worte füllen den (einen) Sack nur wenig.*

is. Mörg orð fylla ei sekkinn. *Viel Worte füllen den Sack nicht.*

nw. Snakk fyller ingen Sekk. *Gerede füllt keinen [Sack.*

*) Mass von 1½ Scheffel.

Ein fyller ingen Sekk med fagre Ord. *Man füllt keinen Sack mit schönen Worten.*

sw. Goda ord fylla icke pungen. *S. Gode u. s. w.*

Godh Ord fylla intet säcken. *Gute Worte füllen den Sack nicht.*

---

lt. **Peculium re, non verbis augetur.**

---

716. **Worte schlagen die Leute nicht.**

Ist doch ein wort kein pfeil nicht. (ad.)

od. Worte schlagen einem kein Loch in Kopf. (bair.)

Worte sind keine Pfeile. (schwei.)

pd. (En) 'n Woord is keen Beenbruch. (ns. hn. V.) *Ein Wort ist kein Beinbruch.*

En Wäurd ies näu kain Dunnerkeil. (wstf. Dr.) *Ein Wort ist noch kein Donnerkeil.*

---

dl. Woorden gaan door het vel niet. *Worte gehen nicht durch's Fell.*

en. Hard words break no bones. *Harte Worte zerbrechen keine Knochen.*

---

dä. Ord slaae ingen Mand ihjel, uden Haanden følger med. *Worte schlagen keinen Menschen todt, ausser wenn die Hand folgt.*

Et Ord er ingen Piil. *Ein Wort ist kein Pfeil.*

nw. Store Ord drepa ingen Mann. *Grosse Worte tödten keinen Mann.*

D' er litet Liv i dan, som doyr av store Ord. *Es ist wenig Leben in dem, der von grossen Worten stirbt.*

sw. Ord slå icke ihjäl nagon utan att handen följer med. *S. Ord slaae u. s. w.*

Ord äro inga qwarnstenar. *Worte sind keine Mühlsteine.*

---

it. Le parole non rompono il capo. *Die Worte zerschlagen den Kopf nicht.*

mi. E parolle un passann a pelle. (crs.) *Die Worte dringen nicht durch die Haut.*

Le parole non fanno lividi. (t.) *Die Worte machen keine blauen Flecke.*

ni. Le parole no le smaca. (l. b.) *Die Worte zerschlagen nicht.*

Le parole a rompo nen j' òss. (piem.) *Die Worte zerbrechen die Knochen nicht.*

Le parole no maca. (v.) *S. Le parole no u. s. w.*

si. Paraula non battit morte. (sa.) *Wort führt den Tod nicht herbei.*

---

717. **Worte sind keine Thaler.**

Worte sind nicht Stüber.

Die Worte sind gut: hast du Geld, so kriegst du Schuhe.

md. Küren ies kin Gäld. (hss. N.) *Sprechen ist kein Geld.*

Schwêtzen as kö' Gè[t. (nrh. L.) *Schwatzen ist kein Geld.*

pd. Klafen en es gee Geld. (nrh. A.) *S. Schwètzen u. s. w.*

Muhle send kehn Stühvre. (nrh. D.) *Worte sind keine Stüber.*

Kallen es kenn Geld. (nrh. M.) *S. Küren u. s. w.*

Räden is keen Geld, Wostpell is keen Fleesch. (ns. A.) *Reden ist kein Geld, Wursthaut ist kein Fleisch.*

Kuiern ies kein Geld. (wstf. S.) *S. Küren u. s. w.*

---

dl. Klappen zyn geen oorden. (vl.) *Reden sind keine Heller.*

en. Words are but sands, It's money buys lands. *Worte sind nur Sand, Geld, das kauft's Land.*

Talk is talk, but money buys land. *Reden ist Reden, aber Geld kauft Land.*

Prate is but prate, it's money buys land. *Schwatzen ist nur Schwatzen, Geld, das kauft Land.*

---

dä. Ord ere gode — have vi Penge, da faae vi Skoe. *Worte sind gut: haben wir Geld, so kriegen wir Schuhe.*

Ord gjøre Kjøb, men Pengene betale. *Worte machen Kauf, aber das Geld bezahlt.*

sw. Orden äre godh, haar du Mynt, så får du Skoo. *S. Die Worte u. s. w.*

Ord gör kop, men pengarne betala. *S. Ord gjøre u. s. w.*

---

it. Ciacer in ciacer, e danè in danè. (ni. l. m.) *Geschwätz ist Geschwätz, und Geld ist Geld.*

ni. Co le ciacere no se compra tila. (l. m.) *Mit den Redereien kauft man keine Leinwand.*

Chi ga ciacole no compra tela. (v.) *Wer Redereien hat, kauft keine Leinwand.*

Ciacole no compra tela. (v.) *Redereien kaufen keine Leinwand.*

---

718. **Worte thun oft mehr als Schläge.**

Mit Worten richtet man mehr aus, als mit Schlägen.

Ein gut Wort richtet mehr aus, als ein Fähnlein Landsknechte.

Süsze wort machent frewnt vnd stillent die grössen veint. (ad.)

Senfte wort brechent zorn. (ad.)

---

dl. Een zoet woord breekt groote gramschap. *Ein sanftes Wort bricht grossen Zorn.*

Een cleyn goetwoort swicht grooten toren. (avl.) *Ein kleines gutes Wort beschwichtigt grossen Zorn.*

en. Good words cool more than cold water. *Gute Worte kühlen mehr ab, als kaltes Wasser.*

A kindly word cools anger. (scho.) *Ein freundliches Wort kühlt den Zorn ab.*

---

nw. Gode Ord gjera standom store Verk. *Gute Worte thun oft grosse Werke.*

---

lt. Responsio mollis frangit iram.

fz. Douces paroles ront grant ire. (afz.) *Sanfte Worte brechen grossen Zorn.*

Douces paroles fraint grant ire, Durs parlers felon euer aïre. (afz.) *Sanfte Worte brechen grossen Zorn, harte Reden reizen böses Herz.*

af. May fan paraulos au sagi que cops au foueil. (nprv.) *Mehr thun Worte bei dem Verständigen, als Schläge bei dem Thoren.*

it. Fa più talora una buona parola, che una compagnia di soldati. (mi. t.) *Bisweilen thut ein gutes Wort mehr, als eine Compagnie Soldaten.*

pt. Mais apaga boa palavra, que caldeira de agoa. *Mehr beruhigt (ein) gutes Wort, als (ein) Kessel mit Wasser.*

sp. Mas apaga buena palabra que caldera de agua. *S. Mais u. s. w.*

---

719. Worte thun's nicht.

---

is. Tjóð hjálpa eingi fögur orð við slattnböku. (fær.) *Es helfen keine schönen Worte gegen einen Wallfisch.*

nw. Ord er ingi Gjerning. *Wort ist kein Thun.*

---

cw. Dets e fats! (ld.) *Worte und Thaten!*

Gigs e faigs! (obl.) *S. Dets u. s. w.*

fz. Glousser n'est pas pondre. *Gackern ist nicht Eier legen.*

sf. Clouqueya n'ey pas ha l' ouell. (Brn.) *S. Glousser u. s. w.*

Le parole non bastano. *Die Worte genügen nicht.* it.

Le parole son belle e buone, ma ci vuol altro che parole. *Die Worte sind schön und gut, aber es bedarf was andres als Worte.*

Parole non fanno fatti. (t.) *Worte thun nicht Thaten.* mi.

Il paroli én paroli, i fatt én fatt. (em. P.) *Die Worte sind Worte, die Thaten sind Thaten.* mi.

I fatt j'én fatt, e il ciacc'ri j'én ciacc'ri. (em. P.) *Die Thaten sind Thaten und das Geschwätz ist Geschwätz.*

Le ciacere i è miga fati. (l. b.) *Die Schwätzereien sind keine Thaten.*

I parol no fan i fat. (l. m.) *Die Worte thun nicht die Thaten.*

Le parole sole a basto nen. (piem.) *Die Worte allein genügen nicht.*

Ciacole no fa fati. (v.) *Schwätzereien thun keine Thaten.*

---

720. Was man wünscht, das glaubt man gern.

Wât ê' wenscht, dât gléft ê' giér. (mrh. L.) md. *Was man wünscht, das glaubt man gern.*

Wat de Lėkt wäinjtschen, dât gliwe se gärn. pd. (mrh. S.) *Was die Leute wünschen, das glauben sie gern.*

Quel che se voràv, no se stenta a figuràs. it. (ni. l.) *Was man möchte, das säumt man nicht sich vorzustellen.*

Quel che se desidera no se stenta a creder. (v.) ni. *Was man begehrt, säumt man nicht zu glauben.*

---

721. Wenn Wünsche hülfen, wären wohl Viele reich.

Wenn wünschen hülfe, wären alle reich.

Wenn Wünsche hülfen, wären wohl Viele gelehrt.

If wishes were butter-cakes, beggars might bite. en. *Wenn Wünsche Butterkuchen wären, könnten Bettler hineinbeissen.*

If wishes were thrushes, beggars would eat birds. *Wenn Wünsche Drosseln wären, würden Bettler Vögel essen.*

If wishes would bide, Beggars would ride. *Wenn Wünsche hülfen, würden Bettler fahren.*

If wishes were horses, beggars wad ride, And a' the world be drown'd in pride. (scho.)

Wenn Wünsche Pferde wären, so würden ***Bettler*** *reiten und die ganze Welt in Stolz* ***untergehen.***

dä. Dersom Ønsker gjaldt, vare **vi Alle rige.** ***Wenn*** *Wünsche gälten,* ***wären wir Alle reich.***

is. Af óskum era allir **eins ríkir.** ***Von Wünschen sind Alle*** *gleich reich.*

fz. Si souhaits fussent vrays, Pastoreaulx seraient roys. *Wenn Wünsche wahr würden, wären Hirten Könige.*

af. Si ley desirs vezien la fin, jamay degun **serie** mesquin. **(nprv.)** *Wenn die Wünsche* ***zum*** *Ziele kämen,* ***wäre nie*** *Jemand arm.*

722. **Wünschen** und Wollen **sind keine** guten Haushälter.

Von wünschen wirt man selten **rich. (ad.)**

Wenschers en wonders Zijn arme **huishouders. dt.** ***Wünscher und*** *Woller sind* ***arme Haushälter.***

Wenschers en willers zyn arme huishouders. **(vl.)** ***S. Wenschers u. s. w.***

Wishers and woulders Are never good house- **en.** **holders.** ***Wünscher und Woller sind niemals gute Haushälter.***

Wishers and woulders are poor house handers. **(scho.)** ***S. Wenschers u. s. w.***

En souhaittant nul n' enrichit. ***Wünschend*** **fz.** ***bereichert sich Keiner.***

Z.

723. **Het makke schaap wordt** van alle lammeren **gezogen. (dt.)** *Das* **zahme** *Schaf wird* ***von allen Lämmern*** *ausgesaugt.*

fz. Brebis trop apprivoisée **de trop** d' agneaux est tetée. *Zu zahmes* ***Schaf wird*** *von zu vielen Lämmern ausgesaugt.*

Brebis par **trop** apprivoisée **De chacun aignel** est tettée. *Zu zahmes* ***Schaf wird von jedem*** *Lamm ausgesaugt.*

af. Fédo aprivadâdo, dë trop **d' agnels ës têtâdo.** (Lgd.) *Zahmes Schaf* ***wird von zu vielen*** *Lämmern ausgesaugt.*

Fedos apprivadados de trop d' agneous sont tetados. (nprv.) *An zahmen Schafen saugen zu viel Lämmer.*

sp. La oveja mansa, **cada cordero la mama.** *Am* ***zahmen Schaf saugt jedes Lamm.***

724. Wer gern **zankt,** findet leicht eine Ursache.

nw. Dan som vil apast, finn alltid ei Orsak. ***Wer*** *Zänkerei anfangen will, findet immer eine Ursache.*

Trätekiär finner snart orsak. *Streitliebender* **sw.** ***findet*** *leicht eine Ursache.*

Chi cerca briga, la trova (briga accatta). ***Wer*** **it.** *Streit sucht, findet ihn (findet Streit).*

E bacan l' é d' chi che vô. (rom.) ***Den Streit*** **mi.** ***hat, wer*** *ihn will.*

Chi cerca briga, l'accatta, (la trova a sua posta). (t.) *Wer Streit sucht, findet ihn (findet ihn nach seinem Belieben).*

725. **Wo der Zaun** am **niedrigsten** ist, **springt** Jeder über.

Wo der Zaun am niedrigsten **ist, da steigt** Alles hinüber.

Wo der Zaun am niedrigsten **ist, Steigt man** über zu aller Frist.

Wo der Zaun am niedrigsten **ist,** da springt der Teufel hinüber.

Dâ diu stigel nider ist, dâ gât man hin âne frist. (ad.)

Wenn der Zau˜ *(Zaun)* nieder *(niedrig)* it *(ist)*, **md.** **springt** mër *(man)* leicht druber. (frk. M.)

Wo der Zaun am niedrigsten ist, springt man **am** ersten drüber. (mrh. E.)

Wō den Zoyk niderēch as, sprēngt jiderēn drīwer. (nrh. L.) *Wo der Zaun niedrig ist, springt Jeder drüber.*

Wü der Zaun nidrich is, wil Itwedar drībar. (schls. B.) *Wo der Zaun niedrig ist, will Jeder drüber.*

od. Wo die Steglein niedrig sind, darüber steigt man gern. (schwb. W.)

Man geht hinaus, wo der Hag am niedrigsten ist. (schwb. W.)

Ma *(Man)* muss no numm wo Stiegela *(Steglein)* nieder sind. (schwb. W.)

Wo der Zaun niedrig ist, da steigt Jedermann darüber. (schwei.)

Ein niedriger Zaun ist bald übersprungen. (schwei.)

Über die kleinen Häg kann man leicht steigen. (schwei.)

pd. Wo d'r Zong ĭt neddersch es, doh klemp Malleg dröwver. (nrh. D.) *Wo der Zaun am niedrigsten ist, da klimmt Jeder darüber.*

Wo de Tuun an 't legste es, do sprenkt den Hond et ersch dröwer. (nrh. M.) *Wo der Zaun am niedrigsten ist, da springt der Hund am ersten darüber.*

Wo de Tûn sit iss, gaon alle Hunn' äöw'r. (ns. A.) *Wo der Zaun niedrig ist, gehn alle Hunde drüber.*

Wor de Tune am sidsten is, dar stiggt elkeen öwer. (ns. B.) *Wo der Zaun am niedrigsten ist, da steigt Jeder drüber.*

Wô de Tûn an'n siesten is, dâ werd he öwerstregget. (ns. ha. G. u. G.) *Wo der Zaun am niedrigsten ist, da wird er überstiegen.*

Wô de Knick (Häge) an'n siesten (tau sit) is, dâ springet man öwer. (ns. ha. G. u. G.) *Wo die Hecke am niedrigsten (zu niedrig) ist, da springt man drüber.*

Wô de Häge tau sit is, dâ springet man öwer. (ns. ha. G. u. G.) *Wo der Hag zu niedrig ist, da springt man drüber.*

Wo de Tuun am siedesten is, da stigt Jeder över. (ns. ha. V.) *S. Wor u. s. w.*

Vo de Vall am niedrigsten is, dâ geit man över. (ns. hlst. A.) *Wo der Wall am niedrigsten ist, da geht man drüber.*

Wo de Tuun am siedsten is, is am lichtsten äwerstiegen. (ns. M.-Sch.) *Wo der Zaun am niedrigsten ist, ist am leichtesten übersteigen.*

War de Tun am leegsten is, stiegt se aver. (ns. O. R.) *Wo der Zaun am niedrigsten ist, steigen sie über.*

Woor de Hagen am siedsten is, daar springt 'n toeerst aver. (ns. O. St.) *Wo die Hecke am niedrigsten ist, da springt man zuerst drüber.*

Wo der Zaun gebücket steht, Jedermann darüber geht. (ns. Pr.)

Boo de Tuhn siede is, doo will Jeder greme dröwwer. (ns. W.) *Wo der Zaun niedrig ist, da will Jeder gern drüber.*

Waar de Tuun 'ne lange Stiie heft, stiiget de Schwiine 'r nåwer. (wstf. O.) *Wo der Zaun eine niedrige Stelle hat, steigen die Schweine drüber.*

Wå de Tun am siigsten es, då gåht se dröever. (wstf. R.) *Wo der Zaun am niedrigsten ist, da gehen sie drüber.*

Wå de Tuun siige ies, då stigt Jieder herüwer. (wstf. S.) *Wo der Zaun niedrig ist, da steigt Jeder herüber.*

Waar de tuin (haag) het laagst is, wil elk erover. *Wo der Zaun (die Hecke) am niedrigsten ist, will Jeder drüber.* nl.

Daer den thuyn leegest is, daer climpt men yerst oner. (nh.) *Wo der Zaun am niedrigsten ist, da klimmt man zuerst über.*

Daer den tuyn neerst is, gaat men staens onere. (avl.) *Wo der Zaun am niedrigsten ist, geht man sogleich darüber.*

Where the hedge is lowest, commonly men leap over. *Wo der Zaun am niedrigsten ist, springt man gewöhnlich über.* en.

Where the dyke's laighest, it 's easiest loupit. (scho.) *Wo der Deich am niedrigsten ist, ist er am leichtesten übersprungen.*

Men goes over the dyke at the ebbest. (scho.) *Man geht über den Deich an der niedrigsten Stelle.*

Diar a Dik am liagten as, diar ridj a Hüünjer henauer. (A.) *Wo der Deich am niedrigsten ist, da rennen die Hunde hinüber.* fs.

Diar a Dik liachst as, diar ridj a Hünjar henâur. (F.) *S. Diar u. s. w.*

Diär di Dik ligst es, geid' di Flöd jest aur. (S.) *Wo der Deich am niedrigsten ist, geht die Flut zuerst über.*

Hvor Gjerdet er lavest, ville Alle over. *Wo der Zaun am niedrigsten ist, wollen Alle drüber.* dä.

Man vil over Gjerdet, hvor det er lavest. *Man will über den Zaun, wo er am niedrigsten ist.*

Enhver vil gjerne over Gjerdet, hvor det er lavest. *Jeder will gern über den Zaun, wo er am niedrigsten ist.*

Man gaaer gernæ offwer Gaarden, ther som han ær lawesth. (adä.) *Man geht gern über den Zaun da, wo er am niedrigsten ist.*

is. Flestir ríðast þar á garðinn, sem hånn er lægstr. *Die Meisten begeben sich da über den Zaun, wo er am niedrigsten ist.*

þar ræðr hvör (Hvör ræðst þar) (Hann ræðr þar) á garðinn, sem hann er lægstr (lægstur). *Da begibt sich Jeder (Jeder (Er) begibt sich da) über den Zaun, wo er am niedrigsten ist.*

þar er dælst á garð að ríða, sem lægst er. *Da ist's am leichtesten über den Zaun zu reiten, wo er am niedrigsten ist.*

Allir ganga á gårðin, hår hann tikist lægstur at vera. (fær.) *Alle gehen über den Zaun, wo er am niedrigsten zu sein scheint.*

nw. Dat vil alle kliva dan Garden, som laagast er. *Es wollen Alle über den Zaun klettern, der am niedrigsten ist.*

sw. Alla klifva (vilja) öfwer der gärdesgården är lägst. *Alle klettern (wollen) über, wo der Pfahlzaun am niedrigsten ist.*

Dher gården år lågst, dher stijger man gårna öfwer. *Wo der Zaun am niedrigsten ist, da steigt man gern über.*

Gott klijfwa på dhen gården som låger år. *Gut klettern auf den Zaun, der niedrig ist.*

Man throdher ther gardher som han ær laghast. (asw.) *Man tritt da über den Zaun, wo er am niedrigsten ist.*

---

lt. Sepes saepe calcatur ubi pronior esse putatur.

Est libitum varæ (barc) sepis loca suppeditare. (mlt.)

fz. Où la haye est plus basse, on saute dessus. *S. Wô de Knick u. s. w.*

nf. Quand la haie est basse, Tout le monde y passe. (wm.) *Wenn die Hecke niedrig ist, geht alle Welt drüber.*

it. Quand che la sez l' è bassa, Ogne coiò la passa. (ni. l. b.) *Wenn der Zaun niedrig ist, steigt jeder Pinsel drüber.*

---

726. Hüte dich vor denen, die Gott gezeichnet hat.

Wen Gott und die Natur zeichnet, vor dem soll sich Ross und Mann hüten.

md. Je krimmer, je schlimmer. (mrh. F.) *Je krümmer, je schlimmer.*

pd. Håt dich fir de Gezichenden! (urh. S.) *Hüte dich vor den Gezeichneten!*

Wiåne Guod taiket håål, dai doigedet niit. (wstf. Delbrück.) *Wen Gott gezeichnet hat, der taugt nichts.*

Beware of him whom God hath marked. *Hüte dich vor dem, den Gott gezeichnet hat.* en.

Tak care o' that man whom God has set his mark upon. (scho.) *Hütet Euch vor dem Manne, auf den Gott sein Zeichen gesetzt hat.*

fs. Wåre di föör dünnen, diar God tiakent hê. (A.)

Wåri di vöör dönuan, diar God tinkant hea. (F.)

---

dä. Vær Dig for Den, som Gud har tegnet.

sw. Wachta digh för dhen som naturen haar teknadt. *Hüte dich vor dem, den die Natur gezeichnet hat.*

---

lt. Effuge, quem signo turpi natura notavit.

Caveto a signatis.

Cautus homo cavit, quotquot natura notavit.

Ab homine signato libera nos Domine.

fz. De personne de Dieu signée, Libera nos, Domine. *Von Personen, die Gott gezeichnet, Libera nos, Domine.*

Homme roux et femme barbue De quatre lieux les salue, Avec trois pierres au poing Pour ten ayder, s' il vient à point. *Rothen Mann und bärtige Frau grüsse vier Meilen weit, mit drei Steinen in der Faust, um dir damit zu helfen, wenn es nöthig ist.*

Femme barbue de loing la salue, un baston à la main. *Bärtige Frau grüsse von weitem, mit einem Stock in der Hand.*

Bigle, borgne, bossu, boiteux, Ne t' y fie si tu ne veux. (afz.) *Schieler, Einäugiger, Buckliger, Lahmer, traue ihnen nicht, wenn du nicht willst.*

sf. Home rous e fremo barbudo, Jamay de prez l'on la saludo. (nprv.) *Rothen Mann und bärtige Frau grüsse man nie von nah.*

it. Nium segnato da Dio fu mai buono. *Kein von Gott Gezeichneter war je gut.*

Non fu mai guercio di malizia privo. *Nie war ein Schieler frei von Bosheit.*

Guardati da huomo segnalato e da alchimista disfatto. *Hüte dich vor gezeichnetem Menschen und vor verdorbenem Alchimisten.*

mi. Guardati da i signati da Dio. (crs.) *Hüte dich vor den von Gott Gezeichneten.*

Unn' agghia fede ne in gobbi, ne in zoppi. (crs.) *Glaube weder Buckligen, noch Lahmen.*

Gvërdat da i signë da Crëst. (rom.) *Hüte dich vor den von Christus Gezeichneten.*

Uomo che ha voce di donna e donna che ha voce d' uomo, guardatene. (t.) *Mann, der*

Frauenstimme hat, und Frau, die Männerstimme hat, hüte dich vor ihnen.

Donna barbuta, co' sassi la saluta. (l.) *Bärtige Frau, begrüsse sie mit Steinen.*

ni. Sgnà da Dio, tre passi in indrio. (em. P.) *Von Gott Gezeichnete, drei Schritt vom Leibe.*

Da j om smort e senza barba Dio m' in guarda. (em. P.) *Vor Männern ohne Farbe und ohne Bart hüte mich Gott.*

Guardet dai mile segnati. (l.) *Hütet euch vor den tausend Gezeichneten.*

Guardet di segnaa. (l. m.) *Hüte dich vor Gezeichneten.*

Guardet dai ömen che g' àn la vös de dòna, E da i donn che g' àn la vös de òm. (l. m.) *Hüte dich vor den Männern, welche Frauenstimme, und vor den Frauen, welche Männerstimme haben.*

Guardte dai segnati. (piem.) *S. Hüt u. s. w.*

Vardete dai segnai da Dio. (v.) *S. Guardati da i u. s. w.*

Da un segnà da Dio Tre passi indrio; Da un zoto — oto, E da un gobo, disdoto. (v.) *Von einem von Gott Gezeichneten, drei Schritt zurück; von einem Lahmen — acht und von einem Buckligen achtzehn.*

Vardete da la dona che ga la ose da omo e vardete da l'omo che ga la ose da dona. (v.) *Hüte dich vor der Frau, die Männerstimme hat, und hüte dich vor dem Mann, der Frauenstimme hat.*

Dio ve varda de l'omo de poca barba. (v.) *Gott hüte euch vor dem Mann mit wenig Bart.*

si. D' omu singaliatu guardati. (s.) *Vor Gezeichnetem hüte dich.*

Diu nni scanza di calamitati, D' omini spani e fimmini varvuti. (s. C.) *Gott befreie uns von Unglücksfällen, von rothen Männern und bärtigen Frauen.*

Homine signaladu libera nos Domine. (sa.) *Gezeichneter Mensch, libera nos Domine!*

Bàrdadi de femina qui hat boghe de homine, et de homine qui hat boghe de femina. (sa.) *Hüte dich vor einer Frau, die Männerstimme hat, und vor einem Mann, der Weiberstimme hat.*

Homine qui portat sas ancas in preterita, bardadilu. (sa. L.) *Hüte dich vor dem Mann mit Säbelbeinen.*

pt. Guardar da quelles que a natureza assinalou. *Sich vor denen hüten, welche die Natur zeichnete.*

Homem assinalado ou mui bom, ou mui bravo. *Gezeichneter Mensch, entweder sehr gut, oder sehr wild.*

A homem ruivo e mulher barbuda, de longe os sauda. *Rothen Mann und bärtige Frau grüsse von weitem.*

Hombre señalado, ó muy bueno, ó muy malo. sp. *Gezeichneter Mensch, entweder sehr gut, oder sehr schlecht.*

De hombre mal barbado y de viento acanalado. *Vor Mann mit wenig Bart und vor Zugwind (hüte dich).*

Si la natura señala, ó es muy buena, ó muy mala. *Wenn die Natur zeichnet, ist sie entweder sehr gut, oder sehr schlecht.*

De persona señalada y de muger dos vezes casada. *Vor gezeichneter Person und zwei Mal verheiratheter Frau (hüte dich).*

Hombre palabrimuger guardeme Dios del. *Vor Mann mit Weiberstimme behüte mich Gott!*

Hombre roxo y hembra barbuda, de lexos los saluda. (asp.) *S. A homem u. s. w.*

(Guarda te dios) De persona señalada: y de biuda tres vezes casada. (asp.) *(Gott hüte dich) Vor gezeichneter Person und drei Mal verheiratheter Wittwe.*

Guarte d' ome mal barbado é de viento acanalado. (asp.) *Hüte dich vor bartarmem Mann und vor Zugwind.*

---

727. Alles hat seine **Zeit.**

Alles zu seiner Zeit, ein Buchwaizenkuchen im Herbste.

Alles hat seine Zeit, nur die alten Weiber nicht.

Ein jeglich ding hat seine zeit. (ad.)

Alles huot sêng Zêit. (mrh. L.) md.

Alle Dinge nur eine Weile. (bair.) od.

A's hod ollás säin Zaid. (ndö.) *Es hat Alles seine Zeit.*

's Het All's sy Zyt, numme die alte Wyber nit. (schwei. S.) *Es hat Alles seine Zeit, nur die alten Weiber nicht.*

Alles zau singer Zitt, en Bokeskoch egen Herfs. pd. (nrh. A.) *S. Alles zu seiner Zeit, ein u. s. w.*

Alles het sine Tid. (ns. ha. G. u. G.)

Alles zu seiner Zeit: Steinelesen, Achrenlesen. (ns. Pr.)

Olles hät siene Tied. (ns. W.)

Alles moet zijn' tijd hebben. *Alles muss seine* dl. *Zeit haben.*

Elk zijn' tijd. *Jedes seine Zeit.*

Alles dinges een wyle. (ah.) *Alles Ding eine Weile.*

cn. Every thing is good in its season. *Jedes Ding ist gut zu seiner Zeit.*

Every thing its time and sae has 'a rippling-kame. (scho.) *Jedes Ding hat seine Zeit, und so auch eine Flachshechel.*

---

dä. Alting har sin Tid og Maade. *Alles hat seine Zeit und Weise.*

Alt til sin Tid. *Alles zu seiner Zeit.*

is. Sérhvað hefir sína tíð.

Sérhvað bíðr síns tíma. *Alles erwartet seine Zeit.*

Stund þarf til alls. *Stunde gehört zu Allem.*

nw. Alle Ting vil hava si Tid. *Alle Dinge wollen ihre Zeit haben.*

Allting tarv si Tid. *Alles bedarf seiner Zeit.*

Alle Ting vil (Dat vil allting) torva si Tid. *Alle Dinge bedürfen (Alles bedarf) ihrer (seiner) Zeit.*

sw. Allting har sin tid.

---

lt. Omnia tempus habent.

fz. Chaque chose a son temps.

Toute chose a sa saison. *Jedes Ding hat seine rechte Zeit.*

Toute chose veut son temps. *Jedes Ding will [seine Zeit.*

Tute choses unt lour sesouu. (afz.) *Alle Dinge haben ihre rechte Zeit.*

sf. Toutes causes an lour tour. (Gsc.) *Alle Dinge in ihrer Zeit.*

A toutos cauvos l'y a son tens. (uprv.) *Für alle Dinge gibt's eine Zeit.*

it. Ogni cosa ha la sua stagione. *S. Toute chose a u. s. w.*

Ogni frutto vuol la sua stagione. *Jede Frucht will ihre Jahreszeit.*

mi. Tempu da grilli e tempu da crapetti, Disse la golpe cu i so versetti. (crs.) *Zeit für Grillen und Zeit für Böckchen, sagte der Fuchs mit seinen Verschen.*

Ne fichi ne sermoni, Dopu Pasqua un so più boni; E seppur serianu boni, Meglin fichi che sermoni. (crs.) *Weder Feigen, noch Predigten sind nach Ostern noch gut, und wenn sie gleichwohl gut wären, lieber Feigen, als Predigten.*

Ogni frutt a la su stason. (rom.) *Jede Frucht zu ihrer rechten Zeit.*

ni. Ogni cossa a sò temp, dà temp al temp. (l. m.) *Jedes Ding zu seiner Zeit, gib der Zeit Zeit.*

Fa tüttcòss al sò moment, E i bon rav to sü a l' advent. (l. m.) *Mach' Alles zu seiner Zeit und nimm die guten Rüben zum Advent heraus.*

Tut aut un temp. (piem.) *Alles in einer Zeit.*

Cosse e melon, ogni frut a son stagion. (piem.) *Kürbisse und Melonen, jede Frucht zu ihrer Jahreszeit.*

Tuto a so tempo. (v.) *S. Alt u. s. w.*

Ogni fruto ga la so stagion. (v.) *Jede Frucht hat ihre Jahreszeit.*

Ogni fruto vol la so stagion. (v.) *S. Ogni frutto u. s. w.*

Tuto bon a la so stagion. (v.) *Alles ist gut zu seiner Zeit.*

De stagion tuto è bon. (v.) *Zur Zeit ist [Alles gut.*

Bisogna dar tempo al tempo. (v.) *Man muss der Zeit Zeit geben.*

Bisogna darghe tempo al tempo. (v. test.) *S. Bisogna u. s. w.*

Prédiche e milúne, vonn che le stasciúne. si.
(ap. B.) *Predigten und Melonen gehen wie die Jahreszeiten.*

Ogni cosa a tempus (logu) son. (sa.) *Jedes Ding zu seiner Zeit (an seinem Platz).*

Ogni cosa devet esser a tempus et a logu. (sa.) *Jedes Ding muss zur Zeit und am Platze sein.*

De su tempus si mandigat sa nespula. (sa.) *Zur Zeit isst man die Mispel.*

Segundu su tempus si mandigant sas nespulas. (sa.) *Je nach der Zeit isst man die Mispeln.*

Cada cosa vé á son témps com las figas al lu.
agost. (ncat.) *Jedes Ding kommt zu seiner Zeit, wie die Feigen im August.*

Cada cosa en són témps, y els nabs en Advent. (val.) *Jedes Ding zu seiner Zeit und die Rüben im Advent.*

Cada cousa a seu tempo. *Jedes Ding zu seiner* pl.
Zeit.

Tudo vem a seu tempo, e os nabos no Advento. *Alles kommt zu seiner Zeit und die Rüben im Advent.*

A seu tempo vem as uvas, e as maçãs maduras. *Zu seiner Zeit kommen die Trauben und die reifen Äpfel.*

Bon he a neve, que a seu tempo vem. *Gut ist der Schnee, der zu seiner Zeit kommt.*

Cada cosa en su tiempo. *S. Cada cousa u. s. w.* sp.

Cada cosa en su tiempo y nabos en Adviento. *S. Cada cosa en son u. s. w.*

Á su tiempo maduran las brevas. *Zu ihrer Zeit reifen die Frühfeigen (Früheicheln).*

Á la cancra y á la lechuga una temporada les dura. *Die H... und der Lattich dauern eine Zeitlang.*

---

728. Die **Zeit** frisst Alles.
Die Zeit frisst jeden Strick Und wär er noch so dick.
Die Zeit frisst Stahl und Eisen.
Zeit frisst uns das Herz ab.
od. Die Zeit frisst das Eisen. (bair.)
Zeit frisst Berg und Thal, Eisen und Stahl. (schwei.)

---

dt. De tijd verderft al, wat er gemaakt is, en de tong, wat er te maken is. *Die Zeit verdirbt Alles, was gemacht ist, und die Zunge Alles, was zu machen ist.*
De tijd Verslijt. *Die Zeit nutzt ab.*
De tijd slijt Alles. *Die Zeit verzehrt Alles.*

---

is. Tíðin gefr og tekr alla hluti. *Die Zeit gibt und nimmt Alles.*
nw. Tidi heve sterka Tenner. *Die Zeit hat starke Zähne.*
Tidi tærer Tre og Stein, endaa meir paa Kjøt og Bein. *Die Zeit verzehrt Baum und Stein, um wie viel mehr Fleisch und Bein.*

---

lt. Res cunctas tempus, mors seniumque vorant.
Vitiat lapidem longum tempus.
it. Il tempo consuma anche le pietre. *Die Zeit verzehrt auch die Steine.*
mi. Il tempo consuma ogni cosa. (t.) *Die Zeit verzehrt jedes Ding.*
Il tempo divora le pietre. (t.) *Die Zeit verschlingt die Steine.*
si. Tuttu passa, e finisci cu lu tempu. (s.) *Alles geht vorüber und endet mit der Zeit.*
Su tempus consumat sas pedras. (sa.) *Die Zeit verzehrt die Steine.*
Su mundu rodet. (sa. L., M.) *Die Welt frisst.*

---

729. Die **Zeit** hat Flügel.
Die Zeit ist an keinen Pfahl gebunden.

---

dt. De tijd vliegt heen en komt nimmer weder. *Die Zeit entfliegt und kommt nimmer wieder.*
De tijd Glijdt. *Die Zeit entgleitet.*
De tijd staat niet stil. *Die Zeit steht nicht still.*
De tyd vliegt snel: Gebruik hem wel. (vl.) *Die Zeit fliegt schnell: Gebrauch' sie wohl.*
en. Time will away. *Zeit will fort.*
Time fleeth away without delay. *Die Zeit flieht dahin ohne Aufenthalt.*

---

dä. Tiden er ikke bunden til en Pæl, som Hest til Krybbe. *Die Zeit ist nicht an einen Pfahl gebunden, wie ein Pferd an eine Krippe.*
nw. Tidi rapar radt (snart). *Die Zeit gleitet schnell.*
sw. Tiden har vingar.

---

lt. Fugit irrevocabile tempus.
Stipite momenta nulla sunt fune retenta.
fz. Le temps nous passe. *Die Zeit geht an uns vorüber.*
Li tans s'en veit et je n'ai riens fait. (afz.) *Die Zeit vergeht und ich hab' Nichts gethan.*
nf. I gn'a rin qui vasse pus vite qui l'timps. (w.) *Es vergeht Nichts schneller, als die Zeit.*
it. Il tempo passa e se ne porta il tutto. *Die Zeit vergeht und nimmt Alles mit sich.*
mi. Il tempo passa, e porta via ogni cosa. (t.) *Die Zeit vergeht und trägt Alles fort.*
ni. El tempo passa e la morte se avizina. (v trst.) *Die Zeit vergeht und der Tod nähert sich.*
si. Passanu l' anni e volanu li jorna. (s.) *Die Jahre gehen vorüber und die Tage entfliegen.*
Horas passant. (sa. L.) *Die Stunden gehen vorüber.*
pt. Tempo e hora não se ata com soga. *Zeit und Stunde bindet man nicht mit dem Seil fest.*
sp. Tiempo ni hora no se ata con soga. *S. Tempo u. s. w.*

---

730. Es ist **Zeit** zu reden, Zeit zu schweigen.
Zeit zu reden, Zeit zu schweigen, Zeit aufzuhören.

---

dt. Er is een tijd van zwijgen en een tijd van spreken. *Es ist eine Zeit zu schweigen und eine Zeit zu sprechen.*
Er is een tijd van beginnen en van eindigen. *Es ist eine Zeit zu beginnen und zu endigen.*
Er is een tijd van komen en van gaan. *Es ist eine Zeit zu kommen und zu gehen.*
en. There is a time to wink as well as to see. *Es ist so gut eine Zeit, die Augen zuzudrücken, wie zu sehen.*

---

nw. D'er Tid til aa tegja, og Tid til aa tala. *Es ist Zeit zum Schweigen und Zeit zum Reden.*
Ein skal tala etter Torvi elder tegja. *Man muss nach Bedürfniss reden oder schweigen.*

---

cw. Tutt ha sieu Temps. 'lg ei Temps da semnar, ad Huras da rimnar, 'lg ei Huras da rir, a Temps da bargir. Tutt ha sieu Temps. (obl.)

Alles hat seine Zeit. Es ist Zeit zu säen und (es sind) Stunden zu ernten, es sind Stunden zu lachen und Zeit zu weinen. Alles hat seine Zeit.

fz. Il y a temps pour tout. *Es gibt Zeit für Alles.*

Il y a temps pour tout; il y a temps de rire et temps de pleurer, temps de parler et temps de se taire. *Es gibt Zeit für Alles: es gibt Zeit zu lachen und Zeit zu weinen, Zeit zu reden und Zeit zu schweigen.*

Il est temps de parler et temps de taire (rire). *Es ist Zeit zu reden und Zeit zu schweigen (lachen).*

Il est temps de hayr et temps d'aymer. *Es ist Zeit zu hassen und Zeit zu lieben.*

Il est temps de donner, temps de garder. *Es ist Zeit zu geben, Zeit zu behalten.*

Il est temps de semer, temps de moissonner. *Es ist Zeit zu säen, Zeit zu ernten.*

Il est temps de planter et temps d'arracher. *Es ist Zeit zu pflanzen und Zeit auszureissen.*

Il est temps de tuer, temps de saller. *Es ist Zeit zu schlachten, Zeit einzusalzen.*

Il est temps de tailler, temps de coudre. *Es ist Zeit zuzuschneiden, Zeit zu nähen.*

Il est temps de besogner, temps de chomer. *Es ist Zeit zu schaffen, Zeit zu feiern.*

Il est temps de veiller, temps de reposer. *Es ist Zeit zu wachen, Zeit zu ruhen.*

nf. I gn'a timps po tot. (w.) *S. Il y a temps u. s. w.*

I gn' a on timps po rire et in ante po z'ovrer. (w.) *Es gibt eine Zeit um zu lachen und eine andere um zu arbeiten.*

it. Tempu da cumandà e tempu da ubbidì. (mi. crs.) *Zeit zu befehlen und Zeit zu gehorchen.*

mi. Tempu da travaglià e tempu da gode. (crs.) *Zeit zu arbeiten und Zeit zu geniessen.*

---

731. **Man muss sich nach der Zeit richten, die Zeit richtet sich nicht nach uns.**

od. Schick' dich in die Zeit, richt' dich in die Leut. (bair.)

---

en. Time and tide tarry (stay) for no man. *Zeit und Gezeit warten auf Niemand.*

Time and tide for nae man bide. (scho.) *S. Time u. s. w.*

fs. Tidd an Flänjd tüiwe öfter Niemmen. (M.) *Zeit und Flut warten auf Niemand.*

---

dä. Tid, Ebbe og Flod venter efter Ingen. *Zeit, Ebbe und Flut warten auf Niemand.*

nw. Me faa retta oss etter Tidi; ho rettar seg inkje etter oss. *Wir müssen uns nach der Zeit richten; sie richtet sich nicht nach uns.*

Mannen maa agta paa Tidi; Tidi agtar inkje paa Mannen. *Der Mensch muss auf die Zeit achten; die Zeit achtet nicht auf den Menschen.*

Passar Mannen inkje Tidi, so passar Tidi inkje Mannen. *Passt der Mensch nicht auf die Zeit, so passt die Zeit nicht auf den Menschen.*

Me faa vægja fyre Verdi; ho vægjer inkje fyre oss. *Wir müssen der Welt nachgeben; sie gibt uns nicht nach.*

sw. Man måste skicka sig efter tiden. *Man muss sich in die Zeit schicken.*

---

lt. Nosce tempus.

it. Tempori inserviendum.

Bisogna accomodarsi al tempo. *Man muss sich nach der Zeit richten.*

mi. Bisogna uniformassi a le circostanze. (crs.) *Man muss sich den Umständen anpassen.*

Accomodarsi a' tempi. (t.) *Sich in die Zeiten schicken.*

si. Qui vivit in su mundu, si devet adaptare ad su mundu. (sa. L.) *Wer in der Welt lebt, muss sich der Welt anpassen.*

---

732. **Mit der Zeit kommt Jan in's Wamms.**

md. Mit Zeit und Weile kommt man nach Rom.

All mit dr Tied kummt Jan int Wamms un Greetjen in'n Rock. (Hrz.)

pd. [(nrh. A.) Met der Zitt könt Jahn ehn et Wamesch.

Möt der Tid kömmt Jan en't Waames. (nrh. Gl.)

Met der Zick kött Jan en et Wammes. (nrh. K.)

Mit der Tiĩ kömmt Jan in 't Waames. (nrh. Kl.)

Endlech kömmt Jan en 't Wames. (nrh. M.) *Endlich kommt Jan in's Wamms.*

Met der Tid kümt Hans int Wams. (ns. ha. G. u. G.)

All na gerade kummt Jan int Wamms un Gret ium Rokk. (ns. B.) *Nachgerade kommt Hans in's Wamms und Grete in den Rock.*

All mit der Tied kummt Jann in't Wams un Greetjen in'n Rock. (ns. ha. K.) *S. All mit dr u. s. w.*

Allnagrade kumt Harm int Wand (in de Woll). (ns. hlst.) *Nachgerade kommt Harm (i. e. das Lamm) in's Gewand (zu Wolle).*

All naag'raad kömmt Hans in't Wams. (ns. Hmb.) *Nachgerade kommt Hans in's Wamms.*

All mit de Tit kumt Jan in 't Wams un Grêt in den Rock. (ns. O. J.) *S. All mit* **dr** *u. s. w.*

Mit der Zeit giebt der Bauer seine Tochter aus. (ns. Pr.)

Allgemack küemt Hans in 't Wammes. (wstf. S.) *Allgemach kommt Hans in's Wamms.*

---

dl. Al met der tijd komt Harmen in't wambuis en Griet in de rokken. *So mit der Zeit kommt Harmen in's Wamms und Grete in die Röcke.*

Met der tijd komt de hen op hare eijeren. *Mit der Zeit kommt die Henne auf ihre Eier.*

Met der tijd raakt een ding in't koolvat. *Mit der Zeit geräth ein Ding in's Kohlenfass.*

Met der tijd zoo wordt het meisje groot. *Mit der Zeit wird das Mädchen gross.*

Met tyd wordt het kind een man. (vl.) *Mit der Zeit wird das Kind ein Mann.*

---

733. Mit der **Zeit** wird man klug.

---

dä. Meth Aldher woxer Wijsdom. (adä.) *Mit dem Alter wächst die Weisheit.*

nw. Dat kjem Vit med Vokstren. *Es kommt Verstand mit Wachsthum.*

sw. Æ kombär weeth mz vinthre. (asw.) *Immer kommt Verstand mit den Wintern.*

---

ll. Aetate rectius sapimus.

Ævi (Evi) crementis coalescit acutio mentis. (mlt.)

cw. Cun ils auns vain il jüdizi. (bl.) *Mit den Jahren kommt das Urtheil.*

fr. Avec l'âge on devient sage. *Mit dem Alter wird man klug.*

Le temps et l'usage Rendent l'homme sage. *Die Zeit und die Gewohnheit machen den Menschen klug.*

it. L' età porta senno. (mi. crs.) *Das Alter bringt Vernunft.*

mi. U' tempu e l' età sò gran maestri. (crs.) *Die Zeit und das Alter sind grosse Lehrmeister.*

si. Anni danno senno. (npl.) *Jahre geben Vernunft.*

Cu l' anni veni lu giudiziu. (s.) *S. Cun u. s. w.*

Esperienza veni cu l' anni. (s.) *Erfahrung kommt mit den Jahren.*

sp. Tras la edad viene el seso, dixo la niña de ochenta años. *Mit dem Alter kommt der Verstand, sagte das Kind von achtzig Jahren.*

Tras de los años viene el juicio. *Hinter den Jahren kommt das Urtheil.*

Tras los años viene el seso. *Hinter den Jahren kommt der Verstand.*

Tras los dias viene el seso. *Hinter den Tagen kommt der Verstand.*

---

734. Wer nicht kommt zu rechter **Zeit**, Der versäumt die Mahlzeit.

Bår nét kümmt zu rechtar Zeit, Dår muß nâm, md.
hås übrig blei't. (frk. H.) *Wer nicht kommt zu rechter Zeit, der muss nehmen, was übrig bleibt.*

Waar niet kümt zor rachten Zeit, daar muß naam wos üüwrigh bleit. (frk. H. S.) *S. Bår u. s. w.*

Wår nit kummt zu rächter Zeit, der muß åß'n, wos ûbri' blei't. (frk. M.) *Wer nicht kommt zu rechter Zeit, der muss essen, was übrig bleibt.*

Wer nicht kommt zur rechten Zeit, erhält, was übrig bleibt. (mrh. E.)

Bår net kömmt ze rächter Zit, dår müss nâm hås üwwerig blît. (thr. R.) *S. Bår u. s. w.*

Wär nit kemmt zer rechten Zeid, Där muss nähmen woos ewwerig bleibt. (W. E.) *S. Bår u. s. w.*

Wea' nid kimd zuä rechtá' Zaid, dea' muäß od.
woat'n, wos iwá' bleibt. (ndö.) *Wer nicht kommt zur rechten Zeit, der muss warten, was übrig bleibt.*

Wer nett kommt zu reachter Zeit, Der muss essa was übrig bleibt. (schwb.) *S. Wår u. s. w.*

Wer nicht kommt zu rechter Zeit, Der muss haben, was überbleibt. (schwei.)

Wä nit bei Zick'e kütt, kritt der Wösch en't pd.
Döppe gestoche. (nrh. K.) *Wer nicht zur Zeit kommt, kriegt den Wisch in den Topf gesteckt.*

Wer nich kümmt to rechter Tid, geit de Maoltid quit. (ns. A.) *Wer nicht kommt zu rechter Zeit, geht der Mahlzeit verlustig.*

Wër nich kümt taur rechten Tid, (dë) is der Måltid quit. (ns. ha. G. u. G.) *Wer nicht kommt zur rechten Zeit, (der) ist der Mahlzeit verlustig.*

De nig kumt to rechter Tied, De geit sine Maaltied quit. (ns. hlst.) *Wer nicht kommt zu rechter Zeit, der geht seiner Mahlzeit verlustig.*

Dee nich kümmt too rechter Tyd, dee geiht **syn** Mahltyd kwyt. (ns. Hmb.) *S. De nig u. s. w.*

Wer nich kümmt tõon rechter Tuit, Den ess **suine Mohltuit** quuit. (ns. L.) *Wer nicht kommt zu rechter Zeit*, ***der ist seiner Mahlzeit*** *verlustig.*

Wecker nich kümmt to rechter Tid, **den geit** de Måältid kwid. (ns. M.-Str.) ***S. Wer nich*** *kümmt* ***to*** *u. s. w.*

De nich **kumt** to rechter Tit, de is **sine** Måltit quit. (ns. O. J.) ***S.*** *Wer nich kümmt tõon u. s. w.*

Wer nich kömmt **to** rechter Tiet, geiht **de** Mahltiet quitt. (ns. Pr.) *S. Wer nich kümmt to* **u, s. w.**

---

sw. Den som ej kommer i tid, går sin måltid förbi. *Wer nicht kommt zur Zeit, geht seiner Mahlzeit verlustig.*

---

lt. Sero **(Tardo) venientibus ossa.**

sp. Si no **llegais al punto, no comereys** del unto. ***Wenn du nicht kommst zur Zeit, wirst du nicht vom*** *Fett essen.*

---

735. **Zeit** heilt alle Wunden.

Die Zeit ist der beste Arzt.

---

dt. De tijd is de beste medecijn. *Die Zeit ist die beste Medicin.*

---

uw. Langi-Tidi lækjer alle Saar. ***Lange Zeit heilt*** *alle Wunden.*

sw. Tiden läker alla sår. *Die Zeit heilt alle Wunden.*

Dagar minska sorgen. ***Die Tage*** *mindern* ***den*** *Kummer.*

---

lt. Nullus est dolor quod longinquitas non minuat. Dolorem dies longa consumit.

it. Il tempo sana ogni cosa. *Die Zeit heilt Alles.*

mi. E temp l' amêsa gni côsa. (rom.) *Die Zeit macht Alles gut.*

Cun e temp u s' amêsa gni côsa. (rom.) *Mit der Zeit gleicht sich Alles aus.*

Molte cose il tempo cura che la ragion non sana. (t.) *Viele Dinge heilt die Zeit, welche die Vernunft nicht heilt.*

Il tempo rimedia tutto. (u.) *S. Il tempo* ***sana*** *u. s. w.*

ni. Col temp e cu la pazienza se giösta töt. (l. b.) *Mit der Zeit und der Geduld gleicht sich Alles aus.*

Alla fin se giösta töt. (l. m.) *Zuletzt gleicht* ***sich*** *Alles aus.* [*Alles aus.*

El **tempo giusta** tuto. **(v.)** ***Die Zeit gleicht***

Nun c' **è duluri chi cu tempu 'un passa. (s.)** si. ***Es gibt keinen Schmerz, der mit der Zeit nicht vorüberginge.***

Su tempus faghet ismentigare su dolu. (sa.) ***Die Zeit macht den Schmerz*** *vergessen.*

Lo **temps tot ho cura. (val.)** *S. Il* ***tempo*** lm. ***sana*** *u. s. w.*

O tempo cura o enfermo, que não o unguento. **pt.** ***Die Zeit heilt den Kranken,*** *nicht die Salbe.*

No hay mal que **el tiempo no alivie** su tor- **sp.** mento. ***Es*** *gibt kein* ***Übel, dessen*** *Qual die Zeit nicht linderte.*

El tiempo cura el (al) enfermo, **que no el un**güento. *S. O tempo u. s. w.*

---

736. **Zeit** und Stroh **macht die Mispeln reif.**

Mit Zeit und Geduld wird **aus dem Hanfstengel ein Halskragen.**

Mit Geduld und Zeit Wird's **Maulbeerblatt zum** Atlaskleid (Wird **aus dem Maulbeer**baum ein Seidenkleid).

Mat der Zeit mécht én Hé. **(mrh. L.)** ***Mit der*** md. *Zeit* ***macht man Heu.***

Med Geduld un Spucke Fengt men 'ne Mucke. pd. **(ns. ha. G. u.** G.) *Mit Geduld und Speichel* ***fängt man eine*** *Mücke.*

Met tijd en stroo rijpen de mispelen. ***Mit*** **dt.** ***Zeit und Stroh reifen*** *die Mispeln.*

Met der tijd rijpt het koren. *Mit* ***der Zeit reift das Korn.***

Met der tijd zoo wast het hooi. *Mit* ***der Zeit wird das Heu.***

Time and straw make medlars ripe. **en.**

Tid og Trott kann allting orka. ***Zeit*** *und* **uw.** ***Geduld vermag Alles.***

Cun il temp madüran las üas. (ld. O.-E.) *Mit* **cw.** ***der*** *Zeit werden die* ***Trauben*** *reif.*

Col temp e colla pacienz' as vendscha tuot. (ld. U.-E.) *Mit der Zeit und der Geduld überwindet man Alles.*

Cun pazienza e haregiar tuttas caussas se laien far. (obl.) *Mit Geduld und Harren lassen* ***sich*** *alle Dinge machen.*

fr. Avec du temps et de la paille les nèfles mûrissent. *S. Met tijd u. s. w.*

Avec le temps et la paille, les nèfles mûrissent. *Mit der Zeit und dem Stroh werden die Mispeln reif.*

Avec la paille et le temps Se meurissent les neffles et les glands. (afr.) *Mit dem Stroh und der Zeit werden die Mispeln und die Eicheln reif.*

nf. Avou l'timps et dè strain, les messes mawrihet. (w.) *S. Avec le temps u. s. w.*

sf. Dab lou temps la mesple que madure. (Bra.) *Mit der Zeit reift die Mispel.*

A la palhe dap lou temps Maduren mesples è gens. (Gsc.) *Auf dem Stroh werden mit der Zeit Mispeln und Leute reif.*

Embé lou tens s' y maduron las nespos. (uprv.) *Mit der Zeit reifen die Mispeln.*

it. Col tempo e colla paglia si maturano le nespole. *S. Avec le temps u. s. w.*

Col tempo e colla paglia si maugiano le nespole. *Mit der Zeit und dem Stroh werden die Mispeln verzehrt.*

mi. Tempu e paglia maturanu e nespule. (crs.)

Cu u tempu e a pazienza, si ottene ciò chi si cridia impussibile. (crs.) *Mit der Zeit und der Geduld erreicht man das, was man für unmöglich hielt.*

Cu u tempu e u travagliu s' appianann ancu i monti. (crs.) *Mit der Zeit und der Arbeit ebnet man auch die Berge.*

Cun e temp e cun la paja la sòrba la s madura. (rom.) *Mit der Zeit und dem Stroh wird die Erlsbeere reif.*

Col tempo e con la paglia si maturan le nespole. (t.) *S. Avec le temps u. s. w.*

Col tempo e con la (colla) paglia si maturan (matura) le sorbe. (t.) *Mit der Zeit und dem Stroh reifen die Erlsbeeren.*

ni. Cún al tèimp e la paia a s'madura el nèspel. (em. B.) *Mit der Zeit und dem Stroh wird die Mispel reif.*

Temp e paja madurissen i nespoj. (em. P.)

Cón al tèimp e la paja a maduriss i nèspel. (em. R.) *S. Avec le temps u. s. w.*

Madura i nespol con la paja e 'l temp. (l. m.) *Es reifen die Mispeln mit dem Stroh und der Zeit.*

Cô tempo e a paggia se matûran e nèspoe. (lig.) *S. Met tijd u. s. w.*

Con el temp e la paja, ii nespo a maduro. (piem.) *S. Avec le temps u. s. w.*

Tempo e pagia se maura i nespoli (le nespole). (v.)

Col tempo e co la pagia se matura le nespole. (v.) *S. Avec le temps u. s. w.*

Col tempo e co la paja se madurissi le gnespole. (v. trst.) *S. Avec le temps u. s. w.*

si. Co lo tiempo e co la paglia s' ammaturano le nnespole. (npl.) *S. Avec le temps u. s. w.*

Pazienza, tempo e danari accomodano il tutto. (npl.) *Geduld, Zeit und Geld gleichen Alles aus.*

Cu lu tempu si maturanu li nespuli. (s.) *S. Embé u. s. w.*

Cu lu tempu e cu la pagghia ogni fruttu si matura. (s.) *Mit der Zeit und dem Stroh reift jede Frucht.*

Cum tempus et paza si mandigant sas nespulas. (sa.) *Mit Zeit und Stroh werden die Mispeln verzehrt.*

lm. Ab temps y palla maduran las nesplas (neat.) *S. Met tijd u. s. w.*

sp. Con el tiempo maduran las uvas. *S. Cun il temp u. s. w.*

wl. Cu incetu se face oçetu. *Allmählig macht sich der Essig.*

---

737. Ein Frauenhaar zieht stärker, als ein Glockenseil.

Drei Frauenhaare ziehen stärker, als ein hänfen Seil (als sechs Füchse).

Einer Frawen Härlin ziehen mer als ein Glokenseil. (nd.)

md. E Fraleitshoer zët mĕ, ewĕ e Klackesĕl. (nrh. L.) *Ein Frauenzimmerhaar zieht mehr, als ein Glockenseil.*

od. Ein Weiberhaar zieht mehr, weder sieben Ross. (schwei.)

pd. Ein Frauenhaar zieht mehr, als vier Schimmel. [(us. Pr.)

---

dt. Een vrouwenhaar trekt meer dan een marszeil (kabeltouw). *Ein Frauenhaar zieht mehr, als ein Seil (Tau).*

Een vrouwenhair trekt meer dan zeven paarden. *S. Ein Weiberhaar u. s. w.*

Een vrouwenhair trekt meer dan honderd paar ossen. *Ein Frauenhaar zieht mehr, als hundert Paar Ochsen.*

en. Beauty draws more than oxen. *Schönheit zieht mehr, als Ochsen.*

---

dä. Et Fruentimmerhaar trækker mere, end en Klokkestreng. *S. E Fraleitshoer u. s. w.*

Eet Jomfruhaar drager stærkere end ti Par Øxen. *Ein Jungfrauenhaar zieht stärker, als zehn Paar Ochsen.*

Et Qvindehaar drager stærkere, end syv Stude. *Ein Weiberhaar zieht stärker, als sieben Ochsen.*

sw. En jungfrulock drar starkare än tio par öxar. *Eine Jungfrauenlocke zieht stärker, als zehn Paar Ochsen.*

---

it. Tira più un pelo di benevolenza che cento paja di buoi. *Ein Haar Wohlwollen zieht mehr, als hundert Paar Ochsen.*

mi. Tira più un capellu di donna a capu insù, che centu pare di boj incuppiati a capu inghiù. (crs.) *Ein Frauenhaar zieht mehr mit dem Kopf nach oben, als hundert Paar angekuppelte Ochsen mit dem Kopf nach unten.*

Tira più un filo di benevolenza che cento para di buoi. (t.) *Ein Faden Wohlwollen zieht mehr, als hundert Paar Ochsen.*

ni. Tira püssé ü dit de dona che ü per de bo. (l. b.) *Mehr zieht ein Frauenfinger, als ein Paar Ochsen.*

si. Tira chiu un pilu, chi un travu. (s.) *Ein Haar zieht mehr, als ein Balken.*

sp. Mas tira moça que soga. *Mehr zieht (ein) Mädchen, als (ein) Seil.*

---

738. Zieh' dich an deiner Nase.

Greif' in deinen eignen Busen.

md. Zopf' di' on' deiner Nös'n. (frk. M.) *Zupfe dich an deiner Nase.*

Rich a (Fiehl a) ok a sén Büsan. (schls. B.) *Riech' (Fühl') er nur an seinen Busen.*

O, zî a sich ok bei semmər Näse. (schls. B.) *Oh, zieh' er sich nur bei seiner Nase.*

od. Nimm dich selbst bei der Nase. (bair.; schwei.)

Du chast di selb bi der Nasa neh. (schwei. A.) *Du kannst dich selbst bei der Nase nehmen.*

ņd. Elk krige sik sülfs bi de Näse. (ns. B.) *Jeder nehme sich selbst bei der Nase.*

Jèder fäte an sine Næse, denn finnt he Fleisch. (ns. ha. G. u. G.) *Jeder fasse an seine Nase, dann findet er Fleisch.*

Elk kriege sick sülfs bi de Näse. (ns. O. J.) *S. Elk krige u. s. w.*

Pack di an dine Näs'. (ns. Pr.) *Fasse dich an deine Nase.*

Fat di doch an din' Näs', af dei nich natt öss. (ns. Pr.) *Fasse dich doch an deine Nase, ob die nicht nass ist.*

---

dl. Elk taste (steke de hand) in zijn' eigen boezem. *Jeder greife (stecke die Hand) in seinen eignen Busen.*

fs. Hulm sëllew bäi 'e Naas nämen. (M.) *Sich selbst bei der Nase nehmen.*

---

dä. Gribe i sin egen Barm. *In seinen eignen Busen greifen.*

sw. Tag dig sjelf om näsän. *S. Nimm u. s. w.*

Hwar tage sigh sjelf om näsan. *S. Elk krige u. s. w.*

Tag dig sjelf i barmen. *Greife dich selbst in den Busen.*

Tag i din egen barm. *S. Greif' u. s. w.*

Lukte Hwar i sin egen barm. *Rieche Jeder in seinen eignen Busen.*

---

lt. In tuum ipsius sinum inspice.

cw. Avont en vuler ils auters trer tras, Schi peglia 'lg amprim p' ilg agien tien Nas. (obl.) *Bevor du die Andern durchhecheln willst, nimm dich zuerst an deiner eignen Nase.*

it. Toccati la punta del naso. *Berühre dir die Nasenspitze.*

pt. Mette a mão no teu seio, não dirás do fado alheio. *Steck' die Hand in deinen Busen, so wirst du nicht von fremdem Geschick sprechen.*

sp. Mete la mano en tu seno, no dirás de hado ageno. *S. Mette u. s. w.*

Mete las manos en vuestro seno, vereis vuestro mal y no el ageno. *Steckt die Hände in euern Busen, so werdet ihr euer Schlimmes und nicht das fremde sehen.*

---

739. Gedanken sind zollfrei.

Gedanken sind zollfrei, aber nicht höllenfrei.

Gedanken sein zollfrey. (ad.)

Gedanke sint vri, daz ist wâr. (ad.)

Gedanke die sint ledic frî, dazs in der werlte nieman kan erwenden. (ad.)

Gedanke und troume sint sô frî, si sint den liuten swaere bî. (ad.)

Nû sint doch gedanke vrî. (ad.)

md. Gedänka sénn zollfrei. (frk. H.)

od. Die Gedanken sind zollfrei. (bair.)

Gedanken sind zollfrei, aber nicht höllfrei. (schwb. W.)

pd. Gedanken sint tolfri. (ns. ha. G. u. G.)

Gedanken sind tollfri. (ns. hlst. A.)

Gedanken sied tollfrie. (ns. W.)

---

dt. Gedachten zijn tolvrij.

Heelen is tolvrij. *Heilen ist zollfrei.*

Vier witte voeten zijn tolvrij. *Vier weisse Füsse sind zollfrei.*

Een leugen betaalt geen tol. *Eine Lüge bezahlt keinen Zoll.*

en. Talking pays no toll. *Reden zahlt keinen Zoll.*

Thoughts are free, and if I maunna say I may think. (scho.) *Gedanken sind frei, und wenn ich nicht reden darf, kann ich denken.*

fs. Tögte sån töllfri. (M.)

---

dä. Tanker ere toldfrie.

is. Þánkarnir eru tollfriir. *S. Die Gedanken u. s. w.*

Túngan er tollfri. *Die Zunge ist zollfrei.*

Augun eru tollfri. *Die Augen sind zollfrei.*

nw. Tankar ganga tollfrie. *Gedanken gehen zollfrei.*

Tanken er inkje god aa tygla (toyma). *Der Gedanke ist nicht gut zu zügeln (im Zaum zu halten).*

D' er Band fyre Talen, men inkje fyre Tanken. *Es gibt einen Bann für die Sprache, aber nicht für den Gedanken.*

sw. Tanken är tullfri. *Der Gedanke ist zollfrei.*

Tankarna löpa tullfritt. *Die Gedanken laufen zollfrei.*

---

lt. Cogitationum paenam nemo luit.

fz. Les pensées ne paient point de douane (péage). *Die Gedanken zahlen keinen Zoll.*

it. Parole e ciance non pagano dazio. *Worte und Geschwätz zahlen nicht Zoll.*

mi. Parole non pagan dazio. (t.) *Worte zahlen nicht Zoll.*

I pensieri sono esenti dal tributo, ma non dall' Inferno. (t.) *Die Gedanken sind frei vom Zoll, aber nicht von der Hölle.*

ni. Tutt il paròli an pàgan miga dàzi. (em. P.) *Alle Worte zahlen keine Zölle.*

Parole no paga dase. (l. b.) *S. Parole non u. s. w.*

I paról no paghen dazi. (l. m.) *Die Worte zahlen nicht Zölle.*

Le parole nò (le) paga dazio. (v.) *Die Worte zahlen nicht Zoll.*

si. Li paroli nun pagann gabella. (s.) *S. Le parole u. s. w.*

pt. O mentir não paga siza. *Das Lügen zahlt nicht Accise.*

sp. El mentir no tiene alcabala. *S. O mentir u. s. w.*

---

740. Wer zuerst kommt, mahlt zuerst.

Wer zuerst in die Mühle kommt, mahlt zuerst.

Wer zuerst kommt, nimmt den besten Platz.

Wer zuerst zum Herde kommt, setzt seinen Topf, wohin er will.

Der Erste beim Feuer setzt sich am nächsten.

Bár zuárst kömmt, meelt zuárst. (frk. H.) md.

Waar erra kümt, mëilt erra. (frk. H. S.) *Wer eher kommt, mahlt eher.*

Wer zuerst beim Weihwasser ist, segnet sich damit. (mrh. E.)

Dén zum ëschten an d' Mille' gêt, krit zum ëschte' gemuôl. (mrh. L.) *Wer zuerst in die Mühle geht, kriegt zuerst gemahlen.*

Wä dererst ie der Möhl es, krijt dererst gemaln. (mrh. N.) *Wer zuerst in der Mühle ist, kriegt zuerst gemahlen.*

Wâr vûrkimt, dâr mælt vûr. (schls. B.) *Wer vorkommt, der mahlt vor.*

Bâr zeâerscht kömmt, mélt ârscht. (thr. R.)

Wer bälder kommet, der müllet *(mahlt)* bälder. (bair.) od.

Weä-r-ê kimd, deä' möhl ê. (ndö.) *Wer eher kommt, der mahlt eher.*

Wer z' erst kommt, mählt z' erst. (schwb. W.)

Der Erst uf der Müli schütt uuf. (schwei.) *Der Erste auf der Mühle schüttet auf.*

Wer zuerst mäht, wohl mäht. (schwei.)

Wear ch kimp, mold ch. (st.) *S. Waar erra u. s. w.*

Wer ea"r kimmt, målt ea"r. (tir.) *S. Waar erra u. s. w.*

Wo zeâ'st kimmt, mählt zeâ'st. (tir. U.-I.)

Wä ät irz am Bichstohl es, däm wird ät irz geholfe. (nrh. D.) *Wer zuerst im Beichtstuhl ist, dem wird zuerst geholfen.* pd.

Wä et eez op der Müllen ess, dä kritt och et eez gemahle. (nrh. K.) *Wer zuerst auf der Mühle ist, der kriegt auch zuerst gemahlen.*

Wier d' ìrscht kit, muold um ìrschten. (nrh. S.)

Weeker (Dê) êrst kummt, maolt erst. (ns. A.)

De am Eersten kummt, de malt am Eersten. (ns. B.)

Eerst in de Boot, dann Köre van Reemn. (ns. B.) *Zuerst im Boot, dann Wahl unter den Rudern.*

Wër erst kümt, dei målt erst. (ns. ha. G. u. G.)

De erst kumt, de maalt toeerst. (ns. hlst.)

Ver erst to Möl kommt, kriggt erst mâlen. (ns. hlst. A.) *Wer zuerst zur Mühle kommt, kriegt zuerst gemahlen.*

De erst kummt, de erst mahlt. (ns. ofs.)

De êrst kumt, de êrst mâlt. (ns. O. J.)

Wei 't este in de Mülle kümmet, de millt. (ns. W.) *Wer zuerst in die Mühle kommt, der mahlt.*

De 't êrste kümp, de 't êrste mählt. (wstf. Mst.)

---

dt. Die eerst komt, die eerst maalt.

Die het eerst komt, heeft de beste plaats van 't spel. *Wer zuerst kommt, hat den besten Platz beim Spiel.*

Die eerst in de schuit komt (in de boot is), heeft de keur van plaats (riemen). *Wer zuerst in die Schuit kommt (im Boot ist), hat die Wahl unter den Plätzen (Rudern).*

Eerst in de boot, keur van riemen. *Zuerst im Boot, Wahl unter den Rudern.*

en. First come, first served. *Zuerst gekommen, zuerst bedient.*

The foremost dog catches the hare. *Der vorderste Hund fängt den Hasen.*

The early bird catcheth the worm. *Der frühwache Vogel fängt den Wurm.*

First come, first ser'd. (scho.) *S. First u. s. w.*

He that comes first to the ha', may sit where he will. (scho.) *Wer zuerst in die Halle kommt, mag sitzen, wo er will.*

The foremost hound grips the hare. (scho.) *S. The foremost u. s. w.*

The cow that 's first up gets the first of the dew. (scho.) *Die Kuh, die zuerst auf ist, bekommt das Erste vom Thau.*

fs. Deer eerst compt, deer eerst mælt. (afs.)

De, dirr järst kämt, fäit järst grünnen. (M.) *Wer zuerst kommt, kriegt zuerst gemahlen.*

---

dä. Hvo der (som) kommer først til Mølle, faaer først malet. *S. Ver u. s. w.*

Den første Fugl faaer (fanger) det første Korn. *Der erste Vogel kriegt das erste Korn.*

Then første Fwgell fangher thet førsthe Korn. (adä.) *S. Den første u. s. w.*

is. Fyrsti fugl fær hið fyrsta korn. *S. Den første u. s. w.*

Þeir fá, sem fyrst koma. *Die kriegen, die zuerst kommen.*

nw. Dan som kjem fyrst aat Kverni, fær fyrst mala. *S. Ver u. s. w.*

Fyrste Gjesten fær gildaste Sessen. *Der erste Gast bekommt den besten Platz.*

Dan som kjem fyrst aat Elden, fær best varma seg. *Wer zuerst zum Feuer kommt, kann sich am besten wärmen.*

Dan som kjem fyrst i Myri, fær beste Moltorna. *Wer zuerst in's Moor kommt, kriegt die beste Erde.*

Fyrste Fuglen faar fyrste Kornet. *S. Den første u. s. w.*

Dhen först kommer, han först maal. sw.

Den som kommer först till qvarnen, får först mala. *S. Ver u. s. w.*

Första handen gör bästa köpet. *Die erste Hand macht den besten Kauf.*

Then förste fughil faar the försto korn. (asw.) *S. Den første u. s. w.*

Primus veniens, primus molet. lt.

Qui primus venerit, primus molet.

Primulus est ales prope fruges primiciales. (mlt.)

Grana prior subdat pistrino, qui prior adstat. (mlt.)

Le premier venu engrène. *Wer zuerst gekommen, schüttet auf.* fz.

Le premier au moulin engrène. *S. Der Erst u. s. w.*

Premier levé, premier chaussé. *Zuerst aufgestanden, zuerst beschuht.*

Qui premier commence fait la meslée. *Wer zuerst anfängt, macht das Handgemenge.*

Qui premier vient (arrive) au moulin, premier doit mouldre. (afz.) *Wer zuerst zur Mühle kommt, soll zuerst mahlen.*

Qui (Qu'il) ainz nest, ainz pest (peist). (afz.) *Wer früher geboren wird, nährt sich früher.*

Prumî â mólîn, prumî molan. (w.) *Zuerst in der Mühle, zuerst gemahlen.* af.

Quî bouhe li prumî, bouhe deux côps. (w.) *Wer zuerst schlägt, schlägt zwei Mal.*

Qui prumé ba molé au bon molin, Prumé engrane si non lou sot coulin. (Gsc.) *Wer zuerst in die gute Mühle mahlen geht, schüttet zuerst auf, wenn nicht der Wasserfall läuft.* sf.

Prumé bengut, prumé repasqut. (Gsc.) *Zuerst gekommen, zuerst genährt.*

Lou pèrmié âou mouli èngrâno. (Lgd.) *S. Der Erst u. s. w.*

Qué ès pèrmié âou mouli, pèrmié èngrâno. (Lgd.) *Wer zuerst in der Mühle ist, schüttet zuerst auf.*

Qu premier es au moulin, premier engrano. (nprv.) *S. Qé u. s. w.*

Chi primo arriva al molin, primo macina. *S. Wer zuerst in u. s. w.* it.

Chi va prima al molin, molina. *Wer zuerst in die Mühle geht, mahlt.*

Chi primo (prima) giugne, primo (prima) pugne. *Wer zuerst kommt, schlägt zuerst.*

Chi prima arriva, prima macina. (crs.) mi.

Chi prima arriva, prima allogghia. (crs. s.) *Wer zuerst ankommt, findet zuerst Wohnung.*

Chi è prema a e mulen, masena. (rom.) *Wer zuerst in der Mühle ist, mahlt.*

Prem ch' ariva, prem alòza. (rom.) *S. Chi prima arriva, prima alloggia.*

Chi prima arriva, prima macina. (t.)

Chi è primo al mulino, primo màcina (macini). (t.) *Wer zuerst in der Mühle ist, mahlt (mahle) zuerst.*

Chi prima nasce, prima pasce. (t.) *Wer zuerst geboren wird, nährt sich zuerst.*

mi. Chi è prem al mulein, masna. (em. B.) *S. Chi è prema u. s. w.*

Chi è prima al molén, masna. (em. P.) *S. Chi è prema u. s. w.*

Cui che rive prin 'tal mulin, masane. (frl.) *Wer zuerst in der Mühle ankommt, mahlt.*

El prim che va al molin, l' è quel che masna. (l. m.) *Der Erste, der zur Mühle geht, ist der, welcher mahlt.*

El prim a nass, l' è 'l prim a fass. (l. m.) *Der Erstgeborene ist der Erstgewickelte.*

Chi ariva el prim a torna nen senssa. (piem.) *Wer zuerst ankommt, kehrt nicht leer zurück.*

Chi va primo al molin, primo masena. (v.) *Wer zuerst in die Mühle geht, mahlt zuerst.*

Chi va primi, no va senza. (v.) *Wer zuerst geht, geht nicht leer aus*

Chi è 'l primo, porta via la bandiera. (v.) *Wer der Erste ist, trägt die Fahne davon.*

Chi riva prima al mulin, màsina. (v. trst.) *S. Cui che u. s. w.*

Chi è prim al molim masna. (v. trt.) *S. Chi è prema u. s. w.*

si. Ci prima rria, prima llogia. (ap. L.) *S. Chi prima arriva, prima alloggia.*

Ci prima rria, mpizza finita. (ap. L.) *Wer zuerst ankommt, schlägt den Markstein ein.*

Chi è primo al molino, macina. (npl.) *S. Chi è prema u. s. w.*

Cui junci primu a lu mulinu, macina. (s.) *S. Cui che u. s. w.*

Cui primu nasci, primu pasci. (s.) *S. Chi prima nasce u. s. w.*

Cui pigghia primu, non è gabbatu mai. (s. C.) *Wer zuerst nimmt, wird nie angeführt.*

Qui jompet (accudit) innantis, tiecat innantis. (sa. L.)

Qui faghet innantis, piscat innantis. (sa. L.) *Wer zuerst kommt, fischt zuerst.*

lm. Qui primer es al molí, primer mol. (neat.) *S. Chi è primo u. s. w.*

Qui primer nex, primer pex. (neat.) *S. Chi prima nasce u. s. w.*

Qui primer và al molí, primer mol. (val.) *S. Chi va primo u. s. w.*

Quem primeiro vem, primeiro moe. pt.

Quem primeiro anda, primeiro manja. *Wer zuerst geht, isst zuerst.*

Quem primeiro anda, primeiro ganha (apanha). *Wer zuerst geht, gewinnt (nimmt) zuerst.*

Quem primeiro se levanta, primeiro se calça. *Wer zuerst aufsteht, zieht sich zuerst die Schuhe an.*

Quien primero viene, primero muele. sp.

Quien primero va, primero manja. *S. Quem primeiro anda, primeiro manja.*

Quien primero viene, primero tiene. *Wer zuerst kommt, hat zuerst.*

Quien (El que) ántes nace, ántes pace. *S. Chi prima nasce u. s. w.*

El que primero se levanta, primero se calza. *S. Quem primeiro se u. s. w.*

---

741. **Zufriedenheit** ist der grösste Reichthum.

Swen genüeget des er hât, der ist riche, swiez ergât. (ad.)

Swen des genüeget, des er hât, derst riche âne schazzes hort. (ad.)

Zufriedenheit macht reiche Leut. (bair.) od.

Vergnügtsein geht über Reichthum. (schwei.)

Tevredenheid gaat boven rijkdom. *Zufriedenheit geht über Reichthum.* dl.

Geen ryker man in alle steden, Als die met 't zyne is tevreden. (vl.) *Kein reicherer Mann in allen Orten, als der, welcher mit dem Seinigen zufrieden ist.*

Contentment is above wealth. *Zufriedenheit steht über Reichthum.* en.

The greatest wealth is contentment with a little. *Der grösste Reichthum ist Zufriedenheit mit Wenigem.*

Það sælasta stand er ánægjan. *Der glücklichste Stand ist die Zufriedenheit.* is.

Sá er sæll, sem er ánægðr. *Der ist glücklich, der zufrieden ist.*

Il cuntent ei il pli pussent. (obl.) *Der Zufriedene ist der Mächtigste.* cw.

In cor cuntents ei patrun de tutt il mund. (obl.) *Ein zufriedenes Herz ist Herr der ganzen Welt.* [u. s. w.

Contentement passe richesse. *S. Tevredenheid* fz.

nf. Contint'ment passe richesse. (w.) ***S. Tevredenheid u. s. w.***

sf. Countentament passo richesso. (nprv.) ***S. Tevredenheid u. s. w.***

it. La **vera** ricchezza è contentarsi. ***Der wirkliche Reichthum ist zufrieden sein.***

ml. U più ricca è quelle chi si contenta di u soiu (so statu). **(crs. s.)** ***Der** Reichste ist **der**, welcher mit dem Seinigen (seinem Stande) zufrieden ist.*

Chi è cuntent è **rèech. (rom.)** ***Wer** zufrieden ist, ist reich.*

Colui è ricco che **non ha voglie. (t.)** *Der **ist** reich, **der keine Gelüste hat.***

Chi è contento gode. (t.) *Wer zufrieden ist, geniesst.*

ui. Val plui il **cur content,** che **dutt l' aur** dal mond. (frl.) ***Mehr werth ist das zufriedene** Herz, als alles **Gold der Welt.***

Ognun al è scior, se al **sa contentàsi dal so.** (frl.) *Jeder ist ein Herr (i. e. **reich), wenn** er sich mit dem Seinigen zu begnügen weiss.*

Chi è content, è fortünat. (l.) *Wer zufrieden ist, ist glücklich.*

Chi è **content, è siör. (l.)** ***Wer zufrieden ist, ist (ein) Herr.***

Chi xe contento, xe rico. (v.) *S. Chi è content u. s. **w.***

A contentarse del soo se xe siori. (v.) *Wer sich mit dem Seinigen begnügt, ist ein Herr.*

Xe rico chi se contenta del poco. (v.) *Reich ist, wer sich mit Wenigem begnügt.*

si. Chiu riccu in terra è cui menu disia. (s.) *Am reichsten **auf** Erden ist, wer am wenigsten begehrt.*

Qui est contentu, est riccu. (sa.) ***S. Chi è cuntent u. s. w.***

---

742. Zwei ungleiche Dinge kann man nicht **zugleich** thun.

Niemand kann zugleich blasen und schlucken.

Blasen und schlucken zumal ist schwer.

Man kann nicht zumal singen und schlingen.

Niemand kann haspeln und spinnen zugleich.

Bläsen und mel an dem munt hân daz mag nit wol bi einander gestân. (ad.)

od. Me cha nid i sibe Häfe choche und de Chriesine hüete. (schwei.) *Man kann nicht in sieben Töpfen kochen und die Kirschen hüten.*

Me cha nit drösche-n- und Holz spalte. (schwei. S.) *Man kann nicht dreschen und Holz spalten.*

Me cha nit lüte-n- und umgoh. (schwei. S.) *Man kann nicht läuten und **in Procession** gehen.*

Men kan niet **te gelijk blazen en het meel in** den **mond houden.** ***Man kann nicht zugleich blasen und das Mehl im Munde halten.*** **dl.**

Men kan niet luijen en met de processie gaan. (b.) ***S. Me cha nit lüte-n- u. s. w.***

Men kan niet luiden en de processie gaen. (vl.) ***S. Me cha nit lüte-n- u. s. w.***

Te willen samen zingen en blazen, Dat is de daed van regte dwazen. (vl.) ***Zusammen singen und blasen wollen, das ist rechte Narrethei.***

A man cannot spin and reel at the same time. ***Ein Mensch kann nicht zugleich spinnen und weifen.*** **en.**

We canna baith sup and blaw. (scho.) ***Wir können nicht** zugleich schlürfen und **blasen.***

Nae man can baith sup and blaw **at ance.** (scho.) *Niemand kann zugleich schlürfen und blasen.*

Man kan ikke sobe og blæse paa een **Gang.** ***Man kann nicht zugleich schlürfen und*** *blasen.* **dä.**

Man kan ei blæse og have Meel i Munden paa een Gang. *Man kann nicht zugleich blasen und Mehl im Munde haben.*

Man kan **ikke** paa een Gang **synge og** bære **Korset.** ***Man kann nicht zugleich*** *singen und das Kreuz tragen.*

Man kan ikke stange **Aal og være** paa Harejagt paa een Gang. *Man kann nicht zugleich Aale spiessen und auf Hasenjagd sein.*

Man kan ikke paa eengang stange Aal og gaae paa Harejagt. *Man kann nicht zugleich Aale spiessen und auf (die) **Hasenjagd** gehen.*

Man **kan ikke baade flytte** og fare vel paa **eengang.** ***Man** kann nicht zugleich umziehen **und** gut dabei wegkommen.*

Man kan eij baade blæsæ och haffwe **Meel i** Mwnne. (adä.) *S. Man kan ei u. s. **w.***

Thw kant eij baadhe spynnæ oc rynnæ. **(adä.)** *Du kannst nicht zugleich spinnen **und aufziehen.***

En kan ikke være i Hal at høre Præken og hjemme at koge Kaal. (jüt.) *Man kann nicht in der Halle sein, um die Predigt zu hören, und zu Hause, um Kohl zu kochen.*

Ein kann inkje syngja og supa i Senn. *Man kann nicht zugleich singen und trinken (schlürfen).* **nw.**

Ein kann inkje spinna og vinda i Senn. *Man kann nicht zugleich spinnen und aufwinden.*

sw. Man kan inte blåsa och ha mjöl i munnen på samma gång. *S. Man kan ei u. s. w.*

Man kan inte på samma gång både **väfva och spinna.** ***Man kann nicht zugleich weben und spinnen.***

Ondt swpa och blåsa tillijka. ***Schwer, zugleich schlürfen (trinken) und blasen.***

Thæn blæs ey wæl at eelde som myøl hawer **i munne. (asw.)** *Der bläst nicht gut in's **Feuer, der Mehl im Munde hat.***

Thu gether ey badhe runnith ok spunnith. (asw.) ***S. Thu u. s. w.***

---

lt. Simul sorbere ac flare difficile.

Simul **flare sorbereque haud facile est.**

Hic esse et **illic simul non possum.**

Bucca facem (facit) vento vix (non) pascit (poscit) polline (poline) tento. (mlt.)

Vix simul (silix) hæc (homo) qvibis (quibis) qvod (quod) **nes et cursibus** ibis. (mlt.)

fz. On ne peut souffler et humer ensemble. ***Man kann nicht zugleich blasen und** schlürfen.*

L'on ne peut humer et souffler tout ensemble. ***S. Man** kan **ikke sobe u. s. w.***

On ne saurait **boire** et souffler **le feu.** ***Man*** *kann nicht trinken und das Feuer anblasen.*

On ne peut pas sonner les cloches et aller à la procession. ***S. Me cha nit lüte-n- u. s. w.***

On (L'on) ne peut courir (ensemble) et corner. ***Man kann nicht (zugleich) laufen und Horn blasen.***

On ne peut pas être en même temps au four et au moulin. *Man kann nicht zu gleicher Zeit beim Backofen und in der Mühle sein.*

uf. Ein n' put mi sonner à messe et pis été à l' porcession. **(pic. St.-Q.)** ***Man kann nicht** zur Messe **läuten und dann bei der Procession** sein.*

On n' pout nin chanter et hufler. **(w.)** ***Man** kann nicht singen und blasen.*

On n' pout nin flûter et tambourer. (w.) ***Man** kann nicht Flöte blasen und trommeln.*

On n' sâreut triboler et aller à l' porcession. **(w.)** ***S. Me cha nit lüte-n- u. s. w.***

L' ci qui sonne les clokes n' sâreut aller **à l' porcession. (w.)** ***Der,** welcher die Glocken **läutet, kann nicht** mit der Procession gehen.*

sf. Oun nou pot pas pourcera et berri. (Brn.) *Man kann nicht blasen und trinken.*

Oun nou pot pas tourneya et esmoule. (Brn.) ***Man kann nicht drehen und schleifen.***

Podē pa ēstrē ãon préchē amãi à la mēsso. (Lgd.) *Ich kann nicht bei der **Predigt** (der Reformirten) und auch in der **Messe** sein.*

Non si può bere e fischiare. *Man kann nicht* **it.** *trinken und pfeifen (blasen).*

Non si può ad un tempo bere e fischiare. *Man kann nicht zugleich trinken und pfeifen (blasen).*

Non si può succhiare e cantare. *Man kann **nicht saugen und** singen.*

Non si può cantare e portare la croce. ***Man*** *kann nicht singen und das Kreuz tragen.*

Non si **può** portar la croce **e** sonar le campane. *Man **kann** nicht das Kreuz tragen und die Glocken läuten.*

Non si può **suonare e ballare.** *Man kann nicht **spielen** und tanzen.*

Non si può piangere e suonar le campane (guar**dare** i buoi). *Man kann nicht **weinen und die Glocken** läuten (die Ochsen hüten).*

Non si può dormire e far la guardia. *Man kann nicht schlafen und Wache halten.*

Non si può stregghiare e tener la mula. *Man **kann das** Maulthier nicht striegeln und **halten.***

Non si può attender alla casa e ai campi. *Man **kann nicht das** Haus und die Felder beauf**sichtigen.***

Non posso essere in due luoghi. *Ich kann nicht an zwei Orten sein.*

Non si può esser in un medesimo tempo in Francia e in Lombardia. *Man kann nicht zu einer und derselben Zeit in Frankreich und in der Lombardei sein.*

Un si pò purtà la croce, E fa anca bella **mi.** voce. (crs.) *Man kann nicht das Kreuz tragen und auch **die** Stimme schön erheben.*

Un si po esse **ad un tempu cd** unn esse. (crs.) *Man kann nicht zu **einer Zeit** da sein und **nicht da sein.***

Face duie parte in cumedia. (crs.) *Zwei Rollen **im** Lustspiel (zugleich) spielen.*

Un s' po fê dô côs in t' una vôlta. (rom.) *Man kann nicht zwei Dinge zugleich thun.*

Un s' po bevar e steifalê. (rom.) *S. Non si può bere u. s. w.*

Un **s' po** tnêr e scurchê. (rom.) *Man kann **nicht** halten und schinden.*

Un **s** po fê du ètt in cumegia. (rom.) *Man kann nicht zwei Acte im Lustspiel (zugleich) spielen.*

Un s po fê du mstir **in t' una volta. (rom.)** ***Man kann nicht zwei Handwerke zugleich betreiben.***

Non si può bere e zufolare. (t.) *S. Non si può bere u. s. w.*

Non si può tenere la farina in bocca e soffiare. (t.) *Man kann nicht das Mehl im Munde haben und blasen.*

Non si può portare la croce e cantare. **(t.)** *Man kann nicht das Kreuz tragen und singen.*

Non si può strigliare e tener la mula. (t.) *S. Non si può streggKiare u. s. w.*

ni. A n' s' pò bèvr e stufilar. (em. B.) *S.* ***Non si può bere u.*** *s. w.*

Far dov parti in comedia. (em. P.) *S. Face u. s. w.*

No se pol cantà e portà la crus. (l. b.) *S. Non si può cantare u. s. w.*

No se pò dormì e fa guardia. (l. m.) *S. Non si può dormire u. s. w.*

No se pòu cantâ e seigoâ. (lig.) *Man kann nicht singen und pfeifen.*

No se pòu cantâ e portâ a croxe. **(lig.)** *S. Non si può cantare u. s. w.*

As pèül neu fease doe cose aut ùna volta. (piem.) *S. Un s' po fê dó u. s. w.*

As pèül neu cantè e portè la cros. (piem.) *S. Non si può cantare u. s. w.*

As pèül neu durmi e fè la guardia. (piem.) *S. Non si può dormire u. s. w.*

As pèul neu core e fe bela gamba. (piem.) *Man kann nicht laufen und müssig stehen.*

No se pol bever e subiar. (v.) *S. Non si può bere u. s. w.*

No se pol dormir e far guardia. (v.) *S. Non si può dormire u. s. w.*

No se pol cantar e portar la crose. (v. trst.) *S. Non si può cantare u. s. w.*

si. Nun si po cantari e purtari la cruci. (s.) *S. Non si può cantare u. s. w.*

Nun si po dormiri e fari la guardia. (s.) *S. Non si può dormire u. s. w.*

pt. Não se póde fazer a par, comer e assoprar. *Man kann nicht zugleich essen und blasen.*

Não posso ter a boca chea de agoa e assoprar ao fogo. *Ich kann nicht den Mund voll Wasser haben und das Feuer anblasen.*

sp. Soplar y sorber no puede junto ser. *Blasen und schlürfen kann nicht verbunden sein.*

No se puede hacer á la par sorber y soplar. *S. Man kan ikke søbe u. s. w.*

No se puede repicar y andar en la procesion. *S. Me chu nit lüte-n u. s. w.*

No puedo dormir y guardar las eras. *Ich kann nicht schlafen und die Gartenbeete bewachen.*

---

743. Wer **zuletzt** lacht, lacht am besten.

Bär zolétzt lacht, lacht am bésta. (frk. H.) md.

Dén zum Eschte' lächt, lächt am bèschten. **(mrh. L.)**

Bår zelâtzt lacht, lacht am båsten. (thr. R.)

Wie 't **leste** lacht, lacht et beste. (nrh. Kl.) **pd.**

Wecker **to** lest lacht, de ok to best **lacht**. (ns. **M.-Str.)** ***Wer zuletzt*** *lacht, der lacht auch* ***am besten.***

De am latsten lacht, lacht am besten. (ns. O. R.)

Wei terletzt lachet, lachet am besten. (ns. W.)

Better the last smile than the first laughter. **en.** ***Besser das letzte Lächeln, als*** *das erste* ***Lachen.***

They craw crouse that craw **last. (scho.)** ***Die*** *prahlen laut, die zuletzt* ***prahlen.***

Den som leer sidst, **leer** bedst. **dä.**

Den leer bedst, som leer sidst. *Der* ***lacht am*** *besten, der am letzten lacht.*

Han ler best, som ler sist. *S.* ***Den leer*** *u. s. w.* **nw.**

Skrattar bäst, som skrattar **sist.** *Am* ***besten*** **sw.** *lacht, wer* ***am*** *letzten* ***lacht.***

Bain ria chi ria l' ultim. (ld.) ***Gut lacht, wer*** **cw.** *zuletzt* ***lacht.***

Quel che **ri il davos, ri il meglier. (obl.)**

Rira bien qui rira le dernier. *Gut wird lachen,* **fz.** *wer zuletzt lacht.*

Riret bin **qui** riret l'dièrain. **(w.)** *S. Rira* **nf.** ***bien u. s. w.***

Ride bene chi ride l' ultimo. ***S.*** *Bain u. s. w.* **it.**

L'ültom che rid, l'è quèl che rid polit. (l. m.) **ni.** ***Der*** *Letzte, der lacht, ist der, welcher gut lacht.*

Ride ben chi ride l'ultimo. (v.) *S. Bain* ***u. s. w.***

Ridi ben, chi ridi ultimo. (v. trst.) *S. Bain* ***u. s. w.***

---

744. Eine **Zunge** ist kein Bein, Schlägt aber Manchem den Rücken ein.

Diu zunge diu enhât kein bein und brichet doch bein und stein. (ad.)

De Tunge hät ken Bein, Schlätt äwwer Ma- pd. negen den Rüggen in. (ns. W.)

The tongue breaketh bone, tho' itself have **en.** none. *Die Zunge* ***zerbricht Knochen, obgleich sie selbst keine hat.***

The tongue 's not steel, yet it cuts. *Die Zunge ist kein Stahl und schneidet doch.*

Tonge breketh bon Aut and hire selve non. (aen.) *Zunge zerbricht Knochen und hat selbst keinen.*

---

dä. Tunghen ær eij Been, togh brydher hwn stwndom Been. (adä.) *Die Zunge ist kein Bein, doch bricht sie mitunter Bein.*

is. Ekki er túngan bein, en opt brýtr hún stein. *Nicht ist die Zunge Bein und oft bricht sie Stein.*

Túngan er ekki bein, samt brýtur hún stundum bein. *S. Tunghen u. s. w.*

Steinur brestur firi manna tungu. (fær.) *Stein bricht vor der Menschen Zunge.*

sw. Tungan hafver inga ben, dock knäcker hon stundom ryggkotan. *Die Zunge hat kein Bein, doch zerknickt sie mitunter den Rücken.*

Thunga ær ey been tho at hon bither vm been. (asw.) *S. Tunghen u. s. w.*

---

lt. Osse caret lingua, secat os tamen ipsa maligua. (mlt.) [(mlt.)

Osse caret glossa, quandoque tamen terit ossa.

cw. La laungia nun ho öss, ma 'la fo rumper il döss. (ld. O.-E.) *Die Zunge hat keine Knochen, aber sie zerschlägt den Rücken.*

fz. La langue n'a grain ny d'os Et rompt l'échine et le dos. *Die Zunge hat weder Körper noch Knochen und zerschlägt das Rückgrat und den Rücken.*

sf. La lengue n'a pas os, Mes qu'en hé coupa de gros. (Brn.) *Die Zunge hat keine Knochen, aber zerschneidet grosse.*

La lengue na nat os È coupe menuts è gros. (Gsc.) *Die Zunge hat keine Knochen und zerschneidet kleine und grosse.*

La lëngo n'a jhës d'os, Més fäi tan pu bel cros. (Lgd.) *Die Zunge hat keine Knochen, macht aber um so viel grössere Wunden.*

La lengo n'a ges d'oues, May fa ben taut pu grands crouos. (nprv.) *Die Zunge hat keine Knochen, macht aber wohl um so viel grössere Wunden.*

it. La lingua non ha osso, ma rompe il dosso. *Die Zunge hat kein Bein, zerschlägt aber den Rücken.*

La lingua non ha osso e fa (si fa) rompere il dosso. *Die Zunge hat kein Bein und zerschlägt den Rücken.*

mi. A lingua 'unn 'à ossa, ma le fa rómpe. (crs.) *Die Zunge hat keine Knochen, zerschlägt sie aber.*

A lingua 'unn 'à ossa, e l' osse fa trunch. (crs.) . *Die Zunge hat keine Knochen und zerschlägt die Knochen.*

A lingua unn ha ossa, E rompe a polpa e l'ossa. (crs. s.) *Die Zunge hat keinen Knochen und zerschlägt das Fleisch und den Knochen.*

La lenghva la n ha né pêll né öss, sol la s fa unêr adöss. (rom.) *Die Zunge hat weder Haut, noch Knochen, allein sie schlägt auf den Rücken.*

La lingua non ha osso e sa rompere il dosso. (t.) *Die Zunge hat kein Bein und versteht den Rücken zu zerschlagen.*

La lëingua n' ha os, o pur la rómp al doss. **ni.** (em. B.) *Die Zunge hat keinen Knochen und dennoch zerschlägt sie den Rücken.*

La lëingua n' ha caren nè oss e pur la fa rómpr al doss. (em. B.) *Die Zunge hat weder Fleisch, noch Knochen und dennoch zerschlägt sie den Rücken.*

La léngua n' ha d' oss, ma la ja fa rómper. (em. P.) *S. A lingua 'unn 'à ossa, ma u. s. w.*

La lengua no la g' à oss, ma la fa romp el doss. (l. m.) *S. La laungia u. s. w.*

A lengua a n' ha d'osso, ma a rompe l'osso. (lig.) *Die Zunge hat keinen Knochen, aber zerschlägt den Knochen.*

La lenga l' ha nsun ös, ma fa rompe j' ös. (piem.) *S. La laungia u. s. w.*

La lenga a l' a gnun oss e a fa d' mai gross. (piem.) *Die Zunge hat keinen Knochen und thut viel Übles.*

La lengua no ga osso, ma la pol romper el dosso. (v.) *Die Zunge hat keinen Knochen, kann aber den Rücken zerschlagen.*

La lingua no ga osso, ma la rompi el dosso. (v. trst.) *S. La lingua non ha osso, ma u. s. w.*

La lengua non ha huosso e rompe lo duosso. **si.** (npl.) *S. La lingua non ha osso e u. s. w.*

La lingua nun avi ossu, e rumpi l' ossu. (s.) *Die Zunge hat keinen Knochen und zerschlägt den Knochen.*

Sa limba non jughet ossu et nde faghet segare. (sa. L.) *Die Zunge führt keinen Knochen und zerschlägt ihn.*

Sa limba non jughet ossu et segat s' ossu. (sa. L.) *S. La lingua nun u. s. w.*

---

745. **Böse Zungen** schneiden schärfer denn Schwerter.

Din zunge snit baz dan daz swert. (ad.)

Dorn und **Disteln stechen** sehr, Falsche Zungen **md.** noch vielmehr. (mrh. E.)

od. Scharpfe *(Scharfe)* Schwerdter schneiden sehr, Scharpfe Zungen noch viel mehr. (schwb. W.)
Scharfe Schwerter schneiden sehr, Aber falsche Zungen noch viel mehr. (schwei.)

---

dt. De steek van de tong is erger dan die van eene lans. *Der Stich der Zunge ist ärger, als der einer Lanze.*
Distelen, doornen steken zeer, Maer kwade tongen nog veel meer. (vl.) *Disteln, Dornen stechen sehr, aber böse Zungen noch viel mehr.*
en. Many words hurt more than swords. *Manche Worte verletzen mehr, als Schwerter.*

---

dä. Et Mundslag og et Daggerslag kan være hinanden liig. *Ein Zungenstich und ein Dolchstich können einander gleich sein.*
is. Hvað túngan meiðir, er torvelt að lækna. *Was die Zunge verletzt, ist schwer zu heilen.*

---

fz. Un coup de langue est pire (vaut pis) qu'un coup de lance. *Ein Zungenstich ist schlimmer, als ein Lanzenstich.*
A plus grant peine est sanée Plaie de langue que d'espée. (afz.) *Schwerer heilt Zungenwunde, als Schwertwunde.*
nf. On côp d' linwe est pé qu'on côp d'èpèie. (w.) *Ein Zungenstich ist schlimmer, als ein Schwertstich.*
Våt mi on côp d' èpèie (di coûtai) qu'on côp d' mâle linwe. (w.) *Besser ein Schwertstich (Messerstich), als ein Stich von böser Zunge.*
On côp d' coutai våt mi qu'on côp d' lainwe. (w. V.) *Ein Messerstich ist besser, als ein Zungenstich.*
it. Cattive lingue tagliano più che spade. *Böse Zungen schneiden mehr, als Schwerter.*
mi. È meglio essere di man battuto, che di lingua ferito. (t.) *Es ist besser mit der Hand geschlagen, als mit der Zunge getroffen werden.*
ni. L' ò mêi ona ferida che ona calünnia. (l.) *Besser ist eine Wunde, als eine Verläumdung.*
pt. Mais fere a má palavra, que espada afiada. *Mehr verwundet das böse Wort, als scharfes Schwert.*
sp. La lengua del mal amigo mas corta que cuchillo. *Die Zunge des schlechten Freundes schneidet mehr, als Stahl.*
Mas hiere mala palabra, que espada afilada. *S. Mais u. s. w.*
Sanan cuchilladas, mas no malas palabras. *Messerstiche heilen, aber böse Worte nicht.*

---

746. Was **zuviel** ist, ist zuviel.
Te völl es de völl, on wenn et Weckbrei es. pd. (nrh. Gl.) *Zu viel ist zu viel, und wenn es Semmelbrei ist.*

Al te veel is al te veel. *Allzuviel ist allzuviel.* dt.

Förmycket är förmycket. *Zuviel ist zuviel.* sw.

Trop est trop. *S. Förmycket u. s. w.* fz.
Ogni troppo è troppo. *Jedes Zuviel ist zuviel.* it.
E tròpp l' è tròpp. (rom.) *Das Zuviel ist zuviel.* mi.
Il troppo è troppo. (t.) *S. E tròpp u. s. w.*
Tutt i tropp j' èn tropp. (em. P.) *Alle Zuviel* ni. *sind zuviel.*
Tutt i tròpp hin tròpp. (em. R.) *S. Tutt i tropp u. s. w.*
El poech l' è poech e tutt i tropp hin tropp. (l. m.) *Das Wenige ist wenig und alle Zuviel sind zuviel.*
Tuti ii tròp a son tròp. (piem.) *S. Tutt i tropp u. s. w.*
El tropo xe sempre tropo. (v.) *Das Zuviel ist immer zuviel.*
Quelo che xe tropo, xe tropo. (v.)

---

747. Zu wenig und **zu viel** Ist des Teufels Spiel.
Zu wenig und zu viel Ist aller Narren Ziel.
Wan wes zu wenig ist und zu vel, die zwei sint lastir ouch beide. (ad.)
Z' viel un z' wing Is ä Ding. (sä. E.) md.
Zu viel und zu wing *(wenig)*, 's is *(ist)* immer ee *(ein)* Ding. (schls. B.)
Zu wenig und zu viel ist aller Narren Spiel. od. (bair.)
Z' wéni' und z' vül, is oll'n Noa̅nán e̅aná Zül. (ndö.) *Zu wenig und zuviel, ist allen Narren ihr Ziel.*
Zu lützel *(wenig)* und zu viel Verderbt alles Spiel. (schwb. W.)
Lützel *(wenig)* und viel Verderbt alles Spiel. (schwei.)
Z' wenni und z' vül is an Noadnan ia Zül. (st.) *Zu wenig und zu viel ist den Narren ihr Ziel.*

For meget og for lidt fordærver alting. *Zu* dä. *viel und zu wenig verdirbt Alles.*
For meget og for lidt er Fandens Maal. *Zu viel und zu wenig ist des Teufels Ziel.*

is. það er vándi að hafa ofmikið eða ofiitið. *Das ist Schwierigkeit, zu viel oder zu wenig zu haben.*

nw. Myket og litet er mest likt. *Viel und wenig ist meist gleich.*

For myket og for litet skjemmer allting ut. *S. For meget og for lidt fordærver u. s. w.*

sw. För mycket och för litet skämmer allt. *S. For meget og for lidt fordærver u. s. w.*

fz. Nul trop n'est bon, ne peu assez. *Kein Zuviel ist gut, noch Wenig genug.*

nf. Li mot d' trop ni våt nin mi qui l' ci di pau. (w.) *Das Wort Zuviel ist nicht besser, als das Wort Wenig.*

sf. Lou trop è lou trop poq Roumpen la feste lou ioq. (Gsc.) *Das Zuviel und Zuwenig stört das Fest, das Spiel.*

it. Tanto è 'l troppo, quant' è 'l poco (quanto il troppo poco). (mi. t.) *Eben so viel ist das Zuviel, wie das Wenig (Zuwenig).*

mi. Il troppo e 'l poco Guasta 'l ginoco. (t.) *Das Zuviel und das Wenig verderben das Spiel.*

ni. Gnente xe mal e 'l tropo xe mal. (v.) *Nichts ist schlimm und das Zuviel ist übel.*

sp. Tanto es lo de mas, como lo de ménos. *S. Tanto è 'l troppo u. s. w.*

---

748. **Zwang** ist kein guter Wille.

Zwang macht keine Christen.

Gezwungner Eid Ist Gott leid.

md. Gezwoggenhêt as Gott lêt. (mrh. L.) *Gezwungenheit ist Gott leid.*

od. Liabm und Bêt'n lasst si nét nét'n. (bair. O.-L.) *Lieben und Beten lässt sich nicht nöthigen.*

Lieben und Singen Lässt sich nicht zwingen. (schwei.)

pd. Gezwungne Eh' thut immer weh. (ns. Pr.)

fs. Onwillige breyden is kwæ dounsjen to leren. (afs.) *Unwilligen Bräuten (Frauen) ist schwer tanzen zu lehren.*

dä. Tvunget Ægteskab skaffer Hjertevee. *Gezwungene Ehe schafft Herzweh.*

Uvillig Gave er ingen Gave. *Unwillige Gabe ist keine Gabe.*

Uvillig Gjerning fortjener ingen Tak. *Unwillige That verdient keinen Dank.*

sw. Tvunget äktenskap skaffar hjerteve. *S. Tvunget u. s. w.*

Tvungen ed är Gud led. *S. Gezwungner u. s. w.*

Tvungen ära är ingen ära. *Gezwungene Ehre ist keine Ehre.*

Omnis coacta res molesta est. lt.

Chossa per forza non val' üna scorza. (ld. U.-E.) *Erzwungene Sache ist Nichts werth.* cw.

Chose contrainete (faicte par force) ne vaut (vault) rien. *S. Chossa u. s. w.* fz.

Chose contraincte ne fut oncques sainte. *Erzwungene Sache war nie heilig.*

Service par force ne vaut rien. *Erzwungener Dienst ist Nichts werth.*

Confession faite par force ne vault rien. *Erzwungene Beichte ist Nichts werth.*

Cosa fatta per forza Non vale una scorza. *S. Chossa u. s. w.* it.

Ballar non si può bene Quando dal cor non viene. *Man kann nicht gut tanzen, wenn es nicht aus dem Herzen kommt.*

Ròba fatta par fôrza l' an vêl una scôrza. (rom.) *S. Chossa u. s. w.* mi.

E quèll par forza un vêl na scorza. (rom.) *S. Chossa u. s. w.*

Cosa per forza Non vale scorza. (t.) *S. Chossa u. s. w.*

Mal si balla bene Se dal cor non viene. (t.) *Schlecht tanzt man wohl, wenn es nicht aus dem Herzen kommt.*

Per forza si fa l' aceto. (t.) *Mit Zwang macht man den Essig.*

Per forza s' fa l' asè. (em. B.) *S. Per forza u. s. w.* ni.

No se pöl balá mai be Quand el cör no 'l dis de se. (l. b.) *Man kann nie gut tanzen, wenn das Herz es nicht von selbst sagt.*

Per forza se fa l' asèt. (l. b.) *S. Per forza u. s. w.*

Se no 'l ven dal cör, cantà no se pöl. (l. m.) *Wenn's nicht aus dem Herzen kommt, kann man nicht singen.*

Roba faita per forssa a val pa na scôrssa. (piem.) *S. Chossa u. s. w.*

Le cose faite d' forssa a valo pa na scôrssa. (piem.) *Die erzwungenen Dinge sind Nichts werth.*

Cossa fata per forza No val una scorza. (v.) *S. Chossa u. s. w.*

Co no vien dal cuor, cantar no se pol. (v.) *S. Se no 'l u. s. w.*

Una cossa fata per forza no val una scorza. (v. trst.) *Eine erzwungene Sache ist Nichts werth.*

Quando dal cor no vien, Cantar no se pol ben. (v. trst.) *Wenn's nicht aus dem Herzen kommt, kann man nicht gut singen.*

Una cosa per forza Non vale una scorza. (v. trt.) *S. Una cossa u. s. w.*

si. Cosa per forza nun vali scorza. (s.) *S. Chosse u. s. w.*

---

749. **Zwang** Währt nicht lang.

Gezwungene Liebe und gefärbte Schönheit halten nicht Farbe.

od. Zwang hålt nicht lang. (bair.)

---

dl. Gedwongen liefde vergaat haast. ***Gezwungene Liebe*** *vergeht schnell.*

Bedwoughene liefde en ghemaecte verwe gaen **saen af. (avl.)** ***Gezwungene Liebe und*** *ge-***macht*e Farbe gehen bald ab.***

en. Patience perforce is a remedy for a mad dog. ***Gezwungene Geduld ist ein Mittel für einen tollen Hund.***

Fann'd fires and forced love ne'er did weel. (scho.) *Angeblasene Feuer und erzwungene Liebe thaten nie* ***gut.***

---

dä. Tvungen Kjærlighed og sminket Skjønhed holder ikke Farve. *Gezwungene Liebe und geschminkte Schönheit halten nicht Farbe.*

Tvungen Kiærlighed, farvet Skjønhed og Snee **varer ei længe.** *Gezwungene Liebe, gefärbte Schönheit und Schnee währen nicht lange.*

Tvungen Kiærlighed, fremmede Lader og selvgjort Farve har ingen Bestandighed. *Gezwungene Liebe, fremde Gewohnheiten* ***und*** *selbstgemachte Farbe* ***haben*** *keinen Bestand.*

sw. Tvungen kärlek, sminkad skönhet och vårdagssnö vara icke länge. *Gezwungene Liebe, geschminkte Schönheit und Frühlingstagsschnee währen nicht lange.*

Wååt Snöö och twungen kårleek haar **ingen** lång ålder. *Nasser Schnee und erzwungene Liebe hat kein langes Alter.*

Tvungen from vänder snart om. *Gezwungen fromm kehrt rasch um.*

---

fz. Chose **forcée de petite durée.** ***Erzwungene*** *Sache von kurzer Dauer.*

it. Cosa violenta non durat. (si. sa.) *Zwang dauert nicht.*

si. Paghe forzada pagu durat. (sa. L.) *Erzwungener Frieden währt kurz.*

---

750. Ein Schiff stehet an **zweien** Ankern fester, als an Einem.

Er hat der Sehnen mehr an seiner **Geige.**

Hij heeft twee pezen op zijn' **boog.** ***Er hat*** **dl.**
zwei Sehnen auf *seinem Bogen.*

Het is goed, **twee** pijlen tot zijnen boog **te** hebben. *Es ist gut, zwei Pfeile zu seinem Bogen zu haben.*

Good riding at two anchors, men have told, **en.**
For if the one fail, the other may hold. *Gutes Liegen an zwei Ankern, haben die Leute gesagt, denn wenn* ***der eine*** *versagt, kann der Andere* ***halten.***

Det er godt, at forlade sig paa to Ankere. *Es* **dä.**
ist gut, sich auf zwei Anker zu verlassen.

Ancoris duabus niti bonum est. **lt.**

Deux ancres sont bons au navire. *Zwei Anker* **fz.**
sind gut für's Schiff.

Avoir deux cordes à son arc. *Zwei Sehnen an seinem Bogen haben.*

---

751. Niemand kann **zweien** Herren dienen.

Zwein ein man niht dienen kan. (ad.)

Zweyen herren nicht kan dienen ich. (ad.)

Hånt zwêne hêrren einen kneht, er dienet bêden selten reht. (ad.)

Niemant zwain hern gedienen **mag** schôn und eben nacht und tag. (ad.)

Nemmescht kann zwēn **Hêren** déngen. (mrh. L.) **md.**

No man can serve two masters. **en.**

Ingen kan tjene to Herrer. **dä.**

Inghen kan tiene tw Herrer tiltakke. (adä.) ***Niemand kann*** *zweien* ***Herren*** *zu Dank* ***dienen.***

Enginn kann tveimr herrum til þakka að þjóna. **is.**
S. Inghen **u. s. w.**

það **er ekki** gott **(illt er) að þjóna tveimur** herrum. *Es ist nicht gut (Schlimm ist's), zweien Herren zu dienen.*

Vandt er tveimur herrum að þjóna, og vera bóðum trúr. *Schwierig ist's, zweien Herren zu dienen und beiden treu zu sein.*

Eingin kann tveimum harrum at tåna. (fær.)

Dat kann ingen tena tvo Herrar i Senn. *Es* **sw.**
kann Niemand zwei Herren zugleich dienen.

Ingen kan tjena twå herrar. **sw.**

Ondt tiähna twå Herrar til tacka. *Schlimm, zweien Herren zu Dank zu dienen.*

Man kan ey thiæna thwem herran til hyllist. (asw.) *Man kann nicht zweien Herren zu Dank dienen.*

---

lt. Nemo simul dominis par est servire duobus.

Nemo potest digne dominis seruire duobus. (mlt.)

Nemo facit dominis servitia congrua binis. (mlt.)

fz. Personne ne peut servir deux maîtres à la fois. *Niemand kann zweien Herren zugleich dienen.*

Nul ne puet servir deux maitres à la fois. (afz.) *Keiner kann zweien Herren zugleich dienen.*

nf. A deux seigneurs servir hom ne puet. (Champ.) *Zweien Herren dienen kann man nicht.*

sf. Nat nou pot pas a dus maestes serby Ny en la gracy de touts dus manteny. (Gsc.) *Niemand kann zwei Herren dienen, noch sich in Beider Gunst erhalten.*

L'on non pou pas servir douey Mestres. (nprv.) *Man kann nicht zwei Herren dienen.*

it. Non si può servir a due signori. *S. L'on u. s. w.*

Chi due padroni ha da servire Ad uno ha da mentire. *Wer zweien Herren dienen soll, muss einen belügen.*

mi. Un si pò serve dui padroni ad un tempu. (crs.) *Man kann nicht zwei Herren zugleich dienen.*

Un s pò sarvi du patròn. (rom.) *S. L'on u. s. w.*

Un s pò vle ben a du in t' una vòlta. (rom.) *Man kann nicht Zweien zugleich wohlwollen.*

Non si può servire a due padroni. (t.) *S. L'on u. s. w.*

ni. Chi völ serv a dü padron, O per vün o per l' alter no l' è bon. (l. m.) *Wer zweien Herren dienen will, ist entweder für den einen, oder für den andern nicht gut.*

No se pör mai pü serv a dü padron. (l. m.) *Man kann nie zweien Herren dienen.*

Servi doi padron as pöül nen. (piem.) *S. A deux u. s. w.*

Do paroni no se pol servir. (v.) *S. A deux u. s. w.*

Do paroni in t' una volta non se pol servir. (v. trst.) *Zwei Herren zugleich kann man nicht dienen.*

si. Sciumi ca duna acqua a dui vadduni, O l' unu o l' autru a mancari nni veni. (s. C.) *Wenn ein Fluss zwei Thälern Wasser gibt, wird entweder das eine, oder das andere Mangel daran haben.*

Nessunu podet servire bene ad duos padronos. (sa. L., S.) *Keiner kann zwei Gebietern gut dienen.*

lm. Ningú pod servir á dos señors. (neat.)

pt. Quem a dous Senhores ha de servir, a algum ha de mentir. *S. Chi due u. s. w.*

Quem serve a dous Senhores, a algum delles ha de aggravar. *Wer zweien Herren dient, hat's einem von ihnen schwer zu machen.*

sp. Quien a dos señores ha de servir, al uno ha de mentir. *S. Chi due u. s. w.*

Quien a muchos amos sirve, á alguno ha de hacer falta. *Wer mehreren Herren dient, kann einem nicht Wort halten.*

wl. Nimenĭ nu póte să cante de douĭ domnĭ. *Niemand kann für zwei Herren Sorge tragen.*

---

752. Von zweien Übeln soll man das kleinste wählen.

od. Unter zwei Übeln muss man das kleinste wählen. (schwei.)

---

dt. Van twee kwaden moet men het geringste kiezen.

Van twee kwaden (kwalen) moet men het (de) grootste vermijden. *Von zwei Übeln (Plagen) muss man das (die) grösste vermeiden.*

en. Of two evils the least is to be chosen (choose the least). *Von zwei Übeln ist das kleinste zu wählen (wähle das kleinste).*

---

dä. Af to Onder maa man vælge det mindste.

Af to onde Kaar skal man vælge det bedste. *Von zwei übeln Lagen soll man die beste wählen.*

is. Af tvennu illu skal taka það minna.

nw. Av tvau vonde Kor skal ein kjosa dat minste. *S. Af to onde u. s. w.*

sw. Af två onda ting bör man välja det minsta.

---

lt. In malis, quod minus, est eligendum.

Ex duobus malis minimum est eligendum.

fz. De deux maux il faut choisir le moindre.

Len doit prendre de deus maus le menor. (afz.) *Man muss von zwei Übeln das kleinste nehmen.*

De deux max prend-en le menor. (afz.) *Von zwei Übeln nimmt man das kleinste.*

De deus maus le meyndre. (afz.) *Von zwei Übeln das kleinste.*

nf. Il fait bon de duis mals li mains pior eslire. (Champ.) *Es ist gut, von zwei Übeln das kleinste zu wählen.*

it. De' cattivi partiti pigliane il minore. *Von den schlechten Lagen nimm die kleinere.*

mi. Di dui mali si piglia u minò. (crs.) *Von zwei Übeln nimmt man das kleinere.*
Di dui mali si scansa u majò. (crs.) *Von zwei Übeln vermeidet man das grössere.*
De' mali si de' pigliar sempre il meno. (t.) *Von den Übeln soll man immer das kleinste nehmen.*
ni. Bisogna stár al mane dànn. (em. P.) *Man muss es beim kleinsten Schaden lassen.*
si. Di li dui mali lu menu ti scegghi. (s.) *Von zwei Übeln wähle dir das kleinste.*
De sos duos males abbrazza su minore. (sa. L.) *Von zwei Übeln ergreife das kleinere.*
sp. Del mal lo menos. *Vom Übel das kleinste.*

---

753. **Während ihrer Zwei Zanken um ein Ei, Steckts der Dritte bei.**

dl. Als twee honden vechten om een been, Gaat er de derde mede heen. *Wenn zwei Hunde um ein Bein streiten, läuft der dritte damit weg.*
en. Two dogs strive for a bone, and the third runs away with it. *Zwei Hunde streiten um einen Knochen und der dritte rennt damit weg.*

---

dä. Naar To trættes, leer den Tredie. *Wenn Zwei sich streiten, lacht der Dritte.*
nw. Naar two trætta, so vinn dan tridje. *Wenn Zwei streiten, so gewinnt der Dritte.*
Naar Hundarne bitast um Beinet, kjem ein Kvelp og tæk dat. *Wenn die Hunde sich um den Knochen beissen, kommt ein Hündchen und nimmt ihn weg.*
Naar Bjonnarne bitast, loyp Uksen undan. *Wenn die Bären sich beissen, läuft der Ochse davon.*
Naar Skyttararne trætta, er Bjornen bergad. *Wenn die Schützen sich streiten, ist der Bär geborgen.*
sw. När två hundar bitas (slåss) om ett ben, kommer en tredje och tager det bort. *Wenn zwei Hunde sich um einen Knochen beissen (schlagen), kommt ein dritter und nimmt ihn weg.*

---

it. Tra due litiganti gode il terzo. *Zwischen zwei Streitenden freut sich der Dritte.*
mi. Fra i du litighent e terz e gòd. (rom.) *Zwischen den beiden Streitenden freut sich der Dritte.*
Tra due litiganti il terzo gode. (t.) *S. Tra due u. s. w.*
ni. In tra i dun litigant, l' è el terz che god. (l. m.) *Zwischen den beiden Streitenden ist's der Dritte, der sich freut.*
Fra i dü litigant el terz el god. (l. m.) *S. Fra i du u. s. w.*
Tra doi litigant el ters a god. (piem.) *S. Tra due u. s. w.*
Fra i do litiganti el terzo gode. (v.) *S. Fra i du u. s. w.*
Fra do litiganti el terzo godi. (v. trst.) *S. Tra due u. s. w.*
si. Fra duie litecante sempre lo tierzo gaude. (npl.) *Zwischen zwei Streitenden freut sich immer der Dritte.*
Inter sos duos litigantes, su terzu gosat. (sa. L.) *S. Fra i du u. s. w.*

---

754. **Wer zwei Hasen zugleich hetzt, fängt gar keinen.**

md. Wer zwei Hasen will, erhält oft keinen. (mrh. E.)
Dên zwên Huosen zuglêich nolêft, kritt kên. (mrh. L.) *Wer zwei Hasen zugleich nachläuft, kriegt keinen.*
pd. Wêr nå twei Håsen löpt, Dei duit wier nits, As wenn he slöpt. (ns. ha. G. u. G.) *Wer nach zwei Hasen läuft, der thut nicht mehr, als wenn er schläft.*

---

dl. Wie op twee hazen te gelijk jaagt, vangt geen van beide. *Wer auf zwei Hasen zugleich Jagd macht, fängt keinen von beiden.*
Die twee hazen te gelijk wil vangen, krijgt geen van beide (den eenen verliest hij, den anderen laat hij). *Wer zwei Hasen zugleich fangen will, kriegt keinen von beiden (den einen verliert er, den andern lässt er).*
Men moet geene twee hazen te gelijk willen jagen. *Man muss nicht zwei Hasen zugleich jagen wollen.*
Die twee hazen jaegt, vangt er dikwyls geen. (vl.) *Wer zwei Hasen jagt, fängt oft keinen davon.*
en. He that hunts two hares oft looseth both. *Wer zwei Hasen jagt, verliert oft beide.*
dä. Den, der vil fange to Harer, faaer som oftest slet ingen. *Wer zwei Hasen fangen will, kriegt am öftersten gar keinen.*
Den, der jager to Harer af een Busk, faaer sielden nogen af dem. *Wer zwei Hasen aus einem Busch jagt, kriegt selten einen davon.*

nw. Dan som jagar två Harar, han fangar ingen. *Wer zwei Hasen jagt, fängt keinen.*

sw. Dhen som jagar twå Harar i sänder, han får sällan en dheraff. *Wer je zwei Hasen jagt, kriegt selten einen davon.*

---

lt. Lepores duos insequens neutrum capit.

fz. Qui court deux lièvres (à la fois), n' en prendra (prend) aucun. *Wer zwei Hasen (zugleich) jagt, wird keinen davon fangen (fängt keinen davon).*

Il ne faut pas courir deux lièvres à la fois. *Man muss nicht zwei Hasen zugleich jagen.*

af. Qui dubes lebez bo ò casse L'une perd l'aute que passe. (Gsc.) *Wer zwei Hasen will und jagt, verliert den einen, und der andere läuft vorbei.*

it. Chi due lepri caccia, una perde, e l'altra lascia. *Wer zwei Hasen jagt, verliert einen und lässt den andern.*

mi. Chi bole segue duie levre, una ne perde e l' altra ne lascia. (crs.) *Wer zwei Hasen verfolgen will, verliert den einen und lässt den andern.*

Chi due lepri caccia, l' una non piglia e l' altra lascia. (t.) *Wer zwei Hasen jagt, fängt den einen nicht und lässt den andern.*

ni. A cassá dò legor en d' öna olta, Giöna la scapa, l' ötra l'n volta. (l. brs.) *Wenn man zwei Hasen auf ein Mal jagt, läuft der eine weg und der andere davon.*

si. Qui sighit duos leperes, non nde sighit mancunu (nissunu nde leat). (sa. L.) *Wer zwei Hasen verfolgt, erreicht (fängt) keinen.*

pt. Galgo que muitas lebres levanta, nenhuma mata. *Windhund, der viele Hasen aufjagt, tödtet keinen.*

sp. El que dos liebres caça, a vezes toma la una y muchas vezes ninguna. *Wer zwei Hasen jagt, fängt mitunter den einen und oft keinen.*

Galgo, que muchas liebres levanta, ninguna mata. *S. Galgo u. s. w.*

755. **Zwei Fliegen mit einer Klappe schlagen.**

Zwei Fliegen auf einen Schlag schlagen.

Zwei Füchse in einem Loche fahen.

md. Zwö Mécken an ëngem Schlâch fëyken. (mrh. L.) *Zwei Fliegen in einem Schlag fangen.*

Do ka mer awer zwo Flege bet em Lappe schlo. (mrh. N.) *Da kann man aber zwei Fliegen mit einem Streich schlagen.*

od. Der fangt zwei Vögel in einem Schlag. (schwb.)

Zwo Kitzen *(Zwei junge Ziegen)* an ein Seil binden. (schwb.)

Zwei Fliegen mit einem Streich todtschlagen. (schwei.)

Zwei Hasen in einem Lauf erreichen. (schwei.)

Mit einem Stein zwei Würfe thun. (schwei.)

Mit einer Schwester zween Schwäger machen. (schwei.)

En bod mid uana Schlog zwoa Fluign dawischt. (st.) *Er hat mit einem Schlag zwei Fliegen erwischt.*

pd. Twei Fleigen mit einem Klappe slahn. (ns. ha. H.)

---

dl. Twee vliegen met éénen klap slaan.

Dat is twee vliegen in één' klap (met één lap). *Das sind zwei Fliegen auf einen Schlag (mit einem Streich).*

Twee vogels schieten met één bout. *Zwei Vögel mit einem Bolzen schiessen.*

Twee appelen met éénen stok afwerpen. *Zwei Äpfel mit einem Stock abwerfen.*

Twee muren met één wispel witten. *Zwei Mauern mit einem Pinsel weissen.*

Hy wil twee swagers mit eene dochter maecken. (ah.) *Er will zwei Schwiegersöhne mit einer Tochter machen.*

Hy can wel twee rugghen wt een vercken snyden. (ah.) *Er kann wohl zwei Rücken aus einem Schweine schneiden.*

en. To kill two flies with one flap. *Zwei Fliegen mit einer Klappe tödten.*

To kill two birds with one stone (shaft). *Zwei Vögel mit einem Stein (Pfeil) tödten.*

To give two hits with one stone. *Zwei Schläge mit einem Stein thun.*

To stop two gaps with one bush. *Zwei Lücken mit einem Wisch zustopfen.*

That's felling twa dogs wi' ae stane. (scho.) *Das heisst zwei Hunde mit einem Stein niederschlagen.*

fs. Hi slugh taau Fleegen unnar ian Klap. (A.) *Er schlug zwei Fliegen mit einer Klappe.*

Diär waad' tau Flüggen me jen Klaps sleinen. (S.) *Der wird zwei Fliegen mit einem Klapps schlagen.*

---

dä. At slaae to Fluer med eet Smæk.

At slaae to Søm med een Hede. *Zwei Nägel mit einer Hitze schmieden.*

Ondt er at have to Maage til een Datter. *Schwer ist's, zwei Schwiegersöhne für eine Tochter zu haben.*

Tw scalt eij haffwe two Swaawre tijl een Daatther. (adä.) *Du wirst nicht zwei Schwiegersöhne zu einer Tochter haben.*

is. Bägt er (Ekki er hægt) (það er ekki hægt), að gjöra tvo mága úr (að) einni dóttur. *Schwer ist's (Nicht ist's leicht) (Es ist nicht leicht), zwei Schwiegersöhne aus (zu) einer Tochter zu machen.*

nw. Slaa tvo Flugor med ein Smikk.

sw. Han slår två flugor med en smäll. *Er schlägt zwei Fliegen mit einem Klaps.*

Icke två mågar åt en dotter. *Nicht zwei Schwiegersöhne für eine Tochter.*

Gör ey twa magha aff en dotther. (asw.) *Mache nicht zwei Schwiegersöhne aus einer Tochter.*

---

lt. In saltu uno duos capere apros.

Duos parietes una dealbari fidelia (de eadem dealbare fidelia).

Filiolæ soli generos binos dare noli! (mlt.)

fz. Abattre deux mouches d' un coup de savate. *Zwei Fliegen mit einem Schuhklaps niederschlagen.*

Faire d' une pierre deux coups. *Mit einem Steine zwei Schläge thun.*

Faire d' une fille deux gendres. *Mit einer Tochter zwei Schwiegersöhne machen.*

nf. Abatte deux geies d' ou côp d' warokai. (w.) *Zwei Nüsse mit einem Ruthenhieb abschlagen.*

Fer d' ine pire deux côps. (w.) *S. Faire d' une pierre u. s. w.*

af. Faray d' uno peyro dous cops. (nprv.) *Ich werde mit einem Stein zwei Würfe thun.*

it. Pigliar due colombi (piccioni) à (ad) una fava. *Zwei Tauben mit einer Bohne fangen.*

Pigliar due tordi à una pania. *Zwei Drosseln mit einem Leim fangen.*

Batter (Far) due chiodi in (ad) una calda. *S. At slaue to Som u. s. w.*

Far d' una figlia due generi. *S. Faire d' une fille u. s. w.*

Con un dono farsi due amici. *Mit einem Geschenk sich zwei Freunde machen.*

Fare una via e due servigi. *Einen Weg und zwei Dienste thun.*

Fare una strada e due viaggi. *Einen Weg und zwei Reisen machen.*

mi. Cun na spica ciapè dò passar. (rom.) *Mit einer Ähre zwei Sperlinge fangen.*

Fêr un viaz e du sarvézzi. (rom.) *Eine Reise und zwei Dienste thun.*

Amazzê du usell in t na steiupté. (rom.) *Zwei Vögel mit einem Schuss tödten.*

Prender due colombi a una fava. (t.) *S. Pigliar due colombi u. s. w.*

Far un viaggio e due servigi. (t.) *S. Fêr u. s. w.*

Scaldar due ferri ad un fuoco. (t.) *Zwei Eisen bei einem Feuer hitzen.*

Ho battuto due chiodi a un caldo. (t.) *Ich habe zwei Nägel bei einer Hitze geschmiedet.*

Con una figliuola si fanno due generi. (t.) *Mit einer Tochter macht man zwei Schwiegersöhne.*

Far un fatt e du servezi. (em. B.) *Eine Verrichtung und zwei Dienstleistungen thun.* ni.

Far un viaz e du servizzi. (em. P.) *S. Fêr u. s. w.*

Metter du mort in t' na busa. (em. P.) *Zwei Todte in einen Sarg legen.*

Fêr int' un viaż dun servizi. (em. R.) *Mit einer Reise zwei Dienste erweisen.*

L' è bell de fa ona strada e dun servizi. (l. m.) *Es ist schön, einen Weg und zwei Dienste zu thun.*

Piè doi colomb con una fava. (piem.) *S. Pigliar due colombi u. s. w.*

Bate doi ciò a una bujia. (piem.) *S. At slaue to Som u. s. w.*

Bate doi fer a na bujia sola. (piem.) *Zwei Eisen bei einer einzigen Hitze schmieden.*

D' una fia fe doi gener. (piem.) *S. Faire d' une fille u. s. w.*

Auf una gira fe doi servissi. (piem.) *S. Fêr int' u. s. w.*

Far un viagio e do servizi. (v.) *S. Fêr u. s. w.*

Fa una via e due servizi. (npl.) *Er macht einen Weg und zwei Dienste.* si.

Cu na figghia fa centu jennari. (s.) *Mit einer Tochter macht er hundert Schwiegersöhne.*

De una fiza nde queret chentu bènneros. (sa.) *Von einer Tochter will er hundert Schwiegersöhne.*

Una viaggiu et duos servitios. (sa.) *Eine Reise und zwei Dienste.*

Matar dous passaros com huma pedra. *Zwei Sperlinge mit einem Steine tödten.* pt.

Una via y dos mandados. *Ein Weg und zwei Aufträge.* sp.

---

756. **Zwei Hund' an einem Bein Kommen selten überein.**

Zwei Hahnen auf einem Mist vertragen sich nicht.

Zwei Hähne taugen nicht auf einem Mist.

Zwei **Narren** in einem Haus Haben allzeit **Streit und Strauss.**

Zwei Narren unter einem Dache und zwei Töpfer in einem Dorfe vertragen sich nicht.

Zwei Katzen und eine Maus, Zwei Weiber in einem Haus, Zwei Hund' an einem Bein Kommen selten überein.

Das zwûne hunde ein bein nagen, Ân grînen, hoere ich selten sagen. (ad.)

md. Zwēn Hunne' ferdroe' sēch nēt op ênger Mescht. (mrh. L.) *S. Zwei Hahnen u. s. w.*

Zwei Weiber vor einem Ofenloch taugt nicht. (sä. V.)

od. Zwei Hund an einem Bein kommen nit *(nicht)* überein. (bair. L.)

Zwei Narren Können nicht viel mit einander karren. (schwb. W.)

Zwoa Weiber in 'ra Kuche thend nie guet. (schwb. W.) *Zwei Weiber in einer Küche thun nie gut.*

Wenn zwey Hunde an einem Bein nagen, so giebt's Händel. (schwei.)

Zwei Pfeiffer in einem Wirthshaus taugen nicht. (schwei.)

Wenn meh *(mehr)* Frau-n im Huus *(Haus)* sind as *(als)* Oefe *(Ofen)*, so ist ke *(kein)* Fride drin. (schwei.)

Die Eulen und die Raben, Zwey, die einen Bulen haben, Zwey Hunde an einem Bein Kommen selten überein. (schwei.)

E Chatz und e Muus, zwee Güggel im e Huus, en alte Ma und e jungs Wiib bliibet sälte-n ohne Chiib. (schwei.) *Eine Katze und eine Maus, zwei Hähne in einem Haus, ein alter Mann und ein junges Weib, bleiben selten ohne Gekeif.*

pd. Twê Hān upp ên Mess, twê Furrlû(d) upp ên Waog'n, twê Mudders in ên Hûs, dê kŏnn' sick pich ve(r)draog'n. (ns. A.) *Zwei Hähne auf einem Mist, zwei Fuhrleute auf einem Wagen, zwei Hausfrauen in einem Haus, die können sich nicht vertragen.*

Twee Wiefen aver een Däl is een to väl. (ns. ofs.) *Zwei Weiber auf einer Diele, ist eine zu viel.*

Zwei Hähne auf einem Misthaufen vertragen sich nicht. (ns. Pr.)

Zwei Ferkel in einem Sack vertragen sich nicht. (ns. Pr.)

Dre Hunde an een Knokken verdrääget sik sellen. (ns. W. P.) *Drei Hunde an einem Knochen vertragen sich selten.*

———

nl. Twee honden aan één been Komen zelden overeen.

Twee narren in één huis, Dat maakt te groot gedruisch. *Zwei Narren in einem Haus, das macht zu grossen Lärm.*

Twee gekken (hoovaardigen) kunnen het op éénen ezel niet uithouden. *Zwei Narren (Hoffärtige) können es auf einem Esel nicht aushalten.*

Twee musschen aan ééne korenaar verdragen elkander niet. *Zwei Sperlinge an einer Kornähre vertragen sich nicht.*

Geen twee katten aan één muis, Geen twee vrouwen in één huis. *Nicht zwei Katzen an einer Maus, nicht zwei Frauen in einem Haus.*

Twee hanen in een huis, De kat met de muis, Een oud man en een jong wijf Geeft eeuwig gekijf. *Zwei Hähne in einem Haus, die Katz' mit der Maus, ein alter Mann und ein jung Weib gibt ewig Gekeif.*

Daer twee honden knaegen an een been, Die draegen sick selden ouer een. (ah.) *Wo zwei Hunde an einem Bein nagen, stimmen sie selten überein.*

Twee minnaers aen eene figure, Van eender neeringhe twee ghebuere. (avl.) *Zwei Liebhaber von einem Gesicht, zwei Nachbaren von einem Gewerbe.*

Twee hanen in een huys, de catte en de muys, een oudt man en jonck wyf, is eeuwelick een ghekyf. (avl.) *Zwei Hähne in einem Haus, die Katze und die Maus, ein alter Mann und junges Weib ist ewig ein Gekeif.*

Twee zotten in een huis Maken een groot gedruis. (vl.) *Zwei Narren in einem Haus machen einen grossen Lärm.*

Twee meesters in an huis, Twee katten up a muis, Twee houden up a been, Kommen zelden overeen. (vl. F.) *Zwei Meister in einem Haus, zwei Katzen an einer Maus, zwei Hunde an einem Bein kommen selten überein.*

en. Two of a trade seldom agree. *Zwei von einem Gewerbe stimmen selten überein.*

Two cats and one mouse, Two wives in one house, Two dogs to one bone Will never agree in one. *Zwei Katzen und eine Maus, zwei Weiber in einem Haus, zwei Hunde an einem Bein, kommen niemals überein.*

Two wymen in one howse, Two cattes and one mowce, Two dogges and one bone, Maye never accorde in one. (aen.) *Zwei Frauen in einem Hause, zwei Katzen und eine Maus, zwei Hunde und ein Bein stimmen nie überein.*

Twa fools in ae (ane) house are a pair over mony (is over many). (scho.) *Zwei Narren in einem Hause sind ein Paar zu viel (sind zu viel).*

Twa cats and ae mouse, Twa mice in ae house. Twa dogs and ae bane Ne'er will agree in ane. (scho.) *S. Two cats u. s. w.*

fs. Twäier Hünne forlicke äi äm än Knaake. (M.) *Zwei Hunde vertragen sich nicht um einen Knochen.*

---

dä. To Hunde forliges sjelden om eet Been. *Zwei Hunde vertragen sich selten um ein Bein.*

To Hunde forliges ikke om eet Been, saa gjør ikke heller to Bejlere om een Brud. *Zwei Hunde vertragen sich nicht um ein Bein, so thun's auch nicht zwei Freier um eine Braut.*

To Haner due ikke paa een Modding. *S. Zwei Hähne u. s. w.*

To Narre under eet Tag og to Pottemagere i een By forliges ikke. *S. Zwei Narren unter u. s. w.*

To Herrer, to Haner og to Narre i eet Huus kunne ei vel forliges. *Zwei Herren, zwei Hähne und zwei Narren in einem Haus können sich nicht gut vertragen.*

To Haner i et Huus, En Kat og en Muus, Gammel Mand og ung Viv Leve sjelden uden Kiv. *Zwei Hähne in einem Haus, eine Katze und eine Maus, alter Mann und junges Weib leben selten ohne Gekeif.*

En Kat og en Muus, To Haner i et Huus, To Qvinder om een Mand Ei godt forliges kan. *Eine Katze und eine Maus, zwei Hähne in einem Haus, zwei Weiber um einen Mann können sich nicht gut vertragen.*

is. Hundar tveir um eitt bein, og píkur tvær um einn svein, forlíkast sjaldan vel. *Zwei Hunde um ein Bein und zwei Mägde um einen Knecht vertragen sich selten recht.*

Tíkur tvær um eitt bein og píkur tvær um einn svein, verða sjaldan samlyndar í þeirri grein. *Zwei Petzen um ein Bein und zwei Mägde um einen Knecht werden selten einig in ihrem Streit.*

Menn þrír og kvinna ein, hundar tveir um eitt bein, það er sjaldan samþykkt í þeirri grein. *Drei Männer und eine Frau, zwei Hunde um ein Bein, die werden selten in ihrem Streit einig.*

Hundar tveir um eitt bein semjast sjaldan vel. (fær.) *Zwei Hunde um ein Bein vertragen sich selten gut.*

nw. Tvo Hundar um eitt Bein vil sjeldan semjast.

sw. Twå hundar förlikas icke om ett ben. *S. Twäier u. s. w.*

Twå narrar förlikas intet wäl i ett Hus. *Zwei Narren in einem Haus taugen nicht viel.*

Tio fattiga kunna sämjas i ett hus, men icke twå kungar i ett land. *Zehn Arme können in einem Hause in Eintracht leben, aber nicht zwei Könige in einem Land.*

Una domus non alit duos canes. **lt.**

Deux chiens à un os ne s' accordent. *S. Twäier u. s. w.* **fz.**

Quand deux chiens se mettent après un os, ils ne s' accordent guère. *Wenn zwei Hunde hinter einem Knochen her sind, vertragen sie sich schwer.*

A un os Deux chiens fallos. *Bei einem Knochen zwei närrische Hunde.*

Deux orgueilleux ne peuvent estre portez sur un asne. *Zwei Hochmüthige können nicht von einem Esel getragen werden.*

En un hostel deux femmes c' est débat. *In einem Haus zwei Frauen, das ist Streit.*

Deux moineaux sur même épi ne sont pas longtemps unis. *Zwei Sperlinge auf derselben Ähre sind nicht lange einig.*

Deux chiens sont mauvais à un os. (Chmp.) **nf.** *Zwei Hunde bei einem Knochen sind bös.*

I n' fât nin deux coqs so in ancini. (w.) *Zwei Hähne dürfen nicht auf einem Miste sein.*

Non istanno bene due galli in un cortile. *Zwei* **it.** *Hähne in einem Hofe thun nicht gut.*

Essere due ghiotti a un tagliere. *Zwei Vielfrasse sein, die zusammen essen.*

Non istanno bene due ghiotti a un tagliere. *Zwei Vielfrasse, die zusammen essen, thun nicht gut.*

Due piedi non istanno bene in una calza. *Zwei Füsse in einem Strumpfe thun nicht gut.*

Due jalli a un pullaghiu 'un ci ponsonu stà. **mi.** (crs.) *Zwei Hähne können nicht auf einem Hühnerhofe sein.*

Dui galli a un pullaghiu ci stanu male. (crs.) *Zwei Hähne in einem Hühnerhofe befinden sich schlecht.*

Du chen attorn a un òss. (rom.) *Zwei Hunde um ein Bein.*

Du gh'èll in t' un pulèr. (rom.) *Zwei Hähne in einem Hühnerhofe.*

Non istanno bene due galli in un pollajo. (t.) *Zwei Hähne thun nicht gut in einem Hühnerhofe.*

Due corbi a un ramo. (t.) *Zwei Raben an einem Zweige.*

Êsser in du can a rusgar un os. (em. B.) *Zwei* **ni.** *Hunde sein, die an einem Knochen nagen.*

Du gall in-t-un pular cn' stan bèin. (em. B.) *S. Non istanno bene due galli in un pollajo.*

I' bin dun gaj int un pollèr. (em. R.) *Es sind zwei Hähne in einem Hühnerhof.*

No i stà mai be dû gai in d' ün polèr. (l. b.) *Niemals befinden sich zwei Hähne in einem Hühnerhofe gut.*

Dü gai in d' ün polè no stan mai ben. (l. m.) *S. No i sta u. s. w.*

No i ghe starà mai ben dü gai in d' ün polè. (l. m.) *Niemals werden zwei Hähne in einem Hühnerhofe sich gut befinden.*

Esse doi can antorn a n' òss. (piem.) *Zwei Hunde an einem Beine sein.*

Esse doi gaj ant un gioch. (piem.) *Zwei Hähne in einem Hühnerstall sein.*

Esse doe volp ant un sach. (piem.) *Zwei Füchse in einem Sacke sein.*

Do gali in t' un ponaro i se beca. (v.) *Zwei Hähne in einem Hühnerhofe beissen sich.*

Do pie no sta ben in t' una scarpa. (v.) *Zwei Füsse in einem Schuh thun nicht gut.*

si. Non ponno stà due galle 'nn una stia. (npl.) *Zwei Hähne können nicht auf einer Hühnersteige sein.*

Duos lambridos ad una tazeri non andat mai bene. (sa. L.) *Zwei Vielfrasse, die zusammen essen, das geht nie gut.*

Duos mazzones intro una tana non andant mai bene. (sa. L.) *Zwei Füchse in einem Bau kommen nie gut miteinander aus.*

lm. Dos galls en un galliner no cantan bè. (neat.) *Zwei Hähne in einem Hühnerstall singen nicht gut.*

Dos galls en un galliner no canten bè. (val.) *S. Dos galls u. s. w.*

pt. Duas aves de rapina não se guardão companhia. *Zwei Raubvögel halten nicht Gesellschaft.*

Bácoro em celleiro não quer parceiro. *Junges Schwein im Speicher will keinen Gefährten.*

Dous soes não cabem no mundo. *Zwei Sonnen haben nicht Raum in der Welt.*

sp. A dos pardales en una espiga nunca hay liga. *Bei zwei Sperlingen auf einer Ähre gibt's nie Freundschaft.*

Dos aves de capiña no mantienen compaña. *S. Duas aves u. s. w.*

Dos pardales en una espiga: nunca liga. (asp.) *Zwei Sperlinge auf einer Ähre: nie Freundschaft.*

---

757. **Zweie sind Eines Herr, Dreie fressen ihn gar.**

Zwêne sint eines her. (ad.)

Twee wolven eten ligt een schaap. *Zwei Wölfe* **dl.** *fressen leicht ein Schaf.*

Twee wolven zouden wel een schaap eten. *Zwei Wölfe würden wohl ein Schaf fressen.*

Mere mna To end Een. *Mehr vermögen Zweie,* **dä.** *als Einer.*

To ere een Mands Herre. *Zweie sind eines Mannes Herr.*

Noli pugnare duobus. **lt.**

Duo sunt exercitus uni. (mlt.)

Deux loups mangent bien une brebis Et deux **fz.** cordeliers une perdrix. *Zwei Wölfe essen wohl ein Schaf und zwei Franziskaner ein Rebhuhn.*

Lupu e liuni manciunu la pecura. (si. s.) *Wolf* **it.** *und Löwe fressen das Schaf.*

Dous lobos a hum cão, bem o comerão. *Zwei* **pt.** *Wölfe zu einem Hund, werden ihn wohl auffressen.*

Dos lobos á un can Ben o comeran. (gal.) *S. Dous u. s. w.*

---

758. **Zwei Zungen stehen übel in einem Munde.**

Zwô zungen stânt unebne in einem munde. (ad.)

Arger ist zweier zungen munt und bœser denn ein vûler hunt. (ad.)

Hij heeft twee tongen (eene dubbele tong) in **dl.** den mond. *Er hat zwei Zungen (eine Doppelzunge) im Mund.*

Hij spreekt met twee tongen (is tweetongig). *Er spricht mit zwei Zungen (ist zweizüngig).*

Man skal ei have to Tunger i een Mund. *Man* **dä.** *soll nicht zwei Zungen in einem Munde haben.*

Man scal eij haffwe two Twngher i een Hooss. (adä.) *Man soll nicht zwei Zungen in einem Kopfe haben.*

Margr hefir tvær túngur i einu höfði. *Mancher* **is.** *hat zwei Zungen in einem Kopfe.*

Tvo Tungor i ein Haus er for myket. *Zwei* **nw.** *Zungen in einem Kopfe sind zu viel.*

D' er leidt aa tala med tvo Tungor. *Es ist übel, mit zwei Zungen zu reden.*

sw. Man måste intet haa twå tungor i munnen. *Man muss nicht zwei Zungen im Munde haben.*

Man skal egh hana twa tunggor i een mun. (asw.) *S. Man skal u. s. w.*

---

lt. Bajula linguarum (lingvarum) non sit faux una duarum. (mlt.)

---

759. **De Tacken årdet nå'n Stamme, men Ûlen brö'et Ûlen.** (wstf. Mst.) *Die Zweige arten nach dem Stamme, aber Eulen brüten Eulen.*

pd. De Tacken aardet na'n Stamme, man Uulen broiet Uulen. (wstf. O.)

---

dt. De takken aarden naar den stam. *Die Zweige arten nach dem Stamm.*

fs. Hoe eeler bæm, hoe boeghsæmer twiegh. (afs.) *Je edler (der) Baum, je biegsamer (der) Zweig.*

---

dä. Sjelden er Grenen bedre, end Bullen. *Selten ist der Zweig besser, als der Stamm.*

Siælden ær Green bædræ æn Bull. (adä.) *S. Sjelden u. s. w.*

is. Svo er kvistrinn sem aðaltréð. *So ist der Zweig, wie der Hauptstamm.*

Sjaldan hevir góður kvistur sprottið áf illum runni. (fær.) *Selten ist ein guter Zweig aus einem schlechten Stamm entsprossen.*

nw. Kvisten er sjeldan betre en Treet. *Der Zweig ist selten besser, als (der) Baum.*

D' er sjeldan søte Kvister paa beiske Tre. *Es sind selten süsse Zweige an bitterm Baum.*

sw. Sällan är greenen bättre än bolden. *S. Sjelden u. s. w.*

Siællan ær quisther bwli bætra. (asw.) *S. Sjelden u. s. w.*

---

lt. Robore quam (qvam) ramus melior fit (sit) raro probamus. (mlt.)

cw. La stiala vegn dal len. (obl.) *Der Span kommt vom Holz.*

fz. De faulx arbre mauvais syon. (afz.) *Von unechtem Baum schlechter Zweig.*

sf. Toustem (Que eau que) l' estèro qu'es semble au bus. (Brn.) *Immer ist (Es muss) der Span dem Klotze gleich (sein).*

it. La stippa somiglia il legno. *Der Span gleicht dem Holz.*

Ogni steccu s' assumiglia a u so legnu. (crs.) mi. *Jeder Span gleicht seinem Holz.*

Del legno n' esce lo stecco. (crs.) *S. La stiala u. s. w.*

Il ramo somiglia il tronco. (t.) *Der Zweig gleicht dem Stamm.*

La scheggia ritrae dal ceppo. (t.) *Der Span gleicht dem Klotz.*

Dai bu sôch vo i bu taparël. (l. b.) *Von den* ni. *guten Klötzen kommen die guten Späne.*

D' ön bröt sôch no pël mai vegner föra öna buna stèla. (l. b.) *Von einem schlechten Klotz kann nie ein guter Span kommen.*

Conforma i sciöch ven föra i tap. (l. m.) *Dem Klotz gemäss kommen die Späne.*

Dal zoco se tagia le stele. (v.) *Aus dem Klotz schneidet man die Späne.*

Come è il legno, così ti dà la tacca. (npl.) *Wie* si. *das Holz ist, so gibt es dir den Span.*

Segundu su truncu s' ascia, et dai s' ascia s' ascitza. (sa.) *Dem Stamm nach der Zweig und vom Zweig der Span.*

De ruin madeira nunca boa astela. (gal.) *Von* pt. *schlechtem Holz niemals guter Splitter.*

De ruin cepa nunca buen sarmiento. *Von* sp. *schlechtem Weinstock niemals gute Rebe.*

De mala mata nunca buena zarza. *Von schlechter Hecke niemals guter Brombeerstrauch (Dornbusch).*

---

760. **Zwiebeln trägt man hin, Knoblauch bringt man wieder.**

Doch swer ein obez trüege nâch Bern, ez smaete nâch sînem stamme gern. (md.)

Zipollen jögt men weg un Knuflåk krigt men pd. wëer. (ns. ha. G. u. G.) *Zwiebeln jagt man weg und Knoblauch kriegt man wieder.*

Andàr via in t' una botta e tornar in t' un it. fiasch. (ni. em. P.) *In einem Fasse gehen und in einer Flasche wiederkommen.*

Andar in t'un sacch e tornar in t'un baril. ni. (em. P.) *In einem Sack gehen und in einer Tonne wiederkommen.*

Andè via ant un sach e tornè ant un cofo. (piem.) *In einem Sack gehen und in einem Korb wiederkommen.*

Parti ant un baûl e tornè ant un cofo. (piem.) *In einem Koffer wegreisen und in einem Korb wiederkommen.*

si. Amladu ses azu, torradu ses chibudda. (sa. L.) *Du bist als Knoblauch gegangen und als Zwiebel wiedergekommen.*

---

761. Pferde lassen sich zum Wasser bringen, Aber nicht zum Trinken **zwingen.**

md. Man kann einen Esel an den Bach führen, ihn aber nicht zwingen, zu saufen. (mrh. E.)

't Kann ĕn den Iésel wuol op d' Drêgk fēeren, 't kann iéwel kēn en zwangen ze drêyken. (mrh. L.) *Es kann Einer den Esel wohl zur Tränke führen, es kann aber Keiner ihn zwingen, zu trinken.*

pd. Men kann der Oës wal tör Drenk lëe, mar töm Suupe kann men öm net twenge. (nrh. Gl.) *Man kann den Ochsen wohl zur Tränke leiten, aber zum Trinken kann man ihn nicht zwingen.*

Ein kan den Êsel wol henbringen nâ'n Wâter, âwer ein kan' ne nich twingen, dat he süpt (dat he sûpen sal). (ns. ha. G. u. G.) *Man kann den Esel wohl hinbringen nach dem Wasser, aber man kann ihn nicht zwingen, dass er säuft (saufen soll).*

Man kann dean Îsel wal int Waater dreiwen, ower tëun siupen ni. (wstf. Dr.) *Man kann den Esel wohl in's Wasser treiben, aber zum Saufen nicht.*

Me twinget wuol en Iesel int Water, âwwer nitt dat he süpet. (wstf. Mrk.) *Man zwingt wohl einen Esel in's Wasser, aber nicht, dass er säuft.*

M' kaun wuol en Iesel in 't Water driiwen, âber nich twingen, dat he süpt. (wstf. R.) *Man kann wohl einen Esel in's Wasser treiben, aber nicht zwingen, dass er säuft.*

---

dl. Men brengt wel ligt een paard (een' os) te water, maar dwing' het (hem) eens, om te zuipen. *Man bringt wohl leicht ein Pferd (einen Ochsen) zum Wasser, aber zwingt es (ihn) einmal zu saufen.*

Eén man kan het paard naar het wed brengen, maar geen tien man kunnen het doen zuipen. *Ein Mann kann das Pferd zur Tränke bringen, aber nicht zehn Mann können es zum Saufen bringen.*

Men kan een' ezel niet doen drinken, of hij moet dorst hebben. *Man kann einen Esel nicht zum Trinken bringen, oder er muss Durst haben.*

Noch innig slaan, noch harde dwang doet den ezel drinken. *Weder harte Schläge, noch Zwang bringen den Esel zum Trinken.*

De grootste geleerde kan eene spin niet dwingen, haar webbe te maken. *Der grösste Gelehrte kann eine Spinne nicht zwingen, ihr Netz zu machen.*

en. A man may lead a horse to the water, but he cannot make him drink, unless he will. *Ein Mann kann ein Pferd zum Wasser führen, er kann es aber nicht trinken machen, wenn es nicht will.*

A child may take a horse to water, but ten men cannot make him drink. *Ein Kind kann ein Pferd zum Tränken führen, aber zehn Männer können es nicht trinken machen.*

Ane may lead a horse to the water, but four and twenty cannot gar him drink. (scho.) *Einer kann ein Pferd zum Wasser führen, aber vierundzwanzig können es nicht zum Trinken zwingen.*

Ae man may tak (bring) a horse to the water, but twenty winna (wunna) yar (gar) him drink. (scho.) *Ein Mann kann ein Pferd zum Wasser führen, aber zwanzig werden es nicht zum Trinken bringen.*

---

dä. Man kan nøde Hesten (en Hest) til Vands, men ikke til at drikke. *Man kann das (ein) Pferd zum Wasser nöthigen, aber nicht zum Trinken.*

Man kan nøde Koen (en Oxe) til Vands, men ikke til at drikke. *Man kann die Kuh (einen Ochsen) zum Wasser nöthigen, aber nicht zum Trinken.*

Man kan nøde en Mand til at blunde, men ikke til at sove. *Man kann einen Mann nöthigen, die Augen zu schliessen, aber nicht zu schlafen.*

Den Hest, man skal nøde til Vandet, drikker ikke meget. *Das Pferd, welches man zum Wasser nöthigen muss, trinkt nicht viel.*

Man maa ledhe Oxen til Wandeth, man kan ey nøde hannem at dricke. (adä.) *Man mag den Ochsen zum Wasser leiten, man kann ihn nicht zum Trinken zwingen.*

is. Ein kann leiða oxan át ánni, men tiggju fáa hann ikki at drekka. (fær.) *Einer kann den Ochsen zum Flusse führen, aber Zehne bringen ihn nicht zum Trinken.*

sw. Man kan tvinga hästen till vattnet, men inte at dricka. *Man kann das Pferd zum Wasser zwingen, aber nicht zum Trinken.*

Oxen kan man väl leda (Man kan väl leda oxen) till brunnen, men ej tvinga honom at dricka (truga honom dricka). *Den Ochsen kann man wohl zum Brunnen führen, aber nicht zum Trinken zwingen.*

Man kan twinga en til blunda, men icke til sofwa. *S. Man kan node en Mond u. s. w.*

Man ma ledha vxan til watn ok ey nodha han til at drikka. (asw.) *Man kann den Ochsen zum Wasser führen und ihn nicht nöthigen zu trinken.*

---

lt. Bos ad aquam (aqvam) tractus non vult potare coactus. (mlt.)

fz. On ne fait boire l' âne quand il ne veut. *Man bringt den Esel nicht zum Trinken, wenn er nicht will.*

On ne saurait (peut) faire boire un âne, s' il n' a soif. *Man kann einen Esel nicht zum Trinken bringen, wenn er nicht Durst hat.*

On a beau mener le boeuf à l' eau, s' il n' a soif. *Man führt den Ochsen umsonst zum Wasser, wenn er nicht Durst hat.*

nf. On n' sâreut fer beure in âgne qui n' a nin seu. (w.) *S. On ne saurait u. s. w.*

sf. Que bè mau ba bebe û ason si non a sed. (Brn.) *Es ist übel, einen Esel zum Trinken zu bringen, wenn er nicht Durst hat.*

Non pouedon fayre beoure un ay si nou a set. (nprv.) *S. On ne saurait u. s. w.*

it. Trenta monaci ed un abate non farebbero bere un asino per forza. *Dreissig Mönche und ein Abt können einen Esel nicht mit Gewalt zum Trinken bringen.*

Quando i bovi non vogliono arare, Non serve fischiare, non serve fischiare. *Wenn die Ochsen nicht ackern wollen, hilft kein Pfeifen, hilft kein Pfeifen.*

mi. Non serva fischiare per chi non vuol bevere. (crs.) *Pfeifen hilft nicht für den, der nicht trinken will.*

Quando il bue non vuol arare, Tu puoi cantare, tu puoi cantare (Non serve fischiare, non serve fischiare). (t.) *Wenn der Ochse nicht ackern will, kannst du singen, kannst du singen (hilft kein Pfeifen, hilft kein Pfeifen).*

ni. No se pöl fa bev l'asen per forza. (l.) *Man kann den Esel nicht mit Gewalt zum Trinken bringen.*

Quand el bö no'l völ laorà, Te pödet cantà, te pödet cantà. (l. b.) *Wenn der Ochse nicht arbeiten will, so magst du singen, so magst du singen.*

Se i bö g'àn propi vöia no de arà, L'è inütil e l'è pari a siffolà. (l. m.) *Wenn die Ochsen durchaus keine Lust zum Ackern haben, so ist es unnütz, zu pfeifen.*

No se pol far balar l'aseno per forza. (v.) *Man kann den Esel nicht mit Gewalt zum Tanzen bringen.*

Tutta Malta nun potti fari biviri nu' asinu pri si. forza. (s.) *Ganz Malta kann einen Esel nicht mit Gewalt zum Trinken bringen.*

Tutta Roma non potti fari viviri un asinu pri forza. (s. C.) *Ganz Rom kann einen Esel nicht mit Gewalt zum Trinken bringen.*

Bè pods xiular si l' ase no vol béurer. (ncat.) lm. *Du kannst gut pfeifen, wenn der Esel nicht trinken will.*

Trenta mones e un abat non pofar cagar un aseno â mal so grat. (ucat.) *Dreissig Mönche und ein Abt können einen Esel nicht dazu bringen, wider seinen Willen zu sch—.*

Treynta monjes y un Abad no pueden hazer sp. cagar un asno contra su voluntad. *S. Trenta u. s. w.*

---

762. Sich zwischen zwei Stühle setzen.

Wer auf zwei Stühlen sitzen will, fällt oft mitten durch.

Auf zwei Sätteln sitzen.

Sus bin ich an die blözen stat zwischen zwein stüelen gesezzen. (ad.)

Zweschent zwë'Still um Buodem setzen. (mrh. L.) md.
Zwischen zwei Stühlen am Boden sitzen.

Er ist zwischen zwei Ståhle niedergesessen. od. (bair.)

Zwischen zwei Stühlen niedersitzen. (schwei.)

Zwüsched Stüel ond Benk choh. (schwei. A.) *Zwischen die Stühle und Bänke kommen.*

Zwäschen zwin Stålen än de Môr sätzen. pd. (mrh. S.) *Zwischen zwei Stühlen im Koth sitzen.*

Twusken twee Stohlen dalsittn. (ns. B.) *S. Zwischen zwei Stühlen u. s. w.*

Op twee stoelen te gelijk zitten. *Auf zwei* dl. *Stühlen zugleich sitzen.*

Tusschen twee stoelen valt de aars op de aarde. *Zwischen zwei Stühlen fällt der Hintere auf die Erde.*

Die teffens op twee stoelen wil zitten, raakt onderwijl op den grond. *Wer auf zwei Stühlen zugleich sitzen will, fällt dabei auf den Boden.*

Tusschen twee stoelen in d' assche vallen. (vl.) *Zwischen zwei Stühlen in die Asche fallen.*

en. Between two stools the breech cometh to the ground. *Zwischen zwei Stühlen kommt das Beinkleid auf den Boden.*

Between two stools he came to the ground. (m. en.) *Zwischen zwei Stühlen kam er auf den Boden.*

Betwixt twa stools the arse falls down. (scho.) *Zwischen zwei Stühlen fällt der Hintere herunter.*

---

dä. Mellem to Skamler falder Ars i Asken. *Zwischen zwei Schemmeln fällt der Hintere in die Asche.*

Mellom two Sthoolse faller Artz paa Jordhe. (adä.) *S. Tusschen twee stoelen valt u. s. w.*

is. Milli tveggja stóla féllur rass á gólf. *S. Tusschen twee stoelen valt u. s. w.*

sw. Sittia emillan twå stolar. *Sitzen zwischen zwei Stühlen.*

Mællom twa stola faldher stiærtin i eldh. (asw.) *Zwischen zwei Stühlen fällt der Hintere in's Feuer.*

---

lt. Duabus sedere sellis.

Sedibus in mediis homo sepe resedit in imis. (mlt.)

Inter scamna (scampna) duo labitur anus humo. (mlt.)

fz. Entre deux selles, le cul à terre. *Zwischen zwei Sätteln der Hintere auf der Erde.*

Se trouver (Être) (Demeurer) entre deux selles (chaises) le cul à terre. *Sich zwischen zwei Sätteln (Stühlen) mit dem Hintern auf der Erde befinden.*

Entre deux arçouns chet cul à terre. (afz.) *Zwischen zwei Sätteln fällt der Hintere zu Boden.*

Entre deus seles chet dos à terre. (afz.) *Zwischen zwei Sätteln fällt der Rücken zu Boden.*

nf. S' trouver l' cou inte deux selles. (w.) *Sich mit dem Hintern zwischen zwei Sätteln befinden.*

sf. Es entré douey sellos, lou cuou au sou. (nprv.) *Er ist zwischen zwei Sätteln, den Hinteren auf dem Boden.*

it. Chi in due scanni vuol sedere, Darà in terra del messere. *Wer auf zwei Bänken sitzen will, wird mit dem Liebwerthesten auf die Erde fallen.*

mi. Tenere il piè in due staffe. (t.) *Den Fuss in zwei Steigbügeln haben.*

Far da sere e da messere. (t.) *Sere (Herr) und Messere zugleich sein wollen.*

Chi tiene il piede in due staffe, spesso si trova fuora. (t.) *Wer den Fuss in zwei Steigbügeln hat, befindet sich oft draussen.*

Tgnir i pi in dòu para d' scarp. (em. B.) *Die* **ni.** *Füsse in zwei Paar Schuhen haben.*

Tgnir i pe in du par de scarpi. (em. P.) *S. Tgnir u. s. w.*

Tignì i pé 'n dó scarpe. (l. V.-C.) *Den Fuss in zwei Schuhen haben.*

Tegnì o pè in due scarpe. (lig.) *S. Tignì u. s. w.*

As peùl nen tnì el pe ant doe scarpe. (piem.) *Man kann nicht den Fuss in zwei Schuhen haben.*

No se pol tegnir el culo su do scagni. (v.) *Man kann nicht den Hintern auf zwei Bänken haben.*

A voler tegnir el cul su do scagni, se casca in tera. (v.) *Wenn man den Hintern auf zwei Bänken haben will, fällt man auf die Erde.*

Nu sedea cu curulŭ în done luntri. *Sitze* **wl.** *nicht mit dem Hinteren in zwei Kähnen.*

---

763. Wer die Finger **zwischen** Thür und Angel steckt, der klemmt sich gern.

Wer sich zwischen Thür und Angel steckt, der klemmt sich.

Wer sich zwischen Stroh und Feuer legt, verbrennt sich gern.

Zwischen Thür und Wand Lege Niemand seine Hand.

Wer klug ist, legt die Hand nicht zwischen Hammer und Amboss.

Stecke dich nicht zwischen Vettern und Freunde, sonst klemmst du dich. (bair.)

Zwischen Thür und Angel stecke keine Hand. **od.**

De sine Hand twusken Bork un Bom stikt, **pd.** klemmt sik. (ns. B.) *Wer seine Hand zwischen Rinde und Baum steckt, klemmt sich.*

De sin Hand tüschen Bôm un Borke steckt, klemmt sick. (ns. O. J.) *Wer seine Hand zwischen Baum und Rinde steckt, klemmt sich.*

Steek uwe hand niet tusschen den post en de **dl.** deur (de schorsse en den boom). *Steckt eure Hand nicht zwischen den Pfosten und die Thür (die Rinde und den Baum).*

That which will not be spun, let it not come **en.** between the spindle and the distaff. *Was nicht gesponnen werden will, lasst es nicht zwischen Spindel und Rocken kommen.*

It's ill meddling between the bark and the rind. (scho.) *Es ist schlimmes Hineinstecken zwischen Bast und Rinde.*

---

dä. Man skal ei trænge sig imellem Bark og Træ. *Man muss sich nicht zwischen Rinde und Baum drängen.*

Man skal ei stinge Haand imellem Bark og Træ. *Man muss nicht die Hand zwischen Rinde und Baum stecken.*

Hvo som trænger sig imellem Bark og Træ, han klemmes inde. *Wer sich zwischen Rinde und Baum drängt, klemmt sich drin.*

Thet ær out at stinghe Handhen mellom Barcken oc Træceth. (adä.) *Es ist übel, die Hand zwischen die Rinde und den Baum zu stecken.*

nw. D' er leidt aa leggja seg millom Bork og Tre. *Es ist übel, sich zwischen Rinde und Baum zu legen.*

D' er ilt aa leggja Handi millom Hamar og Sted. *Es ist schlimm, die Hand zwischen Hammer und Amboss zu legen.*

D' er ilt aa standa imillom Sted og Hamar. *Es ist schlimm, zwischen Amboss und Hammer zu stehen.*

sw. Dhen som kryper millan Barcken och Träät, han blijr klämder. *Wer zwischen die Rinde und den Baum kriecht, der wird gedrückt.*

Ondt råka millan hammar och städh. *Übel, zwischen Hammer und Amboss gerathen.*

Ey ær goth stinga hand mællom træ ok barken. (asw.) *Nicht ist's gut, die Hand zwischen Baum und Rinde zu stecken.*

---

lt. Non vola claudatur, ubi (vbi) libro stirps sociatur. (mlt.)

fz. Il ne faut pas mettre le doigt entre le bois et l'écorce. *Man muss den Finger nicht zwischen das Holz und die Rinde stecken.*

Il faut bien se garder de mettre le doigt entre l'arbre et l'écorce. *Man muss sich wohl hüten, den Finger zwischen den Baum und die Rinde zu stecken.*

Entre l'enclume et le marteau il ne faut pas mettre le doigt. *Zwischen den Amboss und den Hammer muss man nicht den Finger stecken.*

Entre l'enclume et le marteau Qui doigt y met, est un grand veau. *Wer den Finger zwischen den Amboss und den Hammer steckt, ist ein grosses Kalb.*

nf. I n'fåt nin mette si dougt int' l'onhe et l'postai (inte li mårtai et l' èglome). (w.) *Man muss seinen Finger nicht zwischen die Thür und den Pfosten (zwischen den Hammer und den Amboss) stecken.*

Voueli pas metré lou det entre dones peyros. (nprv.) *Stecke nicht den Finger zwischen zwei Steine.* sf.

Non porre il dito fra l' albero e la scorza. *Stecke nicht den Finger zwischen den Baum und die Rinde.* it.

Tra carne ed ugna Nessun (Non sia nom che) vi pugna. *Stosse Niemand zwischen Fleisch und Nagel.*

Nun ti mette mai in mezzo all' unghie e a mi. cherne. (crs.) *Stecke dich nie zwischen die Nägel und das Fleisch.*

Tra l' incudine e il martello, Man non metta chi ha cervello. (t.) *Zwischen den Amboss und den Hammer stecke nicht die Hand, wer Verstand hat.*

Non entri tra fuso e rocca chi non vuol essere filato. (t.) *Komme nicht zwischen Spindel und Rocken, wer nicht gesponnen sein will.*

Tra carn e ongia a bsogna nen butesse d' mes. ni. (piem.) *Zwischen Fleisch und Nägel muss man nicht stossen.*

Tra parent e amis ch' a litigo a venta nen mes'ciesse. (piem.) *Zwischen Verwandte und Freunde, die sich streiten, darf man sich nicht einmengen.*

Non te mettere fra lo stantaro e la porta. si. (npl.) *Stecke dich nicht zwischen den Pfosten und die Thür.*

Chi si mette fra il marito e la moglie e chi si mette fra l'uscio e 'l muro si ammacca le dita. (npl.) *Wer sich zwischen den Mann und die Frau, und wer sich zwischen die Thür und die Mauer stellt, zerquetscht sich die Finger.*

Amaru cui metti lu jdïtu 'mmenzu di la porta. (s.) *Bitter, wer den Finger zwischen die Thür steckt.*

No metas las manos entre dos muelas molares, sp. que te prenderán los pulgares. *Lege nicht die Hände zwischen zwei Mühlsteine, denn sie werden dir die Daumen nehmen.*

Entre dos muelas molares nunca metas tus pulgares. *Zwischen zwei Mühlsteine stecke nie deine Daumen.*

---

764. **Zwischen** Hammer und Amboss sein.

Zwischen Hammer und Amboss kommen.

Zwischen Thür und Angel stecken.

md. Dâ kummt mër zwischer Thûr und Ângel. (frk. M.) *Da kommt man zwischen Thür und Angel.*

od. Er befindet sich zwischen Ross und Wand. (schwei.)

pd. Twüschen *(Zwischen)* Amboss un *(und)* Hamer *(Hammer)*. (ns. Hmb.)

Twischen Bork' unn Boom steken. (ns. P.-H.) *Zwischen Rinde und Baum stecken.*

Hei sütt twöschen Boom un Bork. (ns. Pr.) *Er sitzt zwischen Baum und Rinde.*

---

dt. Tusschen den hamer en het aanbeeld. *Zwischen dem Hammer und dem Amboss.*

en. Between hawk and buzzard. *Zwischen Falken und Weihe.*

Between a hawk and a buzzard. (m. en.) *Zwischen einem Habicht und einer Weihe.*

Between the deil and the deep sea. (scho.) *Zwischen dem Teufel und der tiefen See.*

fs. Twáshe Döhr an Hing sátten. (M.) *Zwischen Thür und Angel sitzen.*

Twáshe Hölt an Burk sátten. (M.) *Zwischen Holz und Rinde sitzen.*

---

dä. At være imellem Kniv og Væg. *Zwischen Messer und Wand sein.*

At sætte een imellem Kniv og Væg. *Einen zwischen Messer und Wand setzen.*

is. Eg vár millum hamars og stiðja. (fær.) *Ich war zwischen Hammer und Amboss.*

sw. Han står emillan Hammar och Städh. *Er steht zwischen Hammer und Amboss.*

---

lt. Inter sacrum et saxum stat.

Inter malleum et incudem.

cw. Esser tranter l' inchüna (massa) et il marté. (ld.) *Zwischen dem Amboss und dem Hammer sein.*

fz. Être entre l'enclume et le marteau. *S. Esser tranter u. s. w.*

nf. Se mette inte l' églome et l' mártai. (w.) *Sich zwischen den Amboss und den Hammer stecken.*

sf. Entré l'enclumi e lou marteou. (nprv.) *Zwischen dem Amboss und dem Hammer.*

it. Esser fra l'incudine e 'l martello. *S. Esser tranter u. s. w.*

Tra l'incudine e 'l martello. *S. Entré u. s. w.*

Tra di botta e di rugiolone. *Zwischen Stoss und Faust.*

Tra (Fra) l'uscio e 'l muro. *Zwischen der Thür und der Mauer.*

Tra (Fra) (Esser fra) Scilla e Cariddi. *Zwischen Scylla und Charybdis (sein).*

Io sono fra l' incude ed il martello. *Ich bin zwischen dem Amboss und dem Hammer.*

Trovarsi fra 'l rotto e lo stracciato. *Sich zwischen dem Zerbrochenen und dem Zerrissenen befinden.*

Si trova fra l' ancutina e u martellu. (crs.) **mi.** *Er befindet sich zwischen dem Amboss und dem Hammer.*

Essar tra l' incóżn e é martèll. (rom.) *S. Esser tranter u. s. w.*

Essar fra l' óss e é mur. (rom.) *Zwischen der Thür und der Mauer sein.*

Strenzar fra l' óss e é mur. (rom.) *Zwischen die Thür und die Wand drücken.*

Essar cun un pê a môll e el' êtar in tl' acqua. (rom.) *Mit einem Fuss im Fussbade und mit dem andern im Wasser sein.*

Trovarsi fra l' uscio e il muro. (t.) *Sich zwischen der Thür und der Mauer befinden.*

Serrare (Stringere) tra l' uscio e il muro. (t.) *S. Strenzar u. s. w.*

Egli è tra la 'ncudine e 'l martello. (t.) *Er ist zwischen dem Amboss und dem Hammer.*

Essere tra le forche e santa Candida.*) (t. fir.) *Zwischen dem Galgen und Sta Candida sein.*

Èsser tra l'ancùzen e al martèll. (em. B.) **ni.** *S. Esser tranter u. s. w.*

Truvars' cûn la co tra l' ûss. (em. B.) *Sich mit dem Hintern zwischen der Thür befinden.*

Esser tra 'l fòurc e al pònt d' Rein.**) (em. B.) *Zwischen dem Galgen und der Renobrücke sein.*

Esser tra l'incùzen e l' martèll. (em. P.) *S. Esser tranter u. s. w.*

Esser tra l' uss e l' assa. (em. P.) *Zwischen der Thür und dem Brett sein.*

Esser tra l' uss e l' mur. (em. P.) *S. Essar fra l'óss u. s. w.*

Èsser tra l'ancóżen e'l martèll. (em. R.) *S. Esser tranter u. s. w.*

Tra l' incôsen e 'l martel. (l.) *S. Entré u. s. w.*

Ese fra o marco e l'anchizze. (lig.)

Esse tra l'ancuso e 'l martel. (piem.) *S. Esser tranter u. s. w.*

Sarê fra l' uss e la muraja. (piem.) *S. Strenzar u. s. w.*

---

*) In Florenz war früher der Platz vor der Kirche von Sta Candida Hinrichtungsplatz.

**) In Bologna wurde früher nahe der Brücke des canale di Reno gehangen.

Esse con un pe a meñj e l' notr ant l' acqua. (piem.) *S. Essar con u. s. w.*

Esser fra l' ancuzene e 'l martèlo. (v.) *S. Esser tranter u. s. w.*

Esser fra l' ancuzine e el martel. (v. trst.) *S. Esser tranter u. s. w.*

si. Istare tra su marteddu et s' incudine. (sa.) *Zwischen dem Hammer und dem Amboss stehen.*

Esser tra s' incudine et i su marteddu. (sa. l.) *S. Esser tranter u. s. w.*

---

765. Twischen two Für stân. (pd. us. P.) **Zwischen** *zwei Feuern stehen.*

---

dl. Hij zwemt tusschen twee waters. *Er schwimmt zwischen zwei Wassern.*

---

dä. Thet ær ont at siddhe imellem two Ildhe. (adä.) *Es ist übel, zwischen zwei Feuern zu sitzen.*

D' er ilt aa sitja millom tvo Eldar. *S. Thet ær u. s. w.* nw.

Han är som emellan tvänne eldar. *Er ist wie zwischen zwei Feuern.* sw.

Ondt sittia millan twå Eldar. *Schlimm zwischen zwei Feuern zu sitzen.*

Thz ær ont sitia mællom twa eldha. (asw.) *S. Thet ær u. s. w.*

Taedet (Tedet) binorum medio residere rogorum. (mlt.) lt.

Nager entre deux eaux. *Zwischen zwei Wassern schwimmen.* fz.

Noyi inte deux aiwes. (w.) *S. Nager u. s. w.* nf.

Trovarsi stretto fra due assi. (mi. l.) *Sich zwischen zwei Brettern eingeschlossen befinden.* it.

Esse fra dòe aque. (piem.) *Zwischen zwei Wassern sein.* ni.

Sarà an mes a doi ass. (piem.) *Zwischen zwei Brettern drücken.*

Esse an mes a doi pericol. (piem.) *Zwischen zwei Gefahren sein.*

Nachtrag.

Die Nummern und Abkürzungen stimmen mit denen des Textes überein. Neue Abkürzungen sind: em. Piac. für emilianisch in Piacenza, lig. gen. für ligurisch in Genua.

I. Band.

1.

dä. Den der forst har sad A, skal og sige B. (jüt. S.) *Wer zuerst A gesagt hat, muss auch B sagen.*

2.

dä. Det er itt' godt at holde en Ål ved e Hale. (jüt. S.) *Es ist nicht leicht, einen Aal beim Schwanz zu halten.*

4.

en. An evening red and morning grey, Will set the traveller on his way; But if the evening 's grey and the morning red, Put on your hat or you 'll wet your head. *Abend roth und Morgen grau fördert den Reisenden auf seinem Weg, aber wenn der Abend grau und der Morgen roth ist, setzt euern Hut auf oder ihr werdet euch den Kopf nass machen.*

dä. Morgen-rode, Aften-blode. Aftenrodt, morgen godt vejr. *Morgenröthe, Abendnässe. Abendroth, morgen gut Wetter.*

Aftenrode gi'r Morgen sod og Morgenrode gi'r Aftenblode. (jüt. S.) *Abendröthe gibt Morgen süss und Morgenröthe gibt Abendnässe.*

---

it. Aja rossa (Tempo rosso) o che cœuve o che buffo. (ni. lig. gen.) *S. Aria rossa ò u. s. w.*

7.

en. The absent party is still faulty. *Der abwesende Theil ist immer strafbar.*

10.

dä. Vi er alle Adams Börn. (jüt. S.) *Wir sind Alle Adams Kinder.*

11.

en. When Adam dolve and Eva span, Who was then the gentleman? *Als Adam grub und Eva spann, wer war da der Edelmann?*

12.

A wild goose never laid a tame egg. *Eine wilde Gans legte nie ein zahmes Ei.* **en.**

Der kömmer inte due-unga å ramna-ägg (Skåne). **sw.** *Es kommt kein Taubenjunges aus Rabenei.*

13.

L' aigle ne s'amuse point à prendre les mouches. **fz.** *Der Adler unterhält sich nicht damit, die Fliegen zu fangen.*

L' aquila en ciapa mösch. (ni. em. B.) *S.* **it.** *Ørnen u. s. w.*

L' aquila en magna mösch. (em. B.) *S.* **ni.** *L' aquila non mangia u. s. w.*

14.

An ape is ne'er so like an ape, As when he wears a doctors cape. *Ein Affe ist nie einem Affen so gleich, als wenn er einen Doktormantel trägt.* **en.**

Apes are never more beasts, than when they were men's clothes. *Affen sind nie mehr Bestien, als wenn sie menschliche Kleidung tragen.*

An ass is but an ass, though laden with gold. *Ein Esel ist nur ein Esel, wenngleich beladen mit Gold.*

A hog in armour is still but a hog. *Ein Schwein in Rüstung ist immer nur ein Schwein.*

15.

Cut off a dog's tail and he will be a dog still. *Haut einem Hunde den Schwanz ab und er wird immer ein Hund sein.* **en.**

Chi nass asen, mor asen. (ni. em. B.) *S. Chi asin u. s. w.* **it.**

17.

is. Allar girnast ár i sjá. *Alle Flüsse streben dem Meere zu.*

Öll vötu renna til sjáfar. *Alle Gewässer laufen dem Meere zu.*

18.

en. All are not turners that are dish-throwers. *Alle sind nicht Drechsler, welche Schüsseldreher sind.*

19.

md. Bei Nacht sehn (sind) alle Katzen (Kühe) grau. (sä. A.)

---

en. All cats are alike grey in the night. *Alle Katzen sind gleich grau in der Nacht.*

---

dä. Allje Svin e svaarta i Mørkje. (Bornholm.) *S. Alle u. s. w.*

I Mørke er alle Katte grå. (jüt. S.) *S. In Dystern u. s. w.*

Alle Svin er sorte i Mørke. (jüt. S.) *S. Alle u. s. w.*

---

fz. Par nuit semble tout blé farine. *Bei Nacht scheint alles Korn Mehl.*

it. Di notte ogni gatto è bigio. (mi. t.) *Bei Nacht ist jede Katze grau.*

ni. De nœutte tutti i gatti son bardi. (lig. gen.)

20.

dä. Det er hver Dag Fiskedag, men inte hver Dag Fangedag. (jüt. S.) *S. De œ u. s. w.*

---

it. Tot i dè al n'è fèsta. (ni. em. B.) *Alle Tage ist nicht Fest.*

ni. Al n'è sèimper fèsta. (em. B.) *S. Wer inkje alltid u. s. w.*

Tutt i di n' è minga fèsta. (em. Piac.) *S. Tot i dè u. s. w.*

Tutti i giorni non e festa. (lig. gen.) *S. Tot i dè u. s. w.*

A l' è nen tut' i di festa. (piem.) *S. An' è u. s. w.*

pt. Agosto e vindima non son cada dia. (gal.) *S. Agosto u. s. w.*

sp. San Juan el verde no es cada dia. *St. Johann der Grüne (24. Juni) ist nicht jeden Tag.*

22.

pt. Non todos van á misa por rezar, nin á feira por comprar. (gal.) *Nicht Alle gehen zur Messe, um zu beten, noch zum Markt, um zu kaufen.*

25.

All are not a bed, that have ill rest. *Alle sind* en.
nicht zu Bett, welche schlecht ruhen.

27.

Al lusor ad candela, Al cannavazz pár tela. it.
(ni. em. Piac.) *Beim Kerzenglanz scheint Kanneras Leinwand.*

Au ciœu da candeia U cannevasso pâ teia. ni.
(lig. gen.) *S. Al lusor u. s. w.*

Ammorton u lumme, tutte e donne son uguali.
(lig. gen.) *Das Licht ausgelöscht, sind alle Weiber gleich.*

30.

Et slapt nich alle, de de Ogen to hebbt. pd.
(ns. B.) *S. Es u. s. w.*

31.

I proud, and thou proud, who shall bear the en.
ashes out? *Ich stolz und du stolz, wer soll die Asche austragen?*

I proud, and thou proud, who shall carry the dirt out? *Ich stolz und du stolz, wer soll den Schmutz hinaustragen?*

32.

All men can 't be first (masters). *Alle können* en.
nicht die Ersten (nicht Herren) sein.

Every man cannot be vicar of Bowden. *Jedermann kann nicht Vikar von Bowden sein.*

33.

Det er itt' alt Guld, hvad der skin som Guld. dä.
(jüt. S.) *S. Det er ikke u. s. w.*

Tutto il rosso non son ciliege. (mi. t.) *Alles* it.
Rothe sind nicht Kirschen.

Nè minga òr tutt quell ch' lusa. (em. Piac.) ni.
S. Ekki u. s. w. [*Ekki u. s. w.*

No e tutto ôu quello che luxe. (lig. gen.) *S.*

34.

Mei sôul, che mal acumpagnâ. (ni. em. B.) *S.* it.
Beter alleen, dan kwalijk u. s. w.

L' e mêgio êse soli che mâ accompagnæ. (lig. ni.
gen.) *S. Él u. s. w.*

35.

Fair and softly gangs far. (scho.) *Lind und* en.
leise geht weit.

36.

Es tropp bon, L' e un ess minćion. (ni. em. Piac.) it.
Wer zu gut ist, ist ein Dummkopf.

ni. Chi e troppo bon, L' e un mincion. (lig. gen.) *S. Es u. s. w.*

37.

pd. Alltovel deent nich. (ns. B.) *Allzuviel dient nicht.*

en. Too much pudding may choke a dog. *An zu viel Wurst kann ein Hund ersticken.*

it. Tot i estrêm i u' ein bon. (ni. em. B.) *Alle Extreme sind nicht gut.*

38.

it. U troppo u se versa. (ni. lig. gen.) *Zuviel läuft über.*

sp. La demasia rompe la talega. *Das Zuviel zerreisst den Sack.*

39.

en. Prayer and provender never hinder journey. *Gebet und Vorrath hindern nie eine Reise.*
Great alms-giving Lessens no man's living. *Reichliches Almosengeben vermindert keines Mannes Einkommen.*
Meat and mess never hindered wark. (scho.) *Essen und Messe verhinderte niemals Arbeit.*

fz. L'aumône n'a jamais appauvri personne. *Das Almosengeben hat nie Jemand arm gemacht.*

it. La limosna l' an fa puvrêt. (ni. em. B.)

41.

it. Galeina vêcia fa bòn brod. (ni. em. B.) *S. Gallina u. s. w.*

42.

en. Old pottage is sooner heated than new made. *Aufgehobene Suppe ist rascher heiss, als frisch gekochte.*

pt. A leña, canto mais seca, mais arde. (gal.) *Das Holz, wenn es trockener, brennt mehr.*

43.

sp. De medico moço y barbero viejo cata te. (asp.) *Vor jungem Arzt und altem Barbier hüte dich.*

45.

dä. De gamle Bukke hær de stive Horn. (jüt. S.) *Die alten Böcke haben die steifen Hörner.*
Det er de gamle Stude, der hær de stive Horn. (jüt. S.) *Es sind die alten Rinder, welche die steifen Hörner haben.*

46.

Gamle Katte gider og slappe Mjelk. (jüt. S.) dä.
Alte Katzen mögen auch Milch saufen.

47.

Det er inte godt at lære gamle Hunde Kunste. dä.
(jüt. S.) *Es ist nicht leicht, alte Hunde Künste zu lehren.*
Det er inte godt at lære gamle Hunde at gjabe (gjæbe). (jüt. S.) *S. Dat 's nig u. s. w.*

52.

Gammel Kærleghed ruster inte. (jüt. S.) dä.

57.

An old fox understands a trap. *Ein alter* en.
Fuchs kennt eine Falle.

60.

It's better sheltering under an auld hedge than en.
under a new planted wood. (scho.) *Es ist besser, unter einer alten Hecke, als unter einem neugepflanzten Walde Schutz zu suchen.*

Lassà la strà vêccia par la neuva, Ben de it.
spenss inganuà s' treuva. (ni. em. Piac.) *S. Chi lascia la via vecchia per u. s. w.*
Lassa mai la strada vèggia per la neuva. ni.
(l. m.) *Lass nie die alte Strasse für die neue.*
No lasciâ a strada vêgia pe-a neuva. (lig. gen.) *S. An u. s. w.*

62.

Old wine and an old friend are good provi- en.
sions. *Alter Wein und ein alter Freund sind gute Vorräthe.*
Old fish, old oil and an old friend are the best. *Alter Fisch, altes Öl und ein alter Freund sind am besten.*
It is good sheltering under an old hedge. *Es ist gut Schutz suchen unter einer alten Hecke.*

Amico, vino, formaggio vecchio. *Freund, Wein,* it.
Käse alt.

63.

Cast not out thy foul water till thou hast en.
clean. *Schütte dein unreines Wasser nicht aus, bevor du reines hast.*

Sla ikke ud det skidne vand, för du fanger dä.
det reene. *Giesse nicht das schmutzige Wasser aus, bevor du das reine bekommst.*

En skal inte smide det skidne Vand ud, uden en har det rene i o Sted. (jüt. S.) Man muss nicht das schmutzige Wasser ausschütten, ausser man hat statt dessen das reine.

67.

it. Bö vèc, gamba sicüra. (ni. l. b.) Alter Ochse, sicheres Bein.

ni. Col bö vèc se despolüla el car. (l. b.) Mit dem alten Ochsen holt man den Wagen aus dem Schlamm.

70.

en. A young man old makes an old man young. Ein alter junger Mann macht einen jungen alten Mann.

Old young and old long. Jung alt und lange alt.

The way to live much is to live well betimes. Das Mittel, lange zu leben, ist, bei Zeiten vernünftig zu leben.

He that would be well old, must be old betimes. Wer behaglich alt sein will, muss bei Zeiten alt sein.

71.

en. To take out of one pocket to put in the other. Aus einer Tasche nehmen, um's in die andere zu stecken.

---

it. C' cruvr un altar per cruvren un alter. (ni. em. B.) S. Scruvir u. s. w.

pt. Descubrir un altar pra cubrir outro, é cousa de loucos. (gal.) Einen Altar entblössen, um einen anderen zu bedecken, ist Narrensache.

75.

it. El vin l' è la tetta di vècc. (l. m.) S. Il vino u. s. w. [vino u. s. w.

ni. U vin l' e u tettin di vêgi. (lig. gen.) S. Il

78.

en. The head grey, and no brains yet! Den Kopf grau und noch keinen Verstand!

79.

dä. Ålderdom og Dårleghed skils inte altid ad. (jüt. S.) Alter und Thorheit sind nicht immer getrennt.

82.

dä. De Gamle skal en ære, de Unge skal en lære. (jüt. S.) S. De Gamle u. s. w.

84.

md. Kleine Kröten haben Gift. (sä. A.)

No viper so little but hath its venom. Keine en. Natter so klein, dass sie nicht ihr Gift hätte.

Even a fly hath its spleen. Selbst eine Fliege hat ihre Milz.

Even an emmet may seek revenge. Selbst eine Ameise kann Rache suchen.

Tutt i mosch pezzighen. (ni. l. m.) Alle Fliegen it. beissen.

Ogni biscia ha u so venin. (lig. gen.) S. ni. Ogni serpe u. s. w.

86.

Wer ungebeten (ungeheissen) zur Arbeit geht, md. geht ohne Lohn davon. (sä. A.)

Boden (Sjelvboden) Steg stynker. (jüt. S.) An- dä. gebotener Braten stinkt.

89.

A muggê di atri a pä sempre ciü bella che a it. so. (ni. lig. gen.) Die Frau Anderer scheint immer schöner, als die eigene.

A vaca d'a miña veciña dá mais leite c'a pt. miña. (gal.) Die Kuh meiner Nachbarin gibt mehr Milch, als meine.

90.

It is good to cry Yule On another man 's stool. en. Es ist gut, Jul auf eines Andern Stuhl zu rufen.

92.

Godt at skjere breed ol af andens hund. Gut, dä. breite Riemen aus des Andern Haut zu schneiden.

En kan sagte skære en bred Rem af en ann Mands Ryg. (jüt. S.) Man kann leicht einen breiten Riemen aus eines Andern Rücken schneiden.

Af annars lengju er hægt að sniða skó. Aus is. eines Andern langem Streifen ist's leicht, Schuh zu schneiden.

Gott skära breeda remmar aff annars Hwdh. sw. S. Godt u. s. w.

D'o pan de meu compadre, grande rebanda ó pt. meu afillado. (gal.) Vom Brote meines Gevatters grosse Schnitte für meinen Pathen.

93.

The comforters head never aches. Dem Tröster en. thut der Kopf nie weh.

is. **Engi hnekkir á** annars fæti. ***Keiner*** *knickt an des Anderen Beinen.*

---

it. **A** cunfortadóur a n' i dol la tèsta. (ni. em. **B.**) *Tröstendem **thut der** Kopf nicht weh.*

ni. **L' è un bèl cunfurtar i alter** quand **an dol la** testa. **(em. B.)** ***Es ist*** *schön,* ***die Andern*** *trösten, wenn einem der Kopf nicht weh thut.*

A chi cunseia a **n' i** dol la tèsta. (em. **B.**) *Wer räth, dem thut der Kopf nicht weh.*

si. A costi d' autru tutti facemu li dutturi. (s.) *Auf Kosten Anderer machen wir Alle die Doctoren.*

In sas disgratias anzenas ognunu **est** bonu a consolare. (sa.) *In den Unglücksfällen Anderer* ***ist*** *Jeder* ***gut zu trösten.***

95.

en. **He shou'd wear iron shoon that bides his neighbour's dead.** ***Der muss eiserne Schuh tragen, der auf seines Nachbarn Tod wartet.***

96.

en. He that waits upon another's **trencher,** makes many a little dinner. *Wer auf eines Andern Tranchirbrett wartet, hat manch kleines* ***Mittag.***

He that feeds upon charity, has a cold dinner **and no** supper. *Wer von Mildthätigkeit lebt,* ***hat ein*** *kaltes Mittag und kein Abendbrot.*

He who depends **on** another, dines ill and sups worse. *Wer* **von** *einem Andern abhängt, isst schlecht* ***zu Mittag und noch schlechter*** *zu Abend.*

He that trusts to borrowed ploughs, will have his land lie fallow. *Wer sich auf geliehene Pflüge verlässt, wird sein Land brach liegen haben.*

---

pt. O que come pel-a mão d' outro, come muito e engorda pouco. (gal.) *Wer durch die Hand eines Anderen* ***isst,*** *isst viel und wird wenig fett.*

97.

md. **Der** Wolf lässt **von** Haaren, aber nich *(nicht)* von Tücken. **(sä.** A.)

pd. Der Wolf verliert seine Haare, aber nicht seine Nicken. (us. Pr.)

Der Wolf lässt wol von seinen Haaren, aber nicht **von** seinen Nicken. (us. Pr.)

De Foss verleert de Haar, awer sine Nicke nich. (us. Pr.-O.) *Der Fuchs verliert die Haare, aber seine Nicken nicht.*

E ohler Bock (De Hund) **lett wol von** de Woll (Haar), awer nich von de Necken. (us. Pr.-W.) *Ein alter Bock (Der Hund) lässt wohl von der* ***Wolle*** *(dem Haar), aber nicht von den* ***Nicken.***

The fox may grow grey, but never good. ***Der*** **en.** ***Fuchs kann*** *grau, aber nie gut werden.*

La volp cambia al pel, ma miga i vizi. (ni. it. em. Pinc.) ***Der Fuchs ändert das Haar, aber nicht die Tücken.***

El loff el lassa el pel, **e minga el vizi. (l.) ni.** *Der Wolf lässt das Haar und* ***nicht die Tücke.***

A vorpe a perde u pei ma non **u vizio. (lig. gen.)** ***S.*** *La volp* ***e'*** *piard* ***u. s. w.***

Si lu lupu perdi lu pilu, nun **perdi lu vitiu. si.** **(s.)** ***Wenn*** *der Wolf das* ***Haar verliert, verliert er die*** *Tücke nicht.*

98.

Women, wind and fortune are ever changing. **en.** ***Weiber, Wind*** *und Glück sind immer* ***veränderlich.***

99.

Tutto sta nel cominciare. (mi. t.) ***Alles liegt*** **it.** ***im Anfangen.***

Tot stà a cminzar. (em. B.) ***S.*** *Tutto* ***u.*** *s. w.* **ni.**

Tutto sta ne u comensâ. (lig. gen.) ***S.*** *Tutto* ***u. s. w.***

U difficile u l' e ne u **comensâ.** (lig. gen.) *Das Schwierige liegt im Anfangen.*

Tuto sta nel scomenzar. (v.) *S. Tutto u. s. w.*

100.

Chi comensa mà, finisce pêzo. (ni. **lig.** gen.) **it.** ***S.*** *Chi comincia* ***u. s. w.***

101.

Hvad der er godt begyndt, er **halv** fuldend. **dä.** **(jüt. S.)** ***Was*** *gut begonnen ist, ist halb* ***vollendet.***

103.

Every question requires not **an** answer. *Jede* **en.** *Frage erfordert* ***nicht eine*** *Antwort.*

Tutte e parolle no meritan **risposta.** (ni. lig. **it.** gen.) *S. Tut u. s. w.*

105.

Der Appel *(Apfel)* fällt nich *(nicht)* weit vom **md.** Birnboom *(Birnbaum).* (sä. A.)

---

dä. E Æbel falder int' goerne långt fra e Træ. (jüt. S.) *Der Apfel fällt nicht gern weit vom Baum.*

107.

en. The best cloth may have a moth in it. *Das beste Tuch kann eine Motte in sich haben.*

---

dä. Aldrc er et Æbel så rødt, så kan der cudda være et Ormhus i 'et. (jüt. S.) *Nie ist ein Apfel so roth, so kann doch ein Wurmhaus darin sein.*

---

it. L' è cm' è la castagna, bêla fora e dèinter la magagna. (ni. em. B.) *Sie ist wie die Kastanie ist: schön von Aussen und inwendig der Wurm.*

108.

it. L'appetittu u ven mangiando. (ni. lig. gen.) *S. L'appétit u. s. w.*

109.

md. Heidche, wie stönks de! Geldche, wie klinks de! (mrh. T.) *Häutchen, wie stinkst du! Geldchen, wie klingst du!*

111.

dä. En Arbeder er sin Løn værd. (jüt. S.) *S. Een u. s. w.*

---

it. Ogni fadiga merita premi. (ni. lig. gen.) *S. Ogni fadiga u. s. w.*

114.

dä. Det er en ærlig Sag at være fattig. *Es ist eine ehrliche Sache, arm zu sein.*
Det er en ærleg Sag at være fåtteg. (jüt. S.) *S. Det er u. s. w.*

---

pt. A probeza non é vileza. (gal.) *S. La pobreza u. s. w.*

115.

pt. Fillo de lobo, sempre tira ó monte. (gal.) *Wolfs Sohn zieht immer zum Gebirg.*

117.

it. Al mêdich pietôus fa la piaga verminôusa. (ni. em. B.) *Der barmherzige Arzt macht die Wunde faulig.*

119.

md. Bringkel machen Braut. (schls.) *Bröckel machen Brot.*

122.

En skal holde op, lav e Leg er god. (jüt. S.) **dä.**
Man muss aufhören, wenn das Spiel gut ist.

126.

Af Syne, af Sind. *S. Out of u. s. w.* **dä.**
Then er glømdh, som vdhæ ær luckt. (adä.)
Der ist vergessen, der ausgeschlossen ist.
Det er snart glemt, som er lukt ude. (jüt. S.)
Das ist rasch vergessen, was ausgeschlossen ist.
Borta är snart glömder. *Fort ist rasch vergessen.* **sw.**
Hwar wte ær stængdher han ær inne gloumdhir. (asw.) *Wer ausgeschlossen ist, der ist drinnen vergessen.*

Est neglectus homo qui manet absque domo. (mlt.) **lt.**

Loutan da-i euggi, loutan da-u cœu. (ni. lig. gen.) *S. Loin des u. s. w.* **it.**

128.

Asan au beva, se acqua an vendda. (ni. em. Piac.) *Der Esel trinkt nicht, wenn er nicht Wasser sieht.* **it.**

Œuggio no vedde, cœu no doeue. (lig. gen.) *S. Occhio u. s. w.* **ni.**

129.

Ali ten a galiña os ollos, onde ten os seus ovos. (gal.) *Dort hat die Henne die Augen, wo sie ihre Eier hat.* **pt.**

131.

One eye-witness is better than two hearsays. *Ein Augenzeuge ist besser, als zwei von Hörensagen.* **en.**

132.

Aus der Sau wird nie e *(ein)* Zelter un *(und)* wenn mer *(man)* se *(sie)* ooch *(auch)* sattelt. (sä. A.) **md.**

A bittern makes no good hawk. *Eine Rohrdommel macht keinen guten Falken.* **en.**

Chi e âze de natûa, no pœu ragnâ da mû. (ni. lig. gen.) *Wer Esel von Natur ist, kann nicht wie ein Maulthier brüllen.* **it.**

133.

Wer dem Rauch entlaufen will, der fällt oft gar in's Feuer.

---

en. **He leaps into a** deep river **to avoid a shallow** brook. ***Er*** *springt* ***in*** *einen tiefen Fluss, um einen flachen Bach zu vermeiden.*
He got **out** of the muxy, And fell **into the** puckscy. *Er entrann* ***dem Düngerhaufen*** *und fiel in die Kothlache.*
To escape the rocks and **perish in the sands.** *Den Klippen entgehen* ***und auf den Dünen*** *umkommen.*

dä. **Af Asken i Ilden.** *Aus der* ***Asche in's Feuer.***
Han er kommen af e Åske **i e Eld.** **(jüt. S.)** ***Er ist aus der Asche*** *in's* ***Feuer*** *gekommen.*

it. Spesso **chi crede fuggire il fumo, cade nel** fuoco. *Oft* ***fällt in's Feuer, wer dem Rauch*** *zu entfliehen* ***meint.***

134.

md. **Aus der Laus einen Elephanten machen. (sä. A.)**

en. **He changes a** fly into an elephant. *Er* ***verwandelt eine*** *Fliege* ***in einen*** *Elephanten.*

it. Un bruscolo gli pare una trave. ***Ein Splitter*** *scheint ihm ein Balken.*
ni. Far d' una mósca un elefant. (em. B.)
Tor ana mósca pr' **un** elefant. (em. B.) *Eine Fliege für einen Elephanten nehmen.*
Una mósca l' ai par un caval. (em. B.) *Eine Fliege scheint ihm ein Pferd.*

135.

en. Boys will **be men.** ***Knaben werden Männer.***

136.

en. Wanton kittens may make **sober cats.** ***Spielerige*** *Kätzchen können vernünftige Katzen geben.*

dä. Af en klatted Fole kan der blive en Hest, af en snatted Dreng kan der blive en Præst. (jüt. **S.**) ***Aus einem*** *klattrigen Fohlen kann ein Pferd, aus* ***einem*** *rotzigen Jungen ein Priester werden.*

137.

dt. Men kan van eene ruige **pij** geen scharlaken mantel maken. *Man kann aus einem rauhen* ***Tuch*** *keinen Scharlachmantel machen.*

138.

it. A botte a da **do** vin ch' **a l' ha.** (ni. lig. gen.) *S. La botte dà u. s. w.*

140.

pt. O que dá o que ten antes que morra, merece lle den c' unha cachiporra. (gal.) *Wer gibt, was* ***er hat, ehe*** *er stirbt, verdient, dass* ***man*** *ihn* ***mit einer Keule*** *schlägt.*

141.

en. Short **horse is soon curried.** *Kleines Pferd* ***ist bald gestriegelt.***

dä. **Den er snart snydt, som næsen er af.** ***Der ist bald geschneuzt, dessen Nase ab ist.***
Then ær snarth snyth, ther Næsen er affwe. (adä.) ***S.*** *Dend u.* ***s. w.***
Den er **nemt** snydt, **ted e Næse er** halvt af. (jüt. **S.**) *Der ist* ***leicht geschneuzt,*** *dessen Nase* ***halb ab ist.***
Stakked **Dans er rad sprungen. (jüt. S.)** ***S.*** *Stakket u. s. w.*
sw. Stokkut Song er snart sungen; Stokkut Slaat **er snart** sprungen. *Kurzes Lied ist bald* ***gesungen,*** *kurzer Tanz ist bald gesprungen.*
sw. **Han är snart** snuten, som ingen näsa har. ***Der ist bald geschneuzt, der*** *keine Nase* ***hat.***
Tha ær skyt snyth, som ænga æro næsa. **(asw.)** ***S. Han är u. s. w.***

lt. Qui **(Qvi) fuit abrasus, emungitur illico nasus. (mlt.)**

145.

it. **Bandiera** vecchia fa onore al capitano. *Altes* *Banner macht dem Hauptmann Ehre.*
ni. Bandira vècia **unóur d'** capitani. (em. B.) *Altes* ***Banner, Ehre der Hauptleute.***

146.

en. 'Tis not **the beard** that makes the philosopher. *Es* ***ist nicht*** *der Bart, der den Philosophen* ***macht.***

148.

it. Lu picuraru vistutu di sita, Sempri feti di latti e di cacciata. (si. s. C.) *Der Schäfer, in Seide gekleidet, stinkt immer nach Milch* ***und Käse.***

150.

dt. Drie papen van boozen rade, Drie schouten zonder genade, Drie boeren, gierig en rijk, Zijn negen duivels van 't aardrijk. *Drei Pfaffen von bösem Rath, drei Amtleute ohne Gnad, drei Bauern geizig und reich, sind neun Teufel vom Erdenreich.*

Een aap, een paap en eene weegluis Zijn drie duivels in één huis. *Ein Affe, ein Pfaffe und eine Wanze sind drei Teufel in einem Haus.*

153.

dä. Hvem Skidt kommer tilÆre, ved det itt', hvordan det vil være. (jüt. S.) *Wenn Koth zu Ehren kommt, weiss er nicht, wie er sein will.*

155.

en. Draff is good enough for hogs. *S. Draffe u. s. w.*

157.

md. Wenn mr n Bauer bitt, grunzt 'n dr Bauch. (sä. A.) *Wenn man einen Bauer bittet, grunzt ihm der Bauch.*

158.

lt. Benefacta male locata, malefacta habentur.

it. De fâ du ben a-i ingrati, u diâu se ne rie. (ni. lig. gen.) *Wenn man den Undankbaren Gutes thut, lacht der Teufel.*

159.

en. He that will deceive the fox must rise betimes. *Wer den Fuchs betrügen will, muss zeitig aufstehen.*

---

it. Contadini e montanini, scarpe grosse e cervelli fini. (mi. t.) *Land- und Bergbewohner, grobe Schuhe und feine Köpfe.*

ni. Montanin, servelli fin. (lig. gen.) *Bergbewohner, feine Köpfe.*

160.

dä. Der skal en Bunde til at være en Bundeplager. (jüt. S.) *Da gehört ein Bauer dazu, um ein Bauernplager zu sein.*

161.

en. Cast no dirt into the well that gives you water. *Werft keinen Schmutz in den Brunnen, der euch Wasser gibt.*

162.

dä. Vidien skal vries, medens den er grøn. *Die Weidenruthe muss gedreht werden, während sie grün ist.*

E Træ skal böjes, lav det er ungt. (jüt. S.) *S. The tree u. s. w.*

En skal böje e Gren, lav den er ung. (jüt. S.) *S. Man muss u. s. w.*

164.

Up een Slag fällt nien Bom. (ns. B.) *Auf einen Schlag fällt kein Baum.* pd.

An oak is not fell'd at one chop. *Eine Eiche wird nicht mit einem Hieb gefällt.* en.

Al prem còulp an casca l' alber. (ni. em. B.) *S. Al premier u. s. w.* it.

167.

When the tree is grown its planter is dead. *Wenn der Baum gross ist, ist sein Pflanzer todt.* en.

168.

He that can quietly endure, overcometh. *Wer ruhig aushalten kann, überwindet.* en.

A stout heart crushes ill luck. *Ein starkes Herz überwindet Unglück.*

170.

Nærved skyder enneg Hare. (jüt. S.) *S. Nærved skyder u. s. w.* dä.

Nærved skyder enneg Hare og vidt fra enneg Ræv (langt fra er enneg Fare). (jüt. S.) *Beinah schiesst keinen Hasen und weitab keinen Fuchs (von fern ist keine Gefahr).*

171.

Can ch' baja en mosga. (ni. em. B.) *S. Chien qui aboie u. s. w.* it.

172.

He is so bekannt, as 'n bunt Hund. (ns. P.) *S. Hê u. s. w.* pd.

Èsser più cgnussò ch' n' è l' erba mata. (ni. em. B.) *S. Esser più u. s. w.* it.

173.

I monti stan fermi, e le persone camminano. (mi. t.) *Die Berge stehen fest und die Personen wandern.* it.

I montâgn stan ferm, e j' om s' incontran. (em. Piac.) *Die Berge stehen fest und die Menschen begegnen sich.* ni.

Hin domà i moutagn che sta a so lœugh, ma la gent del mond s' incontren. (l. m.) *Morgen sind's die Berge, die auf ihrem Flecke stehen, aber die Leute der Welt begegnen sich.*

Son e montagne che no se incontran. (lig. gen.) *Es sind die Berge, die sich nicht begegnen.*

174.

Achtern Barge wahnt ok Lüe. (ns. B.) pd.

178.

it. L' è mei vess invidiaa, che compiangiuu. (mi. l. m.) *S. È meglio esser u. s. w.*

ni. L' e mègio èse invidiàe, che compatìi. (lig. gen.) *S. È meglio esser u. s. w.*

181.

pd. Hebbn is god, Harr ik is Noth. (us. B.) *Haben ist gut, Hätte-ich ist Noth.*

182.

en. Better an egg in peace than an ox in war.

Dry bread is better with love, than a fat capon with fear. *Besser ist trockenes Brot mit Liebe, als ein fetter Kapaun mit Furcht.*

183.

en. Better a clout than a hole out.

186.

en. It is better to be (the) head of a lizard than (the) tail of a lion. *Es ist besser (der) Kopf einer Eidechse, als (der) Schwanz eines Löwen zu sein.*

187.

it. Val più un asino vivo che un dottor morto. (mi. t.) *Ein lebender Esel ist mehr werth, als ein todter Doktor.*

ni. Val piò un asen viv che un dutôur mort. (em. B.) *S. Val più u. s. w.*

L' è mei un asan viv, che un dòttor mort. (em. Piac.) *S. L' è méi un äsen u. s. w.*

L' e mègio un âze vivo, che un dottô morto. (lig. gen.) *S. L' è méi un äsen u. s. w.*

L' e mègio vive da âxi, che muî da leoin. (lig. gen.) *Es ist besser als Esel leben, als als Löwen sterben.*

188.

en. A thin bush is better than no shelter. *Ein dünner Busch ist besser, als kein Schutz.*

189.

en. Better be up to the ankles than over head and ears. *Besser über die Knöchel, als über Kopf und Ohren drinnen stecken.*

---

it. L' è mei perdr' un did che una man. (ni. em. B.) *S. L' è méi perdr u. s. w.*

ni. L' è mei cascar dalla (da una) fnèstra che (n'è) dai cop. (em. B.) *Es ist besser, aus dem (aus einem) Fenster, als vom Dache herab zu fallen.*

Mei frè che mort. (em. B.) *Besser verwundet, als todt.*

190.

en. A wooden leg is better than no leg. *Ein hölzernes Bein ist besser, als kein Bein.*

191.

en. Better one bird in the hand, than ten in the wood. *Besser ein Vogel in der Hand, als zehn im Wald.*

A bird in the hand is worth two in the wood. *Ein Vogel in der Hand ist zwei im Walde werth.*

A sparrow in the hand is worth a pheasant flying by. *Ein Sperling in der Hand ist einen Fasanen werth, der vorbei fliegt.*

A pullet in the pen is worth a hundred in the fen. *Ein Hühnchen im Korb ist hundert im Moor werth.*

---

dä. Een Fugl i Haanden er bedre, end ti i Luften. *Ein Vogel in der Hand ist besser, als zehn in der Luft.*

Et Fogl i e Hand er beder, som ti i e Luft. (jüt. S.) *S. Een Fugl i Haanden er bedre, end ti i u. s. w.*

---

it. È meglio l' ovu a la manu, che a gallina a u tempu. (mi. crs.) *Besser ist das Ei in der Hand, als das Huhn mit der Zeit.*

mi. Val più squincione in man, che tordo in frasca. (t.) *(Ein) Finke in der Hand ist mehr werth, als (eine) Drossel im Laub.*

ni. L' è mej un usell in man, che on pollin per aria. (l. m.) *Es ist besser ein Vogel in der Hand, als ein Huhn in der Luft.*

L' e mègio un frenguello in stacca, che un tordo in frasca. (lig. gen.) *Es ist besser ein Finke am Spiess, als eine Drossel im Laub.*

193.

md. ne Laus im Kraute is besser wie gar kee Fleisch. (sä. A.) *Eine Laus im Kraut ist besser, als gar kein Fleisch.*

204.

it. È meglio tardi che mai. (mi. t.) *S. Ed u. s. w.*

ni. L' e mègio tardi che mâi. (lig. gen.) *S. Ed u. s. w.*

206.

en. Better ride an ass that carries us, than a horse that throws us. *Besser einen Esel reiten, der uns trägt, als ein Pferd, das uns abwirft.*

208.

en. Look ere you leap. *Seht zu, bevor ihr springt.* Make a model before thou buildest. *Mache ein Modell, bevor du bauest.*

---

it. Misura duie volte u pannu quando tu l' hai da tagliä per nun' ingannatti. (mi. ers.) *Miss zwei Mal das Tuch, wenn du es zerschneiden sollst, um dich nicht zu täuschen.*

ni. Zëint misur e un taj söul. (em. B.) *S. Zënt u. s. w.* [*S. Zënt u. s. w.*
Sento mezzûe e un taggio solo. (lig. gen.)

210.

en. A good fame is better than a good face. *Ein guter Ruf ist besser, als ein hübsches Gesicht.* A good reputation is a fair estate. *Ein guter Ruf ist ein schönes Besitzthum.* Good name is gold-worth. *S. Goede naem u. s. w.*

212.

en. An ounce of fortune is worth a pound of forecast. *Eine Unze Glück ist ein Pfund Vorbedacht werth.*

---

dä. Et Kvintin Lykke er beder som et Pund Forstand. (jüt. S.) *Ein Quentchen Glück ist besser, als ein Pfund Verstand.*

---

it. L' è mei un onza d' furtönna che una lira d' savëir. (ni. em. B.) *Es ist besser eine Unze Glück, als ein Pfund Wissen.*

213.

en. Tripe broth is better than no porridge. *Kaldaunenbrühe ist besser, als keine Suppe.*

---

dä. Mager Mad er beder end tomt Fad. (jüt. S.) *Magere Speise ist besser, als leere Schüssel.* Mager Knoge er beder som tomt Fad. (jüt. S.) *Magerer Knochen ist besser, als leere Schüssel.*

214.

dä. Det er beder, ted e Börn græder över e Forælder, som e Forælder över e Börn. (jüt. S.) *S. De æ u. s. w.*

215.

pd. Beter wat, as nix. (ns. B.) *S. Bèsser u. s. w.*

---

dä. Noger er beder end inte. (jüt. S.)

---

it. L' è mej poch che gnint. (ni. em. Piac.) *S. D'er betre litet u. s. w.*

L' è mei poc che nagott. (l. m.) *S. D'er betre litet u. s. w.* ni.

L' e mêgio poco che ninte. (lig. gen.) *S. D'er betre litet u. s. w.* [*u. s. w.*
Pocu meghiu che nenti. (s.) *S. Bedre Lidet* si.

216.

Que bau mèy l' amic qui èy près, Que lou parent qui èy louenh. (sf. Brn.) *Besser ist der Freund, der nah ist, als der Verwandte, der fern ist.* fz.

Val pen un bon visein, che un gram parcint. (ni. em. Piac.) *Ein guter Nachbar ist mehr werth, als ein schlechter Verwandter.* it.

217.

Al fòm dèl so paièis al lus piò ch' n' è 'l fugh di alter. (ni. em. B.) *Der Rauch seiner Heimath leuchtet mehr, als das Feuer Anderer.* it.

218.

Good is good, but better carrieth it. *Gut ist gut, aber besser trägt's davon.* en.

U mègio l' e nemigo du bon. (ni. lig. gen.) it.

222.

A beggar's purse is bottomless. *Eines Bettlers Beutel ist bodenlos.* en.

226.

One beggar is woe, That another by the door should go. *Einem Bettler ist's leid, dass ein anderer an die Thür geht.* en.

Den ene Stodder kan ikke taale (lider ikke), at den anden har to Kieppe (Poser). *Der eine Bettler kann's nicht leiden (duldet nicht), dass der andere zwei Stäbe (Säcke) hat.* dä.

Den ene Stoder fortryder å, ted den ann hær to Poser. (jüt. S.) *Den einen Bettler verdriesst's, dass der andere zwei Säcke hat.*

228.

Beggars mounted run their horses to death. *Bettler, beritten, jagen ihre Pferde zu Tode.* en.

231.

Den der itt' lukker e Ögen op, må lukke e Pung op. (jüt. S.) dä.

232.

Il ne faut pas vendre la peau de l' ours quand il court encore. *Man muss nicht die Haut des Bären verkaufen, wenn er noch läuft.* fz.

233.

en. Call not a surgeon before you are wounded. *Ruft nicht den Chirurgen, bevor ihr verwundet seid.*

---

dä. Man skal ikke tage Hatten af, før man seer Manden. *Man muss nicht den Hut abnehmen, bevor man den Mann sieht.*

En skal inte tege e Hat af, för en ser e Mand. (jüt. S.) *S. Man skal u. s. w.*

En skal inte tege e Hat af, för en ser e Herre. (jüt. S.) *Man muss nicht den Hut abnehmen, bevor man den Herrn sieht.*

sw. Man tanr intet aff Hatten, för än man seer Mannen. *Man nimmt nicht den Hut ab, bevor man den Mann sieht.*

234.

en. Never praise a ford till you are over. *Lobt nie eine Furth, bevor ihr darüber seid.*

Never cry hallo! till you are out of the wood. *Ruft nie Hallo! bevor ihr aus dem Walde seid.*

236.

en. Don't boil (broil) your fish till they are hooked. *Kocht (Bratet) euere Fische nicht, bevor sie geangelt sind.*

Our spit is not yet at the fire, and you are basting already. *Unser Spiess ist noch nicht am Feuer und ihr begiesst schon (den Braten).*

Make not your sauce till you have caught your fish. *Macht eure Sauce nicht, bevor ihr euern Fisch gefangen habt.*

237.

dä. Det skal anten bære eller briste. (jüt. S.) *Das muss entweder tragen oder brechen.*

243.

dä. Kærlighed er blind undtagen for Penge. (jüt. S.) *Liebe ist blind, ausser für Geld.*

---

it. L' amò u l' e orbo. (ni. lig. gen.)

245.

md. Da hat ooch emal *(auch einmal)* e *(ein)* blindes Hahn 'ne Perle gefunden. (sä. A.)

247.

en. In the kingdom of blind men the one-eyed is king. *Im Reich der Blinden ist der Einäugige König.*

---

lt. Inter coecos regnat strabus.

Inter indoctos etiam corydus sonat.

In del paes di orb on guere l' è re. (ni. l. m.) it. *Im Lande der Blinden ist ein Einäugiger König.*

In to paize di orbi i guersei fan figûa. (lig. gen.) ni. *Im Lande der Blinden machen die Einäugigen Figur.*

In tera de orbi beati chi gha un ochio solo. (v.) *Im Lande der Blinden, glücklich wer ein Auge allein hat.*

En terra de cegos o torto é rei. (gal.) *S.* Na terra u. s. w. pt.

249.

Ræd Mand frier ikke til vakkre Moer. *Furchtsamer Mann wirbt nicht um schöne Mädchen.* dä.

252.

Aldrø er e Blod så tyndt, så er det tykker som Vand. (jüt. S.) *S. Blodet u. s. w.* dä.

U sangue unn è aqua. (ni. crs.) *S. Il sangue non è u. s. w.* it.

U sangue non e ægua. (lig. gen.) *S. Il sangue non è u. s. w.* ni.

253.

E Knêcht nor ousz Štrî gedrêt Äsz mi wiert, wâ en gäldä Mêt. (nrh. S.) *Ein Knecht nur aus Stroh gedreht, ist mehr werth, als eine Magd aus Gold.* pd.

254.

He sets the fox to watch his geese. *Er gibt dem Fuchs seine Gänse zu hüten.* en.

Never put the kite to watch your chickens. *Gebt nie der Weihe eure Küchlein zu bewachen.*

Send not a cat for lard. *Schickt eine Katze nicht nach Speck.*

Dar la latuga in guardia a gli och. (ni. em. B.) *Den Lattich in die Hut der Gänse geben.* it.

255.

A bow long bent at length must wax weak. *Ein lange gespannter Bogen muss zuletzt schlaff werden.* en.

A tirar trop la corda la se spëzza. (ni. em. B.) *Wenn man die Saite zu sehr anzieht, zerreisst sie.* it.

Al longh tirà la corda se trazza. (em. Piac.) *S. A longh tirèr u. s. w.* ni.

A tirà trop se romp. (l. m.) *Zicht man zu sehr, reisst's.*

Da-u troppo stiâ a corda a se streppa. (lig. gen.) *S. A forza di tirar u. s. w.*

256.

dä. Borg gör Sorg. (jüt. S.)

258.

en. A boisterous horse must have a boisterous bridle. *Ein heftiges Pferd muss einen scharfen Zaum haben.*

To a rude ass a rude keeper. *Einem störrischen Esel ein rauher Treiber.*

---

sw. En seeger kiäpp på en treskan rygg. *Ein zäher Stock auf einen widerspenstigen Rücken.*

259.

en. Quarrelling dogs come halting home. *Zänkische Hunde kommen hinkend nach Hause.*

---

dä. Gale Hunde fær reven Skind. (jüt. S.) *S. Galne u. s. w.*

260.

en. He that helpeth the evil hurteth the good. *Wer dem Bösen hilft, schadet dem Guten.*

261.

en. It is easier to pull down than build. *Es ist leichter niederzureissen, als aufzubauen.*

262.

en. Misfortunes come on wings and depart on foot. *Missgeschicke kommen auf Flügeln und gehen zu Fuss fort.*

Misfortunes come by forties. *Missgeschicke kommen zu Vierzigen.*

Sickness comes on horseback, but goes away on foot. *Krankheit kommt zu Pferde, aber geht zu Fuss weg.*

Evil comes to us by ells and goes away by inches. *Übel kommt ellenweis zu uns und geht zollweis fort.*

---

dä. Sygdom flyver paa, men kryber af. *Krankheit fliegt zu, kriegt aber fort.*

Sygned kommer flyvende og gær krybende. (jüt. S.) *Krankheit kommt fliegend und geht kriechend.*

---

it. Al mal vigna a cavall e al và via a pè. (ni. em. Piac.) *S. Le mal vient à cheval u. s. w.*

U mâ ven a cantea e u va via a onse. (lig. ni. gen.) *S. Le mal vient à charitée u. s. w.*

263.

Injuries don't use to be written on ice. *Beleidigungen pflegen nicht auf Eis geschrieben zu werden.* en.

265.

Stay, till the lame messenger come, if you will know the truth of the thing. *Wartet, bis der lahme Bote kommt, wenn ihr das Wahre von der Sache wissen wollt.* en.

The lame post brings the surest news. *Der lahme Postbote bringt die sichersten Nachrichten.*

266.

E cattive notizie arrivan subito. (ni. lig. gen.) *Die schlechten Nachrichten kommen sogleich an.* it.

270.

Wor en Brohus steit, kann keen Backhus stan. (ns. B.) pd.

Hvor man lægger en Tønde Rug, kan man ei lægge en Tønde Havre. *Wo man eine Tonne Roggen hinlegt, kann man nicht eine Tonne Hafer hinlegen.* dä.

Hvor e Mæltsæk kömmer hen, bliver e Mjölsæk frå. (jüt. S.) *S. (H)vor u. s. w.*

271.

s Wird keene *(keine)* Suppe so heiss gegessen, wie se *(sie)* gekocht (eingebrockt) wird. (sä. A.) md.

272.

Der ging drum rum *(herum)*, wie die Katze um 'n heissen Brei. (sä. A.) md.

273.

Verbrenne dich nicht an fremden Kohlen. (Hrz.) md.

Was dich nich *(nicht)* brennt, brauchst nich zu blasen. (sä. A.)

Was dich nicht juckt, das kratze nicht. (sä. A.)

274.

Pan co-i œuggi, formaggio senza œuggi. (ni. lig. gen.) *S. Pän u. s. w.* it.

Pani pircintu, casu sirratu, carni ch' imbisca, e vinu chi trisca. (s.) *Brot durchlöchert, Käse geschlossen, Fleisch, das fest ist, und Wein, der tanzt.* si.

276.

Hvorn der enneg ander Fisk er, så er e Skalle god. (jüt. S.) *Wenn kein anderer Fisch da ist, ist die Bleie gut.* dä.

277.

it. Avêir al pan quand an s' ha piò deint da rusgarel. (mi. em. B.) *Das Brot haben, wenn man keine Zähne mehr hat, um es zu beissen.*

285.

pl. Inda é mais cara a salsa e' o peixe. (gal.) *Noch ist die Sauce theurer, als der Fisch.*

286.

it. As egnoss al bèin quand an s' ha piò. (mi. em. B.) *S. E ben u. s. w.*

287.

en. Bid me and do it yourself. *Heisst mich's und thut's selbst.*

Make a page Of your own age. *Nehmt einen Pagen von eurem eignen Alter.*

288.

fz. N' aille à laver la lessive qui a les pieds faits de sel. *Gehe nicht die Wäsche waschen, wer die Füsse von Salz hat.*

it. Chi ha u cù de paggia (stoppa) u l'ha paüa du fœngo. (ni. lig. gen.) *Wer den Hintern von Stroh (Werg) hat, hat Furcht vor'm Feuer.*

ei. Chi ha u cû de päggia (stoppa), No s' accoste a-u fœngo. (lig. gen.) *Wer den Hinteren von Stroh (Werg) hat, nähere sich nicht dem Feuer.*

Chi ha la testa de cera no vada al sol. (v.) *S. Chi ha (il) capo u. s. w.*

289.

en. He that would be well, need not go from his own house. *Wer sich wohlbefinden will, darf nicht aus seinem Hause gehen.*

290.

dä. Hvero alt er frest, er e Hjemmen bedst. (jüt. S.) *Wenn Alles versucht ist, ist's daheim am besten.*

291.

en. Cry you mercy killed the cat. *Bitt' um Verzeihung tödtete die Katze.*

---

dä. Af mange Tak døde Smedens Kat. *S. Auf u. s. w.*

Af manneg Tak døde e Smeds Kat. (jüt. S.) [*S. Auf u. s. w.*

292.

en. He that does not speak truth to me, does not believe me when I speak truth. *Wer nicht Wahrheit zu mir spricht, glaubt mir nicht, wenn ich Wahrheit spreche.*

Tyv tænker altid ander stel. (jüt. S.) *(Der) Dieb denkt stets, Andere stehlen.* dä.

Tyv tænker, hver Mand stel, og Hore, enneg ærleg er. (jüt. S.) *(Der) Dieb denkt, jeder Mann stiehlt, und (die) H . . ., Keine ist ehrlich.*

Chi face male, pensa male. (mi. crs.) *S. Chi mel u. s. w.* it.

Chi mal fa, mal pensa. (t.) *S. Chi mel u. s. w.* mi.

Al lader crêd che tot sian cumpagn a lu. ni. (em. B.) *S. Il ladro crede u. s. w.*

Chi è lader, pensa che tucc roben. (l. m.) *Wer Dieb ist, denkt, dass Alle stehlen.*

Chi mà fa, mà pensa. (lig. gen.) *S. Chi mel u. s. w.*

293.

Nin sirvas á quen sirvin, nin roubes á quen roubou. (gal.) *Diene nicht bei dem, der diente, stiehl nicht bei dem, der stahl.* pl.

Nin sirvas á quen sirvin, nin pidas á quen pidiu. (gal.) *Diene nicht bei dem, der diente, bettle nicht bei dem, der bettelte.*

294.

The great thieves punish the little ones. *Die grossen Diebe bestrafen die kleinen.* en.

296.

De små Tyve hænger de, de store læ'r de gå. (jüt. S.) *S. De klän u. s. w.* dä.

297.

Thieves falling out, true men come to their goods. *Zanken sich Diebe, kommen ehrliche Menschen zu ihrem Eigenthum.* en.

Asíñanse as comadres, porque lle din as verdades. (gal.) *Die Gevatterinnen erzürnen sich, weil sie sich die Wahrheit sagen.* pl.

298.

Plant the crab-tree where you will, it will never bear pippins. *Pflanzt den Holzapfelbaum, wo ihr wollt, er wird niemals Pippings tragen.* en.

299.

He that goes barefoot, must not plant thorns. *Wer barfuss geht, muss nicht Dornen pflanzen.* en.

Barefooted men must not go among thorns. *Barfüssige Leute müssen nicht zwischen Dornen gehen.*

---

it. Chi semna i spi, no vaghe descalz. (ni. l. b.) *S. Qui sème u. s. w.*

ni. Chi semenn-a aguggie no vadde descâzo. (lig. gen.) *S. Qui sème u. s. w.*

301.

pd. Dremal is Bremer Recht. (ns. B.) *Drei Mal ist Bremer Recht.*

---

dä. Alle gode Gange er tre. (jüt. S., Sl.) *Aller guten Male sind drei.*

302.

pd. An'r Tungn keen Tum (Tom), To lecker de Gum, Keen Lust wat to don, Dat sind dre Dinge ton Schu'n. (ns. B.) *An der Zunge kein Zaum, zu lecker der Gaumen, keine Lust, was zu thun, das sind drei Dinge zum Scheuen.*

---

en. Three things cost dear: the caresses of a dog, the love of a mistress and the invasion of a host. *Drei Dinge sind theuer: die Liebkosungen eines Hundes, die Liebe einer Maitresse und das Einrücken eines Heeres.*

303.

en. Smoke, rain and a very curst wife, Make a man weary of house and life. *Rauch, Regen und ein recht zänkisches Weib machen einem Mann Haus und Leben zuwider.*

Dropping house and eke smoke and chiding wives make men fly out of their own house. *Tröpfelndes Haus und auch Rauch und scheltende Weiber vertreiben die Männer aus ihrem eigenen Haus.*

---

dä. Rog og Smog og ond Kvinde, de får manneg Mands Ögen til at rinde. (jüt. S.) *Rauch und Schmauch und böses Weib, die bringen manchen Mannes Augen zum Thränen.*

304.

it. Trèi don e un gat l' è un merch bèl e fat. (ni. em. B.) *Drei Frauen und eine Katze ist ein Markt fix und fertig.*

305.

is. Þjóð spyrr alt þat er þrír menn vita. *Was drei Leute wissen, weiss die ganze Welt.*

Þjóð veit, ef þrír vita. *Die Welt weiss, wenn Dreie es wissen.*

sw. Hvad tromne veta, vet hela verlden. *Was Dreie wissen, weiss die ganze Welt.*

309.

dä. De siger nok, en drikker, men de ved int' hvad Tørst en lider. (jüt. S., Sl.) *Sie sagen wohl, man trinkt, aber sie wissen nicht, was für Durst man leidet.*

310.

md. Der sorgt sich ooch *(auch)* um'n Strick und hat de Kuh noch nich *(nicht)* im Stalle. (sä. A.)

---

pt. Antes de compral-o becerro, facel-o cortello. (gal.) *Ehe man das Kalb kauft, den Stall machen.*

311.

en. Boil not the pap before the child is born. *Koche nicht den Brei, ehe das Kind geboren ist.*

313.

it. An s' pen di gatt, s' al n' è in dal sacch. (ni. em. Piac.) *Man kann nicht Katze sagen, wenn sie nicht im Sacke ist.*

ni. Se po minga di cent, se no l' è in del sacc. (l. m.) *Man kann nicht hundert sagen, wenn sie nicht im Sacke sind.*

No se peu di quattro fin che u no l' e in to sacco. (lig. gen.) *Man kann nicht vier sagen, ehe sie nicht im Sacke sind.*

No dir quatro, co no l' è in tel saco. (v. Padova.) *Sage nicht vier, wenn sie nicht im Sacke sind.*

314.

en. Marriages are planned in heaven. *Ehen werden im Himmel ersonnen.*

317.

en. Marriage with peace is the world's paradise; with strife, this life's purgatory. *Ehe mit Frieden ist der Welt Paradies, mit Streit dieses Lebens Fegefeuer.*

324.

en. A wounded reputation is seldom cured. *Ein verletzter Ruf wird selten geheilt.*

329.

pd. Dat Hohn will klöker sin as de Henne. (ns. B.) *Das Huhn will klüger sein, als die Henne.*

---

dä. E Æg vil være kloger som e Hǿne. (jüt. S.)

330.

od. Wein, so ein Jahr alt, Brod, so ein Tag kalt, und ein Stündlein kaltes Ei sind gewiss gesunde Drei. (schwei.)

---

dl. Neem brood van een' dag, meel van eene week (maand) en wijn van een jaar. *Nimm Brot von einem Tag, Mehl von einer Woche (einem Monat) und Wein von einem Jahr.*

en. Bread of a day, ale of a month and wine of a year. *Brot von einem Tage, Bier von einem Monat und Wein von einem Jahre.*

Eggs of an hour, fish of ten, bread of a day, wine of a year, a woman of fifteen and a friend of thirty. *Eier von einer Stunde, Fisch von zehn, Brot von einem Tage, Wein von einem Jahre, eine Frau von fünfzehn und ein Freund von dreissig.*

---

pt. O cabrito de hum mez, o queijo de tres. *Das Böckchen von einem Monat, der Käse von drei.*

331.

en. Like crow, like egg. *Wie die Krähe, so das Ei.*

335.

pd. En Has van Spöhn', Abers — alleen. (ns. B.) *Ein Hase von Spähnen, aber — allein.*

---

dä. Sit eget er e bedste Eje. (jüt. S.) *Sein eigen ist der beste Besitz.*

---

it. Casa mi, mamma mi! (ni. em. B.) *S. Casa mia, mamma u. s. w.*

ni. Cà sò e pò piò. (em. B.) *S. Cà mica u. s. w.*

337.

en. Self-praise is no recommendation. *Selbstlob ist keine Empfehlung.*

---

dä. Sjelvros stjynker. (jüt. S.) *S. Selvroes stinker.*

is. Eigið lof luktar illa. *Eigenlob riecht übel.*

---

it. Chi se loda s'imbrodda. (ni. lig. gen.) *S. Chi s' loda u. s. w.*

si. Chine su s'avnuta, mala ragione se senta. (cal.) *Wer sich selbst rühmt, riecht schlecht.*

340.

en. The hasty bitch bringeth forth blind whelps. *Die eilige Hündin wirft blinde Junge.*

The swiftest bitch brings forth the blindest whelps. *Die geschwindeste Hündin wirft die blindesten Jungen.*

341.

Hast trips up its own heels. *Hast fällt über ihre eigenen Füsse.* en.

342.

L' è mei di povero mi, che poveri nun. (ni. it. l. m.) *S. Vâon u. s. w.*

L' e mêgio di povero mi, che povei nui. (lig. gen.) *S. Vâon u. s. w.* ni.

343.

One man may better steal a horse, than another look on. *Einer darf eher ein Pferd stehlen, als ein Anderer zusehen.* en.

344.

Der spitzt de *(die)* Bolzen un *(und)* der verschiesst se *(sie)*. (sü. A.) md.

345.

On soöva la livra e quel' alter la ciapa. (ni. it. em. B.) *S. Uno u. s. w.*

348.

The folly of one man is the fortune of another. *Die Thorheit des Einen ist das Glück des Andern.* en.

O que he bom para o ventre, he máo para o dente. *Das was gut für den Bauch ist, ist schlecht für den Zahn.* pt.

O que e bo pr' o bazo, é malo pr' o figado. (gal.) *Das was gut für die Milz ist, ist schlecht für die Leber.*

Lo que es bueno para el hígado, es malo para el bazo. *Das was gut für die Leber ist, ist schlecht für die Milz.* sp.

349.

What 's meat to me may poison be to you. *Was Speise für mich ist, mag Gift für Euch sein.* en.

Den enes Dod, den anns Brod. (jüt. S.) dä.

350.

All flowers are not in one garland. *Alle Blumen sind nicht in einem Gewinde.* en.

353.

Un mei marzo ne guasta sento. (ni. lig. gen.) *S. Una mela u. s. w.* it.

354.

it. On pom mars el guasta i olter. (ni. l. m.) *Ein fauler Apfel verdirbt die andern.*

356.

en. One enemy is too much for a man in a great post, and a hundred friends are too few. *Ein Feind ist zuviel für einen Mann in einem hohen Amt, und hundert Freunde sind zu wenig.*

---

fz. L' on non pon pas aver trop d' amics. (sf. uprv.) *Man kann nicht zu viel Freunde haben.*

358.

en. One love drives out another. *Eine Liebe vertreibt die andere.*

359.

it. Chi n' ha un n' ha nisciun; Chi n' ha dui n' ha un; Chi n' ha trei, g' ha u diaò pè d' indavvei. (ni. lig. gen.) *Wer eins hat, hat keins; wer zweie hat, hat eins; wer dreie hat, hat den Teufel in Wahrheit.*

360.

en. One body is no body. *Einer ist Keiner.*

361.

dä. En Traad gör enneg Væv. (jüt. S.) *Ein Faden macht kein Gewebe.*

---

it. Un fiôur en fa grilanda. (ni. em. B.) *S. One flower u. s. w.*

pt. Un grau non fai graneiro, pero axuda ô compañeiro. (gal.) *Ein Korn macht keinen Speicher, hilft aber dem Genossen.*

364.

md. Ein Narr machte zehne. (sä. A.)

---

it. Un matto ne fa rie quattro. (ni. lig. gen.) *Ein Narr macht vier lachen.*

368.

en. All feet tread not in one shoe. *Alle Füsse gehen nicht in einen Schuh.*

371.

en. One day is better than sometimes a whole year. *Ein Tag ist mitunter besser, als ein ganzes Jahr.*

In t' un ôura al zil lavôura. (ni. em. B.) *In einer Stunde arbeitet der Himmel.* it.

373.

En Fader kan forsørge ti Børn, men ti Børn ennêg Fader. (jüt. S.) *Ein Vater kann zehn Kinder versorgen, aber zehn Kinder keinen Vater.* dä.

374.

E parolle son comme e sexe, Appreuvo a unn-a ghe ne ven dexe. (ni. lig. gen.) *S. Il paroli u. s. w.* it.

375.

Ene Hant wascht diä ëänger. (ns. N.) pd.

One hand washeth the other and both the face. *Eine Hand wäscht die andere und beide das Gesicht.* en.

Han teger den ene Hand og tor den ann med. *Er nimmt die eine Hand und wäscht die andere damit.* (jüt. S.) dä.

Una man lava l' altra, E tutt du lavn el mostazz. (ni. em. Pine.) *S. Un man u. s. w.* it.

Unn-a man a lava l' ätra, Tutte due lavan a faccia. (lig. gen.) *S. Una mano lava l'altra, u. s. w.* ni.

376.

A lie begets a lie, till they come to generation. *Eine Lüge erzeugt eine Lüge, bis ein Geschlecht daraus wird.* en.

One lie makes many. *Eine Lüge macht viele.*

E boxie son comme e sexe, Appreuvo a unn-a ghe ne ven dexe. (ni. lig. gen.) *Die Lügen sind wie die Kirschen, nach einer kommen zehn.* it.

377.

One swallow makes not summer. *Eine Schwalbe macht nicht Sommer.* en.

En Svale gör ennêg Sommer. (jüt. S.) dä.

En Svale gör ingen Sommer. (Sl.)

Unn-a rondine no fa primaveja. (ni. lig. gen.) *S. Una rondine non fa primavera.* it.

Unn-a sciû (reusa) no fa Mazzo. (lig. gen.) *Eine Blume (Rose) macht keinen Mai.* ni.

Una rondina no fa primavera. (v.) *S. Una rondine non fa primavera.*

Un fior no fa primavera. (v.) *S. Una u. s. w.*

381.

it. A sintir sòul una campana an s' impara gnient. (ui. em. B.) *Wenn man bloss eine Glocke hört, erfährt man nichts.*

ui. Bisogna sintir anch' qul atra campana. (em. B.) *Man muss auch die andere Glocke hören.*

384.

dä. Det er en sælleg Mus, der kun haer et Gab. (jüt. S.) *Das ist eine arme Maus, die nur ein Loch hat.*

Det er en lempeleg Ræv, der kun haer en Hole. (jüt. S.) *Das ist ein schlechter (thörichter) Fuchs, der nur eine Grube hat.*

385.

en. A hat is not made for one shower. *Ein Hut wird nicht wegen eines Schauers gemacht.*

387.

en. God keep me from the man that hath but one thing to mind. *Gott behüte mich vor dem Mann, der nur an eine Sache zu denken hat.*

---

fz. Gardez-vous de disputer avec l'homme d'un seul livre. *Hütet euch, mit dem Mann zu streiten, der nur ein einziges Buch kennt.*

it. Dio ti guardi da chi legge un libro solo. (ui. t.) *Gott bewahre dich vor dem, der ein einziges Buch liest.*

389.

en. Hang not all your bell's upon one horse. *Hängt nicht alle eure Glocken an ein Pferd.*

390.

dä. Det er inte godt at fa manneg Hode under en Hat. (jüt. S.) *S. Dat 's u. s. w.*

391.

dä. Rom er inte bygt á en Dag. (jüt. S.) *Rom ist nicht an einem Tag gebaut.*

---

it. Al mònd en fo fat in t' un dè. (ui. em. B.) *Die Welt ward nicht in einem Tage gemacht.*

394.

dä. Den ene Abe fær den ann til at gabe. (jüt. S.) *Ein Affe kriegt den andern zum Gähnen.*

395.

dä. Naar en Ko bissar, saa bissa di allje. (Bornholm) *S. Wann u. s. w.*

Hvern en Ko bis, sà bis de alle. (jüt. S.) *S. Wann u. s. w.*

396.

Hvern Fanden lukker en Dör i, lukker Vor- dä. herre ti op. (jüt. S.) *Wenn der Teufel eine Thür zuschliesst, schliesst unser Herr sie auf.*

S' as sâra un use, as derva un porton. (ui. it. em. Pine.) *S. Si chiude una porta u. s. w.*

U Segnô særa unn-a porta pe arvi un barcon. ui. (lig. gen.) *Der Herr schliesst eine Thür, um einen Balkon zu öffnen.*

Dio sera una porta e averze un porton. (v.) *Gott schliesst eine Thür und öffnet einen Thorweg.*

398.

One sheep follows another. *S. Ein Schaf u. s. w.* en.

Hvern et Får løber til Vands, løber de alle. dä. (jüt. S.) *Wenn ein Schaf zum Wasser läuft, laufen sie alle.*

399.

Even an ass will not fall twice in the same en. quicksand. *Selbst ein Esel wird nicht zwei Mal in denselben Flugsand fallen.*

Where ever an ass falleth, there will he never fall again. *Wo immer ein Esel fällt, da wird er nie wieder fallen.*

He that stumbles twice at ae stane, deserves to break his shin bane. (scho.) *Wer zwei Mal über einen Stein stolpert, verdient, sich sein Schienbein zu zerschlagen.*

Far cmu fa l' asen che in dov al sò inzamplà it. una volta al n' i passa piò. (ui. em. B.) *Es machen wie der Esel, welcher nicht mehr da geht, wo er ein Mal gestolpert ist.*

403.

De eenmal stillt, is jummer en Deef. (us. B.) pd. *S. Wer een u. s. w.*

He that once deceives, is always suspected. en. *Wer einmal betrügt, ist immer verdächtig.*

Hvern der engang hær stål, skal altid være dä. Tyv. (jüt. S.) *Wer ein Mal gestohlen hat, muss immer Dieb sein.*

405.

En skal smede, lav e Jern er varm. (jüt. S.) dä. *S. Man muss u. s. w.*

En skal smede, luv e Jern er glaende. (jüt. S.) *Man muss schmieden, während das Eisen glühend ist.*

---

it. Bisògna batr' al fèr fenna ch' l' è cald. (ni. em. B.)

ni. Bater al fèr in fein ch' l' è cald. (em. B.) *S. Bate u. s. w.*

Bezeugna batte u ciodo finn-a che u l'e cädo. (lig. gen.) *Man muss den Nagel schmieden, während er heiss ist.*

Bsögna bate 'l fer mentre cha l'è caud. (piem.)

407.

dä. Albustød og Kaerestesorg gör ve. (jüt. S.) *Ellbogenstoss und Liebestrauer thut weh.*

At miste sin Kune det er Albustød, men at miste sin Kaereste det er Helvedspine. (jüt. S.) *Seine Frau einbüssen, das ist Ellbogenstoss, aber seine Liebste einbüssen, das ist Höllenpein.*

410.

dä. Alting haer e Ende undtegen e Pølse, den haer to. (jüt. S.) *S. Alting u. s. w.*

411.

md. Das dicke Ende kommt allemal hinten nach. (sä. A.)

pd. Dat Enne driggt de Last. (ns. B.) *S. 's End u. s. w.*

De dicke Enne is noch achter. (ns. B.) *Das dicke Ende ist noch hinten.*

---

dä. E Ende binder e Laes. (jüt. S.) *Das Ende bindet das Fuder.*

---

lt. In cauda venenum.

it. La più cattiva da scortgar l' è la co. (ni. em. B.) *S. È più u. s. w.*

ni. La cova è la pen dùra da scortgà. (em. Piac.) *S. La coda u. s. w.*

In ta cöa ghe sta u venin. (lig. gen.) *S. A la queue u. s. w.*

pt. O rabo he ruim d' esfolar. *Der Schwanz ist schlecht zu schinden.*

412.

it. Tutti i salmi finiscono in gloria. (mi. t.) *Alle Psalmen endigen im Gloria.*

ni. Al fein curóuna l' opera. (em. B.)

Alla fein dèl salom as i canta la gloria. (em. B.) *S. Alla fine del u. s. w.*

Tutti i pater fenissen in gloria. (l. m.) *Alle Paternoster endigen im Gloria.*

Tutti i sarmi finiscian in gloria. (lig. gen.) *S. Tutti i salmi u. s. w.*

Tuti i salmi fenisse in gloria. (v. trst.) *S. Tutti i salmi u. s. w.*

413.

Hvern e Ende er god, er alting godt. (jüt. S.) dä. *S. Naar u. s. w.*

414.

Trust me but look to thyself. *Traue mir, aber sieh dich vor.* en.

Trúðu engum svo vel, að þú trúir ei sjálfum þér best. *Traue Keinem so, dass du dir selbst nicht am meisten trau'st.* is.

Fidarsi è bene, non si fidare è meglio. (mi. t.) it. *Trauen ist gut, nicht trauen ist besser.*

Fidèrs l' è bsögn, e' un fidèr l' è mèj. (em. R.) ni. *S. Fidars u. s. w.*

Fiâse l' e ben, no fiâse l' e megio. (lig. gen.) *S. Fidarsi u. s. w.*

Fidesse l' è ben, nen fidesse l' è mei. (piem.) *S. Fidarsi u. s. w.*

Fidarsi è bonu, nun fidarsi è megghiu. (s.) *S. Fidarsi u. s. w.* si.

115.

Experience is the mother of science. *Erfahrung ist die Mutter des Wissens.* en.

416.

An vielem Lachen un *(und)* Flennen *(Weinen)* Kann man den Narren erkennen. (sä. A.) md.

A bird is known by its note, and a man by his talk. *Ein Vogel wird an seinem Gesang erkannt, und ein Mann an seiner Rede.* en.

By the husk you may guess of the nut. *Von der Schale könnt ihr auf die Nuss schliessen.*

A good workman is known by his chips. *Ein guter Arbeiter wird an seinen Schnitzeln erkannt.*

A e Fer skal en kende, hvad Fugl det er. (jüt. S.) *An den Federn wird man kennen, was für ein Vogel das ist.* dä.

Ai segn as cgnoss el bal. (ni. em. B.) *An den Zeichen erkennt man den Ballen.* it.

Dal esteren as cgnoss l' interen. (em. B.) *S. Da l'esteran u. s. w.* ni.

Dalli aziôn as cgnoss i omen. (em. B.) *An den Handlungen erkennt man die Menschen.*

Dall' alber se conoss' i frût. (l. m.) *Am Baum erkennt man die Früchte.*

Dal' alboro se conosse i fruti. (v.) *S. Dall' alber u. s. w.*

417.

it. L' è mej anghà in dal màr, che in d'una pòccia. (ni. em. Piac.) *Es ist besser im Meer ertrinken, als in einem Brunnen.*

ni. L' e mègio negâr in t' un pozzo grande. (lig. gen.) *Es ist besser in einem grossen Brunnen ertrinken.*

420.

en. A drowning man will catch at a rush. *Ein Ertrinkender greift nach einer Binse.*

422.

en. A barley-corn is better than a diamond to a cock. *Ein Gerstenkorn ist für einen Hahn besser, als ein Diamant.*

A thistle is a fat salad for an ass' mouth. *Eine Distel ist ein fetter Salat für eines Esels Maul.*

---

dä. E So drömmer om e Drav og e Bedekune om e Stav. (jüt. S.) *Die Sau träumt von den Trebern und die Bettelfrau vom Stab.*

425.

en. One thing thinketh the horse and another he that saddles him. *Ein Ding denkt das Pferd und ein anderes der, welcher es sattelt.*

427.

en. Daws love one another's prattle. *Dohlen haben eine der andern Geschwätz gern.*

One mule doth scrub another. *Ein Maulthier kratzt das andere.*

428.

nd. Wenn une nich (nicht) ee (ein) Sperling den annern (andern) Dachschisser nennen wollte! (sll. A.)

429.

fz. L' ay qu' a dones mestres, la queue li pels. (sf. npr.) *Dem Esel, der zwei Herren hat, haart der Schwanz.*

433.

en. When all men say you are an ass, it is time to bray. *Wenn alle Leute sagen, ihr seid ein Esel, ist es Zeit zu schreien (wie einer).*

If any one say, that one of thine ears is the ear of an ass, regard it not; if he say so of them both, procure thyself a bridle. *Wenn irgend Einer sagt, dass eins deiner Ohren das Ohr eines Esels ist, achte nicht darauf; wenn er es von beiden sagt, schaffe dir einen Zaum an.*

If one, two and three say, you are an ass, put on the ears. *Wenn Einer, Zwei und Dreie sagen, ihr seid ein Esel, setzt die Ohren auf.*

434.

If an ass goes a travelling, he 'll not come en. home a horse. *Wenn ein Esel auf Reisen geht, wird er nicht als ein Pferd heimkommen.*

Hvem en skikker en Stud til Rom, kommer dä. en Stud tilbage. (jüt. S.) *Wenn man einen Ochsen nach Rom schickt, kommt ein Ochse zurück.*

Andar vi ason e turnaé a cà sumar. (ni. em. B.) it. *Als Esel hingehen und als Lastthier nach Hause zurückkehren.*

435.

He that washeth an ass's head, shall lose en. both his lye and his labour. *Wer eines Esels Kopf wäscht, verliert Beides: seine Lauge und seine Mühe.*

A lavar la tèsta al' asen as i armet la fadiga it. e 'l savòn. (ni. em. B.) *Wäscht man dem Esel den Kopf, wirft man die Mühe und die Seife weg.*

Lavà la testa all' âsan, s' trà via l' acqua e ni. 'l savon. (em. Piac.) *Dem Esel den Kopf waschen, verliert man das Wasser und die Seife.*

Chi lava a testa a l' âse, Perde a lesciâ e u savon. (lig. gen.) *S. Chi lava il capo u. s. w.*

Chi lava la testa a l'aso, perd la pena e 'l savon. (piem.) *Wer dem Esel den Kopf wäscht, verliert die Mühe und die Seife.*

Cui lava la testa a l' asinu, ci perdi lu sapuni si. e la liscia. (s.) *Wer dem Esel den Kopf wäscht, verliert dabei die Seife und die Lauge.*

437.

Wat will helpen knappen, dat mot ok helpen pd. bakken. (westf. H.) *Wer will helfen knabbern, der muss auch helfen backen.*

438.

md. Du hast 's eigebrockt, da magst du 's aber o *(auch) selber ausfressen.* (sä. A.)

---

dä. Ligesom du har brocket i, saa faar du at æde ud. *Wie du 's eingebrockt hast, so musst du 's ausessen.*

Hvad en brokker i, skal en sjelv æde af. (jüt. S.) *Was man einbrockt, muss man selbst ausessen.*

---

it. Chi imbratta, spazzi. *Wer schmutzig macht, kehre.*

Chi ha fatto la follia, vi pensi. *Wer die Thorheit begangen hat, denke daran.*

mi. Chi ha fatto il male, faccia la penitenza. (t.) *S. Chi ha fatt u. s. w.*

ni. Chi ha faa el maa, faga la penitenza. (l. m.) *S. Chi ha fatt u. s. w.*

Chi ha fæto u má, fasse a penitenza. (lig. gen.) *S. Chi ha fatt u. s. w.*

Chi ha fato 'l mal, fazza la penitenza. (v.) *S. Chi ha fatt u. s. w.*

Chi ga fato el pecà, faxi la penitenza. (v. trst.) *S. Chi ha fatt u. s. w.*

439.

dä. Han er som e Ugle bland e Krager. (jüt. S.)

Han er ligeså forhadt som en Ravn iblandt e Krager. (jüt. S.) *Er ist eben so verhasst, wie ein Rabe unter den Krähen.*

is. Hvað skulu brúðir í bardaga? *Was sollen Bräute in der Feldschlacht?*

Hvát skál heiðin hundur á kirkju fund? (fær.) *Was soll der heidnische Hund in der Kirchenversammlung?*

sw. Narren är bland annat Folck, som Vgglan bland kråkor. *Der Narr ist unter andern Leuten, wie die Eule unter Krähen.*

440.

dä. Han slipper Fanden og teger e Trold. (jüt. S.) *Er lässt den Teufel los und fasst den Troll.*

Han gær frå Fanden og teger ved e Trold. (jüt. S.) *Er geht vom Teufel fort und fasst den Troll an.*

Han forlader Fanden og teger ved e Trold. (jüt. S.) *Er verlässt den Teufel und fasst den Troll an.*

442.

en. He that 's down, down with him, cries the world. *Wer unten liegt, nieder mit ihm, schreit die Welt.*

Quand ûn dis, dà a quêl can, tôt i dân. (ni. it. em. B.) *Wenn Einer sagt: schlag den Hund, schlagen ihn Alle.*

445.

La bótta la dà, Ad el' òdôr ch' la sà. (ni. em. it. Piac.) *Das Fass gibt vom Geruch, den es hat.*

446.

Dôp al carenval al vein la quarésma. (ni. it. em. B.) *Nach der Fastnacht kommt die Fastenzeit.*

447.

E Jord er gærne hård for onde Svinétryner. dä. (jüt. S.) *Die Erde ist leicht hart für schlechte Schweinerüssel.*

Alting er frossen for vredne Svinetryner. (jüt. S.) *Alles ist gefroren für böse Schweinerüssel.*

448.

A proud horse that will not bear his own provender. en. *Ein stolzes Pferd, das nicht sein eigenes Futter tragen will.*

Det er en ringe Hest, der itt' kan bære e Sadel. dä. (jüt. S.) *Das ist ein schlechtes Pferd, das nicht den Sattel tragen kann.*

Det er en ringe Stavre, der itt' kan stå et År. (jüt. S.) *Das ist ein schlechter Pfahl, der nicht ein Jahr stehen kann.*

449.

Idleness is the key to beggary. *Faulheit ist* en. *der Schlüssel zum Bettelthum.*

Han kan hegge sin lade Arm ved sin tomme dä. Tarm. (jüt. S.) *Er kann seinen faulen Arm zu seinem leeren Darm legen.*

451.

Zængho de man, zængho da villan. (ni. lig. gen.) it.

453.

Hedges have eyes and walls have ears. *Hecken* en. *haben Augen und Mauern haben Ohren.*

454.

Quannu ti danunu la purcedda, curri prestu it. cu la cordicedda. (s.) *Wenn sie dir das Ferkel schenken, lauf schnell mit dem Strick herbei.*

Cando dan a ovella, coller á corda e ir por pt. ela. (gal.) *Wenn sie das Schaf geben, greif nach dem Strick und geh danach.*

456.

en. Dear bought and far fetched are dainties for ladies. *Theuer gekauft und weither geholt sind Leckerbissen für Damen.*

457.

pt. Nido feito, pega morta. (gal.) *S. Nido u. s. w.*

458.

pt. Á porco gordo untarll' o rabo. (gal.) *Dem fetten Schwein den Schwanz schmieren.*

459.

pd. Fett swemmt babn, likevel worvan. (ns. B.) *Fett schwimmt oben, gleichviel wovon.*

---

dä. Det Fede vil immer flyde ovenpaa. *Das Fett will immer obenauf schwimmen.*

E Fedt vil altid være (garne svømme) ovena. (jüt. S.) *Das Fett will stets (gern) obenauf sein (schwimmen).*

is. Hið feita vill ætíð upp fljóta. *S. Det Fede u. s. w.*

nw. Dat feita vil aaltid uppe fljota. *S. Det Fede [u. s. w.*

460.

it. En bisogna meter la paia vsein al fugh, chi n' vol ch' la brusa. (ni. em. B.) *Nicht darf das Stroh nahe dem Feuer legen, wer nicht will, dass es anbrenne.*

ni. No se deve mette a paggia (a stoppa) vixin a-u fœugo. (lig. gen.) *Man darf nicht das Stroh (Werg) nahe zum Feuer legen.*

si. L' omu è lu focu, la donna è stuppa, La diavula veni e ciuscia. (s.) *Der Mann ist das Feuer, die Frau ist Werg, der Teufel kommt und bläst.*

pt. O lume ond' a estopa, vem o demo e sóplaa. (gal.) *Das Licht nahe beim Werg, kommt der Teufel und bläst.*

463.

en. He takes oil to extinguish the fire. *Er nimmt Öl, um das Feuer auszulöschen.*

465.

dä. Hvem en gi'r Fanden en Finger, så tager han e hele Hand. (jüt. S.) *Wenn man dem Teufel einen Finger gibt, so nimmt er die ganze Hand.*

Hvem Fanden først faer en Finger i e Spil, skal han snart få fat med e hele Hand. (jüt. S.) *Wenn der Teufel erst einen Finger in's Spiel kriegt, wird er schnell mit der ganzen Hand fassen.*

466.

U pescio comensa a spussâ dâ testa. (ni. lig. gen.) it.

474.

For a flying enemy make a silver bridge. en. *Für einen fliehenden Feind baue eine silberne Brücke.*

475.

Den der inte vill ly(d)a far a mor, han får sw. ly(d)a trómmor á kalsking. (Skåne.) *Wer nicht Vater und Mutter gehorchen will, muss Trommeln und Kalbsfell gehorchen.*

476.

Ask the seller if his ware be bad. *Fragt den* en. *Verkäufer, ob seine Waare schlecht sei.*

Pergüntall' à Mateu, qu' é tan bo com' eu. pt. (gal.) *Frage Mathias danach, der ist so wahrhaft, wie ich.*

477.

Frag, un du kumst dör de ganze Welt. (ns. B.) pd. *Frage und du kommst durch die ganze Welt.*

Lingua dux pedis. lt.

As va a Rôma dmandand. (ni. em. B.) *S.* it. *Dimandando u. s. w.*

C'ha leingua in bocca, a Rôma va. (em. Piac.) ni. *Wer Sprache im Munde hat, geht nach Rom.*

Cont la lengua in bocca, se va fina a Roma. (l. m.) *Mit der Sprache im Munde geht man bis nach Rom.*

Domandando se va a Romma. (lig. gen.) *S. Dimandando u. s. w.*

Chi lingua ha, a Romma va. (lig. gen.) *S. Qui longue u. s. w. [u. s. w.*

Cui ha lingua, va a Roma. (s.) *S. Qui longue* si.

478.

A ship and a woman want always trimming. en. *Ein Schiff und eine Frau bedürfen immer des Zustutzens.*

479.

She wears the breeches. *Sie trägt die Hosen.* en.

Hun bær e Bokse. (jüt. S.) *S. She u. s. w.* dä.

it. In d'una cà l'an va mäi bein, Quand la donn g'ha i bragein. (ni. em. Piac.) *In einem Hause geht's* ***niemals*** *gut, Wenn an die Frau* ***die*** *Hosen* ***thut.***

480.

dä. En Kone kan bære mer væk i hende Forklæde, end fire Heste kan trække. (jüt. S.) *Eine Frau kann in ihrer Schürze mehr wegtragen, als vier Pferde ziehen können.*

481.

it. El don el i han un pont più dël diavel. (ni. em. B.) *Die Frauen haben* ***einen Punkt*** *mehr als der Teufel.*

ni. Il donn i n' in sàn v' una ad pen dal diàvol. (em. Piac.) *Die* ***Frauen*** *wissen* ***eins mehr als der Teufel.***

I donn en san vœuna de pu del diavol. (l. m.) *S. Il donn* **u. s. w.**

E donne ne san unn-a ciù che u diâu. (lig. gen.) ***S. Il donn u. s. w.***

487.

pd. Freen is nien Peerkop, Elk do de Ogen op. (ns. B.) ***Freien ist kein Pferdekauf, Jeder thu' die Augen auf.***

488.

md. Frei übern Mist, da weeste ***(weisst du)***, wer er ist. (sä. A.)

489.

en. A bean in liberty is better than a comfit in a prison. ***Eine Bohne in Freiheit ist besser,*** *als* ***ein Confekt in einem Gefängniss.***

---

fz. Mieux vaut être oiseau de bois que de cage. *Besser* ***ist's, Vogel im Wald, als*** *im Käfich zu sein.*

it. È meglio esser uccello di bosco che di gabbia. *S. Mieux* ***vaut être u.*** *s. w.*

ni. Pan e zivòlla e la sò libertà. (em. **B.)** ***Brot und Zwiebel und seine*** *Freiheit.*

L' e mëgio ûse oxello de campagna, che de gaggia. (lig. gen.) ***S. Mieux vaut être u. s. w.***

490.

is. Annars barn er sem úlf at fríá. ***Die*** *Liebe zu einem* ***fremden Kinde ist wie die*** *zu einem Wolfe.*

---

pi. Fillo alleo, brasa no seo. (gal.) ***S.*** *Filho* ***u. s. w.***

492.

El pa di alter el gà set cröste. (ni. l. V.-C.) it.
S. Il pane degli ***altri ha u. s. w.***

493.

Sadness and gladness succeed each other. *Trau-* en.
rigkeit und Freudigkeit folgen einander.

Offthe kommer Swedhe effther sødher Klaadhe. dä.
(adä.) ***Oft*** *kommt Brennen nach süssem* ***Kratzen.***

Efter den søde Klode kommer (følger) den sure Svie. (jüt. S.) ***Nach*** *dem süssen* ***Kratzen kommt (folgt) das*** *herbe Brennen.*

Opt kemr sviði eptir sáran kláða. *Oft kommt* is.
Brennen nach *dem Kratzen* ***der*** *Wunde.*

Opta kombir swidhi æpta søtan kladha. (asw.) sw.
S. Offthe u. s. w.

Post joca pruritus uredo (vredo) sæpe (sepe) fit lt.
acris (multus). (mlt.)

Dopo el bell ven el brutt. (ni. l. m.) *Nach* it.
dem Schönen kommt das Hässliche.

Doppo u bello ven u brutto. (lig. gen.) *S.* ni.
Dopo el bell u. s. w.

Doppo u dûse ven l' amâu. (lig. gen.) *S. Dopo* ***il dolce u. s. w.***

494.

Happy men shall have many friends. *Glück-* en.
liche Menschen *werden* ***viele*** *Freunde haben.*

Every one is kin to the rich man. *Jeder ist* ***mit dem*** *reichen Manne* ***verwandt.***

495.

En kan bedst lære sine Venner at kende i e dä.
Nød. (jüt. S.) ***Man kann seine Freunde am besten in der*** *Noth kennen lernen.*

Al bisogno si conosce l' amico. (mi. t.) *S. Au* it.
besoin u. s. w.

I amigh s' cgnossen in t' i bisogn. (em. B.) ni.
S. I' amihg *u. s. w.*

I' amigh bon, i s' conossn' in dj 'occasion. (em. Piac.) *Die guten Freunde erkennt man* ***bei Gelegenheit.***

I amis se conossen in d' on bisogn. (l. m.) *S.* ***I' amihg*** *u. s. w.*

I amixi se conoscian a-u bezeugno. (lig. gen.) ***S. I'*** *amihg u. s. w.*

I' amis a s' conòsso 'ntle occasion. (piem.) *Die Freunde erkennt man bei Gelegenheit.*

Nele ocasion se conosse l' amigo. (v.) *Bei Gelegenheit erkennt man den Freund.*

496.

en. A good friend is my nearest relation. *Ein guter Freund ist mein nächster Verwandter.*

A father is a treasure, a brother a comfort, but a friend is both. *Ein Vater ist ein Schatz, ein Bruder ein Trost, aber ein Freund ist Beides.*

---

it. Val più un amigh che zèint parent. (ni. em. B.) *S. Val più un amigo u. s. w.*

ni. Vàn ciû un bon amigo, che sento parenti. (lig. gen.) *S. Val püsé 'n u. s. w.*

503.

pd. Frunne in'r Noth Gat fifuntwintig up 'n Loth. (ns. B.) *Freunde in der Noth gehen fünfundzwanzig auf ein Loth.*

504.

en. A friend in the market is better than money in the chest. *Ein Freund auf dem Markt ist besser, als Geld im Kasten.*

---

fz. Il est bon d' avoir des amis partout. *Es ist gut, überall Freunde zu haben.*

it. È bene aver degli amici dappertutto. (mi. t.) *S. Il est bon u. s. w.*

ni. L' è bon avei di amixi dappertutto. (lig. gen.) *S. Il est bon u. s. w.*

Bisogna aver di amici per tuto. (v.) *Man muss überall Freunde haben.*

508.

en. Friendship increases in visiting friends, but more in visiting them seldom. *Freundschaft wächst durch Besuchen der Freunde, aber mehr durch seltenes Besuchen derselben.*

---

pt. A casa de tua tia, non vagas cada dia. (gal.) *In's Haus deiner Tante geh nicht jeden Tag.*

509.

en. A full purse never lacks friends. *Einer vollen Börse mangelt es nie an Freunden.*

512.

en. A broken friendship may be solder'd, but will never be sound. *Gebrochene Freundschaft kann gelöthet, wird aber nie wieder ganz werden.*

---

sp. De amigo reconciliado y de viento por horado y de hombre que va disimulado. *Vor versöhntem Freunde und vor Zugwind und vor einem Menschen, der sich verstellt (hüte dich).*

514.

Hvem e Øl er oppe, er e Venskap ude. (jüt. S.) **dä.** *Wenn das Bier alle ist, ist die Freundschaft aus.*

519.

Den Fugl, som synger om Morgenen, tager **dä.** Katten inden Aften. *Den Vogel, der am Morgen singt, nimmt die Katze am Abend.*

Det Fugl, der synger tidleg om Morgenen, teger e Kat inden Aften. (jüt. S.) *Den Vogel, der früh am Morgen singt, nimmt die Katze am Abend.*

520.

Man rider ikke altid den Dag man sadler. **dä.** *Man reitet nicht immer an dem Tage, wo man sattelt.*

Han rider inte den Dag han sadler. (jüt. S.) *Er reitet nicht an dem Tage, wo er sattelt.*

Han sigter edag og skyder åmorgen. (jüt. S.) *Er zielt heute und schiesst morgen.*

521.

Early ripe, early rotten. *Frühzeitig reif, frühzeitig faul.* **en.**

522.

With foxes you must play the fox. *Mit Füchsen müsst ihr den Fuchs spielen.* **en.**

To a crafty man, a crafty and a half. *Einem Verschmitzten ein und ein halber Verschmitzter.*

524.

Foxes prey farthest from their earths. *Füchse rauben am entferntesten von ihrem Bau.* **en.**

The lapwing cries most farthest from her nest. *Der Kibitz schreit am meisten weit ab von seinem Nest.*

E Ræv bider inte å den Mark han ligger. **dä.** (jüt. S.) *Der Fuchs beisst nicht auf dem Felde, wo er liegt.*

E Ræv bider itt' tæt ved e Kule. (jüt. S.) *S. Ä Röw u. s. w.*

525.

Tot i gròp van al paten. (ni. em. B.) *S. it. Tuots u. s. w.*

526.

A good marksman may miss. *Ein guter Schütze kann fehlen.* **en.**

---

sw. Ingen är så god kusk att han ej någon gång kan stjelpa. *Keiner ist so guter Kutscher, dass er nicht ein Mal umwerfen kann.*

---

fz. Il n' y a si bon cocher qui ne verse. *Es gibt keinen so guten Kutscher, dass er nicht umwürfe.*

527.

en. A little fire burns up a great deal of corn. *Ein kleines Feuer verzehrt eine grosse Masse Korn.*

---

dä. En lille Nist kan gi' en stor Brand. (jüt. S.) *Ein kleiner Funken kann einen grossen Brand geben.*

529.

en. Scalded cats fear even cold water. *Verbrühte Katzen fürchten selbst kaltes Wasser.*

---

pt. Gato escaldado, auga fria lle fai daño. (gal.) *Verbrühter Katze schadet kaltes Wasser.*

530.

it. Chi è sta pzigà dèlla bessa ha pora anch del Insert. (ni. em. B.) *Wer von der Schlange gebissen worden ist, hat auch vor der Eidechse Furcht.*

531.

md. Gebrannt Kind scheut 's Feuer. (sä. A.)

---

dä. Den der brænder seg et Sinde, faer at vare seg til et annt Gang. (jüt. S.) *Wer sich ein Mal verbrennt, wird sich ein ander Mal in Acht nehmen.*

532.

en. He that feareth every bush, must never go a birding. *Wer jeden Busch fürchtet, muss nie auf's Vogelstellen gehen.*

He that will not sail till all dangers are over, must never put to sea. *Wer nicht segeln will, bis alle Gefahren vorüber sind, darf nie in See stechen.*

535.

it. Tut i calz (Ogni calz) manden innnz un pass. (ni. em. B.) *Jeder Fusstritt bringt einen Schritt vorwärts.*

536.

it. Bön asptà mèz pagà. (ni. em. B.) *Erwartete Gabe, halb bezahlt.*

538.

Save a thief from the gallows, and he 'll be en. the first to shew thee the way to St. Giles's. *Rette einen Dieb vom Galgen und er wird der Erste sein, dir den Weg nach St. Giles (i. e. zum Galgen) zu zeigen.*

540.

Tant va la gata al lard ch' la i lassa la zampa. it. (ni. em. B.) *S. Tanto va la gatta al lardo u. s. w.*

542.

Es flog ein Gänserich über den Rhein, Und md. kam als Giggag wieder heim. (sä. A.)

543.

En tredje Dags Gæst stjynker. (jüt. S.) *S.* dä. *En trerre u. s. w.*

545.

In the world there be men, That will have the en. egg and the hen. *In der Welt gibt es Leute, welche das Ei und die Henne haben wollen.*

You can't sell the cow and have her milk too. *Ihr könnt nicht die Kuh verkaufen und auch ihre Milch haben.*

Nò s' peu avì la botta piina e la serva imba- it. riaga. (ni. em. Piac.) *S. An s' pœul u. s. w.*

No se peu avei a botte pinn-a e a muggê im- ni. briæga. (lig. gen.) *Man kann nicht das Fass voll und die Frau betrunken haben.*

549.

Mit Geduld und Spucke Fängt man eine md. Mucke. (sä. A.)

Col tempo e la pazienza se po fa tutt coss. it. (ni. l. m.) *Mit der Zeit und der Geduld kann man Alles machen.*

Co-a pazienza se vinse tutto. (lig. gen.) *S.* ni. *Colla pazienza si vince u. s. w.*

551.

The river passed and God forgotten. *Der* en. *Fluss überschritten und Gott vergessen.*

Avò la grazia, gabà l' Sant. (ni. em. B.) *Die* it. *Gnadenbezeigung empfangen, der Heilige verhöhnt.*

552.

Qui cherche le danger y périra. *Wer die Ge-* fz. *fahr sucht, wird darin umkommen.*

554.

en. He that tells a secret is another's servant. *Wer ein Geheimniss sagt, ist des Andern Diener.*

555.

it. Prima de sapè comandà, bisogna a sapè ubbidì. (mi. crs.) *Ehe man befehlen kann, muss man gehorchen können.*

ni. Bisogna prema êsser garzôn e pò master. (em. B.) *Man muss zuerst Lehrling und dann Meister sein.*

Chi no sa fa, sa nanca comandà. (l. m.) *S. Chi ea u. s. w.*

Chi non sa ubbidì, no sa comandà. (lig. gen.) *S. Chi no sa ûbidì u. s. w.*

Chi no sa fà, no sa comandà. (lig. gen.) *S. Chi non sa u. s. w.*

558.

en. The devil lies brooding in the miser's chest. *Der Teufel liegt brütend im Kasten des Geizigen.*

559.

en. Money makes marriage. *Geld macht Heirath.*

Money makes the mare to go. *Geld macht die Stute gehen.*

Money will make the pot boil. *Geld macht den Topf sieden.*

Ready money is ready medicine. *Baar Geld ist fertige Medizin.*

---

dä. Den, der hær det, der klinger, han fær nok det, der springer. (jüt. S.) *Wer das hat, was klingt, der kriegt wohl das, was springt.*

Hvem en hær en Skilling, kan en let fä en Flöjte. (jüt. S.) *Wenn man einen Schilling hat, kann man leicht eine Flöte bekommen.*

---

it. Chi ha de' pani, ha de' cani. (mi. t.) *Wer Brote hat, hat Hunde.*

ni. A chi ha pan, no manca can. (lig. gen.) *Wer Brot hat, dem fehlt nicht (der) Hund.*

560.

en. Ready money will away. *Baar Geld will fort.*

Riches have wings. *Reichthümer haben Flügel.*

Money is round; it trackles. *Geld ist rund; es rollt.*

Money is a great traveller in the world. *Geld ist ein grosser Reisender in der Welt.*

---

it. I danari vanno e vengono. (mi. t.) *Das Geld geht und kommt.*

ni. I dinnæ van e vegnan. (lig. gen.) *S. I danari vanno u. s. w.*

561.

A lord without riches is a soldier without arms. en. *Ein Lord ohne Reichthum ist ein Soldat ohne Waffen.*

Qui a argent, ou ly hè beste, E qui nonn ha, fr. nes guho bestie. (sf. Gsc.) *Wer Geld hat, den feiert man, und wer keins hat, ist nur ein Thier.*

563.

Money in purse will always be in fashion. en. *Geld im Beutel wird immer in der Mode sein.*

564.

Money is ace of trumps. *Geld ist Trumpfass.* en.

Co i dinnæ se fa de tutto. (ni. lig. gen.) *S. Coi quattrini u. s. w.* it.

567.

Money is a good servant, but a bad master. en. *Geld ist ein guter Diener, aber ein schlechter Herr.*

568.

Pennyless souls may pine in purgatory. *Geldlose Seelen mögen im Fegefeuer schmachten.* en.

No penny, no pardon. *Kein Geld, kein Ablass.*

No fee, no law. *Keine Sporteln, kein Gesetz.*

Pe ninte l' orbo no canta. (ni. lig. gen.) *S. A ufo u. s. w.* it.

Senza dinnæ l'orbo no canta. (lig. gen.) *Ohne Geld singt der Blinde nicht.* ni.

569.

When gold speaks, you may hold your tongue. en. *Wenn Gold spricht, mögt ihr euern Mund halten.*

571.

As 't Geld, so de Waare. (us. B.) pd.

Poca spêisa, poch sant' Antoni. (ni. em. B.) *S. Poca spêsa u. s. w.* it.

572.

The hole calls the thief. *Das Loch ruft den Dieb.* en.

---

it. L' ucasiòn fa l' om lader. (mi. em. B.) *S. L' occasione fa u. s. w.*

ni. L' occasion fa l' om làdar. (em. Piac.) *S. L' occasione fa u. s. w.*

L' occasion di vouelt la fa l' omm lader. (l. m.) *Die Gelegenheit macht bisweilen den Menschen zum Diebe.*

L' occaxion a fa l' ommo laddro. (lig. gen.) *S. L' occasione fa u. s. w.*

573.

pd. Man mutt dat Glück de Hand been. (us. B.) *Man muss dem Glück die Hand bieten.*

---

en. Take time by the forelock. *Nimm die Zeit bei der Stirnlocke.*

Take time, when time cometh, lest time flee away. *Nehmt die Zeit, wenn sie kommt, damit die Zeit nicht davon fliege.*

574.

en. Folly and learning often dwell together. *Narrheit und Gelehrsamkeit wohnen oft zusammen.*

---

dä. De lærde Narre ere de største.

575.

en. He that serves everybody is paid by nobody. *Wer Jedermann dient, wird von Niemand bezahlt.*

He that does anything for the public is accounted to do it for nobody. *Wenn Einer etwas für das Allgemeine thut, wird es angesehen, als thäte er es für Niemand.*

---

pt. Quen fai ben ô comun, non fai ben á ningun. (gal.) *Wer der Gemeinde Gutes thut, thut Niemand Gutes.*

Quen sirve mozo, muller e comun, non sirve á ningun. (gal.) *Wer jungem Burschen, einer Frau und der Gemeinde dient, dient Niemandem.*

577.

en. He that hath the spice, may season as he list. *Wer das Gewürz hat, kann würzen, wie es ihm beliebt.*

Where there is store of oat-meal, you may put enough in the crock (pot). *Wo Vorrath von Hafermehl ist, könnt ihr genug in den Topf thun.*

---

dä. Den, der hær nok af e Smör, kommer noger i e Kál. (jüt. S.) *S. Hvo der u. s. w.*

580.

en. There is no help for spilt milk. *Es gibt keine Hülfe für verschüttete Milch.*

581.

dä. Den Ene har Lyst til Moderen og den Anden til Datteren (saa blive de begge gifte). *Der Eine hat Lust zur Mutter und der Andere zur Tochter (so werden sie Beide verheirathet).*

Den ene gider ligt e Moder, den ann e Dietter, så vend de både gift. (jüt. S.) *Der Eine mag die Mutter gern, der Andere die Tochter, so werden sie Beide verheirathet.*

---

it. Tutti i gusti son gusti. (mi. t.) *Jeder Geschmack ist Geschmack.*

ni. Tot i gost i ein gost. (em. B.) *S. Tutti u. s. w.*

Chi la vol alêss e chi arost. (em. B.) *S. Chi la vuol allesso u. s. w.*

Tutti i gusti son diversci (E i speggetti son di guersci). (lig. gen.) *Alle Geschmacksrichtungen sind verschieden (und die Brillen sind für Schielende).*

584.

fz. Per compagnie l'on se fa pendre. (sf. nprv.) *Zur Gesellschaft lässt man sich hängen.*

it. Per compagnia prese moglie un frate. (mi. t.) *Zur Gesellschaft nahm ein Mönch ein Weib.*

ni. In compagnia fun-a u præve n piggia muggê. (lig. gen.) *In Gesellschaft nimmt sogar der Priester ein Weib.*

Per la compagnia s' à maridà anca un frate. (v.) *Der Gesellschaft wegen hat sich auch ein Mönch verheirathet.*

585.

en. One man's company is no company. *Eines Gesellschaft ist keine Gesellschaft.*

---

dä. Omgængelse med Een er ingen, med To er nok, med Flere for meget. *Umgang mit Einem ist keiner, mit Zweien ist genug, mit Mehreren zu viel.*

586.

it. Fatt la legg' trová l'ingann. (ni. em. Piac.)

ni. Faa la legg, l'è faa l'ingann. (l. m.) *Ist das Gesetz gemacht, ist der Betrug gemacht.*

Faeta a lezze, trovou a malizia. (lig. gen.)

587.

en. A merry companion on the road is as good as a nag. *Ein lustiger Gefährte auf dem Wege ist so gut wie ein Klepper.*

A merry companion is music in a journey. *Ein lustiger Gefährte ist Musik auf einer Reise.*

589.

it. La salut no gh'è danne che la paga. (ni. l. m.) *Die Gesundheit — es gibt kein Geld, das sie bezahlte.*

ni. A salute no ghe dinnæ da poila pagâ. (lig. gen.) *Die Gesundheit — es gibt kein Geld, um sie bezahlen zu können.*

592.

en. Might overcometh right. *Gewalt überwältigt Recht.*

---

lt. Ratio contra vim parum valet.

it. La forza ai la fà in bòcca alla rason. (ni. em. Pine.) *Die Gewalt schlägt das Recht in's Maul.*

ni. Contro a forza no vâ raxon. (lig. gen.) *Gegen die Gewalt gilt Recht nicht.*

593.

en. Can a mill go with the water that 's past? *Kann eine Mühle mit dem Wasser gehen, das vorüber ist?*

---

it. Dimmi chi sono e non mi dir chi ero. (mi. t.) *Sage mir, wer ich bin, und sage mir nicht, wer ich war.*

ni. Vâa ciû un' onsa de son, son, che una cantâ d'êa, êa. (lig. gen.) *Mehr gilt eine Unze „bin, bin“, als eine Last „war, war“.*

Dime quel che son e no quelo che gèra. (v.) *Sage mir, was ich bin, und nicht, was ich war.*

pt. O que foi e non é, é como si non fora. (gal.) *Das, was war und nicht ist, ist, als wenn es nicht gewesen wäre.*

594.

en. Never quit certainty for hope. *Nie gib Gewissheit für Hoffnung auf.*

596.

en. A clear conscience is a sure cart. *Ein reines Gewissen ist ein sicheres Fuhrwerk.*

A good conscience is the best divinity. *Ein gutes Gewissen ist die beste Gottesgelehrtheit.*

597.

Er het es Gwüsse wie en Strausack. (schwei.) od. *Er hat ein Gewissen, wie ein Strohsack.*

Er het es Gwüsse as me chönnt mit eme Fueder Heu dure fahre. (schwei.) *S. Er hat ein Gewissen, dass u. s. w.*

A conscience as large as a shipman's hose. en. *Ein Gewissen so weit, wie eine Schifferhose.*

598.

The command of custom is great. *Die Herrschaft der Gewohnheit ist gross.* en.

L' uso converte a natûa. (ni. lig. gen.) *Die Gewohnheit verwandelt die Natur.* it.

601.

Elk fiunt sin Part. (as. B.) *Jedes findet seines Gleichen.* pd.

Like to like and Nan to Nicholas. *Gleich zu Gleich und Nanny zu Nikolaus.* en.

Krage (E Krage) finder (hitter) nok Mage. (jüt. S.) *(Die) Krähe findet noch ihres Gleichen.* dä.

Ogni scimile amma u so scimile. (ni. lig. gen.) *S. Every like u. s. w.* it.

602.

Like Brö'rs, like Mutzen. (as. B.) *Gleiche Brüder, gleiche Mützen.* pd.

603.

Sic as ye give, sic will ye get. (scho.) *So wie ihr gebt, werdet ihr kriegen.* en.

So dü deest, so dü feest. (A., F.) *Wie du thust, so empfängst du.* fs.

Dan som nokot godt gjerer, han nokot godt fær. *Wer etwas Gutes thut, kriegt etwas Gutes.* nw.

Han tarv inkje godt venta, som inkje godt gjerer. *Der darf nichts Gutes erwarten, der nichts Gutes thut.*

Colla misura che misuri, sarai misurato. (mi. ers.) *Mit dem Maasse, mit dem du missest, wirst du gemessen werden.* it.

Quale asino da in parete, tal riceve. (t.) *Wie ein Esel an die Wand schlägt, kriegt er's wieder.* mi.

si. Come fai agli altri, sarà fatto a te. (apl.) *Wie du den Andern thust, wird dir gethan werden.*
pt. Cão, que lobos mata, lobos o matão. *Hund, der Wölfe tödtet, den tödten Wölfe.*
sp. Perro, que **lobos mata**, lobos le matan. *S. Cão u. s. w.*

606.

od. **Wem 's Glick** *(Glück)* will, dem kälwert der **Spalthammer uff** *(auf)* der Kascht *(dem Speicher).* (els.)

---

en. **Whom God** loves, his bitch brings forth pigs. *Wen Gott liebt, dessen Hündin wirft Ferkel.*

609.

dä. Hvem **der** har e Lykke, **gær med e Brud i e Seng.** (jüt. S.) *S. Wer u. s. w.*

612.

en. **An ass laden with gold climbs to the top** of the **castle** (overtakes every thing). *Ein Esel, mit Gold beladen, klimmt bis zur Spitze des Schlosses (kommt Allem voraus).*
No fence against gold. *Keine Schutzmauer gegen Gold.*
If money go **before, all ways do lie open.** *Wenn Geld vorangeht, liegen alle Wege offen.*
A silver key **can open an iron lock.** *Ein silberner Schlüssel kann ein eisernes Schloss öffnen.*

---

fz. **Present, fabous è douns Rompon roques ò maisouns.** (sf. Gsc.) *Geschenke, Gunstbezeigungen und Gaben sprengen Felsen und Häuser.*
it. **L' oro apre** tutte le **porte.** *Das Gold öffnet alle Thüren.*
mi. Il suon dell' **oro frolla le più dure colonne. (t.)** *Der Klang des Goldes macht die härtesten Säulen mürbe.*
ni. I sod veinsn' **il donn pen fort, I sod dervan** tutt il port. (em. **Piac.)** *Die Kreuzer überwinden die stärksten Frauen, die Kreuzer öffnen alle Thüren.*

614.

en. A golden dart kills where it pleases. *Ein goldner Wurfspiess (Pfeil) tödtet, wo er will.*
A hare may draw a lion with a golden cord. *Ein Hase kann einen Löwen* **mit** *einem goldenen Seile ziehen.*

618.

dt. God geeft de vogelen de **kost,** maer zy moeten er om vliegen. (vl.) *Gott gibt den Vögeln die Kost, aber sie müssen darum fliegen.*

622.

Vorherre forlanger inte mer som han gi'r. dä. (jüt. S.) *Unser Herr verlangt nicht mehr, als er gibt.*

U Segnô **no manda che quello che** se peu it. supportâ. **(ni. lig. gen.)** *Der Herr schickt nur das, was man ertragen kann.*

624.

God stays **long but strikes at last.** *Gott wartet* en. *lange, aber schlägt zuletzt.*
God **'s mill** grinds low but sure. *Gottes Mühle mahlt langsam, aber sicher.*

Dii lenti, sed certi vindices. lt.
Dio n' fa al zavatein, ch' paga **al sabet. (ni. it.** em. B.) *Gott macht nicht den Schuhflicker, welcher des Sonnabends bezahlt.*
Al Signor an pàga miga tutt i sabat. (em. Piac.) ni. *Der Herr bezahlt nicht alle Sonnabend.*
Dio no paga il sabato. (l. m.) *S. Dio non paga il sabato.*
U Segnô no paga u **sabbo.** (lig. gen.) *Der Herr bezahlt nicht am Sonnabend.*

629.

Der Knoche, den Einer han **soll,** schlebbt'm od. **kenn** Hund furt. (els. Str.) *Den Knochen, den Einer haben soll, schleppt ihm kein Hund fort.*

631.

A tèila urdè Dio manda al fil. (ni. em. B.) it. *S. A tela u. s. w.*

635.

When **God helps, nought harms.** *Wenn Gott* en. *hilft, schadet Nichts.*

636.

En s' mov una foia che Dio n' al voia. (ni. it. em. B.) *S. Non si u. s. w.*
No mescia fœuggia che Dio **no** vœuggia. (lig. ni. gen.) *S. Non si u. s. w.*

639.

Er hört die Flöhe niesen und die Wanzen md. **husten.** (sä. A.)
He hört Gras wassen. **(ns. B.)** *Er hört Gras* pd. *wachsen.*

Han **er så** klog, ted han kan høre e Græs gro. dä. (jüt. S.) *Er ist so klug, dass er das Gras wachsen hören kann.*

Han kan logte e Graes gro å Fyn. (jüt. S.) *Er kann das Gras auf Fühnen wachsen riechen.*

---

pl. Sente nacer a herba. (gal.) *S. Hä höht et u. s. w.*

640.

lt. Magnus piscis minutos comest.

it. Al pense gross mangia 'l piccin. (ni. em. Piac.) *S. Lou gros u. s. w.*

ni. El pess gross el mangia quel pisciniu. (l. m.) *S. Lou gros u. s. w.*

U pescio grosso u mangia u piccin. (lig. gen.) *S. Lou gros u. s. w.*

642.

en. A great ship asks deep waters. *Ein grosses Schiff verlangt tiefes Wasser.*

To a great light a great lanthorn. *Für ein grosses Licht eine grosse Laterne.*

643.

dä. Den der graver Kuler til ander, falder (felder) tidt sjelv deri. (jüt. S.) *Wer Anderen Gruben gräbt, fällt oft selbst hinein.*

Den der graver en Grav til andre, falder selv i den. (Sl.)

644.

pl. O que de alleo se veste, n-a calle se espe. (gal.) *Wer sich mit Fremdem bekleidet, zieht sich auf der Strasse aus.*

645.

en. Plenty brings pride, pride plea, plea pain, pain peace, peace plenty. *Überfluss bringt Hochmuth, Hochmuth Streit, Streit Sorge, Sorge Frieden, Frieden Überfluss.*

---

dä. God' gi'r Mod. *S. Gods u. s. w.*

---

it. I quatrein fan ciapar dl' aruganza. (ni. em. B.) *Die Kreuzer lassen Anmaassung entstehen.*

646.

pd. Wer wat hett, kriggt wat to. (ns. B.) *Wer was hat, kriegt was zu.*

---

it. La roba va alla roba, e i pidocchi alle costure. (mi. t.) *Das Gut geht zum Gut und die Läuse zu den Nähten.*

ni. La roba va adré l' altra. (em. P.) *Das Gut geht dem andern nach.*

pl. O ouro corre pr' o tesouro. (gal.) *Das Gold läuft zum Schatz.*

647.

Das unrechte Güt'l *(Gütchen)* Tragt nichts in's Hüt'l *(Hütchen)*. (tir.) od.

Evil gotten good never proveth well. *Übel erworbenes Gut erweist sich nie als gut.* en.

Stålen Gods lykkes inte. (jüt. S.) *Gestohlen Gut glückt nicht.* dä.

Danae de mal acquist fan minga frutt. (ni. l. m.) *Übel erworbenes Geld bringt keine Frucht.* it.

648.

Unrecht God kumt nich up 'n drudden Arben. (ns. B.) *Unrecht Gut kommt nicht auf den dritten Erben.* pd.

650.

'Tis good riding in a safe harbour. *Es ist gut Ankern in einem sichern Hafen.* en.

It is good sleeping in a whole skin. *Es ist gut Schlafen in einer heilen Haut.*

651.

Den der smør godt, han kør (æger) godt. (jüt. S.) dä.

Chi bole fa barà presta u vascellu, unga i parati. (mi. crs.) *Wer das Schiff rasch vom Stapel laufen lassen will, schmiere die Schwellen.* it.

Chi non unze, non avvia. (lig. gen.) *Wer nicht schmiert, lässt nicht vom Stapel laufen.* ni.

652.

Den, der sidder godt, han lae'r sit Hüggende. (jüt. S.) *S. Wecker u. s. w.* dä.

Chi sta ben no se mescia. (ni. lig. gen.) *S. Qi bien u. s. w.* it.

653.

Good ware will off. *Gute Waare will weg.* en.

Good ware seeks no chapman. *Gute Waare sucht keinen Verkäufer.*

655.

Der skal gode Ben til at bære gode Dage. (jüt. S.) *Es gehören gute Beine dazu, gute Tage zu tragen.* dä.

660.

En frundlig Wort Finnt en goden Ort. (ns. B.) *Ein freundlich Wort findet einen guten Ort.* pd.

661.

en. There is no hair so small but hath its shadow. *Es ist kein Haar **so** klein, es hat seinen Schatten.*

662.

it. Di **donne e di guai, un ne manca mai.** (ui. crs.) ***An Frauen und Unglücksfällen mangelt es niemals.***

mi. Moglie e guai, non **mancano mai. (t.)** *Ehefrau und Weh mangeln niemals.*

ni. Figgioeu e guai, **no** mancan **mai.** (lig. gen.) *Kinder und Unglücksfälle mangeln niemals.*

665.

dä. **Jeg veed, hvad jeg har,** men ej, hvad jeg faar. ***Ich weiss, was ich habe***, *aber nicht, was **ich kriege.***

En véd, hvad en hær, men inte, hvad en fær. (jüt. S.) ***S. Me weit u. s. w.***

668.

dä. **E Kok** er Herre å sin Modding. **(jüt. S.)** ***S. Hanen*** *er u. **s.** w.*

670.

pd. **Et kreit keen** Hahn darna. **(ns. B.)** ***S. 's Kräht u. s. w.***

671.

md. **Was e *(ein)* Häkchen werden will, krümmt sich bei Zeiten. (sš. A.)**

---

en. **Timely crooketh the tree, That will good cammock be.** ***Bei Zeiten krümmt sich der Baum, der ein guter Haken sein will.***

675.

dä. Med **en** tro **Haand og en stille** Mund gaaer man Verden rundt. *Mit **einer** treuen Hand und einem stillen Mund **geht man** rund um **die Welt.***

En tro Hand og en tæt Mund er alle Stede **velkommen. (jüt. S.)** ***Eine treue Hand*** *und* ***ein geschlossener Mund ist allerorts willkommen.***

En tro Hand og en tæt Mund, de kan bringe **en vidt. (jüt. S.)** ***Eine*** *treue Hand und ein geschlossener **Mund kann** Einen weit bringen.*

678.

it. **Cald ed man e fréd** ed cor. (ni. **em.** B.) *Warm die **Hand** und kalt das Herz.*

ni. Chi e freido de man, e câdo de cœu. (lig. gen.) *Wer kalt von Hand **ist**, ist warm von Herzen.*

679.

Spit in your hand and take better hold. *Spuckt* **en.** ***in*** *eure Hand und greift fester an.*

680.

Many kiss the **hand they wish** cut of. *Viele* **en.** *Küssen die Hand, die sie abgehauen wünschten.*

683.

He who hath a trade hath a share everywhere. **en.** *Wer **ein Handwerk hat,** hat überall einen **Antheil.***

Quand veni gha un mister in man, An ga **it. manca mai** del **pan.** (ui. **em. Piac.**) ***Wenn ihr*** *ein Handwerk in* ***der Hand habt, fehlt euch*** *nie Brot.*

Chi ha arte, ha parte. **(lig. gen.)** ***S. Chi ha*** **ni.** ***èrt u. s. w.***

684.

A man of many trades **begs his bread** on Sun- **en.** days. *Ein Mann* **von** *vielen Handwerken bettelt **an** Sonntagen **sein** Brot.*

Atten **Handværker, nitten Ulykker.** (jüt. S.) **dä.** ***S. Achttein Handwarken u. s. w.***

Nitten Handværker gör tyve Ulykker. (jüt. S.) ***Neunzehn Handwerke machen zwanzig Unglücke.***

686.

To hårde Stene, **de mål itt' godt sammel. dä.** (jüt. S.) *S. Tee **u. s. w.***

To hårde Stene, de **mel itt' godt. (jüt. S.)** ***S.*** *Zwö a u. s. w.* [**u. s. w.**

Tvo harde Steinar **mala inkje godt.** ***S. Zwö a*** **nw.**

687.

Dor liggt de Hund begrawen. **(ns. P.)** ***S. Da*** pd. ***liegt der Hund*** *u. s. w.*

Véder dov sta **la** livra. (ni. em. **B.**) ***Sehen,*** **it.** *wo **der Hase** steckt.*

Quê sta **l' busillis.** (em. B.) ***S. Da sitzt u. s. w.*** **ni.**

688.

Drumming **is** not the way **to** catch a hare. **en.** ***Trommeln*** *ist nicht das Mittel, einen Hasen **zu fangen.***

Der **skal** Lykke til at fange Harer med en **dä.** Tromme. (jüt. S.) *Es gehört Glück dazu, Hasen mit einer Trommel zu fangen.*

690.

en. Good and quickly seldom meet. *Gut und rasch treffen selten zusammen.*

dä. Hastværk er Lastværk. *Eilwerk ist Tadelwerk.* Fi'e-Arbejd er ski'e Arbejd. (Fu.) *Eilarbeit ist Dreckarbeit.* [u. s. w.
Figarbed er Skidarbed. (jüt. S.) *S. Fi'e-Arbejd*

sw. Hastig fål, går sällan väl. (Kalmar) *Hastige Fahrt geht selten gut.*

it. Prèst e bèin en s' pol far. (ni. em. B.) *S. Prest e ben u. s. w.*

ni. Fà prèst e bein, za no s' pen migh. (em. Piac.) *Rasch und gut machen, das kann man nicht.*
Presto e ben, no se poen fâ. (lig. gen.) *S. Prest e ben u. s. w.*

si. Cosa fatta 'nfretta, prestu è disfatta. (s.) *Was in Eile gemacht ist, geht rasch entzwei.*

695.

en. I gave the mouse a hole, and she is become my heir. *Ich gab der Maus ein Loch, und sie ist meine Erbin geworden.*
Let an ill man lie in thy straw, and he looks to be thy heir. *Lass einen schlechten Menschen auf deinem Stroh liegen, und er erwartet, dein Erbe zu werden.*

698.

en. The aler 's as bad as the staler. (Cornwall) *S. The concealer u. s. w.*
The heeler is as bad as the steeler. (w. en.) *S. The concealer u. s. w.*

dä. En Hæler er ligeså god som en Steler. (jüt. S.) *Ein Hehler ist eben so gut wie ein Stehler.*

702.

en. Get thy spindle and thy distaff ready, and God will give thee flax. *Mache deine Spindel und deinen Rocken zurecht, und Gott wird dir Flachs geben.*

703.

dä. Hjælp deg sjelv, så hjælper deg Gud! (jüt. S.)

it. Chi s' aggiutta, u Segnò u l' aggiutta. (ni. lig. gen.) *Wer sich hilft, dem hilft der Herr.*

ni. Agiuteve e Dio v' agiuterà. (piem.) *Helft euch und Gott wird euch helfen.*

705.

pt. Quem torto nasce, tarde se endireita. *Wer krumm geboren wird, wird spät gerade.*
O que torto nace, tarde ou nunca se endereita. (gal.) *Der, welcher krumm geboren wird, wird spät oder nie gerade.*

706.

Han har mer af e Kaglende end af e Görende. (jüt. S.) *Er hat mehr von der Gackernden, als von der Legenden.* dä.

707.

Besengna pelà a quagia senza fàla crià. (ni. lig. gen.) *Man muss die Wachtel rupfen, ohne sie schreien zu machen.* it.

708.

Chi d' galeina nass bsò ch' al raspa. (ni. em. B.) *S. Chi di gallina u. s. w.* it.
Chi ad galleina nassa, bûsogna ch' raspa. (em. Piac.) *S. Chi di gallina u. s. w.* ni.
Chi de gajnna nass, al voeur raspà. (l.) *Was von der Henne kommt, will scharren.*
Chi de gallinn-a nasce, conven che raspe. (lig. gen.) *S. Chi di gallina u. s. w.*

709.

Galeina ch' canta l' è quéla ch' ha fat l' ov. (ni. em. B.) *S. La poule u. s. w.* it.
La prima gajna che canta l'è quella ch'ha faa l'euf. (l. m.) *S. La prima gallèu'na u. s. w.* ni.
Gallinn-a che canta a l'ha feto l'euvo. (lig. gen.) *S. Gallina u. s. w.*
La galina ch'a canta, l'è cola ch'a l'ha fait l'euv. (piem.) *S. La poule u. s. w.*

711.

It is a silly flock where the ewe bears the bell. *Es ist eine einfältige Herde, wo die Schafmutter die Glocke trägt.* en.
Naught are those houses, where the hen crows and the cock holds his peace. *Es ist nichts an den Häusern, in denen die Henne kräht und der Hahn still ist.*

Kvinde-veld har intet held. *Weibergewalt hat kein Heil.* dä.
Det er inte godt, hvern e Kvindfolk skal rade. (jüt. S.) *Es ist nicht gut, wenn die Weibsleute herrschen sollen.*

Når hönan vill för hanen gala å kvinnan för mannen tala, då kan inte gå i lås. (Skåne) *Wenn die Henne vor dem Hahne krähen und die Frau vor dem Manne reden will, so kann es nicht recht zugehen.* sw.

it. Meschinn-a quella casa, dove a gallinn-a a canta e u gallo taxe. (ni. lig. gen.) *Traurig das Haus, wo die Henne kräht und der Hahn schweigt.*

si. Tinta è chidda casa, chi la gaddina canta e lu gaddu si taci. (s.) *Traurig ist das Haus, wo die Henne kräht und der Hahn schweigt.*

712.

en. The eye of the master does more than both his hands.

713.

en. The mistress's eye feeds the capon. *Das Auge der Hausfrau macht den Kapaun fett.*

---

it. L' öc' dèl padròn l' è quêl ch' ingrassa al caval. (ni. em. B.) *Das Auge des Herrn ist's, was das Pferd fett macht.*

ni. L' oce del patron, L' ingrassa la possion. (em. Piac.) *Das Auge des Herrn macht die Besitzung fett.*

L' œuggio du padrun u governa u cavallo. (lig. gen.) *S. L' oce dèl u. s. w.*

714.

en. The foot of the owner is the best manure for his land. *Der Fuss des Eigenthümers ist der beste Dünger für sein Land.*

---

it. U pê de l' ortuan no guasta l' orto. (ni. lig. gen.) *Der Fuss des Gärtners verdirbt den Garten nicht.*

715.

en. Woe to the house, where there 's no chiding. *Wehe dem Hause, wo kein Schelten ist.*

717.

pd. De rike Mann hett en groten Arm. (ns. B.) *Der reiche Mann hat einen grossen Arm.*

718.

en. He who shareth honey with the bear, hath the least part of it. *Wer Honig mit dem Bären theilt, hat den geringsten Theil davon.*

---

dä. Det er itt' godt at æde Kirsbær med de Store, for så fær en e Stene i e Ögen. (jüt. S.) *Es ist nicht gut, Kirschen mit den Grossen zu essen, denn so kriegt man die Steine in die Augen.*

721.

md. Herrengunst und Vogelsang Laut sehr wohl und dauert nicht lang. (sä. A.)

722.

They are hand and glove. *Sie sind Hand und Handschuh.* en.

They are finger and thumb. *Sie sind Finger und Daumen.*

They are clove and orange. *Sie sind Gewürznelke und Orange.*

De hænge sammen som Borrer. *Die hängen zusammen wie Kletten.* dä.

De er så gode Vene som to rode Koer. (jüt. S.) *Die sind so gute Freunde wie zwei rothe Kühe.*

De hænger ved hinann ligesom Barrer. (jüt. S.) *Die hängen aneinander wie Kletten.*

De hænger sammel som Katskarn. (jüt. S.) *Die hängen zusammen wie Katzenfäden.*

De er to Alne af et Stykke. (jüt. S.) *Die sind zwei Ellen von einem Stück.*

Èsser dòu anom e un corp sòul. (ni. em. B.) it. *Zwei Seelen und bloss ein Leib sein.*

723.

Wat vaun Harten kumt, geit ok to Harten. pd. (ns. B.) *Was vom Herzen kommt, geht auch zum Herzen.*

724.

Eenen vollen Mond sprekt sinn Herzensgrond. pd. (nrh. M.) *Ein voller Mund spricht seinen Herzensgrund.*

Wenn 't Harte vull is, loppt de Mund äber. (ns. B.) *S. Wan d' Hierz u. s. w.*

Hvad e Hjarte er fuld af, løber e Mund över dä. af. (jüt. S.) *S. Wovon u. s. w.*

Avêir in t' la léingua quêl ch' s' ha in t' al it. cor. (ni. em. B.) *Auf der Zunge haben, was man im Herzen hat.*

725.

L' è mei un ov incû che una galeina dman. it. (ni. em. B.) *S. L e méi un ôv u. s. w.*

729.

Incû a me e dman a te. (ni. em. B.) *Heute* it. *mir und morgen dir.*

Anchœu a mi, doman a ti. (lig. gen.) ni.

730.

To-day at cheer, to-morrow in bier. *Heute bei* en. *der Tafel, morgen auf der Bahre.*

To-day gold, to-morrow dust. *Heute Gold, morgen Staub.*

---

it. Anchou in figua, doman in seportua. (ni. lig. gen.) *S. Heden in figuur u. s. w.*

731.

en. Some work in the morning may trimly be done, that all the day after may hardly be won. *Manche Arbeit kann am Morgen ordentlich gemacht werden, zu der man den ganzen Tag nachher schwerlich kommt.*

---

fr. Ne remettez jamais au lendemain ce que vous pouvez faire le jour même. *Verschiebt nie auf den folgenden Tag, was ihr am Tag selbst thun könnt.*

734.

en. There is no going to heaven in a sedan. *Man kann in den Himmel nicht in einer Sänfte kommen.*

---

it. In Paradiso no se ghe va in carrozza. (ni. lig. gen.) *S. In Paradiso u. s. w.*

ni. In Paradiso no se va in carozza. (v.) *S. In Paradiso u. s. w.*

735.

pd. Wenn de Himmel infallt, liggt wi der alle unner. (os. B.) *Wenn der Himmel einfällt, liegen wir Alle darunter.*

---

en. If the sky falls, the pots will be broken. *Wenn der Himmel einfällt, werden die Töpfe zerbrochen werden.*

---

it. Se cazzesse u sê, piggiescimo de quagie. (ni. lig. gen.) *Wenn der Himmel einfiele, fingen wir Wachteln.*

ni. Se 'l cel casca a n' pia tuti sot. (piem.) *Wenn der Himmel einfällt, fängt er Alle drunter.*

737.

en. The backdoor robs the house. *Die Hinterthür bestiehlt das Haus.*

A fair wife, a wide house and a backdoor will quickly make a rich man poor. *Eine schöne Frau, ein grosses Haus und eine Hinterthür machen einen reichen Mann rasch arm.*

740.

en. Great marks are soonest hit. *Grosse Zielscheiben werden am ersten getroffen.*

741.

Pride breakfasted with plenty, dined with po- en.
verty and supped with infamy. *Hochmuth frühstückte mit Reichthum, ass mit Armuth zu Mittag und zu Abend mit Schande.*

Hovmod er tidt emod et Fald. (jüt. S.) *Hoch-* dä.
muth ist oft entgegen dem Fall.

744.

Every reed will not make a pipe. *Nicht jedes* en.
Rohr gibt eine Pfeife her.

745.

Den der er sød i sin Tale, hær Fanden (en dä.
Ræv) i e (sin) Hale. (jüt. S.) *Wer süss in seiner Rede ist, hat den Teufel (einen Fuchs) im (in seinem) Schwanze.*

Avêir al mel in bòcca e al fel in cor. (ni. it.
em. B.) *S. Aver e mël u. s. w.*

746.

There 's more flies caught with honey than en.
alegar. (Lancashire) *Es werden mehr Fliegen mit Honig gefangen, als mit Bieressig.*

I mosch se ciappen col mel, e se spaventen it.
cont l' asee. (ni. l. m.) *Die Fliegen werden mit dem Honig gefangen und mit dem Essig verscheucht.*

Con l' ammê se piggia e mosche. (lig. gen.) ni.
Mit dem Honig fängt man die Fliegen.

Col miel se ciapa le mosche. (v.) *S. Con l' ammê u. s. w.*

747.

Lek du Fedt af en Hegle og Smør af en dä.
Tærekande! (jüt. S.) *Lecke Fett von einer Hechel und Butter von einer Theerkanne!*

750.

Hvem der inte vil høre, må føle. (jüt. S.) dä.

752.

To pluck (pull) a crow with one. *Eine Krähe* en.
mit Jemand pflücken.

Eg hær en Höne at plukke med deg. (jüt. S.) dä.
S. Ik ha u. s. w.

753.

Koen malker af Tanden. *Die Kuh milcht aus* dä.
dem Zahn.

E Ko skal malkes gennem e Tænder (Hals). (jüt. S.) *Die Kuh muss durch die Zähne (den Hals) gemolken werden.*

755.

en. Every dog is a lion at home. *Jeder Hund ist ein Löwe zu Hause.*

---

dä. E Hunde de gjøer bedst, hvor de er hjemme. (jüt. S.) *Der Hund, der bellt am besten, wo er zu Haus ist.*

756.

en. Like the gardener's dog, that neither eats cabbage himself, nor lets anybody else. *Wie der Hund des Gärtners, der weder selbst Kraut frisst, noch einen andern lässt.*

Like a dog in the manger, you 'll not eat yourself, nor let the horse eat. *Wie ein Hund in der Krippe wollt ihr selbst nicht essen, noch das Pferd fressen lassen.*

757.

pt. Bácoro em celleiro, não quer parceiro. *Schwein im Speicher will keinen Theilnehmer.*

Vacoriño en celeiro, non quer compañeiro. (gal.) *Schweinchen im Speicher will keinen Genossen.*

760.

pd. Keen dull Hund löppt öwer söwen Jar. (us. P.) *Kein toller Hund läuft über sieben Jahr.*

---

dä. Der er enneg Hund og løber syv Åar gal, ted den itt' verd modt heller stødt. (jüt. S.) *Da ist kein Hund und läuft sieben Jahre toll, dass er nicht gejagt oder gestossen würde.*

761.

pd. Kam ik öwer'n Hund, so kam ik ook wol öwern Swanz. (us. P.) *Komme ich über den Hund, so komme ich auch wohl über den Schwanz.*

---

dä. Kommer en över e Hund, kommer en og över e Hale. (jüt. S.) *S. Kommt mer u. s. w.*

762.

it. Bezeugna portà rispetto a-u can pe u padron. (ni. lig. gen.) *S. Bisogna u. s. w.*

764.

dä. En kan inte taksere e Mand efter den Kjul, han bær. (jüt. S.) *Man kann den Mann nicht nach dem Rock schätzen, den er trägt.*

765.

Die vertragen sich noch (auch) wie Hund und md. Katze. (sä. A.)

Dat sünd Frünne, As Kattn un Hunne. (us. B.) pd. *Das sind Freunde wie Katzen und Hunde.*

De lewen as Katt un Hund. (us. P.) *Die leben wie Katz und Hund.*

They agree like London clocks. *Sie stimmen* en. *wie Londoner Glocken.*

De har et Forlig som Hund og Kat. (jüt. S.) dä. *Die haben ein Vertragen wie Hund und Katze.*

De förlikas som hund og katt. *Die vertragen* sw. *sich wie Hund und Katze.*

Éssr' amich com' è can e gat. (ni. em. B.) *Freund* it. *sein, wie es Hund und Katze sind.*

Amigos com' o can y-o gato. (gal.) *Freunde,* pt. *wie der Hund und die Katze.*

766.

A staff is quickly found to beat a dog. *Ein* en. *Stock ist rasch gefunden, um einen Hund zu schlagen.*

769.

Can e vilan n' assron mai l' üss con el man. it. (ni. em. B.) *Hunde und Bauern machen nie die Thür mit der Hand zu.*

771.

Chi de figgiœu se mescia, de merda s' imbratta. it. (ni. lig. gen.) *Wer sich mit Kindern einlässt, beschmutzt sich.*

772.

Seek your salve where you got your sore. en. *Sucht eure Salbe, wo ihr euern Schaden bekommen habt.*

773.

Hunger fetches the wolf out of the woods. en. *Hunger holt den Wolf aus den Wäldern.*

La fam cazza al lôuv dal bosch. (ni. em. B.) it.

La fam fa scapar al lôuv dalla tana. (em. B.) ni. *Der Hunger treibt den Wolf aus der Höhle.*

A fame y-o frio, fan ir á casa d'o inimigo. pt. (gal.) *Der Hunger und die Kälte lassen in's Haus des Feindes gehen.*

774.

Hunger deit weh, man he is 'n goden Kock. (us. B.) pd. *Hunger thut weh, aber er ist ein guter Koch.*

775.

dä. Hunger er det bedste Krud for e Mad. (jüt. S.) *Hunger ist das beste Kraut für die Speise.*

776.

dä. Hunger er et skarpt Sværd. (jüt. S.)

777.

en. A hungry kite sees a dead horse afar off. *Eine hungrige Weihe sieht ein todtes Pferd von Weitem.*

A hungry man smells meat afar off. *Ein hungriger Mann riecht die Speise von Weitem.*

---

it. La fam la fa far gran coss. (ni. em. B.) *Der Hunger lässt grosse Dinge thun.*

779.

it. A chi ha famme, u pan u pâa lazagne. (ni. lig. gen.) *Wer Hunger hat, dem scheint das Brot Lazagnen.**)

ni. Pan co-a famme pâ lazagne. (lig. gen.) *Brot mit dem Hunger scheint Nudeln.*

782.

it. Panza affamâ no sente raxon. (ni. lig. gen.) *Hungriger Bauch hört keine Vernunft an.*

sl. Homu dijunu mezzu disperatu. (s.) *Nüchterner Mann, halb verzweifelt.*

783.

md. In der Noth frisst der Teufel Fliegen (Mücken) und wenn er durstig ist, säuft er Tinte. (sä. A.)

od. Ai d'r Nuut frosst d'r Teuf'l Flligha. (östr. schls.) *S. In der Noth frisst der Teufel Fliegen.*

Wenn der Düfel *(Teufel)* Hunger het *(hat)*, so frisst er Mugge *(Mücken)*. (schwei. S.)

---

en. All is good in a famine. *Alles ist gut bei einer Hungersnoth.*

Hunger finds no fault with the cookery. *Hunger mäkelt nicht an der Küche.*

---

pt. Á moita fame no' hai pan podre. (gal.) *Bei grossem Hunger gibt's kein verdorbenes Brot.*

Cando a fame pica, sabe ben a bica. (gal.) *Wenn der Hunger sticht, schmeckt die Bica (eine Fischart) gut.*

*) S. II, 488.

784.

The belly hates a long sermon. *Der Bauch hasst eine lange Predigt.* en.

An empty belly hears nobody. *Ein leerer Bauch hört auf Niemand.*

785.

Can afamà eu bada al bastunà. (ni. em. B.) *Hungriger Hund achtet nicht des Schlagens.* it.

786.

U lû quando u (Quando u lû) l' ha famme, (u) s' attacca finn-a a-e ponsse. (ni. lig. gen.) *Wenn der Wolf Hunger hat, greift er selbst die dürren Weinranken an.* it.

787.

The empty leech sucks sore. *Der leere Blutegel saugt scharf.* en.

En hungreg Lus bider hårdt. (jüt. S.) *S. Ên a. s. w.* dä.

789.

All doors open to courtesy. *Alle Thüren öffnen sich der Höflichkeit.* en.

Mouth civility is no great pains, but may turn to good account. *Mundhöflichkeit ist keine grosse Mühe, aber kann grossen Vortheil bringen.*

I bon parol varen tant e costen poc. (ni. l. m.) *Die guten Worte sind so viel werth und kosten wenig.* it.

Un bel parlé d' boca, mult a val e pich a costa. (piem.) *Ein schönes Reden mit dem Mund ist viel werth und kostet wenig.* ni.

791.

Gárdete Deus de can lebrel, de casa de torre e de muller sabidora. (gal.) *Hüte dich Gott vor Windhund, Haus mit Thurm und gelehrter Frau.* pt.

Dios nos libre d'a boca d'o lobo. (gal.) *Gott schütze uns vor dem Rachen des Wolfes.*

De coxo e can rabelo, libremos Dios como d'o demo. (gal.) *Vor Hinkendem und tollem Hund schütze uns Gott wie vor dem Teufel.*

792.

Take heed of the vinegar of sweet wine. *Hütet euch vor dem Essig aus süssem Wein.* en.

Guardet da chi t'ha mincinnâ una volta. (ni. em. B.) *Hüte dich vor dem, der dich ein Mal betrogen hat.* it.

pt. Muller que sabe latin e mula que fai hin, arrenegar d'ela hastra o fin. (gal.) *Frau, die Latein weiss, und Maulthier, das Hin macht, verabscheue sie bis an's Ende.*

795.

it. Morto io, morto il mondo. (mi. t.) *Ich todt, die Welt todt.*

ni. Morto mi, morto u mondo. (lig. gen.) *S. Morto io, morto u. s. w.*

797.

dä. Der er Fald for hver Mands Dör. (jüt. S.) *Es ist Fall vor Jedermanns Thür.*

---

it. A sêin tôt at a falar. (ni. em. B.) *Wir sind Alle dazu gemacht, zu irren.*

798.

en. No and yes often causes long disputes. *Nein und Ja verursacht oft lange Wortwechsel.*

802.

en. It is all one a hundred years hence. *Es ist Alles gleich heute über hundert Jahr.*

---

it. Co u tempo l' ægua a torna a-u so muin. (ni. lig. gen.) *Mit der Zeit kehrt das Wasser zu seiner Mühle zurück.*

ni. Doppo sent' anni, ogni ægua torna a-u so muin. (lig. gen.) *Nach hundert Jahren kehrt jedes Wasser zu seiner Mühle zurück.*

803.

it. Chi di venti non n' ha, di trenta non ne aspetti. (mi. t.) *Wer mit zwanzig keinen hat, erwarte ihn nicht mit dreissig.*

ni. L' asen ch' n' ha fat la cô ai trûint' an, an la fa piò. (em. B.) *Der Esel, welcher in 30 Jahren den Schwanz nicht gekriegt hat, kriegt ihn nicht mehr.*

Chi an n' ha ad quindseina, An n' ha ad trinteina. (em. Piac.) *Wer ihn nicht mit fünfzehn hat, hat ihn nicht mit dreissig.*

Chi de vinti no ghe n' à, De trenta no gh' en fa, E de quaranta È persa la speranza. (v.) *Wer ihn mit zwanzig nicht hat, bekommt ihn nicht mit dreissig, und mit vierzig ist die Hoffnung verloren.*

pt. O que ôs vinteeinco non sabe, y-os triutá non ten, ôs corenta é un ninguen. (gal.) *Wer mit fünfundzwanzig nichts weiss und mit dreissig nichts hat, ist mit vierzig ein armer Wicht.*

O que os vinte non é home, y-os trinta non cason, y-os corenta non é rico, ise paxaro volou. (gal.) *Wer mit zwanzig nicht Mann ist und mit dreissig nicht heirathete und mit vierzig nicht reich ist, dem flog der Vogel fort.*

804.

Je arger Stuck, je beter Gluck. (ns. B.) *Je ärger Stück, je besser Glück.* pd.

Jo större Skjelm, jo bedre Lykke. *S. Je grösser u. s. w.* dä.

Det værste Skarn hær den største Lykke. (jüt. S.) *Der schlimmste Taugenichts hat das grösste Glück.*

807.

E mer en drikker, e mer en torster. (jüt. S.) *S. Jo mere u. s. w.* dä.

808.

E mer en rør op i e Skidt, e mer det stjynker. (jüt. S.) *S. Jo mere man rører ved u. s. w.* dä.

809.

Møged vil mer ha'. (jüt. S.) *S. Möjer u. s. w.* dä.

812.

De snitt sik en Pipen ut elkeen Reit. (ns. B.) *Der schneidet sich eine Pfeife aus jedem Rohr.* pd.

Far d' ogni erba un fass. (ni. em. B.) *S. Fè u. s. w.* it.

813.

Ognûn per se e Dio per tôt. (ni. em. B.) *S. Ogn'ûn u. s. w.* it.

814.

All draw water to their own mill. *Alle leiten Wasser auf ihre eigene Mühle.* en.

Every man wishes water to his own mill. *Jeder wünscht Wasser auf seine eigene Mühle.*

Enhver ser helst Smör i sin egen Grød. (jüt. S.) *Jeder sieht am liebsten Butter in seiner eigenen Grütze.* dä.

Han ser heller Smör i sin egen Grød som i anders. (jüt. S.) *Er sieht lieber Butter in seiner eigenen Grütze, als in der Anderer.*

Tutti procûran mâl o bein, D' tirâ l'acqua al so mulein. (ni. em. Piac.) *Alle suchen schlecht oder gut das Wasser auf ihre Mühle zu leiten.* it.

ni. Ognidun tira l' acqua al so molin. (l. m.) *S. Elk een u. s. w.*
Ognun tìa l' aegua a-u so muin. (lig. gen.) *S. Elk een u. s. w.*

pt. Cada um arrima a brasa pr' a sua sardinha. (gal.) *Jeder legt die glühende Kohle an seine Sardelle.*

816.

pd. Elkeen sin Deel. (ns. B.) *Jedem sein Theil.*

---

dä. Hvem hver fær sint, så fær Fanden int'. (jüt. S.) *S. Naar u. s. w.*

nw. Lat kvar faa sitt, saa faar Fanden inkje. *Lasst Jeden das Seine kriegen, so kriegt der Teufel Nichts.*

818.

en. Each bird loves to hear himself sing. *Jeder Vogel liebt es, sich selbst singen zu hören.*
Every ass loves to hear himself bray. *Jeder Esel liebt es, sich selbst schreien zu hören.*

---

lt. Asinus asino, et sus sui pulcher.

it. A ognidun par bei i so. (ni. l.) *Jedem scheinen die Seinen schön.*

ni. A ognun ghe pà belli i so. (lig. gen.) *S. A ognidun u. s. w.*

820.

en. Every bird likes its own nest. *Jeder Vogel liebt sein eignes Nest.*

---

it. A ogni usell el so nid el ghe par bell. (ni. l. m.) *S. A chacun oiseau u. s. w.*

ni. A ogni oxello u so nio l' è bello. (lig. gen.) *S. A tout u. s. w.*
A ogni osel sò ni è bel. (piem.) *S. A tout u. s. w.*

821.

it. A sèin tot ed caren. (ni. em. B.) *S. A sen u. s. w.*

ni. Èsser tot cumpagn. (em. B.) *S. Èsser tótt cumpagn.*
Èsser dl' istèssa lana. (em. B.) *Von derselben Wolle sein.*

824.

it. Ognun è figgio de sò azioin. (ni. lig. gen.) *S. Ognuno è figliuolo u. s. w.*

ni. Ognuno xe fiolo de le so azion. (v.) *S. Ognuno è figliuolo u. s. w.*

825.

dä. En er seg sjelv næst. (jüt. S.) *Man ist sich selbst am nächsten.*
Du skal hjælpe ander, men deg sjelv først. (jüt. S.) *Du sollst Anderen helfen, aber dir selbst zuerst.*

Ajuta i tuoi, e gli altri se tu puoi. (mi. t.) it.
Hilf den Deinen, und den Andern, wenn du kannst.

Fars prema la barba per se e po dôp pr' i ni.
ater. (em. B.) *Zuerst sich und dann nachher den Andern den Bart rasieren.*
Prima i tocu e pocu i alter se te poen. (l. m.) *Zuerst die Deinen und dann die Andern, wenn du kannst.*
Aggiutta i tœu e i âtri se ti pœu. (lig. gen.) *S. Ajuta u. s. w.*
Fa ben a-i tœu, e a-i âtri se ti pœu. (lig. gen.) *Thu den Deinen wohl und den Andern, wenn du kannst.*
Primma i tœu e i âtri se ti pœu. (lig. gen.) *S. Prima i u. s. w.*
Prima agiuta i toi, e pò i altri se ti poi. (v.) *Zuerst hilf den Deinen und dann den Andern, wenn du kannst.*
Ajuta i toi, e i altri se ti poi. (v. trst.) *S. Ajuta u. s. w.*

826.

Kehr du erst vor deiner Thür! (sä. A.) md.

Elk bliv vor sin egen Dör. (ns. B.) *Jeder* pd.
bleibe vor seiner eigenen Thür.

Every one should sweep before his own door. en.
Jeder sollte vor seiner eigenen Thüre kehren.

Fej først for din egen Dör, før du fejer for dä.
Andres. *Fege zuerst vor deiner eigenen Thür, ehe du vor der Anderer fegst.*
Det er bedst, enhver fejer for sin Dör. (jüt. S.) *Es ist am besten, Jeder fegt vor seiner Thür.*
Hvern hver fejer for sin Dör, så verd e Gade ren. (jüt. S.) *S. Naar u. s. w.*

827.

Every potter praises his own pot and the more en.
if it be broken. *Jeder Töpfer lobt seinen Topf, und um so mehr, wenn er zerbrochen ist.*
Every cook praises his own broth (stew). *Jeder Koch lobt seine Fleischbrühe (sein Schmorfleisch).*

828.

Every heart has its own ache. *Jedes Herz* en.
hat sein eignes Weh.

---

dä. Verden er fuld af Pin', og hver føl sin. (jüt. S.) *Die Welt ist voll von Pein und Jeder fühlt seine.*

---

it. Ognunn deve purtà a so croce. (mi. crs.) *Jeder muss sein Kreuz tragen.*

ni. Ognon ha la so crous. (em. B.) *S. Enkver u. s. w.*

Tutti han a so crûxe. (lig. gen.) *S. Tutti han u. s. w.*

Tutti portan a so crûxe. (lig. gen.) *Alle tragen ihr Kreuz.*

830.

dä. Det er alle mine, de kjøne, sa'e Ravn om sine Unger. (jüt. S.) *Das sind alle meine, die schönen, sagte der Rabe von seinen Jungen.*

Enhver So holder ad sin egen Gris. (jüt. S.) *Jede Sau hält auf ihre eigenen Ferkel.*

832.

pd. Elk hett sin Nücken. (ns. B.) *Jeder hat seine Launen.*

---

it. Tutt g'hann al so diffètt. (ni. em. Piac.) *S. Tutt gh' an u. s. w.*

ni. Tutti emmo i nostri difetti. (lig. gen.) *Alle haben wir unsere Fehler.*

Ognun ha i so difetti. (lig. gen.) *S. Chacun u. s. w.*

833.

dä. Hvert Fogl synger med sit Næb. (jüt. S.) *S. Enkver u. s. w.*

Han snakker, som han hær Forstand til. (jüt. S.) *Er schwatzt, wie er Verstand (dazu) hat.*

834.

en. The wearer best knows where the shoe wrings him. *Der Träger weiss am besten, wo der Schuh ihn drückt.*

Myself can tell best where my shoe does wring. *Ich selbst kann am besten sagen, wo mein Schuh drückt.*

No one knows the weight of another's burden. *Keiner kennt das Gewicht der Last eines Andern.*

I know best, where the shoe wringeth me. *Ich weiss am besten, wo der Schuh mich drückt.*

---

dä. Den der hær e Sko å, føl bedst, hvor den trykker. (jüt. S.) *Wer den Schuh anhat, fühlt am besten, wo er drückt.*

sw. Ingen weet, hwar skoen trycker, vthan dhen som baar honom på footen. *Keiner weiss, wo der Schuh drückt, ausser dem, der ihn am Fusse hat.*

On ne sait pas, où le soulier me blesse. *Man* fz.
weiss nicht, wo der Schuh mich drückt.

Xa sabe onde lle manca o zapato. (gal.) *Er* pt.
weiss schon, wo ihn der Schuh lahm macht.

835.

Ûtschen bringet Ûtschen ût. (ns. ha. G. u. G.) pd.
Kröten bringen Kröten hervor.

O fillo da cabra cabirto ha de ser. (gal.) *Der* pt.
Sohn der Ziege muss ein Böckchen sein.

836.

Every groom is king at home. *Jeder Mann* en.
ist König zu Hause.

Man maa være Herre i sit Hus. *Man muss* dä.
Herr in seinem Hause sein.

En må rade i sit egent Hus. (jüt. S.) *Man muss in seinem eigenen Hause herrschen.*

In cà sò ognòn è padròn. (ni. em. B.) *S.* it.
Hcör u. s. w.

Ognidun è re in cà soa. (l. m.) ni.

Ognun o rè in casa so. (lig. gen.)

837.

Every man cannot speak to (with) the king. en.
Jedermann kann nicht zum (mit dem) König sprechen.

838.

Elkeen driggt sin egen Hut to Mark. (ns. B.) pd.
Ein Jeder trägt seine eigne Haut zu Markt.

Elkeen mutt sin Leddern ton Himmel sulvst timmern. (ns. B.) *Ein Jeder muss seine Leiter zum Himmel selbst zimmern.*

Det er bedst, enhver gær til Mølle med sin dä.
Pose. (jüt. S.) *Es ist am besten, Jeder geht mit seinem Sack zur Mühle.*

Enhver hær nok i sin Sæk at bære til Mølle. (jüt. S.) *Jeder hat genug in seinem Sack zur Mühle zu tragen.*

839.

Pegnatta aggneità no bugge mai. (ni. lig. gen.) it.
Überwachter Topf kocht nie.

844.

A chi dole il dente, se lo cavi. (mi. t.) *Wem* it.
der Zahn wehthut, ziehe sich ihn aus.

ni. Chi ha a rugna che a se a gratte. (lig. gen.) *S. Chi ha u. s. w.*

815.

fz. Quand le camelot a pris son pli c' est pour toujours. *Wenn der Camelott sich in Falten gelegt hat, ist's für immer.*

817.

it. Chi rie in zuventù cianze in vecciàja. (ni. lig. gen.) *S. Chi ride in u. s. w.*

848.

en. An unhappy lad may make a good man. *Ein unnützer Junge kann ein guter Mann werden.*

851.

dä. En Ung kan do og en Gammel skal do. (jüt. S.) *Ein Junger kann sterben und ein Alter muss sterben.*

852.

md. Lern nur en *(einen)* Vater nich *(nicht)* Kinder machen! (sä. A.)

---

en. Teach your grandame to spin. *Lehrt eure Grossmutter spinnen.*

Teach your grandame to suck eggs. *Lehrt eure Grossmutter Eier saugen.*

Shall the goslings teach the goose to swim? *Sollen die jungen Gänse die Gans schwimmen lehren?*

---

dä. E Eg vil lere e Höne at kægle. (jüt. S.) *Das Ei will die Henne gackern lehren.*

854.

en. Young hypocrite, old devil. *Junger Heuchler, alter Teufel.*

---

it. Bòn da pznein e cativ da grand. (ni. em. B.) *S. Bon da panen u. s. w.*

855.

en. A young prodigal, an old mumper. *Ein junger Verschwender, ein alter Bettler.*

Young prodigal in a coach will make old beggar barefoot. *Junger Verschwender zu Wagen gibt einen alten Bettler mit blossen Füssen.*

A young courtier, an old beggar. *Ein junger Höfling, ein alter Bettler.*

A young serving (man), an old beggar. *Ein junger Aufwärter, ein alter Bettler.*

856.

pd. Man mutt aan olen Dag denken. (os. B.) *Man muss an den alten Tag denken.*

857.

Det er inte godt at plukke Hår af den Skaldede (Bartholede). (jüt. S.) *Es ist nicht leicht, Haar vom Kahlen zu rupfen.* dä.

On ne peut prendre un homme ray aux cheveux. fz. *Man kann nicht einen geschorenen Mann bei den Haaren nehmen.*

858.

Som de Gamle er i e Rede, sådant er e Unger dä. og. (jüt. S.) *Wie die Alten im Neste sind, so sind die Jungen auch.*

Vai a cabra pol-a viña, tal é a nai como é a pt. filla. (gal.) *Es geht die Ziege durch den Weinberg, so ist die Mutter, wie die Tochter ist.*

859.

Death devours lambs as well as sheeps. *Der* en. *Tod verschlingt sowohl Lämmer, wie Schafe.*

Many old camels carry the skins of the young ones to the market. *Viele alte Kameele tragen die Häute der jungen zum Markt.*

860.

He that hath not a house must lie in the yard. en. *Wer kein Haus hat, muss im Hofe liegen.*

861.

To take the nuts from the fire with the dog's en. foot. *Die Nüsse mit der Hundspfote aus dem Feuer holen.*

866.

A cat always falls on its legs. *Eine Katze* en. *fällt immer auf ihre Beine.*

869.

E Kat knurrer int' för den fær Mus, og e dä. Pige int' för hun fær Hus. (jüt. S.) *Die Katze knurrt nicht, ehe sie die Maus kriegt, und das Mädchen nicht, ehe sie ein Haus kriegt.*

Gato berrador non é o mais pescador. (gal.) pt. *Schreiende Katze ist nicht der beste Fischer.*

873.

Ch' còulpa in ha la gata se la massara è mata? it. (ni. em. B.) *S. Ch colpa u. s. w.*

874.

pd. Wenn de Katt' is utgan, Fangt de Müs' ern Danz an. (ns. B.) *Wenn die Katze ausgegangen ist, fangen die Mäuse ihren Tanz an.*

Wenn de Katt **nig** to Huus is, danzen de Müse up de Benken. **(ns. P.)** *S. Wenn **de** Katte nich **to** Hüse **u. s. w.***

---

dä. **Hvern e Kat er inte hjemme, spil** e Mus å **Borde og Bænke. (jüt. S.)** ***Wenn** die Katze **nicht daheim ist, spielt die Maus auf** Tisch **und Bank.***

Hvern e Kat er ude, spil **e Mös å e Bord** (Bænke). (jüt. S.) *Wenn die **Katze aus ist,** spielen die Mäuse auf dem Tische (der **Bank).***

878.

lt. **Stultorum vota non exaudiuntur.**

it. **I râi** d'âsan **an van in sel. (ni. em.** Piac.) ***Das** Eselsgeschrei **kommt nicht in** (den) Himmel.*

ni. Ragno d' âze **no va in** sô, Se u **ghè** va torna in derrè. (lig. gen.) *Eselsgeschrei kommt nicht in (den) Himmel, wenn es hin kommt, kehrt's zurück.*

879.

pd. **Wat von Katten is, leert musen.** (ns. P.) ***Was** von **Katzen ist, lernt mausen.***

883.

dä. **Den der vil** kobe alt, hvad han **ser, skal græde, hvern ander ler.** (jüt. S.) *S. Wer **som u. s. w.***

nw. **Dan som kauper alt** han ser, han fer **graata, naar andre lær.** ***Wer** Alles kauft, **was er sieht, der muss weinen, wenn** Andre lachen.*

---

pt. Quen compra sin **tër,** vende **sin querer.** (gal.) *Wer kauft ohne **zu** besitzen, verkauft ohne zu wollen.*

885.

en. **Shew me a man without** a spot and I'll shew you a maid without a fault. *Zeigt mir einen Mann ohne Flecken, und ich will euch ein Mädchen ohne Fehler zeigen.*

fz. Des femmes **et des chevaux Il n' en est point** sans defauts. *Frauen und Pferde gibt's nicht ohne Fehler.*

886.

dt. Geen geluk zonder druk. ***Kein Glück** ohne Bedrängniss.*

887.

en. There 's no rule without an exception. *Es gibt keine Regel ohne eine Ausnahme.*

---

it. Tutt' i regol gh' **han** la soa eccezion. **(ni. l. m.)** *Alle Regeln haben ihre Ausnahme.*

ni. Ogni regola ha a sò eccession. (lig. gen.) *Jede Regel hat **ihre** Ausnahme.*

888.

md. **Kein Qualm (Rauch)** ohne **Feuer. (sä.** A.)

Es raucht nicht, es wär denn **e** ***(ein)*** Feuer. **(sä. A.)**

---

en. **No garden** without **its weeds.** ***Kein** Garten **ohne sein** Unkraut.*

No larder but hath its **mice.** *Keine Speisekammer, die nicht ihre **Mäuse** hätte.*

---

nw. Dat ryg sjoldan **av Branden utan d'er** Eld i han. *Es **raucht selten vom Brand,** ohne dass Feuer **darin ist.***

---

it. **An n' i è mel** sênza mósch. (ni. **em.** B.) *Es **gibt keinen** Honig ohne Fliegen.*

ni. **No ghè rœus** senza spin (l. m.) *S. Un c'è rosa u. s. w.*

No ghe sabat senza sol, no ghe donna senza **amor. (l. m.)** ***Es** gibt keinen Samstag ohne **Sonne, es gibt keine Frau ohne** Liebe.*

No ghe pescio senza resca. (lig. gen.) ***S. Un** c'è **pesciu u. s. w.***

No **ghe fumme senza fœugo.** (lig. gen.) *S. **Daar u. s. w.***

No ghe sabbo senza sô, no ghe figgia senza amò, no ghe cœu senza dô. (lig. gen.) *Es gibt keinen Sonnabend ohne Sonne, **es** gibt kein Mädchen ohne Liebe, es gibt kein Herz ohne Schmerz.*

si. Ne xhiuri **senza** odduri, ne sabbatu senza suli, ne fimmina senza amuri. (s.) *Weder Blumen ohne **Duft,** noch Samstag ohne Sonne, noch **Frau ohne Liebe.***

pt. Non hai sábado sin sol, nin romeiro sin frol, nin dama sin amor. (gal.) *Es gibt weder Samstag ohne Sonne, noch Pilger ohne Blume, noch Dame ohne Liebe.*

889.

en. A pretty pig makes an ugly old sow. *Ein hübsches Ferkel macht eine hässliche alte Sau.*

---

it. An gh' è nsuna bèlla reusla, ch' an vagga a fini in d' un grattacûl. (ni. em. Piac.) *Es gibt keine schöne Rose, die nicht als eine Hagebutte endete.*

ni. No ghe scarpa bella, che no diventa ona sciavatta. (l. m.) *Es gibt keinen schönen Schuh, der nicht eine Latsche würde.*

No ghe bella rœusa chi no divente un grattacû. (lig. gen.) *S. Il n'y a point u. s. w.*

No ghe bella scarpa, chi no divente una brutta savatta. (lig. gen.) *Es gibt keinen schönen Schuh, der nicht eine hässliche Latsche würde.*

890.

pt. Não se tomão trutas a bragas enxutas. *Man fängt nicht Forellen mit trocknen Hosen.*

Non se collen troitas con bragas enxoitas. (gal.) *S. Não u. s. w.*

894.

en. A man at sixteen will prove a child at sixty. *Ein Mann mit sechszehn wird mit sechzig ein Kind sein.*

dä. Börn som snart blifve vise, enten døe de snart eller blifver galne. *Kinder die zu rasch weise werden, sterben entweder zu rasch oder werden verrückt.*

Klogt Barn veed inte gammel. (jüt. S.) *Kluges Kind wird nicht alt.*

896.

pd. Kinnshand is licht' to fulln. (ns. B.) *S. Kinneshand u. s. w.*

897.

pd. Lüttje Kinner — lüttje Sorgen; grote Kinner — grote Sorgen. (ns. B.)

dä. Smaa Börn, smaa Sorger; store Börn, store Sorger. (jüt. S.)

pt. Meus filhos criados, meus trabalhos dobrados. *Meine Söhne erwachsen, meine Sorgen verdoppelt.*

Fillos criados, traballos dobrados. (gal.) *Söhne gross, Sorgen doppelt.*

898.

en. To throw the rope after the bucket. *Das Seil dem Eimer nachwerfen.*

899.

en. Children pick up words as pigeons peas, And utter them again as God shall please. *Kinder klauben Worte auf, wie Tauben Erbsen, und bringen sie wieder heraus, wie's Gott gefällt.*

Children have wide ears and long tongues. *Kinder haben weite Ohren und lange Zungen.*

The child says nothing but what it heard of the sire. *Das Kind sagt Nichts, ausser was es vom Vater hörte.*

900.

Children suck the mother when they are young, and the father when grown up. *Kinder saugen an der Mutter, wenn sie jung, und am Vater, wenn sie erwachsen sind.* en.

901.

E Barn skal krybe, til det lær at gå. (jüt. S.) *Das Kind muss kriechen, bis es gehen lernt.* dä.

902.

He had neither chick nor child. *Er hat weder Küchlein, noch Kind.* en.

He has neither kit nor kin. *Er hat weder Bekanntschaft, noch Verwandtschaft.*

903.

Naar Börn og gamle Folk faae deres Villie, saa græder de ikke. *Wenn Kinder und alte Leute ihren Willen kriegen, so weinen sie nicht.* dä.

Hvem e Barn fær sin Ville, græder det inte. (jüt. S.) *Wenn das Kind seinen Willen kriegt, weint es nicht.*

904.

Hvem e Barn er dødt, er e Fadderskap ude. (jüt. S.) *S. Wenn 't Kind dod u. s. w.* dä.

Mort la pecora, sparti la sœzda. (ni. em. Piac.) *S. Mort la pegra u. s. w.* it.

Morta a vacca, spartîo a sœuzia. (lig. gen.) *S. Morta la vacca u. s. w.* ni.

905.

Den der teger e Barn ved e Hand, teger e Moder ved e Hjarte. (jüt. S.) *S. Wie u. s. w.* dä.

906.

He that gives his goods before he be dead, Take up a mallet and knock him on the head. *Wer sein Vermögen fortgibt, bevor er todt ist, nehmt einen Hammer und schlagt ihn auf den Kopf.* en.

dä. Den der gi'r til han tigger, skal slås til han ligger. (jüt. S.) *S. Den som giver u. s. w.*

907.

en. Alexander himself was once a crying babe. *Alexander selbst war einst ein schreiender Säugling.*

908.

md. Mit der Kirche um's Dorf rum fahren. (sä. A.)

909.

it. Tanto tonò ch' e' piove. *Es donnerte so lange, bis es regnet.*

mi. Tanto tuona che piove. (crs.) *Es donnert so lange, bis es regnet.*

910.

dt. Men roept zoo lang Paschen, tot dat het eens komt. *Man ruft so lange Ostern, bis dass es einmal kommt.*

en. Long looked-for comes at last. *Wonach man lang ausgesehen, das kommt zuletzt.*

912.

it. L'abit en fa l' monach. (ni. em. B.) *S. The gown u. s. w.*

913.

en. Deck a hedgehog, and he will seem a lord. *Kleide einen Igel und er wird ein Lord scheinen.*

Dress a stick and it seems a youth. *Kleide einen Stock und er scheint ein Jüngling.*

---

dä. En kan klæde en Gårdstaver ud. (jüt. S.) *Man kann einen Zaunpfahl ankleiden.*

---

it. A fatir (Chi vstes) un pal al par un cardinal. (ni. em. B.) *Wenn man einen Pfahl ankleidet, scheint er ein Cardinal.*

pt. Afeita un cepo, e parecerá un mancebo. (gal.) *Putze einen Klotz an und er wird ein Jüngling scheinen.*

914.

en. Good clothes open all doors. *Gute Kleider öffnen alle Thüren.*

---

dä. E Klæder syn e Mand (Folk) og e Kød (Hår) e Heste. (jüt. S.) *Die Kleider machen den Mann (die Leute) und das Fleisch (Haar) die Pferde.*

Som e Kød syn e Hest, så syn e Kjul e Præst. (jüt. S.) *Wie das Fleisch das Pferd macht, so macht der Rock den Priester.*

En er så hed, som en er klæd. (jüt. S.) *Man wird so geehrt, wie man gekleidet ist.*

918.

One cloud is enough to eclipse all the sun. en. *Eine Wolke genügt, um die ganze Sonne zu verfinstern.*

En lille Tue kan vælte et stort Læs. (jüt. S.) dä. *S. En lájtten Hap u. s. w.*

Liten tufwa wälter ofta et stort lass. *Kleiner* sw. *Haufen wirft oft ein grosses Fuder um.*

920.

Små Gryder (Potter) hær og Ører. (jüt. S.) dä.

922.

A mote may choke a man. *Ein Stäubchen* en. *kann einen Mann ersticken.*

924.

War's *(Wer das)* Gringe *(Geringe)* nicht ehrt, md. Ist's Grosse nicht werth. (sä. A.)

Wer 't Lüttje versma't, kriggt Grote ok nich. pd. (ns. B.) *Wer's Kleine verschmäht, kriegt's Grosse auch nicht.*

Die 't klein versmaad, is 't groot niet waard. dt. *Der's Kleine verschmäht, ist des Grossen nicht werth.*

Hvo som lidet vil forsmaa, aldrig skal han dä. meget faa. *Wer das Kleine verschmähen will, der wird nie viel kriegen.*

Hvem der foragter det lille, fær aldre det mogel. (jüt. S.) *Wer das Kleine verachtet, kriegt nie viel.*

9 .

Knotty timber requires sharp wedges. *Knor-* en. *tiges Holz erfordert scharfe Keile.*

927.

De kloge Höns kan og göre i e Nælder. (jüt. S.) dä. *Die klugen Hühner können auch in die Nesseln legen.*

En klog Höne kan og göre i Persille. (jüt. S.) *Ein kluges Huhn kann auch in Petersilie legen.*

Den snälla hönan värpr ókkså i nällorna. sw. (Skåne) *Das kluge Huhn legt auch in die Nesseln.*

929.

nd. Lange Quinen levt lang. (ns. B.) *Langes Kränkeln lebt lange.*

---

en. A creaking door hangs long on its hinges. *Eine knarrende Thür hängt lange in ihren Angeln.*

A creaking gate hangs long. *Ein knarrendes Gatterthor hängt lange.*

Creaking doors hang long. *Knarrende Thüren hängen lange.*

---

fz. Un pot fêlé dure plus qu'un neuf. *Ein gesprungener Topf dauert länger als ein neuer.*

it. Un carr rott di volt el tira là pussee d'on bon. (ui. l. m.) *Ein zerbrochner Wagen hält mitunter mehr aus, als ein guter.*

ni. Dna ciù unn-a pignatta avvenâ che unn-a neuva. (lig. gen.) *S. Dura più una pentola u. s. w.*

Dura più una pignata vechia che una nova. (v.) *Ein alter Topf hält länger, als ein neuer.*

931.

it. Tutto s' accomoda fœna che l' osso du collo. (ui. lig. gen.) *S. Tutto s'accomoda u. s. w.*

932.

en. A forgetful head makes a weary pair of heels. *Ein vergesslicher Kopf macht ein müdes Paar Fersen.*

---

dä. Hvern der inte hæ'et i e Hode, skal ha'et i e Ben. (jüt. S.) *Wer es nicht im Kopf hat, muss es in den Beinen haben.*

Hvad man ikke har i Hovedet, skal man have i Benene. (Sl.)

sw. Den som inte har 'ed i hoded, han får ha 'ed i benen. (Skåne) *S. Hvern der u. s. w.*

---

it. Chi non ha memoja, agge bonn-e gambe. (ui. lig. gen.) *Wer kein Gedächtniss hat, habe gute Beine.*

933.

en. He that hath no money needeth no purse. *Wer kein Geld hat, braucht keine Börse.*

934.

en. One crow never pulls out another's eyes. *Eine Krähe hackt nie die Augen einer andern aus.*

---

dä. Den ene Ravn hugger inte e Öje ud å den ann. (jüt. S.) *S. Eng Kaaf u. s. w.*

sw. Rannana hakka inte ud yenen på hinann. (Skåne) *Der Rabe hackt dem andern nicht die Augen aus.*

Un ferreiro á outro non lle fai daño. (gal.) **pt.** *Ein Schmied thut dem andern keinen Schaden.*

938.

The laundress washes her own smock first. **en.** *Die Wäscherin wäscht ihr eignes Hemd zuerst.*

Chi ha al mesqulein in man s' fa la manèstra a so mod. (ui. em. B.) **it.** *S. Chi ha la mestola u. s. w.*

939.

Wo 't Blod nich loppt, dar slikt et doch. (ns. B.) **pd.** *Wo das Blut nicht läuft, da schleicht es doch.*

942.

A crooked log makes a strait fire. *Ein krummes* **en.** *Scheit macht ein grades Feuer.*

944.

Fat housekeepers make lean executors. *Fette* **en.** *Haushälterinnen machen magere Testamentsvollstrecker.*

945.

A little kitchen makes a large house. *Eine* **en.** *kleine Küche macht ein grosses Haus.*

948.

Den, som har Koen, maa selv trække i Halen. **dä.** *Der, welcher die Kuh hat, muss selbst am Schwanze ziehen.*

Den, der har e Ko til, skal tege den sjelv ved e Hale. (jüt. S.) *Der, dem die Kuh zugehört, muss sie selbst am Schwanze nehmen.*

950.

De kikt et an, as de Koh dat nee Dor. (ns. B.) **pd.** *Die gucken es an, wie die Kuh das neue Thor.*

Han glor å 'et, ligesom en Ko å en rod Port **dä.** (å en Værmolle). (jüt. S.) *Er glotzt es an, wie eine Kuh ein rothes Thor (eine Windmühle).*

Han ser å en Ting, ligesom en Ko å et nyt Led. (jüt. S.) *Er sieht ein Ding an, wie eine Kuh ein neues Heck.*

952.

My cow gave a good meal, but then she cast it. **en.** *Meine Kuh gab ein gutes Theil (Mahl), aber dann warf sie's um.*

Madge (Margaret) good cow gave a good meal, But then she cast it down again with her heel. *Grete, gute Kuh, gab ein gutes Theil (Mahl), aber dann warf sie's mit ihrer Ferse wieder um.*

---

dä. Det hjælper kun lidt ted en Ko hær meged Mjælk, hvem den bliver omspildt med det same. (jüt. S.) *Das hilft nur wenig, dass eine Kuh viel Milch hat, wenn sie von derselben umgeschüttet wird.*

Det kan sagte nytte, en Ko gi'r en Spand Mjælk, hvem den lægger den under seg. (jüt. S.) *Das kann wenig nutzen, dass eine Kuh einen Eimer Milch gibt, wenn sie ihn unter sich legt.*

953.

en. The cow didn't know the value of her tail till she'd lost it. *Die Kuh kannte den Werth ihres Schwanzes nicht, bis sie ihn verloren hatte.*

954.

en. The greatest oaks have been little acorns. *Die grössten Eichen sind kleine Eicheln gewesen.*

II. Band.

1.

dä. Den der synger om Morgenen, kommer ofte til
at græde inden Aften. *Wer am Morgen
singt, kommt oft dazu, am Abend zu weinen.*
Morgen Latter gjör Aften Grand. *Morgen-
lachen macht Abendweinen.*
Den der ler om Morgnen, græder inden Aften.
(jüt. S.) *S. He that laughs u. s. w.*

sw. Morgon-löje är afton-gråt. *Morgenlachen ist
Abendweinen.*

---

it. Chi rie de venerdì cianze de domenega. (ni. lig.
gen.) *S. Chi ridda u. s. w.*

6.

md. Ländlich, schändlich, häslich, scheuslich. (sä. A.)

---

dä. Hver Smed har sin Sæd. (jüt. S.) *Jeder
Schmied hat seine Sitte.*
Enhver Smed har sin Sæd og hver Kone sin
Vane. (jüt. S.) *Jeder Schmied hat seine
Sitte und jede Frau ihre Gewohnheit.*

7.

dä. En skal Skik følge eller Land fly. (jüt. S.) *S.
Man skal Sæd u. s. w.*

---

it. Paize dove ti væ, usa comme ti trœuvi. (ni.
lig. gen.) *S. Paese u. s. w.*

10.

dä. Lille Byrn er lang Vej tung. (jüt. S.) *S.
Liden u. s. w.*

12.

en. He would flay a flint. *Er würde einen Kiesel
schinden.*

13.

dä. Han er i Klemme, ligesom en Lus imelle to
Negle. (jüt. S.) *Er ist in der Klemme, wie
eine Laus zwischen zwei Nägeln.*

14.

dä. Han sætter Lus i e Skindpels. (jüt. S.) *Er
setzt Läuse in den Pelz.*

15.

Man mutt lebn un lebn latn. (ns. B.) *S. Man* pd.
muss lebe u. s. w.

En skal leve og lade leve. (jüt. S.) *S. Man* dä.
muss lebe u. s. w.

Bezeugna vive e lasciâ vive. (ni. lig. gen.) it.
S. Man muss lebe u. s. w.

16.

As a man lives, so shall he die, As a tree en.
falls, so shall it lie. *Wie ein Mensch lebt,
so wird er sterben, wie ein Baum fällt, so
wird er liegen.*
A full life makes a good death. *Ein volles
Leben macht einen guten Tod.*

Qui bien veut mourir, bien vive. *Wer gut* fz.
sterben will, lebe gut.
Chi ben vive, ben mœure. (ni. lig. gen.) *S.* it.
Wer u. s. w.

18.

Steal my cow, and give away the hide. *Stehlt* en.
meine Kuh und gebt die Haut weg.

19.

It is hard for an empty bag to stand upright. en.
*Es ist schwer für einen leeren Sack, auf-
recht zu stehen.*

Al sacch vœud an pœ stà in pè. (ni. em. Piac.) it.
Der leere Sack kann nicht aufrecht stehen.
Sacch vœuj stà minga in pee. (l. m.) *S. Sacco* ni.
vuoto non istà u. s. w.
I sacchi vœui no pœnan stà driti. (lig. gen.)
Die leeren Säcke können nicht gerade stehen.
Sacchi vœdi in piè no ghe stà. (v.) *Leere
Säcke stehen nicht aufrecht.*

21.

Empty chambers make foolish maids. *Leere* en.
Stuben machen tolle Mägde.

22.

en. Empty vessels sound most. *Leere Gefässe schallen am meisten.*

Shallow streams make most din. *Flache Ströme machen am meisten Geräusch.*

---

dä. De ledeg' Vugne skramle mest. (jüt. S.) *Die leeren Wagen poltern am meisten.*

---

fz. Un tonneau vide donne bien plus de son qu'un tonneau plein. *Eine leere Tonne gibt weit mehr Klang, als eine volle Tonne.*

23.

dä. Hvern e Krybbe er tom, så slæs e Heste. (jüt. S.) *S. Bann u. s. w.*

Hvern e Krybbe er tom, så bides e Heste. (jüt. S.) *S. Wan u. s. w.*

24.

en. He is teaching iron to swim. *Er lehrt Eisen schwimmen.*

He is teaching a pig to play on the flute. *Er lehrt ein Ferkel auf der Flöte blasen.*

He is teaching an old woman to dance. *Er lehrt ein altes Weib tanzen.*

25.

it. A can vègio no se ghe dixe: a cuccio. (ni. lig. gen.) *Altem Hund sagt man nicht: in die Hütte!*

30.

it. Chi va con un rango, diventa rango e soppo. (ni. lig. gen.) *Wer mit einem Lahmen geht, wird lahm und hinkend.*

si. Cui pratica cu' zoppi, avanti l' annu veni a zoppicari. (s.) *Wer mit den Lahmen umgeht, wird vor dem Jahr hinken.*

31.

it. Chi vive tra i lupi, impara a urlare. (mi. t.) *Wer unter den Wölfen lebt, lernt heulen.*

ni. Ca và col lov impàra a lûdlà. (em. Piac.) *Wer mit dem Wolf geht, lernt heulen.*

Chi va con u lû impara a urlâ. (lig. gen.) *S. Ca và u. s. w.*

Chi sta con u lû impara a urlâ. (lig. gen.) *S. Chi sta con u. s. w.*

32.

dä. En er aldre for gammel til at lære. (jüt. S.) *Man ist nie zu alt zum Lernen.*

33.

Man mutt lehrn, so lang as 'n levt. (ns. B.) **pd.**
Man muss lernen, so lange als man lebt.

We live and learn. *Wir leben und lernen.* **en.**

En skal lære, sålænge en lever. (jüt. S.) *S.* **dä.** *Man u. s. w.*

En lær, sålænge en lever, og hvad en sidst lær, det er at gå sagte. (jüt. S.) *Man lernt, so lange man lebt, und was man am spätesten lernt, das ist leise zu gehen.*

Tutt i dì se' impâra v' una. (ni. em. Piac.) **it.**
Alle Tage lernt man etwas davon.

Tutti i giorni se ne impara unn-a. (lig. gen.) **ni.**
S. Tutt i dì u. s. w.

Vivendo s' impara. (lig. gen.) *Lebend lernt man.*

34.

Chi non fa non falla e fallando s'impara. (mi. t.) **it.**
Wer nicht schafft, fehlt nicht, und fehlend lernt man.

Chi sbaglia impara. (em. B.) *Wer fehlt, lernt.* **ni.**

An s' peu imparà sl' an còsta. (em. Piac.) *Man kann nicht ohne Kosten lernen.*

Falland' s' impâra. (em. Piac.) *S. Falend u. s. w.*

Sbagliando s' impara. (lig. gen.) *S. Falend u. s. w.*

An faliend s' impara. (piem.) *S. Falend u. s. w.*

35.

Was hintennach kommt, kommt vor die Hunde **md.**
und ungebetene Gäste untern Tisch. (sä. A.)

36.

Lad den sørge, der længst lever, og den lukke **dä.**
e Dör, der gær sidst ud. (jüt. S.) *Lass den trauern, der am längsten lebt, und den die Thür schliessen, der zuletzt hinausgeht.*

39.

Die Liebe fällt so gut auf 'n Rosenblatt, wie **md.**
auf'n Kuhfladen. (sä. A.)

Wo die Liebe hinfällt, bleibt sie liegen. (sä. A.)

Die Liebe is e närrisch Deng, mitonger fällt se uf'n Kühpaps. (sä. A.) *Die Liebe ist ein närrisch Ding, mitunter fällt sie auf einen Kuhdreck.*

E Kærleghed kan ligesåvel falde å en L...., **dä.**
som å et Liljeblad. (jüt. S.) *Die Liebe kann ebensogut auf einen Kuhfladen fallen, wie auf ein Lilienblatt.*

40.

it. La carità prinzepia da se stèss. (ni. em. B.) *S. La carité u. s. w.*

41.

it. L'amore ò zitellu e bince i grandi. (mi. ers.) *Die Liebe ist ein Kind und überwindet die Grossen.*

ni. L' amò u vinze tutto (Ma a fammo a vinze l'amò). (lig. gen.) *Die Liebe überwindet Alles (aber der Hunger überwindet die Liebe).*

L' amor passa tut. (piem.) *Die Liebe geht über Alles.*

42.

it. L'amôur e n' vol cumpagn. (ni. em. B.) *S. L' amor un u. s. w.*

43.

dä. Kærligheds Gång er aldre for lång (om den så var syv Mil i Morke). (jüt. S.) *Liebes-Gang ist nie zu lang (und wären es sieben Meilen im Dunkeln).*

44.

dä. Elsk meg lidt, elsk meg længe. (jüt. S.) *Lieb mich wenig, lieb mich lange.*

Hold af meg lidt, hold af meg længe; det holder bedst ud. (jüt. S.) *Halte wenig auf mich, halte lange auf mich, das hält am besten aus.*

46.

it. L'amor e la tôss Prêst i s' fan conôss. (ni. em. Piac.) *Die Liebe und der Husten machen sich rasch bemerklich.*

ni. Amor e toss se fan conoss. (l. m.) *S. Amur e tos u. s. w.*

L' amò e a tosse no se pœan ascoude. (lig. gen.) *Die Liebe und der Husten können sich nicht verbergen.*

L' amô e a tosse Se fan presto conosce. (lig. gen.) *S. L'amor e la tôss u. s. w.*

47.

en. He that loves the tree, loves the branch. *Wer den Baum liebt, liebt den Zweig.*

---

it. Chi vuol bene a Madonna, vuol bene a Messere. (mi. t.) *Wer Madonna liebt, liebt Messere.*

ni. Chi ama al can, ama al padrôn. (em. B.) *S. Chi ama é u. s. w.*

Chi ama el Signor, ama anca i so sant. (l. m.) *Wer den Herrn liebt, liebt auch seine Heiligen.*

Chi vœu ben a-o Segnô, vœu ben a-i so santi. (lig. gen.) *Wer den Herrn liebt, liebt seine Heiligen.*

Chi ama Dio, ama i so sant. (v.) *S. Chi ama Dio, ama i u. s. w.*

48.

Det er slemt at være Drengs Dreng. (jüt. S.) **dä.** *Es ist schlimm, des Burschen Bursche zu sein.*

D'er ilt aa stande under mindre Manns Vald. **nw.** *Es ist übel, unter des kleineren Mannes Gewalt zu stehen.*

49.

Better wear out shoes than sheets. *Besser* **en.** *Schuhe, als Betttücher abnutzen.*

Better bid the cooks nor the mediciners. *Besser die Köche, als die Ärzte entbieten.*

L' e mègio frustà e scarpe che i lenzœu. (ni. it. lig. gen.) *S. È meglio consumare u. s. w.*

52.

Praise the hill, but keep below. *Lobe den* **en.** *Hügel, aber bleibe unten.*

Talk of camps, but stay at home. *Sprich von Lagern, aber bleib zu Hause.*

Loda al mônt e teint al pian. (ni. em. B.) *S.* **it.** *Loda il monte u. s. w.*

Loda al mar e teint alla tèra. (em. B.) *S.* **ni.** *Lobe die See u. s. w.*

53.

Det er itt' godt at rose e Brød for e Ovns- **dä.** mund. (jüt. S.) *Es ist nicht gut, das Brot vor der Backofenthür zu loben.*

54.

Praise not the day before night. *Lobe nicht* **en.** *den Tag vor der Nacht.*

Don't praise the day till it is over. *Lobe nicht den Tag, bevor er vorüber ist.*

57.

Blow thine own pottage and not mine. *Blase* **en.** *deine Suppe und nicht meine.*

Enquire not what is in another's pot. *Frage nicht, was in eines Andern Topfe ist.*

Thrust not thy sickle into another man's harvest. *Lege deine Sichel nicht an eines Andern Ernte.*

58.

Hares may pull dead lions by the beard. *Hasen* **en.** *dürfen todte Löwen beim Barte ziehen.*

59.

it. Al Louv cu caga agnl. (ni. em. B.) S. Il lupo non caca u. s. w.

60.

en. A traveller may lie by authority. *Ein Reisender darf mit Berechtigung lügen.*

61.

pd. He luggt as'n Rok. (ns. B.) *Er lügt wie ein Rauch.*

dä. Han lyver sa galt, som en Hest kan rende. (jüt. S.) *Er lügt so rasend, wie ein Pferd rennen kann.*

it. L' è più busader dèl diavel. (ni. em. B.) *Er ist verlogener, als der Teufel.*

62.

dä. Løgn har korte Been. (jüt. S.) *Lüge hat kurze Beine.*

it. As cgnos più prèst un busader d' un zop. (ni. em. B.) *Man erkennt rascher einen Lügner, als einen Lahmen.*

ni. S' conossa peu prêst un busiàdar che un zopp. (em. Piac.) *S. As cgnos u. s. w.*

A boxia a l'ha e gambe curte. (lig. gen.) *S. Lügen u. s. w.*

61.

it. Ai busader ai vol bona memoria. (ni. em. B.) *Lügner brauchen ein gutes Gedächtniss.*

ni. Chi e boxardo, bezeugna ch' aggie bonn-a memoja. (lig. gen.) *Wer verlogen ist, muss ein gutes Gedächtniss haben.*

66.

dä. En ung Løgner, en gammel Tyv. (jüt. S.) *Ein junger Lügner, ein alter Dieb.*

it. Chi è busader è lader. (ni. em. B.) *S. Qui est u. s. w.*

ni. Chi è busard è lader. (l. m.) *S. Qui est u. s. w.*

Chi e boxiardo e laddro (E' figgio du dian). (lig. gen.) *Wer Lügner ist, ist Dieb (und Sohn des Teufels).*

Chi è bösiárd l' e galup e lader. (piem.) *Wer Lügner ist, ist gefrässig und Dieb.*

68.

pd. Wer sik forn Pannkoken hergift, ward drfor upgeten. (ns. B.) *Wer sich für einen Pfannkuchen hergibt, wird dafür aufgegessen.*

Quen todo é mel, cómen-o as abellas. (gal.) pt. *Wer ganz Honig ist, den fressen die Bienen.*

69.

He that makes himself an ass, must not take it ill if men ride him. en. *Wer sich selbst zu einem Esel macht, muss es nicht übel nehmen, wenn die Leute ihn reiten.*

70.

He that makes himself a sheep, shall be eaten by the wolf. en. *Wer sich selbst zu einem Schaf macht, wird vom Wolf gefressen werden.*

If men become sheep, the wolf will devour them. *Wenn Leute zu Schafen werden, wird der Wolf sie verschlingen.*

Chi s' fa pigura al Louv al magna. (ni. em. B.) it. *S. Wer sich zum Schaaf u. s. w.*

Chi se fa pëgoa u lû se u mangia. (lig. gen.) ni. *S. Wer sich zum Schaaf u. s. w.*

71.

Daughters and dead fish are no keeping wares. en. *Töchter und todte Fische sind keine Waaren zum Aufheben.*

73.

Man sieht wohl auf's Kleid, Aber nicht auf den Leib. (sä. A.) md.

Auf den Kragen können sie mir alle sehen, aber nicht in den Magen. (sä. A.)

Ener kikt di wol nan Kragen, Abers nich inn Magen. (ns. B.) pd. *Einer guckt dir wohl nach dem Kragen, aber nicht in den Magen.*

74.

Flies go to lean horses. en. *Fliegen gehen zu magern Pferden.*

Ai caval magher ai côr dri tòt el mösch. (ni. em. B.) it. *Den magern Pferden laufen alle Fliegen nach.*

Ai can mágr agh và drè il mosc. (em. Piac.) ni. *S. Ai can u. s. w.*

A can mars tutt' i mosch ghe van adrée. (l. m.) *S. Ai can magher u. s. w.*

75.

You came for wool, but shall return shorn yourself. en. *Ihr kamt nach Wolle, aber werdet selbst geschoren zurück kehren.*

77.

dä. Hveru Narre kommer til Mærken, så fær e Kræmer Penge. (jüt. S.) *S. Wenn de Narren to Mart u. s. w.*

78.

dä. Matis bryder eller hegger Is. (jüt. S.) *Mattheis bricht oder legt Eis.*
Matis det Gris, han brækker vort Is. (jüt. S.) *Mattheis das Ferkel, bricht unser Eis.*

79.

it. A bocca ciüsa an gh' cintra ad mosch. (ni. em. Piac.) *S. En bouche u. s. w.*
ni. In bocca serrä no gh' intra mosche. (lig. gen.) *S. A bouco u. s. w.*
pt. En boca cerrada non entran moscas. (gal.) *S. A bouco u. s. w.*

80.

dä. En skal sætte Tæring efter Næring. (jüt. S.) *S. Men moet u. s. w.*

---

it. Seiû Marcheise, Secondo i intræ, bezeugna fâ e speise. (ni. lig. gen.) *Herr Marchese, nach den Einkünften muss man die Ausgaben machen.*

81.

en. He who will stop every man's mouth, must have a great deal of meal. *Wer Jedermann den Mund stopfen will, muss eine grosse Menge Mehl haben.*

---

dä. En kan inte lukke för Folks Mund. (jüt. S.) *Man kann nicht der Leute Mund zuschliessen.*

84.

en. 'Tis not clean linen only that makes the feast. *Es ist nicht reine Tischwäsche allein, welche die Festmahlzeit ausmacht.*

---

dä. Der skal mere til Plov end hov hov. *Es gehört mehr zum Pflug, als Ho Ho!*
Der skal mer til Plov end: hov! (jüt. S.) *Es gehört mehr zum Pflug, als: Ho!*

85.

en. There are more maids as Malkin. *Es gibt mehr Mädchen als Mariechen.*

---

dä. Der er flere røde Kør end Præstens. (Sl.) *Es gibt mehr rothe Kühe, als (die) des Pfarrers.*

86.

There are more ways to kill a dog than hanging. *Es gibt mehr Arten einen Hund zu tödten, als Aufhängen.* en.
There are more than one yew-bow in Chester. *Es gibt mehr als einen Eibenholzbogen in Chester.*
There are more places than the parish church. *Es gibt mehr Orte, als die Pfarrkirche.*

Son mais os dias c' as longañizas. (gal.) *Es sind der Tage mehr, als der Bratwürste.* pt.

87.

Es ertrinken mehr im Krug, als in der See.

More die by food than famine. *Mehr sterben durch Nahrung, als durch Hungersnoth.* en.
Hunger and thirst scarcely kill any, But gluttony and drink kill a great many. *Hunger und Durst tödten kaum irgendeinen, aber Gefrässigkeit und Trunk tödten sehr viele.*

88.

Sa passee on matt a ca soa, che on savi a cà di olter. (ni. l. m.) *S. Più ne sa u. s. w.* it.
Sà ciû un matto in casa sò, che un savio in casa d'âtri. (lig. gen.) *S. Più ne sa u. s. w.* ni.

91.

Der er enneg Mester fodd. (jüt. S.) *Es ist kein Meister geboren.* dä.

Nemo nascitur sapiens. lt.
Gh' e nissun che nass maester. (ni. l. m.) *Es gibt Keinen, der als Meister geboren wird.* it.
Nisciun nasce meistro. (lig. gen.) *S. None u. s. w.* ni.

91.

Mand agter og Gud skifter. (jüt. S.) *Der Mensch meint und Gott verändert.* dä.

L' om prupôn e Dio dispôn. (ni. em. B.) *S. L'hom u. s. w.* it.
L' ommo o propomn-e, e o Segnô u dispomn-e. (lig. gen.) *Der Mensch beschliesst und der Herr verfügt.* ni.

100.

La lôuna en cura l' abajar di cân. (ni. em. B.) *S. La luna non cura u. s. w.* it.

101.

A quem madruga Deus ajuda. *Wer früh aufsteht, dem steht Gott bei.* pt.

102.

en. He sups ill, who eats up all at dinner. *Der isst schlecht zu Abend, der Alles zu Mittag aufisst.*

104.

en. No pains, no gains. *Keine Mühe, kein Gewinn.*

106.

it. Chi va a-u muin s' infarinn-a. (ni. lig. gen.) *S. Chi va al molino u. s. w.*

111.

pd. Mutt — en harte Nutt, Därut — en bitter Krut. (us. B.) *Muss — eine harte Nuss, durchaus — ein bitter Kraut.*

---

en. Must is a king's word. *Muss ist ein Königswort.*

112.

it. L'ozio u l'è u pare do tutti i vizii. (ni. lig. gen.) *S. L'ozi u. s. w.*

113.

dä. Ledeggang er Fandens Hodpude. (jüt. S.) *S. Lediggang u. s. w.*

114.

dä. Frisk Mod er halv Tæring. (jüt. S.) *S. Friskt u. s. w.*

nw. Fritt Mod er halv Tæring. *S. Frit u. s. w.*

116.

en. He is my friend that grindeth at my mill. *Der ist mein Freund, der auf meiner Mühle mahlt.*

---

it. Il miglior parente è quello che mi fa del bene. (mi. crs.) *Der beste Verwandte ist der, welcher mir Gutes thut.*

ni. A chi me da do pan ghe diggo pnæ. (lig. gen.) *Wer mir Brot gibt, den nenn' ich Vater.*

119.

en. A gentle housewife mars the household. *Eine gütige Hausfrau verdirbt das Gesinde.*

---

it. La madre pietosa fa la figlia tignosa. (mi. t.) *S. La madre pietosa u. s. w.*

ni. La mádar pietosa leva i fieu tignosi. (em. Piac.) *Die barmherzige Mutter zieht grindige Söhne auf.*

A muæ pietosa fa a figgia tignosa. (lig. gen.) *S. La madre pietosa u. s. w.*

122.

When I am dead, make me a caudle. *Wenn ich todt bin, macht mir eine Kraftsuppe.* en.

While men go after a leech, the body is buried. *Während die Leute nach dem Arzt gehen, wird der Leichnam begraben.*

123.

Ce sont faucilles après août. *Das sind Sicheln nach August.* fz.

124.

Dio m' avvarde da un vexin Prinsipiante de violin. (ni. lig. gen.) *Gott behüte mich vor einem Nachbar, der Violine anfängt.* it.

125.

A great lord is a bad neighbour. *Ein grosser Lord ist ein schlechter Nachbar.* en.

129.

En kan into ha' Fred lenger som sin Nabo vil. (jüt. S.) *Man kann nicht länger Frieden haben, als der Nachbar will.* dä.

130.

Wurst übern Zaun, Wurst wieder rüber, Gevatter, wir schlachten noch 'ne Sau. (sä. A.) md.

135.

Nisciunn-a nœuva, bonn-a nœuva. (ni. lig. gen.) it.

137.

By one and one the spindles are made up. *Nach und nach werden die Spindeln vollgesponnen.* en.

By little and little the wolf eateth up the goose. *Nach und nach frisst der Wolf die Gans auf.*

138.

Den der inte har, har inte at miste. (jüt. S.) *Wer Nichts hat, hat Nichts zu verlieren.* dä.

Han misser inkje, som inkje heve. *Der verliert Nichts, der Nichts hat.* nw.

139.

E Skjorte er nærre end e Vest. (jüt. S.) *S. Dat Hemd is neger u. s. w.* dä.

140.

Più vsein è 'l dèint che qualonqu parĉint. (ni. em. B.) *S. Più vicino u. s. w.* it.

142.

en. He that once got the fame of early riser may sleep till noon. *Wer einmal den Ruf des Frühaufstehens bekam, kann bis Mittag schlafen.*

144.

dä. Een Tosse kan sporge meer end syv Vise kan svare paa.

Han kan spöre mer som ti kan svare å. (jüt. S.) *Er kann mehr fragen, als Zehne antworten können.*

145.

it. Se un mat fecca una preda in t' al pòz, ai vol zèint savi a cavarla. (ni. em. B.) *Wenn ein Narr einen Stein in den Brunnen wirft, braucht man hundert Weise, um ihn herauszuholen.*

148.

pt. O parvo, se he callado, por sabio he reputado. *Der Narr, wenn er still ist, wird für weise gehalten.*

150.

en. Fools lade out all the water and wise men take the fish. *S. De zotten dragen u. s. w.*

151.

en. A fool may give a wise man a counsel. *Ein Narr kann einem weisen Manne einen Rath geben.*

Even fools sometimes speak to the purpose. *Selbst Narren sprechen mitunter zur Sache.*

153.

en. If folly were grief, every house would weep. *Wenn Narrheit Leid wäre, würde jedes Haus weinen.*

158.

en. Nature is the true law. *Natur ist das wahre Gesetz.*

---

it. El ma che gh' e in natura, El compagna fina alla sepoltura. (l. m.) *Das Schlimme, was in der Natur liegt, begleitet uns bis zum Begräbniss.*

ni. Chi l' ha in te l' osso, U porta a-u fosso. (lig. gen.) *S. Chi l' ha d' osso u. s. w.*

159.

pd. Natur geit äber de Lehre. (ns. B.) *Natur geht über die Lehre.*

E Natur gær över e Optugtelse. (jüt. S.) *S.* dä. *Naturen gaaer over Optugtelsen.*

160.

Nature draws more than ten teams. *Natur* en. *zieht mehr, als zehn Gespanne.*

162.

It is good fasting when the table is covered en. with fish. *Es ist gut fasten, wenn der Tisch mit Fisch besetzt ist.*

Betst er manni at biðja, tá ið hann er sjálv- is. bjargin. (fær.) *Am besten ist's, für den Mann zu bitten, wenn er sich selbst erhalten kann.*

163.

Man maa tage Verden, som den er. *Man muss* dä. *die Welt nehmen, wie sie ist.*

E Verden er som en teger den. (jüt. S.) *Die Welt ist, wie man sie nimmt.*

164.

Onde quitan e non pòn, logo chegan ó fondon. pt. (gal.) *Wo sie nehmen und nicht dazulegen, kommen sie bald auf den Grund.*

168.

Envy shoots at others, and wounds herself. en. *Neid schiesst auf Andere und verwundet sich selbst.*

Envious heart itself fretteth. *Neidisches Herz verzehrt sich selbst.*

169.

Si a envidia fora tiña, moitos tiñosos habia. pt. (gal.) *Wenn der Neid Grind wäre, gäb' es viele Grindige.*

170.

The herringman hates the fisherman. *Der* en. *Häringshändler hasst den Fischhändler.*

There 's aye ill-will among cadgers. (scho.) *Es ist immer Übelwollen zwischen Bettlern.*

173.

O cardo que ha de picar, con espiña nace. pt. (gal.) *Die Distel, welche stechen soll, spriesst mit Dorn hervor.*

176.

The green new broom sweepeth clean. *Der* en. *neue grüne Besen fegt rein.*

---

dä. Ny Limer fejer godt. (jüt. S.)
De ny Koste (Limer) fejer bedst. (jüt. S.) *Die neuen Besen fegen am besten.*

---

it. Semper bonus homo tyro est.
it. Spazzora nouva spazza bein la cà. (ni. em. Piac.) *S. Garnē u. s. w.*
ni. Spàssnia nouva spassa ben. (lig. gen.) *S. Scua nouva u. s. w.*

180.

en. New things are most looked at. *Neue Dinge werden am meisten angesehen.*
Every thing new is fine. *Jedes neue Ding ist schön.*

---

it. Par nòvèll tutt' è bèll. (ni. em. Piac.) *S. De nouveau u. s. w.*
ni. De novello tutto e bello. (lig. gen.) *S. De nouveau u. s. w.*

181.

pd. Van nix kumt nix. (ns. B.) *S. Von Nichts kommt u. s. w.*

---

en. Of nothing comes nothing. *S. Von Nichts kommt u. s. w.*

182.

dä. For inte fær en inte. (jüt. S.) *Für Nichts kriegt man Nichts.*

---

it. In da sto mond, o la mi gint, Senza gnint an sa fa gnint. (ni. em. Piac.) *In dieser Welt, o meine Leute, kann man Nichts ohne Nichts machen.*
ni. Cont nagott se fa nagott. (l. m.) *S. Col u. s. w.*
Con ninte se fa ninte. (lig. gen.) *S. Col u. s. w.*
Per ninte nisciun da ninte. (lig. gen.) *Für Nichts gibt Niemand etwas.*
Per ninte se fa ninte. (lig. gen.) *S. Per nient u. s. w.*

183.

dä. Inte er godt i e Ögen. (jüt. S.) *S. Nischts u. s. w.*

---

it. Gnint è bon par j' occ. (ni. em. Piac.) *S. Nischt u. s. w.*
ni. Ninte l' e bon pe i ouggi. (lig. gen.) *S. Nischt u. s. w.*

184.

Der er Ingenting så ondt, at det jo er godt for dä.
noget. (Sl.) *Es ist Nichts so schlecht, dass es nicht zu etwas gut wäre.*

186.

Wor nix is, hett sulvst de Kaiser sin Recht pd.
verlarn. (ns. B.) *Wo Nichts ist, hat selbst der Kaiser sein Recht verloren.*

Hvor der inte er, har e Kejser sin Ret forlest. dä.
(jüt. S.)

187.

Chi a bisògn a s' arènda. (ni. em. B.) *Wer Noth* it.
hat, sei geschmeidig.

191.

Nezesità n' ha lèz. (ni. em. B.) *S. Noth u. s. w.* it.
A necescitæ a non ha lezze. (lig. gen.) *S.* ni.
La nécéssité u. s. w.

192.

Nød driver nøgen Kune til at spinde. (jüt. S.) dä.
Noth treibt nackend Weib zum Spinnen an.

193.

Noth lehrt bėn. (ns. B.) pd.

194.

Armuth lehrt Künste.

Poortith is the mither o' a' arts. (scho.) *Ar-* en.
muth ist die Mutter aller Künste.

Armod bruger Kunst. (jüt. S.) *Armuth wendet* dä.
Kunst an.
Armod lärer Konster. *S. Armuth u. s. w.* sw.

Al bisògn fa l'om dèster. (ni. em. B.) *Die* it.
Noth macht den Menschen geschickt.
Al bisògn fa far d' gran coss. (em. B.) *S. El bsogn e fa u. s. w.*

197.

Hvem e Nød er størst, er e Hjælp næst. dä.
(jüt. S.) *S. Naar Nøden er størst, er u. s. w.*

198.

Beware of the forepart of a woman, the hind- en.
part of a mule and all sides of a priest. *Hüte dich vor der Vorderseite einer Frau, vor der Hinterseite eines Maulthiers und vor einem Priester von allen Seiten.*

Take heed of an ox before, an ass behind and a knave of all sides. Hüte dich vor einem Ochsen vorn, vor einem Esel hinten und vor einem Schuft von allen Seiten.

200.

en. Either mend or end. Entweder sich bessern, oder enden.
Either win the horse or lose the saddle. Entweder das Pferd gewinnen, oder den Sattel verlieren.
Sink or swim. Sinkt oder schwimmt.

it. O mangiare questa minestra, o saltare questa finestra. Entweder diese Suppe essen, oder aus diesem Fenster springen.
ni. O magnar sta mnèstra, o saltar sta fnèstra. (em. B.) S. O mangiare u. s. w.
O bêver o afugar. (em. B.) S. O bere u. s. w.

201.

en. An open door may tempt a saint. Eine offene Thür kann einen Heiligen verführen.
A bad padlock invites a picklock. Ein schlechtes Vorhängeschloss ladet einen Dietrich ein.

202.

it. No bezeugna imbarcâse senza bescheutto. (ni. lig. gen.) S. Non fault u. s. w.

203.

dä. Han mel inte uden Vand. (jüt. S.) Er mahlt nicht ohne Wasser.
Han sliber inte uden Vand. (jüt. S.) Er schleift nicht ohne Wasser.
nw. Han slipar inkje utan Vatn. S. Han sliber u. s. w.
sw. Han slipar intet vthan Watn. S. Han sliber u. s. w.

204.

lt. Semper vacuos nox sobria torquet.
it. Chi va a letto senza senn-a, Tutta a nœtte se remenn-a. (ni. lig. gen.) S. Chi ba u. s. w.

205.

pd. Man mutt vel in een Ohr 'nin- un ton annern wedder 'rutgan latn. (ns. B.) Man muss viel in ein Ohr hinein- und zum andern wieder herausgehen lassen.

dä. Han la'r det gå ind ad det ene Øre og ud ad det annt. (jüt. S.) Er lässt das zum einen Ohr hinein und zum andern herausgehen.

209.

Wer Dreck (Pech) angreift, besudelt sich. md. (sä. A.)

He that handles pitch, shall foul his fingers. en. Wer mit Pech hantiert, wird seine Finger beschmutzen.

Hvem en rør ved Pek, så smör en o Fingre. dä. (jüt. S.) Wenn man Pech anrührt, so beschmiert man die Finger.

210.

Der is ooch (ist auch) immer der Mausedreck md. im Pfeffer. (sä. A.)
Du bist jummer (immer) Pluck vor allen pd. Düren (Thüren). (ns. B.)

Tòt i strax van in bugâ. (ni. em. B.) Alle lt. Lumpen gehen in die Wäsche.

212.

E Præsts Pung er bondløs, for der er faren en dä. forsoren Sandemand igemmel. (jüt. S.) Des Pfaffen Sack ist bodenlos, denn da ist ein vereideter Mann hindurch gefahren.

214.

Money begets money. Geld erzeugt Geld. en.

Nummus nummum parit. lt.
Danne fa danne e piœuce fa piœuce. (ni. l. m.) it. Geld macht Geld und Läuse machen Läuse.
I dinnæ van co-i dinnæ. (lig. gen.) Das Geld ni. geht mit dem Gelde.

215.

Wer den Groschen nich hö't, ward den Daler pd. nich kriegn. (ns. B.) Wer den Groschen nicht aufbewahrt, wird den Thaler nicht kriegen.

Hvem der inte spar å en Skilling, fær aldre dä. en Daler. (jüt. S.) S. De en u. s. w.

217.

Den Hest fær mindst af e Havre, som er den dä. mest værd. (jüt. S.) Das Pferd kriegt am wenigsten vom Hafer, das ihn am meisten verdient.

219.

Hat mer (man) keene (keine) Jungfer, so tanzt md. mer mit Weibern. (sä. A.)

it. In mancanza de cavalli i âxi trottan. (ni. lig. gen.) *S. In mancanza di u. s. w.*

220.

en. A horse stumbles that has four legs. *Ein Pferd stolpert, das vier Beine hat.*

222.

it. No mette u câro avanti di beu. (ni. lig. gen.) *Spanne nicht den Wagen vor die Ochsen.*

225.

dä. En kan nok se å e Tryne, hverns Gris han er. (jüt. S.) *Man kann noch am Rüssel sehen, wessen Ferkel es ist.*

---

pt. Fillo de lobo, ten a orella parda. (gal.) *Wolfs Sohn hat das Ohr dunkelgrau.*

O fillo d'o lobo ten o bico pando. (gal.) *Der Sohn des Wolfes hat das Maul gewölbt.*

227.

it. Nisciun l' e profeta ne a so patria. (ni. lig. gen.) *S. Nul u. s. w.*

230.

it. Dôp al fat an zôva i cunsei. (ni. em. B.) *S. Dop e fat u. s. w.*

231.

dä. Gode Rad ere tidt dyre. (jüt. S.) *Gute Rathschläge sind oft theuer.*

232.

en. The night will give you counsel. *Die Nacht wird euch Rath ertheilen.*

---

it. La nott è mädar di pinser. (ni. em. Piac.) *S. La nuict u. s. w.*

ni. A nœutte a l' e a muæ di pensamenti. (lig. gen.) *Die Nacht ist die Mutter der Gedanken.*

233.

pd. Fudder Tid, fudder Rath. (ns. B.) *Fürder Zeit, fürder Rath.*

---

dä. Kommer der Tid, så kommer der nok Rad. (jüt. S.) *Kommt Zeit, so kommt noch Rath.*

is. Guð gefr ráð með tíma. *Gott gibt Rath mit der Zeit.*

241.

en. Burn not your house to fright away the mice. *Brennt nicht euer Haus nieder, um die Mäuse wegzuschrecken.*

Ye needna burn the hoose to rid the rottans. (scho.) *Ihr braucht nich' das Haus niederzubrennen, um die Ratten los zu werden.*

243.

it. I cuent scinza l'ost i s' fan du vot. (ni. em. Piac.) *Die Rechnungen ohne den Wirth werden zwei Mal gemacht.*

ni. Bisogna mai fa el cont senza l'oste. (l. m.) *Man muss nie die Rechnung ohne den Wirth machen.*

Chi fa u conto senza l' oste, bezeugna che u fasse due votte. (lig. gen.) *Wer die Rechnung ohne den Wirth macht, muss sie zwei Mal machen.*

Chi fa 'l cont senza l'osto, conta doe volte. (piem.) *Wer die Rechnung ohne den Wirth macht, rechnet zwei Mal.*

244.

dä. Ret Regenskab er længst Venskab. *Richtige Rechnung ist längste Freundschaft.*

Reent Regnskab giør længst Venskab. *Reine Rechnung macht längste Freundschaft.*

Rent Reguskap holder længst Venskap. (jüt. S.) *Reine Rechnung erhält längste Freundschaft.*

nw. Rett Rekneskap gjerer god Vinskap.

---

it. Cônt ciar e amizezia longa. (ni. em. B.) *Klare Rechnung und lange Freundschaft.*

ni. Patti ciæi, amicizia lunga. (lig. gen.) *S. Patti chiari, amicizia u. s. w.*

245.

dä. Ret skal ha' sin Gang. (jüt. S.) *Recht muss seinen Lauf haben.*

Retten skal have sin Gang. (Sl.) *Das Recht muss seinen Lauf haben.*

246.

it. Mâ no fâ, puia non avei. (ni. lig. gen.) *S. Mêl u. s. w.*

249.

en. Do not all you can; spend not all you have; believe not all you hear and tell not all you know. *Thut nicht Alles, was ihr könnt; gebt nicht Alles aus, was ihr habt; glaubt nicht Alles, was ihr hört und sagt nicht Alles, was ihr wisst.*

---

dä. En ma inte sige alt hvad en ved, så skal en græde, hvern ander ler. (jüt. S.) *Man muss nicht Alles sagen, was man weiss, sonst muss man weinen, wenn Andere lachen.*

250.

dä. Hvern der er ordrig, den lyver gærne. (jüt. S.) *Wer wortreich ist, der lügt gern.*

---

pt. Quen moito fala, n-algo se erra. (gal.) *Wer viel redet, irrt sich mitunter.*

251.

it. Doppo u cattivo ven u bon. (ni. lig. gen.) *S. Dopo il cattivo u. s. w.*

ni. Dòp 'l cativ temp ai ven peui 'l bon temp. (piem.) *Nach dem schlechten Wetter kommt dann das gute Wetter.*

252.

dä. Hvorn det regn å e Præst, så drypper det å e Degn. (jüt. S.) *S. Naar det u. s. w.*

254.

en. Blessed is he whose father has gone to the devil. *Gesegnet ist der, dessen Vater zum Teufel gegangen ist.*

255.

sw. Rikmanns sjukdom å fattin-manns panköku jär mäst omtala(d). (Skåne) *Reichen Mannes Krankheit und armen Mannes Pfannkuchen werden am meisten besprochen.*

256.

dä. Rigmands Datter og Fattigmands Stud blive ikke længe i Gaarde. *Reichen Mannes Tochter und armen Mannes Rind bleiben nicht lange im Gehöft.*

Rigmands Dætter og Fåttegmands Fole verd sjelden gammel i Gård. (jüt. S.) *Reichen Mannes Töchter und armen Mannes Fohlen werden selten alt im Gehöft.*

Rigmands Dætter og Fåttegmands Duer bliver itt' gaml' i Gård. (jüt. S.) *Reichen Mannes Töchter und armen Mannes Tauben werden nicht alt im Gehöft.*

sw. Rik mans dotter og fattig mans föl komma snarast i bruk. *Reichen Mannes Tochter und armen Mannes Fohlen kommen sehr rasch in Gebrauch.*

259.

md. Der passt ooch *(auch)* dazu wie der Igel zum Schnupftuch (de Henne zum Segen). (sä. A.)

---

dä. Det pas ligesom en Fod i et Öje. (jüt. S.) *Das passt wie ein Fuss in ein Auge.*

264.

dä. Rødt Haar og Elletruntter voxe ikke paa god Grund. *Rothes Haar und Erlenstumpfe wachsen nicht auf gutem Grund.*

Rødt Hår og Ellebuske gror itt' å en god Grund. (jüt. S.) *S. Rot u. s. w.*

Røde Hår og Elletræer (Elletrunte) gror å en sur Bond. (jüt. S.) *Rothe Haare und Erlenbäume (Erlenstumpfe) wachsen auf einem herben Grund.*

265.

Home de barba ruiba, unha dice, outra cuida. pt. (gal.) *Mann mit rothem Bart, eins sagt er, anderes denkt er.*

266.

Es wird selten ein Lied gepfiffen, wo nicht md. was Wahres dran ist. (sä. A.)

268.

Forbear not sowing because of birds. *Unter-* en. *lasst der Vögel wegen nicht das Säen.*

269.

Mand kjöber ej katten i sekken. *Man kauft* dä. *nicht die Katze im Sacke.*

En skal inte kobe e Kat i e Sæk. (jüt. S.)

270.

He that cannot beat his horse, beats the saddle. en. *Wer sein Pferd nicht schlagen kann, schlägt den Sattel.*

Chi n' po dar al asen, dà al bast. (ni. em. B.) it. *S. Chi non può dare all' asino, dà u. s. w.*

Quand se po minga batt el cavall, se batt la ni. sella. (l. m.) *Wenn man das Pferd nicht schlagen kann, schlägt man den Sattel.*

Quando no se peu batte u cavallo, se batte a sella. (lig. gen.) *S. Quand u. s. w.*

Dar ao gato o que ha de levar o rato. *Der* pt. *Katze das geben, was die Ratte erhalten soll.*

O que ha de levar o rato, dá ao gato, e tirar-te-has de cuidado. *Das, was die Ratte bekommen soll, gib der Katze, und du wirst dich von der Sorge befreien.*

O que ll' has dar ó rato, darll'o ô gato. (gal.) *Das was du der Ratte zu geben hast, gib's der Katze.*

275.

Nisciun peu dì, de quest' aegua no ne beviö. it. (ni. lig. gen.)

No se peu di mai de quest' aegua no ne beviö. ni. (lig. gen.) *Man kann nie sagen, von diesem Wasser werde ich nicht trinken.*

A bsogna mai dì d' cost' aqua j 'na bevren nen. (piem.) *S. Jhamâi u. s. w.*

277.

pd. Twe Minschen lehrt sik nich ehr kennen, as bit se en Schepel Solt mit enanner vertert hebbt. (ns. B.) *Zwei Menschen lernen sich nicht eher kennen, als bis sie einen Scheffel Salz mit einander verzehrt haben.*

280.

en. Full pigeons find cherries bitter. *Volle Tauben finden Kirschen bitter.*

He that is full, abhorreth the honeycombe. *Wer satt ist, den widert die Honigscheibe an.*

---

dä. Hvern e Mus er sadd, er e Mjöl bedsk. (jüt. S.) *S. Wenn die Maus satt is, is u. s. w.*

Hvern e Kat er sadd, er e Mjælk bedsk (bidsk). (jüt. S.) *Wenn die Katze satt ist, ist die Milch bitter.*

281.

pt. Non se doi o farto d'o famento. (gal.) *Nicht fühlt der Satte Mitleid mit dem Hungrigen.*

282.

md. Die Dammen haben immer 's meeste *(meiste)* Glück. (sä. A.)

---

en. The worst pig often gets the best pear. *Das schlimmste Schwein kriegt oft die beste Birne.*

---

pt. Sen pre o porco ruin ha de topar c' unha boa castaña. (gal.) *Immer muss das schlechte Schwein auf eine gute Kastanie stossen.*

284.

dä. Det er inte godt, hvern e Svin først fær e Vane i e Kål. (jüt. S.) *Es ist nicht gut, wenn das Schwein erst die Gewohnheit in dem Kohl kriegt.*

nw. D'er vondt aa venja dat Svin or Ankren, som er i vant. *Es ist übel, das Schwein vom Acker zu entwöhnen, an den es gewöhnt ist.*

287.

pd. Schaen makt klok, wenn he ok rik makte, weert dubbelden Profit. (ns. B.) *Schaden macht klug, wenn er auch reich machte, wär' es doppelter Vortheil.*

---

dä. Af Skade verd en klog, men sjolden rig. (jüt. S.) *S. Dör Schåden u. s. w.*

---

it. Ognuno impara a sue spese. (mi. t.) *Jeder lernt auf seine Kosten.*

Tutti imparan a-e so speise. (lig. gen.) *Alle* **ni.** *lernen auf ihre Kosten.*

288.

By others' faults wise men correct their own. **en.** *Durch Anderer Fehler verbesseren weise Leute ihre eigenen.*

One man's fault is another man's lesson. *Des Einen Fehler ist des Andern Belehrung.*

289.

Wer den Kortsten treckt, hett den Schaen. **pd.** (ns. B.) *Wer den Kürzesten zieht, hat den Schaden.*

Skam og Skade følges gærne ad. (jüt. S.) **dä.** *Schimpf und Schaden gehen gern zusammen.*

291.

Geduldige Schafe gehn ner viel in einen Stall, **md.** Ungeduldige auch, die werden neingeprügelt. (sä. A.)

293.

Every time the sheep bleats it loseth a **en.** mouthful. *So oft das Schaf blökt, verliert es einen Mundvoll.*

Ovella que berra, bocado perde. (gal.) *S.* **pt.** *Brebis u. s. w.*

294.

A thief knows a thief as a wolf knows a wolf. **en.** *Ein Dieb kennt einen Dieb, wie ein Wolf einen Wolf kennt.*

Diamond cuts diamond. *Diamant schneidet Diamant.*

300.

De Schin is 'n argen Bedreger. (ns. B.) *Der* **pd.** *Schein ist ein arger Betrüger.*

L' apparenza a l' inganna. (ni. lig. gen.) **it.**

301.

En Schelm gift mehr as he hett. (ns. B.) **pd.**

Det må være en Skælm, der lover mer som **dä.** han kan holde. (jüt. S.) *Das muss ein Schelm sein, der mehr gelobt, als er halten kann.*

302.

Anoint a clown and he 'll grip you, Grip a **en.** clown and he 'll anoint you. *Salbt einen Bauer und er wird euch kneipen, kneipt einen Bauer und er wird euch salben.*

---

fz. Hèt ue carresse a l'asou, Que-b' dara bèt cop de pè. (sf. Brn.) *Thut dem Esel schön, er wird* **euch** *schönen Fussschlag* **geben.**

303.

Trägt ein Jude den **andern, ein Pfaffe** den andern, ein Weib **das andre, so** lacht Gott im Himmel.

---

fz. Voler in voleur, **el bon Dieu** n' in fait qu' rire. (uf. w. M.) *Wird* ***ein Dieb bestohlen,*** *lacht der liebe Gott nur* ***dazu.***

304.

it. Danêin (Dunå) **è mort e sò** mujer sta **mal.** (ni. em. B.) *Schenk* ***ist todt*** *und seine Frau befindet sich schlecht.*

305.

dä. En må **inte se en gi'en Hest for dybt i e Mund.** (jüt. S.) ***Man muss einem*** *geschenkten* ***Pferde*** *nicht zu* ***tief in's Maul sehen.***

---

it. **A** caval **dunå an** si guarda in **bòcca. (ni. em. B.)**

ni. **A caval donå In** bocca **an gh' è da guardå. (em. Piac.)** ***S.*** *Gifven u. s. w.*

A caval donaa, se guarda minga in bocca. (l.)

A **cavallo** regallou **no** s' ammia in bocca. **(lig. gen.)**

306.

en. **If** a poor man give thee ought, **it is that thou** shouldst give him something **better.** *Wenn ein Armer dir etwas gibt, so geschieht's, damit du* ***ihm*** *was Besseres geben* ***sollst.***

You bring a bit of **wire and take away a bar.** *Ihr bringt ein* ***Stück Draht und nehmt*** *eine Stange weg.*

---

dä. Han gi'r med den **ene Hand og teger med den** anu. (jüt. S.) *Er gibt mit der einen Hand und nimmt mit der andern.*

---

it. **Dar la brassadla** pr' **avéir al** parzèl. (ni. **em. B.)** ***Die Carbonate geben, um das*** *Ferkel zu haben.*

311.

it. Il sonno è parente della morte. (mi. t.) *Der Schlaf ist des Todes Verwandter.*

ni. U sæunno u l'e u fræ da morte. (lig. gen.) *Der Schlaf ist der Bruder des Todes.*

314.

en. A woman, a whelp and a walnut tree, **The** more you bash 'em, the better they be. (w. en.) ***Eine*** *Frau, ein junger* ***Hund und ein Wall****nussbaum werden besser,* ***je mehr ihr sie schlagt.***

315.

A fair face may hide a **foul heart.** ***Ein schönes*** **en.** *Antlitz kann* ***ein schlechtes Herz verbergen.***

Sötta ai fiur ai sta 'l serpèint. (ni. em. B.) **it.** ***Unter den Blumen liegt die Schlange.***

317.

No man **can flay** a **stone.** ***Kein Mensch kann*** **en.** ***einen Stein schinden.***

318.

The tongue **ever turns to the aching tooth. en.** ***Die*** *Zunge* ***wendet sich immer zu dem*** *schmerzenden Zahn.*

La lèingua bat dov al dèint dol. (ni. em. **B.) it.** ***S. La lingua batte u. s. w.***

A lingua a **batte dove u dente dœue. (lig. gen.) ni.** ***S. La lingua batte u. s. w.***

320.

Make not your sail to big for your ballast. en. ***Macht nicht euer Segel zu gross für euern Ballast.***

Det er inte godt at göre store Potter af lidt **dä. Leer.** (jüt. S.) ***Es ist nicht*** *gut, grosse Töpfe* ***aus*** *wenig Thon zu machen.*

Det er itt' godt at då **store Brød op** af en lille **Dej.** (jüt. S.) ***Es ist nicht*** *gut, grosse Brote* ***aus*** *einem kleinen Teig zu formen.*

Ondt skiära wijd mantel aff lijtet klädc. **sw.** ***Schlimm,*** *weiten Mantel aus wenig Zeug* ***zu schneiden.***

321.

No prison is fair, nor love foul. *Kein Gefäng-* **en.** *niss ist schön, noch eine Liebste hässlich.*

There was never fair prison, nor love with foul face. *Es gab nie ein schönes Gefängniss,* ***noch eine*** *Liebste mit hässlichem* ***Antlitz.***

323.

No e bello quello che e bello, **ma** quello che **it.** piaxe. (ni. lig. gen.) *S. Nè u. s. w.*

O que à feo ama, bonito lle parece. (gal.) *S.* **pt.** *Quem u. s. w.*

324.

A bellezza no fa buggi a pugnatta. (ni. lig. **it.** gen.) *S. La belezza no la fa u. s.* **w.**

329.

en. Never had ill workman good tools. Nie hatte schlechter Arbeiter gute Werkzeuge.

fz. Djamé cronie ovrei n'a trova de bonnné lieivrá. (sf. Pat. s.) Nie hat schlechter Arbeiter gutes Werkzeug gefunden.

330.

en. The greatest step is that out of doors. Der grösste Schritt ist der aus der Thür.

333.

dä. Den der betal sin Gjald, former sin Gode. (jüt. S.) S. De sin u. s. w.

pt. O que debe e paga, fai unha festa. (gal.) Wer schuldig ist und bezahlt, macht ein Fest.
O que debe e paga, viste camisa lavada. (gal.) Wer schuldig ist und bezahlt, zieht ein gewaschenes Hemd an.

334.

en. He that in his purse lacks money, Has in his mouth much need of honey. Wer in seiner Börse des Geldes ermangelt, hat in seinem Munde viel Honig nöthig.
He that hasna siller in his purse should hae silk on his tongue. (scho.) Wer kein Silber in seiner Börse hat, sollte Seide auf seiner Zunge haben.

337.

en. The tailor's wife is worst clad. Des Schneiders Frau ist am schlechtesten bekleidet.

dä. E Skomagers Kuner haer ringest Sko. (jüt. S.) Die Schuhmachersfrauen haben die schlechtesten Schuhe.

pt. N-a casa d'o ferreiro, cuitelo de pau: e n-a d'o carpinteiro, sentarse n-o chan. (gal.) Im Hause des Schmieds, Messer von Holz, und in dem des Zimmermanns Sitzen auf dem Boden.

338.

dä. Skomager, pas din Læst. (jüt. S.)

342.

en. The black hen layeth a white egg. Die schwarze Henne legt ein weisses Ei.

dä. En sort Ko gi'r hvid Mjælk. (jüt. S.) S. En sort u. s. w.

Terra negra fa bon granu. (mi. crs.) S. Terro it.
negro u. s. w.
Terra nera, buon grano mena. (t.) S. Terro mi.
negro u. s. w.
Têrra negra fa bon pan, Têrra bianca an n'in mi.
fa un gran. (em. Piac.) Schwarze Erde bringt gutes Brot, weisse Erde bringt kein Korn.
Terra negra fa bon forment, Terra bianca fa nient. (l. m.) Schwarze Erde bringt guten Weizen, weisse Erde bringt Nichts.
Tæra neigra fa bon gran. (lig. gen.) S. Terro negro u. s. w.
Têra neira fa bon forment. (piem.) Schwarze Erde bringt guten Weizen.
Tera negra fa bon pan. (v.) Schwarze Erde bringt gutes Brot.
De ovella negra nace un año branco. (gal.) pt.
Von schwarzem Schaf wird ein weisses Lamm geboren.

344.

Silence is wisdom and gets friends. Schweigen en.
ist Weisheit und erwirbt Freunde.
No wisdom like silence. Keine Weisheit gleich Schweigen.

Naar man tier, da fortaler man sig ikke. dä.
Wenn man schweigt, da verredet man sich nicht.
Den der tier, fortal seg inte. (jüt. S.) S. Den som tier u. s. w.

345.

A dumb man never gets land. Ein Stummer en.
bekommt nie Land.

Den koen som bäljar, får nåed, men den som sw.
tier, får inte. (Skåne) Die Kuh, welche brüllt, kriegt was, aber die, welche schweigt, kriegt Nichts.

Chi nu pianghie manca tetta. (mi. crs.) Wer it.
nicht weint, kriegt die Brust nicht.
Chi no cianze no tetta. (lig. gen.) S. Chi nu ni.
u. s. w.

347.

Ca tâsa, conferma. (ni. em. Piac.) S. Chi it.
tascha u. s. w.
Chi taxe, acconsente. (lig. gen.) S. Den som ni.
tier u. s. w. [u. s. w.
O que cala, consinte. (gal.) S. Den som tier pt.

348.

Der best Klimmer ist schao" z' Tâod g'falle, od.
und der best Schwimmer ist schao" varsuffe.

(schwb. Ertingen) *Der beste Klimmer ist schon zu Tod gefallen, und der beste Schwimmer ist schon ertrunken.*

---

en. Good swimmers at last are drowned. *Gute Schwimmer ertrinken am Ende.*

---

pt. Nadar, nadar, y-agora il afogar. (gal.) *Schwimmen, schwimmen und jetzt ertrinken.*

351.

en. None as blind as those who won't see. *Niemand so blind wie die, welche nicht sehen wollen.*

352.

en. All your eggs have two yolks a piece, I warrant you. *Alle eure Eier haben zwei Dotter das Stück, dafür stehe ich euch.*

356.

it. Chi vœu vadde, chi no vœu mande. (ni. lig. gen.) *S. Chi vuol u. s. w.*

357.

it. An n' i è bêl mêss quant ò se stêss. (ni. em. B.) *S. I n' y a u. s. w.*

358.

en. I will not keep a dog and bark myself. *Ich will nicht einen Hund halten und selber bellen.*

360.

it. Cu u to più caru Bivi pŭ chiaru. (mi. crs.) *Mit deinem Liebsten lebe am seltensten.*

361.

en. He draws water with a sieve. *Er schöpft Wasser mit einem Siebe.*

363.

en. That shall be, shall be. *Was sein soll, wird sein.*

366.

en. Sorrow will pay no debt. *Leidthun bezahlt keine Schulden.*

367.

dä. Lad Fanden græde, han hær store Øgen. (jüt. S.) *Lass den Teufel weinen, er hat grosse Augen.*

368.

en. Blow not against a hurricane. *Blase nicht gegen einen Orkan.*

Chi piscia contra vento, se bagna e scarpe. it. (ni. lig. gen.) *Wer gegen (den) Wind brunzt, macht sich die Schuh nass.*

369.

Det er før silldeg at spare à e Bond. (jüt. S.) dä. *Es ist zu spät, auf dem Boden zu sparen.*
En skal spare à e Bredde og inte å e Bond. (jüt. S.) *Man muss am Rande sparen und nicht auf dem Boden.*

Cumina la farina cur ch' ell' ais sü som la cw. tigna. (ld. O.-E.) *Spare das Mehl, wenn das Fass voll ist.*
Il est tard d' être chiche quand on est au fz. fond du sac et du tonneau. *Es ist spät, knickerig zu sein, wenn man auf dem Grund des Sackes und der Tonne ist.*

371.

Wer wat spart inner Tid, hett wat inner Noth. pd. (ns. B.) *Wer was spart in der Zeit, hat was in der Noth.*

373.

Den der vär til e Nat, vär til e Kat. (jüt. S.) dä. *Wer für die Nacht aufhebt, hebt für die Katze auf.*

374.

After a great getter comes a great spender. en. *Nach einem grossen Erwerber kommt ein grosser Verschwender.*

Efter en god Samler kommer en god Spreder. dä. *S. Efter en god Avler u. s. w.*
Der kommer en Spreder efter en Samler. (jüt. S.) *Es kommt ein Verschwender nach einem Sammler.*
Efter en Forhverver kommer en Fordærver. (jüt. S.) *S. Upp'n Erwarfer u. s. w.*
En god avlare har en god öjare. (Bohuslän) sw. *Ein guter Sammler hat einen guten Verschwender.*

Gana un bo ganador pra un bo gastador. (gal.) pt. *Ein guter Erwerber erwirbt für einen guten Verschwender.*

376.

He hett en Nagel inn Koppe. (ns. B.) pd.

Han er ikke ved sine fem. *Er ist nicht bei* dä. *seinen fünf (Sinnen).*

Han er inte ved sine fulde fem. (jüt. S.) *Er ist nicht bei seinen vollen fünf (Sinnen).*
Han hær inte alle sine Svin sauked. (jüt. S.) *Er hat nicht alle seine Schweine beisammen.*

378.

it. Chi tard ariva mal aloza. (ni. em. B.) *S. Chi tardi arriva, mal u. s. w.*

380.

it. Quand s'è in bal bisogna balar. (ni. em. B.) *S. Quando si u. s. w.*
ni. Quando s'e in ballo bezeugna ballâ. (lig. gen.) *S. Quando si u. s. w.*

383.

dä. Skræv itt' vider end du hær Bokse til. (jüt. S.) *Schreite nicht weiter aus, als du Hosen dazu hast.*
En skal inte skræve vider som e Bokse kan nå. (jüt. S.) *Man muss nicht weiter ausschreiten, als die Hosen reichen können.*

it. Bezeugna fa u passo secondo e gambe. (ni. lig. gen.) *Man muss den Schritt nach den Beinen machen.*
ni. No se pœu fâ u passo ciù lungo da gamba. (lig. gen.) *Man kann den Schritt nicht länger machen, als das Bein.*

385.

en. The used key is always bright. *Der gebrauchte Schlüssel ist stets glänzend.*
Drawn wells are seldom dry. *Benutzte Brunnen sind selten trocken.*
Drawn wells have sweetest water. *Benutzte Brunnen haben das beste Wasser.*

it. Acqua che corre non porta veleno. (mi. t.) *Laufendes Wasser führt kein Gift mit.*
ni. Ægua che cure no porta veleno. (lig. gen.) *S. Acqua che corre u. s. w.*

386.

pd. Fremd Brot öss *(ist)* Haaskebrot *(Häschenbrot).* (ns. Pr.)

sp. No ay mejor bocado que el hurtado. *Es gibt keinen bessern Bissen, als den gestohlenen.*

387.

dä. Den, der stel en Nål, stel og en Sølvskål. (jüt. S.) *S. Hvo der u. s. w.*

390.

Seldom mosseth the marble stone, That men oft tread (upon). *Selten bemoost der Marmorstein, auf den oft Leute treten.* en.

A pedra andando, non cria musgo. (gal.) *Der Stein, der rollt, erzeugt kein Moos.* pt.

391.

Is de Stein fit der Hand, dann is he dem Düwel œvergieven. (wstf. H.) *Ist der Stein aus der Hand, dann ist er dem Teufel übergeben.* pd.

392.

While the grass groweth, the seely horse starveth. *Während das Gras wächst, verhungert das einfältige Pferd.* en.

Lav e Græs gror, dør e Ko. (jüt. S.) *Während das Gras wächst, stirbt die Kuh.* dä.

393.

Campa caval che l' erba crêss. (ni. em. B) *S. Campa u. s. w.* it.

394.

Mannes Mo'r is des Dübels Unnerfo'r. (ns. B.) *Mannes Mutter ist des Teufels Unterfutter.* pd.

Ä madrasta, o nome lle basta. (gal.) *Der Stiefmutter, der Name ist ihr genug.* pt.

395.

Hvo som faar Stifmoder, faar og Stiffader. *Wer (eine) Stiefmutter bekommt, bekommt auch (einen) Stiefvater.* dä.
Den der fær Styvmoder, fær og Styvfader. (jüt. S.) *S. Hvo som faar u. s. w.*

397.

Ægua queta derrûa i ponti (ni. lig. gen.) *S. Acqua cheta rovina u. s. w.* it.
L'ægua morta fa i baggiun. (lig. gen.) *Das todte Wasser erzeugt die Kröten.* ni.

398.

Take heed of still waters, the quick pass away. *Hütet euch vor stillen Wassern, die raschen fliessen vorüber.* en.
God defend me from the still water, and I 'll keep myself from the rough. *Gott schütze mich vor dem stillen Wasser und ich selbst werde mich vor dem wilden schützen.*

it. D' acqua poca an ta fidâ. (ni. em. Piac.) *Traue nicht kleinem Wasser.*

ni. No te fiâ di ægue cuæ. (lig. gen.) *Traue nicht stillen Wassern.*

Avardite da-i ægue cuæ. (lig. gen.) *Hüte dich vor den stillen Wassern.*

pt. D'a auga mansa nos libre Dios, que d'a braba librámonos nos. (gal.) *Vor dem stillen Wasser schütze uns Gott, denn vor dem wilden schützen wir uns.*

399.

dä. Stille Vand hær dyb Grund. (jüt. S.) *S. Stal Wedder u. s. w.*

Det stille Vand hær den dybe Grund. (jüt. S.) *S. Det stille u. s. w.* [u. s. w.

sw. Stilla Watn haa diup Grund. *S. Stal Wedder*

401.

dä. Tragt efter en Guld-Vogn, saa faaer du Lundstikken. *Trachte nach einem Goldwagen, so kriegst du den Achsennagel.*

Hvem der tragter efter en Guldvugn, han nær omsider at fâ en Lundstikke. (jüt. S.) *Wer nach einem Goldwagen strebt, kommt endlich dazu, einen Achsennagel zu kriegen.*

404.

dä. Strenge Herrer regjere kun stakket. *S. Strenge Herrer regjere u. s. w.*

Strenge Herrer rader kun kort. (jüt. S.) *Strenge Herren herrschen nur kurz.*

nw. Streng Herre fær stokkut Velde. *Strenger Herr hat kurze Gewalt.*

405.

it. Non numinâ a corda in casa de l' impiccou. (ni. lig. gen.) *S. Non nominare u. s. w.*

406.

en. He catches the wind with a net. *Er fängt den Wind mit einem Netz.*

He roasts snow in a furnace. *Er röstet Schnee in einem Ofen.* [aus Sand.

He is making ropes of sand. *Er dreht Seile*

He is sowing on the sand. *Er sät auf Sand.*

---

dä. Det er lige saa meget vert, som at sla kalt Vand paa en Gaas. *Das ist gerade so viel werth, wie kaltes Wasser auf eine Gans giessen.*

nw. D'er som ein skvetter Vatn paa Gaasi. *Das ist wie wenn man Wasser auf die Gans giesst.*

Slââ watn på Gåsen. *Wasser auf die Gans* sw. *giessen.*

Slå watten pa gåsen, det hjelper icke. *Wasser auf die Gans giessen, das hilft nicht.*

Adrizar el gamb ai can. (ni. em. B.) *Den* it. *Hunden das Bein gerade richten.*

No se pœu addrissâ e gambe a-i chen (a-i ni. storti). (lig. gen.) *Man kann nicht den Hunden (Krummbeinigen) die Beine gerade richten.*

407.

Andar dri alla curéint. (ni. em. B.) *S. Andar* it. *côntra u. s. w.*

L' e cattivo navegâ contra a corrente. (lig. gen.) ni. *Es ist übel schiffen gegen die Strömung.*

No se pœu andâ contro a corrente. (lig. gen.) *Man kann nicht gegen den Strom gehen.*

408.

The kick of the dam does not hurt the colt. en. *Der Schlag der Stute thut dem Füllen nicht weh.*

409.

Han gær över e Ström efter Vand. (jüt. S.) dä. *Er geht über den Strom nach Wasser.*

Ganga burt um Bekken efter Vatn. *Über den* nw. *Bach nach Wasser gehen.*

Man behöfwer ej gå öfwer ån efter watten. sw. *Man braucht nicht über den Fluss nach Wasser zu gehen.*

Gåå öfwer Åâen efter Watn. *Über den Fluss nach Wasser gehen.*

410.

Man sucht Niemand hinterm Busch, man hat md. denn selber dahinter gesteckt. (sä. A.)

He who has been in the oven himself, knows en. where to find the pasty. *Wer selbst im Ofen gewesen ist, weiss, wo er die Pastete findet.*

413.

Look not for musk in a dog's kennel. *Suche* en. *nicht Moschus in einem Hundestalle.*

Det er int' godt at kobe Havre af e Gæs. dä. (jüt. S.) *Es ist nicht gut, Hafer von den Gänsen zu kaufen.*

N-o bico d'o can non cátel-o pan, nin n-o pt. fociño d'a cadela cátel-a manteiga. (gal.)

Im Maule des Hundes suche nicht das Brot, noch suche in der Schnauze der Hündin die Butter.

416.

dä. Det er letter at laste en Ting, end sjelv göre 'et beder. (jüt. S.) *Es ist leichter, etwas zu tadeln, als es selbst besser zu machen.*

418.

dä. En skal fortales, hvem en skal giftes, men roses, hvem en skal i sin Grav. (jüt. S.) *Man wird verläumdet, wenn man heirathen soll, aber gelobt, wenn man in sein Grab soll.*

419.

en. All 's alike at the latter day: A bag of gold and wisp of hay. *Alles ist gleich am jüngsten Tage: ein Sack mit Gold und ein Bündel Heu.*

420.

it. Quand as è c' frascà as vêd quêl ch' ha fat i bigat. (ni. em. B.) *Wenn man das Laub weggenommen, sieht man, was die Seidenwürmer gemacht haben.*

ni. Se n' accorziemo a-u frizze, Se saan pesci o anghille. (lig. gen.) *Beim Rösten werden wir's gewahr werden, ob's Fische oder Aale sein werden.*

si. A' lu sentulari di li sacchi, pari si c'è pulviri o farina. (s.) *Beim Schütteln der Säcke wird's sichtbar, ob Staub oder Mehl darin ist.*

421.

it. Ogni di ne passa uno. (mi. t.) *Jeden Tag vergeht einer.*

ni. Tot i dè pass' un dè. (em. B.) *Alle Tage vergeht ein Tag.*

Tutti i giorni ne passa un. (lig. gen.) *S. Tutt i dì in u. s. w.*

423.

en. The longest day hath his end. *Der längste Tag hat sein Ende.*

424.

en. The filth under the white snow the sun discovers. *Den Schmutz unter dem weissen Schnee deckt die Sonne auf.*

---

pt. O tempo trai todo. (gal.) *Die Zeit verräth Alles.*

426.

en. He likes bacon well that licks the sow. *Der liebt Speck sehr, der die Sau leckt.*

He loveth well sheep's flesh that wets his bread in the wool. *Der liebt Schaffleisch sehr, der sein Brot in der Wolle anfeuchtet.*

427.

No ghe pêzo sordo che quello che u no vœu it. senti. (ni. lig. gen.) *S. Il n'y a u. s. w.*

428.

Man kann lange laufen, ehe man eine Brat- nd. wurst findet. (sä. A.)

Asptar che l' lasagn piova in bôcca. (ni. em. B.) it. *Warten, dass die Nudeln in den Mund regnen.*

431.

Make not even the devil blacker as he is. en. *Macht selbst den Teufel nicht schwärzer, als er ist.*

Al diavel al n' è acsè nêigher com al s' dpenz. it. (ni. em. B.)

U diâu u non è mai cosci brutto comme u ni. dipinzan. (lig. gen.) *Der Teufel ist nie so hässlich, wie sie ihn malen.*

433.

La farina del diavolo diventa crusca. (mi. t.) it. *Das Mehl des Teufels wird zu Grüsch.*

A farinn-a du diâu a diventa brenno. (lig. gen.) ni. *Das Mehl des Teufels wird zu Kleie.*

437.

Hat der Teufel den Sack genommen, kann er md. auch das Band holen. (sä. A.)

440.

On ne prend chat sans mitaine. (nf. Chmp.) fz. *Man fängt Katze nicht ohne Handschuh.*

441.

Was der Teufel nicht weiss, weiss seine Gross- md. mutter. (sä. A.)

444.

El se ghe dà d' intend alla nœura, Per faghel it. capì alla fiœura. (ni. l. m.) *Man gibt es der Schwiegertochter zu verstehen, um es der Tochter begreiflich zu machen.*

Diggo a ti sœuxua, perchè ti intendi nœua. ni. (lig. gen.) *S. Parla a te, sociara, u. s. w.*

A tia lu dico, socira, 'ntendimi tu nora. (s.) si. *Dir sag ich's, Schwiegermutter, höre du mich, Schwiegertochter!*

445.

md. Wer's mit der Mutter hält, der kriegt die Tochter. (sä. A.)

---

dä. Hvem en vil fri til e Dætter, så skal en göre seg gode Vene med e Moder. (jüt. S.) *Wenn man die Tochter freien will, so muss man gut Freund mit der Mutter werden.*

---

it. Chi vœur la fia, carezza la mamma. (ni. l. m.) *Wer die Tochter will, thue der Mutter schön.*

ni. Chi vœu de fighe, chinn-e e ramme, Chi vœu e figgie, caezze e mamme. (lig. gen.) *Wer Feigen will, biege die Zweige herunter, wer die Töchter will, thue den Müttern schön.*

446.

dä. Vil Du fri til e Dætter, så se efter e Moder. (jüt. S.) *Willst du die Tochter freien, so sieh nach der Mutter.*

---

pi. D'a bon mai busca a filla e d'a bon cepa pranta a vide. (gal.) *Von guter Mutter suche die Tochter und von gutem Weinstock pflanze die Rebe*

447.

dä. Manneg Dættrer og manneg Höns gi'r en arm Bunde. (jüt. S.) *Viel Töchter und viel Hühner machen einen armen Bauer.*

449.

pd. De Dod is 'n stillen Mann, abers he betwingt alle. (ns. B.) *Der Tod ist ein stiller Mann, aber er bezwingt alle.*

---

en. Death, when it comes, will have no denial. *Wenn der Tod kommt, will er keine abschlägige Antwort haben.*

450.

it. An gue cossa piò zerta dla mort. (ni. em. B.) *Nichts ist gewisser, als der Tod.*

ni. La mort en guarda in fazza a ndsòn. (em. B.) *S. La mört l' an u. s. w.*

452.

it. La mort ariva quand manch la s' aspèta. (ni. em. B.) *S. La morte viene u. s. w.*

453.

it. La mort parèza incossa. (ni. em. B.) *S. La morte pareggia ogni u. s. w.*

455.

E Død vil have en Årsag. (jüt. S.) dä.

456.

Sjaldan hittist feigs vök frerin. *Für den, der* is. *sterben soll, friert das Loch im Eise selten zu.*

Opin er (Ekki frýs á) feigs vök. *Offen ist (Nicht friert) für den, der sterben soll, das Loch im Eise (zu).*

Si sa dove si nasce e un si sa dove si more. it. (mi. crs.) *Man weiss, wo man geboren ist, und weiss nicht, wo man stirbt.*

As så dov as nass, mo 'n så dov s' ava da ni. murir. (em. B.) *Man weiss, wo man geboren ist, aber man weiss nicht, wo man sterben muss.*

Se sa come se nass, ma se sa no come se mœur. (l. m.) *Man weiss, wie man geboren wird, aber man weiss nicht, wie man stirbt.*

Se sa dove se nasce, no se sa dove se mœue. (lig. gen.) *S. Si sa dove u. s. w.*

457.

He is gud inn Dod to schicken. (ns. B.) *Er* pd. *ist gut in den Tod zu schicken.*

Han er god at skikke efter e Død (Hel) for dä. en (den), der gærne vil leve (der vil nødeg dø). (jüt. S.) *Er ist gut nach dem Tod zu schicken für Einen (den), der gerne leben (ungern sterben) will.*

458.

A tutto ghe rimedio fœua che a-a morte. (ni. it. lig. gen.)

A jè rimedi a tut ecetuà a la mört. (piem.) ni.

459.

Tot è mei dla mort. (ni. em. B.) *S. Tutto* it. *u. s. w.*

460.

Wider den Tod kein Kraut gewachsen ist. md. (sä. A.)

Forn Dod is keen Krut wussen. (ns. B.) pd.

Der groer ingen Urt mod Døden. *Es wächst* dä. *kein Kraut gegen den Tod.*

Der gror enneg Krud for e Død. (jüt. S.) *S. Der u. s. w.*

462.

Der kan enneg prises lykkeligför der Dødsdag. dä. (jüt. S.) *Es kann Keiner vor dem Todestag glücklich gepriesen werden.*

---

it. Fino alla morte non si sa la sorte. (mi. t.) *Bis zum Tode weiss man das Geschick nicht.*

ni. Finn-a a-a morte, no se sa a **so** sorte. (lig. gen.) *Bis zum Tode weiss man sein* ***Geschick nicht.***

463.

it. Quando l' e a so ûa bezeugna andà. (ni. lig. gen.) *Wenn seine Stunde ist, muss er gehen.*

ni. Quando xe la so ora bisogna andar. (v.) *S. Quando u. s. w.*

464.

pd. Dode Hunde biten nig. (ns. P.) *S. Todte Hunde u. s. w.*

---

en. Burried men bite not. *Begrabene Leute* ***beissen*** *nicht.*

---

pt. Home morto non fala. (gal.) *Todter Mann spricht nicht.*

467.

en. Pot and kettle. *Topf und Kessel.*

---

pt. Dixoll' o pote â caldeira, tirate alá, no' me lixes. (gal.) *Sagte der Topf zum Kessel, fort dort, beschmutze mich nicht.*

468.

md. In jedem Topfe findet sich sein Deckelchen. (sä. A.)

---

it. Non v' è pentola si brutta, che non trovi il suo coperchio. (mi. t.) *S. Il n'y a point u. s. w.*

ni. No ghe pugnatta che no trœuve u so covercin. (lig. gen.) *Es gibt keinen Topf, der nicht seinen Deckel* ***fände.***

sl. Ogni pignateddu **avi lu so** cuvirchieddu. (s.) *Jeder Topf* ***hat seinen*** *Deckel.*

471.

md. Wasser in die Pleisse tragen. (sä. A.)

---

it. Èsser l' istès che purtar aqua al mar. (ni. em. B.) *Dasselbe sein wie Wasser in's Meer* ***tragen.***

473.

md. Die Wurscht *(Wurst)* mag ich nicht, sie is mer *(ist mir)* **zu** krumm. (sä. A.)

pd. **De** Druben **sind doch** sur, meende de Voss, as he se nich langn konn. (ns. B.) *Die Trauben sind* ***doch*** *sauer, meinte der* ***Fuchs,*** *als er sie* ***nicht*** *erlangen konnte.*

---

en. Fie upon hens, quoth the fox, because **he could not** reach them. *Pfui über Hennen, sagte der Fuchs, weil er sie nicht kriegen konnte.*

---

dä. De er sure, **sa' e Ræv om e** Rön, da kunde han inte **nå** dem. (jüt. **S.**) ***S.*** *De ere u. s. w.*

nw. Dei er sura, sa' Reven um Rannebær; han kunde inkje naa dei. *S. De* ***ere u.*** *s. w.*

474.

pd. Hest dan? — **Kannst gan.** (ns. **B.**) *Hast du* ***gethan? Kannst gehen.***

475.

od. Trau **keim Wolf uf witer** Heid, keim Pfaff bi **sinem Eid, keim Jud bi sim** Gwisse, **sust** bist **von alle** bschisse. (schwei.) ***Trau*** *keinem Wolf auf weiter Haide, keinem Pfaffen bei seinem Eide, keinem Juden bei seinem Gewissen, sonst bist du von Allen besch—.*

---

en. Trust not a new friend nor an old **enemy.** *Traue keinem neuen Freunde und keinem alten Feinde.*

Trust not **one night's ice.** ***Traue nicht einnächtigem Eise.***

Take heed is a good reed (a fair thing). *Hüte* ***dich! ist ein*** *guter Rath (ein gut Ding).*

---

it. A capel bianco Non creder anco. (mi. t.) *Weissem* ***Kopf glaube auch nicht.***

ni. **Bada bĕin prema d'** cunfidart cun on. (em. B.) *Gib wohl Acht, ehe du Einem trauest.*

Chi trop s' fida armagn ingana. (em. B.) *Wer* ***zu*** *sehr traut, wird getäuscht.*

Fidte **nen** d' chi a l'a tradi **una volta.** **(piem.)** *Traue nicht dem, der dich* ***ein Mal*** *verrathen hat.*

476.

it. **Fidare è un buon'** uomo, Nontifidare **è** meglio. ***Trauen ist*** *ein guter Mann, Traunicht ist* ***besser.***

Fidati **era un** buon uomo, Nontifidare era **meglio.** *Traue war ein guter* ***Mann,*** *Trau***nicht war** *besser.*

ni. Fidass **l' è on** galantòm, Ma **Nonfidas** l' era püssé **on brav** òm. (l. m.) *Trauen ist ein Ehrenmann, aber Traunicht war ein weit* ***braverer*** *Mann.*

480.

en. Constant dropping wears the stone. *Beständiges Tröpfeln zerstört den Stein.*

483.

dä. I oprørt Vand er godt at fiske. *S. I rort u. s. w.*
Det er bedst at fiske i rørt Vand. (jüt. S.) *Es ist am besten, in aufgerührtem Wasser zu fischen.*

---

fz. On pêche bien en eau trouble. *Man fischt gut in trübem Wasser.*

pt. Rio avolto, ganancia de pescadores. (gal.) *S. Fiume torbo u. s. w.*

484.

en. When ale is in, wit is out. *Wenn Bier drinnen ist, ist Verstand draussen.*
When the liquor is in, the wit is out. *Wenn das Getränk drinnen ist, ist der Verstand draussen.*

---

dä. Hvern e Brændevin gær ind, gær e Forstand ud. (jüt. S.) *Wenn der Branntwein eingeht, geht der Verstand aus.*

494.

en. In every country dogs bite. *In jedem Lande beissen Hunde.*

---

dä. Der bages og godt Brød i fremmed Land. *Es wird auch in fremdem Land gutes Brot gebacken.*
Der er og ander Stede de bager Brød. (jüt. S.) *Es gibt auch andere Orte, die Brot backen.*
Der er brådne Potter i alle Folks Huse. (jüt. S.) *Es gibt zerbrochene Töpfe in aller Leute Haus.*

496.

dä. Dagleg Handwerk gi'r kyndeg Mester. (jüt. S.) *Täglich Handwerk gibt kundigen Meister.*

498.

dä. Sig, hvem han omgæs; derefter kan en domme ham. (jüt. S.) *Sage, mit wem er umgeht, dann kann man ihn beurtheilen*

---

it. Dimmi con chi at vè, ch' at dirò ch' tè. (ni. em. Piac.) *S. Dygo mē u. s. w.*

ni. Dimme con chi ti væ, e te diò, chi ti ē. (lig. gen.) *Sage mir, mit wem du gehst, und ich sage dir, wer du bist.*

499.

en. Two flittings are worse than a fire. *Zwei Umzüge sind schlimmer, als ein Feuer.*
Three removes are as bad as a fire. *Dreimaliger Ortswechsel ist so schlimm, wie ein Feuer.*

501.

A far dal bèin all' asen, as i armet la fadiga it.
e 'l savòn. (ni. em. B.) *Wenn man dem Esel Gutes thut, wirft man die Mühe und die Seife fort.*

503.

Selvbuden Gjæst skal sidde paa Dørtærskelen. dä.
Ungebetener Gast soll auf der Thürschwelle sitzen.
Den Ubudne skal sidde å e Dørdrympel. (jüt. S.) *Der Ungebetene soll auf der Thürschwelle sitzen.*

Cui ba a nozze e nun' e imbitatu, Leva di it.
bastonne (cucchiara) in capu. (mi. cos.) *Wer zur Hochzeit geht und nicht eingeladen ist, kriegt den Stock (Löffel) auf den Kopf.*
Chi va a-u pasto senza invio, L' e mâ visto e nl.
mâ servio. (lig. gen.) *Wer ohne Einladung zum Schmause geht, wird ungern gesehen und schlecht bedient.*
Chi va e no xe invidai, Xe mal visti e descazzai. (v.) *Wer geht und nicht eingeladen ist, wird ungern gesehen und weggejagt.*
Chi no xe invidai, no cata carega de sentarse. (v.) *Wer nicht eingeladen ist, findet keinen Stuhl, um sich zu setzen.*
Chi va a li nozzi senza invitatu, si pighia lu si.
firrizzu e sedi in terra. (s.) *Wer ohne Einladung zur Hochzeit geht, nehme sich den Schemel und sitze auf der Erde.*
Á boda nin bautizado, non vayas sin ser cha- pt.
mado. (gal.) *S. A boda u. s. w.*

504.

Wat nich gunnt ward, smeckt ok god. (ns. B.) pd.
Was nicht gegönnt wird, schmeckt auch gut.

Misundelsens Brød bliver ogsaa spiist. *Miss-* dä.
gunst's Brot wird auch verspeist.
Forundt Brød verd og ædt. (jüt. S.)

A cavallo giastemmou ghe luxe u pei. (ni. lig. it.
gen.) *Beschrieenem Pferde glänzt das Fell.*
Cavaddu ijastimatu ci luci lu pilu. (s.) *S. A* si.
cavallo u. s. w.

507.

E disgrazie son sempre pronte. (ni. lig. gen.) it.
S. Le disgrazie son sempre u. s. w.

508.

'Tis a good ill that comes alone. *Es ist ein* en.
gutes Übel, welches allein kommt.

509.

dä. Den ene Ulykke för den anden med seg. (jüt. S.) *Ein Unglück führt das andere mit sich.*

510.

en. Bad luck often brings good luck. *Schlechtes Glück bringt oft gutes Glück.*

---

dä. Der kommer aldrig en Skade til Land, der er altid nogre til Gavn. (jüt. S.) *Es kommt nie ein Schaden in's Land, es ist immer Einigen zum Gewinn.*

- - -

it. D' un male nasce un bene. (mi. t.) *Aus einem Übel entspringt etwas Gutes.*

ni. Tot i mal en veinen per nozer. (em. B.) *Nicht alle Unglücksfälle kommen, um zu schaden.*

Da un má de votte ne nasce un ben. (lig. gen.) *Aus einem Übel entspringt mitunter ein Gutes.*

511.

it. Chi è fortunaa in amor che giuga minga ai cart. (mi. l.) *Wer glücklich in (der) Liebe ist, spiele nicht Karten.*

ni. Chi è disfortunaa in del gioeugh, l' è fortunaa in amor. (l. m.) *Wer unglücklich im Spiel ist, ist glücklich in (der) Liebe.*

Chi e sfortunou in to zœugo, l' e fortunou in te l' amò. (lig. gen.) *S. Chi è disfortunaa u. s. w.*

Chi ha fortunn-a in amò no zœughe a-e carte. (lig. gen.) *S. Chi ha fortuna u. s. w.*

512.

en. Misfortune rarely comes single.

Misfortunes seldom come single. *Unglücksfälle kommen selten einzeln.*

---

dä. En Ulykke kommer sjolden alene. (jüt. S.) *S. En Onglèck u. s. w.*

---

it. E disgrazie no vegnan mai sole. (ni. lig. gen.) *S. Le disgrazie u. s. w.*

515.

dä. Hvem e Ulykke skal være, kan en brække e Ben å e javne Jord. (jüt. S.) *Wenn das Unglück sein soll, kann man das Bein auf der ebenen Erde brechen.*

Hvem en Kummer skal komme, kommer den å slet Mark. (jüt. S.) *Wenn ein Kummer kommen soll, kommt er auf ebenem Feld.*

516.

Unkrut vergeit nich. (ns. B.) pd.

The frost hurts not weeds. *Der Frost schadet dem Unkraut nicht.* en.

A bad thing never dies. *Ein schlimmes Ding stirbt nie.*

Ukrud forgær aldre. (jüt. S.) *Unkraut vergeht nie.* dä.

518.

L' erba cattiva a cresce presto. (ni. lig. gen.) it.

E erbe cattive crescian presto. (lig. gen.) *Die schlimmen Kräuter wachsen rasch.* ni.

Erba mata cresse. (v.) *Unkraut wächst.*

520.

Der er Forskjel paa Kong Salomon og Jörgen Hattemager. *Es ist ein Unterschied zwischen König Salomon und Hutmacher Jörgen.* dä.

Der er Kar å Kung Salmon og Jörgen Hatmager. (jüt. S.) *S. Der er Forskjel u. s. w.*

Der er et stort Forskel å Kung Salmon og Jörgen Hatmager. (jüt. S.) *Es ist ein grosser Unterschied zwischen König Salomo und Hutmacher Jörgen.*

Der er Kår å Krabber, somme bider og somme nupper. (jüt. S.) *Es ist ein Unterschied zwischen den Krabben, einige beissen, und einige zwicken.*

522.

The hare starts when a man least expects it. *Der Hase springt auf, wenn man es am wenigsten erwartet.* en.

Much luck can come in short time and we not thinking on it. *Viel Glück kann in kurzer Zeit kommen, ohne dass wir daran denken.*

In t' una not al nass un fònz. (ni. em. B.) *In einer Nacht wächst ein Pilz.* it.

528.

Et magert Forlig er bedre, som en fed Proses. (jüt. S.) dä.

En mager förlikning är bättre än en fet process. sw.

L' è mei un magher accomodamèint, che una grassa sentèinza. (ni. em. B.) *S. È meglio u. s. w.* it.

L' è mej un mágr' accomodameint, che una grassa lid. (em. Piac.) ni.

L'e mègio un magro accordo, che unn-a grassa sentenza. (lig. gen.) *S. È meglio u. s. w.*

532.

it. Cavalli, cani, fucili e moglie, nu si ne tene mai in cumunn. (ni. cre.) *Pferde, Hunde, Gewehre und Frau hält man* **nie in** *Gemeinschaft.*

ni. Nè donn, nè ombrell, **se** imprestea minga via. (l. m.) *Weder* ***Frau,*** *noch Sonnenschirm leiht man je weg.*

Donna, cavallo e barca, son di chi i **cavarca.** (lig. gen.) ***Frau,*** *Pferd und Barke gehören dem, der sie besteigt.*

pt. A muller y-a besta á nadia s' empresta. (gal.) *Die Frau und* ***das*** *Reitthier werden an Niemand verliehen.*

535.

dä. Loven er ærleg, men Holden besværleg (jüt. S.) ***S. Loven u. s. w.***

537.

it. I lader d' Pisa, ch' al dè in s' guarda in fazza e alla not po **i van a rubar insèm. (ni. em. B.)** *Die Diebe von Pisa, welche sich* ***am Tage*** *nicht in's Gesicht sehen und dann in* ***der*** *Nacht zusammen stehlen gehen.*

538.

en. You scatter meal and **gather ashes.** ***Ihr verstreut Mehl und sammelt Asche.***

539.

pt. Tanto **leva saco** longo, **como saco redondo.** (gal.) *Eben so viel schafft* ***(ein) langer Sack*** *fort, wie (ein) runder Sack.*

540.

en. A whole bushel of wheat **is** made up of single grains. *Ein ganzer Scheffel Weizen* ***besteht*** *aus einzelnen Körnern.*

541.

en. Great cry and **little wool, as** the fellow said, when he shore his hogs. *Gross Geschrei und wenig Wolle, wie der Bursche sagte, als er seine Schweine schor.*

Much bran and little meal. *Viel Kleie und wenig Mehl.*

More squeak than wool. *Mehr Gequieke, als Wolle.*

More trouble **than worship. (m.** en.) ***Mehr*** *Unruhe, als Gottesdienst.*

---

dä. Der er mer Bræg som Uld. (jüt. S.) *Es ist mehr Gelddöke, als Wolle.*

Skrig nok, men lidt af **e Uld,** sa' Fanden, han **klipped e** So. (jüt. S.) *Geschrei genug, aber* ***wenig*** *von der Wolle,* ***sagte der*** *Teufel,* ***er schor die Sau.***

Cisa granda **e pochi** mèss. (ni. em. B.) ***Grosse*** **it.** *Kirche und wenig Messen.*

Molta aparènza **e poca sustanza. (em. B.)** ***S.*** **ni.** *Bemasse* ***apparenza u. s. w.***

Purassà **fom e poch arost. (em. B.)** *Sehr viel Rauch* ***und wenig Braten.***

542.

Menge **Hænder giör rask Arbeide.** ***Viele Hände*** **dä.** ***machen rasche Arbeit.***

Manneg **Hender gör let Arbede. (jüt. S.)** ***S.*** *Mong* ***u. s. w.***

Manneg Munde gör (gi'r) tomt **Fad. (jüt. S.)** *Viele Mäuler machen (geben)* ***leere Schüssel.***

Mange Munnar toma snart ei Tonna. ***Viele*** **nw.** ***Mäuler*** *leeren schnell eine Tonne.*

543.

Many dressers put the bride's dress **out of order. en.** ***Viele Ankleiderinnen bringen den Anzug der Braut in Unordnung.***

Manneg Kokse **gör e Suppe for salt.** (jüt. S.) dä. *Viele Köche machen die Suppe zu gesalzen.*

544.

Vele Koppe, vele Sinne. (ns. B.) pd.

Sa manneg **Hode, så manneg Sind. (jüt. S.)** dä. ***S. Sun*** *u. s. w.*

Der er ligesa manneg Skafte som **Skovle. (jüt.** S.) *Es gibt eben soviel Schafte,* ***wie Schaufeln.***

546.

L' e ciù e voxi che e noxi. (ni. lig. gen.) *Es* it. ***sind mehr Stimmen,*** *als Nüsse.*

547.

Manneg Hunde **gi'r** tidt tyndt **Slap. (jüt. S.) dä.** ***Viele*** *Hunde geben oft dünnes* ***Gesöff.***

Jo mer Hunde, jo tynder Slap. **(jüt. S.)** ***S.*** *A maar Hønjer u. s. w.*

Jo mer Katte, jo tynder **Slap. (jüt. S.)** ***S. Hå maar u. s. w.***

551.

Drive not too many ploughs at once; some **en.** will make foul work. *Führt nicht zu viel*

Pflüge auf einmal, einige werden schlecht ackern.

dä. En skal itt' ha' for manneg Jern i e Eld å et Gang. (jüt. S.) *Man muss nicht zu viel Eisen auf ein Mal im Feuer haben.*

---

it. Meter tropa earen al fugh. (ni. em. B.) *S. Metter u. s. w.*

553.

pt. Quen todo quer, todo perde. (gal.) *Wer Alles will, verliert Alles.*

554.

it. Tegna cûra ad tutt, parchè Tutt i poch i fan assè. (ni. em. Pinc.) *Hab' Acht auf Alles, weil alle Wenige viel machen.*

ni. Tutt i poch fan assee. (l. m.) *Alle Wenige machen viel.*

Tanti pochi fan un assæ. (lig. gen.) *S. Tanti pòch u. s. w.*

556.

dä. Af manneg Bække kommer der en stor Å. (jüt. S.) *Aus vielen kleinen Bächen entsteht ein grosser Fluss.*

558.

en. Many dogs soon eat up a horse. *Viele Hunde fressen bald ein Pferd auf.*

Many drops of water will sink a ship. *Viele Tropfen Wasser bringen ein Schiff zum Sinken.*

---

dä. Manneg Hunde gör e Hares Dod. (jüt. S.) *Viele Hunde machen des Hasen Tod.*

561.

en. That bird is not honest, that (de)fileth his own nest. *Der Vogel ist nicht anständig, der sein eigenes Nest beschmutzt.*

563.

pt. De tal niño, tal paxariño. (gal.) *Von solchem Nest solches Vögelchen.*

569.

dä. Han er kommen af e Dyne i e Halm. (jüt. S.) *Er ist vom Bett auf's Stroh gekommen.*

570.

dt. Vooraf gedaan, daarna bedacht, Heeft menigeen in leed gebragt. *Vorgethan und nachbedacht hat Manchen in Leid gebracht.*

571.

La c' cherziân l' è la mader di asen. (ni. em. B.) it. *Die Vorsicht ist die Mutter der Esel.*

572.

Eer gij voort rijd, ziet naar de lenzen. *Ehe* dt. *ihr fortreitet, seht nach den Gurten.*

574.

Wer nich *(nicht)* wagt, gewinnt ok *(auch)* nich. pd. (ns. B.)

Den der inte vover, han vinder inte. (jüt. S.) dä. *S. De, dirr u. s. w.*

577.

When the sun shineth, make hay. *Wenn die* en. *Sonne scheint, macht Heu.*

Bisôgna cusr' al pan intenna ch' al fouren è it. cald. (ni. em. B.) *Man muss das Brot backen, während der Ofen warm ist.*

581.

Af Börn og tumbel' Folk skal en tidt hore e dä. Sande. (jüt. S.) *Von Kindern und einfältigen Leuten muss man oft die Wahrheit hören.*

582.

All the truths are not to be told. *Alle Wahr-* en. *heiten dürfen nicht gesagt werden.*

Truth should not always be revealed. *Wahrheit sollte nicht immer offenbart werden.*

583.

Wer die Wahrheit sagt, muss Prügel kriegen. md. (sä. A.)

Follow truth too close at the heels: 't will en. strike your eyes out. *Folgt der Wahrheit zu dicht auf den Fersen: sie wird euch die Augen ausschlagen.*

Truths and roses have thorns about them. *Wahrheiten und Rosen haben Dornen um sich.*

E Sande må ennegsted lande. (jüt. S.) *Die* dä. *Wahrheit kann nirgends landen.*

Den der siger e Sande, fær kun en Nats Herberg. (jüt. S.) *Wer die Wahrheit sagt, kriegt nur eine Nacht Herberge.*

584.

Trust needs not many words, but a false tale a en. large preamble. *Wahrhaftigkeit bedarf nicht vieler Worte, aber ein falscher Bericht einer langen Vorrede.*

585.

en. Oil and truth will get uppermost at last. *Öl und Wahrheit kommen am Ende obenauf.*

Truth is truth to the end of the reckoning. *Wahrheit ist Wahrheit bis zum Ende der Rechnung.*

Trust has always a fast bottom. *Wahrhaftigkeit hat immer einen festen Grund.*

---

it. La vritâ a l' è com l' euli, a ven sempre al dsora. (ni. piem.) *Die Wahrheit ist wie das Öl, sie kommt immer oben auf.*

587.

it. L' om avisâ l' è mezz salvâ. (ni. em. Piac.) *Der gewarnte Mann ist halb gerettet.*

ni. Om visaa l' e mezz difes. (l. m.) *Gewarnter Mann ist halb vertheidigt.*

Ommo avvisou l' e mêzo sarvou. (lig. gen.)

588.

en. To loose a goose and get a feather. *Eine Gans verlieren und eine Feder kriegen.*

590.

md. Was hilft der Kuh Muskate, se *(sie)* frisst ja Haberstroh. (sš. A.)

591.

md. Der passt ooch *(auch)* dazu wie der Esel zum Lautenschlagen (Tanzen). (sš. A.)

---

dä. Han forstær ligeså møged af 'et, som e Ko af e Söndag. (jüt. S.) *Er versteht eben so viel davon, wie die Kuh vom Sonntag.*

592.

dä. Hvad forstær Bynder til Agurksalat? (jüt. S.) *Was verstehen Bauern von Gurkensalat?*

Hvad forstår Bønder sig paa Agurksalat? (Sl.) *Was verstehen sich Bauern auf Gurkensalat?*

593.

it. Ogni aegua ammorta fœugo. (ni. lig. gen.) *S. Touto u. s. w.*

ni. Pe ammortâ tutt' aegua e bonn-a. (lig. gen.) *Zum Löschen ist alles Wasser gut.*

594.

pd. Bit darhen loppt noch vel Water den Berg herdal. (ns. B.) *Bis dahin läuft noch viel Wasser den Berg herab.*

596.

Lat gan, as 't geit. (ns. B.) *Lass es gehen,* pd. *wie es geht.*

Lassar côrer l' aqua al so mulein. (ni. em. B.) it. *Das Wasser auf seine Mühle laufen lassen.*

Lassar ch' côra l' aqua al so mulein. (em. B.) ni. *S. Lassar côrer u. s. w.*

Lassar ch' l' aqua côra al sò canêl. (em. B.) *Zulassen, dass das Wasser in seine Kanäle laufe.*

Lassar andar el coss cm' el van. (em. B.) *S. Lassêr andêr al u. s. w.*

599.

Lassar star i can quand i dormen. (ni. em. B.) it. *Die Hunde in Frieden lassen, wenn sie schlafen.*

En stuzigar i can quand i dormen. (em. B.) ni. *Störe nicht die Hunde auf, wenn sie schlafen.*

No addesciâ can che dorme. (lig. gen.) *Wecke keinen Hund, der schläft.*

Lasè durmì i can ch' a dourmo. (piem.) *Lass die Hunde, welche schlafen, schlafen.*

601.

N' ësser ne caren ne pêss. (ni. em. B.) *S. Non* it. *essere nè carne u. s. w.*

602.

Der gror inte Græs å Adelvej (jüt. S.) *S.* dä. *Der groer ikke Græs u. s. w.*

Der gror inte gærne Græs å e Adelveje. (jüt. S.) *Es wächst nicht gern Gras auf den Landstrassen.*

Der växer ej gres pa allfarsväj. (Skåne) *S.* sw. *Der groer ikke Græs u. s. w.*

Dä väkser int gräs på allmannvägen. (Vestmanland) *S. Der groer ikke Græs u. s. w.*

603.

Chi fa la cà in piazza, o la fa alta o la fa it. bassa. (ni. em. B.) *S. Chi fa la casa in piazza, O 'la u. s. w.*

604.

Tutt il strâ i mein' a Rôma. (ni. em. Piac.) it.

Tutt i strad mênen a Roma. (l. m.) ni.

Tutte e stradde portan a Romma. (lig. gen.) *Alle Strassen bringen nach Rom.*

607.

en. Choose not a woman or linnen cloth by a candle. *Wählt nicht eine Frau oder Leinwand bei einem Lichte.*

---

it. A lom d' candèila an s' cömpra (ou cumprar) ne don ne tèila. (ni. em. B.) *Bei Kerzenlicht kauft man (kaufe) weder Weib, noch Leinwand.*

610.

dä. Den, der har et Par hvide Heste og en fin Kone, er aldri Sorger foruden. (jüt. S.) *Wer ein paar Schimmel und ein schönes Weib hat, ist nie ohne Sorgen.*

614.

dä. Hvem der vil have Jule-Sommer, skal have Paaske-Vinter. *Wer Weihnachtssommer haben will, wird Osterwinter haben.*

Jyla Sommer na Paaska Vinjter. (Bornholm) *Weihnachtssommer hat Osterwinter.*

En hvid Jul gi'r en grön Påske, men en grön Jul en hvid Påske. (jüt. S.) *Ein weisses Weihnachtsfest macht ein grünes Osterfest, aber ein grünes Weihnachtsfest ein weisses Osterfest.*

Julerog gi'r Fastefog. (jüt. S.) *Nasses Weihnachtswetter macht Fastenschneegestöber.*

---

it. Sôul a Nadal, ruster a Pasqua. (ni. em. B.) *Sonne zu Weihnachten, Feuerbrände zu Ostern.*

ni. Natale a-u barcon, Pasqua a-u tizzon. (lig. gen.) *S. A Noël au balcon u. s. w.*

617.

it. El mond l' e rotond, chi non sa naviga 'l va in fond. (ni. l. m.) *Die Welt ist rund, wer nicht schiffen kann, geht zu Grund.*

ni. U mondo u l' e riondo, chi no sà navegà va a-u fondo. (lig. gen.) *S. El mond l' e u. s. w.*

618.

it. Tutto u mondo u l' e paize. (ni. lig. gen.) *S. Tutto u. s. w.*

620.

en. One grain of pepper is worth a cart-load of hail. *Ein Korn Pfeffer ist eine Ladung Hagel werth.*

623.

dä. Det er for sildeg at skyde e Kelde efter, hvern e Barn er drukned (drunkned). (jüt. S.) *Es ist zu spät, den Brunnen zuzuschieben, wenn das Kind ertrunken ist.*

626.

Is de Koh dot, ward de Stall betort. (us. B.) pd. *Ist die Kuh todt, wird der Stall ausgebessert.*

634.

Det er Skovl som Skaft. (jüt. S.) *Das ist* dä. *Schaufel wie Schaft.*

637.

Chi ha ciù bello fî, fa ciù bella teja. (ni. lig. it. gen.) *Wer schöneres Garn hat, macht schönere Leinwand.*

Chi l' avrà pi de fil, farà pi d' teila. (piem.) ni. *Wer mehr Garn haben wird, wird mehr Leinwand machen.*

641.

Such as the priest, such is the clerk. *Wie der* en. *Priester, so ist der Küster.*

650.

Nab me and I 'll nab thee. *Fange mich und* en. *ich werde dich fangen.*

You kill my cat and I 'll kill your dog. *Ihr tödtet meine Katze und ich werde euern Hund tödten.*

Lodem ti, che te loderò anca mi. (ni. l. m.) it. *Lobe du mich, so werde auch ich dich loben.*

651.

Soon gotten, soon spent. *Schnell gewonnen,* en. *schnell ausgegeben.*

Det, der kommer let, det gær let. (jüt. S.) *S.* dä. *Hvad u. s. w.*

Hvad der kommer med Uret, det gær igen med Uret. (jüt. S.) *Was mit Unrecht kommt, das geht wieder mit Unrecht.*

Hvad med Synd kommer, med Sorg gær. (jüt. S.) *Was mit Sünde kommt, geht mit Sorge.*

Os bes d'o sancristan, por onde veñen, van. pt. (gal.) *Das Vermögen des Sakristan, wodurch es kommt, geht's fort.*

652.

A terra ben labrada ô seu dono dá ganancia. pt. (gal.) *Der gut bestellte Acker gibt seinem Besitzer Gewinn.*

sp. Echa estiercol y palomina al pan, que las tierras te lo pagarán. *Wirf Dünger und Taubenmist auf's Getraide, denn die Felder werden dir's bezahlen.*

653.

dä. Som en ober i e Skov, faer en og Svar. (jüt. S.) *S. So as man in de u. s. w.*

Ligesom der vend obt i e Skov, vend der og svard. (jüt. S.) *Wie in den Wald gerufen wird, wird auch geantwortet.*

654.

it. Cui fa beni, trova beni (si. s.) *S. Chi fa ben, tröva u. s. w.*

si. Cui mali fa, mali aspetta. (s.) *Wer schlecht handelt, erwartet Schlechtes.*

655.

dä. Ligesom en reder sin Seng, kan en ligge. (jüt. S.) *Wie man sein Bett macht, kann man liegen.*

658.

en. All things are easy that are done willingly. *Alle Dinge sind leicht, die willig gethan werden.*

---

it. Co-a voentæ se fa de tutto. (ni. lig. gen.) *Mit dem Willen macht man Alles.*

666.

it. Savëir a quant dè è (vein) S. Biasi. (ni. em. B.) *Wissen, in wie viel Tagen St. Blasius ist (kömmt).*

667.

pd. Wat ener nich weet, makt en' nich heet. (ns. B.) *S. Wat u. s. w.*

---

dä. Hvad en inte ved, hær en inte uult af. (jüt. S.) *Was man nicht weiss, davon hat man nicht Schlimmes.*

669.

pd. Wô et Ûtzen gift, dâ gift et âk Ébêren. (ns. ha. G. u. G.) *Wo es Frösche (Kröten) gibt, da gibt es auch Störche.*

670.

en. There 's aye feathers where the doos roost 's. (scho.) *Da sind stets Federn, wo die Tauben sitzen.*

671.

dä. E Rög gær altid fra e Brand. (jüt. S.) *Der Rauch geht stets vom Brand aus.*

Ris enn reykr ár bröndunum. *Auf steigt der* is.
Rauch aus dem Brande.

D' er Röyk av Branden. *Es ist Rauch vom Brand.* nw.

674.

Many have been ruined by buying good penny- en.
worths. *Viele sind durch's Kaufen von billigen Sachen zu Grunde gerichtet worden.*

683.

The crow bewails the sheep, and then eats it. en.
Die Krähe beklagt das Schaf und frisst's dann.

684.

Anca dil pecor cüintà al lov u' in mangia. it.
(ni. em. Piac.) *Auch von den gezählten Schafen frisst der Wolf.*

E pègue contæ u lû e se mangia. (lig. gen.) ni.
Die gezählten Schafe frisst der Wolf.

A chi conta e pegue u lû ghe o mangia. (lig. gen.) *Wer die Schafe zählt, dem frisst sie der Wolf.*

D'o contado come o lobo. (gal.) *S. Do con-* pt.
tado come o lobo.

685.

Dogs do not eat dogs. *Hunde fressen nicht* en.
Hunde.

Can no mangia can. (ni. l. m.) *S. Dog u. s. w.* it.

Lû no mangia de lû. (lig. gen.) *S. Lupo u. s. w.* ni.

U lû no mangia de lû. (lig. gen.) *S. El lòv u. s. w.*

686.

Neither heat nor cold abides always in the en.
sky. *Weder Hitze, noch Kälte bleiben immer im Lufthimmel.*

Al lov u' ha mâi mangià l'inveran. (ni. em. Piac.) it.
Der Wolf hat nie den Winter gefressen.

Nè 'l cald, nè 'l frecc je mangia minga el lôf. ni.
(l. m.) *S. Nè 'l cald u. s. w.*

U' freido u lû no se u mangia. (lig. gen.) *Die Kälte frisst der Wolf nicht.*

690.

It is a hard winter, when dogs eat dogs. *Es* en.
ist ein harter Winter, wenn Hunde Hunde fressen.

691.

Wenn man den Wolf nennt, Kommt er schon ma.
gerennt. (sä. A.)

od. Wie man den Fuchs nennt, kommt er gerennt. (opf.)

pd. Spreckt man vann Düvel, is he nich wit. (ns. B.) *Spricht man von dem Teufel, ist er nicht weit.*

---

en. Talk of the devil and he 's sure to appear. *Redet vom Teufel, und er wird sicher erscheinen.*

---

dä. Hvem en snakker om e Trold, er han int' längt henne (er han nær ved) (er han nærre, som en tænker). (jüt. S.) *Wenn man vom Troll spricht, ist er nicht weit davon (ist er nahe bei) (ist er näher, als man denkt).*

---

pt. Cando falan de Roma, logo sona. *Wenn man von Rom spricht, läutet's gleich.*

692.

en. He that hath a fox for his mate, hath need of a net at his girdle. *Wer einen Fuchs zu seinem Gefährten hat, hat ein Netz an seinem Gürtel nöthig.*

694.

it. Mal del piguer è bòin de can. (ni. em. B.) *Unglück des Schafes ist Glück der Hunde.*

695.

dä. En skal tude med de Ulve, en er ved. (jüt. S.) *S. Man skal u. s. w.*

Hvem en vil være blandt Ulve, skal en tude som Ulve. (jüt. S.) *Wenn man unter Wölfen sein will, muss man heulen wie Wölfe.*

En skal synge med de Fugle, en er ved. (jüt. S.) *S. Man faaer u. s. w.*

Han bladrer med de Får, han er ved. (jüt. S.) *Er blökt mit den Schafen, mit denen er ist.*

---

pt. N-a terra d'os lobos oubear com' eles. (gal.) *Im Lande der Wölfe heulen wie sie.*

697.

fz. Qui nou hè quoan pot, Nou hè pas quoan boü. (sf. Brn.) *Wer nicht thut, wann er kann, thut nicht, wann er will.*

it. Chi an fa quand al po, an fa quand al vol. (ni. em. B.) *S. Qui nou u. s. w.*

699.

pd. Man kann vęl *(viel)*, wenn man will. (ns. B.)

Mais fai quen quer, que quen pode. (gal.) *S.* pt. *Mais faz u. s. w.*

700.

I omen se lighen per la parola, e i besti per it. la corda. (ni. l. m.) *Die Menschen werden mit dem Wort, und die Thiere mit dem Strick gebunden.*

I ommi se ligan pe-e parolle e i bæn pe-e ni. corne. (lig. gen.) *Die Menschen fasst man bei den Worten und die Ochsen bei den Hörnern.*

701.

Bonn-e parolle e peje nisse, no fan mâ a it. nisciun. (ni. lig. gen.) *Gute Worte und walsche Birnen thun Niemand weh.*

Bone parole e pom mars, rompo la testa a gnun. ni. (piem.) *Gute Worte und walsche Äpfel zerschlagen Niemand den Kopf.*

702.

En god Wort kann vęl twingn. (ns. B.) *Ein* pd. *gutes Wort kann viel zwingen.*

Good words cost no more than bad. *Gute* en. *Worte kosten nicht mehr, als schlechte.*

Lip-honour costs little, yet may bring in much. *Lippen-Höflichkeit kostet wenig, kann aber viel einbringen.*

703.

Manns or, manns ära. (Småland) *Manns* sw. *Wort, Manns Ehre.*

705.

A bòn intenditòur pochi parol. (ni. em. B.) *S.* it. *A bon entendeur peu u. s. w.*

707.

Den der lover så meged, den holder så lidt. dä. (jüt. S.) *Wer so viel verspricht, hält so wenig.*

712.

Vant Denken ton Seggen, vant Seggen ton pd. Schriben Schall alltid en widen Weg bliben. (ns. B.) *Vom Denken zum Sagen, vom Sagen zum Schreiben wird stets ein weiter Weg bleiben.*

Dal det al fat a i è un gran trat. (ni. em. B.) it. *S. Dal detto al fatto vi u. s. w.*

Dal dì' al fà, Gh' è un mia de strà. (em. Piac.) ni. *Vom Sagen zum Thun ist eine Meile Wegs.*

Dal di al fa gh' è ona bella differenza. (l. m.) ***Vom Sagen** zum Thun ist **ein** schöner **Unterschied.***

Da-u dito a-u fato, Cûre **un gran tracto.** (lig. gen.) ***S.** Dal detto **al fatto vi u. s. w.***

713.

en. The cross **on his breast and the devil in his** heart. ***Das Kreuz auf** seiner Brust **und den** Teufel in seinem **Herzen.***

All saint without, **all devil** within. ***Ganz** Heiliger **aussen, ganz Teufel innen.***

717.

en. Bare words buy no barley. *Blosse Worte kaufen keine Gerste.*

718.

en. Good words quench more than a bucket of water. *Gute Worte löschen mehr, als ein Eimer Wasser.*

Fair words slake wrath. *Schöne Worte dämpfen Zorn.*

719.

pd. Seggen is licht, Don, dat wiggt. (ns. B.) *Sagen ist leicht, Thun, das wiegt.*

Wort is 'n Snack, Man don is'n Sak'. (ns. B.) *Wort ist ein Sprechen, aber thuen ist eine Sache.*

---

it. Ai vol alter che del ciacher! (ni. em. B.) *Man braucht Anderes, als das Geschwätz.*

725.

dä. De vil Alle over Gjærdet, hvor det er **lavest.** *Es wollen Alle über den Zaun, wo **er am** niedrigsten ist.*

De gær alle över, hvor **e Gård** er lavest. (jüt. **S.**) *Es gehen **Alle** über, wo der Zaun am niedrigsten ist.*

727.

it. Di stagione tutto **è buono.** (mi. t.) *Zur Zeit ist Alles gut.*

ni. A sò stagion tutt **è bon. (em. P.)** ***Zu seiner** Zeit ist Alles gut.*

Tutto a so tempo. (lig. gen.) ***S. Alt u. s. w.***

De stagion tutto l' **e bon. (lig. gen.)** ***S. Di** stagione u. s. w.*

Ogni frûto ha a so stagion. (lig. gen.) ***Jede** Frucht hat **ihre** Jahreszeit.*

736.

Teimp **e paja** madura i nespol. **(ni. em. Piac.) it.**

Col temp **e** la paja madura **i nespol. (l. m.) ni.** ***S. Avec le** temps u. s. **w.***

Co u tempo e a paggia se mœua e nespoe. (lig. gen.) ***S. Avec le temps u. s. w.***

737.

One hair of a woman draws more than a team **en.** **of oxen.** ***Ein Frauenhaar zieht** mehr, als **ein Zug Ochsen.***

Beauty draws more than five yokes of oxen. ***Schönheit zieht mehr, als fünf Joch Ochsen.***

739.

Løgn betal enneg Postpenge. (jüt. S.) ***Lügen* dä.** ***bezahlt kein Postgeld.***

No tutt i parol deven pagà dazi. **(ni. l. m.) it.** ***Nicht alle Worte** müssen Zölle **zahlen.***

E parolle no pagan gabella. (lig. gen.) ***Die* ni.** ***Worte** zahlen nicht Zoll.*

740.

The cow that 's first up gets the first of the en. **dew.** ***Die Kuh, die zuerst auf** ist, kriegt **das erste vom Thau.***

He that rises first, is first dressed. ***Wer zuerst aufsteht, ist zuerst angezogen.***

First born, first fed. ***Zuerst** geboren, zuerst **genährt.***

Den der kommer forst til Molle, fær forst dä. **mold. (jüt. S.)** ***S. Ver u. s. w.***

Chi è **primo al mulino,** primo è **a macinare. it.** (mi. **t.)** ***Wer zuerst** in der Mühle **ist, ist der Erste beim Mahlen.***

Chi è prima al mûlein mâsna. (em. Piac.) ***S.* ni.** ***Chi è prema u. s. w.***

Chi e primma a u muin mâxine. (lig. gen.) ***S. Chi è prema u. s. w.***

741.

Chi se contenta gode. (ni. lig. gen.) ***Wer sich* it.** ***begnügt, geniesst.***

742.

You can 't whistle and drink at the same time. **en.** ***Ihr** könnt nicht zugleich pfeifen und trinken.*

I cannot run and sit still at the same time. ***Ich** kann nicht zugleich rennen und still sitzen.*

I cannot spin and weave at the same time. *Ich kann nicht zugleich spinnen und weben.*
I cannot be at York and London at the same time. *Ich kann nicht zugleich in York und in London sein.*

---

dä. En kan int' både puste og ha' Mjäl i e Mund. (jüt. S.) *S. Man kan ei u. s. w.*
En kan itt' være i Hal at hore Prædken og hjemme at koge Kål. (jüt. S.) *S. En kan ikke u. s. w.*

---

it. No se peu beive e scignä. (ni. lig. gen.) *S. Non si può bere u. s. w.*

743.

pd. Wer lacht tolest, lacht tobest. (us. B.)

---

it. Rie ben, chi riä pe l' urtimo. (ni. lig. gen.) *S. Bain u. s. w.*

745.

en. More slayeth word than sword. *Mehr schlägt Wort, als Schwert.*

746.

it. U troppo l' e troppo. (ni. lig. gen.) *S. E tròpp u. s. w.*

747.

dä. Formeged og forlidt fordærver alting. (jüt. S.) *S. For meget og for lidt fordærver u. s. w.*
Formeged og forlidt skænder alt. (jüt. S.) *S. For meget og for lidt fordærver u. s. w.*

748.

it. Quêl che fat per forza en val una scorza. (ni. em. B.) *Was aus Zwang gethan worden, ist Nichts werth.*
ni. Cosa pe forza no vä nun-a scorza. (lig. gen.) *S. Chossa u. s. w.*

751.

it. No se pœu servi a duî padroin. (ni. lig. gen.) *S. L' on u. s. w.*

753.

it. Fra duî litiganti u terzo gode. (ni. lig. gen.) *S. Tra due u. s. w.*

755.

en. To stop two mouths with one morsel. *Zwei Mäuler mit einem Bissen stopfen.*

Han slaar to Flover med et Smæk. (jüt. S.) *Er* dä.
schlägt zwei Fliegen mit einem Klatsch.

Cun una fava ciapar du colomb. (ni. em. B.) it.
Mit einer Bohne zwei Tauben fangen.

756.

Two sparrows upon one ear of wheat cannot en.
agree. *Zwei Sperlinge auf einer Weizenähre können sich nicht vertragen.*
Two fools in a house are too many by a couple. *Zwei Narren in einem Hause sind ein Paar zu viel.*
One cherry-tree sufficeth not two jays. *Ein Kirschbaum genügt nicht zwei Elstern.*

Du can ch' rôusghen un oss. (ni. em. B.) *Zwei* it.
Hunde, die an einem Knochen nagen.

757.

Dui corvi abbattinn un aquila. *Zwei Raben* it.
werfen einen Adler nieder.

758.

Han haer to Tunger i en Mund. (jüt. S.) *Er* dä.
hat zwei Zungen in einem Munde.

759.

E bascaggie assumeggian a-i seppi. (ni. lig. gen.) it.
Die Späne gleichen den Klötzen.

761.

A man may bring his horse to the water, but en.
he will choose whether he will drink. *Ein Mann mag sein Pferd zum Wasser bringen, aber es wird wählen, ob es trinken will.*

762.

Between two stools the tail goeth to the ground. en.
S. Tusschen twee stoelen valt u. s. w.

Un si ponn tene dui pedi in un scarpu. (mi. it.
ers.) *Man kann nicht zwei Füsse in einem Schuh haben.*
Due piè non istan bene in una scarpa. (t.) mi.
Zwei Füsse befinden sich nicht wohl in einem Schuh.
No se pœu tegnî u pê in te due scarpe. (lig. ni.
gen.) *Man kann nicht den Fuss in beiden Schuhen haben.*

Con un piè no se pol star in do scarpe. (v.) *Mit einem Fuss kann man nicht in zwei Schuhen stehen.*

si. Nun ponnu stari dui pedi 'ntra nà stivala, Ne dui cuteddi 'ntra nà guaijna. (s.) *Es können nicht zwei Füsse in einem Stiefel, noch zwei Messer in einer Scheide sein.*

763.

dä. Man skal ikke gaae imellem Bark og Træ. *Man muss nicht zwischen Rinde und Baum treten.*

Det er inte godt at gå ind melle Bark og Træ. (jüt. S.) *Es ist nicht gut, zwischen Rinde und Baum zu treten.*

764.

en. Betwixt the devil and the dead (deep) sea. *Zwischen dem Teufel und der todten (tiefen) See.*

---

it. Êsser tra la forbsa e la pzola. (ui. em. B.) *Zwischen der Scheere und dem Gewebe sein.*

Index.

(Die mit einem Stern bezeichneten Zahlen verweisen auf die Nummern des Nachtrags.)

Abkürzungen:

a.	bedeutet	adjectivum	p.	bedeutet	participium
ad.	"	adverbium	pl.	"	pluralis
f.	"	femininum	s.	"	substantivum
m.	"	masculinum	s. u.	"	siehe unter
n.	"	neutrum	v.	"	verbum.

Deutsch.

68*

Englisch.

Dänisch.

Französisch.

Italiänisch.

Spanisch.

Quellenverzeichniss.

(Die mit einem Stern bezeichneten Werke sind zum Nachtrag benutzt.)

I. Sprichwörtersammlungen in mehreren Sprachen.

Paroemiologia Pollyglottos: h. e. Proverbia et Sententiae, auct. H. Megisero. Lipsiae 1605.

Lexicon tetraglotton, an english-french-italian-spanish dictionary, with another volume of the choicest Proverbs in all the said toungs, by J. Howell esq. London 1660.

Histoire générale des Proverbes, Adages, Sentences, Apophthegmes, par M. C. de Méry. 3 vol. Paris 1828—9.

Sprüchwörterbuch in sechs Sprachen (deutsch, englisch, latein, italienisch, französisch und ungrisch) von G. von Gaal. Wien 1830.

Paroemia et Regulae Juris Romanorum, Germanorum, Franco-Gallorum, Britannorum edidit L. Volkmar. Berolini 1854.

A Polyglot of foreign Proverbs by H. Bone. London 1857.

Ordspråk och Talesätt på Svenska, Latin, Franska, Tyska, Italienska och Engelska, samlade och utgifne af Carl Marin. Stockholm 1867.

II. Sprichwörtersammlungen in einzelnen Sprachen und Mundarten.

Deutsch.

Die Sprichwörter der Deutschen von Dr. W. Körte. Leipzig 1837.

Die Sprichwörter und Sinnreden des deutschen Volkes in alter und neuer Zeit von J. Eiselein. Freiburg 1840.

Die deutschen Sprichwörter (gesammelt von K. Simrock). Frankfurt a. M. 1846.

Deutsche Sprichwörter in Megiser, Gaal, Volkmar, Bone, Marin, dem Penn proverbiale und Kritzinger's Nouveau Dictionnaire etc.

Sibenhundert vnd funfftzig Deutscher Sprichwörter, ernewert vnd gebessert, durch J. Agricola. Wittenberg 1582.

Denkmäler deutscher Poesie und Prosa aus dem 8—12. Jahrhundert, von K. Müllenhof und W. Scherer. Berlin 1864.

Die deutschen Sprichwörter im Mittelalter, von I. V. Zingerle. Wien 1864.

Altdeutsche Sprichwörter, handschriftlich mitgetheilt von H. Professor Dr. Sievers in Jena.

Dialekte.

Germaniens Völkerstimmen von J. M. Firmenich. 3. Bde. Berlin 1843—1868.

Die deutschen Mundarten. Vierteljahrsschrift für Dichtung, Forschung und Kritik, herausgegeben von G. K. Frommann. 6 Jahrgänge. Nürnberg 1854—9.

1. Mitteldeutsche Dialekte.

Sprichwörter in der Fränkisch-Hennebergischen Mundart. Frommann II, 407—12.

Volksthümliches aus dem Fränkisch-Hennebergischen, von Balthasar Spiess. Wien 1869. pg. 38—62.

Volksthümliches aus Sonneberg im Meininger Oberlande, von A. Schleicher. Weimar 1858. pg. 80—5.

Sprichwörter aus Mittelfranken. Frommann VI, 161—70. 314—27. 467—8.

Sprichwörter aus Ober-, Mittel- und Unter-Franken, s. Bavaria, Landes- und Volkskunde des Königreichs Bayern. 4 Bde. München 1860—7. (t. III, 263.)

Altes Gold, von W. Lohrengel. Clausthal 1860.

Vilmar's Idiotikon von Kurhessen. Marburg 1868.

Hessische Sprichwörter. Firmenich I, 321—2.

Sitten und Bräuche, Lieder, Sprüchwörter und Räthsel des Eifler Volkes, herausgegeben von J. H. Schmitz. Trier 1856. pg. 166—202.

Sprichwörter aus dem Volksmunde der Eifel, der Mosel und des Hunsrückens, s. Schulfreund von Dr. J. H. Schmitz. 21. Jahrgang. Trier 1865. pg. 78—90.

Die Luxemburger Sprichwörter und sprichwörtlichen Redensarten, gesammelt von F. Dicks. 2 Theile. Luxemburg 1857—8. [Firmenich II, 66.

Sprichwörter in der Mundart von Frankfurt a. M.

Sprichwörter aus der Gegend von Siegen. Ibid. I, 519.

Sprichwörter in der Mundart von Trier. Ibid. III, 545—8.

*Sprichwörter und sprichwörtliche Redensarten in der Altenburger Mundart, gesammelt von H. Hauptmann Horst von Bärenstein. Mss.

Osterländische Blätter. Sub Rosa. Eine Wochenschrift für 1818. Altenburg.

Sprichwörter aus Altenburg. Firmenich II, 248.

Sprichwörter in Sachsen. Selbst gesammelt.

Volksbrauch im Voigtlande, von Dr. J. A. E. Köhler. Leipzig 1867.

Curieuse Sammlung von 1000 in Schlesien gewöhnlichen Sprichwörtern und Redensarten, von M. Robinson. Leyden 1726.

Der Heller gilt am meisten, wo er geschlagen ist. Über 1000 Sprüchwörter, welche sowohl in Städten, als auch auf dem Lande in Schlesien im Schwange gehen, von D. Gomolcken. 1734.

Schlesische Sprichwörter in der Breslauer Mundart. Frommann III, 242—50. 408—17.

Sprichwörter aus der Gegend von Freistadt in Schlesien. Firmenich II, 298—9.

Die Ruhlaer Mundart, von Reget. Weimar 1868.

Volksüberlieferungen aus dem Fürstenthum Waldeck. Von L. Curtze. Arolsen 1860. pg. 305—66.

2. Oberdeutsche Dialekte.

Die Weisheit auf der Gasse, oder Sinn und Geist deutscher Sprichwörter, von J. M. Sailer. Augsburg 1810.

Baiersche Sprichwörter mit Erklärung ihrer Gegenstände zum Unterricht und Vergnügen. 2 Bde. München 1812.

Die Mundarten Bayerns, von J. A. Schmeller. München 1821. pg. 509—11. 555—6.

Versuch eines baierischen und oberpfälzischen Idiotikons, von A. Zaupser. München 1789.

Nachlese zum baierischen und oberpfälzischen Idiotikon, von A. Zaupser. München 1789.

Sprichwörter aus Nürnberg. Frommann VI, 415—6. 462—7.

Aus dem Lechrain, von K. Frh. v. Leoprechting. München 1855.

Deutsch-böhmische Sprichwörter. Selbst gesammelt.

Elsässisches Volksbüchlein, von A. Stöber. 2. Aufl. Basel 1859.

Elsässische Sprichwörter aus Strassburg. Firmenich II, 527—8.

Sprichwörter in nieder-österreichischer Mundart (Viertel unter dem Wienerwalde). Frommann III, 389—91.

Oberrheinische Sprichwörter, s. Eiselein.

Volksthümliches aus Österreichisch-Schlesien, von A. Peter. Troppau 1867. 2 Bde.

Schwäbisches Wörterbuch, von J. C. von Schmid. Stuttgart 1831.

So sprechen die Schwaben. Sprichwörter, Redensarten, Reime gesammelt von Dr. A. Birlinger. Berlin 1868.

Wahrheit und Dichtung. Sammlung Schweizerischer Sprüchwörter von M. Kirchhofer. Zürich 1824.

Das Brot im Spiegel schweizerdeutscher Volkssprache und Sitte (von F. Staub). Leipzig 1868.

Die schweizerischen Sprichwörter der Gegenwart in ausgewählter Sammlung, von O. Sutermeister. Aarau 1869.

Appenzellischer Sprachschatz, von Dr. T. Tobler. Zürich 1837.

Der Grossätti aus dem Leberberg, von F. J. Schild. Solothurn 1863. (Biel 1864.)

Sprichwörter aus Steiermark. Firmenich II, 761—71.

Kärntisches Wörterbuch, von Dr. M. Lexer. Leipzig 1862.

Tirolisches Idiotikon, von J. B. Schöpf und A. J. Hofer. Innsbruck 1866.

Sprichwörter im Unterinnthal. Frommann VI, 33—7.

Sprichwörter im Burggrafenamt. Selbst gesammelt.

3. Plattdeutsche Dialekte.

Sprichwörter in der Aachener Mundart. Firmenich I, 491—5.

Sprichwörter in der Dürener Mundart. Ibid. I, 482—4.

Sprichwörter aus Euskirchen. Ibid. I, 509.

Sprichwörter in der Gladbacher Mundart. Ibid. III, 515—7.

Cölns Vorzeit, von E. Weyden. Cöln a. R. 1826. pg. 296—300. [I, 471—7.

Sprichwörter in der Kölner Mundart. Firmenich

Sprichwörter in der Mundart von Cleve. Ibid. I, 381.

Sprichwörter in der Mundart von Meurs. Ibid. I, 400—7.

Sprichwörter in der Mundart von Düsseldorf. Ibid. I, 438. [I, 509.

Sprichwörter in der Mundart von Euskirchen. Ibid.

Sprichwörter in der siebenbürgisch-sächsischen Mundart. Frommann V, 30—7. 172—7. 324—7.

Siebenbürgisch-sächsische Volkslieder, Sprichwörter, Räthsel, Zauberformeln und Kinder-Dichtungen, von F. W. Schuster. Hermannstadt 1865. pg. 147—258.

Sprichwörter in der Mundart von Schässburg in Siebenbürgen. Firmenich III, 424—6.

Sprichwörter in der Mundart von Metzenseifen in Ungarn. Ibid. III, 629.

Der Volksmund in der Mark Brandenburg, von A. Engelien und W. Lahn. 1. Theil. Berlin 1868. pg. 213—223.

Der Altmärker, von F. Schwerin. Neuhaldensleben 1850.

Wörterbuch der altmärkisch-plattdeutschen Mundart, von J. F. Danneil. Salzwedel 1859.

Altmärkische Sprichwörter aus der Gegend von Seehausen. Firmenich III, 121—3.

Altmärkische Sprichwörter aus der Gegend von Stendal. Ibid. III, 131—2.

*Plattdeutsche Gedichte in bremischer Mundart nebst einer Sammlung Sprichwörter und Redeweisen, von Marie Mindermann. Bremen 1860.

Niederdeutsche Sprichwörter und Redensarten, von K. Eichwald. Leipzig 1860.

Die plattdeutschen Sprichwörter der Fürstenthümer Göttingen und Grubenhagen, von G. Schambach. Göttingen 1851.

Niederdeutsche Sprichwörter der Fürstenthümer Göttingen und Grubenhagen, von G. Schambach. Göttingen 1863.

Sprichwörter in der Mundart von Hildesheim. Firmenich I, 185—6.

Sprichwörter aus dem Hildesheim'schen. Ibid. III, 112.

Holsteinisches Idiotikon, von J. F. Schütze. Bd. 1—3. Hamburg 1800—1802. 4. Bd. Altona 1806.

Det Plattydske Folkesprog i Angel, af L. R. Tuxen. Kjöbenhavn 1857. pg. 68—72.

Dat sülwern' Book, van J. N. Bärmann. Hamborg 1859. (Spröökwörd un Seggwysen, pg. 1—40.)

Lippesche Sprichwörter. Firmenich I, 267—71.

Lippesche Sprichwörter und Redensarten, von Dr. Greverus im Archiv für das Studium der neueren Sprachen und Literaturen von L. Herrig. Bd. VIII. Braunschweig 1851. pg. 343—4.

Allgemeines plattdeutsches Volksbuch von Raabe. Wismar 1854.

Mecklenburger Sprichwörter. Firmenich I, 70. 73.

Sprichwörter aus der Neumark und dem Oderbruch, s. Der Volksmund in der Mark Brandenburg.

Der Oldenburger in Sprache und Sprüchwort, von Dr. J. Goldschmidt. Oldenburg 1847.

Aberglaube und Sagen aus dem Herzogthum Oldenburg, von L. Strackerjan. 2 Bde. Oldenburg 1867.

Ostfriesland, wie es denkt und spricht. Eine Sammlung der gangbarsten ostfriesischen Sprichwörter und Redensarten, von W. G. Kern und W. Willms. Norden 1869.

Ostfriesische Sprichwörter. Firmenich I, 18—9.

Sprichwörter in der Mundart bei Jever. Frommann II, 388—91. 535—9. III, 38—9. 427—32. IV, 141—4. 285—8. V, 427—32. 522—8. VI, 281—8. Firmenich I, 232—3. III, 12—3.

Sprichwörter in der Mundart des Amtes Rastede in Oldenburg. Firmenich III, 26.

Sprichwörter in der Mundart des Staderlandes. Ibid. III, 21—5.

*Sprichwörter aus Pommern, in der Zeitschrift: Das liebe Pommerland. Monatsschrift im Auftrag des Vereins Pommerania herausgegeben von W. Quistorp. Duckerow und Anclam. 1. Jahrgang 1864. pg. 139. 2. Jahrg. 1866. pg. 25.

Sprichwörter aus Hinter-Pommern, in: Eurynome. Eine Zeitschrift zur Verbreitung gemeinnütziger

Kenntnisse, zur Beförderung wissenschaftlicher Kultur und sittlicher Veredelung, von Dr. F. Koch. Stettin 1806. pg. 28—17.

Preussische Sprichwörter und volksthümliche Redensarten, von H. Frischbier. 2. Aufl. Berlin 1865.

Sprichwörter aus der Uckermark, s. Der Volksmund in der Mark Brandenburg.

Sprichwörter aus dem Upplande im Waldeck'schen. Firmenich I, 325—6.

Sprichwörter aus Waldeck, s. Curtze, Volksüberlieferungen aus dem Fürstenthum Waldeck.

Westfälische Sprichwörter aus Arnsberg. Firmenich I, 353. [356—7.

Westfälische Sprichwörter aus Attendorn. Ibid. I,

Westfälische Sprichwörter aus Bielefeld. Ibid. I, 279.

Westfälische Sprichwörter aus Brilon. Ibid. I, 340.

Westfälische Sprichwörter aus Driburg. Ibid. I, 362—3.

Westfälische Sprichwörter aus Erwitten. Ibid. I, 344.

Westfälische Sprichwörter aus Harth bei Büren. Ibid. I, 361. [Ruhr. Ibid. I, 369.

Westfälische Sprichwörter aus Hattingen an der

Westfälische Sprichwörter aus der Grafschaft Mark und Ravensberg. Ibid. I, 281—2. Volksüberlieferungen in der Grafschaft Mark, von J. F. L. Woeste. Iserlohn 1848. pg. 58—91.

Westfälische Sprichwörter aus Minden. Firmenich I, 254—5. 359.

Westfälische Sprichwörter aus dem Münsterlande. Frommann VI, 421—7. Firmenich I, 297—8. Poetische Versuche in westfälischer Mundart von F. Zumbroock. Münster I. Bdchen. 7. Aufl. 1860. 2. Bdchen. 2. Aufl. 1862.

Westfälische Sprichwörter aus Öllinghausen. Firmenich I, 351.

Westfälische Sprichwörter aus Osnabrück. Plattdeutsche Briefe, Erzählungen, Gedichte u. s. w. mit besonderer Rücksicht auf Sprichwörter, von F. W. Lyra. Osnabrück 1845.

Westfälische Sprichwörter aus Paderborn. Firmenich I, 362. Nix Iustert mol! Plattdeutsche Erzählungen und Anekdoten im Paderborner Dialekt. Celle 1871.

Westfälische Sprichwörter aus Recklinghausen. Firmenich I, 373—4. III, 170.

Westfälische Sprichwörter aus Rheine. Ibid. I, 285.

Westfälische Sprichwörter aus Salzkotten. Ibid. I, 361.

Westfälische Sprichwörter aus Soest. Ibid. I, 348—9.

Westfälische Sprichwörter aus Solingen. Ibid. I, 442.

Westfälische Sprichwörter aus Thüle. Ibid. I, 361.

Westfälische Sprichwörter aus Werl. Ibid. I, 350.

Dietsch oder Niederländisch.

C. Tuinman, De oorsprong en uitlegging van dagelijks gebruikte Nederduitsche Spreekworden. Middelburg 1726.

Nederduitsch Letterkundig Woordenboek, door P. Weiland. Antwerpen 1844.

Harrebomée, P. J., Spreekwordenboek der nederlandsche Taal. 3 deelen. Utrecht 1858—63.

Oude Nederlandsche Spreuken en Spreekwoorden, door G. J. Meijer. Groningen 1836. (Enthaltend: Ghemeene duytsche Spreekwoorden, Adagia oft Proverbia ghenoemt. Campen 1550, und: Les Proverbes anciens flamengs et françois par M. F. Goedthals. Anvers 1568.)

Altvlaemsche Sprichwörter in Megiser's Paroemiologia Pollyglottos.

Bogaerd P., Toegepaste Spreekwoorden. Gent 1852.

't Payottenland, door F. J. Twyfelloos (De Gronckel). Brussel 1852.

Sprichwörter in der Mundart von Französisch Flandern. Firmenich III, 697—8.

Englisch.

Ray, J., A Compleat (Complete) Collection of English Proverbs. London 1768. 1817.

Th. Arnolds Englische Grammatik. 11. Aufl. Jena 1823. pg. 341—84.

*Hazlitt, English Proverbs. London 1869.

Englische Sprichwörter in Howell, Méry, Gaal, Volkmar, Marin.

Reliquiae Antiquae. Scraps from ancient manu-

scripts edit. by Th. Wright and J. O. Halliwell. 2 vol. London 1843.
Altenglische Sprachproben nebst einem Wörterbuche. Unter Mitwirkung von K. Goldbeck herausgegeben von E. Mätzner. I. Band. Berlin 1867. (The Proverbs of Hendyng.)
F. Grose, A provincial Glossary. London 1839.
J. Y. Akerman, A Glossary of Provincial Words and Phrases in use in Wiltshire. London 1842.
J. O. Halliwell, A Dictionary of Archaic and Provincial words, proverbs etc. London 1847.
Attempt at a Glossary of some words used in Cheshire, by Roger Wilbraham. London 1826.
R. Forby, The Vocabulary of East Anglia. London 1830.
The Dialect and Folk-Lore of Northamptonshire, by Th. Sternberg. London 1851. [1851.
A. E. Baker, Glossary of Northamptonshire. London
J. T. Brockett, A Glossary of North Country words, Newcastle 1829. [1839.
Westmoreland and Cumberland Dialects. London
The Proverbs of Scotland, by A. Hislop. Glasgow 1862.
Scottish Proverbs, by Ray s. Ray.

Nordfriesisch.

Die nordfriesische Sprache nach der Föhringer und Amrumer Mundart, von Chr. Johansen. Kiel 1862.
Die nordfriesische Sprache nach der Moringer Mundart, von Bende Bendsen. Herausgegeben von Dr. M. De Vries. Leiden 1860.
Nordfriesische Sprichwörter: Zeitschrift für deutsches Alterthum von M. Haupt t. VIII. Leipzig 1851. pg. 350—76.
Westfriesische Sprichwörter. Firmenich III, 793—4.
Taalkundige Aanmerkingen op eenige Oud-Friesche Spreekwoorden, door J. H. Hoeufft. Breda 1815.

Altnordisch.

Edda Sæmundar hins fróða, v. Th. Möbius. Leipzig 1860.

Dänisch.

P. Syvs kjernefulde Ordsprog, udsøgte og ordnete ved R. Nyerup. Kjøbenhavn 1807.
Danske Ordsprog og Mundheld, af Fr. Bresemann. Kjøbenhavn 1843.
Danske Ordsprog, Tankesprog og Riimsprog, af C. Molbech. Kjøbenhavn 1850.
Tydsk-Dansk Parleur, af Fr. Bresemann. 5. udg. Kjøbenhavn 1854.
Peder Lolles Samling af danske og latinske Ordsprog, optrykt efter den ældste Udgave af Aar 1506, af R. Nyerup. Kjøbenhavn 1828.
Gamle danske Minder i Folkemunde, af Svend Grundtvig. Kjøbenhavn 1854. 1861. 3 vol. (Ordsprog og Mundheld II, 135—41. III, 206—18.)
*Danske Ordsprog og Talemåder fra Sønderjylland, af Johannes Kok. København 1870.

Isländisch.

Safn af Íslenzkum Orðskviðum, af Guðmundi Jónssyni. 2 bindi. Kaupmannahöfn 1830.
Boðsrit til að hlýða á Pá opinberu yfirheyrslu í Bessastaða Skóla 1813.
Islendskir málshættir, af Dr. H. Scheving. Videyar Klaustri 1843.
Boðsrit til að hlýða á Pá opinberu yfirheyrslu í Reykjavíkur Skóla 1847.

Islenzkir málshættir safnadir, útvaldir og i stafrofsrød færdir af Dr. H. Scheving. Reykjavík 1847.

Íslenzkar þjóðsögur og Æfintyri, safnað hefir Jón Árnason. Leipzig 1864. t. II. pg. 559—67.

*Málsháttakvæði (Sprichwörtergedicht). Ein isländisches Gedicht des 13. Jahrhunderts. Herausgegeben von Th. Möbius. Halle 1873.

Færøiske Ordsprog: Antiquarisk Tidskrift 1849—51. Kjøbenhavn 1852. pg. 271—304. 305—8.

Norwegisch.

Norske Ordsprog, samlede og ordnede af J. Aasen. Christiania 1856.

Schwedisch.

Svenske Ordspråk eller Ordsaghor. Stockholm 1610.

Penu proverbiale, dhet år: Et ymnigt Förrådh af allehanda gambla och nya suenska Ordseeder och Låresprock, sammenskriffne af Ch. L. Grubb. Linköping 1665.

Elfva Hundra Elfva Latinska och Svenska Sentenser, af Casten Rabe. Göteborg 1807.

Samling af Swenska Ordspråk, af Lars Rhodin. Stockholm 1807.

[språk. Stockholm 1865.

Den svenska ordspråksboken, innehållande 3160 ord-

Schwedische Sprichwörter in Marin.

Gamla ordspråk på latin och swenska, af Dr. H. Reuterdahl. Lund 1840.

*Rietz, Svenskt Dialekt-Lexikon. Lund 1867.

Lateinisch.

Erasmi Adagiorum Chiliades tres. Venetiis 1500.

Egeria. 333 lateinische Sprüche mit deutscher Übersetzung. [Binder. Stuttgart 1861.

Novus Thesaurus Adagiorum Latinorum. Von Dr. W.

Lateinische Sprichwörter in Megiser, Mery, Gaal, Marin, Rabe, Monosini und Lena.

P. Laale Parabolæ metricae seu versus proverbiales, s. Peder Lolles Samling und Reuterdahl.

Churwälsch oder Rhätoromansch.

Reglas da Moralitat a Prudienscha cun Proverbis, las amprimas en Prosa, ils auters en Riema tras M. C. Coira 1812.

Cudisch de leger en relaziun cun il niev A B C per la Giuventegna romonscha catholica. Cuera 1840. pg. 68—9.

Il Pitschen Lectur. Ün cudaschet per principiants nel ler. Tres imcombenza della Societed Scolastica d'Engiadin 'Ota. Cuoira 1845. pg. 78—81.

A B C oder Prüm cudesch da scola per las scolas dell' Engiadina bassa. Cuoira 1850. pg. 42—4.

Cudesch da Scoula. Coira 1856. pg. 143—7.

Secund Cudisch de Scola. Cuera 1851.

Cudisch Instructiv pella Giuventetgna catolica. Daus ora da Placidus Condrau, Inspectur de scola. Mustér 1857. pg. 164—9.

La Dumengia Saira. Coira 1856. 1857. 1858.

Über Ursprung und Geschichte der Rhaeto-Romanischen Sprache von P. J. Andreer. Chur 1862.

Carisch, O., Taschenwörterbuch der rhätoromanischen Sprache in Graubünden. Chur 1848—52.

Versuch einer deutsch-ladinischen Sprachlehre von Nikolaus Bacher, Caplan zu Mailand 1833, Mss. im Besitz des H. Dr. H. Lotze in Leipzig.

Ladinische Sprichwörter aus dem Ober- und Unter-Engadin, handschriftlich mitgetheilt von H. Pfarrer Dr. E. Lechner, damals in Stampa, theilweis abgedruckt in dessen beiden Werken: Das Thal Bergell (Bregaglia) in Graubünden. Leipzig 1865. und: [Leipzig 1865. Piz Languard und die Bernina-Gruppe. 2. Aufl.

Sprichwörter im Oberländer Dialekt, brieflich mitgetheilt von H. Professor H. Schuchardt in Halle a. S.

Französisch.

Dictionnaire des Proverbes français, par G. D. B. Bruxelles 1710.

Nouveau Dictionnaire des Proverbes français-allemand oder französisch-deutsches Sprichwörterbuch, von Chr. W. Kritzinger. Leipzig 1743.

Dictionnaire des Proverbes françois. Francfort 1750.

Dictionnaire des Proverbes français, par M. de la Mésangère. 3. éd. Paris 1823.

Dictionnaire Etymologique, Historique et Anecdotique des Proverbes par P. M. Quitard. Paris 1842.

Choix de Proverbes, par A. Delanoue. Paris.

La fleur des Proverbes français recueillis et annotés par M. G. Duplessis. Paris 1853.

Le livre des Proverbes français par M. Le Roux de Lincy. 2. éd. Paris 1859. 2 vol.

Dictionnaire National ou Dictionnaire Universel de la Langue française, par M. Bescherelle. Paris 1858. 2 vol.

Französische Sprichwörter in Megiser, Howell, Méry, Gaal, Volkmar, Bone, Marin.

Altfranzösische Sprichwörter (von J. Zacher). Zeitschrift für deutsches Alterthum von M. Haupt. Bd. XI. Berlin 1856. pg. 114—44.

1. Nordfranzösische Dialekte.

Glossaire étymologique et comparatif du Patois picard, par J. Corblet. Paris 1851.

Nouvelles Recherches sur les Patois ou Idiomes vulgaires de la France par M. Champollion-Figeac. Paris 1809.

Dictionnaire du Patois du Pays de Bray, par J. E. Decorde. Paris 1852.

Poëtes de Champagne antérieurs au siècle de François I. vol. XII. (Proverbes Champenois avant le 16. siècle.) Reims 1851.

Recherches sur le Patois de Franche-Comté, par S. T. Fallot de Montbéliard. Montbéliard 1828.

Dictionnaire du Patois Normand, par Edélestrand et A. Duméril. Caen 1849.

Glossaire du Patois Normand, par L. Du Bois. Caen 1856. [Rouen 1859.

Blason populaire de la Normandie, par A. Canel.

Dictionnaire Rouchi-Français, par G. A. J. Hecart. 3. ed. Valenciennes 1834.

Dictionnaire des Spots ou proverbes wallons, par J. Dujardin. Liège.

2. Südfranzösische Dialekte.

Lexique roman ou Dictionnaire de la langue des Troubadours, comparée avec les autres langues de l' Europe latine, par Raynouard. 6 vol. Paris 1838—44.

Contes et Proverbes populaires recueillis en Armagnac, par M. J. F. Bladé. Paris 1867.

Proverbes béarnais, recueillis et accompagnés d'un vocabulaire et de quelques proverbes dans les autres dialectes du midi de la France, par J. Hatoulet et E. Picot. Paris 1862.

Proverbes gascons: M. G. Duplessis, Bibliographie parémiologique. Paris 1847. pg. 444 sq.

Mémoires d' une enfant, par Mme. **J.** Michelet. Paris **1867.** (Proverbes dans le dialecte de Montauban. pg. 269.)

Dictionnaire Languedocien-Français, par Sauvages. Alais 1820—1. [1839.

Dictionnaire Provençal-Français, par **J. F.** Avril.

La Bugado Provençalo. Aix 1859.

Monumens **de** la Littérature romane, par M. Gatien-Arnoult (t.-III, pg. 270—80). Toulouse 1843.

Recueil de morceaux choisis en Patois. Lausanne 1842. pg. 110—5. 183—4. 185—93.

Der Kanton Waat. Von **L.** Vulliemin, übersetzt von G. H. Wehrli-Boisot. **St.** Gallen und Bern 1849. **(t. II.)**

Italiänisch.

Proverbi Italiani, da O. Pescetti. Verona 1603.

Angeli Monosinii Floris Italicae **Linguae** libri novem. **Venetiis** 1604.

Proverbi italiani e latini, raccolti **da F. Lena** della Congregazione della Madre **di Dio. Bologna** 1694.

Proverbi italiani, da G. di Castro. **Milano 1858.**

Dizionario **Italiano-Tedesco, da Dr. A. Filippi.** Vienna 1817.

Vocabolario **domestico, da T.** Azzocchi. Roma 1846. (Raccolta **di** proverbi, pg. 185—204.)

Italiänische Sprichwörter in Megiser, Howell, Méry, Gaal, Bone, Marin.

1. Mittelitaliänische Dialekte.

Proverbj, Detti e Massime Corse. **Proverbes, Locutions et Maximes** de la Corse, **par le Dr. A. Mattei. Paris 1867.**

Proverbi corsi: Canti popolari corsi, da N. Tommaseo. Venezia 1841. pg. 363—400.

Sprichwörter im Dialekt von Rom, handschriftlich mitgetheilt von H. Professor H. Schuchardt in Halle a. S. [1840.

Vocabolario Romagnuolo-Italiano, di A. Morri. Faenza

Dei Proverbi Toscani. Lezione di Luigi Fiacchi, **detta** nell' Accademia della Crusca **il di 30. nov. 1813.** 2. edizione. Firenze 1820.

Raccolta di **Proverbi Toscani,** da G. **Giusti. Firenze 1853.**

Aggiunta ai Proverbi toscani di G. Giusti, compilata per cura di A. Gotti. Firenze 1855.

Saggio di scherzi **comici del Cav. Abate G. B.** Zannoni fiorentino. **Milano 1850.**

Saggio di Proverbi Umbri, da L. Morandi. Sanseverino-Marche **1869.**

2. Norditaliänische Dialekte.

Discorso della Lingua bolognese di Camillo Scaligeri dalla Fratta. 3. edizione. Bologna 1630.

La ciaqlira dla Banzola, o sia, zinquanta fol detti da dis donn in zeinq giurnat, per rimedi innuzeint dla sonn e dla malincuni. Bologna 1742.

Vocabolario Bolognese-Italiano, da Cl. E. Ferrari. 3. edizione. Bologna 1853.

***Vocabolario Bolognese-Italiano, da Carolina Coronedi-Berti.** Bologna 1869—74. **disp.** 1—31.

Vocabolario Parmigiano-Italiano, **da C.** Malaspina. 4 vol. Parma 1856—9.

Vocabolario Reggiano-Italiano. **2** vol. Reggio 1832.

Annotatore **friulano** 1856. IV. anno N. 17—24.

Proverbi lombardi, **dal prof.** Samarani Bonifacio. Milano 1858—60.

Dialetti, **costumi e tradizioni delle provincie di** Bergamo **e di Brescia, da G. Rosa. Bergamo** 1857.

Vocabolario Bergamasco-Italiano, da St. Zappettini. Bergamo **1859.**

Saggio di **un Vocabolario Bergamasco di A. Tiraboschi. Bergamo 1859.**

Raccolta de Proverbi milanes sestinn. Milano 1821.

E. Celesia, Dell' antichissimo idioma de' Liguri. Genova 1863. [nova 1851.

Vocabolario Genovese-Italiano, da G. Casaccia. **Ge-**

***Proverbi Genovesi con** i corrispondenti in latino ed **in diversi** dialetti d' Italia, raccolti da Marcello **Staglieno. Genova 1869.**

Egeria. **Raccolta di poesie** italiane popolari, **da O. L. B. Wolff. Leipzig 1829.** (Proverbi **piemontesi. sardi e siciliani.)**

Römische Studien von C. L. Fernow. Zürich 1808. t. III. (Piemonteaische Sprichwörter.)
Gran Dizionario Piemontese-Italiano, da Vitt. Sant' Albino. Torino 1860.
Proverbi Veneziani di A. Lamberti. Venezia 1824.
Raccolta di Proverbi Veneti, da C. Pasqualigo. Venezia 1857.
Proverbi Veneziani, da A. Dalmedico. Venezia 1857.
Dizionario del dialetto Veneziano, di G. Boerio. Venezia 1829.
Mythologische Beiträge aus Wälschtirol, mit einem Anhange wälschtirolischer Sprichwörter und Volkslieder, von Dr. Ludwig von Hörmann. Innsbruck 1870. pg. 21—28.
Cassani, A. C., Saggio di Proverbi Triestini. Triest 1860.

3. Süditaliänische Dialekte.

Sprichwörter aus Apulien a) im Dialekt von Bari, handschriftlich mitgetheilt von H. A. Marstaller in Bari; b) im Dialekt von Lecce, handschriftlich mitgetheilt von H. Professor Vittorio Imbriani in Neapel.
Calabresische Sprichwörter: Il Bruzio, giornale politico-letterario diretto dal Prof. V. Padula. Cosenza 1864. 1865.
Il Pentamerone ovvero Lo Cunto de li Cunte, del Cav. G. B. Basile. Napoli 1714. [1789. 2 vol.
Vocabolario delle parole del dialetto napoletano. Napoli
Del dialetto napoletano. 2. ed. Napoli 1789.
Cento Racconti di Michele Somma. Napoli 1860.
V. Scarcella, Adagi, motti, proverbii. Messina 1846.
Canti popolari siciliani, da L. Vigo. Catania 1857. pg. 357—70.
Nuovo Dizionario Siciliano-Italiano, di V. Mortillaro, Marchese di Villarena. Palermo 1844.
Proverbi e Canti Popolari Siciliani, illustrati da Giuseppe Pitrè. Palermo 1869.
Raccolta di Proverbj siciliani, ridotti in canzoni dell' abbate Santo Rapisarda di Catania. Catania 1824. [laris 1852.
Proverbios Sardos, da su Canonigu J. Ispanu. Ka-

Limousinisch oder Catalonisch.

Diccionario Catalan-Castellano por F. M. F. P. y M. M. Barcelona 1839. 2 vol. (Sprichwörter am Ende des 2. Bandes.)
Raymund Lull und die Anfänge der catalonischen Literatur, von A. Helfferich. Berlin 1858. (Altcatalonische Sprichwörter, pg. 52—3; neucatalonische, pg. 121—8.) [Rös. Valencia 1736.
Tratat de Adages y Refranys Valencians, per Carlos
Catalonische und Valencianische Sprichwörter in Nuñez, Refranes en Castellano etc.

Portugiesisch.

Adagios, Proverbios, Rifãos e Anexins da lingua portugueza por F. R. J. L. E. L. Lisboa 1841.
Portugiesische Volkslieder und Romanzen. Portugiesisch und deutsch mit Anmerkungen herausgegeben von Dr. Christ. Fr. Bellermann. Leipzig 1864. Sprichwörter, pg. 241—61.
Vocabulario Portuguez-Latino por D. Raphael Bluteau. 8 vol. Lisboa 1716.
Novo Diccionario portatil das linguas portugueza e allemã por E. Th. Bösche. Hamburgo.
Portugiesische Sprichwörter in Bone.
Refranes Gallegos: *Gramática Gallega por D. Juan A. Saco Arce. Lugo 1868; Nuñez, Refranes en Castellano etc.

Spanisch.

Refranes famosissimos y prouechosos glosados. Burgos 1515.

Refranes o Proverbios Castellanos traduzidos en lengua francesa por C. Oudin. Paris 1624.

Refranes o Proverbios en Castellano, por el órden alfabético que junto y glosó el Comendador H. Nuñez. Madrid 1804. 4 vol.

Sammlung spanischer Sprichwörter, von Dr. Fr. Koeler. Leipzig 1845.

Spanische Sprichwörter in Howell, Méry, Bone.

Sprichwörter in der Aragonischen und Asturischen Mundart, in Nuñez Refranes en Castellano etc.

Cuentos y Poesías populares andaluces, coleccionados por F. Caballero. Sevilla 1859.

Walachisch oder Rumänisch.

Sammlung rumänischer Sprichwörter, handschriftlich mitgetheilt von H. Professor B. P. Constantinescu aus Plouesci, zum Theil abgedruckt im Jahrbuch für romanische und englische Literatur 1. VI, 2. Leipzig 1865. (Die Sprichwörter der Romänen, im Vergleich zu denen anderer romanischen Völker, von O. Frh. v. Reinsberg-Düringsfeld, pg. 173—195.)

Rumänische Sprichwörter, in K. Acs Ungarische, deutsche, italienische, rumänische, böhmisch-slovakische und serbische Gespräche zu Hause und auf Reisen. Pesth 1859.